Erich Staudt (Hrsg.)

DAS MANAGEMENT VON INNOVATIONEN

Frankfurter Zeitung
BLICK DURCH DIE WIRTSCHAFT
HERAUSGEGEBEN VON DER FRANKFURTER ALLGEMEINEN ZEITUNG

Frankfurter Zeitung BLICK DURCH DIE WIRTSCHAFT
herausgegeben von der Frankfurter Allgemeinen Zeitung
Verantwortlich Redaktion: Dr. Siegfried Sterner
Verantwortlich Vertrieb und Werbung: Helmut Klinge
Gestaltung: Robert Jungmann

Hellerhofstraße 2–4, Postfach 100808, 6000 Frankfurt am Main 1

Druck: Werbezentrum Wilsch GmbH, Aschaffenburg
Erste Auflage 1986
ISBN 3-924875-12-X

Inhaltsverzeichnis

Vorwort 9

Einführung
Das Management von Nichtroutineprozessen 11
Erich Staudt

I. Strategischer Rahmen

1. Ausgangsbedingungen für Innovationen

1.1. Kritik und Rechtfertigung der Technik 23
Friedrich Rapp

1.2. Die Einheit von technischer und sozialer Innovation 34
Ulrich Steger

1.3. Unternehmenskultur und Innovation 42
Alfred Kieser

1.4. Der Geist des japanischen Kapitalismus 51
Yamamoto Shichihei

1.5. Das Innovationsbewußtsein 62
Jürgen Hauschildt

1.6. Arbeitnehmerinteressen im Innovationsprozeß 69
Franz Steinkühler

1.7. Schwachstellen im Innovationsmanagement 76
Peter Dietz

2. Methoden zur strategischen Planung

2.1. Grenzen der Planung 85
Heinz Ache

2.2. Strategische Frühaufklärung – ein Modell für die Praxis 96
Hans H. Hinterhuber und R. M. Hammer

2.3. Technologie – Portfolio – Management 107
Werner Pfeiffer, Walter Scheider, Rudolf Dögl

2.4. Strategisches Controlling 125
Rudolf Mann

2.5. Die Kunst der Prognose 133
Erhard Ulrich

2.6. Kreativitätstechniken 147
Horst Geschka

2.7. Innovation mit Hilfe der Wertanalyse 160
Helmut Wellenreuther

2.8. Scoring-Methoden 171
Heinz Strebel

3. Arbeitsteilung: Unternehmen – Staat

3.1. Der Betrieb als Objekt der Technologiepolitik 184
Erich Staudt, Wilhelm Schmeisser

3.2. Technologiepolitischer Aktivismus: Die negative Eigendynamik der Förderprogramme 195
Erich Staudt

3.3. Möglichkeiten und Grenzen staatlicher Innovationsförderung 209
Joachim Böttger

3.4. Maximierung staatlicher Finanzierungshilfen bei technologieorientierten Unternehmensgründungen 220
Hans W. Hüsch

3.5. Effektive Forschungs- und Technologiepolitik 230
Hans-Peter Lorenzen

3.6. Die Rolle der Wissenschaft im Innovationsgeschehen 240
Erich Staudt

3.7. Hochschule und Wirtschaft – Neue Tendenzen und Anforderungen im gegenseitigen Verhältnis 256
Hans Reiner Friedrich

3.8. Gemeinschaftsforschung als Innovationsstrategie 263
Carl-Otto Bauer

3.9. Innovationen als gesellschaftliche Herausforderung 276
Matthias M. Heister

II. Operative Bedingungen

1. Neue Techniken für Produkt- und Prozeßinnovation

1.1. Invention, Kreativität und Erfinder 289
Erich Staudt, Wilhelm Schmeisser

1.2. Die treibende Kraft: neue Technologien 295
Gert Lorenz, Ernst Veit

1.3. Prozeßinnovation: Fertigungssegmentierung 304
Horst Wildemann

1.4. Herausforderung der Hochtechnologie an das Management 320
Gerhard Zeidler

1.5. Personalplanung im F+E-Bereich 329
Michael Domsch, Torsten J. Gerpott

1.6. Effizienz von Forschung und Entwicklung 343
Klaus Brockhoff

2. Qualifikation zur personellen Bewältigung von Innovationen

2.1. Innovation und Qualifikation 356
Erich Staudt, Jürgen Bock, Norbert Schepanski

2.2. Berufliche Weiterbildung – Investition in die Zukunft 368
Dorothee Wilms

2.3. Berufliche Qualifikation in Japan 381
Monika Rehbein

2.4. Weiterbildung für Ingenieure 394
Hans Weinerth

2.5. Die Führungsrolle der Personalplanung im technischen Wandel 398
Erich Staudt

3. Organisationsentwicklung

3.1. Technische Entwicklung und soziale Innovationen
Dezentralisierung und Individualisierung 412
Erich Staudt

3.2. Technologischer Wandel als innerbetriebliches Konfliktfeld – Erfahrungen aus der Beratung von Arbeitnehmervertretern 434
Kurt Schmahl

3.3. Das betriebliche Vorschlagswesen 445
Norbert Thom

3.4. Das Gruppenvorschlagswesen als Teil des Ideenmanagement 457
Eberhard Brinkmann

3.5. Innovation durch Partizipation: Möglichkeiten und Grenzen von Qualitätszirkeln 469
Erich Staudt

3.6. Innovation durch Kooperation 481
Bodo Fuchs

III. Umsetzung

1. Finanzierung und Kontrolle

1.1. Die Rolle der Banken im betrieblichen Innovationsprozeß 489
Ludwig Trippen

1.2. Venture Capital für junge Technologieunternehmen 499
Wilhelm Schmeisser, Gudrun Mattick

1.3. Venture Capital im Zwielicht 510
Wolfgang Spannagel

1.4. Die Rolle der Kostenrechnung zur Planung und Kontrolle von Forschung und Entwicklung 514
Wilhelm Schmeisser, Thomas Noebels

1.5. Planspiel für Existenzgründer 524
Eberhard Seidel

2. Durchsetzung und Verwertung

2.1. Einführung und optimale Nutzung moderner Informationstechnik 534
Wilhelm K. Scheuten

2.2. Innovationsmarketing 544
Armin Töpfer

2.3. Kommunikationspolitik für innovative Investitionsgüter 561
Michael Friedrich

2.4. Zukunftstechnologien und Patentbilanz 571
Erich Häußer

2.5. Betriebliche Patent- und Lizenzpolitik 589
Herbert Danner

2.6. Innovationsdynamik und Innovationsbarrieren 601
Erich Staudt

Literatur 611

Autoren 627

Vorwort

Technische Innovationen und die damit einhergehenden Änderungen wirtschaftlicher und sozialer Strukturen verunsichern nicht nur Konsumenten und Arbeitnehmer, sondern auch Führungskräfte. Zunehmender Wettbewerbsdruck auf nationalen und internationalen Märkten macht das erfolgreiche Agieren mit Innovationen zum Überlebensproblem. Unternehmensführer und Führungsmethoden, die sich in stabilen Wachstumsphasen bewährt haben, versagen unter diesen Umständen nicht, weil sie schlechter geworden sind, sondern, weil derartige Wandlungsprozesse andere Eigenschaften und Instrumente verlangen.

Um Innovationen im Strukturwandel nicht als Bedrohung von Positionen und Besitzständen zu sehen, sondern viel stärker als Chance zu begreifen, ist es erforderlich,

- den strategischen Rahmen der Unternehmung neu zu durchdenken,
- die Arbeitsteilung Staat–Unternehmen den technologiepolitischen Aktivismen anzupassen,
- die operativen Bedingungen für Forschung und Entwicklung, Personalqualifikation und Organisation zu überprüfen und
- die Umsetzung der initiierten Neuerungen abzusichern.

Gründe genug, nicht mehr nur über Innovationen zu reden, sondern sich mit den vielfältigen Facetten des Managements von Innovationen zu beschäftigen. Nicht um den „Innovationsmanager“ zu synthetisieren, sondern um interessierte und betroffene Führungskräfte mit Methoden und Informationen beim Vollzug zu unterstützen, aber auch durch kritische Analyse und programmatisches zum Nachdenken anzuregen.

Das hier vorgelegte Buch gibt einen umfassenden Überblick über das Management von Innovationen aus verschiedener Sicht, auch das Verhältnis Staat/Wirtschaft wird dargestellt. Der Staat kann nur die Eigeninitiative der Unternehmen anregen und die entsprechenden Rahmenbedingungen setzen. Darauf sollte er sich konzentrieren. Hilfe zur Selbsthilfe ist auch der übergeordnete Gesichtspunkt bei der staatlichen Forschungsförderung.

Dr. Heinz Riesenhuber
Bundesminister für
Forschung und Technologie

Einführung

Das Management von Nichtroutineprozessen

1. Trendwende in der Unternehmensführung

Wenn man vor fünf Jahren in der Praxis das Wort „Innovation" gebrauchte, so mußte man gewärtig sein, danach gefragt zu werden, was dieser neumodische Begriff eigentlich bedeute. Damals war die Beratungsszene noch aufs Optimieren und Rationalisieren eingeschworen. Da waren der Techniker und die Technik noch das Kamel, auf dem der Kaufmann zum Erfolg reitet. Mit Gemeinkostenwertanalyse beseitigte man die Flexibilitätsreserven, und mit extensivem Controlling im Forschungs- und Entwicklungsbereich hielt man die Kreativität nieder. In der „entscheidungsorientierten Betriebswirtschaftslehre" dominierte die Risikovermeidung, und der „dispositive Faktor" (der Unternehmer) wurde durch Entscheidungstechniken „wegrationalisiert". Man konzentrierte sich auf das Management von Routineprozessen, ersetzte Führung durch quantitativ unterstützte Planungsprozesse und ignorierte, was digitalen Denkschemata nicht zugänglich war.

Doch was sich in stabilen Wachstumsphasen bewährte, reicht bei zunehmendem Wettbewerbsdruck auf nationalen und internationalen Märkten nicht mehr aus. Technische Innovationen und die damit einhergehenden Änderungen wirtschaftlicher und sozialer Strukturen verunsichern nicht nur Konsumenten und Arbeitnehmer, sondern auch Führungskräfte. Unternehmensführer und Führungsmethoden, die sich in stabilen Wachstumsphasen bewährt haben, versagen unter diesen Umständen, nicht weil sie schlechter geworden sind, sondern weil derartige Wandlungsprozesse andere Eigenschaften und Instrumente verlangen. Die Relativierung der „Rechenkönige", die Wiederentdekkung des Schumpeterschen innovierenden Unternehmers und der Bewußtseinswandel führten zu einer intensiven Beschäftigung mit Konzepten der strategischen Planung. Das Versagen der „digitalen Unternehmensführung" ließ es unumgänglich erscheinen, den stets verbleibenden irrationalen Rest als strategische Planung zu instrumentalisieren und damit auch die innovativen Nichtroutineprozesse zu routinisieren.

So ist „Innovation" in den letzten Jahren zu einem Modebegriff geworden. Lehrbücher der Ökonomie, Unternehmer, Politiker und Verbandsvertreter verkünden immer wieder, daß Innovationen im Sinne von neuen Produkten, Verfahren und Organisationen notwendig seien für Wohlfahrt, Wachstum und Wettbewerbsfähigkeit und natürlich besonders für die Bewältigung der heute anstehenden Strukturkrise. So sind die erfolgreichen Entdecker und Erfinder wieder zu Idolen der Zivilisation geworden, entdeckte man den innovierenden Unternehmer als Motor des technischen, wirtschaftlichen und sozialen Fortschritts wieder und gilt die rechtzeitige Einführung moderner Technologien als entscheidender Wettbewerbsfaktor für die Volkswirtschaft. Eine innovierende Wirtschaft ist aus einzel- und gesamtwirtschaftlicher Perspektive Garant für Wachstum, internationale Wettbewerbsfähigkeit und gesicherte Arbeitsplätze. Der vordergründige Konsenz führte zu einer programmatischen Allianz zwischen den Anbietern neuer Techniken, die am Wachstum ihres Marktes interessiert sind, und Wirtschafts-, Technologie-, Regional- und Kommunalpolitikern, die sich von der Einführung neuer Techniken die Lösung gesamtwirtschaftlicher Probleme versprechen.

Das Gerede von der zunehmenden Beschleunigung der technischen Entwicklung benebelt die Köpfe und erhitzt die Gemüter. Technologiepolitik ist zum bevorzugten Objekt von Politikern aller Parteien geworden, weil sich damit so leicht eine auf kurzfristige Erfolge nicht kontrollierbare Ankündigungspolitik betreiben läßt. Man berauscht sich an den Erfolgsstories einzelner Innovatoren oder Branchen und stürzt sich in einen internationalen Innovationswettbewerb. So möchte man z. B. den amerikanisch-japanischen „Halbleiterkrieg" nicht mehr nur aus der Ferne beobachten, sondern durch nationale und europäische Förderungsprogramme daran Anteil nehmen. Und es zeigt sich: Nicht mehr der Krieg, sondern die Technologiepolitik ist die Fortsetzung der Politik mit anderen Mitteln.

Und selbst wer als Unternehmer in einem als „nicht innovativ" apostrophierten Feld erfolgreich verdient und Arbeitsplätze hält, gerät unter Rechtfertigungszwang. Denn nach den Großbetrieben wird es mittlerweile auch in kleinen und mittleren Unternehmen Mode, den Lieblingsbeleg der Dynamikdiskussion, daß man 60 oder 80% des Umsatzes mit Neuprodukten bestreite, herauszustellen. Die unreflektierte Hinnahme derartiger Belege macht die Innovationsdiskussion zum absurden Theater. Denn erstens verbirgt sich hinter den „60% neu" eine erhebliche definitorische Willkür darüber, was überhaupt innovativ ist – wer wagt es denn noch zu sagen, daß das, was er als Unternehmer vertreibt, nicht innovativ ist? –, und zweitens ist die Interpretation dieses Belegs als geeignete Reaktion auf eine zunehmende Geschwindigkeit der technischen Entwicklung nur eine Variante.

Mit gleicher Berechtigung kann der hohe Anteil von Neuprodukten als verpaßte Anpassung in früheren Phasen interpretiert werden oder gar durch die Unfähigkeit zur gezielten Anpassung begründet sein. Die stereotype und unreflektierte Behauptung von der zunehmenden Dynamik und Beschleunigung der technischen Entwicklung aufgrund der vorliegenden Indizien basiert also auf dem Eindruck jenes Reisenden, der glaubt, der Zug steht und der Bahnhof fährt. Diese Behauptung ist aber nicht nur unlogisch, sie verleitet auch zu unsinnigen Reaktionen. Man betreibt Forschung und Entwicklung nur, weil die Konkurrenz dies auch tut. Man subventioniert Innovationsförderungsprogramme und pusht neue Technologien nur, weil die USA oder Japan dies auch tun usw. Der technokratische Aktivismus verstärkt sich selbst, hält seine eigene Hektik für zunehmende Umweltdynamik und schafft doch keine Beschleunigung, sondern verstärkt lediglich Innovationswiderstände.

Management von Innovationen darf also nicht verkürzt werden auf ein Innovieren um jeden Preis. Zum Management von Innovationen gehört auch die Reflexion der Frage, ob man überhaupt innovieren soll, ob dies ökonomisch sinnvoll ist usw. Solange man nicht auch dazu in der Lage ist, Innovationen kompetent zu unterlassen, weist der aus der Massenpsychose resultierende Aktivismus lediglich auf erhebliche Strategiedefizite bei Politikern und Unternehmern hin.

2. Modetrends des Innovierens

Doch die Mißverständnisse über „Innovationen" beginnen schon eine Stufe früher im Begrifflichen.

Der modisch durch Technik besetzte Begriff Innovation bezieht sich nicht nur auf technische Neuerungen, sondern umfaßt auch Veränderungen im humanen Bereich. Er schließt Neuerungen beim Personal und in der Organisation mit ein. Doch auch dann, wenn man sich zunächst auf den technischen Bereich konzentriert, variiert der Schwerpunkt der Beschäftigung mit Innovationsinhalten über die Zeit erheblich.

Standen in den siebziger Jahren bei hoher Marktorientierung noch Produktinnovationen im Vordergrund des Interesses, so führten leidvolle Erfahrungen in den achtziger Jahren zu einer stärkeren Beachtung der Prozeß- und Verfahrensinnovation, d.h. vor allem der Veränderungen im Betriebsmittelbereich. Wenn z.B. bei deutschen Bauelementeherstellern die „Chips" vorwiegend auf „ausgereiften" ausländischen Maschinen fertig werden und, wie auch in anderen Branchen üblich, vorwiegend in produkttechnischen, statt in fertigungstechnischen Innovationen gedacht wird, dann ist es in der Tat schwer, im internationalen Wettbewerb mitzuhalten. Da der hektische Generationswechsel bei den Produkten auch Umbrüche in der Produktionstechnik impliziert, sind die sogenannten „Innovatoren" mindestens für die Produktion auf alte oder imitierte Betriebsmittel angewiesen. D.h., sie hängen bei der Realisierung von Produktinnovationen von den fertigungstechnischen Entwicklungen und Erfahrungen ihrer Lieferanten im Ausland ab. Sie vermögen demnach nur mit zeitlicher Verzögerung entsprechende Produktionsanlagen aufzubauen und sind bei der Einrichtung auf die Freigabe wesentlicher Bestandteile der Fertigungslinien durch ausländische Konkurrenten und deren Zulieferer angewiesen. Das ist dann ein recht aussichtsloses Wettrennen. Unter diesen Umständen ist es nur konsequent, wenn man sich aktuell mit dem verbreiteten Einsatz von Mikroelektronik und Kommunikationstechnik, neuen logistischen Lösungen und modernen Regelungs- und Steuerungssystemen, zunehmender Handhabungsautomation etc. in der Fertigung beschäftigt, denn diese bewirken einen Innovationsschub, der auch die Personalqualifikation, Organisations- und Wirtschaftsstrukturen revolutioniert.

Während man sich noch auf die Aufarbeitung dieser Problemstellung konzentriert, zeichnen sich im Hintergrund technische Entwicklungen ab, die eine Verschiebung zu Materialinnovationen erwarten lassen. Da die Leistungsfähigkeit klassischer Werkstoffe heute vielfach an Grenzen stößt, die nur noch durch überproportionale Entwicklungsaufwendungen verschiebbar sind, werden neue Verbundwerkstoffe interessant, gewinnen faserverstärkte Werkstoffe an Bedeutung und eröffnet sich gerade auf Grund der neuen Fertigungstechniken ein breites Feld an neueren Materialien. Schon in naher Zukunft dürften keramische Werkstoffe eine bedeutende Rolle spielen, zumal sie in einem internationalen Subventionswettbewerb zur Zeit in den Labors aller Industrieländer besonders gepusht werden. Zieht man ein verändertes Umweltbewußtsein, verstärkte Bemühungen um Recycling oder gar die jüngsten Entwicklungen in der Biotechnik in Betracht, so wird deutlich, daß man für die meisten Prozesse in der Zukunft die materielle Basis wird überprüfen müssen.

Hinzu kommt, daß Innovationen im Sinne einer signifikanten Veränderung im Betrieb in einem der drei angesprochenen Bereiche Produkt, Verfahren oder Material selten ohne Auswirkungen in den anderen Gebieten bleiben. So erfordern einerseits Produktinnovationen andere Fertigungsorganisationen mit neuen Betriebsmitteln, Materialien bzw. Zulieferteilen und Verschiebungen im Personal-Know-how, eventuell auch neue Absatzwege oder Servicefunktionen. Andererseits stellen innovative Betriebsmittel, wie z. B. numerisch gesteuerte Maschinen oder Anlagen, den Ausgangspunkt für neue Produktquantitäten und -qualitäten, aber auch ein geändertes Personalqualifikationsprofil bis hin zu Verschiebungen der Marktkonstellation dar.

3. Der „konfektionierte“ Unternehmer

Angesichts von soviel bedrohlicher Dynamik ist die Suche nach Fixpunkten zur Begründung und als Leitbild der eigenen Reaktion ganz natürlich. Sicher lassen sich als Leitbilder zukunftsweisende technologische Entwicklungslinien erkennen und als sogenannte Schlüsseltechnologien aufzeigen. Es besteht dann allerdings eine Identität zwischen den Projektionen von MITI, BMFT, EG, den USA und zahlreichen Großunternehmen. Ihr Technologie-Portfolio ist ziemlich phantasielos und eng begrenzt. Die Ausrichtung der Unternehmenspolitik an derartigen Entwicklungslinien lockt ganze Branchen im Gleichtakt mit Japan, USA etc. wie Lemminge auf überbesetzte Marktfelder und regt neue Überkapazitäten des Typs Butter, Werften, Stahl oder Personalcomputer an.

Viele Denker und Schreiber sind ähnlich phantasielos und konvergieren in den heute so beliebten Endzeitvisionen wie „Informationsgesellschaft“, „vollautomatische Fabrik“ oder „postindustrielle Gesellschaft“. Das vereinfacht zwar die Diskussion auf ein auch in Sonntagsreden handhabbares Niveau, taugt jedoch recht wenig für einzelwirtschaftliche Orientierungen.

Und auch das verbreitete Räsonieren über
- die Technikfeindlichkeit in unserer Gesellschaft,
- die Unfähigkeit zurückhaltender Anwender,
- die Führungsschwäche des Managements,
- die Leistungsschwäche der Arbeitnehmer oder
- die Unzulänglichkeit des Bildungssystems,

das es versäumt habe, schon vor der Kenntnis der jeweils aktuellen Technik angemessene Ausbildungsgänge einzurichten, hilft der einzelnen Unternehmung nicht.

Zwar gibt es inzwischen eine Innovationsbewegung in der Bundesrepublik, bestehend aus Wissenschaftlern, Bürokraten, Politikern, Verbandsvertretern und Gewerkschaftern, die wohlmeinend vordergründig, auch sachkundig, aber doch unverbindlich in die Rolle des Unternehmers schlüpfen. Sie verkünden im nachhinein, was z. B. die deutsche Uhrenindustrie falsch gemacht hat, warum die Photoindustrie verschlafen hat oder wie Konsumgüterelektronikhersteller ihre Wettbewerbsfähigkeit verloren haben. Und weil sie glauben, genau zu wissen, was man hätte anders tun sollen, leiten die Möchtegernunternehmer daraus Handlungsanweisungen für Förderungsprogramme und Unternehmer ab, freilich ohne jenes Manko des alten Unternehmers, dafür auch das Risiko zu tragen.

Sie finden ihr Pendant dann in „exzellenten“ Händlern von Strategiekonzepten, die konfektionierte Unternehmensstrategien aus der Retrospektive entwerfen. Besonderer Beliebtheit erfreut sich dabei in den letzten Jahren die Mystifizierung erfolgreicher amerikanischer oder auch japanischer Unternehmen. Die Rezeptur ist furchtbar einfach und entspricht dem Simplifikationsbedarf des betrieblichen Top-Managements. Man analysiert in der Vergangenheit erfolgreiche Unternehmen, führt deren Erfolg auf einige wenige typische Merkmale zurück und macht dann nicht nur glauben, daß derartige Merkmale beliebig reproduzierbar seien, sondern auch, daß immer dann, wenn dies gelänge, ein ähnlicher Erfolg wieder eintritt.

Die Naivität dieser geschickt vermarkteten Strategiekonzepte: „Wer hat dies schon erfolgreich getan?“ ist schon erschreckend. Überprüft man ihre Logik an einem historischen Beispiel, so wird die Absurdität eines derartigen Innovationsmanagements schnell transparent: Typisches Erfolgsunternehmen, das mit besonderer Vorliebe herangezogen wird, ist z. B. IBM. Auch ihr Erfolgsrezept wird gerne auf einige Faktoren zurückgeführt. Unterstellt man nun, daß nicht heute, sondern einige Dekaden zurück vielleicht hundert Unternehmen, gut und rechtzeitig beraten, mit der gleichen Rezeptur gearbeitet hätten, müßten diese hundert Unternehmen, wenn die Extrapolation gilt, auch den gleichen Erfolg wie IBM gehabt haben. Hundert erfolgreiche EDV-Hersteller des Musters IBM würden aber bedeuten, daß man heute schon die Straße mit dem Produkt pflastern könnte, oder aber, daß die IBM mit ihrer unternehmenstypischen Strategie bei hundert gleichartigen Konkurrenten letztlich Mißerfolg gehabt haben müßte.

Der Rückgriff auf derartige konfektionierte oder imitierende Strategien und Innovationskonzepte ist keine Lösung von Innovationsproblemen. Der Rekurs auf historische Erfolge oder Mißerfolge oder das Know-how großer Stäbe, Förderer oder Berater reichen zur Erringung echter Wettbewerbsvorteile durch Produkt-, Verfahrens- und Materialinnovation nicht aus. Die Trendsetter machen es sich zu einfach, wenn sie gestern Japan als leuchtendes Vorbild und heute die Reagonomics der USA als ideales Muster des Wiederaufstiegs verkünden.

Die ewigen Besserwisser mit ihrem Höhenflug aus Defiziten von gestern und geborgten Ideen und Konzepten beschreiben aus der Vogelperspektive eine Ideallandschaft. Mangelnde Phantasie wird ersetzt durch ökonomische Trivialaussagen, Abheben auf die moralisierende Metaebene der Wertediskussion oder den Deus ex machina makroökonomischer Theoriebildung, daß Wachstum alle Probleme lösen wird.

Sie verkennen aus dieser Vogelperspektive die Probleme des Maulwurfs, die Perspektive also der einzelnen Unternehmen, die jene Landschaft in Kleinarbeit zu formieren haben, und damit vor allem die Rolle des echten Unternehmers, der sich nicht phantasielos an der Konkurrenz orientiert, sondern danach fragt, was kann ich unternehmen, das nicht schon ein anderer unternimmt?

Verlassen wir also die unverbindliche Vogelperspektive und wenden uns den Problemen des innovatorisch aktiven Maulwurfs zu, dann wird deutlich: Das Know-how großer Stäbe, Förderer und Berater und wissenschaftliche Unternehmensführungsrezepte reichen zur Erringung echter Wettbewerbsvorteile durch Produkt- und Verfahrensinnovationen nicht aus. Sicher bedarf die einzelne Unternehmung zum Einstieg in innovative Produkt-, Material- und Verfahrenstechniken einer hohen fachlichen Kompetenz, die aus ökonomischen Gründen in den meisten Betrieben nicht vorzuhalten ist. Doch erfordert der Einsatz solcher Spezialisten und solchen Spezialwissens Überblick und Erfahrung im eigenen Geschäftsfeld, die nur sehr begrenzt von externen Beratern oder Institutionen zu erbringen sind. Zu ersterem kann man daher sicher partiell Anregungen von außen einbringen, letzteres überfordert aber die meisten Berater und sollte deshalb von der Unternehmensführung geleistet werden. Ihr verbleibt stets die Aufgabe der Abstimmung und der marktgerechten Integration neuer Techniken mit der Organisations- und Qualifikationsentwicklung im Unternehmen.

Insbesondere diese integrative Funktion kann der Unternehmensführung nicht von externen Beratungseinrichtungen abgenommen werden. Sie ist Bestandteil der eigentlichen unternehmerischen Aufgabe, die auch in kleinen und mittleren Unternehmen bewältigt werden muß. Wären diese Aufgaben z. B. an Innovationsberatungseinrichtungen oder Unternehmensberater abtretbar, gäbe es für diese Unternehmer keine Existenzberechtigung mehr in einer marktwirtschaftlichen Ordnung. Das bedeutet auch, daß die Fähigkeit, ein derartig integratives Innovationsmanagement zu betreiben, zugleich Selektionskriterium für das Überleben einzelner Unternehmen in Marktwirtschaften ist.

4. Sackgassen der Unternehmensführung

Ausgehend von dieser Einsicht beschränken wir uns in diesem Band auf die Darstellung neuer Problemfelder und fachlich kompetente Anregungen und Hilfestellungen, weil dies, wenn auch nur begrenzt, von sachkundigen außerbetrieblichen Stellen erbracht werden kann.

Die Innovationsbewältigung selbst ist einzelbetrieblich zu erbringen. Dies entspricht nicht nur dem angesichts der bestehenden Ungewißheit über die weitere technische und gesellschaftliche Entwicklung dominanten Erfordernis der Risikostreuung, sondern auch den begrenzten Möglichkeiten und Fähigkeiten entsprechender externer Institutionen. Ein betriebliches Innovationsmanagement kann nicht als passiv reagierendes Vollzugsmanagement für den technischen Wandel angesehen werden. Anstatt sich, wie bisher oft üblich, dem Sachzwang recht unvollkommener Techniken zu beugen, d. h. mit einem mißverstandenen innerbetrieblichen Innovationsmanagement die Akzeptanzprobleme neuer Produkte und Verfahrenstechniken zu lösen, muß das Innovationsmanagement der Unternehmensführung ausgebaut werden und auf die Technikanbieter selbst zurückwirken, um so die Akzeptabilität der angebotenen Techniken zu erhöhen.

Die Entwickler, Anbieter und Vermarkter neuer Techniken sind durch die Anwenderprobleme in der Regel überfordert. Vorwiegend an der technischen Machbarkeit ihrer innovativen Kreationen orientiert, kennen sie die Anwendungsbereiche meist nur ausschnittsweise. Über die Wirkung des Einsatzes neuer Techniken bestehen oft nur Vermutungen, und es kommt zu unerwarteten und ungewollten Folgewirkungen. Der Anwender hat, wie das gerade beim Beispiel des DV-Einsatzes in den letzten Jahren deutlich wurde und sich im Augenblick auch bei den übrigen Bürotechniken wiederholt, zusätzliche Integrationsprobleme und wird zu ungeplanten Zusatzaufwendungen veranlaßt.

Da aber aus dem Verkäufermarkt neuer Techniken in vielen Sektoren zunehmend ein Käufermarkt wird, in dem die Erfordernisse der jeweiligen Anwender in Anforderungen an die Technikanbieter umzusetzen sind, kommt der Unternehmensführung eine weitere Aufgabe zu, sie hat sich zur Nutzung neuer Techniken selbst kompetent zu machen und dem innovatorischen Potential der eigenen Belegschaft zur Entfaltung zu verhelfen, oder aber beide Seiten versagen, es kommt nicht zur Innovation. Dies ist in vielen Sektoren heute noch der Normalfall. Erst Wettbewerbsdruck und Krisen lösen Reformen aus. Innovationsmanagement wird als Krisenmanagement mißverstanden, das zu spät, zu aufwendig, mit erheblichen Friktionsverlusten und oft erst in hoffnungsloser Position tätig wird.

Derartige Unternehmen leiden darunter, daß sie in der Vergangenheit durch eine verwissenschaftlichte, optimierende und rationalisierende Betriebsführung und durch eine Dominanz von Verwaltung und technokratischen Allüren ihr eigenes innovatorisches Potential zerwaltet haben. Ihr zentrales Innovationsproblem ist der Mangel an geeignet qualifiziertem Personal von der gewerblich technischen Ebene bis in die Führungsspitze. Ihr Forschungs- und Entwicklungspotential ist auf Alttechnologien ausgerichtet – Feldern, in denen der Aufwand steigt und die Erträge sinken. Sie operieren aus der Defensive und halten die Nischen besetzt, aus denen das Führungspersonal stammt. Und tauscht man die Spitzen aus, stellt sich heraus, daß auch die mittleren Führungsebenen verkrustet sind, weil hier die höchste Sachkompetenz auf obsolet werdenden Feldern gebunden ist.

Die an den jeweiligen Entscheidungsprozessen in solchen alten Strukturen Beteiligten sind meist spezifischen Disziplinen oder Erfahrungsbereichen besonders verhaftet. Ein guter Teil ihrer Machtstellung resultiert aus der vorhandenen Know-how-Stellung. Da sie in aller Regel gerade durch diese Altqualifikationen selbst groß geworden sind und darüber hinaus nur dem eigenen Hintergrund entsprechend Informationskanäle in Außer-Unternehmensbereiche bestehen, ist auch der Zustrom von außen gering, werden die Gewohnheitsmuster entsprechend verstärkt. Das eigene Denkmal steht derartigen Unternehmensführungen und den an ihrer Macht und Entscheidung Beteiligten im Weg. Indem sie, erkauft durch aufwendige Stäbe, mittels eines aufgeblähten Informations- und Kontrollsystems sich selbst rückversichern, verfügen sie auch an der Basis – und das ist das Absurde an dieser Entwicklung – nur noch über den Sachverstand, der ihrer eigenen Kontrollfähigkeit entspricht. Die beherrschte Fertigungstechnik bleibt als Machtbasis erhalten, und die Produktionsprogramme werden zur Volumenerhaltung fortgeschrieben, mangelnde Programmbereinigung mit Arbeitsplatzerhaltung begründet, fehlende Wettbewerbsfähigkeit durch Produktion und Subvention ausgeglichen und Defizite an geeigneter Qualifikation mit Unzulänglichkeiten des öffentlichen Bildungssystems entschuldigt. Zum wichtigsten Argument der Unternehmenspolitik in derartigen Entscheidungsgremien wird das Prinzip: „Das ist bei uns schon immer so gelaufen."

Unternehmen in einer marktwirtschaftlichen Ordnung, die sich dem Innovationswettbewerb stellen müssen und den Strukturwandel als Betriebsalltag zu verstehen haben, können diese Probleme nicht verdrängen. Andernfalls werden sie selbst verdrängt, oder aber die Führungskräfte werden ausgetauscht, auch wenn sie sich in einer früheren Entwicklungsphase gut bewährt haben – wir befinden uns zur Zeit am Anfang eines solchen Austauschprozesses, der lediglich dadurch gebremst wird, daß die „Kopfjäger" für neue Führungsqualifikationen meist ein Wild jagen, das selbst international kaum zur Verfügung steht.

5. Programm für ein Management von Innovationen

Um Innovationen im Strukturwandel nicht als Bedrohung von Position und Besitzständen zu sehen, sondern viel stärker als Chancen zu begreifen, ist es erforderlich,

- den strategischen Rahmen der Unternehmung neu zu durchdenken,
- die Arbeitsteilung zwischen Staat und Unternehmen den technologiepolitischen Aktivismen anzupassen,
- die operativen Bedingungen für Forschung und Entwicklung, Personalqualifikation und Organisation zu überprüfen und
- die Umsetzung der initiierten Neuerungen abzusichern.

Gründe genug, nicht mehr nur über Innovationen zu reden, sondern sich mit den vielfältigen Facetten des Managements von Innovationen zu beschäftigen. Nicht um den „Innovationsmanager" zu synthetisieren, sondern um interessierte und betroffene Führungskräfte mit Methoden und Informationen beim Vollzug zu unterstützen, aber auch durch kritische Analyse und Programmatisches zum Nachdenken anzuregen. Da „sowohl für die Weiterführung der Techniken im bisherigen Sinne als auch die Einleitung eines Gesinnungswandels Anknüpfungspunkte in unserem intellektuellen Erbe und im gegenwärtigen Selbstverständnis" zu finden sind.

Angesichts der Komplexität des Themas und der weitgestreuten Sachkompetenz haben wir aus den Erfahrungen und der Zusammenarbeit des Instituts für angewandte Innovationsforschung, IAI, die Beiträge von Fachleuten auf dem Gebiet des Managements von Innovationen zusammengetragen und in drei Gruppen geordnet:

Ausgehend von grundsätzlichen Überlegungen zur Technikphilosophie, Technikkritik, dem Unternehmerverhalten, den kulturellen Hintergründen und des Innovationsbewußtseins werden im *ersten Teil* Methoden zur Überarbeitung, Bewertung und Kontrolle des strategischen Rahmens vorgestellt und Probleme der Arbeitsteilung zwischen Unternehmen und Staat, Wissenschaft und Wirtschaft im Rahmen der Technologiepolitik behandelt.

Im *zweiten Teil* sind die operativen Bedingungen für Innovationen zu überprüfen. Dazu gehören die Problemfelder Forschung und Entwicklung, Qualifikation und Weiterbildung beim Einsatz neuer Techniken, Organisationsentwicklung, aber auch die Arbeitnehmerinteressen im Innovationsprozeß und Methoden zur Erschließung des innovatorischen Potentials im Unternehmen.

Der *dritte Teil* ist dann der Umsetzung von Innovationen gewidmet. Beiträge zur Finanzierung und Verrechnung von Neuerungen, Analyse von Innovationswiderständen, unternehmerischen Patent- und Lizenzpolitik und zum Marketing von Innovationen runden den Band ab.

Mit diesen Beiträgen werden die vorstehend kritisch kommentierten Methoden zur Unternehmensführung von Routineprozessen nicht generell in Frage gestellt, doch erheblich relativiert und ergänzt. Obwohl dies durch kompetente Praktiker und Wissenschaftler geschieht, wollen wir doch bescheiden sein. Eine abschließende rationale Lösung des „Managements von Innovationen" können wir nicht versprechen. Die Autoren bescheiden sich damit, Anregungen und Orientierungshilfen in schwierigen Zeiten zu geben, weil die Achtung vor der schöpferischen Leistung des innovierenden Unternehmers dies gebietet.

Erich Staudt

I.
Strategischer Rahmen

1. Ausgangsbedingungen für Innovationen

1.1. Kritik und Rechtfertigung der Technik

Friedrich Rapp

1. Die philosophische Sicht

Kaum jemand ist heute davon überzeugt, daß wir herrlichen Zeiten entgegengehen. Die skeptische Einstellung gegenüber der Zukunft betrifft die praktischen, durch Wissenschaft und Technik geprägten Lebensumstände ebenso wie das theoretische Selbstverständnis. Die Stimmung ist gekennzeichnet durch ein verbreitetes Unbehagen, Orientierungslosigkeit und Kritik am Fortschrittsdenken. Ausdruck des Protests sind spontane Abwehrreaktionen, vielfältige Formen der Realitäts- und Weltflucht und grundsätzliche Zweifel an der Überlebensfähigkeit der modernen Welt. Die Kritik betrifft letzten Endes die im Abendland herausgebildete theoretische Rationalität und den durch Wissenschaft, Technik und Industrialisierung geprägten praktischen Lebensstil, der die materielle Grundlage für unsere Kultur bildet.

Doch es ist offenkundig, daß wir uns weder aus der intellektuellen Tradition noch aus den vorliegenden, konkreten Lebensumständen durch einen bloßen Willensakt herausreflektieren und damit von den vermeintlichen Fesseln befreien können. Selbst wenn man einmal hypothetisch annimmt, daß dies gelingen könnte, würden wir uns dadurch ideell und materiell buchstäblich in das Nichts begeben. Ebenso wie jede andere Epoche sind wir im Guten wie im Bösen zunächst Erben der Vergangenheit. Auch bei einer Veränderung und sogar bei einer vollständigen Ablehnung des Bestehenden bildet unvermeidbar doch immer das historische Erbe den entscheidenden Ausgangspunkt. Dies gilt für die Umgestaltung der konkreten Lebensbedingungen ebenso wie für neue Wertorientierungen, in denen an unser „besseres“ Erbe appelliert wird. Wissenschaft und Technik sind in ihrer historisch gewachsenen Gestalt unaufhebbarer, integrierender Bestandteil der Lebenswelt in den Industrienationen und in zunehmendem Maße auch der Dritten Welt. Es gilt also, die geistige Herausforderung anzunehmen, die in der gegenwärtigen Orientierungskrise liegt. Die folgenden Ausführungen, die sich auf den Diskussionsstand der Technikphilosophie stützen, sollen dazu einen Beitrag liefern.

Allerdings wäre es vermessen, hier mit verbindlichen – und damit von der Selbstverantwortung entlastenden – Anweisungen des Propheten oder Vordenkers auftreten zu wollen. Niemand verfügt in den Fragen der Technikentwicklung über die einzig richtige Lösung, die zwangsläufig alles zum Guten wendet. (Diese Einschränkung gilt nicht nur für die Philosophie; sie trifft auch für die Theologie zu, aus deren Heils- und Erlösungswissen sich keine verbindlichen Anweisungen für das innerweltliche politische und wirtschaftliche Handeln ableiten lassen.) Denn das Idealbild eines erfüllten Daseins kann unterschiedlich gefaßt werden, und in einer Welt voller Gegensätze vermag niemand mit Sicherheit vorherzusagen, welche konkreten Folgen sich aus einer bestimmten Maßnahme ergeben werden. Möglich und notwendig ist dagegen eine differenzierende Analyse und eine versachlichende Abwägung, wie sie der Haltung des Wissenschaftlers entsprechen.

Das Ergebnis kann denn auch nicht in einem einfachen Ja oder Nein bestehen, sondern in der Vermittlung sachbezogener Einsichten, die im Sinn der Aufklärung, der Autonomie des Individuums und der demokratischen Selbstbestimmung die Grundlage für eine vernünftige, persönlich zu treffende und zu verantwortende Entscheidung bilden können. Gerade aus dem Wissen heraus, daß hier niemand über die unfehlbare Wahrheit verfügt, sollte es möglich sein, einen allgemeinen Konsens herzustellen. Denn welchen Weg man auch immer wählt: es werden alle die Folgen des gegenwärtigen Handelns zu tragen haben. Daß die technische Lebenswelt im Prinzip für alle dieselbe ist, zeigt sich besonders deutlich bei den Umweltproblemen und beim Rüstungswettlauf. Die gegenwärtigen technischen Innovationen werden den äußeren Rahmen für das Dasein der künftigen Generationen abstecken, und zwar in entscheidenden Punkten unabhängig von der jeweiligen sozialen Stellung, dem politischen Standort und den nationalen Interessen.

Bemerkenswerterweise stellt die generelle Technikkritik ein vergleichsweise jüngeres Phänomen dar. Die beständige Steigerung der technischen Leistungsfähigkeit seit dem Beginn der Industriellen Revolution galt während des ganzen 19. Jahrhunderts und bis in die jüngste Vergangenheit hinein als Garant für eine bessere Welt in materieller und damit indirekt auch in kultureller und moralischer Hinsicht. So ist denn auch der Technikoptimismus der offiziellen Lehrmeinung des Marxismus-Leninismus nach wie vor an den theoretischen Hintergrundvorstellungen des 19. Jahrhunderts orientiert. Auch in den Entwicklungsländern wird die Technisierung um des wirtschaftlichen Überleben willen forciert, wobei die negativen Begleiterscheinungen kaum ins Blickfeld kommen. In den Industrieländern beschränkte sich die Technikkritik bis in die jüngste Vergangenheit hinein auf die Kreise sensibler Dichter, Denker und Künstler. Noch vor 25 Jahren, zur Zeit des Wirtschaftswunders, wurden der technische Fortschritt und die auf ihm beruhenden Rationalisierungsmaßnahmen als Mittel zur Steigerung des Wohlstandes vorbehaltlos begrüßt und allgemein gefordert. Und selbst vor 10 Jahren hat man die heute aufgrund eines geschärften Bewußtseins vieldiskutierte Umweltproblematik kaum wahrgenommen, obwohl sich die äußeren Gegebenheiten in der Zwischenzeit kaum verändert haben. Die Erinnerung an diesen – historisch gesehen – kurzfristigen Stimmungsumschwung ist geeignet, den gegenwärtigen Kontroversen etwas von ihrer Schärfe zu nehmen. Dieser früher kaum für möglich gehaltene Gesinnungswandel zeigt, daß niemand sich eines sicheren Wissens über die Zukunft rühmen kann und daß durchaus unerwartete Wendungen möglich sind.

2. Der Schein des zwangsläufigen Geschehens

Die gegenwärtige Zukunftsangst beruht auf dem Gefühl der Ohnmacht gegenüber einem übermächtigen Geschehen, das anscheinend keinerlei Eingriffsmöglichkeiten zuläßt. Technische Neuerungen und wachsende Bedürfnisse schaukeln einander wechselseitig auf, wobei durch eine bestimmte Innovation neue Engpässe geschaffen werden, die dann in einem scheinbar unaufhaltsamen Prozeß zu weiteren Innovationen führen. Der Fundus des technischen Wissens und Könnens wird heute durch die weltweit und systematisch betriebene Forschungs- und Entwicklungsarbeit beständig erweitert. Die Zeitspanne zwischen der Entdeckung eines neuen Prinzips und seiner technisch-wirtschaftlichen Umsetzung verkürzt sich immer mehr. Es scheint, als sei der Wettlauf um die stets weiter vorangetriebenen technischen Innovationen ein von unserem Willen unabhängiger, gleichsam naturgesetzlicher Prozeß, dem wir alle auf Gedeih und Verderb ausgeliefert sind.

Wenn man die Veränderungen betrachtet, die seit dem Beginn der Industriellen Revolution eingetreten sind, die vor 200 Jahren in England begann und seitdem beständig fortwirkt, drängt sich in der Tat der Eindruck auf, daß hier ein zwangsläufiges überpersönliches Geschehen vorliegt. Was Hochreligionen und politische Großreiche nicht vermocht haben, bringt die mit wissenschaftlichen Methoden betriebene Technik zustande: eine globale Vereinheitlichung. Die Kennzeichen der modernen Technik sind heute weltweit anzutreffen. Unabhängig von kulturellen Traditionen und politischen Systemen stößt man überall auf Attribute des modernen technischen Lebensstils wie Coca Cola, Kühlschränke, Autos, Fernseher, Flugplätze und Computer. Ganz entsprechendes gilt für die Umweltbelastung und erst recht für die Ressourcenknappheit, die ihrer Natur nach ein globales Problem darstellt.

Die Vereinheitlichung beschränkt sich nicht nur auf die äußeren Lebensumstände. Da die technische Hardware nur dann effizient genutzt werden kann, wenn man sich auch der dazugehörigen Software bedient, muß zusammen mit der Technik auch eine ganz bestimmte Berufs- und Arbeitshaltung übernommen werden. Die Situation in den Entwicklungsländern liefert dafür aufschlußreiche

Beispiele. So ist etwa die Mentalität von Computerfachleuten und Entwicklungsingenieuren weit mehr durch ihre technische Aufgabenstellung als durch das traditionelle historische und kulturelle Erbe ihres Herkunftslandes bestimmt. Und die konkrete Berufssituation eines im Schichtbetrieb am Hochofen oder am Fließband tätigen Arbeiters ist weitgehend unabhängig vom politischen System und den Besitzverhältnissen des Werkes, in dem er tätig ist. Allgemeine Kennzeichen der modernen, wissenschaftlich und industriell betriebenen Technik sind also ihre globale Ausbreitung, der Abbau der Traditionen und die politische Systemneutralität. Wegen dieser Merkmale erhalten die hier zu diskutierenden Fragen eine weit über unsere konkrete Problemsituation hinausreichende, grundsätzliche Bedeutung.

Der Prozeß der weltweiten Technisierung wurde von keiner einzelnen Person, von keiner sozialen Gruppe und von keiner politischen Partei in seiner konkreten Form gewollt oder auch nur vorhergesehen. Dafür legen die vielfältigen Fehlprognosen der jeweils Handelnden beredtes Zeugnis ab. Jede „Verschwörertheorie", die die negativen Seiten der gegenwärtigen Situation auf die böse Absicht einzelner Individuen oder sozialer Gruppen zurückführt, ist unangemessen, denn sie verkennt die Komplexität des historischen Geschehens. Da die Absichten und Handlungen der jeweils Agierenden auf die nicht vorhersehbaren, gegenläufigen Absichten anderer stoßen, kommt insgesamt gesehen ein Resultat zustande, das für niemand absehbar war. Dies läßt sich am Beispiel technischer Innovationen aufzeigen. Maßgeblich sind hier insbesondere Forschung und Entwicklung, die Einführung auf dem Markt und die wirtschaftlich relevante Verbreitung. In allen diesen Bereichen folgt das Tun und Lassen der individuellen und kollektiven Handlungssubjekte den jeweils eingefahrenen Trends, aber es ist nicht mit Naturnotwendigkeit durch sie festgelegt. Das Verhalten der wissenschaftlichen, politischen und wirtschaftlichen Entscheidungsträger, einschließlich der Konsumenten, ist stets Ausdruck ganz bestimmter Wertvorstellungen, die etwa im Rahmen einer Technikbewertungsanalyse offengelegt und der kritischen Diskussion zugänglich gemacht werden können. So beruht denn auch die gegenwärtige Technikkritik weit mehr auf einem Wandel in der Prioritätensetzung als auf einer Veränderung der äußeren Umstände.

In der Tat gibt es keinen technologischen Imperativ, der gebieten würde, daß alles, was im Rahmen der vorhandenen Ressourcen wissenschaftlich und technisch machbar ist, tatsächlich in die Praxis umgesetzt werden müsse. Denn technische Prozesse und Systeme existieren nicht von sich aus. Alles, was im Bereich der Technik geschieht, geht direkt oder indirekt auf handelnde Individuen zurück, deren Tun durch bewußte oder unbewußte Absichten und Zielsetzungen bestimmt ist. Nur wenn man diesen elementaren Sachverhalt erkennt und die Technik in den Rang eines selbständig handelnden Subjekts erhebt, kann der Eindruck entstehen, daß hier ein unserem Zugriff enthobenes, mit naturgesetzlicher Zwangsläufigkeit ablaufendes Geschehen vorliegt. Auch im Rahmen der eingeschliffenen Verhaltensweisen wird keineswegs blindlings das technisch Mögliche in die Tat umgesetzt. Vielmehr wird ausdrücklich oder stillschweigend eine Güterabwägung vorgenommen, bei der man den jeweils erforderlichen Aufwand zu den erwarteten, positiv bewerteten Resultaten in Beziehung setzt. Deshalb sind stets Änderungen der eingefahrenen Trends möglich.

3. Intellektuelle Voraussetzungen

Ein kurzer Überblick über die historischen Determinanten, die zur gegenwärtigen Situation geführt haben, ist geeignet, diese systematischen Überlegungen zu ergänzen und zu bekräftigen. Zwar wird zwischen „materialistischen" und „idealistischen" Philosophen die Frage kontrovers diskutiert, welche Bedeutung den jeweiligen geistigen Zeitströmungen für das historische Geschehen zukommt. Für unsere Zwecke reicht jedoch die Feststellung aus, daß ganz bestimmte philosophische Auffassungen beim Zustandekommen der modernen Technik eine Rolle gespielt haben. Ob diese intellektuellen Bestimmungsgrößen den technischen, sozialen und politischen Determinanten nun über-, gleich- oder nachgeordnet sind, mag dabei offenbleiben. In Wirklichkeit liegt denn auch stets eine Wechselwirkung zwischen den kulturellen, philosophischen Hintergrundvorstellungen und den konkreten ökonomischen, sozialen und politischen Gegebenheiten vor, so daß eine eindeutige und scharfe Trennung ohnehin nicht möglich ist.

Bei näherem Zusehen zeigt sich denn auch, daß unsere Zeit mehr als jede andere Epoche der Weltgeschichte durch ganz bestimmte philosophische Hintergrundvorstellungen geprägt ist. Dies kann nicht verwundern, wenn man bedenkt, aus welchen Quellen das moderne Weltverständnis gespeist wird. Nicht Tradition und Herkommen, sondern die Ideale der autonomen Vernunft, der systematischen Naturbeherrschung und des unbegrenzten Fortschrittstrebens bestimmen unsere Sicht der Welt. Das gilt auch für den politischen Bereich: Demokratie und Chancengleichheit, sozialer Ausgleich und Kosmopolitismus sind keine Naturgegebenheiten, sondern normative Idealvorstellungen. Geistesgeschichtlich gesehen hat sich denn auch das moderne Verständnis vom Menschen und der Gesellschaft durch Rationalismus und Renaissance, durch Humanismus und Aufklärung allmählich herausgebildet.

Für das Zustandekommen der modernen Technik lassen sich insbesondere vier intellektuelle Voraussetzungen namhaft machen:

1. Die moderne Technik beruht auf der Entzauberung und Verdinglichung der Natur. Für das moderne, aufgeklärte Verständnis wird dem technischen Handeln – abgesehen vom Stand der materiellen und intellektuellen Ressourcen – nur durch die Gesetzmäßigkeit der jeweiligen physischen Prozesse eine definitive Grenze gesetzt. Allenfalls das Verbot von Humanexperimenten wird heute noch

ernst genommen. Die Welt erscheint uns nicht mehr als ein beseelter und verehrungswürdiger Kosmos, sondern nur noch als eine (zufällig) vorhandene und beliebig nutzbare Ansammlung lebloser Materie. Der Versuch, in rationalem Kalkül, zum Zweck der Selbstdomestizierung des Menschen die Ehrfurcht vor der Natur wieder einzuführen, erinnert denn auch an das Verhalten des Baron von Münchhausen.

2. Eine weitere Vorbedingung für das Entstehen der modernen Technik ist das mechanistische Weltbild, durch das isolierte Naturprozesse mit Hilfe der exrimentellen Methode und der mathematischen Beschreibung theoretisch faßbar und technisch nutzbar gemacht werden können. Die systematische, wissenschaftliche Erforschung des technisch Möglichen stützt sich auf dies mechanische Weltbild. Dabei wird der Bestand des bisher erreichten Wissens und Könnens jeweils um die neugewonnenen Erkenntnisse vermehrt. So ist denn auch in der modernen Technikgeschichte – insgesamt gesehen – eine beständige Verbesserung der technischen Leistungsfähigkeit festzustellen.

3. Die moderne Technik setzt ferner den Verzicht auf unmittelbare Bedürfnisbefriedigung und die Wertschätzung der Arbeit voraus (M. Weber). Wie wichtig eine langfristig orientierte Wirtschaftsgesinnung und ein diszipliniertes berufliches Verhalten im Rahmen der etablierten Arbeitsteilung sind, wird deutlich, wenn es um die Übertragung der modernen Technik in die Entwicklungsländer geht, deren kulturelle Tradition auf einer ganz anderen, mehr spontanen und weniger regiden Lebenseinstellung beruht.

4. Schließlich ist die dynamische Technikentwicklung an einen grundsätzlichen Veränderungswillen gebunden, der wesentlich auf dem Fortschrittsoptimismus der Aufklärung beruht. Im Gegensatz zu dem statischen, traditionalen, auf gleichbleibende Verhältnisse gerichteten Ordnungsdenken und Lebensgefühl des Mittelalters ist für die Moderne in allen Bereichen ein aktiver Schaffensdrang charakteristisch, so daß vielfach Veränderung schlechthin als Selbstwert gilt. So spricht W. Sombart vom „Unendlichkeitsstreben“ des neuzeitlichen Geistes, der sich beständig neue Ziele setzt und keine natürlichen Grenzen anerkennt; und J.A. Schumpeter hat die Formel von der „schöpferischen Zerstörung“ geprägt, durch die beständig alte Strukturen zerstört und neue geschaffen werden.

4. Kritik und Rechtfertigung

Die Argumente der Technikkritiker sind allgemein geläufig: Die Zerstörung der natürlichen Umwelt, der Raubbau an nichtregenerierbaren Ressourcen, der apokalyptische Rüstungswettlauf, die Unbehaustheit der Städte, die kalte Vereinzelung im Getriebe eines anonymen Produktions- und Konsumtionsprozesses und die Entfremdung in einer hochdifferenzierten, arbeitsteiligen Welt, die in ihren einzelnen Zusammenhängen kaum mehr durchschaubar ist, werden der modernen Technik angelastet. Dabei ist ein fließender Übergang zwischen technischen, sozialen und politischen Argumenten erkennbar. Weil die moderne Technik zu einem bestimmenden Faktor unseres Lebens geworden ist, hängt auch das soziale und politische Geschehen wesentlich von ihr ab. Deshalb ist es nur konsequent, wenn die gegenwärtige Technikkritik zum Kristallisationspunkt für eine grundsätzliche Kritik der politischen und wirtschaftlichen Verhältnisse wird.

Die Befürworter der modernen Technik haben mindestens ebenso gewichtige Argumente anzuführen. Sie können darauf hinweisen, daß die Technik nicht als ein von außen gesetztes Verhängnis über die Menschheit hereingebrochen ist. Jede technische Neuerung mußte sich gegen den vorher bestehenden Zustand durchsetzen. Von Urlaubsvergnügungen abgesehen würde denn auch wohl kaum jemand die Postkutsche der Eisenbahn oder das Segelschiff dem Flugzeug vorziehen. Dabei ist anzumerken, daß Postkutsche und Segelschiff ihrerseits ebenfalls technische Neuerungen darstellen; eigentlich können nur der Fußmarsch oder das Schwimmen als vortechnische Fortbewegungsarten gelten. Hier wird deutlich, daß der Mensch als ein biologisch unzulänglich ausgestattetes „Mängelwesen" (A. Gehlen) zwangsläufig auf die Technik angewiesen ist. Bei einer abgewogenen Diskussion kann es deshalb nicht um ein grundsätzliches Ja oder Nein gehen, sondern immer nur um das richtige, angemessene Maß der Technik.

Die positiven Auswirkungen der Technik, auf die auch ihre schärfsten Kritiker kaum verzichten möchten, sind denn auch offenkundig. In den Industrienationen gehören Hungersnöte, Epidemien und die Fron mühseliger, körperlicher Arbeit weitgehend der Vergangenheit an. Von dem Standard, der heute etwa auf dem Gebiet der Transport- und Kommunikationstechnik zur Selbstverständlichkeit geworden ist, hätte früher kein Fürst zu träumen gewagt. Der medizinisch-technische Fortschritt hat eine allgemeine Gesundheitsfürsorge ermöglicht und die Lebenserwartung wesentlich gesteigert. In sozialer Hinsicht hat die Technik durch das vergrößerte Sozialprodukt die Voraussetzungen dafür geschaffen, daß das demokratische Gleichheitsideal in materieller Hinsicht weitgehend verwirklicht werden konnte. Durch vergrößerte Freizeit, vielfältige Reisemöglichkeiten und preiswerte Bücher und Schallplatten schafft die Technik auch äußere Voraussetzungen zur persönlichen Entfaltung.

5. Problemfelder

Bei einer weitgespannten historischen Analyse erweist sich der beschleunigte Wandel als das entscheidende Problem. Es ist inzwischen fast zum Gemeinplatz geworden, daß viele der Probleme, denen wir uns heute im Zusammenhang mit der Technikentwicklung gegenübersehen, aus der gesteigerten Veränderungsgeschwindigkeit resultieren. Während in früheren Epochen über Generationen hinweg im wesentlichen gleichbleibende Verhältnisse herrschten, sind allein in den letzten hundert Jahren das Telephon, das Automobil, das Radio, das

Flugzeug, das Fernsehen, der Computer und das Atomkraftwerk eingeführt worden. Im Verlauf der Menschheitsgeschichte, etwa beim Übergang vom Dasein der Jäger und Sammler zur Kultur der seßhaften Ackerbauern, sind immer wieder technische Veränderungen erfolgt, so daß es allein von der historischen Perspektive her gesehen gar nicht möglich ist, einen bestimmten Zustand als den eigentlich menschlichen, erstrebenswerten zu erweisen. Sowohl von der Wissenschafts- und Technikgeschichte als auch von der Geistes- und Philosophiegeschichte her läßt sich denn auch keine eindeutige Zäsur für das Entstehen der modernen Technik angeben; sie ist das Resultat eines allmählichen Entwicklungsprozesses, der sich bis zu den Wurzeln der abendländischen Tradition zurückverfolgen läßt.

Unsere technischen Handlungen – etwa auf dem Gebiet der Umweltbelastung, des Ressourcenverbrauchs und potentiell auch der Rüstungstechnik – haben früher ungeahnte, schlechthin globale Auswirkungen. Deshalb wären zu einer Kontrolle grundsätzlich auch weltweite Maßnahmen erforderlich, die zudem das Interesse der kommenden Generationen berücksichtigen müßten. Doch weder unser konkreter Erfahrungshorizont noch unser moralisches Bewußtsein sind auf diese räumlichen und zeitlichen Dimensionen zugeschnitten. Um die anstehenden Probleme zu meistern, bedürfte es, genau gesehen, einer Fernethik und einer freiwilligen Selbstbeschränkung, die den gängigen Vorstellungen durchaus fremd sind. Denn die überkommene Einstellung ist gerade auf eine Steigerung der Handlungsmöglichkeiten, auf die Entfaltung der Aktionspotentiale und auf eine beständige Wohlstandsvermehrung gerichtet. Das quantitative Fortschrittsdenken ist so fest im gegenwärtigen Bewußtsein verankert, daß der Aufweis von „Grenzen des Wachstums" (Club of Rome) geradezu als Entzug der Sinndimension empfunden wird. Die Richtung, in der hier ein Umdenken möglich und notwendig ist, wird durch das Stichwort vom qualitativen Fortschritt angedeutet.

Der konkreten Realisierung dieser grundsätzlich unbestrittenen Forderungen stehen jedoch eine Fülle von sozialen, ökonomischen und politischen Widerständen entgegen. Der Einzelne, die sozialen Gruppen und die verschiedenen Nationen treten verbal durchaus für geeignete Maßnahmen ein – dies aber in der Hoffnung, daß diese Maßnahmen auf Kosten anderer verwirklicht werden können. Letzten Endes möchte jeder den Nutzen einer technischen Neuerung in Anspruch nehmen, aber kaum jemand ist bereit, auch die negativen Folgen zu tragen. Hier gilt das abgewandelte St.-Florians-Prinzip (O heiliger St. Florian, schütz unser Haus, zünd andere an). Jedermann möchte, daß billig produziert wird – aber in seiner Nähe soll die Umwelt nicht verschmutzt werden; jedermann möchte, daß der Müll beseitigt wird und daß Flugmöglichkeiten bestehen – aber niemand möchte in der Nähe einer Müllkippe oder eines Flugplatzes wohnen. Doch die moderne Technik ist mit ihren Verbundsystemen für Energieübertragung, für Transport und Kommunikation so angelegt, daß die getroffenen Regelungen für alle Mitglieder der Gesellschaft verbindlichen Charakter haben. Ein Kraftwerk beliefert alle Stromabnehmer unabhängig von ihrer politischen Einstellung. Dasselbe trifft für die vielfältigen Formen der Standardisierung zu, durch die Massenproduktion und Massenkonsum erst möglich werden.

Ähnliches gilt für die Funktionsbedingungen der komplexen, wissenschaftlich-technischen Industriegesellschaften, wie etwa Arbeitsteilung, Spezialisierung, die (demokratisch legitimierte) Delegation von Entscheidungen im Rahmen hierarchischer Strukturen und die Anonymität der materiellen Austauschbeziehungen. Neben den Einsichten von Kepler, Darwin und Freud kann man diese Funktionsbedingungen als die vierte Kränkung der Menschheit bezeichnen (W. Glaser). Diese soziotechnischen Prinzipien sind letzten Endes ebenso wie die Naturgesetze Ausdruck der Widerständigkeit und Nichtverfügbarkeit der Welt. Sie lassen sich nicht allein durch unser Wünschen und Wollen verändern. Unser Handeln kann sich immer nur innerhalb des Rahmens vollziehen, der durch diese Gesetze vorgegeben ist, wenn anders wir die Vorteile der preiswerten Massenproduktion und des materiellen Wohlstandes in Anspruch nehmen wollen. Die unerwünschten Resultate können durch geeignete Gegenmaßnahmen abgemildert, aber nicht grundsätzlich aus der Welt geschafft werden. So lassen sich denn auch in den Industriegesellschaften bestimmte Probleme (Recycling, alternative Energieversorgung) nur durch ein Mehr an moderner Technik, aber nicht durch grundsätzlichen Verzicht auf technische Maßnahmen bewältigen. Die Leistungen der modernen Technik haben also unvermeidbar ihren Preis, der gerade durch die Technikkritik deutlich ins Bewußtsein gehoben wird.

In Sachen Technikentwicklung gilt es, einen Konsens zu finden, der dann auch von allen Mitgliedern der Gesellschaft akzeptiert wird. Abweichende Auffassungen sind völlig legitim und Ausdruck eines demokratischen Pluralismus. Wir wissen aus der Vergangenheit, daß alle Prognosen nur Wahrscheinlichkeitsaussagen liefern und daß das historische Geschehen sich nicht wie ein technischer Konstruktionsprozeß planen läßt. Deshalb kann niemand – weder die Mehrheit noch die Minderheit – für sich das Recht in Anspruch nehmen, über die einzig wahre, richtige Antwort zu verfügen und unter Berufung darauf der anderen Seite die Existenzberechtigung absprechen. Daraus sollte eine recht verstandene Bescheidenheit und die Toleranz vor andersartigen Meinungen resultieren. Wegen unseres begrenzten Wissens und Könnens besteht ein legitimer, ja unerläßlicher, Spielraum für die persönlich zu treffende und zu verantwortende Willensentscheidung in Sachen Technikbewertung, so daß niemand das Recht hat, den guten Willen desjenigen zu bezweifeln, der eine entgegengesetzte Auffassung vertritt. Da sich niemand rühmen kann, im Besitz der absoluten Wahrheit zu sein, ist das Toleranzgebot nicht nur praktisch-politisch, sondern auch erkenntnistheoretisch-philosophisch begründet.

Sowohl für die Weiterführung der Technik im bisherigen Sinne als auch für die Einleitung eines Gesinnungswandels sind Anknüpfungspunkte in unserem intellektuellen Erbe und im gegenwärtigen Selbstverständnis nachweisbar. Die auf Rationalität, Naturbeherrschung und Fortschrittsoptimismus gegründete forcierte Technikentwicklung ist ebenso Teil unserer Tradition wie das Streben nach Verinnerlichung, Kontemplation und einem naturnahen Welt- und Lebensverständnis. Sowohl der prometheische Schaffensdrang Fausts als auch die kontemplative Innerlichkeit eines Franz von Assisi sind mögliche Lebensideale. Doch die nach außen gewandte Aktivität Fausts bedarf als Korrektiv der asketischen und meditativen Franziskanischen Haltung, weil ohne Selbstbeschränkung und ohne Besinnung auf die Werte der Innerlichkeit der extravertierte Schaffensdrang das Leben auf der Erde gefährden würde.

6. Weiterführende Literatur*)

Zu tiefergehender Auseinandersetzung empfiehlt sich folgende Lektüre:

Dessauer 1956
Optimistische Deutung der Technik als Realisierung prästabilisierter Lösungsgestalten

Gehlen 1961
Die anthropologische Sicht, der Mensch als biologisches Mängelwesen

Schelsky 1961
Fachleute und Politiker sind der Technokratie der Sachgesetzlichkeiten unterworfen

Heidegger 1962
Spekulative Auslegung aus der Geschichte der abendländischen Metaphysik

Horkheimer 1967
Die Perfektionierung der technischen Mittel und der Verlust objektiver, rationaler Ziele

Habermas 1968
Neomarxistische Sozialkritik

Lenk; Moser 1973
Sammlung programmatischer Arbeiten

Meadows 1973
Die Trendextrapolation am Weltmodell führt zu alarmierenden Resultaten

---

*) Zu den Quellenangaben vgl. das Literaturverzeichnis im Anhang

Zimmerli 1976
Theoretisch und ideologisch unterschiedliche Ansätze zur Technikphilosophie

Stork 1977
Aktuelle Erscheinungsformen und Auswirkungen der Technik

Huning 1978
Das Schaffen des Ingenieurs. Beiträge zu einer Philosophie der Technik. Einführender Überblick

Rapp 1978
Historischer und systematischer Abriß

Sachsse 1978
Evolutionstheoretische Technikdeutung

Beck 1979
Knüpft insbesondere an Aristoteles, Th. von Aquin, Hegel und Heidegger an

Ropohl 1979
System- und handlungstheoretische disziplinübergreifende Darstellung

Wollgast; Banse
Kritik aus der Perspektive der DDR

Krämer 1982
Versuch einer systematischen Gesellschaftstheorie der Technik

Lenk 1982
Studien zur Technik als sozialem und kulturellem Phänomen

Rapp; Durbin 1982
Ergebnisse der ersten Arbeitstagung von Fachvertretern aus der Bundesrepublik und den USA

Ropohl 1983
Modelle der Wertbestimmung, Zielfindung und Entscheidungssteuerung

Schirmacher 1983
An die Stelle der gegenwärtigen Todestechnik soll eine am kosmischen Geschehen orientierte Lebenstechnik treten

Sachsse 1984
Gegen Individualismus für Berücksichtigung umfassender Zusammenhänge

Ströker 1984
Die allgemeine Problematik

Rapp 1985
Systematisch geordnete Übersicht der internationalen Literatur

1.2. Die Einheit von technischer und sozialer Innovation

Ulrich Steger

1. Der Verlust eines Glaubens

Ein beharrlicher Glaube ist zunehmend verloren gegangen: Der Glaube an die glückverheißende Macht der Technik, mit deren Fortschritt die Freiheit des Menschen von materieller Entbehrung, sozialer Not und harter Arbeit geradezu zwangsläufig wachsen müsse. Technik als Synonym für Fortschritt gesellschaftlicher Entwicklung, als Inbegriff des Wachstums und der Wohlfahrt, als Schlüssel zum sozialen Frieden war in den Nachkriegsjahren bis zum Ende der 60er Jahre kaum je in Gefahr, im öffentlichen Bewußtsein mit Fragezeichen versehen zu werden. Stand sie doch Pate für ein starkes, relativ reibungsloses Wirtschaftswachstum, das reichlich und kostengünstig mit natürlichen Ressourcen beliefert werden konnte: Luft und Wasser standen als sogenannte „freie Güter" ohnehin nicht auf der Kostenliste, Grund und Boden waren zumindest ohne lästige Gedanken an deren Nichtvermehrbarkeit oder Belastbarkeit disponibel, Energie und Rohstoffe billig sowie in jeder Menge zu beschaffen.

Kein Grund, Fragen zu stellen: Das Wirtschaftswachstum der Wunderjahre stillte ja nicht nur die Grundbedürfnisse nach den Entbehrungen des Krieges und seiner Folgen, sondern nährte die Erwartung von Lebensglück durch Konsum. Der Glaube an die wachsende Glückseligkeit durch wachsende Konsummöglichkeiten etablierte sich als neue Norm schnell in jenem Bewußtseinsraum, den die Entideologisierung mit dem Zusammenbruch des Nationalsozialismus freigemacht hatte; womöglich noch schneller und – verständlicherweise – einprägsamer als dies der Glaube an die neue Republik, die demokratische Staatsverfassung und ihre freiheitlich-soziale Verpflichtung vermochte.

Ein in der Kriegswirtschaft hochentwickeltes technisch-wissenschaftliches Potential stand bereit, nun einem besseren Leben im Frieden zu dienen; mehr als genug Arbeit für alle, die Ruinen des Dritten Reiches zu beseitigen, die ausgebrannten Wirtschaftsräume neu anzulegen. Bei der Beschäftigung, das Wirtschaftswunder zu vollbringen und technisch wie moralisch aufzurüsten („Wir sind wieder wer"), gab es weder Zeit noch Anlaß, sich mit dem Verteilungskonflikt von Arbeit und Kapital zu befassen; er beschränkte sich auf den Konflikt der Verteilung der Wachstumsraten, die wirtschaftspolitische Diskussion auf die Frage der Rahmenbedingungen zur möglichst störungsfreien Regeneration und Erweiterung des Kapitalstocks. Zweifel am Fortschrittsglauben und am Segen der Technik als Vehikel für den Weg in ein besseres, kraft ihrer Verheißung „Wohlstand für alle" sozial befriedetes Diesseits schienen nicht begründet und mochten allenfalls als Ausfluß elitärer Weltverbesserungsideen milde belächelt werden.

Die festgefügten Glaubenssätze, die selbstzufriedenen Rituale der etablierten Konsumgesellschaft sahen sich gegen Ende der 60er Jahre erstmals massiven, als bestandsbedrohend empfundenen und mit ungewohnter Rüpelhaftigkeit vorgetragenen Angriffen ausgesetzt: Die im Nachkriegsdeutschland herangewachsene junge Generation begab sich mit einem Großteil ihrer Studentenschaft lautstark demonstrierend in die sogenannte „Außerparlamentarische Opposition" – lärmende Vorhut eines in der Folge sich mehr oder weniger spektakulär vollziehenden Wertewandels, der die alte Gleichung „Mehr Konsum = mehr Glück" zunächst radikal in Frage stellte, um schließlich unter den – allerdings unzureichenden – Etiketten wie „Neue Innerlichkeit" und „Natürliche Lebensweisen" zunehmend Eingang in die Lebensführung zu finden. Die „Alternative" als Begriff für die Abkehr vom Wachstumstaumel und dem Konsumrausch fand Gehör und Gefolgschaft, und mit ihr wuchs die kritische Einstellung zur Technik.

War „Technik" schon als Komponente des militärisch-industriellen Komplexes – etwa beim Vietnam-Krieg – in Mißkredit geraten, so waren es die tiefgreifenden Erschütterungen durch die Ölpreiskrisen Anfang der 70er Jahre, denen der Glaube an die unbegrenzten technischen Möglichkeiten der Wachstumsmaschine endgültig zum Opfer fiel. Sie lenkten die Aufmerksamkeit auf die Endlichkeit natürlicher Ressourcen und die Empfindlichkeit der von ihnen abhängenden ökologischen und sozialen Funktionssysteme. Hinzu kam die Entdeckung der „Umwelt"; will heißen der Verschmutzung und Verwüstung der Natur durch eine „gefräßige" Technik, die sich ihrer Schätze durch Raubbau bemächtigt, ihre gewachsene Schönheit durch ausbeutende Eingriffe entstellt und sie mit ihren giftigen Ausscheidungen verseucht. Es reifte die Erkenntnis, daß mit weiterhin zunehmender Zerstörung der natürlichen Umwelt, weiteren Eingriffen in bislang einigermaßen intakte Lebensräume auch die Grundlagen menschlichen Lebens – in jeder Hinsicht – vernichtet würden. Es wurde der „Friede mit der Natur" gesucht . . .

Ereignisse, Erkenntnisse und Entwicklungen, die in die Aufbruchstimmung der sozialliberalen Bundesregierung platzten, welche noch vor dem Hintergrund einer – nach kurzer Rezession – scheinbar beständig boomenden Wirtschaft angetreten war, „mehr Demokratie zu wagen", das soziale Netz sicherer zu knüpfen und die Lebensqualität und Vollbeschäftigung als Grundwert menschlicher Arbeit zu sichern. Den gerade beschrittenen Weg der Humanisierung der Arbeitswelt, der Bändigung der Technikentwicklung durch Anpassen der Maschine an den Menschen und der Sicherung des Einflusses der Arbeitenden auf die Funktionszusammenhänge durch mehr Mitbestimmung durchkreuzte indessen eine weltweit durchschlagende, krisenhafte Wirtschaftsentwicklung; die Abweichung vom „gleichwertigen Wachstumspfad" verästelte sich in einem Problemkomplex aus Strukturveränderungen, Energieknappheit, rasch vordringenden neuen Technologien, verschärftem internationalem Wettbewerb, Umweltkrisen und Massenarbeitslosigkeit im Gefolge.

Skepsis, ja Angst gegenüber der Technik ist nicht nur vor den Schatten des heraufdämmernden Computerzeitalters verständlich, sondern auch bei den bereits realen Folgen angewandter Technologien. Neben dem in den Boomjahren angehäuften menschlichen Rationalisierungspotential, das in der Rezession zügig durch technische Verbesserungen aufgelassen werden konnte und die Arbeitslosenzahlen anschwellen ließ, steht der weniger gut meßbare Verlust an Humankapital durch die Entwertung alter Qualifikationen mit dem Vordringen der Mikroelektronik in der Produktion, in Dienstleistung und Verwaltung. Angst vor Überforderung der eigenen Anpassungsfähigkeit und vor Arbeitslosigkeit als Folge bestimmt bei vielen, vornehmlich älteren Arbeitnehmern die Erwartungen.

Zunehmende Komplexität technischer Systeme und mangelnde Durchschaubarkeit ihrer Wirkungen und Funktionen schürten nicht nur den Zweifel vieler am Nutzen der Technik insgesamt, geschweige denn daß ihre Weiterentwicklung als Chance zur Verbesserung der Lebensqualität begriffen werden konnte. Das gilt für Großtechnologien wie für kleinere Einheiten gleichermaßen, für die Kerntechnik wie die Kommunikationstechnologien. Hinzu kommt der Zweifel am menschlichen Eigenwert im Vergleich zum Wert eingesetzter Technik; nicht jeder kann die Maschine als Hilfsmittel für eine qualifizierte Tätigkeit ansehen, wenn sie ihn als Taktgeber für eine automatisierte, standardisierte und monotone Folge von Arbeitsvorgängen beherrscht. Und es gibt – nicht zu leugnen – die Angst vor einer Technik, die demokratischer Kontrolle entgleiten könnte; der Alptraum vom Überwachungsstaat durch gezielten Mißbrauch moderner Informations- und Kommunikationstechnologien, die Furcht vor Verdrahtung der eigenen vier Wände und der Verdatung der Persönlichkeitssphäre haben Gründe, die nicht nur im Irrationalen zu suchen sind. Gefährdet erschien plötzlich die „Akzeptanz der Technik“, denn Akzeptanz kommt von akzeptabel. Dies vermochte auch die Verbreitung regierungsamtlichen Optimismus nicht zu stoppen.

Zentrale Ursache für das Spannungsverhältnis, ja den gerne konstruierten Antagonismus von Umwelt und Technik ist gewiß die lange Zeit anhaltende Ignoranz von Politik und Wirtschaft, die die ökologischen Folgen des wirtschaftlichen Expansionsprozesses und der Verwendung neuentwickelter, aber auch klassischer Techniken nicht in ihrer ganzen Tragweite für die Zukunft der Menschheit erkannt haben. Die gesundheitsgefährdenden Belastungen von Luft, Wasser und Boden – das Waldsterben mit seinen unübersehbaren, an Zahl zunehmenden Mahnmalen kahler Bäume –, die weiterhin ungeklärten Fragen der Entsorgung ganzer Industriezweige von gefährlichen Abfallprodukten haben so in den letzten Jahren ein zerstörerisches Gewicht bekommen können.

Den auf all die genannten – und die zahllosen ungenannten – Gründe zurückzuführenden Verlust des Glaubens an die salvatorische Macht der Technik belegen zwei Allensbach-Umfragen. Sie dokumentieren die veränderte Einstellung der Bevölkerung in deutlichen Zahlen: Die These „Technikentwicklung ist alles in allem ein Segen“ bejahten 1966 noch 72 Prozent; Ende 1981 waren dies gerade noch 30 Prozent. Daß Technikentwicklung alles in allem ein Fluch sei, empfanden 1966 nur drei Prozent, 1981 bereits 13 Prozent. Teils Segen, teils Fluch urteilten 1966 ganze 25 Prozent, 1981 schon 54 Prozent. Auch ohne Vergleichswerte aus früheren Jahren sind folgende Aussagen interessant: 61 Prozent der Bevölkerung sahen 1981 die Technik als wichtig für das Wirtschaftswachstum an, 66 Prozent bejahten die These, daß Technik stark mit der Zerstörung der Umwelt zusammenhänge, und bei 56 Prozent löste die Technikentwicklung Angst aus.

2. Apokalypsen und neue Heilsbotschaften

Die Szenarien, die schon seit geraumer Zeit unter Fortschreibung der gegenwärtigen Technikentwicklungen für die Zukunft entworfen werden, haben mitunter die visionäre Kraft von Apokalypsen. Sie beziehen sie allerdings meist aus nicht – oder nur unzureichend – extrapolierten Verlängerungen bestehender Ansätze oder Gegebenheiten, die dann in der Tat die Dimension erhalten, die ein unaufhaltsames Näherrücken des Weltendes plausibel erscheinen läßt und die letzten Tage der Menschheit scheinbar schon einläutet, ja abzählbar macht. Ihr Vorteil jedoch liegt sicherlich im heilsamen Anstoß, der vorhandene Vernunft und Verantwortlichkeit zu aktivieren vermag; die Beherrschbarkeit vom Menschen verursachter Entwicklungen im Einklang mit Erkenntnisfähigkeit und Gestaltungskraft muß nicht den Charakter neuer Glaubenssätze haben, um dennoch die Hoffnung zu hegen, der Untergang sei noch rechtzeitig abzublasen. Seit der Club of Rome die Grenzen des Wachstums – ob in allen Bereichen zutreffend oder nicht – drastisch abgesteckt hat, ist manche Überlegung in die politische Tat umgesetzt worden, die die Umkehrung oder Verlangsamung erkennbarer Trends bewirken wird. Mahner wie Lewis Mumford, dessen Kulturgeschichte der Technik in der Drohung der allumfassenden, verselbständigten „Megamaschine“ moderner Staatenwesen gipfelt, oder Joseph Weizenbaum, der als „Ketzer“ unter den fortschrittsgläubigen Computerwissenschaftlern gilt – überzeugt, daß Hochtechnologie die Welt in den Abgrund führe, wenn nicht ein Wunder sie noch rette –, sind keine Rufer in der Wüste; sie werden gehört, und ihre Mahnungen werden in politische Entscheidungen umgesetzt.

Dennoch haben auffallend schlichte Heilsbotschaften derzeit noch gute Konjunktur. Wie etwa die der Konservativen in der Bundesrepublik, die im Kern verkündet, daß man nicht vom alten Glauben abfallen müsse, sondern lediglich die Ärmel aufkrempeln, und daß die Situation durch eine Wiederauflage der 50er Jahre zu meistern sei. Nur was die Umwelt betreffe, so müsse die alte Wachstumsphilosophie ein wenig variiert werden, ansonsten könne man letztendlich auch hier auf die heilenden Kräfte des Marktes hoffen. Technikangst sei real nicht begründbar; wer auf diese linke Propaganda sozialistisch unterwanderter Medien hereinfalle, der gefährde die internationale Wettbewerbsfähigkeit der deutschen Wirtschaft. Diese Botschaft scheint zu großen Teilen erfolgreich angekommen zu sein. Es rüsten die Bundesregierung und konservativ regierte Länder vor allem ihre Industrien mit massiven Subventionen und Beteiligungen für den Wettkampf um die meisten Chips, ohne den Defiziten in anderen Bereichen und sozialen Gefahren mehr als deklamatorische Beachtung zu gönnen: Mit „Chip-Chip-Hurra" beginnt der Marsch auf einer schnurgeraden Prachtstraße, an deren Ende die beste aller Welten wartet, leise elektronisch summend.

Die Gegenutopie der Alternativen ist nicht gerade besser. Der kollektive Ausstieg aus den Entwicklungslinien der Technik erscheint in einer Industriegesellschaft wohl kaum als die Vision besinnlich-selbstgenügsamer Spaziergänge im Grünen; Peter Glotz hat dies in einem Satz auf den Punkt gebracht: „Die Alternative zu Einsatz und Steuerung der neuen Technologien ist nicht die sanfte Republik, sondern der Weg in ein drittklassiges Industrieland, das im Schmutz veralteter Industrien sitzenbleibt."

Welches aber wäre der Weg, der ohne Blindheit für die Gefahren, jenseits aller Verheißungen und jeden Wunderglaubens, aber mit Blick auf eine gesicherte Zukunft der Industriegesellschaft zu gehen wäre? Der Konsequenzen aus der Technik-Kritik zieht und sie konstruktiv umsetzt?

3. Chancen der Industriegesellschaft: Technologische, ökologische, soziale Innovation

Nicht die Entwicklung der Technik an sich ist schuld an der komplexen Problematik, vor der die Industrienationen heute stehen. Die Ursachen von Arbeitslosigkeit, Umweltschäden und Strukturkrisen sind vielmehr im Umgang mit den Möglichkeiten der Technik zu suchen, und das nur zum Teil: demographische Entwicklungen, Bedarfs- und Marktverschiebungen, Ressourcenknappheit und wirtschaftspolitische Entscheidungen haben weltweit ihren Anteil daran.

Betrachtet man die Technik mit nüchternem Blick, so zeigt sich weder das Bild eines unaufhaltsam wuchernden, gefräßigen Molochs noch das einer Lichtgestalt im Strahlenkranz. Es enthüllt sich vielmehr als das eines Wesens mit ebenso nüchternem, dienstbar-instrumentellem Charakter. Und der will eingesetzt werden – und muß eingesetzt werden. Richtig eingesetzt – will heißen als Instrument unter der Kontrolle des Menschen – bietet Technik Chancen statt Zwänge, und sie läßt sich steuern auf jene Ziele hin, die zur grundlegenden Innovation erreicht werden müssen: die ökologische und die soziale Modernisierung der Industriegesellschaft, ohne die eine technische Modernisierung der Wirtschaft nicht mehr denkbar sein darf. Denn nur so wird es möglich sein, die radikalen Veränderungen durch neue Technologien in den nächsten Jahren und Jahrzehnten ohne gesellschaftliche Konflikte zu bewältigen, gegen die der Weber-Aufstand zu Beginn des letzten Jahrhunderts oder die Mechanisierungsdiskussion der 20er Jahre als bloße historische Marginalien erschienen.

Zwar werden wir hinnehmen müssen, daß die Zahl der durch neue Technologien entstehenden Arbeitsplätze nicht ausreichen wird, um die in der jetzigen Rationalisierungsphase verlorenen wieder auszugleichen. Aber wir können dafür sorgen, daß die Tendenz, den Technologieeinsatz von der Rationalisierung hin zur Qualifizierung der menschlichen Arbeitskraft für anspruchsvollere Aufgaben zu verändern, verstärkt wird. Das bedeutet: weg von der starren, mechanistischen, den Menschen verdrängenden Produktionsorganisation, hin zur flexiblen, dezentralen, integrierenden und die Fähigkeiten des Menschen umfassender nutzenden.

In einer Studie der Professoren Horst Kern und Michael Schumann mit dem Titel „Das Ende der Arbeitsteilung?" ist diese Tendenz – die sich freilich nicht ganz von alleine einstellt – beschrieben als die Wiedereinführung und Verankerung der „Produktionsintelligenz", die das tayloristische Konzept der immer stärkeren Arbeitsteilung und Reduktion der Arbeitsvorgänge, das heißt auch der stärkeren Anpassung des Menschen an die Maschine, seine Kontrolle und seinen Ersatz durch sie, ablösen könne. Der Traum – oder Alptraum – von der „menschenleeren Fabrik" im Zuge der Technikeuphorie sei ausgeträumt; der qualifizierte Arbeiter sei unersetzbar. Man treffe heute in wichtigen Bereichen der Industrie auf eine markt- und produktökonomische Konstellation, die keine Rationalisierung nach tayloristischem Muster mehr trage. Kapitalverwertung selbst erfordere den Umbruch in der Nutzung von Arbeitskraft.

Dies beweist, daß die neuen Technologien ein Humanisierungspotential enthalten, dessen Umsetzung freilich erkämpft werden muß. Und dies läßt auch folgern, daß ihr Einsatz gezielt gefördert werden muß, nicht nur aus strukturpolitischen Gründen oder zur Erhaltung der Wettbewerbsfähigkeit der Wirtschaft, sondern auch, um die Qualität der Arbeit anzuheben. Wobei jedoch flankierende beschäftigungspolitische Maßnahmen im Hinblick auf die technologisch bedingte Arbeitslosigkeit unerläßlich bleiben: die Bemühungen um weitere beschäftigungswirksame Flexibilisierung und Verkürzung der Arbeitszeit und die Schaffung neuer Arbeitsplätze in nichttechnischen, nichtrationalisierungsfähigen Bereichen. Es schält sich die deutliche Forderung heraus, den Einsatz der neuen Technologien aktiv zu gestalten und zu begleiten. Die soziale Steuerung des Technologieeinsatzes eröffnet damit die Möglichkeit, die Qualität von Arbeit und Leben tatsächlich entscheidend zu verändern.

Die ökologische Steuerung hingegen bietet die Chance, die Bedrohung unserer natürlichen Umwelt abzuwehren: mikroelektronische Regelung und neue biotechnologische Erkenntnisse nähren die Hoffnung, das Abfallproblem zu vermindern. Katalysatoren, Rauchgasentschwefelung und Wirbelschichtfeuerungsanlagen können die Schadstoffe in der Luft verringern, moderne Recyclingtechniken schonen die natürlichen Rohstoffquellen, und Energieeinsparung wäre ohne eine hochentwickelte Steuer-, Meß- und Regeltechnik nicht möglich.

Damit können wir zusammenfassen: Technologische Innovation ermöglicht neue Produkte, neue Produktionsverfahren und neue Dienstleistungen, mit deren Angebot neue Märkte erschlossen werden können. Das sichert die internationale Wettbewerbsposition der Bundesrepublik und kann dadurch zur Schaffung sicherer Arbeitsplätze beitragen. Am Beispiel der Ökologie wird deutlich, daß Technik zugleich Ursache entstandener Probleme und der Schlüssel zu ihrer Lösung sein kann; technologische Innovation ermöglicht erst Chancen zur Versöhnung von Ökonomie und Ökologie. Technologische Innovation enthält ein Humanisierungspotential, mit dem Arbeitsbedingungen verbessert, Arbeitsplätze aufgewertet und Spielräume für Arbeitszeitverkürzungen bei gleichzeitiger Einkommenssicherung geschaffen werden können.

Diese komplexen Wechselbeziehungen zwischen Technik, Arbeit und Umwelt gilt es rechtzeitig zu erkennen, um sie zu nutzen. Chancen und Risiken beim Einsatz neuer Technologien lassen sich abschätzen, wenn wir die ökonomischen, ökologischen und sozialen Folgewirkungen erforschen: nur auf dieser Grundlage kann eine aktive Technologiepolitik die Entwicklung und Anwendung der Technik in einer sozial- und umweltverträglichen, den Lebensbedingungen einer Industriegesellschaft zuträglichen Weise steuern. Damit stellt sich Technologiepolitik als eine gesellschaftspolitische Aufgabe zur Sicherung unseres Lebensstandards, zur Erhaltung und Verbesserung des Sozialstaates sowie zur Sicherung unserer Lebensgrundlagen durch den schonenden Umgang mit natürlichen Ressourcen und den Abbau der Umweltbelastungen. Mit der Formulierung dieser Aufgabe und ihrer Ziele ist der Weg vorgezeichnet, auf dem die Entwicklung der Industriegesellschaft weitergehen muß; die „dritte industrielle Revolution“ ist nicht der Startpunkt für einen überstürzten, planlosen Aufbruch ins elektronische Zeitalter, nicht der Umkehrpunkt für den Ausstieg aus der Weiterentwicklung der Industriegesellschaft, sondern der Ausgangspunkt für eine neue Politik, die industrie-, gesellschafts- und umweltpolitische Fragen mit einer gemeinsamen Strategie beantwortet.

4. Leitvorstellungen für eine praktische Technologiepolitik

Für die Praxis der Industrie- und Technologiepolitik lassen sich aus den Orientierungslinien des aufgezeichneten Weges Handlungsbedingungen ableiten, die zu konkreten Maßnahmen einer neuen Wirtschaftspolitik insgesamt führen. Sie beruht auf vier grundsätzlichen Leitvorstellungen:

1. Die drei ökonomischen Probleme für die nächsten Jahre – Arbeitslosigkeit, Umweltkrise, technologische Revolution – lassen sich nur dann lösen, wenn sie gemeinsam angegangen werden. Eine Bekämpfung der Arbeitslosigkeit etwa ohne die Berücksichtigung ökologischer Fragen müßte ebenso scheitern wie eine technologische Modernisierung ohne Rücksicht auf beschäftigungspolitische Konsequenzen. Ein solcher gemeinsamer Ansatz erfordert nicht nur das Verlassen ausgetrampelter Pfade der klassischen Wirtschaftspolitik, sondern auch das Überwinden einseitiger, schwacher Denkweisen, wie sie bisher die politische Diskussion geprägt haben. Bereichs-, ressort- und interessenspezifische Egoismen müssen dazu ebenso aufgegeben werden wie ideologische Denkblockaden, um einen breiten Konsens aller beteiligten und betroffenen gesellschaftlichen Gruppen zu erreichen.

2. Das „technologische Wettrüsten", das gegenwärtig zwischen allen westlichen Industrieländern herrscht, darf nicht dazu führen, daß in der Bundesrepublik blind kopiert wird, was andere schon tun oder getan haben. Zum einen fehlen dazu oft entscheidende kulturelle wie politische und ökonomische Voraussetzungen, und zum andern kann die Bundesrepublik als zwar bedeutende, aber von der Größe her eben nur mittlere Industrienation ohnehin nicht flächendeckend auf allen Gebieten von Forschung und Technologie führend sein. Notwendig ist eine nüchterne Analyse unserer Stärken wie Schwächen und das Setzen von Prioritäten, die nur strategisch bedeutsame Defizite ausgleichen, vorrangig aber vorhandene positive Ansatzpunkte ausbauen. Ein Beispiel: Entscheidend ist nicht, ob wir technologisch die USA oder Japan in der Chip-Produktion überholen, sondern daß elektronische Steuerungen in unsere Maschinenbauprodukte optimal integriert werden, damit der inländische Markt wie der Export wettbewerbsfähig bleibt. Damit verbietet sich eine einseitige Fixierung auf „high-tech"-Industrien; es kommt darauf an, daß auch die Breite der deutschen Unternehmen produktiv und wettbewerbsfähig ist. Voraussetzung dafür ist eine gesunde Mischstruktur auch aus sogenannten „middle-tech"-, „low-tech"- und „no-tech"-Unternehmen.

3. Politisches Ziel muß es sein, Technologie-Gestaltung zu betreiben. Es kann nicht darum gehen, generell neue Technologien zu verhindern, ihre Einführung oder Anwendung zu bremsen (obwohl dies im Einzelfall – etwa bei der Gentechnologie – durchaus notwendig sein kann) oder nur reaktiv negative Auswirkungen abzufangen, so unvermeidbar dies allerdings auch oft sein mag. Wir müssen vielmehr neue Technologien so anwenden, daß sie positiv zur Lösung bestehender Probleme beitragen – etwa zur Humanisierung des Arbeitslebens, zur Bekämpfung von Umweltproblemen, als Wettbewerbshilfe für Klein- und Mittelbetriebe. Dies ist die eigentliche Rechtfertigung dafür, daß der Staat in den Prozeß von Forschung und Technologieentwicklung eingreift.

4. Schließlich muß akzeptiert werden, daß von anderen Politikfeldern wie der Umwelt-, Regional- oder Beschäftigungspolitik Kriterien für die Technologiepolitik vorgegeben werden und daß technologische und gesellschaftliche Entwicklung voneinander abhängig sind. Auch wenn Marx' deterministische Abhängigkeit von „Produktivkräften“ und „Produktionsverhältnissen“ zu simpel für unsere heutigen pluralistisch-demokratischen Gesellschaften ist – die konservative Vorstellung, technologisch in den Weltraum vorzustoßen und gesellschaftspolitisch ins Postkutschenzeitalter zurückzumarschieren, wird nicht zu realisieren sein. Wer technologische Innovation will, muß auch bereit sein, gesellschaftspolitisch neue Wege zu gehen – bei der Mitbestimmung, im Bildungssystem, im Zusammenwirken von Staat, Wirtschaft und Wissenschaft. Kurz: technologische Innovationspolitik bedingt auch gesellschaftspolitische Reformpolitik.

5. Von der Technik-Kritik zur Technik-Gestaltung

Technik-Kritik hat sich heute wie zu allen Zeiten an den Negativbeispielen entzündet, deren Auswirkungen sich ohne viel Mühe feststellen und aufzählen lassen. Den positiven Weg zu gehen, den ein Industriestaat gehen muß, weil er keine Alternative zu sich selbst finden kann, ohne die Bedingungen seiner Existenz aufzulösen und die seiner Gesellschaft zu vernichten, heißt Alternativen innerhalb des Industriestaats zu finden. Die Alternative heißt Technik-Gestaltung statt Technik-Kritik, und sie ist ungleich mühevoller zu leisten. Gestaltung der Technik ist der einzige Weg, ihre Risiken wenn nicht auszuschalten so doch weitestgehend zu vermindern, ihre Chancen aber weitestgehend auszuschöpfen. Die Antagonismen von Arbeit und Umwelt in einer hochentwickelten Industriegesellschaft sind über die Technik – und nur über die Technik – lösbar. Wir müssen weiter daran arbeiten, mit Hilfe der Technik soziale Utopien möglich zu machen. Daß wir diese immerwährende Aufgabe der technischen Entwicklung abringen müssen, hat uns die Geschichte gezeigt. Denn Technik-Kritik läßt sich nicht durch ideologische Schlachten besiegen, sondern nur durch humane Praxis. Wie gesagt: Akzeptanz kommt von akzeptabel.

1.3. Unternehmenskultur und Innovation

Alfred Kieser

Wie sehen Organisationen aus, in denen kreative Ideen gedeihen und auch erfolgreich umgesetzt werden? Seit in Europa eine Innovationslücke gegenüber den USA und Japan konstatiert wird, zieht diese Frage besonders viel Interesse auf sich.

1. Eine hohe Innovationsbereitschaft der Unternehmung wird durch strukturelle Maßnahmen allein nicht sichergestellt

Es sind kaum mehr einzelne kreative Individuen, die Innovationen hervorbringen – was zu Beginn der Industrialisierung noch durchaus die Regel war. Die meisten Innovationen – neue Produkte oder neue Produktionsverfahren – erfordern heute den koordinierten Einsatz verschiedener Spezialisten in Organisationen.

Lange Zeit konzentrierte man sich bei der Beantwortung der Frage nach innovationsfördernden Bedingungen in Unternehmungen auf die *formale Organisationsstruktur.* So wurde die These vorgetragen – und auch empirisch belegt –, daß mechanistische, bürokratische Organisationen – Organisationen mit vielen Hierarchieebenen, starker Zentralisierung, vielen Verfahrensrichtlinien, deren Einhaltung strikt gefordert wird, und rigider Aufgaben- und Kompetenzabgrenzungen – weniger innovativ seien als organische Organisationen – Organisationen, in denen die genannten Eigenschaften nur schwach ausgeprägt sind.

Der Gleichung „mechanistische Organisationen = geringe Innovationsbereitschaft, organische Organisationen = hohe Innovationsbereitschaft" liegt jedoch eine grobe Vereinfachung des Innovationsproblems in Organisationen zugrunde. Eine Unternehmung besteht aus mehreren Teilbereichen, die differenziert zu gestalten sind: Forschung und Entwicklung benötigen eine andere Organisationsstruktur als das Marketing oder die Produktion. Die Produktion kann beispielsweise mehr Regelungen in Form von Richtlinien und Planvorgaben benötigen als das Marketing. Eine generelle Aufforderung zur Entbürokratisierung ist demnach wenig hilfreich. Aktivitäten zur Produktinnovation umfassen in der Regel verschiedene Teilbereiche; beispielsweise müssen Marketing, Forschung und Entwicklung und Produktion eng zusammenarbeiten. Das eigentliche Problem ist die *Koordination über die verschiedenen Bereiche* hinweg. Diese Koordination wird dadurch erschwert, daß die unterschiedlichen Aufgaben und Strukturen Einstellungen und Verhaltensweisen der Manager prägen (Lawrence u. Lovsch 1969). Produktionsmanager sind beispielsweise mehr kostenorientiert und pflegen eher einen sachorientierten Führungsstil, während F&E-Manager an Ergebnissen interessiert sind, die auch vor der „scientific community" Bestand haben, und einen personenorientierten Führungsstil bevorzugen. Wenn Vertreter der verschiedenen Bereiche mit ihren unterschiedlichen Werthaltungen, Orientierungen und Verhaltensweisen sich koordinieren müssen, um Produktinnovationen zu realisieren, entstehen erhebliche Konflikte. Die Ursachen dieser Konflikte liegen nicht nur in den Sachproblemen – so die Ergebnisse einer ganzen Reihe empirischer Untersuchungen –, sondern vor allem in der unterschiedlichen Sicht der Sachprobleme.

Zur Lösung solcher Konflikte reichen strukturelle Maßnahmen – etwa die Einrichtung eines effizienten Projektmanagements – nicht aus. Es kommt darauf an, durch das Führungssystem der Unternehmung eine Ausrichtung aller Beteiligten an den Zielen und Strategien der Unternehmung zu erreichen und eine Art der Konfliktlösung zu fördern, die Innovation nicht verhindert, sondern ihnen eher förderlich ist. Eine solche Führung kann nicht dem Geschick einzelner Führungskräfte überlassen bleiben, sie ist in der Kultur des Unternehmens zu verankern.

Neuere Untersuchungen, die erfolgreich innovierende Unternehmen mit weniger erfolgreich innovierenden vergleichen (Rothwell u. a. 1974), kommen zu dem Ergebnis, daß nicht nur strukturale Eigenschaften – ein effizientes Projektmanagement ist zweifelsohne wichtig – den Unterschied zwischen Erfolg und Mißerfolg ausmachen, sondern vor allem das Wertsystem des Unternehmens, die Art und Weise, wie es vermittelt wird, und die dadurch erreichte Motivation und Koordination der an Innovationen Beteiligten – kurz: die Unternehmenskultur.

2. Was ist das, die Unternehmenskultur?

In jeder Organisation gibt es einige *Wert- und Glaubensvorstellungen* darüber, welche Ziele und welche Verhaltensweisen für die Existenz der Organisation und ihrer Mitglieder von grundlegender Bedeutung sind. Diese Werte und Verhaltensweisen werden auf vielfältige Weise vermittelt, stabilisiert und weiterentwikkelt: Denken und Handeln werden zunächst in hohem Maße durch die *Sprache* geprägt. Die Sprache bildet eine Linse für die Wahrnehmung der Realität. In einer Kneipe wird anders gesprochen als in einer Bank. Auch einzelne Unternehmungen innerhalb einer Branche zeichnen sich mitunter durch spezifische Redewendungen und Begriffe aus.

Geschichte, Legenden und Mythen tragen ebenfalls zur Vermittlung von Werten und Verhaltensnormen bei. Wird beispielsweise die Geschichte „kultiviert", daß der Firmengründer auch nach beträchtlichem Wachstum seiner Unternehmung noch jeden Beschwerdebrief selbst gelesen und entsprechende Maßnahmen eingeleitet habe, so sagt dies eine ganze Menge über die gewünschte Kunden- und Qualitätsorientierung aus.

Eine wichtige Rolle kommt auch *Ritualen* und *Symbolen* zu. Die Verteilung eines Preises für Verkaufserfolge oder besondere Qualitätsleistungen, ein Tag der offenen Tür, bei dem die Mitarbeiter Frauen und Kinder in das Unternehmen mitbringen dürfen, oder die Plakatierung von Umsätzen und Börsenkursen an den Wänden der Werkshallen sind Handlungen, die bestimmte Mitarbeiter- und Umweltorientierungen signalisieren. Vor allem werden Werte aber durch das *Verhalten der Vorgesetzten* vermittelt. Vorgesetzte stellen Ereignisse in der Arbeitsgruppe, in der Unternehmung oder in der Umwelt in einen „höheren Zusammenhang" und geben ihnen dadurch „Sinn", machen sie für ihre Mitarbeiter verständlich, lassen bestimmte Handlungen vernünftig erscheinen. Eine Unternehmenskultur erfüllt eine Reihe wichtiger *Funktionen:* Sie schafft ein *gemeinsa-*

mes Bezugssystem, eine Linse, die Wahrnehmungen filtert und Erwartungen beeinflußt, gemeinsame *Interpretationen und Verständnis* ermöglicht, *Komplexität reduziert, Handlungen lenkt* und *legitimiert.* Unternehmenskulturen stärken die *Einbindung der Organisationsmitglieder,* sie fördern die *Identifikation* mit der Unternehmung und erhöhen die *Motivation.* Eine Identifikation mit den Grundprinzipien der Organisation kann u. U. eine effizientere *Koordination* herbeiführen als Weisungen von Vorgesetzten, Verfahrensrichtlinien oder Planvorgaben.

Die *Entwicklung der Kultur einer Organisation* wird bei ihrer Gründung eingeleitet. Die Gründer bringen Wertvorstellungen, Legitimationsmuster, eine *Vision,* in das Unternehmen ein. Um die ersten Entscheidungen und Handlungen der Gründer spinnen sich Legenden. Der „Geist der Gründung" wird beschworen, eine Tradition wird angelegt. Die „IBM-Kultur" läßt sich immer noch auf Thomas Watson zurückführen, diejenige von Siemens auf Werner von Siemens, und die Visionen von Hewlett und Packard prägten die oft beschworene Kultur von HP, die wiederum als repräsentativ für die bereits legendäre Silicon-Valley-Kultur gesehen wird (Sackmann 1983).

Die Unternehmenskultur prägt auch die formale Organisationsstruktur. Deshalb greifen Maßnahmen, die nur auf die Organisationsstruktur gerichtet sind, zu kurz, wenn nicht auch der „Geist, dem diese Organisationsstrukturen entsprungen sind", einer Revision unterzogen wird.

Der Frage, wie Unternehmenskulturen beschaffen sind, die Innovationen fördern, wollen wir uns auf einem kleinen Umweg nähern. Wir fragen zunächst, wie Unternehmenskulturen aussehen, die Innovationen *blockieren.*

3. Innovationen blockierende Unternehmenskulturen

Das hervorstechendste Merkmal von Unternehmenskulturen, die Innovationen erschweren, ist eine *starke Ausrichtung an Abteilungs- oder Bereichszielen.* Kommunikation über Abteilungen und Bereiche hinweg wird unterdrückt. Es handelt sich eher um ein Konglomerat von wenig verbundenen Subkulturen; eine Identifikation mit der Unternehmung als ganzer oder mit übergeordneten Unternehmungszielen ist nicht zu beobachten. Mitglieder anderer Bereiche werden eher als Kontrahenten denn als Kooperationspartner gesehen. Aus diesem Grunde ist auch *verordnetes Teamwork* meist wenig ergiebig.

Ein anderes hervorstechendes Merkmal innovationsfeindlicher Kulturen ist die *Dominanz der Hierarchie.* Das Top-Management ist ständig bemüht, den Fortschritt innovativer Vorhaben *eng zu überwachen* und behält sich auch relativ unbedeutende Teilentscheidungen vor. Die *Befolgung der vorgesehenen Verfahren* erscheint wichtiger als das Ergebnis. Es gibt *keinen Vertrauensvorschuß* für innovativ tätige Einzelpersonen oder Teams. Die Mitarbeiter werden über die Strategie der Unternehmung und über laufende Projekte kaum informiert. *Information* wird generell als *knappes Gut* behandelt.

Es ist sehr schwer, generelle Unterstützung für außergewöhnliche Vorhaben zu erhalten. Internes „Risikokapital" ist außerordentlich knapp. Auch moralische Unterstützung ist für Vorhaben, die nicht offensichtlich nur dem eigenen Bereich nutzen, nur schwer zu erlangen.

Die amerikanische Wissenschaftlerin und Unternehmensberaterin Rosabeth Kanter (1983) hat zahlreiche Fallstudien fehlgeschlagener Innovationsprojekte durchgeführt. Auch sie ist der Ansicht, daß die *Unternehmenskultur den wichtigsten Einflußfaktor der Innovation* bildet. Das innovationsfeindlichen Kulturen zugrundeliegende Wertsystem – sie nennt solche Kulturen *segmentalistische Kulturen* – fast sie sehr einprägsam in *„10 Regeln zur Blockierung von Innovationen"* zusammen (Abb. 1):

Abb. 1: 10 Regeln zur Blockierung von Innovationen

1. Betrachte jede neue, von unten kommende Idee mit Mißtrauen – weil sie neu ist und weil sie von unten kommt.
2. Bestehe darauf, daß Personen, die Deine Zustimmung für eine Aktion benötigen, auch die Zustimmung mehrerer höherer Ebenen einholen müssen.
3. Fordere Abteilungen oder Individuen auf, ihre Vorschläge gegenseitig zu kritisieren. (Das erspart Dir die Mühe des Entscheidens; Du mußt nur den Überlebenden belohnen).
4. Drücke Kritik ungehemmt aus und unterdrücke Lob. (Das hält die Leute unter Druck!)
5. Behandle die Aufdeckung von Problemen als Fehlleistung, damit die Leute nicht auf die Idee kommen, Dich wissen zu lassen, wenn etwas nicht klappt.
6. Kontrolliere alles sorgfältig. Sorge dafür, daß alles, was gezählt werden kann, oft gezählt und genau kontrolliert wird.
7. Fälle Entscheidungen zur Reorganisation heimlich und überfalle die Mitarbeiter damit unerwartet. (Auch das hält die Leute unter Druck.)
8. Stelle sicher, daß Informationsnachfrage stets gut begründet wird, und achte darauf, daß Information nicht umsonst zur Verfügung gestellt wird. (Informationen sollen nicht in falsche Hände fallen!)
9. Übertrage im Rahmen der Delegation auf nachgeordnete Manager vor allem die Verantwortung, Einsparprogramme oder andere bedrohliche Entscheidungen zu realisieren. Und bringe sie dazu, es schnell zu tun.
10. Und vor allem: vergiß nie, daß Du als Angehöriger der höheren Ebene schon alles Wichtige über dieses Geschäft weißt.

4. Innovationsfördernde Unternehmenskulturen

Wie sehen nun aber Unternehmenskulturen aus, die Innovationen fördern? Die Vermeidung der Merkmale innovationsfeindlicher Kulturen ist notwendig, nicht aber hinreichend – weitere Merkmale müssen hinzukommen. Untersuchungen von Kanter und auch die populäre Studie von Peters und Waterman „Auf der Suche nach Spitzenleistungen" (1983) deuten darauf hin, daß vor allem die folgenden Merkmale von zentraler Bedeutung sind:

Hoher Stellenwert der Innovation im gelebten Wertsystem

Erfolgreich innovierende Unternehmen lassen keinen Zweifel darüber aufkommen, daß Kreativität und Innovation erstrebenswerte Ziele sind, für die Unternehmung und für jeden einzelnen Mitarbeiter. Die Mythen und Legenden solcher Unternehmungen kreisen um Innovationen und um die „Helden", die sie hervorgebracht haben. Erfolgreiche Innovationen, mitunter auch erfolgloses, wegen seiner Initiative aber dennoch beispielhaftes Bemühen um Innovationen werden in Zeremonien zelebriert. In der Selbstdarstellung solcher Unternehmungen nach innen und außen nimmt Innovation und Kreativität einen prominenten Platz ein. Vorgesetzte nehmen in Besprechungen, in ihrer Interpretation von Ergebnissen und in dem Feedback, das sie ihren Mitarbeitern geben, häufig Bezug auf Kreativität und Innovation.

Das Wertsystem der Unternehmung darf sich nicht auf Rhetorik beschränken. Innovatives Verhalten muß auch tatsächlich belohnt werden; innovative Individuen und Gruppen sind tatsächlich auszuzeichnen. Die wichtigste Auszeichnung besteht darin, daß innovierende Gruppen und Individuen mit weiteren innovativen Projekten betraut werden, Freiräume bei ihrer Durchführung und weitgehende Unterstützung erhalten.

Toleranz gegenüber Fehlschlägen

Innovative Projekte sind immer mit Risiko behaftet. Fehlschläge sind unvermeidlich. Toleranz gegenüber Mißerfolgen ist deshalb ein unabdingbarer Bestandteil innovationsförderlicher Kulturen. Diese Toleranz nimmt in der Kultur der erfolgreich innovierenden Unternehmungen einen besonders hohen Stellenwert ein. Mißerfolge innovativen Bemühens werden positiv interpretiert: als Gelegenheit, zu lernen. Von einer erfolgreichen Unternehmung ist überliefert, daß in ihr der „Mißerfolg des Monats" prämiert wird: eine Initiative, die sich durch hohes Engagement und Kreativität auszeichnet, die zwar fehlschlug, aus der aber eine Menge zu lernen ist.

Mehr „Treffer" können nur erreicht werden, wenn mehr „Würfe" gemacht werden. Je mehr Würfe gemacht werden, desto mehr Fehlschläge stellen sich ein. Erfolgreich innovierende Unternehmen sehen und akzeptieren diesen Zusammenhang.

Sicherheit für die Mitarbeiter, Rotation und langsamer Aufstieg

Unsicherheit über den eigenen Status resultiert in Widerstand gegenüber Änderungen. Durch eine klare, mitarbeiterorientierte Personalpolitik wird diese Unsicherheit abgebaut und Änderungsbereitschaft geweckt. In ihrer Personalpolitik weisen erfolgreich innovierende Unternehmungen des Westens eine gewisse Ähnlichkeit mit japanischen Unternehmungen auf. *Freisetzungen als Folge von Innovationen werden vermieden.* Auf diese Weise wird Widerstand gegen Neuerungen abgebaut, Motivation zur Kooperation bei Innovationsprojekten gefördert.

Der Einsicht folgend, daß Mitarbeiter das wertvollste Kapital darstellen, investieren erfolgreich innovierende Unternehmungen viel in deren *Ausbildung*. Eine *Rotation* zwischen verschiedenen Bereichen ist relativ stark ausgeprägt. Sie weckt Verständnis für die spezifischen Probleme verschiedener Bereiche. Mitarbeiter, die mehrere Bereiche durchlaufen haben, können auch erfolgreicher auf informalem oder formalem Weg *Netzwerke* knüpfen, die für die Durchführung komplexer Innovationen von grundlegender Bedeutung sind. Eine Rotation erweist sich als außerordentlich wirksames Mittel gegen Segmentalismus.

Texas Instruments versucht, die Internalisierung der Unternehmungsstrategie und Verständnis für die Probleme anderer Bereiche dadurch zu fördern, daß Mitarbeiter aus den verschiedenen Bereichen in Teams Strategien, Taktiken und operative Pläne erarbeiten. Es gibt keinen zentralen Stab für strategische Planung. Der Effekt ist ähnlich wie bei der Rotation: Unabhängig von bestimmten Projekten werden die Manager gezwungen, sich mit den Problemen anderer Bereiche auseinanderzusetzen. Es wird so sichergestellt, daß bei innovativen Vorhaben die Belange der anderen Abteilungen und die strategischen Ziele der Unternehmung immer präsent sind.

Das Festhalten an der Belegschaft und die Rotation haben zwangsläufig zur Folge, daß Karrieren sich langsamer vollziehen. Für die Innovation ist auch dieser Umstand funktional: Konkurrenz zwischen Individuen wird abgebaut, *Teamgeist* gefördert.

Unterstützung für Champions

Der Motor erfolgreicher Innovationen ist der „Champion“, der hochmotivierte Mitarbeiter, der ein zentrales Problem erkannt hat und dessen Lösung zu seinem vordringlichen Anliegen macht. In erfolgreich innovierenden Unternehmungen erfährt dieser Champion vielfältige Unterstützung. Zunächst *Information.* Im Gegensatz zu segmentalistischen Kulturen ist Information in innovativen Kulturen kein knappes Gut. Informationsfilterung und -blockierung wird geächtet. Jeder Manager hat das Recht, Meetings – auch bereichsübergreifende – einzuberufen, für seine Ideen zu werben und erforderliche Informationen einzuholen. Ein solches Informationsverhalten setzt sich eher durch, wenn das

Top-Management mit gutem Beispiel vorangeht: mit einer Politik der offenen Tür, mit einer umfassenden Unterrichtung aller Mitarbeiter über Strategien und Ergebnisse, mit einer Bevorzugung von Face-to-Face-Kommunikation gegenüber schriftlicher Kommunikation und mit der häufigen Anberaumung von Koordinationssitzungen.

Aber auch *Personal-, Sach- und Finanzressourcen* sind in erfolgreichen innovativen Unternehmungen leichter zu erhalten. Projekte, die die Mitarbeit mehrerer Personen erfordern, sind relativ leicht zu etablieren. Auch finanzielle Mittel sind leichter zu erhalten. 3M hat beispielsweise eine „Innovations-Bank" institutionalisiert, um „Venture-Capital" für interne Projekte verfügbar zu halten.

Diese Freizügigkeit ist jedoch nicht unbegrenzt: Projektaktivitäten sind eingebettet in ein internes, ergebnisorientiertes Kontrollsystem. Projekte sind einem ständigen internen Wettbewerb ausgesetzt. Umfang und Dauer von Projekten hängen vom Abschneiden in diesem internen Wettbewerb ab. Die Bewertung erfolgt nicht schematisch – etwa nach Maßgabe der „unterm Strich" errechneten Rentabilität. Steering Committees, in denen erfahrene Champions eine zentrale Rolle einnehmen, evaluieren das Erfolgspotential der Projekte im Hinblick auf die langfristige Zielsetzung der Unternehmung.

5. Evolution, Dezentralisierung und Unternehmenskultur

Griffige Formeln sind immer gefährlich. Versucht man aber dennoch, das bisher Gesagte in einer kurzen Formel zusammenzufassen, dann lautet diese etwa wie folgt: Es kommt darauf an, in Unternehmungen ein *Klima* zu schaffen, *das Experimente begünstigt.* Innovationen lassen sich kaum rational von „oben" planen und durchsetzen, sie entstehen eher in *evolutorischen Prozessen.* Die *treibende Kraft* in diesen evolutorischen Prozessen sind die *Mitarbeiter.* Sie sind *motiviert,* zu experimentieren, wenn *Innovation und Kreativität den Leitprinzipien* der Unternehmung entsprechen, wenn *Fehlschläge toleriert* werden, wenn die Personalpolitik *persönliche Risiken* organisatorischer Veränderungen *minimiert* und wenn *Bemühungen um Innovation belohnt* werden.

Um innovative Projekte in Gang zu setzen, benötigen die Mitarbeiter Ressourcen – Informationen, Personal und Sachmittel. Die *Ressourcen müssen zugänglich sein,* andererseits muß aber auch ein Selektionssystem etabliert werden, das sicherstellt, daß nur diejenigen Projekte langfristig „überleben", die die Position der Unternehmung am Markt verbessern. Dieses *Selektionssystem* wird *durch einen internen Wettbewerb* gebildet: Die Projekte konkurrieren um die internen Ressourcen. Steering Committees, die nicht nur quantitative, sondern auch qualitative Kriterien anwenden, simulieren den internen Markt.

Zwei Bedingungen sorgen dafür, daß ein solches System handhabbar bleibt: eine *stark dezentralisierte Organisationsstruktur mit einfachen, transparenten*

Managementsystemen und eine Unternehmenskultur, die dafür sorgt, daß die dezentralisierte Organisationsstruktur durch eine Ausrichtung auf zentrale Prinzipien und Werte stabilisiert wird. Dezentralisierung kann man sich leisten, wenn man gewiß sein kann, daß alle am gleichen Strang ziehen. Die Unternehmenskultur stellt die qualitativen Kriterien des internen Wettbewerbs für innovative Ideen und Projekte zur Verfügung.

6. Kann man innovationsfreundliche Kulturen formen?

Über der Frage, ob man aus segmentalistischen Kulturen innovationsfreundliche Kulturen formen kann, scheiden sich die Geister. Einige Autoren sind der Ansicht, daß bestehende Kulturen in einem planvollen Vorgehen geändert werden können (Ouchi 1981).

Einige Autoren weisen warnend darauf hin, daß signifikante Änderungen der Unternehmenskultur sechs bis fünfzehn Jahre dauern können, daß solche Änderungen sehr kostspielig sind und daß die Erfolgsquote höchstens bei 50% liegt. Manche Autoren sind noch skeptischer. Sie meinen, daß gerade in Krisenzeiten – wenn eine zu geringe Innovationsrate einen Handlungszwang auslöst – eine Tendenz zu Machtkämpfen zu beobachten ist, die einem Wertewandel außerordentlich hinderlich ist. Auf jeden Fall: Aus einer innovationsfeindlichen eine innovationsfördernde Kultur zu formen, ist eine der schwierigsten Innovationen.

Rosabeth Kanter ist der Meinung, daß die folgenden Bedingungen für das Gelingen eines Versuchs zur Einführung neuer kultureller Elemente von grundlegender Bedeutung sind:

1. Die *Verankerung der „neuen" Kultur in der Tradition der Unternehmung.* Von den Stärken – von dem, was die Unternehmung in der Vergangenheit groß gemacht hat – auszugehen scheint vielversprechender, als vordringlich an der Beseitigung der konstatierten Schwächen zu arbeiten.

2. Änderungen der Unternehmenskultur müssen *durch konkrete strategische Pläne unterstützt* werden. Eine Änderung der Unternehmenskultur benötigt konkrete Anlässe, konkrete Zielsetzungen.

3. Die *Unternehmensführung* muß sich voll *mit der kulturellen Änderung identifizieren* und Zeichen setzen.

4. Die Änderung der Unternehmenskultur benötigt *konkrete Aktionsprogramme.* Neue Trainingsprogramme, Projekte zur Humanisierung des Arbeitslebens, die Einführung von Qualitätszirkeln sind Beispiele für Aktionen, die Symbol und Antrieb für einen solchen Änderungsprozeß sein können.

Die Formulierung einer Unternehmensphilosophie unter Beteiligung möglichst vieler Managementebenen, ihre Umsetzung in Führungsrichtlinien, im Führungstraining, in – vorsichtig dosierten – „Ritualen" und „Symbolen" sind sicherlich wichtige erste Schritte in diesem Prozeß.

1.4. Der Geist des japanischen Kapitalismus

Yamamoto Shichihei

„Ihr wißt ja selbst, wie ihr uns nachahmen sollt; nicht ungeordnet lebten wir unter euch. Auch aßen wir nicht ohne Entgelt von jemand das Brot, sondern wir arbeiteten in Mühe und Plage bei Tag und Nacht, um keinem von euch zur Last zu fallen; nicht als ob wir kein Recht gehabt hätten, sondern um euch an uns ein Beispiel zu geben, es uns gleichzutun. Denn schon als wir bei euch waren, schärften wir dies euch ein: Wer nicht arbeiten will, soll auch nicht essen. Wir hören nämlich, daß einige unter euch ungeordnet leben, nicht arbeiten, sondern unnütze Dinge treiben. Solchen sagen und gebieten wir im Herrn Jesus Christus, sie sollen in Ruhe arbeiten und ihr eigenes Brot essen." *(2. Thess. 3:7-12)*

„Alle Beschäftigungen sind praktizierender Buddhismus; durch Arbeit sind wir in der Lage, ‚Buddhaheit' zu erlangen. Es gibt keinen Beruf, der nicht buddhistisch ist. Alles ist zum Wohle der Welt ... Das allumfassende buddhaartige Manifest in uns arbeitet zum Wohle der Welt: ohne Handwerker, wie z. B. den Schmied, gäbe es keine Werkzeuge; ohne Behörden gäbe es keine Ordnung in der Welt; ohne Bauern gäbe es kein Essen; ohne Kaufleute würden wir Mangel leiden. Alle anderen Beschäftigungen sind ebenso zum Wohle der Menschheit ... Alle offenbaren den Segen Buddhas. Diejenigen, die den Segen Buddhas nicht erkennen, die sich selbst nicht schätzen und ihre angeborene Buddhanatur und im Denken und Handeln dem Bösen verfallen, haben ihren Weg verloren." *(Suzuki Shosan, Japanischer Mönch 1579–1655)*

„Nicht Müßiggang, sondern nur Arbeit dient dazu, Gottes Ruhm zu vergrößern, gemäß seinem ausdrücklichen Willen ... Denn nicht nur sah sie (die Askese), mit dem Alten Testament und in voller Analogie zu der ethischen Wertung der ‚guten Werke', zwar in dem Streben nach Reichtum als Zweck den Gipfel des Verwerflichen, in der Erlangung des Reichtums als Frucht der Berufsarbeit aber den Segen Gottes. Sondern, was noch wichtiger war: die religiöse Wertung der rastlosen, stetigen, systematischen, weltlichen Berufsarbeit als schlechthin höchsten asketischen Mittels und zugleich sicherster und sichtbarster Bewährung des wiedergeborenen Menschen und seiner Glaubensechtheit mußte ja der denkbar mächtigste Hebel der Expansion jener Lebensauffassung sein, die wir hier als ‚Geist' des Kapitalismus bezeichnet haben. Und halten wir nun noch jene Einschnürung der Konsumption mit dieser Entfesselung des Erwerbsstrebens zusammen, so ist das äußere Ergebnis naheliegend: Kapitalbildung durch asketischen Sparzwang." (Max Weber, Die protestantische Ethik und der Geist des Kapitalismus)

Das Zitat aus den Thessalonikern dürfte bekannt sein, viele kennen auch das Werk Max Webers, aber nur wenige haben je von dem Mönch Suzuki Shosan gehört. Er vertritt Ideen, die in Japan eine Auswirkung wie die protestantische Ethik im Westen haben. Historisch gesehen ist Japan eines der wenigen Länder in der Welt, das kaum von der Bibel beeinflußt wurde. In dieser Hinsicht ist Japan vom Westen weiter entfernt als die islamischen Nationen, China oder Indien.

Vor einem Jahrhundert wußten Japaner noch nichts von protestantischer Ethik. Sie entwickelten ohne Hilfe der Bibel ein erfolgreiches „kapitalistisches System", so daß aus der ganzen Welt ausländische Gesandtschaften kommen, um zu sehen, wie es funktioniert. Die meisten von ihnen fahren wieder fort mit dem Gefühl, den Sinn nicht ganz verstanden zu haben. Zahlreiche Veröffentlichungen über das japanische Wirtschaftssystem erschienen, aber bis jetzt haben nur wenige das gewisse „Etwas", das den japanischen Kapitalismus ausmacht, dargestellt, geschweige denn etwas Analoges zur protestantischen Ethik, der geistigen Basis des westlichen Kapitalismus, aufgezeigt.

Japans erfolgreiche Modernisierung wird gern einem Wunder, dem Genie der Imitation oder dem Glück zugesprochen. Aber heutzutage gibt es keine Wunder mehr. Die westliche Zivilisation ist wohl kaum so simpel, daß sie sich für eine Massenimitation eignet. Und wie „glücklich" sind Japaner, die in diesem Jahrhundert das große Kanto Erdbeben von 1923, das Tokio verwüstete, die Zerstörung fast aller großen Städte im zweiten Weltkrieg und zum Schluß noch den Horror der Atombombe überlebten? Ich glaube nicht, daß westliche Beobachter dieses „Etwas" übersehen haben, sie waren, aufgrund der Sprachbarriere und anderer Faktoren, gar nicht in der Lage, es zu sehen.

Wir sollten uns daran erinnern, daß weder Calvin sich bewußt aufgemacht hat, der geistige Begründer des Kapitalismus zu werden, noch der einfache Mönch Suzuki Shosan. Suzuki stempelt Habgier – was Weber „das Streben nach Reichtum" nennt – als ein geistiges Gift ab. Aber gleichzeitig sagt er: „Alle Tätigkeiten sind praktizierter Buddhismus, durch Arbeit sind wir in der Lage ‚Buddhaheit' zu erlangen." Für Suzuki ist irdische Arbeit eine Art asketischer Zen-Übungen. In Arbeit einzutauchen, ist der „sicherste und deutlichste Beweis für Wiedergeburt und wahren Glauben". Dieses Denken stellt, wie die protestantische Ethik, Wirtschaftlichkeit mit weltlicher Askese gleich.

In beiden Kulturen wurde ein geistiger Ethos die Basis des Kapitalismus und Grundlage für Normen des sozialen Verhaltens. Jeder Versuch, ein Land ohne Berücksichtigung der Hintergründe solcher Ideen zu studieren, führt unweigerlich zu Mißverständnissen.

1. Unsichtbare Prinzipien

Wenn man ein System mit dem Etikett „kapitalistisch" versieht, geht man davon aus, daß es alle Charakteristika, die mit dem Wort verbunden sind, besitzt. Es ist aber naiv anzunehmen, daß, weil Japan und die USA kapitalistische Staaten sind, beide auch dasselbe Wirtschaftssystem haben.

Ich nahm einmal an einem Treffen teil, bei dem ein prominenter Wirtschaftswissenschaftler über die japanische Wirtschaft sprach. Beim Zuhören fühlte ich mich zunehmend unwohl. Mir schien es, daß der „Kapitalismus“, den er analysierte und kritisierte, in Japan gar nicht existierte. Und mir kam es vor, als ob die von ihm vorgeschlagene Politik nur auf sein imaginäres System anzuwenden sei. War es nicht möglich, fragte ich mich, daß die japanische Wirtschaft aufgrund eigener, nicht sichtbarer Prinzipien funktioniert? Wenn dem so ist, welches sind sie? Obwohl ich mir bewußt war, evtl. verletzend zu sein, stellte ich ihm folgende Frage:

„Als Besitzer eines winzigen Verlagshauses bin ich einer von Japans kleinen Geschäftsleuten. Alle meine Geschäfte tätige ich mit anderen kleinen Unternehmen. Was Sie hier diskutiert haben, ist völlig irrelevant für uns kleine Unternehmer. Wie Sie wissen, sind das in Japan mehr als 95%, und sie beschäftigen 80% der Arbeiter. Wenn dieser Kapitalismus, den Sie hier beschrieben haben, in Japan existiert, betrifft er nur einen kleinen Teil unserer Firmen und Angestellten. Ich frage mich, ob man eine ernstzunehmende Analyse über die japanische Wirtschaft machen kann, ohne die überwältigende Mehrheit der Unternehmen und Angestellten zu berücksichtigen?“

Da ich den Sprecher als eine sehr von sich eingenommene Person kannte, wappnete ich mich auf eine geistreiche Erwiderung. Nach einer langen Pause antwortete er jedoch: „Ich möchte zu Ihrer Frage keinen Kommentar abgeben.“ Zweifellos war meine Frage in diesem Kreis unpassend, wo von jedem erwartet wird, daß er die intellektuellen Spielregeln einhält. Es herrschte peinliche Stille im Raum. Schließlich sprach jemand zur Verteidigung des Vortragenden. „Vielleicht betrifft das, was wir hier diskutieren, nur 5 bis 20% der Wirtschaft, da sie aber den Rest dominieren, können ihre Prinzipien nicht irrelevant für die Mehrheit sein.“ Seiner Meinung nach existierte also der imaginäre Kapitalismus des Wirtschaftswissenschaftlers in Japan.

Ich erwiderte: „Ja, wenn aber klein- und mittelständische Unternehmen tatsächlich nach anderen Prinzipien funktionieren, dann müßten wir Kleinunternehmer mit großen japanischen Unternehmen dieselben Schwierigkeiten wie mit amerikanischen Firmen haben. Bei den Geschäften mit unseren japanischen Partnern gibt es diese Probleme aber nicht. Ich kann daher nicht glauben, daß wir nach verschiedenen Prinzipien arbeiten.“

Wieder Schweigen. Ich hatte gegen die Etikette verstoßen, aber ich argumentierte nicht um des Argumentierens willen. Ich wollte nur über die Normen – diese unsichtbaren Prinzipien –, die die großen und kleinen japanischen Unternehmen beherrschen, aufgeklärt werden.

2. Die protestantische Ethik

Die äußeren Formen des Kapitalismus haben sich über die ganze Welt verbreitet. Daraus kann nicht unbedingt gefolgert werden, daß bei identischen Formen die internen Systeme gleich arbeiten. Nehmen wir z. B. die kapitalistischen Praktiken chinesischer Kaufleute in Übersee. Sie haben wenig zu tun mit der protestantischen Ethik, wie sie Max Weber beschreibt. Jede Theorie, die versuchte, die protestantische Ethik mit dem Kapitalismus der Übersee-Chinesen in Zusammenhang zu bringen, würde nur bestätigen, daß es keinen gibt. Unterschiede sind nur natürlich. Denn trotz aller Gemeinsamkeiten haben Gesellschaftssysteme verschiedene soziale Strukturen, die auf einmaligen Traditionen basieren. Jedes System arbeitet nach eigenen Prinzipien, in denen sich die Verhaltensmuster seiner Mitglieder widerspiegeln. Obwohl Unternehmen in verschiedenen Ländern gewisse äußere Züge des Kapitalismus gemein haben, unterscheiden sie sich doch in ihren Funktionsweisen von einer Kultur zur anderen. Während die Prinzipien, nach denen sie operieren, für Kulturfremde nicht offensichtlich sind, sind sie für die Angehörigen eine Selbstverständlichkeit. Jeder kennt sie ganz genau. – In Japan spricht jedoch keiner darüber.

Wenn wir die japanische Kultur studieren wollen, müssen wir zuerst die versteckten Prinzipien des Kapitalismus in unserem Land enträtseln. Das Problem ist nur, daß wir sie in unserem Fall nicht diskutieren können, wie meine Erfahrung bei dem Treffen gezeigt hat. Dies ist selbst ein „verstecktes Prinzip“. So lange wir vermeiden, über diese Prinzipien zu reden, die unser gemeinsames und individuelles Verhalten bestimmen, werden wir nie in der Lage sein, die Probleme, mit denen unsere Wirtschaft konfrontiert wird, zu erklären oder zu lösen.

Die Neigung der Japaner, diese Prinzipien aus der öffentlichen Diskussion herauszuhalten, ist nicht nur auf die Wirtschaft begrenzt; sie durchdringt die ganze Gesellschaft. In der Politik importierten wir unser parlamentarisches System aus dem Westen, aber da wir die Parlamentarier und Wähler nicht auch importierten, können wir nicht erwarten, daß unser System genauso funktioniert wie das westliche. Ein Blick in die Spalte der Leserbriefe jeder Zeitung zeigt immer wieder kritische Argumente, daß unser politisches System vom westlichen Modell abweicht. Die Briefe helfen aber nichts, wenn die Schreiber selber unsichtbaren Prinzipien unterliegen. Wir benutzen importierte Kriterien, mit denen wir andere kritisieren, während wir in unserem Verhalten eigenen, informellen Normen folgen. Wir können uns diesen Dualismus nicht gegenseitig vorwerfen. Dies ist ein weiteres „unsichtbares Prinzip“.

Ich kann hier nicht alle versteckten Prinzipien in der japanischen Gesellschaft offenlegen und will mich auf die wirtschaftlichen Implikationen begrenzen. Ich begann meine Diskussion mit den Klein- und Mittelbetrieben, weil sie die typischsten wirtschaftlichen Organisationen sind, die nach Prinzipien funktionieren, die allen gelehrten Theorien widersprechen. Jedoch haben diese Prinzipien ihre eigene Rationalität, und jeder, der sie ignoriert, wird nicht weit im Geschäftsleben kommen.

Ich bin Spezialist für Wirtschaften in Kleinunternehmen. Lange Zeit war ich Angestellter in einem kleinen Verlagshaus, bevor ich mich entschloß, meine eigene Gesellschaft zu gründen. Ich habe gesehen, daß die Welt der Kleinunternehmen nur so wimmelt von mysteriösen Phänomenen ohne rationale Erklärung. Meilenweit entfernt von der Welt der Wissenschaft waren letztlich Japans kleine Unternehmen doch direkt verantwortlich für die Erholung und Größe der japanischen Wirtschaft, die alle Voraussagen nach dem zweiten Weltkrieg übertrafen. Japans Wirtschaftswunder ist eine Summe von irrationalen Phänomenen in der Welt der Kleinbetriebe. Lassen Sie mich dies am Beispiel der Drucker und Buchbinder, die ich gut kenne, berichten.

3. Leere Theorie gegen die Weisheit der Erfahrung

Die meisten Menschen, die einen kleinen Betrieb besitzen oder leiten, verfügen nicht über eindrucksvolle akademische Grade. Die Drucker und Buchbinder, die ich kenne, haben nicht Marx oder Keynes studiert oder die modernen Prinzipien des Managements. Sogar das Wort „Management" gewann erst während der Zeit des schnellen Aufschwungs in den 60er Jahren an Bedeutung für sie. Die meisten gründeten ihre Firmen selbst oder bauten nach dem Kriege Familienunternehmen wieder auf, die alle durch die verheerenden amerikanischen Bombenangriffe zerstört worden waren. Die Hälfte dieser Männer ist um 1920 geboren; sie erhielten weder vor dem Krieg eine College-Ausbildung, noch waren sie von Erziehungsreformen nach dem Krieg betroffen. Mit der Erfahrung als Lehrmeister und der Beobachtung als Wissensbasis erlernten sie die Strukturen einer Gesellschaft, die Psychologie ihrer Mitglieder und die Umsetzung dieses Wissens in die Praxis. Dabei entwickelten sie eine Reihe von Normen, mit denen man ein Geschäft führt.

Diese kleinen Geschäftsleute haben nie daran gedacht, mit prominenten Wirtschaftswissenschaftlern eine Debatte über den von ihnen angewandten Kapitalismus zu führen. Sie wußten sehr wohl, daß ihre Praxiserfahrung sich nicht in schulmäßige Theorie pressen läßt. Unfähig ihre Erfahrung in Worte zu fassen, konnten sie noch nicht einmal unter ihresgleichen diskutieren – viel weniger darüber theoretisieren. Daraus entwickelte sich konsequenterweise eine Haß-Liebe zu allem Akademischen und Abstrakten. Während sie sich nach außen respektvoll gegenüber Lehrmeinungen verhielten, lehnten sie sie innerlich als bedeutungslos ab. Formales Lernen war für sie eine Form des Spiels auf einer intellektuellen Bühne, eigenen Regeln unterliegend. Wenn sie auch manchmal daraus etwas lernen konnten – und sie hatten einen extremen Wissensdurst –, war es in der realen Welt doch direkt nicht anwendbar. Hätte einer von ihnen eine dieser Theorien in seinem Betrieb angewandt und wäre bankrott gegangen, man hätte nichts als Verachtung für ihn übrig gehabt. Das Beste, was man von ihm gesagt hätte, wäre: „Er hätte ein Gelehrter werden sollen."

Während meiner dreißig Jahre im Verlagswesen habe ich eine Menge Firmen bankrott gehen sehen, auch den Verleger Kaizosha, der schon vor dem Krieg existierte, und das älteste Verlagshaus Uchida Rokakuho mit einer Geschichte von mehr als 4 Generationen. Auffallend an dem Untergang dieser beiden riesigen Verlagshäuser ist, daß in beiden Fällen ihre Präsidenten kurz nach dem zweiten Weltkrieg nach Amerika gingen, wo sie Wirtschaft und Management studierten. Nach Japan zurückgekehrt, wandten sie das an, was sie gelernt hatten.

Da ich die Leute dort sehr gut kenne, kenne ich auch die Interna der unglaublichen Geschichte. Als der Senior-Manager und andere Angestellte das Ende der Firma nahen sahen, inszenierten sie mit Hilfe der Gläubiger einen „Staatsstreich" und enthoben den Präsidenten seines Amtes. Der Senior-Manager wurde zum Präsidenten ernannt, sie machten die Gläubiger zu Aktionären, und bald hatten sie die Firma wieder auf den Beinen.

Diese Firma prosperierte seitdem einfach mit dem Erfahrungswissen des neuen Präsidenten. Man ist geneigt zu sagen, der in den USA ausgebildete Präsident brauchte nicht entfernt zu werden, wenn er die Betriebsführung dem erfahrenen Manager überlassen hätte. Der ungeschulte Manager lernte den Geist des japanischen Kapitalismus durch Erfahrung. Er weiß nichts von Wirtschafts- und Managementtheorien, aber er hat ein bestimmtes Verständnis von den unsichtbaren Prinzipien.

Da diese Prinzipien nicht in Worte faßbar waren, konnte er auch nicht mit dem Präsidenten über dessen amerikanische Idee von Management diskutieren. Der Manager hatte keine andere Wahl als ruhig zu sein und abzuwarten. Seiner Haltung lag die feste Überzeugung zugrunde, daß er sich in der eigentlichen Praxis als stärker erweisen würde, ob er nun einem Wortgefecht mit dem Präsidenten gewachsen war oder nicht. Außergewöhnlich kompetent als Manager, jedoch schwach in der theoretischen Argumentation, ist er der typische Mann, der hinter Japans phänomenalem Wirtschaftswunder steht.

4. Außergewöhnliche Vertragsbeziehungen

Mehr als einmal war ich perplex bei Fragen nach den unsichtbaren Prinzipien, die in der japanischen Gesellschaft wirksam werden. Einmal fragte mich ein westlicher Geschäftsmann: „Japan soll ein System der Arbeit auf Lebenszeit haben; welche Art von Verträgen schließen Sie ab?"

Ich konnte ihm zunächst keine plausible Antwort geben. Tatsächlich erfolgt eine Anstellung in Japan im allgemeinen auf Lebenszeit. Wir schließen aber darüber keine Verträge ab, wenn wir in einen Betrieb eintreten. Jeder Japaner kennt die ungeschriebene Regel, daß, falls er nach so einem Vertrag fragt, er nicht mehr auf den vorderen Plätzen bei der Einstellung rangiert. Für einen Beobachter gibt es keinen Sinn, wenn jemand sich durch die Frage nach einem solchen Vertrag auf Lebenszeit den Weg versperrt für eine Anstellung auf Lebenszeit. Sicher ist das unlogisch. Aber so vieles in Japan scheint unlogisch. In der Tat scheint manchmal die ganze Gesellschaft rätselhaft.

Am unverständlichsten von allem ist die Kritik der Medien am sozialen System, die Art und Weise, wie sie den „wirklichen Schuldigen", der für jede Art von Problemen verantwortlich ist, ausfindig machen. Einige Vorfälle lösen heiße Diskussionen aus und finden breite Aufmerksamkeit bei den Medien. Indem sie versuchen, der Ursache des Problems auf den Grund zu gehen, eskalieren sie ihre Logik, indem sie eine Sache an die andere reihen, um dann herauszufinden, daß das System selber der Schuldige ist.

Diese Eskalation war kürzlich beim Thema „Kinderselbstmorde" zu beobachten. Kinderselbstmorde sind nichts Neues. Ihre Zahl ist weder plötzlich in die Höhe geschnellt, noch sind sie typisch für die japanische Nachkriegsgesellschaft. Außerdem ist die Rate in Japan im internationalen Vergleich nicht besonders hoch. Nichtsdestoweniger waren die Medien sehr fix, dieses Phänomen zuerst der Überbeanspruchung durch die Schule, dann dem Eignungstest der Universitäten und schließlich dem ganzen Erziehungssystem überhaupt anzulasten. Wenn aber einmal etwas als schuldig erklärt worden ist, glauben die Leute, daß das Problem sich nur dadurch lösen läßt, indem man den Schuldigen eliminiert oder verändert.

Hinter dem Phänomen, das wir „Prüfungshölle" bezeichnen, steckt der Wunsch der Studenten, an einer erstklassigen Universität eingeschrieben zu werden – die Voraussetzung, um sich bei einer erstklassigen Firma um einen Job bewerben zu können. Die japanischen Universitäten unterscheiden sich fundamental von ihren Gegenstücken anderswo. Es gibt zwar ein Prüfungssystem, aber im Grunde braucht man nur 4 Jahre um zu graduieren. Das gilt auch in den Unternehmen; wenn jemand den Eintritt in eine renommierte Firma geschafft hat, braucht er sich keine Sorgen mehr zu machen, den Job zu verlieren, vorausgesetzt, er beleidigt niemanden oder begeht keine ernsthaften Verbrechen. Sein Lebensunterhalt ist gesichert und eine gute Chance zur Beförderung die Regel.

Das ganze ist wie eine Art Glücksspiel ohne Risiko, ein einlösbares Lotterielos. Obwohl es keine Garantie dafür gibt, daß alle einen erstklassigen Job bekommen, sind die Leute davon überzeugt, daß sich die Investition in die Ausbildung auszahlen wird. Solange etwas Wahrheit in dem Glauben an das einlösbare Lotterielos liegt, werden die Leute sich drängen, es zu kaufen. Und es ist ganz natürlich, daß einige dabei zu Tode getrampelt werden. Die Zeitungen sind voll von Kritik an dieser Tatsache, aber das ist reine Heuchelei. Um für eine Zeitung schreiben zu können, muß man zuerst an einer Top-Universität Examen gemacht haben. Um die Massenflucht zu kritisieren, muß man mit der Herde rennen!

5. Anciennitätsprinzip – ein Prototyp

Aufgrund des Anciennitätsprinzips wird in Japan die Leistung in Schule und im Beruf nach Einschreibungs- und Dienstjahren gemessen, was dann wieder umgesetzt wird in Dienstgrad und Status. Natürlich wird bei der Einschätzung der Leistungen die Fähigkeit oder Kompetenz berücksichtigt, aber stets wird der Dienstgrad nach dem Prinzip der Anciennität verliehen.

Das Anciennitätsprinzip ist nicht auf größere Firmen beschränkt; es existiert in kleinen Firmen genauso. Das mag viele überraschen, denn es wird oft angenommen, daß kleinere Firmen anders sind, aber wenn wir genau hinsehen, wird offensichtlich, daß der einzige große Unterschied zwischen einer großen und kleinen Firma nur darin besteht, auf welche Art und Weise die Leistung der Arbeiter in einen Dienstgrad umgesetzt wird. Lassen Sie mich dies am Beispiel von typischen Nachkriegskarrieren bei Druckern, Buchbindern und Schriftsetzern, mit denen ich fast 30 Jahre zusammengearbeitet habe, verdeutlichen.

Da ist z. B. Herr Harada, ein von Natur aus überzeugter Handwerker, Mitte 60 und pensioniert. Im allgemeinen ist er eher wortkarg und mürrisch. Erst bei näherer Bekanntschaft stellt man fest, wie warmherzig und verläßlich er ist. Nach einigen Drinks wird er zunehmend eloquenter und erzählt gern von seiner erstaunlichen Karriere. Da ich daran interessiert war, suchte ich öfters Gelegenheiten, bis in die Nacht hinein mit ihm zu trinken. Er kommt aus einer armen Bauernfamilie in einer Präfektur nahe Tokio. Nach Beendigung der Schule wurde er als Lehrling in einer Regenschirmfabrik in die Hafenstadt Choshi geschickt, so daß die Familie einen Esser weniger hatte. Als Lehrling mußte er an jedem Tag des Jahres umsonst arbeiten und wurde noch vom Besitzer mißhandelt. Obwohl er nicht leicht aufgab, konnte er die Grausamkeiten des Mannes nicht länger aushalten und lief davon. Wie die meisten Ausreißer wußte er nicht wohin. Da er glaubte, in Tokio die besten Chancen zu haben, marschierte der Junge ohne einen Pfennig in die Hauptstadt, schlief im Freien und aß so gut wie nichts. Da er noch nie in Tokio war, irrte er ziellos umher. Als er beinahe vor Hunger und Müdigkeit zusammengebrochen wäre, sah er zufällig eine Annonce für eine Lehrstelle. Verzweifelt bewarb er sich auf die Stelle in einer Buchbinderei. Wie sich später herausstellte, wurde so seine Karriere begründet.

Die Buchbinderei, zu dem Zeitpunkt eine der größten in Japan, war in einem dreistöckigen Holzgebäude untergebracht, das nach dem Erdbeben 1923 gebaut worden war. Die Lehrlinge wohnten unter dem Dach. Arbeitszeit war täglich von 8 Uhr morgens bis 8 Uhr abends, hinzu kamen jeden zweiten Tag Überstunden bis spät in die Nacht. Das Geschäft war nur an zwei Tagen des Monats geschlossen, am ersten und am 15. Diese Regeln galten für die meisten kleinen Geschäfte bis Mitte 1950. Natürlich wurde von dem Lehrling erwartet, daß er morgens saubermachte und nach der Arbeit aufräumte. Harada erinnert sich: „Ich bin jetzt klein, aber damals war ich noch kleiner. Lange vor sieben Uhr morgens, wenn ich draußen mit dem Besen fegte, der größer war als ich, sah ich die Universitätsstudenten mit ihren Aktentaschen und ihren viereckigen Mützen. Ich konnte mir ihr Leben nicht vorstellen, aber wie beneidete ich sie!“ Nachdem er die Arbeit in der Fabrik kennengelernt hatte, merkte er jedoch, daß seine Zukunftsaussichten nicht so düster waren.

Das Anciennitätsprinzip in den Geschäftshäusern, die er beschrieb, hörte sich wie etwas aus dem frühen 18. Jahrhundert an. Wie in der Tokugawa Periode (1603–1868) hatten japanische Groß- und Einzelhändler in der Vorkriegszeit ein sehr präzises Rangsystem. Die vier niedrigsten Ränge – detchi, tedai, banto, obanto – entsprachen ungefähr dem normalen Angestellten, Gruppen-, Abteilungs- und Betriebsleiter. Der nächsthöhere Rang, yadori, mußte nicht im Hause wohnen, und der höchste Rang, norenwake, durfte eine Filiale eröffnen.

Man etablierte norenwake als Chefs von Filialen, in denen Waren der Muttergesellschaften verkauft wurden. Zahlten die Filialleiter für den Lagerbestand zurück, erhielten sie dafür ihre Selbständigkeit. In Fabriken war das System ähnlich. Allerdings bestanden die Ränge, wie bei Harada, nur aus Lehrling, Geselle und Vorarbeiter. Die Vorarbeiter konnten eine „Unter-Fabrik“ anfangen, die vertraglich an die Muttergesellschaft gebunden war. Sie waren frei, sich eine eigene Klientel heranzuziehen, vorausgesetzt, daß sie der Muttergesellschaft keine Konkurrenz machten. So wurden sie schließlich selbständig.

Die Zulassung zur Selbständigkeit für erfahrene Arbeitnehmer bedeutete profunde wirtschaftliche Folgen für das System. In Zeiten der Progression, wenn Muttergesellschaften und Fabriken schnell wachsen, war es relativ leicht, selbständig zu werden. In Zeiten der Depression dagegen war es wesentlich schwerer. In der Regel stieg das Gehalt mit den hierarchischen Rängen. Wenn die Arbeitnehmer auf den obersten Rängen nicht selbständig wurden, konnte niemand von unten aufsteigen, die ganze Organisation veraltete. Wenn aber zur gleichen Zeit auf den unteren Rängen weiter befördert wurde, stiegen die Kosten, die Gehälter konnten nicht total eingefroren werden. Ihre Weitergabe im Preis verminderte die Wettbewerbsfähigkeit. Um dies zu vermeiden, war es für den ganzen Betrieb notwendig, die Fluktuation des Personals aufrechtzuerhalten, indem einerseits Mitarbeiter Filialen aufmachten und andererseits Lehrlinge eingestellt wurden, die umsonst arbeiteten.

Lehrlinge erhielten zwar keinen Lohn, aber sie wurden mit dem Wesentlichen versorgt. Sie wußten, wenn sie tüchtig arbeiteten und gut lernten, würden sie eines Tages vielleicht ihr eigener Boß sein. Mit genügend Anstrengung konnten sie vielleicht genauso wohlhabend werden wie ihr Arbeitgeber. Das motivierte sie nicht nur, hart zu arbeiten, sondern auch das Geschäft gut zu lernen. Es erhöhte auch ihre Loyalität gegenüber der Firma.

Einige Gesellen gingen ihren eigenen Weg, da man als Selbständiger mehr verdienen konnte. Besonders Schriftsetzer wählten Arrangements, bei denen sie jede Seite für eine bestimmte Gebühr setzten. In diesem Fall hatten sie eine Art Werksvertrag für ihre Arbeit. Ihr Einkommen war zwar höher, aber ihre Zukunftsaussichten begrenzt. Keiner von den Betriebsleitern, die ich kannte, war zuvor selbständiger Geselle; jeder von ihnen hatte solange für seine Firma gearbeitet, bis er auf dem üblichen Beförderungsweg selber eine gründete.

Nach diesem Anciennitätsprinzip gibt es also eine Muttergesellschaft, die ersten und zweiten Filialen und selbständige Gesellen. Alle sind in einem gemeinsamen System verbunden. Das Anciennitätsprinzip bestimmt nicht nur die Hierarchie der Angestellten, sondern das gesamte Beziehungsgewebe innerhalb der Firmengruppe. Wenn Harada nach der Selbständigkeit aufgefordert wird, für seinen früheren Arbeitgeber zu arbeiten, so hat das für ihn erste Priorität, gleichgültig welche Ungelegenheiten es für seine sonstigen Geschäfte bedeutet. Viele Karrieren wurden auf diese Weise gemacht. Historisch interessant an diesem System ist, daß sich dieses Anciennitätsprinzip während der Tokugawa Periode entwickelte, nicht erst nach der Einführung des „westlichen Kapitalismus" in der Meji Ära (1868–1921). Aus diesem Grund ist es wesentlicher Bestandteil der traditionellen sozialen Struktur.

6. Geistige Zufriedenheit

Heutzutage ist es schwer, sich vorzustellen, wie intensiv Besitzer von Filialen arbeiteten, wenn sie gerade selbständig geworden waren. Sie erledigten buchstäblich die Arbeit des Präsidenten, des Gesellen und der Lehrlinge selber, jedoch war die Arbeit für die Muttergesellschaft unregelmäßig. Manchmal mußten sie Tag und Nacht arbeiten, ein anderes Mal gab es gar keine Arbeit. Natürlich gab es ohne Arbeit auch kein Einkommen. Sie waren gezwungen, nach draußen auf die Jagd nach Kunden zu gehen und bekamen dabei ein Gefühl dafür, Geschäfte zu machen. Nach tausend Versuchen bekamen sie sicherlich einen oder zwei Kunden, und wenn sie ihre Arbeit gut verrichteten, hatten sie einen Kunden für immer gewonnen. Das war eine gute Investition, Flauten zu überwinden.

Dies ist die Art Leute, die den japanischen Nachkriegsaufschwung schafften. Obwohl ihre Firmen in Asche versunken waren und sie ohne einen Pfennig dastanden, gaben sie nicht auf. Sie waren in der Lage, ein Geschäft ohne Hilfe von außen zu betreiben. Haradas vierstöckiges Firmengebäude ist heute mit der neuesten Ausstattung versehen. Aber wenn er das alles verlieren sollte, käme er doch zurecht. Sicher, eine Maschine erledigt die Handarbeit effizienter. Aber selbst zwischen den Nachkriegsruinen war es ihm möglich, in einer Hütte weiterzumachen. Zu dieser Zeit war er schon nicht mehr abhängig von der Muttergesellschaft. Sie gab ihm zwar einen gewissen Anteil an Arbeit, aber er war in der Lage, eine eigene Klientel aufzubauen.

Die Mehrzahl der japanischen Unternehmen folgen diesem Muster. Das System hat sich vielleicht etwas geändert, aber der dieser Struktur zugrundeliegende Geist ist derselbe. Als ich Harada zu seiner Fabrik und seinen Maschinen beglückwünschte, antwortete er: „Damals, als ich noch Lehrling war, waren die Dinge wesentlich eindrucksvoller als jetzt." Ich nahm an, er wollte bescheiden sein, da die damals im Gebrauch befindlichen Maschinen primitiv waren. Was er sagen wollte, war, daß nicht die tollen Gebäude und Maschinen aus einer Fabrik machen, was sie ist, sondern der Geist – eine fast heilige Einstellung gegenüber einem Arbeitsplatz.

Nach Harada wurde der Holzfußboden der alten Fabrik poliert wie für eine Trainingshalle für Kriegskunst, und jeder, einschließlich des Besitzers, zog sein Schuhwerk beim Eintreten aus, sogar mitten im Winter. Am Eingang war ein kleiner Shinto-Altar. Rauchen war während der Arbeit nicht gestattet, und niemand war mit leerem Geschwätz beschäftigt. An Neujahr brachten sie der Papierschneidemaschine ein Opfer dar und hingen ein heiliges Shintoseil darüber. Auf irgendeine Art erinnerte dies mehr an ein Kloster als an eine Fabrik. Das waren die guten alten Zeiten. Und heute? „Aber heute hängen sie immer noch ein Seil über die Papierschneidemaschine und bringen Opfer dar, nicht wahr?" fragte ich. „So lange ich lebe, werden wir das tun. Das ist die einzige Haltung, die man gegenüber der Arbeit haben kann." Als er dies sagte, warf er einen wehmütigen Blick zu seinen neuen Maschinen. Arbeit glich, seiner Meinung nach, der Askese. Sie ist nicht nur ein rein ökonomisches Streben, sondern auch die Suche nach geistiger Zufriedenheit.

Dieser Geist war die Basis für eine Ordnung innerhalb der Gesellschaft. Man hatte keine Regeln und Vorschriften nötig. Jedermann entsprach diesem gemeinsamen Geist anstelle von formalen Regeln, die charakteristisch sind für moderne funktionale Gruppen. Harada hatte als Junge so einer geistigen Gemeinschaft angehört und erinnerte sich mit Nostalgie daran. Dasselbe galt für die Familien von Unternehmen, die miteinander engverbundene Gruppen sind. Das ist einer der Gründe, weshalb Gesellen, die sich selbständig machten, nicht die Bosse einer Gesellschaft werden konnten. Obwohl außergewöhnlich erfahren, waren sie kein wirklich integrierter Teil der Gemeinschaft, und es wurde ihnen auch nicht der Rang, der ihnen ihrer technischen Kompetenz gemäß zustand, erteilt.

Das Heilige und das Profane

Ich hatte einmal für die japanische NHK eine Aufstellung über korporative Gottheiten zu machen und stellte fest, daß es nicht ungewöhnlich für eine Firma ist, einen Shinto-Altar zu haben. In vielen Unternehmen besucht die gesamte Belegschaft, einschließlich des Präsidenten, einmal im Monat den Inari-Schrein. Sie haben alle die gleichen Essenskästchen und essen gemeinsam, als ob sie an einer Kommunion teilnähmen. Eine der größten japanischen Firmen, die dafür bekannt ist, das modernste Management-System zu haben, hat ihre eigenen Schreine. Einer ihrer Top-Manager ist ein Shinto-Priester. Einmal im Jahr reist er über das Land zu mehr als einhundert der Niederlassungen, wo er an Zeremonien in den jeweiligen Schreinen teilnimmt. Dieses Mammut-Unternehmen, mit einem jährlichen Umsatz von mehr als 1,5 Billionen Yen, ist zugleich eine fantastische effizient funktionierende Organisation und eine geistig engverbundene Gemeinschaft.

Der Geist des japanischen Kapitalismus kann ohne diesen Dualismus nicht verstanden werden. Die unsichtbaren Prinzipien, die die soziale Struktur durchdringen und die Mentalität und das Verhalten des einzelnen Japaners bestimmen, müssen in diesem Zusammenhang gesehen werden.

1.5. Das Innovationsbewußtsein

Jürgen Hauschildt

1. Innovationsbewußtsein – Voraussetzung eines bewußten Innovationsmanagements

Wer Klage führt, daß es in der deutschen Wirtschaft an Innovationen fehle, scheint genau zu wissen, was Innovationen sind. Ist die Definition der Innovation problematisch? Innovationen sind neue Produkte, neue Verfahren, neue Dienstleistungen, neue Kontraktformen, neue Sozialleistungen. Aber was ist (schon) neu? Muß die Innovation „absolut" neu sein, einmalig, erstmalig in der Geschichte der Menschheit? Oder ist auch derjenige ein Innovator, der „relativ" weiter ist als seine spezifische Umwelt, z.B. als erster seiner Branche eine Innovation realisiert, die aber in anderen Branchen längst bekannt ist? Und schließlich: Ist nicht auch der noch innovativ, der für sich persönlich etwas als völlig neu entdeckt und verwertet, was seine spezifische Umwelt bereits für einen alten Hut hält? Sind objektive Kriterien für die Bestimmung dessen gegeben, was zu einem bestimmten historischen Augenblick, innerhalb eines Kulturkreises, innerhalb eines bestimmten ökonomischen Ausschnitts als Innovation bezeichnet werden kann?

Was wirklich eine Innovation war, weiß man erst hinterher, wenn die Entwicklung eines neuen Gedankens in Tiefe und Breite durch eine Volkswirtschaft bekannt ist. In dem Augenblick, in dem sich die einzelne Unternehmung, ja der einzelne Entscheidungsträger in einer Unternehmung mit bisher nicht bekannten Produkten, Verfahren, Leistungen, Kontrakten etc. beschäftigt, weiß er in der Regel nicht, ob das, was ihm neu erscheint, später mit dem hochtrabenden Begriff „Innovation" belegt werden wird. Der Betriebswirt muß das Innovationsproblem anders sehen als der Volkswirt.

Hier lauert das Risiko, hier liegt die Chance: Wird der neue Gedanke als innovativ begriffen, so wird der Entscheidungsträger ihn anders behandeln, als wenn ihm ein solches Innovationsbewußtsein fehlt. Am Anfang eines jeden bewußten Innovations*managements* steht das Innovationsbewußtsein. Dieses Innovationsbewußtsein muß jeder entwickeln, der das Recht, die Macht und den Willen hat, über Ressourcen zu verfügen. Nur dann kann er sich das Ziel setzen, diese Ressourcen innovationsfördernd einzusetzen.

Innovationsbewußtsein garantiert indessen noch keinen Innovations*erfolg*. Dieser ist von vielem anderen abhängig – eine ganze Serie von Artikeln im „Blick durch die Wirtschaft" wird sich damit beschäftigen. Aber für jegliches Innovationsmanagement, das sich vom Routinemanagement unterscheidet, ist Innovationsbewußtsein Voraussetzung. Und jegliches Bemühen in Wissenschaft und Praxis um Entwicklung und Verbesserung des Innovationsbewußtseins fußt auf der Annahme, daß bewußtes Innovationsmanagement erfolgreicher ist als ein unbewußtes – das schließt nicht aus, daß man die unbewußte Innovation dankbar akzeptiert.

2. Orientierungshilfen eines Innovationsbewußtseins

Welche Orientierungshilfen erleichtern die Antwort auf die Frage, ob eine Innovation vorliegt?

Die „technische Erstmaligkeit" ist sicherlich die eindrucksvollste Orientierungshilfe. Kenner der Patentierungsprobleme werden sicherlich über diese Formulierung lächeln. Sie wissen um die Schwierigkeiten der Bestimmung der technischen *„Erfindungshöhe"*. Im übrigen: Für ein bewußtes Innovationsmanagement ist es auch nur noch teilweise bedeutsam, ob es sich bei der Innovation um eine Erfindung handelt, die „nicht zum Stand der Technik gehört" (§ 2 (1) Patentgesetz). Diese Frage ist allenfalls für die Patentierungsentscheidung bedeutsam. Diese aber stellt sich oft gar nicht in allen Fällen einer Innovationsübernahme. Und wenn doch, dann ist sie eine relativ späte Phase im Prozeß des Innovationsmanagements.

Es reicht für die Bildung des Innovationsbewußtseins und damit für die Einleitung eines bewußten Innovationsmanagements aus, wenn sich der betroffene Entscheidungsträger durch gewissenhafte, aber nicht ausufernde Prüfung überzeugt hat, daß der neue technische Gedanke bisher *für ihn* und die von ihm vertretene Unternehmung *ohne Vorläufer* ist.

Diese subjektive Einschätzung wird sicherlich gefördert, wenn das neue Produkt oder das neue Verfahren äußerlich leicht erkennbare „technische" Unterschiede gegenüber den gegebenen Produkten oder Verfahren aufweist. Hier liegen aber mögliche Irreführungen des Innovationsbewußtseins: Sind modische Änderungen des äußeren Bildes und eindrucksvolle Neuarrangements herkömmlicher Elemente schon Innovation? Genügt der Nachweis, daß diese technischen Neuartigkeiten enorme Kosten verursacht hätten, für die Annahme, sie seien schon Innovation?

Umgekehrt werden Innovationen, die sich hinter einer traditionellen, altvertrauten Fassade verbergen, oft nicht als solche begriffen. Der schwere Einbruch mancher Unternehmen der Uhrenindustrie, die die Veränderung des Innenlebens der äußerlich gleichgebliebenen Uhren nicht als Innovation begriff, ist bekannt. Hier liegt andererseits ein Ansatzpunkt für denjenigen, der die Innovation verbreiten will: Gerade das Verstecken der Innovation hinter der vertrauten Fassade ist eine der wichtigsten Strategien des Innovationsmanagements. Die technische Änderung wird über das Vehikel des vertrauten Erscheinungsbildes durchgesetzt. Aber dieses ist eine Strategie des bewußten Innovationsmanagements. Der Anbieter derartiger trojanischer Pferde hat keinen Zweifel über sein Innovationsbewußtsein.

Wie kann sich der Anwender ein solches innovatives Innenleben äußerlich unveränderter Produkte bewußtmachen? Orientierungshilfen sind sprunghafte Produktivitätsveränderungen, Platzersparnisse, Geräuschveränderungen, Bedienungsveränderungen, Einsatz anderer Werkstoffe, Minderung des Energieverbrauchs. Auf die Unstetigkeit dieser Entwicklung kommt es an. *Fort-„sprung“* statt Fort-„schritt“ prägt das Innovationsbewußtsein. Das wird nicht zuletzt jedermann verständlich, wenn Innovation Substitution bewirkt: In diesem Falle sind traditionelle Verfahren, Produkte, Sachmittel bewußt aufzugeben und durch neue Technik zu ersetzen.

Sicherlich kommt der „Faßbarkeit“ der Innovation für die Ausbildung eines Innovationsbewußtseins hohe Bedeutung zu. Das ist ganz wörtlich zu nehmen: Die schönsten Pläne verstummen gegenüber einem einfachen plastischen Modell. Und dieses wiederum wird durch jede Versuchs- und Vorführanlage verdrängt. Das Neue muß be-greifbar sein. Hier liegt der hohe Wert von sogenannten *„Referenzsystemen“*.

Deutlich bewußt wird schließlich der innovative Charakter von Produkten, Verfahren, Diensten und Kontrakten, wenn sich bei ihrer Einführung die *Umwelt* der Unternehmung ändert: Auftauchen völlig neuer Marktpartner im Absatz- oder Beschaffungsbereich, Notwendigkeit neuer und andersartiger Mitarbeiter, Arbeit an neuen Orten, Arbeit unter anderen ökologischen Bedingungen. Neue Gesichter, neue Ansichten, neue Sprache, neue Verhaltensweisen, neue Konflikte – dieses unmittelbar persönliche Erleben macht auch dem wenig Sensiblen klar, daß sich etwas völlig Neues ereignet.

3. Gefahren fehlenden Innovationsbewußtseins

Bei fehlendem Innovationsbewußtsein schwebt die neuartige Problemstellung in Gefahr, als ein *Routineproblem* behandelt zu werden. Nichts gegen die fest geregelte, gut organisierte Behandlung von Routineproblemen, die häufig und regelmäßig auftreten, die man in ihren Zielen, Alternativen und Problembezügen kennt, bei denen – plakativ vereinfacht – die Unsicherheiten, Konflikte und Partner kalkulierbar sind. Wer aber mit dem Schema einer im Routinefall gut bewährten Lösungsmethode an das innovative Problem herantritt, lädt sich Schwierigkeiten auf. Innovationen lassen sich nicht formularmäßig behandeln. Wo liegen die prinzipiellen Gefahren für die Innovationsentscheidung, wenn es am Innovationsbewußtsein fehlt?

Die Aufbauorganisation einer Unternehmung ist in ihrer hierarchischen Struktur, in der Regelung von Kompetenz und Verantwortung auf die Bewältigung von Routineaufgaben zugeschnitten. Ihr Konstruktionsprinzip muß die *Innovation als „störendes" Element* klassifizieren: Keiner ist so recht zuständig. Im ungünstigsten Falle bedeutet das: Das Problem bleibt liegen, es geschieht nichts, Innovation findet nicht statt. Weniger ungünstig: Das innovative Problem wird von der falschen Stelle weiterverfolgt, es landet in einem Bereich, der die Innovation allenfalls partiell nutzt oder aus ihr nicht den Nutzen zieht, den andere Bereiche aus ihr ziehen könnten (Vorwurf der „Insellösung"). Bürokratisch korrekt: Der innovative Gedanke landet auf dem Schreibtisch des jeweiligen Vorgesetzten und damit an einer Stelle, die allzuoft überlastet ist und nicht immer das technische Vorwissen hat, um das Innovative eines neuen Gedankens zu begreifen. Die Innovation, die nicht als solche erkannt und klassifiziert wird, endet dann in der Mappe „Unerledigtes", von der man sich immer wieder vornimmt, sie bei passender Gelegenheit aufzuarbeiten.

Nehmen wir trotz dieser düsteren Prognose an, einer innovativen Idee gelänge es, als ein Routineproblem weiter verfolgt zu werden. Dann drohen neue Gefahren: Die Innovation wird unter den Zielvorstellungen, in den Zeithorizonten und mit den Rechnungslegungsmethoden traktiert, die für Routineprozesse gelten. Man hegt eine *falsche Erfolgserwartung,* wenn man auf dem Erreichen einer Standardrendite besteht. Man verkennt die Unterschiede der Fristenvorstellung. Innovationen benötigen Vorlauf, wirken langfristig, Routinehandlungen haben dem gegenüber einen sehr viel schnelleren Feedback. Man behandelt die Innovation nicht als Investition. Man sieht in ihnen allenfalls die Ursache laufender Betriebskosten. Die bei den Routineproblemen durchaus sachgerecht arbeitende Kontrollmechanik unseres innerbetrieblichen Rechnungswesens wird über die unerkannte Innovation allzuschnell das Verdikt sprechen: unwirtschaftlich!

Nehmen wir schließlich an, der innovativen Problemstellung gelänge es, einem solchen Begräbnis in einer normalen Kostenstelle zu entgehen. Dann drohen ihr bei fehlendem Innovationsbewußtsein des Entscheidungsträgers weitere Gefahren. Die Innovation verlangt andere *Entscheidungstechniken* als die Routineentscheidung. Erfahrungsgestützte Erwartungen gibt es nicht. Wer auf Erfahrungen pocht, hat das Problem schon falsch definiert. Die technisch bestimmten Leistungs- und Sachziele werden im Innovationsfalle fragwürdig. Sie ändern sich mit neu auftretenden Informationen und Konflikten. Wer das innovative Problem mit einer *Zielsetzung* lösen will, die in Routineentscheidungen verfolgt zu werden pflegt, wird der Tatsache nicht gerecht, daß man in Innovationen üblicherweise erst einmal lernen muß, was man wollen kann – nach Inhalt und nach Ausmaß. Daran ändert auch die Tatsache nichts, daß das Streben nach Gewinn von allen Beteiligten nicht in Frage gestellt wird. Das Gewinnstreben ist nur eines von vielen Zielen, die in der Innovationssituation maßgeblich sind – und oft ist es nicht das wichtigste.

4. Schärfung des Innovationsbewußtseins

Was kann man tun, um bei den betroffenen Entscheidungsträgern ein Gespür dafür zu entwickeln, was innovativ ist oder nicht? Was kann man überdies tun, um ein Problem, über dessen Innovationsgehalt man sich nicht sicher ist, nicht von vornherein der Maschinerie einer Routinehandhabung zu überantworten?

Sicherlich wäre es falsch, eine „Innovationsabteilung" zu gründen, in der die Bearbeitung von Innovationen zentralisiert und spezialisiert, sozusagen perfekt delegiert wird. Dieser Vorschlag ist natürlich absurd. Wer aber beobachtet, wie schnell manche Entscheidungsträger innovative Probleme mit dem Bemerken versieht: „Dafür haben wir unsere Forschungs- und Entwicklungsabteilung", der wird diesen Gedanken nicht so schnell mehr für absurd halten. Anders gesagt: Innovation darf nicht eine auf Spezialisten abwälzbare Aufgabe werden. *Innovationsverantwortung* ist vielmehr ein Teil einer nicht delegierbaren Führungsverantwortung jedes maßgeblichen Entscheidungsträgers. Es ist ein schwerer Mangel, wenn ein Entscheidungsträger nicht den Überblick über die neueren Entwicklungen seines Arbeitsbereichs und möglichst auch benachbarter Bereiche hat. Innovation ist kein Problem einer einzelnen Abteilung, Innovation ist wenigstens ein Problem der gesamten Führungsmannschaft einer Unternehmung.

Dabei ist die Schärfung des Innovationsbewußtseins zunächst ein höchst *individuelles* Problem. Jeder Entscheidungsträger muß jederzeit lernbereit sein. Er hat nicht nur aus seiner eigenen Vergangenheit zu lernen, sondern auch von Marktpartnern und Konkurrenten. Zur Entwicklung des individuellen Innovationsbewußtseins gehört das Gespräch. Man muß im kritischen Dialog überprüfen, ob man einer Chimäre nachläuft oder man einen Routinefall fälschlich zur Innovation hochstilisiert. Dieser Dialog erfordert ein zusätzliches Engagement, da er über die Alltagsarbeit hinausgeht. Er ist unersetzlich, mag man auch noch so sehr befürchten, daß der innovative Gedanke von den Dialogpartnern diskreditiert, okkupiert, verfälscht oder verzögert wird.

Zur Schärfung des individuellen Bewußtseins muß die Weckung des Innovationsbewußtseins im *sozialen* Gefüge der Unternehmung hinzutreten. Das gilt zumindest für den (Normal-)fall, daß die Durchsetzung der Innovation der Mitwirkung anderer Entscheidungsträger bedarf. Wie kann man ein Problem so kennzeichnen, daß es als etwas Besonderes erscheint, das von den Routineproblemen abgehoben ist? Das neuartige Problem muß einen Namen haben, identifizierbar und konturierbar sein. Es ist die Quadratur des Zirkels zu lösen, dem Neuen administrative Identität zu geben und zugleich zu verhindern, daß es damit auch der bürokratischen Behandlung verfällt. Sicherlich ist es richtig, einen permanenten Adressaten, einen Ansprechpartner, einen Promotor zu bestimmen, bei dem die Fäden für die Betreuung des innovativen Projektes zusammenlaufen. Diese Art Zuständigkeitsregelungen müssen projektbezogen sein. Sie sollen gerade nicht *alle* Innovationen in *einer* Abteilung konzentrieren, sondern *unterschiedliche* Innovationen bei *unterschiedlichen* Promotoren. Personen müssen für die Sache stehen.

Zur Weckung des Innovationsbewußtseins im sozialen Gefüge gehört weiterhin, die *bewußte Innovationsunterdrückung* selbst zu unterdrücken. Innovation ist unbequem, belastend, konfliktreich und unsicher – kein Wunder, daß die Initiative für das Neue auf höchst bewußten Widerstand trifft. Ein solcher Widerstand kleidet sich zumeist recht progressiv: Man fordert „wissenschaftliche Grundsatzuntersuchungen" – der Widersacher will damit kleine, schnelle, risikoarme Experimente verhindern. Man verlangt „Grundsatzdiskussionen" mit allen Betroffenen – der Opponent denkt an Problembeerdigung in Kommissionen. Man konstruiert vielfältige Verknüpfungen des innovativen Problems mit anderen Problemen – die Opposition hofft auf Resignation vor dem zu komplex gewordenen Gesamtproblem. Man belastet den Promotor mit anderen Arbeiten – und rechnet damit, daß er wegen Überlastung aufgibt.

Und wenn dieser indirekte Widerstand überwunden wird, so bleibt der direkte, der sich etwa in folgenden Wendungen artikuliert: „Eigentlich nichts Neues . . .", „Wir kommen ohnehin zu spät . . .", „Keine Erfahrungen mit . . .", „. . . negative Erfahrungen mit . . .", „XYZ hat sich damit die Finger verbrannt . . .", „Das alte System läßt sich viel leichter verbessern, als das neue einführen . . ." – Killerphrasen der Opponenten.

5. Caveat: Das Innovationsbewußtsein muß kritisch bleiben

Man möge die bisherigen Ausführungen nicht mißverstehen: Es geht uns nicht um einen unkritischen Innovationsenthusiasmus oder um ein undifferenziertes Engagement für das Neue an sich. Unser Streben richtet sich vielmehr darauf, Bewußtsein und Beurteilungsvermögen über innovative Produkte und Verfahren zu schärfen. Das heißt zugleich, ein *kritisches* Innovationsbewußtsein zu wecken. Diese kritische Position wendet sich gegen zwei Fehlleistungen eines undifferenzierten Innovationsenthusiasmus: Gegen die fälschliche Einstufung von Routineentscheidungen als Innovationen („Etikettenschwindel") und gegen die unrichtige Vorstellung, Innovationsbewußtsein bedeute auch automatisch Innovationsmanagement („Innovations-Aktionismus").

Ebenso problematisch wie die Behandlung von Innovationen als Routinefälle will der umgekehrte Fall erscheinen: Die Behandlung von Routinefällen als Innovation. Entscheidungsscheue Untergebene finden in dem Innovationsargument den Vorwand, die Entscheidungen auf ihre Chefs zurückzudelegieren. Der *„Etikettenschwindel"* liefert hervorragende Begründungen für Schlamperei: Zu geringer Erfolg, zu später Erfolg, zu stark schwankender Erfolg werden mit dem Hinweis auf die schlecht beherrschbare, innovative Materie zu rechtfertigen versucht. Werden hier keine Filter eingebaut, wird nicht nur das Routinehandeln problematisch, nachhaltig wird auch die Innovation selbst ernsthaft behindert.

„Innovationsaktionismus" droht, wenn das frisch geweckte Innovationsbewußtsein sofort ein hektisches Innovationsmanagement einleitet. Auch in dieser Situation ist eine kritische Phase angebracht: Es reicht nicht aus zu erkennen, daß eine Entscheidung ein innovatives Problem aufwirft. Der Entscheidungsträger muß zudem überprüfen, ob er in der Lage ist, die innovative Herausforderung aufzugreifen.

Innovationen kosten Zeit und Geld, viel Zeit und viel Geld. Vor der bewußten Verfolgung eines innovativen Gedankens muß die Prüfung der Kapazitäten stehen, der finanziellen und technologischen Kapazität, aber vor allem der *persönlichen Innovationskapazität* der betroffenen Entscheidungsträger. Realisierung der Innovation bedeutet aufwendige Lernprozesse, Durchsetzungs- und Überzeugungsaktivitäten, Austragung von Konflikten, Anpassung und Neuformulierung vertrauter Strategien – alles nicht delegierbare Arbeit von Führungskräften. Wer in Engpässen, betrieblichen Spannungslagen oder unter persönlichem Streß steht, sollte sich die Innovation gründlich überlegen. Eine solche kritische Selbsteinschätzung verhindert, daß ein Innovationsaktionismus ausbricht, der zwar jedes innovative Problem als relevant und lösbar aufgreift, aber nicht zu einer konstruktiven Lösung führt. Es soll aber nicht verkannt werden, daß oft gerade derartige Spannungslagen eine Innovation durchsetzbar werden lassen.

1.6. Arbeitnehmerinteressen im Innovationsprozeß

Franz Steinkühler

1. Ausgangssituation

Laut einer Umfrage der von der IG Metall herausgegebenen Zeitung „METALL" von Anfang 1985 leben zirka 80 Prozent der in der deutschen Metallindustrie beschäftigten Arbeitnehmer in ständiger Sorge – vielfach sogar Angst – um den Erhalt ihres Arbeitsplatzes. Gegenüber der letzten großen Umfrage, die die IG Metall vor ca. 5 Jahren durchgeführt hat, hat sich damit die Zahl der um ihren Arbeitsplatz fürchtenden Metallbeschäftigten ungefähr verdoppelt.

Fast ebenso groß ist die Zahl derjenigen, die sowohl in Folge des psychischen Belastungsanstiegs der letzten Jahre, aber auch wegen des ständigen Umgangs mit gefährlichen Arbeitsstoffen ihre Gesundheit gefährdet sehen.

- Über 76 Prozent der mehr als 3500 befragten Metallbeschäftigten geben an, mit schädlichen Stoffen am Arbeitsplatz zu tun zu haben.
- 68 Prozent aller Befragten werden trotz des Umgangs mit gefährlichen Stoffen ärztlich nicht betreut.
- 73 Prozent der Befragten bezeichnen die betrieblichen Kontrollen als oberflächlich, ungenügend oder gar nicht existent.

Neben der Angst um den Erhalt des Arbeitsplatzes und der Bedrohung ihrer Gesundheit fürchten die Metallbeschäftigten eine Entwertung ihrer beruflichen Qualifikationen. Die immer kürzer werdende „Halbwertzeit" der technischen Qualifikationen beschränkt sich längst nicht mehr nur auf Techniker und Ingenieure, sondern erfaßt längst auch den Bereich der Produktionsarbeiter, insbesondere die qualifizierten Facharbeiter.

Zwar wird wiederholt darauf hingewiesen, daß der Verantwortungsgrad und damit die Qualifikationsanforderung in verschiedenen Berufen – insbesondere im kaufmännischen Bereich – erhöht werden, Sozialwissenschaftler der verschiedensten Denkrichtungen haben jedoch wiederholt Zweifel angemeldet, ob hier vor dem Hintergrund der technischen Kontrollmöglichkeiten wirklich von einem Qualifikationsanstieg gesprochen werden kann.

So führte der Sozialwissenschaftler Baethge vom Soziologischen Forschungsinstitut Göttingen schon vor Jahren aus: „Die Perfektionierung der Kontrolle läßt nun auch die Frage von Delegation und Zentralisierung von Aufgaben in einem anderen Licht erscheinen. Es ist zwar richtig, daß mit Einführung der neuen EDV-Systeme einem Teil der mittleren Angestellten mehr Kompetenzen zugestanden wurden (komplexere Aufgaben, Entscheidungskompetenzen über höhere Geldbeträge bei Krediten usw.). Dies ist aber nicht mit Erhöhung von Verantwortung und Ermessensspielräumen gleichzusetzen, eher ist es in der

Dimension einer Erhöhung eines individuellen Scheiternsrisikos zu betrachten."

Diese drei Gefährdungsgebiete – Vernichtung von Arbeitsplätzen, Gefährdung der Gesundheit und Entwertung beruflicher Qualifikationen – sind Erscheinungsformen des betrieblichen Technikeinsatzes, die eine wachsende Skepsis der Arbeitnehmer gegenüber neuen Technologien bewirken.

Auf der gesellschaftlichen Ebene sind dies darüber hinaus:

- Neue Computersysteme, deren Einsatzformen immer stärker auch den Privatbereich einzelner Bürger erfassen und die zunehmend als Bedrohung der Privatsphäre empfunden werden,
- die Sorge um den Erhalt des Friedens, der durch die Hochrüstung in Folge immer neuerer Technologieschübe nicht als sicherer, sondern, im Gegenteil, als immer gefährdeter angesehen wird, und
- die Furcht vor wachsender Umweltzerstörung, die unsere natürlichen Lebensbereiche bereits jetzt in bedrohlicher Weise gefährden.

Gerade die wachsenden Einsatzmöglichkeiten mikroelektronischer Bauelemente, die, nach dem langwierigen Prozeß der Basisentwicklung und Basisfindung, seit den siebziger Jahren verstärkt auch in den Kernbereichen der Industrieproduktion zur Anwendung kommen, haben die Arbeitswelt schon jetzt nachhaltig verändert und werden dies im Verlauf der nächsten Jahre in noch erheblich stärkerem Maße tun.

Aus der Sicht der Arbeitnehmer bereitet gerade die Vernichtung von Arbeitsplätzen wegen der hiermit verbundenen Existenzbedrohung die größten Sorgen. In den letzten 5 Jahren sind allein in der Metallverarbeitung der Bundesrepublik Deutschland 220000 Arbeitsplätze wegrationalisiert worden. Das entspricht einem Arbeitsplatzverlust von 6 Prozent. In der deutschen Metallindustrie insgesamt arbeiten heute gegenüber dem Jahr 1980 300000 Arbeiter und Angestellte weniger.

Projiziert man die Wirtschaftsdaten der vergangenen Jahre in die Zukunft, so ist davon auszugehen, daß der Verlust von Arbeitsplätzen weiter anhalten wird. Experten gehen übereinstimmend davon aus, daß sich die Schere zwischen Produktivitätssteigerungen und Produktionswachstum in den achtziger Jahren weiter öffnen wird, weil die Produktivitätssteigerungsraten größer als in den siebziger Jahren, die Wachstumsraten im Durchschnitt eher kleiner werden.

So arbeiten zur Zeit z.B. in der Elektrotechnik 290000 Beschäftigte in der Montage. Nach einer Montagestudie der Gesellschaft für Arbeitsschutz- und Humanisierungsforschung beträgt das „Freisetzungspotential" bis 1990 56 Prozent der bestehenden Arbeitsplätze. Nach der neuesten Automobilprognose des Massachussets Institut of Technology (MIT) wird die Zahl der Beschäftigten in der Automobilindustrie bis zum Jahre 2000 um 40 Prozent zurückgehen.

2. Eine verantwortungsbewußte Beschäftigungspolitik ist gefordert

Diese Arbeitsplatzverluste sind in erster Linie auf die hohen Produktivitätssteigerungen in Folge des Einsatzes neuer Technologien zurückzuführen. Damit bewahrheitet sich ein von André Gortz vor Jahren getätigter Ausspruch: „Zehntausende von Robotern sind im Anmarsch. Arbeiter und Angestellte können zu Hause bleiben."

Demgegenüber erinnert das Verhalten der politisch Verantwortlichen, vor allem der Bundesregierung, an das Theaterstück „Galileo Galilei" von Bertolt Brecht, in dem Brecht einen Philosophen und einen Mathematiker auftreten läßt, die mit einem Astronomen nur darüber diskutieren wollen, ob es die Jupitermonde geben könnte. Sie weigern sich, aber beharrlich, durch das angebotene Fernrohr zu schauen, um die Jupitermonde tatsächlich zur Kenntnis zu nehmen.

Die Fakten jedenfalls sprechen für sich und auch die Hoffnung auf die Beschäftigungswirkungen des von der Bundesregierung ersehnten Aufschwungs lassen sich an Hand der Tatsachen leicht widerlegen. So stieg zwar im Jahre 1984 das Brutto-Sozialprodukt in der Bundesrepublik Deutschland um 2,5 Prozent. Gleichzeitig verringerte sich jedoch die Zahl der Arbeitsplätze um 90000. Noch gravierender drückt sich dies im Bereich der Metallverarbeitung der Bundesrepublik Deutschland aus. 1984 wurde ein Produktionswachstum von 3,6 Prozent erzielt, ihm steht ein Beschäftigungsabbau um 25000 Arbeitsplätze gegenüber (Jahresdurchschnitt 1983 zu Jahresdurchschnitt 1984). Betrachtet man das Jahr 1984 jedoch etwas differenzierter, so ergeben sich interessante Rückschlüsse auf die Beschäftigungswirkungen der 1984 durch die IG Metall erkämpften Arbeitszeitverkürzungen. In den Monaten Januar bis Juni 1984 verringerte sich die Beschäftigtenzahl in der Metallverarbeitung um ca. 12000. Im Zeitraum Juli bis Dezember 1984 stieg dagegen die Beschäftigtenzahl um ca. 59000 an. Dies ist ein eindeutiges Indiz für die positiven Beschäftigungswirkungen der Wochenarbeitszeitverkürzung.

Statt beschäftigungswirksame Innovationen in den volkswirtschaftlich nützlichen Bereichen Umweltschutz, Energieversorgung, Städtebau und öffentlicher Nahverkehr zu initiieren, ist die gegenwärtige Bundesregierung angetreten, Arbeitnehmerschutzrechte einzuschränken oder gar abzubauen. Sogenannte „beschäftigungshemmende Vorschriften" sollen beseitigt werden. Dabei ist den Politikern, von George und Albrecht bis zu Blüm und Bangemann, bis zum gegenwärtigen Zeitpunkt nicht gelungen, eine plausible Erklärung dafür zu liefern, daß durch

- die Einschränkung des Kündigungsschutzgesetzes,
- die Aufweichung des Jugendarbeitsschutzgesetzes,
- die Kürzung bei Arbeitslosenunterstützung und Mutterschaftsgeld,
- die beabsichtigte Aushebelung von geltenden Tarifverträgen,

– die Einschränkung von Mitbestimmungsrechten nach dem Betriebsverfassungsgesetz oder
– die Verlagerung von Arbeitsplätzen aus den Büros in die Wohnstuben,

neue, also zusätzliche, Arbeitsplätze geschaffen werden und damit ein Beitrag zur Bekämpfung der wesentlich auch durch die Produktivitätswirkungen der technischen Entwicklung bedingten Arbeitslosigkeit geleistet wird.

Diese Maßnahmen der Bundesregierung werden keine positiven Beschäftigungswirkungen zur Folge haben, sie zielen jedoch auf eine Schwächung der organisierten Arbeitnehmerschaft und auf eine soziale Schwächung des Arbeitnehmerstatus. Durch die weitere Verringerung der sozialen Sicherheit der Arbeitnehmer wird zudem ein Effekt erzielt, der auch besonnenen Arbeitgebern zu denken geben sollte. Rahmenbedingungen, die den sozialen Status der Arbeitnehmer einschränken, erzwingen Anpassung und Wohlverhalten. Angepaßte und um ihre soziale Sicherheit fürchtende Arbeitnehmer aber sind zu kreativer und schöpferischer Tätigkeit nur sehr bedingt fähig. Die Arbeitnehmer der Zukunft jedoch, wie sie auch von Unternehmen benötigt werden, um im internationalen Wettbewerb bestehen zu können, sind selbstbewußte, kreative, diagnosefähige und schöpferisch tätige Arbeitnehmer.

3. Die berufliche Qualifikation gewinnt an Bedeutung

Die internationale Wettbewerbsfähigkeit der deutschen Wirtschaft ist besonders dort ausgeprägt, wo Produkte auf die Weltmärkte gebracht werden, die über einen hohen technischen Standard und über beträchtliches Produktions-Knowhow verfügen: Straßenfahrzeugbau, chemische Erzeugnisse, Maschinen, Elektrotechnik.

Um hier Weltmarktanteile auch längerfristig halten zu können, gewinnt die Qualifikation der Beschäftigten eine zunehmend wichtiger werdende Bedeutung.

Wenn Arbeitgebervertreter, wie das Vorstandsmitglied der Audi AG, Martin Posth, eine Förderung der Qualifikation fordern, durch die „mehr fachliche Souveränität der Industriearbeit unmittelbar vor Ort durch Aufgabenintegration" geschaffen werden soll, und ebenso die Notwendigkeit für die Vermittlung „sozialer Qualifizierungsprozesse durch Einrichtung von Fertigungsteams und mehr Gruppenarbeit" herausgestellt wird und Heinz Nixdorf feststellt: „Mit deutschen Facharbeitern, die übrigens keineswegs zuviel verdienen, können wir amerikanischen Computer-Herstellern vorexerzieren, wie man Qualität produziert", wenn Nixdorf vor dem Hintergrund qualifizierter Facharbeiter ein „gutes Klima für Innovationen, für das Umsetzen neuer Produkte zur Serienreife" konstatiert, dann spricht dies für sich. Es bleibt allerdings zu hoffen, daß hieraus auch politische Konsequenzen gezogen werden und die Arbeitgeberverbände endlich ihre Tabu-Haltung aufgeben und die in Tarifverträgen von der IG Metall bereits geforderten Voraussetzungen zur Verbesserung der Qualifikation positiv aufgreifen.

Wenn Posth zudem der tayloristischen Arbeitsteilung eine klare Absage erteilt, indem er die „traditionell vorherrschende Trennung in weniger qualifizierte Produktionstätigkeiten und qualitativ höherwertige produktionsvorbereitende oder -begleitende Fachtätigkeiten aufzuweichen“ fordert, ist dies ebenfalls eine zu unterstützende Position, die jedoch in der betrieblichen Praxis immer noch eine Minderheitenposition darstellt.

In der großen Mehrzahl der Betriebe erfolgen Technikentwicklung und Technikeinsatz immer noch nach tayloristischem Vorbild. Dabei ist doch längst erwiesen, daß verbesserte Arbeitsbedingungen und qualitativ höherwertige Arbeitsanforderungen auch bei rein betriebswirtschaftlicher Betrachtung von Vorteil sind. Verringerung des Absentismus, Qualitätsverbesserungen der Produkte, bessere Auslastung der Produktionsanlagen und größere Produkt- bzw. Produktionsflexibilität sind hinreichend nachgewiesen.

4. Gesamtgesellschaftliche Verantwortung

Dennoch würde eine Technologie- und Innovationspolitik zu kurz greifen, die nur von einzelbetrieblichen Problemstellungen ausgeht. Kern/Schumann verlangen deshalb in ihrem neu erschienenen Buch „Das Ende der Arbeitsteilung?“ drei Politiken – wie sie es ausdrücken –: eine Politik der Sozialisierung der Anpassungslasten, durch die im Übergang unvermeindliche Härten auf viele Schultern verteilt und Pariaexistenzen verhindert werden; eine Politik der Arbeitszeitverkürzung, durch die allen Erwerbstätigen Zugang zur Arbeitssphäre gesichert und das Recht für jeden materialisiert wird; und eine Politik der offensiven Arbeitsgestaltung und Qualifizierung, die die Produktionsintelligenz verallgemeinert und die Industriearbeit als souveränes Arbeitshandeln ausformt.

Mit dieser Schlußfolgerung aus der gegenwärtigen Analyse des betrieblichen Technikeinsatzes bestätigen Kern/Schumann die Technologiepolitik der deutschen Gewerkschaften.

Eine solche Technologiepolitik setzt allerdings voraus, daß die Technikdiskussion aus ihrer „privatistischen Verengung“ (lt. Kern/Schumann) – also ihrer einzelbetrieblichen Betrachtung herausgeführt wird.

Was einzelbetrieblich sinnvoll erscheint, ist gesamtgesellschaftlich häufig nicht vertretbar. Die extrem hohe Zahl von ca. 50 Prozent der jährlichen Rentenneuzugänge infolge von Frühinvalidität und Erwerbsunfähigkeit macht dies überdeutlich.

Aber auch im Umweltbereich zeigen sich zunehmend gesellschaftliche Fehlentwicklungen, die die Folge auch solcher Entscheidungen sind, die an überkommenen Vorstellungen ausgerichtet, einzelbetrieblich durchaus sinnvoll und richtig erscheinen. Allein für den Bereich der Luftverschmutzung lassen sich erhebliche volkswirtschaftliche Schäden nachweisen.

- Die OECD schätzt die gesamten Schäden allein durch Luftverschmutzung einschließlich der Gesundheitskosten in den Mitgliedsländern auf etwa3 bis 5 Prozent des Bruttosozialprodukts. Für die Bundesrepublik bedeutet dies volkswirtschaftliche Verluste von jährlich 40 bis 70 Mrd. D-Mark.
- Bereits 1980 wurden die Gebäudeschäden in der Bundesrepublik vom Umweltbundesamt auf 1,5 Mrd. D-Mark pro Jahr und die Korrosionsschäden an Materialien auf 1 bis 2 Mrd. D-Mark pro Jahr beziffert.
- Bei einem Vermögenswert der Wälder in der Bundesrepublik von bis zu 200 Mrd. D-Mark können derzeit die nachweisbaren Waldschäden auf bis zu 100 Mrd. D-Mark veranschlagt werden.

Diesen Schäden stehen gesamtwirtschaftliche Aufwendungen für den Umweltschutz von ca. 1,5 Prozent des Brutto-Sozialprodukts der Bundesrepublik gegenüber, das entspricht 25 Mrd. D-Mark. Bemerkenswert ist, daß die Aufwendungen für Umweltschutz in den USA und Japan mehr als 3 Prozent des jeweiligen Brutto-Sozialprodukts betragen.

Auch stellt sich längst nicht mehr die Alternative Umweltschutz oder Arbeitsplätze. Die Inbetriebnahme eines nicht entschwefelten Kohlekraftwerks sichert womöglich kurzfristig die Arbeitsplätze der dort Beschäftigten, macht aber gleichzeitig die Wälder kaputt und gefährdet unmittelbar die Arbeitsplätze in der Forstwirtschaft und der holzverarbeitenden Industrie. Es ist deshalb kein Zufall, daß sich die Gewerkschaft Gartenbau-, Land- und Forstwirtschaft so vehement in umweltpolitischen Fragen engagiert. Sie ist heute schon in der Situation, daß sie, wenn sie für sichere Arbeitsplätze kämpfen will, gleichzeitig für eine gesunde Umwelt kämpfen muß.

Ähnlich verhält es sich mit dem Beispiel der Dünnsäureverklappung in der Nordsee. Es mindert zwar die Kosten der chemischen Industrie, wenn Chemieabfälle in der Nordsee verklappt werden. Gleichzeitig werden hierdurch aber die Fischbestände dezimiert und Arbeitsplätze in der Fischerei vernichtet. Auf der anderen Seite würde die Weiterverarbeitung der Dünnsäure Arbeitsplätze in der chemischen Industrie schaffen.

Für die Realisierung derartiger Projekte sind zweifellos Innovationskosten erforderlich. Diese wären aber für die Entwicklung neuer Verfahrenstechnologien weit sinnvoller angewendet als für die nachträgliche Beseitigung von Umweltschäden. Zwar gibt es bei der Beurteilung konkreter Einzelfälle mitunter tatsächlich die Alternative „Arbeitsplätze oder Umweltschutz“. Sie stellt sich allerdings nur dann, wenn keine vorausschauende Technologiefolgeabschätzung betrieben wurde. Eine solche Technologiefolgeabschätzung müßte beschäftigungspolitische Konsequenzen, gesundheitliche Risiken und umweltpolitische Folgen zumindest tendenziell voraussagen und damit die Möglichkeit für ein wirksames politisches Gegensteuern schaffen. Eine qualifizierte Technologiefolgeabschätzung und ein wirksames politisches Gegensteuern setzt jedoch einen gesellschaftspolitischen Konsens über die vorzunehmenden Innovationsschwerpunkte voraus. Dieser gesellschaftspolitische Konsens ist aber nur dann möglich, wenn er eine qualifizierte Mitbestimmung der Gewerkschaften als Vertretung der abhängig Beschäftigten mit einbezieht.

Dies gilt auch für die Mitbestimmung bei forschungs- und technologiepolitischen Zielsetzungen im gesamtgesellschaftlichen Bereich. Die staatliche Technologiepolitik wäre dabei stärker als bisher an gesamtgesellschaftlichen Zielvorstellungen auszurichten. Diese Notwendigkeit belegt auch eine jüngst im Auftrag des Bundesministeriums für Forschung und Technologie erstellte Studie des Batelle-Instituts über „Forschung, Entwicklung, Innovationen“ mit einem Vergleich zwischen Japan und der Bundesrepublik. Dort heißt es u. a., die „industriellen Beziehungen im Hinblick auf unternehmens- oder branchenübergreifenden horizontalen Technologietransfer sind zu verbessern; hier bleiben Möglichkeiten zur gemeinschaftlichen Förderung des deutschen Innovationsprozesses ebenso ungenutzt wie im Bereich der Beziehungen zwischen Industrie und Wirtschaft“.

5. Neue Ausbildungsinhalte

Auch die in dieser Studie betonte Notwendigkeit einer konzentrierten Vorgehensweise der verschiedenen Politikbereiche wie Wissenschaft und Forschung, Bildung, Arbeit und Soziales, Wirtschaft und andere Politikbereiche ist ausdrücklich zuzustimmen. Hier müssen Ansatzpunkte entwickelt werden, die partielle Betrachtungsweise einzelner Technologieaspekte zu überwinden und statt dessen technologische Entwicklungen und ihre betrieblichen wie gesellschaftlichen Einsatzformen als Teil eines integrierten Netzwerkes zu betrachten, wodurch sich Auswirkungen auf nahezu alle gesellschaftlichen Bereiche ergeben. Dies trifft für den Bereich der Mikroelektronik ebenso zu wie für den Bereich der Energieversorgung, der Kommunikationstechnologien, der Gen-Technologien oder der Bio-Technologien.

Hieraus ergeben sich weitreichende Konsequenzen, sowohl für die Aus- und Weiterbildung auf betrieblicher Ebene als auch im gesamtgesellschaftlichen Bereich, also für die Ausbildung an Hochschulen und Fachhochschulen.

Auf der betrieblichen Ebene ist die Ausbildung eines breiter angelegten Basiswissens zu verankern, von dem ausgehend die jeweils notwendigen arbeitsplatzbezogenen Fachkenntnisse schnell vermittelt werden können. Die Neuordnung der Metallberufe bietet hierfür ein positives Beispiel.

Ergänzend zur beruflichen Erstausbildung sind wirksame Voraussetzungen für eine kontinuierliche, das Erwerbsleben begleitende Weiterbildung zu schaffen, die den Beschäftigten die Möglichkeit bietet, auf veränderte Qualifikationsanforderungen flexibel reagieren zu können.

Bei der Ausbildung von Naturwissenschaftlern, Ingenieuren und Technikern sind stärker auch die sozialen Implikationen der technischen Entwicklung zu berücksichtigen. Es gilt Abstand zu nehmen von der überholten Vorstellung eines technologischen Determinismus, der nur eine jeweils eingeschränkte Technologiegestaltung zuläßt. Technik ist gerade in der Entwicklungs- und Forschungsphase in relativ weiten Bereichen gestaltbar. Notwendig ist, die mit der Entwicklung und Erforschung neuer Technologien Beauftragten schon in der frühen Phase der Technikplanung in die Lage zu versetzen, soziale Implikationen zu berücksichtigen, um Technik wirklich zum Nutzen der Menschheit, und das heißt vor allem auch der Arbeitnehmer zu machen. Die Voraussetzungen hierfür sind gerade in volkswirtschaftlichen Umbruchphasen, wie sie sich zur Zeit vollziehen, besonders günstig. Sie erfordern den Mut und die Entschlossenheit der politisch Verantwortlichen. Die Gewerkschaften sind dazu bereit, ihren Beitrag zu leisten.

1.7. Schwachstellen im Innovationsmanagement

Peter Dietz

Jede Epoche bedarf offensichtlich eines Klischees, das sie typisiert; ohne Orientierung an solchem paradigmatischem Bild fühlen sich Medien, Meinungsmacher und gewöhnliche Menschen der Vielfalt der Erscheinungen gegenüber unbehaglich. Das ökonomische Paradigma der achtziger Jahre ist, zumindest was die Bundesrepublik angeht, ebenso zwiespältig wie eindeutig: hier die große Masse der etablierten Unternehmen, die mangels Innovationslust oder -fähigkeit den Anschluß an die technologische Entwicklung verpassen; dort eine Handvoll junger Technologie-Freaks, die sich zur Selbständigkeit und der Nation zum ersehnten wirtschaftlichen Aufschwung verhelfen. Niemand, Kulturpessimisten und einige versprengte Künstler ausgenommen, der sich nicht aufgerufen fühlt, hier eine weitere Wende herbeizuführen und seinen Beitrag zu leisten, damit die müden Altunternehmer wieder munter und die wagemutigen Jungen groß und erfolgreich werden.

Nun ist es ja unbestreitbar, daß die deutsche Industrie in bestimmten Sektoren Mühe hat, mit der weltweiten technologischen Entwicklung Schritt zu halten. Als Paradebeispiel wird stets die Informationstechnik angeführt; allerdings sind gerade hier auch Zweifel erlaubt, ob die hinsichtlich Marktanteilen und Profitabilität schwierige Situation der einheimischen Unternehmen allein auf unzureichender Innovation beruht oder ob nicht auch Management, Marketing und Finanzierung Defizite aufweisen. Ein anderes, weniger spektakuläres, aber ebenso bedeutsames Beispiel ist der Maschinenbaubetrieb an der Ruhr, der sich zufolge anhaltenden Siechtums seiner traditionellen Klientel nach neuen Produkten und Märkten umsehen muß, will er nicht die Existenz seines Unternehmens und der darin Beschäftigten aufs Spiel setzen. Das bedeutet für Unternehmen dieses Typus, und ihrer sind nicht wenige, völlig neue Technologien ins Haus zu holen, von denen weder das Management noch die Mehrzahl der Mitarbeiter einen blassen Schimmer hat: moderne Werkstoffe und ihre Verarbeitung; Mikroelektronik und der Rattenschwanz von Problemen, die mit deren Einsatz verbunden sind; Sensoren und Aktuatoren der n-ten Generation und so fort.

Schließlich ist die Behauptung wohl zutreffend, daß die sagenhaften technologieorientierten Unternehmens-Neugründer in diesem Prozeß der Umstellung von Verfahren und der Erneuerung von Produkten den traditionellen Firmen eine hilfreiche Hand bieten können. Zum Beispiel, indem sie die verlängerte Entwicklungs-Werkbank spielen und dem von einer Produktkrise heimgesuchten etablierten Unternehmen Know-how, Komponenten und Prototypen liefern, und dies so rasch und brauchbar, wie es der alteingesessene Betrieb nie schaffen würde. Positive Beispiele für solche Nothelfer-Rollen gibt es zur Genüge. Darunter allerdings auch solche, bei denen sich die kreativen Innovationsbringer eher in der Rolle eines Notnagels fühlen.

1. Nun innoviert mal schön!

Aus dieser im Prinzip richtigen Einschätzung der technisch-ökonomischen Situation resultiert das obenerwähnte Paradigma. Und nicht nur dies, sondern auch allgemeines, freundlich-bewunderndes und zu innovatorischer Höchstleistung aufforderndes Schulterklopfen: Fortius, citius, altius, collegae! Schafft schneller, Genossen, die Nation harrt der Ergebnisse Eurer Kreativität! Und daß im Gefolge dieser allgemeinen Stimmungslage eine Fülle staatlicher Förderprogramme entstanden ist, welche auf die Beschleunigung eben dieses Prozesses abzielen, ist nur allzu verständlich, wenn man weiß, welchem Rechtfertigungsdruck Politiker auf diesem Gebiet inzwischen ausgesetzt sind.

Um nicht mißverstanden zu werden: Sinnvolle, gezielte Hilfe, auch des Staates, in einer Situation des Wandels der Industriestruktur und der Adaption neuer Technologien soll nicht von der Hand gewiesen werden – sie ist wohl auch erforderlich. Der Verfasser dieser Zeilen hat sich, nach vorläufiger Beendigung seines aktiven Unternehmerdaseins, selbst in dieser Sache engagiert. Und daß technologieorientierten Unternehmensgründern in einem Umfeld, das für Individualisten und neue Ideen ohnehin nicht besonders förderlich ist, Mut gemacht und mit Maßen auch Hilfestellung gegeben wird, dafür tritt er, seine eigenen Erfahrungen rekapitulierend, von ganzem Herzen ein.

Aber, und darum soll es in diesem Beitrag gehen: Weder die Innovationslust allein noch das Forschen und Entwickeln auf Teufel-komm-raus sind in jedem Falle den Zielen des Unternehmens förderlich und von gesamtwirtschaftlichem Nutzen. Die technische Erneuerung von Produkten und Verfahren ist eine unternehmerische Aufgabe wie jede andere, die mit Umsicht betrieben werden muß, und beim Innovationsmanagement, wie der neudeutsche Fachausdruck dafür heißt, kann man ebenso viele Fehler machen wie bei jeder anderen Führungsaufgabe.

2. Das bewährte Alte

Es ist gewiß befremdlich, wenn im Zusammenhang mit dem Innovieren zuerst dem bewährten Alten das Wort geredet werden soll. Dennoch: Wer sich mit dem Gedanken trägt, eine Revolution in seiner Produktpalette auszulösen, sollte sich angesichts der dadurch heraufbeschworenen Risiken und Kosten nochmal überlegen, ob das vorhandene Produkt, möglicherweise etwas modernisiert und intelligent vermarktet, nicht doch noch für eine Weile die notwendige Luft schafft. Insbesondere hierzulande gewinnt man gelegentlich den Eindruck, daß unzufriedener Ingenieurgeist und technischer Perfektionsdrang über nüchternes Rechnen obsiegen.

Dem Verfasser sei erlaubt, dies aus eigenem Erleben zu exemplifizieren: In der zweiten Hälfte der sechziger Jahre, als die Computer-Welt noch in Ordnung war und unser Unternehmen in dieselbe eintrat, leisteten wir uns den für heutige Verhältnisse unbegreiflichen Luxus, in kurzem Abstand nacheinander zweieinhalb völlig unterschiedliche Systeme zu entwickeln, zu produzieren und auf den Markt zu bringen.

Jedes war ein bißchen moderner, folglich auch leistungsfähiger und preiswerter herzustellen als der jeweilige Vorgänger. Was aber die Umstellung von einem auf das andere Produkt für das Unternehmen und seine Ressourcen, für Mitarbeiter, Vertriebspartner und Kunden bedeutete, wurde uns erst bewußt, als die Kinder in die Welt gesetzt und nicht mehr aus derselben zu schaffen waren.

Mit dem Beginn des folgenden Jahrzehnts hielt dann auch bei uns die wirtschaftliche Vernunft Einzug: Das damals neu eingeführte Produkt wurde konzeptionell unverändert weiter produziert und vermarktet, hat dem Unternehmen über ein Dutzend Jahre ein hohes Wachstum beschert, und es ist nicht uninteressant zu beobachten, welcher Anstrengungen es jetzt bedarf, es dem Neuen, Besseren weichen zu lassen.

3. Zu viele Fort-Schritte sind kein Fortschritt

Wer dann aber, nach gründlicher Prüfung, den Sprung nach vorn wagt, der bemesse genau, wie weit er springt. Zwar erscheint es notwendig, den Stand der Technik zu erreichen oder wenn möglich zu übertreffen, soll ein neues Produkt den erwünschten Markterfolg haben. Zuviel des Guten kann aber von Übel sein, und zwar dann, wenn es für das Wunderding noch keinen oder keinen genügend großen Markt gibt.

Als wir uns Mitte der siebziger Jahre entschlossen, Systeme für die computerunterstützte Konstruktion zu entwickeln und auf den Markt zu bringen, fiel die Wahl auf das Fortschrittlichste, was sich Ingenieurgeist denken kann, nämlich ein System auf der Basis im Computer gespeicherter dreidimensionaler, volumenorientierter Modelle.

Keine Frage, daß es das Non-plus-ultra war, was da auf den Markt kommen sollte. Nur hatten wir, wie es sich später ergab, die Rechnung ohne eben diesen Markt gemacht, der zum damaligen Zeitpunkt für hochkomfortable Problemlösungen dieser Art noch nicht reif, ja praktisch noch nicht existent war.

Glücklicherweise stellten wir gerade noch rechtzeitig fest, daß dieses Produkt einen viel zu kleinen Abnehmerkreis finden würde, um die immensen Entwicklungskosten zu rechtfertigen, und schwenkten auf das um, was der Markt zu jener Zeit vordringlich brauchte, nämlich komfortable Zeichnungserstellungssysteme. Erst damit setzte sich unser CAD-Konzept durch. Heute, fast zehn Jahre danach, gibt es selbstverständlich die 3D-Funktionalität im System. Aber inzwischen sind die Anwender auf breiter Front soweit, daß sie etwas damit anfangen können.

4. Das legendäre Ohr am Markt

Womit zu der vielleicht schwierigsten Frage übergeleitet wäre, nämlich der, ob ein neues Produkt einen angemessen großen Markt findet. Gewiß, der Bilderbuch-Unternehmer hält den feuchten Zeigefinger in den Wind des Markttrends und weiß, woher er weht. Und die übrigen bedienen sich entweder eines Marktforschungsinstituts oder der Generation junger Betriebswirte, die dieses Problem in extenso auf der Universität studiert haben, wo es nicht nur längst gelöst, sondern mathematisch vollständig beschrieben ist. Kleine Unternehmen allerdings werden sich nur in den seltensten Fällen einen Marktforscher leisten können, und es sind Zweifel angebracht, ob die gängigen Marketing-Theorien über Waschmittel und Hamburger-Ketten hinaus auch auf innovative technische Erzeugnisse anwendbar sind.

Das Problem liegt unter anderem darin, daß wirklich innovative Produkte ihren Markt auf schwer berechenbare Weise selbst erzeugen und es die Vorstellungskraft von Marktforschern, Herstellern und Anwendern übersteigt, herauszufinden, wie dies quantitativ entlang der Zeitachse abläuft. Produkt ist eben nicht gleich Produkt. Die Leute von Coca-Cola wissen seit neunundneunzig Jahren, wie es um die Klientel der Softdrinker bestellt ist. Wer aber einen multifunktionalen Bildschirm-Arbeitsplatz ganz neuen Typs auf die Beine stellen will, mit dem Ingenieure, Naturwissenschaftler und Kaufleute gleichermaßen zurechtkommen sollen, wird kaum jemanden finden, der ihm einigermaßen verbindlich sagen kann, ob er damit den erwünschten Erfolg haben wird.

Bleibt der Versuch, das Problem sozusagen mit Bordmitteln zu lösen, also durch Befragen der eigenen Kunden und der eigenen Vertriebsmannschaft. Bei letzterer jedoch ist Vorsicht geboten: Verkäufer sind keine Marketing-Experten. Sie neigen dazu, von der Entwicklung ultimativ jene neuen Produkteigenschaften zu fordern, deren Vorhandensein bei der Konkurrenz sie den jüngsten Verlust eines Geschäfts zuschreiben. Wer sich darauf verläßt, ist bald verlassen.

So unbefriedigend das klingt: Je innovativer das Produkt oder die ins Auge gefaßte Problemlösung, um so mehr ist die Entscheidungsfindung auf das irgendwo zwischen Kopf und Bauch zu lokalisierende unternehmerische Gespür angewiesen. Jedenfalls solange die Wissenschaft hier keine anderen, überzeugenden Methoden anzubieten hat.

5. Zeit und Geld

Es ist eine scheinbar eherne Regel, daß Entwicklungen – den irreführenden Terminus „Forschung“ sollte man bei industriellen Innovationen besser nicht verwenden – mindestens doppelt so lange dauern und doppelt so viel kosten wie ursprünglich geplant. Wer Pech hat, dem gerät das Neue darüber hinaus nur halb so gut wie gewünscht.

Das Management tut gut daran, dies immer im Gedächtnis zu behalten und die Unternehmenspläne darauf einzurichten, sich andererseits aber davon nichts anmerken zu lassen und die Mannschaft stets an die Einhaltung des meist selbstdefinierten Zeit- und Kostenrahmens zu erinnern. Was den Aspekt Zeit angeht, so kann man bei Entwicklern dafür ein gewisses Verständnis voraussetzen; schließlich wollen sie ja mit der Sache auch mal fertig werden und zu neuen Ufern vorstoßen. Das Problem liegt eher darin, daß sie häufig selbst nicht genau wissen, wie weit sie eigentlich sind. Dies ist um so wahrscheinlicher, je komplexer und undurchschaubarer die technischen Zusammenhänge sind und je chaotischer die Organisation des gesamten Projekts.

Noch problematischer stellt sich häufig die Kostenseite dar, und dies hat offensichtlich auch damit zu tun, daß im deutschen Durchschnitts-Unternehmen zwei Welten aufeinanderprallen: Die eine konstituiert sich aus Ingenieuren (von Informatikern ganz zu schweigen), deren Ausbildung sie dazu befähigt, das technisch Wahre, Gute und Schöne unter Hintansetzung schnöder kommerzieller Fragen zu schaffen. Die andere besteht aus höchst bilanzsicheren Buchhaltern, die durchaus in der Lage sind, auf den Pfennig genau nachzurechnen, was dieses Schaffen gekostet hat, nur eben sechs bis zwölf Monate zu spät. Hier hilft nur radikales Umdenken auf beiden Seiten: Ingenieure (und Informatiker) sind ja im allgemeinen recht intelligent und kapieren die Kostenzusammenhänge schnell, wenn man sie ihnen nahebringt; und den Kaufleuten muß man über die inneren Hürden helfen, nach der Devise: weniger genau, dafür aktueller, und vor allem so, daß die Zahlen für jeden nachvollziehbar sind.

6. Projektteams statt Hierarchien

Zu den gängigen Klischees gehört die Ansicht, daß kleine Unternehmen in aller Regel produktiver und kreativer sind als ihre jeweils größeren Counterparts. Diese Behauptung ist ausnahmsweise sogar richtig, jedenfalls insoweit, als dort im allgemeinen mehr Motivation und weniger organisatorische Reibungsverluste anzutreffen sind. Für ein erfolgreiches, wachsendes Unternehmen stellt sich damit die Frage, wie es seinem Größerwerden zum Trotz diese essentiellen Eigenschaften bewahren kann, vor allem in den innovativen Bereichen des Unternehmens, also zum Beispiel der Entwicklung. Auch hier mögen eigene Erfahrungen dies verdeutlichen.

Eines Morgens, es muß irgendwann in den siebziger Jahren gewesen sein, wachten wir auf, rieben uns die Augen und sahen, daß wir nun eine richtige Firma waren. Eine solche aber, das sagt die Organisationslehre unzweideutig aus, braucht eine Aufbauorganisation. Also gingen wir daran, dem Unternehmen ein filigranes Gerüst in Form eines mehrstufigen binären Baums zu geben, dessen abstrakte Form uns ja aus der Informatik vertraut war. Nicht nur beschenkte uns dies mit einer vierstelligen Kostenstellennummer für jedes Grüppchen; wir sahen uns auch in der Lage, soundsoviele verdiente Mitarbeiter zum „Leiter" von irgendetwas zu ernennen und damit ihrem berechtigten Interesse an einer beruflichen Karriere entgegenzukommen.

Dies ging in allen Bereichen des Unternehmens gut; nur für die Entwicklung und alles, was damit zusammenhing, erwies sich diese Maßnahme als absolut kontraproduktiv. Kästchendenken zog ein, wo vorher Corpsgeist herrschte; Kompetenz wurde im Sinne von Zuständigkeit interpretiert und nicht mehr von Fähigkeit; Statusfragen drohten Sachfragen in den Hintergrund zu drängen.

Mit großer Mühe machten wir die Struktur wieder rückgängig und führten projektbezogene Teams von begrenzter Dauer, mit wechselnder Besetzung und jeweils unterschiedlicher Leitung ein. Und siehe, die gewohnte Kreativität war wieder da. Was die Motivation angeht: Je qualifizierter ein Mitarbeiter ist, um so größer ist seine Befriedigung, eine anspruchsvolle Aufgabe erledigt zu haben. Der Nachweis, daß eine Innovation „sein" Baby ist, zählt heute in aller Regel mehr als das Suffix „-leiter" hinter dem Wort für ein Kästchen in der Hierarchie. So ändern sich die Zeiten!

7. Erbhöfe und ihre Eigendynamik

Projektbezogene Teams haben überdies den Vorzug, daß sie irgendwann wieder aufgelöst werden müssen, und dies ohne sonderliche Komplikationen in Status- und Prestigefragen. Damit wird einem besonderen Übel vorgebeugt: dem Erbhofdenken. Dies wiederum erweist sich im innovativen Geschehen nicht nur deshalb als hinderlich, weil die immer gleiche Person nicht zur Lösung jeder der wechselnden Aufgaben geeignet ist. Erbhöfe tendieren auch dahin, innovativen Vorhaben eine nicht mehr kontrollierbare Eigendynamik zu verleihen.

Entwickler neigen dazu, Kathedralen vom Umfang des Kölner Doms auch dann anzustreben, wenn der Vertrieb nur eine kleine Kapelle fordert, in der sich seine Kunden der stillen Andacht hingeben können. Diesem schleichenden, häufig erst zu spät wahrgenommenen Aufblähungsprozeß entgegenzuwirken, ist zweifellos eine der Hauptaufgaben des Innovationsmanagements. Da die Diskussion von Details häufig an Zeit- und Verständnisproblemen scheitert, hilft eigentlich nur die Begrenzung der personellen und sonstigen Ressourcen, die für diese Aufgabe zu Verfügung stehen. Bei Projektteams ist das machbar; der Erbhofinhaber jedoch wird versuchen, für sein ehrgeiziges Projekt den letzten Mann seiner Abteilung und die letzte Mark seines Budgets zu mobilisieren, ohne daß die Unternehmensführung das so richtig mitbekommt.

8. Make or Buy?

Diese Frage ist gewiß so alt wie die industrielle Welt. Sie muß immer wieder neu gestellt und neu beantwortet werden. Das Ergebnis hängt natürlich vom Einzelfall und von vielerlei Randbedingungen ab.

Von einem allerdings kann die Unternehmensleitung ausgehen: In neunundneunzig von hundert Fällen werden die Entwickler in trautem Einvernehmen mit der Produktion sich fürs Selberentwickeln und Selberbauen entscheiden. Gute Argumente sind da schnell bei der Hand: niedrige Herstellkosten und entsprechend hohe Margen, Nichtweitergabe oder Erwerb von Know-how, das eigene Produktprofil und so fort. Gelegentlich ist das alles sogar richtig. Im Zweifelsfall aber sollte man nochmal gründlich nachdenken und -rechnen oder aus volkspädagogischen Gründen auch mal nein sagen. Und das in Frage stehende Ding beim größten Konkurrenten kaufen.

Apropos Konkurrenz, richtig oder falsch verstandene: In der Bundesrepublik ist die beispielsweise in den USA gängige Praxis, auch mal was beim Mitbewerb zu kaufen, wenn man auf diese Weise schneller am Markt sein oder sein Produktspektrum sinnvoll abrunden will, völlig unterentwickelt, zumindest im sogenannten Hochtechnologie-Bereich. Mag das im Verhältnis großer Unternehmen zueinander noch eben einzusehen sein, so nimmt es doch manchmal groteske Züge an, wie sich in dieser Beziehung die Großen gegenüber den Kleinen verhalten. Es wäre eine dankbare Aufgabe für ein Team von Sozialwissenschaftlern und Psychologen, einmal herauszufinden, ob es eher die Manager oder die Entwickler in den großen Unternehmen sind, die jeden Ansatz, ein dringend benötigtes Produkt vom kleinen und innovativen Wettbewerber zu übernehmen, schon im Keim ersticken und stattdessen auf die fragile Karte der eigenen Ressourcen setzen – mit bekanntem Ergebnis.

Auf der anderen Seite ist gerade für Unternehmen in der Startphase eine solche Geschäftsbeziehung mit einem finanz- und vertriebsstarken Partner von elementarer Bedeutung, und es gilt hier nach wie vor die Devise: Such' Dir erstmal einen großen Kunden, und wenn es Dein größter Konkurrent ist!

9. Profil bringt Profit

Damit sind wir bei der alles entscheidenden Frage angelangt, die weit vor den Implikationen des Innovationsmanagements liegt, ohne deren hinreichende Beantwortung aber jede Innovation fragwürdig und deren Management ein müßiges Unterfangen bleibt: Die Frage nämlich nach dem klaren Profil eines Unternehmens, seiner Produkte und Dienstleistungen, seines Marktes.

Die wachsende Szene technologieorientierter Jungunternehmen in der Bundesrepublik bietet hier interessante Einsichten. Manche dieser hochqualifizierten Neugründungen entwickeln sich zunehmend zum Löser aller Probleme, die an sie herangetragen werden, statt das ursprüngliche Konzept zu verfolgen und sich auf einem bestimmten Aktionsfeld zu profilieren. Die Gefahr besteht, daß sie sich eines Tages in allzu viele unterschiedliche Aktivitäten verstrickt, aus dieser Mädchen-für-alles-Position nicht mehr befreien können und in der großen Masse derer untergehen, die dasselbe tun, nur ein bißchen besser oder billiger. Dabei legt unsere differenzierte Markt- und Produktlandschaft einen Weg zum Erfolg nahe: Profilierung durch Spezialisierung, also Konzentration statt Diversifikation. Um es bildlich auszudrücken: Es ist auf längere Sicht profitabler, der bundesweite Lieferant für Wachteleier der Güteklasse A zu sein als der alternative Bauernhof mit einem umfassenden, wenngleich biologisch-dynamischen Sortiment von Gemüsen, die kubische Kartoffel inbegriffen.

Kritische Leser aus der Existenzgründer-Szene können davon ausgehen, daß der Verfasser dieser Zeilen weiß, wovon er redet und was er ihnen mit seiner Empfehlung zumutet: Verzicht auf den nächsten lukrativen, aber vom Wege abführenden Auftrag; Durststrecken, die zu überwinden sind; nervös werdende Finanziers, Ehefrauen und Geschäftsfreunde; Zweifel und schlaflose Nächte. Nicht mehr kann hier ausgesprochen werden als der Appell an die besagten Finanziers, Frauen und Freunde, den Jungunternehmer nicht vom rechten Wege abkommen zu lassen, allen augenblicklichen Widrigkeiten zum Trotz. Die Nation und die Bilanzen kommender Jahre werden es ihnen danken.

10. Verführen durch Fördern

Noch einmal zurück zu den staatlichen Maßnahmen der Förderung von Forschung und Entwicklung. Sie sind im Ansatz überwiegend richtig, bei den gegebenen Rahmenbedingungen wohl auch notwendig, und sie können sich durchaus positiv auswirken, weil sie das finanzielle Risiko eines Innovationsvorhabens reduzieren.

Dies vorausgeschickt, sei die andere, weniger glänzende Seite der Medaille aufmerksam betrachtet. Insbesondere im Umfeld der direkten Projektförderung, die allerdings im Abnehmen begriffen ist, haben sich staatliche, mit Zielvorgaben verbundene Unterstützungsmaßnahmen oft deshalb als kontraproduktiv erwiesen, weil nahtloses Einpassen in eines der Programme vor unternehmerischer Zielfindung rangierte. Wohlgemerkt: Dies ist ein Problem der Unternehmen selbst und nicht primär eines des politisch gesetzten Rahmens.

Besonders gefährlich wird es dann – auch hier kann der Verfasser eigenes Erleben zum Beweis anführen –, wenn es sich um sogenannte Verbundprojekte in Zusammenarbeit mit wissenschaftlichen Institutionen handelt. Nichts gegen die Kooperation mit den Leuten aus der institutionalisierten Forschung; wir brauchen sie wie den Wein zum Brot (und sie uns, nebenbei). Aber dreimal prüfe man, ob das, was da gemeinsam geschaffen werden soll, auch ins Unternehmenskonzept paßt, seinen Markt findet und Erträge abwirft. Dem Unternehmer, dem sein Entwicklungschef die Tür einrennt, einen Professor hinter sich herschleppt und mit fünfzig Prozent aus dem Steuersäckel winkt, kann man nur zurufen: Holzauge, sei wachsam, und laß' Dich nicht durch Geld und Glanz zu etwas verführen, was Du später als Flop aufs Haupt kriegst!

2. Methoden zur strategischen Planung

2.1. Grenzen der Planung

Heinz Ache

Wenn wir heute nach den Grenzen der Planung fragen, dann scheint es zunächst so, als sei das Thema nicht besonders aktuell, oder aber wir haben uns fahrlässigerweise nie gekümmert um die Grenzen der Planung. Es gibt eine dritte Möglichkeit: Die Wirklichkeit hat sich geändert, und die Planung muß im Zusammenhang mit diesen Veränderungen neu verstanden, neu eingeordnet, neu konzipiert werden. Darum geht es.

1. Kritik

Kritik der Planung ist verbreitet. Sie setzt an mit dem globalen Urteil, daß wir bei dem Versuch, unsere soziale Welt zu steuern, offensichtlich keinen Erfolg haben. „Unsere Steuerungstechniken versagen. Wir befinden uns in einer Rationalitätskrise. Unsere Instrumente, mit denen wir in Volkswirtschaft und Unternehmen planen, sind untauglich."

Aber es gibt auch differenziertere Kritik.

In den USA stellt man im Vergleich zu Japan und Europa Nachteile in der Entwicklung der Produktivität und bei Produkt- und Verfahrensinnovationen fest, vor allem in den klassischen Industrien wie Stahl, Automobil und Chemie, aber auch bei Banken und Versicherungen. Schuld daran ist – so die Kritik – der Planungsfetischismus des Managements in den USA. Der führt nämlich dazu, daß man Prozesse, die risikoarm, rechenbar, kurzfristig vorteilhaft sind, bevorzugt und neue, längerfristige, unsichere Wege vermeidet. Die Erfolgskriterien der Unternehmen, die in der Presseberichterstattung, der Börse, den Fortune „Rennlisten" und nicht zuletzt als Maß für die Leistung des Managements herausgestellt werden, sind auf die Maximierung des kurzfristigen Returns ausgerichtet. Die Orthodoxie des Controlling und des Corporate Portfolio Management und die totale Unterwerfung unter die Wünsche und Moden des Marktes lassen keinen Raum für strukturelle, gestaltende, langfristig angelegte Unternehmenspolitik. Eine andere Diskussion gibt es in der Betriebswirtschaftslehre. Hier geht es vor allem darum, was Planung soll und was Planung kann.

Innerhalb der Betriebswirtschaftslehre gab es immer Bestrebungen, die Betriebswirtschaft in Richtung einer Verfahrenstechnik zu entwickeln und insbesondere die Planung zu einer Entscheidungstechnologie zu machen.

„Man formuliere das Problem, unterwerfe es einem formalisierten Verfahren und heraus kommt die Entscheidung". Dieser Richtung entgegen steht die cognitive Betriebswirtschaft, die den Zweck ihrer Wissenschaft in der Erklärung der Vorgänge sieht und den Entscheidungsvorgang selbst nicht einbezieht. Diese beiden konträren Richtungen fassen die Planung ganz unterschiedlich auf. Für die erste Richtung ist Planung formalisierte Entscheidung, für die andere Richtung ist sie Information im Vorfeld der Entscheidung.

Die Diskussion über die Planung in der Praxis hat einen anderen Gegenstand. Hier stehen sich zwei Auffassungen gegenüber: Situationsorientiertes Management kontra zielorientiertes Management. „Macher gegen Gestalter" oder „Macher gegen Utopisten", wie die „Macher" sagen. Für das situationsorientierte Management konnte die Unternehmensplanung in ihrer umfassenden Form keine echte Hilfe sein. Der „Macher" arbeitet nicht mit der Unternehmensplanung. Das situationsorientierte Management hat seinen eigenen Stil entwikkelt: projektbezogene Führung, Ad-hoc-Organisation (task force), inkrementale Bewertung, auf Sicht fahren, muddling through, d.h. schwerpunktmäßiges Agieren unter bewußter Hinnahme ungenügender Information. Dieses situationsorientierte Management hat sich in der Zeit der Krisenbewältigung gut bewährt. Dagegen hatte das ganzheitlich ausgerichtete zielorientierte Management in den letzten Jahren keine besonders guten Karten. Die Tagesprobleme dominierten. So war die langfristige umfassende Unternehmensplanung in manchen Unternehmen ins Abseits geraten und hatte als Führungsinstrument einen schweren Stand.

Es sind nunmehr deutliche Anzeichen dafür festzustellen, daß die Politik in den Unternehmen derzeit wieder längerfristig angelegt ist. In den USA – etwa seit 1982, als durch die neue Reagansche Wirtschaftspolitik eine spürbare Aufbruchstimmung ausgelöst wurde –, aber auch in Europa, insbesondere in Deutschland, ist die Rede von langfristig angelegten Investitionsprogrammen, neuen Marktzielen, neuen strategischen Positionen. Damit entsteht wieder Bedarf an langfristiger, konzeptionell orientierter Unternehmensplanung.

2. Illusionen

Dabei ist die kritische Haltung über Planung, ihren Zweck, ihre Form, die Art ihrer Handhabung erhalten geblieben. Wir sind jedenfalls weit entfernt von der Planungseuphorie, wie wir sie in den 60er Jahren hatten:

Vor gut 15 Jahren hatte der Verfasser Gelegenheit, erste Erfahrungen mit der Unternehmensplanung zu machen, und zwar auf einer Schiffswerft. Im Chartroom – dem Allerheiligsten – war der Vorstand des Unternehmens versammelt.

Die Herren saßen auf Drehstühlen um einen Tisch, und ringsherum an den Wänden waren Charts befestigt, Tabellen, Kurven, Diagramme über Märkte, über Stahlpreise, Lohnniveaus, Erdölförderung und -verbrauch, Produktivitätsvergleiche. Dieser enge Raum war offenbar ganz angefüllt mit analytischer Präzision und gesamtheitlicher großer Perspektive.

Der Vorstand erklärte, hier sei man im „Tower" des Unternehmens, von dem aus die Werft gesteuert würde. Der Schiffsbau sei ja ein geradezu klassisches Feld, in dem die großen Bewegungen der Märkte frühzeitig erkennbar seien. So wurde noch lange über die glänzenden Aussichten des Schiffsbaues, über Container-Schiffe, über tertiären Handel, Flüssiggastanker, wachsende Schiffsgrößen gesprochen – der Himmel hing voller Geigen. Über Korea als der kommenden Schiffbaunation sprach man nicht, über Korea sprach damals in Deutschland noch niemand.

Die Szene ist ein Beispiel für die Auffassung von Planung und Prognose und den Elan der damaligen Zeit. Ihre geistige Grundlage war die Kontinuität der Entwicklung. Die typische Vorgehensweise war die Extrapolation der Vergangenheit. Vier entscheidende Vorurteile waren enthalten, nämlich

- die Zukunft ist aus der Vergangenheit zu projizieren
- die Entwicklung vollzieht sich quantitativ, die Strukturen aber bleiben erhalten
- die Kräfte der freien Märkte bestimmen die Entwicklung; das Unternehmen agiert in funktionierenden Märkten
- der Unternehmer hat die Herrschaft über seinen Prozeß

Diese Vorurteile haben sich als Illusion herausgestellt, wie heute jedermann weiß:

- die Muster der Vergangenheit sind auf die Zukunft *nicht* übertragbar
- die Entwicklung verläuft in qualitativen Sprüngen
- man kann nicht sicher von funktionierenden Märkten ausgehen; Märkte werden in immer stärkerem Maße manipuliert und außer Kraft gesetzt
- die Aktionsfähigkeit des Unternehmers in seinem Unternehmen ist eingeschränkt, notwendige Anpassungen werden erschwert und verzögert.

Man spricht über die Planung der Zeit vor 15–20 Jahren als die Zeit der „naiven Planung". Das ist sicherlich nicht ganz gerecht, aber es ist doch etwas daran, daß damals vielfach eine unkritische Einstellung vorherrschte, eine gewisse Planungsgläubigkeit, ja in manchen Fällen Planungseuphorie.

Heute kann von Planungseuphorie keine Rede mehr sein. Im Gegenteil: Kürzlich erschien im Punch eine neue Witzfigur, der „Decision Maker". Dieser „Decision Maker", ein debiles Bürschchen, steht in seinem Chartroom, der angefüllt ist mit Tabellen, Grafiken. Vor ihm sein Boß, der ihn beschimpft, ob er denn gar nichts Vernünftiges gelernt habe auf der Harvard Business School.

Zwischen dieser und der Werftszene liegen Welten. Planungsgläubigkeit war vor 15 Jahren eine allgemein verbreitete Erscheinung, und sie hat in ihrer

Übertreibung sicherlich manches von dem angerichtet, was wir heute an falschen und zu großen Kapazitäten erleben. Der Decision Maker als Witzfigur ist eine Übertreibung in das Gegenteil. Seine Methoden sind – mindestens in der Karikatur – als fauler Zauber entlarvt. Er wird ausgelacht.

Nun, auch diese Zeit der übertriebenen Distanzierung von allem, was nach langfristiger Planung aussah, ist vorbei. In der Sprache des Managements kommen jetzt – wie selbstverständlich – Begriffe der Planungswelt vor. Strategie – Portfolio – cash cow – Potential – sind allgemein im Sprachgebrauch. Sie haben die Chiffren des Tagesgeschäfts – Kosten – Absatz – Kapazität – Beschäftigung – aus den großen Verlautbarungen verdrängt. Das ist z.T. sicher auch modischer Effekt, aber im wesentlichen doch Symptom eines neuen Bewußtseins. Denk- und Sprachformen stellen sich auf eine neue Wirklichkeit ein.

3. „Neue Wirklichkeit"

Daß die Wirklichkeit sich verändert, ist an sich nichts Neues, das war immer so. Man glaubte früher allerdings, das Muster dieser Veränderungen und Entwicklungen zu kennen. Der Historismus z.B. geht davon aus, daß das Muster der Vergangenheit sich in der Zukunft fortsetzt. Wer das Muster kennt, kann auch die künftige Entwicklung in großen Zügen vorzeichnen. Dieses Muster haben wir verloren. Das ist ein verbreitetes, in der Philosophie (Karl Popper) stark diskutiertes „Gefühl". Der Eindruck ist verbreitet, daß wir mit den Erfahrungen der Vergangenheit für die Zukunft wenig ausrichten können. Es gibt keine Kursbücher und Fahrpläne, die Orientierungshilfen der Vergangenheit helfen uns nicht weiter. Wir selbst sind die „Avantgarde" für unsere Zeit.

Der Beginn dieser „neuen Wirklichkeit" wird in den Anfang der 70er Jahre gelegt. Faktisch wird er in Zusammenhang gebracht mit der Ölkrise 1973. Man hatte die damals einsetzende Entwicklung zunächst unterschätzt als eine vielleicht etwas extreme Pendelbewegung eines aber wieder zum Ausgleich tendierenden Systems. Aber dann kamen schlagartig große Bewegungen in die Entwicklung hinein. Die weltwirtschaftlichen Geld- und Kreditströme wurden umgelenkt, den Geld- und Kapitalmärkten wurden neue, riesige Mittel zugeführt, die sich der Kontrolle durch die Notenbanken entzogen. Die Leistungsbilanzen wurden auf den Kopf gestellt. Vor allem aber fand ein gewaltiger realer Umwertungsprozeß statt, die Struktur der realen Tauschraten wurde stark verändert.

Seit dieser Zeit der großen strukturellen Umwälzungen, die 1973 durch die Ölkrise ausgelöst, wenn auch nicht allein verursacht wurden, haben sich die Turbulenzen noch verstärkt: Es besteht der Eindruck, daß die Wirklichkeit sich in Richtung abnehmender Stabilität entwickelt, sie wird in zunehmendem Maße *impermanent.*

4. Wachsende Risiken

In dem Chartroom der Werft war ein Spruchband befestigt, auf dem stand: „Die Notwendigkeit zu entscheiden reicht weiter als die Möglichkeit zu erkennen". Unbeachtetes Menetekel. Dieses Wort ist Ausdruck einer existenziellen Grundbedingung des Menschen und einer Standardsituation im Unternehmen: Nämlich entscheiden zu müssen, ohne volle Information über die Umstände, Zusammenhänge, Wirkungen; also Entscheidungen bei Ungewißheit.

Für diese Standardsituation hat der Mensch immer bestimmte Lebenstechniken entwickelt, dazu gehören auch die in den Unternehmen verwendeten Methoden und Denkformen.

Die Gesamtheit aller Versuche, mit rationalen methodischen Mitteln Entscheidung bei Ungewißheit in Unternehmen zu ermöglichen, ist Planung.

Wenn wir Ungewißheit bewerten, konkret machen, kommen wir zu dem Begriff Risiko. Bewertete Ungewißheit ist Risiko. Wie gesagt, diese Existenzbedingung, daß Menschen mit Risiken leben müssen, besteht seit jeher. Wir stehen jedoch heute unter dem Eindruck, daß die Risiken für die Unternehmen steigen. Dafür gibt es drei wesentliche Gründe:

Die Menge der durch das Unternehmen nicht kontrollierbaren – also exogenen – Einflußfaktoren nimmt zu. Die Interdependenz wird größer und dichter. Der gestaltende Einfluß des Unternehmens wird geringer, die exogenen Faktoren werden für das Ergebnis des Unternehmens dominant.

Die Lebenszyklen von Produkten, Märkten, Technologien werden kürzer. Das ist ein Ergebnis höherer Sättigungsgrade der Märkte, die das Angebot ständig zur Verbesserung und Differenzierung zwingen.

Die Kapitalintensität der Produktion steigt. Der Zwang zur Festlegung von Faktoren nimmt zu. Damit sinkt die Fähigkeit der schnellen Anpassung.

Wenn Kapital nun in entsprechender Menge verfügbar und billig genug wäre, um die größeren Risiken auszugleichen, wäre das kein Problem. Der angemessene Preis für Kapital wäre ja der Wert, den es in der Produktion unter den bekannten Risiken erzeugt. Aber der Preis für Kapital bildet sich eben nicht nur durch seine Faktorleistung in der Produktion, sondern ist zunehmend durch staatliche Nachfrage beeinflußt. Der Preis für Kapital liegt tendenziell über der Wertschöpfungskraft des Kapitals. Dieser Effekt ist als Ursache für die Erhöhung des Risikos für die Produktion sehr erheblich.

Es findet also offensichtlich eine Veränderung der Wirklichkeit statt in Richtung abnehmender Stabilität und steigender Risiken. Im Zuge dieser Veränderungen müssen sich auch die rationalen Vorkehrungen im Unternehmen verändern, mit denen wir uns in diesem Geschäft bewegen.

5. Strategische Planung

Die strategische Planung paßt zu dem Weltbild der Diskontinuität, der Stagnation, der Schrumpfung, der Neuentstehung von Märkten, der übermächtigen Risiken, der nicht beherrschbaren Wirtschaftswirklicheit. Diese neue, diskontinuierliche Wirklichkeit stellt die Unternehmen in einen Ausleseprozeß hinein, der nicht mehr wie früher Zeit läßt, durch *nachträgliche* Anpassung des vorhandenen Potentials an geänderte Märkte zu bestehen (adaptive change), sondern die Unternehmen zwingt, die Veränderung praktisch mitzuvollziehen im Rhythmus des diskontinuierlichen Marktgeschehens. Dabei geht es in der Regel nicht wie in Zeiten des „adaptive change" darum, mit Kosten und Preisen zu kontern, sondern es geht um neue Produkte, neue Märkte, neue Vertriebsformen. Das ist der sogenannte „progressive change". Strategisches Management bildet die Voraussetzung für diesen „progressive change". Strategisches Management also als geeignetes Orientierungs- und Führungsinstrument in diesem härter gewordenen Ausleseprozeß.

6. Erwartungen

Da das Unternehmen es nunmehr mit diskontinuierlichen Entwicklungen zu tun hat und es keine Chance gibt, sich durch Warten und nachträgliche Anpassung in die günstigen Markt- und Ertragspositionen zu bringen, sondern im Gegenteil, der Vorvollzug der Entwicklung Gegenstand der strategischen Planung ist, wird die Dimension der Erwartungen und Prognosen sehr wichtig. Damit stößt die Planung an ihre natürlichen Grenzen. Die Planung ist so gut wie der Realitätsgehalt der sie begründenden Erwartungen.

Planung ist ein rationales Instrument. Rational nicht ermittelbare künftige Zustände können nicht Gegenstand der Planung sein. Wenn noch allgemeine Übereinstimmung darüber besteht, daß man auf der Grundlage von Fiktion und Weltanschauung keine Planung errichten kann, so ist man sich jedoch keineswegs darüber klar, wo der Bereich der Fiktion und Weltanschauung beginnt. Professionelle Lieferanten von Prognosen sind Volkswirte, die Basis ihrer Prognosen ist die Wirtschaftstheorie, ihre favorisierten Werkzeuge sind ökonometrische Modelle. Es besteht heute eine große Lücke zwischen dem Bedarf der Praxis nach wirksamen Prognosen und dem Angebot, das die Wirtschaft dafür bereithält. Dabei ist es nicht so, daß es zu wenig Instrumente gibt – im Gegenteil, das Arsenal ist voll, aber die Tauglichkeit dieses Instrumentariums ist zweifelhaft. Wesentliche Ursache dafür ist, daß die Wissenschaft für viele Phänomene, Situationen und Verläufe keine gesicherte theoretische Erklärungsbasis bietet. Die Wirtschaftstheorie, deren ureigener Zweck die Erklärung und Prognose ist, versucht zwar wacker ihre Kompetenz zu behaupten. Aber es gelingt ihr nicht. Im Gegenteil, sie befindet sich in einer Krise, die das ganze wissenschaftliche Gebäude bedroht. Die Aussagefähigkeit und Wirklichkeitsnähe der Wirtschaftstheorie in bezug auf die heutige Welt ist äußerst gering. Sie erweist sich als unfähig, wichtige Mechanismen und Antriebskräfte unserer heutigen Wirtschaftswirklichkeit zu erfassen.

7. Methodischer Pessimismus

Der übliche makroökonomische Ansatz ist der Ausdruck einer ziemlich kleinen, ziemlich geschlossenen Welt, in der die schwache Motorik des durchschnittlichen Anpassungsverhaltens herrscht. Dieser Ansatz kommt – da die großen wachstumsverursachenden Bewegungen der Vergangenheit erschöpft sind – zu der Aussage stagnierender oder rezessiver Entwicklungen. Hier liegt die Gefahr der ideologischen Unterwanderung der Planung. Der scheinobjektive Charakter macht sie unanfechtbar. Der in ihr enthaltene Pessimismus wird damit zur Planungsgrundlage. Nun, der Wirtschafts- und Gesellschaftspessimismus hat seit langem eine beeindruckende wissenschaftliche Rückendeckung. Abgesehen von Karl Marx sind die nachklassischen Wirtschaftstheoretiker, was die langfristige Entwicklung anbelangt, überwiegend pessimistisch. „Die Geißel der Arbeitslosigkeit" war das Hauptmotiv von Keynes. „Der Marsch in den Sozialismus" war das Ergebnis der Analyse von Schumpeter. „Die freie Welt erstickt an ihrem Reichtum" war der Befund von Alwin Hansen. Zum gleichen düsteren Ergebnis kommt Jay Forrester. Er behauptet, daß weltweite Überschußkapazitäten im industriellen Bereich jede Erholungstendenz zunichte machen und einen langandauernden depressiven Druck auf die Weltwirtschaft ausüben würden.

Diese Überkapazitätstheorien prägen besonders in unseren Breiten die herrschende Meinung. Optimistische Szenarien werden dagegen selten angeboten. Sehr schüchtern von den beharrlichen orthodoxen Klassikern, die seit jeher das Say'sche Theorem zum Beweis dafür erheben, daß alle Märkte zum Ausgleich tendieren, auch der Arbeitsmarkt – sofern die Preise (Löhne) nur flexibel sind. Arbeitslosigkeit gibt es bei flexiblen Löhnen nicht. Strukturelle Überkapazität ist für den Klassiker ausgeschlossen, es sei denn, sie ist das Ergebnis langjähriger verfehlter keynesianischer Wirtschaftspolitik.

Optimismus zu schöpfen aus dieser klassischen Sicht ist wohl doch etwas mühsam. Aber aus einer anderen, ideologisch argumentierenden Richtung kommt neuerdings Verstärkung.

„The coming boom", „die große Wende", „Absage an die Pessimisten". Weltweit eingeleitet ist, so sagt diese Richtung, der intellektuelle Konsens, daß die 50jährige Herrschaft des New Deal, die Herrschaft der wohlfahrtsstaatlichen Politik beendet sei. Daß man in den Ländern der freien Welt die nachfrageorientierte keynesianische Politik mit ständig wachsenden Staatsquoten, die auch die Politik der leistungsfeindlichen Umverteilung war, aufgegeben hat zugunsten eines Konzeptes mit sinkenden Staatsquoten, höherer Leistungsbezogenheit, mehr Markt und weniger Inflation. Die Reagonomics sind so etwas wie der

Inbegriff dieses Programms, dem auch hier in Europa – und nicht nur bei den konservativen Parteien – Zustimmung zuteil wird. Dieser Optimismus des „coming boom“ ist nicht das Ergebnis von quantitativen Theorien und Analysen, sondern das Resultat ganzheitlicher qualitativer Betrachtung. Dabei spielt die fällige Erneuerung des vergreisten Kapitalstocks ebenso eine Rolle wie die Einführung neuer Technologien in allen Zweigen der Industrie. Dieser neuen industriellen Revolution vor dem Hintergrund wiedererweckter Leistungsbereitschaft und angebotsorientierter Wirtschaftspolitik wird die Dynamik zugetraut für einen großen langandauernden Aufschwung.

Nun, der Wirtschaftstheoretiker ist nicht zufrieden mit dieser Prognose, er vermißt die theoretische Stringenz. Aber er muß sich eingestehen, daß die Theorie heute für viele Zustände und Entwicklungen unserer Zeit keine Erklärung findet. Die Beweislast liegt bei der Theorie und nicht umgekehrt.

8. Empirische Prognose

Auch diese Aufbruchstimmung kann natürlich nicht Grundlage der Planung sein. Der Gefahr, die Planung und damit die Handlung des Unternehmens, weltanschaulich vorzuprägen, kann man nur entgehen, wenn die Erwartungsbildung des Unternehmens nicht außerhalb im Wege makroökonomischer Überlegungen, sondern zum wesentlichen Teil innerhalb des Planungsprozesses geschieht. Erwartungsbildung ist ein Teil der Planung. Erfahrungsobjekt ist der Markt, der Konsument, der Investor. Methode ist die Erkenntnisbildung „von unten“, die Induktion.

Das Unternehmen muß seismographische Fähigkeiten entwickeln, die frühen, noch schwachen Signale von Bewegungen und Veränderungen des Marktes und des Umfeldes aufzunehmen und diese Befunde dann auszuwerten zu Aussagen über künftige Verläufe und eigene Handlungsansätze. Gefordert ist also das Unternehmen als hochreagibles Lern- und als flexibles Reaktionssystem.

Ein neues Konstruktionsprinzip. Es löst das alte ab, in dem Produktionsleistung und Kosteneffizienz die tragenden Organisations- und Führungsideen waren.

In der Praxis treffen nun die neuen Anforderungen auf die alten Strukturen. Die für die Früherkennung von Entwicklungen und schnelle Reaktion notwendigen Erkenntnisse und Entscheidungen kann das Unternehmen aber mit den alten Strukturen nicht leisten. Diese Herrschaftsorganisationen erweisen sich jedoch als außerordentlich resistent gegen die Absichten, die Strukturen von unten nach oben durchlässig zu machen und in sich flexibel zu gestalten. Das Evolutionsprinzip, daß die Funktion die Form bestimmt, sollte auch für das Unternehmen gelten. Die Organisation muß sich dem notwendigen unternehmerischen Erkenntnis- und Handlungsprozeß anpassen. Aber, sehr häufig ist es umgekehrt: Strategische Planung wird den alten Strukturen aufgepfropft und damit in ihrer Wirksamkeit stark gemindert. Hier sind die Grenzen, die in der Praxis der Planung gesetzt werden.

9. Konzepte

In der praktischen Diskussion stehen vor allem folgende Fragen im Vordergrund:

- Wie setzt man Strategie in Handlung um?
- Wie bildet man strategische Ziele?

Die Praktiker haben Schwierigkeiten, die strategische Steuerung im Unternehmen organisatorisch zu realisieren. Das führt in der Praxis oft dazu, daß strategische Planung wie eine Wolke über dem Geschehen schwebt. Prognosen – Trends – Absichten – aber keine Umsetzung in Handlung.

10. Organisation

Wie stellt man nun die Verbindung zwischen strategischer Planung und der operativen Realisierung her? An dieser Frage scheiden sich die Geister: Eine Richtung versucht, die Verbindung herzustellen durch Vergrößerung des Planungssystems und die Integration aller Stufen der Planung mittels Verzahnungstechniken in den Griff zu bekommen. Ein Begriff aus dieser Richtung ist PPBS, das Planning-Programming-Budgeting-System. Es umfaßt alle Stufen der Planung in einem einzigen geschlossenen, formalisierten System. McNamara hat dieses System im Pentagon eingeführt. Auch in großen Unternehmungen wurden diese Bemühungen sehr weit vorangetrieben, vor allem in den USA. Aber diese Methode ist nicht zum unbestrittenen Vorbild für Unternehmensplanung schlechthin geworden.

Eine andere Richtung versucht, das Dilemma der fehlenden Kompatibilität über den Weg der Organisation zu lösen, nämlich dadurch, daß man die herkömmlichen organisatorischen Strukturen auflöst und die geschäftsfeldbezogene Organisation einführt. Da die Geschäftsfelder starken Veränderungen unterliegen, haben diese Organisationseinheiten zeitlich keinen langen Bestand. Die Organisation fließt, sie verändert sich fortwährend. Auch dieser Lösungsversuch hat sich bisher nicht in allen Belangen bewährt.

Ein weiterer – erfolgversprechender Versuch – könnte folgender Weg sein: Man löst sich von der Vorstellung, daß alle Pläne des Unternehmens Elemente eines vollständig integrierten und umfassenden Managementsystems sein müssen. Man opfert den Anspruch totaler systematischer Geschlossenheit und vollständiger Integration und geht davon ab, alle Planungsprobleme eines Unternehmens in einem einzigen Netzwerk zu behandeln.

Statt dessen wird das System in sich beweglich gemacht, indem man es stuft. Man gliedert das System in drei Teile:

- die strategische Ebene

– die Ebene der Ressourcen
– die operative Ebene.

Die strategische Ebene teilt den Geschäftsfeldern die Ressourcen zu. Sie steuert die Ressourcenebene durch Finanzziele. Die Ressourcenebene erstellt die Finanz- und Bilanzpläne, sie steuert die dritte, die operative Ebene, durch Gewinn-Ziele und Budgets. Die operative Stufe schließlich stellt die Absatz-, Umsatz-, Produktions- und Ergebnispläne auf und optimiert das Geschäft.

Diese drei Planungs- und Entscheidungsebenen sind jede für sich in einem gewissen Umfang beweglich, sofern das Gesamtziel erreicht wird. Sie werden auch untereinander beweglich gemacht, indem man zusätzlich zu exakten Zielen Zielalternativen, Zielbereiche, Zielkorridore bildet.

11. Ziele

Wie finden nun die Ziele, nach denen das Unternehmen gesteuert werden soll, Eingang in die Planung? Wie bildet man Ziele und welchen Rang gibt man diesen Zielen im Planungssystem? Das ist die Kernfrage sowohl für das Planungsverständnis als auch für die praktische Gestaltung, Organisation und Handhabung der Planung. Dafür gibt es zwei Ansätze:
Es findet zunächst eine Entscheidung statt über Ziele. Dann wird der Einsatz des Potentials zur Erreichung dieser Ziele geplant. Das ist der sogenannte Gestaltungsansatz. „Der Unternehmer gestaltet seine Ziele."

Es werden Möglichkeiten ermittelt und innerhalb dieser eine Anzahl gewünschter Positionen. Konkrete Ziele ergeben sich erst im Laufe des Geschehens aus der Entwicklung des Geschäfts. „Der Unternehmer erwirbt seine Ziele."

Gemäß dem ersten Ansatz (Gestaltung) ist die Planung von oben nach unten angelegt (top down). Die Ziele sind weitgehend autonom. „Weitgehend autonom" bedeutet, daß bei der Bildung der Ziele die realen Möglichkeiten durchaus in Betracht und in die Zielbildung einbezogen werden: Es handelt sich also nicht um Utopien. Aber diese Ziele haben doch den Charakter sehr anspruchsvoller Setzungen, und die operative Planung wird als Mittel für gesetzte Zwecke programmiert.

Der zweite Ansatz geht von einer anderen Philosophie aus. Der wesentliche Unterschied zum ersten Ansatz liegt darin, daß unsere Welt – auch die Welt des Unternehmers – nicht in erster Linie ein Ergebnis von „Wille und Vorstellung" ist, sondern, daß der Unternehmer – um es einfach zu sagen – sich nach der Decke strecken muß. Wir können nicht Ziele autonom bilden, davon ausgehen, daß die Verläufe zielgerecht gestaltet und angepaßt werden können, sondern die Verläufe selbst sind zum großen Teil autonom, und wir sind immer wieder gezwungen, auch die Ziele den Verläufen anzupassen. Es bleibt zwar dabei, daß Ziele den Einsatz von Mitteln bestimmen, aber Mittel bestimmen auch die möglichen Ziele. Das voll integrierte, aus Zielen deduzierte (top down) Planungssystem paßt nicht zu diesem Ansatz. Es ist vielmehr erforderlich, der gegenseitigen Abhängigkeit von Zielen und Verläufen gerecht zu werden. Die strategische und die operative Ebene beeinflussen sich gegenseitig. Zielbildung und reale Verläufe richten sich in einem ständigen Gegenstromverfahren aneinander aus. Ziele bestimmen Mittel – Mittel bestimmen Ziele.

12. Fazit

„Grenzen der Planung" ist nicht ein Thema der Betriebswirtschaft allein, schon gar nicht ein planungstechnisches Thema, sondern ein Problem, das mit der Existenzsicherung unserer Gesellschaft schlechthin etwas zu tun hat.

Die Steuerung unserer sozialen Welt gelingt nicht.

Das hat im wesentlichen zwei Gründe:

- Wir sind nicht in der Lage, uns ein zutreffendes Bild über die Zukunft zu machen,
- wir sind nicht in der Lage, schnell genug zu reagieren.

Da genau sind die Grenzen der Planung. Sie werden bestimmt durch die Möglichkeit zutreffender Prognosen und die Fähigkeit der Organisation in bezug auf Erkenntnis, Willensbildung und Realisierung.

Die strategische Planung benötigt zeitlich weitreichende Prognosen, weil die Reaktionsgeschwindigkeit gering ist. Die Wissenschaft – vor allem die Wirtschaftstheorie – kann zutreffende Prognosen nicht geben, denn ihr Modell der Wirklichkeit ist zu klein. Dieses Modell ist auf „innere Erschöpfung" angelegt, es vermittelt, ohne auch nur annähernd die Qualitäten der Entwicklungen erfassen zu können, quantitativ ausgeprägte Prognosen, ein Tatbestand der Scheinexaktheit. Die Aussagen sind immanent pessimistisch. Diese führen, wenn sie unkritisch zur Leitorientierung der Planung gemacht werden, Fehlentwicklungen des Unternehmens herbei.

Da die Wissenschaft die Prognose nicht leisten kann, muß die Erwartungsbildung durch das Unternehmen selbst vorgenommen werden. Die Aufnahme der frühen, noch schwachen Signale, ihre Einordnung und Verdichtung zu Erkenntnissen ist die wichtigste Aufgabe der strategischen Planung. Sie setzt voraus die Sensibilität und Erkenntnisfähigkeit der marktnahen Organisationseinheiten und die Entscheidungs- und Durchsetzungskraft der Führung. Herrschaftsorganisationen und administrative Führung – angemessene Formen früherer unternehmerischer Epochen – sind für strategische Erkenntnis- und Durchsetzungsprozesse nicht geeignet.

Daran müßten Planung und strategisches Management scheitern.

Die Praxis macht behutsame Anstrengungen zur Implementierung strategischer Strukturen, ohne die alten zu zerstören. Die Organisation wird neu gestuft in die drei Ebenen: Strategische Führung, Ressourcensteuerung, operative Durchsetzung. Die Zielbildung wird als ein iterativer, ständiger Orientierungsprozeß neu verstanden, in dem der Einfluß in Unternehmen von unten nach oben erweitert und organisatorisch gesichert werden muß.

Strategische Führung wird als die zentrale unternehmerische Aufgabe erkannt.

2.2. Strategische Frühaufklärung – ein Modell für die Praxis

Hans H. Hinterhuber · Richard M. Hammer

Ziel der nachstehenden Ausführungen ist es a) auf die Aktualität und Notwendigkeit von Frühaufklärungssystemen (FAS) hinzuweisen, b) den grundsätzlichen Aufbau von FAS darzustellen, c) ein praktikables Modell auf Basis von Finanzkennzahlen zu beschreiben und d) dessen Stellenwert als Frühaufklärungsinstrument im Prozeß der strategischen Planung herauszuarbeiten. Die Autoren des Beitrages sind H. H. Hinterhuber, Vorstand des Institutes für Unternehmungsführung an der Universität Innsbruck und Professor für Industriebetriebslehre an der Katholischen Universität in Mailand und R. M. Hammer, Lehrbeauftragter an der Universität Innsbruck und Leiter der Abteilung Unternehmungsplanung am Institut für Unternehmungsführung.

1. Aktualität und Notwendigkeit

Begriffe wie Frühwarnung, Frühaufklärung, Frühwarnindikatoren, Frühwarnsysteme und ähnliche, finden besonders in jüngster Zeit mehr und mehr Eingang bzw. Berücksichtigung in der aktuellen Wirtschafts- und Managementliteratur. Ganz so neu und innovativ ist die Diskussion rund um dieses Vokabular jedoch nicht. Im militärischen Bereich beispielsweise findet man bei Clausewitz Hinweise auf „Frühaufklärungs- und Frühwarnsysteme“, lange bevor sie als Problem der Unternehmensführung in der betriebswirtschaftlichen Forschung Berücksichtigung fanden (Clausewitz, 1832). Der entscheidende Impuls im Bereich der Managementlehre ging von Ansoff durch die Entwicklung des Konzepts der „Schwachen Signale“ aus (Ansoff, 1976). Grundlegend dabei ist die Annahme, daß sich bestimmte, für eine Unternehmung relevante Entwicklungen – auf dem Markt, in der Wettbewerbsstruktur, der Technologie, um nur einige Beispiele dafür zu nennen – immer durch „Schwache Signale“ ankündigen. Erfaßt eine Unternehmung diese Signale und beurteilt sie im Hinblick auf ihren Informationsgehalt für bestimmte Entwicklungen, so gewinnt sie Zeit für die Formulierung von Reaktionsstrategien. Im Sog dieser „Ansoff'schen Grundidee“ entstanden seither eine ganze Reihe von

Arbeiten zum Problembereich der Frühwarnung und Frühaufklärung, deren Bedeutung durch die Entwicklung von Ansätzen zur Strategischen Unternehmensführung noch verstärkt und unterstützt wird (zum Beispiel von Hahn 1979, Hinterhuber 1983, Kirsch und Müller 1984). Strategische Unternehmungsführung heißt unter anderem Schaffen und Verstärken von auf Dauer haltbaren Wettbewerbsvorteilen. Frühwarnung, Früherkennung, Frühaufklärung wird unter diesem Aspekt immer wichtiger und sie kann zu einem mitentscheidenden Faktor im Wettbewerb werden.

Die Unternehmung, deren Informationssystem schnellere und bessere Informationen über unternehmungsrelevante Bedrohungen oder Chancen liefert, ist imstande, als erste darauf zu reagieren und die neue Wettbewerbssituation zu ihren Gunsten zu nützen.

2. Grundsätzlicher Aufbau eines Frühaufklärungssystems

Ziel der Frühaufklärung ist das Signalisieren von Gefährdungen oder Chancen mit dem zeitlichen Vorlauf für Gegenmaßnahmen, die die Realisierung neuer Strategien bzw. strategische Änderungen noch erfolgversprechend ermöglichen. Ein Frühaufklärungssystem, mit dem dieses Ziel erreichbar wird, muß grundsätzlich folgende Elemente/Aufgaben/Ausbaustufen berücksichtigen (Hahn/Krystek, 1979):

Die Ermittlung von Beobachtungsbereichen:

Ausgangspunkt bzw. erster Schritt beim Aufbau eines Frühaufklärungssystems ist die Festlegung von für die Unternehmung strategisch relevanten Beobachtungsbereichen innerhalb und außerhalb der Unternehmung. Strategisch relevant sind dabei jene Entwicklungen und Bereiche, die für das Überleben der Unternehmung beeinflussend wirken bzw. wirken könnten.

Externe Beobachtungsbereiche sind dabei zum Beispiel:
- Das wirtschaftliche Umsystem mit konjunkturellen und strukturellen Entwicklungen nach Ländern und Regionen,
- das technologische Umsystem mit Neuentwicklungen in der Verfahrens- und Produkttechnologie,
- die Absatz- und Beschaffungsmärkte im Hinblick auf Produkte und Regionen
- das Verhalten von Institutionen der öffentlichen Hand

Interne Beobachtungsbereiche sind dabei zum Beispiel:
- Die personelle Sphäre,
- die finanzielle Sphäre,
- Großprojekte
- und andere.

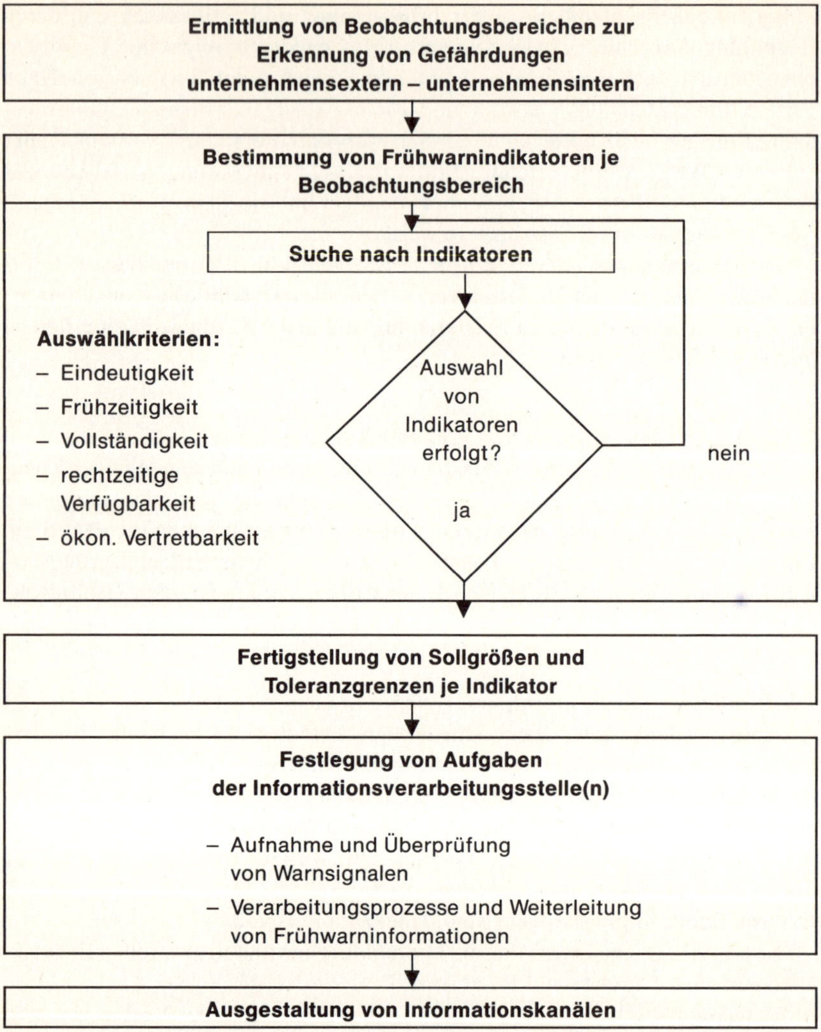

Die Bestimmung von Frühaufklärungsindikatoren für jeden Beobachtungsbereich

Indikatoren sind notwendig, um die Symptome bzw. Anzeichen für Veränderungen meßbar zu machen. Indikator zum Beispiel für den Beobachtungsbereich „konjunkturelle Entwicklung“ ist der Auftragseingang in Verbindung mit dem Auftragsbestand oder für die „strukturelle Entwicklung“ einer Region die Investitionstendenz (-intensität).

Festlegungen von Sollgrößen und Toleranzgrenzen je Indikator:

Für das Erkennen kritischer Entwicklungen durch Indikatoren in beobachteten Bereichen ist die Vorgabe einzuhaltender Maßgrößen erforderlich, sofern es sich nicht um die Erkundung bislang unbekannter Gefährdungsquellen handelt. Es ist die Benennung von Bandbreiten und Interventionspunkten der Abweichungen unumgänglich, da nicht jede Abweichung schon zu einer Veränderung führen muß. Es genügen Auswertungen mit Meldung von Ausnahmen, das heißt, es erfolgt nur bei Überschreiten des unteren bzw. oberen Toleranzpunktes eine Berichterstattung.

Festlegung von Aufgaben der Informationsverarbeitungsstellen

Der informationsverarbeitenden Stelle kommt eine wesentliche Bedeutung zu. Sie muß folgende Aufgaben erfüllen:
- Aufnahme von Warnsignalen/-informationen und deren Überprüfung im Hinblick auf Übermittlungsfehler und auf Plausibilität.
- Verarbeitung der Warnsignale/-informationen zu spezifischen Frühaufklärungsinformationen, die in komprimierter Form Aussagen über die signalisierte Gefährdung/Chance zulassen.
- Weiterleitung dieser hochaggregierten Frühaufklärungsinformationen an die zuständigen Führungskräfte.

Ausgestaltung der Informationskanäle

Ein Informationssystem zur Früherkennung von Entwicklungen hat nur dann Daseinsberechtigung, wenn Signale/Informationen rasch weitergeleitet werden. Oftmals gelangen Informationen über die Entwicklungen krisenhafter Prozesse an Führungskräfte mit Entscheidungskompetenz für entsprechende Reaktionen erst dann, wenn sie eine Reihe von Filtern durchlaufen haben. Diejenigen, die die notwendigen Informationen besitzen, haben oftmals nicht die Befugnis zu entscheiden, und diejenigen, die die Befugnis zur Entscheidung haben, gelangen nicht zu den notwendigen Informationen.

Die Informationskanäle sind so zu gestalten, daß Informationen ohne unnötige bürokratische Hürde schnell, vollständig und störungsfrei übertragen werden können.

3. Konzeptionen von Frühaufklärungssystemen

Bei der Festlegung der Aufgaben, die ein Frühaufklärungssystem erfüllen muß, ist zu differenzieren zwischen
- gesamtunternehmungsbezogenen und
- bereichsbezogenen

Frühaufklärungssystemen (Hahn, 1979). Gesamtunternehmungsbezogene leiten Beobachtungsbereiche und Indikatoren für die Gesamtunternehmung ab und nicht für bestimmte Teilbereiche. Beobachtet werden also Indikatoren in der relevanten Unternehmungsumwelt und generelle Indikatoren für die Unternehmung intern. Im Gegensatz dazu beziehen sich bereichsbezogene Frühaufklärungssysteme auf in der Regel „kritische“ (auch im Sinne strategisch bedeutsamer) Funktionsbereiche in der Unternehmung, zum Beispiel den Absatz, die Produktion oder den Einkauf.

Wesentlich bei der Betrachtung verschiedener Frühaufklärungskonzeptionen ist die Unterscheidung in
- strategische und
- operative.

Strategische Frühaufklärungssysteme dienen dem Management als Instrument zur Erkennung von signifikanten Abweichungen vom strategischen Plan. Gefahren, die die Realisierung von Unternehmungsstrategien in Frage stellen könnten, sind frühzeitig aufzuzeigen, ebenso strategische Optionen im Sinne von Chancen für die Unternehmung oder einzelne Geschäftsfelder. Dazu besonders geeignet sind integrierte Gesamtunternehmungsmodelle, mit denen Daten aus allen Unternehmungsbereichen verarbeitbar sind.

Operative Frühaufklärungssysteme verwenden hingegen niedrig integrierte Daten zum Beispiel eines operativen Unternehmungs- bzw. Funktionsbereiches.

Eine effiziente Konzeption für ein Frühaufklärungssystem hat die Zeitspanne zwischen dem Auftauchen eines möglichen Frühaufklärungssignales und dem Erkennen als Bedrohung oder Chance kurz zu gestalten. Computerunterstützung ist daher in den meisten Fällen eine unbedingte Voraussetzung für eine effiziente Konzeption.

4. Strategische Frühaufklärung auf der Basis von Finanzkennzahlen

Eine mögliche Konzeption eines Frühaufklärungssystems ist die auf Basis von Finanzkennzahlen (Uhlir, 1979). Es hängt allerdings vom Informationszugang ab, welche Art von Frühaufklärung durch die aus dem Bereich des Rechnungswesens stammenden Daten ermöglicht wird. Ist die Kennzahlenermittlung nur aus den Jahresabschlüssen möglich, so sind die daraus abgeleiteten Kennzahlen sicher nicht strategisch relevante Frühaufklärungs- oder Frühwarninformationen, sondern bestenfalls Informationen eines operativen Frühaufklärungssystems. Dies vor allem weil
- diese Informationen den Beobachtern oft nur mit Verzug zur Verfügung gestellt werden,
- auch bei rechtzeitiger Erstellung der Jahresabschlüsse Fehlentwicklungen zu spät aufgezeigt werden.

Analysiert werden also Daten aus der Vergangenheit und was sich bei bestimmten ex-post-Prognosen als besonders treffsicher herausstellt, muß nicht für alle Zeit gelten, da Umwelteinflüsse und Unternehmungsstrukturen bekanntlich in Bewegung sind. Aussagefähiger sind daher Frühaufklärungssysteme, die auf Kennzahlen aus den aktuellen Daten des Rechnungswesens aufbauen, noch besser auf realistische Prognosewerte. Mit Hilfe eines klar definierten und genau abgegrenzten Finanzkennzahlensystems, das keine Auslegungsspielräume bei der Erstellung der Kennzahlen erlaubt, ist es möglich, das gesamte Unternehmungsgeschehen zu überwachen. Alle betrieblichen Vorgänge finden ihren Niederschlag in Form finanzieller Auswirkungen im Rechnungswesen, die um so schneller sichtbar gemacht werden können, je rascher und zuverlässiger das Rechnungswesen arbeitet. Ein gut funktionierendes Rechnungswesen, welches das betriebliche Geschehen nicht nur einmal in Form einer Bilanz abbildet, ermöglicht auch Informationen mit Frühaufklärungscharakter.

Unabhängig vom Informationszugang – nur zu den Jahresabschlüssen oder auch zu den aktuellen Daten des Rechnungswesens – stellt sich als Hauptproblem die Frage nach den geeigneten Frühwarnindikatoren, die die Anforderung erfüllen, negative und positive Entwicklungen bereits in einem frühen Stadium zu signalisieren. Neben Liquiditätskennzahlen sind vor allem Ertragskennzahlen, oder noch besser, Produktivitäts- und Wirtschaftlichkeitskennwerte als Kriterien zur Beurteilung des „Gesundheitszustandes" heranzuziehen (Bilderbeek, 1983). Nicht so sehr die dringlichen Sicherungen garantieren den Bestand und die Überlebensfähigkeit der Unternehmung, sondern vielmehr der Ertrag, der wiederum langfristig von Produktivität und Wirtschaftlichkeit der Betriebsabläufe beeinflußt wird. Bevor das Eigenkapital in einer Unternehmung durch Verluste schwindet, zeigt sich eine negative Entwicklung schon viel früher, zum Beispiel in Form einer sinkenden Wertschöpfung. Aus Letztgesagtem läßt sich ableiten, daß ein Frühaufklärungssystem, das Ertrag, Produktivität und Wirtschaftlichkeit in der Beobachtung vor die Liquidität stellt, durchaus strategisch relevante Informationen zu liefern imstande ist.

5. Ein spezifisches Modell

Ausgangspunkt für die Entwicklung eines spezifischen Modells zur Frühaufklärung auf Basis von Finanzkennzahlen waren bisherige Versuche, sogenannte „Insolvenzprognosemodelle" bereitzustellen (Altmann 1968, Beaver 1966, Bilderbeek 1983 und andere).

Es mußten Modelle bzw. Modellversuche berücksichtigt werden, die von der Erkenntnis ausgehen, daß Liquiditätskennzahlen eine eher kurzfristige Aussagekraft besitzen und die Verschlechterung des „Gesundheitszustandes" einer Unternehmung erst kurz vor der Insolvenz anzeigen. Zur Bildung von Modellen mit strategischem Frühaufklärungscharakter erwiesen sich bisher sogenannte „Aktivitätskennzahlen" als besonders geeignet. In ihnen sind Aussagen über die Produktivität und Wertschöpfung des betrieblichen Leistungsprozesses enthalten und aus ihnen sind negative Entwicklungen eines Unternehmens früher abzuleiten als aus Liquiditätskennzahlen. Die Notwendigkeit zur Modifikation und Weiterentwicklung dieser Modelle und Ansätze ergab sich vor allem aus

- dem meistens fehlenden Nachweis der Anwendbarkeit,
- der Dynamik der Steuer- und Rechnungslegungsgesetze,
- der Notwendigkeit, die verwendeten Kennzahlen neu abzugrenzen,
- der Tatsache, daß der in der Bilanz ausgewiesene Gewinn ein schlechter Indikator für die Ertragskraft eines Unternehmens darstellt, da er stark von bilanzpolitischen Maßnahmen abhängt,
- und der Tatsache, daß die Eigenheiten von Personen- und Aktiengesellschaften besonders berücksichtigt werden sollten.

Die Modellentwicklung setzte eine Untersuchung bzw. Datenerhebung aus Jahresabschlüssen solventer und insolventer Unternehmungen voraus. Die Auswertung der Daten erfolgte mit Hilfe der multivariaten Diskriminanzanalyse. Als Ergebnis steht das nachstehende Frühaufklärungsmodell auf Basis von Finanzkennzahlen (Hammer/Lechleitner 1984):

$$Z = 5{,}44 \times RO_5 + HO_4 + 2{,}04 \times VO_1 - 1{,}06$$

Der errechnete Z-Wert ist das eigentliche Beurteilungskriterium für den Gesundheitszustand einer Unternehmung oder einer strategischen Geschäftseinheit (SGE). Voraussetzung für die Berechnung ist die Ableitung der in der Formel stehenden Finanzrelationen

RO_5 = Cash Flow zu Umsatz
(= Rentabilität)
HO_5 = Umlaufvermögen zu kurzfristigem Fremdkapital
(= Deckungsgrad)
VO_1 = Eigenkapital zu Fremdkapital
(= Finanzierung)

Sie stehen als Ergebnis einer Faktoranalyse als die Hauptdeterminanten der Insolvenzgefährdung. Jede dieser drei Kennzahlen ist in hohem Maße geeignet, isoliert und alleinstehend, eine repräsentative Aussage über den Gesundheitszustand des Unternehmens bzw. der SGE zu geben. Durch die Verknüpfung zu einem Klassifikationsmodell müßte ein Maximum an Aussagekraft erreicht worden sein. Allerdings muß hier auf das Problem hingewiesen werden, daß durch die Verknüpfung zu einer gemeinsamen Diskriminanzfunktion bzw. zu einem Diskriminanzwert eventuell wichtige Einzelinformationen verlorengehen. Beispielsweise könnte die, eine gefährdete Situation signalisierende Entwicklung einer Kennzahl durch die anderen einbezogenen Relationen kompensiert werden. Der Vorteil der Standardisierung und simultanen Betrachtung der Kennzahlendimensionen geht zu Lasten der Sensitivität von Einzelkennzahlen.

Ein aussagefähiges strategisches Frühaufklärungssystem hat dies zu vermeiden und die Gesamtaussage, die sich aus Z-Wert-Zeitreihen ableiten lassen (positiver oder negativer Trend) durch den Informationsgehalt der Einzelkennzahlen zu ergänzen.

6. Der Stellenwert des Modelles als Instrument der strategischen Planung

Aufgabe der strategischen Planung ist es, alle für eine Unternehmung oder eine SGE strategisch relevanten Informationen zu einem „Strategischen Plan" für die Gesamtunternehmung und zu Teilstrategien für die SGE's zu verarbeiten (Hinterhuber, 1984). Strategisch relevant sind Informationen, von denen die zukünftige Erfolgssituation der Unternehmung beeinflußt wird, also auch Informationen über die Vermögens-, Kapital- und Finanzstruktur der Unternehmung. Sie sind das Ergebnis strategischer Optionen und sie ermöglichen einen Einblick in die Effizienz bisheriger Strategien. Die strategische Relevanz wird natürlich maßgebend davon beeinflußt, ob der Jahresabschluß vergangenheitsbezogene oder ob die Gewinn- und Verlustrechnung und die Bilanz geplante Werte enthalten.

Vergangenheitsbezogene Analysen liefern Erfahrungen, die bei der Neuformulierung von Strategien vielleicht wiederum eine Rolle spielen. Auch die Ergebnisse der „PIMS-Studie" (Einflußfaktoren auf den Return of Investment) sind strategische Erfahrungen (Schoeffler et al, 1974), deren Relevanz für die Zukunft im Rahmen der strategischen Planung zu überprüfen ist bzw. Ausgangspunkt strategischer Überlegungen sein kann.

Durch die Ausarbeitung von Planbilanzen und Gewinn- und Verlustrechnungen mit Planwerten lassen sich die Auswirkungen alternativer Strategien aufzeigen. Eingangsdaten in das Modell sind Plankennzahlen, das Modell selbst wird zum Simulationsmodell mit dessen Unterstützung die Beeinflussung alternativer strategischer Optionen auf den „Gesundheitszustand" von Gesamtunternehmung und auch der einzelnen SGE's simuliert und sichtbar gemacht werden kann. Wesentlich im Rahmen der strategischen Planung ist die Dynamisierung des Modelles durch Berücksichtigung von Jahresabschlüssen und Plandaten mehrerer Jahre.

Folgendes Vorgehen ist sinnvoll:

- Ermittlung der Einzelkennzahlen (Rentabilität, Deckungsgrad, Finanzierung) aus den Jahresabschlüssen oder den Planbilanzen,
- Errechnung der Z-Werte,
- Analyse der Trendentwicklung der Z-Werte,
- Ursachenanalyse für Z-Wert-Entwicklung durch Analyse der Einzelkennzahlen,
- Ableitung strategischer Implikationen zur Vermeidung negativer Entwicklungen.

Die Aussagefähigkeit des Modells im Sinne einer strategischen Frühaufklärung kann also dadurch erhöht werden, daß nicht nur der Z-Wert als Indikator für den zu erwartenden Gesundheitszustand herangezogen, sondern zur Verstärkung des Informationsgehaltes auch der Ursache für diese Entwicklung durch die Analyse der strategisch relevanten Einzelkennzahlen nachgegangen wird. Sind die Jahresabschlüsse der Konkurrenz zugänglich, so lassen sich daraus sicher weitere Schlußfolgerungen für die strategische Planung ableiten.

Abschließend eine konkrete Anwendung dieses Modelles graphisch dargestellt.

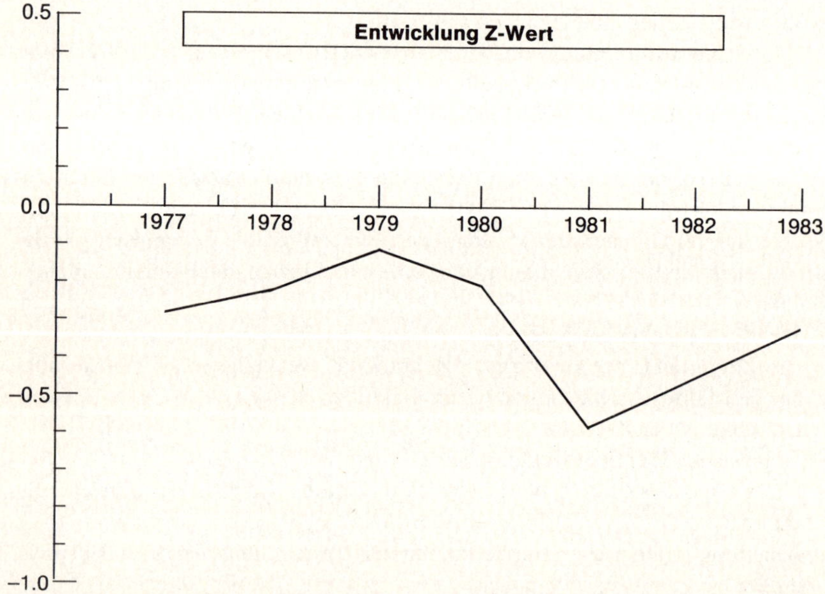

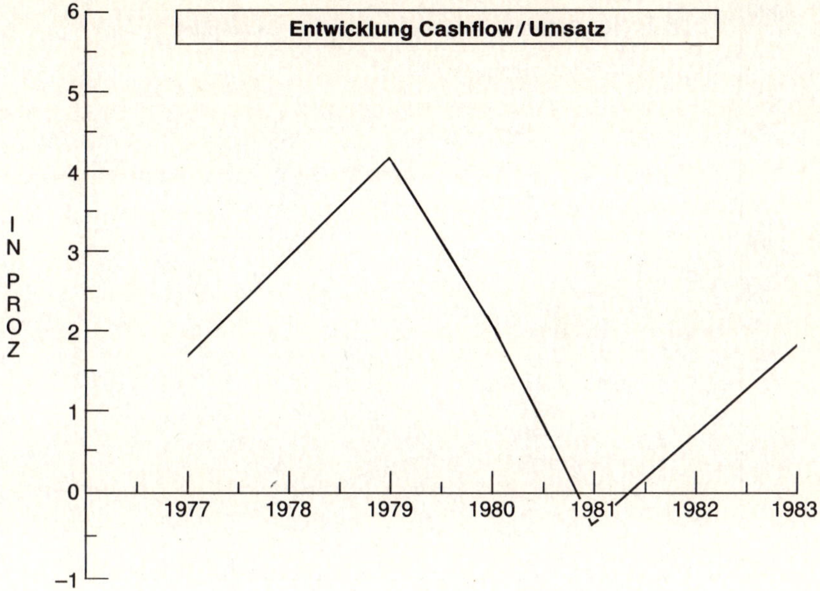

Entwicklung Cashflow / Umsatz
I N P R O Z
6
5
4
3
2
1
0
–1
1977
1978
1979
1980
1981
1982
1983

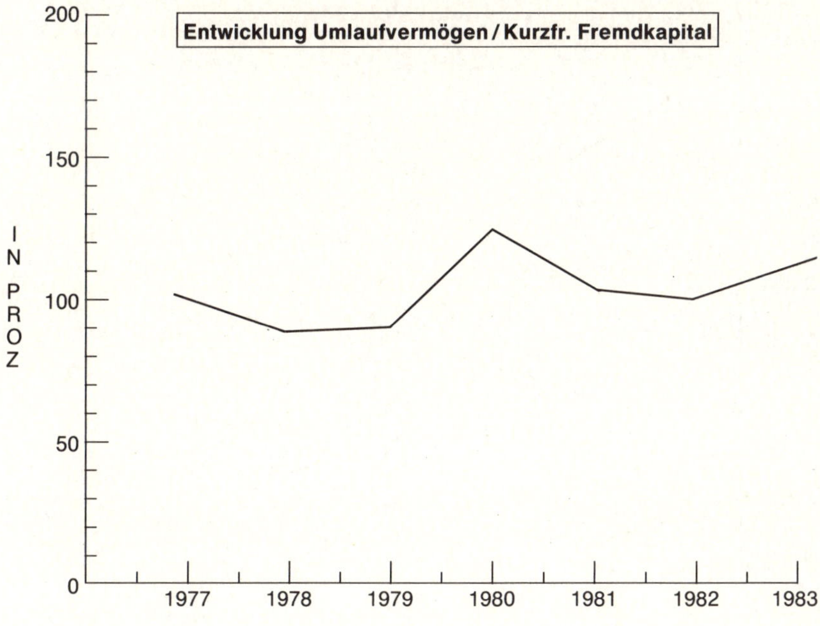

Entwicklung Umlaufvermögen / Kurzfr. Fremdkapital
I N P R O Z
200
150
100
50
0
1977
1978
1979
1980
1981
1982
1983

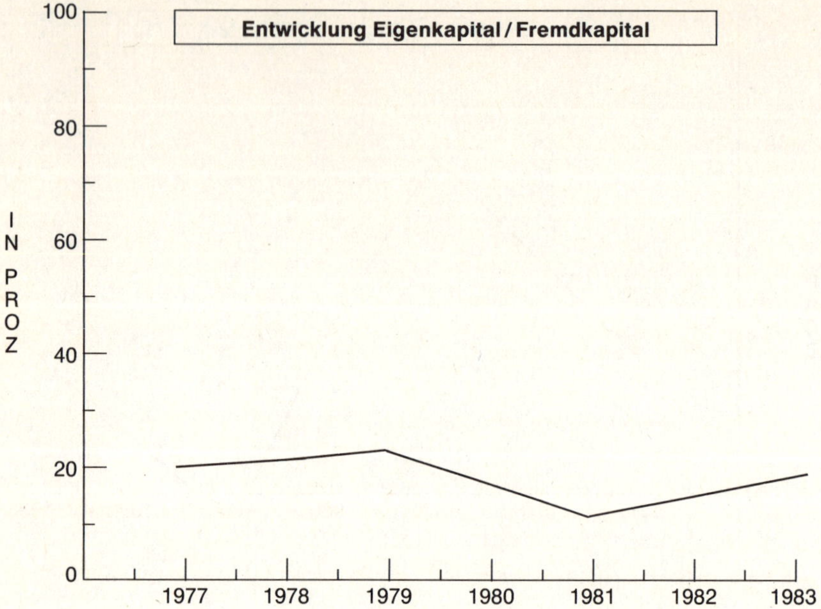
Entwicklung Eigenkapital / Fremdkapital
IN PROZ
100
80
60
40
20
0
1977
1978
1979
1980
1981
1982
1983

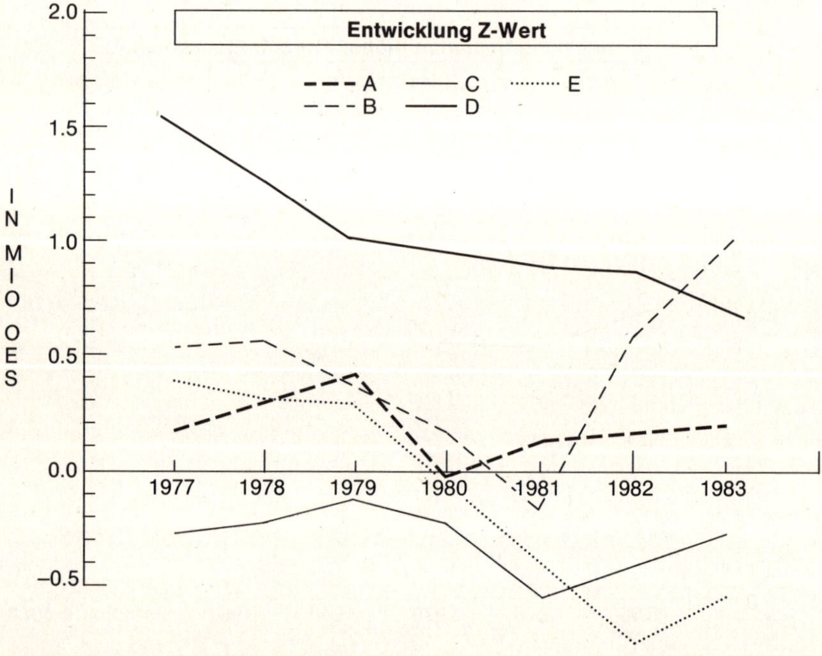
Entwicklung Z-Wert
A
B
C
D
E
IN MIO OES
2.0
1.5
1.0
0.5
0.0
–0.5
1977
1978
1979
1980
1981
1982
1983

2.3. Technologie-Portfolio-Management

Werner Pfeiffer; Walter Schneider; Rudolf Dögl

1. Der technologische Wandel im Zentrum des betriebswirtschaftlichen Forschungsinteresses

Aufgeschreckt durch spektakuläre (Fehl-)Entwicklungen bestimmter Unternehmungen, ja ganzer Branchen, wurde die Betriebswirtschaftslehre zu einer Um-Orientierung ihrer Forschungsziele gezwungen: „Langfristige Unternehmensplanung" heißt das Zauberwort, mit dem der „neuen Dynamik" in Technik, Markt und Gesellschaft begegnet werden sollte.

Daher war es nur konsequent, auch weil die Praxis händeringend darum ersuchte, Methoden und Modelle zu entwickeln, mit deren Hilfe eine Operationalisierung der Langfristplanung gelingen sollte. Der enorme Zuwachs der Diskussionen über Planungskonzepte, Portfolien, Lebenszyklen, Erfahrungskurven, Technologie-S-Kurven etc. beweist diesen dringenden Bedarf.

Herbert Henzler, Deutschland-Chef der Beratungsfirma Mc Kinsey & Co., bringt das Problem auf den Kern: „Nachdem die Kostenapparate einigermaßen angepaßt sind, kommen wir in eine andere Phase. Jetzt heißt die Grundfrage: Was mache ich mit den vorhandenen Ressourcen, um die Zukunft zu meistern? Mit welchen Produkten, mit welchen Dienstleistungen werde ich die nächsten fünf bis zehn Jahre bestehen?"

Insbesondere war ein Problem lange Zeit der Bewältigung nicht zugänglich und schob sich dadurch immer mehr ins Zentrum des Interesses: der technologische Wandel.

In einer internationalen Befragung der Consultants Booz, Allen & Hamilton wurde dies bestätigt, als zwei Drittel der befragten Topmanager meinten, daß die langfristige Technologieplanung nur eine unvollkommene Berücksichtigung im Rahmen ihrer Gesamtplanung fände.

So nimmt es nicht wunder, daß im Rahmen einer anderen breit angelegten Umfrage der Zeitschrift INTERNATIONAL MANAGEMENT auf die Frage „Was sind in der zweiten Hälfte der 80er Jahre die Hauptprobleme der Unternehmensführung?" die meistgenannte Antwort war: „Schritt halten mit den neuen Technologien". Sie rangiert noch weit vor Antworten wie Wechselkursprobleme, Personalprobleme und Steuerprobleme.

2. Thesen zur Rolle der Technik für die Industrieunternehmen in einer Zeit trendbruchartiger Veränderungen in der Unternehmensumwelt

Technik als zentrale Überlebensdeterminante

Hinterfragt man die eigentlichen Ursachen des Scheiterns vieler Industrieunternehmen in der letzten Zeit, so lautet der stereotype Befund: Mangelnde

Wettbewerbsfähigkeit bezüglich der Produktkonzepte oder der Fertigungsstrukturen. Symptomatisch dafür stand die deutsche Motorradindustrie mit veralteten Produkten. Auch ist man sich weitgehend darüber im klaren, daß die großen Strukturkrisen unserer Tage, wie die der Stahlindustrie oder des Maschinenbaus, nur durch eine technologische Renaissance behoben werden können.

Die Obsoleszenz traditioneller Technik ist also eigentlicher Grund des Scheiterns, und es spricht einiges dafür, daß dieser Faktor weiter an Bedeutung gewinnen wird. So weisen alle Techniktheorien, insbesondere Automatisierungstheorien eindeutig nach, daß im Großtrend eine ständige Verschiebung der Handlungskomponenten von Produktionssystemen durch Substitution von menschlichen Komponenten stattfand und weiterhin stattfinden wird.

Die industrielle Unternehmung in ihrer operativen Ebene ist also auch in Zukunft auf dem Weg vom Soziotop zum Technotop, vom menschgeprägten zum technikgeprägten System.

Eine Verfolgung aktueller technischer Entwicklungen vermag dies in eindrucksvoller Weise zu bestätigen.

So ist z. B. festzustellen, daß technische Einzelsysteme zusehends zu Superstrukturen verknüpft werden, wofür das Büro der Zukunft oder die automatische Fabrik als „Idealziel" beispielhaft stehen. Der Mensch hat dort nur noch eine marginale Rolle als objektbezogener Produktionsfaktor. Überdies scheidet im Rahmen der Entwicklung vieler neuer Produkttechnologien der Mensch für eine Beteiligung im Produktionsprozeß vollkommen aus, selbst für die subsidiären Funktionen des Lagerns, Transportierens und des Handlings. Etwa bei der Herstellung von mikroelektronischen Komponenten oder bestimmten biotechnischen Substanzen ist der Herstellprozeß vollkommen automatisiert. Der Mensch ist dort für eine direkte Prozeßbeteiligung aufgrund seiner mangelhaften physiologischen Ausstattung vollkommen ungeeignet.

Aus strategischer Perspektive tritt der Mensch zwar zusehends aus den Produktionsprozessen heraus, doch wächst gleichzeitig die Bedeutung seiner Rolle bei der F&E-Vorsteuerung.

Eine weitere Ursache für die Steigerung des Technologieniveaus ist darin zu sehen, daß eine Vielzahl revolutionärer neuer Basistechnologien mit extremen Leistungsverbesserungen gegenüber ihren technischen Vorgängerlösungen im Entstehen begriffen sind, deren Realisierung aufgrund ihrer „relativen Vorteilhaftigkeit" für ein Unternehmen absolut überlebensnotwendig ist.

Diese neuen Basistechnologien weisen eine solche Breitenwirkung auf, daß sie in voller Wucht sehr viele konventionelle Technologien gleichzeitig mit Ablösung bedrohen. Diesen Effekt kann man sehr deutlich am Beispiel der sog. Biotechnologie illustrieren, die in Zukunft mit ihren Anwendungen praktisch kein einziges Technologiefeld unberührt lassen wird.

Somit ist festzustellen, daß der historische Prozeß der „Perfektionierung" der Technik zusehends an Dynamik gewinnt und man damit gezwungen ist, alle anderen Gestaltungsvariablen einer industriellen Unternehmung an der autonomen Größe Technik auszurichten.

Technik als gestaltungsbedürftigstes Element der strategischen Unternehmensentwicklungsplanung

Es muß als Eigenart der aktuellen technologischen Entwicklung angesehen werden, daß Entstehungszyklen ständig weiter expandieren und Marktzyklen ständig weiter kontrahieren. Man könnte nun einwenden, daß es schon immer technologische Entwicklungen gegeben hat und man speziell in Deutschland nie Probleme mit der Realisierung des Fortschritts hatte. Die Eigenart des heutigen Fortschritts ist aber, daß er gleichzeitig an allen Komponenten eines Produktes und an den zugehörigen Fertigungsverfahren angreift. Das Timing, also die Gestaltung von Zeitpunkten und Zeiträumen der Lebenszyklusphasen, rückt somit in den Vordergrund des Planungsinteresses.

Der Frühwarnfunktion muß deshalb höchste Aufmerksamkeit zugemessen werden, da nur ein rechtzeitiges Erkennen neuer technischer Möglichkeiten und ein früher Zustieg Gewähr dafür bieten, eine Innovation als First auf den Markt zu bringen. Eine Politik des Abwartens, die sogenannte Strategie des lachenden Zweiten, ist in Zeiten expandierender Entstehungszyklen und kontrahierender Marktzyklen aussichtslos geworden. Dabei ist das Absinken der einstmals führenden Hersteller von traditionellen Rechenmaschinen, Uhren oder Kameras in die Bedeutungslosigkeit, legt man Weltmaßstäbe an, bereits Geschichte. In der Gegenwart, fast im Augenblick, rollt jedoch das Drama weiter Teile der Audio-Video-Elektronik ab.

Im Maschinenbau sind die Japaner dabei, mit ihren Industrierobotern, Bestückungsautomaten sowie flexiblen Bearbeitungszentren die Zukunftsgeschäftsfelder in Besitz zu nehmen. Siemens-Chef Dr. Kaske weist darauf hin, daß bei einer marktlichen Lebensdauer von drei Jahren eine Verspätung von einem Jahr bereits 50 Prozent des möglichen Produktvolumens kosten kann. Damit sei aber die Abdeckung der Forschungs- und Entwicklungsaufwendungen, aber auch der Vertriebskosten nicht oder nur schlecht möglich. Wer sich erst heute für den Einstieg in die Glasfasertechnik entschließt, dürfte zu spät kommen; für den Beginn der Forschung und Entwicklung im Bereich der Biotechnik wird es höchste Zeit.

Die Planungsprobleme potenzieren sich insbesondere dort, wo man es mit extrem langen Entstehungszyklen zu tun hat; so hat der Entstehungszyklus piezoelektrischer Bauelemente seit der Entdeckung des piezoelektrischen Effekts 1880–1881 bis in die heutigen Tage gereicht, und für die Entwicklung biologischer Schaltelemente ist noch mit mehreren Jahrzehnten zu rechnen.

In Anbetracht der Eigenart der gegenwärtigen Entwicklungen der Technik wird also ein spezifischer Bedarf an vorweggehenden Planungen immer dringlicher.

Technik als gestaltungsfähigste Unternehmensvariable

Diese These aus einer umgekehrten Perspektive interpretiert, läßt folgern, daß dem technologischen Wandel der personelle Wandel nicht in der erforderlichen Geschwindigkeit und im nötigen Ausmaß zu folgen vermag. Eine solche Behauptung kann durch viele Beispiele untermauert werden.

So deutet das schwerfällige und verzögerte Anlaufen extrem zukunftsrelevanter Forschungsprogramme etwa auf dem Gebiet der Werkstofftechnik, neuer Rechnertechnologien oder der Weltraumtechnik auf eine unbefriedigende Versorgung mit Spitzenkräften hin. Die Verzögerung bei der Sanierung von Branchen mit reifen Technologien könnte hingegen als Indiz für unzureichende Möglichkeiten einer Entsorgung gewertet werden. Die Probleme kumulieren dort, wo im Zuge eines prinzipiellen Technologiewechsels neues Know-how in großem Umfang benötigt und veraltetes in großem Umfang gleichzeitig überflüssig wird. Als Ausweg bleibt hier häufig nur eine Neugründung an einem anderen Standort, wohinter sich im Kern der sogenannte Silicon-Valley-Effekt verbirgt.

Riebels These, wonach die menschliche Arbeit der disponibelste Produktionsfaktor sei, scheint also zusehends an Gültigkeit zu verlieren. Daneben zeigt sich, daß die innovationsbedingten Know-how- und damit Personalbeschaffungs- und -entsorgungsmaßnahmen insbesondere durch solche Faktoren behindert werden, die vom Unternehmen nicht beeinflußt werden können.

Damit bleibt dem Unternehmen als einziger Ausweg eine auf technologischer Voraussage aufbauende strategisch orientierte Ressourcensteuerung.

3. Die „unbewältigte Technik“ in den strategisch orientierten betriebswirtschaftlichen Planungsmethoden der ersten Generation

Fragen wir uns nach der zentralen Funktion jeder strategischen Planung, so gilt es, die Unendlichkeit und Komplexität der Faktenvielfalt auf einige Führungsgrößen zu verdichten, d. h. sie für die Unternehmensführung auf entscheidbare Strukturen zu reduzieren.

Man versuchte zunächst, dieser Forderung dadurch gerecht zu werden, daß man die „strategische Situation“ der Unternehmung mittels eines Markt-Portfolios abbildete und daraus entsprechende Strategieformulierungen ableitete.

Die strategische Situation wird dort in einer zweidimensionalen Matrix abgebildet, die in ihrer ursprünglichen Form den Beziehungszusammenhang zwischen relativem Marktanteil und relativem Marktwachstum einerseits sowie zwischen Cash-Erzeugung und Cash-Verbrauch andererseits zeigt. Dazu liefert das Konzept der Erfahrungskurve wichtige Basisdaten. Je nach ihrem positiven bzw. negativen Beitrag zur Finanzsituation der Unternehmung werden dann die Produkte, Produktgruppen bzw. die Aktivitäten in den einzelnen Geschäftsfeldern im Markt-Portfolio positioniert, um die strategische Lage zu beschreiben.

So oder bei neueren Konzepten in abgewandelter Form dominiert diese Methode in vielen Unternehmen.

Conditio sine qua non einer strategisch orientierten F&E-Steuerung ist aber die Beherrschung der Schnittstelle von strategischer Unternehmensplanung und Zukunftstechnologien. So liegt die zentrale Schwachstelle dieser Methode strategischer Planung in der fehlenden Berücksichtigung der Technik und ihrer prinzipiellen Entwicklungsdynamik. Ihre kritische Analyse unter diesem Aspekt führt als Ergebnis zu folgenden Punkten:

- Sie zeigt eine reine Momentaufnahme der Markt- und Finanzsituation.
- Unter dem Aspekt des integrierten Produkt-Lebenszykluskonzepts ist die Markt-Portfolio-Methode erst im Bereich des Marktzyklus von vorhandenen Produkten anzusiedeln (vgl. Abb. 1).

Abb. 1: Unterschiedliche zeitliche Bezugsebenen der Portfolio-Konzepte

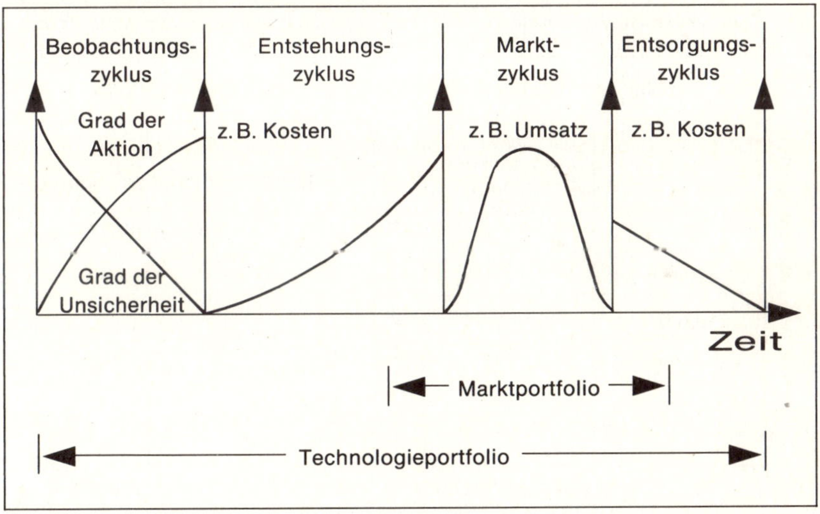

- Sie läßt die mindestens ebenso wichtige Phase des Entstehungszyklus neuer Substitutionstechnologien, d.h. möglicher Substitutionsprodukte und des Beobachtungszyklus außer acht. Strategische Lücken können deshalb mit dieser Konzeption nicht rechtzeitig erkannt werden. Sie zeigen sich nämlich erst dann, wenn das Markt-Portfolio eine unausgeglichene Verteilung und keine Nachwuchsprodukte im Feld der Question marks aufweist. Daher kann der Ansicht, daß das Muster des Ist-Portfolios eine Art Frühindikator für zukünftige Gefahren (aber auch Gelegenheiten) darstellt, absolut nicht zugestimmt werden, da es nämlich nur bereits vorhandene Technologien zeigt, und zwar zu einem Zeitpunkt, bei dem ein Reagieren aufgrund der tendenziell länger werdenden Entstehungszyklen und der mit der Follower-Position auf der Erfahrungskurve verbundenen enormen Kostennachteile nahezu unmöglich wird.

- Es fehlt der Markt-Portfolio-Methode eine prognostische Dynamisierung, d. h. eine Aussage darüber, wie sich die Situation in Zukunft entwickeln wird. Im Schwerpunkt geht es dabei um prinzipielle Richtungsänderungen in der Entwicklungsdynamik der Technik, ohne deren Kenntnis z. B. folgende Fragen nicht zureichend beantwortet werden können:
- Wie lange bleibt eine Cash-Cow noch Cash-Cow?
- Ist ein Dog überhaupt ein Dog?
- Beginnt nicht oft eine innovative Technologie als Dog?
- Kann aus einem Star überhaupt (noch) eine Cash-Cow werden? (vgl. Abb. 2).

Abb. 2: Prognostische Dynamisierung des Marktportfolio durch das Technologie-Portfolio

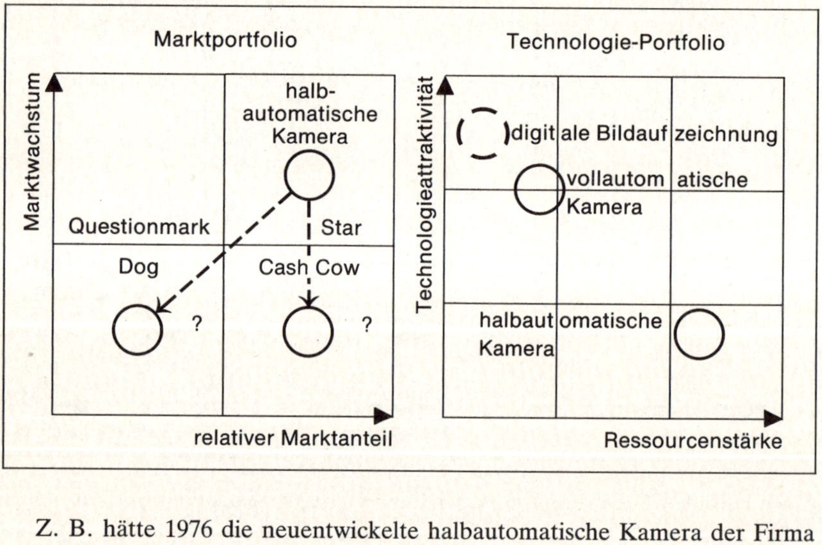

Z. B. hätte 1976 die neuentwickelte halbautomatische Kamera der Firma Rollei im Markt-Portfolio eine Star-Position eingenommen. Sie wäre jedoch sofort zu einem Dog geworden, ohne die Cash-Cow-Phase je zu erreichen, da der japanische Kamerahersteller Canon auf der Photokina im selben Jahr eine vollautomatische Lösung zu billigeren Preisen vorstellte, worauf Rollei sein Produkt zurückzog. Der niedrigere Preis resultierte nach Ansicht der Fachleute keineswegs aus einer Dumping-Preispolitik, sondern beruhte auf echten Kostenvorteilen bei der Herstellung, die nur durch die neue Technologie zu erreichen waren, da sie eine höhere Stufe der Funktionsintegration erlaubte. Eine Technologie-Portfolio-Analyse hätte die Situation so ausgewiesen, daß eine halbautomatische Kamera nicht mehr als „Star" behandelt worden wäre (vgl. Abb. 2).

- Wie kommen wir zu neuen Erfolgspotentialen der Zukunft, die wesentlich auf neuen naturwissenschaftlich-technischen Kenntnissen basieren, auf denen praktisch die strategischen Zukunftsgeschäftsfelder aufbauen?

Auf einen Nenner gebracht, läßt sich feststellen, daß die Führungsgrößen des Markt-Portfolios nur Wertgrößen repräsentieren. Sie lassen nämlich die dafür ursächlichen Sachprozesse, insbesondere die Technologiebetrachtung, sowohl beim Produkt (=Erlösseite) als auch bei der Produktion (=Kostenseite) unberücksichtigt. Letztlich arbeitet die Markt-Portfolio-Methode unter der Prämisse einer Konstanz der wesentlichen Trends in der Unternehmensumwelt, insbesondere der Konstanz des Trends der Technik.

Beispiele für Entscheidungsmängel und Fehlentscheidungen auf der Grundlage von Markt-Portfolio-Analysen finden sich mehr als zahlreich. Besonders typisch dafür ist auch der häufig zu beobachtende Tatbestand, daß man durch die dieser Methode immanente Verkennung von Chancen und Bedrohungen völlig neuartiger Technologien interessante Produktgruppen strategisch als „Dogs" behandelte und liquidierte.

So wurden nicht selten mechanisch, beziehungsweise elektromechanisch orientierte Produkte als im Hochlohnland Bundesrepublik Deutschland nicht mehr kostengünstig produzierbar erachtet, als „Dog" eingestuft und daraufhin liquidiert, oder es wurde die Produktion – verbunden mit kostspieligen Investitionsabenteuern – in ostasiatische Länder verlegt. Diese „Lösungen" stellten sich oftmals als absoluter Fehlgriff dar, da die aufkommende mikroelektronische Fertigung sich in vielen der besagten Fälle als durchaus konkurrenzfähig erwies, und zwar auch unter dem Gesichtspunkt der Produktion im Hochlohnland Bundesrepublik Deutschland.

Ein neuartiges Konzept, die Technik als zentralen Hebel in die strategische Unternehmensplanung aufzunehmen, ohne den an sich nützlichen Grundgedanken der Portfolio-Konzeption, nämlich die Verdichtung der Faktenvielfalt auf wenige Führungsgrößen nutzbar zu machen, aufzugeben, stellt die Technologie-Portfolio-Methode dar. Dieses von der Forschungsgruppe für Innovation und Technologische Voraussage entwickelte Instrumentarium basiert auf einer prognostischen Dynamisierung der Markt-Portfolien in Richtung Zukunftstechnologien. Damit ist die Voraussetzung geschaffen zur Beherrschung der Schnittstelle „Technik und Unternehmensstrategie".

4. Philosophie bzw. methodische Perspektive und Zeithorizont der Technologie-Portfolio-Methode

1. Die Technologie-Portfolio-Methodik will als Hilfsmittel einer strategischen technologieorientierten Langfristplanung verstanden werden. Im Gegensatz zu den üblichen Marktportfolien setzt die Technologie-Portfolio-Methode nicht am Produkt bzw. an Produktgruppen an, sondern an deren inkorporierten Technologien, denn Produkte veralten oft schneller als die sie konstituierenden Technologien und umgekehrt. Die zur Funktionserfüllung notwendigen technischen Elemente befinden sich wiederum in verschiedenen Phasen ihres jeweiligen eigenen Technologie-Lebenszyklus und sind bezüglich F&E-Maßnahmen spezifisch zu behandeln. D.h. der ursprünglich als strategische Planungsbasis herangezogene Produktlebenszyklus muß erweitert werden zum Technologie-Lebenszyklus, der sich aus der Aggregation der Kurven der Anwendungsarten und der Anwendungsmengen der betreffenden Technologie über die Zeit ergibt.

2. Bei aller Sensibilisierung für strategische Problemstellungen der Produkttechnologie sollten auch die sich im Rationalisierungsbereich der Fertigung bietenden strategischen Möglichkeiten gesehen werden. Als Indiz für deren Gewicht kann das Verhältnis von Forschungs- und Entwicklungsbemühungen im Fertigungs- und Produktbereich dienen: Während in Japan ca. 40% der Forschungs- und Entwicklungsressourcen in die Entwicklungsarbeit von fertigungstechnischen Innovationen investiert werden, sind dies in der Bundesrepublik erst etwa 10–15%. Dieser Umstand läßt sich aus dem Grundverständnis relativ leicht ableiten:

Die gesamte Herstellungstechnik wird in Europa noch immer als Erfüllungshilfe der Produkttechnik betrachtet, wohingegen sie in Japan gleichrangig nebeneinander stehen. Wir meinen, daß sich nicht zuletzt hieraus die japanische Preispolitik erklärt, die nur ihrem Erscheinungsbild nach Dumping-Charakter besitzt, aber in Wirklichkeit auf echten Kostenvorteilen beruht und insbesondere aus überlegenen Herstellungsverfahren resultiert, nicht aus Lohnniveauaspekten. Welche strategische Stoßrichtung förderungswürdiger Aktivitäten damit für die deutsche Industrie ansteht, ist unschwer abzuleiten.

3. Beschränkt sich die Markt-Portfolio-Methode in ihrem Zeitbezug im Schwerpunkt auf den Marktzyklus, so greift die Technologie-Portfolio-Methode generell über den Entstehungszyklus hinaus und fußt insbesondere auf dem sogenannten Beobachtungszyklus, d.h. der Zeithorizont ist wesentlich längerfristig. Grundgedanke dieses Denkprozesses ist also, Trends und Trendbrüche bei allen im Unternehmen vorkommenden Produkt- und Herstellungstechnologien rechtzeitig prognostisch analysieren zu können.

5. Aufbau des Technologie-Portfolios

Technologie-Portfolien bilden die strategischen Positionen aller im Unternehmen vorkommenden Herstellungs- und Produkttechnologien in einer zweidimensionalen Matrix nach zwei verschiedenen Beurteilungsgrößen ab und erlauben eine strategische Interpretation dieser Positionen (vgl. Abb. 2).

Im Gegensatz zu Marktportfolien, die in der Regel komplette Produkte mit heterogenen Technologien positionieren, werden hier die hinter einem Fertigprodukt oder hinter einem Gesamtfertigungsprozeß stehenden Einzeltechnologien abgebildet. Dies geschieht für jede Technologie hinsichtlich zweier Bewertungsvariablen, der Technologieattraktivität und der Ressourcenstärke. Die Technologieattraktivität ist vereinfacht, formuliert die Summe der wirtschaftlichen und technischen Vorteile, die durch die Realisierung der in diesem Technologiegebiet noch steckenden strategischen Weiterentwicklungspotentiale noch wirksam werden. Sie ist somit eine unternehmensexterne, weithin unbeeinflußbare Größe. Die Ressourcenstärke ist ein Ausdruck der technischen und wirtschaftlichen Beherrschung dieses Technologiegebietes, insbesondere im Verhältnis zur wichtigsten Konkurrenz. Sie ist aber als unternehmensinterne und damit beeinflußbare Größe der entscheidende strategisch steuerbare Aktionsparameter.

Abb. 3: Produkte-Technologien-Zusammenhang

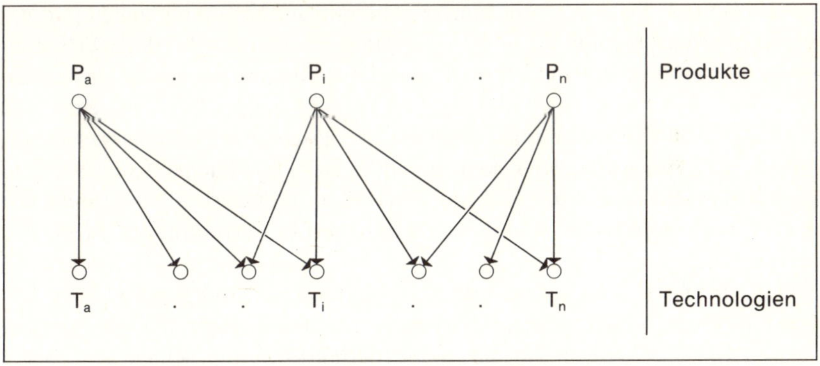

6. Ablaufschritte der Technologie-Portfolio-Methode

Identifikation der Produkt- und Prozeßtechnologien

Ein effizientes Technologie-Management setzt voraus, die „hinter" den „Strategischen Geschäftseinheiten", Produktgruppen oder Produkten stehenden Technologien zu identifizieren; ihre gemeinsamen technologischen Wurzeln herauszuarbeiten, um – nun gewendet – die Breite ihrer Anwendung sichtbar zu machen und damit einen Beitrag zur Bemessung der Relevanz dieser Technologien für die Unternehmung zu liefern.

Rein schematisch läßt sich dieser Grundgedanke vereinfacht in einer Gegenüberstellung von Produkten und Technologien darstellen. (vgl. Abb. 3).

Der Zuordnungsprozeß der Produkte zu den zugrundeliegenden Produkt- und Prozeßtechnologien läßt sich nicht mit einem Schritt bewältigen, sondern setzt eine stufenweise Analyse des Produktes in seine Subsysteme, Baugruppen und Elemente voraus, denen auf jeder Stufe unterschiedliche Produkt- und Prozeßtechnologien entsprechen (vgl. Abb. 4).

Als Ergebnis einer so durchgeführten Analyse erhält man zwei Listen der in einem Unternehmen vorkommenden Technologien, eine Produkt- und eine Prozeßtechnologieliste. Dabei gilt besonders zu beachten, daß nur Technologien mit eigenständigem Charakter erfaßt werden. Vielfach führt ja eine oberflächliche, unsystematische Ad-hoc-Auflistung von Technologien zu Redundanzen bzw. zu einem Nichterkennen von technologischen Verwandtschaften. Um dieser Gefahr entgegenzutreten, d.h. eine planlose Reihung ohne System zu verhindern, sollte man sich an systematischen technischen Kategorien orientieren, die die „Wesenhaftigkeit“ einer Technik widerspiegeln.

Bestimmung der Technologieattraktivität

Es ist das Ziel, die Relevanz der identifizierten Technologien für das Unternehmen zu ermitteln und in Abhängigkeit der eigenen Stärke oder Schwäche bei deren „Beherrschung“ spezifische „Förderungsmaßnahmen“ vorzuschlagen. Das Spektrum der Relevanz (= Technologieattraktivität) reicht von „gering“ (wenn es sich beispielsweise um eine ausgereifte Technologie handelt, die nicht mehr weiterentwickelbar ist und deren Anwendungen laufend abnehmen) bis „hoch“ (wenn die Entwicklung sich erst im Anfangsstadium befindet und neue Einsatzmöglichkeiten laufend gefunden werden). Als Prototyp einer i. d. S. reifen Technologie könnten alle informations-mechanischen Konstruktionen gelten, da diese sukzessive von mikro-elektronischen Lösungen verdrängt werden. Typisches Beispiel einer hoch attraktiven Technologie wäre der Sensor, dessen Einsatz – sofern die technische Perfektionierung gelingt – in jedem denkbaren Regelkreis möglich ist.

Damit ist auch Grundsätzliches zum Attraktivitätsmaß klargestellt: Hohe Attraktivität wird dynamischen Technologien beigemessen, reife Technologien sind in diesem Sinne unattraktiv.

Dabei ist es absolut denkbar, daß eine Produkttechnologie „unattraktiv“ ist, die zugehörige(n) Prozeßtechnologie(n) aber attraktiv ist (sind) und umgekehrt. Zur Metrisierung der Größe „Technologie-Attraktivität“ schlagen wir eine Skala mit den qualitativ-verbalen Dimensionen gering, mittel und hoch vor.

Abb. 4: Hierarchisch abwärtsschreitende Analyse des Produktes

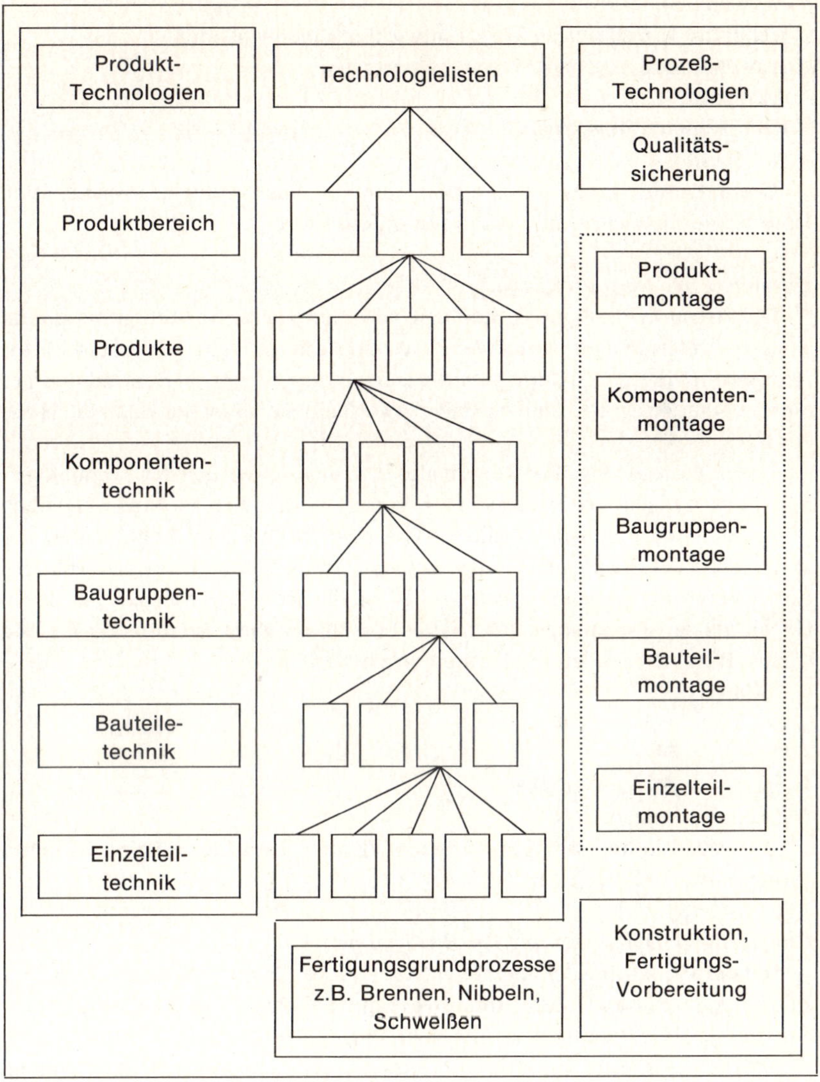

Zur Beurteilung der Technologie-Attraktivität sind z.B. als Indikatoren heranzuziehen:
- technisch-wirtschaftliche Weiterentwicklungsmöglichkeiten
- Anwendungsbreite und Anwendungsmengen
- Akzeptanz
- Komplementaritätsgrad
- Nebeneffekte

Diese Kriterien werden in einem, auf das Analyseobjekt ausgerichteten Konkretisierungsschritt in Indikatoren differenziert.

Ermittlung der Ressourcenstärke

Die Attraktivität einer Technologie wird nun vor dem Hintergrund der im eigenen Unternehmen vorhandenen Ressourcen (= Ressourcenstärke) zur Realisierung dieser Zukunftspotentiale relativiert. Zentrale Bestandteile der unternehmerischen Ressourcen sind das vorhandene Know-how und die Höhe der Budgets.

Unter Ressourcenstärke werden also die zur Realisierung des Technologiepotentials nötigen, im Unternehmen bereits vorhandenen Mittel – letztlich gemessen in Relation zum möglichen Wettbewerb – berücksichtigt: je mehr die vorhandenen Ressourcen der allgemeinen technischen und wettbewerblichen Entwicklung entsprechen, desto größer ist die Ressourcenstärke. Sie ist im Gegensatz zur Technologieattraktivität eine unternehmensinterne Größe und kann z.B. mit folgenden Indikatoren erfaßt werden:
- Technik
- Qualität
- Potentiale
- Anpassungsgeschwindigkeit
- Patente/Lizenzen.

Zur Metrisierung schlagen wir ebenfalls die qualitativ-verbalen Kriterien gering, mittel und hoch vor.

Prognostische Dynamisierung der Betrachtung

Mit der Ermittlung der Attraktivität der verwendeten Technologien und der Zuordnung der in der Unternehmung vorhandenen Ressourcenstärke erhält man das Bild der Ist-Situation der Unternehmung.

Nun müssen die in der Matrix ausgewiesenen, d. h. die von der Unternehmung verwendeten Technologien in Relation zu möglichen, zukünftig konkurrierenden Technologien gesetzt werden.

Betrachtet man z. B. die Technologie des mechanischen Bohrens als „traditionelle" Fertigungstechnologie, so besteht für das Unternehmen eventuell eine hohe Ressourcenstärke. Als prinzipielle Alternativen können hier z. B. Elektro-

Abb. 5: Transformation der gegenwärtigen Technologieposition in die Zukunft durch Früherkennung konkurrierender Technologien

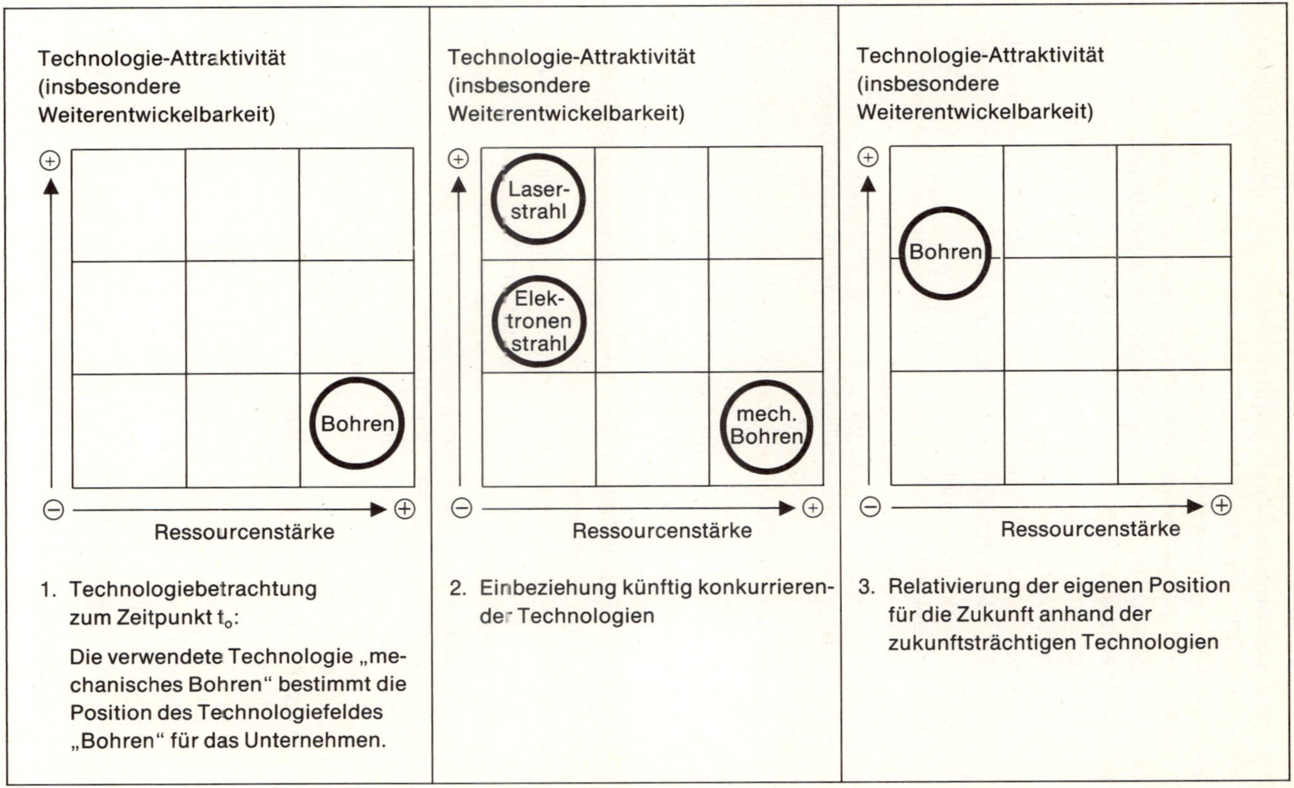

nen- und Laserstrahlverfahren genannt werden, die aufgrund ihres hohen Weiterentwicklungspotentials als wesentlich attraktiver anzusehen sind, für die aber kein Know-how in der Unternehmung vorhanden ist (vgl. Abb. 5).

Damit wird die gegenwärtige Ist-Situation auf einen zukünftigen Zeitpunkt des unternehmerischen Entscheidungshorizontes transformiert, denn es soll ja festgestellt werden:

- wo bestehen auch in Zukunft Chancen, Bestehendes auszubauen oder Versäumtes aufzuholen und
- wo bestehen Risiken, den Vorsprung oder auch nur den Anschluß zu verlieren?

Als Ergebnis der bisherigen Schritte sind drei prinzipiell verschiedene Portfolio-Typen erstellbar (vgl. Abb. 6).

- Produkttechnologie-Portfolien, die die Techniksituation einzelner Produkte und ihrer Komponenten widerspiegeln,
- Prozeßtechnologie-Portfolien, die analog die Techniksituation der für die Herstellung des Produktes verwendeten Herstellungstechnologien aufzeigen und
- Unternehmens- oder Unternehmensbereichs-Portfolien, die als Zusammenfassung einzelner Technologie-Portfolien von Produkten und Prozessen die Techniksituation ganzer Unternehmen oder Unternehmensbereiche angeben können; wiederum getrennt nach Produkt- und Prozeßtechnologien.

Formulierung von Handlungsempfehlungen anhand einer strategischen Interpretation der Technologie-Portfolien

Wie jede Analyse dient auch die Portfolio-Analyse nur als Mittel zum Zweck: nämlich dazu, im Rahmen einer technologieorientierten Unternehmensführung ausreichende Ressourcen – qualitativ und quantitativ – für die langfristige Erfolgssicherung der Unternehmung zur Verfügung zu stellen und sie dabei im richtigen Bereich zu plazieren. Mit anderen Worten soll sie letztlich in ein konkretes F&E-Programm überführt werden.

Die globalen Strategieempfehlungen lauten (vgl. Abb. 7):

– Investitionsempfehlungen

Produkte mit hoher Technologie-Attraktivität bei gleichzeitigem Vorsprung in der Ressourcenstärke besitzen höchste Förderungspräferenz. Dabei handelt es sich in der Regel um relevante, neue Technologien mit großem Ressourcenbedarf, die häufig auch das zukünftige technologische Know-how determinieren.

– Selektionsempfehlungen

Die drei Diagonalfelder der Technologie-Portfolio-Matrix geben per se noch keine einheitliche Handlungsempfehlung. Sie weisen sowohl Merkmale der Investitionsempfehlungen als auch solche der Desinvestitionsempfehlungen auf. Jedoch ist es aufgrund des Aufbau- und Ablaufprinzips der Technologie-

Abb. 6: Beispiele für mögliche Technologie-Portfolio-Typen

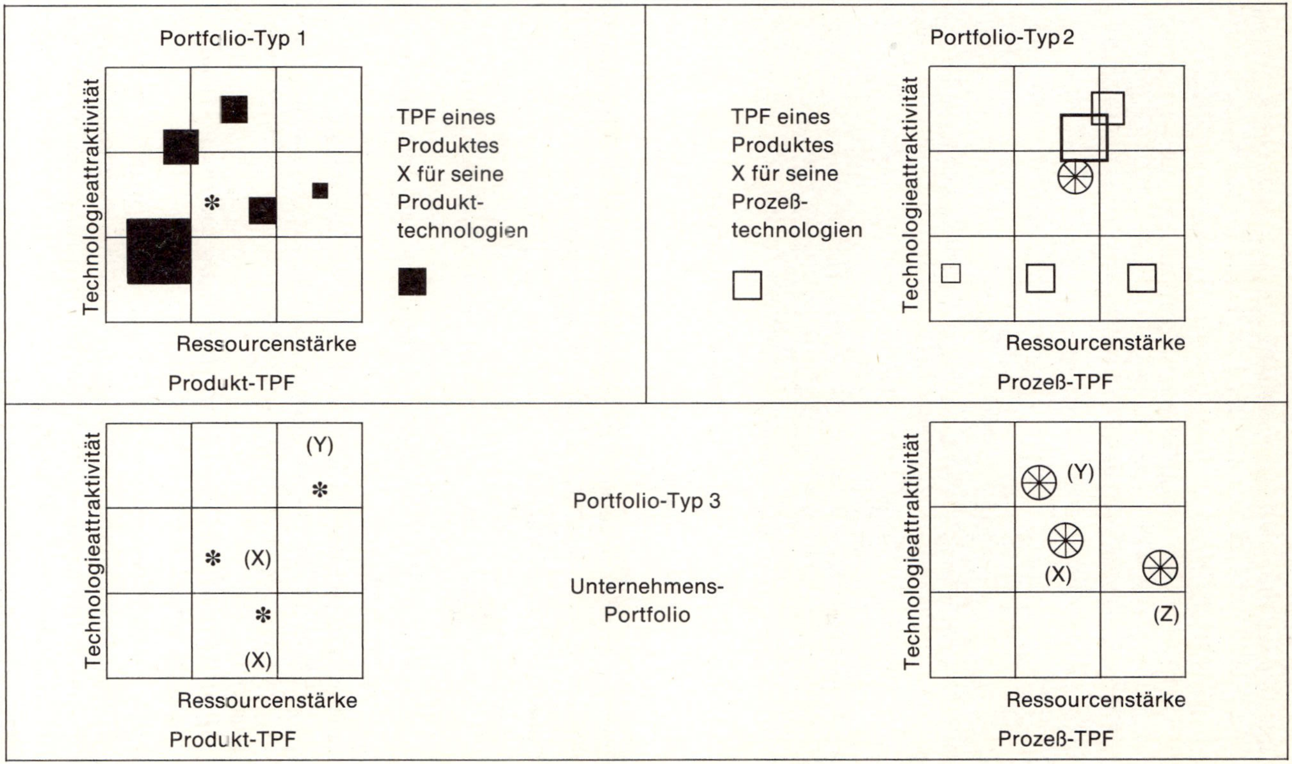

Abb. 7: Strategische Verhaltensempfehlungen des Technologie-Portfolios

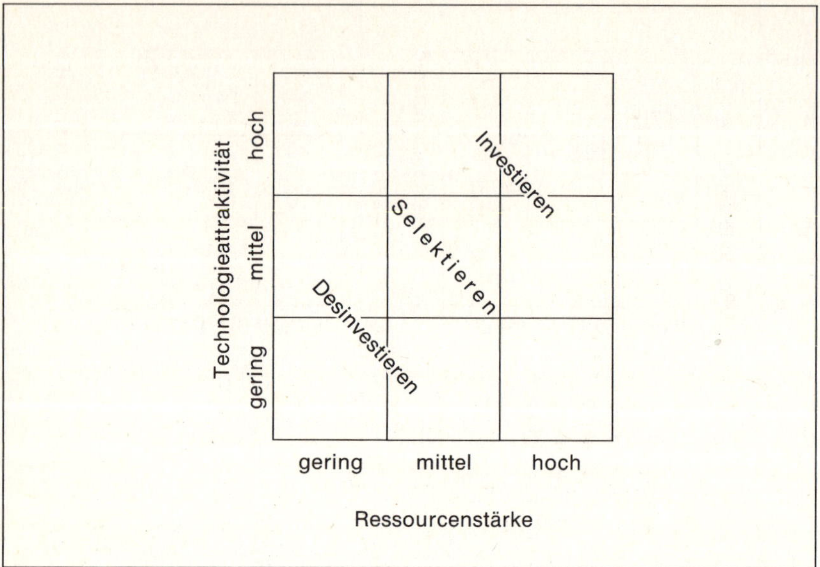

Portfolio-Methode möglich, durch eine Komponentenrückverfolgung besser zu beurteilen, welche der Alternativstrategien gewählt werden soll:

Hohe Technologieattraktivität, geringe Ressourcenstärke

- Durchführung großer Investitionen zur Erreichung einer mittleren bis hohen Ressourcendisposition, d.h. Schließen der (strategischen) technologischen Lücke.
- Rückzug aus dieser Technologie; sofern diese unverzichtbar ist, muß sie „zugekauft" werden.

Mittlere Technologieattraktivität, mittlere Ressourcenstärke

- Zur Erlangung einer hohen Ressourcenstärke sind Investitionen in gemäßigtem Umfang durchzuführen, wenn es sich um eine zentrale Technologie handelt.
- Desinvestitionen durch Reduktion der F&E-Aktivitäten. Dies bedingt Zukauf und/oder Imitation von Technologien.

Geringe Technologieattraktivität, hohe Ressourcenstärke

- Geringe Investitionen zum Halten des technologischen Vorsprungs.
- Langsam desinvestieren, dabei bewußt einen geringeren als den höchsten Entwicklungsstand in Kauf nehmen.
- Desinvestitionsempfehlungen

Für Technologien mit geringer bis mittlerer Attraktivität und Ressourcenstärke sind Desinvestitionsempfehlungen angezeigt, da Investitionen in solche Technologien keine prinzipielle Verbesserung der Leistungsfähigkeit erwarten lassen. Um keine Mißverständnisse aufkommen zu lassen: Diese Desinvestitionsempfehlungen beziehen sich auf F&E-Investitionen. Damit geht nicht sofort die Empfehlung einher, das Produkt aus dem Markt zu nehmen, da es unter Umständen immer noch eine Cash Cow sein kann.

Neben diesen Globalinterpretationen sind eine ganze Reihe weiterer Spezialauswertungen möglich, wie z. B. die Analyse der Ausgewogenheit von Produkt- und Prozeßtechnologien oder des innerbetrieblichen Technologietransfers bis hin zum strategischen Investitionscontrolling oder zu Fragen der Organisationsgestaltung.

7. Notwendigkeit der Integration der Technologie-Portfolio-Methode in eine strategische Gesamtplanung

Mit der Technologie-Portfolio-Anwendung darf man nicht den Fehler der Markt-Portfolio-Anwendung wiederholen und das Technologie-Portfolio als alleiniges Planungsinstrument überlasten. Vielmehr müssen in einer strategischen Gesamtplanung die Wechselwirkungen zwischen allen strategischen Erfolgsfaktoren Berücksichtigung finden. Dabei gibt bei „High-Tech"-Unternehmen die auf neue Technologien orientierte Planung auf der Basis eines einheitlich definierten und abgestimmten Informationsnetzes den Schwerpunkt ab.

Technologie-Portfolien können sporadisch, etwa für die Investitionsentscheidungen, erstellt werden oder aber im Sinne einer rollenden integrierten Langfristplanung über die gesamte Unternehmensbreite ständig aktualisiert werden, wie wir das für nötig halten. Für den letzteren Fall stellt sich natürlich sofort das Problem des Handlings der vielen Daten. Zu diesem Zweck wurde bereits ein spezielles Software-Paket entwickelt. Es sei jedoch – selbstverständlich – vor der Ansicht gewarnt, daß man dann etwa strategische Planung per Computer erledigen könnte.

Niemals ist strategische Planung vollständig mechanisierbar und delegierbar; der Computer kann nur planungs*unterstützend* wirken. Die wesentlichen Schritte der Technologieanalyse und -interpretation können dem *Top*management nicht abgenommen werden!

8. Innovation im Denken als Voraussetzung für Innovation in den Methoden

Um den vorliegenden Ansatz eines strategischen F&E-Managements zum Durchbruch und zur adäquaten Anwendung zu verhelfen, muß innerhalb der Unternehmung eine Atmosphäre der Offenheit gegenüber strategischen Risiken geschaffen werden. Es muß die Bereitschaft gefördert werden, sich mit bis dahin unbekannten und bedrohlichen Entwicklungen auseinanderzusetzen.

Ohne das Vorhandensein einer solchen Atmosphäre strategischer Handlungs- bzw. Entscheidungsbereitschaft bleiben die besten Instrumente leere Hülsen. Sie nützen nichts, wenn nicht einer Innovation bei den Methoden eine Innovation im Denken vorausgeht.

Wir können Hideo Suigiura, Executive Vice-President der Honda Motor Company, nur allzu gut zustimmen, wenn er zum Ausdruck gebracht hat, daß Detroit mit seiner gewaltigen Finanzkraft, die sich in enormen Investitionsprogrammen manifestiert, in keiner Weise gefürchtet werden muß, solange Detroit seine Managementphilosophie nicht ändert. Diese Philosophie der Orientierung an kurzfristigen finanziellen Ergebnissen ist nicht nur spezifisch für Detroit, sondern auch weit verbreitet in den westlichen Industrieländern. Die gegenwärtigen Schwierigkeiten und Probleme bei der Bewältigung des gravierenden Strukturwandels dürften in solchen überholten Denkhaltungen wurzeln.

Die hier geforderte Politik einer Technologieführerschaft bzw. Politik des First verlangt nicht nur die Abkehr von der Philosophie einer Orientierung an kurzfristigen Ergebnissen, sondern insbesondere auch die Kraft zur langdauernden Übernahme hoher Risiken, die mit dem Aufbau von strategischen Zukunftsgeschäftsfeldern verbunden sind. Hier ist das Top-Management gefordert. Es muß die neuen Ideen und Strategien durchsetzen. Nur das Top-Management kann die Last der Verantwortung für die gewaltigen Risiken übernehmen, die der Richtungssteuerung in die noch weitgehend offenen Horizonte von Zukunftstechnologien immanent sind.

Was damit gemeint ist, hat Drucker in eine nahezu klassische Formulierung gegossen:

„Die Zukunft zu gestalten, erfordert Mut. Es erfordert unermüdliche Arbeit. Es erfordert auch Glauben.

Sich nur für das sofort nutzbare zu entscheiden, ist einfach nicht ausreichend. Es genügt nicht für die schweren Belastungsproben, die bevorstehen. Denn keine neue Idee ist narrensicher – sie sollte es auch gar nicht sein.

Wenn eine Idee mit Sicherheit scheitert, dann ist es gerade die scheinbar sichere Sache, der risikolose Einfall, den man für unfehlbar hält."

Deshalb gilt auch heute noch, was von Clausewitz als die moralischen Hauptpotenzen im Sinne von Voraussetzungen strategischen Handelns nennt: Talent, Beharrlichkeit und Kühnheit.

2.4. Strategisches Controlling

Rudolf Mann

Auch Unternehmensführung ist ein Evolutionsprozeß, der sich durch Innovationen weiterentwickelt. Heute spricht man überall von Strategischem Management, aber jeder versteht etwas anderes darunter. Der Schritt von Strategischer Planung zu Strategischem Management ist einfach zu groß, wenn man die Zwischenstufe, Strategisches Controlling, überspringen will.

Controlling-Systeme haben wir zuerst in der Natur kennengelernt. Es sind Regelkreissysteme, die lebenswichtige Zustände durch Rückkoppelung zwischen Soll- und Ist-Werten und entsprechende Gegensteuerungen stabil halten. Am meisten bekannt ist in der Technik der Thermostat, ein Temperaturregler, der Heizungssysteme so einsetzt, daß die Raumtemperatur konstant bleibt. In Unternehmen unterscheiden wir das Operative Controlling (Gewinnsteuerung), das sich mit der Steuerung von Zahlen beschäftigt, und Strategisches Controlling (Existenzsicherung), das *vor* die Zahlen greift und die Einflußfaktoren steuert, die sich später in Zahlen als Auswirkungen niederschlagen und messen lassen.

1. Controlling heißt Steuerung von Wertschöpfungsprozessen

Dort, wo man Operatives und Strategisches Controlling praktiziert, versteht man das Controlling als ein Führungssystem (E. Mayer) zur Steuerung der Wertschöpfung. Man unterscheidet dabei zwei Ebenen (Abbildung 1), eine materielle oder operative (in Zahlen meßbare) Ebene und eine immaterielle oder strategische (in qualitativen Faktoren meßbare) Ebene.

Aus dem Begriff Wert-Schöpfung zeigt sich bereits in unserem Sprachgebrauch die unterschiedliche Bedeutung der beiden Ebenen: Im operativen Bereich heißt „Wert" Gewinn, Erfolg in DM-Überschuß und „Schöpfung" Abschöpfen, Absahnen, Realisieren. Auf der strategischen Ebene bedeutet „Wert" Nützlichkeit, Güte, Gehalt, Wichtigkeit; Nutzen für die Zielgruppe und „Schöpfung" Entstehung, Entwicklung, Erfindung, Intuition; Kreation von etwas Neuem.

Zwischen der operativen und der strategischen Ebene besteht ein direkter Zusammenhang: Operativ kann man nur abschöpfen, was man vorher strategisch geschaffen hat. Je größer der Nutzen ist, den ein Unternehmen für eine Zielgruppe im Vergleich zum Wettbewerb bietet (Mewes), desto höher ist die Lebensfähigkeit und später der Gewinn, der daraus gezogen werden kann. Unternehmen müssen Werte schaffen, bevor sie Gewinne realisieren. Wenn man zuviel abschöpft, ohne Neues zu schaffen, verschlechtert sich die Lebensfähigkeit. Aus dieser Betrachtung in zwei Ebenen wird deutlich, warum viele

Unternehmen mit ehemals guter Marktposition oft noch viele Jahre abschöpfen können, ohne Neues zu schaffen, bevor man in den Ergebnissen erkennt, daß das Strategische Potential nicht mehr da ist.

Abb. 1: Wertschöpfung findet auf zwei Ebenen statt

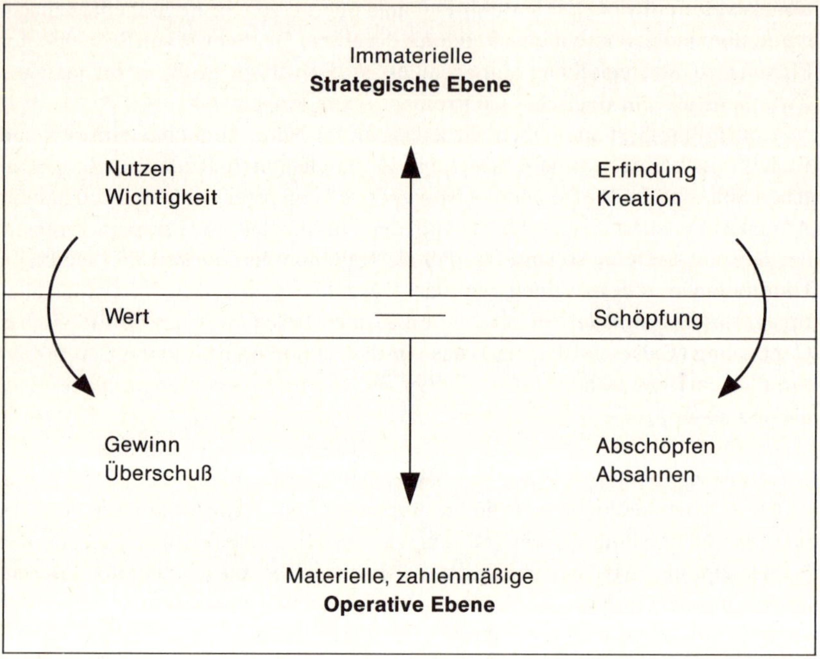

Controlling-Systeme bestehen auf beiden Ebenen jeweils aus vier Bausteinen:
- Zielsetzung und Planung
- Berichtswesen als Plan-Ist-Vergleich
- Kontrolle und Analyse von Abweichungen
- Einleitung von Gegensteuerungen

Nur dort, wo alle vier Ebenen funktionieren, sprechen wir von einem Controlling-System. Durch die Rückkoppelung zwischen den vier Bausteinen funktioniert es mit einer gewissen Zwangsläufigkeit und sichert damit den gewünschten Effekt.

Sowohl bei der Einführung von Operativen Planungen als auch bei Strategischen Planungen haben Unternehmen diesen Effekt festgestellt. Planungssysteme alleine können noch so gut sein, wenn das Regelkreissystem nicht funktioniert, versagen sie in dem Moment, in dem man sie braucht:

In der Krise.

Controlling unterscheidet sich von Kontrolle durch die Richtung, in die man denkt: Kontrolle geht in die Vergangenheit, Controlling in die Zukunft. Vergangenheitsinformationen sind für das Controlling nur dann wichtig, wenn sie helfen, die Zukunft besser zu bewältigen.

Im Gegensatz zum Rechnungswesen arbeitet das Controlling nicht nach den Prinzipien der formalen Kontinuität, Vorschrifteneinhaltung und Vollständigkeit, sondern engpaßorientiert. Controlling richtet die Kraft des Unternehmens auf den jeweils dominierenden Engpaß, damit dieser behoben wird und der Unternehmung die weitere Entwicklung in die Zukunft frei macht.

Richtig verstandenes Controlling ist feed-forward-orientiert statt feed-back-orientiert. Feed-back-orientierte Führung wartet, bis Störungen eingetreten sind, um sie dann zu korrigieren, das heißt in der Zukunft wieder zu kompensieren. Eine negative Plan-Ist-Abweichung im Mai z.B. führt dazu, daß man versucht, in den Folgemonaten Juni bis Dezember durch Mehrleistung diese Abweichung zu kompensieren und damit das Ergebnis trotzdem zu erreichen. Feed-forward-Führung hat zum Ziel, Abweichungen bereits zu erkennen, bevor sie sich „Materialisieren“, d. h. in Zahlen niederschlagen. Dazu hilft Strategisches Controlling.

2. Strategisches Controlling steuert die Lebensfähigkeit von Unternehmen

Im Evolutionsprozeß der Unternehmensführung können wir heute sieben Stufen erkennen:

- Buchhaltung
- Kostenrechnung
- Operative Planung
- Operatives Controlling
- Strategische Planung
- Strategisches Controlling
- Strategisches Management

Wenn man diese Entwicklungsstufen analysiert, stellt man fest:

- Anfangs waren sie ausschließlich Wert-orientiert, während in den letzten Jahrzehnten andere Zielkomponenten und Faktoren zunehmend an Bedeutung gewonnen haben,
- der Entwicklungsprozeß ist von Stufe zu Stufe schneller gegangen, die erste Stufe hat fast 450 Jahre gehalten, die zweite 30, die dritte 10, die vierte 5...
- wenn man eine höhere Stufe erreicht, kann man die anderen nicht weglassen, sondern man braucht diese noch dazu. Es ist ein Weg ohne Rückkehr.
- Wie bei einer Treppe kann man auch einmal eine Stufe überspringen. Aber die Gefahr, daß man dabei stolpert, wird größer.

Mit der Entwicklung der Steuerungssysteme haben sich auch die Steuerungsobjekte verändert. Die Buchhaltung hat sich mit der Substanz im Unternehmen und ihrer Veränderung beschäftigt. Mit Beginn der Operativen Planung mußte man auf die „Vorsteuergröße„ (Gölweiler) zurückgreifen, den Gewinn. Auf die Größe, die zu einem späteren Zeitpunkt Substanz verändert. Mit Beginn der Strategischen Planung war der Gewinn nicht mehr das Ziel. Gewinne sind nicht Ursache, sondern Ergebnisse aus richtigem strategischem Verhalten. Die Vorsteuergröße des Gewinns ist das „Erfolgspotential", die Gewinnchance der Zukunft. Erfolgspotentiale stecken nur in Menschen, die in einem Unternehmen sind. Beim Strategischen Management brauchen wir die Vorsteuergröße des Erfolgspotentials. Es ist das „Vorstellungsvermögen" des Managements, die Kraft und die Fähigkeit, zukünftige Potentiale zu erkennen, aufzubauen und zu nutzen.

Der Entwicklungsprozeß war nicht möglich, ohne daß auch das Führungsverhalten Wandlungen mitgemacht hat. In der Phase der Buchhaltungs-Steuerung war der autoritäre Führungsstil das bewährte Instrument. In jedem Unternehmen war einer da, der alles besser wußte und immer recht hatte. Mit der Einführung von Planungssystemen begann die Phase der Zielvorgaben, Führungskräfte erhielten Zuständigkeit, Verantwortung und Kompetenz für Teilziele innerhalb des Gesamtzieles. Mit der Strategischen Planung reichen Zielvorgaben nicht mehr aus. Zielvorgaben beinhalten nur das Vorstellungsvermögen des Vorgesetzten. Durch Zielvereinbarungen wurde darüber hinaus auch das Vorstellungsvermögen des Mitarbeiters aktiviert und damit eine neue Kraftquelle erschlossen. Außerdem war damit eine Durchsetzungsgarantie erreicht. Strategisches Controlling braucht mehr:

– Den offenen Führungsstil. –

Dann ist über die Zielvereinbarung hinaus gewährleistet, daß die persönlichen Potentiale der Mitarbeiter für das Unternehmensziel zum Wirken kommen. Alle sind Teil eines Frühwarnsystems, das rechtzeitig notwendige Anpassungen an Umweltveränderungen signalisiert. Flexibilität, Offenheit für Kritik- und Änderungsnotwendigkeiten, die Fähigkeit, Abweichungen als willkommene Signale für einen Lernprozeß zu sehen und anpassungsfähige Anlagen und Organisationsformen erhöhen die Lebensfähigkeit des Unternehmens in einer sich schneller wandelnden Umwelt.

3. Die Methoden stehen uns schon zur Verfügung

Strategisches Controlling ist heute für ein Unternehmen keine Pionierleistung mehr. Die Instrumente sind entwickelt und erprobt, Erfahrungen über ihre Chancen und die damit verbundenen Gefahren liegen vor. Ein Hindernis ist nur die Vielfalt der heute empfohlenen Methoden und die Verwissenschaftlichung ihrer Anwendbarkeit.

Für Strategisches Controlling gibt es heute fünf wesentliche Werkzeuge:

– die Potentialanalyse, die die Gewinnchancen der Zukunft aufzeigt,

- die Ermittlung des Strategischen Engpasses, die zeigt, was am stärksten der Nutzung der Potentiale im Wege steht,
- die Erarbeitung eines quantitativen und qualitativen Zieles (Leitbild) im Konsens der Führungskräfte,
- die Klärung der Frage, welche Probleme für welche Zielgruppen nachhaltig besser gelöst werden als durch den Wettbewerb und
- das Führungssystem, das diese Strategiekompetenz umsetzbar, kontrollierbar und steuerbar macht.

Wenn man diese bewährten Instrumente einsetzt, erhält man ein Strategiekonzept, das zeigt, wo und wie ein Unternehmen im Wettbewerb und dem gesellschaftlichen Umfeldsystem lebensfähig ist. Das Strategiekonzept darf dabei kein dickes Buch sein. Ein Papier von 15–20 Seiten muß die wesentlichen Punkte der zukünftigen Unternehmensausrichtung festhalten, die Strategien formulieren und als Grundlage für eine spätere Kontrolle und den damit verbundenen Lernprozeß funktionieren. Die Kontrolle geschieht durch den Strategischen Plan-Ist-Vergleich, der in monatlichen Check-up-Sitzungen abgeprüft wird, damit bei wesentlichen Veränderungen rechtzeitig rote Warnlampen angehen. Das Konzept wird überprüft

- sporadisch, wenn sich gefährliche Abweichungen zeigen und
- periodisch einmal im Jahr, um die Gültigkeit für die Zukunft abzuprüfen.

Strategisches Controlling in diesem Sinne ist keine Aufgabe einer einzigen Stelle, sondern ein Führungskonzept für ein Unternehmen. Es muß jedoch eine Stelle geben, die Informationssammelstelle ist für die strategisch relevanten Informationen. Diese Stelle – meistens ist es der Controller – ist Leiter der monatlichen Check-up-Sitzungen und Initiator für die Strategieüberprüfungen.

4. Die Vorgehensweise prägt den Erfolg

In der Praxis werden drei Wege beschritten, um Strategiekonzepte zu erstellen und ein Strategisches Controlling damit durchzuführen:

- Der externe Strategieberater
- die strategische Stabsstelle im Hause und
- das Managementteam in moderierter Klausursitzung.

Der Strategieberater, der Unternehmen hilft, inhaltlich ein hochqualifiziertes Strategiekonzept zu entwickeln, hat sich bewährt. Er hat meistens internationale Erfahrung aus einer Vielzahl von Branchen und auch von Wettbewerben. Er kann die Informationen intern und extern abprüfen und damit die Gültigkeit feststellen. Meistens ist er auch teuer genug, daß seine Vorschläge ernst genommen werden. Er hat jedoch oft den Nachteil, daß er seine Konzepte empfiehlt, d.h. das, was er sich vorstellen kann, und nicht das, was aus der Vorstellungskraft der Führungskultur und dem Erfahrungspotential des internen Managements entsteht.

Die interne Stabsstelle „Strategische Planung“ hat den Vorteil, daß sie immer da ist und den Prozeß und das laufende Geschäft mit begleiten kann. Meistens sitzt sie auf der Vorstandsetage, in der Nähe vom Treppenhaus oder dem Fahrstuhl, damit jeder Besucher gleich sieht, daß im Unternehmen strategisch gearbeitet wird. Ihre Nachteile sind die mangelnde Frontnähe und die Möglichkeit, strategisches Denken je nach Situation und Belieben ein- und auszuschalten.

Immer mehr kommen die Unternehmen zur dritten Variante: Zur Strategieentwicklung im eigenen Managementteam, wobei sie sich eines externen Moderators bedienen. Das interne Managementteam garantiert die Frontnähe, die Nutzung sämtlicher Informationen, Erfahrungen und Intuitionen der Führungskräfte und garantiert die spätere Durchsetzung. Der Moderator ist dabei nur kurzzeitig im Unternehmen, er stellt die Methoden zur Verfügung, steuert den Prozeß zum garantierten Ende und sorgt, daß die gewohnten „Denktrampelpfade“ in der Klausur verlassen werden. Die notwendige Aufarbeitung von Tabuproblemen ist durch ihn besser gewährleistet als durch eine interne Stelle, die am nächsten Tag wieder mit den Kollegen im Tagesgeschäft zusammenarbeiten muß.

Die Strategieklausuren funktionieren nur, wenn sie außer Haus stattfinden und mindestens 1½ Tage mit Übernachtung dauern. Die externe Veranstaltung sichert die Abschirmung von den üblichen Störungen des Tagesgeschäftes. Die Übernachtung mobilisiert die unterbewußten Kräfte der Strategieteilnehmer, weil man ohne Unterbrechung durch die beruhigende Ablenkung der eigenen Familie Tag und Nacht zusammenarbeitet.

Normalerweise genügen drei Strategieklausuren, wenn sie durch Vorgespräche vorbereitet werden, die erste Klausur der Analyse, die zweite der Alternativenprüfung und die dritte Klausur der Konzeption dient. Auch wenn dann nicht alle Fragen bis ins letzte Detail geklärt sind, ist der Gesamtüberblick sichergestellt, die Vernetzung der einzelnen Probleme (Vester) ermöglicht und somit eine gesamtheitliche Konzeption erreicht. Diese zeigt dann auch deutlich die Interdependenzen und vermeidet, daß man mit einfacher Ursache-Wirkungs-Beziehungen die Nebenwirkungen auf andere Bereiche vernachlässigt.

Das Strategieteam sollte aus drei Typen von Personen bestehen: Denkern, Machern und Fühlern. Es sollte 8–12 Leute umfassen, wobei die erste Ebene komplett vertreten sein muß, von der zweiten und dritten Führungsebene gehören mindestens soviel Teilnehmer in das Strategieteam, wie von der ersten Ebene da sind. Damit wird eine andere Form der Gruppendynamik erreicht, als sie in den üblichen und gewohnten Vorstandssitzungen gegeben ist.

Der Moderator sorgt, daß alle regelmäßig zu Wort kommen und daß Meinungen von Einzelpersönlichkeiten nicht zu stark dominieren.

5. Strategisches Controlling bringt sofort Nutzen

Wenn heute Unternehmen prüfen, ob sie Strategieplanungen einführen wollen, gibt es meistens eine Vielzahl von Bedenken:

- Strategien sind Langfristkonzepte und deshalb auch erst langfristig wirksam
- die Entwicklung von Strategien benötigt viel Zeit
- man braucht Spezialisten und/oder eigene Stabsstellen
- neue Strategien verursachen zusätzliche Kosten, für die in schwierigen Situationen die Mittel fehlen
- der Erfolg ist schwer zu kontrollieren, weil es sich nur um qualitative Aussagen handelt.

Mit Strategischem Controlling gehören diese Argumente der Vergangenheit an. Die Methoden und Instrumente sind ohne Schwierigkeiten anwendbar. Das gilt sowohl für alle Branchen als auch für alle Unternehmensgrößen, auch für Klein- und Mittelbetriebe. Sie sind sehr einfach, die Führungskräfte können sie sofort verstehen und mit ihnen arbeiten, ohne daß lange Schulungen notwendig sind. Heute macht man keine Strategische Planung mehr, die nur ein Langfristigkonzept beinhaltet. Jedes seriös erarbeitetes Konzept hat nicht nur eine mittelfristige Zielsetzung, Potentiale und Strategien, sondern es zeigt auch die ersten Schritte, die bereits nach Ablauf des ersten Monats ihre Wirkungen bringen müssen.

Strategie-Planung muß nicht nur sagen, was man in Zukunft will, sondern auch das, was man in Zukunft nicht (mehr) will. Das bedeutet, daß man erkennen muß, was man weglassen kann, ohne daß es den zukünftigen Potentialen schadet. Jedes Unternehmen hat eine Menge „liebgewordener Eigenarten“, für die man Kraft und Geld aufwendet, ohne daß sie am Markt kriegsentscheidend sind. Ausschlaggebend sind nur die Schlüsselfaktoren des Marktes, d. h. die Faktoren, die einen vom Kunden akzeptierten Wettbewerbsvorteil darstellen. Ein Unternehmen, das seine liebgewonnenen Eigenarten erkennt und ein Konsens darüber erreicht, kann diese sofort weglassen. Das bedeutet unmittelbare Vorteile in der eingesetzten Kraft und damit Kosten- und Ausgabeneinsparungen. Damit werden Mittel freigesetzt, um zukunftsorientierte Strategien in Angriff nehmen zu können.

Strategisches Controlling in seiner Verzahnung mit dem Operativen Controlling führt deshalb bei konsequenter Nutzung zu einem Ergebnis, das sich wie ein Wiederspruch in sich selbst anhört: Zu Strategischen Sofortmaßnahmen. Damit wird das Vorurteil, daß Strategien erst Geld kosten, bevor sie Vorteile bringen, ad absurdum geführt.

Ansätze zu strategischen Sofortmaßnahmen gibt es nicht nur bei der Potentialanalyse, sondern in allen fünf Stufen des Strategieprozesses. Sie sind aber nur erreichbar, wenn es nicht bei der Strategischen Planung bleibt. Strategisches Controlling sichert die Operative Umsetzung, die Kontrollier- und Steuerbarkeit.

Weil jede Reise mit dem ersten Schritt beginnt, gehört zu dem Strategischen Controllingsystem ein Pflichtenheft mit Maßnahmen und Projekten, ein Sofortmaßnahmeprogramm für jeweils die nächsten vier Wochen und ein Strategischer Plan-Ist-Vergleich. Monatliche Kurzbesprechungen überprüfen Arbeitsfortschritt, Kostenentwicklung und Erfolg der Maßnahmen sowie die wichtigsten Signale für den zukünftigen Erfolg bzw. für Gefahren des Strategiekonzepts. Im jährlichen Rhythmus wird das Konzept insgesamt überprüft.

Am deutlichsten wird der Zusammenhang zwischen dem Operativen und dem Strategischen Regelkreis deutlich, wenn man sich eine Gewinn- und Verlustrechnung anschaut. Wir kennen die G u. V als Aufzeichnung und Gegenüberstellung der Erträge und Aufwendungen. Auf der linken Seite stehen die Aufwendungen und – wenn ein positiver Überschuß da ist – der Gewinn. Auf der rechten Seite stehen die Erträge, die Umsatzerlöse und – wenn der Saldo nicht positiv ist – der Verlust. Wir haben uns angewöhnt, diese Zahlen zu betrachten, zu analysieren, Schlüsse daraus zu ziehen und Konsequenzen für das nächste Jahr. Aber wir betrachten die Zahlen nur als Zahlen und vergessen meistens, was hinter den Zahlen steckt.

Wenn man sich die Erträge näher betrachtet, dann entstehen diese durch verkaufte Leistungen und Güter, die ein Unternehmen produziert und die andere, die Kunden, benötigen. Je besser ein Unternehmen in der Lage ist, diese Leistungen zu erstellen und sie besser zu machen als der Wettbewerb, desto höher ist der Ertrag. (Austauschbare Produkte führen zu einer Umsatzrendite von 0, es entscheidet dann nur noch der relative Kostenvorteil). Vereinfacht kann man sagen, daß auf der rechten Seite der G u. V ein Betrag steht, der den

– bezahlten Fähigkeiten –

eines Unternehmens entspricht.

Dem gegenüber stehen auf der linken Seite die Aufwendungen, Waren- und Dienstleistungen, die ein Unternehmen von anderen braucht und kauft. Diese Waren und Dienstleistungen sind notwendig, um die eigenen Fähigkeiten im Unternehmen in verkaufbare Leistungen umzuwandeln. Man kann sagen, daß auf der linken Seite unserer G u. V

– bezahlte Unfähigkeiten –

stehen (Abbildung 2).

So gesehen ist die altbekannte Gewinn- und Verlustrechnung bereits ein Einstieg ins Strategische Denken. Sie zeigt – in Zahlen ausgedrückt – den Wert der eigenen Unfähigkeiten (wo ein Unternehmen auf andere angewiesen ist) im Vergleich zu den eigenen Fähigkeiten (wo andere das Unternehmen brauchen). Gewinne entstehen dann, wenn ein Unternehmen wenig Unfähigkeiten bezahlen muß, um die eigenen Fähigkeiten zum Wirken zu bringen. Das heißt, die Kräfte auf die eigenen Stärken zu konzentrieren und sie nicht verzetteln oder auf Randgebiete der Fähigkeiten ausdehnen, wo mehr Kraft und Fremdunterstützung notwendig ist, um eine gute Leistung zu erbringen.

Abb. 2: In der GUV sieht man die Zahlen, aber auch hinter die Zahlen

Aufwendungen	**Erträge**
Bezahlte Unfähigkeiten (Waren und Dienstleistungen, die wir von anderen brauchen)	Bezahlte Fähigkeiten (Waren und Dienstleistungen, die andere von uns brauchen)
Saldo: **Gewinn** oder	**Verlust**

Eine schlechte Gewinn- und Verlustrechnung kann man verbessern, wenn man an den Zahlen dreht, Kosten reduziert und Erträge erhöht. Die Einflußnahme ist wirkungsvoller, wenn man hinter die Zahlen greift und ihre Wirkfaktoren beeinflußt. Strategisches und Operatives Denken ist viel enger miteinander verzahnt, als wir auf den ersten Blick erkennen, Strategisches Controlling hilft, Systeme in ihrem Wirkzusammenhang zu betrachten und Gegensteuerungen an der Stelle anzusetzen, wo das Ergebnis mit dem geringsten Aufwand zu erreichen ist.

2.5. Die Kunst der Prognose

Erhard Ulrich

1. Prognose eine Kunst

Es ist immer wieder verwunderlich, mit welcher Ernsthaftigkeit man auf der einen Seite Aussagen über zukünftige Entwicklungen der Technik fordert und auf der anderen Seite der Prognostiker Erwartungen weckt, daß er derartigen Anforderungen auch nachkommen kann.

Popper vermerkt in etwas anderem Zusammenhang, aber durchaus übertragbar: „Leider aber erwartet das Publikum seit Hegel und noch mehr seit Spengler von einem weisen Mann und besonders von einem Philosophen oder Geschichtsphilosophen, daß er die Zukunft voraussagen kann. Das ist ein großes Unglück, denn die Nachfrage erzeugt nur allzu leicht ein Angebot. So hat denn auch die

Nachfrage nach Propheten ein überreiches Angebot zur Folge gehabt. Man kann wohl sagen, daß heute jeder Intelligenzler, der etwas auf seinen Ruf hält, sich verpflichtet fühlt, es mit der geschichtlichen Wahrsagekunst zu versuchen. ‚Warum soll ich nicht beim Gehn', spricht er, ‚in die Ferne sehn?' Die abgründige Tiefe seiner Einsicht und Fernsicht wird dann gewöhnlich an der Abgründigkeit seines Pessimismus gemessen." Wenn man die Prognostik nicht nur als Kunst auffaßt, Prognosen gegen die Überprüfung zu immunisieren, so ist es einen Versuch wert, vorausgesagte Ereignisse und Entwicklungen in der Technik mit den ablaufenden Entwicklungen und den eingetroffenen Ereignissen zu vergleichen und eine Überprüfung zu ermöglichen.

In den sechziger Jahren gab es einen Boom der Prognoseliteratur und einen Boom an Zukunftsaussagen. Kahn und Wiener versicherten uns „Ihr werdet es erleben", Olaf Helmer beschrieb „50 Jahre Zukunft", die „Kommission für das Jahr 2000" der Amerikanischen Akademie der Künste und Wissenschaften verfaßte den Bericht „Der Weg ins Jahr 2000"; weitere Veröffentlichungen von Prognoseteams lauten „1980 ist morgen" oder „Das 198. Jahrzehnt".

Prinz Philip von England beginnt seine prognostischen Aussagen über „Wir im Jahr 2000" folgendermaßen: „Mit Versuchen, die Zukunft zu prophezeien, muß der Mensch schon begonnen haben, als er merkte, daß er die Gabe der Sprache besitzt. Leider lassen alle Zeugnisse darauf schließen, daß es sich hierbei um eine menschliche Tätigkeit handelt, die durch Übung nicht an Qualität gewonnen hat. Dennoch ist die Verlockung sehr groß, es immer weiter zu probieren, weil durch Voraussehen der Zukunft augenscheinlich soviel erlangt werden kann. In der Tat war die Fähigkeit zum Vorausdenken schon immer ein für den Erfolg, ja sogar für das Überleben wichtiges Moment."

Prognose erscheint um so eher als Kunst, je weniger oder je unverständlicher über die Art und Weise berichtet wird, wie derartige Prognoseaussagen entstehen. Prognose ist eine Kunst, wenn es der Prognostiker versteht, die Prognose so zu formulieren, daß derjenige, der die Zukunft erlebt, sie in der Prognose wiedererkennt. Daher ist auch die Überprüfung vieler Prognosen nicht objektiv möglich, sondern von subjektiven Einschätzungen und persönlichen Erfahrungen abhängig. Das betrifft nicht nur qualitative Prognosen, sondern auch quantitative, denn die Angaben von Quantitäten sind in der Gegenwart häufig deshalb nicht überprüfbar, weil keine entsprechenden Zählungen vorliegen oder auch die Zählgrößen sich im Zeitablauf geändert haben. Im Unterschied zur Wirtschaftsprognose, die fast ausschließlich mit Größen aus der Wirtschaftsstatistik arbeitet, verfügt die Technikprognose über kein eingeführtes oder eingefahrenes Repertoire von Kenngrößen und Indikatoren einer „Technikberichterstattung", z.B. analog zu denen der Industrieberichterstattung des Statistischen Bundesamtes.

2. Wie prognostiziert man richtig?

Überprüfung von Prognosen

Bei der Überprüfung von Prognosen, aber auch als Prognostiker, wird man sich mit der Frage befassen, ob es nicht gewisse Regeln gibt, die beim Aufstellen von Prognoseaussagen zu beachten sind. Hierbei gilt es zu unterscheiden zwischen der Methode, der Art und Weise, wie man zu einer Aussage kommt, und der Regel, sozusagen die „Metamethode", die es zu entwickeln gilt, damit die Aussagen „richtig" sind oder richtig werden.

Wie kommt der Prognostiker zu den „richtigen" (wahren) Aussagen, oder anders gefragt, wie überprüft man, ob die Aussagen „richtig" sind?

Um das festzustellen, muß der Prognosezeitpunkt oder -zeitraum zumindest Gegenwart geworden sein oder sogar schon Vergangenheit, nämlich dann, wenn der festzustellende Zustand nur über umfangreiche Zählungen oder langwierige Analysen erfaßbar ist.

Man wird sich also über die Möglichkeiten Klarheit verschaffen müsen, die bewußt oder unbewußt vom Prognostiker angewandt werden, um

- Prognosen immun gegen eine Kritik zu machen,
- ihre Überprüfbarkeit zu ermöglichen, zu erschweren oder unmöglich zu machen und somit im großen und ganzen
- unverfänglich zu prognostizieren.

Dabei soll die Ironie, mit der man derartige „Regeln des unverfänglichen Prognostizierens" behandeln kann, nicht darüber hinwegtäuschen, daß derartige Hinweise auch eine Bewertung von Prognosen ermöglichen und auch der Aufstellung einer „Härteskala" der Prognoseaussagen dienen kann.

Prognoseregeln

Derartige Prognoseregeln können sein:

1. Prognostiziere in Ausdrücken, die exakt klingen, beim näheren Hinsehen aber nicht fixierbar sind („Der Strukturwandel (?) wird sich beschleunigen (?)." „Automatisierung von *Büroarbeit* (?) und *Dienstleistungen* (?), die zur Verdrängung von 25% der derzeitigen Zahl an Arbeitskräften führt.")

Helmer schreibt hierzu in „50 Jahre Zukunft", Hamburg 1967: „Eine Reihe von Fragen, die den Teilnehmern (einer Delphi-Runde) gestellt wurden, vielleicht sogar der größte Teil, war nicht eindeutig. Wir sehen dies als zum Teil unvermeidlich an, weil inhaltliche Präzision oft nur durch Formulierungen mit juristischer Wortklauberei erreicht werden kann. Die damit verbundene Umständlichkeit hätte aber viele Teilnehmer abgestoßen. Es sollte dennoch eine noch größere Anstrengung unternommen werden, in vernünftiger Weise zu einer unzweideutigen Ausdrucksweise zu gelangen, damit zwei Teilnehmer nicht zu weit auseinanderliegenden Interpretationen der gleichen Fragen kommen."

2. Werden Zahlen prognostiziert, so wähle man Größen, die entweder überhaupt keine Zählgrößen sind oder keine Zählgrößen der Statistik darstellen und auch in Zukunft keine sein werden (zum Beispiel „komplexe Lehrautomaten", „25000 neue Anwendungen" der Mikroelektronik sind zu erwarten (Helmer Mackintosh).

3. Operationalisierungen von Begriffen sind so zu wählen, daß je nach Entwicklungsverlauf verwandte oder naheliegende oder erst entstehende Produkte, Geräte, Dinge oder Materialien einbezogen oder ausgeschlossen werden können (je nach Bedarf werden Lehrautomaten, CAD-Anlagen, Textautomaten, Prozeßrechner, Geräte der mittleren Datentechnik, Schachcomputer oder zukünftig zu erwartende komplizierte Spielautomaten als DV-Anlagen verstanden oder nicht).

4. Sehr exakt klingen auch Prognosen, wenn Zahlen angegeben werden, wobei man jedoch die Bezugsgröße nicht ausreichend präzisiert (zukünftig wird es 2% Fließbandarbeiter geben). Das trifft für alle Zahlenangaben zu, die einer Hilfsgröße bedürfen, um letztlich überhaupt Aussagekraft zu haben. Die Prognose für das Jahr 1973 „Verzehnfachung der Investitionen für Computer für Fertigungssteuerung" erfüllt neben einigen anderen Prognoseregeln auch diese.

5. Der Prognosezeitpunkt oder -zeitraum ist so zu wählen, daß für diesen Zeitpunkt oder Zeitraum keine Vergleichsmöglichkeit mit der dann eingetroffenen Realität möglich ist oder der Prognostiker wegen Wechsel des Arbeitsgebietes oder Pensionierung keinem Rechtfertigungszwang unterliegt.

6. Prognosen mit Tendenzaussagen, in größerer Anzahl gemacht, sind sicherer, auch wenn sie nur zufällig sind (z.B. durch Münzenwurf ermittelt), als Intervallprognosen (Unter Intervallprognosen werden Prognosen verstanden, bei denen ein Intervall einer Meß- oder Zählgröße einer Intervallskala als Prognosewert angegeben wird). Die Wahrscheinlichkeit, 5 Jahre hintereinander eine richtige Tendenzprognose zu treffen, ist größer, als zweimal hintereinander bei einer Intervallprognose richtig auf einer sechsstufigen Skala zu liegen. Ein Prognostiker, der mit Tendenzaussagen arbeitet, hat also neben seiner Fach- und Lagekenntnis zusätzlich den „Zufall" als Verbündeten, der ihn bei Fehlen von Fach- und Lagekenntnis oder entscheidungsbeeinflussender Informationen doch noch in der Hälfte der Fälle als wahren Propheten erscheinen läßt. Er muß nur häufig genug Tendenzprognosen aussprechen, denn je häufiger er es tut, desto enger wird die Allianz mit der „Wahrheit" aufgrund der Wahrscheinlichkeitsgesetze (G. Menges: Wie gut sind Prognosen?)

7. Unverfänglicher als eine Prognose von Intervallen ist die Prognose von Rangzahlen bei Rangfolgen. Da für den Leser meist nur die ersten, zweiten und dritten Ränge eine Rolle spielen, reduzieren sich auch die Wahlmöglichkeiten, und die Treffsicherheit steigt entsprechend, auch wenn man nur den Zufall als Prognostiker spielen läßt.

Energie

Einschätzungen der Entwicklung auf dem Gebiet der Energietechnik sind in ganz besonders starkem Maß verschränkt mit (energie-)wirtschaftlichen und politischen Fragen. Hinzu kommt die enge Verzahnung mit denen der Kernenergie.

Der geschichtliche Ablauf ist gekennzeichnet durch Sprünge und Widersprüche. Das verdeutlicht bereits die Entwicklung des Energieverbrauchs. A. Voss stellte zum Beispiel Energieprognosen von 1955 bis 1979 der tatsächlichen Entwicklung gegenüber. Es geht dann meist weniger um die Beurteilung einzelner Prognosewerte und -verläufe als darum, zu erkennen, daß Prognosen mögliche Korridore eröffnen, die sehr stark streuen können.

Prognostiker fächern die Spannweite der Entwicklungspfade auf. Die Öffnung dieses „Fächers“ wird im Zeitablauf größer. Dies kann keinesfalls als Maß für die mangelnde Lernfähigkeit der Prognostiker aufgefaßt werden. Gerade die Feststellung, daß starke Abweichungen vom Trend möglich sein könnten und auch analytisch durchdacht werden, wäre aber auch ein Hinweis darauf, daß Prognostiker hinzulernen und methodisch fundierter arbeiten können. Was trotz aller Bedenken gegen die Auswahl und die Wiedergabe dieser Energieprognosen auch herauslesbar ist, ist ein Hinweis darauf, daß bis Mitte der sechziger Jahre die Energieprognostiker durchwegs zu niedrig im Vergleich zur Entwicklung des tatsächlichen Energieverbrauchs lagen, während sie in den späteren Jahren, überrascht durch den Einbruch von 1973 bis 1975 oder in optimistischer Grundstimmung, in den Schätzungen auch höher lagen.

Was für die Energie insgesamt gilt, ist für die Kernenergie im besonderen erkennbar. Phasen der neutralen, positiven und kritischen Einstellung zum Kernenergiebedarf sind feststellbar, und vieles an prognostischen Aussagen erscheint uns heute überholt. Die Entwicklung der Kernenergie (z. B. gemessen an der installierten Leistung, erzeugten Energie, Kostenstruktur und Entsorgung) blieb hinter den Erwartungen aus den 50er und 60er Jahren zurück.

Die EG-Kommission schätzt, daß bis 1985 nur etwa die Hälfte, nämlich 70 bis 80 Gigawatt (GW) der erwarteten 160 bis 200 GW installierter Leistung in Kernkraftwerken der Gemeinschaft zur Verfügung stehen werden. Nicht vorhersehbar waren Barrieren gegen die „friedliche Nutzung der Kernenergie“, die Mitte der fünfziger Jahre gefordert und die zum Teil begeistert begrüßt wurde. H.G. Kemmer schreibt 1967 in „Perspektive 1980“ unter dem Thema „Papas Kraftwerk will nicht sterben“: „. . . wird in der Bundesrepublik die Verstromung der Kohle mit öffentlichen Mitteln gefördert und damit die Konkurrenzlage zu ungunsten der Kernkraft beeinflußt.“ Im bereits erwähnten Prognosedigest heißt es, die Kernenergie könne einen „wesentlichen Beitrag zur Dezentralisierung der Industrie, zur Entlastung der Ballungsgebiete dieser Erde leisten“. „Eine neue ‚Völkerwanderung‘ wäre denkbar, und zwar in jene Gebiete, die bislang wegen fehlender Energie und fehlenden Wassers kein geeigneter Lebensraum für Menschen waren." Wegen der geringen Kosten seien „Kernkraftwerke an jedem Ort der Welt gleich wirtschaftlich zu betreiben". 1970, also schon Jahre vor der wirtschaftlichen Krise 1973/74 und der abrupten Energieverknappung und -verteuerung wurde festgestellt, daß die Kernenergie genau zu dem Zeitpunkt die Schwelle der Wirtschaftlichkeit erreichte, „als sich eine verhängnisvolle Energieknappheit und -verteuerung abzuzeichnen begann". „Der technische Fortschritt wäre ohne sie (die Kernenergie) mit Sicherheit verzögert worden; die Verunreinigung der Luft, verursacht durch die Emissionen von Schwefeldioxyd und Kohlenmonoxyd, den Rückständen der Verbrennung fossiler Brennstoffe, hätte in den achtziger Jahren zumindest in den Ballungsgebieten lebensbedrohliche Ausmaße angenommen."

Fachleute erwarteten die Anwendung von Kernwärme in der Stahlindustrie der Bundesrepublik bereits im Jahre 1975 oder bei chemischen Prozessen. Dies trifft ebenso nicht zu, wie die für 1980 erwarteten kommerziellen Schnellen Brüter, viel weniger noch „Kernkraftwerke im Stadtzentrum", um bei erwarteten geringen Stromerzeugungskosten auch die Verteilungskosten kleinzuhalten.

Die heute in der Diskussion um alternative Energien wieder aktuellen Direktumwandlungsverfahren (Magnetohydrodynamische Generatoren (MHD), Brennstoffzellen, Anwendungen des Peltiereffektes, der Photozellen und der Thermoelektrizität) wurden entwickelt und mit hohem Aufwand auch vorangetrieben, bevor man in der Öffentlichkeit „alternativ" dachte. Für 1980 wurden große MHD-Generatoren (für stationären Betrieb und mit fossilen Brennstoffen betrieben) angekündigt. Bisher sind die Erfolge dieser Verfahren nicht oder nicht im prognostizierten Umfang eingetroffen. Brennstoffzellen dürften keineswegs, wie allerdings erst für 1990 angekündigt, die Energieversorgung ganzer Wohnblocks übernehmen. Die für Mitte der siebziger Jahre erwarteten Brennstoffzellen im Leistungsbereich einiger Kilowatt müßten somit jetzt „bereits für jedermann auf dem Markt zu erwerben sein". Ebenfalls ab 1980 sollten Fahrzeuge mit Brennstoffzellen (Elektromobile, Gabelstapler, Elektrokarren und Kommunalfahrzeuge) auf dem Markt angeboten werden.

Bei der Durcharbeitung älterer Prognoseliteratur fällt immer wieder auf, wie zeitig und zum Teil auch wie stetig in der Fachwelt Probleme behandelt werden, die einem Nichtfachmann auf Grund der breiten Diskussion in den Medien erst von Fall zu Fall und dann schubartig auftauchend erscheinen. Diskussionen, und was viel wichtiger erscheint, technische Maßnahmen und Forschungs- sowie Entwicklungsaktivitäten auf den Gebieten der Energieeinsparung, Recycling, alternative Energien, angepaßte Energiekonzepte für Entwicklungsländer usw. haben einen beträchtlichen Vorlauf, bevor sie – meist aus einem aktuellen Anlaß – in den Medien aufgegriffen werden.

Der eingangs erwähnte hochadlige Prognostiker und Zeitgenosse Prinz Philip meint hierzu 1980:

„. . . scheint sich die allgemeine Aufmerksamkeit immer wieder auf irgendeine völlig neuartige und unerwartete Erwägung zu konzentrieren, was naturgemäß dazu beiträgt, daß hinsichtlich früherer Vorhersagen Konfusion entsteht. Vor einigen Jahren rief die Problematik Hunger, Unterernährung und Weltbevölkerung die Freedom from Hunger Campaign hervor. Darauf folgte ein plötzliches Engagement für Natur- und Umweltschutz, und unlängst erst verlagerte sich das Interesse auf Fragen der Energieversorgung und alternative Energiequellen. Jede dieser Bewegungen hat die Einstellungen der Öffentlichkeit recht markant beeinflußt. Wer weiß, was als nächstes die Aufmerksamkeit der Allgemeinheit erregen wird? Vielleicht die Probleme im Zusammenhang mit Veränderungen des Weltklimas? Vielleicht ein neuerwachtes Interesse an religiösen Dingen? Was es auch ist, es wird garantiert zur Folge haben, daß Vorhersagen, die auf aktuellen Einstellungen beruhen, sich als weniger zutreffend, wenn nicht gar als völlig falsch erweisen werden.“

2.6. Kreativitätstechniken

Horst Geschka

Bei der Planung und Realisierung von Innovationen stößt man auf viele Aufgaben, die kreative Lösungen erfordern: Abgrenzen von Suchfeldern, Erkennen von Kundenproblemen, Suche nach Produktideen, Erarbeitung eines Produktkonzepts, Lösung technischer Einzelprobleme, Umstellung von Fertigungseinrichtungen, Entwicklung neuer Verfahrensschritte, Verpackungsgestaltung, Aufbau eines Vertriebswegs, Entwerfen einer Marketingkonzeption für die Markteinführung.

Bei systematischem Vorgehen werden alle diese Aufgaben nacheinander bearbeitet. Dabei legt man sich in jeder Stufe nicht sofort auf eine Idee beziehungsweise Lösungsrichtung fest, sondern generiert immer eine Vielzahl an Ideen. Diese Ideen werden in einem Stufenprozeß bewertet und reduziert. Die schließlich ausgewählte Idee bildet den Ausgangspunkt für den nächsten Bearbeitungsschritt. Die Ideenfindung kann in jeder Stufe des Innovationsprozesses durch Kreativitätstechniken unterstützt werden (vgl. Abb. 1).

Abb. 1: Ideengenerierung im Prozeß der Produktplanung und -entwicklung

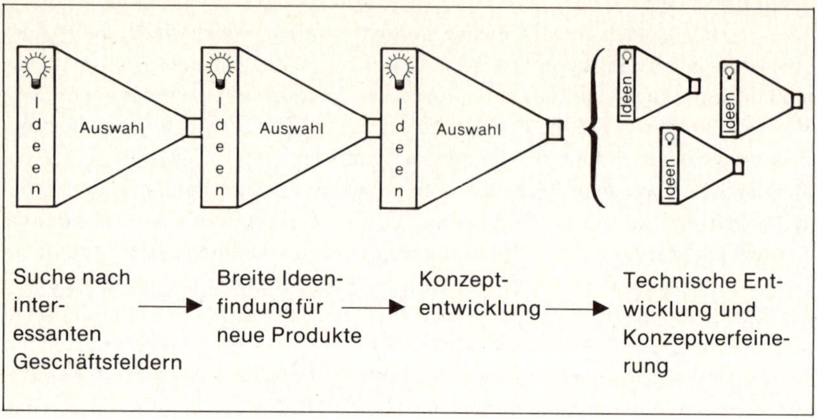

1. Grundlagen der Kreativitätstechniken

Unter Kreativität kann man die Fähigkeit verstehen, Wissens- und Erfahrungselemente aus verschiedenen Bereichen unter Überwindung verfestigter Strukturen und Denkmuster zu neuen Ideen (Problemlösungsansätzen) zu verschmelzen. Demnach sind originelle Ideen insbesondere solche, die Prinzipien oder Erfahrungen aus Bereichen nutzen, die vom bearbeiteten Problemfeld weit entfernt liegen. Man hat erkannt, daß kreative Menschen – offenbar unbewußt – bestimmte Prinzipien anwenden, um zu neuen Ideen zu kommen. Diese sogenannten heuristischen Prinzipien, wie etwa assoziieren, abstrahieren, Strukturen aus anderen Bereichen übertragen, kombinieren, variieren et cetera, helfen eine Brücke vom Problem zu problemfremden Wissenselementen zu schlagen. Die heuristischen Prinzipien überwinden die festgefügten Denkstrukturen.

In den Kreativitätstechniken kommen diese heuristischen Prinzipien in formalisierter Form zur Anwendung. Einige heuristische Prinzipien (assoziieren, Strukturen übertragen) fördern das intuitive Hervorbringen von Ideen, während andere (variieren, kombinieren, abstrahieren) eher in systematisch-analytischer Weise zu neuen Ansätzen hinführen.

Die zweite Grundlage der meisten Kreativitätstechniken ist die Gruppe. Mehrere Personen bringen mehr Wissen und Erfahrungen in den Ideengenerierungsprozeß ein als ein einzelner. Es muß allerdings sichergestellt sein, daß dieses Wissen auch zwischen den Gruppenmitgliedern ausgetauscht wird, also Kommunikation in offener Form stattfindet. Dies ist nur in einer relativ kleinen Gruppe möglich. Außerdem spricht gegen die größere Gruppe, daß der Wissenszuwachs mit zunehmender Größe abnimmt. Diese Überlegungen wurden durch viele Experimente und Erfahrungen bestätigt, wonach die optimale Gruppengröße für kreative Problembearbeitung bei 5 bis 7 Teilnehmern liegt.

Eine Klassifizierung der Kreativitätstechniken kann nach zwei Aspekten vorgenommen werden:

- Das Ideenfinden kann entweder durch Förderung der Intuition (Methoden der intuitiven Ideenfindung) oder durch systematisches Vorgehen (Methoden der systematisch-analytischen Ideenfindung) unterstützt werden.
- Die Ideen werden entweder durch Abwandlung vorliegender Lösungsansätze (eine Idee entwickelt sich aus der anderen – insbesondere in Form von Assoziationsketten) oder aus der Konfrontation mit problemfremden Wahrnehmungen generiert.

Stellt man diese beiden wesentlichen Einflußfaktoren in einer Matrix einander gegenüber, so entstehen vier Methodengruppen, in die sich alle bekannten Kreativitätstechniken einordnen lassen. (Vgl. Abb. 2)

Im folgenden werden, dieser Klassifizierung folgend, die Kreativitätstechniken vorgestellt, die sich bei der Innovationsplanung in der deutschen Industrie bewährt haben.

2. Methoden der intuitiven Assoziation

Ziel dieser Methoden ist es, die Intuition in der Gruppe zu verstärken und die Teilnehmer anzuregen, die Ideen der anderen aufzugreifen und assoziativ weiterzuentwickeln. Das kann sowohl verbal (Brainstorming-Methoden) als auch schriftlich (Brainwriting-Methoden) erfolgen.

Brainstorming, die bekannteste und am häufigsten angewendete Methode, zielt darauf hin, die negativen Erscheinungen von Konferenzen wie destruktive Kritik, Rivalität der Teilnehmer, Verzettelung in Nebensächlichkeiten und so weiter, zu überwinden.

Die vier Grundregeln des Brainstorming lauten:

- Freies und ungehemmtes Aussprechen von Gedanken; auch zunächst sinnlos erscheinende und phantastische Ideen sind willkommen, da sie die anderen Teilnehmer zu durchaus verwertbaren Ideen inspirieren können.
- Die Ideen der anderen Teilnehmer sind aufzugreifen und weiterzuentwickeln (Assoziationsbildung). Voraussetzung: Zuhören und innerlich offen sein.
- Jegliche Bewertung und Kritik während der Sitzung sind zu unterlassen: Keine „Killerphrasen“ wie „Das gibt's schon!“, „Das können wir doch nicht!“.
- Es sollen möglichst viele Ideen generiert werden; wenn viele Ideen vorliegen, steigt auch die Chance, daß darunter gute Ideen sind.

Obwohl Brainstorming oft als unproblematische und einfache Methode dargestellt wird, verlangt sie einen erfahrenen Moderator und disziplinierte Teilnehmer. Das Unterdrücken von Kritik – im Sinne von Richtigstellungen und

Abb. 2: Klassifizierung der Kreativitätstechniken

Vorgehensprinzip zur Kreativitätsförderung	Ideenauslösendes Prinzip	
	Assoziation/Abwandlung	Konfrontation
Verstärkung der Intuition	**Methoden der intuitiven Assoziation** Brainstorming-Methoden • Klassisches Brainstorming* • Schwachstellen-Brainstorming* • Parallel-Brainstorming Brainwriting-Methoden • Methode 635* • Ringtauschtechnik* • Brainwriting-Pool • Kartenumlauftechnik* • Galerie-.Methode • Ideen-Delphi • Ideen-Notizbuch-Austausch*	**Methoden der intuitiven Konfrontation** • Reizwortanalyse* • Exkursionssynetik • Bildmappen-Brainwriting* • Visuelle Konfrontation in der Gruppe* • Semantische Intuition
Systematisch-analytisches Vorgehen	**Methoden der systematischen Abwandlung** • Morphologisches Tableau* • Sequentielle Morphologie • Modifizierende Morphologie (Attribute Listing) • Progressive Abstraktion	**Methoden der systematischen Konfrontation** • Morphologische Matrix* • TILMAG • Systematische Reizobjektermittlung

* = werden in diesem Aufsatz besprochen

Hinweisen auf Erfahrungen – kann dabei durchaus als frustrierend empfunden werden. Brainstorming eignet sich besonders für Probleme, bei denen viele Lösungen möglich sind (Suchprobleme).

Das *Schwachstellen-Brainstorming* macht sich die weit verbreitete Kritikfreudigkeit zunutze. Man geht in zwei Stufen vor, die beide als Brainstorming durchgeführt werden:

– Auflisten aller Schwachstellen zu einem vorgelegten Konzept oder Produkt;

– Erarbeiten von Verbesserungsvorschlägen für die Schwachstellen, die sich als Schwerpunkte herauskristallisiert haben.

Die *Brainwriting-Methoden* basieren, ebenso wie Brainstorming, auf dem Prinzip der wechselseitigen Assoziation; die mündliche Kommunikation wird jedoch durch die Weitergabe des Niedergeschriebenen ersetzt. Die Brainwriting-Methoden wurden in Europa entwickelt und haben hier sehr starke Verbreitung gefunden. Sie kommen dem Kommunikationsverhalten des Europäers (im Gegensatz zum offeneren Amerikaner) stärker entgegen als Brainstorming. Brainwriting-Methoden sollte man hauptsächlich bei solchen Suchproblemen einsetzen, die etwas Zeit zum Nachdenken oder Ausgestalten erfordern.

Bei der *Methode 635* schreiben *sechs* Teilnehmer je *drei* Ideen auf einen Vordruck, der *fünf*mal weitergereicht wird. Etwa alle fünf Minuten werden die Blätter ausgetauscht, und der nächste Teilnehmer versucht, assoziativ die bereits niedergeschriebenen Ideen weiterzuentwickeln. In einer 30minütigen Sitzung können theoretisch 108 Ideen entstehen. Die Methode unterbindet das Ausufern von Ideen und eignet sich besonders dann, wenn man einige Grundideen abwandeln und ausgestalten möchte.

Eine Weiterentwicklung der Methode 635 ist die *Ringtauschtechnik*. Hierbei wird das gleichzeitige Weiterreichen der Formulare auch für die Ideenbewertung und Ideenvertiefung angewendet.

Bei der *Kartenumlauftechnik* wird je eine Idee auf eine Karte (Metaplankarte oder EDV-Lochkarte) mit dicken Filzstiften notiert. Die beschriebenen Karten werden von den Teilnehmern links abgelegt – griffbereit für den Nachbarn. Sobald der individuelle Ideenfluß nachläßt oder der Wunsch nach Anregung durch andere Ideen entsteht, geht man den Kartenstoß, der sich rechts gebildet hat, durch und läßt sich dadurch stimulieren. Anregungen und Weiterentwicklungen werden auf neue Karten geschrieben und alle Karten links abgelegt.

Meist kann die Ideenfindungsphase nach 20 bis 25 Minuten beendet werden. Der Vorteil der Kartenumlauftechnik besteht darin, daß anschließend sehr schnell eine Strukturierung und Bewertung der Ideen vorgenommen werden kann. Dazu kann man zum Beispiel die Karten an einem langen Tisch zunächst thematisch bündeln und mit Überschriften versehen. Wenn diese Strukturierung abgeschlossen ist, werden die Karten auf eine Pinwand übertragen. Anschließend kann eine Vorbewertung durch Punktekleben vorgenommen werden.

Bei der *Galerie-Methode* zirkulieren nicht Formulare, sondern die Teilnehmer. Die Ideen werden von den Teilnehmern einzeln jeweils in einer Arbeitsecke auf großformatigen Blättern skizziert und an den Wänden befestigt. Nach 20 bis 30 Minuten wird die Arbeit unterbrochen. Die Teilnehmer betrachten sich jetzt die Skizzen aller Kollegen und lassen sich dadurch zu Weiterentwicklungen anregen.

Die Methode eignet sich besonders für Konstruktions- und Designaufgaben, zu deren Bearbeitung Zeit und Platz zur zeichnerischen Ausgestaltung der Ideen benötigt werden.

Beim *Ideennotizbuch-Austausch* werden Notizbücher an einen Teilnehmerkreis von 8 bis 12 Mitarbeitern ausgeteilt. Sie werden aufgefordert, zu einer vorgegebenen Problemstellung täglich mindestens eine Idee einzutragen. Nach einer Woche werden die Notizbücher ausgetauscht. Auch in die neuen Notizbücher sind täglich Eintragungen vorzunehmen, wobei die bereits vorgefundenen Ideen als Anregungen dienen sollen. Der Austauschrhythmus kann jetzt auf 3 bis 4 Tage verkürzt werden. Nach etwa 4 Wochen läßt man das Verfahren auslaufen. Diese Technik sollte man dann in Erwägung ziehen, wenn die Ideenfindung auf der Beobachtung bestimmter Prozesse, Arbeitsfelder oder Tätigkeiten basiert, die die Teilnehmer täglich erleben. Sie hat sich besonders bewährt, wenn Schwachstellen, Probleme oder unbefriedigte Bedürfnisse für ein Suchfeld oder Verbesserungsvorschläge für eine Produktgruppe zu sammeln sind.

3. Methoden der intuitiven Konfrontation

Die Methoden dieser Gruppe versuchen, Phasen des natürlichen kreativen Prozesses nachzuahmen: Häufig entstehen originelle Ideen nicht aus der bewußten Problembearbeitung, sondern als Reaktion auf die Wahrnehmung völlig problemfremder Ereignisse, Gegenstände, Vorgänge, Gedanken ganz plötzlich – als Eingebung. Dieses Phänomen der intuitiven Konfrontation, des »Geistesblitzes«, ist uns aus Anekdoten über Erfinder und Genies bekannt. So ging der Erfinder des Kugelschreibers in einem Park spazieren. Kinder spielten auf dem feuchten Rasen Ball. Als der Ball über einen Kiesweg rollte und eine nasse Spur hinterließ, erkannte er das Wirkungsprinzip des Kugelschreibers.

Dieses Phänomen der intuitiven Konfrontation wird als Technik eingesetzt, indem man den Problemlösern völlig problemfremde Objekte vorlegt. Die Auseinandersetzung mit diesen Objekten und den ihnen inhärenten Bau- und Wirkungsprinzipien führt zu neuen Lösungsansätzen hin.

Die Methoden der intuitiven Konfrontation sollte man dann einsetzen, wenn durch Brainwriting-Methoden keine neuen Impulse mehr erzielt werden. Sie eignen sich daneben besonders dann, wenn Gestaltungs- oder Konstellationsprobleme zu bearbeiten sind. Das sind Probleme, bei denen unter Beachtung einer Reihe von Randbedingungen komplexe Lösungsansätze zu finden sind. Sie liegen immer dann vor, wenn ein „Konzept" zu entwickeln ist, und sind typisch für Aufgaben der Konstruktion, des Design und des Marketing.

Bei der *Reizwortanalyse* werden nach einem Zufallsprozeß Worte (Gegenstände, Vorgänge oder Lebewesen) generiert. Diese Worte werden dann in der Gruppe nacheinander aufgegriffen. Jeder überlegt zunächst für sich, welche Prinzipien oder Funktionen in diesen Begriffen enthalten sind und ob sich daraus

Lösungsansätze für das vorliegende Problem ableiten lassen. Die Ideenentstehung wird dann in der Gruppe vorgetragen, wodurch andere Teilnehmer wiederum eine zusätzliche Anregung erfahren.

Die *visuelle Konfrontation in der Gruppe* versucht den natürlichen kreativen Prozeß mit den vier Phasen
- intensive Beschäftigung mit dem Problem
- Inkubation (Verfremdung)
- Illumination; intuitive Konfrontation
- Verifikation (Realisierung)

nachzuvollziehen.

Die intensive Beschäftigung mit dem Problem erfolgt durch eine ausführliche Problemdiskussion (Problemklärung), ein Kurz-Brainstorming (zum Abladen bereits vorliegender Ideen) und eine Überprüfung und Neuformulierung der Problemstellung. Zur Verfremdung werden bestimmte Bilder projiziert; gleichzeitig hört man Entspannungsmusik. Für die intuitive Konfrontation werden wiederum Bilder verwendet. Aus Elementen dieser sehr inhaltsreichen Bilder werden Prinzipien erkannt und zur Ideenentwicklung herangezogen.

Die Methode dauert 60 bis 80 Minuten und ist als ausgesprochen leistungsfähig anzusehen. Die Anwendung erfordert allerdings einen geübten Moderator, der das Vorgehen einsichtig erläutern und in die Bildanalyse einführen muß.

Bei der zweiten Variante der visuellen Konfrontation, dem *Bildmappen-Brainwriting,* werden die gleichen Vorgehensschritte durchlaufen. Die Bilder werden jedoch individuell betrachtet und analysiert und die Ideen still auf Karten niedergeschrieben. Die Teilnehmer erhalten unterschiedliche Bildmappen, die sowohl Entspannungs- als auch Ideenanregungsbilder enthalten. Diese Methode vereint die Vorteile der visuellen Konfrontation mit denen der Brainwriting-Methoden (geringe Moderationsanforderungen und gedämpfte gruppendynamische Effekte).

4. Methoden der systematischen Abwandlung

In dieser Methodengruppe werden Lösungen in zwei Stufen erarbeitet: Zunächst entwickelt man systematisch Grundkonzeptionen oder Lösungsrichtungen. In einem zweiten Schritt werden Einzellösungen innerhalb dieses Rahmens durch Kombination oder Variation erzeugt. Die eigentliche kreative Leistung wird in der zweiten Stufe gefordert.

Beim *morphologischen Tableau* werden in der Vorspalte alle wesentlichen Teilaspekte (Parameter) des vorgegebenen Problems angeordnet und in den Zeilen alle Erscheinungsformen (Ausprägungen) aufgelistet. (Vgl. Abb. 3) Ein morphologisches Tableau wird in folgenden Arbeitsschritten erstellt:

Aufstellen des Parametersatzes
- Sammlung von Parametervorschlägen (konzeptionsgebende Faktoren)

Abb. 3: Morphologisches Tableau für einen fahrbaren Heckenschneider

Parameter	**Ausprägungen**					
Antrieb	manuell	elektrisch mit Netzanschluß	elektrisch mit Batterie	mit Verbrennungsmotor		
Schneidwerk	einzelne Klinge (gerade oder gebogen)	mehrere gegeneinander klappende oder rotierende Klingen (gerade oder gebogen)	Schneidketten (umlaufend od. sich hin und herbewegend)	ein oder mehrere Sägeblätter	Schneid- oder Sägescheibe	Schneidstrahl
Art des Fahrgestells	Teleskopgestell	Klappgestell	feststehendes Fahrgestell	Steckgestell (Anbaumethode)		
Art der Führung des Fahrgestells	manuell	mit Schienen	mit Richtschnur	mit optischem Leitstrahl	mit Abstandhalter	elektronisch
Wirkungsbereich des Schneidwerkes (bei einem Durchgang)	Teilhöhe der Heckenseite	komplette Heckenseitenhöhe	Oberkante	Seite und Oberkante	Ringsumwirkung	

- Restriktionen und Forderungen sind keine Parameter und müssen in die Aufgabenstellung übernommen werden
- Überprüfung der Parameter
  1. auf Parametereigenschaft (es sollten mehr als drei alternative Ausprägungen für jeden Parameter möglich sein!)
  2. auf Unabhängigkeit der Parameter voneinander

– modifizierende Parameter sind zu eliminieren
– der Parametersatz sollte auf sieben beschränkt werden (das menschliche Gehirn kann nur sieben unterschiedliche Elemente als ein Konzept erfassen)

Suche nach Ausprägungen
– die Ausprägungen müssen alternativ und möglichst konkret sein

Auswahl der besten Lösungskombinationen und kreative Ausgestaltung der ausgewählten Kombinationen

Da mit dem morphologischen Tableau unterschiedliche Aspekte eines Problems erarbeitet werden, ist es für Gestaltungs- und Konzeptionsprobleme besonders geeignet: Zum Beispiel: Grundkonzeption für ein Gerät oder eine Maschine, Verfahrensentwicklung, Erarbeitung einer Markteinführungsstrategie.

5. Methoden der systematischen Konfrontation

Das Konfrontationsprinzip hat sich als hilfreich zur Stimulierung kreativen Denkens erwiesen. Bei der intuitiven Konfrontation wird das Konfrontationsobjekt zufällig ausgewählt. Es liegt nahe, diese Reizobjekte auch systematisch zu ermitteln. Es soll so erreicht werden, daß ergiebige Konfrontationsobjekte als Ideenauslöser für das jeweilige Problem zur Anwendung kommen.

Bei der *morphologischen Matrix* wird ebenfalls ein morphologisches System aufgestellt; es besteht jedoch nur aus zwei Parametern, die in Form einer Matrix zueinander in Beziehung gesetzt werden. Die Erstellung und Auswertung einer morphologischen Matrix erfolgt in folgenden Schritten:

– Problemdarstellung und -formulierung
– Suche nach den wichtigsten Parametern des Problems
– Versuchsweise Aufstellung mehrerer morphologischer Matrizen. Suche nach alternativen Ausprägungen zu jedem Parameter und Auflisten in Kopfzeile und Vorspalte einer Matrix.
– Auswahl einer Matrix, die für die Problemstellung am aussagefähigsten erscheint. Intensive Überprüfung und Vervollständigung der Ausprägungen.
– Durcharbeiten aller Matrixfelder (Konfrontation je zweier Ausprägungen und kreative Interpretation)
– Auswahl der interessantesten Matrixfelder zur weiteren Bearbeitung.

Der Kern dieser Methode ist die kreative Interpretation aller Matrixfelder (Konfrontation zweier Aspekte) und die daraus folgende Ableitung von Lösungen.

Die morphlogische Matrix eignet sich besonders gut für die erste, strategische Phase der Innovationsplanung. Sie dient als Suchfeldmatrix und kann einen vagen Suchraum strukturieren und übersichtlich machen. (vgl. Abb. 4)

Abb. 4: Morphologische Matrix: Produktsuche im Bereich Pflegemittel

P1 Pflegebereiche (Wo?) / P2 Pflegefunktionen (Was?)	Kopfhaar	Bartbereich	Körperhaare	Gesicht	Ohren	Hände	Füße	andere Körperteile	Haustiere	Kleider
reinigen										
färben										
entfärben										
steifer machen										
weich machen										
verformen										
Ersatz schaffen										
Löcher ausfüllen										

6. Zur Anwendung der Methoden

Voraussetzung für eine wirkungsvolle Methodenanwendung ist Klarheit über die Problemstellung. Durch eine Vordiskussion sollte ein übereinstimmendes Problemverständnis der Gruppe erzielt werden, das auch in einer von der Gruppe erarbeiteten Problemformulierung seinen Niederschlag findet. Jedes einzelne Gruppenmitglied soll das Problem in seinem Wirkungszusammenhang voll verstehen.

Bei der Gruppenzusammensetzung sollte man Mitarbeiter verschiedener Bereiche, die gewisse Bezugspunkte zur Aufgabenstellung haben, in Betracht ziehen; beispielsweise Mitarbeiter aus Entwicklung, Fertigung, Vertrieb, Unternehmensplanung, Marketing. Das Team kann auch durch Kunden und externe Fachleute oder Berater ergänzt werden.

Die Auswahl ist so zu treffen, daß keine hierarchie- oder personenbedingten Spannungen in der Gruppe auftreten. Wenn es der Einladende in der Hand hat, sollte er auf die Mitwirkung von Vielrednern, Besserwissern, permanenten Kritikern (Killer), aber auch von Witzereißern und übermäßig stillen Kollegen verzichten. Ist deren Teilnahme nicht zu umgehen, so läßt sich mancher Negativeffekt durch die Wahl von Brainwriting-Techniken vermeiden.

Mitarbeiter, die als Experten des behandelten Problembereichs anzusehen sind, sollte man nicht zu einer Problemlösungssitzung einladen; sie wissen zu genau, was alles nicht möglich ist.

Bei der Methodenauswahl hat sich die Zuordnung nach folgenden drei Problemtypen bewährt:

- Suchprobleme (Die Lösung hat wenige Anforderungen zu erfüllen; viele Lösungen sind möglich: zum Beispiel: Wofür kann man eine haftende, anschmiegsame Dickfolie einsetzen,): Brainstorming, Brainwriting
- Analyseprobleme (Es sind Zusammenhänge, Strukturen, Gesetzmäßigkeiten, Einflußfaktoren zu erkennen: zum Beispiel: Welche Anforderungen und Funktionen sollte ein Haushaltskühlraum erfüllen?): Morphologische Methoden
- Konstellationsprobleme (Eine Lösung ist durch eine neuartige Kombination/Konfiguration bekannter Elemente zu bilden; dafür sind eine Reihe oft sehr stringenter Randbedingungen zu beachten: zum Beispiel: Wie sieht das Grundkonzept für eine Holzschnitzelmaschine aus?): Konfrontationsmethoden, morphologisches Tableau.

Darüber hinaus haben die einzelnen Methoden noch spezifische Einsatzfelder, die im konkreten Einzelfall ebenfalls zu beachten sind.

7. Der Kreativ-Workshop

Es hat sich gezeigt, daß es sich lohnt, eine Ideenfindungssitzung gut vorzubereiten. Gründliche Themenabgrenzung und -formulierung, sorgfältige Teilnehmerauswahl und ausführliche Durchsprache des Ablaufs zahlen sich immer aus. Andererseits ist es schade, diese Vorbereitungsarbeit nur für eine Sitzung von 1 bis 2 Stunden geleistet zu haben. Auch die Gruppe ist in der Regel hoch motiviert; sie arbeitet gerne weiter an der vorliegenden Innovationsaufgabe. Dies alles führte zu der Überlegung, eine Gruppe länger zusammenzuhalten und mit ihr weitere Schritte im Innovationsprozeß zu bearbeiten. Ein solcher Kreativ-Workshop dauert 1 bis 3 Tage. Es werden mehrere im Innovationsprozeß aufeinander folgende Aufgaben bearbeitet, wobei jeweils unterschiedliche Methoden zum Einsatz kommen. Natürlich müssen neben Kreativitätstechniken auch andere Gruppenarbeitstechniken zur Strukturierung, Bewertung und Auswahl angewendet werden.

8. EDV-Einsatz in Sicht

In jüngster Zeit werden erste Überlegungen und Versuche angestellt, den Ablauf von Kreativ-Sitzungen durch EDV-Einsatz effizienter zu gestalten. Die Konferenz der Zukunft wird sicherlich auch die Hilfsmittel der EDV unterstützend nutzen und den Bildschirm als Medium einsetzen. Gewisse Schwachpunkte bei der konventionellen Kreativ-Sitzung sind das Mitschreiben und das Strukturieren der Ideen. Die anschließende Auswertung und Protokollerstellung ist ebenfalls recht aufwendig. Hier sind Ansatzpunkte für den Computereinsatz – gedacht ist dabei insbesondere an Personal Computer – zu sehen. Ferner läßt sich die Ideenbewertung mit EDV (anonyme Abstimmung) schneller und objektiver durchführen, da sich Beeinflussungseffekte in der Gruppe eher vermeiden lassen.

Bei einigen Methoden kann der Computer direkt in den methodischen Ablauf integriert werden. Zu denken ist dabei an die Reizwortanalyse; hier können geeignete Reizworte aus einem Reizwortspeicher über einen Zufallsgenerator abgerufen werden. Bei der visuellen Konfrontation in der Gruppe kann in der Entspannungsphase vom Videorekorder ein Filmabschnitt eingespielt werden; auch die zu analysierenden Einzelbilder lassen sich über den Bildschirm präsentieren. Bei den morphologischen Methoden schließlich kann die EDV die grafische Anordnung übernehmen und hilfreich bei den häufigen Veränderungen sein. Bei der Auswertung eines morphologischen Tableaus stellt das Festhalten verschiedener angedachter Lösungen eine wesentliche Erleichterung dar.

Wichtig ist, daß durch den EDV-Einsatz der Charakter einer Kreativ-Sitzung nicht verändert wird. Der Computer muß ein Hilfsmittel bleiben, das sich nicht in den Vordergrund schiebt.

9. Überwindung von Barrieren

Über die Anwendung von Kreativitätstechniken liegen mehrere Befragungen vor. Insgesamt werden diese Techniken heute in erheblich höherem Umfang angewendet als noch vor zehn Jahren. Stark zugenommen haben vor allem die Brainwriting-Techniken.

Um zu einer selbstverständlichen Anwendung im Unternehmen zu kommen, müssen die Kreativitätstechniken eine Reihe von Hindernissen überwinden:
Den Techniken inhärente Schwachpunkte:

- Bei Einsatz von Keativitätstechniken kann keine Garantie gegeben werden, daß die beste Lösung gefunden wird.
- Der Nutzen der Methoden kann nicht schlüssig nachgewiesen werden.
- Einige Grundregeln (zum Beispiel keine Richtigstellung von Fehlern) verstoßen gegen Prinzipien der Erziehung und gegen verbreitete Verhaltensmuster.
- Die Anwendung in der Praxis setzt Ausbildung, Training und Erfahrung voraus.

Entgegenstehende Meinungen und Verhaltensweisen:

- Individuelles Problemlösen wird als effizienter als Problemlösung in der Gruppe angesehen.
- Einzelne Mitarbeiter lehnen die Methoden ab, da ihre individuelle Kreativität nicht gesteigert wird.

– Experten als Problemsteller trauen einer Gruppe von Nichtfachleuten nicht zu, qualifizierte Lösungen hervorzubringen.
– Das Management zeigt zu wenig Geduld; schnelle Ergebnisse werden erwartet.

Fehlende Unterstützung und Resonanz:
– Keine Unterstützung durch das Top-Management
– Interessierte Mitarbeiter erhalten nicht die erforderliche Zeit und Freiheit zur Einarbeitung; Mittel werden verweigert.
– Keine Gesprächspartner im Unternehmen für Erfahrungsaustausch, Sitzungsplanung und Ausbau.
– Fehlen einer Anlauf- und Koordinationsstelle.

Wie viele Beispiele zeigen, haben eine Reihe von Unternehmen die aufgezeigten Schwierigkeiten und Barrieren überwunden und setzen seit Jahren mit Erfolg Ideenfindungsmethoden vor allem bei der Innovationsplanung und Produktentwicklung ein. Von ihnen kommen positive Erfahrungsberichte. Der unkoordinierte Seminarbesuch und die sporadische Kreativ-Sitzung bleiben dagegen meist ohne langfristige Wirkung.

10. Empfehlungen für die Einführung

Wesentlich für die Einführung und Anwendung von Kreativitätstechniken ist, daß das obere Management von der Wirksamkeit der Methoden überzeugt ist. Vor allem das für Innovationen zuständige Mitglied der Geschäftsleitung – häufig der Entwicklungsleiter oder Ressortleiter Technik – sollte als Machtpromotor fungieren. Von ihm muß die für die Einführung und Anwendung der Methoden notwendige Unterstützung ausgehen: Befürwortung von Trainingsmaßnahmen, Bereitstellung der erforderlichen Freiräume, Vertretung (evtl. sogar Verteidigung) der Methoden im oberen Management.

Die Anwendung im Unternehmen wird bei Unterstützung durch einen Machtpromotor wesentlich von einem Mitarbeiter auf niedrigerer Hierarchieebene getragen, der die Methoden persönlich gerne anwendet und sich zum Spezialisten entwickelt. Dieser Fachpromotor für Kreativitätstechniken ist häufig der Innovationsplaner des Unternehmens oder kommt aus der mittleren Managementebene des Entwicklungsbereichs (Gruppenleiter, Abteilungsleiter). Er fungiert im Unternehmen als Anlaufstelle für die Anwendung der Kreativitätstechniken und übernimmt häufig die Moderatorfunktion.

Für die Einführung sollte zunächst eine Kerngruppe gebildet werden, die ein Training in den Methoden absolviert und Erfahrungen sammeln kann. Die Gruppe sollte aus 6 bis 8 interessierten Mitarbeitern aus verschiedenen Arbeitsgebieten beziehungsweise mit unterschiedlichen Funktionen bestehen. Günstig ist es, wenn sich darunter einige Meinungsführer befinden, die später für die Verbreitung und Anerkennung der Methoden sorgen. Bewährt hat sich zunächst ein dreitägiger Grundkurs für diese Gruppe. Daran sollte sich eine Experimentierphase von 5 bis 7 Sitzungen anschließen, in der die Gruppe ohne Erfolgszwang die Methoden ausprobieren kann. Dafür sollte man Probleme aus dem engeren Arbeitsbereich wählen. Es empfiehlt sich, bei diesen Experimentiersitzungen mit einfachen Aufgabenstellungen und einfachen Methoden (zum Beispiel Brainwriting) zu beginnen und dann sukzessive auf komplexe Probleme, aber auch auf schwierigere Methoden überzugehen. Nach den Sitzungen selbst ist ausreichend Zeit für Feedback, Austausch von Erfahrungen und Diskussion von Beobachtungen vorzusehen. Die Ausbildung der Kerngruppe sollte durch ein zweitägiges Vertiefungstraining abgeschlossen werden, in dem Unsicherheiten abgebaut und insbesondere die Moderatorfunktion geübt werden.

Hat die Kerngruppe diese Ausbildung durchlaufen, so kann sie jederzeit zur Bearbeitung von Problemstellungen im Rahmen von Innovationsplanungen herangezogen werden. Es hat sich gezeigt, daß eine Kerngruppe auch Mitarbeiter ohne Ausbildung relativ leicht in den Gruppenarbeitsprozeß integrieren kann. So läßt sich der Kader der Mitarbeiter, die für Kreativsitzungen ausgebildet sind, sukzessive erweitern.

2.7. Innovation mit Hilfe der Wertanalyse

Helmut Wellenreuther

Wertanalyse wurde 1947 erstmalig angewandt. Damals wurde bei General Electric versucht, Kosteneinsparungen, wie sie durch die Kriegswirtschaft fallweise notwendig geworden waren, zu systematisieren. Lawrence D. Miles, damaliger Einkaufs-Chef von General-Electric, entwickelte ein System, das er value analysis nannte. Er hat mit dieser Methode auf Anhieb beachtliche Kosteneinsparungen erzielt. Sie hat inzwischen ihren Siegeszug rund um die Welt gemacht. Nicht nur in den USA, sondern auch – und vor allem – in Japan und vielen anderen Ländern wenden heute Tausende von Unternehmen die Wertanalyse an.

In der Bundesrepublik wurde sie im Jahre 1962 vom Rationalisierungs-Kuratorium (RKW) auf einem Einkäufer-Kongreß in Düsseldorf in einer Tonbildschau vorgestellt. Um die weitere Verbreitung und Systematisierung hat sich dann insbesondere der VDI verdient gemacht. Im Arbeitskreis Wertanalyse wurden mehrere VDI-Richtlinien zur WA ausgearbeitet, aus welchen die DIN 69910 WERTANALYSE entwickelt wurde.

Es konnte nicht ausbleiben, daß diese Methode weiter ausgebaut, verfeinert und verbessert wurde. So wurde, aus der praktischen Erfahrung heraus, bald unterschieden zwischen Wertverbesserung und Wertgestaltung, wobei der erste Begriff für Untersuchungen an bereits bestehenden Produkten, der zweite bei Produkten in statu nascendi gilt.

Aber auch in weiterer Hinsicht wurde die Wertanalyse differenziert. So trat neben die Produkt-Wertanalyse die Ablaufwertanalyse, wobei sowohl Produktionsprozesse als auch Abläufe in der Verwaltung und in der Organisation Gegenstand von WA-Untersuchungen wurden. Nicht nur variable, sondern auch fixe Kosten, so aus dem Bereich der Gemeinkosten, werden in zunehmendem Maße wertanalytisch untersucht.

Obwohl in der besonderen Systematik der Wertanalyse von vorneherein starke kreative und innovative Elemente vorhanden waren, wurde sie lange Zeit – und wird sie auch noch heute zu Unrecht von vielen, die sie nicht aus praktischer Anwendung kennen – als reine Kostensenkungsmethode angesehen. Es ist deshalb erfreulich und hat Akzente gesetzt, daß der Kongreß 1984 des VDI-Zentrums Wertanalyse unter dem Motto „Geplante Innovation" stand, was auch für diesen Beitrag zur Überschrift gewählt wurde.

Wir werden uns, im Sinne dieser Akzentsetzung und im Hinblick auf das Anliegen dieser Artikelserie hauptsächlich mit Fragen der Wertgestaltung, als dem vornehmlich auf Innovation ausgerichteten Zweig der Wertanalyse befassen und uns hier weitgehend der Produktwertgestaltung zuwenden. Es sei aber schon hier gesagt, daß in der Praxis die Übergänge fließend sind, denn fast die meisten Problemlösungen bergen auch bei reinen Kostensenkungs-Untersuchungen Teil-Innovationen in sich, insbesondere wenn Konstruktionsänderungen vorgeschlagen werden.

Invention – Innovation – Neue Faktorenkombination

Am Anfang jeder Innovation steht die Überwindung zahlreicher interner Hemmnisse, die Überzeugung einiger betrieblicher Instanzen von ihrer Richtigkeit und Erfolgsaussicht, bevor an Konstruktion und Produktion und schließlich an die externe Realisierung, an die Durchsetzung am Markt herangegangen werden kann.

Wenn also von Innovations-Management die Rede ist, dann ist immer die zielgerichtete, marktorientierte Entwicklung und Durchsetzung von Neuerungen gemeint. Hierbei kann es sich sowohl um Neuheiten handeln, die es am Markt überhaupt noch nicht gibt, aber auch um Produkte, die nur neu ins Sortiment aufgenommen werden, die also anderwärts, vielleicht in anderer Form, bereits hergestellt werden. Es kann sich aber auch um teilweise Neuerungen bei schon vorhandenen Produkten handeln, von welchen man sich bessere Handhabung, höhere Qualität, längere Lebensdauer verspricht oder bei welchen neue Materialien eingesetzt werden. Hieraus geht schon sehr deutlich hervor, daß der Begriff der Innovation schillernd ist; da bei der

Wertgestaltung systembedingt schon von Anfang an stringent auf Kostenminimierung geachtet wird (was der reine Erfinder oft vernachlässigt), wird auch klar, daß die Abgrenzung zur Wertverbesserung schwierig ist. Wertgestaltung ist kostenbewußte, entwicklungs- und konstruktionsbegleitende Wertanalyse.

Es ist deshalb müßig, sich darum zu streiten, ob in einem Wertgestaltungsteam Inventionen, Innovationen oder „nur" neue Kombinationen von bereits bekannten Elementen gefunden werden sollen. Sicher werden Basis-Inventionen weitaus seltener vorkommen als Verbesserungs-Innovationen. Aber mit der Einführung der Wertanalyse soll ja auch nicht die Grundlagenforschung oder die F+E-Abteilung des Unternehmens abgeschafft werden. Diese werden im Gegenteil in die Wertanalyse-Aktivitäten einbezogen.

Andererseits ist die Wertanalyse eine heuristische Methode, so daß oft auch bei reinen Kostensenkungs-Untersuchungen Produktideen entstehen, die zu Innovationen führen. Hier fließen dann Wertverbesserung und Wertgestaltung ineinander. Gute neue Ideen und neue Faktorkombinationen, unter kostensenkenden Aspekten „gemixt", sind das Ergebnis der Wertanalyse-Systematik.

Wert – das ist der Wert einer Funktion

Wert ist für den Wertanalytiker der Wert einer Funktion. Am Anfang jeder Untersuchung steht die Funktionsanalyse. Die Funktion ist der zentrale Begriff der Wertanalyse, mit ihr findet der Wertanalytiker den Einstieg in seine Untersuchung. Die Funktion eines Produktes, eines Produktteils oder einer Baugruppe wird seit Larry Miles mit der sehr einfachen Frage:

– *Was tut das Ding?* – ermittelt.

Hierbei soll man sich durch rigorose Vereinfachung auf das Wesentliche konzentrieren, möglichst nur mit zwei Wörtern antworten. So ist die Funktion einer Schraube: Teile verbinden, die Funktion eines Kugelschreibers: Striche ziehen, die Funktion eines Ölfilters: Flüssigkeit reinigen, eines Getriebemotors: Drehzahl wandeln.

Ein Produkt wird in der Funktionsanalyse in zahlreiche Funktionen „zerlegt", wobei das Team sehr schnell feststellt, daß es Hauptfunktionen und Nebenfunktionen gibt, daß die Nebenfunktionen wieder in lösungsbedingte und nicht lösungsbedingte Nebenfunktionen zu gliedern sind, daß es also Funktionserfüllungen gibt, die man variieren oder gar weglassen könnte, ohne daß die technische Qualität des Produktes leiden würde, zum Beispiel Schönheitsfunktion, wie ein spezielles Design oder eine – vielleicht aufwendige – Oberflächenbehandlung.

Aber solche Funktionen dienen in der Regel der Verkäuflichkeit eines Produktes, so daß sie zwar technisch nicht lösungsbedingt, aber dennoch nicht unnötig sind.

Das Team trifft aber überraschenderweise durch diese bis ins kleinste Detail gehende Funktionsanalyse auch auf unnötige Funktionen. Eine unnötige Funktion ist dadurch gekennzeichnet, daß sie weder etwas zur Sicherheit, noch zur Qualität, zum Funktionieren noch zur Verkäuflichkeit oder zur Schönheit beiträgt. Oft sind es „technische Spielereien", manchmal auch Übererfüllung von Funktionen oder eingebaute Redundanzen, die unter den Begriff der unnötigen Funktion fallen. Es ist erstaunlich, wieviele unnötige Funktionen produziert werden.

Da aber die Bereitstellung jeder Funktion Herstellkosten verursacht, gleichgültig ob sie einen Wert vermittelt oder nicht, ob sie also notwendig oder unnötig ist, muß sie der genauesten Betrachtung und Abschätzung durch das Team unterworfen werden. Denn: jedes Produkt wird nur seiner Funktionen wegen gekauft! Hierbei ist es dem Käufer, ob Privatmann oder Einkäufer eines Unternehmens, gleichgültig, wie diese Funktion erstellt und erfüllt wird, Hauptsache ist ihm, daß das Produkt „funktioniert" und daß es zu einem vernünftigen Preis zu kaufen ist. Unnötige Funktionen eliminieren heißt daher auch, unnötige Kosten vermeiden und konkurrenzfähiger werden.

Die Funktionsanalyse hat also auch eine eminent wichtige Bedeutung für die Kostenanalyse, da das Team jede Funktion mit ihren Herstellkosten zu bewerten hat.

Auch hier gibt es oft Überraschungen: Nebenfunktionen kosten mehr als die Hauptfunktion, die Relationen zwischen Wert (für den Anwender) und Kosten (für den Hersteller) stimmen nicht oder die Kosten für die einzelnen Funktionen stehen innerhalb der Werte- und Kostenhierarchie in einem nicht erwarteten Verhältnis zueinander. Noch viele andere Aspekte treten bei der Funktions- und Funktionskostenanalyse in das Bewußtsein der Teammitglieder, Erkenntnisse und auch schon viele Ideen, wie man das bei der Neukonstruktion anders machen könnte.

Dies ist nämlich der dritte wichtige Aspekt der funktionalen Betrachtung, ihre heuristische Bedeutung: das Herauspräparieren von reinen Funktionen durch Abstraktion, das Freikommen von Fixierungen und vom Denken in Teilen eben durch das Denken in Funktionen. Die Kreativität der Team-Mitglieder wird schon hier stark angeregt, die Ideen sprudeln für die dem Wertgestaltungsteam gestellte Aufgabe einer Neuentwicklung.

Die Frage von Larry Miles wird in Wertgestaltungs-Teams dahingehend variiert, daß man fragt: Was soll das Ding tun? Was darf es kosten? Aus der Erhebung eines IST-Zustandes wird die Festschreibung eines SOLL-Zustandes, auf den das Team hinarbeitet.

Die kreative Phase der Wertanalyse

Im Grundschritt 4 des Wertanalyse-Arbeitsplans nach DIN 69910 wird die Ermittlung von Lösungen, die Suche nach allen denkbaren Lösungen vorgeschrieben.

Wir haben gesehen, daß in der Praxis die Ideenproduktion schon während der Funktionsanalyse einsetzt, das laterale Denken läßt sich nicht verhindern. Allerdings werden diese Ideen zunächst nur in einer Ideenliste festgehalten, damit sie nicht verloren gehen. Sie werden weder diskutiert noch überprüft, um zu verhindern, daß sich das Team vorschnell auf eine Idee fixiert und erschiene sie noch so brillant.

Im Grundschritt 4 wird aber trotzdem noch eine intensive Ideensuche veranstaltet. Der Phantasie der Team-Mitglieder soll Gelegenheit zum freien Flug gegeben werden. Die bisherige Ideenliste wird zunächst zurückgestellt, es soll noch einmal neu assoziiert werden. Hierzu werden bestimmte Kreativitätsmethoden oder Ideenfindungstechniken angewandt. Da diese Methoden im Beitrag von Horst Geschka bereits ausführlich beschrieben sind, erübrigen sich hier weitere Darstellungen. Soviel darf vielleicht hier noch angefügt werden, daß die von WA-Teams am häufigsten angewandten Techniken das Brainstorming und die Morphologische Methode sind, gelegentlich auch Ideen-Delphi, Synektik und Scenario-Technik. Dies ist die individuelle Erfahrung des Verfassers.

Es würde hier sicher zu weit führen, die notwendigen Vorbereitungen, die Abläufe und die Störfaktoren bei solchen Sitzungen im Einzelnen darzustellen. Es sollte aber nicht verschwiegen werden, daß die Atmosphäre und damit die Effizienz dieser Sitzungen stark von Äußerlichkeiten beeinflußt werden kann, das fängt bei der Tasse guten Kaffees an und geht bis zum vollständigen Abschalten des Telefons.

Zum guten Gelingen einer Wertanalyse gehören aber mehr noch als die äußeren Voraussetzungen die innere Einstellung der Team-Mitglieder und die richtige Zusammensetzung des Teams.

Wertanalyse ist Teamarbeit!

Die Funktion ist der zentrale Begriff der Wertanalyse. Die Teamarbeit ist die zentrale Forderung im praktischen Vollzug. Die Methode fordert, daß die Teams interdisziplinär zusammengesetzt sind. Mitarbeiter aus den verschiedenen involvierten Abteilungen kommen zusammen, um nach den Regeln der Wertanalyse ein Problem von den unterschiedlichsten Seiten zu betrachten, um Wissen und Erfahrungen vieler Mitarbeiter zusammenzufassen, die mit dem zu untersuchenden Problem zu tun haben. Dies wirkt der partiellen Betriebsblindheit oder der Abteilungsblindheit entgegen, fördert die Kooperation zwischen den Abteilungen in ungeahnter Weise und trägt zum schnellen Erkennen der Schwerpunkte und damit zur schnellen Ausarbeitung realisierbarer Problemlösungen wesentlich bei.

In jedem Produkt-Team muß der Verkauf vertreten sein. Er repräsentiert den Markt, er kennt die Konkurrenzprodukte oft besser als der Konstrukteur oder der Produktionsleiter, er bringt die Anregungen von Kunden in die Team-Arbeit.

Das Team soll aus fünf bis acht Personen bestehen. Diese Mitarbeiter sollen in der Unternehmenshierarchie möglichst weit oben angesiedelt sein, dies fördert nicht nur die Effizienz der Teamarbeit, sondern hat auch den wichtigen Effekt, daß die im Team gefaßten Beschlüsse schnell realisiert werden. Jeder identifiziert sich mit den ausgearbeiteten Problemlösungen, jeder steht dahinter, kein wichtiger Mann muß hinterher erst noch überzeugt oder überredet werden. Jeder kann in seinem Bereich die beschlossenen Maßnahmen schnell durchsetzen. Kurz: im Team müssen kompetente Leute sein, kompetent von ihrem Wissen und Können her, aber auch mit Kompetenz für die Durchsetzung der Vorschläge ausgestattet.

Dies muß nicht heißen, daß nur Mitglieder der Geschäftsleitung im Team sein sollten. Der Meister vor Ort, der sich in konkreten Fragen oft besser auskennt als mancher vom „grünen Tisch“ und der in seinem Bereich durchaus kompetent ist, gehört ebenso ins Team wie der NC-Programmierer, auf dessen Maschinen das neue Produkt hergestellt werden soll.

In der Theorie wird oft die Frage diskutiert, ob die Mitglieder eines Teams der gleichen hierarchischen Ebene angehören sollen. Bei heterogen zusammengesetzten Gruppen wird befürchtet, daß die „Höhergestellten“ zu sehr den Ton angeben und die Ideen der „Untergebenen“ blockieren. Dies mag von Fall zu Fall zutreffen, wenn der Höhergestellte noch nicht vom Geist der Wertanalyse durchdrungen sein sollte. In der Praxis hat sich jedoch ergeben, daß solche Befürchtungen übertrieben sind. Im Gegenteil, die unterschiedlichen Erfahrungen und Sichtweisen ergänzen sich oft in wohltuender Weise. Der Verfasser hat Teams geleitet, in welchen Mitarbeiter aus mehreren „Etagen“ vertreten waren, die hervorragend zusammenarbeiteten, wobei genug „Höhe“ vertreten war, um die Durchsetzung der Beschlüsse zu gewährleisten. Es ist die Aufgabe des Team-Betreuers, in der Arbeitsgruppe möglichst schnell und reibungslos, mit einigem Geschick, die Gleichberechtigung herzustellen.

Im übrigen wirft diese Frage ein wesentliches Problem auf: alle Methoden, die auf der Zusammenarbeit in der Gruppe aufbauen, erzielen ihre Erfolge zu mindestens 50% aus psychologischen und gruppendynamischen Gründen. Der „Geist“ der Mannschaft, Sympathien und Antipathien, der Wille zu Kooperation, der Wille, gemeinsam am gleichen Strang zu ziehen, spielen bei allen Gruppenleistungen eine viel größere Rolle als das Fachwissen.

Der Faktor Mensch, das Individuum, läßt sich jedoch trotz aller organisatorischen Bemühungen nicht immer in die gewünschte Richtung bewegen. Freilich ist durch Schulung und Übung viel zu erreichen, auch durch geschickte Leitung und durchdachte Zusammensetzung der Teams, unter Berücksichtigung der individuellen Anlagen der Team-Mitglieder. Auch lassen sich anfangs Skeptische durch Erfolge überzeugen. Aber wenn die menschliche Grundvoraussetzung zur Kooperation fehlt, wenn „Ideenkiller“ am Werke sind, ist es sehr schwer, eine Gruppenleistung zu vollbringen, weil die Gruppe entmutigt wird. Nun wird das, was Alfred Kieser als Unternehmenskultur oder Wertsystem einer Unternehmung bezeichnet, ganz gewiß auch auf den Erfolg oder Mißerfolg von Team-Arbeit ausstrahlen. In Unternehmen, in welchen diese Unternehmenskultur schon in Beziehung auf kooperatives Verhalten hin „stimmt“, wird sie besonders erfolgreich sein. Andererseits kann ihre Einführung wesentlich dazu beitragen, das Wertsystem einer Unternehmung in diese Richtung zu lenken.

Kehren wir zurück zum konkreten Problem der Teambildung mit Menschen wie sie nun einmal sind. Wir haben gesehen, daß Teams interdisziplinär zusammengesetzt, daß Sachverstand gebündelt und Kompetenz austariert sein müssen. Die Erkenntnisse der Gruppendynamik und praktische Erfahrung lehren uns, daß diese Teams nicht zu groß sein dürfen, daß sie einen Koordinator haben müssen, der die Sitzungen leitet und auch das notwendige Organisatorische wie Protokollführung, Terminfestsetzung etc. erledigt.

Es wäre noch zu sagen, daß die Teams sehr viel Freiheit haben sollen, denn nur in Freiheit können Ideen gedeihen. Man sollte sie in Ruhe, ohne Hektik arbeiten lassen, freilich nicht ohne Terminvorgabe.

Eine wesentliche Aufgabe der Team-Mitglieder liegt noch darin, daß sie – oder einige von ihnen – die Realisierung zügig vollziehen, sich zumindest um eine zügige Realisierung kümmern. Denn erst die Verwirklichung der Vorschläge bringt Befriedigung und damit Motivation für künftige Aufgaben. Nichts wäre verheerender, als die Umsetzung in die Tat auf die lange Bank zu schieben.

Die kreative Betätigung, die Erledigung einer Aufgabe in Gruppenarbeit, ist gewiß für viele Team-Mitglieder eine Sache, die „ihren Lohn in sich“ trägt, insbesondere weil sie viele von der Routine-Arbeit wegführt, sie mit einer interessanten Methode bekannt macht und es darüber hinaus Prestige bedeutet, in einem WA-Team mitzuwirken.

Trotzdem lassen sich viele Unternehmensleitungen auch noch Anreize monetärer oder anderer Art einfallen, um den besonderen Einsatz ihrer Mitarbeiter in WA-Teams zu honorieren.

Wertgestaltung – Die zielgerichtete Innovationsmethode

Mit der Wertgestaltung, wie gezeigt, einem Sonderfall der Wertanalyse, hat das Management ein Instrument in der Hand, mit dem zielgerichtet, projektorientiert und planmäßig Innovationen produziert werden können, es wird mit dieser Methode in die Lage versetzt, den Willen zur Innovation zu institutionalisieren und zu instrumentalisieren. Es bleibt nicht bei Absichtserklärungen und diffusen Aufforderungen im Stile „nun innoviert mal schön", sondern es kommt zu tatsächlicher, praktischer Arbeit an ganz konkreten Aufgaben.

Freilich wäre es verfehlt, zu leugnen, daß auch heute schon permanent in den Unternehmen neue Produkte entwickelt werden, auch in Unternehmen, die die Wertanalyse nicht anwenden. Großfirmen haben ihre Forschungs- und Entwicklungsabteilungen, in allen Konstruktionsbüros auch mittelständischer Unternehmen ist man ständig mit Neu- oder Weiterentwicklungen beschäftigt. Aber, und dies gilt allgemein, die Wertanalyse, die Wertgestaltung ist eben in der Lage, dies alles noch weitaus effizienter zu machen. Und gerade bei mittelständischen Unternehmen sollte sie noch einen größeren Stellenwert haben, da mit ihr außerhalb der Routine neue oder verbesserte Produkte kostengünstig entwickelt werden können. Im übrigen wenden sehr viele Großunternehmen, trotz eigener F+E-Abteilungen, trotz großer Konstruktionsbüros die Wertanalyse als ein nützliches Instrument an, wobei F+E und Konstruktion in das Geschehen einbezogen sind. So berichtet Buksch, daß bei Siemens neben den zentralen WA-Aktivitäten allein im Inland mehr als 100 WA-Koordinatoren eingesetzt sind und daß mehr als 4000 Mitarbeiter die WA-Grundausbildung absolviert haben. Auch die BASF, Daimler-Benz, VW, SEL, Nixdorf – um nur einige zu nennen – sehen in der Wertanalyse eine interessante Methode und wenden sie an.

Methodisch unterscheiden sich Wertgestaltung und Wertverbesserung nur in Nuancen. Man kann den WA-Arbeitsplan in beiden Fällen verwenden, nur daß man bei der Wertverbesserung von einem IST-Zustand ausgeht, während bei der Wertgestaltung nur SOLL-Vorgaben vorliegen.

Die Aufgabe lautet: ein neues Produkt zu entwickeln, das bestimmte Funktionen zu erfüllen hat und so kostengünstig wie möglich herzustellen ist. Freilich plant niemand ins Blaue hinein, es gibt Vorgängerprodukte, die das Funktionsziel weisen, es gibt Markterfahrungen, die die Anwendungsziele zeigen. Der Boden ist etwas unsicherer als bei reinen Wertverbesserungen, dafür sind die Freiheitsgrade größer. Ein schon in der Wertverbesserung geübtes Team erkennt schnell, daß die gewohnte Systematik angewandt werden kann.

Was soll mit der Wertgestaltung, der konstruktionsbegleitenden Wertanalyse, erreicht werden? Die Herstellkosten des neuen Produkts sollen schon im Stadium seines Entstehens minimiert werden, das neue Produkt soll vielleicht neue Anwendungen ermöglichen, es soll vielleicht auf neuen Märkten angeboten werden können. Die Funktionen sollen insgesamt besser erfüllt werden als beim Vorgängerprodukt und insbesondere als bei den Konkurrenzprodukten. Der Konkurrenzanalyse kommt hier eine ganz besondere Bedeutung zu.

Aber immer wieder kommt die Wertgestaltung auch auf die Kosten zurück, die klein gehalten werden sollen. Da die Erfahrung zeigt, daß etwa 70% der späteren Herstellkosten schon in der Konstruktion festgeschrieben werden, lohnt es sich, in Teamarbeit zwischen Entwicklung, Konstruktion, Produktion, Werkzeugbau und Verkauf frühzeitig, also bevor das neue Produkt in die Konstruktion geht, systematische Funktions- und Funktionskostenanalyse sowie Ideensuche zu betreiben, also Wertgestaltung anzuwenden.

Bei der Wertgestaltung muß das Team gelegentlich „in Schleifen" denken, es muß zum Ausgangspunkt oder zu Zwischenstationen der Untersuchung zurückkehren, um neue Aspekte zu verarbeiten.

Wie der Leser bemerkt, ist mit der Wertgestaltung eigentlich eine ganz normale, in allen Unternehmen fast dauernd notwendige Tätigkeit umschrieben, nämlich das Neu- oder Fortentwickeln von Produkten. Anders als früher wird dies bei dieser Methode auf mehrere Schultern, besser: mehrere Köpfe verteilt, wir haben gehört, warum dies effizienter ist und warum die WA-Systematik schnellere und bessere Lösungen bringt, als das Bemühen des einsamen Spezialisten.

WA-Gruppen haben Suchprobleme zu lösen. Die Analyse bestehender Produkte ist nicht Selbstzweck, etwa zur Kalkulation, sondern nur Vehikel, um die gestellten Suchprobleme besser lösen, die Lösungen leichter finden zu können.

Hofstätter und andere weisen nach, daß Suchprobleme von Gruppen leichter zu lösen sind als von Einzelnen. Hierbei wird die Effizienz noch erhöht durch geschickte Strukturierung der Gruppe und ihre Begrenzung auf die optimale Größe. Bei der Wertanalyse wird in praxi nichts anderes gemacht, als die Erkenntnisse der Gruppendynamik durch die Bildung interdisziplinärer Teams in die Tat umzusetzen.

Wenn also die Wertgestaltung als eine sehr effiziente Methode zum Finden von Innovationen angesehen werden kann, so kann man darüberhinaus sagen, daß sie selbst als Methode in vielen Unternehmen eine Novität, eine Innovation ist. Daß solche Verfahrens-Innovationen nicht von heute auf morgen in ein Unternehmen implementiert werden können, da sie einen Lernprozeß erfordern, ist evident. Es wird in keinem Falle genügen, die Wertanalyse per Organisations-Schema zu verordnen.

Wie führt man die Wertanalyse im Unternehmen ein?

Bevor man die Wertanalyse in ein Unternehmen einführen will, als eine Methode zur besseren Verwirklichung von Kostensenkung und Innovation, muß man sich im Klaren sein, daß diese Einführung selbst eine Innovation ist, wie oben angedeutet.

Allen Argumentationen – und auch den persönlichen Erfahrungen des Verfassers – ist aber gemeinsam, daß Information und Herstellung eines Konsensus die Grundbedingung für die Durchsetzung von Innovationen jeder Art sind. Das heißt auch Abbau von Angst, von Befürchtungen, die mit neuen Methoden verbunden werden. Das bedeutet für die Einführung der Wertanalyse, daß ein möglichst großer Kreis von Mitarbeitern in einem ersten Schritt über diese Methode informiert werden muß, am besten in einem sehr praxisnahen Seminar, bei welchem sofort ein Produkt aus dem eigenen Hause zu behandeln ist.

Hierdurch wird allen Beteiligten klargemacht, um was es bei dieser Methode überhaupt geht und daß sie auch in ihrem Unternehmen mit Erfolg praktiziert werden kann. Der nächste Schritt ist das learning by doing, das heißt die praktische Durchführung von Wertanalyse-Untersuchungen im Unternehmen, um die Mitarbeiter in dieser Methode zu trainieren und sie ihnen als Selbstverständlichkeit nahezubringen.

Es wäre ganz sicher verfehlt, sofort mit Wertgestaltungsaufgaben zu beginnen. Dies ist die höhere Schule. Zum Training sollten zunächst Wertverbesserungs-Teams gebildet werden. Nach einem „Trainingsjahr" dürfte die Methode soweit etabliert sein, daß die Teams selbständig weiterarbeiten können. In der Phase der Einführung ist Hilfe von außen fast unabdingbar.

Selbstverständlich spielt bei der Einführung dieser Methode die Unternehmensgröße eine Rolle. Hierauf kann hier nicht eingegangen werden, da die Implementierung immer maßgeschneidert vonstatten gehen muß. Allgemeingültige Rezepte gibt es nicht.

Auch die organisatorische Einbindung kann hier nicht in extenso behandelt werden. So viel sei nur gesagt, daß in Großunternehmen meistens hauptamtlich tätige WA-Koordinatoren die WA-Teams betreuen, die sich aus Mitarbeitern verschiedener Abteilungen und Stufen zusammensetzen. In der mittelständischen Industrie, wobei diese bis zu 200 Mio. DM Umsatz zu klassifizieren ist, genügen meist ein oder zwei Mitarbeiter, die sich als WA-Koordinatoren qualifizieren, oft auch „nebenberuflich", je nach Größe der Firma.

Wichtig scheint doch zu sein, gerade die mittleren Unternehmen anzusprechen. Denn gerade hier ist wegen der kürzeren Entscheidungswege und wegen der problemloseren Einordnung der Wertanalyse-Aktivitäten die Effizienz dieser Methode besonders groß. Und gerade hier gilt es, das „Geistkapital" zu aktivieren und zu erkennen, daß die interessantesten stillen Reserven, die in einem Unternehmen ruhen, die „Ideenreserven" in den Köpfen der Mitarbeiter sind, die nur geweckt werden müssen.

Es bedarf bei der Einführung dieser Methode gerade in mittelgroßen Unternehmen keiner großartigen Änderung der Organisation, da Wertanalyse außerhalb der Routinearbeit von Teams praktiziert wird, die von Fall zu Fall anders zusammengesetzt sind. Hierdurch wird auch ein „Schneeballeffekt" in die Wege geleitet, durch welchen viele Mitarbeiter mit dieser Methode vertraut werden.

Wenn es der Unternehmensleitung gelingt, die von René König apostrophierten informellen Gruppen im Unternehmen für die Wertanalyse zu gewinnen, wird die „Unternehmenskultur", das „Wertesystem" auf diese Weise, durch praktische Betätigung, leichter zu einem „Innovationsbewußtsein" hingeführt, als durch manche anderen Ansätze.

Positive Beispiele aus der Praxis gibt es genug. Man muß mit etwas Geduld und Zähigkeit vorangehen. Man darf nicht erwarten, daß auf Anhieb und bei jeder Untersuchung eine weltbewegende Innovation gefunden wird. Aber viele kleine „Innovatiönchen" sind auch etwas. Und auf diesem Boden gedeihen die großen.

WA-Arbeitsplan nach DIN 69910	
Grundschritt 1 Vorbereitende Maßnahmen	Teilschritt 1 Auswählen des WA-Objekts und Stellen der Aufgabe Teilschritt 2 Festlegen des quantifizierten Zieles Teilschritt 3 Bilden der Arbeitsgruppe Teilschritt 4 Planen des Ablaufes
Grundschritt 2 Ermitteln des IST-Zustandes	Teilschritt 1 Informationen beschaffen und Beschreiben des WA-Objekts Teilschritt 2 Beschreiben der Funktion Teilschritt 3 Ermitteln der Funktionskosten
Grundschritt 3 Prüfen des IST-Zustandes	Teilschritt 1 Prüfen der Funktionserfüllung Teilschritt 2 Prüfen der Kosten
Grundschritt 4 Ermitteln von Lösungen	Suche nach allen denkbaren Lösungen
Grundschritt 5 Prüfen der Lösungen	Teilschritt 1 Prüfen der sachlichen Durchführbarkeit Teilschritt 2 Prüfen der Wirtschaftlichkeit
Grundschritt 6 Vorschlag und Verwirklichung einer Lösung	Teilschritt 1 Auswählen der Lösung(en) Teilschritt 2 Empfehlen einer Lösung Teilschritt 3 Verwirklichung der Lösung

Quelle: DIN 69910, Ausschuß Wertanalyse im Deutschen Normenausschuß (DNA)

2.8. Scoring-Methoden

Heinz Strebel

1. Aus der Praxis für die Praxis

Eine Innovation verlangt in einem langwierigen Prozeß zahlreiche Entscheidungen, und diese sollen schließlich in den wirtschaftlichen Erfolg des Projekts münden. So wundert es nicht, daß die Praxis innovationsadäquate Entscheidungshilfen sucht. Solche Entscheidungshilfen sind stets vereinfachende Abbilder der äußerst komplexen Wirklichkeit, also Modelle. Praxisorientierte Entscheidungsmodelle müssen dabei helfen, Komplexität zu reduzieren und auf ein noch als beherrschbar – weil überschaubar – empfundenes Maß zu begrenzen, welches schließlich eine endgültige Auswahl unter den analysierten Alternativen gestattet.

Komplexität ist der subjektiv empfundene Umstand mangelnder Problemdurchsicht infolge einer unübersehbaren Vielfalt ineinander verwobener Problemelemente. Ursache der Komplexität innovativer Entscheidungsprobleme ist ein Geflecht von: Unklarheit der Problemstruktur, Unübersehbarkeit der Problemkomponenten, Ungewißheit der Erwartungen und konkurrierenden Ziele.

Abbau von Komplexität geschieht durch Zerlegen und Ordnen von Problemen, Gewinnen und Verarbeiten von Informationen und Organisation des Bewertungs- und Entscheidungsvorgangs mit Hilfe von Prozedurregelungen, welche den Einsatz bestimmter Modelle einschließen (Hauschildt 1977). Dabei müssen – prinzipiell im Rahmen von Entscheidungsgremien – insbesondere Ziele, Zielgewichte, Wertskalen und Bewertungsregeln entwickelt und schließlich als Basis des weiteren Vorgehens akzeptiert werden. So können schließlich auch die Alternativen in eine eindeutige, nachvollziehbare Bewertung und Rangordnung gebracht werden. Damit dies gelingt, darf das Modell keine Eingabedaten verlangen, die nach Inhalt und Genauigkeit im Widerspruch zur typischen Informationslage betrieblicher Entscheidungsträger stehen. Können solche Ansprüche allenfalls zu prohibitiven Kosten befriedigt werden, so versagt das Modell als Entscheidungshilfe. Mit Recht wird zudem die Forderung erhoben, daß die Sensitivität des Modells gegenüber Datenänderungen überschaubar sein müsse, was auch im Interesse seiner Dialogfähigkeit liegt.

Nun hat die Betriebswirtschaftslehre zahlreiche Planungs- und Entscheidungsmodelle entwickelt, und immer neue kommen hinzu. Doch immer wieder zeigen Umfragen, daß die von der Betriebswirtschaftslehre angebotenen Modelle von der Praxis kaum angenommen werden. Offenbar gilt hier nicht der Satz: Wer vieles bringt, wird manchem etwas bringen. So gibt es immer mehr „Wegwerfmodelle", und zugleich wächst die Kluft zwischen der wachsenden Zahl ungenutzter Modelle und der steigenden Bedeutung systematischer Planung gerade bei Forschung, Entwicklung und Innovation.

Für rationale Entscheidungen über Innovationen bereitet neben der Ungewißheit der Erwartungen vor allem der Umgang mit Entscheidungszielen von jeher besondere Schwierigkeiten. Bei unternehmerischen Entscheidungen sind in der Regel mehrere Zielgrößen gleichzeitig zu berücksichtigen. Damit entsteht auch die Frage, welche Entscheidungsregeln in realen Entscheidungssituationen angewandt werden sollten, um bei mehrdimensionalen Zielsystemen eine *befriedigende* Auswahl zwischen mehreren Alternativen zu finden.

Der Wunsch nach rationalem Handeln auch bei extrem unvollkommener Information und mehreren Zielen hat zum Entwurf eines Modelltyps geführt, der als Scoring-Modell (Scoring-Methode) bezeichnet wird. Diese Modelle sind im wesentlichen für die Praxis und in der Praxis entworfen worden, und zwar ursprünglich vor allem für die Bewertung von Forschungs- und Entwicklungsvorhaben und Produktinnovationen. Weil die Struktur dieser Modelle realen Entscheidungsproblemen gut angepaßt ist und weil sie besonders flexibel sind, kommen sie aber für *alle* Entscheidungsprobleme in Betracht, bei denen ausdrücklich mehrere Ziele berücksichtigt werden müssen. Der Anwendungsbereich dieses Modelltyps ist so umfassend, daß er nicht in einem Anwendungskatalog erschöpfend aufgezählt, sondern nur durch Beispiele illustriert werden kann. Scoring-Methoden eignen sich als Entscheidungshilfe bei so unterschiedlichen Problemen wie: Auswahl von Fertigungseinrichtungen und EDV-Systemen, Standortwahl, Maßnahmen des Umweltschutzes, Wahl der Unternehmensform, Beurteilung von F & E-Projekten und Produktentwürfen sowie der Bonität potentieller Kreditnehmer (Strebel 1975, 1978). Auch bei der öffentlichen Technologieförderung verwendet man Scoring-Methoden zur Projektbewertung (Meierhofer 1983, Strebel 1983).

Das Zielproblem ist zum Beispiel in der Investitionsliteratur frühzeitig aufgegriffen worden. Es findet sich mehrfach der Hinweis, daß Ergebnisse einer Investitionsrechnung, die nur das erwartete Ausmaß eines einzigen, zudem monetär quantifizierten Zieles bezeichnen (zum Beispiel Deckungsbeitrag, Effektivverzinsung) nicht alleinige Entscheidungsgrundlage sein können, sondern bei der Entscheidung selbst andere Zielbeiträge beachtet werden müssen. Soweit es dabei um nicht monetär formulierte Ziele geht, ist der Ausdruck „Inponderabilien" gebräuchlich. In der Praxis sind dies bei Anlageinvestitionen in der Fertigung z.B. Betriebssicherheit, Anpassungsmöglichkeiten an wechselnde Beschäftigungsgrade und Fertigungsaufgaben, Ausmaß der Umweltbelastung von Fertigungsprozessen. Bei der Auswahl zwischen Transferstraße und Flexiblem Fertigungssystem hat man in einem konkreten Beispiel neben den „Anschaffungsausgaben" die Kriterien „Teilflexibilität zur laufenden Produktverbesserung“ und „Gestaltungsflexibilität zur Bearbeitung neuer Produkte“ verwendet (Bühner 1985).

Die Frage, *wie* solche „Inponderabilien“ neben den Ergebnissen einer Investitionsrechnung berücksichtigt werden sollen, ist lange Zeit keiner befriedigenden und in die Praxis umsetzbaren Lösung nähergebracht worden. Typisch für die Resultate solcher Überlegungen ist etwa die Empfehlung, „nicht quantifizierbare Faktoren von Fall zu Fall in eine Rangfolge zu bringen, d. h. individuell in ihrer Bedeutung abzuschätzen“ (Schwarz 1967, S. 90).

Solche Vorschläge mögen zwar bewirken, *daß* man mehrere Ziele im Kalkül berücksichtigt, lassen aber offen, *wie* dies im einzelnen geschehen soll. Zumindest bleibt ungeklärt, wie die geschätzten Erfüllungsbeiträge aller relevanten Ziele, die nicht im Ergebnis der Investitionsrechnung zum „Gesamtwert“ einer Entscheidungsalternative verschmolzen werden können. Dies führt zu der mißlichen Konsequenz, daß der Entscheidungsvorgang für andere, aber zumindest nach einiger Zeit auch für den Entscheidungsträger selbst undurchsichtig und nicht mehr nachvollziehbar erscheint.

Diese Mängel haben in Theorie und Praxis zu Versuchen angeregt, die Bewertung alternativer Handlungsweisen anhand mehrerer Ziele und damit verschiedenartiger Zielbeiträge mit Hilfe ganz bestimmter Regeln zu formalisieren und damit transparent und nachvollziehbar zu machen. Sehen diese Regeln vor, die jeweils erwarteten Zielausmaße in Nutzengrößen zu übertragen und aus diesen durch additive oder multiplikative Verknüpfung Nutzenwerte der Alternativen zu gewinnen, die als Entscheidungsgrundlagen dienen, so hat man bereits ein Scoring-Modell (oder eine Scoring-Methode; simultane Bezeichnungen sind Rating-Verfahren oder Nutzwertanalyse). Churchman und Ackoff haben nach diesem Prinzip bereits 1954 ein praxisorientiertes Entscheidungsmodell entworfen, das für die weitere Entwicklung dieses Modelltyps wesentliche Impulse gegeben hat (Churchman/Ackoff 1954, Churchman/Ackoff/Arnoff 1957).

Der zweite Anstoß zum Entwurf von Scoring-Methoden kam aus der Tatsache unvollkommener Information bei Entscheidungen mit fernem Planungshorizont.

Bei Innovationsprojekten, etwa bei Forschungs- und Entwicklungsvorhaben, lassen sich Beiträge zum Gewinnziel in der Regel vorweg nicht quantifizieren. Um dennoch Bewertungsgrundlagen zu erhalten, hat man *an die Stelle* des Gewinnziels mehrere andere (gleichrangige) Beurteilungskriterien gesetzt, wie zum Beispiel: Erfolgswahrscheinlichkeit, Projektdauer, Projektkosten, Abschlußpriorität, Umsatzzuwachs. Dieses Vorgehen gründet offenbar auf der Annahme einer engen positiven Korrelation zwischen projektbezogen veranschlagten Ausmaßen dieser Kriterien und Gewinnhöhe (Pound 1964).

Numerische Kriterien haben bestimmte Wertskalen, z. B. mit den Einheiten D-Mark, Jahre, Kilowatt und ähnliches, etwa bei den Kriterien „Jahresumsatz“, „Entwicklungsdauer“, „Motorleistung“ für die Beurteilung eines konstruktiven

Entwurfs. Den möglichen Ausprägungen auf den Werteskalen der Kriterien entsprechen bestimmte (partielle) Nutzwerte. Aufgrund des recht beschränkten menschlichen Differenzierungs- und Bewertungsvermögens muß man davon ausgehen, daß jeweils bestimmte Intervalle von Ausprägungen eines Kriteriums (z. B. Jahresumsatz 2–5 Millionen DM) nutzenmäßig indifferent sind. Damit werden auch die Auswirkungen von Schätzungen bei unvollkommener Information gemildert, weil innerhalb gewisser Bandbreiten Schätzfehler den Nutzwert nicht beeinflussen.

Das Arbeiten mit Nutzengrößen mag zunächst praxisfremd erscheinen. Tatsächlich ist das Nutzendenken aber charakteristisch für jede ökonomische Argumentation. Auch D-Mark-Beträge sind ja Nutzenindikatoren und werden schließlich nutzenmäßig bewertet. So bedeutet die gängige Aussage, es komme bei diesem oder jenem Projekt zum Beispiel auf 100000 DM nicht an, daß hier D-Mark-Beträge innerhalb eines bestimmten Intervalls nutzenmäßig äquivalent sind.

2. Aufbau der Scoring-Modelle

Wie schon angedeutet, wird bei Scoring-Modellen jede Alternative danach bewertet, welche Konsequenzen im Falle ihrer Realisierung für die angestrebten Ziele zu erwarten sind. Diese zielrelevanten Folgen der Alternative sind zu prognostizieren und anhand bestimmter Maßstäbe und Messungsvorschriften zu bewerten.

Voraussetzungen hierfür sind operationale Zielformulierungen, d. h. jedes Ziel muß *explizit* eine nach Inhalt und zeitlichem Bezug definierte Variable angeben, deren Werte durch Realisierung einer Alternative beeinflußt werden, so daß die zielrelevanten Konsequenzen der Auswahl an den resultierenden Werten der Zielvariablen erfaßt werden können (Beispiel: Umsatz = Absatzmenge × Preis pro Stück). Die Erfassung ist nur möglich, wenn die Werte der Zielvariablen eine Skala mit eindeutig definierter praktikabler Maßeinheit bilden (im Beispiel DM). In diesem Sinne „operationale“ Ziele werden hier „Kriterien“ genannt.

Bei einem sog. „eindimensionalen“ Zielsystem (nur *ein* Ziel) sollen die zielrelevanten Konsequenzen jeder Alternative durch nur *ein* Kriterium vollständig erfaßt werden, und zwar anhand der erwarteten Zielerfüllungsbeiträge jeder Alternative für das eine Kriterium (z. B. Gewinn, Effektivverzinsung). Man kann von diesen unterschiedlichen Zielerfüllungsbeiträgen unmittelbar die Präferenzordnung der Alternativen ableiten, wenn man davon ausgeht, daß eine Alternative mit höherem Zielerfüllungsbeitrag stets einer Alternative mit geringerem Zielerfüllungsbeitrag vorgezogen wird. Diese Sicht paßt unmittelbar auch auf die traditionellen Investitions- und Wirtschaftlichkeitsrechnungen und zeigt, daß diese durchaus als Sonderfall der Scoring-Modelle verstanden werden können.

Bei mehreren Zielen, d. h. bei einem *mehr*dimensionalen Zielsystem, können die zielrelevanten Konsequenzen jeder Alternative auch nur durch *mehrere* Kriterien erfaßt werden. Dadurch ist die Bewertung von Alternativen *schon in formaler Hinsicht* schwieriger als bei nur einer Zielvariablen, und zwar aus folgenden Gründen:

- Für jede Alternative erhält man bei *jedem* Kriterium einen Zielerfüllungsgrad, also *insgesamt soviel Zielerfüllungsgrade wie Kriterien* vorgesehen sind. Anhand der verschiedenen Zielerfüllungsgrade bei ein und demselben Kriterium können wieder Präferenzordnungen der Alternativen gebildet werden. Nur bekommt man jetzt *so viele* Präferenzordnungen der Alternativen wie Kriterien vorhanden sind. Diese nur partiellen Präferenzordnungen der Alternativen stimmen meist nicht überein. Man muß dann besondere Verfahrensweisen entwickeln, sog. Amalgamierungsregeln, um aus diesen partiellen Präferenzordnungen eine Gesamtpräferenzordnung der Alternativen zu erhalten.
- Die *zweite Schwierigkeit* bei mehrdimensionalem Zielsystem resultiert aus der unterschiedlichen Wichtigkeit von Kriterien. Man kann bei mehrdimensionalem Zielsystem nicht ohne weiteres annehmen, daß die verschiedenen Kriterien für den Gesamtnutzenwert einer Alternative als gleich wichtig empfunden werden. Unterschiedlich empfundene Wichtigkeiten müssen dann anhand von Gewichten in Gestalt reeller Zahlen *explizit formuliert* und bei Amalgamierung der partiellen Präferenzordnungen zur Gesamtpräferenzordnung der Alternativen ausdrücklich berücksichtigt werden.

Der materielle Inhalt der Gewichte läßt sich in Verbindung mit den partiellen Nutzenwerten der Zielerfüllungsgrade erläutern. Indem man beim Entwurf eines Nutzwertmodells jedem möglichen Zielerfüllungsgrad eine reelle Zahl als partiellen Nutzenwert („Score") zuordnet, erhält man für jedes Kriterium eine (partielle) Nutzenskala. Diese Skalen geben Nutzenunterschiede zwischen möglichen Erfüllungsgraden ein und desselben Kriteriums an. Nutzenunterschiede zwischen Erfüllungsgraden *verschiedener* Kriterien kann man durch Vergleich der Nutzenbeiträge ermitteln, welche die entsprechenden partiellen Nutzenwerte zum Gesamtnutzenwert der Alternative leisten. Diese Nutzenbeiträge folgen – bei bestimmten partiellen Nutzenwerten – aus den Kriteriengewichten. Unterschiedliche Nutzenbeiträge von partiellen Nutzenwerten *verschiedener* Kriterien müssen also durch ungleiche Kriteriengewichte zum Ausdruck gebracht werden. Stimmen die Nullpunkte der Nutzenskalen aller Kriterien überein, so erscheinen die *Gewichte bei kardinal vergleichbaren Nutzeneinheiten als Multiplikatoren, bei nicht kardinal vergleichbaren Nutzeneinheiten als Exponenten* der zugehörigen partiellen Nutzenwerte. Das reziproke Verhältnis der Gewichte zweier Kriterien K_1 und K_2 gibt an, wieviel Nutzeneinheiten des Kriteriums K_1 eine Nutzeneinheit des Kriteriums K_2 ersetzen, wenn ein bestimmter Gesamtnutzenwert einer Alternative unverändert bleiben soll. Die Gewichte fixieren also die Substitutionsraten von Nutzeneinheiten.

Schon die bisherige Darstellung zeigt, daß bei Entwurf und praktischem Einsatz von Nutzwertmodellen u. a. folgende Einzelprobleme zu lösen sind: 1. Wahl der Kriterien, 2. Fixieren der Bewertungsregeln, also der Nutzenskalen, der Gewichte und der Amalgamierungsvorschrift, 3. Fixieren einer Regel zur Amalgamierung von Individualurteilen in Bewertungs- oder Entscheidungsgruppen (Kollektive Bewertung und Entscheidung):

Wahl der Kriterien

Kriterien der Nutzwertmodelle müssen im Wege zunehmender Konkretisierung schrittweise aus Oberzielen gewonnen werden. Die hierzu erforderliche Methodik wird vor allem in Verbindung mit dem Management by Objectives und den Relevanzbaumverfahren erörtert. Erfahrungen zeigen allerdings, daß verschiedene Beurteiler bei gleichen Oberzielen durchaus zu verschiedenen Kriterien gelangen können. Dies erklärt sich schon *daraus*, daß postulierte Instrumentalbeziehungen zwischen operationalen Unterzielen (Kriterien) und nicht operationalem Oberziel (wie z. B. Wachstum, Sicherheit, Fortschritt) objektiv nicht nachweisbar sind. Leitet man aus nicht operationalen Oberzielen Kriterien ab, so können diese letztlich nur empirisch oder durch Konvention festgelegt werden.

Da betriebliche Zielsysteme, abgesehen von gewissen „Überlebensbedürfnissen", wie Erzielung eines Mindestgewinns, nur subjektiv bestimmbar sind, kann es hier nur darum gehen, formale Anforderungen an die Entwicklung des Kriterienkataloges zu bestimmen.

Zunächst muß klar angegeben sein, welche durch Auswahlentscheidungen beeinflußbaren Zielvariablen erfaßt werden sollen. Auch wo die Kriterienbezeichnung ohne weiteres eindeutig erscheint, wie bei „Gewinn" oder „Umsatz", sollte der Kriterieninhalt so genau wie möglich definiert werden, da sonst erfahrungsgemäß Mißverständnisse entstehen. Dies gilt noch mehr für qualitativ formulierte Kriterien. Hier kann das praxisorientierte Vorgehen der analytischen Arbeitsbewertung bei Definition der Inhalte von Anforderungsmerkmalen als wegweisend gelten. Das Beispiel „Arbeitsbewertung" zeigt im übrigen, daß auch qualitativ formulierte Kriterien hinreichend operational definiert werden können.

Die zweite Forderung lautet, daß anhand der Kriterien die zielrelevanten Folgen der Wahl einer bestimmten Alternative *vollständig* erfaßt werden sollen. Damit ist das Problem der adäquaten Kriterienanzahl verbunden. Die *Untergrenze* der Kriterienzahl folgt aus dem Grundgedanken der Scoring-Modelle, ein sehr komplexes Bewertungsproblem durch gedankliche Trennung mehrerer Aspekte des zu bewertenden Sachverhalts zu vereinfachen. Bei zu wenigen Kriterien wird möglicherweise mit jedem Kriterium ein zu breiter Ausschnitt aus den zielrelevanten Konsequenzen erfaßt, was gegenüber einer „summarischen" Bewertung der Alternativen in *einem* Urteilsakt kaum Erleichterungen bringt. Eine *Ober*grenze für die Kriterienanzahl erhellt daraus, daß der Bewertungsaufwand mit wachsender Kriterienanzahl zunimmt und schließlich durch zusätzliche Verbesserung der Ergebnisse nicht mehr gerechtfertigt werden kann.

Nicht zuletzt wird es mit steigender Kriterienzahl immer schwieriger, verschiedene Kriterien sauber gegeneinander abzugrenzen. Nach empirischen Erhebungen aus der Industrieforschung liegt die Obergrenze dort bei 5–6 Kriterien, bei Systemanalysen beschränkt man sich in der Regel auf 4–7 Kriterien. Inhaltliche Überschneidungen von Kriterien muß man aber wegen der Logik des Verfahrens vermeiden. Sie führen nämlich dazu, daß ein und dieselbe Entscheidungsfolge nutzenmäßig mehrfach erfaßt wird, was auf eine unkontrollierbare Kriteriengewichtung hinausläuft.

Stets – und mit wachsender Kriterienzahl zunehmend – besteht auch die Gefahr kausaler oder „technologischer" Abhängigkeiten zwischen Kriterien. Dies bedeutet bei zwei Kriterien, daß der Erfüllungsbeitrag des einen (abhängigen) Kriteriums für eine Alternative durch deren Erfüllungsbeitrag des anderen Kriteriums beeinflußt wird (zum Beispiel „Umsatzvolumen" und „Intensität des Wettbewerbs"). Bei technologischer Abhängigkeit zwischen Kriterien wird das abhängige Kriterium – je nach Art der Abhängigkeitsbeziehung – für eine Alternative stets einen höheren oder niedrigeren Erfüllungsgrad aufweisen als das Fehlen der Abhängigkeitsbeziehung. Dies bewirkt – wie inhaltliche Überschneidungen – systematische Fehler, da abhängige Kriterien tendenziell einen zu hohen oder einen zu niedrigen Erfüllungsbeitrag aufweisen, was mit einer vom explizit angegebenen Gewichtungsfaktor abweichenden Kriteriengewichtung gleichbedeutend ist. Eine weitere Forderung lautet also: Technologische Abhängigkeiten sind zu vermeiden!

Bei den Scoring-Modellen wird technologische Unabhängigkeit zwar in der Regel *unterstellt*; wie die Kriterienkataloge publizierter Verfahren zeigen, ist sie aber infolge definitorischer Zusammenhänge und wegen der Interdependenz wirtschaftlicher Größen selten tatsächlich gegeben. Die störenden Einflüsse technologischer Abhängigkeiten lassen sich einigermaßen beherrschen, wenn man lediglich *solche* Beurteilungsmerkmale als Kriterien wählt, die das jeweils letzte Glied in einer Kette von Kriterien mit Abhängigkeitsbeziehungen bilden.

Beim Entwurf des Kriterienkataloges ist neben technologischen Abhängigkeiten schließlich auch die Nutzenabhängigkeit von Kriterien zu beachten. Nutzenabhängigkeit besteht, wenn für eine Alternative der partielle Nutzenwert bei einem Kriterium auch von Erfüllungsbeitrag der Alternative bei anderen Kriterien abhängt. So hat ein hohes Raumangebot für den Besitzer eines Pkw nur dann einen Wert, wenn man mit diesem auch eine bestimmte Reisegeschwindigkeit erreicht. Ein Beispiel aus dem Unternehmensbereich ist der oft beobachtete Zusammenhang zwischen Wertschätzung von Umsatzhöhe und Gewinnhöhe. Der erwartete Umsatz wird nur dann unabhängig bewertet, wenn ein zuvor fixierter Mindestgewinn wenigstens erreicht wird.

Kann man in der skizzierten Weise unabdingbare Mindestniveaus fixieren, so wird wenigstens eine intervallweise („bedingte“) Nutzen*un*abhängigkeit erzielt. Diese ist aber unerläßlich, da die Addition oder Multiplikation von partiellen Nutzenwerten zu Alternativwerten entscheidungslogisch nur bei Nutzen*un*abhängigkeit erlaubt ist.

Bewertung und Amalgamierung

Bei Entwurf eines Scoring-Modells ist auch zu klären, *wieviele* Zielerfüllungsgrade bei den Kriterien unterschieden und *welche partiellen Nutzenwerte* dafür angesetzt werden sollen.

Formal geschieht die Definition solcher Zielerfüllungsgrade bei quantitativ formulierten Kriterien, z. B. dem Umsatz, durch Unterteilung des in Betracht kommenden Wertbereichs in Intervalle. Alle Zielerfüllungsbeiträge innerhalb eines solchen Intervalls stimmen im Zielerfüllungsgrad überein. Bei qualitativ formulierten Kriterien müssen die unterschiedlichen Erfüllungsgrade durch möglichst exakte verbale Beschreibung abgegrenzt werden. Auch hier kann auf die Methodik der Arbeitsbewertung verwiesen werden, wo neben der Definition von Anforderungs*arten* (analog den Kriterien) die Beschreibung von Anforderungs*stufen* (analog den Zielerfüllungsgraden) seit längerem diskutiert und praxisbezogen gelöst wird.

Auch die an Nutzenunterschieden orientierte Abgrenzung von Zielerfüllungsgraden kann im übrigen letzten Endes nur aufgrund einer Konvention erfolgen, da Nutzenunterschiede erst dann fühlbar werden, wenn sie eine gewisse Mindestgröße überschreiten.

Die *Anzahl* der unterschiedlichen Zielerfüllungsgrade eines Kriteriums muß den Fähigkeiten des Beurteilers entsprechen, Erfüllungsgrade nicht nur zu *unterscheiden,* sondern auch *differenziert* zu *bewerten.* Angesichts des recht beschränkten menschlichen Differenzierungs- und Bewertungsvermögens sind nach psychometrischen Untersuchungen höchstens neun verschiedene Erfüllungsgrade pro Kriterium vertretbar, in der Regel wird man sogar mit 5–7 Abstufungen (Intervallen) auskommen müssen. Überschreitet man solche Grenzen, so sind die Beurteiler überfordert, und das Verfahren wird zur Zahlenspielerei.

Für die Art und Weise, wie partielle Nutzenwerte nachher zu Alternativwerten amalgamiert werden dürfen, ist das Skalenniveau der Nutzenskala entscheidend, denen sie entnommen sind. Es richtet sich nach der Differenziertheit des in Nutzenskalen darzustellenden Wertsystems und bestimmt, welche Rechenoperationen mit den partiellen Nutzenwerten sinnvolle Ergebnisse hervorbringen (Strebel 1975, 1978).

Unterstellt man, die Nutzenskalen seien Verhältnisskalen mit jeweils einer genau fixierten Nutzeneinheit und mit übereinstimmenden Nullpunkten, wie etwa bei einer DM-Skala, so kommt man zur Amalgamierungsregel (1): „Verwende die Kriteriengewichte (g_j) als Exponenten der partiellen Nutzenwerte (n_{ij}) und multipliziere die entstehenden Faktoren zum Alternativenwert (N_i):

$$(1)\, N_i = \prod_j n_{ij} \cdot g_j$$

Kommt die Annahme hinzu, daß die Nutzeneinheiten aller Skalen – ähnlich den internationalen Währungen – über „Wechselkurse" kardinal vergleichbar sind und damit in eine gemeinsame Standardnutzeneinheit umgerechnet werden können, so lautet die Amalgamierungsregel (2): Multipliziere die Kriteriengewichte mit den zugehörigen partiellen Nutzenseiten und addiere zum Alternativenwert:

$$(2)\, N_i^+ = \sum_j n_{ij} \cdot g_j$$

Nach den vorliegenden psychometrischen Erkenntnissen kann man wenigstens innerhalb gewisser Schwankungsbreiten von einer fixierten Nutzeneinheit ausgehen. Kardinale Vergleichbarkeit von Nutzeneinheiten verschiedener Kriterien und übereinstimmende Skalenanfangspunkte sind jedoch nicht zu erwarten. Allerdings erscheint es möglich, übereinstimmende Nullpunkte zu fixieren, so daß die Amalgamierungsregel (1) angewandt werden kann.

Diese Chance bietet sich dann, wenn man die Scoring-Modelle an die auch in der Praxis übliche Bewertung und Auswahl in wenigstens zwei Phasen anpaßt. Danach werden in einer Vorauswahl zunächst jene Alternativen ausgeschieden, die nicht realisierbar oder unerwünscht, also „unzulässig" sind. Dazu dienen bei quantitativ formulierten Kriterien Angaben über „Schwellenwerte", welche jede Alternative mindestens erreichen muß oder höchstens erreichen darf, um in die engere Wahl zu kommen (z. B. Jahresumsatz $\geq$ 2 Millionen DM; Kapitalbedarf $\leq$ 1 Million DM). Eine *zulässige* Alternative darf keinen solchen Schwellenwert verletzen. Schwellenwerte bezeichnen also – nutzenmäßig gesehen – die Grenzen zwischen der Einstufung „unzulässig" (das heißt: Alternative scheidet aus) und „befriedigend und besser" (Alternative kommt in die engere Wahl), also gewissermaßen den Nullpunkt der Nutzenskalen für die folgende Phase der engeren Wahl und Auswahl, wo nur noch positive Nutzenwerte auftreten können.

Kollektive Bewertung und Entscheidung mit Hilfe von Scoring-Modellen

Die Wahl der Ziele und Kriterien, die Bewertung, die Gewichtung und die Prognose von Zielerfüllungsbeiträgen bei Entwurf und Einsatz von Scoring-

Modellen geschieht grundsätzlich durch Gruppen (Gremien oder „Kollektive"), und die Gruppe als solche fungiert als Beurteiler oder Entscheidungsträger. Dabei müssen Individualurteile zu Gruppen-(Kollektiv-)Urteilen verdichtet werden.

Häufig kann man zunächst auf die Diskussion im klassischen Wortsinne als Bemühen um Erkenntnis zurückgreifen. Psychologisch bedingte Nachteile der offenen Aussprache können durch verdeckte Diskussion vermieden werden. Für viele Anwendungsbereiche hat sich die Delphi-Methode bewährt, die offene Diskussion durch eine vorgeplante Abfolge individueller, anonym abgegebener Urteile ersetzt. Nach einigen Befragungsrunden zeigt sich so oft eine recht weitgehende Annäherung der Standpunkte, was man oft als Bilden eines Gruppenurteils interpretieren kann. Bei Scoring-Modellen bietet sich die Delphi-Methode zunächst für die Kriteriensuche an. Man konnte mit delphi-ähnlichen Befragungstechniken zum Beispiel nachweisen, daß die Teilnehmer bereitwillig Kriterien aus fremden Antworten übernahmen, die ihnen selbst entgangen waren. Diese Lernbereitschaft unterstützt das Bemühen um möglichst vollständige Erfassung aller Entscheidungsfolgen.

Soweit die individuellen Präferenzen *endgültig* divergieren, muß eine sogenannte „Sozialwahlfunktion" bestimmt werden, nach der die unterschiedlichen Individualurteile zu *einem* Gruppen- oder Kollektivurteil zusammengefaßt werden können. Es handelt sich dabei formal um ein ähnliches Amalgamierungsproblem wie bei der Ermittlung von Alternativenwerten aus partiellen Nutzenwerten. In der Regel wird empfohlen, Kollektivnutzenwerte und -gewichte als arithmetische Mittel der entsprechenden Individualurteile zu definieren. Damit wird kein interpersoneller Nutzenvergleich betrieben, sondern nur zum Ausdruck gebracht, daß jedem Individualurteil die gleiche soziale Wichtigkeit zuerkannt werden soll. Gelegentlich findet sich auch der Vorschlag, Individualurteile sozial unterschiedlich zu gewichten, was etwa mit unterschiedlicher fachlicher Kompetenz der Gruppenmitglieder begründet wird.

Solche Vorschläge vereinfachen die realen Amalgamierungsprobleme über Gebühr. Es dürfte nämlich schwierig sein, unterschiedliche Urteilsgewichte zu finden, wenn man bedenkt, daß die Gruppenmitglieder in der Regel Experten für bestimmte Aspekte der Alternativen sind (etwa für Forschung und Entwicklung, für Fertigung, für Absatz oder für Finanzwirtschaft), was mit einer Gewichtung nicht erfaßt werden kann. Wenn sich aber Unterschiede in der Gewichtung nicht begründen lassen, so werden sie auch für die Sozialwahlfunktion nicht ohne Schaden durchsetzbar sein.

Wegen der im Einzelfall „schlechten" Individualurteile könnte man vermuten, daß beim Bewertungsakt leicht Gruppenurteile entstehen, die *„schlechter"* sind als das beste Individualurteil (eines Experten). Der aus der Soziologie bekannte „Leistungsvorteil der Gruppe" besagt demgegenüber, daß unter bestimmten Voraussetzungen und bei bestimmten Problemen die Gruppe insgesamt zu einem *treffenderen* Urteil kommt als selbst das „beste“ Gruppenmitglied, also genau das Gegenteil.

Hofstätter (1957) veranschaulicht den Zusammenhang an einem einfachen Beispiel: Sieben Versuchspersonen waren aufgefordert, 10 geometrische Figuren mit nicht ohne weiteres erkennbaren Unterschieden im Flächeninhalt nach dem Kriterium „Flächeninhalt“ zu ordnen. Keine der als individuelle Lösung angegebenen sieben Rangreihen entsprach der richtigen Rangordnung. Der Spearmansche Rangkorrelationskoeffizient als Maß für die Übereinstimmung jeder individuellen Rangreihe mit der tatsächlichen Rangreihe betrug für das beste Individualurteil 0,67. (Bei völlig richtig angegebener Rangreihe ist der Wert 1,00).

Addiert man die für jedes Beurteilungsobjekt angegebenen Rangzahlen der sieben Versuchspersonen, so kann man aufgrund der Summen eine neue Rangreihe der Beurteilungsobjekte bilden, die als Gruppenurteil zu dem dargestellten Problem aufgefaßt werden kann. Anstelle der jeweiligen Summen (wie bei Hofstätter) kann man auch die *durchschnittlichen* Rangzahlen verwenden.

Errechnet man den Rangkorrelationskoeffizienten nun für dieses Gruppenurteil, so erhält man 0,79 gegenüber 0,67 für das beste Individualurteil. Beim Rechnen mit den durchschnittlichen Rangzahlen ergibt sich nahezu dasselbe Resultat. Dies zeigt am Beispiel, daß das mit Hilfe des arithmetischen Mittels errechnete Gruppenurteil tatsächlich „besser“ ist als das „beste“ Individualurteil, was ohne Zweifel auch dem Einsatz von Scoring-Methoden zugute kommt.

Dieses zunächst überraschende Ergebnis ist nicht soziologischer, sondern statistischer Natur und beruht im wesentlichen auf einem ungefähren statistischen Fehlerausgleich bei der „Amalgamierung“ der Individualurteile.

Wie jedes formale Verfahren der Entscheidungsvorbereitung müssen auch Scoring-Methoden personelle Probleme und Widerstände überwinden. Diese Probleme folgen erfahrungsgemäß schon daraus, daß es meist an einer ausreichenden Anzahl von Mitarbeitern fehlt, die zugleich in formalen, technisch-naturwissenschaftlichen und ökonomischen Kategorien denken können, wie es beim Arbeiten mit Scoring-Methoden oft verlangt wird. Auf diesen Gesichtspunkt weisen Führungskräfte aus der Forschung und Entwicklung, aber auch aus Regierung und Verwaltung ausdrücklich hin. Ferner muß die Betriebsleitung von der Methodik überzeugt werden. Soweit die Geschäftsleitung mit solchen Methoden nicht vertraut ist, reagiert sie oft deshalb skeptisch, weil mit Nutzengrößen und nicht mit monetären Größen argumentiert wird. Dies bestätigen auch Erfahrungen auf dem Gebiet der industriellen Wertanalyse.

Die in der Praxis gegen die Nutzwertanalyse gelegentlich vorgebrachten Einwände, sie arbeite nicht mit objektiv überprüfbaren Größen und Wertungen und sei daher in gewissem Maße willkürlich, ist jedoch nicht stichhaltig, insbesondere, wenn man solche Urteile auf Vergleiche mit Wirtschaftlichkeitsrechnungen bei nur einem monetär formulierten Ziel stützt. Sie können mit folgenden Argumenten zurückgewiesen werden, die zugleich die wesentlichsten Fortschritte der betrieblichen Planung durch Nutzwertanalyse zusammenfassen:

- Anzustrebende Ziele sind grundsätzlich nicht vorgegeben, sondern müssen durch spezielle Zielsetzungsentscheidungen, in gewissem Sinne also „subjektiv" oder „willkürlich", nämlich durch Konvention, festgelegt werden. Bei operational definierten Zielen und offengelegten Präferenzen und bei Kenntnis der jeweiligen Entscheidungssituation lassen sich aber die jeweils optimalen oder befriedigenden Lösungen *objektiv* bestimmen. Man darf im übrigen nicht übersehen, daß betriebswirtschaftliche Begriffe und Instrumente stets zweckorientiert sind, und daß auch die Wahl einer herkömmlichen Wirtschaftlichkeitsrechnung zur Entscheidungsvorbereitung das Votum für ein ganz bestimmtes Beurteilungskriterium einschließt.
- *Mehrere Kriterien*, entsprechende partielle Nutzenskalen, Gewichte und Amalgamierungsregeln werden *auch in der Praxis* angewandt, nämlich zwangsläufig immer dann, wenn man bei Rechnungen zur Entscheidungsvorbereitung nur *ein* formuliertes Ziel explizit berücksichtigt und das rechnerische Ergebnis durch Einbeziehen sog. „Imponderabilien" nachträglich zu korrigieren versucht. Dies ist keine bloße Vermutung, weil rationale Entscheidung andernfalls bei mehreren simultan verfolgten Zielen logisch undenkbar ist. Gerade *dieses* Argument hat nach *meinen* Erfahrungen Praktiker stets von der Überlegenheit und Notwendigkeit der Scoring-Modelle überzeugt, zumal sie einräumen mußten, daß sich das bisher geübte praktische Vorgehen nicht grundsätzlich von dem der Scoring-Methoden unterscheidet. *Ohne* ausdrückliche operationale Formulierung des Vorgehens erfolgen die Urteile aber teilweise unbewußt, widersprüchlich und damit irrational. Sie sind weiterhin für den Beurteiler, Entscheidungsträger und andere nicht nachvollziehbar, da es an einer hinreichenden Transparenz des zugrundeliegenden Wertsystems fehlt.
- Ein weiterer Gesichtspunkt für den Einsatz von Scoring-Methoden sind deren Ansprüche an die Genauigkeit der Eingabedaten. Traditionelle Wirtschaftlichkeitsrechnungen verlangen Punktschätzungen für alle Eingabedaten. Zumindest muß die Verteilung jeder Variablen bekannt sein, nämlich dann, wenn man mit mehrwertigen Erwartungen arbeitet. Scoring-Modelle begnügen sich hingegen mit Intervallschätzungen. Dies ist für die Entscheidung in der Praxis ein wesentlicher Vorteil, wenn man hier vor allem die beste Lösung – also die Präferenzordnung der Alternativen – kennen will, weniger die nutzenmäßigen „Abstände" der Alternativen voneinander.
- Der dem Arbeiten mit Nutzwertmodellen innewohnende *Zwang* für Beurteiler und Entscheidungsträger, Kriterien, Gewichte und sonstige Wertungen offenzulegen und zu begründen, führt erfahrungsgemäß auch zur Eliminierung sachfremder Gesichtspunkte und vor allem *solcher* Aspekte, die das Licht der

Öffentlichkeit scheuen. Dies wird nicht jeder Entscheidungsträger begrüßen. Betrachtet man es aber als Vorteil, so überwiegt dieser bei weitem den Mangel der Scoring-Modelle, daß sie hinsichtlich der Bewertungs- und Amalgamierungsregeln Prämissen setzen, die in der Praxis nicht streng eingehalten werden können (Scholtz 1979).

Weigert man sich jedenfalls, die Schwierigkeiten anzugehen, so muß man die beschriebenen Mängel in der Rationalität des Bewertungs- und Auswahlvorgangs anhand „monistischer" Entscheidungsmodelle hinnehmen oder sich für Zufallsauswahl entscheiden.

3. Arbeitsteilung: Unternehmer – Staat

3.1. Der Betrieb als Objekt der Technologiepolitik*)

Erich Staudt · Wilhelm Schmeisser

1. Die Situation des einzelnen Betriebes im gelenkten technischen Wandel

Innovationen sind der Inbegriff unternehmerischer Leistung. Die Herstellung neuer Güter oder neuer Qualitäten eines Gutes, die Einführung neuer Produktionsverfahren, die Erschließung neuer Absatzmärkte und Bezugsquellen, aber auch die Durchführung von Neuorganisationen sind Aufgaben des Unternehmers und zugleich Rechtfertigung für Gewinn und Existenz von Unternehmen in einer marktwirtschaftlichen Ordnung. Die innovierende Unternehmung ist Motor des technischen, wirtschaftlichen und sozialen Wandels; und die Beherrschung und wirtschaftliche Nutzung neuer Technologien sind von entscheidender Bedeutung für die Wettbewerbsposition des einzelnen Betriebes. Die rechtzeitige Beherrschung und wirtschaftliche Nutzung moderner Technologien sind aber auch für die Wirtschaft der Bundesrepublik Deutschland ein entscheidender Wettbewerbsfaktor. Eine innovierende Wirtschaft gilt aus volkswirtschaftlicher Perspektive als Garant für Wachstum und internationale Wettbewerbsfähigkeit.

Wo der innovatorische Elan der Unternehmer nicht ausreicht, fühlen sich deshalb Wirtschaftspolitiker aufgerufen, nachzuhelfen. Die Nachhilfe setzt natürlich klare wirtschaftspolitische Zielvorstellungen voraus. Woraus wiederum folgt, daß mit sich wandelnden Zielvorstellungen auch die Auswahl „hilfsbedürftiger" Objektbereiche wechselt.

Als besonders hilfebedürftig gelten:

– Sogenannte *Grundlagen- und Schlüsseltechnologien*, d.h. Innovationsbereiche mit großer Wirkungsbreite, wie z.B. Mikroelektronik, Informationstechnik oder Biotechnologie. Grundlage dieser Philosophie der „Basisinnovation" ist Schumpeters Innovationstheorie, die die Entwicklung als komplexe zyklische Bewegung darstellt, in der stoßweise und geballt auftretende Innovationen die Ursachen für konjunkturele und längerfristige Schwankungen sind.

*) Vgl. auch: E. Staudt (Hrsg.) Innovationsförderung und Technologietransfer. Erich Schmid Verlag, Berlin 1980.

Derartige Basisinnovationen gilt es zu nutzen, denn sie stellen, so glaubt man, den Garanten für wirtschaftliche Aufwärtsentwicklungen dar.

- *Engpaßbereiche der wirtschaftlichen und sozialen Entwicklung*. Das sind z. B. die Problembereiche Umwelt, Rohstoffe, Energie, aber heute auch arbeitsplatzschaffende Innovationen. Mit wechselnden Prioritäten werden je nach Krisenlage einzelne Engpaßbereiche besonders begünstigt.
- Die *Mehrzahl der Betriebe*, nämlich kleine und mittlere Unternehmen (rd. 95% aller Unternehmen), deren innovatorisches Leistungsvermögen gegenüber den großen Unternehmen als unzureichend gilt, weil sie sich eher kurzfristig an wechselnden Markterfordernissen orientieren, worin man im Bundesministerium für Forschung und Technologie die Gefahr sieht, „daß sie grundlegend neue technologische Lösungen nicht schnell genug anwenden. Es fehlen vielfach die personellen und finanziellen Voraussetzungen dafür, wichtige naturwissenschaftlich-technische Informationen in unternehmensbezogene Entwicklungen umzusetzen ... Die Bundesregierung baut daher seit einigen Jahren ein Instrumentarium zur Förderung von Innovationen besonders bei kleinen und mittleren Unternehmen auf, das den Innovationsprozeß in seinen verschiedenen Stadien von der Ideenfindung bis zur Markteinführung durch abgestimmte selektive Maßnahmen und durch solche mit hoher Breitenwirkung beschleunigen und stärken soll." (Vgl. Forschungsbericht 1979)
- *Modisch wechselnde Technikfelder*. Zu ihrer Auswahl dient jeweils die Erkenntnis oder Prognose einer technologischen Lücke gegenüber den USA, Japan oder anderen Ländern. Zwar redet man gern von der Notwendigkeit und den Vorteilen internationaler Arbeitsteilung, wenn es aber um High Tech geht, weichen die Bemühungen um eine Offenhaltung der Märkte einem Technologieimperialismus. Schon die Vermutung eines Vorsprungs führt zur Hektik und ist ausreichende Begründung für nationale Programme. Beim Wettbewerb um die moderne Halbleitertechnik zwischen USA und Japan sprechen die Beteiligten von einem „Halbleiterkrieg", so daß man zunehmend den Eindruck gewinnt, daß nicht mehr der Krieg, sondern die Technologiepolitik die Fortsetzung der Politik mit anderen Mitteln ist.

Und wie beim Wettrüsten infizieren sich die Kontrahenten gegenseitig mit vermeintlich neuen Entwicklungsanstrengungen. So findet man eine weitgehende Übereinstimmung zwischen den Programmrichtungen des japanischen Ministeriums für Technologie (MITI), der USA, dem Bundesministerium für Forschung und Technologie und neuerdings auch der EG. Sie alle halten fast übereinstimmend die folgenden Innovationsfelder in den nächsten Jahren als für besonders bedeutsam:

- Energietechniken,
- Mikroelektronik, Informations- und Kommunikationstechniken,
- Umweltschutztechniken,

- Werkstoff- und Oberflächentechniken,
- Biotechniken,
- Meß- und Regeltechniken bis hin zu flexiblen Fertigungstechniken und
- neue physikalische Techniken aus den Bereichen Optik, Laser etc.

Es ist viel darüber nachgedacht und geschrieben worden, wie sich der ‚unzulänglich innovierende Unternehmer' verhält und mit welchen Instrumenten er am besten zur Innovation zu bewegen sei. Die ordnungspolitische Debatte darüber, ob und welche dieser Einflußmaßnahmen in einer marktwirtschaftlichen Ordnung akzeptiert werden können, füllt Bände, und die Diskussion wird sicher noch lange fortgeführt. Von besonderer Bedeutung für den einzelnen Betrieb ist jedoch, daß im Verlauf dieser ordnungspolitischen Debatte

- schon eine Vielzahl von Instrumenten zur Beeinflussung des „unzulänglich innovierenden Unternehmens" kreiert wurden, ohne zu hinterfragen, ob es diesen Unternehmenstyp überhaupt gibt, und
- dieses breite Instrumentarium extensiv angewandt wird, ohne zu überprüfen, ob das Spektrum auch alle oder den „richtigen" Unternehmenstyp erreicht, von ihm umgesetzt werden kann, und welche Wirkungen es hat – von einer Effizienzkontrolle ganz zu schweigen.

Die Frage, wie sich der einzelne Unternehmer angesichts dieser vielfältigen staatlichen Aktivitäten verhalten soll, blieb weitgehend unbeantwortet.

Betrachtet man nun die wohlbedachten und sicher gut gemeinten zahlreichen Aktivitäten der Technologiepolitik aus der Perspektive der einzelnen Unternehmung, so stellen die Programme zunächst weniger eine Hilfe als vielmehr eine Quelle der Verunsicherung dar. Die Unternehmung sieht sich einem Katalog von Förderungsprogrammen, Subventions- und Hilfsangeboten gegenüber, der nur noch von Förderungs- und Subventionsexperten bewältigt werden kann. Förderfibeln und Subventionswegweiser legen ein beredtes Zeugnis hierüber ab.

Die Vielfalt des Angebots, die bürokratischen Schwierigkeiten seiner Nutzung und die mangelnde Erfahrung der meisten Betriebe wurden von den Förderinstitutionen erkannt. Als Reaktion darauf hat man die Bundesrepublik mit einem Netz von Innovationsberatungsstellen überzogen, die den kleinen und mittleren Betrieben sowie potentiellen neuen Unternehmern Existenzgründungs- und Orientierungshilfe geben sollen.

Die Vielfalt der Programme multipliziert sich nun mit der Vielfalt an Beratungs- und Hilfsangeboten. Ein Ausweichen erscheint für die einzelne Unternehmung unmöglich, ja fahrlässig. Das durch Innovationsförderung und Technologietransfer produzierte und angebotene neue Wissen drängt zur Anwendung, und jeder Unternehmer, der im technischen Wandel überleben will, weiß, daß er sich diesem staatlich forcierten Innovationswettbewerb stellen muß.

Die einzelne Unternehmung muß am Prozeß der technischen Entwicklung nicht nur dann teilnehmen, wenn sie aktiv Forschung und Entwicklung betreibt, also selbst neues Wissen produziert, sondern sie muß zugleich auch an anderen Orten bzw. von anderen Personen oder Institutionen (wie z. B. privaten oder staatlichen Forschungs- und Entwicklungsinstitutionen) schon produziertes Wissen reproduzieren und zur Anwendung bringen. Neben der Unsicherheit bei der Schaffung neuen Wissens tritt damit auch die Unsicherheit bei der Verbesserung des subjektiven Wissensstandes der einzelnen Unternehmung durch den Transfer von Information in das Unternehmen.

Betriebliche Innovationsaktivitäten sind demnach sowohl aktives Element der Mitgestaltung als auch passives Element der Anpassung an die technische Entwicklung.

Unabhängig vom Ausgang der ordnungspolitischen Debatte erzwingt die reine Existenz des technologiepolitischen Instrumentariums die Beschäftigung jedes einzelnen Betriebes mit diesem Problemfeld, gleichgültig ob der einzelne Unternehmer selbst Förderungen in Anspruch nehmen will oder ob er nur befürchtet, daß sein Konkurrent dies tun könnte. Er kommt nicht umhin, sich über die einzelnen Programme zu informieren, ihre Wirkung einzuschätzen und die Umsetzung in Betrieb und Markt zu bedenken.

D. h. die Existenz von Innovationsförderung und Technologietransfer macht eine verantwortungsvolle Beschäftigung des einzelnen Betriebes mit den Förderungsprogrammen erforderlich. Eine Beschäftigung, die sich nicht auf die Fragestellung begrenzen darf, wie man möglichst viel und schnell innoviert, wo die höchsten Subventionen zu erhalten und wie die effektivsten Berater zu finden sind, sondern eine Beschäftigung, die den Betroffenen in die Lage versetzt, die Angebote auch kritisch-distanziert zu betrachten und bis hin zu einer möglichen Ablehnung von Förderungsmaßnahmen reicht.

2. Technologiepolitische Ansätze

Das System der öffentlichen Innovations- und Technologieförderung der Bundesrepublik Deutschland zeichnet sich durch eine Vielfalt aus, die aufgrund von Pluralismus und Föderalismus nicht frei von Widersprüchlichkeiten ist. Auf Bundesebene konkurrieren Ministerien um die Gunst der Förderungsempfänger, und auf jeder Landesebene existiert wiederum ein vielfältiges Eigenleben an Förderungseinrichtungen, das durch eine bunte Palette kommunal geprägter Förderungspraktiken ergänzt, mitunter auch konterkariert wird.

Zwar gibt es Bemühungen zur Ressortkoordinierung, zur Verbesserung der Bund/Länderzusammenarbeit und es existieren regionale und überregionale Planungsansätze, doch, das zeigt die Wirtschaftspraxis, wird hierdurch parallele, konkurrierende oder auch einseitige Förderung nicht vermieden. Regionalpolitiker gebärden sich heute wie aufgeklärte Absolutisten, erweitern ihren Hofstaat um Innovationsberatungsstellen und Transferbeauftragte und geraten als neudeutsche Technologiefabrikherren nicht nur in fatale Nähe zu Stamokap-Konzepten, sondern fallen in ihrem Habitus in den Zustand vor dem deutschen Zollverein zurück.

In der Praxis finden sich jedoch viele Widersprüche und Lücken, aber auch Chancen für findige Unternehmer, Eigenkapital durch Bundes-, Landes- und kommunale Zuschüsse zu ersetzen. Das verführerische Subventions- und Protektionismusangebot von lokalen und regionalen Wirtschaftsförderern erzwingt seine Bewirtschaftung. Zwar wirkt es bei homogenem Angebot zum größten Teil zwischen den Standorten kompensatorisch, doch wird es in seiner unscharfen Differenzierung zum Ausgangspunkt von Bestechung und Erpressung, wenn es z. B. um industrielle Standortentscheidungen geht.

Widersprüchlich ist auch die Bewertung der Initiativen in der Technologiepolitik. Während sich die eine Seite bemüht, aus Technologiepolitik Strukturpolitik zu machen, gibt sich die andere zumindest verbal mit Verbesserungen der Rahmenbedingungen zufrieden. So forderte der Bund junger Unternehmer vor einigen Jahren wegen der strukturpolitischen Initiative gleich die Abschaffung des Bundesministeriums für Forschung und Technologie und halten umgekehrt die Gewerkschaften ordnungspolitische Bedenken für „vernachlässigbar" und eine vorausschauende Strukturpolitik zur Sicherung von Vollbeschäftigung und Wachstum für unumgänglich.

Wir können aber diese Diskussion zurückstellen, denn allen Parteien gemeinsam ist, daß sie auf jeder Ebene technologiepolitische Initiativen ergreifen und Förderungsmittel bereitstellen. Unterschiede bestehen aus der Sicht der einzelnen Unternehmung lediglich in der Art der Ausschüttung, d. h. in der Wahl der Instrumente für Innovationsförderung und Technologietransfer. Zur weiteren Information sei auf die heute inflationierenden Förderfibeln und Subventionsführer verwiesen, die aber angesichts immer neuer staatlicher Aktivitäten sehr schnell veralten.

In der Literatur werden Förderungsinstrumente üblicherweise nach direkten und indirekten Maßnahmen zur Förderung des industriellen Innovationsprozesses, aber auch nach trägerschaftsorientierten Maßnahmen unterschieden.

Direkte Förderung erfolgt gewöhnlich durch Zuschüsse, Beihilfen, Zinsverbilligungen, Sondergarantien und realisierte Ausfallbürgschaften.

Der überwiegende Teil indirekter Maßnahmen umfaßt Steuerbefreiung, Freibeträge, ermäßigte Steuersätze, Sonderabschreibungen, Investitionszulagen, Kürzungsansprüche, vereinfachte Gewinn- bzw. Einkommensermittlungen (z. B. die einkommensteuerliche Behandlung der freien Erfinder), Investitionszulagen (z. B. bei Investitionen zu Forschungs- und Entwicklungszwecken), Arbeitnehmer-Zulagen (F&E-Personalkosten) und Prämien. Zu den indirekten Maßnahmen zählen aber auch alle Verbesserungen der Rahmenbedingungen für betriebliche und überbetriebliche Forschung und Entwicklung. Trägerschaftsorientierte Instrumente der Technologiepolitik sind die Förderung durch die

Ministerien von Bund und Ländern (Ressortförderung) oder die Förderung durch quasi-autonome Gremien, die nicht Teil der Exekutive sind, die Fondsförderung.

Obwohl direkte und indirekte Forschungs- und Innovationsförderung nicht unbedingt in Konkurrenz zueinander stehen müssen, sondern sich auch konstruktiv ergänzen können, verbleiben aus der konträren ordnungspolitischen Diskussion erhebliche Bedenken gegen direkte Förderungsinstrumente.

Im Vordergrund steht die Selektivität der direkten Förderung. Da der Staat angesichts begrenzter Förderungsmittel einzelne Vorhaben nach Kriterien, wie

- Förderungswürdigkeit und -bedürftigkeit bestimmter Technologiebereiche und Unternehmen
- Wirtschaftssektoren
- Regionen
- Unternehmensgrößen

aussuchen muß, gibt es nicht nur begünstigte, sondern auch benachteiligte Unternehmen.

Neben den für die Selektion erforderlichen klaren politischen Zielsetzungen und dem zu diesem Zweck inganggesetzten „technologie-politischen Dialog“ versucht z.B. das Bundesministerium für Forschung und Technologie eine größere ‚Objektivität‘ bei der Auswahl richtungweisender Zielsetzungen und Projektgewährungen sowie eine bessere technologiepolitische Steuerung der Volkswirtschaft zu erreichen, indem es sich von einer Vielzahl von Beratern und Beratungsgremien bei der Ausarbeitung von Fachprogrammen und der Auswahl von Projekten unterstützen läßt.

Die Problematik verkompliziert sich weiter, wenn man beachtet, daß direkte Maßnahmen in Form von Finanzhilfen (offene Subventionen), Zuschüssen, Schuldendiensthilfen, Darlehen, Garantien und Bürgschaften sowohl von Bundes- als auch Landesbehörden gewährt werden. Darüber hinaus existieren Mischförderungen – bei denen Gebietskörperschaften beteiligt sind – mit entsprechend komplexen Selektions- und Aktivierungsprozessen, aber auch Maximierungsmöglichkeiten für findige Unternehmen. Aufgrund der Selektivität direkter Förderung bleiben Fehlentwicklungen nicht aus. So fand Schumpeters These, daß Großunternehmen mit einer beträchtlichen Marktmacht Hauptträger von Forschung und Entwicklung und damit auch der Innovation seien, in den letzten Jahren ihre staatlich geförderte Bestätigung. Vor allem die direkte Förderung konzentrierte sich in der Vergangenheit auf Bereiche der Großtechnologie und damit auf Unternehmen, die über angemessene Forschungspotentiale, erforderliches Know-how und Finanzmittel verfügten. Kleine und mittlere Unternehmen wurden benachteiligt.

Aus diesem Grunde empfahl die Kommission für wirtschaftlichen und sozialen Wandel 1977 eine staatliche Technologiepolitik, die ihre Ziele in einem ausgewogenen Verhältnis sowohl mit Großunternehmen als auch Klein- und Mittelunternehmen zu erreichen sucht. Die Bundes- und Landesregierungen haben deshalb in den letzten Jahren Programme zur Förderung der Innovationsfähigkeit kleiner und mittlerer Unternehmen erarbeitet und verfolgen damit die Ziele:

- Ausbau einer technologischen Infrastruktur, auf welche die Betriebe zurückgreifen können,
- Ausbau indirekter technologieorientierter Förderungsmaßnahmen, wie die Zulage zu den Kosten von Forschungspersonal und Vorhaben der externen Vertragsforschung,
- Ausbau direkter Programmförderung bei unternehmenseigenen Forschungsprojekten, dort, wo kontinuierliche Eigenforschung sinnvoll und risikoreich zugleich ist.

Konkrete Maßnahmen sind die Investitions- und Innovationshilfen bei der Existenzgründung und -sicherung von Unternehmen, wie sie beispielsweise von den Industrie- und Handelskammern vermittelt werden.

Ergänzt werden diese direkten Maßnahmen durch die institutionelle Förderung von Hochschulen, Staatsanstalten, Großforschungseinrichtungen, rechtlich selbständige Forschungseinrichtungen wie Fraunhofer Gesellschaft, Dokumentationszentralen, Zentralbibliotheken usw. Mit diesen trägerschaftsorientierten Maßnahmen sollen externe Partner für kleine und mittlere Unternehmen geschaffen bzw. gestärkt werden, die in der Lage sind, Forschungs- und Entwicklungsdienstleistungen in Form von „Auftragsforschung" und „Vertragsforschung" für den Adressatenkreis anzubieten, dem der Aufbau eigener Forschungs- und Entwicklungskapazitäten zu aufwendig und unwirtschaftlich ist.

Doch wäre es naiv anzunehmen, die indirekte Förderung sei nicht selektiv. Die Vorliebe dafür erklärt sich lediglich daraus, daß die Selektionsmechanismen schwerer durchschaubar sind und die Förderer damit unkontrollierbar werden. Förderungsmaßnahmen durchlaufen in der Regel zwei Phasen mit jeweils sehr spezifischen, aber äußerst bedenklichen Folgen. Dies sei am Beispiel der gerade modischen Technologieparks, die nunmehr in jeder Provinzstadt gegründet werden, verdeutlicht:

In ihrer Gründungsphase geraten die Promotoren solcher Technologieparks leicht in die Verlegenheit eines Mangels an geeigneten ‚Vorführunternehmen'. Sie müssen deshalb entweder ihren Anspruch bzw. ihre Anforderungskriterien senken oder die Attraktivität durch zusätzliche Angebote, Serviceleistungen etc. erhöhen. Ist die Attraktivität dann hinreichend überzeugend, kommt es zu einem Run auf das jeweilige Förderungsangebot. Aufgrund begrenzter Mittel und Kapazitäten muß nun die Mehrheit ausgeschlossen werden. Dies führt nicht nur zu erheblichen ordnungspolitischen Bedenken, wenn z.B. in einem

Bundesland wie Baden-Württemberg bei mehreren tausend Unternehmensgründungen im Jahr einige Dutzend in Technologieparks besonders gehegt und gepflegt werden, sondern darüber hinaus, wenn man sich nicht auf eine Art Windhundverfahren beschränkt, zur Notwendigkeit von Selektionen, für die aber bei den sogenannten indirekten Förderungsmaßnahmen dann Kriterien fehlen. Offene, kontrollierbare Kriterien werden durch die Präferenzen irgendwelcher Berater oder Auswahlgremien ersetzt. Dies legt es wiederum nahe, daß der Trend dann oft einseitig auf gerade modische Technikfelder oder Engpaßbereiche hinführt. Letztlich bedeutet dies, daß auch indirekte Instrumente sowohl aufgrund ihrer extensiven Vermarktung, wenn sie nicht gleich von den intendierten Adressaten akzeptiert werden, als auch in der Selektion bei extensiver Nachfrage der entsprechenden Subventionen und Protektionen letztlich dirigistische Momente beinhalten.

Die Vielfalt der Innovationsförderungsprogramme und die Vielzahl der Kanäle, durch die der einzelne Betrieb Unterstützung erhalten kann, überfordern in aller Regel den Normalbetrieb. Insbesondere die Mehrzahl der Unternehmen – Klein- und Mittelbetriebe, also bevorzugte Objekte der aktuellen Technologiepolitik – haben enorme Informationsprobleme. Ihnen fehlt nicht nur eine Lobby, die bei der Erstellung der relevanten Förderungsprogramme mitwirkt, sondern auch die notwendige Personalkapazität, sich über Programme und Förderungsbereiche zu informieren. Vielen Klein- und Mittelbetrieben fehlt es des weiteren nicht nur am erforderlichen Risiko-Kapital, sondern sogar schon an „risikoreichen Ideen“. Diese Unternehmen verfügen kaum über das Know-how, neue, in ihrer Branche relevante Technologien zu erkennen und für den eigenen Betrieb und Absatzmarkt entsprechend aufzubereiten.

Der Erfolg der Förderungsprogramme hängt maßgeblich davon ab, inwieweit es gelingt, die Adressaten der Förderungspolitik wirklich zu erreichen, Informationshindernisse, bürokratische Hemmnisse der Antragstellung und -abwicklung, technische, ökonomische und Managementschwierigkeiten zu überwinden. Der naheliegende Lösungsweg, nämlich Förderungsprogramme transparenter zu machen, bürokratische Schwierigkeiten abzubauen sowie das ökonomische und technische Know-how der Adressaten zu verstärken, tritt bei den Bemühungen, die Effizienz der Technologiepolitik zu erhöhen, in den Hintergrund. Bevorzugt werden Lösungsversuche, die erkannten Lücken durch ein Netz von Innovationsberatungsstellen zu überbrücken.

An der Schnittstelle zwischen Wirtschaft und staatlicher Förderungspolitik entstanden aus öffentlichen oder wirtschaftlichen Interessen gegründete Institutionen, deren Ziel es ist, potentielle Adressaten und Förderungsprogramme zu vermitteln. Das Spektrum der indirekten Innovationsförderungsinstrumente wird damit um eine weitere Variante bereichert. Das neue Förderungsinstrument, die Innovationsberatungsstelle, sichert nunmehr den Erfolg schon vorhandener Förderungsprogramme getreu der These Euckens von der Tendenz zur Ausdehnung zentraler Lenkung, sobald diese erst einmal an einer Stelle eingeführt wurde.

Träger dieser staatlich forcierten institutionellen Infrastruktur zur Stärkung der Innovationsfähigkeit kleinerer und mittlerer Unternehmen sind neben anderen Projektträgern des Bundesministers für Forschung und Technologie z.B. das VDI-Technologiezentrum Berlin, das Forschungskuratorium Maschinenbau (FKM) e.V. des VDMA, Industrie- und Handelskammern, das Rationalisierungskuratorium der Deutschen Wirtschaft, aber auch Unternehmensberater oder Einzelgewerkschaften wie die IG-Metall.

Aufgabe solcher Einrichtungen ist es, eine Brücke zwischen dem bei den Unternehmen benötigten Spezialwissen über Förderungsprogramme und dem von den verschiedensten Forschungseinrichtungen, Hochschulen, Unternehmensberatungsfirmen erarbeiteten Know-how zu schlagen. In der einfachsten Form geht man davon aus, daß zu den meisten anfallenden Problemen der Förderungsaddressaten an anderem Ort schon Lösungen oder zumindest Teillösungen vorhanden sind, die es nur noch aufzufinden und anzuwenden gilt. Die Innovationsberatung rückt dann in die Rolle des Maklers oder Vermittlers, der den Technologietransfer vom Technologieerzeuger (z.B. von privaten oder öffentlichen Forschungseinrichtungen) zum Technologieanwender (der gewerblichen Wirtschaft) herstellt.

Angesichts der weiteren Defizite des Adressatenkreises, wie

- die zunehmenden Probleme der Unternehmen, jeweils spezifische Förderungsprogramme für ein Innovationsvorhaben ausfindig zu machen und den damit verbundenen oft komplizierten und bürokratischen Antrags- und Bewilligungsweg zu bewältigen,
- die fehlenden Möglichkeiten kleinerer und mittlerer Unternehmen, sich für die Durchführung von Innovationsvorhaben auf eigene Forschungs- und Entwicklungsprogramme oder eigene Erfahrungen im neuen Arbeitsgebiet stützen zu können,
- ihre Schwierigkeiten, geeignete Lizenzangebote ausfindig zu machen, Datenbanken und Fachinformationen abzufragen oder vorliegende Forschungsergebnisse auf ihre Verwertbarkeit zu überprüfen,
- die fehlende Zeit bzw. Eignung des mit den Tagesgeschäften der Unternehmen voll ausgelasteten technischen und ökonomischen Managements, sich in neue fremdartige Materialien einzuarbeiten,

nimmt die durch Innovationsberatungsstellen auszufüllende Lücke weiter zu. Für die Lösung dieser Aufgabenstellungen hätten – folgt man den Entwürfen von wiederum staatlich finanzierten ‚Innovationsinstituten' – die Innovationsberatungsstellen folgende Struktur zu entwickeln:

- Ihre Mitarbeiter repräsentieren ein möglichst breit gefächertes naturwissenschaftlich-technisches Wissen und einschlägige Industrie- und Beratungserfahrungen.

- Jede Innovationsberatungsstelle hat eingespielte Kooperationsbeziehungen und Kontakte zu verschiedensten Spezialisten und Beratern bzw. Beratungsunternehmen, die ihrerseits wieder über einschlägige Kooperationen und Kontakte verfügen.
- Die Mitarbeiter der Innovations-Beratungs-Stellen verfügen über Techniken und Erfahrungen, interdisziplinär zusammengesetzte Projektgruppen zu organisieren und deren Arbeit zu verfolgen. Sie kennen Förderquellen, -programme, -modalitäten.
- Modellhaft wird bei einer Innovations-Beratungs-Stelle untersucht, wie die Beratung mit Hilfe moderner Datenbankterminals verbessert werden kann.

Da sich die meisten Innovationsberatungsstellen vor allem an die Geschäftsleitung bzw. das Management als Adressaten wandten, standen zunächst technisch-ökonomische Zielsetzungen im Vordergrund des Bemühens. Angesichts der sozialen Wirksamkeit neuer Technologien konnte es deshalb nicht ausbleiben, daß die Gewerkschaften als Vertreter der durch technische Innovationen betroffenen Arbeitnehmer auch für ihre Klientel eine ausgeglichene bis präventive Beratung fordern.

Summiert man nun die Bemühungen, so zeigt sich, daß Innovationsförderungsprogramme und Technologietransfer heute zumindest programmatisch eine Flächendeckung in der Bundesrepublik erreicht haben. Regional, sektoral und technologiespezifisch ausgerichtete Innovationsberatungsstellen verstärken die Wirksamkeit der gewaltigen Anstrengungen der Technologiepolitik.

Die Vielzahl der Helfer stellt nunmehr sicher, daß auch das letzte Unternehmen erreicht wird. Angesichts dieser vielfältigen Versuche, auf die Unternehmenspolitik Einfluß zu nehmen, kommt kaum mehr ein Unternehmen umhin, sich mit Innovationsförderung und Technologietransfer zu beschäftigen, gleichgültig, ob es selbst Förderung in Anspruch nehmen will oder ob es sich nur darauf einstellen möchte, weil seine Konkurrenz gefördert wird.

Bei der kritischen Analyse der Umsetzung der Innovationsförderungsprogramme stößt man jedoch auf drei Fragen:

1. Ist der mit gewaltigem PR-Aufwand und durch flächendeckende Innovationsberatung geweckte Erwartungshorizont der Wirtschaftspraxis durch

- verfügbare technische Potentiale
- geeignete Berater und Vermittler
- vorgesehene Subventionsvolumina der öffentlichen Haushalte

überhaupt zu decken? In allen drei Bereichen besteht die Gefahr von Engpässen, wobei jeder einzelne die Wirksamkeit der Programme in Frage stellt.

2. Gibt es tatsächlich Mitarbeiter mit „breitgefächertem naturwissenschaftlich-technischem Wissen und einschlägigen Industrie- und Beratungserfahrun-

gen“ zur Besetzung der Innovationsberatungsstellen? Sind diese Mitarbeiter mit „Kooperationsbeziehungen und Kontakten zu verschiedensten Spezialisten und Beratern bzw. Beratungsunternehmen und Erfahrungen, interdisziplinär zusammengesetze Projektgruppen zu organisieren und deren Arbeit zu verfolgen“, in Innovationsberatungsstellen, die lediglich schmaldotierte, zeitlich begrenzte Anstellungsverträge anbieten, überhaupt zu halten? Die Beschreibung ähnelt doch sehr der des idealtypischen Unternehmers oder Top-Managers, und es ist unwahrscheinlich, daß Personal mit einer derart hohen Qualifikation für die zahlreich geplanten Innovationsberatungs- und Transfereinrichtungen zur Verfügung steht.

3. Besteht dann, wenn Innovationsberatungsstellen mangels idealtypischer Mitarbeiter nur unzureichend ausgestattet sind und sich deshalb auf Technologietransfer bzw. Vermittlungsaufgaben beschränken, nicht verstärkt die Gefahr von Fehlsteuerungen? Dies wird besonders deutlich beim Transfer zwischen Hochschule und Praxis

- wenn Anwender mit technisch unreifen Ideen, die zu früh aus den Labors transferiert werden, befaßt sind, oder
- die Arbeit von Forschungseinrichtungen an den kurzfristigen Erfordernissen der Praxis ausgerichtet wird. Wer betreibt dann mittel- und langfristig wirksame Forschung?

Bei der kritischen Analyse der Programme hinsichtlich ihrer Vollständigkeit zur Bewältigung der anstehenden Strukturprobleme treten drei weitere Schwachstellen in den Vordergrund:

1. Unklar ist noch, ob die vorhandene Infrastruktur zur Aufnahme neuer Technologien geeignet ist bzw. welche flankierenden Maßnahmen zur Technologieförderung eingesetzt werden müssen.

2. Unklar ist weiterhin, inwieweit Fertigungs-, Dienstleistungs-, aber auch kommunale Betriebe über Führungs- und Fachpersonal verfügen, um die diskutierten neuen Technologien, wie z. B. die Mikroelektronik, in Produkte und Dienstleistungen umzusetzen.

3. Völlig offen ist die Frage nach der Akzeptanz der neuen Technologien bei den direkt betroffenen Arbeitnehmern, Unternehmern, Konsumenten und indirekt betroffenen Bevölkerungsgruppen. Zwar besteht eine vordergründige Einigkeit darüber, daß man innovieren sollte, doch ist immer noch ungeklärt, ob die Angesprochenen das auch ohne Fehlentwicklungen können. D. h., zum einen muß die Frage nach der Rentabilität neuer Technologien beantwortet werden. Die angestrebte langfristige Arbeitsplatzsicherung und damit der Erfolg der Programme steht und fällt mit der Rentabilität nach Abschluß der zeitlich begrenzten Förderungssubventionen und mit der Fähigkeit, die neuen Produkte zu verkaufen. Zum anderen ist der Frage weiter nachzugehen, ob Unternehmensführung und Personal mit ihren heutigen Qualifikationen in der Lage sind, die

erforderlichen Umstellungen zu bewältigen, denn was nützt die Förderung technischer Innovationen und ein hochgepeitschter Technologietransfer, wenn das bestehende Qualifikationsdefizit eine erfolgreiche Umsetzung verhindert.

3.2. Technologiepolitischer Aktivismus: Die negative Eigendynamik der Förderprogramme

Erich Staudt

1. Die technokratische Utopie von der Planbarkeit und Durchsetzbarkeit des strukturellen Wandels

Wenn, wie in den vergangenen Jahren zu beobachten, der Ausbau technologiepolitischer Aktivitäten in der Bundesrepublik zeitlich parallel zu der immer wieder beklagten Abnahme der Innovationsfähigkeit der Wirtschaft verlief, dann kann man daraus nicht zwangsläufig folgern, daß der Förderaktivismus nur angemessene Reaktion auf unternehmerisches Versagen ist. Man muß vielmehr auch die Umkehrfrage stellen, inwieweit nämlich die heute so oft vermißte eigenverantwortliche Innovationstätigkeit in der Wirtschaft die Antwort auf jene technokratische Bevormundung durch Innovationsförderung und Technologietransfer ist.

Bei näherem Hinsehen stellt sich heraus, daß beide Wirkungsrichtungen, expandierende Technologiepolitik und wachsender Attentismus an der Eskalation nicht nur beteiligt sind, sondern sogar die Gefahr besteht, daß sie sich gegenseitig verstärken. D. h. aber, um das Ergebnis dieser Studie vorwegzunehmen: es ist nicht auszuschließen, daß zunehmender technologiepolitischer Aktivismus immer mehr Innovationsmüdigkeit erzeugt.

Man könnte nun das ordoliberale Gesangbuch herausnehmen und einmal mehr Subventionsabbau verlangen. Doch das ist wenig ergiebig und, wie die jüngsten Bonner Erfahrungen zeigen, ein recht erfolgloses Unterfangen. Es bleibt bei der Forderung. Der ordnungspolitischen Einflußversuchen widerstehende Eskalationsmechanismus erweist sich als stärker, als eine Art Psychose zu zweit, in die Wirtschaft und Politik verstrickt sind.

Will man nun nicht in die übliche Schwarzweißmalerei, hier heroischer Unternehmer, dort korrumpierter Staat, verfallen, muß man von dem schizophrenen Verhalten vieler Unternehmer und Unternehmensvertreter ausgehen. Ich meine damit das Schwanken zwischen der Betonung hoher Eigenständigkeit in vielen Sonntagsreden, in guten Zeiten noch verstärkt um das Imponiergehabe voller Auftragsbücher und dem Ruf nach dem Staat, wenn es an irgendeiner Ecke kriselt, weil sich Beschaffungsmärkte ändern, Absatzmärkte verschieben, der Wettbewerb verschärft oder man mit dem selbst abgeschlossenen Tarifvertrag nicht mehr klarkommt.

Während diese Unternehmer Erfolge gerne für sich selbst vereinnahmen, bevorzugen sie im Mißerfolgsfalle das „Schwarze-Peter-Spiel". Sie treffen dabei auf dankbare Partner in unserer Gesellschaft, die der Meinung sind: „In Wirtschaftsbereichen, wo es die privaten Unternehmungen unterlassen, bedarfsträchtige Innovationen zu unternehmen, kann es der Staat nicht unterlassen, Innovationsförderung zum Zwecke der Bedarfsdeckung zu unternehmen," (Mensch 1976, S. 45). Sie verstärken den Modetrend vieler Wissenschaftler, Politiker, Verbandsvertreter und Gewerkschafter, wohlmeinend, vordergründig auch sachkundig, aber doch unverbindlich in die Rolle des Unternehmers zu schlüpfen.

Möchtegernunternehmer und Besserwisser verkünden im nachhinein, was z.B. die deutsche Uhrenindustrie falsch gemacht, warum die Photoindustrie verschlafen hat, oder wie Konsumgüterelektronikhersteller ihre Wettbewerbsfähigkeit verloren haben. Und weil sie glauben, genau zu wissen, was man hätte anders tun sollen, leiten sie daraus einen staatlichen Handlungsbedarf ab. Was so überzeugend als notwendiges Soll herausgearbeitet wird, bedarf dann keiner weiteren Überprüfung mehr. Da man sich vorwiegend damit beschäftigt, was Technologiepolitik soll und regelmäßig vernachlässigt, was Technologiepolitik eigentlich kann, wird mit einer erheblichen Naivität an die Behandlung konkreter innovatorischer Wandlungsprozesse herangegangen und die „Kann-Frage" durch scholastische Diskussionen um

- die besten Förderungsinstrumente,
- die richtigen Technikfelder,
- die optimale Verteilung der Förderungsinstitutionen oder
- die Aufgabenverteilung zwischen Bund, Land und Kommunen etc.

überspielt.

Die technokratische Illusion einer dirigistischen Technologiepolitik beruht dann auf Fehleinschätzungen über das, was man „kann" und damit insbesondere auf Fehleinschätzungen über

- die Planbarkeit und
- die Durchsetzbarkeit

des strukturellen Wandels.

Zu einer technokratischen Planung des strukturellen Wandels sind nämlich in erheblichem Umfang diagnostische, prognostische und Entscheidungs-Probleme zu lösen. Und da man die Durchsetzung von Innovationen nun einmal nicht staatlich verordnen kann, wird mit zunehmendem Aufwand versucht, sie durch Förderung und Technologietransfer anzukurbeln. Setzt man also anstelle der scholastischen „Soll-Frage" nach der richtigen Technologiepolitik die „Kann-

Frage" nach den Möglichkeiten einer Technologiepolitik, dann sind eben diese planenden Aktivitäten und Durchsetzungsbemühungen auf Realitätsgehalt und Wirksamkeit zu überprüfen. Dieser „Kann-Frage" gehen aber die Apologeten der „Technologiepolitik" gerne aus dem Weg, weil die negative Beantwortung getreu dem Brückenprinzip, daß „nicht-können" auch „nicht-sollen" impliziert, einen guten Teil des technologiepolitischen Aktivismus erübrigen würde.

2. Planbarkeit: Diagnosen, Prognosen und Entscheidungen zum strukturellen Wandel

Während zur Diagnose des Wandels das übliche statistische Instrumentarium – wenn auch in Grenzen und äußerst aufwendig – empirisch abgesicherte Informationen über die Vergangenheit liefert, tut man sich mit der Zukunft schwer. Schon bei der Interpretation des Materials solcher Berichterstattungen entstehen Probleme. Derartige Bestandsaufnahmen und Querschnittsanalysen bieten als erstes vorzügliche Munition für gegenseitige Schuldzuweisung für am Wandlungsprozeß beteiligte oder davon betroffene Gruppen und sind darüber hinaus Grundlage für ideologische Grabenkriege über Strukturpolitik. Die historischen Analysen reichen aber für eine Erklärung, geschweige denn für eine erfolgreiche Einflußnahme auf konkrete innovatorische Wandlungsprozesse nicht aus.

Euphorische Technokraten verkennen häufig, daß sich Innovationen in einer marktwirtschaftlichen Ordnung nicht deshalb durchsetzen, weil sie technisch machbar oder politisch erwünscht sind, sondern erst dann, wenn sie ökonomisch sinnvoll erscheinen. Die zum Strukturwandel führenden Entscheidungen vollziehen sich also im Mikrobereich auf Unternehmensebene – wenn auch nicht zu verkennen ist, daß die staatlicherseits gesetzten Rahmenbedingungen immer gravierender eingreifen. Einerseits bestimmt also die Fähigkeit, Innovationen ökonomisch umzusetzen, den Unternehmenserfolg, und andererseits erlaubt es erst die Analyse eben dieser betrieblichen Umsetzungsprozesse, Aussagen über die Konsequenzen von Innovationen und damit auch über die Art des damit vollzogenen Strukturwandels zu machen. Während der Problemkreis derartiger Querschnittsanalysen wirtschaftlicher und sozialer Konsequenzen des Strukturwandels mittlerweile zum politischen Alltag gehört, ist man aber von einer Analyse der betrieblichen Umsetzung der dabei erforderlich werdenden flankierenden Maßnahmen und kompensierenden Strategien noch weit entfernt, mitunter sogar überrascht, wenn sich z. B. in als „sterbende Branche" klassifizierten Bereichen nach Schrumpfung wieder recht erfolgreiche Unternehmen tummeln.

Um so schwieriger ist es, angesichts dieser Defizite auf der Basis solcher Diagnosen den Strukturwandel zu managen, denn trotz oder wegen der Analysedefizite kommt man nicht umhin, über den Wandlungsprozeß selbst Annahmen zu machen, die bei näherer Betrachtung nicht frei von Widersprüchen und

Zirkelschlüssen sind. Geradezu fatal wird es, wenn man dann aus dem Blick in die Vergangenheit einen Handlungsbedarf für die Zukunft ableitet und Aussagen kreiert, „was“ „man“ machen müßte. Zwei Aussagen, eine über das „was“ und eine über das „man“, die dann doch einer genaueren Überprüfung bedürfen.

„Was“ man machen müßte, impliziert neben Lerneffekten aus vergangenen Fehlern eine Orientierung an diagnostizierten Lücken und schließlich auch Aussagen über neue Entwicklungen, Innovationen, neue Techniken etc. Es liegt aber in der Natur der Sache, daß es zum Anfang einer Entwicklung unmöglich ist, über Innovationen und die erfolgreiche Nutzung dieser Innovationen zu berichten. Der vordergründige, von den Kritikern des technischen Wandels oft beklagte Mangel an vorweisbaren zukünftigen Erfolgen kann also nur kreativ, d. h., durch echte Innovationen behoben werden. Dennoch werden ständig Aussagen über neue Techniken und ihre zukünftige Anwendung und ihre aggregierten Auswirkungen auf Regionen, Arbeitsplätze oder die gesamte Gesellschaft gemacht. Die Wirkungsforscher übernehmen sich aber regelmäßig, wenn sie versuchen, als kleine Prognosegruppen die gesamte Kreativität des Anwendungsraumes für die gesamte Prognosezeit für sich selbst in Anspruch zu nehmen. Ihre „Kenntnis“ der neuen Techniken ist Grundlage für Spekulationen über die Anwendung, ihre Annahmen über die Anwendung sind die Grundlage für eine Abschätzung der Folgen, und wenn diese Folgen Grundlage von Bewertungen sind, dann steht und fällt diese Wertung mit den zugrundeliegenden Annahmen über Techniken und Anwendungsarten.

Wären diese Innovationen aber im voraus schon aufzählbar, müßte es sich in der Folge um eine recht einfallslose Zeit handeln, denn für den Wirkungszeitraum bestünde dann kein Spielraum mehr. Es handelt sich daher in weiten Bereichen der Technikabschätzung heute um eine absurde Verwechslung der Reihenfolge von Alternativenschöpfung und Alternativenauswahl.

Als Resultat dieses Unvermögens bleibt bei den Entwürfen, „was“ man machen müßte, das „was“ sehr unscharf. Gute Absicht und wohlmeinender Aktivismus rücken oft anstelle dessen, „was“ man kann. Bevorzugt wird die Flucht in vermutete sogenannte Querschnitts- oder Schlüsseltechnologien. Eine daran ausgerichtete Technologiepolitik impliziert aber durch die Konzentration auf gerade modischen Gebieten die Gefahr einer Verödung anderer Wissenschafts- und Technikbereiche und damit zugleich eine potentielle Vernachlässigung der ‚morgen‘ relevanten neuen Techniken.

Das „man“ dagegen, die zweite Komponente in dem „was“ „man“ tun müßte, ist sehr konkret: In Allianz mit jenen schizophrenen Unternehmern, die den Erfolg für sich verbuchen, den Mißerfolg aber lieber sozialisieren, erheischt man, flankiert durch Wirkungsforscher und Prognoseinstitute, immer neue Förderungs- und Protektionismusprogramme vom Staat. Das „man“ manifestiert sich dann in Politikern und ihrem Apparat, der durch ausgelagerte Funktionen wie

Projektträgerschaften unkontrolliert wächst, weil diese ausufernde Bürokratie Verwaltungszwischenebenen einzieht, die sich auf Kosten der Fördermittel gegenseitig beschäftigen und Verantwortung verwischen. In der Pose des Retters der Wirtschaft von Arbeitsplätzen oder Unternehmen stellt diese Politbürokratie bereitwillig staatliche Ersatzprogramme für notleidende Funktionen bereit und schafft damit einen neuen Typ Staatsvertreter, der mit der ‚Spendierhose' herumläuft, um den „dummen Unternehmern" oder „unfähigen Existenzgründern" unter die Arme zu greifen.

Sicher lassen sich zur Begründung derartiger dirigistischer Eingriffe technologische Lücken und zukunftsweisende technische Entwicklungslinien erkennen und aufzeigen. Es besteht dann allerdings eine Identität zwischen den Projektionen von MITI, BMFT, EG, den USA oder zahlreichen großen Unternehmen. Bei Entscheidungen in diesen ‚Schlüssel'-Bereichen scheint der Konsens vordergründig sehr einfach. Die Arroganz großer Apparate und Stäbe gaukelt die Kenntnis der richtigen Schlüsseltechniken vor, die zu pushen sind, und impliziert angesichts der damit verbundenen wirtschaftlichen Erwartungen natürlich auch die Kenntnis der richtigen zukünftigen Märkte.

Die der Förderungsentscheidung zugrundeliegenden Prognosen, oder man sollte besser sagen, die Visionen, die z. B. zu dem Bild von der Informationsgesellschaft führen, haben aber die gleiche logische Qualität, wie z. B. die alte Behauptung über die Schlüsselrolle der Schwerindustrie, die der weltweiten Überkapazität in der Stahlproduktion zugrunde liegt, oder der Energiewachstumsprognosen der 60er Jahre, die nicht nur die Väter von zuviel Kapazität waren, sondern auch erhebliche gesellschaftliche Konflikte heraufbeschworen.

Das der Entscheidung zugrundeliegende Argumentationsmuster ist stets das gleiche: Bei Verdrängung des Geredes von der ‚Internationalen Arbeitsteilung' wird unter Rekurs auf merkantilistische- und Autonomiebestrebungen eine sogenannte Schlüsseltechnik in den Vordergrund gerückt. Bei der Erklärung der diagnostizierten echten oder vermeintlichen Defizite kommt es meist zuerst zu ausführlichen Diskussionen und zu gegenseitigen Schuldzuweisungen mit den üblichen Stereotypen wie
- unfähige Politiker,
- faule Arbeitnehmer,
- bösartige Unternehmer
- etc.

Zur Auffüllung der Lücken artikuliert man dann Forderungen und Bedingungen für die jeweils anderen, am Strukturwandel beteiligten Gruppierungen. Derartige Beschuldigungen und Versuche der gegenseitigen Kontrolle führen dann in Pattsituationen, die kaum mehr Bewegungsspielraum für Innovationen erlauben oder aber zu Vorstellungen von einer neuen Arbeitsteilung, in der sich die einen innovatorisch bemühen und die anderen sie kontrollierend behindern.

Der Innovationsprozeß läuft dann notwendigerweise retardiert ab, und echte oder vermeintliche Lücken gegenüber der Konkurrenz gefährden die Wettbewerbsfähigkeit.

Wo die privatwirtschaftlichen Kräfte nicht ausreichen, aber auch dort, wo es privatwirtschaftlich nicht sinnvoll erscheint, diese Hürden zu nehmen, werden Subventionen und Protektionen vorgesehen, um die Wettbewerbsfähigkeit einzelner Unternehmen, Regionen oder Branchen oder gar der deutschen Wirtschaft zu erhalten, zu sichern oder auszubauen. Diese Inventionen sind wegen begrenzter Mittel notwendigerweise selektiv. Reicht nun zur Begründung der Leidensdruck oder die Überzeugtheit aufgrund krisenhafter Zustände oder prognostischer Vorarbeiten nicht aus, wird

- entweder an den gesellschaftlichen Konsens, oder die fiktive Solidarität für arbeitsplatzgefährdete Branchen, Regionen oder das „Unternehmen Bundesrepublik" appelliert
- oder zumindest eine Majorisierung durch Einbeziehung ganzer Branchen, Verbände oder Regionen versucht
- oder aber es werden weitere Programme bzw. Programmbestandteile zum Ausgleich oligopolistischer Interessen kreiert.

Gelingt also der Konsens durch Majorisierung oder Überzeugung aufgrund von hinreichender Krise oder Leidensdruck und verhält sich die Realität dann doch nicht so, wie für „richtig" erkannt wurde, dann ist „man" ausreichend gerechtfertigt, solchen Durchsetzungsdefiziten durch Förderungsaktivitäten abzuhelfen.

3. Durchsetzbarkeit: Förderungsillusionen

Durch den Förderungsaktivismus wird der Schumpetersche innovierende Unternehmer durch Subventionsmentalität und Floriansprinzip aufgeweicht und in der technokratischen Vorstellung der Förderer sodann in Funktionen zerlegt und sukzessive durch Förderungsprogramme ersetzt.

Glaubte Schumpeter noch, es sei Sache des Unternehmers, neue Produkte und Verfahren zu entwickeln und durchzusetzen, so wurde dies entsprechend dem neuen Selbstverständnis im „Förderstaat" in den letzten Jahren mehr und mehr zur Sache der öffentlichen Hand. Ihr Mäzenatentum für die Grundlagenforschung ist längst dem Engagement für die angewandte Forschung gewichen. In ehrlicher Sorge um die deutsche Wirtschaft wurden die Förderungsprogramme auf allen politischen Ebenen immer marktnäher. Als sich zeigte, daß die Produktinnovation allein noch keinen Erfolg garantiert, kamen Programme für Fertigungs- und Verfahrenstechniken hinzu.

Mit zunehmender Krise geriet man unter immer kurzfristigeren Erfolgsdruck. Wachsende Verunsicherung in der Wirtschaft korrellierte mit der Übernahme weiterer Führungsfunktionen durch den Staat bzw. entsprechende Beratungseinrichtungen. Der mangelnde Niederschlag von Technologieförderungen in wirtschaftlichen Erfolgen wurde schließlich mit Managementversagen begründet. Weitere Unternehmensführungs- und Managementfunktionen waren zu ersetzen, bzw. vermutete Defizite durch exzessiven Ausbau der Beratungsförderung zu kompensieren.

Damit ist aber die stückweise Demontage des Unternehmers noch nicht am Ende. In der Vergangenheit war es üblich, das Unternehmensrisiko durch Kapitaleinsatz zu absorbieren. Heute fühlen sich Politiker durch die bei mangelnder Innovationsfähigkeit so beliebte Ausrede vom fehlenden Risikokapital veranlaßt, auch hier aktiv zu werden. Sie übersehen dabei, daß sich im Prinzip alle betrieblichen Probleme des Innovierens in ihren Kosten als Risikokapitalmangel abbilden lassen und mit der Finanzierung noch kein einziges Sachproblem gelöst ist. Daher ist die Wagnisfinanzierung zu einem Modethema geworden, und alle Welt, kompetent und inkompetent, beschäftigt sich mit der Beschaffung von Risikokapital. Die Banken werden bedrängt, und Vater Staat sponsert nicht mehr nur Produkt- und Verfahrensinnovationen, Forschungs-, Entwicklungs-, Produktions-, Marketing- und Managementberatung, sondern auch die Finanzierung.

Damit ist der aus Förderungsprogrammen synthetisierte Unternehmerersatz komplett. Und man kann sich daranmachen, diesen Homunkulus durch Existenzgründungsprogramme in der staatlichen Retorte zu züchten. Oder man schafft die lokale Retorte mit etwa folgendem Rezept:

- Ein bißchen Grundstück von der Gemeinde,
- ein wenig Technik von der benachbarten Hochschule,
- eine Prise mit BAT-Stellen zugekaufter Management- und Marketingkapazität und
- eine kleine lokale Volksbanken- und Sparkasseninitiative zur Risikofinanzierung.

Der Traum vom Silicon Valley ist komplett – mittlerweile mehr als hundertmal in der Bundesrepublik. Der „Unternehmer“ aus der Retorte Technologiepark wird damit provinzielle Wirklichkeit. Die Perversion der Marktwirtschaft durch Innovationsförderung und Technologietransfer ist damit vollständig. Im Zusammenspiel von protektionismusgeneigter Politik, Verwaltung und Gewerkschaft und subventionsanfälligen Unternehmen und Verbänden haben technokratische Verwalter die Innovation übernommen. Ministerialbeamte auf Bundes- und Landesebene, Projektträger, Wirtschaftsförderer der Regionen und Kommunen, Gutachter, Wissenschaftler, „Venture-Kapitalisten“, Innovationsberater, Technologietransferagenturen und ähnliche bilden eine Neuerungsbewegung, ohne das Manko, ein persönlich zu verantwortendes Risiko zu tragen – ein Manko, das dem alten Unternehmer anhaftete. In der Vergangenheit konzentrierte sich die Förderung auf Bereiche der Großtechnologie, auf die vielgeschmähte sogenannte Projektförderung, die allerdings den Vorteil hatte, noch halbwegs kontrollierbar zu sein. Die Förderung floß damit bevorzugt an Unternehmen, die über angemessene Forschungspotentiale, erforderliches Know-how und Finanzmittel verfügen. Der Ausgleich oligopolistischer Interessen und Mitnahmeeffekte war auch unter Beibehaltung der Eigenständigkeit möglich. Man konnte Einfluß nehmen, und es blieb letztlich unklar, wer wen steuerte.

Dann folgte die Entdeckung der klein- und mittelständischen Unternehmen. Sie erschienen benachteiligt, übersehen und vergessen von staatlichen Förderungsversuchen. Bundes-, Landesregierungen und regionale Wirtschaftsförderer haben deshalb in den letzten Jahren korrigierend versucht, verstärkt Programme zur Förderung der Innovationsfähigkeit dieser Gruppe in Gang zu setzen. Sie wurde zum bevorzugten Objekt der Technologiepolitik. Doch damit begann auch für diese Mehrheit der deutschen Wirtschaft die schon beschriebene Psychose zu zweit:

Betrachtet man auf der einen Seite die wohlbedachten und sicher gutgemeinten zahlreichen Aktivitäten zu Innovationsförderung und Technologietransfer aus der Perspektive der einzelnen Unternehmung, so stellen diese Programme und Technikangebote zunächst weniger eine Hilfe, als vielmehr eine Quelle der Verunsicherung dar. Die einzelne Unternehmung sieht sich einem Katalog von Förderungsprogrammen und Subventions- und Hilfsangeboten gegenüber, der nur noch von Förderungs- und Subventionsexperten bewältigt werden kann. Ihr fehlt nicht nur eine Lobby, die bei der Erstellung relevanter Förderungsprogramme mitwirkt, sondern auch die notwendige Personalkapazität, um sich über Programme und Förderungsbereiche zu informieren. Konsequent richteten in Vertretung der Interessen ihrer Klientel regionale Wirtschaftsförderer, Industrie- und Handelskammern und Verbände, wie VDMA, RKW etc., Innovationsberatungsstellen oder Technologietransferagenturen ein, die den von ihnen vertretenen Zugang zu den Förderungsprogrammen verschaffen sollen.

Da auf der anderen Seite der Erfolg von Förderungsprogrammen aus staatlicher Sicht maßgeblich davon abhängt, inwieweit es gelingt, die Adressaten der Förderungspolitik wirklich zu erreichen, Informationshindernisse, bürokratische Hemmnisse der Antragstellung und -abwicklung, aber auch ökonomische und Managementschwierigkeiten zu überwinden, lag es nahe, die erkannten Lücken durch ein Netz entsprechender Beratungsstellen zu überbrücken, um die „müden Unternehmer" wie einen Hund zum Jagen zu tragen. So förderte man die Bemühungen der privatwirtschaftlichen Träger und funktionalisierte Technologie- und Forschungseinrichtungen für solche Zwecke um.

Die Vielfalt der Programme multipliziert sich nun mit der Vielfalt der Beratungs- und Hilfsangebote. Man befindet sich schon auf der zweiten Parkinsonschen Ebene. Nach Subventionswegweisern und Einrichtung von Beratungsstellen wird eine Beratung über Beratung erforderlich. Beratung und Transfer werden zur letzten Wachstumsbranche unserer Wirtschaft, und auch die Gralshüter der Marktwirtschaft in den Kammern sind sich nicht zu schade oder fühlen sich angesichts des Angebotsdrucks gezwungen, als Subventionsbewirtschaftungshelfer zu fungieren.

4. Die Eigendynamik der Förderungsprogramme

Aus der Sicht der Einzelunternehmung erscheint angesichts dieses Angebotsdrucks ein Ausweichen unmöglich, ja fahrlässig. Warum sollte man sich bei diesem Angebot noch am Markt orientieren? Schon die Produktinnovation ist subventioniert. Soweit das nicht ausreicht, wird auch die Fertigungstechnik unterstützt und Unternehmensführung durch Beratung ersetzt. Da man zudem über Risikokapitalbeihilfen disponieren kann, handelt der sträflich, wer als Unternehmer sich anders als an staatlichen Förderungsprogrammen orientiert. Die technokratische Illusion führt nicht nur zum Ersatz des Schumpeterschen innovierenden Unternehmers durch einen staatlich gesponserten synthetisierten Ersatzunternehmer, sondern ist m. E. zugleich ein wichtiger Erklärungsbeitrag zum Verständnis der stagnierenden Situation in der Bundesrepublik Deutschland.

Dies nicht etwa deshalb, weil Innovationsförderung und Technologietransfer funktionieren – der geweckte Erwartungshorizont der Wirtschaftspraxis ist aufgrund der begrenzt verfügbaren technischen Potentiale, dem Defizit geeigneter Berater und den Limits der vorgesehenen Subventionsvolumina der öffentlichen Haushalte nicht zu decken –, sondern vor allem, weil durch den Rummel um diese Programme, den extensiven Innovationsförderungs- und Transferaktivismus eine Mentalität gefördert wird, in der das Risiko der schöpferischen Innovation kaum mehr eingegangen, Kreativität durch Gutachten und komplizierte Abstimmungsprozesse ersetzt wird und eine Innovationsförderung genannte Verhinderungsbürokratie entstanden ist, die mit hoher Zeitkonstante die schöpferische Vielfalt beschneidet.

Belohnt wird hier nicht der Erfolg. Nur der Mißerfolg (in größerem Ausmaß natürlich) schafft öffentliches Interesse und entsprechende Förderungsprogramme. Die Inflation der Hilfsprogramme konserviert die Innovationsunfähigen, der Angebotsdruck korrumpiert durch Mitnahmeeffekte, die weiter zunehmen, wenn Förderungsgeber, weil mittlerweile auch erfahrener geworden, mit Förderungsprogrammen auf „fahrende Züge" aufspringen, um sich im Glanz erfolgreicher Trends zu sonnen. Gute Absicht und wohlmeinender Aktivismus bewirken schließlich das Gegenteil. Die Strohfeuer, die hier abgefackelt werden, verdecken und verschieben Probleme und entlasten die Politik von konkretem Veränderungsdruck. Die Existenz einer unübersichtlichen Vielfalt an Förderungs- und Beratungsangeboten verunsichert Unternehmen nicht nur. Um vermeintliche Vorteile potentieller Konkurrenten auszugleichen, fühlen sich viele Unternehmen verpflichtet, an entsprechenden Programmen zu partizipieren.

- Einsteiger suchen insbesondere die Förderungsberatung von Subventionsbewirtschaftungshelfern,
- Routiniers dagegen bewirtschaften bevorzugt Mitnahmeeffekte.

Die Akquisition und Abwicklung von Förderung bindet Ressourcen in den Führungs- und Entwicklungsbereichen.

Opportunitätsüberlegungen und -verhalten führen zur Vernachlässigung ungeförderter Bereiche. Durch inhaltlich gerichtete Programme, aber auch durch ungerichtete Programme, führt bei Mittelengpaß das Auswahlproblem und die Prädeterminiertheit von Beratern und Förderungsinstitutionen zu einer Homogenisierung von Tätigkeitsfeldern, mitunter gar zur Aufgabe von Entwicklungsanstrengungen in ungeförderten Bereichen.

In den international gepushten Bereichen entsteht ein hektischer Innovationswettbewerb. Zweifellos gibt es hier schon aufgrund des enormen Mitteleinsatzes bewundernswerte Fortschritte, phantastische technische Produkt- und Produktionsleistungen und auch einige sehr erfolgreiche Unternehmen. Es gibt aber auch zahlreiche Mißerfolge, denn viele Unternehmen können in diesem Innovationswettbewerb nicht mithalten. Die Richtung und Geschwindigkeit der meist weniger durch echte Nachfrage als durch Zukunftsvisionen, Prognosen, Förderungsprogramme und staatlich gepushten internationalen Wettbewerbsdruck forcierten technischen Entwicklung gerät streckenweise außer ökonomische Kontrolle. D.h.

- die Amortisation der Forschungs- und Entwicklungsaufwendungen ist nicht mehr gesichert,
- die Lebenszyklen sind zu kurz und erlauben keinen Übergang in stabile Produktionsverhältnisse.

Angesichts der Höhe des für Forschung und Entwicklung und kurzfristig wechselnde Produktionsanlagen erforderlichen Kapitals führen derartige Phänomene normalerweise zu einer ökonomischen Abbremsung und Korrektur von Geschwindigkeit und Richtung der technischen Entwicklung. Diese Bremswirkungen und Korrekturen werden allerdings in Teilbereichen dadurch geschwächt, daß nach Überschreitung der eigenen Finanzierungsgrenzen der hier engagierten Unternehmen immer häufiger der Ruf nach dem Staat zusätzliche mikroökonomisch nicht gerechtfertigte Forschungs- und Entwicklungs- oder Subventionsmittel erschließt, was schließlich weitere, nicht hinreichend abgestimmte singuläre technische Entwicklungen erzeugt.

Durch dieses Reaktionsmuster auf staatlichen Innovationsberatungs- und Technologietransferaktivismus entsteht ein einzelwirtschaftliches Risiko: die Lenkung der Unternehmensentwicklung auf überbesetzte Marktfelder. Gesamtwirtschaftlich besteht das Risiko also nicht so sehr in einer Verschwendung von Steuergeldern für die Subvention innovationsunfähiger Unternehmen und Mitnahmeeffekte, sondern in der Schaffung einer Unterlassungsmentalität in ungeförderten Innovationsbereichen.

Die Apologeten dieser Programme sind eigentlich nur dadurch zu entschuldigen, daß sie nicht wissen, was sie tun. Ihre unreflektierte Philosophie, gerade die „dummen Unternehmer" und „unfähigen Existenzgründer" zu Objekten öffentlicher Förderung zu machen, verkennt, daß die Installation des Unternehmers in marktwirtschaftlichen Ordnungen nicht einen Naturschutzpark für irgendwelche unternehmerische Existenzen darstellt, sondern lediglich zur Erschließung der „ökonomischen Kraft des intelligenten Egoismus", wie Adam Smith das nannte, dient. Wenn nun aber die Funktion mit der Person verwechselt wird und das humane Prinzip, dem Schwächeren zu helfen, unreflektiert auf eine solche Funktion übertragen wird, dann hat das die fatale Folge, daß Leute zu Unternehmern verleitet oder als solche erhalten werden, die gar nicht über diesen „intelligenten Egoismus" verfügen, der ihre Existenz in marktwirtschaftlichen Ordnungen doch rechtfertigt. Wenn also mit eingeschränktem Risiko und ohne marktliche Kontrolle durch spendierfreudige Ministeriale und Wirtschaftsförderer entsprechender „Unternehmerersatz" installiert wird, dann haben diese „Subventionsbewirtschafter" sehr wenig mit dem „Unternehmer" in marktwirtschaftlichen Ordnungen zu tun. Eine derartige Orientierung führt nicht zu mehr dynamischem Unternehmertum, sondern lediglich zu einer Sozialisierung der anfallenden Verluste und zu einer Eigendynamik beim weiteren Ausbau der Förderprogramme.

Da also der „dumme Unternehmer" und der „unfähige Existenzgründer" besonderes Zielobjekt derartiger Technologiepolitik sind, besteht die Gefahr, daß gerade unternehmerisch unfähige bzw. innovatorisch unfähige Unternehmen gefördert werden. Mißerfolge solcher Förderungsprogramme gibt es dann nicht. Es gibt lediglich Programme, die nicht ausreichend sind und deren Unzulänglichkeiten durch neue ergänzende, flankierende weitere unternehmerische Funktionen substituierende Programme abgeholfen wird. Und dieser Trend wird weiter anhalten, solange die Auswertung und Kontrolle der Programme den Initiatoren und durchführenden Institutionen selbst überlassen bleibt.

Solange der Overhead derartiger Technologiezentren, Projektträger etc. einseitig von Politik und Apparat bestellt wird und sich in einer unheimlichen Arroganz auf dem jeweiligen Gebiet selbst für alleine kompetent erklären kann, die wirtschaftliche Entwicklung voranzutreiben, kreieren die Förderer ihr eigenes Monopol, sperren sie sich gleichzeitig gegen eine echte Evaluation und Erfolgskontrolle.

Der Altruismus der in dieser Szene eingebundenen Wissenschaftler, Politiker, Verwalter und Unternehmen ist überfordert, wenn man von ihnen erwartet, daß sie den Subventionsabbau selbst vornehmen. So bleibt, wenn man einmal von den für Beratungen und Transfer eingerichteten Planstellen absieht, offen, ob und wie viele Arbeitsplätze durch diesen Aktivismus geschaffen wurden. Denn gerechnet wird nur in der Zunahme von Programmvolumina. Gezählt werden lediglich Beratungsereignisse ohne Kontrolle ihrer Wirksamkeit, und offen bleibt, inwieweit es sich bei den Beratungsfällen nicht doch lediglich um durch die extensive Selbstdarstellung dieser Einrichtungen und breite Werbekampagnen aufgescheuchte Unternehmer handelt, die nachhören wollen, welche öffentliche Förderung ihnen eventuell entgehen könnte.

5. Weniger „Technologiepolitik" wäre mehr

In der Summe verbleibt: Innovationsförderung und Technologietransferaktivismus haben in den vergangenen Jahren zugenommen, und die Innovationsfähigkeit der Wirtschaft ist nicht gerade gestiegen. Da weiterer technokratischer Aktivismus nicht unbedingt erfolgversprechend und angesichts leerer öffentlicher Kassen kaum mehr finanzierbar erscheint, sollte man endlich darüber nachdenken, ob nicht weniger Innovationsförderung und Technologietransfer mehr wäre, ob die Entlassung des Unternehmers bzw. Unternehmensvertreters aus der Verantwortung und der Ersatz von Unternehmensfunktionen durch staatliche Förderungsprogramme wirklich effektiv ist.

Da zudem offenbleibt, ob die staatlichen Besserwisser und risikofreien Möchtegernunternehmer wirklich klüger sind als die „dummen Unternehmer" und „unfähigen Existenzgründer", und kaum anzunehmen ist, daß die im Rollstuhl staatlicher Förderung sitzenden Unternehmen sich wirklich im Wettbewerb behaupten können, sollte eine Technologiepolitik, die mehr Innovationen erreichen will, auf derartige dirigistische Bevormundung und Versuche, die jeweils richtige Technik zu pushen, verzichten, wenn man nicht ganze Branchen im Gleichtakt mit Japan und USA wie Lemminge auf überbesetzte Marktfelder locken will.

Denn die eigentliche Gefahr dieser Psychose zu zweit resultiert daraus, daß man in Teilen der Wirtschaft, wo man, weil selbst kompetenter, über die naive Arroganz solcher technologiepolitischer Ansätze im stillen lächelt, stets gerne weitere Subventionen für die jeweils als „richtig" vorgeschlagene Technik anfordert und im Mißerfolgsfall dann frei von Verantwortung ist. Die unscharfe Grenzziehung bei der Diagnose von Schwachstellen, der Prognose von Defiziten und der Entscheidung über die richtigen Techniken und die unkontrollierte Verausgabung von Subventionsmitteln macht aus der Psychose zu zweit dann leicht eine Symbiose von protektionismusgeneigter Politik und Subventionswirtschaftlern.

Sicher kann man, um die Zurechenbarkeit des Risikos nicht zu groß werden zu lassen, Abstimmung betreiben, große Unternehmen oder ganze Branchen ins

Bündnis der Technologiepolitik einbeziehen und/oder in sog. Schlüssel- oder Querschnittstechnologien ausweichen, um den Protektionismusvorwurf zu entschärfen. Man kann auch mit der Gießkanne herumlaufen, um ganze Standorte, Gebiete oder einmal mehr die kleinen mittelständischen Unternehmen zu fördern. Doch verwischt solches Ausweichen auf indirekt spezifische Förderung und ähnliche Wortungetüme nur die Verantwortung für eine verführerische Art von Politik, die eine kurzfristige Kontrolle ausschließt.

Die Überzeugung von der Notwendigkeit und wohlmeinender Aktivismus reichen zur Begründung dieser Umverteilungsmaschinerie nicht aus. Sie rechtfertigen auch nicht die Installation jener Szenerie aus Verwaltern, Beratern und Forschern, die sich mittlerweile in der Bundesrepublik verselbständigt haben und

- Tagungen zur Hebung der „Innovationsfähigkeit der Wirtschaft" betreiben, die sie vorwiegend selbst besuchen,
- stets bemüht sind, neue Defizite nachzuweisen, die sie weiter beschäftigen,
- sich beim Umverteilungsprozeß von erfolgreichen Unternehmen zu notleidenden unternehmerischen Funktionen in die inhaltlich vorsteuernde Schlüsselrolle bringen
- und einer gezielten Kontrolle mit Erfolgsstories und Verweisen auf Japan, USA, morgen und übermorgen aus dem Wege gehen.

Zu respektieren ist zwar die gute Absicht, die hinter all dem steckt. Doch reflektiert an der Kann-Frage zeigt sich, daß weniger Technologiepolitik mehr wäre. Die Alternative zu diesem Aktivismus kann also nicht „keine Technologiepolitik" sein, denn keine ist auch eine, und Technologiepolitik hat es, wenn auch unter anderem Namen, immer gegeben, sei es als Rüstungsforschung, Mondlandeunternehmen oder z. B. Beschaffungspolitik der Post.

Weniger Technologiepolitik heißt deshalb vor allem: weniger dilettantischer Förderungsaktivismus der verselbständigten Szenerie und weniger Strohfeuer für Politiker. Weniger Technologiepolitik würde dann ein Änderungsdruck bedeuten, der dazu führen könnte, daß z. B.

- anstelle der subventionierten oder protegierten Wagnisfinanzierung die Risikokapitalbildung der Unternehmen in expandierenden Bereichen tritt,
- an die Stelle von Technologietransfer die Intensivierung industrieller und staatlicher Forschungsbemühungen rückt,
- anstelle der Förderung modischer Techniken der Ausbau und die Modernisierung alter Stärken betrieben wird und
- an die Stelle von Management-Ersatzberatungen neue Unternehmen drängen, die nicht mehr nur echte und vermeintliche Lücken füllen und sich phantasielos an der Konkurrenz orientieren, sondern danach fragen: Was kann ich unternehmen, das nicht schon ein anderer unternimmt?

Statt den „Hund zum Jagen zu tragen", sollte man sich bei besserer Einsicht in die Chancen und Notwendigkeit neuer Techniken staatlicherseits die Frage stellen, ob die Rahmenbedingungen für Innovationen und den Marktzugang von expandierenden Newcomern stimmen, anstatt sich auf jenes dubiose Zusammenspiel mit notleidenden Unternehmen und Branchen einzulassen.

Welcher Sachverstand erlaubt es eigentlich Forschungs- und Wirtschaftsministern, ganze Branchen und Unternehmensgruppen auszuhalten oder wie Lemminge auf innovatorische Gebiete zu locken? Warum kapiert man nicht, daß jener dümmlich-arrogante Sachverstand großer Stäbe mit seinen Allerweltsweisheiten wie Jahrhundert der Chemie, Energietechnologie, Mikroelektronik, Informationsgesellschaft etc. immer wieder in überbesetzte Marktfelder führt, daß die mit Butter, Stahl, Wärmepumpen, Mikrochips, Personalcomputern etc. angeregten Überkapazitäten neue Subventions- und Protektionismusspiralen in Gang setzen, aber kaum zu einzelwirtschaftlichen Erfolgen führen, die letztlich die Basis eines erfolgreichen strukturellen Wandels sind?

Warum bedient man sich nicht statt dessen vielmehr jener „ökonomischen Kraft des intelligenten Egoismus", funktionalisiert eben diese echten Unternehmer um zu einem Vehikel des strukturellen Wandels? Dann müßte man sich freilich statt technokratischer inhaltlicher Vorplanung und staatlichem Möchtegernunternehmertum damit bescheiden, Ziele zu setzen und politisch zu rechtfertigen und hätte dann vor allem dafür Sorge zu tragen,

- einen breiten Versuchs- und Irrtumsprozeß zuzulassen und
- hierzu entsprechende Freiräume zu schaffen.

Selbstverständlich wäre es naiv, hier den Weg zurück ins 19. Jahrhundert einzuschlagen und eine Art Manchester-Liberalismus anzustreben. Angesichts der hohen Komplexität neuer Techniken und ihrer breiten Wirksamkeit bei der Umsetzung sind zur Kontrolle durchaus Selektionsmechanismen zu installieren, die allerdings nicht auf rein sozialwissenschaftlichen Technologiefolgespekulationen über noch unbekannte technische Entwicklungen basieren können, sondern einer

- kompetenten interdisziplinären Wirkungsanalyse und Grenzziehung bedürfen, und man wird vor allem
- den marktlichen Regulativen eine bevorzugte Stellung

einräumen müssen, weil letztere wesentlich intensiver wirken als Technologiebewertungsbehörden.

Zur Durchsetzung schließlich benötigt man anstelle des besserwisserischen Angebotsdrucks, vermittelt durch einen Förderungsdschungel und der gewaltigen Umverteilung mit inhaltlicher Vorsteuerung,

- ein entsprechendes unternehmerisches Potential und
- genügend hohe Anreize zu seiner Aktivierung.

Gerade hier bestehen erhebliche Defizite, aber auch begründete Hoffnungen, daß durch begrenzte Krisen eine Mentalitätsänderung eintritt und uns in den nächsten Jahren in der Bundesrepublik in erheblichem Umfang ein

- technisch intelligentes Existenzgründerpotential zur Verfügung steht,
- das Innovationspotential zumindest eines Teils der eigenständig aktiven Wirtschaft erschlossen wird und
- die Bereitschaft zu eigenverantwortlicher Selbsthilfe und Kooperation wächst.

Dies setzt allerdings voraus:

- daß man es aufgibt, gegen den Strukturwandel anzusubventionieren,
- daß anstelle der Inflation öffentlicher Hilfsprogramme für innovationsunfähige Unternehmen gezielt Barrieren abgebaut werden, die diesem Innovationspotential im Wege stehen,
- daß, wer in der Wirtschaft nach erfolgreicher Deregulation nicht innoviert, sich als Unternehmer überlebt hat und
- daß nicht, wie bisher, der Mißerfolg von Unternehmen und Branchen Grundlage von öffentlichem Interesse und Förderungsprogrammen ist, sondern vielmehr die innovatorisch Erfolgreichen.

3.3. Möglichkeiten und Grenzen staatlicher Innovationsförderung

Joachim Böttger

Die amerikanische Historikerin Barbara Tuchman hat in ihrem Buch „Der ferne Spiegel" im Zusammenhang mit der Berichterstattung in der Presse den Begriff von der Übermacht des Negativen geprägt und ihre Erkenntnisse – ohne falsche Bescheidenheit – als „Tuchmansches Gesetz" präsentiert.

Es lautet: Allein die Tatsache der Berichterstattung vervielfältigt die Bedeutung irgendeines bedauerlichen Ereignisses um das Fünf- bis Zehnfache.

Dieses Gesetz ist sicher nicht so bekannt wie die Parkinsonschen Gesetze. Es drängte sich mir jedoch auf, als ich den Artikel Prof. Staudts im BddW gelesen hatte. Er trägt die provozierende Überschrift: „Technologiepolitischer Aktivismus in der Bundesrepublik". Gezeichnet wird das Horrorbild eines synthetisierten Unternehmers, der – verführt durch ein Paket staatlicher Maßnahmen unter Ablegung jeglicher Eigenverantwortung – sich einem Zug technologieberauschter und -beratener Lemminge anschließt. Nun wissen wir, daß diese Züge regelmäßig in den Tod führen. Diesen Nachweis bleibt der Verfasser hinsichtlich der innovativen Unternehmer allerdings schuldig.

Der Artikel hat in der interessierten Öffentlichkeit große Beachtung gefunden. Es liege also nahe, daß ein Repräsentant der Verwaltung sich mit dieser Kritik an den „Verwaltern" auseinandersetzt. Beginnen wir mit der rhetorischen Frage des ersten Satzes. Sie lautet: „Wie konnte eigentlich die deutsche Wirtschaft in der Vergangenheit so erfolgreich sein, als es weder Innovationsförderung noch Technologietransfer gab?“ Beim Leser soll damit der Eindruck erweckt werden, als ob es staatliches Handeln mit dem Ziel, naturwissenschaftliche und technische Erkenntnisse in marktfähige Produkte oder Verfahren umzusetzen, in Deutschland nie gegeben habe. Jeder, der mit der Geschichte der Technik einigermaßen vertraut ist, kann ohne langes Nachdenken eine Reihe eindrucksvoller Beispiele aufzählen, wie der Staat in Gestalt von Monarchen und Fürsten, Staatsmännern, Ministern und hohen Beamten, die in der Erkenntnis der ökonomischen (aber auch strategischen) Bedeutung technologischer Trends ihren Zeitgenossen oft weit voraus waren, Schritte unternahm, die man in unserer heutigen Terminologie durchaus als Innovationsförderung bezeichnen dürfte.

Der Freiherr vom Stein, der ja von Hause aus Geheimer Oberbergrat war, besuchte 1786 England, um das dortige Bergbau- und Hüttenwesen zum Nutzen der märkischen Berg- und Hüttenwerke zu studieren, was ihm nebenbei den Vorwurf der Industriespionage einbrachte! Kurfürst Max Joseph von Bayern und Joseph von Utzschneider förderten Josef von Fraunhofer – zunächst ein armer Glaserlehrling, der schließlich in Benediktbeuren die wissenschaftliche Glastechnik im Rahmen eines industriell arbeitenden Unternehmens begründete. Männer wie Steinbeiß und Beuth, der eine in Stuttgart, der andere in Berlin, betrieben systematisch Gewerbeförderung auf wissenschaftlich-technischer Grundlage, also nach dem heutigen Sprachgebrauch Technologietransfer. Von Steinbeiß stammt der schöne Satz: „Wissenschaft hilft Gewerbe erheben“. Werner v. Siemens und Hermann von Helmholtz, beide übrigens auch Gemeine Regierungsräte, gaben den Anstoß zur Gründung der Physikalisch Technischen Bundesanstalt (PTB), einer metrologischen Staatseinrichtung zur Förderung der Leistungssteigerung der deutschen Industrie. Die einschlägigen Reichstagsprotokolle aus 1887 sind heute noch lesenswert.

Viele der großen technischen Errungenschaften der letzten Jahrzehnte, die unsere heutige technische Umwelt geprägt haben, sind Ergebnisse staatlicher Anstöße und Förderung. Eine große Zahl von heute selbstverständlichen technischen Systemen oder Problemlösungen wäre ohne diese staatlichen Impulse nicht oder nur mit erheblicher Verzögerung in Gang gekommen. Als herausragendes Beispiel mag die EDV stehen. Ein Tätigwerden des Staates durch Förderung von Innovationen und des dazu erforderlichen Wissenstransfers ist also nicht ex definitione als eine technokratische Bevormundung abzuqualifizieren.

Die Regierungen haben das Prinzip des „Laissez faire“ längst aufgegeben. Sie sind – wenngleich mit unterschiedlicher Intensität und Schwerpunktsetzung – bestrebt, die Wirtschaftsentwicklung durch die Nutzung des technischen Fortschritts in Verbindung mit bestimmten Instrumenten der Wirtschaftspolitik – teils über die größere Breite wirkend, teils Punktziele anvisierend – in ihrem Sinne zu beeinflussen. Die Skala des Instrumentariums reicht hierbei von der Verbesserung der Rahmenbedingungen bis hin zu gezielten Schritten zur Leistungssteigerung einzelner Branchen oder sogar Unternehmen.

Viel von der ordnungspolitischen Diskussion über die staatliche FuE-Förderung hätte uns erspart bleiben können, wenn die wortführenden Politiker, Ökonomen und Verbandsvertreter die Fakten gekannt hätten. Ist die staatliche FuE-Förderung im marktnahen Bereich wirklich so gravierend und so massiv, wie immer wieder behauptet wird? Prof. Staudt schreibt nicht ohne Ironie: „In ehrlicher Sorge um die deutsche Wirtschaft wurden die Förderungsprogramme marktnäher".

Wie viele marktnahe Förderprogramme gibt es bei der Bundesregierung, und wie groß ist deren Volumen? Das Bundesministerium für Wirtschaft hat kein Programm in dieser Kategorie. Das Bundesministerium für Forschung und Technologie setzt ein Drittel seines Haushaltsvolumens von 7043 Mio. DM, d.h. 2370 Mio. DM, für die Förderung von FuE-Vorhaben der Wirtschaft ein. Drei Viertel der gesamten Projektfördermittel des BMFT werden für nur 6 Programme ausgegeben: Energieforschung, Luft- und Weltraumtechnik sowie Transport- und Verkehrstechnologien. Die Empfänger dieser Mittel sind zumeist große und hochspezialisierte Unternehmen sowie wissenschaftliche Einrichtungen. Diese Programme sind vom Ziel und von der Art der Durchführung her unstrittig. Sie synthetisieren weder homunculoïde Unternehmer, noch lösen sie Wanderungen von Lemmingen aus.

7 Programme des Bundesministeriums für Forschung und Technologie aus dem Jahre 1984 könnten gänzlich oder mit Teilen als marktnahe FuE-Förderung eingestuft werden, nämlich die Programme für Humanisierung des Arbeitslebens, Umweltforschung, Informationstechnologie, Physikalische Technologien, Fertigungstechnik, Bautechnik und Anwendung der Mikroelektronik.

Im Rahmen dieser Programme wurden 1984 rd. 240 Mio. DM für eine marktnahe Projektförderung eingesetzt. Die restlichen Mittel für diese Programme flossen in Projekte der Grundlagenforschung. Wenn man dazu noch die Mittel für indirekt-spezifische FuE-Förderung in der Wirtschaft hinzurechnet, so ergibt sich ein Volumen von ca. 500 Mio. DM, an dem man ordnungspolitisch Anstoß nehmen kann. 500 Mio. DM sind 6% der Haushaltsmittel des BMFT. Gemessen an den eigenen Aufwendungen der Industrie für FuE (in diesem Jahr ca. 29 Mrd. DM) ist das ein Anteil von 1,6%. Macht ein staatlicher Finanzierungsanteil von 1,6% dynamische Manager müde?

Eine weitere Zahl: Lange Jahre hat man dem BMFT mit Recht vorgeworfen, daß seine Fördermittel nur wenigen Unternehmen zugute kommen – es waren 600 bis 800 Unternehmen, d.h. etwa 1,2% der Unternehmen des Produzierenden Gewerbes oder 1,8% der Unternehmen des Verarbeitenden Gewerbes. Reichte diese Quote aus, um die mehr als 98% der Unternehmer, die nichts bekommen haben, innovationsmüde zu machen?

Noch folgendes bedarf der Klarstellung: Es stimmt, daß es vielfältige Förderprogramme für die Wirtschaft gibt. Es ist aber falsch, anzunehmen, daß jedes Unternehmen zahlreiche Programme in Anspruch nimmt und seine Unternehmensziele so ausrichtet, daß möglichst viele Programme in Anspruch genommen werden können. Im Einzelfall mag so etwas schon vorkommen. Aber das ist nicht typisch. Außerdem präjudizieren diese Programme die Richtung der unternehmerischen Entscheidungen nicht oder nur wenig. Es ist doch kaum anzunehmen, ein Unternehmer führe z. B. ein Projekt auf dem Gebiet der Umwelttechnologie durch, nur weil er 50% der Kosten erstattet bekommt. Das wäre ein schlechter Unternehmer, denn immerhin ist er selbst auch mit 50% beteiligt.

Man kann sich den Satz von Prof. Staudt: „Im Zusammenspiel von protektionismusgeneigter Politik, Verwaltung und Gewerkschaft und subventionsanfälligen Unternehmen und Verbänden haben die Verwalter die Innovation übernommen" auf der Zunge zergehen lassen und damit einen intellektuellen Lustgewinn auslösen. Ein Beweis für die Richtigkeit dieser Behauptung scheint mir nicht erbracht.

Ich vermag Prof. Staudt auch darin nicht zuzustimmen, daß staatliche Programme, selbst wenn sie keine spektakulären Ergebnisse hervorbringen, gewissermaßen kontraproduktiv wirken. Es ist eine andere Frage, ob die eingesetzten Mittel nicht für einen besseren Zweck hätten verwendet werden können. Der kreative Unternehmer verliert nicht aber bereits dadurch seine Kreativität, daß auf diesen oder jenen Feldern ein angeblicher staatlicher Innovations- und Transferaktivismus wütet. Er braucht sich darum ja nicht zu kümmern. Er wird auch nicht durch eine „Verhinderungsbürokratie" von eigenen marktorientierten Bemühungen ferngehalten. Die Bürokratie behindert möglicherweise diejenigen, denen sie im gleichen Atemzuge eine Wohltat erweisen will. Wer nicht mit ihr in Berührung kommt, hat auch nichts zu befürchten.

Von den Angelsachsen haben wir den Begriff „trial and error" übernommen. Er gilt für den Innovationsversuch des Unternehmers ebenso wie für die Bemühungen des Staates, ihn hierbei zu unterstützen. Ich habe in einer über 8jährigen Laufzeit eines kleinen Innovationsprogramms viele Unternehmerpersönlichkeiten – teils reine Praktiker, teils mit wissenschaftlich-technischer Vorbildung – kennengelernt. Ihre Projekte waren in der weit überwiegenden Mehrzahl das, was ein Journalist vor Jahr und Tag als „Technologie in kleinen Schritten" bezeichnet hat. Sie waren bestrebt, eigene Produktionen mit Hilfe neuer Erkenntnisse und neuer Möglichkeiten weiterzuentwickeln, und zwar in der unterschiedlichsten Weise: die Herstellungsweise zu rationalisieren, ein besseres Produkt mit größerer Wirkungsbreite oder mit einfacherem Konstruktionsprinzip, mit leichterer Bedienbarkeit usw. zu entwickeln. Sicherlich waren Basisinnovationen nicht darunter, und kondratieffsche Kurven wurden damit nicht beeinflußt. Dennoch waren diese Vorhaben nicht sinnlos, und die Tatsache ihrer Durchführung hinderte auch niemand, auf anderen Feldern nach neuen Wegen zu suchen. Der von Prof. Staudt mit der Klage zitierte Unternehmer, seine Aktitiväten paßten in kein Förderprogramm, ist sicher nicht die Persönlichkeit, an die Schumpeter bei seiner Vision vom dynamischen Unternehmer gedacht hat.

Ein Aspekt, der von anderen Kritikern häufig herausgestellt wird, fehlt in dieser Philippika, nämlich die Verfälschung des Wettbewerbs durch Förderprogramme. Mit dieser Frage hat sich der Sachverständigenrat in seinem Jahresgutachten 1984/85 beschäftigt und dabei anerkannt, daß zur Stärkung des dynamischen Wettbewerbs auch die Forschungs- und Technologiepolitik beitragen kann, auch wenn dadurch Wettbewerbsvorsprünge einzelner Unternehmen zustandekommen. Der Rat meint, nicht das Monopol des Pionierwettbewerbs sollte bekämpft oder verhindert werden, sondern seine Verfestigung.

Prof. Staudt kritisiert auch die Kompensation von Managementversagen durch einen Ausbau der Beratungsförderung. Das kann man auch anders sehen. Wichtige Voraussetzungen für ein gutes Funktionieren des Marktes sind bekanntlich Markttransparenz und schnelle Anpassungsfähigkeit des Unternehmers. Die technologische Beratung kann unternehmerische Entscheidungen erleichtern helfen. Eine umfangreiche Sammlung technischer Literatur allein verhilft nicht ohne weiteres zur Problemlösung und bewirkt kaum die nötige technische Diversifikation. Bei der Planung neuer oder verbesserter Produkte ist es heute wichtiger denn je, über den eigenen technologischen Tellerrand zu blicken. Und dabei tun sich kleine Unternehmen ohne fremde Hilfe oft schwer. Deshalb konnten sich in den vergangenen Jahren auch Technologieberatungsstellen entwickeln, die sich auf bestimmte technische Fragestellungen spezialisiert haben.

Wenn darüber hinaus Technologieberater es den Unternehmern abnehmen, Förderrichtlinien zu studieren oder Antragsformulare auszufüllen, entlasten sie den Unternehmer doch zugunsten seiner ureigenen Aufgaben, so wie dies z. B. auch Steuerberater tun. Was ist ordnungspolitisch zu beanstanden, wenn schwächere Unternehmer ihre Leistungsfähigkeit durch Beratungshilfe verbessern?

Mein nächster Punkt ist die angebliche Perversion der Marktwirtschaft durch staatliche Förderung des Technologietransfers. Es besteht doch offensichtlich ein Konsens auch und insbesondere bei seriösen Beobachtern der Szene, daß, aus welchen Gründen auch immer, das Problem der Wissensübertragung in die Praxis noch nicht in einer befriedigenden Weise gelöst ist. Die Sprache der Wissenschaftler ist nicht die der Praktiker. Eine Fülle theoretischer Erkenntnisse liegt irgendwo ungenutzt und bedarf der Aufarbeitung. Die unbestreitbare Tatsache, daß beim Deutschen Patentamt in wachsendem Umfang Erfindungen dokumentiert werden, von denen niemand Kenntnis nimmt, mit dem Ergebnis, daß viele Dinge unter hohem Kostenaufwand zwei- und dreimal erfunden werden, muß doch zu denken geben. Sicherlich befinden wir uns noch in einer Anfangsphase, und wahrscheinlich trifft auch die Behauptung zu, daß es für solche anspruchsvollen Unterweisungen zur Zeit nicht einmal ausreichend qualifizierte Fachleute gibt. Dies darf aber kein Grund sein, die Dinge treiben zu lassen. Die Forschungsausgaben sind vertan, wenn die Ergebnisse nicht umgesetzt werden. Wir durchlaufen gegenwärtig eine Suchphase, in welcher eine Reihe von Ansätzen erprobt wird. Welche zum Erfolg führen, wird erst die Zukunft erweisen. Ich halte es aber auch für wichtig, daß die Kammern und Verbände sich vermittelnd und organisierend auf diesem Feld betätigen. Fast alle Industrie- und Handelskammern haben das Problem inzwischen erkannt und bieten von sich aus den Unternehmen Hilfen beim Transfer an. Ein besonderer Akt der Bewußtseinsbildung war die Stiftung eines hochdotierten Preises für „herausragende und erfolgreiche Leistungen im Technologie-Transfer aus der Forschung in die Wirtschaft“ an Wissenschaftler außeruniversitärer Forschungseinrichtungen durch den Bundesminister für Forschung und Technologie, der 1984 zum zweiten Mal vergeben wurde.

Im Bemühen, den Transfer zu verbessern, wird noch viel experimentiert. Die eingesetzten Instrumente sind nicht unumstritten. Amerikanische Verhältnisse lassen sich nicht einfach imitieren, und man kann nicht bei uns etwas künstlich aus dem Boden stampfen, was dort organisch gewachsen ist. Ob die Technologieparks einen Schritt in die richtige Richtung darstellen, wird sich herausstellen, wenn sie über einen gewissen Zeitraum gearbeitet haben. Skeptiker befürchten, daß sie ohne Anlehnung an Hochschulen zu „Gewerbehöfen“ degenerieren.

Weiter kritisiert Prof. Staudt, der Staat offeriere den Unternehmern die Ausrede von fehlendem Risikokapital und dränge sich jetzt auch auf das Feld der Wagnisfinanzierung. Die Wagnisfinanzierung ist in der Tat zu einem Modethema geworden. Aber es war ein langer Weg bis dahin. Kaum jemand bestreitet heute noch ernsthaft, daß in unserer Wirtschaft die Organisationsformen für die Beschaffung von Wagniskapital für technologieorientierte Unternehmensgründungen unzureichend ausgebildet sind. Immer wieder wird die Situation in den USA beispielhaft zitiert, wo Venture-Capital als sogenanntes intelligentes Kapital durch eine Vielzahl von Gesellschaften und Fonds zur Finanzierung technologieorientierter Investitionen bereitgestellt wird.

Inzwischen ist der Markt für Venture-Capital auch bei uns in Bewegung geraten. Innerhalb eines Jahres haben sich fast 30 Risikokapital-Anlagegesellschaften etabliert. Sie verfügen zur Zeit über ein anlagebereites Kapital von etwa 700 Mio. DM. Davon haben allerdings erst etwa 40 Mio. DM eine Anlage gefunden. Hier ist zu berücksichtigen, daß in der Bundesrepublik Neuland betreten wird, und daß auch eine andere Mentalität besteht als in den USA. Dort ist es nicht ungewöhnlich, daß Mitarbeiter Teile eines Unternehmens mit besonderer Technologieorientierung übernehmen („buy outs") oder daß Technologiefelder, die nicht zum aktuellen Produktionsprogramm passen, ausgegliedert werden („spin offs"). Der hochqualifizierte Manager bleibt eben bei uns doch lieber in der Obhut eines mächtigen Unternehmens, als daß er sich selbständig macht. Hier muß ein Umdenken eingeleitet werden. Ob die dazu eingesetzten Instrumente etwas bewirken, muß sich noch herausstellen.

Der im BMFT gestartete Modellversuch zur Finanzierung technologieorientierter Unternehmensgründungen ist nur auf Zeit angelegt und wird auch nur in 6 Regionen (nämlich in Berlin, Hamburg, im Ruhrgebiet, im Saarland, in der Region Karlsruhe/Pforzheim und in Ostbayern) durchgeführt. Seine Ergebnisse sollen im Zusammenhang mit der Diskussion über die Eigenkapitalproblematik verwertet werden. Es ist nicht daran gedacht, dieses Modell später bundesweit zu praktizieren.

Daß eine Gefahr staatlicher Bevormundung durch Förderprogramme besteht, kann nicht bestritten werden. Deshalb sind das Bundesforschungsministerium und das Bundeswirtschaftsministerium bemüht, durch laufende Abstimmung diese Gefahr zu vermindern. Die Ministerien sind sich einig darüber, daß nur die strikte Beachtung des Subsidiaritätsprinzips hier weiterführt. Das heißt:

1. Marktnahe Forschung und Entwicklung sind in einer Wettbewerbswirtschaft originäre Aufgaben der Unternehmen. Die Unternehmen müssen im Hinblick auf ihren eigenverantwortlichen Kapitaleinsatz selbst entscheiden, mit welcher Zielrichtung und in welchem Umfang sie forschen und entwickeln. Sofern die staatliche Forschungs- und Technologiepolitik dennoch Hilfen gewährt, hat sie sich streng am Grundsatz der Subsidiarität zu orientieren, und die Hilfen sollten zeitlich befristet sein. Grundsätzlich ist breit ansetzenden allgemein und gleichzeitig wirkenden („indirekten") Fördermaßnahmen der Vorzug vor der Finanzierung ausgewählter Projekte bei ausgewählten Unternehmen zu geben.

2. Vor der Förderung konkreter FuE-Vorhaben im marktnahen Bereich ist gründlich zu prüfen, ob die privatwirtschaftlichen Kräfte allein nicht ausreichen, um die erforderlichen technologischen Suchprozesse und die damit verbundenen Anstrengungen überhaupt oder rechtzeitig oder mit der notwendigen Intensität in Gang zu bringen. Dies kann – so ist es im Bundesforschungsbericht VI beschrieben – dann der Fall sein, wenn

- das wissenschaftlich-technische und wirtschaftliche Risiko hoch eingeschätzt werden muß,
- der finanzielle Einsatz für die in Frage kommenden Unternehmen zu groß ist,
- Entwicklungen so langfristig sind, daß auf absehbare Zeit nicht mit Gewinn gerechnet werden kann, weil erstens der Markt bessere technologische Lösungen vorläufig unterbewertet, indem Angebot und Nachfrage sich weniger nach den künftigen als nach den augenblicklichen Bedarfs- und Knappheitsverhält-

nissen und Rahmenbedingungen richten, oder weil zweitens die Nachfrage am Markt nicht ausreicht, um neue technologische Lösungen hervorzubringen, die ausschließlich oder überwiegend im Interesse der Allgemeinheit oder im öffentlichen Anwendungsbereich liegen.

3. Die staatliche Förderung marktnaher Forschung und Entwicklung in der Wirtschaft muß sich in die wirtschaftspolitische Gesamtstrategie einordnen und unerwünschte gesamtwirtschaftliche, außenhandels- und strukturpolitische Nebenwirkungen vermeiden. Die Bundesregierung wird daher darauf zu achten haben, daß es über die gewünschten Struktureffekte hinaus nicht zu Wettbewerbsverfälschungen zwischen geförderten und nicht geförderten Verfahren, Produkten und Unternehmen oder zur Verzerrung und Behinderung des Handels mit dem Ausland kommt. Sie hat auch zu bedenken, daß schwerwiegende Anpassungsprobleme entstehen können, wenn durch staatlichen Einfluß die wirtschaftliche Entwicklung in Bahnen gelenkt würde, die sich im internationalen Wettbewerb später als verfehlt erweisen.

4. Für die hochindustrialisierte, in den weltweiten Wettbewerb und Strukturwandel eingebundene deutsche Volkswirtschaft gibt es zur frühzeitigen Beherrschung und wirtschaftlichen Nutzung moderner Technologien keine Alternative. Vorrangiges Ziel der Wirtschaftspolitik muß es deshalb sein, für eine grundlegende Verbesserung der Rahmenbedingungen für Forschung, Entwicklung und Innovation zu sorgen, damit die erforderlichen Entwicklungs- und Anpassungsprozesse sich leichter einspielen. Vor allem muß ein für Spitzenforschung günstiges Klima geschaffen werden. Die staatliche Forschungs- und Technologiepolitik ist vor allem dort gefordert, wo aus übergeordneten gesellschaftlichen oder gesamtwirtschaftlichen Gründen Forschung und Entwicklung einer Unterstützung bedürfen. Im wesentlichen gilt dies für die Grundlagenforschung und für Aufgaben der staatlichen Daseins- und Zukunftsvorsorge.

Durch die Einigung auf die genannten Prinzipien bahnt sich zwischen der wirtschaftspolitischen Betrachtungsweise der Innovationsförderung und der forschungs- und technologiepolitischen Sicht gegenwärtig eine Konvergenz an, die das Potential echter Konfliktstoffe wesentlich reduzieren dürfte. Keine Seite verabsolutiert mehr ihre Position. Weder wird behauptet, daß der Markt alles allein zustandebringt, noch daß ohne den Staat nichts ginge.

Ein Ressort wie das Bundesforschungsministerium, das seiner Konstruktion nach auf Förderungsmaßnahmen zugeschnitten ist, wird in seinem Selbstverständnis die instrumentelle Förderung immer wieder zum Einsatz zu bringen bestrebt sein. Demgegenüber betrachtet das auf Globalsteuerung fixierte Bundeswirtschaftsministerium, das im wesentlichen Rahmenbedingungen setzen will, Interventionen als Ausnahmen. Diese Konstellation ist prinzipiell konfliktträchtig. Der Konfliktstoff ist zur Zeit aber weitgehend ausgeräumt, indem man sich auf folgende Strategien geeinigt hat:

1. Die direkte Projektförderung für Forschung und Entwicklung in Unternehmen wird schrittweise konzentriert auf Basistechnologien, auf Großprojekte sowie auf unbestrittene Bereiche staatlicher Zukunftsvorsorge (Sicherheits-, Umwelt-, Klima- und Gesundheitsforschung).

2. Die indirekte und indirekt-spezifische FuE-Förderung wird ausgebaut.

Sofern marktnahe FuE-Förderung überhaupt geboten ist, sollen indirekte Fördermethoden bevorzugt werden, bei denen der Staat keine Selektion und keine Diskriminierung betreibt. Der jahrelange fast weltanschauliche Disput um die Thematik direkte versus indirekte Forschungsförderung sollte damit endgültig begraben sein.

Alle Methoden der staatlichen Forschungs- und Technologiepolitik haben ihre spezifischen Stärken und Schwächen. Indirekte Fördermethoden, wie z. B. die Gewährung von FuE-Personalkostenzuschüssen, sind geeignet, allgemein das Forschungs-, Entwicklungs- und Innovationspotential zu stärken. Ihr Nachteil: keine speziell gezielten Wirkungen, Mitnahmeeffekte, kostspielig. Direkte oder Projektförderung ist dort angebracht, wo punktuell Lösungen gesucht werden, z. B. für die Meerwasserentsalzung. Ihr wesentlicher Nachteil: aufwendige Bürokratie, außerdem erhalten nur ein oder wenige Unternehmen die Förderung; Wettbewerbsverfälschungen können die Folge sein. Zwischen direkten und indirekten Verfahren liegt die indirekt-spezifische Methode: Bei ihr werden alle in Frage kommenden Projekte in einem ganz bestimmten Technologiebereich, z. B. in der Fertigungstechnik, gefördert. Vorteil: weniger Bürokratie als bei der Direktförderung und weniger kostspielig als die indirekte Förderung. Nachteil: teurer als die Direktförderung, mehr Bürokratie als bei indirekter Förderung. Kein Verfahren ist als solches dem anderen überlegen!

Für jede Maßnahme besteht die Notwendigkeit einer überzeugenden volkswirtschaftlichen Begründung. Falls das geschehen ist, ist pragmatisches Denken geboten: „Welches Verfahren paßt am besten zur Diagnose und zum angestrebten Ziel!“ Die deutsche Vorliebe für dogmatische Betrachtung hilft bei dieser Frage nicht weiter.

Der Begriff indirekt-spezifische Förderung löst manchmal nicht nur ordnungspolitische, sondern auch semantische Idiosynkrasien aus. Offensichtlich gibt es aber keine bessere Kennzeichnung dessen, was damit gemeint ist.

Tatsächlich müßte doch das Verfahren, welches durch diesen Begriff charakterisiert wird, den meisten Kritikern gefallen. Im Rahmen eines ziemlich breiten Programmspektrums (z. B. Anwendung der Mikroelektronik im Maschinenbau) wird nur ein allgemeines Ziel umrissen, innerhalb dessen der Unternehmer frei ist, sein Projekt zu definieren. Das heißt, kein Beamter oder sonstiger Funktionär schreibt ihm seine Forschungs- und Entwicklungsschritte vor. Er bewegt sich in den seinem Unternehmen adäquaten Bahnen und schließt sich auch keinem Lemmingezug an, der ihn in den Untergang führen könnte.

Die stärkere Berücksichtigung indirekter und indirekt-spezifischer Förderverfahren hat zur Folge, daß auch kleine und mittlere Unternehmen in den Genuß staatlicher FuE-Förderung kommen können, ohne daß sie irgendeiner Gängelung durch Verwaltungsbeamte ausgesetzt sind. Musterbeispiele dafür sind das FuE-Personalkostenzuschußprogramm und die Förderung der Gemeinschaftsforschung.

Manche Ökonomen haben ordnungspolitische Schwierigkeiten bei Personalförderungsmaßnahmen. Mir hat noch niemand verständlich machen können, warum Investitionszulagen oder die Wiedereinführung der Sonderabschreibungen für FuE-Investitionen (d.h. also die Förderung des Produktionsfaktors Kapital) ordnungspolitisch lauterer sein soll als die Förderung des Produktionsfaktors Arbeit.

Es war deshalb nur logisch, daß im Hinblick auf den hohen Anteil der Personalkosten am FuE-Aufwand kleiner Unternehmen 1979 das sogenannte FuE-Personalkostenzuschußprogramm aufgelegt wurde. Dieses Programm gibt, wie sein Name sagt, Unternehmen in einer gewissen, nach Beschäftigten und Umsatz festgelegten, Größenordnung Zuschüsse zu den jeweils im Vorjahr im FuE-Bereich getätigten Personalaufwendungen. Auch hier werden keine Vorgaben durch den Staat gegeben. Er tut lediglich für eine eingeschränkte Unternehmensgruppe das, was man schon immer von ihm verlangt hatte, nämlich an der schwächsten Stelle, den Personalkosten, eine partielle Entlastung zu gewähren.

Das beim Bundeswirtschaftsministerium seit 1979 laufende Personalkostenzuschußprogramm wird ergänzt durch ein Programm des Bundesforschungsministeriums mit dem Ziel einer Zuwachsförderung, das die Unternehmen dazu anregen soll, zusätzliches FuE-Personal einzustellen. Hier sind die Kriterien etwas großzügiger ausgestaltet. Auch der Fördersatz soll deutlich über dem Personalkostenzuschuß liegen. Das von der EG-Kommission aufgrund der Bekanntgabe dieses Programms eingeleitete Verfahren nach Artikel 93 des Vertrages wirkt allerdings zunächst verzögernd auf die Ingangsetzung.

Im Rahmen der auf eine Steigerung der Innovationsfähigkeit gerichteten Maßnahmen zur Forschungsförderung nimmt die sogenannte industrielle Gemeinschaftsforschung eine Sonderstellung ein. Sie basiert auf dem Prinzip, daß der Staat sich an der Wissensmehrung unter der Voraussetzung beteiligt, daß die einzelnen Branchen sich gemeinschaftlich um die Forschung im engeren Bereich ihres Fachgebietes bemühen. Dieses Fördersystem ist vor über 30 Jahren aus kleinen Anfängen unter dem Dach der Arbeitsgemeinschaft Industrieller Forschungsvereinigungen e.V. entstanden. Inzwischen hat die Arbeitsgemeinschaft 90 Mitgliedsvereinigungen. Diese führen pro Jahr rd. 900–1000 Projekte durch. Die wissenschaftliche Arbeit findet in eigenen Instituten sowie in Instituten der Hochschulen oder in außeruniversitären Instituten statt. Die Forschungsergebnisse müssen veröffentlicht werden. Sie stehen damit jedem, der davon

Gebrauch machen will, zur Verfügung. Man kann diese Art der Förderung indirekt oder indirekt-spezifisch bezeichnen, je nach semantischem Feinempfinden. Entscheidend ist jedoch, daß hier eine staatliche Hilfe zur Selbsthilfe in reinster Form gewährt wird, die keine der Besorgnisse oder Verdächtigungen, die von Kritikern geäußert werden, rechtfertigen.

Berücksichtigt man die Gesamtheit der Förderaktivitäten, so läßt sich eine drastische Verbesserung in der Relation von indirekter und indirekt-spezifischer Förderung einerseits und Direktförderung andererseits feststellen. Auf der rechnerischen Grundlage der Gesamtheit der eingesetzten Fördermittel verbesserte sich die Relation von 1:13,3 im Jahr 1978 auf 1:4,3 im Jahr 1982 und voraussichtlich 1:2,2 im Jahr 1984. Zu dieser Entwicklung haben beigetragen: auf der einen Seite die vorerst leichte Reduzierung der Projektförderung, auf der anderen Seite die Einführung von FuE-Sonderabschreibungen, die Zunahme indirekt-spezifischer Förderungen und die Förderung des Wissenstransfers, vor allem durch eine Ausweitung des Programms zur Begünstigung der Auftragsforschung.

Es kommt jetzt darauf an, die vorhandenen geistigen und materiellen Ressourcen vernünftig und den in unserem Land vorhandenen Bedingungen entsprechend zu mobilisieren. Imitationen der Gegebenheiten anderer Länder reichen nicht aus, obwohl die Geschichte der Innovationen mitunter zeigt, daß der Imitator erfolgreicher wurde als der Innovator. Wir können bei uns weder ein MITI-System auf die Beine stellen noch in jedem Bundesland ein Silicon Valley oder eine Route 128 installieren.

Wir befinden uns zur Zeit in einem Experimentierstadium, in dem eine Reihe von Maßnahmen zur Erleichterung der Innovationen erprobt wird. Hier wird sich bald herausstellen, welche Instrumente für unsere Wirtschaftsverfassung und für die Mentalität der handelnden Personen geeignet sind. Das Ungeeignete wird wieder ausgeschieden. Gefordert ist die Initiative des einzelnen, der sich unter den vom Staat gesetzten Rahmenbedingungen als Manager moderner Technologien betätigt und diesen auf dem Markt zum Durchbruch verhilft.

Das Klima für derartige Bemühungen hat sich verbessert. Die Kassandra-Rufe über die deutsche Leistungsfähigkeit sind weitgehend verstummt, stattdessen mehren sich Äußerungen des Selbstvertrauens zur Wettbewerbsfähigkeit der deutschen Industrie auch auf dem Gebiet der technologieintensiven Märkte.

Die Verwalter können sich hierbei bemühen, die Rahmenbedingungen zu verbessern und punktuelle Hilfen zu organisieren. Die Unternehmer ersetzen können sie nicht.

3.4. Maximierung staatlicher Finanzierungshilfen bei technologieorientierten Unternehmensgründungen

Hans W. Hüsch

1. Problemstellung

Es gehört zu den betriebswirtschaftlichen Grundweisheiten, daß die beste Absicht, mit einer neuen Idee eine unternehmerische Existenz aufzubauen, nicht in einen wirtschaftlichen Erfolg umgesetzt werden kann, wenn der Unternehmung die Grundlage, die finanziellen Mittel, fehlen. So stellt – wie bei allen Unternehmensgründungen – auch bei innovativen Unternehmensgründungen das Eigenkapital einen zentralen Problemfaktor dar.

In einer Reihe von studentischen Übungen wurden zu dieser Thematik in den vergangenen Semestern im Seminar über „betriebliches Innovationsmanagement" im Institut für angewandte Innovationsforschung und am Lehrstuhl für Betriebswirtschaftlehre – Planung und Organisation – an der Universität Duisburg exemplarisch die Beiträge staatlicher Finanzhilfen zur Förderung innovativer Unternehmensgründungen untersucht. Ausgangspunkt in der Übungsaufgabe waren Beispiele technologieorientierter Unternehmensneugründungen. In fiktiven Fallstudien prüften die Teilnehmer möglichst alle in Frage kommenden Förderprogramme des Bundes und des Landes Nordrhein-Westfalen. Ausgehend von der Situation des (fiktiven) planenden Unternehmers sollten unter Erfüllung der vorgeschriebenen Mindestvoraussetzungen schrittweise die Ansatzpunkte für die staatliche Förderung herausgearbeitet und durch Kombination verschiedener Finanzierungshilfen das Gesamtfördervolumen maximiert werden.

2. Modellprämissen

Als Ausgangspunkt der Untersuchung wurden folgende Modellprämissen festgelegt:

- Ein Privatmann möchte eine neue Idee als Innovation selbstverantwortlich verwerten und zu diesem Zweck ein Unternehmen gründen.
- Der Neuheitsgrad dieser Innovation wird als so gravierend bewertet, daß an der Realisation ein volkswirtschaftliches Interesse besteht.
- Der Standort der zu gründenden Unternehmung soll in Nordrhein-Westfalen sein.
- Der angehende Unternehmer hat in der Vergangenheit regelmäßig seine Steuern bezahlt und noch keinen Offenbarungseid geleistet.
- Er hat zur Zeit keine Schulden und keine Forderungen ausstehen.
- Er verfügt über eine begrenzte Menge an Bargeld und Buchgeld bei seiner Hausbank.

- Er ist aus gutachterlicher Sicht kreditwürdig und kreditfähig, er ist fachlich und kaufmännisch hinreichend qualifiziert, und sein innovatives Unternehmen wird existenz- und wettbewerbsfähig sein.
- Er ist zwischen 21 und 50 Jahre alt.

Der angehende Unternehmer verfügt annahmegemäß über alle Eigenschaften, die zu einer Unternehmensneugründung notwendig sind. Sein zentrales Problem ist die Finanzierung der Unternehmensgründung. Die Möglichkeiten, in der Familie oder im Freundeskreis Finanzmittel zu beschaffen oder Bürgen zu stellen, sind begrenzt. Damit ist der Zugang zur Finanzierung durch öffentliche oder private Kreditinstitute nur in geringem Umfang gegeben.

So stellt sich für den fiktiven Unternehmensgründer die Aufgabe, in den Genuß staatlicher Mittel zu kommen. Die Modellprämissen sind jeweils so gewählt, daß die Anforderungen für die Beantragung der staatlichen Finanzierungshilfen erfüllt sind und Eigenkapital in dem Umfang zur Verfügung steht, daß die Fördersummen maximiert werden können. Das Finanzierungsproblem kann dabei grob in zwei Phasen zerlegt werden: Zum einen besteht im Vorfeld der Unternehmensgründung die Notwendigkeit einer umfassenden Beratung, die finanziert werden muß. Nach erfolgter Unternehmensgründung besteht dann der Bedarf nach der Finanzierung des anlaufenden Geschäftsbetriebes. Für beide Phasen sind staatliche Finanzierungshilfen vorgesehen.

3. Staatliche Hilfen im Vorfeld der Unternehmensgründung

Jeder potentielle Unternehmensgründer kann sich über alle Probleme, die mit der Gründung und Führung eines Unternehmens zusammenhängen, durch frei zu wählende, unabhängige und qualifizierte Berater informieren lassen. Bei innovativen Unternehmensgründungen können eigens hierfür eingerichtete Innovationsberatungsstellen angesprochen werden. Die erste Kontaktberatung ist kostenlos, weitergehende Intensivberatungen (zu denen auch externe Berater hinzugezogen werden können) werden im Rahmen des Modellversuches „Förderung technologieorientierter Unternehmensgründungen" (nachstehend abgekürzt als TOU) bis zu 75%, höchstens aber 15000 DM bezuschußt. Die Eigenbeteiligung des Unternehmers läge in diesem Falle bei 5000 DM (Gesamtbetrag 20000 DM).

In Nordrhein-Westfalen können angehende Unternehmen aus den Bereichen Industrie, Einzelhandel, Großhandel sowie Gaststättengewerbe maximal zweitägige Gründungsberatungen kostenlos in Anspruch nehmen.

4. Staatliche Hilfen nach erfolgter Unternehmensgründung

Beispiel 1:
Modellversuch „Förderung technologieorientierter Unternehmensgründungen"

Mit dem bereits erwähnten Modellversuch TOU will das Bundesministerium für Forschung und Technologie im Zeitraum von Juli 1983 bis Ende 1986 mit Firmengründungen „in zukunftsträchtigen Technologiebereichen" Erfahrungen sammeln und die erhöhte Beteiligung privaten Kapitals an derartigen Gründungen fördern. Dieses Programm sieht je nach Stadium des Innovationsvorhabens Beratungshilfen, projektbezogene Zuwendungen bzw. Risikobeteiligungen vor.

Im folgenden wird die Funktionsweise dieses Modellversuchs anhand von drei Entwicklungsstadien erläutert, die eine neugegründete, technologieorientierte Unternehmung durchläuft *(siehe Abb. 1)*.

Die Phase I umfaßt die Erstellung des Unternehmenskonzeptes und sollte einen Zeitraum von 9 Monaten nicht überschreiten. Die Unterstützung in Form nicht rückzahlbarer Zuschüsse wird für Arbeiten zur Erstellung beurteilungsreifer Unterlagen gewährt und beträgt bis zu 90% der Aufwendungen, maximal aber 54000 DM. Die erforderliche Mindesteigenbeteiligung beträgt dann 6000 DM. Wenn für die Erstellung der Unterlagen projektbezogene Beratung durch oder Aufträge an Dritte in besonderem Maße notwendig werden (z. B. für Tests, Gutachten, Expertisen, Marktstudien, Literatur-, Datenbank- bzw. Patentrecherchen, Erstellung von Funktionsmustern), so kann die Obergrenze der Zuwendung auf 108000 DM angehoben werden. Das entspricht bei einer Eigenbeteiligung von 12000 DM dann einer Gesamtzuwendung von 120000 DM.

Die Phase II, die die Forschungs- und Entwicklungsarbeiten (FuE) bis zur Erstellung eines Prototyps umfaßt, kann durch nicht rückzahlbare Zuschüsse bis zu 75% (maximal 900000 DM) der Gesamtaufwendungen für FuE unterstützt werden. Die Förderung solcher Vorhaben erfolgt in dieser wie auch in der nächsten Phase jedoch nur noch, wenn ein nachhaltiger wirtschaftlicher Unternehmenserfolg zu erwarten ist.

Wenn zur Finanzierung der erforderlichen Eigenbeteiligung ein Bankkredit notwendig ist, gibt es ferner die Möglichkeit, diesen Kredit bis zu 50% (maximal 150000 DM) durch eine einzelfallbezogene Risikobeteiligung des Bundes abzusichern.

Theoretisch ist es denkbar, den Eigenanteil bei der Höchstförderungssumme von 1200000 DM, also 300000 DM, über einen Bankkredit zu finanzieren und zur Sicherung dieses Kredites die Risikobeteiligung des Bundes in der Maximalhöhe von 150000 DM in Anspruch zu nehmen. Damit wären nur noch die verbleibenden 150000 DM durch banküblicher Sicherheiten zu decken. In begründeten Ausnahmefällen ist es vorstellbar, zur Sicherung dieses Restbetrages eine Bürgschaft von einer Kreditgarantiegemeinschaft oder eine Landesbürgschaft zu beantragen. Das führt zur Konsequenz, daß der Unternehmer kein eigenes Risiko mehr trägt. In der Bewilligungspraxis verhindern jedoch kreditwirtschaftliche Kontrollmechanismen das Eintreten dieses Falles.

In der Phase III (sie umfaßt den Zeitraum von der Einrichtung der Produktion bis zur Markteinführung des Produktes) kann ein Bankkredit in Höhe von

Abb. 1: Beispiel I TOU

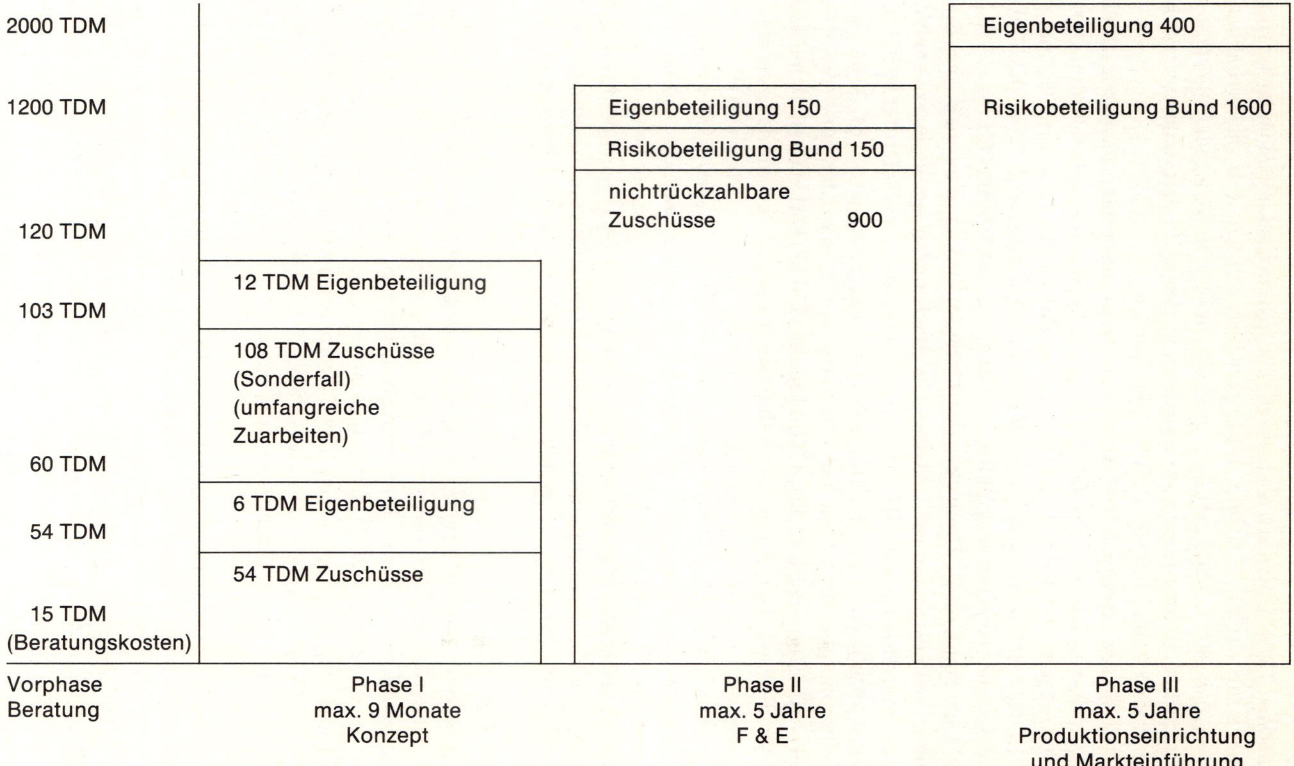

maximal 2 Mio. DM durch eine einzelfallbezogene Risikobeteiligung des Bundes bis zu 80% (d. h. 1,6 Mio. DM) gesichert werden. Für die verbleibenden 20% (d. h. 400000 DM) müssen andere bankübliche Sicherheiten gestellt werden. Wenn die Investition von besonderer landespolitischer Bedeutung ist, kann dafür eine Landesbürgschaft beantragt werden.

In diesem Beispiel hat der Bund damit insgesamt nicht rückzahlbare Zuschüsse in Höhe von 954000 DM (bei umfangreicher Zuarbeit Dritter 1008000 DM) geleistet und Risikobeteiligungen in Höhe von ca. 1,75 Mio. DM übernommen. Rechnet man die Zuschüsse für die Beratungskosten mit ein, so erhöht sich die Summe der nicht rückzahlbaren Zuschüsse auf 969000 DM (bzw. 1023000 DM im Sonderfall). Damit hat der Unternehmensgründer eine Investitionssumme von insgesamt ca. 3,28 Mio. DM (incl. Beratungszuschüsse) zur Verfügung, von denen er nur 561000 DM (bei intensiver Zuarbeit Dritter 567000 DM) selbst abzudecken hat. Das entspricht einem Eigenanteil von ca. 17%.

Im theoretischen Fall, daß die nach der Risikobeteiligung des Bundes verbleibenden abzusichernden Bankkredite (150000 DM in Phase II und 400000 DM in Phase III) durch Landesbürgschaften gedeckt würden, beträgt der Eigenanteil an einer Gesamtfördersumme von 3,28 Mio. DM nur 5000 DM für die Beratung und 6000 DM im Laufe des eigentlichen Gründungsprozesses (bzw. 12000 DM bei umfangreicher Zuarbeit Dritter, dem dann eine Gesamtfördersumme von 3,34 Mio. DM gegenübersteht). Der Eigenanteil einschließlich der Beratungsbeteiligung beträgt damit im 1. Fall ca. 0,3% (Eigenanteil 11000 DM : 3,28 Mio. Fördersumme) und im 2. Fall (einschließlich umfangreicher Zuarbeit durch Dritte) ca. 0,5% (Eigenanteil 17000 DM : 3,34 Mio. Fördersumme).

Beispiel II:
Das Eigenkapitalhilfeprogramm in Kombination mit den ERP-Programmen

Eine weitere Förderungsmöglichkeit auf dem Gebiet innovativer Unternehmensgründungen bietet das Eigenkapitalhilfeprogramm des Bundes. Anstelle des nicht verfügbaren Eigenkapitals können hier die Aufwendungen für die Entwicklung und Herstellung eines Prototyps oder für die Beschaffung von Patenten oder Lizenzen als Fördermittel beantragt werden, wenn die Prototypenherstellung bzw. der Lizenzerwerb die wesentliche Grundlage des Unternehmens darstellt.

Bei einem Eigenanteil von mindestens 12% an der geplanten Investitionssumme von mindestens 40000 DM können Darlehen bis zu einem Höchstbetrag von 300000 DM (Ausnahmen gelten für Berlin und Zonenrandgebiete) gewährt werden bzw. in solcher Höhe, daß die Summe aus Eigenmitteln und Darlehen 40% der Investitionssumme abdeckt. Für diesen Betrag müssen keine banküblichen Sicherheiten gestellt werden (außer der persönlichen Haftung des Antragstellers und seines Ehepartners). Die Fördermittel haften also unbeschränkt und erfüllen damit Eigenkapitalfunktion. Die Laufzeit des Darlehens beträgt 20 Jahre, die Auszahlung erfolgt zu 98%, und in den ersten fünf Jahren werden Zinsvergünstigungen gewährt *(siehe Abb. 2)*.

Abb. 2: Finanzierungsmodell

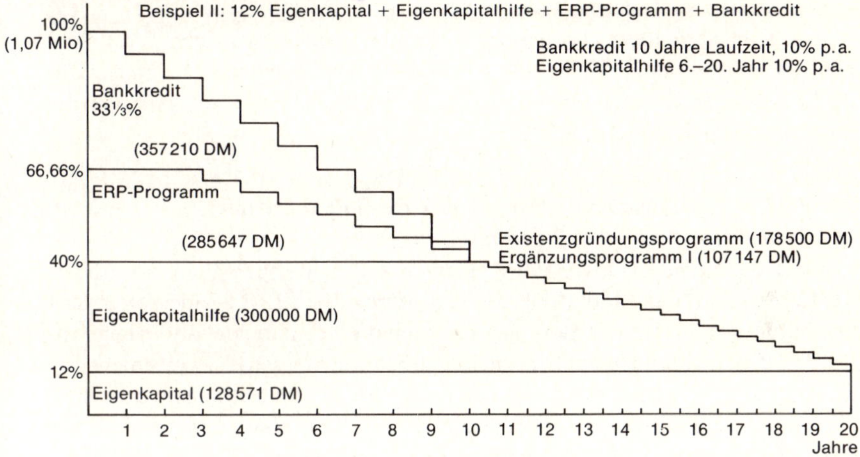

Bei maximaler Inanspruchnahme der Förderung in Höhe von 300000 DM (28%) sind im vorliegenden Beispiel also 128571 DM Eigenkapital (12%) notwendig, um das maximale Investitionsvolumen von insgesamt 1071428 DM zu finanzieren. Davon sind jedoch 60%, d. h. 648857 DM (einschließlich des 2%igen Disagios der Eigenkapitalhilfe), durch weitere Kreditaufnahmen zu beschaffen.

Eine mögliche Kombination mit dem Ergänzungsprogramm I der Lastenausgleichsbank ist in der Bedingung begrenzt, daß der Finanzierungsanteil in der Regel 50% nicht überschreiten soll. Im vorliegenden Beispiel können infolge dieses Grenzsatzes nur noch 107143 DM gewährt werden, da 50% vom Investitionsvolumen 535714 DM betragen und die Differenz zur Summe aus Eigenkapital und Eigenkapitalhilfe, insgesamt 428571 DM, den maximalen Darlehensbetrag aus dem Ergänzungsprogramm I bestimmt.

Es verbleiben somit unter Berücksichtigung eines Disagios von 4% noch rund 540000 DM durch andere Kredite zu finanzieren.

Zur teilweisen Deckung der noch ausstehenden Summe kann auf das ERP-Existenzgründungsprogramm zurückgegriffen werden. Hier beträgt der maximale Darlehensbetrag 300000 DM bei einer Auszahlung von 100% und einer Laufzeit von 10 Jahren (Ausnahme: Grundstückserwerb). Im vorliegenden Beispiel kann die Höchstsumme dieses Programmes nicht mehr ausgeschöpft werden, weil bei einer Kombination mehrerer öffentlicher Programme der

Finanzierungsanteil von zwei Dritteln der Investitionssumme, das entspricht einem Betrag von 714 214 DM, nicht überschritten werden darf. So können aus diesem Programm höchstens 178500 DM beantragt und gewährt werden. Es verbleiben ohne Berücksichtigung weiterer Disagios noch 361500 DM anderweitig zu finanzieren.

Der verbleibende Betrag kann auch durch andere Programme (z. B. das beschäftigungsorientierte Förderprogramm des Landes Nordrhein-Westfalen) nicht gedeckt werden, da die Zwei-Drittel-Grenze in jedem Fall greift. Zur Deckung dieses Restbetrages muß i. d. R. auf ein Investitionsdarlehen der Hausbank zurückgegriffen werden.

Beispiel III: Das Technologie-Programm Wirtschaft des Landes Nordrhein-Westfalen (TPW-Programm)

Liegt der Standort des Unternehmens aus dem Beispiel II in Nordrhein-Westfalen, so kann es alternativ zu den Programmen des ERP-Sondervermögens eine Förderung aus dem Technologie-Programm Wirtschaft des Landes beantragen. Dieses Programm bietet Unternehmensneugründungen im Zusammenhang mit neuen Technologien Zuschüsse von bis zu 30% der Investitionssumme unter der Voraussetzung, daß das eingesetzte Eigenkapital mindestens 20% dieser Summe betragen soll. Im vorliegenden Beispiel ist diese Bedingung durch das Eigenkapitalhilfeprogramm erfüllt, und es kann ein Zuschuß in Höhe von 30% der Investitionssumme in Höhe von 1,07 Mio. DM aus dem Beispiel II (321428 DM) gewährt werden. In diesem Fall wären lediglich 327429 DM (einschließlich des 2%igen Disagios der Eigenkapitalhilfe) frei zu finanzieren *(siehe Abb. 3)*.

Abb. 3: Finanzierungsmodell

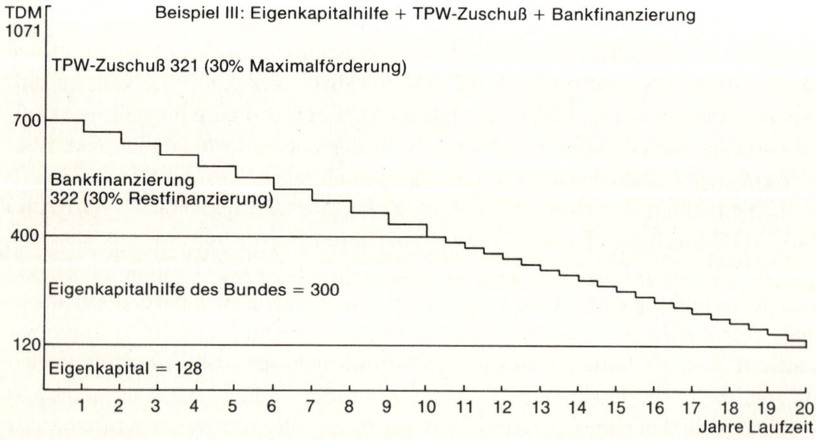

Eine teilweise Deckung des Restbetrages durch Darlehen aus dem ERP-Sondervermögen ist nicht empfehlenswert, da der Finanzierungsanteil aller öffentlichen Hilfen in Kombination mit dem TPW-Programm 60% der Investitionssumme nicht überschreiten darf. In diesem Beispiel werden durch die Eigenkapitalhilfe und die TPW-Zuwendung bereits ca. 58% der Investitionssumme abgedeckt. Es könnten nur noch ungefähr 20000 DM als Darlehen aus dem ERP-Sondervermögen gewährt werden, was den Aufwand der Antragstellung kaum rechtfertigt.

Erfolgt die Unternehmensgründung in Gebieten der regionalen Wirtschaftsförderung, so kann der Zuschuß um bis zu weitere 20% erhöht werden und würde damit bereits 50% der Investitionssumme decken. Im vorliegenden Beispiel bedeutet das: 535714 DM nicht rückzahlbarer Zuschüsse aus dem TPW-Programm, 300000 DM Darlehen aus dem Eigenkapitalhilfe-Programm und 128571 DM Eigenkapital decken 964285 DM der Investitionssumme ab, so daß nur 107143 DM (ca. 10%) frei zu finanzieren wären.

Es sei an dieser Stelle noch einmal auf die Prämissen des Fallbeispieles hingewiesen:
- Es handelt sich um eine Innovation mit echtem Neuheitscharakter.
- Sie läßt einen hohen gesamtwirtschaftlichen Nutzen erwarten.
- Sie ist durch einen hohen Schwierigkeitsgrad gekennzeichnet.
- Die Verwirklichung erfordert einen hohen Aufwand.
- Es bestehen begründete Aussichten auf Verwertung und wirtschaftlichen Erfolg.
- Sie findet in Gebieten der Gemeinschaftsaufgabe von Bund und Ländern zur Verbesserung der regionalen Wirtschaftsstruktur statt.

Die Filter- bzw. Korrekturfunktion der Kreditinstitute

Der angehende Unternehmer wird sich i. d. R. mit seinem Anliegen zunächst an seine (zukünftige) Hausbank wenden. Bei der Entscheidung über die Kreditgewährung zur Realisierung seines Vorhabens ist dabei in erster Linie das Vorhandensein eigener Mittel bzw. möglicher Sicherheiten maßgebend und nicht die potentiellen Förderungsmöglichkeiten. Diese im Kreditwesengesetz konstituierte Filter- bzw. Korrekturfunktion der Kreditinstitute verhindert im Rahmen der öffentlichen Förderung in der Praxis, daß ein Projekt völlig durch öffentliche Mittel finanziert (oder sogar überfinanziert) wird.

Darüber hinaus muß in den Antragsformularen für staatliche Förderungsmittel die Frage beantwortet werden, ob weitere öffentliche Mittel beantragt worden sind oder werden sollen. Bei wahrheitswidrigen Angaben droht hier eine strafrechtliche Verfolgung (§ 264 StGB i. V. m. § 2 Subventionsgesetz).

I. d. R. erwarten öffentliche Förderungsträger von der Hausbank neben einer Stellungnahme auch eine Risikobeteiligung an dem zu fördernden Vorhaben und nutzen damit die Erfahrung, die das Kreditinstitut im Laufe der häufig schon länger andauernden Geschäftsbeziehung mit dem Antragsteller gewonnen hat. Damit wird durch die Nutzung des Eigeninteresses der Banken sichergestellt, daß nur solche Vorhaben gefördert werden, bei denen nach realistischer Einschätzung ein wirtschaftlicher Erfolg erwartet werden kann und zu dem eine angemessene Eigenkapitalbasis vorhanden ist. Ein Eigenkapitalanteil von 17% (Beispiel I) oder gar nur 10% (Beispiel III) gilt aus der Sicht der Kreditinstitute als zu gering.

5. Das Liquiditätsproblem

Bei intensiver Inanspruchnahme der öffentlichen Förderung stellt sich für das junge Unternehmen bereits unmittelbar nach der Startphase das schwierige Problem der Sicherung ausreichender Liquidität. Da der Unternehmensgründer nicht – wie bereits etablierte Unternehmen – auf Daten der Vergangenheit zurückgreifen kann, ist seine Planung mit größeren Unsicherheiten behaftet, und dies umso mehr, je innovativer seine zu vermarktende Idee ist. Dies gilt besonders für die Planung des Umsatzes, damit des Erlöses und der Liquidität.

Langfristige Auswirkungen auf die Liquiditätsplanung des Unternehmens hat wegen der unterschiedlichen Laufzeiten, Zinsvergünstigungen und tilgungsfreien Zeiten sowie der verschiedenen Provisions- und Zinssätze bereits die Konstruktion des Finanzierungsmodells für die Unternehmungsgründung. Zu welchen unterschiedlichen „Tilgungsgebirgen" die drei diskutierten Fallbeispiele führen, veranschaulichen die im folgenden skizzierten Tilgungspläne *(siehe Abb. 4–6)*.

Abb. 4: Tilgungsplan Beispiel I

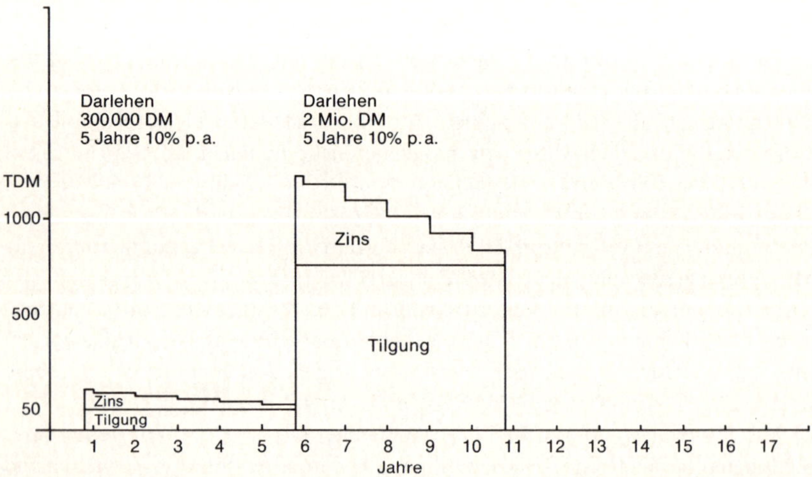

Abb. 5: Tilgungsplan Beispiel II

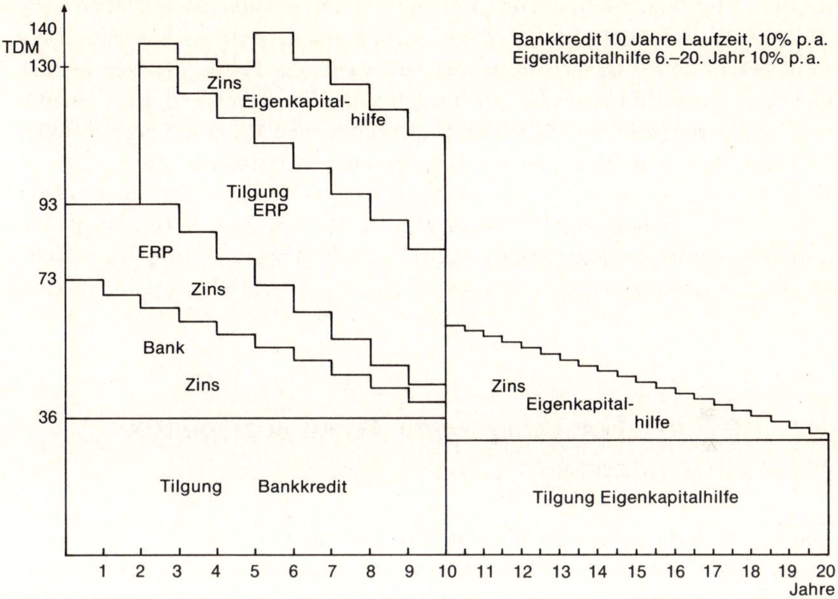

Abb. 6: Tilgungsplan Beispiel III

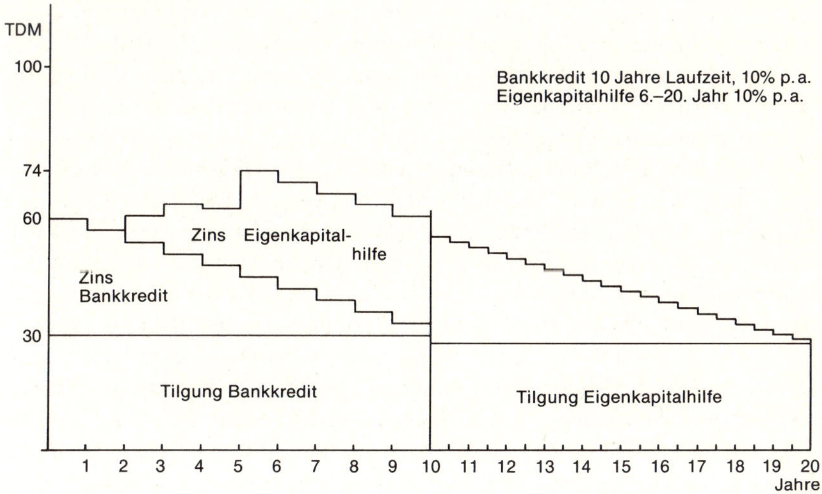

Es zeigt sich, daß die Maximierung der Fördermittel nicht in jedem Fall günstig für die Entwicklung eines neugegründeten Unternehmens ist. Vielmehr muß auch der Liquiditätsaspekt und damit verbunden die zeitliche Verteilung der Einnahmen- und Ausgabenströme des Unternehmens bei der Konzeption der Gründungsfinanzierung starke Beachtung finden. Eine Kombination verschiedener Finanzierungshilfen kann bei der Rückzahlung nach Ablauf der tilgungsfreien Zeit zu zeitlich kumulierten finanziellen Belastungen und damit zu unerwarteten Liquiditätsengpässen führen. Dem Unternehmer wird nun – nach einer kurzen „Schonzeit" – ein hohes Maß an finanzwirtschaftlichem Wissen abverlangt. Wie die Insolvenzforschung zeigt, fehlt vielen Unternehmensgründern dieses Wissen.

3.5. Effektive Forschungs- und Technologiepolitik

Hans-Peter Lorenzen

Managementerfordernisse in der staatlichen Förderung

„Die Erfahrung zeigt, daß erfolgreiche Innovationen sich durch die Berücksichtigung technischer, wirtschaftlicher, organisatorischer, sozialer und humaner Aspekte auszeichnen." Diese These stellte 1984 der Bonner Gesprächskreis Humanisierung des Arbeitslebens (HdA) als eine Leitvorstellung für die künftige Weiterentwicklung der entsprechenden Förderaktivitäten der öffentlichen Hand heraus. Er verließ damit die scheinbar beruhigenden Bahnen eindimensionaler Betrachtungsweise: hier Technologieförderung, dort HdA-Förderung, einerseits unternehmerische Entscheidungen, andererseits staatliche Hilfen.

Wer immer nur an Technik denkt, wenn von Innovationen die Rede ist, braucht sich über Mißerfolge nicht zu wundern. Das gilt für einzelne Betriebe, für Verbände und selbstverständlich auch für den Staat mit Förderprogrammen oder mit seiner Aufgabe, Rahmenbedingungen zu setzen. Dieses enge Innovationsverständnis beruht jedoch auf der klassischen Innovationsforschung, die den Innovationsbegriff ausschließlich für technische Innovationen verwendet hat. Heute gewinnt ein weitgefaßter Innovationsbegriff an Bedeutung. Es geht in den Unternehmen um Technologie-Management als bereichsübergreifende Koordinationsaufgabe, bei der u. a. Fragen der Personal- und Qualifikationsentwicklung, was Arbeitsinhalte, -organisation und Arbeitszeit angeht, aber auch Betriebs- und Informationsmittel mit dem Produkt- oder Dienstleistungsspektrum des Unternehmens geschickt verknüpft werden sollen. Es ist bezeichnend, daß diese Thematik jetzt zunehmend von Forschungsinstituten, Unternehmensberatern, Verbänden oder Industrie- und Handelskammern aufgegriffen wird.

Vor diesem Hintergrund gilt es, die Rolle staatlicher Forschungs- und Technologiepolitik (FuT) neu zu bestimmen. Der Zeitpunkt dafür ist günstig: „Keine Seite verabsolutiert mehr ihre Position. Weder wird behauptet, daß der Markt alles allein zustande bringt, noch, daß ohne den Staat nichts ginge", so schreibt Boettger in dieser Artikelreihe, mit einer klaren Absage an dogmatische Positionen. „Für jede Maßnahme besteht die Notwendigkeit einer überzeugenden volkswirtschaftlichen Begründung." Wie könnte diese aussehen?

Wieviel staatliche FuE-Mittel sind genug?

Für das Jahr 1983 werden die Ausgaben für Forschung und Entwicklung (FuE) in der Bundesrepublik Deutschland auf 46,8 Milliarden DM geschätzt. Diese Summe entspricht 2,8% des Bruttosozialprodukts. Soweit ein internationaler Vergleich solcher Angaben möglich ist, nimmt die Bundesrepublik Deutschland zusammen mit den USA, Großbritannien und Japan eine Spitzenstellung unter den westlichen Industrieländern ein. Der Vergleich eingesetzter finanzieller Mittel bleibt aber unvollständig, wenn nicht zugleich die Wirkungen angegeben werden, die mit diesen Mitteln erreicht werden, und die Wirkungen zu den Mitteln in Beziehung gesetzt werden können.

Es gibt bisher keinen Satz von Indikatoren, der geeignet wäre, die gesamten Wirkungen der FuE-Anstrengungen zu beschreiben und damit auch noch einen internationalen Vergleich zu ermöglichen. Vielleicht wird eine solche Vorstellung auch immer ein Wunschtraum bleiben. Dennoch läßt sich beobachten, wie die Diskussion über diese Zusammenhänge lebhafter wird.

Auch wenn die Anzahl der Nobelpreise kein geeigneter Indikator ist, die Qualität der Grundlagenforschung umfassend zu beurteilen, ist er doch nützlich, um die Diskussion darüber in Gang zu bringen, wie denn wirklich die Qualität zu beurteilen ist und welche Möglichkeiten bestehen, sie gegebenenfalls zu verbessern. Genausowenig läßt sich anhand der Einfuhr- und Ausfuhrstatistiken direkt ablesen, welche Wirkungen die Aufwendungen für angewandte Forschung und Entwicklung gezeigt haben. Sehr wohl aber sind diese Statistiken ein Maß für die internationale Wettbewerbsfähigkeit der Industrie, und jeder, der die Erhaltung oder Steigerung dieser Wettbewerbsfähigkeit als Ziel seiner Bemühungen angibt, sollte die Wirkungszusammenhänge berücksichtigen.

Diskussionen über die Wirkungen von angewandter Forschung und Entwicklung lassen meist außer acht, daß über 80% der FuE-Aufwendungen in der Wirtschaft von dieser selbst aufgebracht werden. Wenn bei bestimmten Spitzentechnologien, wie z.B. Datenverarbeitungsanlagen, die Wettbewerbssituation beklagt wird, darf diese Entwicklung nicht ohne weiteres der staatlichen FuE-Förderung angelastet werden. Umgekehrt muß sich die staatliche FuT-Politik fragen lassen, welche konkreten Wirkungen sie mit ihrer begrenzten finanziellen Förderung anstrebe und ob diese eingetreten sind, aber zugleich auch, ob sie insbesondere im Verbund mit der Wirtschaftspolitik für diejenigen Rahmenbedingungen gesorgt hat, unter denen die eigenen Mittel der Wirtschaft effizient eingesetzt werden können.

Solche Fragen lassen sich nicht befriedigend im allgemeinen beantworten, weder im Falle der Grundlagenforschung durch den Hinweis auf das Selbstverwaltungsprinzip der Wissenschaft noch im Falle der angewandten Forschung und Entwicklung auf dem Hintergrund von wirtschaftswissenschaftlichen Theorien, die den technischen Fortschritt als Restgröße behandeln.

Eine ähnliche Einsicht wurde in den USA mit dem Experimental Technology Inventives Program gewonnen: Das Zusammenwirken von Regierung und Industrie ist komplexer und beinhaltet mehr Faktoren als traditionell angenommen. Um erfolgreich zu sein, muß die Regierung Politiken und Maßnahmen konkret auf das jeweilige breite Spektrum der Marktkräfte zuschneiden.

Nur eine FuT-Politik, die lernfähig ist und ihr Verhalten im Hinblick auf Erfahrungen korrigieren kann, wird im Spannungsfeld der technologischen, wirtschaftlichen und sozialen Veränderungen bestehen können. Von der grundsätzlichen Möglichkeit einer solchen dynamischen FuT-Politik zu ihrer Realisierung ist ein weiter Weg.

Management der FuE-Förderung

Anders als eine FuT-Politik, die mit der Bereitstellung von genügend staatlichen Mitteln schon den Erfolg gesichert glaubt, muß eine dynamische FuT-Politik sehr viel deutlicher das jeweilige Umfeld erkunden, in dem es Innovationshemmnisse zu überwinden gilt.

Da Forschung und Entwicklung ein heterogener, stark ausdifferenzierter Prozeß ist, dessen Teilbereiche unterschiedlichen Gesetzmäßigkeiten unterliegen, muß auch die FuT-Politik für verschiedene Teilbereiche jeweils verschiedene Handlungsroutinen ausbilden. Die Handlungsroutinen der FuT-Politik bestehen im wesentlichen darin, Ziele zu setzen, Instrumente zu wählen, mit denen diese Ziele erreicht werden können, sowie Verfahren für die Bewertung zu entwickeln, mit denen man prüfen kann, ob die Zielsetzung dem Bedarf entsprach und ob die Ziele mit den eingesetzten Methoden erreicht wurden.

Mit diesem Ansatz wird FuT-Politik zu einer öffentlichen Dienstleistung, deren Vergleich mit einem Kaufhaus vielleicht ernüchternd ist, sicher aber zu einer Reihe von Fragen anregt. Niemand wird auf die Idee kommen, in einem Kaufhaus das Kundenverhalten oder die Ein- und Verkaufsgewohnheiten des Personals in der Lebensmittelabteilung und in der Fotoabteilung von vornherein als gleich zu unterstellen. Während in einem Kaufhaus klare Vorstellungen darüber bestehen, welcher Umsatz pro Quadratmeter Verkaufsfläche oder pro Verkäufer in einer bestimmten Abteilung erzielt werden sollte, muß eine entsprechende Zielsetzung für Teilbereiche der FuT-Politik erst erarbeitet werden. Genausowenig gibt es etablierte Verfahren, mit denen man später prüfen kann, ob die gesetzten Ziele auch erreicht wurden.

Wenn, wie in dieser Artikelreihe, Kritik an der bisherigen FuT-Politik geübt wird, sollte sie sich nicht darauf beschränken, bestimmte Ergebnisse der Förderung in Frage zu stellen, sondern das FuT-Management beschreiben, die Handlungsroutinen der Beteiligten analysieren, also den Prozeß, der zu den jeweiligen Ergebnissen führte. Ungünstige Ergebnisse haben in einer dynamischen FuT-Politik im wesentlichen die Funktion, eine solche Prozeßanalyse auszulösen.

Aus den vielfältigen nationalen und internationalen Erfahrungen mit Erfolgen und Mißerfolgen in der FuT-Politik schält sich eine Regel heraus:

Man tut gut daran, Zielsetzung, Instrumentenwahl und Verfahrensentwicklung für die Prüfung als ein Paket zu sehen und in einem geschlossenen Konzept aufeinander abzustimmen, bevor man mit irgendeiner Förderung beginnt.

Diese Anforderung läßt sich nur in hinreichend homogenen Teilbereichen des Innovationsgeschehens verwirklichen. Regelmäßig wird man nach Phasen des Innovationsprozesses unterscheiden müssen. Es macht einen großen Unterschied, ob z. B. eine Produktentwicklung oder eine noch wettbewerbsneutrale angewandte Forschung unterstützt werden soll. In marktnahen Phasen wird man nach Nutzergruppen oder Branchen differenzieren müssen, in marktfernen Phasen nach Technologien und Forschungsträgern. In homogenen Teilbereichen können die zugehörigen Zielsetzungen mit dem gleichen Kreis von Partnern ermittelt und abgestimmt werden, sie sollen mit einer auf die Zielsetzung abgestimmten Mischung von bestimmten Instrumenten erreicht werden.

Die meisten Fachprogramme des Bundesministeriums für Forschung und Technologie (MBFT) oder FuE-Programme der Großforschungseinrichtungen enthalten eine ganze Reihe solcher homogener Teilbereiche. Z. B. beinhaltet das deutsche Weltraumprogramm sowohl die Entwicklung kommerzieller Nachrichtensatelliten wie auch Grundlagenforschung in den Bereichen Astronomie und Astrophysik. Das FuE-Programm der Gesellschaft für Strahlen- und Umweltforschung umfaßt Strukturforschung zum Gesundheitswesen genauso wie grundlegende Untersuchungen zur Wirkung ionisierender Strahlen. Es kommt nicht darauf an, wieviele homogene Teilbereiche in einem Programm enthalten sind, es ist aber entscheidend, daß die verschiedenen Förderungs- bzw. Forschungsaktivitäten solchen Teilbereichen zuzuordnen sind und deutlich wird, woran ein Erfolg gemessen werden soll. Homogene Teilbereiche sind also dadurch bestimmt, daß das Förder-Management nach einheitlichen Verfahren erfolgen kann.

Innovationshemmnisse sind Angelpunkte der Förderung

Die Zielsetzung, die Wettbewerbsfähigkeit der Wirtschaft zu erhalten und auszubauen, gerät zur Leerformel, wenn nicht zugleich definiert wird, worin die Stärkung der Wettbewerbsfähigkeit bestehen soll, wie der Beitrag der staatlichen

Seite nach Art und Umfang beschaffen sein müßte, um eine bestimmte Stärkung zu erreichen, und welche Beiträge von anderer Seite, insbesondere der Wirtschaft selbst, hierfür außerdem erforderlich wären. Die Innovationsforschung hat den Blick dafür geschärft, daß Beiträge zu einem gemeinsamen Ziel präziser auf die jeweiligen Innovationshemmnisse abgestellt werden müssen. Die Überwindung solcher Innovationshemmnisse könnte als sinnvolles Förderziel genannt und sollte mit adäquaten Instrumenten bewerkstelligt werden. Als solche Hemmnisse werden für das Sonderprogramm Anwendung der Mikroelektronik z.B. genannt: Die kleinen und mittleren Unternehmen machen von dem außerbetrieblichen Entwicklungs- und Beratungspotential zu wenig Gebrauch, stellen ihre Produkte nur zögernd um oder schenken betrieblichen Weiterbildungs- und Umschulungsmaßnahmen zu wenig Aufmerksamkeit.

Innovationshemmnisse gibt es aber nicht nur im Zusammenhang mit der Wettbewerbsfähigkeit der Wirtschaft; auch wenn es um den weiten Bereich der Lebensbedingungen geht, lassen sich Innovationshemmnisse zum Angelpunkt der Forschungsförderung machen:

Eine Ursache für die in Krankenhäusern anfallenden hohen Ausgaben für Medizintechnik einerseits und für Gefährdungen von Patienten durch unsachgemäße Anwendung andererseits lag in der mangelnden fachlichen Vorbildung des mit der Anwendung betrauten Personals. Weder Ärzte noch Schwestern haben im allgemeinen genügend technische Fachkenntnisse, um beurteilen zu können, ob eine Investition bei medizintechnischen Geräten bedarfsgerecht ist, oder um Fehler der Geräte richtig erkennen zu können. Damit waren Krankenhäuser auf die Aussagen der Herstellerfirmen oder deren Reparaturservice, selbst für Bagatellreparaturen, angewiesen. Der Förderschwerpunkt „Technische Servicezentren in Krankenhäusern" hatte als Modellversuch die Aufgabe zu prüfen, ob unter deutschen Verhältnissen ausländische, insbesondere amerikanische Erfahrungen reproduzierbar sind, nach denen krankenhauseigene medizintechnisch qualifizierte Teams sowohl durch Investitionsberatung als auch bei Wartung und Reparatur, ggf. in Kooperation mit Herstellerfirmen, günstigere Betriebsergebnisse erzielen können. Die Finanzierungsregelungen für Krankenhäuser lassen diesen nicht den Entscheidungsspielraum, selbst ein solches Team einzurichten, solange der betriebswirtschaftliche Nutzen nicht gezeigt werden konnte. Die innovationsfreundlichen Fördermaßnahmen bestanden darin, daß elf Krankenhäusern die Kosten für solche Teams für vier Jahre unter der Bedingung zur Verfügung gestellt wurden, daß sie die Teams nach Abschluß des Modellversuchs übernehmen müssen, wenn günstigere Betriebsergebnisse erzielt werden. Damit wurden die Träger von vornherein verstärkt in die Verantwortung genommen. Bereits ein Jahr vor Ende des Modellversuchs hatten sich vier Krankenhäuser zur Fortführung der Teams entschlossen. Die übrigen haben sich zwischenzeitlich ebenso entschieden. Damit die Beurteilung, was unter „günstigeren Betriebsergebnissen“ zu verstehen ist, und die Festlegung, wie ein solcher Vergleich methodisch sinnvoll aussehen kann, nicht im Belieben eines einzelnen Krankenhauses verbleiben,wurde eine zentrale betriebswirtschaftliche Begleituntersuchung zusätzlich vergeben. Der Auftrag ging bewußt an das Deutsche Krankenhausinstitut, zu dessen satzungsgemäßer Aufgabe gerade die Beratung von Krankenhäusern in Planungsfragen gehört. Dadurch ist die Multiplikation der Ergebnisse über den Kreis der Modellkrankenhäuser hinaus fast von selbst gegeben. Die 1984 abgeschlossene Begleituntersuchung ergab, daß eine systematisch betriebene Instandhaltung des Geräteparks mit spezialisierten internen Servicezentren bundesweit zu Einsparungen von jährlich 100 Mio. DM führen könne. An dem Erfahrungsaustausch der Modellkrankenhäuser und des Instituts nahmen auch Vertreter der Krankenkassen teil, so daß für die späteren Pflegesatzverhandlungen zwischen Krankenhäusern und Kassen bereits ein gemeinsamer Erkenntnisstand geschaffen wurde.

Die deutschen Medizingerätehersteller standen diesem Modellversuch am Anfang skeptisch bis ablehnend gegenüber. Diese Einstellung hat sich während der Laufzeit grundlegend geändert. Nicht nur für die Modellkrankenhäuser, auch für die Hersteller ist es nützlich, daß nun Daten über das Geräteverhalten und die Verfügbarkeit vorliegen und Instandhaltungsstrategien erprobt wurden.

Es ist fast selbstverständlich, daß die Identifizierung von Innovationshemmnissen nicht am grünen Tisch, schon gar nicht in einem Ministerium geleistet werden kann. Schon die Identifizierung sollte eine gemeinsame Leistung aller Beteiligten sein. Das Ministerium sollte aber auf eine Moderatorrolle in der Diskussion mit allen Beteiligten gut vorbereitet sein. Hierbei hilft ein Blick über die Grenzen, d. h. eine Orientierung an den Handlungsroutinen in konkurrierenden Ländern, modifiziert gemäß den nationalen Besonderheiten.

Es ist sicher ein Fehler, zuerst an öffentliche Mittel zu denken und primär die direkte Projektförderung als Förderinstrument einsetzen zu wollen. Ein guter Teil der Kritik an der Fördertätigkeit des BMFT in den 70er Jahren beruhte auf dem Eindruck, daß der Staat ohne weitere Serviceleistungen Geld verteilt und dafür noch unnötige bürokratische Hindernisse wie Antragstellung, Begutachtung etc. aufrichtet. Projektförderung ist aber dann anders zu bewerten, wenn sie Bestandteil eines abgestimmten Bündels von Maßnahmen aller Beteiligten zur Überwindung der jeweils identifizierten Innovationshemmnisse ist. Darüber hinaus können je nach Problemlage auf der staatlichen Seite steuer- und wirtschaftsrechtliche Rahmenbedingungen, Auflagen in aufsichtsrechtlichen Verfahren oder Organisation und Inhalte des Ausbildungssystems eine größere Rolle für die Innovation von technischen Produkten spielen als die Projektförderung, ganz abgesehen von der Unternehmenskultur der betreffenden Branche selbst. Damit kommt auch einem kooperativen Verhalten der beteiligten Stellen der öffentlichen Hand, insbesondere der Bundes- und Landesministerien, beim Innovationsmanagement eine besondere Bedeutung zu.

Beispiel menschengerechte Anwendung neuer Technologien

Einstimmig hatte der Deutsche Bundestag im Dezember 1982 die Bundesregierung aufgefordert, der menschengerechten Anwendung neuer Technologien mehr Beachtung zu schenken. Gemeinsam mit Vertretern der Tarifvertragsparteien und der Wissenschaften ist es gelungen, zu präzisieren, welche Teilziele angestrebt werden sollten, die bei jeder betrieblichen Anwendung, z. B. in der Produktion, ausbuchstabiert werden müssen:

- Belastungen durch die Arbeitsumgebung abbauen,
- gesundheitliche Gefährdungen vermeiden,
- Taktbindungen vermeiden,
- berufliche Kenntnisse und Erfahrungen nutzen und weiterentwickeln,
- Arbeitsinhalte durch ganzheitlichen Zuschnitt der Aufgaben, verbunden mit Gestaltungs- und Entscheidungsspielräumen für die Ausführung der Arbeit, anreichern,
- an neue Aufgaben durch inhaltlich und zeitlich angemessene Weiterbildung heranführen,
- Möglichkeiten für Kontakte und Gespräche am Arbeitsplatz schaffen,
- das Kontrollpotential, das durch neue Technologien entsteht, menschengerecht handhaben,
- eine mittel- bis langfristige Perspektive für eine gesicherte Beschäftigung anstreben."

Weiter war zu klären, unter welchen Umständen die öffentliche Hand betriebliche Modellvorhaben fördern sollte und welche Funktion solche Modellvorhaben im gesamten Innovationsgeschehen haben könnten.

Wegen der vielfältigen Gestaltungsspielräume wäre es ein Trugschluß zu vermuten, es gäbe jeweils nur eine Lösung für die menschengerechte Anwendung der Technik.

Wichtiger als bestimmte Lösungen ein für allemal mit einem Gütesiegel zu versehen, ist die Phantasie der Beteiligten, jeweils geeignete Erfahrungen zu gewinnen. Es lohnt sich also, auch mehrere, möglichst unterschiedliche Lösungsansätze zu fördern, die dem Anspruch menschengerechter Anwendung der Technik genügen. In diesem Sinne ist Förderung von Alternativen geradezu erwünscht. Sie sollen die mögliche Vielfalt der denkbaren technisch-organisatorischen Lösungen repräsentieren.

Bereits verwirklichte oder an anderer Stelle geförderte Lösungen werden unter sonst gleichen Bedingungen aber nicht bzw. nicht erneut gefördert. Andererseits ist es wichtig, diese an anderer Stelle gewonnenen Erfahrungen in die Konzeption von Förderschwerpunkten mit einzubeziehen. Der Förderer sollte sich diese Übersicht verschaffen, um seine Fördermittel tatsächlich auf neue technisch-organisatorische Lösungen konzentrieren zu können, Gewerkschaften und Unternehmensverbände sollten die Gesamtheit der erprobten Lösungen kennen, um ihre Mitglieder umfassend beraten zu können.

Die Förderschwerpunkte enthalten aber nicht nur das Förderangebot zu betrieblichen Modellvorhaben, sondern weitere Elemente, die sich gegenseitig ergänzen und verstärken sollen: Weil eine rechtzeitige Qualifizierung der Mitarbeiter Voraussetzung für die Nutzung der Gestaltungsspielräume ist, wird die Entwicklung von Musterlösungen für die betriebliche Weiterbildung gesondert gefördert.

In den Förderschwerpunkten sind keine Vorhaben zur Produkt- oder Verfahrensentwicklung selbst vorgesehen, sehr wohl aber Untersuchungen über die Grenzen, die einer menschengerechten Gestaltung von Arbeitsplätzen durch die z. Z. eingesetzten Fertigungs- bzw. Informations- und Kommunikationssysteme und deren Komponenten gesetzt sind. Hiermit sollen die Erfahrungen der Beschäftigten gesammelt, bewertet und, z. B. in Form von Pflichtenheften für die technische Weiterentwicklung von Produkten oder Verfahren nutzbar gemacht werden.

Die Förderschwerpunkte werden von vornherein einer Bewertung unterzogen, einerseits, um die vielfältigen Erfahrungen den Unternehmensverbänden und Gewerkschaften zur Verfügung stellen zu können, andererseits, um Anregungen für den Förderer selbst zu erhalten, z. B. welche Akzente ggf. bei weiteren Förderungsangeboten anders gesetzt werden sollten bzw. wann die Förderung ihren Zweck erreicht hat und die weitere Zielverfolgung den Verbänden und Gewerkschaften selbst überlassen werden kann.

Qualität der Forschung und Nutzerorientierung der Entwicklung

Viele Diskussionen über die Qualität der Forschung sind dadurch gekennzeichnet, daß zu schnell begrenzte Vorschläge gemacht werden, die der Lösung des Gesamtproblems nicht gerecht werden, so z. B. der Vorschlag, Eliteuniversitäten zu gründen, statt Rahmenbedingungen und Anreize zur Leistungssteigerung an den bestehenden Universitäten im einzelnen zu verbessern.

In der Grundlagenforschung kann – soweit noch nicht üblich – die strikte Einhaltung von Qualitätsmaßstäben bei der Zuteilung von Personal- und Sachmitteln mehr bewirken als die finanzielle Aufstockung eines Wirtschaftsplans.

Erst allmählich setzt sich der Gedanke durch, daß die Unterstützung von Transferaktivitäten zwischen Wissenschaft und Industrie ihr eigenes Instrumentarium braucht, das nicht bei der Finanzierung stehenbleibt.

Es kommt darauf an, den Einsatz der staatlich geförderten FuE-Kapazität, die zur Innovation in der Industrie beitragen kann, mit Hilfe eines Netzes von weitgehend dezentralen Abstimmungsprozessen zwischen den unmittelbar an einem Transfer beteiligten Gruppen zu optimieren. Während die Auswahl von neuen Arbeitsgebieten bei weit in die Zukunft gerichteten Entwicklungen zunächst überwiegend in der Verantwortung der Forschungseinrichtungen liegt, kommt der Rolle der Nutzer bei späteren Kurskorrekturen ein immer größeres Gewicht zu: Wenn z. B. ein Entwicklungsteam in einer Großforschungseinrichtung seit vielen Jahren ein Thema bearbeitet, von dem behauptet wird, daß es auf industrielle Nutzung zielt, aber keine Interessenbekundungen von Industriefirmen bekannt sind, müßte dies ein Alarmsignal für die Geschäftsführung sein. Aufsichtsgremien sollten von den Geschäftsführungen regelmäßig darüber informiert werden, ob die Bearbeitungsdauer und -intensität eines Vorhabens dem zu erwartenden Interesse von Industriefirmen, Know-how- und Lizenzverträgen, Kooperationsvereinbarungen oder Finanzierungsmodalitäten entspricht. Es ist Aufgabe der Geschäftsführung, bezogen auf das jeweilige Feld der angewandten Forschung und Entwicklung und bezogen auf die jeweilige Phase des Innovationsprozesses, in der sich betreffende Vorhaben befinden, die erwartete Kooperation mit den industriellen Nutzern als Erfolgskriterien zu definieren. Falls in der entsprechenden Phase eines Vorhabens der zur Fortführung notwendige Grad des Industrieinteresses fehlt, sollten zunächst geeignete Marketinganstrengungen gemacht werden. Falls dies fehlschlägt, bleibt nur eine kundengerechte Neuorientierung oder die Einstellung des Vorhabens übrig. Nur so kann verhindert werden, daß Forschungszentren für FuE-Arbeiten Resourcen binden, die von den potentiellen Nutzern als wenig erfolgsversprechend angesehen werden. Dieses Abstellen auf den Transfer ergibt ein ähnliches vorhabengebundenes Korrektiv für die Zustellung von Personal- und Sachmitteln wie die Ergebnisse des peer reviews in der Grundlagenforschung.

Beiden Verfahren ist gemeinsam, daß aus dem Spektrum der Vorhaben diejenigen verändert oder eingestellt werden, die weniger aussichtsreich erscheinen. Vom Management her betrachtet, ist es leichter, sich darauf zu verständigen, was nicht mehr unterstützt werden sollte, als den umgekehrten Weg zu gehen und nur auf vermeintlich hervorragende Forschung oder besonders zukunftsträchtige Entwicklungen zu setzen. „Picking the winners" hat sich als Rezept für staatliches Fördermanagement nicht als erfolgreich erwiesen, zudem ist es ordnungspolitisch der falsche Ansatz.

Mit dem rechtzeitigen Aussortieren von weniger aussichtsreichen Vorhaben dagegen werden weitere Wirkungen erzielt. Zum einen werden Mittel frei für neue Vorhaben und damit die Chancen für eine gute Bilanz des Forschungszentrums insgesamt erhöht. In bezug auf den wirtschaftlichen Innovationsprozeß im ganzen bedeutet dieser Ausleseprozeß, daß damit zugleich der Anteil derjenigen Vorhaben steigt, mit denen technologisches Neuland erkundet wird. Diese Funktion sollte in der Diskussion über die Rollenverteilung und Kooperation zwischen Forschungszentren und Industrie viel stärker beachtet werden. Zum anderen steigt die Motivation der Mitarbeiter in Forschungszentren, weil die Bedingungen für Erfolg transparent werden.

Voraussetzung für eine stärkere Nutzerorientierung ist auch die stufenweise steigende organisatorische Selbständigkeit homogener Arbeitsbereiche in Großforschungseinrichtungen. Neue Arbeitsprogramme von Großforschungseinrichtungen, z. B. nach einer gründlichen Begutachtung, sollten in dem Teil, der auf industrielle Nutzung zielt, von vornherein so angelegt werden, daß neue Arbeiten von der vollständigen Finanzierung durch die öffentliche Hand in eine Teilfinanzierung übergehen und später die Mannschaft von der Industrie übernommen bzw. durch Aufträge finanziert wird.

Diese Linie entspricht dem Vorgehen des britischen Industrieministeriums, nach dem Vorbild des früheren Kernforschungszentrums Harwell die Vertragsforschung zu verstärken, mit der extremen Konsequenz der Privatisierung. So wurde das National Maritime Institute, das früher einmal zum National Physical Laboratory gehörte und in einem ersten Schritt verselbständigt worden war, 1982 in eine Gesellschaft umgewandelt, deren private Gesellschafter Vorzugsservice erhalten. Das Computer Aided Design Centre ist 1983 auf diesem Weg gefolgt. Es würde sich lohnen, wenn die Arbeitsgemeinschaft der Großforschungseinrichtungen und der Bundesverband der Deutschen Industrie ihre Diskussion in dieser Richtung fortsetzen würden.

Bewertung staatlicher Förderung

Wenn sich Förderer zu einer nachträglichen Bewertung eines Programms entschließen – und das kommt immer noch selten genug vor – oder Wissenschaftler von sich aus Programmforschung betreiben wollen, stellen sie meist fest, daß die Ziele eines Programms oder eines Förderschwerpunktes zu unscharf definiert sind, um daran eine sinnvolle Bewertung anschließen zu können. Sie helfen sich damit, nachträglich eine Zielhierarchie zu postulieren und für operationelle Ziele Indikatoren zu finden, an denen die Zielerreichung gemessen werden kann.

Sie sehen sich ferner mit dem Problem konfrontiert, die benötigten Daten nachträglich zu erhalten. Dieses Dilemma ließe sich dadurch umgehen, daß für homogene Teilbereiche als Förderschwerpunkte von vornherein die Indikatoren für eine Erfolgsbewertung mit geplant werden und während der Laufzeit des Förderschwerpunkts die Daten begleitend gesammelt werden.

Dieses Vorgehen hilft nicht nur der Bewertung, es hilft auch dem Förderschwerpunkt selbst: Die kritischen Fragen nach dem Erfolgsmaßstab lassen übertriebene Zielerwartungen vor Beginn der Förderung auf ein realistisches Maß schrumpfen. So kann man der Gefahr entgehen, daß regelmäßig Anspruch und Wirklichkeit in der FuT-Politik auseinanderklaffen. Im Grenzfall merkt die öffentliche Hand noch gerade rechtzeitig, daß sich die beabsichtigte Fördermaßnahme gar nicht für eine Intervention der öffentlichen Hand eignet. Durch eine solche Vorgehensweise ließe sich zugleich der Vorwurf des „staatlichen Aktivismus“ wirksam entkräften.

3.6. Die Rolle der Wissenschaft im Innovationsgeschehen

Erich Staudt

1. Zur aktuellen Technologietransferdiskussion

Die Diskussion um den Technologietransfer in der Bundesrepublik konzentriert sich auf den „Transfer vom Wissenschaftssystem in die Industrie“. Dies ist nur ein sehr schmaler, partikulärer Aspekt des komplexen Transferproblems. Nur diesen Aspekt kann ich hier kritisch analysieren, wenn ich auf die Rolle der Wissenschaft im gegenwärtigen Innovationsgeschehen in der Bundesrepublik eingehe. Doch auch das ist aus zwei Gründen schon eine sehr heikle Aufgabe:

- Zum einen, weil die „Wissenschaft“ in der Bundesrepublik selbst an erheblichen Verhaltensstörungen leidet,
- zum anderen, weil im gegenwärtigen deutschen Innovationsgeschehen, so wie es zum Teil vom Ausland aus betrachtet wird – ich zitiere das nur – zu wenig bis gar nichts geschieht.

Mitunter findet man aber auch Wissenschaftsvertreter, Politiker und Unternehmer, wie Kinder im dunklen Keller laut singend sich gegenseitig Mut machend, daß doch alles in Ordnung sei, die Wissenschaft in Deutschland recht gut funktioniere, die Wirtschaft noch immer vor Innovationskraft strotze. Wenn das so stimmte, wie man sich das gerne im Jahr des Schulterklopfens in der Bundesrepublik gegenseitig zusichert, dann wäre eigentlich die Behandlung des Themas Technologietransfer überflüssig.

Aber da man sich trotzdem intensiv damit beschäftigt, gehe ich davon aus, daß man dem Gesang der „Kellerkinder“ nicht glaubt. Zu viele Indizien sprechen dagegen. Wenn man im Wissenschaftssystem einerseits von notwendiger Organisationsruhe oder Reform der Reformen spricht, andererseits Vertreter dieses Wissenschaftssystems mit einem Bauchladen in der Republik herumlaufen, um wie Alchimisten Gold bei hinreichendem Mitteleinsatz zu versprechen, dann sind das Indikatoren für ein stark ramponiertes Image dieser Einrichtung in Deutschland. Ein Image, das es heute erlaubt, in das die Störung des Innovationsgeschehens in der Bundesrepublik begleitende Schwarze-Peter-Spiel neben den üblichen Buhmännern „verfehlte Struktur- oder Industriepolitik“, „faule Arbeitnehmer“, „unfähige Manager“ oder „versagende Unternehmer“ als weiteren Sündenbock auch das politisch wehrlose Wissenschaftssystem einzubeziehen.

Das Schwarze-Peter-Spiel, das wir mittlerweile kennen, kulminiert dann meist in der Forderung, das Innovationsgeschehen durch „Technologietransfer“ wieder in Schwung zu bringen. Wobei Technologietransfer sehr eng oder naiv als die beschleunigte Umsetzung von Ergebnissen dieses Wissenschaftssystems in die Wirtschaftspraxis interpretiert wird.

Ich will nun hier nicht den Versuch machen, der sehr beliebten Frage nachzugehen, welche Rolle die Wissenschaft in einer derartigen naiven Vorstellung vom Innovationsgeschehen erfüllen sollte und wie groß die Differenz zur gegenwärtigen Transferpraxis ist, um daraus dann folgernd moralisierend den Zeigefinger zu erheben und auf die Versäumnisse aufmerksam zu machen. Dieser Weg wäre viel zu komplex für einen solchen Beitrag, weil man dann in erheblichem Umfang differenzieren müßte, z.B. woraus sich Wissenschaft überhaupt zusammensetzt. Man diskutiert das zur Zeit doch sehr verkürzt in der Bundesrepublik, indem das Wissenschaftssystem gleich Technik gesetzt wird unter Vernachlässigung weiter Bereiche der Naturwissenschaften, unter völligem Vergessen der Geisteswissenschaften. Das schafft dann neue Defizite, die z. B. in den Bereich der Lehrerausbildung ragen, das Erziehungssystem tangieren oder Defizite an Sozialtechniken markieren, die das Innovieren behindern. Das sind einige Stichworte, um etwas, das man viel feiner betrachten müßte, anzudeuten. Ehe man sich dem Thema nähert, müßte dann weiter differenziert werden, welche Rolle diese einzelnen Bestandteile eines Wissenschaftssystems im Technologietransfer zu spielen haben. Wobei die Vorstellung, daß man durch die reine Beschleunigung eines Technologietransfers von einem partikulären System Technik oder gar nur Teilen modischer Techniken (High Tech) schon die Patentlösung für innovatorische Schwierigkeiten hätte, furchtbar naiv ist. Eigentlich wird damit nur ein Teilaspekt des Transfers Wissenschaft – Praxis andiskutiert. An Stelle der moralphilosophischen Frage, welche Rolle eine verkürzte oder differenzierte Wissenschaft im gegenwärtigen Innovationsgeschehen spielen sollte, will ich hier der Frage nachgehen, welche Rolle die Wissenschaft eigentlich spielen kann. Ich will also die „Kann-Frage“ in den Vordergrund rücken und nicht das beliebte „Soll“ diskutieren, was alles geschehen müßte, um durch Technologietransfer die Wirtschaft umzustrukturieren. Ich muß für diese Kann-Frage im hier gegebenen Rahmen natürlich bewußt vereinfachen, in einigen Bereichen will ich auch überzeichnen, um Utopien und Denkfehler deutlich zu machen und damit die Voraussetzungen für das Machbare aufzuzeigen. Ich will dies konzentrisch um die aktuelle Technologietransferdiskussion tun, indem ich versuche zu verdeutlichen, was Technologietransfer aus meiner Sicht ist und unter welchen Umständen er funktioniert, von welchen Vermutungen die gegenwärtige Technologietransfereuphorie in der Bundesrepublik ausgeht und schließlich, wo die Risiken einer mißverstandenen Rolle von Wissenschaft im heutigen Innovationsgeschehen liegen.

Traditionell – wenn Sie mit mir ein Stück zurückgehen – besteht aufgrund der verschiedenartigen zeitlichen und inhaltlichen Orientierungen zwischen dem Wissenschaftssystem und dem Innovationssystem als Wirtschaftssystem eigentlich eine Art Arbeitsteilung. Während sich der Wissenschaftsbereich sehr langfristig und sehr breit orientiert, ist das Innovationsgeschehen der Wirtschaft auf kurzfristige wirtschaftlich verwertbare Erfolge ausgerichtet. Die Vorläuferrolle der Wissenschaft widerspricht dabei in keiner Weise einem auch in der Vergangenheit eigentlich recht gut funktionierenden Technologietransfer zwischen diesen beiden Systemen, der einerseits eine kurzfristige Verwertung der „Abfallprodukte" der Wissenschaft in wirtschaftliche Leistungen sicherte und andererseits langfristigen Know-how-Austausch und Personaltransfer gewährleistete. Beide Systeme befruchteten sich in den letzten zweihundert Jahren gegenseitig. Ohne daß man von Technologietransfer sprach, waren Forschungsergebnisse Anstoß für Innovationen, aber auch Innovationen wie die Dampfmaschine, Wegweiser für Forschungsgebiete, wie die Thermodynamik.

Die Wirtschafts- und Strukturpolitik in der Bundesrepublik, oder besser, die modische „Industriepolitik" kreist nun um einen neuen Schlüsselbegriff: Technologietransfer. Kaum ein Politiker läßt es sich nehmen, ihn zu fördern. Technologietransfer erscheint ideologisch ungefährlicher als direkte Strukturpolitik. Mit ihm kann man sich unverbindlicher in die Wirtschaftsentwicklung einschalten und dennoch Fortschritt und Prosperität versprechen. Und das Publikum nimmt das gelassen hin oder muß es gelassen hinnehmen, bleibt doch recht verschwommen, was das da ist, wenn von Hardware-, Software-, Know-how- oder Personaltransfer gesprochen wird; bleibt doch weitgehend unklar, unter welchen Umständen der Transfer funktioniert, inwieweit er überhaupt förderungsbedürftig oder förderungsfähig ist, von welchen Vermutungen die Hysterie ausgeht und welcher Begrenzung die derzeitige Konzentration auf diesen partikulierten Ausschnitt Transfer zwischen Wissenschaft und Praxis unterliegt.

2. Inhalt und Voraussetzungen von Technologietransfer

Technologietransfer ist ein sehr vielfältiges Phänomen, das die gesamte industrielle Entwicklung begleitete. Einige Beispiele mögen dies demonstrieren: Ein besonders großer Technologietransferschub fand mit der Demontage der deutschen Wirtschaft nach dem verlorenen zweiten Weltkrieg statt. So vollzog die russische Besatzungsmacht mit vielen Güterzügen einen gewaltigen Hardware-Transfer, der freilich zum großen Teil in der Sowjetunion verrottete, weil man das dazugehörige Know-how nicht mittransferierte, Anschlußtechnologien fehlten, die Infrastruktur nicht entsprechend aufnahmefähig war etc. Geschickter waren die Engländer, die im großen Umfang auch Pläne und Patente, und damit eigentlich die gesamte Software aus demontierten Unternehmen übernahmen. Doch reichte auch dieser Technologietransfer nicht aus. Das zurückgebliebene Fachpersonal belegte dies sehr erfolgreich im darauffolgenden deutschen Wirtschaftswunder. Einen Schritt weiter gingen da die Amerikaner. Sie holten Hitlers Raketenbauermannschaft in die USA und begründeten darauf ihre Weltraumfahrtindustrie. Ein nicht gerade kleiner Schub an sogenanntem Personaltechnologietransfer. Das Beispiel zeigt schon, transferieren läßt sich im Prinzip alles zwischen wechselnden Partnern, und die vordergründig negativ erscheinende Demontage stellte sich in der Folge heraus als die Räumung einer veralteten deutschen Wirtschaft, die der Anstoß zu gewaltigen Forschungs- und Entwicklungsanstrengungen als Grundlage des Wiederaufstiegs war.

Ich will es mir verkneifen, aus dem Beispiel heraus gleich die Analogie zu Großforschungseinrichtungen oder Hochschulen in Deutschland heute herzustellen. Auch wenn ich hier durchaus Übergänge sehe: Z.B. das Wissenschaft-Praxis-Verhältnis, mit dem modischen Stichwort Austausch von Personal zwischen Praxis und Hochschule. Wenn man dies offen und ehrlich andiskutiert, dann gerät man schnell in Widerspruch zu vordergründigen Allgemeinplätzen, der Art, daß nur der Wissenschaftler dem neuen Ideal entspricht, der aus der Praxis in die Hochschule kommt. Sicher impliziert dies den nicht zu leugnenden positiven Aspekt, daß praktische Erfahrung in die Forschung einfließt und diese Art von Forschung evtl. für praktische Erfordernisse besser gerüstet ist. Wenn man aber in einer ganzen Reihe von Unternehmen von einem „Sozialplan für leitende Führungskräfte" spricht, wenn es wieder mal gelungen ist, jemanden statt als Frühstücksdirektor, den man selbst bezahlen müßte, dem Wissenschaftssystem als Wissenschaftler unterzujubeln. Wenn man – ohne daß ich einzelnen Kollegen dabei zu nahe treten möchte, denn das kann man sicherlich genau so wenig pauschalieren, wie die Behauptung, daß das der einzig richtige Weg zur Wissenschaft sei – dann mit dieser „Auslese" in der zweiten Runde versucht, die deutsche Wirtschaft zu retten, dann hat das natürlich fatalistische Züge.

Auch sehe ich die Lösung nicht so kurzfristig in einer Demontage oder Räumung der entsprechenden Einrichtungen, nicht nur, weil Beamtenrecht und Kündigungsschutz hier im Wege sind, sondern auch, weil zunächst durch weitere Beispiele noch einmal die Bandbreite des Technologietransfers zu verdeutlichen ist.

Ein weiteres Beispiel sind z.B. Stahlproduzenten, die in den vergangenen zwanzig Jahren als Anlagenbauer umfirmierten und ihre eigene Produktionsbasis an Entwicklungs- und Schwellenländer exportierten. Sie transferierten Hardware und Know-how mit den heute sattsam bekannten Folgen. Neue Konkurrenten entstehen in den alten Tätigkeitsbereichen und die eigenen Forschungs- und Entwicklungsanstrengungen reichten nicht aus, auf andere Technologiegebiete auszuweichen bzw. erfolgreich auszuweichen, – um das noch zu korrigieren – denn Versuche gibt es ja.

Nächstes Beispiel:

Wenn ein Automobil- oder Fernsehgerätehersteller die neuesten Produkte seines Konkurrenten kauft, um sie in seinem Labor auseinanderzunehmen, dann tut er das, um über die Hardware an das Know-how seiner Konkurrenten heranzukommen. Oder, wenn man die klassischen Beispiele deutscher Existenzgründer betrachtet, wie Krupp oder Daimler, die in der Gründerzeit England bereisten, dann diente das nicht nur der Erweiterung ihres Bildungshorizontes, sondern sie nahmen in erheblichem Umfang Know-how mit – eine Reihe von Geschichtsschreibern berichten von geistigem Diebstahl – und gründeten auf diesem Transfer – es war ja auch Transfer – verbunden mit eigenen Anstrengungen, bis heute recht bedeutsame deutsche Betriebe.

Wenn man jetzt, wie das in Baden-Württemberg üblich ist, Herrn Steinbeiß aufleben läßt, der Leute wie Daimler förderte, dann förderte er nicht irgend eine Transferinstitution oder Technik, sondern ganz gezielt Personen, bis hin zu dem, was ich eben Diebstahl nannte. Man versuche das heute mal, politisch umzusetzen.

Neben diesen gar nicht in das aktuelle Bild von dem Technologietransfer passenden Beispielen, gibt und gab es natürlich auch immer die vertrauensvolle Zusammenarbeit zwischen Hochschule und Praxis, den personenbezogenen Kontakt als den Dreh- und Angelpunkt von Technologietransfer. Ich möchte dies nur noch um ein Stichwort erweitern. Das große Vertrauenspotential, auf dem diese personenbezogenen Kontakte gründen, das wachsen muß und das nicht gestört werden darf, wenn man den Transfer fördern will. Dieser Transfer funktionierte, so weit er nicht zertrampelt oder von staatlicher Kontrollwut in der Vergangenheit zerwaltet wurde und sorgte doch für einen kontinuierlichen Know-how und Personaltransfer vom Wissenschaftssystem in die Praxis.

Was, so hoffe ich, die Beispiele deutlich gemacht haben, ist, daß man mit dieser aktuellen Diskussion Transfer – Wissenschaft – Praxis nur einen sehr partiellen Ausschnitt aus dem allgemeinen Technologietransfer angeht; daß es sehr naiv ist, wenn dieser Teil heute für das Ganze genommen wird und man glaubt, indem man in diese Richtung vorstößt, das Innovationsgeschehen hier gravierend beeinflussen zu können.

Viel stärker – das ist vielleicht indirekt aus diesen Beispielen auch klar geworden – wirkt der Grad an Arbeitsteilung zwischen verschiedenen Kontrahenten und Partnern, der in den letzten Jahren noch zugenommen hat. Man beschwört ja immer sehr gerne in der einen Hälfte der Sonntagsreden die internationale Arbeitsteilung und wundert sich dann furchtbar am nächsten Sonntag, wenn diese Arbeitsteilung funktioniert und andere unser deutsches Selbstbewußtsein, in allen Bereichen an der technologischen Front zu stehen, erschüttern, weil sie auf irgend einem technischen Teilgebiet ein Stück weiter sind. D. h., gerade diese Arbeitsteilung interner und internationaler Art ist der wesentliche Dreh- und Angelpunkt für Transferanstrengungen, wobei hier sicher auch das Wissenschaftssystem eine Rolle spielt, aber eine sehr partikuläre.

Die Beispiele zeigten aber auch, daß der Technologietransfer in der Vergangenheit immer ganz gut funktionierte, wenn die Umstände stimmten. Und diese Umstände basieren auf drei Voraussetzungen, die die zentralen Punkte sind, wenn man von Technologietransfer redet:

Die erste Voraussetzung besteht darin, daß ein Gefälle zwischen zwei Partnern oder Kontrahenten bestehen muß, wobei die beiden Partner durchaus einzelne Personen, Unternehmen, Institutionen oder Länder sein könnten und das Gefälle in Differenzen aus Hardware, Software, Know-how oder Personalqualifikation oder was immer Sie transferieren wollen, besteht.

Die zweite Voraussetzung basiert auf der Kompatibilität. Das zeigte das russische Beispiel. Die Kompatibilität des Transfergegenstandes mit dem Aufnehmersystem muß gesichert sein oder hergestellt werden. D. h., man braucht einen bestimmten Reifegrad der zu transferierenden Technik, aber auf der anderen Seite auch die technischen, personellen und qualifikatorischen und infrastrukturellen Voraussetzungen beim Aufnehmer. Das bedeutet, die richtige Qualität und Menge zur rechten Zeit sind notwendige Bedingungen eines erfolgreichen Transfers und nicht nur der Güterzug, der nach Rußland fährt.

Und als dritte Voraussetzung gilt: man muß sich einen Vorteil vom jeweiligen Technologietransfer versprechen. Der muß nicht eintreten, wie an vielen historischen Beispielen deutlich zu machen ist. Allein die Meinung, daß hier ein Vorteil besteht, reicht in der Regel zur Wirtschaftssteuerung aus. Und man muß als Nutzer dann auch bereit sein, erhebliche eigene Aufwendungen zur Umsetzung des jeweilig transferierten Gegenstandes, z. B. irgendwelchen Wissens zu leisten. Das hängt direkt mit dem erwarteten Vorteil zusammen.

Wenn diese Umstände also, Gefälle, Kompatibilität und Vorteil stimmten, dann funktionierte der Technologietransfer durch Kooperation, Imitation oder durch Diebstahl. Letzteren muß man wirklich miteinbeziehen, denn wenn man in der Industrie im geschlossenen Kreise ernsthaft über Technologietransfer diskutiert, dann ist das, was in platonischer Betrachtung immer angesprochen wird, ein verschwindend geringer Anteil. Das gibt jeder, der die Praxis kennt, unumwunden zu, solange das Fenster geschlossen ist. D. h., Imitation und Diebstahl sind eigentlich tragende Elemente eines breiter zu sehenden Technologietransfers. Und wenn der Technologietransfer nicht funktionierte, dann stimmten eben die Umstände nicht, gibt es kein Gefälle, sieht man keine Vorteile oder fehlt die Kompatibilität mit dem Anwendersystem.

Wenn man das als Grundvoraussetzungen akzeptiert und mit unserer hysterischen Diskussion über Technologietransfer vergleicht: Politiker jeglicher Couleur – das ist gar nicht parteipolitisch, das läuft ja querbeet – erklären, daß der Technologietransfer bei uns notleidend ist, daß man je nach Standort entweder ‚High Tech' oder menschengerechte Technik oder – um die Grünen nicht auszulassen – mittlere Technik vermißt. Man überprüft die Umstände nicht weiter, sondern in ehrlicher Sorge um die deutsche Wirtschaft oder „weil Japan oder die USA das auch tun", installiert man Bürokratien, Agenturen, gigantische Maschinerien, die den notleidenden Transfer in Schwung bringen sollen. Eine Vermittlungsszenerie, die z. B. auf der Hannover-Messe schon ganze Hallen füllt und die im ‚Laborexhibitionismus' der vielbeschworenen Halle 7 ihren Höhepunkt findet.

Ich habe eine ganze Reihe von Kollegen dort gefragt, ob sie nichts anderes zu tun haben, und wo ihre Forschung bleibt. Wenn man bei 30000,— DM Landeszuschuß ein halbes Jahr sein Labor lahmlegt, um den Stand für Hannover vorzubereiten, dann frage ich nach der Forschungseffizienz dieser hochwertigen Kräfte und ihrer wissenschaftlichen Mitarbeiter, die sich – ich meine auch das nicht persönlich – dann sehr dilettantisch um Ausstellungstechnik bemühen.

3. Vermutungen als Grundlagen des Technologietransferaktivismus

Während die Umstände, echtes Gefälle, Kompatibilität oder Reife und reale Vorteile oft nicht weiter reflektiert werden, gründet man den Technologietransferaktivismus auf drei Vermutungen:

- Die erste Vermutung ist die Vermutung von einer Technologiehalde: der Behauptung also, daß in in- und ausländischen Institutionen, einschließlich des Wissenschaftssystems, hinreichend technische Hard-, Software-, Know-how-Potentiale und Personal vorhanden sind, die nur transferiert werden müssen.
- Die zweite Vermutung ist die Vermutung von der Allmacht der Information. Ein naiver Glaube, der sehr eng mit der modischen Endzeitvorstellung von der Informationsgesellschaft zusammenhängt und der davon ausgeht, daß die vermeintliche Blindheit (meist fehlende Kompatibilität) von Technikanbietern und -anwendern durch entsprechende informatorische Hilfsmittel behebbar ist.
- Und die dritte Vermutung ist die von der Machbarkeit der technischen Entwicklung bei hinreichendem Mitteleinsatz. Ein Fatalismus, der durchaus schon seit den Goldmachern bei absolutistischen Monarchen bekannt ist, die ihren Haushalt versuchten dadurch zu sanieren, daß sie ihr letztes Geld in solche Goldmacher investierten, weil sie sich von deren visionären Vorstellungen die Rettung für ihre Wirtschaft erhofften.

Alle drei Vermutungen enthalten natürlich, jede für sich genommen, ein Körnchen Wahrheit, sonst wären sie ja nicht so leicht mit »Es-gibt-Geschichten« unters Volk zu bringen: Die Vermutung von der Technologiehalde hebt auf

Erfolgsstories des Musters eines Heinrich Hertz ab, dessen Nachweisapparatur für elektromagnetische Wellen eigentlich die Grundlage für die ein halbes Jahrhundert später expandierende radiotechnische Industrie war. Und wenn man jetzt Kollegen aus der Technik befragt, ob sie etwas zu transferieren haben, dann kann ich mir nicht vorstellen, daß irgendeiner dieser Kollegen zugeben wird, daß er nichts hat. Das ist ganz normal. Es ist zu einem Existenzproblem geworden. Er wird suchen, so einzelne Pünktchen zu finden, auch wenn er das gar nicht so ehrlich und ernst meint, sondern unter akquisitorischen Gesichtspunkten sieht und sich sagt: Wenn ich das Projekt habe, dann sehen wir mal weiter, irgendwann wird das schon transferierbar. Man sollte doch schon ehrlich darüber diskutieren und nicht immer unreflektiert von den Einzelstories ausgehen und Hochrechnung auf alle anstellen.

Die zweite Vermutung, diese Informationsutopie rekurriert auf Erfolgserlebnisse des Musters, daß man einem deutschen Innovator durch Zugang zu einer amerikanischen Datenbank helfen kann. Ich will gleich noch mal darauf Bezug nehmen, ob man das dann so generalisieren kann und sagen: Ich brauche nur genügend Informationen, schon läuft der Innovationsprozeß.

Und die dritte Vermutung, der Machbarkeitsglaube an die technische Entwicklung, ist bei uns politisch in Mode gekommen und ins Wissenschaftssystem diffundiert seit der erfolgreichen Mondlandung. Seither meint man, daß immer dann, wenn man mit hinreichendem Mitteleinsatz operiert, alle Ziele realisierbar sind. Nicht nur die Mondlandung, sondern auch andere Ziele im Innovationssystem Wirtschaft.

4. Denkfehler beim Technologietransfer

Was aber, das frage ich hier gerne an dieser Stelle, wäre passiert, wenn z. B. die Fahrkarten zum Mond unsubventioniert verkauft werden sollten? Bei allen Bemühungen von NASA und der amerikansichen Regierung, das Programm rückwärts zu rechtfertigen, bleibt der Sinngehalt einer Mondlandung offen. Ich habe nichts gegen Mondlandungen. Ich möchte da nicht mißverstanden werden. Nur muß man das Fragezeichen sehen an diesem Glaubenssatz, wenn es um wirtschaftlich relevante Innovationen geht. Wenn man also diese Fahrkarten unsubventioniert verkaufen will oder muß, dann kommt dieses Gebäude aus Vermutung über Technologiehalde, informatorische Vermittelbarkeit und Fähigkeit, die jeweils richtige Technik zu pushen, die ja dem Technologietransferaktivismus zugrunde liegt, ganz schnell ins Wanken.

Das beginnt mit der letzten Vermutung, über die Machbarkeit technischer Entwicklungen. Denn begrenzte Ressourcen führen ganz schnell zur Einsicht, daß man nicht alles transferieren kann, weil die Umsetzung meist mindestens zehnmal so teuer ist, wenn ich das mal grob über den Daumen peile, als die Forschungs- und Entwicklungsaufwendungen der Transferquelle im Wissenschaftssystem. In der Regel sogar noch teurer ist, das weiß jeder Techniker, wenn man zu früh damit aus dem Labor rausgeht.

Angesichts der umfangreichen Wissenschaftsproduktion, den vielen Möglichkeiten an Push's, die hier durchaus im Raume stehen, führt das dazu, daß jeder dirigistische Transfer zwangsläufig selektiv ist. D.h., da man nicht in aller Breite fördern kann, muß man irgendwie auswählen. Die Beschleunigung der technischen Entwicklung, die die neuen oder neudeutschen Technologiefabrikherren heute auf Landes- und Bundesebene (man versucht das jetzt auch noch auf europäischer Ebene) mit ihrem Aktivismus anstreben, ist stets inhaltlich gerichtet, auch wenn man sich, wie das in jüngster Zeit Mode geworden ist, „indirekt spezifisch" gibt. Die Arroganz großer Apparate und Stäbe gaukelt die Kenntnis der richtigen Schlüsseltechnologien vor, die zu pushen sind, und impliziert angesichts der damit verbundenen wirtschaftlichen Erwartungen natürlich auch die Kenntnis der richtigen zukünftigen Märkte. Und damit hat man erst den Übergang ins Innovationssystem.

Die Prognosen, oder man sollte besser sagen, die Visionen, die z. B. dem Bild von der Informationsgesellschaft zugrunde liegen, haben aber die gleiche wissenschaftliche Qualität, wie die alte Behauptung über die Schlüsselrolle der Schwerindustrie, die der weltweiten Überkapazität der Stahlproduktion heute zugrunde liegt, oder auch der Energiewachstumsprognosen der sechziger Jahre, die nicht nur der Vater von zuviel Kapazität waren, sondern auch erhebliche gesellschaftliche Konflikte heraufbeschworen haben.

Man braucht nur mal den Versuch zu machen, die gesamte Diskussion der sechziger Jahre nachzulesen und das Wort Energie durch Mikroelektronik oder Informationstechnik zu ersetzen, dann stellt man fest, daß uns in den achtziger Jahren überhaupt nichts Neues einfällt, daß die ganzen Argumente schon früher ausgetauscht wurden, nur eben unter dem Stichwort Energie. An den Prognosen ist nichts qualitativ neu, nur ein Wort wurde ausgetauscht. Heute heißt das eben Informationstechnik oder Mikroelektronik, morgen Biotechnologie oder etwas Ähnliches.

Indem nun durch dirigistischen Technologietransfer – und nur auf den konzentriert sich die Kritik, ganze Branchen und Forschergenerationen im Gleichtakt mit Japan und USA wie Lemminge auf überbesetzte Markt- und Forschungsfelder gelockt werden, regt man neue Überkapazitäten des Typs Butter, Trockenmilch, Werften und Stahl an. Und man führt gleichzeitig durch die Hintertüre eine Lenkung des Wissenschaftssystems ein. Da die Mittel auf vermeintliche Schlüsseltechnologiebereiche konzentriert werden, ist die zwangsläufige Folge eines solchen selektiven Transfers eine Verödung anderer Wissenschafts- und Innovationsgebiete zugunsten der Schaffung neuer schwerfälliger an den Problemen von gestern ausgerichteten Großforschungsorganisationen.

Eine ähnliche Arroganz liegt auch der zweiten Vermutung vom Informationsdefizit zugrunde. Diese Informationsbeschaffungsdiskussion ist schlicht und einfach überzogen. Sicher gibt es zahlreiche Informationen, die auch für wirtschaftliches Handeln wertvoll sind, doch spielen heute zu viele Leute auf einem rationalutopischen Klavier, das in etwa folgende schlichte Logik hat: Je mehr Informationen um so besser. Am Beispiel eines Urlaubsreisenden heißt das: Wenn Du wissen willst, wo Du dieses Jahr am besten Deinen Urlaub verbringst, dann besorge Dir Informationen über alle Detailumstände des Urlaubsortes einschließlich der Belegungslisten im kommenden Sommer, das Wetter im August und ähnliches mehr. Die sicherste Lösung für einen solchen Urlauber besteht darin, daß er zunächst die Saison abwartet, bis er über genaue Informationen bezüglich Belegung, Dichte, Wetter etc. verfügt, um sich dann erst zu entscheiden. Das heißt aber, er verbringt die Saison wartend zu Hause, er wird handlungsunfähig, freilich mit dem Ergebnis, daß er dann im Herbst über die erforderlichen vollständigen Informationen verfügt. Und wie dem Urlauber geht es eigentlich vielen Unternehmern, die ihr Handeln von Großdatenbanken, modernen Datenfernübertragungen und ähnlichem abhängig machen.

Sie werden von Informationen derartig überschüttet, daß sie zunehmend handlungsunfähig werden. Und, da derart aufwendige zentrale Informationseinrichtungen nicht nur dem Einzelunternehmen zugänglich sind – da kommt wieder der gleiche Lemminge-Effekt zum Tragen – in der Regel im Gleichschritt mit ihrer gesamten Konkurrenz mit den gleichen Informationen versorgt und landen wieder auf überbesetzten Marktfeldern.

Ich weiß, daß ich da etwas überzeichne, aber man sieht vielleicht aus dem Beispiel, daß Informationsmengen, Zeit und der Aufwand für derartige Zentraleinrichtungen und die daraus resultierende Notwendigkeit, möglichst viele Unternehmen mit gleichen oder ähnlichen Informationen zu versorgen, den immer nur absolut andiskutierten Wert derartiger Informationssysteme aus einzelunternehmerischer Sicht relativieren. Betrachtet man also die wohlbedachten und sicher gutgemeinten zahlreichen Aktivitäten zur zentralen Informationsbeschaffung, Verwaltung und Vermittlung, so muß man doch feststellen, daß die dort beschäftigten Beamten oder Angestellten, da sie die unternehmerische Verantwortung für die Nutzung der jeweiligen Information nicht selbst zu tragen haben, in der Regel vom Auswahlproblem überfordert sind. Wenn ihre Informationen wirklich so gut sind und Wettbewerbsvorteile versprechen und auch halten, dann frage ich mich immer, warum sie sie nicht selbst nutzen, anstatt sie staatlich subventioniert an irgendwelche Unternehmen weiterzugeben.

Wird aber der einzelne nachfragende Unternehmer mit Informationen überschüttet, dann sieht er sich einer gewaltigen Masse Daten gegenüber – wenn man an Mittelständler denkt – die er wiederum nur noch mit Hilfe von entsprechenden Beratern abarbeiten und bewältigen kann. Das heißt aber, er verliert zunehmend seine unternehmerische Funktion der Risikoübernahme bei der Informationsauswahl.

Ich bin der Meinung, da möchte ich nicht mißverstanden werden, wir brauchen dringend derartige Informationsvermittlungseinrichtungen. Es steckt ja eine gewaltige Kostendegression darin. Doch damit hier nicht staatlich subventionierte Informationsmonster entstehen, brauchen wir zugleich eine klare marktliche Kontrolle solcher Einrichtungen. Denn wenn die Informationen wirklich so wertvoll sind, wie in der Diskussion immer wieder behauptet wird, dann werden sie auch einen Marktpreis haben. In diesem Sinne kann eigentlich der öffentlichen Förderung hier bestenfalls eine Anfangs- oder Initiativfunktion zukommen und mehr nicht.

Die heute verbreiteten, auf Vermittlerfunktion und Selbstdarstellung reduzierten Technologietransferkonzepte, leben aber von der Utopie – jetzt bin ich wieder bei der Vermutung –, daß hinreichende Lösungsbausteine für innovatorische Defizite vorhanden sind, die lediglich über solche Einrichtungen vermittelt oder vermarkelt werden müssen. Die Kompatibilität, die ich vorhin angesprochen habe, wird durch die Beschaffung der geeigneten Informationen versprochen. Derartige Konzepte ähneln in ihrer schlichten Vorstellung, die Lösung von Technologiediffusionsproblemen sei ein rein informatorisches Problem, einem Straßenbauer, der glaubt, zur Herstellung einer Verkehrsverbindung sei es ausreichend, Verkehrszeichen aufzustellen. Das heißt, Verkehrszeichen und Technologietransfer in diesem Sinne sind keineswegs schlecht, sie sind aber nicht problemadäquat. Bei, wie man das im politischen Raum zur Zeit gerne formuliert, auf Impulsfunktion und Informationsdienste konzentriertem Inhalt und Anspruch erfüllen derartige Technologietransferkonzepte sicher eine wichtige Funktion. Es ist aber gefährlich, wenn die damit verbundenen Erwartungen zu weit gesteckt werden. Wenn, um im Bild zu bleiben, der Straßenbau entfällt und das Verkehrszeichen Alibi für fehlende Aktivitäten, wie konkrete Baumaßnahmen, ist.

Fehlende Aktivitäten, das zeigen weiterführende Analysen zur Diffussionsproblematik von Techniken in der Bundesrepublik, sind aber die Schaffung innovationsfördernder Rahmenbedingungen und das gezielte Auffüllen der die Umsetzung tatsächlich verhindernden Defizite. Und das sind eben nicht nur Informationsdefizite, sondern vor allem auch Defizite an Anschlußtechnologien, die zu entwickeln sind. Diese kann man nicht aus der Datenbank herausholen. Das sind auch Defizite an Personalqualifikationen, an Software, an Orgware. Defizite, die traditionell, wenn man mal Alttechnologiebereiche betrachtet, durch eine institutionelle Infrastruktur, aus technisch-wissenschaftlichen Vereinigungen, aus Instituten der angewandten Forschung, von Unternehmen und ähnlichem aufgefüllt wurden. Wenn man das Problem so betrachtet, dann können nach dem Gießkannenprinzip angeordnete Innovationsberatungs- und Technologietransferstellen diese verbleibenden Defizite nicht auffüllen, weil sie eben die Forschungs- und Qualifikationslücken nicht schließen und die Infrastrukturlücke neuer Technologien ignorieren oder überspielen.

D. h., ich halte, um es überzeichnet zu formulieren, diese Bemühungen, so notwendig sie sind, aber so wie sie sich politisch heute darstellen, für eine Störung des Aufbaus einer geeigneten Infrastruktur zur Lösung dieser Umsetzungsprobleme für neue Technologien.

Das Aufreißen von potentiellen Adressaten des Technologietransfers für neue Technologien bedeutet unter diesen Umständen Brandstiftung ohne hinreichende Löschkapazität. Da der durch den Transferaktivismus geweckte Erwartungshorizont der Wirtschaftspraxis durch die heute verfügbaren technischen Potentiale, geeignetes Personal, aber auch die vorgesehenen Subventionsvolumina der öffentlichen Haushalte nicht zu decken ist. In allen Bereichen bestehen Engpässe. Es ist deshalb zu erwarten, daß der Aktivismus in erheblichem Umfang Frustration erzeugt.

Und diese Frustration gründet vor allem auf der ersten Vermutung von der Verfügbarkeit einer Technologiehalde. Diese Spekulation auf eine imaginäre Technologiehalde in Wissenschaftseinrichtungen ist das Grundübel dieser hysterischen Technologietransferdiskussion. Die Technologiehalde ist nämlich ein Märchen. Der Technologietransferaktivismus ist dann ein Alibi und kompensiert vor allem Fehlentwicklungen in anderen Bereichen, insbesondere in der Technologieproduktion, und damit meine ich die Forschung und Entwicklung sowohl in der Industrie als auch im Wissenschaftssystem.

5. Ziele des Technologietransferaktivismus

Viele Betriebe haben parallel zu ihrem vergangenen Wachstum und zur Vermarktung ihrer eigenen Produktionstechnik mit dem Ausbau ihres Forschungs- und Entwicklungsbereichs nicht Schritt gehalten. Die Forschungs- und Entwicklungsausgaben der Wirtschaft sind zwar auch in den siebziger Jahren, wenn man das runterrechnet, real um jährlich 2,8% statistisch gewachsen. Wenn man aber dagegenhält, daß z. B. Subventionen von Forschungs- und Entwicklungsaufwendungen in größerem Ausmaß zur Umdefinition von Aktivitäten geführt haben und daß gerade in den letzten Jahren immer mehr kleine und mittelständische Unternehmen eigentlich erst entdecken, daß das, was sie schon immer getan haben, im Sinne von Personalkostenzuschüssen Forschung und Entwicklung ist, und daß sich drittens auch noch Berater installiert haben, die darauf spezialisiert sind, Unternehmen, die das noch nicht wissen, Nachhilfe zu geben und damit Zugang zu Subventionsmitteln für Forschung und Entwicklung zu erschließen, dann korrigiert sich das natürlich ganz gewaltig. Wenn man weiter unterstellt:

– daß große Teile der Forschungs- und Entwicklungsaufwendungen der Indu-

strie zur rein defensiven Forschung und Entwicklung eingesetzt werden (die Schätzungen gehen bis zu 50%), zur Erhaltung alter Märkte, alter Produktionsprogramme,
- daß viele Forschungskapazitäten in ihrer personellen und sachlichen Ausstattung auf Alttechnologiebereiche ausgerichtet sind
- und daß sich viele Betriebe mit der Kompatibilität und Aufnahmefähigkeit bei neuen Techniken sehr schwer tun,

dann ist diese Entlastungsdiskussion im Schwarze-Peter-Spiel dem Wissenschaftssystem gleichsam als Bringschuld fertige Innovationsergebnisse abzuverlangen, doch eine recht schäbige Diskussion, die dem Wissenschaftssystem von Teilen der Industrie in der Bundesrepublik aufgezwungen wird. Gleichzeitig belegen Unternehmen und Branchen aber, daß ihr Forschungs- und Entwicklungsaufwand qualitativ nicht ausreicht eben dadurch, daß sie bei der Begründung ihrer Subventionsforderungen auf den Vorsprung ihrer Konkurrenten in Japan oder USA, neuerdings auch Korea, hinweisen.

Um diese Lücken zu schließen,
- stürzt man sich neuerdings in der Bundesrepublik auf Großforschungseinrichtungen, Einrichtungen, die für Forschungsaufgaben von gestern und vorgestern ins Leben gerufen wurden, was schließlich auch die Qualifikation und das Durchschnittsalter der dort plazierten Wissenschaftler belegen, um die Aufgaben von morgen zu lösen.
- entdeckt man auch die Hochschulen neu, die nach der Diskussion um die Bildungskatastrophe in gigantische Massenlehranstalten umgewandelt wurden. In dem Nebel des Humboldschen Ideals der Einheit von Forschung und Lehre glaubt man nun, die Substanz dieses Hochschulsystems gleichzeitig für die Berufsausbildung der geburtenstarken Jahrgänge verzehren und für die kurzfristigen Forschungsbedarfe notleidender Branchen aussaugen zu können.

Die Kuh wird also gleichzeitig geschlachtet und gemolken. Hier Technologiehalden zu vermuten, wo neben den vorhin schon angesprochenen Diskountbesetzungen in der Ausbauphase, Sachmittelkürzungen, Stellensperren und Zerwaltung Forschung nur noch schwer aufkommen kann, wo wissenschaftliche Nebentätigkeit diskriminiert wird und der Drittmittel akquirierende Forscher für seine Aktivitäten bestraft wird, das signalisiert aus meiner Sicht entweder Blauäugigkeit oder doch ein gerütteltes Maß an Ratlosigkeit bei Politikern und notleidenden Unternehmen und Branchen.

6. Risiken des dirigistischen Technologietransfers

Was der Linken mißlang, die Ausrichtung der unter diesen Umständen noch möglichen Forschung auf gesellschaftliche Bedürfnisse, das haben nun die »Macher«, oder die, die sich gerne als solche definieren, im Griff. Anstatt sich dorthin zu bequemen, zu kooperieren, zu investieren, zu imitieren oder auch zu ‚klauen', wo Technologien von morgen entstehen, funktionalisiert ein Teil von ihnen das Wissenschaftssystem um. Zur Auffüllung der Versäumnisse von gestern und zur Schließung ihrer technologischen Lücke von heute.

Politiker, ein Teil der Politiker und notleidende Unternehmen – den Eindruck wird man wirklich bei uns in manchen Diskussionen nicht mehr los – bilden gemeinsam eine Art Technologietransferlobby, um die Aktivitäten von solchen Forschungseinrichtungen auf die aktuellen Bedürfnisse unter Mißachtung des für eine Reifung von Technologien erforderlichen zeitlichen Abstandes zwischen Forschungsbemühung und Anwendung in dem heute vielgepriesenen Kurzschlußtransfer zwischen Hochschule und Praxis auszurichten. Dabei kommt es zu möglichen Fehlentwicklungen in zwei Richtungen:

- Kurzfristiger Art, wenn Anwender mit technisch unreifen Ideen, die zu früh aus den Labors transferiert werden und damit noch gar nicht kompatibel sein können, befaßt sind.
- Langfristiger Art, wenn die Arbeit von Forschungseinrichtungen an den kurzfristigen Erfordernissen der Praxis ausgerichtet wird. Denn wer betreibt dann eigentlich noch mittel- und langfristig wirksame Forschung in Deutschland?

Wenn dann – ich hatte das eingangs schon erwähnt – die Spitzenvertreter der Wissenschaftseinrichtungen sich heute prostituieren oder glauben, prostituieren zu müssen, um verlorene Mittel und Stellen wiederzugewinnen, dann ist das unter den restriktiven Bedingungen, unter denen das Wissenschaftssystem in der Bundesrepublik leidet, zwar verständlich, aber doch sehr gefährlich. Wenn Grundlagenforschungsmittel offen und verdeckt umfunktionalisiert werden für angewandte Forschung, wenn der Grundlagenforschung gewidmete Institute durch immer mehr Marktnähe und immer kurzfristigere Orientierung, weil nur diese Probleme politisch interessant sind, um mehr Anerkennung und Forschungsmittel buhlen, wenn Überlastquoten in der Lehre Hochschullehrer kaum mehr zur Forschung kommen lassen, Eigeninitiative bestraft wird und Forschungskapazität in Verwaltung verschlissen wird, dann ist eben mittelfristig nichts mehr zum Transferieren vorhanden, wird die Transferakrobatik zum absurden Theater.

Unterstellt man einmal im Mittel eine Reifezeit zwischen Forschungsinitiative und konkreter Innovation von 10 bis 15 Jahren – das ist ein realistisches Maß, nicht nur in der Bundesrepublik, sondern auch nach amerikanischen Untersuchungen – dann sind die heute sichtbar werdenden Lücken nicht das Resultat eines nichtvorhandenen oder nicht funktionierenden Technologietransfers, sondern das Ergebnis fehlender Forschungsaktivitäten, die um das Jahr 1970 herum hätten eingeleitet werden müssen, als man sich an deutschen Hochschulen jedoch in Reformen erschöpfte.

Der Versuch, die restlichen mittel- und langfristig angelegten Reserven nun kurzfristig umzuprogrammieren und die Übergangszone durch Technologietransfer zu instrumentalisieren, hat mit langfristig angelegter Forschungs-, Technologie- oder Industriepolitik wenig zu tun, hat eher die Charakteristik eines kurzatmigen Krisenmanagements, lenkt vom eigenen Unvermögen ab, ersetzt eigenes Engagement und Investment in Forschung und Entwicklung durch Forderungen an das Wissenschaftssystem.

Die Übergangszone, die dann in sogenannten Technologieparks gipfelt, wird unter negativen Umständen bestenfalls zum Naturschutzgebiet für nicht marktreife Techniken und zur Wärmehalle für Absolventen, die von der Wirtschaft nicht aufgenommen wurden. Der Traum vom Silicon Valley neben der deutschen Hochschule platzt, demonstriert lediglich, wie unsinnig es ist, unter anderen Umständen erfolgreiche Modelle hierher zu übertragen. Der Aktivismus macht den an sich zu begrüßenden Technologietransfer, – und da sehe ich heute die größte Gefahr, und auf die wollte ich hier hinweisen – zum politischen Strohfeuer, schafft neue, zugegebenermaßen intelligentere Subventionstatbestände. Und, wenn das Wissenschaftsystem diese Funktion wirklich erfüllen könnte, dann brauchte man eigentlich keine Unternehmer mehr.

7. Konsequenzen

In der Summe bleibt also festzuhalten: Technologietransfer gab es eigentlich längst vor dem modischen Schlagwort. Er ist in seiner Ausprägung wesentlich vielfältiger und komplexer als in den naiven Bemühungen um seine Förderung heute in der Bundesrepublik unterstellt wird. Und wer wirklich etwas dafür tun will und nicht nur kurzfristige unternehmerische oder politische Interessen verfolgt, der kann erstens nicht undifferenziert etwas beschleunigen, was er nicht durchschaut, und der muß sich zweitens darüber klar sein, daß der technokratische Aktivismus den Wissenschaftsprozeß eher stört als fördert, und der wird drittens einsehen, daß es sinnvoller ist, in die Technologieproduktion, damit meine ich Forschung und Entwicklung und die Rahmenbedingungen ihrer Umsetzung, zu investieren als weitere Bürokratien als Alibi für einen wegrationalisierten oder in Verwaltung erstickten Forschungs- und Entwicklungsprozeß zu installieren.

Die Rolle der Wissenschaft im gegenwärtigen Innovationsgeschehen auch in Form des Technologietransfers und damit auch ihr Beitrag zur Strukturierung der Wirtschaft ist also durchaus zu begrüßen – wenn die Umstände stimmen, Gefälle, Kompatibilität besteht und die Partner oder Konkurrenten sich einen Vorteil davon versprechen können. Doch dann läuft der Transfer von selbst, hat er auch seinen Preis und braucht nicht subventioniert werden. Wenn er aber nur subventioniert und dirigistisch angesteuert funktioniert, dann wird es gefährlich, dann gerät er außer Kontrolle und wird zum Markt für unreife oder unbrauchbare

Techniken und Techniker und zum Einfallstor für politische Besserwisser, notleidende Branchen und Betriebe in das Wissenschaftssystem. Und in dieser dirigistischen Form leicht zur Gefahr, das Wissenschaftssystem selbst erheblich zu stören, wenn nicht zu zerstören für bestimmte Zeiten.
In der Summe heißt das:

1. „Beschleunigte Umsetzung Wissenschaft–Praxis" ist erheblich zu relativieren. Wenn man nicht gigantische Fehlentwicklungen einläuten will, muß man sich des selektiven Charakters und der Verödungsgefahren mehr bewußt sein als bisher. Das heißt, wenn man nicht analoge Probleme zu Schlüsseltechnologien von gestern schaffen will, wird man sehr viel überlegter über diese Beschleunigung sprechen müssen.

2. Die „praxisfertigen Forschungsergebnisse" und auch das „praxisfertige Personal", orientiert an den Problemen der Praxis von gestern und heute, verletzt das Prinzip der Arbeitsteilung zwischen Wissenschaftssystem und Praxis, wobei die einen mehr an dem Problem von heute und die anderen von übermorgen interessiert sein sollten. Wenn der Staat da mitspielt, dann verletzt der Staat seine Fürsorgepflicht für morgen und übermorgen.

3. Wenn der Ausbildungsbedarf der Wirtschaft immer wieder derart kurzfristig artikuliert wird, wie das in den letzten Jahren an das Hochschulsystem herangetragen wurde, ohne zu reflektieren, wie hoch die Zeitkonstante zur Einrichtung entsprechender Studiengänge ist, dann bedeutet dies nur eine Aufforderung zur Reglementierung und Eingrenzung der Entwicklungsfähigkeit von Hochschulen. Wir bilden im Augenblick entsprechend den Anforderungen der deutschen Wirtschaft von 69/70 aus, denn so lange braucht das Ausbildungssystem, bis es sich installiert. D.h. überzeichnet: Hier ernsthaft Forderungen aus der Wirtschaft stellen kann man nur, wenn man sein Produktionsprogramm des Jahres 2000 auf den Tisch legt. Wenn die Wirtschaft das kann, dann behaupte ich, sind wir an den Hochschulen in der Lage, jede notwendige Qualifikation zu diesem Zeitpunkt zu liefern. Wenn sie es aber nicht kann, dann sollte sie nicht ihre Probleme von gestern und heute in die Hochschulen spielen und damit Forschungs- und Ausbildungsprozesse in Gang setzen, die dann, wenn sie effektiv werden, eben nicht mehr gebraucht werden. So verlassen im Augenblick die vom VDE 1975 vor dem Ingenieurstudium gewarnten Studenten als Lehramtskandidaten die Hochschulen, weil sie ganz klar von außen angesteuert wurden.

4. Wir brauchen also, wenn das Transferproblem konstruktiver gelöst werden soll, mehr Respekt möchte ich das mal nennen, vor der Arbeitsteilung zwischen dem Wissenschaftssystem und der Praxis. Nicht Killerphrasen und Schwarzer-Peter-Spiel, sondern zeitliche, inhaltliche und räumliche Differenzierung. Zeitlich hatte ich schon deutlich gemacht. Inhaltliche Differenzierung ergibt sich eigentlich aus der zeitlichen. Und mehr räumliche Differenzierung sollte uns

bewahren vor der provinziellen Denkart, die nach der wohnortnahen Hochschule für die Ausbildung heute auch die nahe Hochschule für die Industrieentwicklung sieht. Auch das ist industriegeschichtlich eigentlich eine Fiktion, die so nie stattgefunden hat.

5. Daraus folgt, die Hochschule, das Wissenschaftssystem, sollte zukunftsoffen ausgestaltet werden, die Möglichkeiten dafür haben, die Freiheit dazu wiederbekommen, nur dann ist sie in der Lage, die Ungewißheit in der technisch-wirtschaftlichen Entwicklung aufzufangen. Erinnert sei noch einmal an das Energiebeispiel, wenn wir aufgrund solcher Prognosen das System festschreiben, dann haben wir nur noch gigantische Forschungseinrichtungen, die jeweils zehn bis zwanzig Jahre zu spät produktiv werden und aufgrund ihres Mittelverzehrs andere Entwicklungen ersticken.

6. Das spricht also gegen eine dirigistische Vorsteuerung, gegen eine Orientierung an der Praxis und ihren Problemen von heute. Für die Praxisnähe von übermorgen ist die sogenannte Praxisferne von heute ein notwendiger Preis. Dieser Praxisbezug hat sich in der Vergangenheit im Wissenschaftssystem bewährt. Er widerspricht auch nicht einer Praxisrelevanz der Ergebnisse, wenn der Übergang durch eine entsprechende räumliche, zeitliche und personelle Infrastruktur gesichert wird. Dafür sind geeignete Rahmenbedingungen und eine wesentlich intelligentere Infrastruktur als der vielgepriesene Kurzschlußtransfer zu schaffen. Letzteres wird uns sicher als politisches Strohfeuer in der Bundesrepublik noch eine Weile beschäftigen. Aber wenn das abgebrannt ist, so hoffe ich, verfügen wir über ein funktionierendes Wissenschaftssystem und eine entsprechende Infrastruktur, die wie bei den alten Technologien den Transfer dann sichert, ohne daß sich Verwalter und politische Möchtegernunternehmer einmischen.

3.7. Hochschule und Wirtschaft – Neue Tendenzen und Anforderungen im gegenseitigen Verhältnis

Hans Rainer Friedrich

I. Ausgangslage:

Das Thema „verstärkte Zusammenarbeit von Hochschulen und Wirtschaft« hat Konjunktur – mit wohl berechtigten, noch zu behandelnden Aspekten, aber unverkennbar auch mit einigen modischen Zügen. Dies schlägt sich auch in der sich etablierenden Terminologie nieder: ohne eine zumindest vage Kenntnis von

Begriffen wie „High-Tech“, „spin-off-Gründungen“, „Know-how-“ und „Ergebnistransfer“, „Personalmobilität“, „Technologiefabrik“ und „Erhöhung des FuE-Potentials von KMU“ kann man die aktuelle Diskussion weder verstehen noch in ihr bestehen. Im größeren Zusammenhang steht dahinter der sich verschärfende Wettbewerb zwischen Industrienationen und fortgeschrittenen Schwellenländern, der Kampf um Vormachtstellungen, Weltmarktanteile und Placierungsorte der Wertschöpfung zwischen sich dynamisch entwickelnden „Gravitationszentren der Weltwirtschaft“ (Pacifikbecken versus Ostküste der USA und Kanadas versus Europa) einerseits und ein „Binnen-Wettlauf“ zwischen (CDU/CSU- bzw. SPD-regierten) Bundesländern darum, wer die bessere (zukunftsträchtigere) Ausgangslage, Wirtschaftsstruktur, Industrie- und Technologiepolitik hat, andererseits. Auch diese Situation ist wiederum durch eine Reihe von Schlagworten gekennzeichnet: „Technologie-Rückstand“ der Bundesrepublik bzw. Europas, „Japan-“ bzw. „USA-Syndrom“, „Wettbewerb der Nationen“, „Japan-AG“ oder „US Inc.“, „Europessimismus“ und planificationsfreundliche europäische Initiativen à la „Eureca“ bis hin zu „Nord-Süd-Gefälle“, „Aufholjagd“ und „Ausstiegs-“ oder „Morgenthau-Politik“.

Was ist geschehen?

Im Laufe der letzten Jahre ist eine Reihe von – zumindest auf den ersten Blick – widersprüchlichen Entwicklungslinien und offiziösen Aussagen festzustellen.

Im Mai 1975 bringt das bekannte US-Nachrichtenmagazin Time seine Ausgabe mit der Titelstory „West-Germany – Europe's Most Successful Society“ heraus. Im Februar 1984 überschreibt die renommierte Zeitschrift „The Economist“ ihr Frontcover mit „Down to earth – a survey of the West German economy“, illustriert mit einem leicht gerupften und pessimistisch nach unten blickenden Bundesadler. Im Oktober 1984 bringt das vorzugsweise für international operierende Privatkunden tätige Schweizer Bankhaus Julius Baer seinen Monatsbericht „The International Investor“ unter der Überschrift „Germany – The Boom few believe in“ heraus – die Aktienkursentwicklung an den deutschen Börsen im Frühjahr und Frühsommer 1985 läßt diese Überschrift im Rückblick gerechtfertigt erscheinen. Die Deutsche Bundesbank stellt in ihrem Geschäftsbericht für 1983 einen Rückstand der Bundesrepublik im Bereich von „High-Tech-Produkten und -Verfahren“ fest, die Bundesministerien für Wirtschaft und für Forschung und Technologie widersprechen unter Hinweis auf das gesamte Leistungsspektrum der deutschen Wirtschaft dieser einseitigen Auswahl und Sichtweise heftig. Der Exportanteil am Bruttosozialprodukt steigt in der Zwischenzeit von ca. 23% vor 15 Jahren auf ca. 33% im Jahr 1984 (wohl kaum mit technologisch veralteten „Ladenhütern“ erreicht – andererseits enthalten heutige Exportquoten keine Versicherung für die Zukunft). Die Kommission der Europäischen Gemeinschaften verkündet zur argumentativen Absicherung ihrer geplanten Programme im Bereich der Informationstechniken in offiziellen Drucksachen der EG-Kommission einen Rückstand der europäischen informationstechnischen Industrie gegenüber den USA und Japan, während gleichzeitig z. B. die Nixdorf-AG einen Großauftrag über Computer- und Terminalausrüstungen in den USA – dem „homeland" der Computer – landet (weitere Beispiele der Siemens AG oder bei den kleineren Unternehmen der „Softlab" ließen sich anführen). Was soll eigentlich ein potentieller Käufer von DV- oder Telekommunikationsausrüstungen in Malaysia, Mexiko, Argentinien oder China denken, wenn ihm von der EG-Kommission in offiziellen Drucksachen schriftlich gegeben wird, die europäische Informationstechnik sei rückständig?

Im Jahr 1981 vergibt der deutsche Hoechst-Konzern die bisher größte Einzelstiftung eines Unternehmens für Forschungszwecke auf dem Gebiet der Gentechnik und der Molekularbiologie in Höhe von über 50 Mio. US-Dollar – und zwar nicht an eine deutsche Universität, sondern an das Massachusetts General Hospital in Boston, das der Harvard-Universität angeschlossen ist.

Die Landesregierung Baden-Württemberg setzt mehrere hochrangige Expertenkommissionen ein, u. a. „Zukunftsperspektiven gesellschaftlicher Entwicklungen", „Telekommunikation" und „Weiterbildung und die Zukunft eines Industrielandes". Die Landesregierung Nordrhein-Westfalen verabschiedet ein Programm „Initiative Zukunftstechnologien", kurz vorher wird das vor wenigen Jahren gegründete „Innovations- und Technologie-Zentrum (ITZ) für das Ruhrgebiet" – nach Auslaufen der Bundesförderung – wieder aufgelöst. Die Landesregierungen von Baden-Württemberg und Niedersachsen setzen (staatliche) „Technologiebeauftragte" ein (mit einer größeren Zahl hauptamtlicher Mitarbeiter). Das Sekretariat der „Organisation für wirtschaftliche Zusammenarbeit und Entwicklung (OECD)" in Paris und die Kommission der Europäischen Gemeinschaften (EG) in Brüssel fordern in neueren Drucksachen eine Verbesserung der Zusammenarbeit zwischen Hochschulen und Industrie und regen einige flankierende internationale Programme zur Förderung dieser Zusammenarbeit an. Die Bundesregierung setzt im Rahmen einer Neuorganisation und Straffung der Kabinettausschüsse im März 1985 einen „Kabinettausschuß für Zukunftstechnologien" unter Vorsitz des Bundesministers für Forschung und Technologie (BMFT) und Beteiligung des Bundesministers für Bildung und Wissenschaft (BMBW) ein. In vielen Universitätsstädten, aber auch in anderen Kommunen werden „Technologieparks" oder „Technologiefabriken" gegründet, das Bundesministerium für Wirtschaft warnt in einer Veröffentlichung „Technologieparks in der Bundesrepublik Deutschland" (Argumente zur FuE-Politik Nr. 10) vom Februar 1985 vor einem Überschäumen dieser Entwicklung. Der Wissenschaftsrat setzt – auf Initiative des BMBW – eine Arbeitsgruppe ein, die binnen Jahresfrist „Empfehlungen zur Zusammenarbeit zwischen Hochschule und Wirtschaft" erarbeiten soll. Die CDU-Abgeordneten Doss, Kraus, Lammert,

Dr. Schwörer u. a. bringen – als Aprilscherz – den „Entwurf eines Gesetzes zur staatlichen Anerkennung der Berufsbezeichnung des Diplom-Subventionsberaters (Dipl. Sub.)“ im Deutschen Bundestag ein (BT-Drs. 11/0815 vom 17.2.1985). Der Kanzler der Universität Stuttgart behandelt in einem sehr lesenswerten Aufsatz die „Ziele, Grenzen und praktischen Wege einer technologischen Zusammenarbeit zwischen Hochschule und Industrie“ (Zeitschrift für Wissenschaftsrecht, Wissenschaftsverwaltung, Wissenschaftsförderung; Band 18, Heft 1, März 1985).

Hintergrund der ganzen – in Teilbereichen vielleicht etwas zu „aufgeregten“ und etwas mehr an aus Kompetenz und Zielbewußtsein gespeister Gelassenheit vertragenden – Diskussion stehen in erster Linie wirtschaftliche Gesichtspunkte und Einschätzungen. Die Wettbewerbssituation der Bundesrepublik Deutschland am Weltmarkt ist heute gekennzeichnet durch das Hinzutreten neuer Konkurrenten (Schwellenländer) für traditionelle *und* fortgeschrittene Industrieerzeugnisse und Dienstleistungen einerseits und einen zunehmenden Innovationswettbewerb bei technologieintensiven Produkten und Verfahren andererseits.

Dieser Wettbewerb findet in einigen, als besonders aussichtsreich angesehenen Bereichen (wie Mikroelektronik und -peripherik, Biotechnologien und neuen Werkstoffen) nicht mehr nur zwischen Unternehmen statt, sondern entwickelt sich auch in Richtung eines Wettbewerbs der Nationen oder sogar Kontinente. Gängige Schlagworte wie das vom „Lizenznehmer Europa“ oder die aktuelle Diskussion über „SDI“ (Strategic Defense Initiative) versus „Eureca“ (Europäische Technologische Zusammenarbeits-Agentur) belegen diesen Trend.

Die wirtschaftliche Leistungsfähigkeit und das Wohlstandsniveau der Bundesrepublik, ihre Fähigkeit, die anstehenden Probleme von Arbeitslosensockel, Rentenfinanzierung und demographischer Entwicklung zu bewältigen, hängen in dieser Situation auch von einer schnellen und marktnahen Umsetzung von Forschungs- und Entwicklungsergebnissen in neue Produkte und Verfahren ab. Auch die an staatlichen Hochschulen oder mit staatlichen Mitteln geförderten Hochschulen betriebene Forschung und Entwicklung muß ihren Beitrag zu dieser Zielsetzung leisten.

Wirtschaftlich nutzbare Beiträge aus der angewandten Forschung und Entwicklung oder Anstöße für neue Produkt- und Verfahrensideen aus der Grundlagenforschung sind daher – neben den weiterhin bedeutsamen Aufgaben und Leistungen in der Lehre – das zweite Effizienzkriterium für die mit erheblichem gesellschaftlichem Aufwand bereitgestellten apparativen, sachlichen und personellen Kapazitäten der Hochschulen (die öffentlichen Ausgaben für den Hochschulbereich einschließlich der gemeinsamen Forschungsförderung durch Bund und Länder erreichten 1983 einen Betrag von 24,5 Mrd. DM).

II. Analyse:

Was ist neu an der geforderten verstärkten Zusammenarbeit von Hochschulen und Wirtschaft, was sind aber ggfs. auch die Schwachpunkte und Gefahren?

Anmerkungen zu diesen Fragen können hier nur in kurzen, stichwortartigen Sätzen – sozusagen als Merkposten – gegeben werden.

Eine sowohl institutionalisierte wie projektbezogene Zusammenarbeit zwischen einzelnen Lehrstühlen und Unternehmen, speziell im Bereich der Ingenieur- und Naturwissenschaften, hat es in der Bundesrepublik schon seit langem gegeben. Das Engagement, die Aufgeschlossenheit und das zähe Bemühen vieler Hochschullehrer und kooperationsbereiter Angehöriger aus Wirtschaft und Verwaltung sollen hier nicht kleiner gemacht werden, als sie waren und sind und die Zusammenarbeit von Hochschule und Wirtschaft auch nicht als neue Erfindung dargestellt werden. Das Neue liegt wohl eher darin, daß die Zusammenarbeit jetzt erstmals *systematisch* angegangen werden soll, daß ganze Hochschulen und alle geeigneten (und hierzu bereiten) Fachrichtungen auf Innovationsanstöße und umsetzungsfähige Ergebnisse abgeklopft, anstehende Fragestellungen zwischen Hochschullehrern und Wirtschaftsvertretern (im weiteren Sinne) besprochen und gemeinsame Vorhaben, Forschungs- und Entwicklungsprojekte ermuntert und durch geeignete Regelungen unterstützt werden sollen.

Die bisherige Zusammenarbeit ist häufig doch nur punktuell und projektbezogen gewesen, die interdiszipliäre Zusammenarbeit ließ noch zu wünschen übrig, es fehlte die Unterstützung durch zentrale Einrichtungen (z. B. im Hinblick auf Vertragsgestaltung, Haftungsfragen, Projektkalkulation und -abrechnung). Der Informationsfluß ist weder institutionell (Gesprächsforen) noch instrumentell (Informationsaufbereitung, Nutzen neuer Medien) ausreichend erschlossen. Eine erwünschte Personalmobilität, d. h. ein zeitweiser Wechsel zwischen Hochschule und Wirtschaftstätigkeit zur Gewinnung von Praxiserfahrung und zum Kennenlernen der Fragestellungen und Rahmenbedingungen der Industrie, ist zwar grundsätzlich möglich, de facto bestehen jedoch vielfältige Barrieren, z. B. beamten- und versicherungsrechtlicher Art. Die mit dem Ziel besonderer Praxisnähe und Anwendungsbezogenheit gegründeten Fachhochschulen nehmen bisher – mit der Ausnahme eines Bundeslandes – an praktischer Forschung und Entwicklung nur unzureichend teil, in einigen Landesgesetzen ist eine eigene Forschung an Fachhochschulen noch ausgeschlossen.

Für neue „Klienten“, insbesondere für kleine und mittlere Unternehmen, müssen Möglichkeiten geschaffen werden, mit den Hochschulen zusammenzuarbeiten und deren Forschungs- und Entwicklungskapazität, ggfs. auch ihre apparative Ausstattung, zu nutzen. Solche Möglichkeiten müssen die „Umweltbedingungen“ kleiner und mittlerer Unternehmen berücksichtigen, die meist in einem Maße von Marktgesichtspunkten, Zeit- und Personalengpässen und

Kostendruck bestimmt sind, das vielen Hochschulmitarbeitern bisher nicht vertraut oder jedenfalls nicht bewußt genug ist.

Für die Organisation der angestrebten stärkeren Zusammenarbeit müssen daher auch neue Wege, Instrumente und – in der Anfangsphase – unterstützende Maßnahmen gesucht werden. Dies reicht von staatlichen Förderprogrammen wie z. B. dem Personalkosten-Zuschußprogramm des Bundesministers für Wirtschaft über die Organisation von Anlauf- und Beratungsstellen an der Hochschule („Kontakt"- oder „Transferbüro") in geeigneter, ggfs. auch wieder reversibler Form bis hin zur Einrichtung gemeinsam von der Hochschule und Wirtschaftsunternehmen oder -vereinigungen getragenen Instituten „an" der Hochschule oder der stärkeren Nutzung der Einrichtung von Stiftungslehrstühlen. Dazu gehören auch Qualifizierungsprogramme: Angehörige von Transferstellen an Hochschulen brauchen zur Erfüllung ihrer Aufgabe Schulungs- oder spezielle Weiterbildungsangebote; Hochschulmitarbeiter, die sich in Kooperationsprojekten engagieren oder (später) selbst selbständig machen wollen, müssen mit der Markt- und Kostenseite vertraut gemacht werden.

Zur instrumentellen Seite der stärkeren Zusammenarbeit zwischen Hochschulen und Wirtschaft gehört auch, vernünftige, auf Integration ausgerichtete und dennoch kostenbewußte Konzepte für eine bessere Nutzung neuer Informationstechniken und Medien zu entwickeln: die Nutzung von Datenbanken und Datendiensten ist in der Bundesrepublik im Vergleich zu anderen Industriestaaten noch „unterentwickelt". Datenbanken und Datendienste, Fachinformationszentren und Patentauslegestellen, im Aufbau befindliche sog. Forschungsnetze und die Vernetzung von Großrechnern (Rechenzentren) der Hochschulen mit dezentralen Mikro- oder Arbeitsplatzrechnern, das „Computer-Investitions-Programm (CIP)" des Bundesministers für Bildung und Wissenschaft und die Bildschirmtext-Angebote der Bundespost und angeschlossener Institutionen müssen als ein zusammenhängendes „System" begriffen werden, dem individuelle Nutzungskonzepte durch flexible Ausgestaltung – nicht durch überbordende Ausstattungsanforderungen – frühzeitig Rechnung tragen sollten.

Wo liegen die Gefahren einer verstärkten Zusammenarbeit von Hochschulen und Wirtschaft?

Auch die absehbaren oder möglichen Gefahren können nur kurz angerissen werden. Die möglicherweise größte liegt in einer Polarisierung innerhalb der Hochschulen, zwischen Hochschullehrern und Fachrichtungen (Ingenieur- und Naturwissenschaften), die sich in einer verstärkten Zusammenarbeit engagieren wollen (und können), und solchen Hochschullehrern und Fachrichtungen, die dies nicht ohne weiteres können (und dies dann von Anfang an oder aus resultierendem Frust vielleicht auch nicht wollen). Hier darf nicht „aufgerechnet" werden; es müssen vielmehr alle Möglichkeiten zu einer stärkeren interdisziplinären Zusammenarbeit unter Einschluß auch bisher „untypischer" Fachrichtungen auszuschöpfen versucht werden. Bestrebungen, Folgeabschätzungen technischer Entwicklungen früher und breiter einsetzen zu lassen, und neue Weiterbildungs-Anforderungen bieten hierfür Chancen.

Die Zusammenarbeit zwischen Hochschulen und der Wirtschaft, der Technologietransfer und die Förderung von Unternehmensgründungen aus der Hochschule heraus darf nicht – über ein in der Anfangsphase vertretbares Maß hinaus – auf Dauer privilegiert werden. Wir dürfen nicht ein „Zwei-Klassen-System" von (erwünschten) neuen Selbständigen zulassen: den Handwerksmeister, der sich selbständig machen will und außer einer gewissen Kapitalhilfe, z. B. durch ERP-Mittel, das volle Marktrisiko der Existenzgründung selbst zu tragen hat einerseits, und die Unternehmensgründung aus der Hochschule heraus, hinter der auf Dauer die Hochschule als Institution oder die Beamtenposition als Hochschullehrer als sicheres Auffangnetz stehen, andererseits.

In diesen Zusammenhang gehören auch einige ordnungspolitisch begründete „Unbehaglichkeitspunkte" einer zu starken *öffentlichen* Förderung der Zusammenarbeit von Hochschulen und Wirtschaft: es entsteht der staatlich definierte und öffentlich geförderte „Hochschullehrer mit Unternehmensbezug" bzw. der geförderte „Unternehmer mit Hochschulbezug. Die Ausweitung der Zusammenarbeit von Hochschulen und Wirtschaft auf neue Gebiete darf bestehende, mit vollem Marktrisiko arbeitende Einrichtungen wie z. B. freie und beratende Ingenieurbüros nicht diskriminieren. Für die Zusammenarbeit von Hochschulen und Wirtschaft müssen – nach allenfalls in der Initialphase aus Motivationsgründen zulässigen Abweichungen – marktkonforme Bedingungen gelten. Neben der öffentlichen Hand und vielen Wirtschaftsvertretern bemühen sich auch die Gewerkschaften – mit öffentlicher Förderung – um eine Verstärkung der Zusammenarbeit mit den Hochschulen. Diese (richtigen) Bestrebungen sollten nicht „klassenkämpferisch" – wirtschaftsbezogene Zusammenarbeit der Hochschulen hier, arbeitnehmerbezogene Zusammenarbeit dort – aufgezogen werden. In der heutigen Zeit und bei gemeinsamen Problemen wäre dies ein Anachronismus, auch die „Sprache" entsprechender Projektarbeiten sollte dem Rechnung tragen.

III. Ausblick:

Die Aufgabe auch der Hochschulen, einen Beitrag auch zur wirtschaftlichen Entwicklung und zur Sicherung der materiellen Wohlstandsbasis unserer Gesellschaft zu leisten, ist inzwischen in breitem Umfang anerkannt. Diese Bereitschaft zur aktiven (nicht mehr nur wissenschaftlich beschreibenden und analysierenden) Mitwirkung an gesellschaftlichen Problemen und der an manchen Hochschulorten zu spürende „Hauch von Gründeroptimismus" und wirtschaftlich-technischer Zuversicht sind vielleicht die erfreulichsten Entwicklungen und Feststellungen in der Bundesrepublik seit Beginn der ersten Energiekrise und der Wachstumsschwierigkeiten im Jahr 1973. Ideologische Rückzugsgefechte einzelner Politiker, die ihre persönliche „Wende“ noch nicht vollzogen haben, können einen im ganzen wohl positiv zu beurteilenden Trend nicht mehr stoppen. Angesichts der internationalen Herausforderungen ist in der Bundesrepublik einiges in Bewegung geraten. Das inzwischen verabschiedete „Gesetz über befristete Arbeitsverhältnisse mit wissenschaftlichem Personal an Hochschulen und Forschungseinrichtungen“ und die neuen Drittmittelbestimmungen in der zur Zeit beratenen Novelle zum Hochschulrahmengesetz haben die Voraussetzungen für mehr und flexiblere Beschäftigung geschaffen. Es gilt jetzt, positive Entwicklungstrends durch vernünftige, möglichst unbürokratische, kostenbewußte und marktkonforme, langfristig tragfähige Regelungen abzusichern. Bei einigen Fragen in diesem Zusammenhang müssen Bund und Länder zu einer engeren Zusammenarbeit bereit sein, für Hemmnisse im Bund-Länder-Verhältnis müssen pragmatische und akzeptable Lösungen gefunden werden. Zu beratende Themen in dieser Hinsicht sind u. a. die Förderung der Forschung und Entwicklung an Fachhochschulen (die zur Zeit im Rahmen der Förderung durch die Deutsche Forschungsgemeinschaft nur unzureichend zum Tragen kommt), die bundesweite Analyse der rechtlichen Bestimmungen für die Zusammenarbeit von Hochschulen und Wirtschaft, die Analyse und ggfs. Erleichterung des Personaltransfers zwischen Hochschulen und Wirtschaft.

3.8. Gemeinschaftsforschung als Innovationsstrategie

Carl-Otto Bauer

Ständiges Verbessern von Produkten und Prozessen sind für jedes industrielle Unternehmen eine zwingende Notwendigkeit im Wettbewerb zu überleben.

Ein (zu) oft gebrauchter Allgemeinplatz!

Der Schritt von dieser allgemeinen Erkenntnis zum Umsetzen in praktisches, aufeinander abgestimmtes Handeln schafft Probleme und mündet in zahlreichen (meist zu) teuren Alternativen. Der Markt, besser, die jeweiligen Teilmärkte, sind vielfältig.

Der menschliche Erfindungsgeist ist genauso unbegrenzt wie der Markt, er erfindet meist mehr Lösungen, als das Unternehmen verwirklichen und der Markt aufnehmen kann. Die verschiedenen technischen Lösungsangebote sinnvoll in eine längerfristige unternehmerische Innovationsstrategie einzubinden, sie mit den anderen Bereichen des Unternehmens und unter Beachten der unterschiedlichen Prioritäten mit den stets begrenzten Ressourcen abzustimmen, ist das uralte und zeitlose Kombinationsproblem der Unternehmensleitung. Es kann nur jeweils zeitlich begrenzt konkret gelöst werden, es bleibt, solange es Unternehmen gibt.

Über diese Problematik wie die Wege und Mittel zu ihrem erfolgreichen Lösen gibt es nicht mehr zählbare theoretische Erörterungen, die überwiegend von den Entscheidungsträgern in den Unternehmen kaum zur Kenntnis genommen, geschweige denn gelesen oder angewendet werden. Praxisbezug und Auswertbarkeit im unternehmerischen Alltag sind bei den meisten ihrer abstrakten Ausdrucksweise und mangelnden Verständlichkeit wegen umgekehrt proportional der verwirklichten Erkenntnisse.

Die nicht nur theoretisch abstrakte, sondern hoch wirtschaftliche Bedeutung der kleinen und mittleren Unternehmen – bis etwa 500 Beschäftigten –, in der Bundesrepublik sind es über 45000 mit mehr als 48% aller in der Industrie Beschäftigten, ist diesen Theoretikern weder bewußt noch bis in die Gestaltung und sprachliche Wiedergabe der eigenen Arbeiten vorgedrungen. Diese besonderen Strukturen und Rahmenbedingungen der kleinen und mittleren Unternehmen werden nirgendwo ihrer Bedeutung nach angemessen berücksichtigt, das abstrakte Fachchinesisch verhindert selbst die Möglichkeit, brauchbare Teilergebnisse herauszufinden und anzuwenden.

Nirgendwo ist der Unterschied zwischen den theoretisch abstrakten Lösungsangeboten und dem praktischen Handeln in den kleinen und mittleren Unternehmen so groß wie bei der langfristig für ihr Überleben entscheidenden unternehmerischen Strategie der Produkt-/Verfahrensentwicklung. Trotz einiger Felduntersuchungen in auswertbaren regionalen und sektoralen Grenzen sind manche in kleinen und mittleren Unternehmen längst erprobte Mittel der Produkt-/Verfahrensinnovationen in die theoretische Unternehmenslehre nicht aufgenommen oder ihrer besonderen Bedeutung für diese Unternehmensgruppe nach gewürdigt worden.

Unternehmen jeder Größe und in allen Industriebereichen müssen Forschung und Entwicklung für zwei – nur theoretisch eindeutig getrennte – Bereiche gleichzeitig erkennen, planen und durchführen:

1. Produktinnovationen, die den Unternehmen ein Bestehen im Wettbewerb sichern,

2. Verfahrensinnovationen für die eigene Fertigung, die andere Unternehmen mit gleichen Verfahren ebenso treffen, deren Lösungen den Wettbewerb nicht erkennbar beeinflussen.

Als Produktinnovationen gelten auch Verfahrensinnovationen, wenn und soweit diese Verfahren von den Unternehmen auf ihren Teilmärkten angeboten werden. Teile dieser Verfahrensinnovationen können Anforderungen und Auflagen der sie nutzenden Unternehmen lösen und den eigenen Aufwand dafür verringern.

So eindeutig diese Bereiche theoretisch zu trennen sind, über ihre jeweilige Bedeutung und ihre Grenzen bestehen oft mehr Unklarheiten und Meinungsunterschiede als Übereinstimmung. Der Bereich, der das eigene und andere, oft im Wettbewerb stehende Unternehmen gemeinsam treffenden Anforderungen ist bei genauer Durchsicht um ein Vielfaches größer, als er dies im Bewußtsein der Unternehmer und ihrer leitenden Mitarbeiter ist. Abfallbeseitigung, Wiederverwendung und -gewinnung von Rohstoffen, Energieeinsparung, Verringern von Emissionen und Immissionen innerhalb wie außerhalb des Unternehmens, eindeutige Prüfverfahren, Abwehr utopischer Umweltforderungen und ihr Zurückführen auf das technisch Machbare sind dafür nur einige, zweifelsfreie Beispiele, deren Bedeutung in Zukunft weiter zunehmen wird.

Die geistigen, finanziellen und technischen Kräfte des einzelnen Unternehmens sind viel zu klein, um alle Probleme mit für das einzelne Unternehmen vertretbarem Aufwand in der wünschenswerten Zeit angemessen zu lösen. Die in den Unternehmen anfallenden Mengen sind viel zu klein, um technische Wiedergewinnungsprozesse wirtschaftlich zu planen oder erfolgreich durchzuführen. Die Abfallbörsen der IHK's belegen dies überdeutlich. Bei den oft unbekannten Ursachen für Umfang und Zusammensetzung von Immissionen und Emissionen sind Forschung und Entwicklung so erheblichen Umfanges erforderlich, daß dies auch die Mittel größerer Unternehmen überschreitet. Das Bekämpfen wirtschafts- und sachfremder utopischer örtlicher Auflagen kann stets nur gemeinsam von allen Betroffenen wirkungsvoll organisiert werden.

Alle diese Anforderungen binden geistige, technische und finanzielle Kräfte, die wirkungsvoller zum Steigern der Leistung der Unternehmen in den wettbewerbsrelevanten Bereichen eingesetzt werden. Solche Aufgaben und ihre Kosten sind reiner Erhaltungsaufwand, der die Wettbewerbsfähigkeit des Unternehmens nicht fördert. Jede für diese Arbeiten ausgegebene Mark und jeder dafür eingesetzte, qualifizierte Mitarbeiter „verschenkt" Kräfte, die für innovative, marktbezogene Aufgaben besser und wirksamer eingesetzt werden könnten. Jede eigene Tätigkeit, die auf anderem Wege mit geringerem eigenen Einsatz zum gleichen Ziele, möglicherweise früher, wirkungsvoller und technisch besser, führt, schwächt die Wettbewerbsfähigkeit des Unternehmens durch zielfremden Kräfteverzehr. Sie widerspricht dem Grundsatz sparsamer Mittelverwendung nach in der Reihenfolge der für das Unternehmen wirtschaftlich bedeutungsvollen Sektoren und Aufgaben.

Die Grenzen der Bereiche sinnvollen gemeinsamen Handelns mit anderen Unternehmen zu innovativen, wettbewerbsrelevanten Aufgaben sind sowohl zeitlich als auch zwischen den Branchen fließend. Die Verfahrensentwicklung in den für das Unternehmen wichtigen Fertigungsprozessen erschließt gezielt Entwicklungsaufwendungen der Lieferunternehmen schneller und wirkungsvoller zu eigennutzbarem Ergebnis.

Das Aufkommen neuer technischer Lösungen haben Gemeinschaftsaufgaben für ganze Branchen plötzlich akut werden lassen, die vor einigen Jahren noch als einzelunternehmerisches oder regionales Problem galten und so isoliert, und daher meist unzulänglich, gelöst wurden. Büromaschinen, Uhrenindustrie und Schiffbau sind dafür ebenso überzeugende, leider wenig erfreuliche Beispiele. Eine mit den langfristigen Zielen des Unternehmens abgestimmte und die stets zu geringen finanziellen Mittel überlegt einsetzende Innovationsstrategie wird die verschiedenen Formen von

- Grundlagenforschung,
- angewandter Forschung,
- Auftragsforschung,
- Gemeinschaftsforschung,
- Auswerten von Erkenntnissen Dritter,
- Übernehmen von Lizenzen und/oder Know-how und
- eigene Prozeß- und/oder Produktentwicklung

gezielt und aufeinander abgestimmt nutzen.

Die Gemeinschaftsforschung ist in diesem Konzept die beste Lösung für alle Probleme, die mit anderen Mitteln und mit dem für das Unternehmen gleichgewichteten Aufwand wirtschaftlich und sachlich nicht gleich optimal zu lösen sind mit Ergebnissen, die im wesentlichen den Wettbewerb der beteiligten Unternehmen untereinander nicht beeinflussen.

1. Organisation der Gemeinschaftsforschung

Branchengliederung

Die Gemeinschaftsforschung wird in der Bundesrepublik Deutschland von über 93 industriellen Forschungsvereinigungen betrieben. Sie erfassen das breite Spektrum aller Branchen ebenso wie Querschnittsaufgaben, die nicht von Wirtschaftsverbänden unterstützt werden. Forschungsvereinigungen für Härtereitechnik, Logistik, Rationalisierung, Programmiersprachen, Schweißen und die Überseeverpackung sind dafür nur einige Beispiele.

In der Arbeitsgemeinschaft Industrieller Forschungsvereinigungen e.V. (AIF), Köln, haben sich diese Forschungsvereinigungen ihre Zentrale geschaffen. Die Mitgliederliste liest sich wie ein Inhaltsverzeichnis der vielfältigen sektoralen Aktivitäten der deutschen Industrie. Etwa ⅕ der Mitgliedsvereinigungen der AIF arbeiten in Bereichen, die im Bundesverband der Deutschen Industrie (BDI) nicht organisiert sind.

Dieses breite Spektrum branchenbezogener Organisationen ist Spiegelbild der durch die Gemeinschaftsforschung gemeinsam zu lösenden Probleme, wie ein Beweis für die Nähe zu den Aufgaben der dort mitarbeitenden über 25000 Unternehmen unterschiedlicher Größe. Die Gemeinschaftsforschung ist die bei weitem umfassendste Organisation der Forschung und Entwicklung treibenden industriellen Unternehmen. Allein die Zahl der in den AIF-Forschungsvereinigungen mitarbeitenden Unternehmen zeigt Wert und Bedeutung der Gemeinschaftsforschung für kleine und mittlere Unternehmen. Sie bestätigt die Gemeinschaftsforschung als DAS MITTEL zum Lösen gemeinschaftlicher Aufgaben nicht nur für kleine und mittlere Unternehmen, das alle anderen Formen der industriellen Forschung (Vertrags-, Auftrags- und angewandte Forschung) nach Zahl und Breite bei weitem übersteigt.

Arbeitsbereiche

Gemeinschaftsforschung wird von in einer Forschungsvereinigung organisierten, sonst miteinander im Wettbewerb stehenden Unternehmen betrieben und soll für ihre Branche repräsentativ sein. Vollständige Mitgliedschaft aller Unternehmen ist theoretisch möglich, jedoch weder Bedingung noch aus unterschiedlichen Gründen übliche Realität. Gemeinschaftliches Forschen und Entwickeln einer Gruppe von Unternehmen mit dem gezielten Ausschluß einzelner oder anderer Gruppen von Wettbewerbern ist keine Gemeinschaftsforschung. Sie ist höchst wettbewerbsrelevante Verbundforschung und muß – nach den Kriterien des Gesetzes gegen Wettbewerbsbeschränkungen (GWB-Gesetz) – beurteilt werden. Die AIF-Forschungsvereinigungen bestimmen selbst Ziele und Inhalte der einzelnen Forschungsvorhaben. Gemeinsame Vorhaben mehrerer Forschungsvereinigungen sind möglich, wünschenswert und meist höchst erfolgreich. Systemimmanent ist dadurch die beste Gewähr sowohl für den als gemeinsamen Bedarf anerkannten Inhalt, als auch für Wettbewerbsneutralität der erwarteten Ergebnisse für die beteiligten Unternehmen gegeben.

Das unternehmensindividuelle Auswerten der Haupt- wie der Nebenergebnisse kann durchaus zu Wettbewerbsvorteilen gegenüber substitutierenden oder konkurrierenden Erzeugnissen derselben oder anderer Bereiche führen und den Wettbewerb zwischen Unternehmen verschiedener Branchen fördern. Die Ausstellungsstände der Industriebereiche Gießen – Schmieden – Schweißen auf der Hannover-Messe geben dafür jährlich interessante Beispiele. Diese Wirkung wird nicht eingeschränkt, sie ist – systemimmanent – gewollt, um auf dem Markt bessere Verfahren und neue Erzeugnisse in unverändertem Wettbewerb anzubieten.

Finanzierung

Die Gemeinschaftsforschung wird vorrangig aus Leistungen der Unternehmen finanziert. Sie bestehen neben Barzuwendungen aus Personalleistungen, wie dem zeitweiligen Abordnen einzelner Mitarbeiter in die Forschungsstellen, der Mitarbeit in Projektbeiräten, Auswahlgremien etc. Die Projekte der Gemeinschaftsforschung durch Materiallieferungen zu unterstützen, Hilfsmittel oder Werkstoffe, wie sie Versuchsreihen zugrundegelegt werden, ist besonders wirkungsvoll. Die in den Unternehmen eingesetzten Werkstoffe bei den Versuchsreihen zu nutzen, ist oft erwünscht. In der Forschung sonst getrennte Einzelparameter werden in ihren Wirkungen zusammen erfaßt, die Übertragbarkeit der Ergebnisse in den betrieblichen Alltag erleichert.

Die Gemeinschaftsforschung ist wegen ihrer Wettbewerbsneutralität als gemeinnützig anerkannt mit allen sich daraus für die Unternehmen ergebenden steuerlichen Auswirkungen für Beiträge, Spenden und Sachzuwendungen. Das Bundeswirtschaftsministerium und einzelne Bundesländer fördern ausgewählte Projekte der Gemeinschaftsforschung aus ihren Haushalten. Diese öffentliche Förderung ist für die Qualifikation als Gemeinschaftsforschung weder Voraussetzung noch charakteristisch.

Haben Mitglieder einer Forschungsvereinigung an den Ergebnissen einzelner Projekte besonderes Interesse, finanzieren sie diese ausschließlich mit eigenen Mitteln. Die Verwertung bestimmen sie dann nach eigenem freiem Ermessen. Die Ergebnisse der mit öffentlichen Mitteln finanzierten Arbeiten müssen in angemessener Zeit – spätestens zwei Jahre nach ihrem Abschluß – veröffentlicht werden und sind damit auch nicht beteiligten Unternehmen und anderen Interessenten – z. B. ausländischen Wettbewerbern – zugänglich.

Diese Pflicht zum ausführlichen Veröffentlichen der Ergebnisse als feste Bedingung der Vergabe öffentlicher Mittel wird ihrer wettbewerbsrelevanten Wirkungen wegen heute in steigendem Umfang in Frage gestellt. Die konkurrierenden Wettbewerbern – in anderen Staaten – dadurch kostenlos zufließenden sehr praxisnahen Erkenntnisse branchenspezifischen Inhaltes sind eine höchst wettbewerbsbeeinflussende Wissensvermittlung, solange dies nur in einer Richtung wirksam wird. Diese typisch deutsche Prinzipientreue ist gleichartigen Institutionen in anderen Staaten selbst der EG unbekannt. In wesentlich größerem Umfange vom Staat finanzierte Forschungsstellen der verarbeitenden Industrie, wie in Frankreich, verwenden gerne und schnell Erkenntnisse aus Veröffentlichungen der deutschen Gemeinschaftsforschung. Ergebnisse ihrer eigenen Forschungen werden, wenn überhaupt, nur zufällig und mit erheblich größeren Verzögerungen veröffentlicht.

Noch problematischer wird die Veröffentlichungspflicht im Wettbewerb mit fernöstlichen oder anderen Konkurrenten aus Schwellenländern.

Aufwendungen der Unternehmen für die Gemeinschaftsforschung übertreffen die Fördermittel des Bundes seit langem um das 2,5 bis 3fache. Nicht enthalten in diesem Vergleich sind Grundfinanzierungen und Ersatz für Dienstleistungen für Länder und Gemeinden und alle Zahlungen, die Institute der Gemeinschaftsforschung aus Arbeiten für Dritte (Auftragsforschung) einnehmen. Das Gesamtvolumen der industriellen Gemeinschaftsforschung und der Arbeiten in den von ihr getragenen Instituten überschreitet sicher 400 Mio. DM jährlich.

2. Organisation von Projekten der Gemeinschaftsforschung

Forschungsvereinigungen der industriellen Gemeinschaftsforschung müssen als Mitglieder der AIF neben den üblichen Organen eines Vereins – Mitgliederversammlung und Vorstand – einen wissenschaftlichen Beirat oder ein gleichartiges Organ, oft mit anderen Bezeichnungen, wie Kuratorium, haben, dem Praktiker und Wissenschaftler aus den Unternehmen wie von neutralen Institutionen außerhalb der Mitglieder angehören. Dieses Organ schafft die Verbindungen zu angrenzenden Forschungen an anderen Stellen, soll Doppel- und Mehrfacharbeiten verhindern und die Vorhaben der Gemeinschaftsforschung in die allgemeine technisch-wissenschaftliche Forschung einbinden. Ein solcher Beirat bewertet die wissenschaftliche Qualität der Einzelprojekte, stellt die Rangfolge nach wissenschaftlicher Priorität und wirtschaftlicher Bedeutung zwischen ihnen auf und leitet und überwacht Durchführen und Auswerten der einzelnen Projekte. Je nach Art und Größe der Forschungsvereinigung wie einzelner Projekte setzt er besondere Projektbeiräte ein. Soweit Vorhaben der Gemeinschaftsforschung nur von den Forschungsvereinigungen selbst finanziert werden, ist die Organisation damit abgeschlossen.

Die Projektbeiräte begleiten, steuern und überwachen die Arbeiten des jeweiligen Forschungsvorhabens, erhalten regelmäßige Zwischenberichte, diskutieren deren Ergebnisse, wie Chancen und Risiken des weiteren Vorgehens. Eine laufende Diskussion und Auswertung zwischen Forschung und Praxis während des Forschungsvorhabens verhindert weitgehend Fehlentwicklungen, die die gezielte wirtschaftliche Auswertbarkeit verhindern können. Änderungen der Schwerpunkte und der Richtung der Arbeiten während des Ablaufes werden so möglich, wenn sich dies aufgrund der Zwischenergebnisse als nützlich oder notwendig erweist. Ein Höchstmaß an Anpassung an die Probleme der Unternehmen wird beim Durchführen und die laufende Zwischenkontrolle durch diese Auswertung gesichert. Die Zeit zum Umsetzen der Erkenntnisse in praktisches Handeln in den Unternehmen wird so klein wie möglich. Oft lassen sich Zwischenergebnisse während der Arbeiten bereits im Betrieb erproben und deren Erkenntnisse mit den weiteren Untersuchungen verbinden. In dieser problemorientierten Organisation und dem laufenden Austausch zwischen Forschungsstelle und Betrieben liegt der unsichtbare, aber höchst wirksame Gewinn der aktiven Mitarbeit an Forschungsvorhaben für die Forschungsstellen wie die Unternehmen.

Eine positive Bewertung durch fachlich gegliederte Gutachtergruppen der AIF ist Voraussetzung für die Förderung von Vorhaben der Gemeinschaftsforschung über die AIF durch das Bundeswirtschaftsministerium. Die Mitglieder der Gutachtergruppen werden für drei Kalenderjahre geheim aus den Mitgliedern des wissenschaftlichen Rates der AIF gewählt. Wissenschaftliche Sachkompetenz und zeitlich begrenzte demokratische Legitimation sind dabei ausgewogen miteinander verbunden – ein Vorteil, der sie von anderen Beiräten oder Gutachtergruppen abgrenzt, die von Ministerien oder Organisationen „handverlesen“ nach deren öffentlich nicht erkennbaren Maßstäben und damit nicht nachprüfbarem Ermessen erkoren werden.

Vorhaben der Gemeinschaftsforschung über die AIF sollen gleichgewichtig von wissenschaftlicher und wirtschaftlich-technischer Bedeutung sein. Wissenschaftlichen Forschungsvorhaben sonst oft nachgesagte Einseitigkeit und geringe Nähe zu den Problemen der Praxis werden durch diese gleichgewichteten Beurteilungskriterien wirksam verhindert.

3. Durchführen von Vorhaben der Gemeinschaftsforschung

Vorhaben der Gemeinschaftsforschung werden von den für die jeweilige Aufgabe am besten qualifizierten Forschungsstellen durchgeführt. Dies können industrieeigene Einrichtungen ebenso sein wie Institute an Hochschulen, wissenschaftliche Organisationen der öffentlichen Hand (Bundesforschungsanstalten), öffentliche oder private Forschungsgesellschaften (Fraunhofer-Gesellschaft), Vertragsforschungsinstitute (Batellinstitut) oder sonstige Einrichtungen gleich welcher Trägerschaft. Wegen möglicher Interessenkonflikte scheiden Forschungsstellen einzelner Unternehmen grundsätzlich aus, so wissenschaftlich qualifiziert sie auch sein mögen. Die zweckmäßige Wahl der Forschungsstelle wird durch die AIF-Gutachtergruppen genau geprüft, wenn öffentliche Mittel beantragt werden.

Von den Mitgliedsvereinigungen der AIF werden öffentlich geförderte Vorhaben an über 200 Institute vergeben, von denen nur 63 von den Forschungsvereinigungen selbst finanziert sind. 36% der AIF-Vorhaben werden von Instituten der öffentlichen Hand abgewickelt, 4% von öffentlichen Forschungsgesellschaften (Fraunhofer-, Max-Planck-Gesellschaft). Ein Wechseln von Mitarbeitern der Forschungsstelle zu beteiligten oder an einzelnen Forschungsvorhaben interessierten Unternehmen wirft bei den Instituten der Forschungsvereinigungen gelegentlich wettbewerbsrechtliche Probleme auf. Die Auftragserteilung an Universitätsinstitute – im Rahmen deren Drittmittelforschung – dagegen hat sich als eine wirksame Förderung der Praxisnähe in der wissenschaftlichen Ausbildung erwiesen. Bei Teilarbeiten an Projekten der Gemeinschaftsforschung eingesetzte Studenten, Diplomanden und Doktoranden nutzen dies als Sprungbrett und finden in interessierten Unternehmen dadurch kurzfristig Anfangsstellungen.

Gemeinschaftsforschung verhindert Praxisschock ist die Kurzfassung dieser beiderseitig wirksamen und wirkungsvollen Zusammenarbeit zwischen Universitätsinstituten und industriellen Forschungsvereinigungen.

Zahlreiche Hochschulinstitute konnten in den vergangenen Jahren nur durch zusätzliche Übernahme von Vorhaben der Gemeinschaftsforschung den Ausgleich zu den rigorosen und oft kurzfristigen Mittelkürzungen schaffen, aufgrund derer sonst Entlassungen unvermeidlich geworden wären. Ohne erhöhte Drittmittelforschung wären in vielen Universitätsinstituten chaotische Zustände mit dem Auseinanderfallen eingefahrener Forschungsmannschaften nicht zu vermeiden gewesen. Die Novelle zum Hochschulrahmengesetz zieht daraus jetzt die längst überfälligen Schlußfolgerungen durch Beseitigen bürokratischer Hindernisse, deren Reformbedürftigkeit nur von praxisfernen Perfektionisten der Verwaltung und Ideologen – wenn auch kaum ernsthaft – in Frage gestellt werden.

4. Ergebnisse der Gemeinschaftsforschung

Darstellen und Verbreiten der Ergebnisse der Gemeinschaftsforschung gehören untrennbar zu jedem Forschungsvorhaben. Nicht ein dickleibiger, in wissenschaftlichem Fachchinesisch für Praktiker unverständlicher Schlußbericht mit Zahlenfriedhöfen und graphischen Darstellungen, die futuristischer Kunst ähneln, ist das Ziel und darf Ergebnis eines Vorhabens der Gemeinschaftsforschung sein. Im Gegenteil: Die Ergebnisse der Gemeinschaftsforschung sollen für die sie aufnehmenden Mitarbeiter in den Unternehmen verständlich und direkt auswertbar sein. Der ständige Austausch zwischen Forschungsstelle und Unternehmen während der Forschungsarbeiten soll ein Auseinanderlaufen der technischen und sprachlichen Entwicklung ebenso wirksam verhindern wie die Auswertung vorbereiten.

Ein besonders nachahmenswertes Beispiel ist das „Entscheidungsdiagramm zur Warmrißbildung an Stahlgußproben“, das auf nur einer DIN-A4-Seite die Ergebnisse mehrjähriger Forschungsarbeiten des Instituts für Gießereitechnik direkt praktisch auswertbar darstellt. Ein solches, auf den ersten Blick einfaches Bild läßt für den Laien nicht ahnen, welche systematische Forschungsarbeit bisher unbekannter Zusammenhänge dafür die Grundlage lieferte. Das Umsetzen der Ergebnisse in ein solches Entscheidungsdiagramm ist eine eigenständige, vorbildliche Leistung. Sein Auswerten in den vielen mittelständischen Betrieben der Gießereiindustrie ohne voll wissenschaftlich qualifizierte Mitarbeiter bereitet erfahrenen Meistern keine Schwierigkeiten.

Die beim Auswerten und Umsetzen von Forschungsergebnissen sonst üblichen Schwierigkeiten werden durch die Organisation der Gemeinschaftsforschung soweit wie möglich vermieden. Der finanzielle Aufwand, wie die Zeit zum Umsetzen in den Unternehmen werden so klein wie möglich gehalten, in der sonst bekannte Hindernisse gar nicht erst entstehen.

Vorhaben der Gemeinschaftsforschung liefern Grundlagen für Prüfverfahren, technisch reproduzierbare Qualitätsbestimmungen und Verfahren zu ihrer Auswertung. Zahlreiche DIN-Normen, als anerkannte Regeln der Technik, waren und sind ohne die durch die Gemeinschaftsforschung gelieferten Grundlagen nicht denkbar.

Der AIF-Forschungsreport gibt zweimal jährlich einen Überblick über die Themen und die Kurzfassungen der mit öffentlichen Mitteln geförderten und abgeschlossenen Forschungsvorhaben. Seit über einem Jahrzehnt weist die AIF-Matrix den Zusammenhang zwischen den Bedarfsbereichen und den aktivierten Forschungsgebieten aus. Das Verschieben der Schwerpunkte sowohl der Bedarfs- wie der zugehörigen Sachbereiche gibt ein anschauliches Bild der wechselnden Probleme und des dafür aktivierten Forschungspotentials. Eine Übersicht der nur industriefinanzierten Vorhaben der Gemeinschaftsforschung besteht verständlicherweise nicht.

5. Auswerten in den Unternehmen

Projektbegleitung

Das wirkungsvollste Auswerten der Gemeinschaftsforschung ist die laufende aktive Teilnahme an ihren Arbeiten. Die Mitarbeit in den Projektbeiräten – oder wie immer projektbegleitende Gremien genannt werden – vermittelt kurzfristig und ohne Umwege die neuesten Erkenntnisse und kann eigene Ideen und Vorschläge in die Vorhaben einbringen. Beim Formulieren der Vorhaben, dem Zusammenstellen des Wissensstandes, der Vorgabe der Ziele und der Diskussion der Wege und Mittel beteiligen sich Unternehmen unabhängig von ihrer Größe aktiv an wesentlichen Phasen der Forschungsvorhaben. Die weitere Begleitung ist laufende Wissensvermittlung, durch die Unternehmen bereits vor Abschluß der Vorhaben ihnen wichtig erscheinende Erkenntnisse aufnehmen, auswerten und in eigenes Planen oder Handeln einarbeiten können. Teilnahme wird durch Wissensvorsprung belohnt.

Voraussetzung dafür ist ein Entsenden qualifizierter Mitarbeiter in die Beiräte, die auch im Unternehmen für Forschung und Entwicklung verantwortlich sind, Ziele und Aufgaben der unternehmenseigenen Forschung und Entwicklung kennen und beides miteinander verbinden können. Nur qualifizierte Personalunion sichert kurzfristiges Einbinden in die Forschungs- und Entwicklungsarbeiten des Unternehmens, sei es bei Verfahrens- oder Produktentwicklungen.

Solch personelle Verbindung ist für eine wirkungsvolle Gemeinschaftsforschung unentbehrlich, um stets an der vordersten Front der Bedürfnisse und der fehlenden Kenntnisse der Unternehmen zu bleiben und nicht zu versuchen, längst praktisch Bekanntem die letzte wissenschaftliche Weihe zu verschaffen. Die Mitarbeit in Projektbeiräten ist – wie bei aller Gemeinschaftsarbeit – ein stetes wechselseitiges Geben und Nehmen, das nur dadurch seine volle Wirksamkeit erreichen kann. Der oft beklagte und gelegentlich sogar ideologisch hochgespielte Unterschied zwischen kleinen, mittleren und großen Unternehmen wird in der Gemeinschaftsforschung höchst pragmatisch und wirkungsvoll beim Lösen gemeinsam interessierender Probleme als in dieser Form und Schärfe nicht existent erwiesen. Der erweiterte Zugang zu anderen Wissensquellen und die persönliche Mitarbeit führen über den aktuellen Anlaß hinaus zu manchen weiteren für die Unternehmen höchst wertvollen Ergebnissen, über die nirgendwo Buch geführt wird oder regelmäßig Bilanz gezogen werden kann.

6. Prozeß- und Produktentwicklung

Die Gemeinschaftsforschung erforscht und entwickelt in erheblichem Umfange Verfahren und Prozesse. Auswertbare Ergebnisse erfordern in vielen Fällen Felduntersuchungen und Anwenden neuer Varianten unter unterschiedlichen betrieblichen Bedingungen. Durch Beteiligen an Felduntersuchungen und Erprobungen im eigenen Betrieb leisten die Unternehmen nicht nur für die Gewährung öffentlicher Mittel wesentliche finanzielle Beiträge, ohne sie ist erfolgreiches Erforschen zur Prozeßentwicklung auch wissenschaftlich kaum denkbar. Die oft beklagten Hindernisse beim Übertragen neuer Erkenntnisse in den betrieblichen Alltag werden so nicht nur praktisch vermieden, gleichzeitig mit den Forschungsarbeiten werden bereits betriebliche Erfahrungen durch deren teilweises Anwenden gewonnen. Ein Bewerten und sachgerechte Entscheidungen zum ganzen oder teilweisen Anwenden oder Nicht-Nutzen in den Unternehmen erhalten so die beste Grundlage.

Koppeln von Forschungsvorhaben mit betrieblichem Anwenden ist auf die Prozeßentwicklung der Anwender beschränkt. Prozeßentwicklungen sind für die Lieferer der Anlagen gleichzeitig Produktentwicklung, die neu zu erstellende Anlagen, deren Nutzen, wie in die Modernisierung bestehender vorteilhaft eingehen. Prozeß- und Produktentwicklung sind oft nur unterschiedliche Auswertung gleicher Erkenntnisse. Nicht nur aus diesem Grunde arbeiten in zahlreichen Forschungsvereinigungen Lieferer und Anwender von Verfahren eng zusammen, um ein optimales Nutzen betriebsspezifischer wie neuer Erkenntnisse für alle Beteiligten zu erreichen. Häufig sind dabei Einsichten zu gewinnen, die auch älteren Anlagen zu besseren Qualitäten und höherer Produktivität verhelfen, die ohne den „Abfall“ gemeinsamer Forschung nicht denkbar sind.

Emissionsverringerung, Immisionsschutz und sonstige Umweltsicherung lassen sich anders als durch Gemeinschaftsforschung kaum effektiv und betriebsnah lösen. Unterschiedliche Anlagen und Produktionsprozesse veranlassen manche Unternehmen zur Mitarbeit in mehr als nur einer Forschungsvereinigung. Diese anwendungs- und problemorientierten Querverbindungen haben mehrfach Art und Geschwindigkeit von Problemlösungen wirksamer gefördert als lange wissenschaftliche Diskussionen oder öffentliche Förderung.

7. Betriebliches Nutzen branchenspezifischen Wissens

Institute, die Vorhaben der Gemeinschaftsforschung durchführen, sind selten allein nur damit beschäftigt. Sie sind zumeist sehr daran interessiert, laufend Unternehmen zu beraten oder unternehmensspezifische Forschungsarbeiten

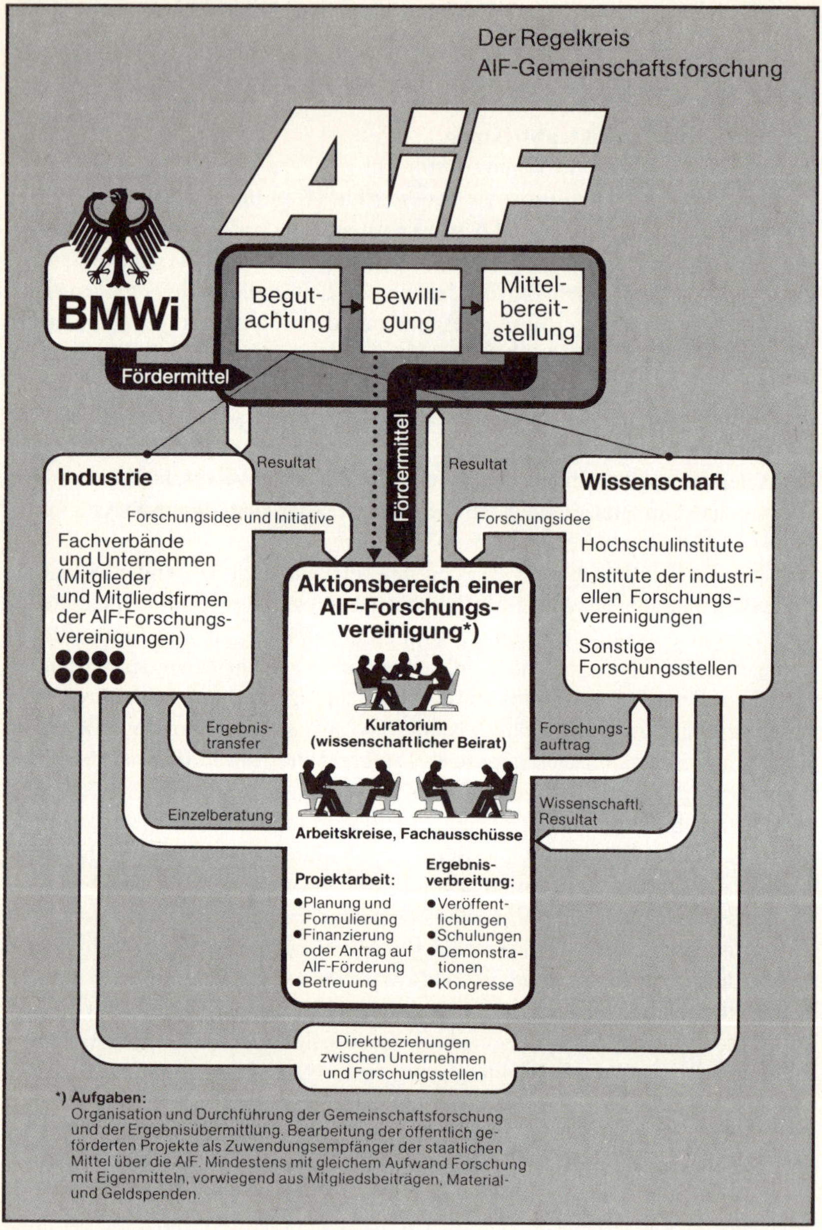

*) **Aufgaben:**
Organisation und Durchführung der Gemeinschaftsforschung und der Ergebnisübermittlung. Bearbeitung der öffentlich geförderten Projekte als Zuwendungsempfänger der staatlichen Mittel über die AIF. Mindestens mit gleichem Aufwand Forschung mit Eigenmitteln, vorwiegend aus Mitgliedsbeiträgen, Material- und Geldspenden.

durchzuführen. In Zeiten der Haushaltskürzungen hat solche Auftragsforschung mit Drittmitteln von einzelnen Unternehmen ein wirtschaftlich für die Existenz der Institute zunehmendes Gewicht. Drittmittel übertreffen bei manchen Instituten die öffentliche Finanzierung zum Teil recht erheblich. Die Zahl der mit Drittmitteln finanzierten Stellen in den Forschungsinstituten gilt nicht zu unrecht als eindeutiger Gradmesser von Praxisnähe und Anerkennung der Arbeit dieser Institute durch die Industrie. Elfenbeintürme werden von Unternehmen nur selten auf die Dauer finanziell gefördert.

Auftragsforschung für einzelne Unternehmen durch in Branchenproblemen erfahrene Institute nutzen das durch Gemeinschaftsforschung erworbene Wissen, wie es eigene Forschungsstellen der Unternehmen – so überhaupt möglich – weder personell, finanziell noch technisch können. Dienstleistungen, wirtschaftlich vorteilhafter wie wissenschaftlich anregender Arbeitsteilung öffnen sich damit bisher nicht erkannte Wege und Möglichkeiten.

Gelegentlich sind Bedenken gegen unternehmensspezifische Auftragsforschung an Instituten der Gemeinschaftsforschung geäußert worden. Die vergangenen Jahrzehnte haben solche theoretisch begründeten Bedenken als praktisch unerheblich erwiesen. Die Vorteile für Unternehmen und Institute durch mehrfaches gemeinsames Nutzen von Wissen und Anlagen bei geringeren Kosten, zusätzlichen branchenspezifischen Informationen sind für alle Beteiligten so erheblich, daß diese Möglichkeiten in steigendem Umfang genutzt werden. Informationen über Umfang, Ergebnisse und Erfolge sind selten, da keiner der Beteiligten Interesse an ihrer öffentlichen Verbreitung hat. Diese bewährte Praxis ist eine wirksamere Garantie auch für das Geheimhalten unternehmensspezifischer Einzelheiten als theoretische Bedenken gegen unautorisiertes Verwerten dabei gewonnener Informationen und Erkenntnisse für andere Zwecke.

Nach Struktur, Finanzierung, Organisation und Durchführung hat sich so die industrielle Gemeinschaftsforschung einen festen Platz innerhalb der unternehmerischen Innovationsstrategie aller Bereiche erworben und gesichert. Ohne überhebliche, sektoral gefärbte Überschätzung kann ihr eine weiter steigende Bedeutung für die Unternehmen in der übersehbaren Zukunft beigemessen werden. Es wäre eine höchst überfällige Anerkennung dieser Leistungen und ihrer hohen wissenschaftlichen wie wirtschaftlichen Wirksamkeit, wenn sich dies in einer dieser Bedeutung angemessenen, seit langem in feierlichen Absichtserklärungen angekündigten öffentlichen Förderungen niederschlagen würde.

3.9. Innovationen als gesellschaftliche Herausforderung

Matthias M. Heister

1. Problemlage

Wer sich mit Innovationsproblemen in der Bundesrepublik Deutschland vor dem Hintergrund weltweiter Initiativen befaßt, muß erkennen, daß dieses Thema inzwischen gesellschaftspolitische Bedeutung erlangt. Schon geht es um mehr als um die Sicherung von Arbeitsplätzen oder die Einführung neuer Technologien. Selbst staatliche Innovationsimpulse reichen nicht mehr aus, um die Probleme zu lösen. Neben Kapital und Arbeit erhalten die Faktoren Kreativität, Bildung, Information und Kooperation einen hohen Stellenwert. Es geht um ein völlig neues Verhältnis zur Produktivität. Das öffentliche Bewußtsein ist gefordert, wenn die zukünftigen Generationen ökonomisch und somit auch kulturell noch eine Chance haben sollen.

Kein Innovationsklima?

Inzwischen scheint diese Erkenntnis mehr und mehr das Niveau der öffentlichen Diskussion zu erreichen: Die Bundesrepublik Deutschland hat nicht nur Probleme mit ihrer materiellen Umwelt. Im Verhältnis zur internationalen Konkurrenz mangelt es an langfristig wirksamen Innovationsimpulsen, ist das für Erfindungen notwendige gesellschaftliche Klima oft reizlos und sogar negativ, fehlen die für eine starke Herausbildung kreativer Kräfte erforderlichen erzieherischen und bildungspolitischen Voraussetzungen.

Gerade deswegen, weil in Industriestaaten relativer Wohlstand oft zu innovatorischen Versäumnissen führt und weil fehlende Investitionen später um so tiefere wirtschaftliche, kulturelle und politische Einbrüche nach sich ziehen, ist die Zeit zur Besinnung reif. Für die Bundesrepublik hat das Thema zusätzliche Aktualität: als Hochlohnland mit geringen Rohstoffreserven hat sie heute an sich nur noch wenig Chancen für langfristig wirtschaftliches Überleben. Nur wenn ein breites Bildungspotential, mehr Kreativität, schnelle und zuverlässige wissenschaftliche Information und vertrauensvolle technoökonomische Kommunikation und Kooperation als innovative Voraussetzungen genutzt werden, bestehen Zukunftschancen, die hoffen lassen.

Zahlen mit Signalcharakter

Dafür, daß es zur Nutzung neuer „Produktionsfaktoren“ kommen muß, gibt es inzwischen zahlreiche Anhaltspunkte: Der Rückgang deutscher Nobelpreisträger seit Kriegsende ist allgemein bekannt. Schon lange weiß man, daß die öffentlichen und privaten Geldmittel für Forschung ständig erhöht werden und im Jahr 1985 die stattliche Höhe von 50 Millarden DM erreichen, daß aber der angewandten Forschung, die im Hinblick auf baldige Innovationen am dringendsten wäre, weithin immer noch wichtige Impulse fehlen. Zu wenige kümmert es, daß Japan für sein Forschungspersonal, das im wesentlichen auf Anwendung bezogen ist, ebensoviel aufwendet wie die Bundesrepublik Deutschland, dafür aber so viele Forscher beschäftigt wie England, Frankreich und die Bundesrepublik zusammen. Seit Jahren ist das Verhältnis von Forschungsmitteln und Patenterteilungen hier ständig schlechter geworden. Kamen im Jahre 1968 beim Deutschen Patentamt noch 1,10 Patenterteilungen auf 1 Million DM Forschungsmittel, so waren es im Jahre 1981 nur noch 0,16 Patenterteilungen.

Zwischen Hochtechnologie- und Schwellenländern in der Zange?

Seitdem japanische Kraftfahrzeuge, Kameras, Fernsehgeräte und Hifi-Einrichtungen den deutschen Markt überschwemmen, beginnt man zu begreifen, daß in der Bundesrepublik etwas falsch gelaufen sein muß. Wie aber läßt sich der Vorsprung aus Japan und den USA wieder aufholen und das Made in Germany mit neuem Glanz ausstatten, wenn nicht durch gute Arbeit in einem positiven Erfindungs- und Innovationsklima? Experten wissen, daß Investitionen in Milliardenhöhe und möglicherweise Anstrengungen von Jahrzehnten erforderlich sind, um Spitzenreiter des Auslands auf einschlägigen Gebieten der Hochtechnologie einzuholen. Was aber die eigene Situation noch schwieriger macht und was in der Öffentlichkeit noch zu wenig wahrgenommen wird, ist die rasche Aufwärtsentwicklung, in der sich neue Industrieländer wie Südkorea, Taiwan, Malaysia, demnächst auch China und der ganze pazifische Raum befinden. Weitere Länder auch in anderen Erdteilen, werden ebensobald die Schwelle der Industrialisierung überschreiten und beweisen, daß Preis- und Qualitätsvorsprünge der alten europäischen Industrien bei immer mehr Produkten der Vergangenheit angehören. Südkorea machte Japan schon vor 10 Jahren im Schiffbau Konkurrenz, Taiwan schickt sich an, die Robotik im Maschinenbau zum Exportschlager zu machen, und Malaysia produziert mit Know-how und Investitionshilfe Japans elektronische Bauteile auf einer Lohnbasis, die nur ein Zehntel der deutschen Lohnaufwendungen ausmacht. „Solinger Stahlwaren", „Remscheider Werkzeuge", „Offenbacher Lederwaren" und auch „Schwarzwälder Feinmechanik" kommen heute schon qualitativ gleichwertig, aber konkurrenzlos billiger aus Fernost. Deutsche Produkte, die vor fünfzehn Jahren noch mit einem Exportanteil von etwa 70% in alle Welt außerhalb der Europäischen Gemeinschaft gingen, haben heute nur noch einen Anteil von 50%. Für die Bundesrepublik, die zu 33% vom Export lebt, bedeutet dies, daß andere Nationen, nicht zuletzt die neuen Industrie- oder Schwellenländer, uns wirtschaftlich bald auf drittrangige Plätze verweisen, wenn es nicht gelingt, immer wieder neue Produkte und Verfahren zu entwickeln und dadurch neue Märkte zu erschließen.

2. Initiativen im Ausland

In dieser Situation ist ein Blick auf das Innovationsgeschehen jenseits unseres nationalen Zaunes wichtig. Längst scheint man dort nämlich erkannt zu haben, welche Bedeutung dem erfinderischen und innovativen Menschen im ökonomischen Wettbewerb zukommt, wie behutsam diese kreativen Kräfte gepflegt werden müssen und wie wichtig ein gutes Erfindungs- und Innovationsklima für die Volkswirtschaft ist. Die Bemühungen in Japan, Frankreich und in der DDR können dies beispielhaft belegen.

Japan und das Hatsumei Kyokai

In welchen Zeiträumen bei innovativen Maßnahmen von volkswirtschaftlicher Tragweite gedacht werden muß, zeigt das Beispiel Japan. Schon weit vor der Wende zum 20. Jahrhundert, lange vor den Auseinandersetzungen Japans mit Rußland und China, gab es dort bereits weitsichtige und zugleich einflußreiche Persönlichkeiten, die die Zusammenhänge zwischen technischer Überlegenheit und ökonomischer Vorrangstellung erkannten und den technischen Vorsprung Europas und der USA zum Anlaß für die Entwicklung langfristiger Anpassungs-, Modernisierungs- und Überholungsstrategien nahmen. Die Rolle des japanischen Wirtschafts- und Handelsministeriums bei der Entwicklung derartiger Strategien war dort nicht unwichtig. 1885, also vor 100 Jahren, wurde das japanische Patentgesetz rechtskräftig. Seit 1904 arbeitet – dank der Initiative des damaligen Ministers für Landwirtschaft und Handel sowie des Patentamtsdirektors – das Japanische Institut für Erfindung und Innovation, Hatsumei Kyokai, unter der Schirmherrschaft des Japanischen Kaisers. Sein Auftrag ist, die japanische Wirtschaft langfristig von Lizenzzahlungen an andere Länder unabhängiger zu machen und die heimische Industrie durch eigene kreative Leistungen auf eine neue Basis zu stellen.

Wie weitgehend dieser Auftrag in den 80 Jahren des Bestehens dieser für die Welt einmaligen Einrichtung gelungen ist, zeigt ein Blick auf die Aufgaben, die Organisation und die Erfolge des Hatsumei Kyokai, dessen Ehrenpräsident bis heute ein Mitglied der kaiserlichen Familie ist und für dessen Leitung sich stets hohe Vertreter der Wirtschaft und des Staates zur Verfügung gestellt haben.

Die Aufgaben des Instituts, das über eine landesweite Organisation mit 13 000 Mitgliedern verfügt, zielen darauf ab, Wissenschaft und Technologie Japans durch Steigerung der Kreativität, durch Motivation der Erfinder und durch die Förderung der Verwertung von Erfindungen voranzutreiben. Die Erfüllung dieser Aufgaben wird auf drei Wegen angestrebt, durch

- die Förderung und Anerkennung erfinderischer Leistungen auf dem Wege über zahlreiche Ausstellungen und Preisverleihungen sowie ein tiefgestaffeltes System von Anreizen für kreative Kinder, Jugendliche und Lehrer

- den Ausbau der Nutzung des gewerblichen Rechtsschutzes entsprechend einer wachsenden Bedeutung für technologische Innovationen mit Hilfe von Beratung, Ausbildung, Studien, Schriften und Bücherdienst, Prozeßhilfen sowie allgemeiner Maßnahmen auf dem Gebiete der Schutzrechtspolitik
- die Verbesserung der Informationsmöglichkeiten über den Stand der Technik im In- und Ausland mit Hilfe von aktiven Angeboten bei der Informationsbeschaffung, durch Übersetzungsdienste, Datenbanken und eigene Veröffentlichungen.

Zur Bewältigung dieser Aufgaben verfügt das Institut über 250 hauptamtliche Mitarbeiter, die entweder in der Zentrale Tokios auf den Gebieten der aktiven Dienste und der Forschung im Erfindungswesen oder den Zweigstellen bei einer der 47 Präfekturen des Landes beziehungsweise deren Untergliederungen eingesetzt sind. Außerdem arbeiten zahlreiche ehrenamtliche Helfer unter anderem bei den fast 40 Kindererfinderclubs mit, die im ganzen Lande außerhalb der Schule einen beachtlichen Beitrag zur Förderung früher Kreativität und zur Einführung in technisch-kreative Team-Arbeit leisten.

Zur Finanzierung seiner Aktivitäten verfügt das Japanische Institut für Erfindung und Innovation über einen Haushalt von mehr als 120 Mio. DM, der zu etwa 10% aus Mitgliedsbeiträgen, Spenden und Zuschüssen des Kaiserhauses beziehungsweise der Regierung und zu 90% aus Überschüssen der verschiedenen Informationsdienste bestehen, wozu unter anderem auch der Vertrieb von Patentschriften im Auftrage des Japanischen Patentamtes gehört.

Zusammenfassend kann die nationale Bedeutung des Japanischen Instituts für Erfindung und Innovation als eigenständige gesellschaftliche Kraft nicht hoch genug eingeschätzt werden. Seine bisherigen Erfolge liegen vor allem

- in der Schaffung eines erfindungsfreundlichen Klimas unter den Jugendlichen, bei der Lehrerschaft und in der ganzen Bevölkerung
- in der Bereitstellung von Informationen über den Stand der Technik im In- und Ausland als aktive öffentliche Aufgabe
- in der Beseitigung von Widerständen von der kreativen Idee bis zur ökonomischen Verwertung.

Angesichts der Erfolge sowie der beachtlichen ideellen und materiellen Förderung durch Wirtschaft und Gesellschaft ist damit zu rechnen, daß der Ausbau des Hatsumei Kyokai in Richtung auf eine noch systematischere Pflege des japanischen Kreativitätspotentials verstärkt wird und daß dadurch das japanische Erfindungs- und Innovationswesen noch mehr als bisher eine Schlüsselrolle für die japanische Wirtschaft erhält.

Frankreich und ANVAR

Gegenüber den 80jährigen japanischen Bemühungen, das für innovative Entwicklungen erforderliche kreative Potential Schritt für Schritt zu stärken und dafür ein erfindungsfreundliches Klima zu entwickeln, wirken die jüngsten französischen Bemühungen, mit staatlichen Mitteln einer Art „Force d'Innovation" zu schaffen, wie der Ruf einer Fanfare. Geht es der französischen Regierung doch darum, möglichst schnell die gesamte Bevölkerung von der Bedeutung technisch-kreativer Kräfte für die wirtschaftliche Zukunft zu überzeugen und über die für Innovationen erforderlichen personellen, finanziellen und klimatischen Voraussetzungen schnellstens verfügen zu können.

ANVAR heißt das Instrument, das die französische Regierung seit der Neugliederung französischer Kreativitäts- und Innovationsförderung im Jahre 1979 zur Stärkung der Wirtschaftskraft einsetzt. „Die Forschungs- und Innovationsaktivitäten in den Unternehmungen und die Verbreitung moderner Technologien", so Hubert Courien, Minister für Forschung und Technologie, „sind wesentliche Faktoren für die Eroberung von Märkten und die Erhaltung der Konkurrenzfähigkeit, welche auf ihre Weise die Beschäftigung bedingen."

Mit dieser Zielsetzung hat ANVAR, die „Agence Nationale de Valorisation de la Recherche", als öffentliche Einrichtung mit wirtschaftlichem Charakter unter der Schirmherrschaft des Ministers für Forschung und Technologie folgende Aufgaben übernommen:

- Die Ergebnisse der Forschung sollen durch Zusammenarbeit zwischen Forschungseinrichtungen, Hochschulen und Industrie, durch Schutzrechtshilfe, techno-ökonomische Beratung und Ausbildung sowie durch staatliche Gründungsförderung wirtschaftlich wertvoller gemacht werden (VALORISATION DE LA RECHERCHE).
- Das Innovationswesen soll mit Hilfe von staatlichen Teilhaberschaften, Krediten, technischen und wirtschaftlichen Expertisen, Beratungen jeder Art und nicht zuletzt über sogenannte
- Projets d'action éducative (PAE) für Sekundarschüler
- Projets d'innovation jeunes (PIJ) im Rahmen der außerschulischen Jugendbildung und
- Stipendien zur Durchführung von kleinen technisch-wissenschaftlichen Forschungsaufträgen durch Schüler und Studenten im In- und Ausland weiterentwickelt werden (L'AIDE A L'INNOVATION).
- Die Modernisierung innovativer Industrieunternehmen soll durch großzügige Gewährung staatlicher Kredite vorangetrieben, dadurch die industrielle Leistungsfähigkeit verbessert und der Weg vom erfinderischen Konzept bis zur Erstfertigung erleichtert werden (FONDS INDUSTRIEL DE MODERNISATION – FIM).

Unter dieser Aufgabenstellung hält ANVAR für die betreuten Erfinder und Unternehmer eine große Zahl zusätzlicher Dienste bereit. Diese reichen von Marktanalysen und Entscheidungshilfen bis zum Erfahrungsaustausch und zur Information durch jede Art von Buch- und Zeitschriftenliteratur.

In den letzten Jahren hat ANVAR die Aktivitäten konsequent regionalisiert. Dadurch erreicht ANVAR heute in einem größeren Umfange als bisher den kleinen und mittleren Unternehmer, aber auch die Großindustrie und die Forschungseinrichtungen, den Handwerker und den freien Erfinder. Auch die Aufgabe, innerhalb und außerhalb von Schule und Hochschule möglichst viele Jugendliche auf technisch-wissenschaftliche Kreativität anzusprechen und sie für innovative Aufgaben zu motivieren, wird immer stärker betont. Die für November 1985 bis Januar 1986 geplante große Technologie-Ausstellung in Paris dient nicht zuletzt auch diesem Zweck.

Schließlich übernimmt ANVAR Aufgaben, die über die nationalen Grenzen hinausgehen, wenn es sich um Innovationsförderung handelt, so zum Beispiel durch Finanzierung der Anpassung eigener Produkte an ausländische Normen, durch Versicherungshilfen, durch Einführung neuer Technologien in Entwicklungsländern und durch Förderung wirtschaftlicher Zusammenarbeit im internationalen Rahmen. Außerdem unterhält ANVAR Büros in verschiedenen Ländern des Auslands mit dem Ziel der Gewinnung neuer Märkte oder Teilhaberschaften für eigene Erfindungen und Entwicklungen. So werden seit Jahren durch das Bonner ANVAR-Büro mehr als 300 französische Produkte und Verfahren, die mit Innovationshilfen durch ANVAR entwickelt wurden, deutschen Interessenten angeboten. Auch führt ANVAR in der Bundesrepublik zusammen mit dem Landesgewerbeamt Stuttgart ein Programm durch, das der Förderung grenzüberschreitender Kooperation zwischen Frankreich und Baden-Württemberg zur Realisierung von Innovationen dient.

Für die Bewältigung der zahlreichen ANVAR-Maßnahmen arbeiten etwa 500 hauptamtliche Mitarbeiter in der Pariser Zentrale und den 24 regionalen Büros des Landes. Zur Finanzierung wurden von ANVAR im Jahre 1984 ungefähr 300 Millionen DM aufgewandt, davon unter anderem 9 Millionen DM für über 2000 Prämien und etwa 1 Million DM für Jugendprojekte. Im gleichen Jahr erhielten 5000 kleine und mittlere Unternehmen über 3 Milliarden DM als Innovationshilfe in Form von Zuschüssen oder zinsgünstigen Darlehen mit einem Förderungsanteil von bis zu 70%.

Die DDR und ihre „Neuerer“

Nicht nur in den Ländern mit marktorientierten Wirtschaftsordnungen sind in zunehmendem Maße die Erkenntnisse über die Rolle inventiver und innovativer Prozesse gewachsen. Auch im Ostblock wird seit Jahren alles darangesetzt, das Interesse der Werktätigen auf mehr Kreativität und Mitverantwortung im betrieblichen Geschehen zu lenken, um, wie immer wieder verlautet, den Westen einzuholen und womöglich zu überholen. Für die Deutsche Demokratische Republik hat das Erfindungs-, Patent- und Innovationswesen eine besondere gesellschaftspolitische Bedeutung. Gemäß DDR-Handbuch (3. Auflage 1985,

Seite 1112 f.) sind Erfindung und Innovation als Teilbereich der Entwicklung wesentlicher Bestandteil und „Kernform“ des „Sozialistischen Wettbewerbs“, zu dessen Etappen die Planvorgabe, die Planerfüllung und auch die Planübererfüllung gehört.

Die Träger von Erfindung und Innovation heißen in der DDR „Neuerer“. Ihre Stellung wird durch die Neuerer-Verordnung von 1972 und durch das Arbeitsgesetz von 1977 geregelt. Sie ist auf planmäßige Kooperation zwischen „Arbeiter und Intelligenz“ und damit im wesentlichen auf das betriebliche Erfindungs- und Vorschlagswesen gerichtet. Planung, Organisation und gesamtstaatliche Leitung der Neuerer-Bewegung obliegt dem Amt für Erfindungs- und Patentwesen. Ihre Tätigkeit sollen die Neuerer grundsätzlich außerhalb der Arbeitszeit entfalten. Dort sollen sie sich bemühen, entweder allein oder im Rahmen eines Kollektivs vorgegebene oder auch frei gewählte meist technische Probleme zu lösen oder doch zu deren Lösung beizutragen.

1983 waren mit fast zwei Millionen Personen ein Drittel aller Berufstätigen an Maßnahmen der Neuerer-Bewegung beteiligt. Im gleichen Jahr soll der durchschnittliche Nutzen aus Auftragsleistungen an Neuerer-Kollektive 36000 DM (Ost) und aus ungeplanten Neuerer-Vorschlägen 6000 DM (Ost) pro Vorschlag wert gewesen sein. Der volkswirtschaftliche Nutzen aus Neuerer-Leistungen wird für das Jahr 1982 mit 4,9 Milliarden DM (Ost) und für 1983 mit 5,2 Milliarden DM (Ost) angegeben.

Eine besondere Form der Neuerer-Bewegung sind die „Messen der Meister von Morgen“, die eine Art permanenten Berufswettkampf mit dem Ziel der Förderung von Erfindung und Entwicklung darstellen. Dadurch sollen Jugendliche frühzeitig an die Ideen der Neuerer-Bewegung herangeführt und schwerpunktmäßig für eine Beschleunigung des wissenschaftlich-technischen Fortschritts gewonnen werden. Die „Messen der Meister von Morgen“ (MMM) gelten als Lehr-Leistungsschauen der Jugend und werden auf Schul-, Hochschul-, Betriebs-, Kreis-, Bezirks- und DDR-Ebene durchgeführt. Auf den fast 45000 Messen des Jahres 1983 waren 2,7 Millionen Jugendliche mit 780000 Exponaten vertreten. Zur Stimulierung der Motivation werden Auszeichnungen vergeben, besondere Leistungen prämiert und Förderungsverträge mit Jugendlichen abgeschlossen.

Trotz dieser großen Anstrengungen und eines geordneten Vergütungssystems, das für Neuerer-Vorschläge bis zu 30000 DM (Ost) und für Erfindungen bis zu 200000 DM (Ost) vorsieht, ist das Interesse an den Ergebnissen der Neuerer-Bewegung bei den Betrieben angeblich gering. Ursachen dürften unter anderem die Schwerfälligkeit und das Desinteresse von Betriebsleitungen, die Unberechenbarkeit der Neuerer-Vorschläge sowie die mangelnde Planbarkeit von Erfindungen sein. Daran hat auch die Vergabe von Titeln, wie „Verdienter Erfinder“, „Aktivist“ oder „Hervorragender Neuerer“ bisher nichts geändert. Die Probleme liegen „vielmehr im System begründet, das eine starre, bis ins Detail gehende bürokratische Planung durchsetzt und dadurch die freie Entfaltung der Produktivkraft auf diesen Gebieten mehr hemmt, denn ermöglicht“. (Neuerer-Bewegung und wissenschaftliche Arbeitsorganisation (WAO) in der DDR, herausgegeben von der Friedrich-Ebert-Stiftung, Bonn 1980, S. 47 f).

Zur Unterstützung der Neuerer-Bewegung werden vom Amt für Erfindungs- und Patentwesen der DDR zahlreiche Schriften und ein reichbebildertes Monatsheft mit dem Titel „der neuerer“ herausgegeben. Diese Zeitschrift enthält außer vielseitigen Informationen und Motivationsbeiträgen auch theoretische Artikel zu Problemen des gewerblichen Rechtsschutzes sowie laufende Übersichten über die Patent-, Erfindungs- und Innovationsliteratur.

Bestrebungen des Ostblocks, vor allem die Jugend an erfinderisches und innovatives Denken heranzuführen, bestehen nicht nur in der DDR. So bezeichnet die bulgarische Regierung in ihrem Aufruf zur Weltausstellung der Leistungen junger Erfinder, die im November 1985 unter der Schirmherrschaft der Weltpatentorganisation (WIPO, Genf) in der Messestadt Plovdiv durchgeführt wird, die Bewegung für technisches und wissenschaftliches Schaffen der Jugend unter anderem als mächtigen Motor und wichtiges Mittel für die Erziehung, für vielseitige Entwicklung und für effektive Selbstverwirklichung der jungen Generation.

Über eine Million junger Leute in mehr als 6500 Clubs sollen heute in Bulgarien in der Beschleunigung des technischen Fortschritts mitwirken. Mit über 2500 Erfindungen und mehr als 90000 Neuerer-Vorschlägen allein im Jahre 1984 sei dadurch ein wichtiger Beitrag der Jugend für den wissenschaftlichen und technischen Fortschritt sowie für die Intensivierung der Volkswirtschaft geleistet worden.

3. Konsequenzen

Gegenüber den hier beschriebenen Initiativen in Ost und West erscheinen die bundesdeutschen Bemühungen zur Sicherung wirtschaftlicher Zukunft zunächst als unübersichtlich und weniger wirksam. Da wird in den verschiedensten Programmen von Bund, Ländern und Gemeinden gefördert, was dem jeweiligen politischen Konzept entspricht. Die Kammern von Industrie und Handwerk machen Innovationsberatung, betreuen Unternehmensgründungen, vermitteln Kontaktwünsche und bedienen die angeschlossenen Unternehmen mit Informationen und Lehrgängen. Hochschulen und Forschungseinrichtungen unterhalten Büros für den Technologietransfer, und selbst die Erfinderverbände mit ihren leider nur wenigen hundert Mitgliedern versuchen trotz fehlender finanzieller Mittel, den Erfindern bei der Entwicklung und Verwertung technischer Neuheiten mit Rat und Tat zur Seite zu stehen.

Sand im Innovationsgetriebe?

Es mangelt in der Bundesrepublik also nicht an immer wieder neuen Initiativen für Innovationen. Was fehlt, sind rechtzeitige und wirklich durchschlagende Innovationsergebnisse, ist eine gesellschaftspolitische Konzeption, die dank zuverlässiger Analysen der leider zahlreich vorhandenen Innovationsbehinderungen und -barrieren zu wirksamen Maßnahmen der Klimaverbesserung führt. Dabei geht es nicht nur um die richtige Plazierung von Fördermitteln. Auch Fragen, warum innovatives Bemühen so selten auf fruchtbaren Boden fällt, dürfen nicht ausgeklammert werden. Stimmt vielleicht unsere Steuerpolitik im Hinblick auf innovatorisches Geschehen nicht? Brauchen wir mehr indirekte statt direkter öffentlicher Förderung? Ist das Unternehmerbild attraktiv genug? Wissen Forscher und Erfinder genug über Möglichkeiten, Tücken und Fallstricke des deutschen und internationalen Patentrechts? Sind kleine und mittlere Unternehmer bei Innovationen stärker benachteiligt? Hält der so oft geforderte Transfer zwischen Universitäten und Unternehmen wirklich, was von ihm versprochen wird? Warum sind unsere Wissenschaftler so wenig anwendungsorientiert und überlassen es den Japanern, aus deutschen Forschungsergebnissen marktfähige Produkte zu machen? Wie steht es um das Erfinder-Image? Erscheinen Erfinder immer noch mehr als Spinner, denn als Lehrmeister des Fortschritts, wie sie früher einmal bezeichnet wurden? Können wir den Anschluß an die technisch-wissenschaftliche Information noch gewinnen? Haben wir in Zukunft noch genug kreative Jugend, oder müssen nicht jetzt schon Maßnahmen getroffen werden, durch Erziehung und Wettbewerb neue Kreativitätsvoraussetzungen zu schaffen?

Neue Chancen mit DABEI?

Solche und andere Fragen zu schlüssigen Antworten zu führen und diese in erfolgreiche Therapien umzusetzen, ist gewiß keine leichte Aufgabe. Hier setzt DABEI als eine auf die Bedingungen in der Bundesrepublik Deutschland zugeschnittene Initiative an. Als nichtstaatliche Vereinigung ist DABEI organisatorisch bewußt zwischen dem japanischen Hatsumei Kyokai und dem französischen ANVAR angesiedelt. Mit inzwischen mehr als 400 Mitgliedern, die als Ingenieure, Forscher, Wissenschaftler, Erfinder, Handwerker, Lehrer, Manager und Unternehmer über die erforderlichen Voraussetzungen verfügen, bemüht sich DABEI seit 1982 in fachlich orientierten Arbeitsgruppen und einer den regionalen Bedingungen angepaßten Untergliederung um die notwendigen klimatischen Veränderungen der Innovationslandschaft. Auf die konkrete Arbeit von DABEI im einzelnen einzugehen, würde hier zu weit führen. Bedeutende Unternehmen, Verbände und Institute zeigen aber durch ihre korporative Mitgliedschaft, daß der DABEI-Weg möglich und richtig ist. Auf der DABEI-Jahrestagung Ende Mai 1985 in Düsseldorf zollten Dr. Heinz Riesenhuber, Bundesminister für Forschung und Technologie, und Professor Dr. Reimut Jochimsen, Minister für Wirtschaft und Technologie des Landes Nordrhein-Westfalen, in ihren Referaten DABEI ausdrücklich Anerkennung. Der heutige Bundestagspräsident Dr. Philipp Jenninger hob schon 1982 in seinem Grußtelegramm für die Bundesregierung hervor, daß DABEI nach dem Erkennen eines offensichtlichen Mangels nicht nach dem Staate rufe, sondern Mittel und Wege gefunden habe, um das Engagement privater Personen und Einrichtungen zusammenzufassen.

Ob es DABEI als einer noch jungen gemeinnützigen Vereinigung, die vom Verantwortungsbewußtsein namhafter Persönlichkeiten des privaten und öffentlichen Lebens in der Bundesrepublik getragen wird, gelingt, das Innovationsklima in der Bundesrepublik Deutschland in der erforderlichen Weise nachhaltig zu beeinflussen, hängt nun davon ab, welche weiteren gesellschaftlichen Gruppen sich mit DABEI verbinden und wie sich die politischen Kräfte und der Staat zu DABEI stellen. Inzwischen gibt es hierfür neue konkrete Ansätze und Initiativen. Im Kuratorium von DABEI wirken schon jetzt Arbeitgeber und Arbeitnehmer, Manager und Erfinder, Gewerkschafts- und Verbandsvertreter, Pädagogen und Patentexperten unter der gleichen Zielsetzung zusammen. Als Nahziel gilt, möglichst bald das zu erreichen, was Japan mit seinem Hatsumei Kyokai, Frankreich über ANVAR und der Ostblock durch seine Neuerer-Bewegung dokumentieren. Denn wie diese Länder, so braucht auch die Bundesrepublik Deutschland ihre spezifische Konzeption, wenn es um die Verbesserung des Innovationsklimas und um die Sicherung der wirtschaftlichen Zukunft geht.

DABEI (Deutsche Aktionsgemeinschaft Bildung – Erfindung – Innovation) e.V., Friedrich-Ebert-Allee 39, 5300 Bonn 1.

II.
Operative Bedingungen

1. Neue Techniken für Produkt- und Prozeßinnovation

1.1. Invention, Kreativität und Erfinder

Erich Staudt und Wilhelm Schmeisser

1. Invention als Führungsaufgabe

Bei Innovationen ist der wirtschaftlich erfolgreiche Vollzug von zwei betrieblichen Teilprozessen notwendig:

1. *Entsprechende Forschungs- und Entwicklungsaktivitäten werden innerhalb oder außerhalb der Unternehmung erfolgreich durchgeführt, und Inventionen bzw. „Innovationsideen" werden der Unternehmung ausreichend zur Verfügung gestellt.*
2. *Die Führung erkennt die ökonomische Relevanz der Invention und besitzt die Innovationsbereitschaft und -fähigkeit, die ursprüngliche Erfindung produktionsreif zu entwickeln, herzustellen und zu vermarkten bzw. im Fertigungsprozeß als Verfahrensinnovation einzusetzen.*

Die *Invention* ist das Ergebnis eines Prozesses der Ideenfindung, der Entwicklung und des Aufkommens einer Neuerung. Sie resultiert aus den Forschungs- und Entwicklungsarbeiten von kreativen Wissenschaftlern, Ingenieuren, Technikern und Teams im Unternehmen oder in anderen forschungsintensiven Institutionen sowie von freien Erfindern. Geht man nicht wie Schumpeter davon aus, daß Inventionsprozesse nicht-ökonomische, außer- oder vorökonomische Vorgänge sind, dann kann man die durchzuführenden Forschungs- und Entwicklungsaktivitäten und die dazu erforderlichen Potentiale nicht vernachlässigen oder im Rahmen der strategischen Planung auf ein Auswahlproblem der richtigen Idee bzw. Invention verkürzen (*Blake* 1969; *Geschka* 1970; *Marr* 1970; *Jantsch* 1972; *Brockhoff* 1973; *Kern/Schröder* 1977; *Röpke* 1977; *Thom* 1980; *ZVEI* 1982). Forschungs- und Entwicklungskosten und die Bereitstellung entsprechender Potentiale sind vielmehr in der Unternehmung als Investitionen in zukünftige Innovationsprojekte zu behandeln. Damit haben aber diese Forschungs- und Entwicklungsaktivitäten auch eine ökonomische Dimension, und die im Betrieb zu installierenden und zu pflegenden Kreativitätspotentiale werden neben dem Technologietransfer zur eigentlichen Quelle bei der Suche und Erzielung von

Invention und Innovation. Dies wirft zwei weitere Fragen für die Unternehmensführung auf:
- Welche Bedeutung hat die kreativ-inventive Leistung für die wirtschaftliche Entwicklung der Unternehmen?
- Kann das Ausmaß der kreativen Aktivitäten und Leistungen durch geeignete Führungsmaßnahmen wesentlich beeinflußt werden?

2. Innovation und kreatives Potential

Schwierigkeiten, wirklich ausreichende Inventionen rechtzeitig und mit vertretbarem Aufwand in der Unternehmung zur Verfügung zu haben, verstärkt um Entwicklungstendenzen wie:
- expandierende Forschungs- und Entwicklungsaufwendungen,
- sinkende Effizienz der Forschungs- und Entwicklungsaktivitäten
- abgebrochene Projekte,
- nicht ausgewertete Daten, Nebenfragestellungen, die nicht weiter verfolgt werden,
- nicht transferierbare Ergebnisse und
- fluktuierendes, forschungserfahrenes Personal,

basieren auf Führungsdefiziten bei der Bereitstellung technischer Alternativen.

Soweit die Generierung derartiger technischer Alternativen nicht entweder in außerwirtschaftlichen Bereichen, in Hochschulen oder in Forschungsinstituten oder durch freie Erfinder, eigenständige bzw. vorgelagerte Forschungsindustrien erfolgt und von dort transferiert bzw. gekauft werden muß, wird sie unternehmensbezogen betrieben
- von Unternehmensgründern vor der eigentlichen Existenzgründung als freie Erfinder oder Mitarbeiter anderer Unternehmen oder Forschungseinrichtungen,
- in kleinen und mittleren Unternehmen oft als Nebenbeschäftigung des Unternehmers oder des technischen Personals und
- in größeren Unternehmen durch eigens eingerichtete Forschungs- und Entwicklungsabteilungen.

Dies schließt nicht aus, daß Inventionen auch aus anderen Betriebsteilen angeregt bzw. dort vollzogen werden können (vgl. z. B. Betriebliches Vorschlagswesen). Die Resultate von Inventionsprozessen sind neben zahlreichen technischen Verbesserungen und Entwicklungen auch Inventionen, die einen besonderen Rechtsschutz genießen. Insbesondere patentfähige Inventionen schaffen eine ökonomische exzeptionelle Situation. Sie gewähren dem Erfinder bzw. der Unternehmung
- monopolartige Wettbewerbsvorteile und
- sie sind neben der eigenen Umsetzung selbständige, in Form von Lizenzen handelbare Wirtschaftsobjekte (*Kaufer* 1970; *Staudt* 1982).

Im Innovationswettbewerb gewinnt deshalb angesichts zunehmender Arbeitsteilung und der prohibitiven Wirkung fremder Patente die unternehmerische Patent- und Lizenzpolitik strategische Bedeutung. D. h. aber, gerade der spezifische Generierungsprozeß von Erfindung und die Rolle der diesen Prozeß tragenden Personen wird zu einem Schlüsselproblem der Unternehmensführung.

Damit werden aber die personalwirtschaftliche Gestaltung und die Arbeitsorganisation im industriellen Forschungs- und Entwicklungsbereich, die Motivation des Forschers und Entwicklers, die Formen und Modelle der Forschungskooperation des Wissens-, Technologie- und Personaltransfers, das betriebliche Vorschlagswesen und die Gestaltung von Wertanalysen und Qualitätszirkeln zu zentralen Führungsaufgaben im Innovationsprozeß (*Domsch/Jochum* 1984).

Kreativität wurde früher weitgehend mit bestimmten angeborenen Eigenschaften des Genies identifiziert. Seit den fünfziger Jahren wird Kreativität in zunehmendem Maße nicht mehr nur als Anlage, sondern auch als lehr- und lernbare und somit auch als förderbare Eigenschaft angesehen. Demnach ist Kreativität ein dynamischer Prozeß, der sich entwickeln und entfalten läßt.

Will man also die Effektivität von Innovation und Kreativität erhöhen, ergeben sich folgend Ansatzpunkte:
- Förderung der individuellen Kreativität der Mitarbeiter durch Einräumung entsprechender Freiräume, Vermeidung von Kreativitätshemmnissen, Vermittlung von Kreativitätstechniken.
- Begünstigung interpersonaler kreativer Prozesse durch gruppendynamische Vorkehrungen, Training von Mitgliedern und Gruppenleitern und Vermitteln geeigneter Techniken.
- Organisationsstrukturelle und institutionelle Vorkehrungen zur Schaffung geeigneter kreativitätsfördernder Umgebungsbedingungen, Abbau von Hemmnissen und strukturelle Maßnahmen wie Projektorganisation, Vorschlagswesen, Wertanalyse, Qualitätszirkel etc.
- Entwicklung einer geeigneten Unternehmenskultur als integrierendes Bezugssystem zur Identifikation und Motivation der Mitarbeiter (*Kieser,* 1985).

3. Innovation und Kreativität versus Routine

Die unkritische Akzeptanz der Notwendigkeit zur Innovation in Zeiten hoher Dynamik und die unreflektierte Umsetzung dieser Philosophie in betriebliche Aktivismen führen zu kaum auflösbaren Widersprüchen in der Unternehmensführung. Denn innerhalb der Gesellschaft besteht nur eine vordergründige Einigkeit darüber, daß man innovieren sollte. In aller Regel wird die Innovationsfähigkeit von Individuen, Gruppen, Institutionen, Unternehmensteilen und Gesellschaft überschätzt und werden Widerstände gegen den Wandel in technokratischer Euphorie übersehen. Unter Mißachtung dieser Widerstände verkürzt man häufig Innovationsmanagement auf die Durchsetzung technischer Entwicklung und reduziert die Führungsaufgaben auf die Beschleunigung des Innovationsprozesses. Es besteht dann die Gefahr, daß ein mißverstandener Aktivismus eher innovationsverhindernd als innovationsfördernd wirkt. Denn was für eine elitäre Minderheit im Betrieb Chance zur Selbstverwirklichung und Karriere ist, beunruhigt die davon betroffene Mehrheit, schafft Widerstände und führt zu Abwehrmechanismen, die durch den missionarischen Übereifer dann noch verstärkt werden. Dies erzeugt erhöhte Störpotentiale, die die technische und wirtschaftliche Entwicklung im Betrieb hemmen. Aufgrund des allen innovativen Prozessen immamenten kreativen Momentes wird mit der Intention zur Innovation im Betrieb etwas installiert, das im Ergebnis ex ante nicht bekannt sein kann, gleichzeitig wird irgendwie auszuwählenden Mitarbeitern oder Abteilungen Freiraum für Aktivitäten eingeräumt, von denen ex ante unsicher ist, ob sie überhaupt zu wirtschaftlich verwertbaren Ergebnissen führen.

Dies führt letztlich dazu, daß die Planungs- und Kontrollfähigkeit nicht gewährleistet ist und neue Konfliktfelder bei der Gestaltung der Arbeitsaufgaben für den einzelnen Mitarbeiter, im Mitarbeiterverhältnis und im Mitarbeiter-Vorgesetzten-Verhältnis zu berücksichtigen sind, die abschließend am Beispiel des Arbeitnehmererfinders aufgezeigt werden (*Schmeisser* 1986).

Kreativität und Aufgabenbeschreibung

Soweit es überhaupt eine Stellenbeschreibung für den „kreativen Mitarbeiter" gibt, kann ex definitione keine objektive Erfindung im Sinne des Patentrechts in der Stellenbeschreibung des Arbeitnehmers erscheinen, da es sich bei Erfindungen weder um eine routinemäßige noch um eine wiederholbare Arbeit handelt, deren Ergebnisse bis zum Vollzug niemand kennt und deshalb auch nicht in die Stellenbeschreibung aufnehmen kann. Soweit nun aber Arbeitnehmer als wissenschaftliche Mitarbeiter, Techniker etc. eingestellt werden, um derartige außerordentliche, nicht routinisierte Arbeitsleistungen zu erbringen, kann sich der Arbeitgeber nicht auf den Arbeitsvertrag und das Direktionsrecht berufen. Die Unternehmensführung geht dann davon aus, daß mit dem Arbeitsentgelt und evtl. Extra-Zulagen oder Tantiemen die Arbeitsleistungen und evtl. Erfindungen entsprechend dem Arbeitskontrakt entlohnt sind.

Geht man jedoch von der Annahme aus, daß eine Erfindung kein Arbeitsergebnis ist, zu dessen Erzielung der Arbeitnehmer sich im vorhinein verpflichten kann, dann sind nur Abreden über die Rechtsverhältnisse an Erfindungen, die im Zusammenhang mit dem Arbeitsverhältnis entstehen können, möglich. D.h. aber, der Arbeitgeber kann eine außerordentliche Arbeitsleistung wie eine Erfindung nicht von vornherein erwarten. Eine derartige Leistung geht über die normale Arbeitsleistung hinaus, und der Arbeitgeber müßte den Erfinder, schon aus rein motivatorischen Gründen, gesondert belohnen. Hinzu kommt, daß

Arbeitsrecht und die Patentgesetzgebung hier sehr unterschiedliche Wege gegangen sind. Im Arbeitsrecht gilt der Grundsatz, daß das Ergebnis der Arbeit dem Arbeitgeber gehört; das Patentrecht geht jedoch davon aus, daß die Erfindung ausschließlich dem Erfinder selbst zusteht (Erfinderprinzip – § 3 S. 1 PatG), dem zu ihrer Verwertung ein zeitlich begrenztes Vorrecht, gewerbsmäßig den Gegenstand der Erfindung herzustellen, in den Verkehr zu bringen, feilzuhalten oder zu gebrauchen (§ 6 S. 1 PatG), in Gestalt eines Monopolrechts eingeräumt wird.

Zur Lösung dieser Interessengegensätze wurde mit dem Arbeitnehmererfindergesetz 1943 zwar eine erste gesetzliche Regelung getroffen, doch reichen die dort gefundenen Lösungen als wirksames Anreizsystem für Erfindungen, ähnlich dem betrieblichen Vorschlagswesen, in den meisten Betrieben nicht aus, da dieses Gesetz nicht konsequent angewandt wird und auf seiten der Arbeitnehmer häufig der Verdacht gehegt und artikuliert wird, daß durch die Durchsetzung ihrer Vergütungsansprüche Weiterkommen bei Beförderung und Gehaltsentwicklung gefährdet ist.

Kreativität und das Phänomen der Mehrfach-/ bzw. Teamerfinder

Die empirischen Befunde auf diesem Feld sind widersprüchlich. Während auf der einen Seite die Analyse der Patentanmeldung einzelner Betriebe über längere Perioden zeigt, daß die Erfinderzahl beträchtlich geringer ist als die Zahl der Anmeldungen, woraus geschlossen wird, daß der Einzel- und Mehrfacherfinder im Vordergrund steht und daß Mitarbeitern und Kollegen als Miterfindern in der betrieblichen Praxis eine nachgeordnete Bedeutung für die unmittelbare Arbeitssituation des Erfinders zukommt, wird auf der anderen Seite seit den fünfziger Jahren die Lehrmeinung vertreten, daß, angesichts der zunehmenden Komplexität der technischen Entwicklung und der zu machenden Erfindungen, der Einzelforscher immer mehr an Bedeutung verliert und in Zukunft die innovatorische Entwicklung vorwiegend von Forschungsteams, evtl. sogar noch gebunden an Großunternehmen, geleistet wird.

Beide Erklärungen sind sicher zu einfach. Zwar gibt es einen gewissen Anteil an Gruppenerfindungen in beiden Untersuchungsfeldern, deren Zustandekommen ist aber bei genaueren Analysen wesentlich differenzierter zu bewerten:

Will der einzelne Erfinder seine Erfindung innerbetrieblich durchsetzen, ist er zu Koalitionen mit anderen Fachpromotoren gezwungen, die dann auf der Erfindermeldung als Miterfinder aufgeführt werden. Gerade durch die permanente Abstimmung zwischen Forschungsabteilungen (Einzellaboratorien), Konstruktionsbüros, Projektierung, Versuchswerkstatt etc. tragen dann schließlich mehrere Arbeitnehmer zur Erfindung bei. Konflikte entstehen immer dann, wenn bestimmte Personen bzw. Personengruppen bei der Erfindungsanmeldung ausgeschlossen werden und wie das Verteilungsproblem gelöst wird, wobei zu klären ist:

- wer alles Miterfinder ist,
- welchen Anteil der einzelne Miterfinder an der gemeinsamen Erfindung hat,
- wie die Anwendung des Arbeitnehmererfindungsgesetzes vonstatten gehen soll,
- wie groß letztlich der Anteil des Betriebes am Zustandekommen der Erfindung zu bemessen ist.

Kreativität und Vorgesetzte

Ein weiteres Konfliktfeld entsteht zwischen dem einzelnen kreativen Mitarbeiter und seinem Vorgesetzten. Da in vielen Betrieben die Erfindungsmeldung über den Dienstweg, d. h. über den Vorgesetzten getätigt wird und einzelne Vorgesetzte die Erfindung psychologisch als Versagen auf „ihrem Fachgebiet" interpretieren bzw. auf der nächsten Stufe als Versager angesehen werden, wirkt der kreative Mitarbeiter als Störenfried im hierarchischen System. Seine Neuerung ist nicht nur Kritik am vorhandenen technischen Programm, sondern kann zugleich zur Gefährdung von Rollenbildern, aber auch von Statuspositionen werden. Deshalb ist immer wieder zu beobachten, daß Erfindungsanmeldungen auf dem Dienstweg blockiert bzw. gefiltert werden oder aber, daß Vorgesetzte als Miterfinder auf der Anmeldung erscheinen. Offen bleibt dabei, inwieweit sein Beitrag aus einer Anweisungsfunktion als Vorgesetzter oder seinem Einfluß bei der Promotion der Erfindung besteht.

Darüber hinaus wirken in der Praxis Planungs- und Kontrollinstrumente restriktiv, insbesondere dann, wenn für kreative Leistungen, wie Erfindungen, innovatives Handeln oder Erfinder kein ergänzendes betriebliches Instrumentarium vorgesehen ist. Offen ist dabei die Frage, in welcher Form und mit welchem Gewicht derartige Leistungen in ein qualitatives Mitarbeiterbeurteilungssystem und in eine Karriereplanung eingehen. Andere Probleme resultieren aus entsprechenden Organisationsmustern, wie z. B. der jährlichen Belastung des Bereichsbudgets durch Erfindervergütungen, wenn die kreative Leistung außerhalb der belasteten Kostenstelle zum Einsatz kommt.

Die Konfliktfelder zeigen, daß neben der Entwicklung eines individuellen Innovationsbewußtseins und der Schaffung kreativitätsfördernder Rahmenbedingungen im Betrieb die zentrale Führungsaufgabe darin besteht, ein soziales Gefüge der Unternehmung zu sichern, das effektive Innovationsprozesse zuläßt, ohne die Effizienz in der Abwicklung von Routineprozessen aufzugeben.

Ein derartiger Gleichgewichtszustand zwischen Innovation und Routine bedeutet eine Führungsaufgabe, die bisher weder in der Theorie noch in der Praxis zufriedenstellend gelöst ist.

1.2. Die treibende Kraft: neue Technologien

Gert Lorenz und Ernst Veit

1. Allgemeine Wirkungszusammenhänge

Wirtschaftliche Betätigung in innovativen Technikfeldern ist gekennzeichnet durch einen untrennbaren Zusammenhang zwischen Innovation, Substitution, Rationalisierung.

1. *Innovation* ist die technisch-wirtschaftliche Realisierung einer neuartigen Lösung für eine bestimmte Aufgabenstellung, mithin die Einführung neuer Produkte, neuer Verfahren, neuer Anwendungen. Mit Hilfe neuer Technologien werden neue Märkte geschaffen, die längerfristiges Wachstum und Konkurrenzfähigkeit der Marktteilnehmer sichern. Die heutige Innovation dient also der Existenzsicherung und dem Wachstum von morgen.

2. Neue Produkte und neue Verfahren ersetzen regelmäßig alte Produkte und Verfahren. Die Innovation zieht *Substitution* nach sich. Der Ersatz vollzieht sich in einem evolutionären Prozeß. Wer Substitutionen verhindern will, verhindert gleichzeitig die Innovation und gefährdet die zukünftige Existenz. Deshalb muß der Ersatz unterlegener Substitutions-Produkte und Verfahren mit der gleichen Konsequenz betrieben werden wie die Innovation.

3. Innovative Produkte und Verfahren stehen im Wettbewerb zu herkömmlichen Produkten und Verfahren. Sie können sich nur dann am Markt durchsetzen, wenn sie gegenüber alten Lösungen zusätzlichen Nutzen bieten oder den gleichen Zweck mit geringerem Aufwand erfüllen. Das bedeutet *Rationalisierung* im Herstellungsprozeß und/oder Rationalisierung im Anwenderbereich. Der Wirkungszusammenhang Innovation–Rationalisierung muß akzeptiert werden.

4. Die unternehmerische Auseinandersetzung mit Innovationen bedeutet auch erfahrungskritischen *Wandel,* zu dem sich alle Beteiligten, also Hersteller und Anwender, bereitfinden müssen. Die Notwendigkeit, den Innovations-, den Substitutions- und den Rationalisierungsprozeß mit gleicher Intensität voranzutreiben, wird heute in hohem Maße verkannt, mißachtet oder stößt auf den Widerstand starker Beharrungskräfte.

5. Innovation und Substitution sind gegenläufige Prozesse. Die Erkenntnis, daß Innovation, Substitution und Rationalisierung einen in sich geschlossenen Kreislauf bilden, darf nicht zu dem Trugschluß führen, daß deren Durchführung in einer Hand liegen muß. Innovation und Substitution als unternehmerische Aufgaben können sich gegenseitig behindern, denn sie verlangen *unterschiedliche Managementqualitäten.* Es ist ein Irrtum, zu glauben, daß in einem Unternehmen der Innovations- und Substitutionsprozeß zeitlich aufeinander abgestimmt werden kann.

2. Technologische Innovationspotentiale der Kommunikationstechnik

Die Kommunikationstechnik bezieht ihr Neuerungspotential aus mehreren basistechnologischen Entwicklungsschüben gleichzeitig. Die wichtigsten sind:

- die Mikroelektronik
- die Optoelektronik
- die Entwicklung von Querschnittstechnologien
- die Entwicklung und Dezentralisierung programmierter Intelligenz.

Mit den Basisinnovationen werden vier praktisch unbegrenzte Ressourcen zur Verfügung gestellt:

- die Quantität elektronischer Funktionen zu geringen Kosten: Voraussetzung für eine Vielzahl neuer Produkte. Die Integrationsdichte wird zu mehreren Millionen elektronischer Funktionen auf einem Chip entwickelt.
- die Quantität der Speicherkapazitäten: optische Speichertechnik erlaubt die Speicherung von Gigabit auf Schallplattendimensionen zu konkurrenzlosen Preisen pro Informationseinheit.
- Die Quantität der Übertragungskapazität für Informationen aller Art: die Glasfasertechnologie kann Informationsmengen im Bereich Gigabit/sec. übertragen.
- die Quantität verfügbarer Softwarewerkzeuge und Programme: Intelligenz, die infolge ihrer Preiswürdigkeit für Standardanwendungen beliebig dezentralisiert werden kann. Damit kann die betriebliche Abbildung von Arbeitsabläufen wieder in den Zustand zurückgeführt werden, der vor Einführung der DV mit ihren zentralistischen Zwängen herrschte. Die DV-Organisation kann jetzt flexibel der Betriebsorganisation angepaßt werden.

Dieser Überfluß entfaltet sein Nutzungspotential im Anwendungsbereich der Kommunikationstechnik zusätzlich durch neue Qualitäten der Integration:

- die neue optische Technologie erhält durch ihre Zusammenführung mit der Funktionalität der Mikroelektronik und der Programmvielfalt der Softwaretechnik ihren Nutzungswert.
- die Digitalisierung ist die Voraussetzung, um alle Informationsarten wie Sprache und Ton, Text, Daten und Bild in ein einheitliches Raster zu bringen und sie dann über ein einheitliches Netz transportieren zu können.

Die Vereinheitlichung der Signalform im digitalen Netzbereich ermöglicht die integrierte Kommunikation mit einer Vielfalt *neuer Dienstleistungsmärkte,* die den physischen Transport von Informationsträgern ersetzen. Als Beispiel seien genannt: Bildschirmtext, Teletext, Temex (Fernwirken), Videokonferenz, Fernzeichnen, Telebanking, Ferneinkauf.

Die Kommunikationstechnik bietet somit eine Brückenfunktion für eine ganze Reihe *neuer Anwendungen* durch Kombination von lokaler Verarbeitungsfunktion und Speicherkapazität mit schneller, integrierter Übertragung:

- Arbeitsabläufe können geographisch *dezentralisiert* werden, und gleichzeitig können mehrere Tätigkeiten an einem multifunktionalen Arbeitsplatz zusammengefaßt werden. Das schafft völlig neue Formen der Zusammenarbeit in einem Unternehmen und mit externen Stellen.

- Durch Abruf der Informationen zu beliebigen Zeitpunkten können Arbeitsvorgänge zeitlich entzerrt, *dechronisiert* werden – eine neue Dimension der Flexibilität.
- In engem Zusammenhang mit der Dezentralisierung und Dechronisierung steht auch die *neue Qualität des Begriffs „Rationalisierung"*. Bisher führte die Rationalisierung zuerst im Fertigungs- wesentlich später im Verwaltungsbereich zu Standardisierung, Segmentierung und Rhythmisierung von Arbeitsabläufen. Normierte Dokumente, zentrale Datenerfassung, zentrale Schreibbüros und zentrale Ablagesysteme waren die organisatorische Folge. Kostensenkungen wurden mit immer starrer werdenden Arbeitsabläufen erkauft. Die Rationalisierung stellte sich in Gegensatz zur notwendigen betrieblichen Flexibilität. Der multifunktionale Arbeitsplatz mit eigener, für individuelle Anforderungen programmierbarer Intelligenz hebt zusammen mit seiner Kommunikationsfähigkeit diesen organisatorischen Zielkonflikt weitgehend auf.
- Die zeitraubende und kostspielige *Transformation* von einer Informationsart in eine andere (Umwandlung von Text in Daten, Daten in Graphik, Sprache in Text etc.) kann durch die Verarbeitungsintelligenz der Endgeräte weitgehend automatisiert werden. Die mögliche parallele Übertragung in digitalisierter Signalform über das integrierte Netz überläßt dem Endbenutzer an beiden Enden der Strecke die freie Wahl der Darstellungsform.

Welchen Einfluß die Kommunikationstechnik auf die Bauelementeindustrie hat, wird aus ihren prozentualen Verbrauchsanteilen für mikroelektronische Bauelemente deutlich:

1985 verbraucht die europäische Kommunikationstechnik laut Dataquest allein 24% aller Halbleiter, während die Industrieelektronik mit 22%, die Konsumelektronik und die Datenverarbeitung mit je 20% auskommen. Damit ist die Kommunikationstechnik im europäischen Maßstab zum größten Mikroelektronikabnehmer avanciert. Die Kommunikationstechnik ist darüber hinaus der einzige Mikroelektronikverbraucher, dessen Verbrauchsanteile bis 1990 gleichzeitig in Deutschland, Europa und USA steigen werden. Die Kommunikationstechnik ist Innovationsmotor für die Entwicklung von Basistechnologien geworden.

Umgekehrt kann festgestellt werden, daß die Kommunikationstechnik neben der eigenen technologischen Dynamik zusätzliche Innovations- und damit Wachstumsimpulse erhält von der Durchdringung fast aller Wirtschaftsbereiche mit dezentralen Geräten der Mikro- und Optoelektronik auf den Gebieten der Datenverarbeitung, Bürotechnik, Industrieelektronik. Allein der

Installationsbestand an Personalcomputern wird für die 90er Jahre auf 4–5 Millionen geschätzt, von denen 80% Kommunikationsfunktionen übernehmen werden.

3. Innovatorische Arbeitsteilung zwischen Industrie und Staat

Voraussetzung für die Realisierung von Kommunikationsdiensten und Netzen, die den steigenden Anforderungen gerecht werden, ist einerseits eine innovative Infrastrukturpolitik des staatlichen Netzbetreibers – im gesamtgesellschaftlichen Interesse, andererseits die Bereitschaft der Industrie, steigende Entwicklungsvorleistungen zu treffen.

Die deutsche Bundespost trägt der weltweit beschleunigten Technologieentwicklung Rechnung mit einem verstärkten Investitionsprogramm:

- Digitalisierung des gesamten Kommunikationsnetzes
- Einführung von Glasfasertechnik im Fernnetz
- Diensteintegration im digitalen Netz ab 1986/87 mit dem Ziel, bis 1995 5 Millionen Teilnehmer mit einem ISDN-Anschluß (64 Kilo-Bit pro Sekunde) zu verbinden
- ab 1988/89 geplante Einführung der Breitbandtechnik mit dem Ziel, bis 1995 etwa 1 Million Teilnehmer anschließen zu können.

Dieses Generationenprogramm, dessen Durchführung bis *übers Jahr 2000 hinausreicht,* verlangt hohe langfristige Vorleistungen. Allein für die Netzebene wird mit einem Investitionsvolumen von 300 Mrd. DM gerechnet.

Für Unternehmen der kommunikationstechnischen Industrie bietet dieser technologische Umbruch die Chance einer in diesem Ausmaß selten wiederkehrenden strukturellen Markterweiterung. Die Realisierung eines innovativen Vorstoßes in erweiterte Produkt- und Systemansätze und eine damit verbundene umfassende Restrukturierung der Industrie innerhalb weniger Jahre greift jedoch tief in das operative Unternehmensgeschehen ein und verlangt Innovationsbereitschaft in der Gestaltung der Unternehmens- und Führungsstruktur, der Ressourcensteuerung und der Ablauforganisation.

4. Operative Bedingungen der Innovation

Innovative Technikfelder

Praktisch hat die Entwicklung von neuen, integrierenden Lösungen in der Kommunikationstechnik vier Konsequenzen:

1. Die *Triebkraft* im Zusammenspiel der Einzeltechnologien verlagert ihren Schwerpunkt. Bisher war die Mikroelektronik die treibende Kraft, die die Anwendungstechnik vorantrieb. Jetzt fordert die Anwendung der Breitbandtechnik die Mikroelektronik heraus, denn es gibt für die Anforderungen der Breitbandtechnik noch keine mikroelektronischen Lösungen.

2. Ausgehend von der gegebenen Erfahrung, müssen die *basistechnologischen Resssourcen* auf eine breitere Grundlage gestellt werden. Der Einsatz zunehmend hochintegrierter Mikroelektronik, die Substitution der Elektromechanik, das Zufügen programmierbarer Intelligenz und die Einführung der Optoelektronik sind nicht additiv, parallel ablaufende Prozesse, sondern müssen eineinander verzahnt werden. Der Verbund von Basistechnologien führt zu innovativen Querschnittstechnologien, für welche Erfahrung entwickelt oder beschafft werden muß.

3. Das *Zusammenwachsen* der Kommunikationstechnik mit Datenverarbeitung, Bürotechnik und Industrieelektronik wird nicht nur dadurch gefördert, daß der Anwender mit multifunktionalen Produkten und einer qualifizierteren Auswahl verschiedener Dienste und Verfahren mehrfache Nutzenvorteile erzielen kann. Für den Hersteller liegt der wirtschaftliche Reiz in der Synergie beim Einsatz derselben Komponenten, Systeme oder Verfahren für die Erschließung zusätzlicher Anwendermärkte. Dies setzt gleichzeitig voraus, daß er sich technisch mit den Anforderungen mehrerer Anwendungsbereiche innovativ auseinandersetzt.

Fundierte Marketingerfahrung gewinnt hieraus ihre zentrale Bedeutung. Der Erfolg einer Innovation wird sich dort zuerst zeigen, wo beide Interessenlagen – die des Anwenders und die des Herstellers – simultan gefördert werden.

4. Vernetzte Systeme müssen miteinander kommunizieren können, um technisch funktionsfähig zu sein. Dies setzt die allseitige Entwicklung und gesicherte Beibehaltung neuer technischer Standards im internationalen Maßstab voraus. Die *Standardisierung* steht jedoch in einem Widerspruch zur Innovation, da sie einen bestimmten Stand der Technik per Vereinbarung festschreibt. So öffnet sich ein strategisch entscheidendes Feld widerstreitender Interessenlagen, das den Einflußbereich nationaler Wirtschaftspolitik berührt, denn es macht durchaus einen Unterschied, ob ein technologisch führendes Land die Innovation fördert, ein technologisches Schlußlicht die transnationale Entwicklung bremst oder ein Weltmarktführer unter den Herstellern einen Industriestandard im Sinne eigener wettbewerbspolitischer Ziele setzt. Der Präsident des Philipskonzerns, Dr. Wisse Dekker, hat im Januar 1985 in Brüssel einen politischen Maßnahmenkatalog vorgestellt, der auch eine Reihe von Vorschlägen zur Beseitigung von Hindernissen auf dem Weg zu einem europäischen Binnenmarkt durch Normenharmonisierung enthält. Gleichzeitig hat er vor kurzatmigem politischem Aktivismus gewarnt, der sich in Reden erschöpft und keine Taten folgen läßt.

Personalqualifikation

Neue Qualifikationsanforderungen im Kontext neuer Technologien setzen neue Maßstäbe für die *berufliche Bildung*. Je weiter sich ein Betrieb in innovative Technikfelder vorwagt, desto größer ist die Wahrscheinlichkeit, daß die Rekrutierung geeigneten Personals aus dem Arbeitsmarkt versiegt. Die Personalverfügbarkeit wird heute dort am häufigsten zum Engpaß, wo ein breites Wissen über

- mehrere Technologiebereiche oder
- mehrere betriebliche Funktionsbereiche, etwa Marketing und Technik,

verlangt werden muß. Die Anpassung schulischer Berufsausbildungsgänge an die neuen Technologieentwicklungen könnten allein den hier gestellten betrieblichen Anforderungen nicht genügen, selbst wenn sie optimal wären.

Das Anforderungsprofil an das *Management* eines Unternehmens, das neue Produkte, neue Verfahren und neue Anwendungen entwickelt und auf den Markt bringt, setzt die fachliche Qualifikation voraus, ergänzt durch die Fähigkeit, neue Erfahrungsbereiche aufzunehmen, neue Zusammenhänge zu erkennen, und begleitet von dem Gespür für das Machbare, ohne die Grenzen zum Phantastischen zu überschreiten. Dazu sind zu zählen:

- Kreativität, Neues zu denken und zuzulassen,
- Vorstellungskraft, Neues anzuwenden, Märkte aufzuspüren, Kundenwünsche mit neuen Lösungen erfüllen zu können,
- Motivationskraft für Mitarbeiter, Neues zu wollen und Teamgeist für Forschen, Entwickeln und Marketing zu fördern,
- Toleranz, Konkurrenz im Unternehmen zuzulassen und auch Doppelentwicklungen zu betreiben,
- die Bereitschaft, hohes Risiko zu praktizieren und von den Mitarbeitern zu akzeptieren – frei nach dem Lehrsatz, daß Risiko, dividiert durch Chance, immer eine Konstante ist. Dies schließt die Toleranz gegenüber Mißerfolgen ein.

Das wichtigste Erfolgskriterium ist jedoch ein Führungsstil, der den individuellen Willen zum Engagement der Mitarbeiter fördert. Auffallend bei dieser – sicher unvollständigen – Anforderungsliste für den erfolgreichen „Innovateur" ist die Anhäufung von Begriffen, die außerhalb des technisch-betriebswirtschaftlichen Vokabulars angesiedelt sind.

Wir kommen zu folgendem Ergebnis: Dezentralisierung, Zusammenarbeit auf nicht hierarchischer Basis, kurze Entscheidungswege, Flexibilität in der Investitionsplanung und tiefgreifende Marktkenntnisse sind Voraussetzungen für innovatives Handeln mit wirtschaftlichem Erfolg.

Andere Qualifikationen des Managements sind gefordert, wenn es darum geht, alte Produkte und Verfahren zu ersetzen, also den *Substitutionsprozeß* durchzuführen. Hier kommen die klassischen, pragmatischen Unternehmensführungsmerkmale zu ihrem Recht wie:

- Entscheidungskraft zur Investition/Desinvestition,
- Rentabilitätsbewußtsein und Kostendenken,

- Durchsetzungsfähigkeit gegenüber beharrenden Kräften, Planungs- und Organisationstalent,
- Autorität und Ausdauer, straffe Organisation mit hierarchischer Führungsstruktur,
- realistische Markt-, Kunden-, Wettbewerbseinschätzung.

Es fällt nicht schwer, einzusehen, daß diese gegensätzlichen Qualifikationsprofile in einer Organisation kaum zu vereinigen sind. Gegenseitige Behinderung zwischen Innovations- und Substitutionsprozessen wäre die zwangsläufige Folge. Der Unternehmer hat dafür zu sorgen, daß diese Konfliktsituation aufgelöst wird. Hierfür braucht er einen Gestaltungsspielraum, der nicht durch Interventionen des gesellschaftlichen Umfeldes beschränkt werden darf, sollen Strukturkrisen verhindert werden.

5. Die Umsetzung: Vermarktung von Innovationen

Unternehmerische Betätigung in innovativen Technikfeldern setzt eine besonders hohe Qualität eines „innovativen Marketing“ voraus. Gegenüber traditionellen Märkten bestehen situationstypische Unterschiede, die mit folgenden Kennzeichen in *entstehenden Märkten* beschrieben werden können:

- es existiert eine Vielfalt neuer Lösungswege unterschiedlicher Natur,
- es besteht primär Substitutionswettbewerb zwischen alten Produkten, Verfahren und Anwendungen gegenüber neuen Systemlösungen mit zunehmend komplexen Eigenschaften (vernetzte Systeme),
- für den technisch unkundigen Anwender wird das Nutzungspotential wegen zunächst noch wenig durchschaubarer Deckungsgleichheit der neuen Prototypen mit seinem Bedarf nicht abschätzbar.

Dem stehen auf der Angebotsseite spiegelbildliche Merkmale gegenüber:

- der Hersteller kennt zwar die technologischen Optionen, kann aber nicht die Präferenzen der Anwenderseite und damit das Risiko seiner Investition abschätzen.

Beispiele hierfür aus der Kommunikationstechnik:

- Telexdienst: der Fernschreiber wurde zunächst durch elektronische Telexgeräte und dann durch dedizierte Teletex-Terminals abgelöst. Gleichzeitig wurden die Textverarbeitungssysteme und Personalcomputer teletexfähig, konnten aber gleichzeitig mehrere Funktionen anbieten.
- Lokale Netzwerke versus multifunktionale Nebenstellenanlage: die Funktionsverteilung zwischen beiden technischen Lösungen aus der Datenverarbeitungstechnik einerseits und der Kommunikationstechnik andererseits blieb längere Zeit anwendungstechnisch unklar.

Diese Merkmale weisen den Weg für die Aufgaben des Marketing: bei der Eröffnung neuer Märkte für neue Anwendungen durch innovative Technikfelder muß die Distanz zwischen Hersteller und der Anwenderzielgruppe weitestmöglich aufgehoben werden. Dem „innovativen Marketing“ fällt daher die wichtige Aufgabe zu, möglichst schon im Vorfeld technischer Entwicklungen eine genaue und neutrale Benutzerkenntnis zu entwickeln. Da insbesondere bei hohen anstehenden Investitionsvolumina ein entsprechendes Risiko auf beiden Seiten liegt, kann erwartet werden, daß die gegenseitige Annäherung auch von beiden Seiten des Marktes gleichermaßen unterstützt und getragen wird. Im offenen Markt führt dieser Weg direkt zum partnerschaftlichen Pilotprojekt.

Für die Durchführung partnerschaftlicher Pilotprojekte gibt es einige wenige erfolgsentscheidende Faktoren:

- Projektteam: horizontale Besetzung mit hochqualifizierten Mitarbeitern aus den Funktionsbereichen Marketing, Forschung und Entwicklung.
- Management: die Verbindung zwischen Team und Topmanagement muß sehr kurz sein.
- Rahmenbedingungen: Abkehr von der Kostenorientierung zugunsten einer vorbehaltlosen Kundenorientierung. Die Applikation steht im Vordergrund.
- Information: relativ große Freizügigkeit im Informationsaustausch zwischen Hersteller und dem Pilotkunden ist Voraussetzung für bedarfsgerechte Lösungen.
- Umsetzung: Einzellösungen müssen zunächst zu Einzelerfolgen geführt und dann in mehrere Anwendungen oder ein Anwendungssegment überführt werden. Parallel kann das Team vorschlagen, wann die Projektsubstanz in eine andere Organisationsform übergeben wird, wo dann Rationalisierungsziele im Vordergrund stehen.
- Strategische Zielsetzung: Schon in diesem frühen Marktstadium muß das Team eine Marktdurchdringungsstrategie entwickeln, damit zeitgerechte Marktvorbereitung erfolgen kann.
- Unternehmerische Verantwortung: das Team muß mit einem relativ hohen Maß an Selbständigkeit und unternehmerischer Mitverantwortung ausgestattet werden.

Selbstverständlich ist die Durchführung partnerschaftlicher Pilotprojekte nur eine Teilaufgabe des innovativen Marketing. Zentrale Bedeutung kommt dem Zusammenhang zu, daß eine höhere Innovationsrate eine größere Dichte der Technik am Kunden voraussetzt. Das bedeutet, daß die Aufgabe der Schaffung neuer Märkte nur Aussicht auf Erfolg hat, wenn mit der Investition in die technische Innovation auch eine Investition in Marketinginnovation einhergeht.

6. Zusammenfassung:

Die eigentliche Innovation in den Feldern der Kommunikationstechnik und ihrer verstärkten Interaktionen mit der Informationstechnik besteht in der Grenzenlosigkeit ihres Leistungsangebots. Doch hier sehen wir im Einklang mit Rolf-Dieter Leister auch die Wurzel des Problems in der öffentlichen Diskussion:

„... wir bewerten die Digitaltechnik mit unseren bisherigen Erfahrungen und tun hierbei allzu oft so, als würden wir heute bereits all ihre künftigen Einsatzmöglichkeiten kennen."

Wir stimmen auch darin überein, daß die Kommunikations- und Informationstechnik ein außerordentlich hohes Substitutionspotential zwischen alten und neuen Technologien, aber auch zwischen Maschine und teurer menschlicher Arbeit hat. Dagegen sei die Frage erlaubt, ob wir heute die neuen Technologien kreativ genug anwenden. Leister stellt hierzu fest:

„Es sind heute in USA die Anwender, die am ideenreichsten mit Digitaltechnik umgehen und mit neuen digitalisierten Produkten und Dienstleistungen neue Märkte erschließen, viel aggressiver und wirksamer als die Mikroelektronikhersteller, Digitaltechnik ist in den USA Chefsache geworden, ein unternehmensstrategisches Thema erster Größe."

Diese Feststellung kann untermauert werden durch die Statistik der Anwendungsbereiche, für welche die Digitaltechnik ein unverzichtbares Hilfsmittel geworden ist: die privaten und öffentlichen Dienstleistungen, „... die durch qualitative Informationen attraktiver werden und für die der Konsument zu zahlen bereit ist".

Während der prozentuale Anteil der Dienstleistungen an der Bruttowertschöpfung des Staates in den USA zwischen 1970 und 1982 von 48% auf 53% stieg, fiel der entsprechende Anteil der Industrie von 35% auf 31%.

Japan zeigt ebenfalls schon eine Dominanz der Dienstleistungen am prozentualen Wertanteil:

- Produzierendes Gewerbe 1970: 47%, 1982: 41%
- Dienstleistungen 1970: 40%, 1982: 45%.

Aus den Vergleichszahlen der Bundesrepublik kann auf einen Nachholbedarf zugunsten der Dienstleistungen geschlossen werden. Hier überwog noch 1970 der Industrieanteil mit 52% gegenüber den Dienstleistungen mit 34%. In 1982 hatte die Industrie immer noch einen dominanten Anteil von 43% gegenüber 41% bei den Diensten.

Deutliche Hinweise gibt auch die weltweite Verteilung der Datenbankdienste, die in den letzten Jahren in USA Hunderttausende Arbeitsplätze geschaffen haben: Weltweit gab es 1984 etwa 2400 Datenbanken. Davon waren 76% in den USA, 13% in Europa und ganze 3% in Deutschland angesiedelt.

Demgegenüber hat der gesamte technologieintensive Sektor der USA nur einen Anteil von 1,5% am Arbeitspotentialwachstum gehabt. Das bedeutet: das größte Potential der innovativen Technologieinvestitionen liegt nicht allein im Wachstum der technologieintensiven Industrien, sondern in der intelligenten innovativen Anwendung ihrer Leistungspotentiale.

1.3. Prozeßinnovation: Fertigungssegmentierung

Horst Wildemann

Die Planung einer Fabrik mit Zukunft erfordert neben einer Technologieplanung auch die Veränderung von Organisationsformen in der Produktion. Bewährte Konzepte wie Fließfertigung, Werkstattfertigung, Fertigungsinseln oder Technologiezentren ermöglichen häufig nicht die gewünschten Verbesserungen bei Durchlaufzeiten, Produktstückkosten und Qualität. Konzepte wie „Just-In-Time Produktion" und „Computer-Integrated-Manufacturing" kennzeichnen zwar Entwicklungsrichtungen, liefern aber nur begrenzt Hinweise für eine kurzfristige Reorganisation des Produktionsbereiches. Hierzu muß eine unternehmensspezifische Auswahl unterschiedlicher Gestaltungsprinzipien herangezogen werden. Solche Gestaltungsprinzipien werden von Prof. Dr. Horst Wildemann, Universität Passau, in diesem Beitrag analysiert und, ähnlich den Überlegungen zur Gestaltung Strategischer Geschäftsbereiche, zu einem Konzept der Fertigungssegmentierung verbunden. Ziel ist es, Produkt-Markt-Technologie-Kombinationen mit bestehendem Produktionspotential zu erreichen. Das Konzept der Fertigungssegmentierung wurde in einem Arbeitskreis „Strategische Investitionsplanung für neue Technologien in der Produktion" erarbeitet, an dem die Unternehmen: Audi, Bizerba, BMW, Bosch, FAG Kugelfischer, Fichtel & Sachs, Ford-Werke, C. Freudenberg, Gebr. Heller, Hottinger-Baldwin-Meßtechnik, KHD, IBM, Krupp, Keiper-Recaro, Loher, MBB, MTU, Optyl Holding, Rheinmetall, Siemens, SKF, Steyr-Daimler-Puch, Stihl, VDO und Zahnradfabrik Passau GmbH teilnehmen.

1. Fertigungssegmentierung

Konzepte zur Flexibilitätssteigerung und Durchlaufzeitreduktion

Angesichts der raschen Veränderungen in den Märkten und der Technologie werden Reaktionsfähigkeit und die Reaktionszeiten im Unternehmen zum kritischen Erfolgsfaktor. Dieser Erfolgsfaktor wird von den Strategien des Unternehmens sowie von den Leistungsmerkmalen der Zulieferanten und der Abnehmer beeinflußt. Der Materialfluß in einer solchen „logistischen Kette" verläuft vom Rohmateriallieferanten zum Abnehmer, der Informationsfluß vom Abnehmer bis zum Lieferanten. Um den sich wandelnden Marktanforderungen gerecht werden zu können, ist es erforderlich, die gesamte logistische Kette mit ihrem Material- und Informationsfluß zu optimieren. Ziel dieser Optimierung ist die Just-in-time-Produktion, d.h. die Bereitstellung des richtigen Produkts, in der richtigen Menge, zum richtigen Zeitpunkt am richtigen Ort, um so den Kundenanforderungen schnell gerecht werden zu können.

Zur Erreichung dieses Ziels werden derzeit neue Systeme zur Produktionsplanung und -steuerung (PPS) und zur flexiblen Automatisierung bis zum Computer Integrated Manufacturing (CIM) diskutiert.

In der betrieblichen Praxis weisen die Durchlaufzeiten der Aufträge eine erhebliche Schwankungsbreite um den geplanten Wert auf. Diese Schwankungen können durch eine verbesserte Produktionsplanung und -steuerung verringert, d.h. die Planungssicherheit kann erhöht werden. Es hat sich trotz der Erfolge von PPS-Systemen die Erkenntnis durchgesetzt, daß erst durch eine neue Strukturierung des Produktionsbereiches – nach dem Konzept der Fertigungssegmentierung – eine Drittelung oder Halbierung der Auftragsdurchlaufzeit, eine Flexibilitätssteigerung und eine verbesserte Planungssicherheit möglich ist.

Durch den Einsatz von CIM-Systemen werden alle mit der Produktion zusammenhängenden Bereiche wie Qualitätssicherung, Arbeitsvorbereitung, Konstruktion, Betriebsmittelbau, Lagerverwaltung über EDV-Systeme mit einer zentralen Datenbank integriert. Die Kombination von Hardware, Software, Datenbanken, Bearbeitungs-, Transport- und Kommunikationssystemen im CIM ermöglicht einen direkten Datenaustausch. Wartezeiten zwischen den Bereichen und den Produktionsprozessen können hierdurch erheblich reduziert werden. CIM kann ein sehr effizientes Instrument zur Flexibilitätssteigerung und Durchlaufzeitreduktion sein.

Die Integration einer „logistischen Kette" mit einem CIM-System ist zur Zeit noch nicht wirtschaftlich. Die Komplexität dieses Problems wird vermindert, wenn nicht der gesamte Material- und Informationsfluß integriert wird, sondern lediglich Teilbereiche hiervon. Die Segmentierung erfolgt zunächst vertikal, indem die logistischen Ketten für unterschiedliche Produkte voneinander getrennt werden. In einem zweiten Schritt werden innerhalb dieser Produktionseinheiten horizontal Segmente gebildet. Ein durch Fertigungssegmentierung geschaffener überschaubarer Materialfluß für ein definiertes Teilespektrum kann mit flexibler Automatisierung gezielt rationalisiert und mit einfacheren PPS-Systemen gesteuert werden.

Bei Systemen der flexiblen Automatisierung sind Erfahrungskurveneffekte von geringerer Bedeutung, so daß die Vorteile großer kumulierter Produktionsmengen abnehmen (vgl. Abb. 1). Auch die Effekte der Kostendegression bei wachsenden Kapazitätsquerschnitten lassen nach. Es besteht somit die Möglichkeit kleine Anlagen ohne Kostensteigerung additiv zusammenzufügen und eine multiple Betriebsgrößenvariation durch die Fertigungssegmentierung zu betreiben (vgl. Abb. 2).

Empirische Untersuchungen zeigen, daß zwischen der gewählten Wettbewerbsstrategie eines Unternehmens und dem Ertrag aus dem investierten Kapital ein Zusammenhang besteht. Um die Marktpotentiale optimal ausnutzen zu

Abb. 1: Stückkostenverläufe als Funktion kumulierter Produktionsmengen

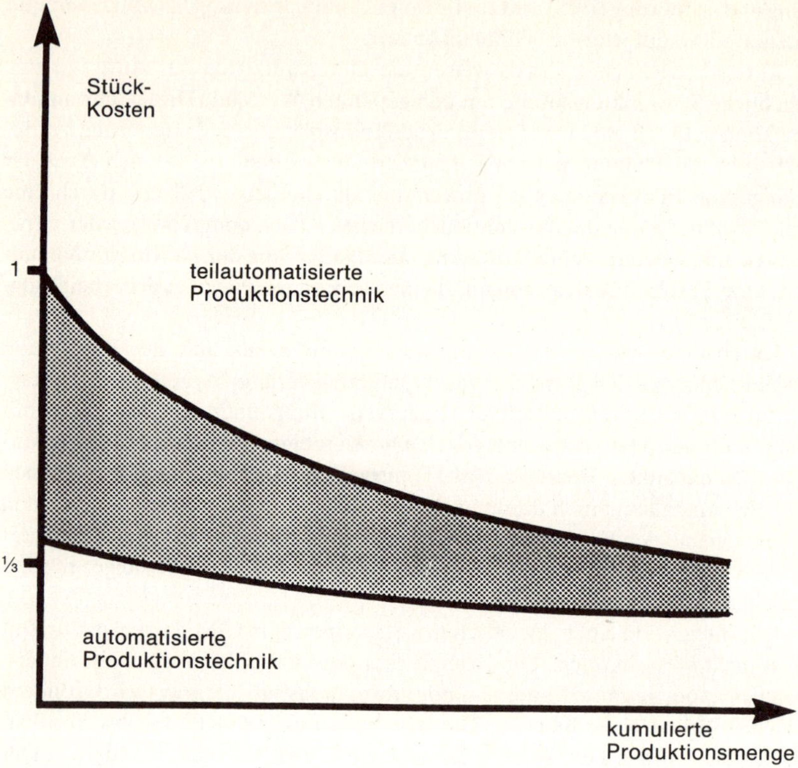

können, werden von strategischen Geschäftseinheiten (SGE) der Unternehmen unterschiedliche Strategien eingesetzt. Eine Marktausrichtung der Unternehmung muß die Produktion in die Strategie einbeziehen, die unterschiedliche Anforderungen an die Produktion berücksichtigt, wie:

- Qualität,
- Durchlaufzeit,
- Flexibilität,
- Losgröße und
- Kostenposition.

Zur optimalen Marktausrichtung ist die Produktion auf die zentrale Zielsetzung der SGE auszurichten. Für Produktionseinheiten, die auf hohe Marktveränderungen reagieren müssen, sind andere Fertigungsstrategien zu wählen, als für Bereiche, die sich einem kontinuierlichen Absatz mit großen Mengen gegenüber sehen.

Abb. 2: Betriebsgrößenvariation

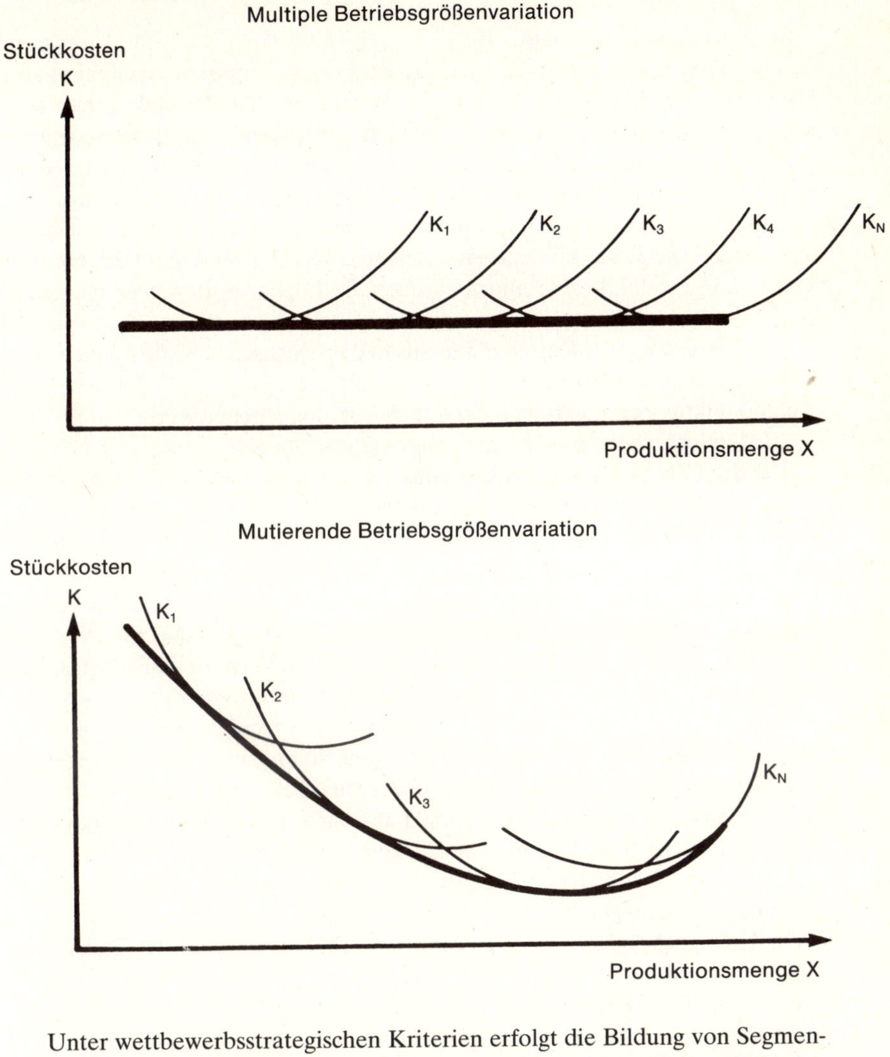

Unter wettbewerbsstrategischen Kriterien erfolgt die Bildung von Segmenten. Sie kann nach technischen, geometrischen und organisatorischen Kriterien erfolgen. Hierbei steht immer die Produktkostenminimierung im Vordergrund.

Das Konzept der Fertigungssegmentierung baut auf mehreren Grundprinzipien auf, die in der Regel kombiniert anzuwenden sind. Neben einer Analyse dieser Prinzipien werden in diesem Aufsatz die Wirkungen analysiert und bewertet.

2. Prinzipien der Fertigungssegmentierung

Prinzip der Flußoptimierung

Die Fließfertigung stellt das kostengünstigste Verfahren zur Herstellung von Produkten dar und führt zu minimalen Beständen. Da Bestände gebundene Kapazitäten darstellen und Schwachstellen verdecken, sind diese wo immer möglich zu vermeiden. Dies ist zu erreichen, wenn die gesamte logistische Kette vom Zulieferer über den Produzenten bis zum Abnehmer optimiert wird.

Ein Gesamtoptimum kann dann erreicht werden, wenn die Planer bestrebt sind, Produktkosten zu minimieren und nicht die Kosten einzelner Funktionsbereiche. Die Produktkosten umfassen auch die Logistikkosten über die ganze Pipeline.

Zur Erreichung des Kostenminimums in der logistischen Kette können zwei Prinzipien eingesetzt werden:

- eine Funktionsoptimierung jedes Gliedes der logistischen Kette
- eine Flußoptimierung in der gesamten logistischen Kette.

Bei der Funktionsoptimierung ist das Ziel die Maximierung der Kapazitätsauslastung des Anlagevermögens und des Personals bei gegebener Termineinhaltung bzw. Versorgungssicherheit dominant. Die Dominanz dieses Zieles führt zu einer Entkoppelung der Glieder der logistischen Kette. So verringert z.B. die Produktion die Stückkosten durch große Werkstattlose und erhöht die Auslastung der Einzelmaschinen durch Pufferbestände. Der Einkauf reduziert die Einstandspreise durch größere Bestellmengen. Der Vertrieb schließlich strebt über breite Produktpalette in allen Lagerstufen nach dem Ziel eines hohen Servicegrades und erhöht damit die Fertigwarenbestände. Diese Zusammenhänge erklären, warum mit steigendem Umsatzvolumen das Umlaufvermögen schneller als der Umsatz wächst. Insbesondere bei rückläufigen Umsätzen nimmt das Umlaufvermögen unterproportional ab, ohne daß eine Verringerung der Durchlaufzeiten bei den bleibenden Aufträgen zu verzeichnen ist. Die Funktionsoptimierung jedes Gliedes der logistischen Kette ist dann zweckmäßig, wenn drei Bedingungen vorliegen:

- die Kosten des Anlagevermögens sind im Verhältnis zu denen des Umlaufvermögens hoch,
- die vorhandene Kapazität ist voll ausgelastet,
- die Lieferzeiten sind länger als die Durchlaufzeiten.

Von diesen drei Bedingungen war in den letzten Jahren nur die erste teilweise erfüllt. Die Kosten für die Kapitalbindung sind gestiegen, die Kapazitäten waren nicht voll ausgelastet, und die Lieferzeiten haben sich angesichts des steigenden Konkurrenzdruckes ständig verkürzt.

Zur Beseitigung dieser Probleme wird eine Flußoptimierung der gesamten logistischen Kette angestrebt. Dieses Prinzip hat zum Ziel, die Durchlaufzeiten durch Neugestaltung des Material- und Informationsflusses zu verkürzen, um auch bei niedrigen Beständen eine hohe Lieferfähigkeit gewährleisten zu können. Es wird ein Gesamtkostenoptimum unter Berücksichtigung der Opportunitätskosten eines zu geringen Liefergrades angestrebt, wobei die Kapazitätsauslastung nur mehr eine abhängige Variable darstellt.

Eine Flußoptimierung über die gesamte Breite der logistischen Kette ist bei bestehenden Unternehmen mit nicht abgestimmten Kapazitätsquerschnitten und unterschiedlichen Produktionsprogrammen nur selten wirtschaftlich. Eine Teilung der Gesamtkapazität in kleinere Kapazitätsquerschnitte aber ermöglicht eine wirtschaftliche Flußoptimierung. Ansatzpunkte zur kostengünstigen Realisierung des Fließprinzips auch bei Kleinserienfertigung ergeben sich aus der Anwendung der Gruppentechnologie, der Verbindung von Fertigungsinseln und der Implementierung eines flexiblen Materialtransportsystems.

Fertigungssegmentierung zielt auf eine drastische Reduzierung des Umlaufvermögens und eine Verkürzung der Durchlaufzeiten ab, wodurch eine hohe Flexibilität bei mengenmäßigen Absatzschwankungen erreicht werden kann. Dabei wird der Grundsatz befolgt, daß Kapazitäten nicht im Umlaufvermögen, sondern im Anlagevermögen zu speichern sind.

In einer wettbewerbswirtschaftlichen Ordnung wird nun ein Vorhalten hoher Anlage- und Personalkapazitäten aus Kostengründen nicht möglich sein. Aus diesem Grunde impliziert die Fertigungssegmentierung Auswirkungen auf die

- Investitionspolitik der Unternehmen und
- auf die Struktur und Zusammenarbeitsformen mit Zulieferunternehmen.

Die Teilung der Produktion in funktions- und flußoptimierte Fertigung sowie die Berücksichtigung von Kapitalbindungskosten bei Neuinvestitionen führt zu einer modifizierten Auslegung von Betriebsmitteln. Generell zeichnen sich zwei Tendenzen ab:

- die Einführung von hochflexiblen Betriebsmitteln, die konzentriert mehrere Arbeitsgänge ohne Übergangszeiten ausführen (z. B. Bearbeitungszentren und Flexible Fertigungssysteme) und
- der Einsatz spezialisierter Anlagen mit kleineren Kapazitätsquerschnitten.

Die Wirtschaftlichkeit einer fluß- oder funktionsorientierten Produktion ergibt sich aus einer sinnvollen Markt-Produkt-Technologiekopplung, die sich wiederum an der vom Unternehmen verfolgten Wettbewerbsstrategie orientiert.

Prinzip der kleinen Kapazitätsquerschnitte in jeder Fertigungsstufe

Je instabiler die Absatzsituation eingeschätzt wird, um so variabler muß die organisatorisch-technische Struktur der Fertigung gewählt werden. Eine solche Struktur ist durch flexible Systeme und Anlagen mit kleinen Kapazitätsquerschnitten zu erreichen. Anpassungen führen dann nicht zum Übergang auf eine neue Produktionsfunktion, sondern zu einer mutativen Betriebsgrößenvariation bei gleichen Stückkosten (vgl. Abb. 2).

Ziel ist es, die Anlagen physisch getrennt nach fluß- oder funktionsorientierten Gesichtspunkten aufzustellen. Für jede Fertigungsstufe ist festzulegen, ob Flexibilität durch flexible Anlagen oder Bestände erreicht werden soll. Dadurch kann eine Untergliederung nach starren und flexiblen Fertigungssegmenten erfolgen. Eine solche Fertigungssegmentierung läßt sich um so einfacher durchführen, je mehr additive Kapazitäten im Unternehmen vorhanden sind. Hinzu kommt, daß Anlagen mit kleinen Kapazitätsquerschnitten – spezialisiert für bestimmte Bereiche des Fertigungsprogrammes – in einer Fertigungsstufe eingesetzt werden und so der Rationalisierungseffekt durch Spezialisierung genutzt werden kann.

Auch ohne Neuinvestitionen kann eine Fertigungssegmentierung vorgenommen werden, indem Altanlagen effizient in eine segmentierte Fertigung integriert und das Wechselpotential bestehender starrer Anlagen durch begrenzte Zusatzinvestitionen in flexibilitätssteigernde Subsysteme wie automatisierte Werkzeugwechselsysteme, Palettenspeicher u. ä. erhöht werden.

Eine Steigerung der Flexibilität und Nutzung bestehender Kapazitätsreserven ist auch durch eine Verkürzung der Rüstzeiten an den Betriebsmitteln durch organisatorisch-technische Maßnahmen zu erzielen. Diese Strategien haben zum

Abb. 3: Rüstkonzepte

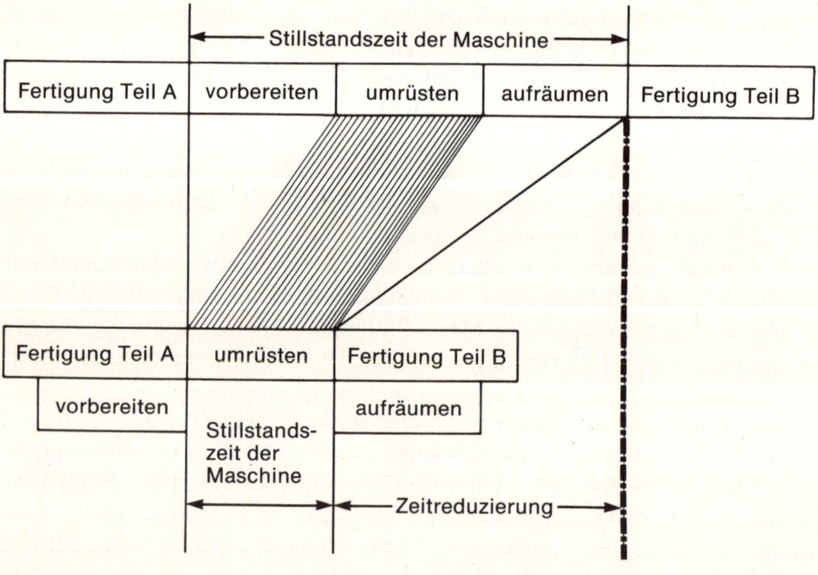

Ziel, die Nutzungsunterbrechungszeiten durch eine Trennung der Rüsttätigkeiten in solche, die bei laufender Maschine ausgeführt werden können und solche, die einen Stillstand der Betriebsmittel unbedingt erforderlich machen, zu reduzieren (vgl. Abb. 3). Es wird angestrebt, möglichst viel Rüstzeitanteile bei laufender Maschine auszuführen. Die konsequente Umgestaltung der beiden Tätigkeitsfelder nach arbeitswissenschaftlichen Erkenntnissen hat dazu geführt, daß die Stillstandszeiten der Anlagen bei Umrüstvorgängen bis zu 50% reduziert wurden.

Eine weitere Maßnahme zur Steigerung der Betriebsmittelverfügbarkeit ist die umfassendere Ausbildung von Wartungs- und Instandhaltungspersonal sowie deren personelle Zuordnung zu einzelnen Betriebsmitteln bzw. Fertigungssegmenten. Dadurch ergibt sich eine schnellere Diagnose und Fehlerbehebung. Die Anwendung dieses Prinzips in deutschen Unternehmen hat zu einer Steigerung der Verfügbarkeit der Anlagen um 5–10% geführt.

Prinzip der räumlichen Konzentration von Betriebsmitteln mit variablem Layout

In einem Unternehmen der Elektromotorenfertigung wurde eine mangelnde Flexibilität auf Marktanforderungen beklagt. Lange Lieferzeiten bei der Auftragsbearbeitung und hoher Koordinationsaufwand durch weitgehende Arbeitsteilung wurden als Gründe aufgeführt. Zur Steigerung der Flexibilität wurde vorgeschlagen, Unternehmensabteilungen mit hoher Kommunikationsdichte und großem Koordinierungsbedarf räumlich zu konzentrieren. Die bisher funktionsorientierten Abteilungen Fertigungsvorbereitung, Sondermaschinenbau, Werkzeugbau, Werkserhaltung wurden in neuen funktionsübergreifenden organisatorischen Einheiten zusammengefaßt, die jeweils ein komplettes Motorenprogramm bearbeiteten. Die Folge war eine Senkung der Gemeinkosten und eine Verkürzung der Auftragsbearbeitungszeit bei Anpassungs- und Variantenkonstruktionen auf ein Drittel der bisherigen Zeiten. In der Fertigung wurde eine flußorientierte Konzentration der Meisterbereiche von der Teilefertigung bis zur Montage, Prüfung und Verpackung vorgenommen. Eine Verkürzung der Fertigungsdurchlaufzeit bei gleichzeitiger Senkung des Umlaufvermögens um 20% und eine Halbierung der Nacharbeit waren die Folge, obwohl die Typenvielfalt gesteigert wurde.

Dieses Beispiel zeigt, daß es in Fertigungsbereichen häufig notwendig ist, auftragsbezogene Layoutveränderungen vorzunehmen, um sich Beschäftigungsschwankungen kostengünstig anzupassen und die Flexibilität zu erhöhen. Eine Layoutform, die die Flexibilitätsvorteile der verrichtungsorientierten Fertigungsorganisation mit den Kosten- und Durchlaufvorteilen des Fließprinzips verbindet, scheint die U-Form (vgl. Abb. 4) zu sein. Diese Layout-Form ermöglicht:

Abb. 4: Gruppen-Lay-out in U-Form

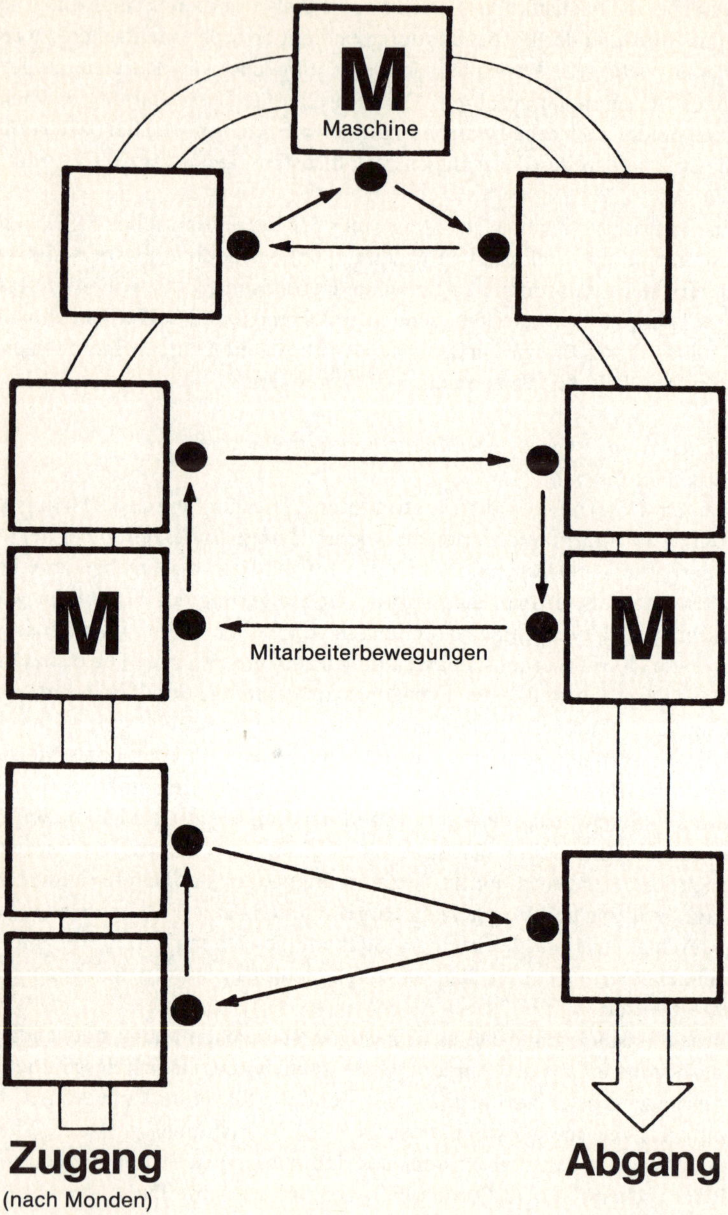

- Eine Mehrmaschinenbedienung und eine schnelle und kostengünstige Anpassung an Beschäftigungsschwankungen.
- Aufgrund der Übersichtlichkeit des U-Layouts findet ein selbständiger Kapazitätsabgleich statt, der Störungen einbezieht.
- Der Aufbau neuer und Berücksichtigung bestehender informeller Beziehungen und eine Erhöhung der Kommunikationsmöglichkeiten der Mitarbeiter ist möglich.
- Durch einen festgelegten Ein- und Ausgang ist der Materialfluß eindeutig definiert, wobei sich die Wahlfreiheit der Arbeitsgangreihenfolge aus der Möglichkeit ergibt, Bearbeitungsstationen auszulassen.
- Die Ver- und Entsorgung wird organisatorisch vereinfacht, da sich an Ein- und Ausgang definierte Pufferläger plazieren lassen.
- Die U-förmigen Arbeitsgruppen können miteinander gekoppelt werden, da sie sich gerichtet entlang eines Versorgungsweges anordnen lassen.
- Die Anordnung der Betriebsmittel kann entsprechend technologischer, geometrischer und organisatorischer Kriterien teilefamilienorientiert erfolgen.
- Innerhalb des Gesamt-Materialflusses, insbesondere jedoch innerhalb der U-Form ist die Übersichtlichkeit gewährleistet, die die Auswirkungen von Qualitätseinbrüchen auf den Bereich der Arbeitsgruppe beschränkt.
- Aufgrund des gerichteten Materialflusses ist die Integration einer U-förmigen Arbeitsgruppe zu einem flexiblen Fertigungssystem durch Einsatz eines flexiblen Verkettungssystems leichter möglich.
- Die räumliche Konzentration der Betriebsmittel kann auftragsbezogen oder produktzyklusbezogen erfolgen, wobei die auftragsbezogene Fertigungssegmentierung nur bei einem entsprechenden Auftragsvolumen in Frage kommt.

So reorganisierte z. B. eine Maschinenbaufirma die Bearbeitung von Dreh-, Bohr- und Fräsarbeiten für 200 Teile in U-Form. Die CNC-Maschinen wurden so zusammengestellt, daß bei einer gleichzeitigen Übertragung der Vor-, Rest- und Rüstarbeiten auf den Maschinenbediener eine Komplettbearbeitung vom Rohling bis zum Fertigteil ermöglicht wurde. Gleichzeitig wurde die Verantwortung für das Fertigungsgeschehen auf die Arbeitsgruppe konzentriert. Durch die räumliche Anordnung der Arbeitsplätze besteht ein enger optischer und akustischer Kontakt zwischen den Mitarbeitern, der zu einer Reduzierung der Auftragsdurchlaufzeiten von früher vier auf heute eine Woche führte.

Prinzip der selbststeuernden Regelkreise

Das Prinzip der selbststeuernden Regelkreise beinhaltet zunächst die Einführung organisatorischer Regelungen zum selbständigen Vollzug von Tätigkeiten in einzelnen Fertigungssegmenten. Das eigenständige Agieren bezieht sich auf die Mengen- und Terminkontrolle sowie der Qualitätssicherung innerhalb eines Rahmenplanes. Die Mitarbeiter kontrollieren selbstverantwortlich:

- Abweichungen der IST-Qualität vom Qualitätssoll. Auftretende Fehler sollen sofort beseitigt werden, um die Nacharbeitskosten zu minimieren und nur fehlerfreie Teile an die nächste Kapazitätseinheit weiterzugeben,
- Über- oder Unterschreitungen der vorgegebenen Produktionsmenge innerhalb vereinbarter Wiederbeschaffungs- bzw. Durchlaufzeiten und die
- Nichterfüllung des Aufgabeninhaltes im Rahmen der Bearbeitungszeit.

Als Prinzip der Informationsverknüpfung zwischen einzelnen Einheiten kommt die Holpflicht zur Anwendung. Der Impuls zur Lieferung muß von der verbrauchenden Stelle ausgehen. Die Holpflicht steht im Gegensatz zur Bringschuld, bei der die produzierende Stelle die fertigen Teile weitergibt und über eine Rückmeldung an eine zentrale Steuerungsstelle eventuelle Plananpassungen durchgeführt werden.

Ein auf dem Holprinzip beruhendes Abrufsystem kann vorausgegangener Grobplanung weitgehend autonom innerhalb eines Segmentes oder zwischen zwei Segmenten funktionieren.

Als Beispiel für die Realisierung dieses Prinzips läßt sich der Umbau einer Produktionseinheit mit 15 Mitarbeitern bei einem Werkzeugmaschinenhersteller anführen. In diesem Bereich werden die benötigten Kapazitäten durch den Meister permanent mit dem der Produktionseinheit zugeordneten Arbeitsvorbereiter abgestimmt. Bei Überschneidungen oder Kapazitätsauslastung der Fertigung werden selbständig bei Unterlieferanten Kapazitäten belegt, die vorher in Rahmenverträgen reserviert wurden. Durch zentrale Auftragsplanung wird je Auftrag ein Zieltermin für die versandfertige Herstellung vorgegeben. Die weitere Arbeitssteuerung erfolgt durch die Gruppe eigenverantwortlich. Die Fertigungsaufträge werden nicht mehr mit detaillierter Festlegung des Arbeitsablaufs verplant, vielmehr wird lediglich ein Rumpfarbeitsplan erstellt, der neben Anfangs- und Endtermin nur noch Vorgaben über Zusammensetzen der Baukastenvorrichtung, vollständige Bearbeitung und Restarbeiten vorsieht. Durch diese Maßnahmen wurde der Arbeitsaufwand der Arbeitsvorbereitung um 20% verringert.

Der Gruppe ist ein Lager direkt zugeordnet, in dem weitgehend standardisierte Halbzeuge geführt werden. Zulieferteile, fertiggestelltes Zubehör wird hier ebenfalls kommissioniert und gelagert. Die Arbeitsvorbereitung der Gruppe disponiert Lagerabrufe und Abrufaufträge von den Lieferanten.

Durch die Verwirklichung dieses Holprinzipes, der Verantwortungsdelegation und der daraus resultierenden höheren Mitarbeitermotivation werden die vorgesehenen Zieltermine eingehalten, und zeitaufwendige Terminbesprechungen entfallen.

Zur Steuerung der gesamten logistischen Kette ist ein zentrales Informations- und Steuerungssystem erforderlich. Die wesentlichen Aufgaben eines solchen Systems sind:

- Sicherstellung der Produktionsaktivitäten durch übergeordnete Termin- und Kapazitätsplanung,
- Festlegung des qualitativen und quantitativen Produktmixes,
- Einlasten sowie Stornieren von Aufträgen und
- eine zentrale Auftragsfortschrittskontrolle durch permanente Bestandsüberwachung in den Bevorratungsebenen.

Die Fertigungssteuerung im Fertigungssegment mit Hilfe selbststeuernder Regelkreise führt zu einer Verlagerung von Planungs- und Entscheidungskompetenzen in den ausführenden Bereich. Die Trennung von dispositiven und ausführenden Tätigkeiten tritt hierbei in geringerem Maß auf.

Prinzip der Selbstkontrolle der Qualität und der Komplettbearbeitung von Teilen und Baugruppen

Um Unterbrechungen des Fertigungsflusses durch Qualitätskontrollen zu vermeiden, bieten sich zwei Qualitätssicherungsstrategien an:

1. Übernahme der Kontrolle durch automatische Einrichtungen im Produktionsprozeß und damit Sicherstellung einer gleichbleibenden Wiederholqualität im Prozeß: Qualitätssicherung durch automatisierte Prozeßüberwachung.
2. Motivationssteigerung der Mitarbeiter zur Hebung des Qualitätsstandards durch Selbstkontrolle.

Die automatisierte Prozeßüberwachung konzentriert sich auf die Aufgabe, die Überprüfung bzw. Messung der Qualität zu objektivieren, das heißt unabhängiger von subjektiven Fehlereinflüssen zu machen. Hierbei werden steigende Anforderungen an die Meß- und Prüftechnik gestellt, wobei die Funktionen der Steuerung und Auswertung von Meßergebnissen zunehmend von Prozeßrechnern übernommen werden.

Der zweite Ansatz zieht alle Mitarbeiter durch eine Selbstkontrolle in den Qualitätssicherungsprozeß mit ein. Diese Selbstkontrolle ist von jeder Gruppe bzw. jedem Arbeitnehmer für seine eigenen Aufgaben mit dem Hauptziel durchzuführen, die Qualitätssicherungskosten möglichst niedrig zu halten und eine Weitergabe fehlerhafter Produkte zu vermeiden.

Durch das Prinzip der Selbstkontrolle der Qualität innerhalb der Fertigungssegmentierung kann eine Reihe von Vorteilen erzielt werden. Ins Gewicht fällt z. B. die mögliche Einsparung von Inspektionspersonal. Im Bereich der Gemeinkosten ergeben sich Kosteneinsparungen durch die Verringerung des Materialbestandes in der Produktion. Diese folgt aus einer nicht mehr erforderlichen Zwischenlagerung zum ausschließlichen Zweck der Qualitätsprüfung. Weiterhin werden Ausschußkosten gering gehalten durch eine frühzeitige Fehlerursachendiagnose. Neben der Beschleunigung des Materialflusses und als Folge davon Verringerung von Auftragsdurchlaufzeiten und Kapitalbindungskosten ergibt sich zusätzlich eine Vereinfachung der Steuerung der Produktion. Eine Steigerung der Produktivität aufgrund einer verbesserten Motivation der Mitarbeiter kann als weiterer Vorteil des Prinzips der Selbstkontrolle der Qualität genannt werden.

Die positiven Wirkungen können noch verstärkt werden, wenn die Fertigungssegmente auf eine Komplettbearbeitung von Teilen und Baugruppen ausgerichtet werden. Wird z.B. am Ausgang eines Fertigungssegmentes nicht nur eine Prüfung der Fertigungsqualität, sondern auch der Funktionsqualität durchgeführt, lassen sich Durchlaufzeiten und Bestände reduzieren. Gemeinkosten lassen sich ebenfalls durch die Zuordnung von Instandhaltern zu einem Fertigungssegment reduzieren. Höhere Anlagenverfügbarkeiten und geringere Fehlerdiagnosekosten können die Folge sein. Durch die Komplettbearbeitung läßt sich eine Reduzierung des Gesamtsteuerungsaufwandes erreichen, da Dispositions- und Steuerungsaufgaben für Material und Werkzeuge entsprechend den Teilen und Baugruppen durch die Mitarbeiter in den Fertigungssegmenten durchgeführt werden können. Diese Vorteile ließen sich z.B. auch im vorher zitierten Fall des Werkzeugmaschinenherstellers realisieren, bei dem hauptsächlich kundenspezifische Aufträge abgewickelt werden.

Dabei ist der Fertigungsgruppe die Vorbereitung des Werkzeugeinstellplatzes für Bearbeitungsaufgaben der Kundenaufträge zugeordnet. Weiterhin werden die Spannvorrichtungen für Kundenwerkstücke erprobt und im Gesamtsystem optimiert. Durch die Eigenverantwortlichkeit der Gruppenmitarbeiter für die komplette Bearbeitung eines bestimmten Teilespektrums mit ähnlichem Anforderungsprofil werden diese für das Gesamtergebnis verantwortlich gemacht. Durch die Selbstkontrolle der ausgeführten Arbeit werden Fehler sofort erkannt und behoben. Fehler werden nicht mehr „versteckt" weitergereicht. Hierdurch hat sich für die Qualität des abgelieferten Produktes ein doppelter Effekt ergeben. Einerseits wurde bei den produzierten Werkzeugmaschinen der Qualitätsstandard angehoben, und zum anderen wurde nach der Integration von Zubehör eine hohe kundenspezifische Systemfunktionsqualität erreicht, die die Anlaufzeit der Werkzeugmaschine beim Anwender wesentlich reduzierte.

Prinzip der Entkopplung von Mensch und Maschine

Neue Produktionstechnologien ermöglichen durch ihren hohen Automatisierungsgrad eine hohe Prozeßsicherheit ohne Eingriff des Menschen. Ihr Einsatz ermöglicht eine Entkopplung des Menschen vom Arbeitstakt der Maschine. Die Steigerung des Automatisierungsgrades erhöht den Kapitaleinsatz überproportional, während die Produktivität unterproportional wächst. Auf Grundlage dieser Überlegungen kann ein optimaler Automatisierungsgrad bestimmt werden. Ein Automatisierungsgrad, der eine Entkopplung von Mensch und Maschine ermöglicht, muß häufig über diesen kritischen Punkt gesteigert werden, um Produktivitätszuwächse durch längere Maschinennutzungszeiten zu ermöglichen. Die Maschinenzeiten werden von Pausen, Verteilzeiten und Arbeitszeiten der Mitarbeiter nicht mehr determiniert. In Verbindung mit der Nebenzeitreduktion durch automatischen Werkzeug- und Werkstückwechsel ergibt sich eine längere Nutzungsmöglichkeit der kapitalintensiven Anlagen. Hierdurch kann der zeitliche Spielraum des Mitarbeiters, der überwiegend Überwachungsaufgaben wahrnimmt, für Dispositionen und Steuerungsaufgaben genutzt werden. Die Entkopplung vom Arbeitstakt der Maschine ermöglicht das ohne negative Auswirkungen auf die Maschinennutzung. Eine Kontrolle der Qualität und Prozeßüberwachung während der Maschinenlaufzeit durch die Maschinenbediener ist ebenfalls möglich.

Die informations- und materialflußtechnische Verkettung von Fertigungssegmenten innerhalb einer logistischen Kette ermöglicht einen schnellen, hochflexiblen Produktionsablauf. Bei den bisher realisierten Segmentierungen kamen in der Regel Fertigungssysteme zum Einsatz, die mit den vorhandenen Maschinen koordiniert einsetzbar sind. Das Konzept der Fertigungssegmentierung kann somit auch ohne hohe zusätzliche Investitionen in neue Technologien realisiert werden.

3. Wirkungen der Fertigungssegmentierung

Neben der kurzen Reaktionszeit auf spezifische Kundenwünsche ist auch die Liefertermintreue ein wesentlicher Erfolgsfaktor im Wettbewerb. Um die Liefertermine exakt prognostizieren zu können, ist eine ausreichende Planungssicherheit erforderlich. Mit der Einführung einer auf die neue Struktur ausgerichteten spezifischen Fertigungssteuerung läßt sich diese Wirkung erzielen. Die verbesserte Lieferbereitschaft führte in einigen Fällen zu einer Vermeidung von Konventionalstrafen, die allein die Investition in neue Strukturen rechtfertigen konnte.

In das Fertigungssegment ist die Kontrollfunktion integriert. Sie kann automatisch oder durch die Mitarbeiter der Gruppe vorgenommen werden. Störungen der Maschine bzw. Fehler können sofort erkannt und beseitigt werden. Dadurch sinken die Ausschußraten und die Qualitätssicherungskosten, während das Qualitätsniveau steigt. In allen realisierten Projekten ergaben sich erhebliche Verminderungen der Qualitätssicherungskosten.

Die Fertigungssegmentierung führt zu einer Verlagerung von Planungs- und Entscheidungskompetenzen in den ausführenden Bereich. Die Mitarbeiter sollen innerhalb der einzelnen Fertigungssegmente auf allen Arbeitsplätzen im Wechsel eingesetzt werden (Job-Rotation). Die Herstellung eines vollständigen Produkts in einem Fertigungssegment führt zu einer erhöhten Identifikation mit dem Arbeitsergebnis. Diese Faktoren sind geeignet, die Motivation der ausführenden Mitarbeiter zu steigern. Dies wiederum wirkt sich auf die Qualität der Produkte und die Mengenleistung positiv aus. In der Praxis konnte die gesteigerte

Motivation durch sinkenden Absentismus und Fluktuation nachgewiesen werden.

Die Fertigungssegmentierung erfordert eine Veränderung der Unternehmensorganisation. Werksleiter- und Meisterfunktionen sind heute in der Regel für Verrichtungen ausgelegt. Es wird hier eine Verschiebung von Verantwortung für bestimmte Verrichtungen zu einer Verantwortung für spezifische Teile oder Produkte erfolgen. Arbeitsinhalte im Mittelmanagement ändern sich auch infolge der Verlagerung von Dispositionsaufgaben in das Fertigungssegment. Die Spannweite der Führung kann zunehmen.

Fertigungssegmentierung wirkt auch auf die Organisation der Unternehmensführung. Die Produktionsverantwortung ist heute oft von der Produktveranwortung getrennt. Durch die Segmentierung werden Werke von der Verrichtungsorientierung zur Flußorientierung für bestimmte Produktgruppen überführt. Die Produktionsverantwortung kann in diesem Fall besser mit der Produktverantwortung harmonisiert werden. Bei dieser veränderten Organisationsform sind Produktionsleiter für bestimmte logistische Ketten verantwortlich. Damit ihre Verantwortung sich nicht auf Kapazitäten an verschiedenen Standorten bezieht, sind die Betriebsmittel für die logistische Kette soweit wie möglich räumlich zu konzentrieren. Diese Vorgehensweise birgt das Risiko einer mangelnden Koordination der Prozeßtechnologien zwischen den Produktionsbereichen in sich. Um dieses Risiko zu vermeiden, kann ein Querschnittsbereich zur Entwicklung der Technologiestrategie geschaffen werden.

Durch die räumliche Konzentration der Arbeitsgänge und die flußorientierte Fertigung kleiner Lose mit aufeinander abgestimmten Kapazitäten ergeben sich verkürzte Durchlaufzeiten. Die geteilten Kapazitäten können additiv zusammengefügt werden. Bei ersten Pilotanwendungen ergaben sich Durchlaufzeitreduktionen zwischen 40 und 85%. Eine mit der Fertigungssegmentierung einhergehende Optimierung der Rüstvorgänge bringt eine Verkürzung der Rüstzeiten und eine höhere Verfügbarkeit der Anlagen mit sich. Diese Ergebnisse der Fertigungssegmentierung führen gemeinsam zu einer deutlich erhöhten Reaktionsgeschwindigkeit bei quantitativen, qualitativen und zeitlichen Schwankungen des Bedarfs.

Die flußorientierte Gestaltung der Fertigungssegmente trägt zu einer Vereinfachung des innerbetrieblichen Materialflusses und damit zu einer deutlichen Verringerung von Materialtransport und -handhabung bei. Hierdurch können die Bestände in der Fertigung weitgehend abgebaut werden. Durch die Flexibilität der Fertigung (kleine Lose und kurze Reaktionszeiten) lassen sich auch die Sicherheitsbestände der Endprodukte senken.

Stark reduziert wird durch die Segmentierung weiterhin die Komplexität der Fertigungssteuerung. Der gesamte Materialfluß unterliegt einer ständigen physischen Kontrolle, so daß eine weitgehend „papierlose Fertigung" möglich ist. Die höhere Verfügbarkeit der Anlagen bewirkt geringe anteilige Kapitalkosten am Produkt. Die gleichbleibende Qualität senkt die Ausschuß- und Nacharbeitskosten. Es ist ferner evtl. mit Einsparungen der Lohnkosten zu rechnen, da die gesteigerte Produktivität zu Umsetzungen führen kann. Es ist jedoch zu beachten, daß infolge der hohen Qualifikationsanforderungen an die Mitarbeiter die Stundenlöhne ansteigen werden.

Diesen Kostenverminderungen stehen Kostensteigerungen in einigen Bereichen gegenüber. Der Aufwand für Vorrichtungen und Werkzeugvoreinstellung wird durch das maschinenlaufzeitparallele Rüsten höher. Die Personalschulung erfordert Zeit und finanzielle Mittel. Auch sind für die Reorganisation Investitionen erforderlich. Durchgeführte Wirtschaftlichkeitsanalysen zeigen jedoch insgesamt eine Reduktion der Herstellkosten von etwa 10% und Amortisationszeiten der Projekte von 1,5 bis 2 Jahren.

Die Wirkungen der Fertigungssegmentierung lassen sich nur zum Teil direkt an Veränderungen in den Kosten messen. Darüber hinaus treten jedoch auch Effekte auf, die nur schwer monetär quantifizierbar sind. Diese positiven und negativen Wirkungen können in einer Argumentenbilanz abgebildet werden und als Argumentengewinn in die Entscheidung zur Segmentierung einfließen. (vgl. Abb. 5).

Abb. 5: Argumentenbilanz für die Fertigungssegmentierung schwer monetär quantifizierbarer Wirkungen der Fertigungssegmentierung

Aktiva	Passiva
● Breiter Einsatzbereich von Klein- bis Großserienproduktion ● Hohe Flexibilität bezüglich neuer Fertigungsverfahren und -Aufgaben ● Hoher Nutzungsgrad der Betriebsmittel ● Einfache Transportmittel ● Übersichtliches Produktionssystem ● „Papierlose Fabrik" möglich ● Variable Maschinenanordnung ● Kurze Leistungszeiten ● Hohe, gleichbleibende Qualität ● Hohe Mitarbeitermotivation ● Gute Vorbereitung für die stufenweise Einführung eines CIM-Systems ● ...	● Einzel- und Massenproduktion nur bedingt möglich ● Hoher Vorbereitungsaufwand ● Bedarf an hochqualifiziertem Personal ● Tiefgreifende Veränderung bestehender Strukturen ● Höheres Beschäftigungsrisiko ● Höhere Personalabhängigkeit ● ... **Argumentationsgewinn** der Fertigungssegmentierung

4. Fertigungssegmentierung als Erfolgsfaktor

Fertigungssegmentierung ist ein Instrument zur Konzentrierung der Produktionseinheiten auf die jeweils kritischen Erfolgsfaktoren eines Marktsegmentes. Wenn die Prinzipien der Fertigungssegmentierung realisiert werden, entsteht ein transparentes Produktionssystem, das die Produktionskosten senkt und die Wettbewerbskraft des Unternehmens steigert.

Das Konzept der Fertigungssegmentierung versucht die Vorteile – geringe Kosten und kurze Durchlaufzeiten – der Fließfertigung mit der hohen Flexibilität der Werkstattfertigung zu vereinigen. Es dient der Vorbereitung der flexiblen Automatisierung und der computerintegrierten Produktion, da die überschaubaren Segmente in der Fabrik leichter mit neuen Technologien ausgestattet werden können. Die Umweltentwicklungen im Markt und in der Technologie deuten darauf hin, daß das Konzept der Fertigungssegmentierung eine wichtige strategische Waffe im Wettbewerb sein kann.

1.4. Herausforderungen der Hochtechnologie an das Management

Gerhard Zeidler

In der Diskussion um die oft als „Hochtechnologie" bezeichneten modernen Technologien ist die Forschung, von der wissenschaftlichen Hochschulforschung bis zur betrieblichen Produktentwicklung, in den Mittelpunkt des Interesses gerückt. Auf nationaler Ebene wird diskutiert, ob alle diese Bereiche den optimalen Beitrag zum gesamtwirtschaftlichen Erfolg leisten oder ob sie des Guten zuviel tun. Auf betrieblicher Ebene wird Forschung und Entwicklung (F&E) einerseits als Investition in die Zukunft, andererseits in zunehmendem Maß als Kostenfaktor angesehen. Im folgenden sollen einige aktuelle Probleme der industriellen F&E, insbesondere der Managementerfordernisse in Hochtechnologiebereichen, behandelt werden.

Das Management in F&E-Bereichen der Unternehmen steht verstärkt vor der Zusatzaufgabe, den Beitrag von F&E für das Unternehmen nachvollziehbar zu belegen. Denn sind die Unternehmen auch oft stolz auf ihre F&E-Leistungen, werden sie doch dann unsicher, wenn es um die nicht unbeträchtlichen Kosten geht.

F&E kann – auch bei optimaler Planung und Durchführung der intern ablaufenden Prozesse – niemals Markterfolg „garantieren". F&E kann nur auf der Basis möglichst präziser Angaben über Markterfordernisse, kombiniert mit eigener Einschätzung der Technologiemöglichkeiten, dem Unternehmen mithelfen, die Chancen im Wettbewerb optimal zu nutzen.

F&E in den Unternehmen hat allen Grund, ohne falsche Bescheidenheit auf die Leistung der letzten Jahre hinzuweisen: Die komplizierten Umstellungsprozesse sind in vielen Branchen erfolgt. Die F&E-Bereiche besitzen heute ein größeres Gewicht als vor zehn oder fünfzehn Jahren. F&E-Management heißt heute, ganz besonders in Unternehmen mit hochtechnologischer Orientierung, in größerem Maße als bisher die Unternehmensstrategie mitzubestimmen und mitzubeeinflussen. Will ein Unternehmen aufgrund seiner Strategie eine starke Stellung in hochtechnologischen Bereichen erringen oder erhalten, dann erreicht es dies weniger auf dem oft sandigen Untergrund des Technologiezukaufs, sondern vor allem mit intensiver eigener F&E. In solch einer Unternehmensphilosophie wird der Forscher und Entwickler, der Ingenieur des Unternehmens, zum Wertschöpfer.

1. Kein Urmeter für Effizienz

„Forschung und Entwicklung“ ist schon seit längerem ein Untersuchungsobjekt der Betriebswirtschaftslehre, in deren Literatur Begriffe wie Effizienz, Effektivität und Produktivität ebensowenig wie in der Praxis eindeutig definiert sind.

Wie eingangs erwähnt, garantiert ein „effizientes“ Instrument allein noch keinen Unternehmenserfolg. Und da sich der F&E-Prozeß kaum auf eine simple Input-Output-Rechnung reduzieren läßt, ist „effiziente Entwicklung“ nicht als Prinzip definierbar. Man muß sich damit helfen, in Teilbereichen mit Hilfsgrößen zu arbeiten, also zum Beispiel auf Durchlaufzeiten vergleichbarer Projekte, Änderungskosten im Produktentstehungsprozeß und ähnliches zu achten. Eine Gesamtschau ist wohl derzeit nur mit Verfahren möglich, die sich auf bestimmte „Effizienzmuster“ stützen, wie etwa den Vergleich „ähnlicher“ F&E-Prozesse. Doch ist es bei komplexen Systemen und Produkten schon eine Ausnahme, wenn zwei vergleichbare Entwicklungsprozesse hintereinander ablaufen.

Weder in der Betriebswirtschaftslehre noch in der Praxis existiert ein „Urmeter“ für die Messung von F&E-Effizienz, daher werden oft die F&E-Leistungen der Mitbewerber zum Maßstab. Wer schneller auf der Messe oder gar auf dem Markt ist, oder wer das Produkt preiswerter anbietet, dem wird meist auch größere F&E-Effizienz zugesprochen. Dabei können doch ganz andere Faktoren im Spiel sein, etwa ein längerfristig unvertretbar hoher Kapitaleinsatz oder strategisch eingesetzte Niedrigpreise. Deshalb ist der Begriff „Optimierung“ von Managementvorgaben in bezug auf Zeit, Kosten und Qualität den Begriffen „Effizienz, Effektivität oder Produktivität“ vorzuziehen.

So soll F&E als einheitlicher Prozeß zur Gewinnung neuartiger, möglichst anwendungsbezogener Erkenntnisse in enger Verbindung mit den übrigen

Unternehmensbereichen verstanden werden. Folglich sind die „F&E-Managementerfordernisse" nicht auf den eigentlichen F&E-Bereich beschränkt, sondern reichen weit darüber hinaus. F&E-Management ist unter den heutigen wirtschaftlichen Rahmenbedingungen in der vertikalen Dimension (dem Verantwortungsbereich des F&E-Managers) und in der horizontalen Dimension (dem Bezugsbereich des F&E-Managers in den mikro- und makroökonomischen Bedingungen) nahezu ausgewogen. Am Beispiel der Kommunikationstechnik sollen die Problemfelder des F&E-Prozesses und der F&E-Strategie innerhalb der Randbedingungen der Hochtechnologie mit Lösungsmustern dargestellt werden.

2. Kommunikationstechnik im Wandel

Die Kommunikationstechnik steht am Ende einer Phase des Strukturwandels durch neue Technologien, der seit etwa 1975 beschrieben wird und in wichtigen Teilen schon vollzogen ist: In nahezu allen Sparten wurde eine neue „Mikroelektronik-Generation" entwickelt, gefertigt, installiert und verkauft. Dies gilt für Investitionsgüter (Beispiel: digitales Telefonvermittlungssystem), aber auch für Konsumgüter (Beispiel: digitaler Fernsehapparat). Der Strukturwandel ist keineswegs abgeschlossen, aber er ist aus der Prognosephase in die Realisierungsphase gelangt. Die makroökonomischen Rahmenbedingungen werden zunehmend schwieriger. Dazu einige Stichworte: unterschiedliche Wachstumstendenzen, verstärkter internationaler Wettbewerb, heterogene demographische Entwicklungen, wachsende Verschuldung in vielen Ländern, Sättigung wichtiger Märkte, steigende Grenzkosten für wissenschaftlichen und technischen Fortschritt und höhere Arbeitslosigkeit.

Der prognostizierte Wettbewerb im „gemeinsamen Markt der Kommunikationstechnik" ist mit der erwarteten Härte eingetreten. Dem Vordringen der Rechnertechnik in die Kommunikationstechnik wirkt heute zunehmend ein umgekehrter Trend entgegen. Als Beispiel sei der Erfolg genannt, mit dem die Kommunikationstechnik bei der Vernetzung isolierter Computerinseln ihr „klassisches" Know-how-Feld der Netz- und Schnittstellenarchitektur einbringt. Dies eröffnet der kommunikationstechnischen Industrie mit ihren offenen Netzen und den weltweit gültigen Standards neue Chancen. Kommunikations- und Rechnertechnik überschneiden sich zwar immer mehr, werden aber wohl wegen der grundsätzlich unterschiedlichen Denkansätze nicht zur vollständigen Deckung kommen.

Die Beschleunigung der Technologiezyklen hält an, jedoch ist das Innovationstempo insgesamt etwas verlangsamt. Der Markt fordert von den Herstellern mehr Systemlösungen im Sinne der Erweiterbarkeit und Aufwärtskompatibilität („Systemfamilien") und nicht nur eine Aneinanderreihung einzelner Geräte. Dies bedeutet für die Systemhersteller längerfristig gute Aussichten im Wettbewerb und für die Kommunikationstechnik, daß die F&E ihren Einfluß auf die Wettbewerbsfähigkeit der Unternehmen ausbauen muß und wird.

3. Schneller, riskanter, gleichzeitig, neuartig

Bedingt durch die beschleunigte Technologieentwicklung, sind mehr Dinge gleichzeitig, schneller, unter höheren Risiken und auf neue Art und Weise zu bewältigen. Wenn in Publikationen der letzten Zeit vorwurfsvoll anklingt, daß die für „innovative" Unternehmen oft benutzte Vergleichszahl von „x% der gesamten Produktpalette in den letzten fünf Jahren entwickelt" eher auf Versäumnisse vor diesem Zeitraum hindeute, dann verkennen solche Analysen, daß z. B. die Einsatzmöglichkeiten der Mikroelektronik vor zehn Jahren generell unterschätzt wurden. Diese Technologien sind auch heute noch lange nicht ausgereizt und entwickeln sich nachweislich mit größter Dynamik. Dieser Technologieumbruch bietet Chancen, die von den Unternehmen in neue Systeme und Produkte umzusetzen sind.

Eines der zentralen Managementerfordernisse in F&E-Bereichen ist die Verkürzung der Produktentstehungsphase, was sich auf den gesamten Produktzyklus auswirkt. Höherer Wettbewerbsdruck und dadurch ständig neue Anforderungen vom Markt resultieren in veränderten Marketingspezifikationen, die rasch in den F&E-Prozeß aufgenommen werden müssen. Kontinuierliche Technologieschübe schaffen während des F&E-Prozesses neue Voraussetzungen, mit der Folge, daß Änderungen unvermeidbar sind. Dies führt in Einzelfällen dazu, daß Entwicklungsprozesse schon in Gang gesetzt werden müssen, ehe noch die endgültigen Marketingspezifikationen und die vorgesehenen Technologien zur Verfügung stehen. Die „Go-Entscheidung" ist damit risikoreicher geworden, aber es kann nicht immer auf neue Marketingmodifikationen oder Technologieschübe gewartet werden – irgendwann ist Annahmeschluß.

Die Überlappung von Phasenschritten im Entwicklungsprozeß, die eigentlich sequentiell ablaufen müßten, verursacht immer wieder Doppelarbeiten. Unausgereifte Ergebnisse werden bisweilen im Zeitdruck als Basis für den nächsten Entwicklungsschritt weitergegeben. Nicht selten werden trotz oder gerade wegen dieser Anstrengungen Termine und Kosten überschritten. In F&E-Prozessen der hochtechnologischen Bereiche müssen Abstimmungsschritte manchmal in zeitlich so kurzen „Zeitfenstern" erfolgen, daß selbst Kleinigkeiten im Ablauf plötzlich zu einem „Problem höherer Ordnung" anwachsen können. Das Grundproblem der steigenden Systemkomplexität ist die Notwendigkeit eines für das F&E-Management unverzichtbaren Gesamtüberblicks der realisierten Teilschritte und der möglichen Interferenzen zwischen den Einzelpaketen. Die Produkt- und Systemkomplexität und die Prozeßkomplexität zusammen ergeben exponentiell steigende Informations- und Kommunikationsmengen. Die einzelnen Arbeitsgruppen geraten angesichts des Informationsberges in Interaktionsschwierigkeiten. Dieses Problem stellt sich vor allem dem prozeßkontrollierenden Management, das den Entwicklungsfortschritt ermitteln und bewerten muß. Es ist relativ einfach, Meilensteine durch Erfassen von fertiggestellten Leiterplatten, erstellten Programmbefehlen und ähnlichem zu kontrollieren. Ungelöst ist aber noch das Problem, die „Entwurfsleistung" zu bewerten oder den Zeitbedarf abzuschätzen, der z. B. für das Zusammenfügen einzeln erstellter Softwarepakete untereinander und mit der parallel entwickelten, teilweise noch fehlerbehafteten Hardware erforderlich ist. Je komplexer das System ist, desto mehr nimmt auch die Produktivität pro Mannjahr ab: Zwischen einfachen und sehr komplexen Systemen sind Produktivitätsunterschiede von 4:1 durchaus realistisch. Der Mehraufwand rührt vom ungleich höheren Kommunikationsbedarf her. Dabei kann man zum Beispiel in Softwareprojekten nicht ohne weiteres Verbesserungen durch verstärkten Ingenieureinsatz erreichen. Hier gilt in den meisten Fällen das in den USA so gebräuchliche Wort: „Adding more manpower to a late software project makes it even later."

Die genannten Probleme schlagen voll auf die F&E-Kostenkontrolle durch. Der Kostenkontrolle wird aber seitens des Managements aus naheliegenden Gründen höchste Aufmerksamkeit zuteil. Da der Entwicklungsprozeß notwendigerweise immer weiter modularisiert wird, sind am einzelnen Ingenieurarbeitsplatz Optimierungen und Rationalisierungen anzustreben, und hierbei scheinen die klassischen Ansätze zu neuen Problemen zu führen. „Klassisch" ist die von den Enzyklopädisten als Allheilmittel gepriesene und von Taylor im Fertigungsbereich vorexerzierte Arbeitssegmentierung bei hoher Auslastung des Einzelnen. Was bei Nähnadeln aber noch möglich war, ist bei komplexen Systemen eher kontraproduktiv: Wer der Versuchung der „Taylorisierung" erliegt, wird über kurz oder lang vom „Warteschlangenproblem" geradezu blockiert, und dann werden „Wartezeiten" zu „Entwicklungskosten".

Die Produkte und Systeme werden auch deswegen komplizierter und komplexer, weil eine Fülle von Leistungsmerkmalen heute Gebot des Wettbewerbs ist. Dies können Leistungsmerkmale sein, die am Beginn der Produktentstehung nicht gefordert waren, aber beim Übergang zur Fertigung doch implementiert sein müssen. Diese Leistungsmerkmale sind in der „Hochtechnologie" aber nicht nur produkt- und systemimmanente Verbesserungen, sondern auch so komplexe Dinge wie „Zukunftssicherheit", „Erweiterbarkeit" und „einfachere Bedienung und Wartung".

Ein weiteres Problem ist seit den ersten Publikationen über den „Strukturwandel" bekannt und dennoch bis heute ungelöst: Die Wertschöpfung verlagert sich von der Fertigung zur Entwicklung. Was früher beispielsweise bei der Geräteverdrahtung an maschineller und menschlicher Arbeit geleistet wurde, wird heute von einem Softwareingenieur mit einem einfachen „Duplizierbefehl" am Terminal erledigt. Steigendem F&E-Aufwand steht damit sinkender Fertigungsinvest gegenüber. Das Problem hat zwei Aspekte: Die Wechselwirkung ist nicht exakt belegbar, und die heutigen Kennzahlen erfassen die neuartige Struktur nicht.

Es wird noch an vielen Stellen mit den überkommenen Verhältniszahlen (beispielsweise das Verhältnis F&E zu Umsatz oder Kapitaleinsatz zu Ingenieuraufwand) gearbeitet, obgleich diese Kennzahlen oft nur noch Public-Relations-Wert haben. Die Kennzahl „F&E/Umsatz" sagt beispielsweise praktisch nur noch aus, ob F&E finanzierbar ist, und nicht, ob sich F&E rentiert; weitergehende Interpretationen verbietet die zeitliche Diskrepanz der beiden Größen. Die zuverlässige Einschätzung des F&E-Aufwandes und die Transparenz der tatsächlichen F&E-Leistung sind so nicht mehr gewährleistet. Dies hat „psychologische" und auch finanztechnische Folgen: Der einzelne Ingenieur sieht nicht mehr den Erfolg seiner Arbeitsoptimierung und fühlt sich mehr als Kostenverursacher denn als Wertschöpfer, von dem das Unternehmen lebt. Der Finanzmann hat große Probleme, die „realen" und die nur „nominalen" F&E-Kostensteigerungen auseinanderzuhalten. In den „nominalen" F&E-Kostensteigerungen sind die gesamten neuen Wertschöpfungsprozesse – etwa der Software – enthalten, und dies verzerrt das Bild erheblich. Nicht der Anteil von F&E oder Fertigung, je für sich genommen, ist für die Unternehmen wichtig, sondern der pro Bereich geleistete Beitrag für den späteren Umsatz und Gewinn.

4. Lösungen und Lösungsansätze

Es gibt für die genannten Managementerfordernisse in den F&E-Bereichen bis heute keine übergreifend gültigen Patentlösungen, jedoch sind einige Lösungsansätze so weit erprobt, daß auf diesen Wegen weitergegangen werden kann. Einige Details:

1. Die zukunftsträchtigen Technologien müssen in den Hochtechnologie-Unternehmen fortlaufend vorausschauend beobachtet und bewertet werden. Es gilt, die Potentiale neuer Technologien nicht nur für künftige Produkte, sondern auch für laufende F&E-Prozesse zu erkunden. Damit bekommt die „Technologiebeobachtung" immer größere Bedeutung für die Produktentwicklung. Nur eine zielgerichtete Technologiebewertung macht das Risiko der Technologiewahl bei Entwicklungsbeginn kalkulierbar. Eine Faustregel besagt, daß die technologische Vorausschau über die doppelte Zeit des F&E-Prozesses erfolgen sollte. Bei großen Systemen in der Kommunikationstechnik bedeutet dies eine Voraussicht von ca. 10 Jahren.

2. In den Hochtechnologie-Gebieten bekommen die Systementwürfe eine übergroße Bedeutung. Das Konzept muß so modular sein, daß es nicht nur die verschiedensten Kundenanforderungen erfüllen kann, sondern daß es auch im F&E-Prozeß ohne allzu viele sogenannte „Re-Design-Phasen" flexibel angepaßt werden kann. Um dies zu erreichen, sind exakte Schnittstellen zwischen den einzelnen Modulen in Hardware und Software zwingend. In der Praxis heißt dies,

daß bei einer Markt- oder Technologieänderung zügig erweitert oder gar neu definiert werden kann, also die bereits geleistete Entwicklungsarbeit auf ein zum Teil verändertes oder gar neues Projektziel ausgerichtet wird. Dies ist sogar im großen Maßstab der „Systemgruppen-Entwicklung" möglich, wo geleistete Konzept- und Entwurfsarbeit der öffentlichen Kommunikationstechnik heute auch im entsprechenden privaten Bereich mitverwendet wird (Beispiel: digitale Vermittlungstechnik).

3. In der immer wichtiger werdenden Entwurfsphase gilt es, zu einem streng strukturierten und damit nach formalen Kriterien überprüfbaren Vorgehen zu kommen. Eine klare Festlegung des Entwicklungsziels sowie die Segmentierung der Teilentwicklungen erleichtern die dynamische Kontrolle der Aktivitäten, sogar bei nachträglichen Änderungen. Die bisherigen Erfahrungen zeigen, daß der erhöhte Zeitaufwand in der Anfangsphase sich durch Einsparungen im weiteren Prozeß rechtfertigt.

4. Zur Bewältigung komplexer F&E-Prozesse ist eine adäquate Aufbauorganisation erforderlich. Eine nach dem Ordnungsprinzip des Fach-Know-how gegliederte Gesamtorganisation kann besser als die getrennten Produktbereiche komplexe Systeme planen und entwickeln. Systemdenken ist gefragt, Redundanz wird so vermieden. Zentrale Bedeutung hat dabei ein Bereich für „gemeinsame Entwicklungsaktivitäten". Dort werden für alle Know-how-Gruppen mit modernsten Verfahren, natürlich mit Rechnereinsatz (Computer Aided Design), zum Beispiel Bauelemente und Bauteilmoduln spezifiziert und alle technischen Unterlagen erstellt. Die für alle Bereiche brauchbaren Entwicklungshilfsmittel und -verfahren werden hier generiert.

5. Komplexität wird so allmählich planbar, berechenbar und kontrollierbar. Die notwendige Transparenz wird in der Ablauforganisation durch einen projektorientierten Prozeß mit den erforderlichen Planungs- und Steuerungsmethoden erreicht. Klar definierte Arbeitspakete mit eindeutigen Zeitvorgaben sowie eine rasch reagierende Kostenkontrolle bis hinunter auf die Kostenstellenebene sind heute über weite Strecken in den Produktentstehungsprozeß eingefügt. Das Ziel ist, Arbeitspakete in der Größe von einigen hundert Stunden, dies entspricht einigen Mannmonaten, zu erreichen. In dieser Größenordnung sind Aufgabenstellungen präzise formulierbar, haben hinreichend genaue „Beginn"- und „Ende"-Angaben und können bestimmten Bearbeitern zugeordnet werden.

Das große Informationsvolumen, das durch die Segmentierung in kleinere Arbeitspakete, aber auch durch die weitreichende Prüfplanung bewirkt wird, erfordert verschiedene Verdichtungsebenen. Diese Verdichtungen sind wirtschaftlich nicht mit erhöhtem Personalaufwand, sondern nur durch Automatisierung zu erreichen, mit einem Planungs- und Informationssystem, das nicht nur die Projektplanung im Überblick, sondern auch den Kosten- und Leistungsstand pro Arbeitspaket beschreibt.

Als qualitatives Bewertungsinstrumentarium für laufende Projekte stehen im F&E-Prozeß verschiedene Hierarchien von Projektdurchsprachen („Design-Review") zur Verfügung. Hier werden in Abstimmung aller beteiligten Bereiche, in der Regel als F&E, Produktbereich und Fertigung, die Sachlage und die eventuell geänderte Ausgangssituation (technologisch/wirtschaftlich) in ihren Konsequenzen für den gesamten Produktentstehungsprozeß analysiert und bewertet.

Das quantitative Instrumentarium bildet sich aus der Prozeßkontrolle in bestimmten Teilschritten. Zahl der Software-Statements, Kosten pro Leiterplatte und andere Teilgrößen ergänzen das Gesamtbild.

6. Übergreifende Kennzahlen, die den Leistungsgrad zuverlässig angeben, sind derzeit noch nicht verfügbar; an die Stelle der früher verwendeten und heute – wie erwähnt – wenig aussagenden Kennzahl „F&E/Umsatz" sollte eher eine Kennzahl „Technikkosten", die den innerbetrieblichen Strukturwandel berücksichtigt, treten. Diese Zahl müßte F&E-Kosten und Produktionskosten sinnvoll zusammenfassen und zu Umsatz bzw. Gewinn ins Verhältnis setzen. Damit würden die „Technikkosten" für ein Produkt insgesamt deutlicher und vergleichbarer. In der Software- und Verfahrensentwicklung sind die Wechselwirkungen zwischen steigendem F&E-Aufwand und sinkendem Fertigungsaufwand bereits deutlich nachweisbar. In der restlichen Produktentwicklung und -fertigung muß noch untersucht werden, inwieweit erhöhter Entwicklungsaufwand sich mit der Einsparung von Fertigungskosten aufrechnet. Ziel dieser neuen Betrachtungsweise ist es, wenigstens innerbetrieblich die F&E-Kostensteigerungen transparent zu machen, um die absoluten Zahlen der Kostensteigerungen und den Entwicklungsaufwand beurteilen zu können.

Ein F&E-Prozeß wird wegen der Komplexität (z.B. Entwurf von LSI-Schaltkreisen) über der Zeitachse immer weniger beeinflußbar, es sei denn, man nähme hohe Kosten in Kauf. Deshalb erfordert das strategische Konzept die höchste Aufmerksamkeit der gesamten Geschäftsleitung bereits bei der Projektdefinition. In dieser Phase werden zukunftsweisende Weichenstellungen so weitgehend festgeschrieben, daß sie später nur mit hohem Aufwand korrigiert werden können. Es ist dabei Aufgabe des F&E-Managements, unter anderem die rascher aufeinanderfolgenden Technologieschübe zu bewerten und sie für jede Produktentwicklung in Alternativszenarios so aufzubereiten, daß das Gesamtmanagement die Entscheidungsvorlagen erkennt und sie anschließend auch mitträgt. Wo dieser Vermittlungsprozeß im Gesamtmanagement gelingt, wird die Produktentwicklung ein besser planbarer Prozeß mit vorhersehbar gutem Endresultat.

Natürlich bleibt die Abhängigkeit von zuverlässigen Marktprognosen; von Marketing und Vertrieb können aber oft keine endgültigen Prognosen erwartet werden, besonders in Zeiten und Sparten verstärkten Wettbewerbs und dynamischer Technologieentwicklung. Das F&E-Management hat sich diesem Problem der erhöhten Marktunsicherheit zu stellen. So muß es zum Beispiel bei „bedeutsamen“ Leistungsmerkmaländerungen auf Auswirkungen in den Produktplänen hinweisen. Auch muß es bei Marktveränderungen sehr schnell ein Umdenken einleiten; in Einzelfällen kann dies sogar zum Abbruch des Projektes führen.

Die Fertigung muß ebenfalls schon in der ersten Phase der Produktentwicklung mitbeteiligt sein. Nur so läßt sich das spätere Entwicklungsergebnis reibungslos in ein Serienprodukt umsetzen. Wichtig sind bereits bei Entwicklungsbeginn die Definition der Prüfplanung mit Erstellung der Programme für die Prüfautomaten, die Beschreibung der Bauelemente, die fertigungsgerechte Auslegung der Baugruppen und die Definition aller unabdingbar notwendigen Unterlagen. Zudem müssen schon zu diesem Zeitpunkt die Qualitätsstandards für das Serienprodukt festliegen. Nur so lassen sie sich in das Produkt hineinentwickeln und müssen nicht später kostenaufwendig „erprüft“ werden. Auf diese Weise gelingt es, die sensible Schnittstelle zwischen F&E und Fertigung zu „verdaten“, d. h., über das Entwicklungssystem fertigungsgerechte Unterlagen zu erstellen.

Die Hochtechnologie-Industrien sind gezwungen, für die F&E-Prozesse große absolute Investitionen zu leisten. An bestimmten aufwendigen Grundausstattungen führt kein Weg vorbei. Vor diesem Hintergrund verblassen sogar die F&E-intern erreichten und erreichbaren Produktivitätssteigerungen. Natürlich werden als Folge davon viele Unternehmen ihre Produktsparten bereinigen und aus Kostengründen „Mut zur Lücke“ zeigen. Doch gerade in der Kommunikationstechnik zwingt die Marktstruktur die Hersteller weitgehend zur Erhaltung einer Systemfamilie mit Peripherieeinrichtungen, wenn sie nicht erhebliche Einbußen erleiden wollen.

In Hochtechnologie-Bereichen steigt das Risiko, das betriebswirtschaftlich weder im Einzelunternehmen, noch in einer Kooperation hinreichend abzudekken ist. Daraus leitet sich auch ein gewisser Förderungsbedarf in Schlüsselbereichen ab. In anderen Ländern sind große Erfolge in Hochtechnologie-Bereichen durch massive Initialförderung erreicht worden, sei es durch staatliche Programme, staatliche Koordination, Förderung der Risikokapitalbildung oder direkt durch Regierungsaufträge.

Das F&E-Management muß diese Förderungsmöglichkeit grundsätzlich in die Strategie miteinbeziehen, ohne diese aber durch die eigene Verlockung zu kurzfristigen „Mitnahmeeffekten“ umzustoßen. Auch dieses Problem der Förderungsnotwendigkeit ist noch nicht beantwortet. Die Wirtschaftswissenschaft kommt zu höchst divergenten Aussagen und Empfehlungen. Wir dürfen die – in letzter Zeit öfters geäußerte – Gefahr der „wachsenden Trägheit“ oder der „satten Subventionsmentalität“ in den geförderten Bereichen der Schlüsseltechnologien zwar nicht unterschätzen, doch ebensowenig überbewerten. Hier bietet sich eine Chance der Mittelkonzentration und der Ressourcenbündelung für den Erhalt der internationalen Wettbewerbsfähigkeit.

Fazit: Das F&E-Management steht in den Hochtechnologie-Bereichen vor erhöhten Anforderungen hinsichtlich des Informations-, Kommunikations- und Kontrollbedarfs, um einzelbetrieblich und gesamtwirtschaftlich richtig entscheiden zu können. Die Wissenschaft ist gehalten, diesen Problemdruck verstärkt aufzunehmen und praxisorientierte Lösungsansätze zu entwickeln.

1.5. Personalplanung im F & E-Bereich

Michel Domsch und Torsten J. Gerpott

1. Einleitung

Die Bedeutung von Forschung und Entwicklung (F&E) für den Erhalt und das Wachstum von industriellen Unternehmen ist allgemein anerkannt. Das Interesse der öffentlichen Diskussion hat sich dabei in den letzten Jahren vor allem auf spektakuläre Technologiezentren wie das in Kalifornien gelegene Silicon Valley oder die „Route 128“ im US-Bundesstaat Massachusetts konzentriert. Hier haben junge, relativ kleine Unternehmen durch konsequenten Einsatz neuester naturwissenschaftlich-technischer F&E-Erkenntnisse zur Schaffung neuer Arbeitsplätze beigetragen. Es verwundert daher nicht, daß auch in der Bundesrepublik der Prototyp des dynamischen Forschers mit Unternehmergeist, der in einem „Technologiepark“ ein neues „High Tech“-Unternehmen gründet, in der Debatte um die Verbesserung der Innovationsleistungen der deutschen Wirtschaft eine große Rolle spielt.

Dabei wird jedoch oft nicht genügend berücksichtigt, daß die erfolgreiche Entwicklung technologischer Innovationen in der Wirtschaft weniger von herausragenden Einzelleistungen einiger Naturwissenschaftler und Ingenieure (im folgenden kurz als „Forscher“ bezeichnet) abhängt, sondern überwiegend auf geplanten, nach bestimmten Regeln arbeitsteilig vollzogenen Aktivitäten, die in den F&E-Bereichen von mittleren und großen Unternehmen stattfinden, beruht. Von den 1983 für F&E in der bundesdeutschen Wirtschaft aufgewendeten 31,6 Mrd. DM entfallen rund drei Viertel auf Unternehmen mit mehr als 2000 Beschäftigten (BMFT 1984, S. 50). Wie Tabelle 1 zeigt, sind F&E-Aufwendungen von Unternehmen überwiegend Personalaufwendungen. Nach vorliegenden forschungsstatistischen Daten ist davon auszugehen, daß über

90% der in Industrieunternehmen tätigen Forscher in Unternehmen mit mehr als 1000 Mitarbeitern beschäftigt sind (Stifterverband 1980, S. 58). Berücksichtigt man weiter, daß der „Produktionsfaktor Arbeit" in F&E nur sehr begrenzt ersetzbar ist, da F&E-Aufgaben kreative Problemlösungsideen erfordern, deren Erzeugung (bisher) dem Menschen vorbehalten ist, dann wird deutlich,

Abb. 1: Prozentualer Personalaufwandsanteil an den internen F&E-Aufwendungen je F&E-Beschäftigten pro Monat in Unternehmen in der Bundesrepublik in den Jahren 1977 und 1981

Jahr	*Unternehmen insgesamt*		*Chemische Industrie[1])*		*Elektrotechnik[2])*		*Maschinenbau[3])*	
	F&E-PAA[4])	A/F&E-B[5])	F&E-PAA	A/F&E-B	F&E-PAA	A/F&E-B	F&E-PAA	A/F&E-B
	Prozent	DM	Prozent	DM	Prozent	DM	Prozent	DM
1977	60,0	4159	60,7	4069	66,1	4296	56,1	4105
1981	58,8	5209	58,7	5435	65,6	5136	56,7	5179

Quelle: Errechnet aus Angaben des Stifterverbandes für die deutsche Wissenschaft

[1]) Die Branchenuntergliederung erfolgt nach der Systematik des produzierenden Gewerbes (SYPRO) des Statistischen Bundesamtes. Zur Chemischen Industrie (SYPRO-Nr. 20) gehört u. a. auch die mineralölverarbeitende Industrie.

[2]) SYPRO-Nr. 25, enthält u. a. auch Feinmechanik, Optik, Herstellung von EBM-Waren.

[3]) SYPRO-Nr. 24, enthält u. a. auch Kraftwagen- und Luft- und Raumfahrzeugbau.

[4]) F&E-PAA = Prozentualer Personalaufwandsanteil an den internen F&E-Aufwendungen.

[5]) A/F&E-B = Monatliche Aufwendungen (inkl. Personalnebenkosten) je F&E-Beschäftigten bei Zugrundelegung des Vollzeitäquivalents aller in F&E beschäftigten Personen.

wie entscheidend die Innovationsleistung der deutschen Wirtschaft von den in mittleren und großen Unternehmen tätigen Forschern beeinflußt wird. In Unternehmen dieser Größenordnung aber ist der Einsatz systematischer Methoden zur Bewältigung von Problemstellungen, die die Forscher betreffen, also F&E-Personal-Management (vgl. zum zugrunde gelegten Personal-Management-Begriff Domsch & Gerpott 1985a, S. 5), möglich und notwendig. Im folgenden werden wir ausgewählte Probleme und Lösungsbeiträge des F&E-Personal-Management vorstellen; dabei ist grundsätzlich zu beachten, daß die bisherige in Wissenschaft und Praxis über F&E geführte Diskussion im wesentlichen „inhuman" ist: Sie hat sich vor allem auf Methoden zur Forschungsprogramm- und -projektauswahl in privatwirtschaftlichen und öffentlichen F&E-Bereichen konzentriert und personalwirtschaftliche Fragestellungen weitgehend vernachlässigt, so daß derzeit nur noch nicht voll befriedigend wissenschaftlich abgesicherte Lösungsbeiträge zu F&E-Personal-Management-Fragen skizziert werden können.

2. Bedeutung von Beurteilung, Auswahl und Laufbahnplanung für die Personalplanung in F&E

Betriebliche Personalplanung in F&E beschäftigt sich mit dem Durchdenken und Festlegen zukünftigen Geschehens im F&E-Personalbereich sowie mit den dabei erforderlichen Methoden und Informationen. Personalplanung in F&E beinhaltet (vgl. Domsch 1984, S. 529–531):

- die Feststellung des zukünftigen Bedarfs an F&E-Personal (Bedarfsplanung).
- die Sicherung der Bereitstellung des zur Bedarfsdeckung erforderlichen Personalbestandes (Beschaffungsplanung);
- die Regelung der Zuordnung von F&E-Personal und Aufgaben (Einsatzplanung);
- die Sicherstellung der Entwicklung von F&E-Personal nach dessen individuellen Möglichkeiten und Wünschen bzw. den betrieblichen Erfordernissen (Entwicklungsplanung);
- die Gewährleistung von Integration und Motivation des F&E-Personals (Erhaltungsplanung).

Sämtliche Teilbereiche der Personalplanung erfordern Informationen über die Arbeitsanforderungen an Forscher sowie über deren aktuelle und mögliche zukünftige Arbeitsleistung. Diese Informationen werden größtenteils durch Verfahren zur Beurteilung der Leistung, zur Auswahl und zur Laufbahnplanung von Forschern gewonnen.

Verschiedene systematische Ansätze zur Leistungsbeurteilung streben die Abbildung *(Diagnose)* der bisher erbrachten Leistung von Forschern an. Auf F&E-spezifische Probleme und Lösungsansätze der Leistungsbeurteilung von Forschern gehen wir im folgenden Kapitel ein. Auswahlverfahren dienen der Vorhersage *(Prognose)* zukünftiger Leistungen von Forschern. Geht man davon aus, daß sich die Anforderungen zu besetzender Stellen in F&E häufig von den Anforderungen der Stellen, die unternehmensexterne (z. B. Hochschulabsolventen) und -interne (z. B. Mitglied eines F&E-Projektteams) Auswahlkandidaten bisher eingenommen haben, unterscheiden, dann sind über die Leistungsbeurteilung hinaus spezielle Verfahren (z. B. Tests) zur Personalauswahl in F&E notwendig (vgl. Berthel & Koch 1985, S. 102). Derartige Verfahren werden in Kapitel 4 diskutiert. Auswahlentscheidungen werden im Hinblick auf bestimmte Positionstypen (z. B. Positionen in der Grundlagenforschung ohne Personalverantwortung) getroffen. Die planende Festlegung generell in einem F&E-Bereich verfügbarer Positionstypen sowie von möglichen, im Verlaufe der Tätigkeit in einem Unternehmen zu durchlaufenden Positionsfolgen für Industrieforscher ist Gegenstand der Laufbahnplanung. Ihr ist das letzte Kapitel unseres Beitrages gewidmet.

3. Beurteilung der Leistung von Forschern

Gründe für den Einsatz formaler Leistungsbeurteilungsverfahren

Die Arbeitsleistung eines Forschers wird im Alltag laufend durch Vorgesetzte, Kollegen, Vertragspartner usw. beurteilt. Mit der Einführung eines formalen Verfahrens zur Beurteilung der Forscherleistungen wird dieser allgegenwärtige Prozeß der wechselseitigen, wertenden Einstufung unter Mitarbeitern bestimmten Regeln unterworfen. Die Strukturierung erfolgt deshalb, weil man annimmt, daß die bisher verdeckt ablaufenden Beurteilungsprozesse durch ein Leistungsbeurteilungsverfahren transparenter und systematischer durchgeführt werden. Konkret schlägt sich ein formales Beurteilungsverfahren in der Praxis in dem Beurteilungsformular nieder, das der Beurteiler (das heißt in der Industrie fast immer der direkte Vorgesetzte eines Forschers) zumeist jährlich ausfüllt, um die erbrachte Leistung eines Forschers abzubilden. Das Beurteilungsergebnis kann dann einmal Anlaß für ein offenes Gespräch zwischen dem beurteilenden Vorgesetzten und dem beurteilten Forscher sein. In diesem Gespräch sind Stärken und Schwächen des Beurteilten, Förderungsmöglichkeiten (z.B. gezielte wissenschaftliche Fortbildung) und zukünftige Arbeitsziele konkret zu diskutieren. Zum anderen kann das Beurteilungsergebnis als Grundlage für verschiedene Personalentscheidungen (z. B. leistungsabhängige Gehaltsanpassung, Versetzung) genutzt werden, die dezentral vom Vorgesetzten des beurteilten Forschers oder zentral von der F&E-Leitung getroffen werden.

In der deutschen Wirtschaft sind Beurteilungen für Forscher nicht unbekannt: Eine von uns bei 222 F&E-Führungskräften (in der Mehrzahl Forschungschefs oder -abteilungsleiter) aus 205 deutschen Industrieunternehmen mit mindestens 1000 Mitarbeitern durchgeführte Befragung ergab, daß in 65,1% der erfaßten F&E-Bereiche standardisierte Beurteilungen für Forscher durchgeführt werden. Die befragten F&E-Manager sehen in der Leistungsbeurteilung vor allem ein Mittel zur Verbesserung der Zusammenarbeit zwischen Forschern und Vorgesetzten (zur detaillierten Darstellung der Befragungsergebnisse sowie der Problematik der Leistungsbeurteilung in F&E (s. Domsch & Gerpott 1985a, S. 26–32).

Systematische Ansätze bei der Entwicklung von Verfahren zur Beurteilung von Forschungsleistungen

Die Arbeitsleistung von Forschern ist ein komplexes Phänomen, das sich in verschiedene Teilbereiche (Leistungsdimensionen) untergliedern läßt. Zählbare Leistungsmaße (Publikationsanzahl; Deckungsbeitrag eines neu eingeführten Produktes) haben zwar den Vorteil, daß sie recht eindeutig ermittelt werden können, aber es ist äußerst fraglich, ob sie die Leistungen eines Forschers tatsächlich vollständig abbilden. Entweder haben derartige Maße einen nur sehr geringen Bezug zu den wirtschaftlich motivierten Zielen industrieller F&E. Oder aber sie können einem Einzelforscher gar nicht oder erst nach einem so langen Zeitraum zugeordnet werden, daß sie für eine Personalentscheidung oder die Führung von Forschern bedeutungslos sind. In der F&E-Praxis wird denn auch zählbaren Maßen der Forscherleistung geringe Wertschätzung zuteil (vgl. Domsch & Gerpott 1985a, S. 34).

Statt dessen werden Urteile des Vorgesetzten eines Forschers als Leistungsmaße verwendet. Bei der systematischen Entwicklung eines Verfahrens zur Beurteilung der Forscherleistung durch Vorgesetzte sind folgende Schritte zu beachten (vgl. De Cotiis & Petit 1978, S. 643; Schuler 1984, S. 168):

1. Es müssen die inhaltlichen Bezugspunkte (= Kriterien) der Beurteilung festgelegt werden; was soll beurteilt werden?
2. Es müssen Meßverfahren (= Skalen) entwickelt werden, die geeignet sind, die Beurteilungsgegenstände quantifizierend (man denke hier an die bekannte Schulnotenskala von 1 bis 6) abzubilden; wie soll beurteilt werden?
3. Es müssen Leistungsmessungen mit Hilfe des Verfahrens vorgenommen und im Hinblick auf ihre Genauigkeit und Gültigkeit überprüft werden; wie gut wird beurteilt?

Am Beispiel eines Chemikers in der Grundlagenforschung könnte dies bedeuten: 1. Wissenschaftliche Fachkompetenz, 2. Zahl der Publikationen in anerkannten Fachzeitschriften, 3. Feststellen der Schwankungen des Leistungsmaßes im Zeitablauf und Ermittlung der Bedeutung von Publikationen für die Zielerreichung der Unternehmens-F&E.

Als inhaltliche Bezugspunkte für die Leistungsbeurteilung sind zu unterscheiden (vgl. Gaugler et al. 1978, S. 41–45; Domsch & Gerpott 1985a, S. 33):
- Persönlichkeitsmerkmale (z.B. Anpassungsfähigkeit, Intelligenz),
- Verhaltensweisen (z.B. trifft mindestens einmal pro Monat mit Vertretern der Marketing-Abteilung zusammen, um gemeinsame Projekte abzustimmen),
- Verhaltensergebnisse (z.B. Senkung der Produktionskosten um 5%).

Trotz ihrer Beliebtheit in der Praxis sind Persönlichkeitsmerkmale nur wenig geeignete Kriterien zur Abbildung von Forscherleistungen: Persönlichkeitsmerkmale sind *Leistungsvoraussetzungen,* aus denen nicht eindeutig auf den tatsächlichen Beitrag eines Forschers zur Erreichung von Unternehmenszielen zurückgeschlossen werden kann. Die Beurteilung abstrakter Eigenschaften wie „Kreativität“ führt dazu, daß verschiedene Beurteiler denselben Forscher oft völlig unterschiedlich einstufen, da jeder Beurteiler andere, ganz persönliche Vorstellungen mit diesem Merkmal verbindet.

Um die Subjektivität bei der Beurteilung von Forscherleistungen zu verringern (ganz vermeiden läßt sie sich bei menschlichen Urteilen nie), empfiehlt sich eine Beschränkung der Beurteilung auf beobachtbare Leistungsverhaltensweisen und -ergebnisse. Die Gewinnung von Leistungsverhaltenskriterien für Forscher sollte nicht am „grünen Tisch" durch wenige Beurteilungsexperten, sondern „vor Ort" mittels einer empirischen Arbeits- oder Anforderungsanalyse erfolgen. Zur Ermittlung erfolgsrelevanter Verhaltensweisen hat sich die „Methode der kritischen Ergebnisse" bewährt, bei der die Stelleninhaber selber nach Beispielen für besonders (in-)effizientes Verhalten von Forschern befragt werden (zum praktischen Vorgehen bei dieser Arbeitsanalysemethode s. Bernardin & Beatty 1984, S. 20 – 22). Mit Hilfe dieser Methode wurden beispielsweise von Latham und Mitchell (1976, S. 35 – 46) folgende Leistungsdimensionen für Forscher in einem US-Unternehmen ermittelt:

- Arbeitsplanung und -organisation
- Problemanalyse und -lösung
- Zusammenarbeit mit Teamkollegen
- Weitergabe und Präsentation von Arbeitsergebnissen
- Engagement bei Sonderaufgaben
- Fachlich-professionale Objektivität
- Führungsverhalten
- Art der Aufgabenbewältigung.

Jede dieser Dimensionen wird durch mehrere beschreibende Einzelaussagen (sogenannte Verhaltensbeobachtungsskalen) konkretisiert. So wird etwa die Dimension „Zusammenarbeit mit Teamkollegen" durch Beschreibungen wie „der Beurteilte kommentiert Vorschläge von Kollegen konstruktiv, ohne diese anzugreifen" meßbar gemacht. Der Beurteiler gibt dann auf einer 5stufigen Skala (1 = fast nie; 5 = fast immer) an, wie oft er ein Verhalten bei einem Forscher beobachtet hat. Durch dieses anforderungsorientierte Vorgehen wird eine notwendige, aber nicht hinreichende methodische Grundlage für eine zuverlässige und gültige Messung von Forscherleistungen geschaffen.

Die nachfolgende Abbildung zeigt von Latham & Mitchell (1976) entwickelte Verhaltensbeobachtungsskalen zur Beurteilung der Leistungen eines Forschers im Hinblick auf die Leistungsdimension „Arbeitsplanung und -organisation". In Abhängigkeit von der spezifischen Unternehmenssituation ist es denkbar, daß andere Beschreibungsaussagen (sogenannte „Items") in anderen F&E-Bereichen besser zur Erfassung dieser Leistungsdimension geeignet sind. Verhaltensbeobachtungsskalen können nicht als „Fertiggericht" für einen F&E-Bereich eingekauft werden, sondern sind nach dem oben erwähnten „methodischen Grundrezept" unternehmensspezifisch zu erarbeiten (s. dazu Domsch & Gerpott 1985b, S. 669–677).

Unsere Befragung von F&E-Managern in deutschen Industrieunternehmen zeigt, daß diese vor allem den direkten oder nächsthöheren Vorgesetzten eines Forschers für die besten Beurteiler halten. Die Richtigkeit dieser Einschätzung ist aber nicht unanzweifelbar: Vorgesetzten ist es oft unmöglich, dasselbe fachliche Spezialwissen zu erwerben, das ihre Mitarbeiter ja gerade auszeichnen soll.

Abb. 2: Verhaltensbeobachtungsskalen für in der F & E eines Industrieunternehmens tätige Wissenschaftler und Ingenieure

Arbeitsplanung und-organisation

Der beurteilte Mitarbeiter ...

1. entwickelte vor Projektbeginn einen Plan, in dem Projektorganisation, -termine, -steuerung und -überwachung festgelegt wurden, (d. h. er spezifizierte u. a. die Aufgaben aller am Projekt Beteiligten).

   Fast nie 1 2 3 4 5 Fast immer

2. bereitete sich auf Besprechungen vor, z. B. durch Niederschrift einer Tagesordnung oder anzusprechender Diskussionspunkte.

   Fast nie 1 2 3 4 5 Fast immer

3. bearbeitete gleichzeitig zwei oder mehrere Arbeitsaufträge effektiv.

   Fast nie 1 2 3 4 5 Fast immer

4. versäumte es sicherzustellen, daß Teilaufgaben zufriedenstellend abgeschlossen wurden.

   Fast immer 1 2 3 4 5 Fast nie

5. hielt Termine nicht ein oder verschob Termine.

   Fast immer 1 2 3 4 5 Fast nie

6. versäumte es, die Hauptziele seiner Stelle zu verfolgen (da er sich durch nebensächliche Probleme oder persönliche Interessen ablenken ließ).

   Fast immer 1 2 3 4 5 Fast nie

7. gab mehr als das zur Zielerreichung erforderliche Geld aus (z. B. unzulängliche Beachtung von Budgetrestriktionen; kein Kostenbewußtsein).

   Fast immer 1 2 3 4 5 Fast nie

8. versäumte es, Arbeitsziele und Prioritäten zu erkennen und/oder zu setzen.

   Fast immer 1 2 3 4 5 Fast nie

Punktsumme =

1 = Fast nie (0–19% der Arbeitszeit); 2 = Selten (20–39% der Arbeitszeit); 3 = Manchmal (40–59% der Arbeitszeit); 4 = Meistens (60–79% der Arbeitszeit); 5 = Fast immer (80–100% der Arbeitszeit). Für negative Verhaltensbeschreibungen kehrt sich die Bedeutung der Skalenstufen einfach um.

Quelle: Latham & Mitchell (1976), S. 35 (Übersetzung durch die Verfasser).

Zudem können in Projektteams, wie sie in den Forschungsbereichen der Elektro- und Maschinenbauindustrie weit verbreitet sind (vgl. Gerpott 1984, S. 37–40), Forscherkollegen untereinander ihr Verhalten bei der Zusammenarbeit im Team oft besser beurteilen als Vorgesetzte, die seltener bei der technischen Detailarbeit anwesend sind. Zwar wird die gegenseitige Beurteilung von Forscherkollegen (sogenannte „Gleichgestelltenbeurteilung“) in der Industrie bisher nicht praktiziert, aber wissenschaftliche Forschungsergebnisse deuten an, daß sie bei Einverständnis der Betroffenen möglicherweise zur Verbesserung der Zusammenarbeit in F&E-Teams geeignet ist (Domsch et al. 1983).

Für Forscher mit Personalführungsverantwortung (z.B. Projektleiter) bietet sich zudem eine Ergänzung der traditionellen „Abwärtsbeurteilung“ durch eine Beurteilung „von unten nach oben“ an: Forscher beurteilen hier ihren Vorgesetzten bezüglich seines Führungsverhaltens. Eine solche Art der Beurteilung ist für den beurteilten F&E-Vorgesetzten ein Hilfsmittel zur Diagnose und Entwicklung eigenen Verhaltens; für die beurteilenden Forscher stellt sie eine Partizipationsmöglichkeit bei der Gestaltung von Führungsbeziehungen dar, die dem Selbstverständnis hochqualifizierter Fachkräfte gerecht werden kann (s. a. Reinecke 1983).

4. Auswahl von Forschern

Auswahl als Prognoseproblem

Verfahren zur Auswahl von Forschern sind notwendig, wenn mehrere Bewerber den Anforderungen einer zu besetzenden Stelle (etwa Sachbearbeiter für biochemische Grundlagen von Antidepressiva) in unterschiedlichem Ausmaß entsprechen. Ziel von Auswahlverfahren ist die richtige Prognose der Leistung, die ein Bewerber später in einem bestimmten Stellentyp erbringen wird. Hierzu werden Informationen über Bewerber erfaßt, von denen angenommen wird, daß sie eine gültige Leistungsvorhersage ermöglichen.

Will man bei der Auswahl von Forschern systematisch vorgehen, dann sind vor Beginn des Auswahlprozesses Auswahlkriterien (sogenannte Prädikatoren wie geistige Flexibilität, realistische Selbsteinschätzung oder Fachwissen) festzulegen. Auswahlkriterien variieren in Abhängigkeit vom zu besetzenden Stellentyp. So kann bei der Besetzung einer Projektleiterstelle im Bereich Fahrwerkskonstruktion die Zahl der bisher erfolgreich im Unternehmen präsentierten Projektvorschläge von bisher als Sachbearbeiter tätigen Forschern als Kriterium zur Vorhersage der Durchsetzungsfähigkeit der Kandidaten von großer Bedeutung sein, während es geringe Relevanz bei der Besetzung einer Sachbearbeiterstelle für strömungstechnische Grundlagenforschung haben mag. Die tatsächliche Vorhersagekraft von Auswahlkriterien für den Erfolg von Bewerbern läßt sich letztendlich nur unternehmensspezifisch und empirisch überprüfen.

Einstellungsgespräche als Auswahlverfahren

In deutschen Unternehmen werden Informationen zur Vorhersage der Leistung von Forschern vor allem in Einstellungsgesprächen (Interviews) erhoben, die F&E-Manager (hauptsächlich Bereichs-, Abteilungsleiter sowie der direkte Vorgesetzte) mit Bewerbern führen. Nach unseren Befragungsergebnissen halten F&E-Führungskräfte die Fähigkeit von Bewerbern, in Teams zusammenzuarbeiten, sowie deren persönliche Ausstrahlung neben der unabdingbaren stellenadäquaten Fachkompetenz für besonders geeignete Kriterien bei der Auswahl von Forschern (Domsch & Gerpott 1985a, S. 16–19). Die Zeit des „genialen Eigenbrödlers" ist in der Industrieforschung offensichtlich vorbei. Wie insbesondere im Bereich biotechnologischer Entwicklungen deutlich wird, gehört die Zukunft in F&E kleinen, hochqualifizierten Forscherteams, in denen flexibel über traditionelle Grenzen (z.B. chemische versus klinische Abteilungen in der Pharmaforschung) hinweg zusammengearbeitet wird (zu Beispielen aus der Wirtschaftspraxis s. Burkhardt 1984, S. 52–54).

Nun stellt die Einsicht, daß die Teamfähigkeit von Forschern ein wichtiges Auswahlkriterium ist, aber noch keineswegs sicher, daß bei der Forscherauswahl auch solche Informationserhebungsverfahren eingesetzt werden, die eine gültige Prognose der Teamfähigkeit von Bewerbern erlauben. „Teamfähigkeit" ist, ebenso wie viele andere Auswahlkriterien, zunächst einmal nur ein abstrakter Begriff, der in konkrete Inhalte umgesetzt werden muß. Die Vorliebe der F&E-Praxis, Informationen über die Teamfähigkeit und andere Merkmale von Bewerbern hauptsächlich in Einstellungsgesprächen zu erheben, ist wissenschaftlich unbegründet: Zahlreiche Studien (vgl. die Überblicksdarstellungen bei Arvey & Campion 1982 und Kompa 1984, S. 173–178) haben gezeigt, daß die aufgrund von praxistypischen, wenig strukturierten Interviews gefällten Auswahlentscheidungen im Hinblick auf die richtige Prognose der späteren Arbeitsleistung nicht besser sind als Entscheidungen, die nach dem Zufallsprinzip getroffen werden. Die Vorliebe der Praxis für Interviews als *die* Auswahlmethode kann wohl eher auf eine latente, emotional gefärbte Abneigung gegen standardisierte („mechanisch-statistische") Auswahlmethoden, die oft ohne erkennbaren Berufsanforderungsbezug und mit einer für den Bewerber inakzeptablen einseitigen Abhängigkeit verbunden sind, zurückgeführt werden, die in der öffentlichen Diskussion vorherrscht (s. hierzu exemplarisch zwei Artikel im Nachrichtenmagazin „Der Spiegel", 1985, 39. Jg., Nr. 10, S. 77, und Nr. 14, S. 63 und 66) und sich auch in den Meinungen der verantwortlichen F&E-Manager niederschlägt. Einstellungsgespräche stellen dagegen eher eine sozial akzeptable Situation dar (vgl. a. Schuler & Stehle 1983).

Möglichkeiten zur Verbesserung von Einstellungsgesprächen

Obwohl das Unbehagen an einer testorientierten psychologischen Eignungsdiagnostik sicher nicht völlig unberechtigt ist, wird in der Diskussion um standardisierte Auswahlverfahren (Prototyp: Ankreuztest) für Forscher oft übersehen, daß bei einer Beschränkung der Auswahlverfahren auf Interviews sich Bewerber einem nachweisbar wenig prognosefähigen, von starken subjektiven Einflüssen verzerrten Interviewerurteil zu beugen haben. Bei der Auswahl von Forschern erscheint es u. E. daher angebracht, Auswahlverfahren einzusetzen, die sowohl empirisch nachweisbar zur Prognose von Forscherleistungen geeignet sind als auch die Auswahlsituation sozial akzeptabel machen. Konkret bedeutet dies für die Auswahl von Forschern, daß (vgl. eingehender Domsch & Gerpott 1985a, S. 23–24):

- Interviews streng anforderungsbezogen und strukturiert unter Anwendung eines vorab erstellten Interviewleitfadens durchzuführen sind.
- Bewerber in Interviews von mehreren geschulten F&E-Führungskräften unabhängig voneinander beurteilt werden.
- Interviews als sozial akzeptable Auswahlsituation genutzt werden, um anforderungsbezogene Informationen, die mittels anderer Verfahren (z. B. Intelligenz- oder Persönlichkeitstests, Biographische Fragebögen) über einen Bewerber gewonnen wurden, an diesen mit ausführlicher Erklärung weiterzugeben.

Ein vielversprechender Ansatz zur Verbesserung herkömmlicher Einstellungsinterviews in F&E ist das *„Situative Interview“* (Latham et al. 1980; Latham & Saari 1984, S. 176; Domsch & Gerpott 1985a, S. 23), das einige Probleme praxistypischer Einstellungsgespräche vermeidet. Letztere zeichnen sich nämlich häufig dadurch aus, daß (Latham & Saari 1984, S. 569):

- Interviewer verschiedenen Bewerbern nicht die gleichen Fragen stellen;
- Interviewfragen keinen erkennbaren und nachgewiesenen Bezug zum Leistungsverhalten, das für eine zu besetzende Stelle bedeutsam ist, haben;
- bei Interviewern nur wenig Übereinstimmung darüber besteht, wie gut oder schlecht die Antwort eines Bewerbers bei einer Interviewfrage war;
- erwünschte „gute“-Antworten vom Bewerber leicht erkannt werden und erwartungsentsprechend geantwortet wird.

Das Situative Interview dagegen beruht auf einem anforderungsbezogen entwickelten, standardisierten Fragenkatalog. Zunächst werden für einen F&E-Stellentyp durch Befragung von Stelleninhabern und von F&E-Vorgesetzten Beispiele für besonders (in-)effektives Arbeitsverhalten gesammelt. Solche kritischen Verhaltensbeispiele, die akzeptable versus nicht akzeptable Leistungen beschreiben, könnten etwa sein:

- Stelleninhaber informiert bei einem Auftragsforschungsprojekt den Kunden unverzüglich über absehbare Kostenüberschreitungen versus
- Stelleninhaber hält bei einem Auftragsforschungsprojekt Informationen über absehbare Kostenüberschreitungen solange zurück, bis der Kunde wegen der

Höhe der bisher investierten Mittel keine echte Entscheidung mehr bezüglich der (Nicht-)Fortführung des Projektes treffen kann.

Die Verhaltensbeispiele werden in Situationsbeschreibungen umgesetzt, die einem Bewerber im Einstellungsgespräch mit der Bitte vorgelegt werden, zu schildern, wie er in der beschriebenen Situation handeln würde. In unserem Beispiel könnte eine Situationsbeschreibung etwa wie folgt lauten:

- Sie sind für die Durchführung eines Forschungsprojektes verantwortlich, das ein externer Kunde in Auftrag gegeben hat. Für das Projekt ist eine zwölfmonatige Laufzeit und ein Budget von 1,1 Mio. DM vorgesehen. Nach etwa zwei Monaten gibt es Anzeichen, daß das Projekt mit den zur Verfügung stehenden Mitteln im vorgegebenen Zeitraum nicht abgeschlossen werden kann. Was werden Sie in dieser Situation tun?

Verschiedenen Bewerbern wird im Interview der gleiche Fragenkatalog (zumeist 10–25 Fragen) vorgelegt. Die Antworten des Bewerbers werden von mindestens zwei Interviewern unabhängig voneinander auf Beurteilungsskalen daraufhin eingestuft, inwieweit sie gutes, durchschnittliches oder schlechtes Leistungsverhalten widerspiegeln. Die Stufen dieser Skalen werden durch die früher gesammelten kritischen Verhaltensbeispiele illustriert („verankert"), um die Übereinstimmung der Interviewer bei der Bewertung der Antworten von Kandidaten zu erhöhen. Das Situative Interview beruht auf der Annahme, daß vom Bewerber im Interview geäußerte Verhaltensabsichten valide Prädiktoren tatsächlichen, späteren Arbeitsverhaltens sind. Bisher liegen fünf Studien (referiert bei Latham et al. 1980 und Latham & Saari 1984) vor, die zeigen, daß diese Annahme berechtigt ist und daß Situative Interviews zu einer besseren Prognose der Arbeitsleistung führen als herkömmliche, weniger aufwendige Interviewverfahren. Allerdings wurde in den vorliegenden Studien das Situative Interview nicht zur Auswahl von Forschern eingesetzt. A-priori ist aber u. E. kein Grund erkennbar, der gegen die These spricht, daß das Situative Interview auch zu einer Verbesserung der Entscheidungsqualität bei der Auswahl von Forschern führen kann.

Assessment Center als Verfahren zur Auswahl von F&E-Führungskräften

Während Fachkenntnisse oft noch durch Analyse der Bewerbungsunterlagen und im Einstellungsgespräch bewertet werden können, sind Leistungskomponenten, die im Bereich des sozialen Verhaltens liegen (Führungsgeschick; Teamfähigkeit), durch andere Verfahren zu erheben. Hier bietet sich vor allem die sogenannte Assessment Center Technik als Mittel zur Verbesserung der Auswahlpraxis in der Industrieforschung an, wenn regelmäßig bei einer Vielzahl von Bewerbern für bestimmte F&E-Führungsstellen mit ähnlichen Anforderungen Auswahlentscheidungen zu treffen sind. Beim Assessment Center handelt es sich um ein mehrtägiges Auswahlseminar, bei dem

- Fähigkeiten und Verhalten mehrerer Bewerber
- bei verschiedenen Einzel- und Gruppenaufgaben,
- die die Anforderungen der zu besetzenden Stellen widerspiegeln,
- von mehreren Beobachtern (zumeist Vorgesetzte der zu besetzenden F&E-Stelle(n) und Personalspezialisten)
- analysiert und beurteilt werden, um eine Eignungsprognose für jeden Bewerber zu erstellen (vgl. Jeserich 1981).

Assessment Center können sowohl für externe Bewerber als auch für interne Kandidaten, die etwa für einen Aufstieg aus einer Sachbearbeiterposition in eine Führungsposition in Frage kommen, durchgeführt werden. Unsere Befragung forschungsintensiver deutscher Unternehmen ergab, daß diese Auswahltechnik bisher kaum genutzt wird: Nur in 7 der 205 erfaßten Unternehmen werden Assessment Center zur Auswahl von Forschern eingesetzt (Domsch & Gerpott 1985a, S. 20–21). Über positive Erfahrungen mit Assessment Centern zur Auswahl von Vorgesetzten in der F&E liegen erste Berichte aus der Praxis vor: So zeigt Jeserich (1984) unter Rückgriff auf konkrete Auswahlaufgaben, die bei der Agfa-Gevaert AG in Assessment Centern eingesetzt werden, daß Assessment Center-Ergebnisse insbesondere dann, wenn in einer Stelle neben Forschungsaufgaben auch Managementaufgaben zu übernehmen sind, wichtige Entscheidungshilfen bei der Auswahl von internen und externen Bewerbern liefern (vgl. a. Badawy 1982, S. 55–58). Systematische Personalauswahl kann so langfristig zur Verbesserung des Innovationsmanagements in der deutschen Wirtschaft beitragen.

5. Laufbahnplanung für Forscher

Laufbahnalternativen

Laufbahnplanung für Forscher ist darauf ausgerichtet, deren berufliche Entwicklung nicht mehr überwiegend aufgrund von am aktuellen Personalbedarf ausgerichteten Spontanentscheidungen festzulegen, sondern sie systematisch unter Berücksichtigung individueller Fähigkeiten und Interessen und der Bedürfnisse des Unternehmens zu planen. Dabei ist insbesondere die Erfahrung zu berücksichtigen, daß nicht alle Industrieforscher willens oder fähig sind, die traditionelle Führungslaufbahn eines Unternehmens zu durchlaufen. Hierarchischer Aufstieg von Forschern in Führungspositionen bedingt nämlich regelmäßig eine Zunahme von Leitungsaufgaben (z. B. Beschaffung neuer Projekte, Koordination von Aktivitäten verschiedener Abteilungen) bei Abnahme wissenschaftlich-technischer Aufgaben. Wegen der Anforderungsunterschiede zwischen reinen Forscher- und F&E-Führungspositionen besteht die Gefahr, daß man bei einer Beförderung eines Forschers in eine Führungsposition einen guten Forscher verliert, aber nur eine schlechte Führungskraft gewinnt. Eine Laufbahnalternative für „reine Forschernaturen“ ist die *Fachlaufbahn.* In dieser neben der traditionellen Führungshierarchie existierenden Laufbahn beruht ein Aufstieg primär auf nachgewiesener wissenschaftlich-fachlicher Kompetenz und ist kaum mit einem Zuwachs an administrativen Aufgaben verbunden.

Weiterhin können Forscher auch auf Zeit als *Projektleiter* für die Laufzeit eines Projektes Führungsaufgaben übernehmen. Nach Projektende widmen sie sich dann wieder wissenschaftlich-technischen Aufgaben. So ist es möglich, Forschern Führungserfahrungen zu vermitteln, ohne daß sie den Anschluß an die wissenschaftliche Weiterentwicklung ihrer Fachdisziplin verlieren.

Neben dem (zeitlich befristeten) hierarchischen Aufstieg kommt auch dem systematischen horizontalen Positionswechsel *(Job Rotation)* für Forscher als Mittel der Personalentwicklung große Bedeutung zu. Diese Form der Versetzungspolitik ist in den letzten Jahren in der Debatte um Möglichkeiten zur Humanisierung des Arbeitslebens für Arbeitnehmer im Produktionsbereich schon lebhaft diskutiert worden. Job Rotation für Industrieforscher ist dagegen noch selten.

Daß bei deutschen Industrieforschern durchaus die Bereitschaft dazu besteht, mit Hilfe von Job Rotation ein „Fachidiotentum“ durch allzu starke Spezialisierung zu vermeiden, zeigt eine bei Entwicklern der BMW AG durchgeführte Befragung (Hehl 1984): Hier war von den Befragten deutlich der Wunsch nach vermehrtem Arbeitsplatzwechsel geäußert worden. Systematisch horizontal versetzte Industrieforscher besitzen eine große Verwendungsbreite und erleichtern einen flexiblen Personaleinsatz bei neuen Projekten. Darüber hinaus kann eine vorübergehende Rotation in andere Unternehmensbereiche (z. B. Vertrieb, Fertigung) zur Verringerung von Schnittstellenproblemen zwischen F&E-Bereich und operativen Unternehmenseinheiten beitragen (vgl. a. Gerpott & Domsch 1985).

Fachlaufbahn als Mittel zur Erweiterung von Laufbahnplanungsmöglichkeiten

Die Einrichtung einer Fachlaufbahn kann Entwicklungsmöglichkeiten für solche Forscher schaffen, die zur Übernahme von Managementaufgaben nicht fähig und/oder bereit sind. In der von uns durchgeführten Befragung zum Personal-Management in industriellen F&E-Bereichen zeigte sich, daß lediglich 13,7% (=30) der erfaßten Bereiche eine Fachlaufbahn für Forscher eingeführt hatten (Domsch & Gerpott 1985a, S. 12). Die Zurückhaltung der Praxis beim Einsatz dieses strukturellen Laufbahnplanungsinstruments deutet darauf hin, daß eine wirkungsvolle Nutzung von Fachlaufbahnen nicht ohne die Bewältigung verschiedener Probleme möglich ist. Im einzelnen sind vor allem folgende Schwierigkeiten zu handhaben (vgl. z. B. Griffiths 1981):

– Aufrechterhaltung des Statuswertes von Positionen der wissenschaftlichen

Fachhierarchie im Vergleich zu Positionen der Führungshierarchie bei gleichzeitiger Bereitstellung genügender Aufstiegsmöglichkeiten für wissenschaftlich orientierte Forscher;

- Aufteilung der Zuständigkeits- und Verantwortungsbereiche zwischen beiden Hierarchieästen bei gleichzeitiger Integration der in den verschiedenen Laufbahnen erbrachten Leistungsbeiträge.

Ein Blick in die Praxis belegt, daß einzelne Unternehmen sich intensiver um die Entwicklung von mehrgleisigen Laufbahnsystemen bemühen: So ist z. B. bei der Dornier System GmbH neben dem Aufstieg in die Führungslaufbahn eine Spezialisten-Karriere bis hin zum „Leiter Fachsparte" sowie ein Aufstieg durch Übernahme von Projektleitungsverantwortung möglich (Renneke 1984). Die hier angeführte Abbildung gibt einen schematischen Überblick über Laufbahnstrukturen bei Dornier.

Abb. 3: Laufbahnsysteme für Industrieforscher – Ausgewählte Führungs- und Fachkräftefunktionen bei der Dornier-System GmbH

Ebene der Verantwortung			
	Leiter eines Bereichs	Leiter einer Fachsparte	
	Leiter einer Hauptabteilung		Projektmanager
	Leiter einer Abteilung	Leiter eines Fachgebiets	Projektleiter Systemleiter
	Leiter einer Gruppe	Fachgebietsbeauftragter, Fachreferent	Projektbeauftr. Systembeauftr.
	Führungsverantwortung fachlich, personell	**Fach**verantwortung als Spezialist, Experte	**Projekt-/** Systemtechn. Verantwortung
	Art der Verantwortung		

Quelle: Renneke, H.: Personalentwicklung von Wissenschaftlern und Ingenieuren in der industriellen F & E – am Beispiel Dornier. In: Domsch, M. & Jochum, E. (Hrsg.), Personal-Management in der industriellen Forschung und Entwicklung (F & E), Köln et al.: Carl Heymanns Verlag, 1984, S. 349.

Die einfache Grundidee, mehrere Laufbahnpfade für Forscher bereitzustellen, erfordert in der Praxis erhebliche Detailarbeit. Zur Bewältigung der beim Einsatz von Fachlaufbahnen auftretenden Schwierigkeiten werden folgende Leitlinien vorgeschlagen (s. z. B. Griffiths 1981, S. 15; Martin 1984, S. 216–221):

- Öffentliche Unterstützung der Fachlaufbahnidee durch F&E und Unternehmensleitung;
- Bewertung aller F&E-Stellen unter Anwendung eines einheitlichen Funktionskataloges und Funktionsbewertungsverfahrens;
- gleiche Zahl von Hierarchieebenen in Fach- und Führungslaufbahn;
- gleiches Entgelt und gleiche Statussymbole auf einander entsprechenden Hierarchieästen;
- klare Definition von (primär) wissenschaftlichen Leistungsvoraussetzungen für einen Aufstieg in die Fachlaufbahn;
- leistungsorientierte Auswahlentscheidungen innerhalb der Fachlaufbahn durch ein Komitee, das von den Forschern aufgrund seiner wissenschaftlichen Fachkompetenz akzeptiert wird; d. h. auch kein „Abschieben" von erfolglosen F&E-Führungskräften in die Fachlaufbahn.

In der F&E-Praxis, aber auch in der wissenschaftlichen Forschung wurde der systematischen Analyse von Karriereereignissen bei Industrieforschern (insbesondere Nicht-Versetzungen im Karriereverlauf) bisher wenig Beachtung zuteil. Hier wird daher ein Schwerpunkt zukünftiger Forschung liegen müssen, die langfristig zur Verbesserung der Innovativität industrieller F&E, aber auch zur verbesserten Verwirklichung der Individualziele der betroffenen Forscher beitragen kann.

1.6. Effizienz von Forschung und Entwicklung

Klaus Brockhoff

Knappe Renditen und hohe Forschungs- und Entwicklungsaufwendungen lösen am ehesten die Frage aus, ob diese Aufwendungen überhaupt effizient verwendet werden. Wie hoch diese Aufwendungen in einzelnen Unternehmen mittlerweile sind, wird gelegentlich aus den Geschäftsberichten erkennbar, in denen ihr Umsatzanteil veröffentlich wird. Eine andere Meßgröße stellt der Anteil der Forschungs- und Entwicklungsgemeinkosten an den gesamten Gemeinkosten dar. Bei Siemens ist dieser Anteil von 11% im Jahre 1970/71 auf 18% im Jahre 1981/82 angestiegen. Das deutet eine Veränderung der Wettbewerbsparameter zugunsten technologischen Wettbewerbs an. Dafür sind nicht nur inländische Einflußgrößen verantwortlich.

Die realen Forschungs- und Entwicklungsaufwendungen amerikanischer Unternehmen sind in den letzten Jahren stärker gewachsen als in deutschen Unternehmen und in Japan soll der derzeitige Anteil der Forschungs- und Entwicklungsaufwendungen am Bruttosozialprodukt von etwa 2,6% bis zur Mitte des nächsten Jahrzehnts auf 3,5% gesteigert werden. Dieser internationale Wettlauf wird auch diejenigen Unternehmen in der Bundesrepublik Deutschland erfassen müssen, die bisher noch zurückhaltend Forschung und Entwicklung gegenüberstehen, wenn wesentliche Einkommenseinbußen vermieden werden sollen.

Zweifel und Unsicherheit beim Versuch, auf die Frage nach der effizienten Verwendung dieser hohen Aufwendungen zu antworten, befallen alle: das Vorstandsmitglied im Großunternehmen, das seine Budgetanforderungen zu begründen hat; den selbständigen Unternehmer, der erstmals erkennt, daß die Gründungsidee seines Unternehmens veraltet und der deshalb Entwicklungsarbeiten beginnt; den Bankier, der zur Finanzierung eines Unternehmens mit hohem Entwicklungsaufwand beitragen soll. Verantwortung gegenüber Dritten und die Höhe der Beträge erlauben es nicht mehr, die mäzenatische oder die naiv-konsumorientierte Haltung einzunehmen, die dem merkantilistisch eingestellten Großen Kurfürsten eigen war: Er begründete die Finanzierung eines Glasmacherlabors damit, daß er das benötigte Geld eben nicht in Feuerwerken verpufft oder verspielt habe.

Hier wird ein weiterer Grund für eine Effizienzanalyse von Forschung und Entwicklung sichtbar: Der Rückgang autokratischer Entscheidungen und die Zunahme von Gremienentscheidungen erfordern verständliche und nachprüfbare Entscheidungsgrundlagen. Und schließlich wird das Forschungs- und Entwicklungsmanagement ein Interesse daran haben, wirtschaftlich produktive von nichtproduktiven, aber Entwicklungskapazität bindenden Projektarbeiten zu unterscheiden. In ökonomischer Betrachtung zählen dazu auch solche, die aus der Erfüllung von Auflagen von Zulassungs- und Aufsichtsbehörde herrühren.

1. Effektivität und Effizienz

Die Frage nach der Effizienz von Forschung und Entwicklung wird oft in zwei Teilfragen zerlegt. Einmal soll geprüft werden, ob die Auswahl der Entwicklungsziele effektiv ist, d. h. ob das Richtige getan wird. Anders ausgedrückt: Wer beim Pferderennen gewinnen will, darf nicht auf Tiere wetten, die gar nicht erst mitlaufen. Um hierfür eine Vorauswahl zu ermöglichen, werden Methoden der technologischen Vorhersage, der strategischen Patentanalyse, der unternehmerischen Technologiebewertung und der Positionsdarstellung in Technologieportfolios angeboten und eingesetzt. Eine Hauptaufgabe dieser Instrumente liegt darin, erkennen zu lassen, wann die weitere Perfektionierung einer „alten" Technologie wirtschaftlich weniger sinnvoll ist als die Entwicklung einer

„neuen“, die höhere Leistungspotentiale verspricht. Eine Unternehmensberatung spricht davon, den „Segelschiff-Effekt“ zu vermeiden. Damit ist gemeint, daß als Reaktion auf das Auftreten der Dampfschiffe die Entwicklung der Segelschiffe teilweise forciert wurde, ohne damit aber die Potentiale der Dampfschiffe auf Dauer erreichen zu können. Mit gegebenem Mitteleinsatz in der Dampfschiff-Entwicklung sind also auf längere Sicht höhere Leistungssteigerungen möglich gewesen als in der Segelschiff-Weiterentwicklung (Krubasik, 1982). Ähnliche Fragen stellen sich auch heute bei der grundsätzlichen Bestimmung von Entwicklungsrichtungen.

Zweitens soll das ausgewählte Entwicklungsziel effizient erreicht werden. Das, was man tut, soll man richtig tun. Um darüber ein Urteil abgeben zu können, muß man allerdings den Beobachtungsbereich festlegen, für den man Aussagen machen möchte. An erster Stelle kann man sich hier auf den einzelnen Mitarbeiter oder eine Forschungsgruppe mit gemeinsamer Aufgabenstellung konzentrieren. Damit kommen verschiedene Ansätze der Personalbeurteilung im Entwicklungsbereich zum Zuge, auf die hier nicht eingegangen werden kann (Domsch/Jochum, 1984). An weiterer Stelle sind Analysen von Projekten, dann von Programmen und schließlich von ganzen Entwicklungsbereichen vorzunehmen. Diese Betrachtungsweise wird hier gewählt. Dabei wird zunächst einmal die Erreichung eines bestimmten Entwicklungszieles, etwa der in einem Pflichtenheft vereinbarten Eigenschaften für ein Projekt, unterstellt. Maximierung der Effizienz bedeutet dann, daß eine Kombination von Entwicklungszeit und Entwicklungsaufwand gewählt wird, die jeder anderen Kombination dieser beiden Größen überlegen ist. Jedem erfahrenen Entwickler ist bewußt, daß er zumindest teilweise Zeit und Entwicklungsaufwand gegenseitig substituieren kann, und deshalb müssen diese beiden Größen in Effizienzbetrachtungen gemeinsam auftreten. Häufig hält man die Entwicklungszeit für gegeben und beschränkt die Betrachtungen dann auf eine Minimierung des Aufwandes. Die große Bedeutung der zeitlichen Dispositionen für die Bestimmung von Wettbewerbspositionen, die zugleich von der Marktposition und der technologischen Position des Unternehmens im Vergleich zu seinen Wettbewerbern bestimmt wird, sollte zumindest in entscheidenden Fällen zur Ausarbeitung alternativer Zeit-Aufwand-Kombinationen führen.

2. Schwierigkeiten der Effizienzmessung

Der innerbetrieblichen Diskussion um die Budgetbestimmung und dem externen Leistungsvergleich mit dem Wettbewerb stehen häufig die besonderen Schwierigkeiten der Effizienzmessung in Forschung und Entwicklung entgegen. Sie haben folgende Ursachen:

Erstens: Mit zunehmendem Abstand von routinemäßig ablaufenden Konstruktions- und Produktionsaufgaben und mit zunehmender Annäherung an die Grundlagenforschung dringen planerisch unbeherrschte Elemente in den Ablauf des Forschungs- und Entwicklungsprozesses ein und stören die unmittelbare Beziehung von Aufwand und Ergebnis. Sackgassen, Holzwege und Umwege werden nicht angezeigt! Nur selten ist eine „Fehlentwicklung“ so produktiv, wie etwa Nylon, das als solches nicht das Entwicklungsziel war. Der Zufallstreffer kann schwerlich als Dauerereignis eingeplant werden, aber es lohnt sich häufig, Überraschendes zu verfolgen.

Zweitens: Technische Projekterfolge zeigen noch keine wirtschaftlichen Unternehmenserfolge an. Das hat mehrere Gründe. Einmal erfordert der Unternehmenserfolg, daß sich der technische Projekterfolg verwerten läßt. Selbst wenn dem keine Rechte Dritter entgegenstehen, muß der Übergang in die Produktion gelingen und von dort in den Markt. Der Erfolg der verschiedenen Funktionsbereiche hängt zusammen. Zum zweiten hängen häufig mehrere Projekte derart miteinander zusammen, daß nur der gesamte Systemerfolg zählt, nicht aber der einzelne Projekterfolg. Systemerfolg kann damit außerhalb eigener Entscheidungskompetenzen liegen. Drittens können vor allem in denjenigen technischen Gebieten, in denen sich die Entwicklung kumulativ vollzieht, Schwierigkeiten bei der Nutzung fremder Komponenten oder Schutzrechte auftreten. Viertens können Änderungen nationaler oder internationaler Rechtsvorschriften auch das wirksamste interne Zusammenspiel der Funktionsbereiche schlagartig entwerten. Das demonstriert die Androhung weitgehender Technologie- und Know-how-Transferverpflichtungen durch die Seerechtskonvention der Vereinten Nationen.

Schließlich bereitet die Effizienzmessung Schwierigkeiten, weil der Prozeß von Forschung, Entwicklung, Produktionsvorbereitung, Produktion und Vermarktung oft erheblichen Zeitbedarf erfordert und sich in dieser Zeit andere Ereignisse so überlagern, daß genaue Zurechnungen unmöglich werden: Während das Ein- und Viermega-Chip noch in der Entwicklung sind, ist die Fabrik zu ihrer Herstellung in Regensburg schon in der Planung, und am Ende des Jahrzehnts soll der Verkauf beginnen. Die Entwicklung eines neuen Autos kann acht Jahre erfordern und die eines neuen pharmazeutischen Präparats zehn Jahre. In diesen Zeitspannen treten aber auch innerbetriebliche Änderungen auf. Promotoren wenden sich anderen Objekten zu oder wechseln das Haus, neue Vorstellungen verändern die Entwicklungsziele, Feuerwehraufgaben stören den Arbeitsfluß und so weiter.

Aus diesen Schwierigkeiten folgt, daß die Möglichkeiten der Effizienzmessung schon aus theoretischen Gründen beschränkter sind als etwa in weiten Teilen der Produktion. Hinzu treten emotionale Widerstände. Je stärker die Orientierung eines Forschungs- und Entwicklungsteams an den Idealen freier, von wissenschaftsfremden Einflüssen unberührter Tätigkeit ist, desto schwieriger ist es, Verständnis für eine Effizienzmessung und -kontrolle zu erreichen. Solche Einstellungen können zum Beispiel schon durch eine an wissenschaftlichen

Disziplinen orientierte Organisation der Entwicklungsbereiche im Unterschied zu einer Projektorganisation gefördert werden.

So zeigte denn auch ein Versuch, einen Überblick über die in 34 amerikanischen Großunternehmen angewendeten Meßverfahren zu gewinnen, nur in sieben Fällen einen auswertbaren Erfolg. Wo solche Messungen fehlten, erschienen sie den Verantwortlichen zu schwierig, nicht durchsetzbar oder unnötig, sei dies, weil man ihren Nutzen nicht erkannte oder mit den vorhandenen, einfacheren Planungshilfsmitteln im täglichen Geschäft auszukommen schien (Schainblatt, 1982).

3. Voraussetzung der Effizienzmessung im Rechnungswesen

Die Messung des Mitteleinsatzes für Forschung und Entwicklung in abgegrenzten Zeitperioden setzt ein entsprechend organisiertes Rechnungswesen voraus. In forschungsintensiven Branchen sind wesentliche Vorarbeiten geleistet worden, um Systeme des Rechnungswesens zu operationalisieren und in den Unternehmen einzuführen. Das ist zum Beispiel aus der pharmazeutischen Industrie bekannt.

Bei manchen Unternehmen ist aber diese Voraussetzung zuerst einmal zu erfüllen. Das ist daran zu erkennen, daß etwa ein Sechstel der vom Personalförderungsprogramm des Bundeswirtschaftsministers erstmals begünstigten Klein- und Mittelbetriebe nur aus diesem Anlaß eine Personalkostenerfassung in Forschung und Entwicklung einführten. Für die Abgrenzung ist weiter eine Definition von Forschung und Entwicklung erforderlich. In vielen Unternehmen benutzt man dazu die den statistischen Erhebungen in den OECD-Ländern zugrundeliegenden Abgrenzungen des „Frascati-Handbuchs" oder davon partiell abweichende branchenspezifische Festlegungen, wie sie etwa die Chemische Industrie geschaffen hat. Unterschiedliche Abgrenzungen können den zwischenbetrieblichen Effizienzvergleich stören, wie sich an der unterschiedlichen Einordnung von Anwendungstechnik, Qualitätskontrolle oder after-sales-services leicht erkennen läßt. Unterschiedliche Abgrenzungen beeinflussen auch den Zeitvergleich, wie sich aus einer anscheinend bedeutenden Verringerung des Forschungs- und Entwicklungsaufwands in einem Unternehmen der pharmazeutischen Industrie erkennen ließ, das tatsächlich die Gemeinkostenverrechnung veränderte.

Die wertmäßige Erfassung des Forschungs- und Entwicklungsaufwandes ist für die Effizienzmessungen und -vergleiche wenig geeignet, wenn sie die eingesetzten Faktormengen nicht richtig wiedergeben. Inflationäre, nicht durch höhere Arbeitsqualitäten bedingte Lohnsteigerungen, Arbeitszeitverkürzungen, inflationäre Steigerungen der Beschaffungspreise anderer Einsatzgüter, Steueränderungen und ähnliche Einflüsse würde man gerne eliminieren. Die eingesetzte Arbeitszeit in Mann-Monaten erfaßt allerdings nur einen

Teil des Faktoreinsatzes und läßt qualitative Aspekte, auch in der Zusammensetzung des Personals, unberücksichtigt. Versucht man die Deflationierung des gesamten Faktoreinsatzes, so muß man sich verdeutlichen, daß hierfür die mittlere Preissteigerungsrate des Volkseinkommens ungeeignet ist, da der hohe Personalanteil in Forschung und Entwicklung spezielle Deflatoren erfordert. Kurz: Es ist festzuhalten, daß es auf den Ebenen der Projekte, Programme oder Bereiche partielle, nur den Einsatz einzelner Faktoren umfassende Messungen gibt und totale Messungen, die den gesamten Faktoreinsatz erfassen.

Häufig geht die Diskussion um unterschiedliche Kennzahlen darauf zurück, daß verschiedene Abgrenzungen in den Bezugsgrößen in ihrer Benennung nicht zum Ausdruck kommen, vielleicht auch wenig Interesse besteht, sich hier in die Karten sehen zu lassen. Das gilt auch auf nationaler Ebene. Beispielsweise fallen japanische Angaben über den Personaleinsatz in Forschung und Entwicklung in gemeinsamen Statistiken der OECD-Länder dadurch auf, daß sie keine Umrechnung auf Vollzeit-Äquivalente enthalten. Das kann erhebliche Verzerrungen in einen Vergleich hineintragen.

Die zeitliche Erfassung geht mit der Erfassung des Aufwands einher und bedarf deshalb hier keiner besonderen Behandlung.

4. Messung der Forschungs- und Entwicklungsergebnisse

Das schwierigste Problem der Effizienzmessung stellt die Messung des Forschungs- und Entwicklungsergebnisses dar, und einige sind der Meinung, daß dieses Problem überhaupt unlösbar sei. Solche Aussagen hängen aber von Ziel und Anspruch der Messungen ab; sie können auch dazu dienen, kontrollfreie Räume aufzubauen. Das mag für einige ausgesuchte Forschungsbereiche kreativitätsfördernd sein, kann aber wohl kaum für den größeren Teil häufig routinemäßiger Entwicklungsarbeit gelten.

Das immaterielle neue Wissen als Ergebnis von Forschung und Entwicklung kann nur annähernd in einer Form erfaßt werden, in der es sich niedergeschlagen hat. Hierfür ist eine Vielzahl von Vorschlägen diskutiert und erprobt worden, ohne daß bisher eine Standardlösung zu erkennen ist.

Eine gewisse Unzufriedenheit mit den im folgenden genannten Beispielen quantitativer Messungen führt immer wieder zu dem Vorschlag, ausschließlich qualitative Bewertungen zu verwenden. Das sind z. B. die Qualitätsvorstellungen des Entwicklungsleiters. So einleuchtend dies gerade für den Bereich der Forschung auf den ersten Blick ist, so wenig überzeugend ist der Vorschlag. Erstens muß sich nämlich eine solche Bewertung auch auf gewisse Indizien stützen, die häufig genug quantifizierbar sind. Und zweitens ist es gut, wenn diese Indizien offengelegt werden, um ein Bewertungssystem zu verstehen und seinen Bezug zu übergeordneten Zielen, etwa den allgemeinen Unternehmenszielen, feststellen zu können. Betrachten wir deshalb einmal quantitative Meßansätze (vgl. Brockhoff, 1977).

Auf einer ersten Meßebene versucht man, alle Entwicklungsergebnisse in Einheiten eines Standard- oder Referenzergebnisses zu messen. So wird etwa die Entwicklung eines bestimmten Typs von Personenkraftwagen ohne den Motor als Referenzobjekt angenommen, und alle anderen Entwicklungsarbeiten werden daran gemessen. Das neue Modell verursacht zum Beispiel 1,4 mal so viele Einheiten wie das Referenzmodell. Eine wesentliche Problematik liegt in der Bestimmung des jeweiligen Umrechnungsstandards, in den auch qualitative Aspekte der Entwicklungsarbeit einfließen sollen. Die Auswertungen werden zum Leistungsvergleich und zur Kapazitätssteuerung verwendet.

Auf einer zweiten Meßebene wird das Entwicklungsergebnis durch seine Darstellung „in Papierform" erfaßt. Dazu sind Berichte oder Berichtsseiten erfaßt worden, mit dem naheliegenden Einwand, daß damit keine Aussagen über die technische oder ökonomische Qualität möglich sind. Als erster Schritt in diese Richtung wird eine gewisse Standardisierung des Berichtswesens angesehen. Im Extremfall wird etwa die Leistung der Entwicklung im Maschinenbau in Standard-Zeichnungsseiten gemessen oder bei der Programmentwicklung für elektronische Rechenanlagen in Zeilen des Quellprogramms. Qualitative Aspekte hofft man dadurch zu erfassen, daß kompliziertere Konstruktionen eben auch mehr Zeichnungen erfordern als einfache Konstruktionen. Bei der Verwendung von Normteilen können entsprechende Zeichnungsseiten von der Gesamtleistung abgezogen werden. Für den Außenstehenden eher überraschend, wird diese Vorgehensweise als vergleichsweise problemlos und zufriedenstellend angesehen.

Auf einer dritten Meßebene wird die Leistungsmessung dadurch verfeinert, daß als Leistung nur gilt, was patentiert wird. Über die Erfindungshöhe, die von den Prüfern des Patentamts als eine der Voraussetzungen zur Erteilung eines Patents zu beurteilen ist, wird damit ein Standard eingeführt, der außerhalb des eigenen Unternehmens gesetzt wird und der so einen Schritt weiter in Richtung auf eine objektive Bewertung führen soll. Obwohl auch die gewerbliche Verwendbarkeit der patentierten Erfindung eine zu prüfende Voraussetzung darstellt, ist damit doch noch kein wirtschaftlicher Erfolg garantiert. Tatsächlich wird auch darüber gestritten, ob die Streuungen um den mittleren wirtschaftlichen Wert eines Patents nicht so groß seien, daß Patente als Leistungsmaße ausscheiden müßten. Hinzu tritt, daß die Neigung zum Patenterwerb unterschiedlich ausgeprägt ist: Prozeßerfindungen werden eher seltener zum Patent angemeldet als Produkterfindungen, in Feldern mit kumulativer technologischer Entwicklung wird eher mehr angemeldet als in anderen Feldern. Damit sind Warnsignale für den zeitlichen oder zwischenbetrieblichen Vergleich auf der Grundlage von Patenten gesetzt. Hinzu kommt, daß in einer periodenrechten Zurechnung die unterschiedliche Zeitdauer für das Patentierungsverfahren zu berücksichtigen ist. Gleichwohl gilt generell, daß von allen zweitbesten Maßen die Zahl der Patente wohl das beste sind.

Auf einer vierten Meßebene werden dem Faktoreinsatz die Innovationen gegenübergestellt, das heißt die tatsächlich in die Produktionsprozesse oder am Markt eingeführten Neuerungen. Das kann die Grundlage einer speziellen Kostenträgerrechnung und spezifischer F&E-Sondereinzelkostenermittlung sein. Man muß sich verdeutlichen, daß hierbei der Zeitrahmen für eine Effizienzmessung meistens noch weiter gespannt wird als im vorausgehenden Fall der Messung durch Patente. Außerdem bleiben alle nicht zum Einsatz kommenden Entwicklungen unberücksichtigt, gleichgültig, ob diese keinen Erfolg versprechen oder als Sperrpatente dienen sollen. Beim Vorratspatent wird die Verwertungsfrage zumindest in der betrachteten Meßperiode noch offen gehalten.

Am einfachsten erscheint auf dieser Ebene die Messung der Anzahl von Innovationen. Man muß sich aber darüber klar werden, daß hierfür eine Konvention erforderlich ist, die festlegt, was als Innovation anzusehen ist. Soll etwa in der pharmazeutischen Industrie nur jede neue Substanz, die die Markteinführung erlebt, gezählt werden oder auch jede Veränderung der Darreichungsformen einer bekannten Substanz?

Mit diesem Beispiel wird auch deutlich, daß der wirtschaftliche Wert der einzelnen Innovationen stark schwanken kann. Allein wegen der unterschiedlichen Anzahl der Krankheitsfälle wird ein Herz-Kreislauf-Präparat anders zu bewerten sein als ein solches zur Bekämpfung seltener Augenerkrankungen.

Daraus folgt die Idee, den wirtschaftlichen Erfolg der Innovationen, auch hier wieder unter Ausschluß inflationärer Effekte in der Messung zu erfassen. Für das einzelne Unternehmen geht dies nur in einer ökonometrischen Zeitreihenanalyse. Ihre Aussagen behalten ihre Gültigkeit so lange, wie sich keine grundlegenden Veränderungen in den Forschungs- und Entwicklungsfeldern eines Unternehmens vollziehen.

Bei diesen Schätzungen werden relative Outputänderungen aus relativen Änderungen der Faktoreinsätze erklärt, unter anderem aus den relativen Änderungen des Einsatzes in Forschung und Entwicklung in mehreren vorangehenden Jahren. Im Ergebnis erhält man für jeden Faktor Grenzprodukte. Sie besagen, um wieviel Geldeinheiten sich der Output verändert, wenn der Einsatz eines betrachteten Faktors bei konstanter Situation für die anderen Faktoren um eine Geldeinheit verändert wird. Die Forschungs- und Entwicklungsbudgets wären zu erhöhen, wenn das zugehörige Grenzprodukt über dem für andere Faktoren liegt. Mehrere Messungen in Unternehmen der pharmazeutischen Industrie und in der Automobilindustrie haben gezeigt, daß tatsächlich bedeutende Unterschiede in den Grenzprodukten festgestellt werden können. Im Ausland sind entsprechende Messungen auch auf Branchenebene durchgeführt worden, wofür in der Bundesrepublik Deutschland allerdings eine geeignete Datenbasis fehlt.

Um dem Tatbestand zu entsprechen, daß die Unternehmen mehrere Ziele gemeinsam verfolgen und um die Wartezeit zwischen der Entwicklungsaufgabe und der Realisierung ihres Ergebnisses in Produkten oder Produktionsprozessen zu verkürzen, werden auch „Programmwerte" ermittelt. In solche Programmwerte gehen erwartete Jahresüberschüsse, der Grad der Übereinstimmung der Entwicklung mit strategischen Unternehmenszielen, das Ausmaß der relativen technischen Stärke im Vergleich zum Wettbewerb und das Bedeutungsgewicht der Entwicklungsergebnisse für die Realisierung wirtschaftlicher Erfolge ein. Sie müssen teilweise aus Prognoseinformationen gebildet werden, weil eben die Entwicklungsergebnisse noch nicht ökonomisch umgesetzt worden sind. Die Einbeziehung prognostischer Informationen in den Programmwert ermöglicht es, diesen jederzeit zu errechnen und dem Faktoreinsatz damit grundsätzlich alle künftigen Outputs zuzurechnen. Dieser Grundsatz wird aber durch die unvermeidlichen Prognosefehler belastet. Es ist auch nicht auszuschließen, daß man sich mit ausreichendem Optimismus auf diese Weise sehr vorteilhaft darstellen kann. Deshalb wundert es nicht, wenn in der Anwendung auch weniger das exakte numerische Ergebnis als seine Größenordnung von Interesse ist.

5. Wirtschaftlichkeitsmaße

Am einfachsten sind Maße zu handhaben, die Ist- und Sollaufwand oder Ist- und Sollzeiten für das Erreichen bestimmter Meilensteine in Entwicklungsprojekten gegenüberstellen. Zur Erleichterung des Überblicks sind hierfür auch verschiedene graphische Darstellungsweisen entwickelt worden.

Obwohl es sich hierbei nicht um Produktivitätsmessungen handelt, können solche Kontrollinformationen besonders für die laufende Projektüberwachung nützlich sein. Es mag zwar enttäuschend sein, daß Aufwandsabweichungen von 75% und Zeitabweichungen von mehr als 100% in verschiedenen Untersuchungen als Durchschnittswerte festgestellt wurden (Fenneberg, 1979). Viel wichtiger ist, eine Abweichungsanalyse vorzunehmen. Auf statistischer Grundlage kann diese Analyse zur Aufdeckung von Schwachstellen führen, etwa Forschungsgruppen, die notorisch Fehleinschätzungen ihrer Tätigkeit unterliegen, sowie von Einflußgrößen auf die Abweichungen. Solche Einflußgrößen können dann auf ihre Beeinflußbarkeit bei künftigen Projekten geprüft werden. Erweisen sie sich als nicht beeinflußbar, kann ihre Wirksamkeit zumindest in Schätzungen berücksichtigt werden. Die Untersuchung von über 80 Projekten eines mittelgroßen Unternehmens des Maschinenbaus und der Elektrotechnik hat gezeigt, daß organisatorische Maßnahmen die Höhe der Abweichungen beeinflussen können. Sie sind nicht unveränderlich durch die Natur der Sache vorgegeben. Zu diesen Einflußmöglichkeiten gehört zum Beispiel die Gestaltung der Planungskontrolle.

Hierarchisch gestaffelte, am Projektbudget orientierte Kontrollsysteme verleiten dazu, daß überaus optimistische Schätzungen abgegeben werden oder größere Systemprojekte nur als Teilprojekte vorgelegt werden, um möglichst wenige Kontrollstufen zu durchlaufen. Schließlich können so wirkliche Projektabbrüche verhindert und die Entscheidung durch Fortführung von Studien oder Kleinprojekten unterlaufen werden. So bestätigte ein Forschungs- und Entwicklungs-Controller: „Ich kenne kein Projekt, das wir wirklich konsequent abgebrochen hätten. An der Einstellung *eines* Projekts habe ich wiederholt mitgewirkt."

Wir haben bisher Verhältnisse von Istaufwand zu Sollaufwand oder Differenzen dieser Größen betrachtet. In ähnlicher Weise sind auch Zielerreichungsgrade darstellbar.

6. Ansatzpunkte zur Effizienzsteigerung

Der internationale Wettbewerb zwingt die Unternehmen, nach Möglichkeiten zur Effizienzsteigerung auch in Forschung und Entwicklung zu suchen. Es wird als Alarmsignal angesehen, wenn der Forschungs- und Entwicklungsaufwand je Patent oder je Wissenschaftler im eigenen Hause weit über dem Branchendurchschnitt liegt oder weit über dem Durchschnitt in anderen Ländern, so problematisch eine solche Kennzahl wegen der Unterschiede in der Gewinnung der Ausgangsdaten auch ist.

Eine Management-Befragung zur Entwicklungsproduktivität durch die Hughes Aircraft Company kam 1974 zu dem Ergebnis, daß der Schlüssel zur Effizienz- und Effektivitätssteigerung bei den wirtschaftlichen Führungskräften und den oberen 5% des technischen Personals liege. Sie haben Zielsetzung, Organisationsklima und Motivation in erster Linie zu beeinflussen. Diese allgemeine Empfehlung wird in Einzelhinweise aufgelöst, wie zum Beispiel: hohe Leistungsanforderungen stellen, Aufgaben deutlich beschreiben, ausreichend Kommunikation pflegen, durch Weiterbildung für die Aufrechterhaltung einer hohen Qualität der Mitarbeiter sorgen und viele Punkte mehr (Schainblatt, 1982). Da hier zum großen Teil allgemeine Führungsempfehlungen losgelöst von ihren besonderen Umgebungsbedingungen als Erfahrungen formuliert werden, ihre Erfolgsbedingungen aber offen bleiben, wollen wir sie nicht näher betrachten. Wir gehen auf einige eher technische Aspekte ein.

Wesentliche Anstöße zur Effizienzsteigerung sind in den letzten Jahren von der Verbreiterung der Nutzung elektronischer Rechenanlagen ausgegangen. In erster Linie denkt man dabei an die Schlagwörter des „computer aided engineering" und des „computer aided design". Der Nutzen solcher Techniken beschränkt sich nicht auf Unternehmen des Fahrzeug- oder Maschinenbaus. Selbst bei einem amerikanischen Stromversorgungsunternehmen ist die Zahl der technischen Zeichner durch die Einführung elektronischer Systeme auf ein Fünftel der ursprünglichen Anzahl gesenkt worden. Mehr als die Anwendungen im Design bieten Unterstützungen im Entwicklungsprozeß. So sind z.B. screening-Programme in der pharmazeutischen Industrie entwickelt und eingesetzt worden. Daneben ist der Nutzen der elektronischen Datenverarbeitung für die Dokumentation und Suche von Literatur oder Patentinformationen in internen oder externen Datenbanken zu erwähnen. Hier liegt bei vielen Unternehmen noch ein erheblicher Nachholbedarf. Erfahrungen in einem Großunternehmen der Elektroindustrie weisen auf bedeutende Effizienzsteigerungsmöglichkeiten hin. Die künftige Entwicklung deutet sich in den ersten sogenannten Expertensystemen mit künstlicher Intelligenz zur Unterstützung der Such- und Bewertungsphasen in Forschung und Entwicklung an. Für die unmittelbare Zukunft aber scheint eine sinnvolle, vernetzte und doch Datenschutz gewährleistende Lösung der mit der sprunghaften Verbreitung von Arbeitsplatzrechnern verbundenen Probleme besonders wichtig zu sein.

Ein weiterer Anstoß zur Effizienzsteigerung kann von einer systematischeren Nutzung von externen Services ausgehen. Während die Gemeinschaftsforschung eine eher generelle, nicht auf die Spezialfrage jedes einzelnen Unternehmens gerichtete Wissensermittlung betreibt, können diese Spezialprobleme gerade durch die Vertragsforschung behandelt werden. Spezielle Institute und auch einzelne Unternehmen stellen dafür Anlagen und Personal zur Verfügung, so daß insbesondere für selten auftretende Spezialaufgaben und Tests nicht in jedem daran interessierten Unternehmen entsprechende Kapazitäten vorgehalten werden müssen.

Unter bestimmten Bedingungen kann Vertragsforschung auch besonders gefördert werden. Als Hindernis steht der Vertragsforschung vor allem bei konkurrierenden Unternehmen die Furcht vor Verletzungen der Vertraulichkeit gegenüber. Ähnliche Funktionen wie die Gemeinschaftsforschung kann die Forschungskooperation zwischen mehreren Unternehmen bei Großprojekten haben. Erfolgreiche Kooperationen setzen voraus, daß in die Projektarbeit von den Partnern nicht das im eigenen Labor weniger leistungsfähige Personal abgeschoben wird, daß starke Anstrengungen zur Kommunikation zwischen allen Beteiligten unternommen werden und daß die Projekte in dem für alle Beteiligten interessanten Bereich angesiedelt sind. Das bietet schwierige Führungsprobleme.

Ein dritter Ansatzpunkt zur Effizienzsteigerung liegt in der Personalpolitik. Dem Verschleiß von Kreativität durch den unaufhaltsamen Aufstieg in Verwaltungs- und Managementpositionen kann durch eine Parallelhierarchie entgegengewirkt werden, dem Veralten des Wissensstandes durch Fortbildungsmaßnahmen und enge Kontakte zum wissenschaftlichen Establishment. Wo alles dies nicht angenommen wird und wo sich deutliche Wechsel in der Arbeitsrichtung ergeben, muß für geeignete Querausstiege aus dem Laborbereich gesorgt werden. Andernfalls bauen sich effizienzmindernde Widersprüche zwischen

Stundensatz und Leistung auf. Viele sehen im Personal den Hauptansatzpunkt für effektive und effiziente Entwicklungsarbeit.

Ein vierter Gesichtspunkt betrifft die Verknüpfung des Entwicklungsbereiches mit anderen Funktionsbereichen. Hier können Effektivitäts- von Effizienzüberlegungen kaum getrennt werden. Es kommt darauf an, nicht an den Marktbedürfnissen vorbei zu entwickeln, in sachlicher Hinsicht, in zeitlicher Hinsicht und hinsichtlich des Entwicklungsaufwands. Eine Schlüsselstellung in der diese Ansprüche überprüfenden regelmäßigen Durchführungskontrolle kommt dem Forschungs- und Entwicklungscontrolling zu (Brockhoff, 1984). In einer solchen Position können auch die Erkenntnisse über die Marktentwicklungen zusammenlaufen, die zur Projektbeurteilung bei der Produktentwicklung heranzuziehen sind. Im Labor ist die „andere Seite" dieses Prozesses, die Aufwands- und Zeitverantwortung neben der Verantwortung zur Erreichung der Entwicklungsziele, verankert. Ähnliche Überlegungen müssen die Prozeßentwicklungen leiten, wo es darauf ankommt, die Entwicklungswirkungen für die Folgeinvestitionen und damit die Produktionskosten abzuschätzen. In jedem dieser Fälle liegt eine der besonders häufig zu Unrecht in den Hintergrund gedrängten Schlüsselgrößen für die Effizienz in der Einhaltung von Zeitplänen. Am Beispiel der Produktentwicklung kann man sich verdeutlichen, daß verzögerter Markteintritt nicht nur Gewinne später entstehen läßt, sondern diese häufig auch niedriger ausfallen, weil sich Konkurrenten bereits etabliert haben. Der erfolgreiche technologische Zweite wird die gewonnene Sicherheit und eventuell ersparte Entwicklungsaufwendungen durch höhere Marketingaufwendungen kompensieren, oft sogar überkompensieren müssen. Die Effizienz von Forschung und Entwicklung wird nur dann vollständig beurteilt, wenn in dieses Urteil solche externen Effekte einbezogen werden.

7. Eigenverantwortung für Entwicklungsbereiche

Das Interesse an der Effizienzmessung und -beeinflussung von Entwicklungsbereichen beruht zu einem Teil darauf, daß Zweifel an der Möglichkeit bestehen, alle zugehörigen Mitarbeiter zu Beiträgen zur Erfüllung des Unternehmensziels zu motivieren. Dafür werden regelmäßig auch die Gründe angeführt, die die Effizienzmessung erschweren. Statt nun dieses Meßproblem auf der Ebene des gesamten Managements zu lösen, könnte man es auch in den Entwicklungsbereich zurückverlegen. Dann müßte dieser nicht als cost-center sondern als profit center oder gar als investment center geführt werden. Dies würde zumindest dort gelten, wo dieser Bereich zentrale Aufgaben wahrnimmt.

In einem solchen Falle müßten Entwicklungsleistungen innerbetrieblich gegen Verrechnungspreise abgegeben werden, die die Form von Lizenzzahlungen haben könnten. Finden sich für Projekte, die der Eigeninitiative des Entwicklungsbereichs entstammen, keine innerbetrieblichen Interessenten, so muß dann auch die außerbetriebliche Verwertung zulässig sein (Kreibich, 1979). Die Gesamtleitung steht weiter in der Verantwortung, mit dem Entwicklungsbereich solche Projekte zu vereinbaren, die über die Interessenten der einzelnen Geschäftsbereiche hinausgehen, sei dies, weil in neue Bereiche vorgestoßen werden soll oder weil die technologische Orientierung der Geschäftsbereiche zu kurzfristig ist.

Dieses Stichwort gibt einen weiteren Anlaß für die Einführung einer stärkeren Eigenverantwortung von Forschung und Entwicklung. Man wird generell feststellen, daß der Planungshorizont hier weiter reichen muß als in anderen Funktionsbereichen. Daraus können vielfältige Abstimmungsprobleme entstehen. Sie werden gemindert, wenn die Bereiche in einen über Verrechnungspreise gelenkten Leistungsaustausch treten. Allerdings ist dabei der Gefahr vorzubeugen, daß auch in Forschung und Entwicklung eine kurzfristige Orientierung Platz greift und damit langfristige Aspekte in der angewandten Forschung vernachlässigt werden.

2. Qualifikation zur personellen Bewältigung von Innovationen

2.1. Innovation und Qualifikation

Erich Staudt, Jürgen Bock, Norbert Schepanski

Zum Verhältnis von Technik und Qualifikation

Betrachtet man die Aus- und Weiterbildungsszene in der Mikroelektronik-Anwendung, so wird eine Art „Goldgräberstimmung" deutlich: Unternehmensberater, Technologievermittler, Kultusbürokratien und Schulbehörden glauben die Zeichen der Zeit erkannt zu haben und überbieten sich in einem hektischen Wettbewerb darin, mikroelektronik-spezifische Qualifikationen oder das, was sie dafür halten, an Auszubildende, übrige Mitarbeiter und Lernende heranzubringen. In Fortbildungskursen und nach den Lehrplänen aller Schularten wird nunmehr nach dem Muster der Mengenlehre Digitaltechnik eingepaukt.

Fragt man jedoch konkret, welche Berufe mit welchen mikroelektronik-spezifischen Inhalten befrachtet werden sollen, dann stößt man in ein völlig offenes Problemfeld. Analysen der zur Anwendung der Mikroelektronik verfügbaren deutschen und internationalen Studien zeigen, daß weitgehend unklar ist,
- wie der Diffusionsprozeß der Mikroelektronik in einzelnen Branchen abläuft,
- wer Anwender sein wird und wie Anwender zu charakterisieren und kategorisieren sind,
- welche typischen Probleme technischer, wirtschaftlicher und sozialer Art diese Anwender haben,
- welche dieser Probleme welche Tätigkeitsfelder berühren,
- welche Berufsfelder dadurch tangiert sind und
- welche Implikationen sich für eine Qualifizierungspolitik ergeben.

Die in den letzten Jahren in der Bundesrepublik vorgelegten Studien basieren vorwiegend auf repräsentativen Befragungen. So wird der aktuelle Meinungsstand der heute Verunsicherten, in dem sich selbstverständlich auch die Problemstellungen der jüngsten Vergangenheit niederschlagen, bei erfahrenen und unerfahrenen Anwendern abgefragt und das Ergebnis dieses Bemühens dann als Prognose in die Zukunft projiziert. Diese Methodik, die man überzeichnet dadurch charakterisieren kann, daß „Blinde Blinde nach dem Weg in die Zukunft befragen", birgt eine Reihe von Gefahren, die nur durch einen systematischen

Aufbau des den Qualifikationsprofilen zugrunde liegenden Analyserahmens zu vermeiden sind.

Zur Strukturierung der Problemstellung, welche Ausbildungsinhalte in der Zukunft aufgrund des Mikroelektronik-Einsatzes gefragt sein werden, müßte in erster Näherung folgender Komplex inhaltlicher Fragen abgeklärt werden:

Wer sind überhaupt Anwender der Mikroelektronik?

Eine Frage, die nicht sehr informativ beantwortet wird, da aus Unsicherheit heute fast jede Branche bzw. jeder Fachzweig angibt, daß er potentieller Anwender sei. Zur Operationalisierung ist diese Frage zu ergänzen und danach zu differenzieren, wer wann und innerhalb welcher Kategorie Anwender ist, bzw. – bei Querschnittsanalysen – in welcher Phase der unternehmerischen Entwicklung Mikroelektronik zum Einsatz gebracht werden kann bzw. wird.

Welche Probleme haben diese Anwender?

Darauf aufbauend, wäre in einer nächsten Stufe zu klären, welche Probleme – im Sinne von Diffusions- oder Innovationswiderständen – bei welchen Anwendern, Branchen oder auch anwendungsspezifisch auftreten. Dabei ist in ersten Explorationsgesprächen festgestellt worden, daß diese Anwenderprobleme sehr unterschiedlich charakterisiert werden, und zwar je nachdem, in welcher Phase des Lebenszyklus sich der Anwender mit dem jeweiligen mikroelektronik-spezifischen Produkt (oder Verfahren) aktuell befindet. So konnte bei einer Befragung von frühen Mikroelektronik-Anwendern die Hypothese bestätigt werden, daß die Problemschwerpunkte mit dem jeweiligen zeitlichen Standort im Produktlebenszyklus wandern: Neuanwender hatten z. B. vorwiegend rein technische Schwierigkeiten im Forschungs- und Entwicklungsbereich, vor der Serienproduktion stehende Betriebe hatten im Schwerpunkt Probleme mit der Materialbeschaffung; dagegen dominierten z. B. Preisfindungsprobleme in der Absatzvorbereitungsphase, während in der Markteinführungsphase stehende Betriebe sich vor allem mit Akzeptanzschwierigkeiten bei potentiellen Kunden auseinandersetzten.

Welche Defizite bestehen hinsichtlich der Qualifikation?

Analog zur Lebenszyklusabhängigkeit von Problemfeldern zeigt sich auch hier eine starke Phasenabhängigkeit. So ist heute ein Übergewicht von Problemen im Entwicklungs- und Einführungsbereich zu beobachten, was dem aktuellen Ingenieurbedarf auf diesem Gebiet entspricht. Vergleichsweise unterentwikkelt ist dagegen z. Zt. noch die Erwartung eines Facharbeiterbedarfs infolge der Einführung von Mikroelektronik. Allerdings ist entsprechend ähnlicher technischer Entwicklungen zu erwarten, daß

– erstens nach Lösung von Einführungs- und Entwicklungsproblemen ein Teil

der Qualifikationsnachfrage obsolet wird, soweit diese sich auf die Einführungsprobleme in der Entwicklungsphase bezog, und
- zweitens die vormaligen Anforderungen an die Qualifikation der Entwicklungs-Ingenieure auflösbar werden und als zerlegte, ergänzt um gewandelte Anforderungen auf die Ebene der Facharbeiter transferiert werden.

Welche Konsequenzen haben Qualifikationsdefizite für die berufliche Aus- und Weiterbildung?

Erste Analysen und eine Reihe von Expertengesprächen im Ausbildungssektor zeigen, daß man heute zumindest im Bereich der elektrotechnischen Facharbeiterberufe fast überall Anforderungen mit mikroelektronischen Inhalten vermutet. Eine genauere Betrachtung belegt jedoch, daß es sich bei den aufgrund vermuteter Anforderungen erstellten Lehrkonzepten vielfach um in miniaturisierte Form gebrachte EDV-Erfahrungen handelt. Die Fehleinschätzung, die sich in vielen Lehrplänen niederschlägt, hat das Paradoxon zur Folge, daß eine derart aufwendige Integration der Mikroelektronik analog der Groß-DV die Möglichkeiten bezüglich der Anwendung und damit auch das erforderliche Volumen der Ausbildung reduzieren würde. Damit müßten entweder die optimistischen Diffusionsprognosen revidiert oder aber die Qualifikationsanforderungen erheblich geändert werden.

Welche Wechselwirkungen bestehen zwischen Technik und Qualifikation?

Entgegen der verbreiteten Annahme, daß beim Einsatz der Mikroelektronik der Service- und Reparaturaufwand und die damit verbundenen Qualifikationsanforderungen zunehmen, existieren Hinweise für eine starke Tendenz, neue Technologie-Anwendungen wartungsfrei und servicefreundlich zu gestalten.

Während Lehrprogramme noch von heutigen Service- und Reparaturaufgaben analog zur Groß-DV ausgehen, zeigen erste Einzelbeobachtungen, daß progressive Anwender angesichts des heute verfügbaren Qualifikationspotentials bemüht sind, ihre Produkte so zu entwickeln, daß kaum noch Wartung und Reparatur erforderlich sind. Auf diese Weise betreiben sie eine möglichst breite, wartungsfreie und servicefreundliche Diffusion der Mikroelektronik, während der Ausbildungsbereich sich noch weitgehend an der Technik von gestern orientiert.

Damit kehrt sich eigentlich die gesamte Fragestellung noch einmal um: Die Dynamik, wer Anwender dieser Technologie wird und welche Probleme mit der Anwendung verbunden sind, gerät in Abhängigkeit von dem Potential der verfügbaren Qualifikationen, und umgekehrt wird eine technische Entwicklung vorangetrieben in Abhängigkeit von heute erkannten oder heute vermuteten zukünftigen Qualifikationen und Qualifikationsdefiziten. Damit verbleibt das Risiko, daß der mit der Mikroelektronik verbundene technologische Wandel und die entsprechenden Qualifikationen sich aneinander vorbeientwickeln, weil sich einerseits die Qualifikationsentwicklung an der Technik von gestern (z.B. der Groß-EDV) und andererseits die technische Entwicklung an den Qualifikationsdefiziten von heute orientiert.

Zum Stand der Mikroelektronik-Anwendung

Im Rahmen verschiedener empirischer Untersuchungen bei Herstellern und Anwendern mikroelektronischer Produkte, die das Institut für angewandte Innovationsforschung (IAI) e.V. seit 1980 durchführte, wurden die aus dem Einsatz der Technologie resultierenden Folgewirkungen für die Qualifikation und hier speziell für die Qualifikation von Elektronik-Facharbeitern ermittelt.

Für diese Erhebungen wurde ein differenziertes Instrumentarium entwickelt, das es ermöglicht, die mit der Einführung der Mikroelektronik einhergehenden Qualifikationsveränderungen so zu erfassen, daß diese unmittelbar für den Vermittlungsprozeß (Lerninhalte) transferierbar sind. Dabei ist das für Berufe aus dem Berufsfeld Elektrotechnik getestete Instrumentarium auf andere Berufsfelder und Qualifikationsniveaus, aber auch auf andere Technologien in modifizierter Form anwendbar.

Im folgenden sollen einige wesentliche Ergebnisse zusammengefaßt werden, wobei zur Beurteilung qualifikatorischer Veränderungen zunächst betriebliche Rahmendaten des Technologieeinsatzes betrachtet werden.

Einführungsprobleme unterschätzt?

- Untersucht man zunächst einmal die Branchen der Hersteller-Betriebe, bei denen der Einsatz der Mikroelektronik bereits erfolgt ist, so wird deutlich, daß sich durch die Anwendung der „Querschnitt-Technologie" Mikroelektronik (d.h. durch die Diffusion über den elektrotechnischen Bereich hinaus) die durch die Fertigungsprogramme der Betriebe determinierten Grenzen der Branchen zunehmend verwischen und sich aus der Zuordnung zu einer Branche kaum noch Rückschlüsse auf jeweils hergestellte Produkte (und umgekehrt) ziehen lassen.

  Zudem haben verschiedene Betriebe Mikroelektronik im Wege einer Diversifikation im Betrieb eingeführt, so daß z.B. neben der Herstellung von feinmechanischen Geräten mikroelektronische Steuerungen gefertigt werden.

  Bei der branchenmäßigen Aufteilung der bisher untersuchten Betriebe ergibt sich für die Hersteller mikroelektronischer Produkte erwartungsgemäß ein Schwerpunkt im elektrotechnischen Bereich, gefolgt vom Maschinenbau und der Feinmechanik/Optik.

  Bei den Anwendern mikroelektronischer Produkte dominieren der Metallerzeugungs-/Bearbeitungsbereich und der Straßenfahrzeugbau vor dem Energiesektor und der Bundesbahn.

- Unerfüllt blieben für nicht wenige Betriebe die in die Technologie gesetzten Erwartungen, insbesondere hinsichtlich technischer und ökonomischer Eigenschaften: mangelnde Qualität der Bauelemente, Störanfälligkeit, mangelnde Wartungsfreiheit und Flexibilität, lange Entwicklungszeiten für Software, hohe Investitionsaufwendungen. Dabei entsprechen die Umkehrungen der nicht erfüllten Erwartungen in vielen Fällen den von betrieblicher Seite genannten Gründen für die erste Anwendung der Technologie.
- Wenn auch in der Einschätzung einzelner Betriebe die Dauer der Entwicklungszeiten verschiedentlich nicht den ursprünglich gehegten Erwartungen entsprach, so zeigt die nähere Untersuchung der Zeitspanne von den ersten Forschungs- und Entwicklungsaktivitäten bis zur Markteinführung für die Jahre seit der Einführung des ersten Prozessors (1972) dennoch eine weitgehend kontinuierliche Entwicklung:
  Die Dauer des Entstehungszyklus des jeweiligen Mikroelektronik-Erstanwendungsproduktes verkürzte sich bei den hier untersuchten Erstanwendungsfällen von durchschnittlich knapp 4 Jahren in der Anfangsphase des Einsatzes von Mikroprozessoren (1972–74) auf etwa 2½ Jahre (im Zeitraum 1979–81). Z. Zt. dürfte die durchschnittliche Dauer ca. 1½ Jahre betragen.
- Bezogen auf das zum jeweiligen Befragungszeitpunkt hergestellte typische Mikroelektronik-Produkt (näher bestimmt anhand der derzeitigen und zukünftigen Bedeutung im Produktportfolio), ergibt sich ein hoher Anteil von Neuentwicklungen und Weiterentwicklungen mit Erweiterung der Produktfunktionen und damit ein hoher Innovationsgehalt dieser Produkte. Darüber hinaus stellt – wie bereits erwähnt – für nicht wenige Betriebe die Herstellung von Mikroelektronik-Produkten eine *Diversifikation* dar, d.h., daß die Betriebe neben ihrem traditionellen Produktprogramm andersartige, mikroelektronische Produkte herstellen und auf diesem Weg in neue Märkte vorstoßen.
- Daraus resultiert für die Aus- und Weiterbildung in den Betrieben – neben einer generell erforderlichen Auseinandersetzung mit dieser neuen Technologie – bedingt durch sich verkürzende Anpassungszeiten ein verstärkter zeitlicher Druck zur Umsetzung neuer technischer Entwicklungen und Produkte für die Qualifizierung der hiervon im Betrieb Betroffenen. Zudem bringen hohe Anteile von Neuentwicklung und Diversifikation neue inhaltliche Aufgaben mit sich oder erfordern zumindest eine Verlagerung der inhaltlichen Schwerpunkte für Qualifikationsmaßnahmen.
- Ausgehend von der Annahme, daß je nach Stand der Entwicklung und Implementation einer neuen Technik in der innovierenden Einzelunternehmung zu bestimmten Zeiten sehr spezifische Problemfelder existieren, die zu Innovationsbarrieren führen können, beschäftigte sich die Untersuchung – ausgehend vom Lebenszyklus mikroelektronischer Produkte in Herstellerbe-

trieben – mit der Erfassung derartiger Problemfelder. Die Analysen ergeben für die Phase der *Forschung und Entwicklung,* daß diese im wesentlichen gekennzeichnet ist durch einen Mangel an Zeit und hohen Kostenaufwand für die Entwicklung sowie konkreten, aus der Technologie resultierenden Hardware- und Software-Problemen.

In der *Produktions- und Produktionsvorbereitungsphase* stehen Schwierigkeiten bei der Umstellung der Fertigung und Zulieferprobleme im Vordergrund – Resultat einer mit der innerbetrieblichen Umsetzung der Innovation oft einhergehenden Änderung der Arbeitsteilung und des Lieferantenspektrums. Besonders in Großbetrieben treten zusätzlich innerbetriebliche Akzeptanzprobleme auf. Demgegenüber sehen sich die Betriebe in der Phase der *Markteinführung* mit einer mangelnden Akzeptanz des innovativen Produktes durch den Abnehmer konfrontiert, wobei verschärfend eine zu späte Vermarktung der Produkte hinzukommt. Auch in dieser letzten Phase ist dem Qualifikationsaspekt – nun auf der Ebene des Vertriebs-, Wartungs- und Service-Personals – eine besondere Bedeutung beizumessen.

Personelle Engpässe – nicht nur auf der Ingenieursebene

– Dabei hat es den Anschein, daß sich die Schwierigkeiten aus den ersten beiden Phasen fortpflanzen, kumulieren und erst in der Phase der Markteinführung folgenschwere Auswirkungen nach sich ziehen. Die Problemlage in dieser Phase verschärft sich noch durch eine teilweise überstürzte Markteinführung ohne ausreichende begleitende Marketing-Maßnahmen. Hierdurch wird in Einzelfällen der gesamte Prozeß der Produktentwicklung in Frage gestellt, weil er wesentlich durch die technische Machbarkeit bestimmt ist und zu spät auf wirtschaftliche und Marktgegebenheiten ausgerichtet wird. Dies ist zum Teil darauf zurückzuführen, daß besonders in der ersten Phase des Mikroelektronik-Einsatzes der Impuls zur eigentlichen Anwendung, aber auch der Umgang mit dieser Technologie eine Domäne der Entwicklungs- und Konstruktionsabteilung ist und auch oft bis zur Markteinführung bleibt.

Bei der Betrachtung der drei Phasen fällt aber vor allem auf, daß ein Problembereich immer wieder einen hohen Stellenwert aufweist: der *Mangel* der Technologie angepaßten Qualifikationen.

In der Phase der Forschung und Entwicklung bezieht sich dieses im wesentlichen auf den Ingenieurbereich und ist verbunden mit Problemen der Know-how-Beschaffung. In der Produktions- und Produktionsvorbereitungsphase wird eine Verlagerung des Problems auf die übrigen Mitarbeiter deutlich; hinzu kommen Technikfeindlichkeit und Arbeitsplatzangst, die eine Akzeptanz der Technologie im Betrieb erschweren. Während und nach der Markteinführung treten Qualifikationsprobleme vor allem beim Vertriebs-, Wartungs- und

Service-Personal auf, wodurch – zumindest im Fall der Wartung und des Service – besonders Elektro-Facharbeiter tangiert werden und ein Bedarf an entsprechenden Schulungsmaßnahmen entsteht.

- Vorhandene bzw. nicht vorhandene Qualifikationen stellen soweit – dies zeigen die durchgeführten Analysen – eine zentrale Größe beim Einsatz der Technologie dar, wobei empirisch kaum geklärt werden kann, welche der genannten übrigen Schwierigkeiten letztendlich ebenso auf mangelnde Qualifikationen bzw. fehlendes (personengebundenes) Know-how zurückzuführen sind, und dies nicht nur bezogen auf den Ingenieurs-, sondern ebenso im Facharbeiter-Bereich.
- Die vorausgegangenen Befunde führen zu der Frage, wie die Betriebe ihre Qualifikationsbedarfsdeckung hinsichtlich der Mikroelektronik vornehmen. Die Beantwortung dieser Fragestellung durch betriebliche Experten führt für die verschiedenen Berufsgruppen zu einem recht differenzierten Bild:
  Für *Ingenieure* stellt die Neueinstellung die zentrale Maßnahme dar; dies dürfte den Engpässen und den daraus resultierenden Aktivitäten bei der Know-how-Beschaffung in der Entwicklungsphase entsprechen.
  Bei den *Technikern* ergibt sich gegenüber den Ingenieuren lediglich eine geringere Bedeutung der Neueinstellung. Betriebliche und externe Weiterbildung stellen somit die wichtigsten Maßnahmen dar, es wird also auf den vorhandenen Mitarbeiterstamm zurückgegriffen.
  Dies gilt auch für *Facharbeiter,* wenngleich hier die Einarbeitung/Unterweisung am Arbeitsplatz im Gegensatz zu den vorgenannten Gruppen weitaus stärker bewertet wird und der externen Weiterbildung weniger Bedeutung zugemessen wird. Hier, aber auch bei den übrigen Berufsgruppen, nimmt die betriebliche Weiterbildung einen hohen Stellenwert ein; dies setzt aber auch das Vorhandensein entsprechender Bildungsinhalte in den Betrieben voraus. Herstellerschulungen haben inzwischen hingegen für alle drei Berufsgruppen die geringste Bedeutung.
- Eine weitere, jedoch mittelbar und längerfristig wirkende Maßnahme der Qualifikationsbedarfsdeckung ist die Ausbildung, und hier speziell die Ausbildung in elektrotechnischen Facharbeiterberufen. Deutlich wird, daß die Auseinandersetzung mit dieser Technologie z. Z. eher im Bereich der Weiterbildung als im Bereich der Erstausbildung stattfindet. In die Erstausbildung von Elektrofacharbeitern haben mikroelektronische Lerninhalte jedenfalls erst in 47% der (ausbildenden) Betriebe Eingang gefunden.
- Eine nähere Betrachtung der im Zusammenhang mit der Mikroelektronik ausgeübten Facharbeiter-Tätigkeiten ergibt, daß – zunächst einmal von der Benennung der Tätigkeiten her – Unterschiede bestehen, die auf den Betriebstyp (*Anwender* von Geräten, die mikroelektronische Komponenten beinhalten, und *Hersteller* von Produkten mit mikroelektronischen Komponenten)

zurückzuführen sind. So verteilen sich die Tätigkeits-Schwerpunkte beim Facharbeiter-Einsatz in *Herstellerbetrieben* relativ gleichmäßig auf das Warten und Reparieren (incl. Prüffeld-Tätigkeiten), das Inbetriebnehmen und das Erstellen und Einbauen von Baugruppen. In der überwiegenden Zahl der Mikroelektronik-*Anwenderbetrieben* sind die Facharbeiter-Tätigkeiten demgegenüber dem Bereich Warten/Reparieren zuzuordnen, während andere Tätigkeiten sehr viel seltener anzutreffen sind.
Einem relativ breiten Tätigkeits-Spektrum bei den Herstellern mikroelektronischer Produkte steht also ein sehr enger Tätigkeitsbereich bei den Anwendern gegenüber, mithin kommt dieser Unterscheidung auch für Qualifizierungsmaßnahmen eine entscheidende Bedeutung zu.

Tendenzen der Qualifikationsentwicklung

Hinsichtlich der Ausübung oben genannter Tätigkeiten zeigt sich eine deutliche Verschiebung in den Anforderungsprofilen der durch die Mikroelektronik tangierten Elektro-Facharbeiter. Dieses Problemfeld wurde für die Gruppe der mikroelektronischen Produkte herstellenden Betriebe unter Zuhilfenahme von Arbeitsplatzanalysen detaillierter analysiert und in idealtypische Arbeitsabläufe und mikrocomputerspezifische Anforderungsprofile umgesetzt.
Die Untersuchungen wurden in Hersteller-Betrieben durchgeführt, die sich, bezogen auf den Mikroelektronik-Einsatz, durch einen Anwendungsvorsprung gegenüber ihren Konkurrenten auszeichnen. Aus der Kenntnis der derzeitigen Situation in diesen sog. Pilotbetrieben, in denen sich in den verschiedenen Betriebsbereichen die technologiebedingten Qualifikationsanforderungen an die dort beschäftigten Elektro-Facharbeiter bereits konkretisiert haben, ergeben sich erste Anhaltspunkte für die mit einer breiteren Anwendung der Mikroelektronik zu erwartenden Veränderungen. Diese Untersuchungen führten zu folgenden Ergebnissen:

Unterschiedliche Betroffenheit bei Elektro-Facharbeitern

– Art und Umfang der in einem Betrieb von Elektro-Facharbeitern abverlangten Qualifikationen werden primär durch das(die) hergestellte(n) Produkt(e) bestimmt: vor allem die Komplexität des Produktes determiniert z. B. Fertigungstiefe, Prüf- und Reparaturaufwand und schafft damit die Voraussetzung für entsprechende Facharbeitertätigkeiten.
  Die am häufigsten an den untersuchten Arbeitsplätzen vorgefundenen Arbeitsanforderungen beziehen sich auf Speicherbausteine (z. B. RAM, ROM, EPROM, EAROM) und die dazugehörige Adressierlogik, Prozessoren, Timer/Zähler sowie diverse Schnittstellenbausteine.
  Im Bereich der Software wird den Maschinensprachen sowie betriebsspezifischen Prüfsprachen eine besondere Bedeutung beigemessen, während das

technische Umfeld der Mikroelektronik bei den Geräte-Herstellern insgesamt betrachtet eine untergeordnete Rolle spielt und sich allenfalls auf die Schnittstellen zur Mechanik und zur Nachrichtentechnik konzentriert.

- Weitgehende Kenntnisse der Digitaltechnik waren an nahezu allen Arbeitsplätzen unabdingbare Voraussetzung für die Erfüllung der jeweiligen Arbeitsaufgabe, für die über die Digitaltechnik hinausgehende eigentliche Mikrocomputer-Technik sind hingegen unterschiedliche Qualifikations- bzw. Vermittlungsebenen erforderlich, wobei sich – zumindest bei den bisher untersuchten *Hersteller-Betrieben* – zeigte, daß zwei Einstiegsebenen unterschieden werden können:
  wenn Mikroelektronik-Kenntnisse für eine Arbeitsaufgabe eine Rolle spielen, so beschränken sich diese oft entweder auf allgemeine Grundkenntnisse und -Fähigkeiten (black box-Denken, Handling), oder es sind sehr weit gehende Qualifikationen notwendig (Kenntnisse der konkreten Schaltungstechnik, Programmierkenntnisse). Eine sich zwischen diesen Polen vollziehende Auseinandersetzung mit der Mikroelektronik konnte zumindest für das mittlere Qualifikationsniveau in den untersuchten Hersteller-Betrieben selten festgestellt werden.
- Die speziell an einem Prüfplatz gestellten Anforderungen ergeben sich oft eher durch die eingesetzten Prüf- und Meßgeräte als durch das zu prüfende Produkt (besonders, wenn dieses wenig komplex ist). So ist beispielsweise neben dem Umgang mit einem hochentwickelten Prüfgerät das Schreiben von Prüfroutinen in einer höheren Prüf- oder Programmiersprache erforderlich, während über die zu prüfende Leiterplatte lediglich Kenntnisse der Schaltungstechnik benötigt werden und auch vom zeitlichen Aufwand her eher eine Auseinandersetzung mit dem Prüfaufbau stattfindet.
- Besonders für Inbetriebnahme und Service gilt, daß, wenn mikroelektronische Schaltungen Bestandteil einer komplexen Anlage mit nicht-elektronischen Komponenten sind, umfangreiche Anlagen- und Prozeß-Kenntnisse über die eigentliche Schnittstelle hinaus gegeben sein müssen. Dies betrifft beispielsweise die Sensorik, Aktuatorik, Mechanik, Pneumatik, Optik, Akustik etc.
- Vor allem in den Betrieben, die wenig oder gar nicht ausbilden, ist an Arbeitsplätzen, die verstärkt mit Mikrocomputer-Technik konfrontiert werden, die Qualifikation der dort anzutreffenden Facharbeiter weitgehend unabhängig vom ursprünglich erlernten Beruf. Eine nicht zu unterschätzende Bedeutung hat dort z.B. der Umstand, daß „Mikrocomputerei" als Hobby betrieben wird und Facharbeiter dadurch für das Selbststudium entsprechend den firmenspezifischen Belangen motiviert sind bzw. die Kenntnis-Grundlagen hierfür bereits vorhanden sind.
- Überdies ist aber festzustellen, daß momentan in den untersuchten Betrieben selten ein „Automatismus" besteht, neu ausgebildete Facharbeiter für hoch-

qualifizierte Tätigkeiten im Mikrocomputerbereich einzusetzen. D. h., in der Regel erhalten allenfalls die Besten eines Jahrgangs die Chance, einen entsprechenden Arbeitsplatz zu besetzen, wenn sie bereits Mikrocomputer-Grundkenntnisse und/oder das Engagement besitzen, sich durch Selbststudium weiterzubilden.
Hier ist jedoch anzumerken, daß die Situation vermutlich anders wäre, wenn die entsprechenden Inhalte schon in der Ausbildung vermittelt worden wären.

Unsicherheit über zukünftigen Facharbeitereinsatz

- Bezüglich des zukünftigen Einsatzes von Elektronik-Facharbeitern im Bereich der Mikrocomputer-Technik liegen daher bisher auch widersprüchliche Erkenntnisse vor, die aber offensichtlich die augenblickliche Situation in der betrieblichen Praxis reflektieren.
  Angesichts veralteter Berufsbilder und der anstehenden, aber zeitlich noch nicht abzusehenden Weiterentwicklung der Elektroberufe einerseits und dem aktuellen Qualifikationsbedarf der Betriebe andererseits besteht – wie die Erfahrungen im Feld zeigen – eine erhebliche Unsicherheit über zukünftige Aufgaben von Elektro-Facharbeitern, verdeutlicht durch zwei grundsätzliche Vorstellungen, zwischen denen sicherlich auch Mischformen anzutreffen sind:
  1. Auf der einen Seite gibt es Betriebe, die bereits konkrete Erfahrungen aus dem mikroelektroniknahen Facharbeiter-Einsatz haben und ausgeprägte Vorstellungen über deren zukünftige Einsatzfelder besitzen und für eine umfassende Aufnahme mikroelektronischer Inhalte in die Ausbildung plädieren.
  2. Dem gegenüber stehen Betriebe, die meist keine eigene Ausbildung betreiben und in denen Facharbeiter lediglich verdrahten und bestücken, während für die anspruchsvolleren Prüffeld-, Reparatur- und Inbetriebnahme-Arbeiten Ingenieure und Techniker eingesetzt werden. Hier wird – oft unter Hinweis auf die Qualität der Produkte und geringe Stückzahlen (Einzel- und Kleinserienfertigung) – auch in Zukunft keine andere Aufgabenverteilung gesehen.
- Das Resümee aus diesen Vorstellungen lautet daher, daß die augenblickliche Situation eher einen Zwischenzustand darstellt – zumal auch viele Betriebe sich aufgrund der Umstellung von ihrem traditionellen Produktprogramm auf mikroelektronische Produkte noch im Umbruch befinden. Darüber hinaus sind weitere, z. T. in ihrer Wirkung gegenläufige Veränderungen zu erwarten, die sich aus Neuerungen in der Fertigungstechnik und anderen organisatorischen Umstellungen ergeben können:
  1. Reparaturen durch Kundendienste werden zunehmend – allein schon, um die Ausfallzeiten beim Kunden zu minimieren – durch Austausch von Leiterplatten durchgeführt, die dann zentral, ggf. unter Einsatz automatischer Prüfgeräte, repariert werden.

2. Stellen Betriebe fest, daß die für die Mikrocomputer-Technik erforderlichen Qualifikationen nicht vorhanden sind und auch extern nicht beschafft werden können, so bleibt als Ausweg die Möglichkeit, die Arbeitsplätze mit (teuren) Ingenieuren oder Technikern zu besetzen oder den Arbeitsteilungsgrad zu erhöhen, um Angelernte einsetzen zu können. Ist die letztere Möglichkeit erst einmal realisiert – oft unter Einsatz kostspieliger Betriebsmittel –, so ist eine Herbeiführung einer anderen organisatorischen Lösung unter Einsatz von Facharbeitern äußerst schwierig.

3. Neue Aufgaben für Facharbeiter könnten sich ergeben aus der Erweiterung von Betriebsabteilungen, wie z. B. der Entwicklung und dem Qualitätswesen (Prüffeld): vielfach fallen in den seit der Beschäftigung mit der Mikroelektronik ausgeweiteten Entwicklungsabteilungen Aufgaben an, die nicht notwendigerweise von Ingenieuren ausgeübt werden müssen (Versuchsaufbauten, Durchführung von Tests, Entflechtung von Leiterplatten etc.).
Weiterhin findet angesichts von z. T. hohen Qualitätsanforderungen (militärische Aufträge, besondere Umweltbedingungen für das Produkt) ein Ausbau des Qualitätswesens statt, bei dem der Ausbau von Prüffeldaufgaben nur ein Aspekt ist. Es kommen Wareneingangskontrollen und teilweise 100%ige „Stichproben" in der laufenden Fertigung hinzu; hier könnten Facharbeiter ebenso neue Betätigungsfelder finden.

4. Eine weitere – einem forcierten Facharbeitereinsatz allerdings entgegenwirkende – Tendenz zeigt sich im Prüffeld einiger Betriebe aber ebenso: analog zur momentan anstehenden Rationalisierungswelle im Bürobereich und in der Fertigung, bahnt sich eine ähnliche Entwicklung bei den Meß-, Prüf- und Testgeräten an. Speziell der vermehrte Einsatz von In-Circuit-Testern mit einer Prüftiefe von 80–90% führt bei größeren Serien zu einer Automation von Prüfvorgängen und erlaubt den Einsatz von angelernten Kräften, wobei diese z. T. wieder dadurch eingespart werden, daß ein Roboter die Positionierung des Prüflings auf den Adapter vornimmt und fehlerfreie sowie defekte Platinen sortiert abgelegt werden.

Ansatzpunkte für die betriebliche Bildungsarbeit

Die Resultate des IAI aus den Untersuchungen zum Mikroelektronik-Einsatz zeigen, daß infolge einer weitreichenden Offenheit der zukünftigen Entwicklung für die Qualifizierung von Elektronik-Facharbeitern im Anwendungsbereich der Mikroelektronik kein perfektioniertes Angebot an Ausbildungsinhalten für Mikrocomputer-Technik angestrebt und angeboten werden kann. Es ist vielmehr ein elastisches Baukastensystem zu entwickeln, das

- auf einer flexiblen, in Breite und Tiefe differenzierbaren Struktur beruht,
- Relevanz für verschiedene Anwendungsfelder der Mikroelektronik besitzt und
- einen Einsatz in verschiedenen (elektrotechnischen) Berufen erlaubt.

So läßt sich zunächst zwar lediglich ein Mindestqualifikationsbereich abdekken, der Optionen für eine Erweiterung enthält, darüber hinaus aber nicht auf die Sicherstellung weitergehender Ansprüche ausgerichtet werden darf, da speziell in diesem besonders innovativen Feld nicht-antizipierbare Restgrößen und Ungewißheiten auftreten, die betriebs- und problemspezifische Lösungen erfordern.

Neben der Unschärfe bei der Bestimmung der in Zukunft erforderlichen Qualifikationsinhalte wird ein zweites Problemfeld dominant: Recherchen bei potentiellen Anwendern der Mikroelektronik zeigen, daß für eine adäquate Ausbildung nicht etwa die damit verbundenen Kosten den Engpaß darstellen, sondern der Zugang zu den Qualifikationsinhalten selbst versperrt ist. Während die auf diesem Gebiet aktiven Industrien längst über Ausbildungsprogramme verfügen, haben insbesondere artfremde Branchen und Klein- und Mittelunternehmen gewaltige Probleme, geeignete Curricula zu finden und mit auf diesem Gebiet inkompetenten Ausbildern zum Einsatz zu bringen. Angesichts der nicht überwindbaren Eingangsschwelle zu neuen Qualifikationsinhalten neigen sie dazu, Altqualifikationen zu tradieren, selbst wenn die Zukunftsperspektiven für die so Ausgebildeten äußerst gering sind.

Insgesamt zeigt sich, daß die Engpässe bei der Qualifizierung für die Mikroelektronik wesentlich durch die Verfügbarkeit geeigneter Curricula und adäquat ausgebildeter Ausbilder bestimmt werden.

Die inhaltliche Feststellung dieser Engpässe und deren Umsetzung in praxisnahe Curricula erfordern jedoch eine systematische Erfassung von Schwachstellen im Qualifikationsbereich. Diese Schwachstellen-Analyse kann jedoch nicht statisch sein, sie muß vielmehr den ständigen Veränderungen in der Praxis Rechnung tragen und ist daher dynamisch auszurichten.

Im Ergebnis hat eine auf diese Weise abgesicherte Entwicklung von Curricula, Ausbildungsunterlagen und Medien den Charakter eines subsidiären Angebots für Aus- und Weiterbildung sowie Ausbilder-Fortbildung und kann somit in den durch Mikroelektronik tangierten Betrieben dazu beitragen, Qualifikationsdefizite abzubauen.

Eine Beseitigung dieser Qualifikationsdefizite würde jeoch nicht nur eine Behebung der jeweils aktuellen Engpässe der Technologie-Anwendung ermöglichen, sondern darüber hinaus – auf der Grundlage des technischen und ökonomischen Potentials der Mikroelektronik sowie einer abgestimmten Qualifikationsentwicklung – weitere Entwicklungsperspektiven eröffnen.

Wandel auch in der Personalwirtschaft

Mit Hilfe eines auch in der Personalwirtschaft zu vollziehenden Strategiewandels ist darüber hinaus eine Organisationsentwicklung in Gang zu setzen, die restriktive Ordnungsmuster überwindet und zu einer neuen Qualität von

Arbeitsplätzen und Arbeitsorganisationen, von Produktion und Dienstleistung führt.

Dabei ist es unerläßlich, über eine mittel- bis langfristig wirksame Perspektive für insbesondere den Facharbeiter-Einsatz und den daraus ableitbaren Aus- und Weiterbildungsbedarf in quantitativer, aber insbesondere in qualitativer Hinsicht zu verfügen. Dieses darf jedoch nicht an einzelnen Inhalten orientiert sein, sondern sollte Rahmen und Freiraum zugleich für jeweils spezielle und aktuelle Aktivitäten im Bildungsbereich darstellen; in verstärktem Maße gilt dies für all jene Technologie-Anwender, die nicht eine derart ausgeprägte Technologie-Erfahrung besitzen wie die hier für Arbeitsplatzuntersuchungen ausgewählten Betriebe.

Vor dem Hintergrund einer sich dynamisch entwickelnden Technik gilt es, aus betrieblicher Sicht die Rolle der Personalwirtschaft zu überdenken, die bisher eher darin besteht, auf technische Veränderungen passiv zu reagieren, anstatt auf diese aktiv und gestaltend einzuwirken. Um ein Beispiel aus der betrieblichen Praxis zu bemühen: Vorbeugende Instandhaltung in der industriellen Produktion hat sich aus ökonomischer Sicht dahingehend bewährt, Ausfall- und Stillstandszeiten und die sich daraus ergebenden Kosten zu minimieren und einen reibungslosen Produktionsablauf zu gewährleisten.

Analog könnte eine vorbeugende Personalentwicklung – die sich nicht nur als Reaktions- und Reparaturinstrument versteht – bei enger Kopplung mit Entwicklungen im F & E- und Produktionsbereich ihre Aktivitäten frühzeitig entwickeln, damit ohne Reibungsverluste Qualifikationspotentiale aufbauen und eine aktive Rolle im technischen Wandel übernehmen.

2.2. Berufliche Weiterbildung – Investition in die Zukunft

Dorothee Wilms

Die neuen Technologien, besonders die Mikroelektronik, bestimmen in zunehmendem Maße die wirtschaftlichen Prozesse. Ihre Einführung wird immer mehr zum Motor der wirtschaftlichen Entwicklung und damit entscheidend für Wirtschaftswachstum, Beschäftigung und Wettbewerbsfähigkeit. Nur mit ihrer Hilfe ist es möglich, viele der aktuellen Probleme, wie z. B. des Umweltschutzes und der Ressourcenschonung, zu lösen.

Aus dieser enormen Bedeutung der neuen Technologien ergibt sich, daß wir uns verstärkt mit den Voraussetzungen und Bedingungen ihrer Einführung auseinandersetzen müssen. Hierbei sind mindestens drei Ebenen unmittelbar erkennbar:

Die Probleme, die mit dem hohen Kapitaleinsatz und den damit zusammenhängenden Wagnissen verbunden sind einerseits, die Rolle des Technologietransfers, d.h. der möglichst raschen Umsetzung und Anwendung neuer Erkenntnisse andererseits. Hinzu kommt die Bedeutung des Qualifikationsstandards, der in bisher kaum dagewesenem Umfang über den Erfolg des gegenwärtigen Strukturwandels mitentscheidet.

Heute gilt es, diese Situation zu erkennen, sich die zentrale Bedeutung von Ausbildung und Weiterbildung für den Innovationsprozeß bewußt zu machen und sich mit den Konsequenzen auseinanderzusetzen, die daraus sowohl wirtschafts- wie bildungspolitisch entstehen. Angesichts der Dynamik der Entwicklungen, der Vielfalt neuer Anwendungsmöglichkeiten mit ihren komplexen Auswirkungen und der zahlreichen, zum Teil völlig neuen Anforderungen des Arbeitsplatzes lassen sich für viele Fragen vorerst nur Trends erkennen. Dies macht es schwierig, Grundsätze der beruflichen Aus- und Weiterbildung vor den neuen Anforderungen zu überprüfen, Steuerungsmechanismen der neuen Entwicklungen zu definieren und Zielsetzungen vorzunehmen. Die folgenden Überlegungen bieten hierfür einen Diskussionsbeitrag aus der Sicht der Bildungspolitik.

1. Zur technologischen Entwicklung

Die Möglichkeiten der neuen Technologien bieten ein facettenreiches Bild. Letzte Aussagen über ihre Auswirkungen auf den einzelnen, auf Betriebe und auf die Gesellschaft lassen sich allerdings noch nicht machen. Die Diskussion um die Auswirkungen der Technologien auf die Qualifikation der Mitarbeiter wird allzu schnell von Schlagworten beherrscht. Viele Diskussionsbeiträge spiegeln eher die Befürchtungen und Hoffnungen der Diskussionspartner wider als die berufliche Realität. So werden mit großem Engagement Thesen zur Polarisierung oder zur Segmentierung von Qualifikationen vertreten; oder aber es werden vermutete Trends zu allgemeiner Höherqualifizierung oder auch zum Qualifikationsabbau bereits als gesicherte Erkenntnisse dargestellt.

Die Unsicherheit über die erforderlichen Qualifikationen ist verständlich, weil die Vielfalt der Anwendungsmöglichkeiten der modernen Technologien heute nicht annäherungsweise überschaubar ist. Das einzige was wir zur Zeit wirklich wissen, ist, daß der Einsatz der Mikroelektronik unsere Welt in einem Maße verändern wird, wie das bisher kaum eine andere Technik bewirkt hat.

Aus wirtschaftlichen, sozialen und Wettbewerbsgründen haben wir nicht die Wahl, uns gegen die neuen Techniken insgesamt zu stellen; wir müssen die technischen Entwicklungen vielmehr als Chance begreifen. Die Vielfalt der Anwendungsmöglichkeiten bietet große Freiräume für ihre Gestaltung und damit für die Zukunftsentwicklung der Gesellschaft insgesamt. Die Politik muß die wünschenswerten Ziele definieren und die angemessenen Rahmenbedingungen schaffen, damit die moderne Technik ihre Vorteile entfalten kann und ihre Nachteile auf ein Minimum beschränkt bleiben.

Die neuen Techniken stellen uns auch vor neue Entscheidungen in der Weiterbildungs-, Wirtschafts- und Forschungspolitik: Neugründungen von High-Technology-Firmen, Entwicklungen von neuer Steuerungs- und Konstruktionssoftware sind bereits heute von erheblicher volkswirtschaftlicher Bedeutung. Die Konkurrenzfähigkeit wird aber auf die Dauer nur zu sichern sein, wenn es gelingt, diese Entwicklungen in aller Breite durchzusetzen.

Eine Voraussetzung hierfür ist es, die Entscheidungsträger in den Betrieben und die Benutzer so weiterzubilden, daß sie die neue Technik sinnvoll und verantwortungsbewußt einsetzen können. Sonst laufen wir Gefahr, daß wir trotz einzelner technologischer Höchstleistungen gesamtwirtschaftlich den Anschluß verpassen. Auch die genialsten Einzelerfolge würden dann seltene Orchideen ohne gesamtwirtschaftliche Bedeutung sein.

Weiterbildung ist damit der Treibriemen der technologischen Innovation. Ohne qualifizierte Mitarbeiter ist eine breite Anwendung der neuen Technologien nicht möglich.

2. Zur Sicherung des Ausbildungsstandards

Der wichtigste Aktivposten der deutschen Wirtschaft ist ihr Potential an gut ausgebildeten, erfahrenen und verantwortungsbewußten Fachkräften. Dies ist das Ergebnis einer konsequenten Berufsbildungspolitik, wie sie kaum ein anderes Land vorzuweisen hat.

Das duale Berufsbildungssystem ist einer der Grundpfeiler für die starke internationale Wettbewerbsposition vieler unserer Wirtschaftszweige. Der hohe Ausbildungsstand der Fachkräfte und ihre Weiterbildungsmotivation ermöglichen es, sich schnell und flexibel den veränderten Anforderungen der Märkte anzupassen.

Die Attraktivität des dualen Systems, d. h. der Verbindung der Lernorte Betrieb und Schule, wird gerade in der Gegenwart vielfältig bestätigt. So sehen Hochschulberechtigte in sprunghaft steigendem Maße Ausbildungsalternativen in verschiedenen Bereichen der beruflichen Bildung. In realistischer Einschätzung der beruflichen Perspektive suchen diese Jugendlichen sich mit berufspraktischen Qualifikationen auf die spätere Tätigkeit vorzubereiten. Dies ist bildungspolitisch zu begrüßen. Das bedeutet aber, daß die Ausbildungsangebote sich verstärkt auf veränderte schulische Voraussetzungen der Jugendlichen in der beruflichen Ausbildung einstellen müssen. Dies eröffnet neue Perspektiven für die zukünftige qualitative Ausgestaltung des Ausbildungsangebotes im dualen System.

Gleichzeitig zeigen die Erfahrungen mit dem Einsatz neuer Technologien die Notwendigkeit zunehmender Qualifikation von Mitarbeitern. Die Utopie der menschenleeren Fabrik stößt zunehmend an konkrete Grenzen:

- Viele Betriebe setzen auf die Qualifikation der Mitarbeiter, die technische und organisatorische Störungen vor Ort abfangen und den Steuerungs- und Regelungsaufwand in Grenzen halten.
- Im Zusammenhang mit der Entwicklung der Mikroelektronik entstehen neue Berufe und Berufsfelder, für die ein hohes Maß an Qualifikation erforderlich ist.
- Zunehmende Automatisierung geht einher mit überproportionalem Steuerungsaufwand, der uns unter Gesichtspunkten der Kosten-Nutzen-Analyse an Grenzen führen wird. Die Alternative hierzu bleibt auch in Zukunft die Qualifikation des Mitarbeiters.

Wir brauchen deshalb auch in Zukunft Menschen mit hohen Qualifikationen und geistiger Kreativität. Der Verbesserung des Systems der beruflichen Ausbildung ist gerade bei zunehmenden Technikeinsatz zwingend erforderlich. Eine Erweiterung der Berufsausbildung auf neue Tätigkeitsfelder wird erkennbar; die staatliche Anerkennung des Ausbildungsberufes „Ent- und Versorger" oder des „Energieanlagenelektronikers" sei nur beispielhaft genannt. Im Interesse der Wirtschaft unterstützt deshalb die Bundesregierung das Bemühen um die Schaffung attraktiver hochqualifizierter dualer Ausbildungsgänge.

3. Zur Personalentwicklung

Die betriebliche Innovationspolitik sieht sich zwei Aufgabenbereichen gegenüber: Auf der einen Seite gilt es, die technischen Entwicklungen nach dem neuesten Stand und den jeweils besten ökonomischen Gesichtspunkten entschlossen voranzutreiben.

Hinzu kommt ein zweites. Das Management muß sich verstärkt bewußt werden, daß der Betrieb Menschen braucht, die diesen modernen Technikeinsatz beherrschen. Hieraus ergibt sich, daß die betrieblichen Entscheidungsträger, die Planer und die Führungskräfte dafür zu sensibilisieren sind, den Qualifikationen der Mitarbeiter einen gebührenden Raum innerhalb ihrer Investitionsentscheidungen einzuräumen.

Hier gilt es, mittel- und langfristig zu planen. Die Arbeitskräfte, die ein Betrieb jeweils braucht, werden nicht mehr in dem Umfange auf dem Arbeitsmarkt zu gewinnen sein wie bisher. Denn benötigt werden in Zukunft immer stärker Arbeitskräfte, die den Besonderheiten des jeweiligen Betriebes und seiner technischen Anforderungen gewachsen sind. Der Arbeitsmarkt kann aber auf die Dauer diese Arbeitskräfte nicht im gewünschten Umfang zur Verfügung stellen.

Betriebsleitungen, die diese Anforderungen an die Personalplanung vernachlässigen, gehen das Risiko ein, mittel- oder langfristig nicht mehr über die erforderlichen personellen Ressourcen verfügen zu können. Damit erhält die Personalplanung eine neue Dimension.

In diesem Zusammenhang ist ferner darauf zu verweisen, daß schon die Höhe der erforderlichen Investititionen in neue Produktionsanlagen es erzwingt, in Zukunft nur noch hinreichend qualifizierte Mitarbeiter an den kostspieligen Maschinenparks einzusetzen. „Training on the job" ist in vielen Fällen unter Kostengründen nicht mehr vertretbar.

Betriebliche Entscheidungsträger, aber auch die Interessenvertreter der Belegschaften müssen über diesen Sachverhalt eingehend informiert werden. Die organisatorischen Gestaltungsmöglichkeiten der neuen Technologien und die Chancen und Risiken dieser Möglichkeiten für die Gesellschaft, den Betrieb und den einzelnen sind darzustellen. Die Notwendigkeit und der Stellenwert qualifizierter menschlicher Arbeit innerhalb mikroelektronisch gesteuerter Systeme müssen bewußt in ihre betriebliche Entscheidungen einbezogen werden. Personalentwicklung und technische Planung müssen im Zusammenhang gesehen werden.

4. Zur Bildungsbereitschaft des Mitarbeiters

Der Einsatz der neuen Technologien, insbesondere der mikroelektronischen Systeme, stellt in den meisten Fällen die Mitarbeiter vor Probleme, die nicht mehr allein mit ihrem in der Erstausbildung erworbenen und durch Berufserfahrung vertieften Wissen zu bewältigen sind.

Solides fachliches Wissen ist zwar immer noch die Basis des qualifizierten Umgangs mit den neuen Techniken – ein schlechter Konstrukteur wird auch mit dem intelligentesten CAD-System nicht besser werden –, aber das fachliche Wissen muß um neue Inhalte angereichert werden, die sich aus der eingesetzten Technik und dem veränderten Tätigkeitszuschnitt ableiten.

Lernen stellt heute eine zusätzliche Anforderung an nahezu alle Berufstätigen dar. Die Bereitschaft und die Fähigkeit zum ständigen Weiterlernen werden immer mehr zu unabdingbaren Voraussetzungen für berufliche Tätigkeit. Diese Voraussetzungen müssen schon in der Ausbildung angelegt werden. Lernerfahrung ist eine wesentliche Vorbedingung für späteres erfolgreiches Lernen.

Diese Einsicht ist auch für diejenigen, die von der Arbeitslosigkeit betroffen sind, von Bedeutung. Aus- und Weiterbildung werden zwar keine neuen Arbeitsplätze schaffen, aber die individuellen Chancen auf einen dauerhaften Arbeitsplatz werden nachhaltig verbessert. Dem allgemeinen Problem der Arbeitslosigkeit selbst jedoch können wir mit den Mitteln der Bildungspolitik allein nicht beikommen.

5. Zur Neubestimmung der Inhalte

Für die Bestimmung der fachlichen Bildungsinhalte ergeben sich gravierende Unsicherheiten: Wir können nur auf relativ kurzfristige Erfahrungen mit den neuen Technologien und besonders mit der Mikroelektronik zurückgreifen. Zudem vollzieht sich die technische Entwicklung in atemberaubendem Tempo und erlaubt nur unzureichende Prognosen.

Galt es noch beispielsweise vor wenigen Jahren als ausgemacht, daß für die Werkstattprogrammierung von CNC-Maschinen die Beherrschung des Pythagoras und der Winkelfunktionen zur Berechnung von Hilfspunkten zwingend notwendig war, so können neuere Steuerungssysteme diese Berechnungen automatisch ausführen; der Mann an der Maschine braucht die geometrischen Formeln nicht mehr, dafür aber kann er die Bearbeitung am integrierten graphischen Bildschirm simulieren und ein Programm ohne Werkstück auf der Maschine überprüfen.

Die Entwicklungen der Hard- und Software, vor allem aber auch die zunehmende rechnergestützte Integration der Betriebsprozesse, werden die Anforderungen, die aus der Technik der Mikroelektronik selbst erwachsen, ständig verändern. Unverändert aber bleiben die Anforderungen, die an die Bearbeitungstechnik selbst gebunden sind. Ohne die Kenntnisse der Zusammenhänge von Werkstoffen, Werkzeug, Schnittgeschwindigkeit, Vorschub und Spanbildung kann kein Fräser an einer konventionellen Fräsmaschine optimal arbeiten. Das gilt ebenso für den Programmierer an einer CNC-Fräsmaschine.

Wenn auch immer mehr Teilfunktionen von der Mikroelektronik übernommen werden, so bleibt deshalb doch die fachliche Kompetenz der Mitarbeiter von zentraler Bedeutung. Auch der kaufmännische Sachbearbeiter muß die Relevanz der Informationen bewerten können, die ihm sein Terminal liefert.

Daraus ergibt sich die scheinbar paradoxe Forderung, daß wir zunächst einmal diejenigen Qualifikationen fördern müssen, die nicht unmittelbar mit Mikroelektronik etwas zu tun haben. Dabei nimmt das Gewicht der theoretischen Grundlagen zu. Die direkte Handhabung und Bearbeitung von Stoffen und Informationen wird an Bedeutung abnehmen, da diese Teile der beruflichen Tätigkeiten zunehmend von Maschinen übernommen werden; aber der kognitive Anteil der Arbeitsleistung wächst.

Das bedeutet, daß die fachliche Weiterbildung mehr noch als bisher theoriebezogen sein wird. Sie wird sich aber stets auf die praktischen Erfahrungen im Umgang mit Stoffen und Informationen stützen müssen, ohne die jede theoretische Unterweisung nutzlos wäre.

Die Unterscheidung zwischen traditionellen Qualifikationsanforderungen und solchen, die sich aus dem Einsatz der Mikroelektronik ergeben, ist allerdings nur in der Theorie säuberlich durchzuhalten. Wenn die Anwendung der fachlichen Qualifikation zunehmend an die Nutzung der Mikroelektronik gebunden ist, dann ist es nur sinnvoll, alle für die Praxis notwendigen Inhalte gemeinsam in einem integrierten Konzept zu vermitteln. In der Weiterbildung wird denn auch meist mit solchen aus den Anforderungen der Praxis entwickelten, integrierten Konzepten gearbeitet.

6. Zur Spezialisierung und Generalisierung

Die Vielfalt der Anwendungsmöglichkeiten, die die neuen Technologien eröffnen, läßt zwei sehr unterschiedliche Richtungen in der Entwicklung von Tätigkeiten und Berufen erkennen: Auf der einen Seite bilden sich Gruppen von hochqualifizierten Spezialisten heraus, auf der anderen Seite erfordern berufsübergreifende Tätigkeiten eine außergewöhnliche Erweiterung von Kenntnissen und Fähigkeiten. Diesen unterschiedlichen Entwicklungen muß auch die Weiterbildung Rechnung tragen.

So sind spezielle Kenntnisse in Programmiersprachen, in Digital- und Mikroprozessortechnik für diejenigen Mitarbeiter von zentraler Bedeutung, deren Aufgabe die Betreuung der Systeme, ihre Wartung und Instandhaltung ist. Hier bildet sich ein Stamm hochqualifizierter Experten heraus, die zwar zahlenmäßig unter allen vom Einsatz der Mikroelektronik Betroffenen heute noch eine Minderheit darstellen, deren Kenntnisse und Fertigkeiten aber für den Betrieb von lebenswichtiger Bedeutung sind.

Für diese Gruppe gilt die Maxime des kontinuierlichen Lernens in ganz besonderem Maße. Auf der Basis eines intensiven Grundlagentrainings muß ihr Wissensstand den jeweils aktuellen Entwicklungen angepaßt werden. Sie müssen Mikroelektronik und Programmtechnik – je nach ihren Fachrichtungen – als ihre fachlichen Grundlagen beherrschen. Davon sind insbesondere Facharbeiter und Techniker aus den Bereichen Büromaschinenmechanik, Informations- und Geräteelektronik, Elektromechanik, Meß- und Regelmechanik betroffen.

Auf der anderen Seite entwickeln sich als Folge tiefgreifender Strukturveränderungen in der Wirtschaft neue Tätigkeitsbereiche, für die Qualifikationen aus bisher getrennten Berufsfeldern erforderlich sind. Hier entstehen neuartige Berufe, für die sachbezogene Ausbildungen zum Teil erst noch entwickelt werden müssen. Zusatzqualifikationen, die für solche Tätigkeiten erfordert werden, stellen bereits heute einen wichtigen Gegenstand der Weiterbildung dar.

Die Entwicklung führt aber darüber hinaus und hat wichtige Konsequenzen für die berufliche Ausbildung. Wohin diese Entwicklung führen kann, zeigen erste Erfahrungen aus betrieblichen Pilotprojekten. Versuche mit berufsübergreifenden Ausbildungen haben zum Beispiel zum Ziel, die Qualifikationen des Maschinenschlossers, des Elektroanlageninstallateurs und des Energieanlagenelektronikers zusammenzuführen.

7. Zur sozialen Komponente

Für wenige Bereiche – wie zum Beispiel CNC, in Ansätzen auch bei CAD, in der Mikrocomputertechnik – haben wir durch praktische Erfahrungen, Pilotprojekte und Modellversuche Informationen darüber, welche technikbezogenen Inhalte in der Weiterbildung zur Zeit vermittelt werden müssen. Gleichzeitig stellen wir aber fest, daß durch die schnelle Entwicklung der Technik viele der mühsam erarbeiteten Lernziele und -inhalte ihr Gewicht verlieren und durch neue ersetzt werden müssen.

In der Diskussion um die neuen Qualifikationsanforderungen spielt die Frage nach den sogenannten extrafunktionalen Qualifikationen wie Verantwortungsbewußtsein, Teamfähigkeit, Systemdenken, Lernbereitschaft, Kreativität eine besondere Rolle. Man kann sich zwar fragen, ob diese Fähigkeiten wirklich spezifische Anforderungen der neuen Technologien darstellen oder ob sie nicht vor allem deshalb gefordert werden, weil die Techniken so neu sind, daß man ihre funktionalen Anforderungen noch gar nicht richtig kennt. Dabei lehrt die Erfahrung, daß Betriebe schon immer neue Verfahren, mit denen man noch nicht vertraut war, mit besonders qualifizierten Mitarbeitern eingeführt haben, mit Personal also, daß neben hoher fachlicher Qualifikation genau die extrafunktionalen Qualifikationen mitbrachte, die jetzt als typisch für die neuen Technologien angesehen werden. Wurden die neuen Verfahren beherrscht, dann standen auch die funktionalen Anforderungen fest, und man ging zum Normalbetrieb über.

Das kann nicht heißen, daß die extrafunktionalen Qualifikationen für die Einführung von neuen Technologien wertlos seien. Sie sind sogar von großer Bedeutung, weil nur mit ihrer Hilfe die Unsicherheit der Anfangsphase überwunden werden kann. Im übrigen aber stellen sie allgemeine Anforderungen dar, die – wenn auch im unterschiedlichen Maße – von allen Mitarbeitern jeden Betriebes erfüllt werden müssen, der von seinem Personal mehr erwartet als schematisches Reagieren auf Anweisungen oder Signale.

In diesem Zusammenhang sind auch die Veränderungen zu sehen, die sich in der Rolle von Vorgesetzten, vor allem der Meister, abzeichnen. Ihre Untergebenen sind im Umgang mit der Technik vielfach versierter. Auch übernehmen die Systeme einen Großteil der Kontroll- und Überwachungsfunktionen, die vorher der Vorgesetzte wahrgenommen hatte. Die Aufgabe der Vorgesetzten verschiebt sich von der Kontrolle von Einzelvollzügen auf eine Sicherung der Gesamtverfügbarkeit des Systems, wobei soziale Komponenten wie Konfliktlösung und Moderation eher eine Rolle spielen als Anweisungen und Kontrollen. Führungsverhalten wird tendenziell wichtiger als hervorragende fachliche Expertenschaft.

Für die Weiterbildung bedeutet dies, daß die Entwicklung der extrafunktionalen Fähigkeiten eine ständige Aufgabe sein muß und nicht nur als punktuelle Maßnahme bei der Einführung von Mikroelektronik gesehen werden darf. Diese Fähigkeiten lassen sich auch nicht kurzfristig in Kursen entwickeln. Sie müssen vielmehr langfristig im Vollzug der betrieblichen Aufgaben trainiert werden.

Der zentrale Lernort für extrafunktionale Qualifikationen wird deshalb zunehmend der Betrieb sein. Organisierte Weiterbildungsmaßnahmen sind dabei durchaus wichtig, machen aber nur dann Sinn, wenn der Mitarbeiter das Erlernte auch in der täglichen Arbeit umsetzen und trainieren kann. Hieraus ergeben sich für die Arbeitsorganisation neue Anforderungen.

8. Zum Lernort und zur Lernmethode

Der Erwerb funktionaler Qualifikationen hingegen wird sich zunehmend von der Arbeit weg auf mehr systematisch organisierte Vermittlungsformen hin verlagern. Kurse und Lehrgänge gewinnen an Gewicht. Das Anlernen am Gerät, das Lernen durch Zeigenlassen wird zwar immer noch von Bedeutung sein und wird bewußt und gezielt eingesetzt, es wird aber tendenziell gegenüber der methodischen Wissensvermittlung außerhalb des Arbeitsvollzuges abnehmen. Oft sind die notwendigen Schulungszeiten so lang und die Maschinen so teuer, daß die Schulung nicht innerhalb des Betriebsablaufes erfolgen kann. Spezielle Schulungsinstallationen und die Verwendung von Simulatoren nehmen zu. Die teilweise sehr hohen Investitionssummen für echtes Gerät wie CNC-Produktionsmaschinen oder CAD-Anlagen führen auch dazu, daß immer weniger Firmen die Weiterbildung (und auch die Ausbildung) in diesen Techniken in eigener Regie durchführen können.

Aus- und Weiterbildung in neuen Technologien wird deshalb vor allem bei mittleren und kleineren Betrieben in verstärktem Maße außer- und überbetrieblich erfolgen, sei es, daß man auf Angebote von spezialisierten Weiterbildungsträgern zurückgreift, sei es, daß mehrere Betriebe Einrichtungen gemeinsam nutzen oder aber daß die Schulung vom Hersteller der Anlage durchgeführt wird.

In solchen Schulungen kann ein Grundwissen vermittelt werden, das für mehrere ähnliche Systeme verwertbar ist. Praktiziert werden kann das Erlernte aber meist nur an der Anlage, auf der gelernt wurde, denn die Anlagen verschiedener Hersteller der gleichen Technik können im praktischen Umgang so unterschiedlich sein, daß beim Übergang auf ein unbekanntes System meist eine erneute Schulung erforderlich wird. Diese kann zumindest am Anfang oft nur durch den Hersteller erfolgen. Das bedeutet aber für die Hersteller, daß eine gründliche Benutzerschulung für sie zunehmend wichtiger wird, wollen sie nicht Gefahr laufen, unzulängliche Kundenschulung durch ständige Inanspruchnahme der eigenen Service-Abteilungen bezahlen zu müssen.

Das Problem wiegt um so schwerer, als die Hersteller in vielen Fällen Multiplikatoren schulen: diejenigen Mitarbeiter der Anwender, die einen Herstellerkurs besucht haben, geben oft ihr dort erworbenes Wissen an ihre Kollegen weiter, die später mit den Systemen umgehen. Fehler, die in der ersten Wissensvermittlung gemacht werden, werden weitergegeben und potenzieren sich.

Viele Hersteller haben dieses erkannt und teilweise ausgezeichnete pädagogische und didaktische Hilfen entwickelt. Viele didaktischen Neuerscheinungen haben hier ihren Ausgangspunkt. Bei manchen aber sind die Schulungsaktivitäten verbesserungswürdig. Oft wird noch mit dem Argument geworben, das Gerät sei ohne nennenswerten Schulungsaufwand sofort voll einsetzbar. Dann sind die eigentlich vermeidbaren Anfangsprobleme fest vorprogrammiert. Die Anwenderbetriebe müssen deshalb erkennen, daß Schulungsmaßnahmen nicht nur Kosten verursachen, sondern ein wesentlicher Bestandteil der Investition sind.

9. Zur Funktion des Staates

Die bildungspolitische Aufgabe, ein hinreichendes, den veränderten Erfordernissen entsprechendes Qualifikationsniveau der Arbeitskräfte zu ermöglichen und zu sichern, führt über die Diskussion von Inhalten und Qualifikationsprozessen auch zur Frage nach den Steuerungsmechnismen und der Funktion des Staates bei der Organisation der beruflichen Bildung und der Weiterbildung. In welchem Maße ist hier der Staat gefordert, und in welchem Umfang sind staatliche Eingriffe zur Wahrung des öffentlichen Interesses geboten?

Die historische Entwicklung der Berufsbildung in Deutschland hat zu einer gemeinsamen Verantwortung von Staat und Wirtschaft für die Berufsausbildung geführt. Die bildungspolitische Entwicklung der sechziger und siebziger Jahre stand weitgehend unter der Tendenz, den Anteil der betrieblichen Ausbildung im dualen System zu verringern und größere Teile der beruflichen Erstausbildung in die beruflichen Schulen zu verlagern. Der Einfluß des Staates sollte zu Lasten der Eigenverantwortung der Wirtschaft stark erhöht werden, was letztlich dann zu einer Systemveränderung geführt hätte. Die Bundesregierung hat heute eine andere Zielsetzung und setzt auf die Eigenverantwortung der Wirtschaft für die Berufsausbildung.

Diese Politik der Stärkung der Eigenverantwortung der Wirtschaft zeigt inzwischen eine Reihe von wichtigen Erfolgen. So konnte in der quantitativen Entwicklung ein Rekord an Ausbildungsplätzen erzielt werden. In drei Jahren stellte die Wirtschaft rund 100000 zusätzliche Ausbildungsplätze bereit, aus gesellschaftspolitischer Verantwortung in freier Eigenentscheidung. Dies wurde erleichtert durch die deutliche Aussage der Bundesregierung, auf staatliche Reglementierung zu verzichten. So lehnt sie etwa eine staatliche Umlagefinanzierung ab und hat zahlreiche ausbildungshemmende Vorschriften abgebaut. Damit wurden sachgerechte Voraussetzungen für das Engagement der Wirtschaft geschaffen.

Parallel dazu vollziehen sich ebenfalls in freier Initiative qualitative Anpassungen an die Entwicklungen im Bereich der neuen Technologien. Mit zunehmender Intensität werden neue Techniken in die Ausbildungen einbezogen. Viele Betriebe haben hier eine Vorreiterfunktion, bevor die verbindlichen Ausbildungsordnungen entsprechend angepaßt werden können.

Die Bildungspolitik muß sich aktuell darauf konzentrieren, den ordnungspolitischen Rahmen für die Berufsbildung so zu organisieren, daß neue Anforderungen möglichst rasch und flexibel in diesen Rahmen einbezogen werden können. Sonst läuft Bildungspolitik gerade in den Bereichen der Berufsausbildung und der beruflichen Weiterbildung der realen Entwicklung nur hinterher.

Der ordnungspolitische Rahmen wird auch für den Bereich der Weiterbildung zunehmend bedeutsam. Dies gilt um so mehr, als die Weiterbildung zur Voraussetzung für die wirtschaftlich-technische Entwicklung wird. Dies kommt schon darin zum Ausdruck, daß die Vielfalt der Weiterbildungsaktivitäten in den letzten Jahren vehement zugenommen hat, inbesondere auch im betrieblichen Bereich. Hier gestaltet sie sich nahezu ohne staatliche Einflußnahme, aber auch im Bereich der öffentlich zugänglichen Weiterbildung ist die staatliche Einflußnahme insgesamt gering. Dies wird von vielen beklagt, weil die Vielfalt möglicher Angebote für den einzelnen undurchschaubar und die Möglichkeiten der Teilhabe individuell sehr unterschiedlich sind. Deshalb bedarf die Aufgabe des Staates in der Weiterbildung einer politischen Klärung. Zu klären ist vor allem, in welchem Umfang Eingriffe des Staates notwendig sind, damit ein Optimum an Weiterbildungsaktivitäten und Weiterbildungseffizienz erzielt wird.

In der Vielfalt von Weiterbildung kommt die differenzierte Struktur der Motivationen für Weiterbildung zum Ausdruck:

- Der Wunsch des einzelnen, mit der Entwicklung im Beruf, in Wirtschaft und Gesellschaft Schritt halten zu können.
- Das Interesse von Institutionen, etwa Betrieben und Verwaltung, aber auch Gewerkschaften oder Kirchen, neue Qualifikationsanforderungen zu vermitteln.
- Der Auftrag des Staates, seiner Verantwortung für öffentliche Vorsorge und Fürsorge und für eine demokratische Gestaltung von Politik und Gesellschaft Sorge zu tragen.

Diese sehr unterschiedlichen Begründungszusammenhänge machen unmittelbar deutlich, daß eine bildungspolitische Gestaltung der Weiterbildung etwa nach dem Muster einer staatlich reglementierten Erstausbildung weder möglich noch sinnvoll ist. Die Annahme, aus der wachsenden Bedeutung der Weiterbildung ergebe sich zwingend die Notwendigkeit für ein verstärktes Engagement des Staates, trifft in dieser Form nicht zu. Nach meiner Überzeugung ist vielmehr hier eine Ordnung nach dem Prinzip der Subsidiarität erforderlich, wie sie auch im Grundgesetz angelegt ist.

Ein nach den Kategorien des Subsidiaritätsprinzips geordnetes Weiterbildungssystem verbietet eine bis ins einzelne gehende Verrechtlichung der Weiterbildung und eine generelle öffentliche Finanzierung. Politisch kommt es darauf an, den Ordnungsrahmen so zu gestalten, daß sich ein Maximum an Weiterbildung vollziehen kann. Dies bedeutet vor allem:

1. Wir stehen vor der Aufgabe, eine möglichst hohe Weiterbildungsbereitschaft in der Bevölkerung anzuregen. Die Grundlagen dafür müssen bereits in Schule und Hochschule, in der Erstausbildung, gelegt werden. Die Weiterbildungseinrichtungen selbst können durch die Transparenz des Angebotes zur Erhöhung der Weiterbildungsmotivation einen wichtigen Beitrag leisten. Daneben können die gesellschaftlichen Großorganisationen wie die Kirche, die Gewerkschaften oder die politischen Parteien, aber auch Vereine und Organisationen, die nicht direkt Weiterbildungsaufgaben wahrnehmen, durch einen breiter gefaßten Bildungsauftrag wesentlich zur Hebung der Weiterbildungsbereitschaft beitragen. In diesem Zusammenhang bieten auch die neuen Medien und Kommunikationssysteme erhebliche Chancen; sie können wesentlich zur Weckung von Weiterbildungsmotivation beitragen und ermöglichen neue Formen selbstorganisierten Lernens.

2. In der politischen Gestaltung des Ordnungsrahmens von Weiterbildung ist von den unterschiedlichen Zielen und Inhalten, den verschiedenartigen Motivationen und Lebenslagen, differenzierten Formen, regionalen und kulturellen Gegebenheiten auszugehen. Diese vielfältigen Aufgabenstellungen verlangen Pluralität und Offenheit.

Diese Pluralität und Offenheit öffentlicher, d. h. frei zugänglicher Weiterbildung ist nach Überzeugung der Bundesregierung am ehesten durch den Wettbewerb unterschiedlicher Träger zu gewährleisten, die sich auf dem Weiterbildungsmarkt bewähren und rasch auf neue Anforderungen reagieren. Dies setzt möglichst große Handlungsfreiheit der einzelnen Träger und Einrichtungen voraus. Die Bildungspolitik muß deshalb die Voraussetzungen schaffen, daß möglichst viele eigenständige „Weiterbildungsmärkte“ entstehen können.

3. Weiterbildung hat in Teilbereichen den Charakter öffentlicher Daseinsvorsorge und Daseinsfürsorge. Dies gilt insbesondere für Teilbereiche der beruflichen Weiterbildung und Umschulung; dies gilt aber auch für Bereiche wie der gesundheitlichen Vorsorge oder der politischen Bildung, um einige Beispiele aus dem Bereich zielgruppenorientierter Weiterbildung zu nennen. Auch die „Anlauffinanzierung“ zukünftiger, sich auf Dauer aber selbst tragender Weiterbildungsaufgaben gehört in diesen Zusammenhang. Hier ist eine Subventionierung der Weiterbildungsmärkte erforderlich und begründbar.

Für Bevölkerungsgruppen, die nicht die Möglichkeit binneninstitutioneller Weiterbildung haben, müssen Hilfen überlegt werden, die aber immer an den Maßstäben von Eigenverantwortung, Subsidiarität und Verantwortung des Staates für die Daseinsvorsorge zu messen sind. Diese Hilfen sind in erster Linie personenbezogen auszugestalten. Das Prinzip der öffentlichen Daseinsvorsorge beinhaltet in diesem Zusammenhang insbesondere auch, daß niemand aufgrund niedrigen Einkommens von Weiterbildungsmöglichkeiten ausgeschlossen wird, die der nachhaltigen Verbesserung der beruflichen oder sozialen Lage dienen oder zur Bewältigung von Lebenskrisen beitragen können.

4. In der beruflichen Weiterbildung hat der Bund eine klare Zuständigkeit. Von seiner Regelungskompetenz wird er in diesem Bereich jedoch nur da Gebrauch machen, wo eine Regelung nach Ansicht der Sozialpartner im Interesse des einzelnen zwingend notwendig ist und eine Regelung etwa auf Kammerebene oder durch Kooperation von Betrieben als nicht ausreichend erscheint. Auch hier gilt das Prinzip der Subsidiarität.

Die betriebliche und verwaltungsinterne Weiterbildung hat in den letzten Jahren ohne bildungspolitische Einflußnahme und öffentliche Förderung stark zugenommen. Aus der Nichteinflußnahme der staatlichen Bildungspolitik auf die betriebliche Weiterbildung darf nicht der Schluß gezogen werden, daß der betrieblichen Weiterbildung ein geringer bildungspolitischer Stellenwert zukommt.

Ohne die Weiterbildungsanstrengungen der Betriebe und Verwaltungen für die eigenen Mitarbeiter auch mit Hilfe über- und außerbetrieblicher Veranstalter wäre wirtschaftliche Entwicklung heute nicht mehr denkbar.

5. Von zunehmender Wichtigkeit wird in Zukunft der Bereich der wissenschaftlichen Weiterbildung. Das rasche Anwachsen wissenschaftlicher Erkenntnisse macht hier neue Angebotsformen erforderlich. Wissenschaftliche Weiterbildung ist daher auch als eine Aufgabe der Hochschulen anzusehen, durch die die einzelne Hochschule ein eigenständiges Profil gewinnen kann. Hier sind vor allem weiterbildende Studiengänge als Studiengänge eigener Art zu entwickeln, wie dies bereits an einigen Hochschulen geschieht. Sie müssen auch qualifizierten Berufstätigen ohne Hochschulzugangsberechtigung offenstehen, solange das wissenschaftliche Niveau bewahrt bleibt. Hochschulen müssen sich als Anbieter von wissenschaftlicher Weiterbildung dem Wettbewerb mit anderen Trägern der Weiterbildung stellen. Wettbewerbsverzerrungen, etwa durch unterschiedliche Gebührenregelungen, sind dabei zu vermeiden.

6. Durch Forschung, Entwicklung und Modellmaßnahmen ist dafür zu sorgen, daß die Wirksamkeit von Weiterbildung über den beruflichen Bereich und darüber hinaus verbessert und neue Anwendungsbereiche und Teilnehmergruppen erschlossen werden. Insbesondere die Sicherung und Verbesserung der Qualität der Weiterbildung wird hier ein Schwerpunkt zukünftiger Arbeit sein.

Zusammenfassend ist festzuhalten: Weder ist die Wirtschaft aus ihrer sozialpolitischen Verantwortung für die Ausbildung des Nachwuchses und die Qualifizierung der Mitarbeiter durch die Weiterbildung zu entlassen, noch kann sich der Staat aus seiner Kompetenz zur Sicherung der Zukunftschancen der Jugend zurückziehen, die Förderung Benachteiligter vernachlässigen, auf bundesweite

Vergleichbarkeit von Abschlüssen oder die Einhaltung von Mindestanforderungen an die Ausbildungsqualität und Ausbildungsinhalte verzichten.

Verantwortliche Ordnungspolitik erfordert, größtmögliche Freiräume zur eigenständigen Ausgestaltung der Wirtschaft zu eröffnen, verläßliche Rahmenbedingungen zu setzen und erforderliche flankierende Maßnahmen zur Wahrung des Gebots der Sozialstaatlichkeit und der Gleichwertigkeit zu ergreifen.

2.3. Berufliche Qualifikation in Japan

Monika Rehbein

Hierzulande scheitern neue Technologien allzu leicht an der Schwierigkeit, die Qualifikation des Personals (vom Facharbeiter über Sachbearbeiter, Techniker bis hin zur Unternehmensspitze) an die veränderten Anforderungen anzupassen. Die Folge sind sich deutlich verschärfende Wettbewerbsnachteile auf den internationalen Märkten.

In Japan, dem „Wirtschaftswunderland" von heute, rufen die Schilderungen derartiger bundesrepublikanischer Schwierigkeiten nur ungläubiges Erstaunen hervor. Schwierigkeiten mit der Anpassung an neue Technologien scheint es nicht zu geben, zumindest nicht im Qualifikationsbereich.

Worin besteht nun das „japanische Geheimnis"?

Bei der Betrachtung der japanischen Berufswelt muß von dem Begriff „Beruf" im deutschen Sinn abstrahiert werden. Für den einzelnen Mitarbeiter ist nicht sein „Beruf" Gegenstand der Identifikation, sondern seine Zugehörigkeit zu einem bestimmten Unternehmen. Seine Tätigkeit wird nicht, wie z. B. hier in der Bundesrepublik Deutschland durch eine Ausbildung bestimmt, die i. d. R. vom Arbeitnehmer selbst gewählt wurde, sondern im Rahmen einer innerbetrieblichen Ausbildung und, soweit es sich um potentiellen Führungsnachwuchs handelt, durch systematische Umsetzung (job rotation) werden seine speziellen Fähigkeiten entdeckt und weiterentwickelt.

Hier wird zunächst das allgemeinbildende Schulsystem, das System der beruflichen Ausbildung und seine gesetzlichen Regelungen, der Arbeitsmarkt und das Beschäftigungssystem dargestellt, um damit das Umfeld der innerbetrieblichen Aus- und Weiterbildung zu klären. Anschließend werden Struktur und Prozeß der innerbetrieblichen Aus- und Weiterbildung selbst beschrieben, wobei sich die Darstellung an den Gegebenheiten von japanischen Großunternehmen orientiert.

1. Das allgemeinbildende Schulsystem

In Japan entscheidet beinahe ausschließlich die Leistung in der Schule bzw. Universität über den beruflichen Erfolg. So ist auch Kindern aus „einfachen" Familien der soziale Aufstieg möglich.

Entsprechend hart ist der Ausleseprozeß. Die Zeit vor der alles entscheidenden Eingangsprüfung zur Universität wird von den Japanern selbst häufig als „Examenshölle" bezeichnet.

Das allgemeinbildende Schulsystem gliedert sich in Anlehnung an das amerikanische System nach dem Schema 6 – 3 – 3 – 4. Nach sechs Grundschuljahren folgen 3 Jahre Mittelschule (Junior High School). Obwohl damit die allgemeine Schulpflicht beendet ist, besuchen ca. 95% aller Schüler die anschließende (3-klassige) Oberschule (Senior High School).

Im Rahmen dieser Oberschule besteht die Möglichkeit, alternativ zu den allgemeinbildenden berufsvorbereitende Kurse zu besuchen. Diese Wahl treffen jedoch i. d. R. nur diejenigen Jugendlichen, die den Gedanken an eine Weiterqualifikation bereits aufgegeben haben.

Ca. 40% der Jugendlichen gelangen nach den mehr oder weniger strengen Aufnahmeprüfungen auf eine der 455 Universitäten, wo sie nach Ansicht ihrer Professoren bei relativ einfachen und außer bei den technischen Fachrichtungen nicht berufsrelevanten Inhalten die Absicht zu haben scheinen, die einzige pflichtfreie Zeit in ihrem Leben gebührend zu genießen.

Der Hochschulbesuch dauer i. d. R. 4 Jahre, aber es gibt auch 2- bzw. 3jährige Studiengänge, die bevorzugt von weiblichen Studenten belegt werden. Eine Sonderstellung nehmen die technischen Hochschulen (Technical Colleges) ein, die bereits im Anschluß an die Mittelschule beginnen und deren Ausbildungsprogramm über 5 Jahre läuft.

2. Das System der beruflichen Bildung

Die grundsätzliche Verantwortung für die berufliche Aus- und Weiterbildung liegt beim japanischen Arbeitsministerium. Zur Gewährleistung einer engen Zusammenarbeit mit der Industrie ist der zuständigen Abteilung, dem „Bureau of Vocational Training" ein „Vocational Training Council" zugeordnet, dessen Mitglieder aus den Reihen der Vorstandsmitglieder führender Unternehmen und Unternehmensverbände sowie aus den Gewerkschaften und dem wissenschaftlichen Bereich ernannt werden.

Ein Berufsausbildungsgesetz sowie verschiedene Verwaltungs- und Durchführungsverordnungen regeln die Berufsaus- und -weiterbildung grundsätzlich. Darin wird die Verantwortung für die berufliche Aus- und Weiterbildung grundsätzlich dem Arbeitgeber zugeordnet.

Die Grundkonzeption dieses Gesetzes verlangt, daß die berufliche Aus- und Weiterbildung sich den allgemeinen Trends in der Beschäftigung und Wirtschaftslage, sowie dem Strukturwandel in Technik und Industrie anpaßt und dabei die Wünsche, besonderen Fähigkeiten und beruflichen Erfahrungen der Arbeitnehmer berücksichtigt. Die berufliche Aus- und Weiterbildung soll systematisch und in Stufen erfolgen und während des gesamten Berufslebens andauern.

Der Staat und die Präfekturen sollen den Inhalt der von den Arbeitgebern gewährten Berufsausbildung durch die Gewährung geeigneter Unterstützungsmaßnahmen fördern und verbessern und für spezielle Zielgruppen eigene Aus- und Weiterbildungsmöglichkeiten anbieten.

Das Absolvieren einer weitgehend standardisierten, öffentlichen Ausbildung ist hauptsächlich auf der Ebene der Facharbeiter möglich. Der Staat bzw. die Präfekturen bieten in Berufsbildungszentren Aus- und Weiterbildungskurse für bestimmte handwerkliche bzw. technische Berufsrichtungen an. Für die meisten Absolventen japanischer Schulen bzw. Hochschulen stellt die Möglichkeit jedoch keine Alternative zum Eintritt in eine angesehene Firma direkt nach Schulabschluß dar. Sie wird nur von ca. 5% der Schul- bzw. Hochschulabgänger gewählt und wird daher nicht weiter ausgeführt.

Um kleine und mittlere Unternehmen bei der Aus- und Weiterbildung ihres Personals zu unterstützen, gewährt der Staat auf Antrag und bei Vorliegen bestimmter Bedingungen Hilfestellungen. Dabei kann die finanzielle Unterstützung bis zu zwei Dritteln der Ausbildungskosten betragen, während die nichtfinanzielle Unterstützung vor allem in Form von Beratung und Unterstützung durch Entsendung von Ausbildern, Anfertigen von „maßgeschneiderten" Aus- und Weiterbildungsprogrammen sowie Überlassung von Ausbildungseinrichtungen zur Nutzung durch die Unternehmen gewährt wird.

Das Berufsausbildungsgesetz verlangt vom Arbeitsministerium darüber hinaus die regelmäßige Ausarbeitung des Berufsbildungsplans (Basic Vocational Training Plan), der neben der Darstellung der Entwicklung des Arbeitsmarktes die aktuellen Ziele der beruflichen Bildung sowie die grundsätzlichen Maßnahmen zur Verwirklichung dieser Ziele enthalten soll.

Seit 1959 existiert in Japan ein nationales System zur Prüfung und Bestätigung von beruflichen Qualifikationen. Ziel dieses Systems ist es, „im Bewußtsein der Bevölkerung das Ansehen der beruflichen Fähigkeiten und Fertigkeiten zu heben und so einen Beitrag zur Behebung des strukturellen Facharbeitermangels in Japan zu leisten". Durch die Möglichkeit zum Zeugniserwerb sowie durch alljährliche nationale und internationale Berufswettkämpfe soll ein Gegengewicht zu dem an allgemeinen, an Oberschulen und Universitäten zu erwerbenden Sozialprestige geschaffen werden.

Die Zahl derer, die seit der Schaffung dieser Möglichkeit davon Gebrauch gemacht haben, spricht nicht für einen Erfolg dieser Bemühungen. Dies läßt sich möglicherweise daraus erklären, daß diese Zeugnisse keine Berechtigungsvoraussetzung für irgendetwas darstellen und eher den Charakter von „Ehrenurkunden“ tragen.

3. Der japanische Arbeitsmarkt

Seit Mitte der 50er Jahre erfreute sich Japan eines erheblichen Wirtschaftswachstums. In dieser Zeit wuchs die Nachfrage nach Arbeitskräften ständig, während das Arbeitskräfteangebot ungefähr gleich blieb. Anders als andere Industrieländer führte diese Entwicklung in Japan nicht dazu, daß die Grenzen für Arbeitskräfte anderer Länder geöffnet wurden, sondern in die umgekehrte Richtung: Die Rationalisierung der Produktion wurde gefördert, und wenn dies nicht ausreichte, wurde die Fertigung ins (benachbarte) Ausland verlagert.

Während zweier Dekaden mit mehr als 10%igem jährlichen Wachstum, das erst durch die Ölkrise zu Beginn der 70er Jahre abgebremst wurde, herrschte dadurch de facto Beschäftigungssicherheit. Die Gewerkschaften nutzten ihre starke Stellung in jener Zeit und interpretierten die faktisch gegebene Situation in ein Gewohnheitsrecht um.

Die rasche Übernahme der technischen Innovationen, die das schnelle Wachstum überhaupt erst möglich machten, führte dazu, daß sich die Firmen bei ihrer Suche nach neuen Arbeitskräften verstärkt nach jungen Leute umsahen. Dieser Personenkreis ist nicht nur besser an die Erfordernisse veränderter Technologien anzupassen, sondern für die Unternehmen, deren Lohnfindungssystemen Senioritätskriterien zugrunde liegen, auch erheblich billiger.

Eine stets ausreichende Zahl junger Schul- oder Hochschulabsolventen machte den Unternehmen die Durchführung dieser Politik möglich. Dieser Personenkreis verfügte zwar über eine breite Grundausbildung, aber über keinerlei berufsrelevante Kenntnisse und Fähigkeiten. So wurde es notwendig, die jungen Leute firmenintern auszubilden. Für die Unternehmen bedeutete das erhebliche Investitionen in ihr Humankapital. Um die Rentabilität der angefallenen Bildungsinvestitionen sicherzustellen, griffen in der Folge die Unternehmen bei der Besetzung von Stellen im Führungsbereich mehr und mehr auf Mitglieder der eigenen Belegschaft zurück. Vor allem bei Großunternehmen verlagerte sich der Arbeitsmarkt allmählich ganz in die Unternehmen hinein.

Das System der innerbetrieblichen Ausbildung hatte in Japan schon aufgrund des speziellen Industrialisierungsprozesses dieses Landes Tradition: Ende des letzten und zu Beginn dieses Jahrhunderts standen den aufstrebenden japanischen Großunternehmen keine ausgebildeten Arbeitskräfte zur Verfügung. Sie mußten ihre Mitarbeiter aus der Landbevölkerung rekrutieren und selbst ausbilden. Zur allgemeinen Praxis in der japanischen Industrie wurde dieses System jedoch erst nach dem 2. Weltkrieg in der Zeit des raschen wirtschaftlichen Aufschwunges.

Die Spaltung der japanischen Wirtschaftsstruktur in Großunternehmen und Mittel- und Kleinunternehmen verschärfte sich ebenfalls in der Zeit der stürmischen Wirtschaftsentwicklung nach dem 2. Weltkrieg. 99,4% aller japanischen Unternehmen gehören zu den Mittel- und Kleinunternehmen. Sie beschäftigen 88,4% aller Arbeitnehmer. Die Unterschiede in der Arbeitsproduktivität, im Lohnniveau, bei den betrieblichen Sozialleistungen und Pensionszahlungen, in den Arbeitsbedingungen, der Arbeitsplatzsicherheit sowie im Ausbildungsgrad der Mitarbeiter sind beträchtlich. Sie sind in Japan allgemein bekannt und führen dazu, daß das Prestige der Arbeitnehmer, ungeachtet ihrer beruflichen Qualifikation, entsprechend der Unternehmensgröße eingeordnet wird.

Der Arbeitsmarkt ist nicht nur in „gute" (d. h. große und bekannte) Unternehmen differenziert, sondern geradezu gespalten. Für die Arbeitnehmer ist wegen der Besonderheiten des japanischen Beschäftigungssystems ein Wechsel zwischen Unternehmen verschiedener Größenklassen praktisch nicht möglich.

4. Das Beschäftigungssystem

In der westlichen Literatur ist den Spezifika des japanischen Beschäftigungssystems viel Aufmerksamkeit geschenkt worden. Die Stichworte „lebenslanges Beschäftigungssystem", „Entlohnung nach dem Seniortätsprinzip" und „Betriebsgewerkschaft" sind häufig zum Symbol fast mythisch anmutender Beziehungen zwischen Arbeitnehmern und Arbeitgebern hochstilisiert worden. Man nahm die Beschreibung solcher Praktiken als Teil für das Ganze und führte sie auf Konstanten im „japanischen Wesen" zurück. Von japanischen Wissenschaftlern ist seither versucht worden, diese Vorstellungen auf ein realistisches Maß zurückzuschrauben und den derzeitigen Stand des japanischen Systems aus ökonomisch-rationalen Kriterien heraus zu erklären. Die folgende Darstellung schließt sich dem an.

In den westlichen Ländern ist unter dem Begriff „lebenslanges Beschäftigungssystem" lange Zeit verstanden worden, daß japanische Arbeitnehmer während ihres gesamten Berufslebens bei einer einzigen Firma arbeiten und die Beschäftigungsverhältnisse absolut stabil sind, d. h. weder Entlassungen noch freiwillige Kündigungen vorkommen.

Diese Vorstellungen spiegeln jedoch nur einem Teil der Realität wider. Nach allgemeinen Schätzungen von Experten zählen zu den solcherart privilegierten Arbeitnehmern zwar die überwiegende Anzahl der Beschäftigten im öffentlichen Dienst und die regulären männlichen Beschäftigten („Stammarbeiter") in Großbetrieben (d. h. Firmen mit mehr als 1000 Beschäftigten). Obwohl zunehmend auch kleinere Unternehmen dazu übergehen, ihr männliches Stammpersonal möglichst langfristig zu halten, entspricht der Anteil der Stammarbeiter, bezogen auf die Gesamtheit der japanischen Arbeitnehmer, nur ca. 30%.

Die überwiegende Gruppe der Arbeitnehmer kommt also nicht in den Genuß der Privilegien der Stammarbeiter, zu denen neben der Beschäftigungssicherheit auch die im internationalen Vergleich hohen Löhne, regelmäßige Bonuszahlungen, Pensionszahlungen, der Genuß umfassender betrieblicher Sozialleistungen und systematische Aus- und Weiterbildung gehören.

Zur Gruppe der Nicht-Privilegierten gehören die

- Frauen, deren Berufsleben trotz formaler Gleichberechtigung i. d. R. spätestens bei der Geburt des 1. Kindes endet und die erst im 4. Lebensjahrzehnt zur Finanzierung der Ausbildung ihrer Kinder wieder eine Beschäftigung aufnehmen (1982 waren ca. 39% der gesamten Arbeitsbevölkerung Frauen);
- Arbeitnehmer, die bereits mit zeitlich befristeten (wenngleich z. T. häufig verlängerten) Verträgen eingestellt werden („temporäre Arbeitskräfte“);
- Arbeitnehmer von Subkontraktunternehmen, die z. T. de facto in den Produktionsbetrieben der Großunternehmen arbeiten, aber nach den (schlechteren) Bedingungen der Subkontraktunternehmen entlohnt werden;
- Arbeitnehmer, die bereits vorher in einem anderen Unternehmen gearbeitet hatten und die von den Großunternehmen nur eingestellt werden, wenn sie ihren Bedarf mit Schulabgängern allein nicht mehr decken können.

Für diese Personengruppen gelten die Vergünstigungen der „lebenslangen“ Beschäftigung nicht. Sie dienen dem Unternehmen als Flexibilisierungsfaktor, wenn aufgrund einer weniger günstigen Wirtschaftsentwicklung personelle Anpassungsvorgänge unvermeidlich werden.

Ein weiterer Faktor, der das System der „lebenslangen“ Beschäftigung absichert, ist das relativ niedrige Pensionsalter (es liegt zwischen 55 und 60 Jahren). Wegen der vergleichsweise schlecht ausgebauten Altersversorgung ist die überwiegende Mehrheit der japanischen Arbeitnehmer jedoch gezwungen, weit länger als ihre europäischen Kollegen zu arbeiten. So erscheint diese Grenze heutzutage nicht mehr als eine soziale Leistung, sondern sie stellt im Gegenteil für den Arbeitnehmer eine ernste und oft mit sozialen Härten verbundene Zäsur in seinem Berufsleben dar. Aus finanziellen Gründen ist ein Ausscheiden aus dem Berufsleben noch nicht möglich. Trotzdem wird er von der Firma, der er seit seiner Schulentlassung (im Falle von Stammarbeitern) angehört hat, entlassen oder als temporärer Arbeitnehmer, häufig zu einem erheblich niedrigeren Gehalt weiterbeschäftigt. Häufig wird ihm eine Stellung in einem der Unterlieferantenfirmen seines bisherigen Unternehmens verschafft, in dem er nur zu noch schlechteren Bedingungen weiterarbeiten kann. (Diese Praxis ist einer der Gründe für das im Durchschnitt deutlich höhere Lebensalter der Angestellten in den Klein- und Mittelbetrieben).

Für das Großunternehmen ist die zwangsweise Entlassung der älteren Mitarbeiter jedoch in mehr als einer Hinsicht eine Entlastung:

- im firmeninternen Arbeitsmarkt werden Plätze frei, die den Aufstieg des Nachwuchses ermöglichen
- mit steigendem Alter des Mitarbeiters verlagert sich das Preis-Leistungs-Verhältnis in einen aus Unternehmenssicht ungünstigen Bereich
- durch das berechenbare Ausscheiden älterer Mitarbeiter hat das Unternehmen die Möglichkeit zu „sanfter" Anpassung des Arbeitskräftepotentials an den aktuellen Bedarf.

In Krisenzeiten bzw. in Zeiten raschen technischen Wandels, der erhebliche Investitionen in die Anpassungsfortbildung der Mitarbeiter erfordern würde, machen die Unternehmen von dieser Möglichkeit gern Gebrauch, indem sie ältere Mitarbeiter durch entsprechend höhere Abschlagszahlungen zu einem früheren Ausscheiden ermuntern.

Zu den Charakteristika in der Behandlung der Stammarbeiterschaft gehört auch die Entlohnung nach dem Senioritätsprinzip. Allerdings wird dieses System tendenziell auch auf andere Arbeitnehmergruppen angewendet. Nach Schätzungen werden ca. 40% der japanischen Beschäftigten nach diesem System entlohnt. Das Stereotyp, das Lebensalter sei die ausschließliche Grundlage zur Bestimmung der Entlohnung, bedarf jedoch einer Korrektur.

Es entspricht japanischen (und nicht nur japanischem) Denken, daß mit steigendem Lebensalter die Berufserfahrung steigt. Diese Steigerung der Kompetenz soll sich auch im Einkommen niederschlagen. Aufgrund des Systems der innerbetrieblichen Aus- und Weiterbildung ist darüber hinaus vor allem in Großunternehmen die Leistung mit der Dauer der Betriebszugehörigkeit stark korreliert. Das System ist damit auf die Dauerarbeiter zugeschnitten, während es in der Tendenz die Arbeitnehmer benachteiligt, die häufiger den Arbeitsplatz wechseln, bzw. solche, die nicht ununterbrochen beschäftigt sind.

Neben den Komponenten des Lebensalters und der Dauer der Betriebszugehörigkeit enthält die japanische Entlohnung auch Leistungs- und Versorgungsaspekte.

Der Leistungsaspekt wird besonders in der zweimal jährlich zu erwartenden Bonuszahlung berücksichtigt. Dieser Bonus, dessen Höhe ebenso wie die der regulären Gehälter von den Betriebsgewerkschaften ausgehandelt wird, wird nicht auf alle Arbeitnehmer gleichmäßig verteilt. Häufig sind alle Nicht-Stammarbeiter von den Bonuszahlungen ausgeschlossen. (Das erklärt z. T. die erhebli chen Gehaltsunterschiede zwischen den regulären und nicht-regulären Arbeitnehmern einer Firma.) Innerhalb der Stammbelegschaft kommen darüber hinaus je nach der persönlichen bzw. der Gruppenleistung Variationen von Zehntel-Prozentpunkten um den ausgehandelten mittleren Prozentsatz vor – was bei einer durchschnittlichen Bonushöhe von 3 bis 4 Monatsgehältern immerhin spürbar ist.

Die Versorgungselemente in diesem Entlohnungssystem liegen in der Anpassung der Gehaltsentwicklung an den Lebens- und Ausgabenzyklus einer japanischen Normalfamilie sowie an den zahlreichen Zulagen, die sich an der Lebenssituation des Beschäftigten orientieren.

Der „dritte Pfeiler" im System der japanischen Arbeitsbeziehungen sind die Betriebsgewerkschaften. Eine überbetriebliche Kooperation der Gewerkschaften in Großverbänden existiert zwar, ist aber wegen der erheblichen Konkurrenzbeziehungen zwischen den einzelnen Unternehmen, die bis in die Gewerkschaften hineinreichen, nur locker. Die Betriebsgewerkschaften sind i. d. R. Interessenvertretungen der oft bis zu 100% organisierten Stammbelegschaft. Dadurch wird die Spaltung der Arbeitnehmerschaft in privilegierte Stammarbeiter und nicht-privilegierte Arbeitnehmer in der oben beschriebenen Form verfestigt und eine übergreifende Arbeitnehmersolidarität verhindert. Die Gewerkschaften sehen ihre wichtigsten Aufgaben in der Zusammenarbeit mit der Unternehmensleitung in allen Fragen, da ein grundsätzlicher Konsens darüber besteht, daß die Interessen von der Unternehmensleitung und der Stammarbeiterschaft im wesentlichen identisch sind. Daher sind die Gewerkschaften auch wesentliches Element bei der Verhandlung über die Ausgestaltung des innerbetrieblichen Aus- und Weiterbildungssystems, das im System der japanischen Arbeitsbeziehungen eine integrierende Rolle spielt.

Die innerbetriebliche Berufsausbildung

Entsprechend den Vorschriften des Berufsausbildungsgesetzes, liegt die Verantwortung für die Aus- und Weiterbildung in erster Linie beim Arbeitgeber. Dieser Tatsache wird in der allgemeinen Managementphilosophie vor allem der großen Unternehmen Rechnung getragen, wo Auswahl sowie Aus- und Weiterbildung des Personals als Führungsaufgaben höchster Priorität betrachtet werden.

Nach einer Umfrage des japanischen Arbeitsministeriums von 1982 führen 88,1% aller Unternehmen irgendeine Form der Berufsausbildung für ihre Mitarbeiter durch, darunter alle Unternehmen mit mehr als 1000 Mitarbeitern.

5. Organisation

Bei japanischen Großunternehmen gibt es i. d. R. auf jeder hierarchischen Ebene einen oder mehrere Ausbildungsbevollmächtigte(n).

Während Programme im Rahmen der allgemeinen Karriereförderung in der Verantwortung der Zentralen Personalabteilung liegen, so sind die Funktionsabteilungen (z. B. Rechnungswesen, Technik, Forschung) zuständig für die Ausbildung der Arbeitskräfte in ihren jeweiligen Fachgebieten. Die notwendigen Produkt- und Produktionskenntnisse werden den Mitarbeitern von seiten der Divisionen (z. B. Stahlbau, Anlagenbau) vermittelt, während die zum Tagesgeschäft notwendigen Kenntnisse i. d. R. von der einzelnen Abteilung dem betreffenden Mitarbeiter im Rahmen des „Trainings on the job" (OJT) direkt vermittelt werden.

Nur wenige Firmen haben eine eigene Abteilung für die Organisation der Aus- und Weiterbildung; in der überwiegenden Mehrheit wird diese Aufgabe von einer Abteilung mit anderem Aufgabenschwerpunkt (i. d. R. der Personalabteilung) oder fakultativ von unterschiedlichen Abteilungen übernommen.

Diese netzartige Struktur der innerbetrieblichen Aus- und Weiterbildung wird häufig durch firmeneigene Ausbildungszentren ergänzt. Da diese Ausbildungszentren sich selbst (firmenintern) finanzieren müssen, treten sie mit ihren Programmen in eine Angebotshaltung, was sie dazu zwingt, ihre Ausbildungsinhalte ständig dahingehend zu überprüfen, inwieweit sie für die einzelnen Abteilungen interessant und aktuell sind.

In der sehr bildungsbewußten japanischen Gesellschaft ist jeder Angestellte darüber hinaus aufgefordert, sich selbst ständig fortzubilden. Die Firmen leisten – im Einklang mit dem 3. Grundplan zur beruflichen Bildung – dabei Hilfestellung. Die von vielen Firmen durchgeführten jährlichen „Selbst-Report"-Aktionen bieten einen Anreiz, stellen aber auch eine Kontrolle dar.

Im Rahmen dieser Reporte muß angegeben werden, welche Arten der Weiterbildungsaktivität der Mitarbeiter im vergangenen Jahr entfaltet hat. Da diese Reporte häufig gleichzeitig ein Instrument zur Äußerung von Versetzungswünschen, sonstigen Veränderungswünschen und Grundlage für Personalgespräche sind, stellen sie ein recht wirkungsvolles Anreizsystem dar.

6. Zielgruppen

Vor allem Großunternehmen neigen dazu, ihren Personalbedarf vor allem durch die Einstellung von Schul- bzw. Universitätsabsolventen zu decken. Diese Personen verfügen über keinerlei Berufserfahrung und müssen daher firmenintern ausgebildet werden. Dabei beschränkt sich diese Ausbildung nicht auf einen begrenzten Zeitraum, sondern erstreckt sich zumindest bei der Stammarbeiterschaft häufig über die gesamte Dauer des Berufslebens und ist bei Großunternehmen in Form von „Karriereentwicklungsplänen" festgeschrieben. Die typische Firmenkarriere von Universitätsabsolventen weist folgende Struktur auf:

- Erstausbildung in einem oder mehreren Schritten, bis der Status des „Neulings" verlassen und der neue Mitarbeiter als vollwertig anerkannt wird,
- Förderung im Rahmen der firmeninternen Karriereentwicklungsplanung
- Bei Eignung und Interesse: Ausbildung für Spezialaufgaben.

Die Neueingestellten werden i. d. R. in folgende Gruppen strukturiert:

- Universitätsabsolventen, männlich
  Vorgesehenes Einsatzgebiet: Technische oder kaufmännische Aufgaben
  Dieser Personenkreis gilt als „career staff". Aus ihm geht der „harte Kern" der

Stammbelegschaft der Unternehmung hervor, und entsprechend wird auf die Ausbildung dieses Personenkreises der größte Wert gelegt. Die Betreuung erfolgt i. d. R. von seiten der zentralen Personalabteilung der Unternehmung.

- Universitäts- und Kurzuniversitätsabsolventen, weiblich
  Vorgesehenes Einsatzgebiet: i. d. R. Büroarbeit unterschiedlichen Anspruchsniveaus („Assistentinnen der carreer staff")
  In einigen Unternehmen werden weibliche Universitätsabsolventinnen (nicht dagegen die Absolventinnen der Kurzuniversitäten) ebenso ausgebildet wie ihre männlichen Kommilitonen.

Das Einführungstraining für die neueingestellten Universitätsabsolventen bei den japanischen Großunternehmen enthält i. d. R. die folgenden Elemente:

- Allgemeines Einführungstraining (1 Tag bis 3 Wochen) mit den bereits dargestellten Inhalten
- Ausbildungsaufenthalt im Produktionsbereich (sofern die Firma über eigene Fertigungs- und Montageeinrichtungen verfügt)
- Ausbildungsaufenthalt in den Verkaufsabteilungen
- On-the-job-training am eigentlichen Arbeitsplatz

häufig begleitet oder überlagert von

- Spezialaufgaben (z. B. das Anfertigen von Ausarbeitungen zu bestimmten Fragestellungen)
- regelmäßigen Berichten in mündlicher oder schriftlicher Form
- Hausarbeiten (Durcharbeiten bestimmten Lernmaterials).

Die erste Stufe der Ausbildung endet, wenn die „Neulinge" in ihre endgültige Abteilung kommen. Die Ausbildung im eigentlichen Tagesgeschäft erfolgt dann in der Verantwortung der Abteilung selbst, unterstützt und ergänzt durch die Veranstaltungen der Funktionsabteilungen oder Zentralabteilungen.

- Oberschulabsolventen, männlich
  Vorgesehenes Einsatzgebiet: „Facharbeiter"- bzw. Technikerebene in den Produktionsbetrieben
  Die Einstellung erfolgt von den einzelnen Niederlassungen der Unternehmung direkt und liegt nicht im Verantwortungsbereich der Zentrale. Dieser Personenkreis stellt den harten Kern der Stammbelegschaft im Fertigungsbereich. Bei einigen Firmen gibt es nach einigen Jahren der Betriebszugehörigkeit keine Unterschiede mehr danach, ob der Stammarbeiter als Oberschüler oder Universitätsabsolvent eingestellt worden ist.

- Oberschulabsolventen, weiblich
  Vorgesehenes Einsatzgebiet: einfache, ausführende Aufgaben im Büro oder in der Produktion

Die Einstellung erfolgt ebenfalls von den einzelnen Niederlassungen direkt. Dieser Personenkreis erhält i. d. R. gar keine spezielle Ausbildung, weil sich die Investition aus Sicht der Firma nicht lohnt. Anders als die Ausbildung der Hochschulabsolventen wird die Ausbildung der Oberschulabsolventen von seiten der einzelnen Zweigniederlassung des Unternehmens durchgeführt. Einige Unternehmen (z. b. Hitachi) haben eigene Berufsschulen zur Ausbildung geeigneten Technikernachwuchses, aber i. d. R. erfolgt nach einem kurzen Einführungstraining, dessen Inhalte denen des Einführungstrainings der Hochschulabsolventen ähneln, die eigentliche Ausbildung der Oberschulabsolventen direkt am Arbeitsplatz. Ergänzt wird sie durch gelegentliche Entsendung zu inner- oder außerbetrieblichen Kursen über bestimmte Fachfragen.

– Mittelschulabsolventen, beiderlei Geschlechts

Im Zuge der allgemeinen Erhöhung des Bildungsniveaus in Japan gibt es praktisch keine Mittelschulabsolventen mehr, die unmittelbar in den Arbeitsmarkt eintreten.

Die weiteren Ausbildungsmöglichkeiten für die Stammbelegschaft („Career staff") werden in den Großunternehmen häufig in Form von Langzeitprogrammen zur Talentförderung („career development programmes") organisiert.

Die Großunternehmen verfolgen mit ihren langfristigen Personalentwicklungsprogrammen folgende Ziele:

- breite Vermittlung von Managementfähigkeiten
- breite Vermittlung von arbeitsplatzbezogenen Fähigkeiten
- Förderung einer stärkeren internationalen Ausrichtung der Belegschaft
- Förderung der innerbetrieblichen Ausrichtung aus der Sicht des Mutterhauses auch für die verbundenen Unternehmen

und genügen damit – nach eigenen Angaben – ihrer Verantwortung gegenüber den Angestellten.

Grundsätzlich lassen sich bei den Weiterbildungsprogrammen folgende Typen unterscheiden:

- Weiterbildung mit dem Ziel des Aufstiegs
- Weiterbildung mit dem Ziel, seine beruflichen Fähigkeiten den sich wandelnden Umweltbedingungen anzupassen
- allgemeine Weiterbildung (Identifikations- und Belohnungsaspekte).

7. Methoden

Die weitaus am häufigsten angewendete Methode der internen Ausbildung ist das „Training on the job", gefolgt von verschiedenen Ausformungen des OffJT (des Trainings „off the job"), das unternehmensintern oder -extern durchgeführt werden kann, und der Unterstützung der Eigenaktivitäten der Mitarbeiter. Über das Wesen des Trainings on the job gibt es in Japan selbst unterschiedliche

Ansichten: Wird mancherorts jegliches Anlernen und sofortiges Durchführen bestimmter Tätigkeiten am Arbeitsplatz bereits als OJT bezeichnet, so wird z. B. im Rahmen der öffentlich geförderten Berufsausbildung nur dann von OJT gesprochen, wenn bei der Vermittlung eine gewisse Methodik und Didaktik (die hauptsächlich den Vorarbeitern im Produktionsbereich in speziellen Kursen vermittelt wird) angewendet wird.

Eng verbunden mit dem Aspekt des OJT ist die Praxis des Job Rotation. Wie beinahe alle Ausbildungsmaßnahmen innerhalb der japanischen Großbetriebe gilt auch das Verfahren des Job Rotation vorzugsweise für die Stammarbeiter und noch einmal einschränkend: hauptsächlich für die männlichen Universitätsabsolventen, die „career staff".

Für den innerbetrieblichen Aufstieg ist es unerläßlich, seine Fähigkeiten in unterschiedlichen Aufgabengebieten unter Beweis gestellt zu haben. Ungefähr alle drei Jahre ist daher eine innerbetriebliche Versetzung üblich. Dabei wird i. d. R. versucht, die Wünsche der Mitarbeiter und die Interessen der Unternehmung zur Deckung zu bringen.

Die Durchführung des Job Rotation hängt von verschiedenen Faktoren ab:
- Dauer der Betriebsangehörigkeit des zu Versetzenden
- seine beruflichen Ziele
- seine bisherige Qualifikation
- die Beurteilung seiner Leistungen
- die Hierarchieebene, auf der er tätig ist
- der Empfehlung durch den Vorgesetzten.

Im Rahmen der allgemeinen Bedeutung der Personalentwicklung in der Philosophie der Unternehmen sollen es die Vorgesetzten als Aufgabe höchster Priorität betrachten, fähige junge Mitarbeiter nicht an sich bzw. ihre Abteilung zu binden, sondern sich um ihre weitere Karriere zu sorgen und sie zu fördern. Da die Vorgesetzten selbst i. d. R. ihre jeweilige Aufgabe nur als Durchgangsstation im Laufe ihres innerbetrieblichen Aufstiegs betrachten, scheint das bekannte Phänomen des Abteilungsegoismus in Japan nicht aufzutreten. Dabei übt auch die japanische Art des unternehmensinternen Gemeinschaftslebens eine gewisse Kontrollfunktion aus. Da sich beinahe das gesamte gesellige Leben der Firmenangehörigen innerhalb der Unternehmung und im Kreise der Unternehmensmitarbeiter abspielt, fallen gute Leistungen junger Mitarbeiter auch außerhalb der eigentlichen Abteilung auf. Falls dann über einen als „normal" empfundenen Zeitraum hinaus keine Versetzung oder Beförderung erfolgt, muß sich der Vorgesetzte seinem Kollegenkreise gegenüber verantworten.

Darüber hinaus kann es für einen Vorgesetzten im Rahmen seiner lebenslangen Beschäftigung bei seinem Unternehmen nur von Vorteil sein, fähige Mitarbeiter nach Kräften zu fördern, bleiben sie ihm doch dann in ihrer nächsthöheren Position verpflichtet.

In der Regel werden die Mitarbeiter entweder nach ihrer persönlichen Präferenz oder nach Bedarf der Firma versetzt. Bei einigen Unternehmen gibt es eine Art „Börse“ für die Personalrotation. Die Abteilungen fragen bestimmte Arten von Qualifikationen nach, während aus der Auswertung der Reportsysteme die Qualifikationen der versetzungswilligen Mitarbeiter bekannt sind.

Da bei den Versetzungen darauf geachtet wird, daß die einmal erworbenen Qualifikationen der Mitarbeiter weiter angewendet werden können, erfolgt die Versetzung i. d. R. nicht unternehmensweit. Vielmehr wird jeder auf dem Niveau derjenigen Hierarchieebene versetzt, auf dem er arbeitet. So werden Angestellte zunächst innerhalb der Abteilung „rotiert“, später innerhalb der Hauptabteilung, der Division und erst, wenn sie im mittleren bzw. oberen Management sind, unternehmensweit.

8. Inhalte

Die Inhalte der Ausbildung wechseln mit unterschiedlicher Dauer der Firmenangehörigkeit.

Für Neueingestellte werden vor allem folgende Themen unterrichtet (nach Prioritäten gewichtet):
- Informationen über die eigene Firma
- Kenntnisse über Produkte der eigenen Firma
- Verhalten gegenüber Verhandlungspartnern und Gästen der Firma
- Höfliche Ausdrucksweise
- Produktionsbezogene Aufgaben.

Bei der Weiterbildung der Firmenangehörigen verschieben sich die Gewichtungen. Die wichtigsten Ausbildungsinhalte sind:
- Grundkenntnisse in der Technik
- Allgemeine Kenntnisse und Einstellung zur Arbeit
- Fortgeschrittene Kenntnisse und Techniken
- Anregung zu intensiver Beschäftigung mit der eigenen Arbeit.

9. Ausbilder und Ausbildungsinstitutionen

Die Durchführung der Ausbildung kann grundsätzlich sowohl von internen als auch von externen Stellen erfolgen. Nach einer Umfrage des Arbeitsministeriums vom Dezember 1983 wurde die Ausbildung für die Neueingestellten von 73,5% der befragten Firmen in eigener Planung durchgeführt und nur von 23% der Firmen an Stellen außerhalb des Unternehmens delegiert, während die Weiterbildung der Firmenangehörigen nur in 46,5% aller Fälle im Unternehmen selbst und in 50,6% aller Fälle von externen Stellen durchgeführt wurde. (Diese Zahlen beziehen sich ausschließlich auf die Teile der Ausbildung, die als „Training off the job“ bzw. OffJT bezeichnet werden.)

Sofern die Ausbildung außerhalb der Firmen stattfindet, werden in erster

Linie private Trainingsinstitute herangezogen. Die Ausbildung des eigenen Personals durch die Trainingsfacilitäten verbundener Firmen nimmt ebenfalls einen recht hohen Stellenwert ein. Die Ausbildung durch öffentliche Berufsausbildungsinstitute, Privatschulen unterschiedlicher Ausrichtung oder durch andere Trainingseinrichtungen ist dagegen nicht von großer Bedeutung.

10. Fazit

Diese kurze Skizze des japanischen „Modells" zeigt, daß die Aktivierung der im Unternehmen vorhandenen Qualifikationsresourcen und -potentiale durchaus möglich ist. Dadurch kann auch der durch die rasche Übernahme neuer Techniken verursachte ständige Wandel der Qualifikationsanforderungen durchaus bewältigt werden. Ohne „japanische Patentrezepte" auf deutsche Verhältnisse übertragen zu wollen, ist deshalb ernsthaft zu prüfen, ob und inwieweit – unter Berücksichtigung des unterschiedlichen kulturellen und beschäftigungspolitischen Hintergrundes – Anregungen für Verbesserungen in Teilbereichen gewonnen werden können oder sogar Elemente dieses Systems übertragbar sind.

2.4. Weiterbildung für Ingenieure

Hans Weinerth

Dem Wissen des Ingenieurs geht es wie seinen Erfindungen: Die Zeiträume, in denen sie veralten, werden immer kürzer. Innovative Unternehmen gehen schon seit Jahren davon aus, daß sie in naher Zukunft den größten Teil ihres Umsatzes mit Produkten machen werden, die es heute noch gar nicht gibt. Bei den meisten Halbleiterherstellern liegt diese sogenannte Innovationsrate bei ca. 50%, d.h., die Hälfte der derzeit umsatzbestimmenden Produkte war vor 5 Jahren noch nicht im Lieferprogramm. Neben den traditionellen Produktionsfaktoren rückt daher das Wissen des Ingenieurs selbst immer mehr in den Vordergrund der unternehmerischen Planung. Die Kenntnis über moderne Technologien ist heute sogar zu einem strategischen Wettbewerbsfaktor geworden.

Im gleichen Maß, wie sich jedes Unternehmen flexibel dem Wettbewerb anpassen muß, der von diesem Wandel betroffen wird, muß sich auch der Ingenieur durch Weiterbildung „wettbewerbsfähig" halten. Das gilt in ganz besonderem Maße für die technischen Fach- und Führungskräfte.

Es sind vor allem vier Faktoren, die einen Weiterbildungsbedarf für Ingenieure auslösen:

1. Die Vertiefung des auf der Hochschule erworbenen Fachwissens auf dem eigenen Spezialgebiet.

2. Ergänzung des Wissens vom eigenen Fachgebiet um den neuesten allgemeinen Stand der technischen Erkenntnisse in Wissenschaft und Praxis.

3. Vermittlung von Wissen über Veränderungen, die auch von außerhalb, zum Beispiel durch die Gesetzgebung, durch Veränderungen bei den Energie- und Rohstoffangeboten, durch das Verbraucherverhalten, auf die Ingenieurarbeit und die Unternehmen zukommen.

4. Erweiterung des allgemeinen Wissens über das rein technisch-fachliche hinaus, das oft im Hochschulstudium nicht vermittelt wird.

Die Hochschulen können auf neue technologische Entwicklungen nur mit einer gewissen zeitlichen Verzögerung reagieren und diese erst dann in ihre Lehrpläne aufnehmen, wenn wissenschaftliche Erkenntnisse in ausreichendem Maße durch praktische Anwendungen gesichert sind. Vom Beginn neuer Technologien bis zum Einbezug dieser Entwicklungen in die Studiengänge und weiter bis zu dem Zeitpunkt, bis eine nennenswerte Anzahl von Absolventen diese neuen Technologien beherrschen, werden meist mehrere Jahre vergehen. Somit bleibt es nicht aus, daß Absolventenjahrgänge zum Teil bereits mit einem Nachholbedarf an fachspezifischem Wissen neuerer Technologien von einigen Jahren aus ihren Hochschulen entlassen werden. Die Bedeutung einer funktionierenden Weiterbildung als der einzigen Möglichkeit, diese zeitlichen Diskrepanzen zu überbrücken, wird hier besonders sichtbar. In einer vom Deutschen Industrie- und Handelstag veröffentlichten Umfrage tragen die Unternehmen mit 47% aller beruflichen Weiterbildungsmaßnahmen die Hauptlast. Das Institut der deutschen Wirtschaft beziffert die Gesamtaufwendungen der Unternehmen für Weiterbildungszwecke auf etwa 9 Milliarden DM.

Wie aus den gleichen Untersuchungen hervorgeht, ist die Höhe der Position in einem Unternehmen korreliert mit der Höhe der Teilnahme an Weiterbildungs-Aktivitäten. Die Spitze nehmen mit 81% externe Teilnahmen technische Angestellte der mittleren Führungsebene ein, die in Unternehmen mit 500 bis 2000 Beschäftigten tätig sind. Der Durchschnitt in der mittleren Führungsebene liegt bei 62%, in der oberen Führungsebene bei 46% externe Weiterbildungsteilnahmen.

Je größer ein Unternehmen ist, desto größer ist auch die Teilnahme seiner Mitarbeiter an externen Weiterbildungs-Veranstaltungen: Während im Durchschnitt 23% aller Unternehmen der Ansicht sind, daß der naturwissenschaftlich-technische Bereich der außerbetrieblichen Weiterbildung ausgebaut werden sollte, sind fast zwei Drittel der Unternehmen mit über 2000 Beschäftigten dieser Ansicht. Auch wenn das externe Weiterbildungsangebot überwiegend als „angemessen" bezeichnet wird, sind Unternehmen mit starker Forschungs- und Entwicklungsorientierung auf Informationen von außerhalb angewiesen.

So sehr die Unternehmen in innovativen Bereichen am Wissensstand ihrer Ingenieure interessiert sein müssen, so sehr ist auch der einzelne Ingenieur in die Verantwortung genommen, die Bereitschaft zum ständigen Neu- und Weiterlernen im Sinne einer Weiterbildungspflicht anzuerkennen. Nicht nur die Unternehmen, sondern auch der Ingenieur befindet sich in einem Wettbewerb. Die berufliche Flexibilität, die das Arbeitsplatzrisiko für den Ingenieur mindert, wird durch eine kontinuierliche Weiterbildung gefestigt.

Es ist im Sinne der Weiterbildung und somit für die Sicherung des Standards unserer Wirtschaft, wenn alle daran Beteiligten – Staat, Unternehmen und Ingenieure – in die Verantwortung genommen werden.

Während noch in den 60er Jahren im Maschinenbau Standzeiten der Fertigungsgeräte von 10 bis 20 Jahren typisch waren, sind es heute in der Mikroelektronik-Industrie 2 bis 4 Jahre. Allein diese Zahl illustriert die Dringlichkeit einer kontinuierlichen Weiterbildung für Ingenieure. Was für die ehemaligen langen Standzeiten in der Wirtschaft galt, betrifft ebenfalls die „Standzeit" der Erstausbildung. Die notwendige lebenslange Weiterbildung muß von Industrie, Behörden, den Weiterbildungsträgern und den Hochschulen verstärkt angeboten werden. Nur durch eine Einheit von Aus- und Weiterbildung kann den technologischen Herausforderungen begegnet werden.

Die Einheit von Aus- und Weiterbildung für Ingenieure kann nur sinnvoll sein, wenn die Erstausbildung an den Universitäten sich auf die Vermittlung zeitlich invarianter Ausbildungsinhalte beschränkt. Dazu gehören vor allem die mathematischen, natur- und ingenieurwissenschaftlichen Grundlagen sowie die Vermittlung von Grundlagenkenntnissen in nichttechnischen Fächern, aber auch die Fähigkeit, das Lernen zu lernen.

Die fachspezifische Vertiefung in bestimmten ausgewählten Aufgaben sollte in den Hochschulen nur exemplarisch am Ende des Studiums erfolgen, um den Übergang in das Berufsleben abzusichern. Die weitere Vertiefung in Spezialaufgaben erfolgt je nach Bedarf während der beruflichen Tätigkeit. Das Interesse des Ingenieurs, seine berufliche Flexibilität zu erhalten und sich dafür der Weiterbildung zu bedienen, trägt unmittelbar auch zur Existenzsicherung des Unternehmens bei. Dieses gemeinsame Interesse an der Weiterbildung wird leider von manchen kleineren Unternehmen nicht hoch genug eingeschätzt. Der Bereich „Personalplanung" steht in der Regel hinter den Bereichen Produktion, Verwaltung, Forschung und Entwicklung zurück.

Unabhängig von forschungspolitischen Vorgaben gilt, daß für das Erreichen des Weltniveaus in einem Bereich der Technologie dem Ausbildungsstand der Ingenieure eine bedeutende Rolle zufällt. Man kann nicht oft genug betonen, daß die Bundesrepublik Deutschland nicht zuletzt deshalb eine Industrienation ist, weil Naturwissenschaften und Technik in Deutschland immer ein hohes Niveau hatten. Die Bundesrepublik verfügt nicht über irgendwelche nennenswerten

Rohstoffe, die als Grundlage für wirtschaftliches Wachstum dienen könnten. Das einzige, was an Ressourcen bleibt, ist die Technik selbst und das damit verbundene Know-how unserer Ingenieure. Die Pflege dieser Ressource ist eine der wichtigsten Voraussetzungen für die Sicherung unseres Lebensstandards und für die Sicherung unseres Status als eine hochrangige Industrienation.

Der Aus- und Weiterbildung von Ingenieuren kommt ohne Zweifel eine gesamtgesellschaftliche Bedeutung zu, wenn man bedenkt, wie eng verzahnt die Bereiche Technik, Wirtschaft und Gesellschaft sind. Aus dieser Verzahnung ergibt sich auch eine Dreiteilung der Verantwortung für die wissenschaftliche Weiterbildung der Ingenieure. Für den Staat beziehungsweise für die Gesellschaft bedeutet ein Höchststand der Technik eine Vergrößerung des Umfanges exportfähiger Produkte und somit ein Beitrag für die wirtschaftliche und politische Stabilität. Für die Wirtschaft bedeutet ein Höchststand der Technik, daß sie international konkurrenzfähig bleibt und der Abbau von Arbeitsplätzen gebremst werden kann. Aber auch der einzelne Ingenieur trägt für seinen Wissensstand Verantwortung, weil sein Arbeitsplatzrisiko und somit seine Existenzgrundlage betroffen ist.

Es ist dringend erforderlich, daß die für die Weiterbildung Verantwortlichen aus allen Bereichen des Beschäftigungssystems für die zukünftige Form der wissenschaftlichen Weiterbildung der Ingenieure geeignete Modelle entwickeln. Dabei gilt es zu berücksichtigen, daß die Prinzipien der Marktwirtschaft auch für den Bereich der Weiterbildung gelten. Den Nutzen einer hochentwickelten Technologie haben wir alle. Es ist daher nur vernünftig, daß Staat, Wirtschaft und Ingenieure sich in der Weiterbildung engagieren und Verantwortung übernehmen. Damit sind Fragen berührt wie etwa die der Freistellung, des Bildungsurlaubs und der individuellen Bereitschaft des Ingenieurs, der sich in seiner Freizeit beispielsweise der Lektüre von Forschungsberichten oder Fachzeitschriften widmet.

Der gesetzliche Auftrag der Hochschulen zur Weiterbildung, wie er im Hochschulrahmengesetz formuliert ist, sowie die Konzentration der Wirtschaft auf die interne Weiterbildung reichen allein zur Bedarfsdeckung nicht aus, so daß für die freien Weiterbildungsträger auch in Zukunft breiter Raum bleiben wird. Das Potential beispielsweise der großen Ingenieurverbände ist für alle Ingenieure und für Unternehmen aller Branchen von größtem Nutzen. Diese vielfältigen Weiterbildungsmöglichkeiten gilt es forciert auszubauen.

2.5. Die Führungsrolle der Personalplanung im technischen Wandel

Erich Staudt

1. Personalwirtschaft als Reaktion auf technischen Wandel

Personal als Engpaßfaktor im technischen Wandel

Die konventionelle Rolle der Personalwirtschaft besteht neben der Personalverwaltung vor allem in dem Bemühen, Personalquantität und -qualifikation an marktliche, aber auch technische Entwicklungen anzupassen. Die Personalwirtschaft reagiert also traditionell auf den technischen Wandel. Und soweit auf dem jeweiligen historischen Ausgangsniveau das Personal quantitativ und qualitativ der Produkt- und Verfahrenstechnik ideal angepaßt ist, wird dieser „Erfolg" der optimalen Anpassung bei gravierenden technischen Veränderungen zum zentralen Engpaß. D. h. aber, das Denkmal des jeweiligen Optimierungserfolges steht der Weiterentwicklung im Wege.

Lassen Sie mich das an einigen Beispielen belegen: Wir haben im Rahmen des Modellversuchs „Mikrocomputer-Technik in der Facharbeiterausbildung" in zahlreichen Unternehmen untersucht, welche Schwierigkeiten bei frühen Anwendern der Mikroelektronik auftreten (vgl. Abb. 1). Wir unterscheiden dabei drei Phasen der Innovation

- Forschung und Entwicklung
- Produktion einschließlich Produktionsvorbereitung
- Markteinführung einschließlich Absatzvorbereitung.

Schon in der Forschungs- und Entwicklungsphase zeigt sich der Mangel an qualifiziertem Personal neben dem Zeit- und Kostenaufwand als zentrale Schwierigkeit. Dieser Mangel wird noch verstärkt um Software- und Know-how-Probleme, die zum Teil auch auf Mangel an geeignet ausgebildetem Personal zurückzuführen sind.

Auch in der Produktionsvorbereitung spielen neben technischen Problemen der Umstellung und Zulieferproblemen vor allem Akzeptanzprobleme, aber auch Personalqualifikation und fehlendes Know-how eine Schlüsselrolle bzw. sie behindern, erschweren oder verzögern den Innovationsprozeß.

Und auch in der Phase der Markteinführung und Absatzvorbereitung kann man deutlich erkennen, daß neben konventionellen Marketingproblemen die Qualifikation bzw. Verfügbarkeit geeigneten Wartungs- und Servicepersonals zum Engpaßfaktor wird.

Die Problematik eskaliert zusätzlich, wenn man beachtet, daß die durchschnittliche Dauer des Entstehungszyklus bei der Mikroelektronikanwendung in den letzten zehn Jahren von ca. vier auf zum Teil unter zwei Jahre abgesunken ist

Abb. 1: Schwierigkeiten in den Phasen der Produktentstehung

Forschung & Entwicklung	
Zeit- und Kostenaufwand, Kapitalbindung	24%
Mangel an qualifiziertem Personal (Ingenieure)	18%
Software-Probleme	18%
Fehlendes Know-how	9%
Technische Detailprobleme	9%
System-Auswahl	6%
Sonstiges	16%
Produktion incl. Produktionsvorbereitung	
Umstellung der Fertigung	26%
Probleme mit Zulieferern	21%
Mangelnde Akzeptanz beim Personal	16%
Mangel an Personal (Facharbeiter)	11%
Fehlendes Know-how	11%
Sonstiges	15%
Markteinführung incl. Absatzvorbereitung	
Mangelnde Akzeptanz (Kunden)	33%
Verspäteter Markteintritt	17%
Mangel an Personal (Wartung und Service)	13%
Preisfindung	13%
Sonstiges	24%

Quelle: Ergebnisse empirischer Untersuchungen der wiss. Begleitforschung im Modellversuch „Einsatz der Mikrocomputertechnik in der Facharbeiterausbildung". Basis: 79 befragte Hersteller von Mikroelektronik-Produkten. In: Bock, J./Schepanski, N.: Technisch-ökonomische Bedingungen des Mikroelektronik-Einsatzes – Folgen für Personaleinsatz und Qualifikation. Berichte aus der Angewandten Innovationsforschung, Nr. 37, Duisburg 1984

(vgl. Abb. 2). Jeder Versuch, die dabei auftretenden Qualifikationsengpässe in dem in der Praxis so beliebten Schwarzen-Peter-Spiel ans öffentliche Bildungssystem zurückzuverweisen, wird unter diesen Umständen unsinnig. Beachtet man die Zeitkonstante öffentlicher Bildungseinrichtungen, die von der Vordiskussion über die Beschlußphase bis zur Einrichtung fünf bis fünfzehn Jahre beträgt, dann wird sehr schnell deutlich, daß der phasenweise diskutierte Ingenieur-, Facharbeiter- oder Wartungs- und Servicepersonalmangel zurückverwiesen wird an die potentiellen Innovatoren und ihre Personalplanung.

Das Beispiel aus dem aktuellen Anwendungsfeld der Mikroelektronik zeigt, daß in allen drei Phasen, der Forschung und Entwicklung, der Produktion und in der Vermarktung, als gemeinsamer Engpaß für den Vollzug des technischen Wandels geeignete Personalqualifikationen zu gelten haben. Dabei sind aufgrund unserer Erfahrungen in solchen innovierenden Unternehmungen drei Arten von Qualifikationen zu unterscheiden:

1. Qualifikation zur Überwindung technologisch bedingter Innovationswiderstände. Das gewaltige Defizit, das z. B. bei der Mikroelektronik in Peripherie und Sensorik einem breiten Einsatz des technischen und ökonomischen Potentials neuer Technologien entgegensteht, ist durch das wenige heute verfügbare Fachpersonal, das meist auch noch auf Großbetriebe konzentriert ist, nicht zu füllen. Es bedarf vielmehr zur Diffusion einer Technik eines sehr breit gestreuten technischen Sachverstandes. Nur auf dieser Basis gelingt es, die technisch-ökonomischen Potentiale von Neuerungen mit kreativen Lösungen zu verbinden und in neue Produkte und Verfahrenstechniken umzusetzen.

2. Qualifikation zur Überwindung personell bedingter Innovationswiderstände im Betrieb. Innovationen bedeuten hier vor allem Forderungen nach erheblichen Neu-, Um-, Weiter- und Höherqualifikationen in fast allen Betriebsbereichen.

3. Qualifikation zur Überwindung der sozial bedingten Innovationswiderstände. Die soziale Akzeptanz der neuen Techniken wird schließlich davon abhängen, inwieweit es gelingt, irrationale Technikängste abzubauen. Ängste, die oft aus Unwissen, aber auch aus den heute verbreiteten Spekulationen über die technische Entwicklung und ihre Folgen entstehen. Dies wird nicht allein durch eine technische Aufklärung erreichbar sein, die sich darin erschöpft, die Betroffenen vom technisch-ökonomischen Sachzwang zu überzeugen. Durch passives Erdulden werden keine irrationalen Technikängste abgebaut, sondern eher jene in der Verweigerung großer Bevölkerungsteile gegenüber der weiteren technischen Entwicklung ihren Ausdruck findenden Ohnmachtsgefühle weiter verstärkt.

Soziale Akzeptanz erfordert eine Qualifikation der Betroffenen, die jeweils neue Technik auch zu beherrschen. Das impliziert neben der Befähigung zur rein technischen Bewältigung von technischer Entwicklung auch eine Befähigung zur gestaltenden Teilnahme und Partizipation bei der Steuerung der technischen Entwicklung. Nur so ist die erforderliche positive Einstellung zur technischen Qualifikation bei Arbeitern und Angestellten zu erreichen.

Zusammengefaßt läßt sich also zunächst feststellen: Zur Überwindung der heute sichtbaren Engpässe bei der Anwendung neuer Technologien ist – das können wir zumindest sehr deutlich vom Bereich „Anwendung der Mikroelektronik" sagen – vor allem ein Qualifikationsschub erforderlich, und man wird diesen Qualifikationsschub mit erheblichen Bemühungen verbinden müssen, Motivation zur technischen Qualifikation bei den Angesprochenen zu erzeugen.

Abb. 2: Durchschnittliche Dauer des Entstehungszyklus'

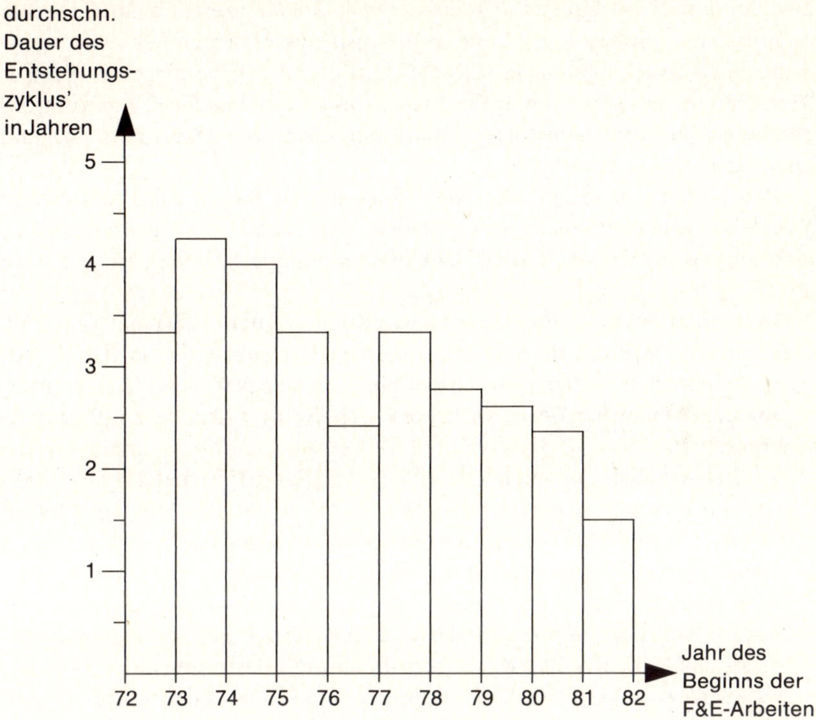

* Die Angaben beziehen sich auf 62 ME-Hersteller-Betriebe

Quelle: Ergebnisse empirischer Untersuchungen der wiss. Begleitforschung im Modellversuch „Einsatz der Mikrokomputertechnik in der Facharbeiterausbildung". Basis: 79 befragte Hersteller von Mikroelektronik-Produkten. In: Bock, J./Schepanski, N.: Technisch-ökonomische Bedingungen des Mikroelektronik-Einsatzes – Folgen für Personaleinsatz und Qualifikation. Berichte aus der angewandten Innovationsforschung, Nr. 37, Duisburg 1984.

Organisationsstruktur als Barriere des technischen Wandels

Ohnmachtsgefühle gegenüber dem technischen Wandel beschränken sich nicht nur auf subjektives Empfinden, sondern resultieren sehr häufig auch aus den im Betrieb installierten Organisationsstrukturen, die im wesentlichen technisch determiniert sind. Die zentrale Technologie bestimmt Aufbau- und Ablauforganisation und führte gerade in den letzten Jahrzehnten im Verbund mit Überlegungen zur wissenschaftlichen Betriebsführung auf ein historisches Suboptimum, das den weiteren technischen Wandel erschwert.

Lassen Sie mich dies an einem leicht überzeichneten Beispiel deutlich machen: Stellen Sie sich z. B. den Montagebereich eines deutschen Konsumelektronik-

Herstellers, z. B. Fernsehgerätefertigung, vor. Die Organisation besteht in ihrem ausführenden Bereich aus einer Reihe von Teilautomaten, ergänzt um angelernte Arbeitnehmer, insbesondere Frauen oder ausländische Arbeitnehmer, kontrolliert und überwacht von einem Aufsichtspersonal mit sehr geringer Fachkompetenz. Dieser Basis gegenüber steht eine gut ausgebaute Planungs- und Kontrollabteilung, die ihren Ausdruck z. B. in extensiver Arbeitsvorbereitung und Qualitätskontrolle findet.

Wenn man nun in eine derartige Fertigung im Rahmen des technischen Wandels eine neue Produktionstechnologie, wie einen Bestückungsautomaten, einbringen will, dann spielt sich in der Unternehmung in etwa folgender Vorgang ab:

- Die Betriebsleitung – verunsichert durch Konkurrenten – faßt eines Tages den Beschluß, die Einsetzbarkeit eines solchen Bestückungsautomaten in der konventionellen Fertigung zu überprüfen. Sie delegiert diese Aufgabenstellung an den in solchen Betrieben heute üblicherweise vorhandenen „Stabswasserkopf".
- Der Stab wird sich nun sehr intensiv im Rahmen einer Entscheidungsvorbereitung um dieses Feld bemühen, Erfahrungen, Angebote einholen, Messen besuchen, nach Japan reisen, Berechnungen aufstellen usw.
- Nach ca. zwei Jahren wird er der Geschäftsleitung einen Entwurf, evtl. verbunden mit einer Investitionsplanung, zum Entschluß vorlegen.
- Im positiven Fall folgt die Geschäftsleitung dem Prioritätenvorschlag des Stabes und löst dann über die Betriebsleitung die Bestellung aus.
- Nun bleibt zu hoffen, daß die Lieferzeit der notwendigen technischen Aggregate weniger als ein Jahr dauert. Gleichzeitig beginnt man mit organisatorischen Vorbereitungsarbeiten; die technischen Anschlüsse, d. h. also, Fundament und Stromanschluß werden hergestellt, evtl. auch die technische Integration in Aufbau- und Ablauforganisation vorgesehen.
- Im dritten Jahr, wenn das neue Aggregat dann letztendlich eintrifft, fällt man über den betroffenen Umorganisationsbereich her, hat durch die Vorbereitungsarbeit und Ankündigungen oder erst durch den Vollzug in erheblichem Umfang Unruhe und Neugierde ausgelöst.
- Nun beginnt die Experimentierphase. Die Produktion hat dann den Charakter einer Laborfertigung. D. h., vor dem Bestückungsautomaten finden Sie ein Riesenteilelager und hinter dem Bestückungsautomaten einen Riesenschrotthaufen.
- Man startet also meistens sehr experimentell, um sich das Know-how einer Integration der Technologie in die eigene Fertigung anzueignen und über dieses Experiment die Personalentwicklung zu betreiben. Ein derartiges reaktives Verhalten der Personalwirtschaft auf neue Techniken ist kein Einzelfall. So machte kürzlich ein renommierter deutscher Automobilherstel-

ler ähnlich negative Erfahrungen. Nachdem er übereilt einige Dutzend Roboter eingekauft hatte, zappelten diese monatelang in der Fertigung herum, ohne daß das Personal über das entsprechende Beherrschungswissen verfügte. Im Anschluß daran diskutiert der gleiche Betrieb die Notwendigkeit einer „Hybridfacharbeiterausbildung".

Im ungünstigsten Fall wird dieses verspätete und krisenhafte Reagieren der Personalwirtschaft auf den technischen Wandel dann noch überlagert von Diskussionen um Freisetzungen, Rationalisierungserfolg, Rückstufung an Restarbeitsplätzen, Einstufung der neuen Maschinenbedienungsmannschaft, des Wartungs- und Förderungspersonals usw. Bis die Produktion dann wirklich auf ein Normalniveau hochgefahren ist, vergeht leicht ein weiteres Jahr.

In der Summe ist selbst ein einfacher technischer Wandel in derartigen hoch arbeitsteiligen erstarrten Organisationsstrukturen ein Vorgang, der, bis die Produktion wirklich nach vergleichbaren ausländischen Mustern läuft, durchaus drei bis vier Jahre in Anspruch nimmt.

Gerade in hocharbeitsteiligen Organisationen, wie sie in den vergangenen Jahrzehnten durch „wissenschaftliche Betriebsführung" entstanden sind und durch den unbeschränkten Zuzug von Gastarbeitern und den Kampf um Leichtlohngruppen sehr stark verfestigt wurden, fehlt sehr häufig eine mittlere Qualifikationsebene, wie man sie im klassischen Facharbeiterbetrieb kennt. Aufgrund des hohen fachlichen Potentials war man in der Lage, neue Technologien effektiv zu integrieren. Vergleicht man den hier vielleicht ein wenig überzeichneten Vorgang im hocharbeitsteiligen Betrieb mit einer Umorganisation in einem konventionellen Facharbeiterbetrieb, so zeigt sich, daß anstelle einer drei- bis vierjährigen Wandlungszeit nach dem Entschluß der Geschäftsleitung und dem Eintreffen der bestellten Maschine die Ärmel hochgekrempelt wurden und nach kurzer Zeit (evtl. einige Monate) die Fertigung wieder läuft.

Personalwirtschaft als Erfüllungsgehilfe von Produkt- und Verfahrensinnovation

Die konventionelle Rolle der Personalwirtschaft konzentriert sich also traditionell auf eine Ausführungsfunktion. Sie ist eine Art Erfüllungsgehilfe für Produkt- und Verfahrensinnovation. Das klassische Planungsschema sieht in etwa so aus, wie auf der Abbildung 3 skizziert. Ausgehend von bestimmten Marktsituationen – man könnte das auch gleichsetzen mit Produkten oder Produktinnovationen – ist eine entsprechende Fertigung aufzubauen. Dabei bestimmt die jeweils historisch verfügbare zentrale Fertigungstechnologie Aufbau- und Ablauforganisation. Die Technik ist der Fixpunkt. Aus ihr leiten sich Personalbedarf und Personalqualifikation ab. Die Problemlösung der Ablauforganisation erfolgt also in den Schritten:

Abb. 3: Die Integration der Personalwirtschaft in das Planungsschema

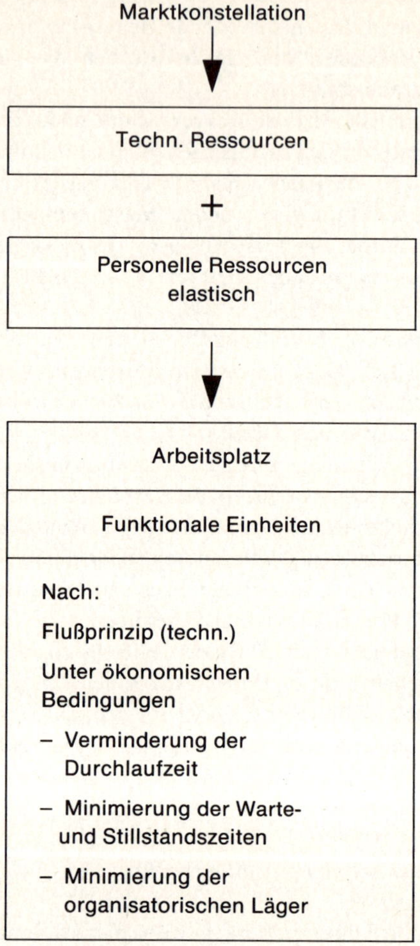

- Investitionen in Spezialmaschinen
- Abstimmung von Teilprozessen entsprechend der technisch-funktionalen Reihenfolge,
- Abstimmung der Teilprozesse, quantitativ, und
- Zuordnung von Personal.

Damit kommt es schließlich zu einer optimal ausgelasteten Produktion, die aber auch kaum noch Kapazitätsreserven oder Entwicklungsreserven hat. Dynamische Anpassungsfunktionen werden aus dem System selbst ausgelagert auf

irgendwelche Stabs- oder Verwaltungspositionen, die sich nun sehr intelligent mit dem technischen Wandel beschäftigen und in einem sehr aufwendigen Prozeß die jeweilige Veränderung vorbereiten, dabei aber in der Durchführung jeweils all das, was nicht vorhersehbar und anpaßbar ist und in Organisationen an Widerständen entsteht, in einem aufwendigen Zusatzprozeß zu überwinden haben. In derartigen von zentraler Technik abhängigen Organisationen, die ähnlich wie der Produktionsbetrieb zu Beginn der Industrialisierung, der an der zentralen Energiequelle, z. B . einem Wasserlauf, gebunden war, seine Produktionsorganisation vom Lauf des Mühlrads abhängig machte, installiert man heute mit Teilautomaten technisch-ökonomische Erfordernisse, die die Organisation der Produktion auch hier nach den Kriterien
- Verminderung der Durchlaufzeit,
- Minimierung der Wartungsstillstandszeiten,
- Minimierung der organisatorischen Lager

erzwingen.

Personalplanung bei diesem historisch verfestigten technischen Entwicklungsstand ist einfach. Sie hat ihre Fixpunkte in der Produkttechnik, in der Fertigungs- und Verfahrenstechnik und ordnet Personalquantitäten und -qualitäten in einer einfachen monokausalen Logik zu.

Die durch die Technik, ihre Nutzung und ihre Verwertungsüberlegungen installierten Sachzwänge sind wesentlicher Definitionsbestandteil von Arbeit und Arbeitsorganisation und damit zugleich auch Leitlinie einer Personalwirtschaft, die auf den jeweiligen technischen Wandel nur reagiert. In Phasen relativ ruhiger technischer Entwicklung, in der sich ganze Berufsbilder an einzelnen Maschinen orientieren können, mag diese Interpretation der Personalwirtschaft als Bestandteil von Unternehmensführung ausreichend sein. Was aber, so fragt man sich, geschieht in Phasen schnellerer technologischer Wandlungsprozesse? Phasen also, wie wir sie aktuell in weiten Bereichen der Industrie heute krisenhaft erleben. Wenn dieser Prozeß des technischen Wandels heute derart gestört und retardiert verläuft, dann erscheint es dringend geboten, zwei Fragenkreise zu überprüfen:

1. Ist Reaktion die geeignete Strategie der Personalwirtschaft zur Einführung neuer Produkte und neuer Fertigungs- und Verfahrenstechniken?

2. Haben die neuen Techniken die gleiche Qualität wie die alten . D. h., haben sie genauso harte Schnittstellen, die Fixpunkte und Aufhänger von personalwirtschaftlichen Anpassungsprozessen sein können, wie in der Vergangenheit?

Da die Reaktion als Strategie der Personalwirtschaft sehr stark abhängig war von Techniken als Fixpunkten für Personalentwicklung und Organisationsgestaltung, ist zu überprüfen, ob bei den neuen Schlüsseltechnologien Mikroelektronik, Informations- und Kommunikationstechnik ähnliche Fixpunkte oder harte Schnittstellen auffindbar sind.

2. Personalplanung im technischen Wandel

Technischer Wandel als Personalentwicklungsprozeß

Die Ergebnisse einer Potentialanalyse des technischen Wandels, die im folgenden Beitrag vorgestellt wird, zeigen:

- Es existieren durchaus brauchbare technische Lösungsmöglichkeiten zur Entkopplung von Mensch-Mensch- und Mensch-Maschine-Systemen. Ein großer Teil der klassischen Sachzwangargumentation gegen eine Flexibilisierung oder Individualisierung in den Arbeitsverhältnissen wird damit hinfällig.
- Die technischen, organisatorischen und ökonomischen Voraussetzungen für eine weitgehende Entkopplung von industriegeschichtlich einmal für notwendig erachteten Zwängen liegen heute vor.
- Damit bestehen beachtliche Optionen für eine Flexibilisierung von Arbeitsverhältnissen, eine Individualisierung von Arbeitsstrukturen etc.

Wir haben damit eine Antwort auf die zweite Frage gefunden, ob die neue Technik die gleiche Qualität wie die alte hat und ähnlich wie diese zum Fixpunkt der reagierenden Personalwirtschaft werden kann. Für die Arbeitsplätze bedeutet dies, daß die Verfügbarkeit von dezentraler Regelungsintelligenz, Handhabungsautomation und Telekommunikation eine Neuverteilung der Aufgaben zwischen Mensch und Technik ermöglicht. Die Integration der neuen Technologie ist aber verbunden mit umfangreichen Qualifikations- und Dequalifikationsprozessen. Das bedeutet aber, technische Entwicklung und Personalentwicklung sind unter diesen Umständen nur gleichzeitig denkbar. Erst wenn es gelingt, die Personalentwicklung in Gleichtakt mit der technischen Entwicklung zu bringen, nimmt der Spielraum für einen organisatorischen Wandel aufgrund der funktionalen räumlichen und zeitlichen Entkopplungsmöglichkeiten zu und werden die Optionen neuer Technologien für die einzelne Unternehmung erschließbar und nutzbar.

Die neuen Freiheitsgrade bei der Gestaltung von Arbeitsplätzen und Arbeitsorganisationen und das erreichbare qualitative Potential für völlig neue individuell gestaltbare Produkte und Dienstleistungen bedeuten zugleich einen gewaltigen ökonomischen Druck auf die einzelne Unternehmung hin zu einer offensiven Personalentwicklung und machen eine Überprüfung der Wettbewerbssituation erforderlich, wobei der Personalplanung eine Schlüsselrolle zukommt.

Von der sachzwangorientierten zur potentialorientierten Personalplanung

Bisher war es notwendig, Arbeitsplätze orientiert an technischen und ökonomischen Sachzwängen zu gestalten (vgl. Abb. 4, linke Spalte). Die zentrale Technik bestimmte in Fertigung und Dienstleistung die Organisationsform. Die personellen Ressourcen stellen das elastische Potential dar, das der technischen Konfiguration anzupassen war. Die funktionalen Einheiten wurden dann ent-

Abb. 4: Neuorientierung der Aufgabenstellungen der Personalwirtschaft

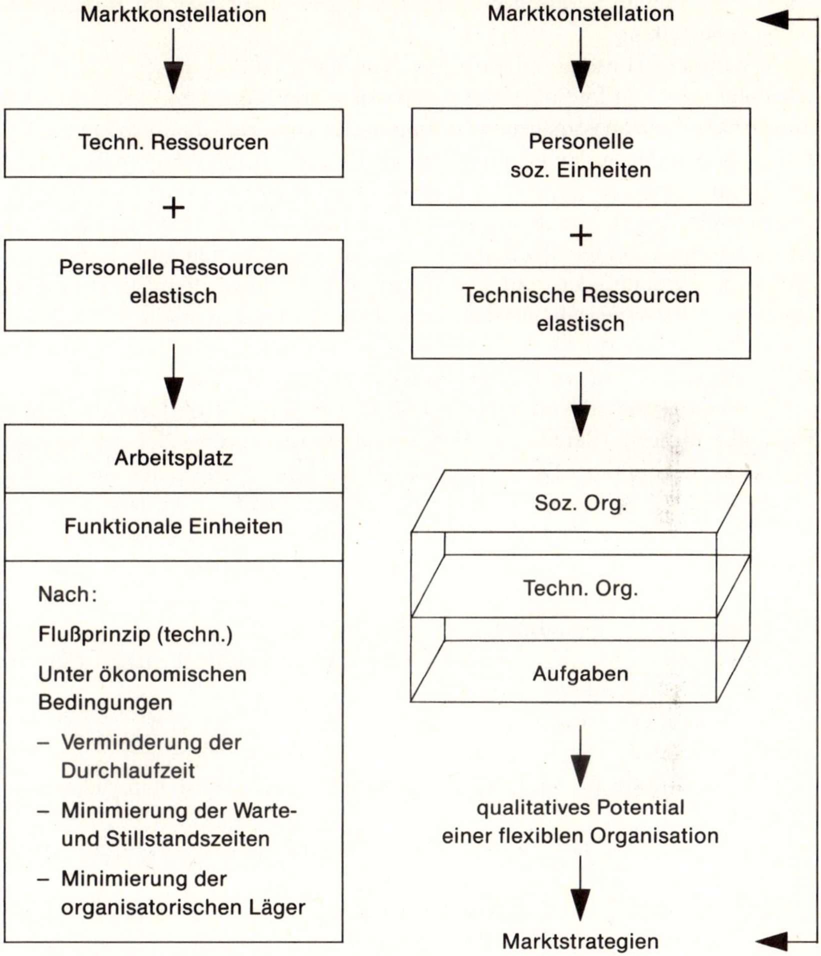

sprechend den technischen und ökonomischen Bedingungen bei der Erstellung von Produkten und Dienstleistungen nach dem Fließprinzip organisiert und die Kapazitäten entsprechend optimiert.

Aufgrund der in Zukunft verfügbaren Elastizitätsspielräume im technischen Bereich wird diese Reihenfolge umkehrbar. Es wird möglich (vgl. Abb. 4, rechte Spalte), ausgehend von personellen und sozialen Einheiten kostengünstige technische Elastizitätspotentiale gleichsam als Entlastung zuzuordnen. Sie erlauben es in erheblich größerem Umfange als bisher, soziale und technische

Organisation entsprechend den persönlichen und sozialen Bedürfnissen aufeinander abzustimmen bei gleichzeitiger Erhöhung des qualitativen Potentials in der Aufgabenerfüllung.

Vor diesem Hintergrund wird aus dem heute vordergründig belastenden Akzeptanzproblem im Sinne einer Anpassung von Menschen, Arbeitsplätzen und Organisation an vorgegebene technische Bedingungen nunmehr ein Gestaltungsproblem. Da aus dem Verkäufermarkt entsprechender Automations- und Bürotechnologien ein Käufermarkt geworden ist, wird es zunehmend möglich und notwendig, die Erfordernisse der jeweiligen Anwenderorganisation in Anforderungen an die Technik umzusetzen. Anstatt sich, wie bisher, bei Arbeitsplatzgestaltungen und Qualifikationsentwicklung dem Sachzwang zu beugen, ist die Akzeptabilität der eingesetzten Technik zu erhöhen.

Die Initiativrolle der Personalplanung im technischen Wandel

Die Entwickler und Anwender neuer Technologien sind vom Gestaltungsproblem überfordert. (Staudt, 1983) Sie sind vorwiegend an der technischen Machbarkeit orientiert. Die Anwendungsbereiche kennen sie nur ausschnittsweise. Über die Wirkungen des Einsatzes der Techniken bestehen oft nur Vermutungen. Sie suchen die schnelle Amortisation ihres Forschungs- und Entwicklungsaufwandes und überschlagen sich im „Schneller, Besser, Billiger" einer vorwiegend durch rasante technische Einzelentwicklungen bestimmten Generationenfolge. Daraus folgt:

- Eine hektisch wechselnde Modellpolitik ersetzt Vorausdenken oder Eindenken in den Anwendungsbereich.
- Die Entwicklung von Hard- und Software läuft entsprechend als Trial- and Error-Prozeß ab.
- Hard- und Software sind nicht abgestimmt, Orgware ist nur rudimentär vorhanden.
- Die Lebenszyklen sind kürzer als die Amortisationszeiten für Forschung und Entwicklung, Produktion und Marketing.
- Die notwendigen Fehlentwicklungen belasten als Investitionsruinen (im Hard- und Softwarebereich) Hersteller und Anwender.
- Der Ersatz anspruchsvoller Funktionen im informationswirtschaftlichen Bereich führt zu einer zunehmenden Komplexität der eingesetzten Technologien.
- Aufgrund der mangelnden Transparenz des Anwendungsbereiches kommt es zu unerwarteten und ungewollten Folgewirkungen der neuen Technologien.
- Der Anwender hat zusätzlich Integrationsprobleme und wird zu ungeplanten Zusatzaufwendungen veranlaßt, wie z.B. Programmpflege, angemessene Orgware, Aus- und Weiterbildungsprogramme etc.
- Es kommt zu Störungen mit enormer Reichweite, und es entstehen neuartige

Schnittstellenprobleme zwischen verschiedenen Technologien und zwischen den Menschen und der Technik.

All dies macht deutlich, daß die Kompatibilität der vorwiegend informationstechnologisch orientierten Kreationen im Hard- und Softwarebereich mit den technischen, personellen und marktlichen Bedingungen der Anwender nicht hinreichend gesichert ist. Technisches und ökonomisches Entwicklungspotential und Realisierung klaffen auseinander. (Staudt 1982)

Angesichts dieser Situation mit Hilfe der neuen Technologien zu innovieren, überfordert viele potentielle Anwender. Sie überlassen die technische Entwicklung und damit auch ihre organisatorische Entwicklung den Geräteherstellern, kurieren an den Symptomen inkompatibler Technologien und sind daher kaum in der Lage, das qualitative Potential in neue Marktaktivitäten umzusetzen. Zahlreiche potentielle Anwender geraten deshalb in die Gefahr, den Anschluß zu versäumen. Dies ist nur vermeidbar, wenn es den potentiellen Anwendern gelingt, stärker Einfluß auf die Entwicklung ihrer Technologielieferanten zu gewinnen und das Potential der neuen Technologie offensiv in verbesserte Organisationsstrukturen und Marktleistungen umzusetzen.

D. h. aber, wenn man den Prozeß des technologischen Wandels idealtypisch in die Phasen des Produktlebenszyklus zerlegt (vgl. Abb. 5) und dabei beachtet,

Abb. 5: Zusammenhang von Produktentstehung und Personaldisposition beim Einsatz neuer Technologien

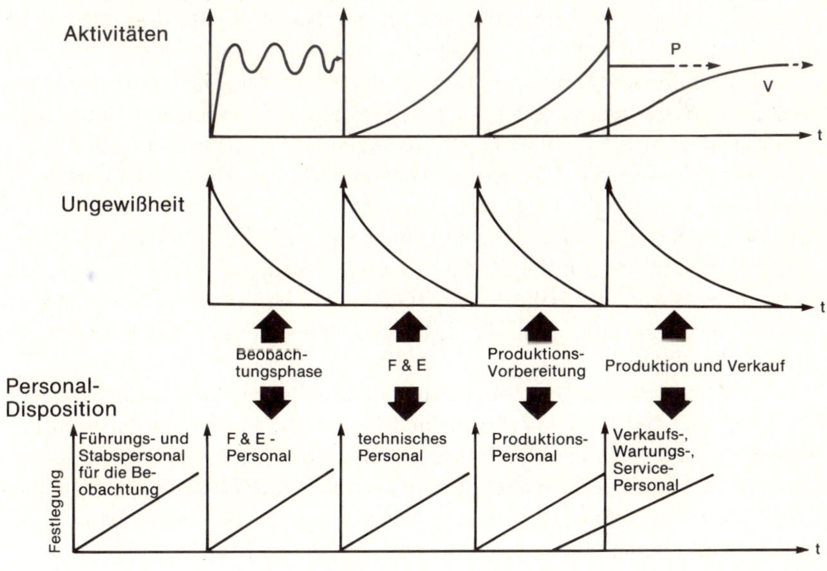

- daß die Aktivitäten jeweils in der Beobachtungs-, Forschungs- und Entwicklungs-, Produktions- und Verkaufsvorbereitungsphase ansteigen und
- erst aufgrund entsprechender Aktivitäten in den einzelnen Phasen die Ungewißheit über die jeweilige Produkt- oder Fertigungstechnik abnimmt,

ist es unzureichend, wie in der Vergangenheit Personaldispositionen erst reaktiv zum Abschluß der jeweiligen Aktivitätsphase bei Kenntnis der jeweiligen Produkt- oder Fertigungstechnik zu treffen.

Es wird vielmehr erforderlich, zur Bewältigung des jeweils anstehenden Wandels mit der Personaldisposition in Vorlauf zu der jeweiligen Phase zu kommen (wie in Abb. 10 idealtypisch in der untersten Zeile dargestellt), wenn man nicht, wie heute üblich, in jeder Phase erst auf personelle Engpässe stoßen und zu kurzfristigen Anpasssungsmaßnahmen gezwungen sein will.

Letzteres ist in vielen in der Vergangenheit sehr erfolgreichen Unternehmen in der Personalplanung immer noch der Normalfall, wie eingangs am Beispiel des Einsatzes der Mikroelektronik deutlich gemacht wurde. In saturierten Unternehmen nach langen Erfolgsperioden in alten Technologiefeldern lösen erst Wettbewerbsdruck und Krisen entsprechende Reformen aus. Personalplanung, insbesondere Personalentwicklungsplanung wird hier als Krisenmanagement mißverstanden, das zu spät, zu aufwendig und mit erheblichen Friktionsverlusten und oft erst in schon hoffnungsloser Position tätig wird. Ein Krisenmanagement, das dann Schonzeit und Protektion verlangt oder Qualifikationsbedarfe ans öffentliche Bildungssystem meldet oder im Schwarze-Peter-Spiel die Ursachen seiner eigenen Entwicklungsschwächen auf das öffentliche Bildungssystem verlagert.

Die marktgerechte Integration der technischen Adaptationsprobleme mit Organisations- und Qualifikationsentwicklung in den Anwenderunternehmen kann den Betrieben von außen nicht abgenommen werden. Sie ist Bestandteil der eigentlichen unternehmerischen Aufgabe, die auch in Klein- und Mittelunternehmen bewältigt werden muß. Es ist furchtbar naiv, anzunehmen, daß diese Aufgabenstellung an die Lieferanten, Berater oder staatliche Innovationsförderungs- und Technologietransferstellen abtretbar sei. Wäre dies tatsächlich möglich, gäbe es für diese Unternehmen keine Existenzberechtigung mehr in einer marktwirtschaftlichen Ordnung. Das bedeutet aber auch, daß die Fähigkeit, den technischen Wandel mit Hilfe einer wirksamen Personalplanung zu bewältigen, zugleich Selektionskriterium für das Überleben einzelner Unternehmen in Marktwirtschaften ist.

Fachlich kompetente Anregungen und Hilfestellungen für den Einsatz neuer Technologien sind zwar angebracht und können und sollen, wenn auch nur begrenzt, von sachkundigen außerbetrieblichen Stellen vermittelt werden. Dies setzt aber schon wieder kompetente innerbetriebliche Adressaten voraus. Denn mittel- und langfristig muß auch der beratene Betrieb mit den Problemen des technischen Wandels alleine fertig werden. Technischer Wandel, d. h., in unserem Phasenmodell eine neue Qualität von Beobachtung, Forschung und Entwicklung, Produktions- und Absatzvorbereitung können nicht von einem in seiner Qualifikation veralteten Personalstamm durch Anreicherung mit den dürftigen Hilfsmitteln der strategischen Planung und ähnlichem vollzogen werden, sondern setzt selbst eine dem Wandel angemessene Personalqualifikation voraus.

Der erfolgreiche Vollzug des technischen Wandels erfordert also nicht nur neue Technologien, sondern neben innovationsfördernder Rahmenbedingungen vor allem Mut und Sachverstand bzw. die Bereitschaft in den Anwenderunternehmen, sich eigeninitiativ sachkundig zu machen. Da die Kompetenz zur Technikbeherrschung Voraussetzung für einen sinnvollen technischen Wandel ist, muß das hierzu erforderliche Personal- und Know-how-Potential innerbetrieblich zur Verfügung stehen bzw. entsprechende Qualifikation im Rahmen der Personalentwicklung (Staudt, Schepanski) vorgesehen werden. D. h. aber, die Personalplanung muß in Vorlauf zur technischen Planung kommen und die Initiativrolle bei Organisations- und Unternehmensentwicklung übernehmen.

3. Organisationsentwicklung

3.1. Technische Entwicklung und soziale Innovationen Dezentralisierung und Individualisierung

Erich Staudt

1. Ende der Arbeitsgesellschaft?

Das Thema „Menschliche Arbeit unter veränderten Bedingungen" erscheint, vordergründig betrachtet, anachronistisch. Haben doch die schnellen Prognostiker schon längst das „Ende der Arbeitsgesellschaft" vorausgesagt und tönt gerade in diesen Tagen der Lärm des Kampfrituals um die Neuverteilung des „Restarbeitsvolumens". Wenn hier dennoch perspektivisch über eine neue Qualität von „menschlicher Arbeit" und soziale Innovationen im Kontext technischer Entwicklung referiert wird, dann deshalb, weil es voreilig ist, vom „Ende der Arbeitsgesellschaft" zu sprechen,

- wenn trotz Konjunkturflaute immer noch 80 bis 90% beschäftigt sind,
- wenn von stagnierendem quantitativen Wachstum auf mangelnden Bedarf nach qualitativem Wachstum geschlossen wird,
- wenn statt der Optionen neuer Techniken mangels Phantasie und Sachverstand nur deren vermutete substituierende Wirkung auf einer historischen Entwicklungsstufe diskutiert werden.

Die Behauptung, daß uns die Arbeit ausgeht, ist sicher intellektuell reizvoll und als Arbeitshypothese für eine Zieldiskussion durchaus angebracht. Sie bleibt aber oberflächlich, weil auf Details des Übergangs zur „Nacharbeitsgesellschaft" nicht eingegangen und nach dem Muster der Scholastiker nicht Fakten, sondern Vermutungen über das Phänomen Arbeit zum Gegenstand der Diskussion gemacht werden. Trotz eines eklatanten Mangels an definitorischer Grundlegung, was man unter Arbeit (Staudt, 1979)*) überhaupt verstehen will, werden Verfügbarkeit, wirtschaftliche und gesellschaftliche Auswirkungen des Phänomens prognostiziert. Und da man Arbeit, Arbeitsvolumen, Arbeitszeit, Arbeitsstrukturen in einem Definitionsvakuum behandelt, bleiben Interpretationsspielräume offen, was schließlich die zahlreichen Widersprüchlichkeiten verschiedener Wirkungsprognosen erklärt.

---

*) Vgl. Staudt, E.: Die Bedeutung der mikroökonomischen Analyse zur Beurteilung und Durchsetzung neuer Arbeitszeitstrukturen. In: Mitteilung aus der Arbeitsmarkt- und Berufsforschung, MittAB 3/79.

Diese Behandlung ist nicht nur für den konkreten Vollzug des Übergangs unzureichend, sondern impliziert auch die Gefahr von Fehlurteilen, weil auf pauschalierte „Kurzschlußwirkungsprognosen“ des Musters, hier neue Technik, dort soziale und gesellschaftliche Auswirkungen, Bezug genommen wird und damit nur die Quantitäten substituierend durchdacht werden, während jede qualitative, kreative Weiterentwicklung ignoriert wird.

Euphorische Technokraten und Sozialtechnokraten verkennen häufig, daß sich Innovationen in einer marktwirtschaftlichen Ordnung nicht deshalb durchsetzen, weil sie technisch machbar oder sozial wünschenswert sind, sondern erst dann, wenn sie ökonomisch sinnvoll erscheinen. Die zum Strukturwandel führenden Entscheidungen vollziehen sich im Mikrobereich auf Unternehmensebene. Einerseits bestimmt die Fähigkeit, Innovation ökonomisch umzusetzen, den Unternehmenserfolg, und andererseits erlaubt es erst die prognostische Analyse eben dieses betrieblichen Umsetzungsprozesses seiner qualitativen Ausprägung und quantitativen sowie innovativen Wirkungen, Aussagen über die Konsequenzen von Innovationen auch in dem heute besonders heiß diskutierten Problembereich der zukünftigen Qualität und des zukünftigen Bestandes an Arbeitsplätzen zu machen.

Trotz oder wegen dieser Ignoranz kommen Wirkungsprognosen nicht umhin, über eben diesen mikroökonomischen Umsetzungsprozeß Annahmen zu machen, die bei näheren Betrachtungen nicht frei von Widersprüchen sind. In einer unheimlichen Arroganz des Wissens nehmen sie die Tätigkeit des Erfinders, Entwicklers, Unternehmers, Betriebsrates oder Arbeitsgestalters vorweg. So unterstellt man z. B. einerseits, daß die organisatorisch technischen Probleme der Einführung neuer Techniken ohne weiteres zu bewältigen seien, und dies zudem in einem positiv intendierten Sinne hin zum „Ende der Arbeitsgesellschaft“ oder wie immer das formuliert wird. Um aber andererseits „kalkulierfähig“ zu werden, bleiben dynamische Reaktionen der Betroffenen außer Ansatz, bezieht sich die Wirkungsprognose auf die fiktiven Verhältnisse einer stagnierenden Wirtschaft und wird ein statistisches Unternehmensverhalten unterstellt, das genausowenig Varianten zuläßt, wie die Wirkungsprognose in der Lage ist zu verarbeiten. Indem aufgrund des Forschungsdefizits derart vom realen Detailgeschehen abstrahiert wird, werden Fehlurteile vorprogrammiert und beschreibt die isolierende Analyse letztlich eine um jede Dynamik verkürzte Entwicklung und damit zugleich ein Arbeitnehmer- und Unternehmerverhalten, das angesichts der heute schon sichtbaren Arbeitsmarktprobleme am allerwenigsten erwünscht sein dürfte.

In einzelwirtschaftlicher Sicht macht man die Erfahrung – und diese soll hier in die Diskussion eingebracht werden – daß immer dann, wenn man darauf verzichtet, sich in tautologische Transformationen schlichter Wachstumsideologien zu verflüchtigen und auch nicht gleich auf die moralisierende Metaebene der

Wertediskussion abhebt, sondern sich den konkreten Strukturwandlungsproblemen im Alltag stellt, eher die Gegenthese richtig ist. D. h.,

- die Arbeit geht uns noch lange nicht aus,
- wir stehen vor dem Übergang zu einer neuen Qualität von Arbeit und Arbeitsgesellschaft und
- wir hätten eigentlich genug Arbeit, wenn wir den Aufstieg zu einem neuen qualitativen Niveau ernsthaft angingen.

Krise und Krisengerede sind dann lediglich Symptome dafür, daß dieser Übergang erhebliche Schwierigkeiten bereitet.

Daß dieser Spielraum wesentlich größer ist und daß in der Zukunft erhebliche Potentiale für einen qualitativen Wandel der Arbeitsgesellschaft bestehen, soll im folgenden in groben Zügen am Beispiel der Integration von Mikroelektronik, Informations- und Kommunikationstechnologie in herkömmliche Arbeitsstrukturen verdeutlicht werden, weil der Einsatz dieser neuen Techniken den Weg für weitreichende soziale Innovationen eröffnet.

2. Das qualitative Potential neuer Techniken

Betrachtet man den heute verbreiteten „Produktionstyp" in Industrie, Dienstleistung und Verwaltung, so wird deutlich, daß sich die meisten Arbeitsorganisationen um zentrale Produkt- und Verfahrenstechniken ranken. Die im Betrieb installierten Organisationsstrukturen sind im wesentlichen technisch

Abb. 1: Dienstleistungsproduktion in der Versicherungswirtschaft

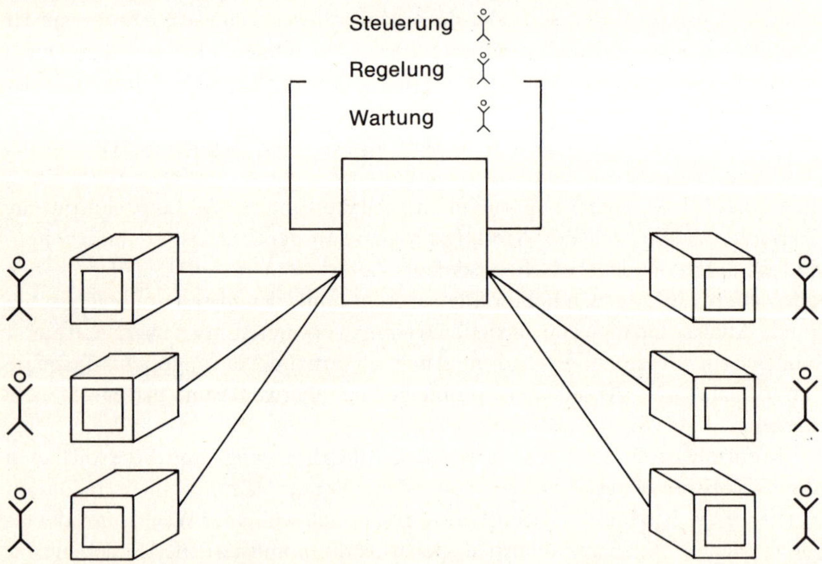

determiniert. Ähnlich wie der Industriebetrieb der Gründerzeit, als sich die gesamte Produktion um Mühlrad oder Dampfmaschine ordnete und der einzelne Arbeitsplatz über Transmissionsriemen an zentrale Antriebswellen angekoppelt war, findet man gerade in jüngster Zeit auch im Dienstleistungs- und Verwaltungssektor ähnliche Verhältnisse (vgl. Abb. 1). Die Transmissionsriemen sind in diesen computerisierten Bereichen lediglich durch Standleitungen ersetzt. Auch hier wird zunehmend deutlich, daß sich insbesondere durch den Groß-DV-Einsatz die restliche Organisation um eine zentrale Technologie rankt. Die zentrale Technologie bestimmt Aufbau- und Ablauforganisation und führte gerade in den letzten Jahrzehnten im Verbund mit Überlegungen zur wissenschaftlichen Betriebsführung auf ein historisches Suboptimum, das den weiteren technischen Wandel erschwert.

Gerade in hocharbeitsteiligen Organisationen, wie sie in den vergangenen Jahrzehnten durch „wissenschaftliche Betriebsführung" entstanden sind, und durch den unbeschränkten Zuzug von Gastarbeitern und den Kampf um Leichtlohngruppen sehr stark verfestigt wurden, fehlt sehr häufig eine mittlere Qualifikationsebene, wie man sie im klassischen Facharbeiterbetrieb kennt. Aufgrund des hohen fachlichen Potentials war man in der Lage, neue Technologien effektiv zu integrieren.

Neben der Personalqualifikation als Engpaßfaktor im technischen Wandel stellt sich deshalb als zweites großes Hindernis die historische Optimierung derartiger Organisationsstrukturen heraus, die, orientiert an vergangenen technischen Entwicklungsniveaus, die Integration neuer Techniken zunehmend erschwert und verzögert.

Abb. 2: Konventionelle Einbindung des Menschen in Material- bzw. Infofluß in den Restfunktionen Steuerung / Regelung und Handhabung

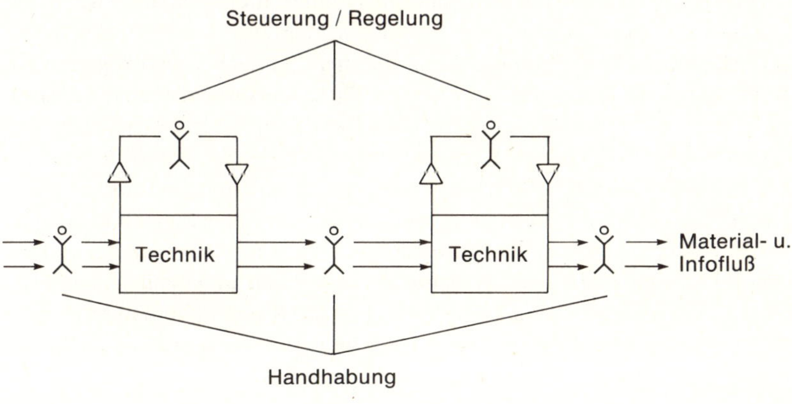

Die dem arbeitenden Menschen in derartigen Organisationen verbleibenden Funktionen finden sich 1. in der Steuerung/Regelung und 2. in der Handhabung/Bedienung (vgl. Abb. 2) der im Verlauf der technischen Entwicklung installierten technischen Aggregate. Die damit sichtbar werdenden Abhängigkeiten im Mensch-Maschine-System, die zu den wesentlichen Determinanten der Arbeitsgesellschaft wurden, resultieren aus der qualitativen Charakteristik bisher verfügbarer Automationstechniken. Weil diese Techniken oft nur als Insellösungen in Teilbereichen von Betriebsprozessen einsetzbar sind, wirken ihre harten Begrenzungen auf die im Arbeitsprozeß abhängigen Personen restriktiv.

Soweit die Anpassung dieser Techniken an den Menschen mißlingt, wird meistens der Mensch, weil wesentlich elastischer, an die harten Schnittstellen der Technik angepaßt. Dem Menschen obliegen die verbleibenden Regelungs-, Steuerungs- und Handhabungsfunktionen. Er wird räumlich und zeitlich durch die Technik gebunden. Arbeitsinhalte und damit auch Qualifikationsbedarf resultieren aus den verbleibenden Restfunktionen und ihrem jeweiligen Zuschnitt auf einzelne Arbeitsstellen. Arbeitsort und Arbeitszeit werden durch den Standort der installierten Technik und ihre Laufzeit determiniert. Die Elastizität des Personals kompensiert die Inelastizität der Technik und begrenzt den Einsatz weiterer Techniken.

Diese Arbeitsteilung zwischen Mensch und Maschine und die zeitliche und räumliche Einbindung des Menschen ist die historische Ausgangssituation der Industriegesellschaft – sicher hier in groben Zügen vereinfacht, aber doch die wesentlichen Elemente charakterisierend –. Die Grenzen der Weiterentwicklung werden aus der Qualität der jeweiligen Technikstufe deutlich. Die durch die Technik, ihre Nutzung und ihre Verwertungsüberlegungen installierenden Sachzwänge sind wesentlicher Definitionsbestandteil von Arbeit und Arbeitsorganisation und damit zugleich auch Leitlinie einer Personal- und Sozialentwicklung, die auf den jeweiligen technischen Wandel nur reagiert.

In Phasen relativ ruhiger technischer Entwicklung, in der sich ganze Berufsbilder an einzelnen Maschinen orientieren können, mag diese Ausrichtung machbar sein, auch wenn an ihren Symptomen dann humanisierend herumkorrigiert wird.

Was aber, so fragt man sich, geschieht in Phasen technischer Wandlungsprozesse? – Phasen, wie wir sie aktuell in weiten Bereichen von Industrie, Dienstleistung und Verwaltung krisenhaft erleben? Was geschieht, wenn in diesem Prozeß des technischen Wandels Techniken einer neuen Qualität und insbesondere höheren Elastizität zur Anwendung drängen? Mit solchen neuen Qualitäten an Technik sind dann auch die alten Muster der personellen und sozialen Reaktion zu überprüfen. Insbesondere bei den heute als Schlüsseltechnologien angesehenen Bereichen wie Mikroelektronik, Informations- und Kommunikationstechnik ist deshalb zu erwarten, daß sie auf Grund der in ihnen enthaltenen neuen Qualitäten durchaus auch Wegbereiter sozialer Innovation sein können.

Mikroelektronik

Betrachtet man das Eignungsprofil von Mikroprozessoren, die es nicht nur erlauben, digitale Daten zu verarbeiten, sondern neben diesen konventionellen Funktionen mit Hilfe entsprechender Sensoren auch direkt physikalische Größen, wie Druck, Schwingungen (also auch Schall, in Zukunft sicher auch Sprache), Wärme, Magnetfelder, Strahlung, chemische Zustände etc. zu erfassen, umzuwandeln, auszuwerten, zu speichern und zu verarbeiten, so wird deutlich, daß diese miniaturisierten Großrechenanlagen ein fast unendliches Anwendungspotential haben und daß man durch die Anwendung dieser neuen Techniken in einen Bereich eindringt, der bisher menschlicher Arbeitskraft vorbehalten war. Ein derart gewaltiges technisches und ökonomisches Potential, verstärkt um weitere Vorteile, wie geringerer Energiebedarf, höhere Zuverlässigkeit, höhere Lebensdauer, Miniaturisierbarkeit und Integrierbarkeit, drängt zur Anwendung. Seine Diffusion fordert Veränderungen im Produktspektrum und in der Gestaltung von Fertigungs- und Dienstleistungsprozessen geradezu heraus, führt zur

- Substitution von Produkten, Produktions- und Dienstleistungsprozessen sowie zur
- Rationalisierung durch Automation in Industrie und Dienstleistung und ist
- Grundlage für zahlreiche Innovationen.

Das organisatorische Potential dieser Substitutions-, Rationalisierungs- und Innovationsvorgänge resultiert aus der neugewonnenen Möglichkeit, gerade die Funktionsbereiche von Produktion, Dienstleistung und Verwaltung, in denen Einsatz von Personal aus Gründen der betrieblichen Elastizität bisher als unvermeidlich galt, nunmehr automatisieren zu können (Biethahn Staudt 1981). Es ist also anzunehmen,

- daß überall dort in der industriellen Produktion, im Dienstleistungs- und Verwaltungsbereich, wo bisher Menschen einfache Regelungsfunktionen wahrnehmen, diese Funktionen in Zukunft wesentlich billiger von Automaten erfüllt werden (vgl. Abb. 3)
- und auch in den bisher noch verbleibenden Funktionen der Handhabung von Material, Papier und Information wird es durch die Kombination der neuen Steuerungs- und Regelungstechniken mit konventionellen Automationsfunktionen verstärkt möglich, den Menschen von stupider Maschinenbedienung und monotoner Montage-, Bestückungs-, Informationsbe- und Verarbeitungsaufgaben zu entlasten.

Mit der fortschreitenden Automatisierung bisher an den Material- und Informationsfluß gebundener menschlicher Tätigkeiten im Bereich der Regelung und Handhabung nimmt auch die aus ökonomischen Überlegungen resultierende Abhängigkeit von Maschine und Mensch in der Führer- und Bedienerrolle ab. Da die eingesetzten Handhabungstechniken aber neben den selbstgeregelten Funk-

Abb. 3: Funktionale Entkopplung des Menschen und des Material- u. Infoflusses durch Material- u. Informationshandhabungsautomation u. dezentrale Regelungsintelligenz

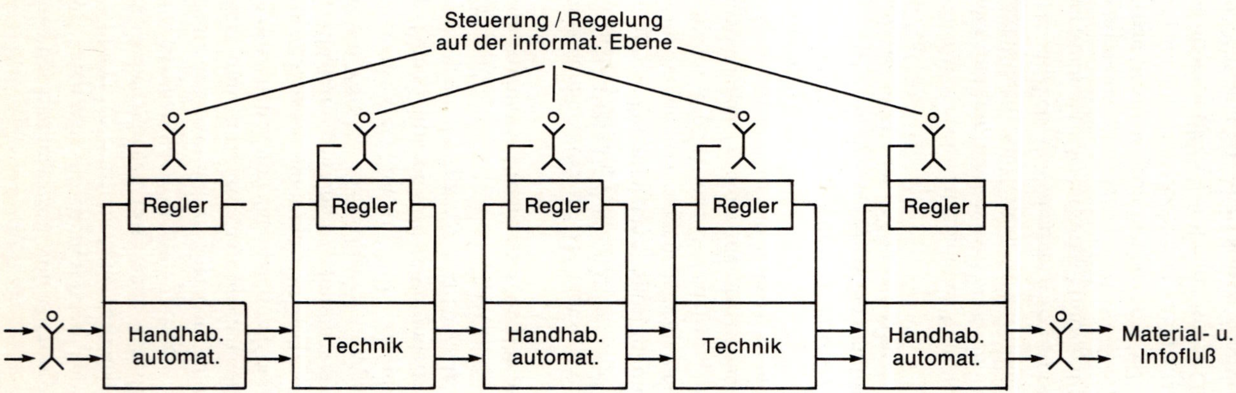

tionsausführungen einer Regelung auf höherer Ebene bedürfen, kommt es auch im Handhabungsbereich zu einer vertikalen Arbeitsteilung aufgrund der Trennung von Regelung und Ausführung. Aufgrund dieses mit zunehmender Automation sichtbar werdenden Übergangs der Abhängigkeit des Personals vom Material, Papier- und Informationsfluß hin zu einer stärkeren Abhängigkeit des Personals vom Informationsfluß auf der Regelungs- und Steuerungsebene kommt dem organisatorischen Potential neuer Informations- und Kommunikationstechniken entscheidende Bedeutung für die weitere Organisationsentwicklung zu.

Informations- und Kommunikationstechniken

Die Miniaturisierung und Verbilligung elektronischer Bauelemente und das Vordringen der Digitaltechnik in die Bereiche der Informations- und Kommunikationstechnik führt zu einer fortschreitenden Verbesserung der technischen Hilfsmittel bis hin zur Automation von: Aufnahme, Verarbeitung, Speicherung, Übertragung und Ausgabe von Informationen. Mentale Informationsprozesse, die der Mensch mit eigenen geistigen Hilfsmitteln vollzieht, werden zunehmend technisch durch den Einsatz von Rechengeräten, Daten-, Text- und Bildverarbeitungssystemen unterstützt.

Damit sind technische Potentiale genau an den Stellen verfügbar, wo bisher Rationalisierungsgrenzen bestanden. Diese Grenzen waren durch die Abhängigkeit vom Informationsstrom und die Kopplung der Steuerungs-/Regelungs- mit der Ausführungsebene bedingt. Die Potentiale der neuen Informations- und Kommunikationstechniken drängen hier genauso wie die Mikroelektronik aufgrund der technischen Verfeinerung, zunehmender Verbilligung und hoher Elastizität zur Anwendung.

Für den arbeitsorganisatorischen Spielraum (Meyer-Abich, Steger 1982)*) bedeutet dies,

- daß insbesondere Kopplungen im Mensch-Mensch- und Mensch-Maschine-System, soweit auf den Austausch von Daten, Text, Sprache und Bildern reduzierbar, in einer ersten Stufe durch Telekommunikationstechnologien räumlich zu entkoppeln sind (vgl. Abb. 4).
- Soweit die auszutauschenden Informationen speicherbar sind und aufgrund von Selbstregulationseinrichtungen zumindest partielle Autonomie bzw. Automation besteht, sind sie in einer zweiten Stufe auch zeitlich entkoppelbar.

Damit fallen aber zugleich die letzten Kopplungsgrenzen, die konventionelle Arbeitsstrukturen determinierten und Ursache der heute praktizierten starren Orts- und Zeitreglementierung sind. Das Entkopplungspotential neuer Techni-

*) Vgl. Meyer-Abich, K., Steger, U.: Mikroelektronik und Dezentralisierung. Berlin 1982.)

Abb. 4: Räumliche und zeitliche Entkopplung der Menschen durch Telekommunikation

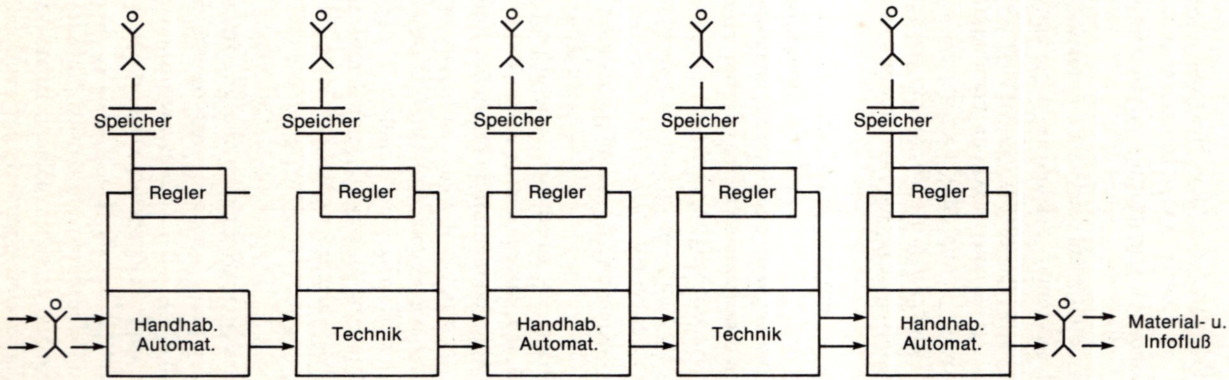

ken läßt Weiterungen zu, hebt traditionelle Zwänge auf und eröffnet Optionen für flexible Arbeitsverhältnisse und die Individualisierung von Arbeitsstrukturen in einem Umfang, der bisher nicht vorstellbar war.

3. Wirkungen auf die Qualität von Arbeitsplätzen und Arbeitsorganisationen

Die skizzierten Entwicklungstrends von Mikroelektronik, Informations- und Kommunikationstechnik haben in der Summe drei Wirkungsbereiche:

- zunehmende Substitution des Menschen im Bereich niederer organischer Intelligenz und aus der Kombination konventioneller technischer Ausführungsfunktion mit diesen technischen Intelligenzleistungen zunehmende Substitution im Handhabungsbereich,
- zunehmende Entkopplung des Menschen vom Papier-, Material- und Informationsfluß, verbunden mit zunnehmender Abhängigkeit vom Informationsfluß auf der Steuerungs- und Regelungsebene, und kommunikative Vernetzung zwischen Personen und zwischen Personen und technischen Aggregaten,
- zunehmende Technisierung der informatorischen und kommunikativen Tätigkeit.

Diese drei Wirkungen verschieben die traditionellen Rationalisierungsgrenzen und haben vor allem aufgrund der Korrekturen der Wirtschaftlichkeitsvergleichsrechnungen erhebliche Folgen für die Organisationsgestaltung. Sie legen damit die Grundlage für einen qualitativen Wandel der Arbeitsgesellschaft, dessen Richtung damit freilich noch nicht absehbar ist (vgl. Abb. 5).

In der Produktion bedeutet der Einsatz der neuen Techniken, daß die Schnittstelle zwischen dem Menschen in der Bedienerrolle und der Technik nach außen wandert. Die Lückenbüßerrolle des Menschen innerhalb teilautomatisierter Fertigungsprozesse kann also streckenweise von Handhabungsautomaten ausgefüllt werden. Sie bedienen und verbinden dann Maschinen. Eingriffe des Menschen in den Materialfluß verlagern sich auf die Peripherie solcher vollautomatisierter Produktionszonen. Und ähnliche Strukturen finden sich auch im Bereich der Informationsbe- und -verarbeitung in Dienstleistung und Verwaltung.

Die Möglichkeit zur Kooperation auch über größere Entfernungen und der Rückgriff auf Arbeitsunterlagen, die nun in zentralen Datenbanken und über Telekommunikation zugänglich sind, reduzieren das alte Präsenzproblem auf das technische Problem der Verfügbarkeit von Bildschirm-, Terminal- und Telekommunikationsanschluß am Arbeitsplatz. Damit ist zwar die Arbeitsgesellschaft nicht am Ende, es stellt sich aber die Frage nach dem richtigen Arbeitsplatz völlig neu. Die industriellen Ordnungsmuster des neunzehnten Jahrhunderts werden zumindest in Teilbereichen aufhebbar. Ob z. B. die Arbeitsplätze im Hochhaus der Hauptverwaltung weiter in der Rushhour (eine Folge der notwendigen gleichzeitigen Präsenz) besetzt bzw. verlassen werden müssen, bedarf einer

Abb. 5: Der Einsatz neuer Technologien

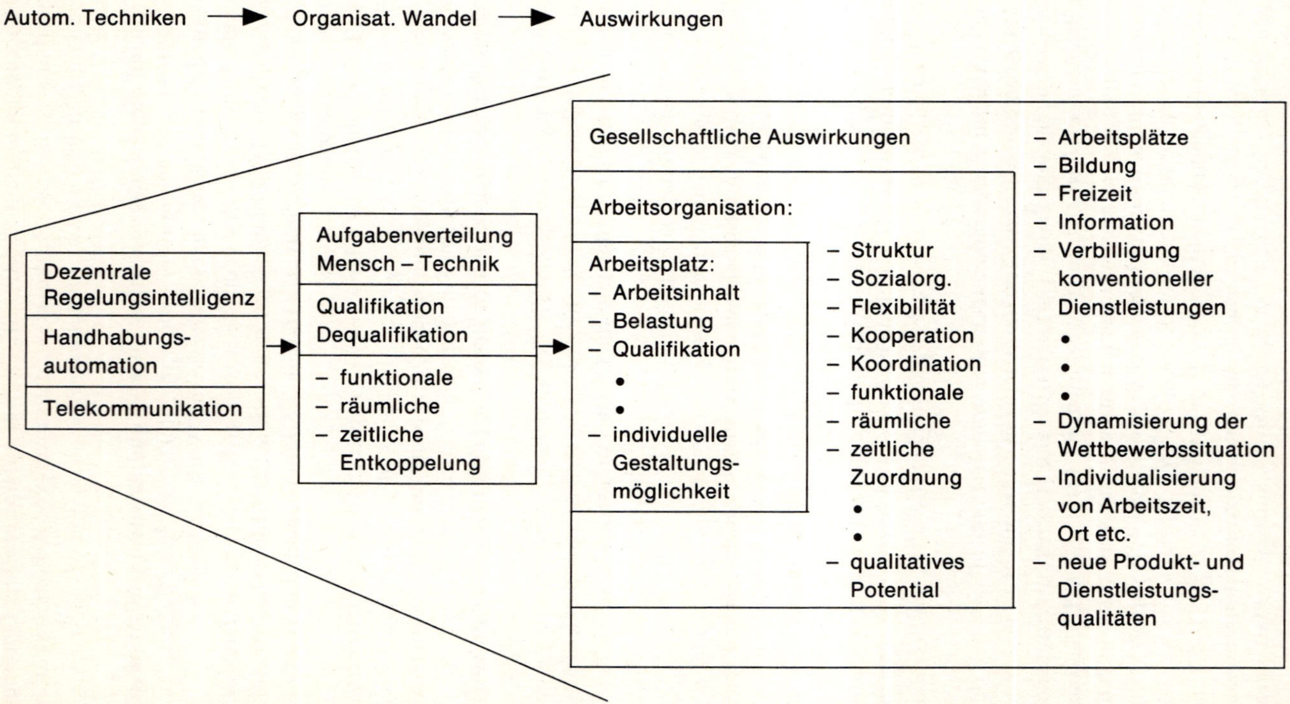

Überprüfung, wenn die gleiche Arbeitsaufgabe auch familiennah am heimischen Arbeitsplatz ausgeübt werden kann.

Die wichtigste Weiterung des Einsatzes neuer Techniken resultiert aber aus der Möglichkeit einer neuen Funktionsverteilung zwischen Mensch und Maschine. Da die technischen Einrichtungen aufgrund der neuen Qualität der Mikroprozessortechnik in der Lage sein werden, einfache Regelungs- und Steuerungsfunktionen selbst zu übernehmen, kommt es zu einer Umverteilung der Funktionen, die wegen der starken Verbilligung der Technik weder durch konventionelle Wirtschaftlichkeitsüberlegungen gebremst, noch aufgrund der zunehmenden Elastizität durch herkömmliche Substitutionsgrenzen verhindert wird.

Es wäre jedoch falsch, diese zukünftige Technik in Kategorien gerade heute modischer Technikangebote zu drängen. Die derzeit verfügbaren und als besonders aktuell erachteten Techniken, z.B. im bürowirtschaftlichen Bereich aber auch im Handhabungssektor unter dem Stichwort Industrieroboter, sind lediglich transitorische Techniken, oder anders ausgedrückt, es handelt sich dabei vorwiegend um „notwendige Fehlentwicklungen". Indikator für die transitorische Position ist die Hektik der technischen Entwicklung, die schnelle Generationenfolge und die Tatsache, daß diese Neuentwicklungen sich notwendigerweise noch sehr stark als Verlängerung der Techniken von gestern darstellen, die etwas schneller, etwas billiger und etwas besser fungieren. Wichtig ist jedoch die zunehmende Flexibilität. Wenn diese neuen Techniken aber wirklich so flexibel sind, wie sie von allen Experten in der Zukunft erwartet werden, dann können sie nicht nur flexibel gedacht werden in Richtung eines vielfältigeren Produktionsprogrammes, sondern dann enthalten sie aufgrund ihrer Optionen im organisatorischen Bereich auch erhebliche Flexibilitäten an der Schnittstelle zum arbeitenden Menschen hin. Sie werden es also in der Zukunft in erheblich größerem Umfange als bisher erlauben, soziale und technische Organisation entsprechend den persönlichen sozialen Bedürfnissen aufeinander abzustimmen unter Beibehaltung ihrer Vorteile hin zu einer Erhöhung des qualitativen Potentials von Organisationen.

Vor diesem Hintergrund wird aus dem heute vordergründig belastendem Akzeptanzproblem im Sinne einer Anpassung von Menschen, Arbeitsplätzen, Organisationen an vorgegebene technische Bedingungen nunmehr ein Gestaltungsproblem. Da aus dem Verkäufermarkt entsprechenden Automations- und Bürotechniken ein Käufermarkt wird, wird es zunehmend möglich und notwendig, die Erfordernisse der jeweiligen Anwenderorganisationen in Anforderungen an die Technik bzw. technische Entwicklung umzusetzen: anstatt sich wie bisher bei Arbeitsplatzgestaltung und Qualifikationsentwicklung dem Sachzwang zu beugen, ist die Akzeptabilität der eingesetzten bzw. zu entwickelnden Techniken zu erhöhen.

Damit eröffnet sich der Entwicklungsspielraum hin zu einer präventiven Technikgestaltung. Damit wird aber auch die vielkritisierte harte Konfrontation zwischen Mensch und Maschine abhebbar, denn die neuen Techniken machen die Grenze fließend und enthalten damit Optionen zur Gestaltung einer aus der Sicht der Betroffenen „weicher" zu gestaltenden Technik. Die Maschine ist nicht mehr der Engpaßfaktor, an dem sich Arbeitsorganisation orientierten muß. Sie ist vielmehr kostengünstig verfügbare Elastizitätsreserve und funktioniert weitgehend entkoppelt vom humanen Bereich. Die damit erreichbare Automation mittels Techniken höherer Elastizität befreit von der Bindung der Produktion an die starren Arbeitszeitregelungen von Tarifverträgen, Arbeitszeitverordnungen, Geschäftszeiten. Damit können auf dieser Automationsstufe ohne Personalengpässe Betriebsmittel im Drei-Schicht-Betrieb genutzt, die Gleitzeit selbst im Produktionsbetrieb oder bisher zeitgebundenen Dienstleistungsbetrieb eingeführt und Dienstleistungen auch außerhalb der Geschäftszeiten erbracht werden. Der naive, aus der Präsenz am zentralisierten Arbeitsplatz abgeleitete Arbeits- und Arbeitszeitbegriff wird unter diesen Umständen reformbedürftig. Kontroll- und Überwachungssysteme, konventionelle Führungssysteme, aber auch die Reaktionsmuster der Gewerkschaften hierauf werden obsolet, oder aber sie verhindern diesen Entwicklungssprung, weil sie den technischen Entwicklungsstand festschreiben, vor dessen Hintergrund sie entstanden sind.

Hier wird der große Widerspruch bei der Betrachtung der Optionen neuer Techniken deutlich. Mit dieser technischen Entwicklung gehen nämlich beliebte technische und ökonomische Sachzwangargumente, die sich in der Vergangenheit zur Begründung der jeweils eigenen Position bewährt haben, kaputt. Die ambivalente Nutzbarkeit der Optionen neuer Techniken läßt daher Spekulationen über zwei Zukunftsvisionen zu, eine negative, mehr substituierend und eine positive, stärker innovierend gedachte (vgl. Abb. 6).

Substitutionen durch neue Techniken

Die Potentiale von Innovationen erzeugen wie alles Neue und Unbekannte auch Angst:

- Angst vor dem Verlust von Besitzständen wie Arbeitsplätzen, Marktanteilen, Qualifikationen und Know how,
- Angst vor den nicht vorhersehbaren Folgen der noch unüberschaubaren Technik,
- Angst vor neuen Entwicklungsaufgaben für Technik, Management und Arbeitnehmerqualifikationen.

Die Verunsicherung ist in Zeiten des Wandels ganz natürlich und menschlich verständlich. Sie ist charakteristisch für echte Innovationsbereiche, die aufgrund der naturgemäß verbleibenden Ungewißheit technokratischen Patentlösungen unzugänglich sind. Dennoch diskutiert man Fluch und Segen der neuen Techni-

Abb. 6: Ambivalente Nutzbarkeit neuer Techniken

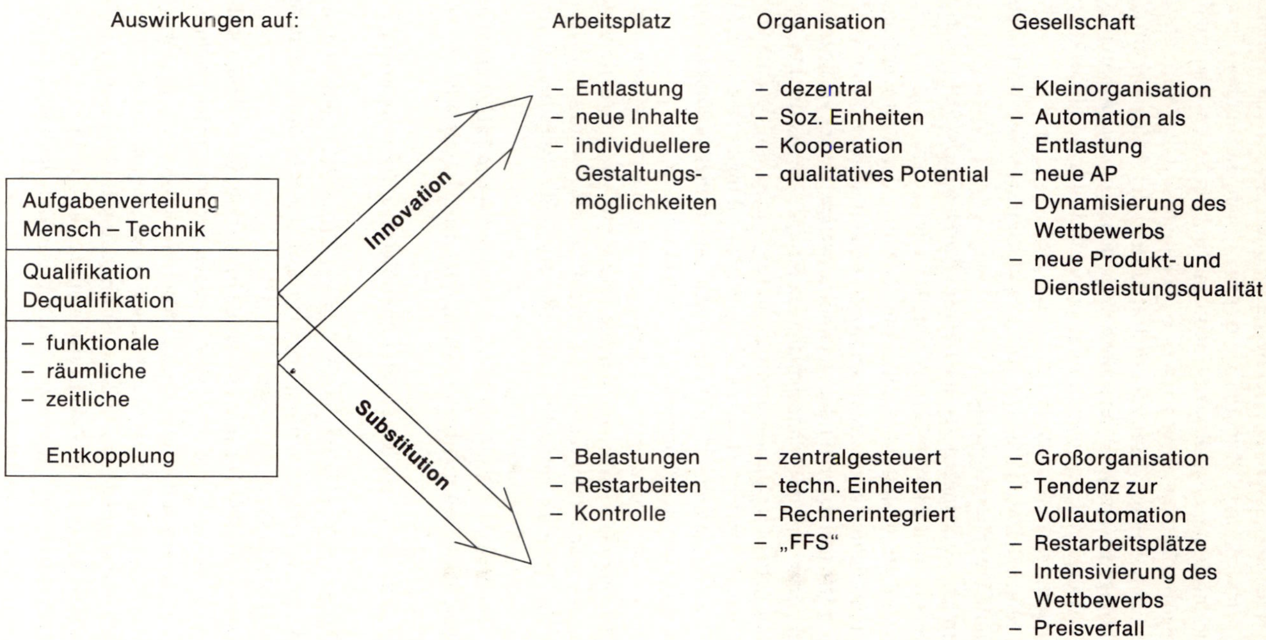

ken in einer Diskussion des „entweder" „oder" über neue Techniken, deren weitere Entwicklung selbst die Experten noch nicht genau übersehen und deren Anwendungsfelder deshalb weitgehend im Dunkeln liegen. Man tut dies anhand von Folgeabschätzungen von etwas Unbekanntem in nur vermuteten Anwendungsbereichen oder wissenschaftlich etikettiert durch die rein substsituierende Betrachtung, Ersatz von menschlichen Arbeitsfunktionen durch Automaten, aber auch durch eine Projektion vergangener Führungs- und Reaktionsmuster in die Zukunft und plakatiert deshalb schon jetzt

- z.B. Mikroelektronik als Job-Killer, als Grund von Substitutionsbetrachtungen und Trendberechnungen,
- Informationstechniken als neue zentralistische Herrschaftsinstrumente, die nur einen qualifizierten Elite zugänglich sind,
- Tele- und Breitbandkommunikation als Mittel der Volksverdummung, weil dem mündigen Bürger diese Sektionsfähigkeit abgesprochen wird.

Dies trifft sich dann mit dem technokratischen Traum vieler Ingenieure von der rechnerintegrierten, automatisierten Fabrik, die als direkte Verlängerung konventioneller Organisationsmuster unter Abbau von deren Schwächen verstanden wird. Aus der technokratischen Verknüpfung von Energie, Material und Informationen entsteht die Fiktion eines „maschinellen Organismus", zusammengehalten von den Computern der 5. Generation.

Kein Wunder, wenn bei einer derartigen Dominanz technischer Einheiten im Sinne sogenannter flexibler Fertigungssysteme der Arbeitnehmervertreter ernüchtert vor den Restarbeitsplätzen steht, neue Belastungen aus neuen Schnittstellen zur Technik befürchtet und die durch die Zentralsteuerung möglich werdende Kontrolle in schwärzesten Farben ausmalt.

Wenn er dann im Traum von der vollautomatischen Fabrik erkennt, daß seine alte Parole: „Wenn der Arbeiter es will, stehen alle Räder still" nicht mehr greift, ist es kein Wunder,

- wenn der Arbeitnehmervertreter auf defensive Besitzstandswahrungstechniken ausweicht,
- während sein Kontrahent in der Unternehmensführung dem intensiver werdenden Wettbewerb und steigenden Lohnkosten durch weiteren Ausbau technischer Einheiten begegnet,
- und wenn die neue Technik die eigene Entwicklungs- und Finanzierungsfähigkeit übersteigt, wird die Lösung in neuen großorganisatorischen (evtl. auch Ländergrenzen überschreitenden) Kooperationsformen gesehen,
- ist man angesichts eines phantasielosen internationalen Wettbewerbs ohne echte Innovationen bzw. mit Innovationen nur auf überbesetzten Marktfeldern zu immer weiteren Rationalisierungen gezwungen und
- kann aufgrund der wachsenden Überkapazitäten doch dem Preisverfall seiner Produkte nicht entgehen.

Innovation durch neue Techniken

Die Entlastung von monotonen, kaum zumutbaren Maschinenbedienungsaufgaben und die räumliche und zeitliche Entkopplung von Standort und Laufzeit technischer Aggregate kann aber auch in einem positiven Sinne interpretiert werden, wenn es gelingt, nicht nur die Fortschrittsprobleme der technischen Entwicklung, sondern auch das Verteilungsproblem der Fortschrittsgewinne zu lösen.

Dann wird es durchaus möglich, über neue sinnvoll kombinierte Arbeitsinhalte nachzudenken, die weniger durch Restfunktionen von Maschinen, als durch individuelle und soziale Bedürfnisse gestaltet sind. Man kann dezentrale Organisationsmuster anstreben, die die neue Qualität von Techniken, verbunden mit geeigneten Kooperationsformen umsetzen in ein gewaltiges qualitatives Potential für völlig neue individuell gestaltbare Produkte und Dienstleistungen.

Dies bedeutet zugleich einen gewaltigen ökonomischen Druck auf die einzelnen Unternehmungen hin zu einer offensiveren Personalentwicklung, verbunden mit neuen Qualifikationsinhalten und neuen Arbeitsplätzen und macht eine Überprüfung der Wettbewerbssituation erforderlich.

Derartige Entwicklungen lassen es nämlich unsinnig erscheinen, gesellschaftliche Auswirkungen neuer Techniken nur unter rein quantitativ substituierenden Aspekten zu diskutieren. Die konstruktive Nutzung der Optionen neuer Techniken, verbunden mit den entsprechenden Personalentwicklungen führen vielmehr zu Organisationen hoher Elastizität, deren große qualitative Gesamtkapazität auf einem völlig neuen Niveau zur Anwendung drängt, was neben einem häufigen Produktwechsel vor allem auch zu einer Dynamisierung der Wettbewerbssituation führt, zu einer Individualisierung und Weiterentwicklung der Güterangebote genutzt werden kann.

In letzter Konsequenz kann dies bedeuten, daß auch die Wirtschaftsstruktur selbst zur Disposition steht. Es handelt sich um einen analogen qualitativen Sprung, wie der Übergang von der zentralen Antriebseinheit Mühlrad oder Dampfmaschinen der Gründerzeit zu dezentral einsetzbaren Elektromotoren in der industriellen Fertigung. Diese Innovation hatte nicht nur eine völlige Neuorganisation der Altbetriebe zur Folge, sondern war zugleich Basis für Neugründungen und die extensive Entwicklung von klein- und mittelständischen Unternehmen.

Bisher – so wurde im vorausgehenden Beitrag festgestellt – war es notwendig, Arbeitsplätze orientiert an technischen und ökonomischen Sachzwängen zu gestalten. Die zentrale Technik bestimmt in Fertigung und Dienstleistung die Organisationsform. Die personellen Ressourcen stellten das elastische Potential dar, das der technischen Konfiguration anzupassen war. Die funktionalen Einheiten wurden dann entsprechend den technischen und ökonomischen Bedingungen bei der Erstellung von Produkten und Dienstleistungen nach dem

Fließprinzip organisiert und die Kapazitäten entsprechend optimiert. Aufgrund der in Zukunft verfügbaren Elastizitätsspielräume im technischen Bereich wird diese Reihenfolge umkehrbar. Es wird möglich, ausgehend von personellen und sozialen Einheiten, günstige technische Elastizitätspotentiale gleichsam als Entlastung zuzuordnen. Sie erlauben es in erheblich größerem Umfang als bisher, soziale und technische Organisationen entsprechend den persönlichen und sozialen Bedürfnissen aufeinander abzustimmen, bei gleichzeitiger Erhöhung des qualitativen Potentials in der Aufgabenerfüllung.

Die Optionen der neuen Techniken lassen damit erstmals einen Widerspruch lösbar erscheinen: Den Widerspruch zwischen dem hohen Maß an Selbstbestimmung in Privatleben und Freizeit, den die Arbeitnehmer in den letzten Jahrzehnten erreicht haben und den zahlreichen Restriktionen am Arbeitsplatz in der Betriebspraxis, die aus den Sachzwängen des neunzehnten Jahrhunderts resultieren. Zugleich wird deutlich, daß technisch ökonomisches Potential zur individuelleren Arbeitsgestaltung und betriebliche Praxis zunehmend auseinanderklaffen.

4. Selbstbestimmung und Arbeitswelt

In der konkreten betrieblichen Arbeitswelt ist Selbstbestimmung der Arbeitsumstände und damit die Ausrichtung der Arbeitsgestaltung an individuellen Fordernissen nach wie vor noch weithin beschränkt durch

- vorgegebene Arbeitszeit
- Anwesenheitspflicht am Arbeitsplatz,
- Zuweisung der Arbeitsaufgabe,
- genaue Vorgabe der Art und Weise ihrer Erfüllung,
- oft auch Vorgabe des Arbeitstempos

und ähnliches mehr.

Weitere Grundhindernisse bestehen neben der konventionellen Notwendigkeit einer technisch orientierten Organisation des Arbeitsprozesses vor allem auch in gesamtwirtschaftlichen Rahmenbedingungen, die als Reaktion auf technische/ökonomische Gegebenheiten der Vergangenheit weitere historisch verfestigte Fixpunkte geschaffen haben, wie

- die Struktur des Arbeitseinkommens,
- die Vermögensbildung,
- generelle Anweisungen zur Arbeitsgestaltung,
- generelle Regelungen der Arbeitszeitgestaltung,
- allgemeine Regelung der materiellen Arbeitsbedingungen,
- die Form der Sozialleistung,
- detaillierte tarifvertragliche Regelungen
- sowie erstarrte Denkgewohnheiten.

Die institutionellen Regelungen und das Denkklischee über Arbeit sind also gleich geblieben. Während wir im neunzehnten Jahrhundert vor allem Bestrebungen lokalisieren können, die darauf ausgerichtet waren, eine Gleichverteilung von Arbeitsleid und damit ein Schutz vor zuviel Arbeit sicherzustellen, erleben wir heute eine Fortsetzung der alten Verteilungsrituale in einer qualitativ neuen Situation. Einerseits sind bei einem zumindestens für die Mehrheit der Bevölkerung sehr hohen Wohlstand eine gewisse Saturierung bzw. neue Bedürfnisse festzustellen, andererseits ist ein Teil der Bevölkerung aus dem Arbeitsprozeß ausgeschlossen. Dennoch läuft nach dem alten Muster jetzt ein Kampf zum Schutz vor zu wenig Arbeit und damit auch zur Erhaltung von Arbeit gleich welcher Qualität ab. Diese Defensivposition bedeutet Konservierung von Arbeit unter Umständen, die in der Vergangenheit nicht gerade positiv, sondern eher als Last betrachtet wurden.

Individualisierung der Arbeitsverhältnisse

Der Wechsel der Perspektive von der an der Qualität von Arbeit ausgerichteten Humaniserungsdiskussion der 70er Jahre zur undifferenzierten Besitzstandswahrung bis hin zur Scheinarbeit, verdeckt die qualitativen Potentiale der technischen Entwicklung. In der aufgrund der Aufhebung technisch-ökonomischer Sachzwänge qualitativ neuen Situation wird eine Individualisierung der Arbeitsverhältnisse möglich. Dies bedeutet von den zu gestaltenden Inhalten her eine Offensive in zwei Richtungen:

- Die Auflösung traditioneller technischer und ökonomischer Sachzwänge hin zu einer Option auf einen qualitativen Sprung erlaubt erstens den Ausbau und die Eröffnung von Wahlmöglichkeiten hinsichtlich des Arbeits- und Leistungsumfangs sowie hinsichtlich der Termingestaltung, der örtlichen Arbeitsbedingungen und weiterer Umstände des Arbeitsvollzugs
- Der hohe Grad an Saturiertheit zumindestens in Teilen der Bevölkerung und neue Bedürfnisse erlauben dann zweitens den Übergang zu einer Mehrdimensionalität in der Leistungsbewertung, in den Arbeitsentgelten sowie in den übrigen Leistungsanreizen.

Beides, die Individualisierung der Arbeitsgestaltung wie auch die Individualisierung der Belohnung, setzt erheblich mehr an Kostenbewußtsein und Eigenverantwortlichkeit voraus als heute allgemein vorhanden sind. Denn nur unter dieser Voraussetzung können in einer komplexeren Arbeitswelt Nutzen und Kosten bzw. Erwartungen und Möglichkeiten von Individuen miteinander abgestimmt werden. Dies gilt für einzelne Menschen, einzelne Unternehmen und ganze Arbeitsmärkte. Und dies erfordert neue Qualifikationen*) (Staudt, Schepanski 1983) bei Individuen, bei Arbeitsgestaltern und Arbeitsvorbereitern, beim

---

*) Vgl. Staudt, E. Schepanski, N.: Innovation, Qualifikation und Organisationsentwicklung: Die Folgen der Mikrocomputertechinik für Ausbildung und Personalwirtschaft. In: Zeitschrift Führung + Organisation, ZFO, 52. Jg., Nr. 5–6/1983, September, S. 304–316, Nr. 7/1983, Oktober, S. 363–369.

Führungspersonal, aber auch bei der Arbeitnehmervertretung. Hier werden aber Denkmuster aus dem neunzehnten Jahrhundert tradiert, bereitet Umdenken erhebliche Schwierigkeiten und fehlen geeignete Methoden, die Optionen nutzbar zu machen.

Im Vergleich zu der wünschbaren und machbaren breiten und abwägenden Gestaltung der Arbeitsverhältnisse waren die Tarifverhandlungen der vergangenen Jahre inhaltlich eng begrenzt, wenig differenziert und phantasielos. Schwerpunktmäßig ging es um Lohnzuwachsraten, Lohngruppenangleichungen und pauschale Arbeitszeitverkürzungen bzw. Verlängerungen des bezahlten Urlaubs. Daneben standen die generellen Gewerkschaftsforderungen nach mehr Mitbestimmung, mehr sozialer Sicherung, Verbesserung der Arbeitsbedingungen und neuerdings Besitzstandswahrung. Es wurde weitgehend verpaßt, auch hier einen synchronen qualitativen Wandel zu vollziehen. Dieses setzt freilich ein Umdenken von der quantitativen lohn- und arbeitszeitorientierten Tarifstrategie hin zu einer qualitativen Tarifpolitik voraus.

Inwieweit also die Ansätze zu einem breiteren Gestaltungspektrum der Arbeitsverhältnisse in der Zukunft rasch ausgebaut werden können, hängt vor allem vom Selbstverständnis der Tarifparteien ab. Für die Gewerkschaften liegt eine große Chance darin, die differenzierter gewordenen und werdenden Arbeitnehmerinteressen, besonders auch den Wunsch nach mehr Selbstbestimmung, aufzugreifen. Und auch für die Arbeitgeberseite dürfte eine dem Einzelfall besser gerecht werdende Gestaltung der Arbeitsverhältnisse zugleich dem Streben nach einer zunehmenden Effizienz entsprechen.

Damit zeichnet sich ein Wendepunkt oder vielleicht auch nur eine sehr bedeutsame Ergänzung in der Arbeitsgestaltung ab. War es in der Vergangenheit zentrale Aufgabe, jenen hohen Wohlstand zu erreichen, der die Voraussetzung der heutigen Saturiertheit ist, muß es in der Zukunft viel stärker darum gehen, die Optionen der technischen und ökonomischen Entwicklung für den arbeitenden Menschen, aber auch für Organisationen und ganze Unternehmen nutzbar zu machen.

Phasenmodell für den Ausbau individueller Gestaltungsspielräume)*

Mindestens ebenso wichtig wie eine breitere Palette der Gestaltungsinhalte ist eine Abkehr von der heute üblichen Form der Tarifverträge, deren allgemeinverbindliche Regelungen zu weit ins Detail gehen und den Möglichkeiten der weiteren technischen und ökonomischen Entwicklung nicht mehr entsprechen. Empfohlen wurde deshalb von der Kommission Zukunftsperspektiven gesellschaftlicher Entwicklung, die die Landesregierung Baden-Württemberg im Jahre 1983 eingesetzt hat, eine flexiblere Form der Aushandlung: Die Tarifverträge

*) Vgl. Bericht der Kommission: Zukunftsperspektiven der gesellschaftlichen Entwicklung. Erstellt im Auftrag der Landesregierung von Baden-Württemberg, November 1983.

sollten sich mehr und mehr auf Regelungen in Umrissen beschränken. Innerhalb eines solchen Rahmens würde den Unternehmen zu betriebsinternen Vereinbarungen größeres Gewicht zukommen als bisher. Diese wiederum sollten den betrieblichen Arbeitnehmervertretern und insbesondere den einzelnen Mitarbeitern erweiterte Möglichkeiten zur individuellen Gestaltung der Arbeitsverhältnisse einräumen.

Für den Ausbau der individuellen Gestaltungsspielräume erschien uns in dieser Kommission ein Phasenmodell geeignet. Unterschieden werden dabei vier Phasen:

Erste Phase:

Mehr Flexibilität in der Arbeitsgestaltung, insbesondere der Arbeitszeitgestaltung.

Zweite Phase:

Eine flexiblere und innerhalb von Grenzen selbstbestimmbare Struktur der Arbeitsentgelte, insbesondere im Hinblick auf Erfolgs- und Kapitalbeteiligung.

Dritte Phase:

Wahlmöglichkeiten in organisatorischen sowie in den materiellen Arbeitsbedingungen.

Vierte Phase:

Wahlmöglichkeit zwischen mehr oder weniger Sozialleistungen einerseits, mehr oder weniger Geldeinkommen andererseits.

Die genannten Phasen sind zwar nicht im Sinne einer strengen Reihenfolge zu verstehen, aber doch im Sinne einer realistisch erscheinenden zeitlichen Ordnung, bei der sich die einzelnen Phasen freilich teilweise überlappen können. Anhaltspunkte für das angenommene Ablaufmuster sind die Vergangenheitsentwicklungen, die sich abzeichnenden Zukunftstendenzen und die Möglichkeiten, die das geltende bundesdeutsche Arbeitsrecht bietet:

So können die erste und die zweite Phase im Rahmen des geltenden Arbeitsrechts weitgehend ausgebaut werden und zwar in Fortführung der heute bereits realisierten Ansätze. Voraussetzungen sind bzw. waren Initiativen seitens der einzelnen Unternehmer und Aufgeschlossenheit seitens der Sozialpartner, beides vor dem Hintergrund des Arbeitnehmerwunsches nach mehr Selbstbestimmung. Zu ergänzen wäre dies vor allem durch, wie oben schon angemerkt, eine Neuordnung oder Neuorientierung einer Methodenlehre der Betriebsorganisation und des Arbeitsstudiums, die derartigen Bestrebungen mehr Raum als in der Vergangenheit einräumen müßten, um die konservative Allianz von Arbeitsgestalter und Betriebsrat zu überwinden.

Die dritte und vierte Phase können demgegenüber nur dann zur vollen Entwicklung gelangen, wenn die relativ starren Normen des individuellen und des kollektiven Arbeitsrechts der Bundesrepublik Deutschland flexibler gestaltet werden. Dies betrifft insbesondere die Regelungen, durch welche die Selbstentfaltung des einzelnen Menschen ohne erkennbare soziale Notwendigkeit behindert wird. Hier in diesen Bereichen ist also der Gesetzgeber gefordert.

Das Durchlaufen der verschiedenen Phasen, das auch teilweise parallel erfolgen kann, steht in Wechselwirkung mit Lernprozessen. Der Mitarbeiter lernt Entscheidungen von zunehmender Komplexität über seine Arbeitsverhältnisse zu treffen. Der Unternehmer bzw. Betriebsleiter sammelt neue Erfahrungen über Leistungsanreize, Leistungsbereitschaft und effizienten Personaleinsatz und der Arbeitnehmervertreter lernt, Solidarität auch unter der Berücksichtigung individueller Wünsche durchzusetzen.

Die letzte Stufe dieses Vier-Phasen-Modells ist ein ausgebautes Caféteria-System. D.h. der einzelne Mitarbeiter erhält einen nach seinen Leistungen (mehr-dimensional) bemessenen Anspruch an das Unternehmen, der sich auf untereinander kostengleiche „menus“ (daher der Name Caféteria-System) bezieht. „Menus“ in diesem Sinne setzen sich aus Komponenten wie

- Arbeitszeitregelung,
- Arbeitsentgelt,
- Kapitalbeteiligung,
- Sozialleistungen,
- Arbeitsbedingungen

zusammen. Größe bzw. Struktur der einzelnen Komponenten können sich dann je nach dem individuellen Wunsch von „menu“ zu „menu“ bei den Arbeitnehmern unterscheiden. In einem derartigen System würde dem einzelnen Mitarbeiter ein hohes Maß an Selbstbestimmung und Eigenverantwortlichkeit in der Gestaltung seines Arbeitsverhältnisses zukommen.

Selbstverständlich finden die angestrebten Wahlmöglichkeiten hinsichtlich der Arbeitsbedingungen ihre Grenze in dem rechts- und sozialstaatlichen Gebot des notwendigen Arbeitsschutzes. Die Individualisierung kann nicht im Sinne einer totalen schutzlosen Liberalisierung in das neunzehnte Jahrhundert zurückführen. Sie erfordert ein Gleichgewicht zwischen der erforderlichen Mitbestimmung und der Selbstbestimmung und damit auch eine Beachtung der Rolle der Arbeitnehmervertretung und Gewerkschaften in diesem Prozeß.

Die Abkehr vom Normarbeitsplatz, Normarbeiter, Normlohn, Normarbeitszeit etc. bedeutet, so gesehen, eine Herausforderung an Unternehmen, Gewerkschaften und Gesetzgeber. Eine neue individuellere Qualität von Arbeit und das Zulassen einer Vielfalt verschiedenartiger Kombinationen aus Arbeitszeitregelung, Arbeitsentgelten, Kapitalbeteiligungen, Sozialleistungen und Arbeitsbedingungen erfordert eben ein hohes Maß an Selbstbestimmung und Eigenverantwortlichkeit bei den Arbeitnehmern, ein neues Verständnis von Personalführung, eine neue Qualität von Arbeitnehmerinteressenvertretung und angemessene gesetzliche Rahmenbedingungen. Nur wenn dies gelingt, wird es möglich sein, die Chancen der neuen Entwicklung, humanere und wirtschaftlichere Lösungen des Arbeitseinsatzes auch zu verwirklichen und aus technischen Innovationen auch soziale Innovationen zu machen.

5. Perspektiven eines qualitativen Wandels

Wenn man also, statt Krise zu reflektieren und die Optionen durch Wirkungsforschung zu zerreden, ernsthaft diesen qualitativen Wandel sucht, dann gäbe es eigentlich genug Arbeit für alle, denn:

- die mit den neuen Techniken möglich werdende Substitution, Rationalisierung und Automation erfolgt nicht zum Nulltarif. Die Erschließung der Optionen zur technischen Entwicklung erfordert einen großen Umfang an Ersatzinvestitionen für die Ablösung eines in vielen Bereichen veralteten Investitionsbestandes und die Schaffung eines völlig neuen Betriebsmittelbestandes verbunden mit entsprechenden Entwicklungs- und Umstellungsaufwendungen aufgrund der Technisierung von Dienstleistung und Verwaltung.

Dieser Erneuerungsaufwand wird wegen der begrenzten Kapazitäten und der erforderlichen Entwicklungszeiten über die achtziger und neunziger Jahre verteilt auftreten und so arbeitsplatzfördernd wirken.

- Arbeitsplatzfördernd wirken auch die parallel zur technischen Entwicklung notwendig werdenden Investitionen im Humankapital. Wenn z. B. an die Stelle von arbeitslosen Jugendlichen Lehrende und Lernende treten oder eingesparte Arbeitszeit in Weiterbildung reinvestiert wird, besteht die Hoffnung, daß das für den Einsatz der neuen Technik und Erreichen des neuen qualitativen Niveaus erforderliche Qualifikationsniveau zu erreichen ist.

Diese Investition in Rationalisierung, Automation, Innovation und Qualifikation wären ein durchaus sinnvoller Einsatz des brachliegenden Arbeitsvolumens. Die Nutzung der technischen und ökonomischen Potentiale ergäbe dann eine Perspektive, die über die achtziger Jahre hinausreicht.

Eine derartige von Industrie und Arbeitnehmerschaft gemeinsam getragene Politik, flankiert durch Bemühungen der Gesetzgeber, könnte durchaus dazu beitragen, daß in den neunziger Jahren, wenn die in den vorliegenden Arbeitsmarktprognosen angekündigten Arbeitskraftüberhänge verschwinden, das Erwerbspersonalpotential fällt und eine kleiner werdende Beschäftigungszahl den Wohlstand sichern soll, man in Wirtschaft und Verwaltung sich dann technisch auf einem hochentwickelten automatisierten Produktionsniveau findet und zudem über eine entsprechende Infrastruktur und adäquat qualifiziertes Personal verfügt, das auch dieser Situation gerecht wird. Auf diesem Niveau ist dann sicher nicht das »Ende der Arbeitsgesellschaft« erreicht, aber eine neue Qualität von Arbeit und Arbeitsgesellschaft möglich, die der individuellen Selbstbestimmung mehr Raum läßt und das Arbeiten am Übergang sinnvoll erscheinen läßt.

3.2. Technologischer Wandel als innerbetriebliches Konfliktfeld – Erfahrungen aus der Beratung von Arbeitnehmervertretern

Kurt Schmahl

1. Das Problem

Herausforderungen durch technologischen Wandel sind für Arbeitgeber und Arbeitnehmer an sich nichts Neues. Neu ist die enorme Geschwindigkeit und Dynamik, mit der sich dieser Wandel vollzieht, neu ist die Breite und Vielschichtigkeit der von ihm betroffenen Bereiche in Wirtschaft und Gesellschaft. Neu ist auch das Zusammentreffen dieser Entwicklung mit wechselhaften ökonomischen Rahmenbedingungen, einer völlig veränderten Situation auf den Weltmärkten, einer weitgehend stagnierenden Wirtschaft und der zunehmenden Arbeitslosigkeit. Und neu ist der Anspruch der Gewerkschaften, an diesem technologischen Wandel gestaltend mitzuwirken. (vgl. IG METALL, 1984; SCHOLZ, 1985)

Je nach Interessenstandpunkt zeigen diese neuen Technologien unter solchen Vorzeichen verschiedene Gesichter: die Chancen und Entfaltungsmöglichkeiten der Unternehmen werden oft zu Risiken und Bedrohungen der Belegschaften. Auf der Arbeitgeber- wie auf der Arbeitnehmerseite werden Möglichkeiten einer realistischen Innovations- und Technologiepolitik diskutiert und Durchsetzungs- und Gegenstrategien entworfen.

Dabei ist offensichtlich, daß beim betrieblichen Einsatz von neuen Technologien Interessengegensätze sichtbar und Konflikte ausgetragen werden müssen. Die Konfliktlinien sind jedoch nicht beliebig. Auf beiden Seiten haben sich Organisationen mit eigenen Interessen und Subjektivitäten herausgebildet – die Tarifparteien. Und für Verhandlungen und die Lösung industrieller Konflikte sind mit dem Betriebsverfassungsgesetz Verfahrensregeln aufgestellt und durch tarifvertragliche bzw. betriebliche Regelungen zu einem verrechtlichten Komplex industrieller Beziehungen ergänzt. (vgl. ERD, 1979)

Nun kann der Erfolg und die Leistungsfähigkeit dieses institutionalisierten Systems der industriellen Beziehungen in Bezug auf Innovations-, Technologie- und Rationalisierungspolitiken nur interessenbezogen bewertet werden: Vom unternehmerischen Standpunkt ist die rasche und reibungslose Implementierung einer technischen Neuerung oder Rationalisierungsmaßnahme, der Kostenaufwand zu korrigierender Fehlentwicklungen und die Auswirkung auf die Wirtschaftlichkeit wesentlich.

Aus der gewerkschaftlichen Position heraus ist von Belang, ob negative Folgen für die Betroffenen vermieden, die sozialen Auswirkungen des Einsatzes neuer Technologien kontrolliert und Arbeitnehmerinteressen in einen scheinbar autonom ablaufenden Prozeß eingebracht werden können.

Typisch sind in diesem Zusammenhang auch Zielkonflikte und Differenzen über die Interpretation bestimmter Maßnahmen zwischen Unternehmern und Gewerkschaften. Was die eine Seite als Humanisierung ausgibt, ist für die andere Seite die völlige Unterordnung von technischen und arbeitsorganisatorischen Veränderungen unter betriebliche Rentabilitätskalküle – Rationalisierung durch Humanisierung? (vgl. FRIEDMANN, SCHMAHL, 1979)

Zentral für künftige Auseinandersetzungen ist, daß die neuen innovationsträchtigen Technologien beides zugleich sind: Als *Produkt*innovationen sorgen sie für beschäftigungswirksame Wachstumseffekte, als *Prozeß*innovationen heben dieselben Technologien diese positiven Effekte wieder auf – jobloses Wachstum ist günstigstenfalls die Folge. (vgl. HUBER, 1984)

Zentral sind darüberhinaus auch die möglichen langfristigen Folgen der zu entwickelnden Innovationen und Technologien. Der hier zunehmend relevant werdende Begriff der „Sozialverträglichkeit“ (vgl. STEINKÜHLER, 1984) muß dabei aus gewerkschaftlicher Sicht mehr beinhalten als reine Besitzstandswahrung oder technisch orientierte Ergonomie. Er zielt vor allem auf die Vermeidung gesellschaftlicher und individueller Folge„kosten“ ab, die bei der Herstellung wie bei der Verwendung von Produkten auftreten können – beispielsweise auf so unterschiedliche Ebenen wie der Umweltbelastungen, der Rohstoff- und Energieressourcen, der Anzahl und Verteilung von Arbeitsplätzen, der Qualität der Arbeit (Gesundheit, Belastungen, Arbeitsbedingungen, Qualifikationen) und des gesellschaftlichen Gebrauchswerts der Produkte.

Deshalb stellt sich für die Gewerkschaften zunächst die Frage, ob innerhalb des bestehenden Systems industrieller Beziehungen auf die Entwicklung und den Einsatz neuer Technologien eingewirkt werden kann; ob vorhandene Möglichkeiten einer sozialen Steuerung von ihnen wahrgenommen werden können; inwiefern die etablierten Mechanismen und eingefahrenen Verfahrensweisen betrieblicher Konfliktlösungen durch die neuen Problemstellungen herausgefordert, ja möglicherweise überfordert sind, und welche Konsequenzen daraus zu ziehen sind.

Durch die Verquickung qualitativer und quantitativer Aspekte und die Berührung mit den verschiedenen gesellschaftlichen Ebenen sind die Themen komplexer und scheinbar verhandlungsunfähiger geworden. Die Umsetzung in meßbare Indikatoren und Regelungsgrößen wird schwieriger, zu vertretende Interessen sind schwerer aggregier- und generalisierbar und entziehen sich scheinbar einer allgemeinen Regelung.

Ein erster praktischer Ansatzpunkt einer *arbeits*orientierten Innovationspolitik ist die Auseinandersetzung mit den Beschäftigungswirkungen von Innovationsprozessen. Dabei ist eine rein formelle gewerkschaftliche Beteiligung an betrieblichen und staatlichen Innovationsprojekten ohne faktischen politischen Einfluß abzulehnen. (vgl. IG METALL, 1979)

So sind die Gewerkschaften zunächst auf die Möglichkeiten und Grenzen einer Kontrollstrategie verwiesen. Ziel eines solchen Ansatzes ist es, zu prüfen, ob der Interessenvertretung innerhalb und außerhalb des Betriebes Kriterien in die Hand gegeben werden können, um

1. die unternehmerische Innovationspolitik vom ersten Planungsstadium an auf beschäftigungswirksame und sozialverträgliche Effekte hin zu überprüfen;
2. Korrekturen und Ergänzungen zur unternehmerischen Innovationspolitik unter Beschäftigungsaspekten und Sozialverträglichkeit zu fordern;
3. unternehmerischer Innovationspolitik ggf. frühzeitig Alternativen entgegenzustellen, die aus Arbeitnehmerinteressen abgeleitet sind. (vgl. ebd.)

Grenzen eines solchen Ansatzes ergeben sich nicht nur aus den beschränkten Durchsetzungsmöglichkeiten der gewerkschaflichen Interessenvertretung im Rahmen des bestehenden Systems der Betriebsverfassung und der Mitbestimmung, sondern schon im Vorfeld aus dem unzureichenden Informationsstand von gewerkschaftlichen Arbeitnehmervertretern im Aufsichtsrat, bei Betriebsräten, Vertrauensleuten und der Organisation selbst.

Um die Ziele und Interessen der Arbeitnehmer im Innovationsprozeß früh genug geltend zu machen, Innovationsprozesse im Zuge der Anwendung neuer Technologien zu beobachten, deren Beschäftigungswirkungen abzuschätzen, Informationsdefizite auf Arbeitnehmerseite abzubauen und Problembewußtsein und Handlungsbereitschaft zu fördern, hat der Vorstand der IG Metall 1979 in Hamburg und Berlin „Innovations- und Technologieberatungsstellen" eingerichtet. Erfahrungen aus ihrem Beratungsalltag (vgl. auch KLOTZ, 1984) prägen das folgende Fallbeispiel. Das Beispiel – erfahrungsgemäß auch auf andere Betriebsgrößen und Branchen übertragbar – zeigt, daß der Fundus an unternehmerischen Strategien für die Einführung von neuen Technologien doch sehr begrenzt ist.

2. Beratungspraxis – Ein Fallbeispiel

Ein Betrieb mittlerer Größe des Maschinenbaus. Eine erste Besichtigung des Betriebes bringt Erstaunliches zutage. Der Maschinenpark ist hoffnungslos überaltert und besteht ausschließlich aus Universalmaschinen. Eine Ausnahme ist ein einsames Bearbeitungszentrum in einer Ecke des Betriebes. Man hört, es sei versuchsweise angeschafft worden. Gespräche mit dem Betriebsrat machen deutlich, daß nicht nur die überalterte Produktionsstruktur der Belegschaft Sorgen bereitet, sondern zugleich auch das Produkt, das seit Jahren beinahe unverändert auf der Basis traditioneller Feinmechanik gefertigt wird.

Es ist absehbar, daß das Produkt in den nächsten Jahren durch elektronische Geräte abgelöst wird – entsprechende Prototypen sind schon auf dem Markt. Die Unternehmensleitung beruhigt sich und die Belegschaft mit dem Hinweis, daß ihr Produkt bei Marktverschiebungen in die Dritte Welt exportiert werde, dort gebe es noch genug Absatzmärkte für feinmechanische Produkte.

Die Belegschaft über beides – die Zukunft des Produktionsprozesses wie des Produktes – absolut uninformiert, ist zutiefst beunruhigt. Die Unternehmensleitung reagiert auf Initiativen des Betriebsrates nicht; eine ganze Reihe qualifizierter Beschäftigte haben den Betrieb schon verlassen, denn Gerüchte um Verkauf oder Aufgabe des Betriebes machen seit langem die Runde.

Die Unruhe nimmt zu, als in der Firma ein Unternehmensberater und mit ihm die ersten Computer in der Verwaltung gesichtet werden und der Betriebsleiter dem Betriebsrat beiläufig mitteilt, daß ein Betriebsdatenerfassungssystem eingeführt werden solle. Der Betriebsrat macht Informations- und Mitbestimmungsrechte geltend und verweigert seine Zustimmung zur Einführung des Systems. Die Unternehmensleitung zeigt sich in keiner Weise berührt – spricht dem Betriebsrat in dieser Frage jedes Informations- und Mitbestimmungsrecht ab und ninmmt die Anlage in Betrieb. Der Betriebsrat, bislang eher sozialpartnerschaftlich orientiert, fühlt sich überfahren, betrogen, hilflos.

Um ihrer Pflicht – die Wahrung der Interessen der Belegschaft und der Schutz der Persönlichkeit der Arbeitnehmer (§ 75 BetrVG) – Genüge tun zu können, nehmen einige Betriebsräte an Weiterbildungsmaßnahmen teil, informieren sich extern auf gewerkschaftlichen Seminaren und Bildungsveranstaltungen.

Dies hat Konsequenzen: Einmal begreifen die Betriebsräte die Tragweite und die Möglichkeiten der Betriebsdatenerfassung; zweitens kommen neue Gerüchte über weitreichende betriebliche Veränderungen auf – wofür braucht der Betrieb bei der überalterten Produktionsstruktur ein relativ leistungsfähiges und aufwendiges Betriebsdatenerfassungssystem? – und drittens ist dem Betriebsrat deutlich geworden, daß die Unternehmensleitung hier willkürlich tatsächlich vorhandene Informations- und Mitbestimmungsrechte des Betriebsrates verletzt. Kampfstimmung kommt auf, eine einstweilige Verfügung gegen die Inbetriebnahme des Systems wird erwogen.

Die Situation ändert sich mit einem Urteil des Bundesarbeitsgerichtes über die Informations- und Mitbestimmungsrechte bei der Einführung von Datenverarbeitungssystemen, die zur Leistungs- und Verhaltenskontrolle der Arbeitnehmer geeignet sind. Die Unternehmensleistung bietet endlich – in Kenntnis des Urteils und der Androhung der einstweiligen Verfügung – Verhandlungen über die Inbetriebnahme des Systems an und schlägt den Abschluß einer Betriebsvereinbarung vor.

Soweit die Vorgeschichte. Von der Unternehmensleitung mit buntem Prospektmaterial über die Hardware versehen und dem Willen, nun keinen Zentimeter mehr Raum zu geben, als es nach den gesetzlichen Bestimmungen notwendig ist, kommt der Betriebsrat zur Innovations- und Technologieberatungsstelle der IG-Metall, um sich bei der Ausarbeitung einer Betriebsvereinbarung und über die Möglichkeiten des weiteren Vorgehens beraten zu lassen. Seine auf der Basis absolut unzureichender Informationen ausgearbeitete Betriebsvereinbarung wurde von der Unternehmensleitung als indiskutabel zurückgewiesen und mit einem eigenen Entwurf beantwortet. In ihm waren lediglich Informationsrechte des Betriebsrates festgeschrieben, die vorhandenen Mitbestimmungsrechte bei der konkreten Gestaltung des betrieblichen Systemeinsatzes wurden jedoch nach wie vor mit dem Hinweis zurückgewiesen, die Betriebsvereinbarung des Betriebsrates sei für Großbetriebe ausgelegt, in ihrem Betrieb sei keine Leistungs- und Verhaltenskontrolle geplant.

Erst detaillierte Hinweise auf das oben angeführte Arbeitsgerichtsurteil zu den Fragen der Mitbestimmungsrechte, führen dazu, daß der Unternehmer geneigt ist, doch in *reale* Verhandlungen einzutreten. Der Betriebsrat fordert nun – entsprechend § 80, Abs. 2 BetrVG – zum wiederholten Male die kompletten Unterlagen über das gesamte System: über die Hardware (Rechner plus Peripherie), die Software (Anwendungs- und angestrebte Auswertungsprogramme), die Datenstruktur (Aufbau der Dateien), sowie die Orgware (die Einbettung des Systems in die bisherige Produktions- und Verwaltungsorganisation). Im Gegenzug werden vom Arbeitgeber lediglich einige der angesprochenen Fragen unvollständig beantwortet.

Der Betriebsrat gibt jedoch nicht auf. Er gibt der Unternehmensleitung zu verstehen, daß er in dieser Angelegenheit fachlich von der Gewerkschaft beraten wird und er zudem gewillt ist, einen weiteren externen Sachverständigen (gemäß § 80, Abs. 3 BetrVG) zur Beratung hinzuzuziehen, der vom Unternehmen finanziert werden müßte. Ein für einen anderen betrieblichen Konflikt eingeleitetes Einigungsstellenverfahren verleiht seinen Forderungen den entsprechenden Nachdruck: nach eineinhalb Jahren erhält der Betriebsrat die nahezu vollständigen Unterlagen (Systemkonzept, Bedienerhandbuch, Systemhandbuch, Listenausdrucke, usw.) über das geplante EDV-System.

3. Die „klassische" betriebliche Strategie

Mit betrieblich gesetzten „Sachzwängen" – einer komplett installierten Anlage und einer Standardsoftware, die von ihren Möglichkeiten weit überdimensioniert ist – sollte der „Einwilligung" des Betriebsrates nachgeholfen werden. Stattdessen provozierte sie das Gegenteil, den Abwehrkampf. Seine *Pflicht* zum Schutz der Persönlichkeit der Arbeitnehmer im Betrieb zwang ihn dazu, seine gesetzlich gegebenen Informations- und Mitbestimmungsrechte einzufordern, um mögliche Gefährdungen der Persönlichkeitsrechte der Arbeitnehmer ausschließen zu können.

Darüberhinaus bestätigen die Informationen über die Datenerfassungs- und verarbeitungsanlage die Befürchtungen der Belegschaft: hier wurde betrieblich eine Anlage installiert, die nur dann effektiv ausgelastet ist, wenn sie mit zusätzlicher Peripherie erweitert wird. Die Informationen zeigen, daß das Betriebsdatenerfassungssystem lediglich der Einstieg in ein umfassendes

Gesamtkonzept sein soll, daß die Integration von Computer Aided Design (CAD), Materialverwaltung, Produktionsplanungssteuerung und eine Verknüpfung mit der Produktion (CNC-Maschinen mit zentraler Ansteuerung) beinhaltet. Dieses Gesamtkonzept erlaubt Rückschlüsse auf die mögliche Größenordnung der künftigen betrieblichen Rationalisierungsinvestitionen und -vorhaben, die den Betriebsrat aufs Neue mißtrauisch machen und entsprechende Unruhe und zugleich weitere Konfliktbereitschaft im Betrieb erzeugen.

Die Unternehmensleitung aber ist nach wie vor weit davon entfernt, den Betriebsrat und die Belegschaft über ein Gestaltungskonzept der zukünftigen Produktion und der Entwicklung neuer Produkte zu informieren, geschweige denn, dies mit ihnen zu diskutieren oder sie zu beteiligen.

Dies ist nach den Erfahrungen der Innovations- und Technologieberatungsstelle die „klassische" Vorgehensweise der Systementwicklung ohne die Beteiligung der Belegschaft:

- Sie wendet unzureichend entwickelte Methoden der Arbeitsanalyse an;
- sie vernachlässigt insbesondere historisch gewachsene betriebliche Strukturen und Qualifikationen, individuelle Betriebs-/Berufserfahrung und Erfordernisse der gesellschaftlichen Umwelt;
- sie orientiert sich einseitig an der vorgegebenen Hardware und Software der neuen Technologien;
- sie vertraut blind auf rationale Entscheidungs- und Organisationsmodelle.

Insgesamt – so ist nach dem bisherigen Konfliktverlauf zu vermuten – wird es ein langwieriges Geplänkel zwischen der Unternehmensleitung und der Belegschaft geben, dessen Struktur weitgehend vom Abwehrkampf des Betriebsrates bestimmt wird. Was wurde dabei gewonnen?

Sicher ist nur, daß in dieser Form der Auseinandersetzung eine Menge verloren gegangen ist: qualifizierte Arbeitskräfte, mit denen zukünftige Forschungs- und Entwicklungsarbeit gemacht werden könnte, Vertrauen und Kooperation. Schwierigkeiten bei der Einführung weiterer Technologien und bei der Durchsetzung des angestrebten Gesamtkonzepts sind programmiert.

4. Konfrontation statt Kooperation

Die Auswirkungen der neuen Innovationen und Technologien sind vielfältig: der Mensch wird substituiert, insbesondere bei repetitiven und stark belastenden Tätigkeiten; maschinelle Abläufe werden entkoppelt; physisch-materielle Arbeit verwandelt sich in mehr informatorische Tätigkeiten; Zeit und Raum werden flexibilisiert; Produktions- und Verwaltungsfunktionen werden neu aufgeteilt; Qualifikationen verändern sich; aus körperlichen werden geistig-nervliche Belastungsanforderungen. Dabei wird es zu einer weiteren Polarisierung der Belegschaft kommen: einigen wenigen Rationalisierungsgewinnern werden die Rationalisierungsverlierer – dequalifiziert oder arbeitslos – gegenüberstehen.

Angesichts solcher Erfahrungen reagieren viele Arbeitnehmer mit Angst und Verunsicherung; Informationsdefizite, die Aussicht auf eingeengte Arbeitsinhalte und eine unzureichende Arbeitsorganisation, und der drohende Verlust herkömmlicher Sozialkontakte begründen zu Recht die Desorientierung, die Skepsis, ja die Ablehnung der neuen Technologien und Arbeitsstrukturen. Das Resultat ist eher Resignation und Anpassung, aber keine Motivation. Es verhindert, daß Arbeitnehmer ihr kreatives Potential in einem gemeinsamen Gestaltungsprozeß zur Bewältigung des technisch-organisatorischen Wandels mit einbringen. (vgl. DÜNNWALD, 1984)

In einer solchen Konstellation sind auch die Verhaltensweisen der betrieblichen Interessenvertretung uneinheitlich und wenig kalkulierbar. Sie bewegen sich zwischen den Polen einer aggressiven, konfliktorischen Reaktion, die eine (zumindest vorübergehende) Blockierung des Veränderungsprozesses und damit erhebliche Kosten für die Unternehmung verursachen kann, und einer kooperativen Folgenbewältigung auf der Basis eines sozialpartnerschaftlichen Einvernehmens.

Die im konkreten Fall sich einstellende Variante wird zwar auch von den ökonomischen Rahmenbedingungen, vor allem aber vom Stil und von der Politik der Unternehmensleitungen abhängen: Legt sie Wert auf ein gütliches Einvernehmen, auf einen vertrauensvollen Umgang mit der Belegschaft, entwickelt sie Sensibilität für ihre soziale Verantwortlichkeit? Oder betrachtet sie die Einvernehmlichkeiten mit der Belegschaft als lästige, wenn auch nicht zu umgehende Nebenbedingung, lediglich als Mittel zur unproblematischen Implementation der angestrebten betrieblichen Veränderungen?

Die zunehmende Technologiefeindlichkeit ist so nicht die Folge eines ominösen Kulturpessimismus, sondern hat ihre realen Hintergründe in der wachsenden Arbeitslosigkeit, der Dequalifizierung und den schlechten Arbeitsbedingungen. (vgl. HANDELSBLATT, 1984)

Mir ihr verhärten sich zugleich die Auseinandersetzungen um die soziale Kontrolle der Technologieentwicklung, um die Humanisierung der Arbeit durch die qualitative Umstrukturierung des Arbeitsprozesses. Die Chancen einer Produktivitätssteigerung auf der Basis einer sozialverträglichen Innovations- und Technologiepolitik werden nicht ausgenutzt – Konfrontation statt Kooperation ist die unausweichliche Folge.

5. Betriebliche Informationspolitik

Die Verunsicherung ganzer Belegschaften verstärkt sich vor allem durch Versuche von Unternehmensleitungen, den Einsatz neuer Technologien nicht zum Gegenstand von Verhandlungen mit dem Betriebsrat werden zu lassen. Vor dem Hintergrund einer absolut unzureichenden Informationspolitik gegenüber der Belegschaft werden sie entweder sehr übereilt eingeführt, um im Betrieb keine „schlafenden Hunde“ zu wecken, oder sie werden möglichst unbemerkt und sukzessive implementiert. *Konfliktvermeidungsstrategien*, die mit der Installation von Sachzwängen und der Uninformiertheit des Betriebsrates kalkulieren, wirken jedoch sozial unkontrolliert auf den Betrieb zurück.

Die konstruktive Bewältigung von Problemen und Konflikten beim Einsatz neuer Technologien setzt dagegen eine offensive Informationspolitik gegenüber den Arbeitnehmervertretern in allen Bereichen voraus. Sich auf eingefahrenen Gleisen zu bewegen und nur das zwingend Notwendige an Informationen zur Verfügung zu stellen, um gesetzliche oder tarifliche Zwänge zu erfüllen, reicht als Informationsraster nicht aus, wenn es zur betrieblichen Koalition zwischen Unternehmenszielen und Arbeitnehmerinteressen kommen soll.

Diese Koalition lebt vom Kompromiß und baut auf Vertrauen auf. Nur damit sind die Risiken, die der technologische Fortschritt in sich birgt, für ein Unternehmen zu bewältigen, nur damit können auch genügend soziale Innovationskräfte freigesetzt werden. (vgl. POSTH, 1985)

Solange sich diese Einsicht auf der Unternehmensseite nicht durchgesetzt hat, müssen gewerkschaftliche Institutionen wie die Innovations- und Technologieberatungsstellen der IG Metall den Betriebsrat bei der Beschaffung und Verarbeitung der notwendigen Informationen unterstützen und mit ihm Suchraster entwickeln, die es ihm ermöglichen, weitere Informationen gezielt aufzuspüren und mit anderen, bereits vorhandenen Informationen zu einem Gesamtbild zu verknüpfen.

Als Voraussetzungen hierzu erarbeiten die Gewerkschaften z.B. eigene Kennziffernsysteme und mitbestimmungsorientierte Frühwarnsysteme, die vor allem eine verbesserte Folgenabschätzung unternehmerischer Maßnahmen ermöglichen.

Hierauf aufbauend kann der Betriebsrat schließlich realistische Handlungsstrategien für betriebliche Konflikte um die Einführung von neuen Technologien entwickeln. Die Kooperation und der Erfahrungsaustausch mit anderen Betriebsräten erweitern sein Wissen für die Durchsetzung seiner Vorstellungen. Seminare und Weiterbildungsveranstaltungen informieren ihn über alternative Gestaltungskonzepte und Handlungsstrategien. Mit diesem Wissen wächst auch seine innovative Kompetenz, d.h. seine Fähigkeit zur Entwicklung sozialer Innovationsstrategien.

6. Das Recht der Investitionsentscheidungen

Erfahrungen aus betrieblichen Auseinandersetzungen und aus dem Programm „Humanisierung der Arbeit“ haben gezeigt, daß weder der Markt noch die Technologie selbst Sachzwänge für ihren betrieblichen Einsatz und die komplementäre Arbeitsorganisation setzen. (vgl. TRAUTWEIN-KALMS,

GERLACH, 1980) Neue Technologien können aus der Sicht der Unternehmen zu verschiedenen Zwecken eingesetzt werden:

Sie können das betrieblich vorhandene produktivitätsorientierte Innovations- und Rationalisierungspotential unterstützen, die Qualität sichern und steigern, die Produktion flexibilisieren und die Reaktionsfähigkeit auf externe Veränderungen des Marktes verbessern, ohne dabei zwangsläufig mit Arbeitsplatzabbau und Dequalifizierung verbunden zu sein.

Als Elemente der unternehmerischen Innovations- und Rationalisierungsstrategien werden sie jedoch vor allem als Substitutionspotential des Produktionsfaktors Arbeit eingesetzt, und mit der Absicht, die Kontrolle des Managements über Betrieb und Belegschaft zu verbessern, erhöhte Flexibilität und Disponibilität in den Führungsstrukturen zu gewinnen. (vgl. NOBEL, 1979) Die Sicherung und Wahrung der betrieblichen Autonomie spielt dabei als determinierendes Ziel eine entscheidende Rolle.

Forderungen von Belegschaften und Betriebsräten nach Mitbestimmung und Mitgestaltung dieses Innovations- und Rationalisierungsprozesses passen nicht in diese Philosophie – stellen sie doch jenen Alleinentscheidungsanspruch des Unternehmens über Investitionsvorhaben in Frage, den die geltende Unternehmens- und Betriebsverfassung festgeschrieben hat. Mitbestimmungsrechte des Betriebsrates will man auf soziale Angelegenheiten beschränkt wissen. (vgl. DÄUBLER, 1979, 196) Unabhängig von der rechtlichen Seite der Frage wird dabei jedoch übersehen, daß das Ziel betrieblicher Autonomie nicht ohne die Bereitschaft der Arbeitnehmer zu verwirklichen ist. Es ist Illusion zu glauben, mit Zwang oder einer perfektionierten betrieblichen Kontrolle könnte dieses Ziel durchgesetzt werden.

Dennoch hat sich in den letzten Jahren ein rigides Modell der Unternehmung herausgebildet, das durch die business schools nach amerikanischem Muster gewissermaßen standardisiert worden ist. Zu diesem Modell gehören ständiges Wachstum und hohe Marktanteile, die nur durch forciertes Marketing mit hohem Werbeaufwand zu realisieren sind. Wettbewerb um jeden Preis wird höher bewertet als Kooperation. Reingewinne sind zu maximieren. Die Rohstoff- und Energieressourcen werden als praktisch unerschöpflich angesehen – ihre Verfügbarkeit ist lediglich eine Frage des Preises. Entscheidungskriterien sind kurzfristig kapitalorientierte Interessen nach Unternehmensgewinn, Erhaltung oder Ausweitung von Märkten, Abbau von Risiken, usw. Nur in Ausnahmefällen ergänzen sich diese Kriterien in der Unternehmensphilosophie mit verschiedenen Aspekten *sozialer Verantwortlichkeit.*

Angesichts struktureller Probleme reagieren viele Klein- und Mittel-, aber auch Großbetriebe dann auch nicht mit einer realistisch fundierten, strategischen Langzeitplanung (vgl. GÖSSMANN, 1985), sondern mit einem *regressiven, kurzsichtigen Krisenmanagement:* Innovationsschwächen werden durch Rationalisierungsstrategien aufgefangen; Preisvorteile müssen Wettbewerbsnachteile kompensieren; eine hektische, wechselnde Modellpolitik ersetzt Vorausdenken oder Eindenken in den Anwendungsbereich; die Entwicklung von Hard- und Software läuft entsprechend als Trial-and-Error-Prozeß ab; die sozial unkontrollierten (Fehl)Entwicklungen belasten als Investitionsruinen Hersteller und Anwender, als „Jobkiller“ die Belegschaften, als Folgekosten Natur, Umwelt und Gesellschaft.

Mit „klassischen“, eng betriebswirtschaftlichen Rationalisierungsstrategien sind die Märkte der Zukunft nicht zu erobern – selbst wenn sie aufgrund des verschärften Konkurrenzkampfes unternehmensspezifisch zweckmäßig erscheinen. Es fehlt einfach an der ergänzenden Grundvoraussetzung für das Ingangsetzen erfolgversprechender Produktions- und Marktprozesse. Es fehlt am strategischen Denken im Unternehmen, an Experimenten und Innovationen (vgl. HINZ, 1985, 57) – Prozeßinnovationen müssen durch Produktinnovationen ergänzt werden.

7. Qualifikation und Akzeptanz

Faszination oder Angst vor der Technik – beides darf den Blick nicht darauf verstellen, daß die Zukunft der Arbeit weniger denn je ein *technisches* Problem ist. Ohne den qualifizierten Menschen ist die Verfügbarkeit hochautomatisierbarer Anlagen nicht zu gewährleisten. Sie erfordert andere fachliche und vor allem soziale Qualifikationen der Belegschaft; Lernbereitschaft und Anpassungsfähigkeit sind mindestens so wichtig wie ein solides fachliches Grundwissen.

Bei der Einführung von neuen Technologien ist jedoch häufig das Gegenteil zu beobachten: Schon in der Phase der Voruntersuchung und Planung neuer Technikanwendungen werden gravierende Fehler gemacht, die bei frühzeitiger Benutzerbeteiligung vermieden werden könnten:

Von der Technisierung menschlicher Arbeitsfunktionen verspricht sich die traditionelle, an der „menschenleeren Fabrik der Zukunft“ orientierte Unternehmensphilosophie die Lösung der vielfältigsten betrieblichen Probleme, vor allem aber die Eliminierung des potentiellen Störfaktors weiterer Rationalisierungen – des Menschen. Bisherige und zukünftige Investitionen in das „Human-Kapital“, d. h. in die Aus- und Weiterbildung und in die Berufserfahrung, werden vernachlässigt; die Entwertung von Qualifikationen wird leichtfertig in Kauf genommen. Damit geht zugleich aber auch das Innovations- und Kreativitätspotential der Belegschaften langfristig verloren.

Als notwendiges Korrektiv dieser strukturellen Defizite greifen viele Unternehmen nachträglich zu den verschiedenen Formen der Benutzerbeteiligung (z. B. Qualitätszirkel, Verbesserungs- und Vorschlagswesen). (vgl. QUALITÄTSZIRKEL, 1984). Innovationsstrategien haben deswegen aus gewerkschaftlicher Sicht in erster Linie auch Qualifizierungsstrategien zu sein. Vorausschauende Qualifizierung ist eine Voraussetzung für eine erfolgreiche partizipative Systemgestaltung, mit der die positiven Potentiale neuer Technologien – human und wirtschaftlich zugleich zu sein (vgl. DÜNNWALD, 1984) – voll genutzt werden können.

Erst eine Innovationspolitik, die im Sinne sozialer Innovationen auch eine Qualifizierung der Belegschaft betreibt, kann das vorhandene hohe Produktivitätspotential neuer Technologien weitgehend nutzen, denn *technische* Innovationen können sich ohne *soziale* Innovationen nur unzureichend geltend machen.

8. Innovative Personalpolitik

Modernes Management hat dies längst erkannt und vernachlässigt in seiner Unternehmenspolitik diese Faktoren nicht mehr. Martin Posth, Vorstandsmitglied bei der Audi AG, zum neuen Selbstverständnis: „Die Menschen im Betrieb sollten nicht nur Gelegenheit haben, sich auf die neue Arbeitssituation einzustellen, sie müssen mehr Gestaltungs- und Mitwirkungsmöglichkeiten bei der Planung erhalten. Das Personalmanagement ist stärker als bisher gefordert, Wege zu finden, daß die arbeitenden Menschen nicht als Störfaktor technischer Systeme angesehen werden, sondern als deren Gestalter und Träger." (POSTH, 1985)

Unter Berücksichtigung des technischen Wandels muß Personalpolitik deswegen weit über die reine Verwaltungsaufgabe hinausgehen, die man ihr in traditionellen Konzepten nach wie vor zuschreibt – die technische Planung muß mit der Personalplanung verzahnt werden; Entwicklung und der Einsatz neuer Technologien darf weder Selbstzweck noch naturgesetzlich ablaufender Prozeß sein. Hierzu sollte es – so Posth – keiner Aufforderung durch Betriebsräte oder Gewerkschaften bedürfen. (ebd.)

Zu den vorrangigen personalpolitischen Zielen zählt dieses Konzept eines innovativen Managements daher:

- fachliche Souveränität der Industriearbeit unmittelbar vor Ort durch Aufgabenintegration, z. B. der dispositiven Funktionen, vorbeugender Instandhaltung, Störungsbeseitigung, Qualitätssicherung und Kontrolle;
- soziale Qualifizierungsprozesse durch die Einrichtung teilautonomer Fertigungsteams und Gruppenarbeit für verbleibende menschliche Tätigkeiten;
- Aufweichung der vorherrschenden tayloristisch orientierten Trennung in weniger qualifizierte Produktionstätigkeiten und qualitativ höherwertige produktionsvorbereitende oder -begleitende Tätigkeiten. (ebd.)

Dies ist keine Utopie und kein Produkt einer verqueren Gewerkschaftsideologie. Produktionskonzepte, die sich an diesen Prämissen orientieren, sind bereits vorangeschritten. In ihrer neuesten Studie „Das Ende der Arbeitsteilung?" haben Horst Kern und Michael Schumann, zwei renommierte deutsche Industrie- und Betriebssoziologen, mit Erstaunen zur Kenntnis genommen, daß sich gerade in den Kernsektoren unserer Wirtschaft „neue Produktionskonzepte" und neue Arbeitsstrukturen entwickelt haben, die zur Requalifizierung des Produktionspersonals führen. (vgl. KERN; SCHUMANN, 1984) Der von ihnen festgestellte grundlegende Wandel der Produktionskonzepte ist die logische Konsequenz eines veränderten Technikeinsatzes: Er führt weg von einer tayloristischen, starren, zentralistischen, mechanistischen, den Menschen verdrängenden Produktionsorganisation, hin zu einer flexiblen, dezentralen, integrierenden, den Menschen umfassender einsetzenden Produktionsorganisation. Ihre Untersuchung zeigt den Skeptikern, daß dies möglich ist, weisen sie doch detailliert nach, daß es Spielräume für die Gestaltung der Fertigungsstrukturen und Produktionsabläufe, für die Arbeitsbedingungen und Arbeitsbeziehungen gibt.

Als Garanten für eine solche Umstrukturierung benennen sie starke und machtbewußte Interessenorganisationen auf der einen und „vernünftige" Manager, die angesichts des industriellen Wandels auf tiefgreifende Konflikte mit der Belegschaft verzichten, auf der anderen Seite. Und dort, wo es diese beiden Gruppen nicht gibt, müssen die Gewerkschaften mit Expertenwissen unterstützend auf den Plan treten.

3.3. Das Betriebliche Vorschlagswesen

Norbert Thom

Ein gut funktionierendes Betriebliches Vorschlagswesen (BVW) ist ein Instrument zur wirtschaftlichen und menschengerechten Betriebsführung. Es ist hilfreich bei den Bemühungen um Rationalisierung und Wirtschaftlichkeitsverbesserung, um Motivation und Entwicklung der Mitarbeiter sowie um eine fortlaufende Innovation in kleinen Schritten. Nach einer breit angelegten Umfrage des Bayerischen Staatsministeriums für Arbeit und Sozialordnung (1984) ist das BVW bei 80% aller Betriebe mit mindestens 1000 Beschäftigten eingerichtet. Je größer die Betriebe, desto häufiger findet sich ein BVW (Abb. 1). In weiten Bereichen der mittelständischen Wirtschaft wird das BVW noch nicht genutzt. Dies liegt u. a. daran, daß viele Führungskräfte (etwa ein Drittel) mit der Thematik des BVW noch nicht vertraut sind, wie eine Umfrage des Organisationsseminars der Universität zu Köln ergab. Dies ist umso erstaunlicher als über das BVW in seiner langen und wechselvollen (über 110jährigen) Geschichte nahezu alles geschrieben worden ist, in Zeitschriften aller Art, in Standardbüchern und in der vom Deutschen Institut für Betriebswirtschaft (DIB) nunmehr im 12. Jahrgang herausgegebenen Fachzeitschrift „Betriebliches Vorschlagswesen". Die weiteren Ausführungen stützen sich insbesondere auf Untersuchungen in deutschen Betrieben, die in den letzten Jahren vom DIB und vom Organisationsseminar der Universität zu Köln (unter Leitung des Verfassers) durchgeführt wurden.*)

Abb. 1: *Ergebnis einer BVW-Umfrage in bayerischen Unternehmen. 1606 Betriebe beantworteten die Umfrage. Bei 482 Betrieben (= 30%) ist ein Betriebliches Vorschlagswesen vorhanden (schraffiert).*

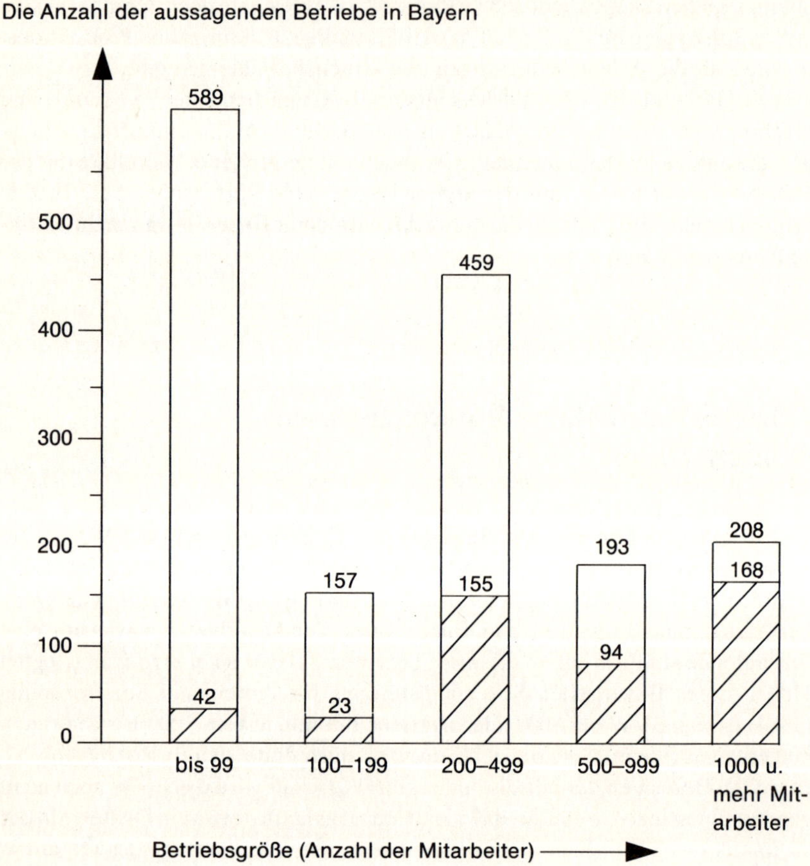

Quelle: Bayerisches Staatsministerium für Arbeit und Sozialordnung 1984

*) Eine ausführliche Dokumentation dieser Untersuchungen enthält: Thom, Norbert: Betriebliches Vorschlagswesen – Ein Instrument der Betriebsführung. Empirische Erkenntnisse und Gestaltungsempfehlungen, 2. Aufl., Bern – Frankfurt a. M. – New York 1985 (Peter Lang Verlag)

Was ist ein Verbesserungsvorschlag?

Das BVW wird heute als eine betriebliche Einrichtung zur Förderung, Begutachtung, Anerkennung und Verwirklichung von Verbesserungsvorschlägen (VV) der Arbeitnehmer verstanden. An einen VV werden folgende Anforderungen gestellt:

- Ein VV soll eine möglichst präzise dargestellte Lösung zur Verbesserung eines gegenwärtigen Zustandes enthalten und dabei konkret beschreiben, was verbesserungswürdig ist sowie konstruktiv aufzeigen, wie die Verbesserung vorgenommen werden kann. Alle Bereiche des Betriebes können Gegenstand eines VV sein.
- Ein VV muß zumindest für den vorgesehenen betrieblichen Anwendungsbereich eine nutzbringende Neuerung darstellen, wobei sich der Nutzen ergeben kann aus: Kostenreduktion, Sicherheitsverbesserung, Unfallverhütung, Umweltschutz, Humanisierungswirkungen, Ertrags- und Prestigesteigerung etc.
- Ein VV darf nicht das Ergebnis aus der Erfüllung der zugewiesenen Stellenaufgabe des Einreichers sein, sondern muß eine über den Rahmen des Arbeitsvertrages hinausgehende freiwillige Sonderleistung darstellen. Nur als Sonderleistung ist ein VV auch prämiierungsfähig.

Der Prozeß der VV-Bearbeitung ist prinzipiell leicht darstellbar: Ein Arbeitnehmer erarbeitet einzeln oder in Gemeinschaft mit anderen einen VV. Dieser gelangt an einen BVW-Beauftragten, welcher den VV vorprüft und an fachlich zuständige Gutachter im Betrieb weiterleitet. Auf der Basis der Gutachten prüft eine aus Arbeitnehmern und Arbeitgebervertretern zusammengesetzte BVW-Kommission die Annahme des VV und legt Prämien oder sonstige Formen der Anerkennung für den (die) Einreicher fest. An der Erteilung der Anerkennung oder Begründung der Ablehnung des VV sind meist wieder der BVW-Beauftragte, aber auch Führungskräfte (bis hin zum Top-Management) beteiligt.

Diese kleine Skizze mag zunächst genügen, um eine Grundvorstellung vom BVW zu vermitteln. Kommen wir nun zu verschiedenen Einzelfragen.

Warum hat noch nicht jeder Betrieb ein Vorschlagswesen?

Fragen wir uns zunächst, warum noch so viele Mittelbetriebe ein BVW nicht einrichten, obgleich auch ihnen nicht verborgen geblieben sein dürfte, welche Erfolge namhafte Großunternehmen alle Jahre wieder mit dem BVW vermelden können.

In der bereits erwähnten Umfrage des Kölner Organisationsseminars nannten 42 Geschäftsführer aus mittelgroßen Industriebetrieben (bis maximal 499 Beschäftigte) folgende Contra-BVW-Argumente (in dieser Rangfolge): (1) das BVW verursache zusätzlichen Personal-, Zeit- und Arbeitsaufwand, (2) es bringe eine weitere Bürokratisierung der Betriebe mit sich und (3) es erhöhe die

Einflußmöglichkeiten der Betriebsräte. Alle diese Argumente aus Mittelbetrieben ohne BVW können einer ernsthaften Prüfung kaum standhalten:

1. Der erforderliche Aufwand für ein BVW ist einerseits im Vergleich zum Aufwand für konkurrierende oder flankierende Instrumente (z. B. Qualitätszirkel, Lernstatt) und andererseits im Verhältnis zum möglichen Nutzen aus dem BVW zu sehen. Betriebe gleicher Größenordnung aus denselben Branchen berichteten in dieser Umfrage von einem Verhältnis zwischen erzielten Nettoersparnissen und ausgezahlten Prämien (auch Sachbeiträgen) von 4,5:1 (Maschinenbau) und 5,2:1 (Gießereiindustrie). Dies ist keineswegs ungewöhnlich, sind doch schon günstigere Nutzen-Kosten-Relationen bekannt geworden.

2. Ein BVW bedarf zwar der Organisation, um eine zugleich sorgfältige und schnelle Prüfung aller VV zu sichern, doch muß diese Organisation keineswegs zu einer „Bürokratie“ ausarten. Möglicherweise werden viele Mittelbetriebe von dem ausdifferenzierten BVW-Formularwesen der Großbetriebe sowie komplizierten Darstellungen des Weges von VV durch zahlreiche betriebliche Stellen abgeschreckt. Viel seltener sind bislang Beispiele für eine sehr einfache VV-Abwicklung aus Mittelbetrieben veröffentlicht worden. Jeder Betrieb muß in bezug auf das BVW sein eigenes Organisationskonzept entwickeln. Dieses soll einfach, für alle Beteiligten leicht durchschaubar und flexibel sein. Unter diesen Bedingungen ist eine Organisation der Ideenbearbeitung auf Dauer allen improvisatorischen Lösungswegen überlegen.

3. Zum dritthäufigsten Contra-BVW-Argument ist anzumerken, daß die Rechte der Betriebsräte hinsichtlich des BVW in der Tat sehr stark sind. Am 28. April 1981 bejahte das Bundesarbeitsgericht ein Initiativrecht des Betriebsrates. Dieser kann also die Aufstellung allgemeiner Grundsätze für das BVW verlangen, sobald für eine solche Regelung nach seiner Ansicht ein Bedürfnis in der Belegschaft besteht. Am 16. März 1982 stellte das Bundesarbeitsgericht in einem weiteren Urteil klar, daß sich das BVW-Mitbestimmungsrecht des Betriebsrates nur auf die „Grundsätze“ bezieht. Hierzu können gerechnet werden die Regelungen bezüglich der Art der Vorschläge, des vorschlags- und prämienberechtigten Personenkreises, der Organe des BVW, der Abwicklungsprozeduren, der Bewertungsmaßstäbe und der Beschwerdemöglichkeiten. Dagegen hat der Betriebsrat kein Mitbestimmungsrecht bei der Bestellung des BVW-Beauftragten, bei der Annahme des einzelnen Vorschlages und bei der Frage, ob und in welcher Größenordnung finanzielle Mittel für die Prämiengewährung zur Verfügung gestellt werden. Es besteht beim BVW in der Tat noch ein erheblicher Gestaltungsspielraum für den Arbeitgeber, obgleich die Arbeitnehmervertretung ein starkes Mitbestimmungsrecht hat. Da das BVW eine Einrichtung ist, die zum Vorteil aller beteiligten Gruppen ausgestaltet werden kann, erscheint es ohne weiteres möglich, hier ein neues Feld der „vertrauensvollen Zusammenarbeit“ zu eröffnen und zu pflegen.

Ein sehr ernst zu nehmender Grund für den unbefriedigenden Verbreitungsgrad und Entwicklungsstand des BVW scheint nach allen vorliegenden Umfrageergebnissen darin zu liegen, daß das BVW noch in zu wenigen Betrieben als echte Managementaufgabe verstanden wird. Ein BVW kann nicht „mit der linken Hand" zum Erfolg gebracht werden.

Was soll mit dem Vorschlagswesen erreicht werden?

Am Anfang eines systematischen Managementprozesses steht die Klärung der Ziele. Aus verschiedenen Befragungen Ende der siebziger und Anfang der achtziger Jahre ergibt sich bei bundesdeutschen Unternehmen folgende Rangfolge von Zielen für das Instrument BVW: (1) Wirtschaftlichkeitsverbesserung, (2) Erhöhung der Arbeitssicherheit, (3) Produktivitätssteigerung, (4) Verbesserung der Personalführung, (5) Schritthalten mit dem technischen Fortschritt und Verbesserung der Konkurrenzfähigkeit, (6) Erweiterung des Instrumentariums zur Personalauslese und zur Persönlichkeitsentfaltung. BVW-Beauftragte und unabhängig davon befragte Betriebsräte stimmen in der Einschätzung der in ihren Betrieben derzeit gültigen Rangfolge von Zielen für das BVW in hohem Maße überein. Es ließen sich jedoch zum Teil gravierende Abweichungen feststellen, wenn beide Personengruppen nach der idealen Rangfolge aus ihrer speziellen Sicht befragt wurden.

So sehen in dieser Soll-Perspektive die BVW-Beauftragten die Wirtschaftlichkeitsverbesserung nach wie vor an erster Stelle, während die Betriebsräte diesen Rang der weiteren Arbeitserleichterung zuweisen wollen. Für sie soll das BVW folglich vor allem ein Humanisierungsinstrument werden. Beide Personengruppen stimmen darin überein, daß das idealerweise zweithöchste Ziel in der Erhöhung der Arbeitssicherheit liegt. Während BVW-Beauftragte das BVW künftig auch verstärkt als Mittel zur Verbesserung der Personalführung einsetzen wollen (3. Rangplatz), wollen die Betriebsräte diesen Zielaspekt möglichst weit nach hinten verweisen (8. Rangplatz). Aufgrund der verstärkten Mitbestimmungsposition der Betriebsräte läßt sich prognostizieren, daß Betriebsräte (und auch Gewerkschaften) das BVW nicht mehr grundsätzlich in Frage stellen werden. Allerdings dürfte künftig verstärkt darüber diskutiert werden, welchen Zielen diese mitbestimmungspflichtige Einrichtung vorrangig dienen soll.

Wie läßt sich die Effizienz des Vorschlagswesens messen?

Die Effizienz des BVW, also sein Erfolgsniveau, läßt sich anhand der bisher genannten Zielvorstellungen nicht unmittelbar messen. Für diesen spezifischen Soll-Ist-Vergleich stehen jedoch zahlreiche Effizienzkriterien zur Verfügung. Eines der wichtigsten ist die Beteiligungsquote, üblicherweise gemessen als Anteil der eingereichten VV pro 100 oder 1000 Teilnahmeberechtigte. Bezogen auf etwa 1,77 Millionen BVW-Teilnahmeberechtigte in ausgewählten deutschen

Industriebetrieben ermittelte das DIB in seiner jüngsten BVW-Statistik eine Beteiligungsquote von 14,99%, wobei insbesondere die Automobil- und Zulieferer-Industrie mit 24,79% sowie die Elektroindustrie mit 22,31% weit überdurchschnittliche Beteiligungsquoten verzeichnen können. In bezug auf alle 154 vom DIB erfaßten Unternehmen und Behörden ergab sich ein Durchschnittswert von 10,67% Beteiligungsquote. Hier ist in den letzten Jahren eine deutliche Verbesserung erkennbar. Der vergleichbare Wert für die Schweiz beträgt für dasselbe Bezugsjahr (1983) lediglich 2,6%, während die USA-Statistik einen Wert von 15,0% aufweist. Daß ein solcher Durchschnittswert durchaus auch in der Bundesrepublik Deutschland erreichbar ist, zeigte die Erhebung des Bayerischen Staatsministeriums für Arbeit und Sozialordnung im Sommer 1983 bei 1609 bayerischen Unternehmen und Behörden: Die Beteiligungsquote in Bayern belief sich 1980 bis 1982 auf 15 Vorschläge pro 100 Arbeitnehmer. Während noch vor 15 Jahren (bei einer Beteiligungsquote von 4,5%) die Bundesrepublik Deutschland in vielen Veröffentlichungen als ein „unterentwickeltes BVW-Land“ bezeichnet wurde, kann diese Aussage allein mit dem statistischen Vergleich heute nur noch schwerlich begründet werden. Dies gilt ganz besonders, wenn neben der Beteiligungsquote auch die Annahmequote (Prozentsatz der angenommenen von den eingereichten VV) zum Vergleich herangezogen wird. Während man in den USA diesbezüglich seit Jahren einen Wert ermittelt, der um 25% liegt (1983: exakt 25,0%), lag dieser Wert bei den vom DIB erfaßten deutschen Betrieben bei 38,5%. Das genannte Bayerische Staatsministerium ermittelte sogar 45,4%. Der entsprechende Wert in der Schweiz betrug 33,1%. Wie die Werte einzelner deutscher Unternehmen mit professionellem BVW-Management zeigen, sind Beteiligungs- und Annahmequote noch erheblich steigerungsfähig, wenn Information und Werbung, BVW-Anreizsystem und -Organisation verbessert sowie die Vernetzung des BVW mit anderen Instrumenten der Rationalisierung, Qualitätssteigerung, Innovationsförderung und der Personalentwicklung intensiviert wird. Hinsichtlich weiterer BVW-Kennziffern sei auf die Spezialliteratur verwiesen. Das Top-Management sollte die Entwicklung von Beteiligungs- und Annahmequoten sowie weiterer BVW-Kennziffern regelmäßig verfolgen, bei unbefriedigenden Werten die Ursachen ermitteln und Maßnahmen zur Effizienzsteigerung veranlassen oder selbst ergreifen.

Was hält von der Einreichung mancher Verbesserungsidee ab?

Die wichtigsten BVW-Barrieren bei einzelnen Arbeitnehmern sind seit langem bekannt und in verschiedenen empirischen Studien belegt worden. Es handelt sich um Hemmnisse aufgrund von Unfähigkeit (Nicht-Können), Trägheit (Nicht-Wollen) und Angst (Nicht-Wagen). Fähigkeitsbarrieren lassen sich u. a. daran erkennen, daß Betriebsangehörige entweder keine kritische Einstellung zum Betriebsgeschehen haben oder zur Kritik zwar fähig sind, aber nicht in konstruktiver Weise Verbesserungen formulieren können. Besonders unter den Lohnempfängern haben auch viele potentielle Einreicher Schwierigkeiten mit der schriftlichen Ausarbeitung eines VV. Daher sollte alles getan werden, um die mündliche VV-Abgabe zu ermöglichen.

Die Willensbarrieren rühren bei einem Teil der Arbeitnehmer aus einer geringen Identifikation mit der Berufstätigkeit. Ferner können sie, wenn auch seltener, ihre Ursache in einem grundsätzlichen ideologischen Interessengegensatz zum Arbeitgeber haben. Das BVW wird von solchen Personen als Einrichtung zur „geistigen Enteignung" empfunden; sie begegnen ihm mit Ausbeutungsfurcht. Andere Arbeitnehmergruppen wollen am BVW vielleicht deshalb nicht teilnehmen, weil sie ganz persönliche negative Erfahrungen bei der Verwertung ihrer Ideen gemacht haben (etwa „Ideendiebstahl" durch Vorgesetzte) oder grundsätzlich aus allen betrieblichen Neuerungen unkalkulierbare Folgen für ihren persönlichen Status erwarten.

Die Furcht vor materiellen und ideellen Nachteilen aus einer BVW-Teilnahme soll als letzte wichtige Abstinenzursache erwähnt werden. Hier sind beispielhaft zum einen befürchtete Nachteile bezüglich des bestehenden Entgeltsystems (z. B. Veränderung der Akkordberechnung) und zum anderen die Furcht vor Mitarbeitern, Kollegen und Vorgesetzten zu nennen. Die zuletzt genannten Hinderungsgründe zeigten, daß das BVW ein Barometer für das Betriebsklima sein kann. Es signalisiert, wie es um die Kreativitätsförderung und Innovationsbereitschaft in den Kooperations- und Führungsbeziehungen innerhalb eines Unternehmens bestellt ist.

Eine betriebsindividuelle Analyse der Vorschlagshemmnisse sollte am Anfang aller Maßnahmen zur Verbesserung des BVW-Managements stehen.

Wie wichtig ist die Werbung?

Für die erfolgreichen Anwender eines BVW ist die Frage längst beantwortet. Eine häufige und einfallsreiche Werbung kann wesentlich zur Verbesserung der Beteiligungsquote beitragen. Mindestens einmal im Monat zu werben, erweist sich dabei als effektvoller als eine Jahresaktion, so laut die Werbetrommel dann auch gerührt werden mag. Hinweise in der Werkzeitschrift, Anschläge, Ideenwettbewerbe und Preisausschreiben, Broschüren und Faltblätter, persönliche Briefe, Beilagen in der Lohn- und Gehaltsabrechnung, Spezialinformationen für ausländische Mitarbeiter in ihrer Muttersprache, Vorschlagsfibeln und Ausstellungen von durchgeführten VV gehören zum Werbearsenal der Spitzenunternehmen im Bereich des BVW.

Inhaltlich stellen heute noch die meisten Werbebotschaften die materiellen Anreize des BVW in den Vordergrund. In der Minderheit befinden sich dagegen Werbeaussagen, die auf die mit dem BVW verbundenen Chancen zur besseren Entfaltung persönlicher Fähigkeiten im Betrieb hinweisen. Von den befragten

Industriebetrieben mit besonders hohen Beteiligungsquoten (Studie des Kölner Organisationsseminars) verzeichneten fast drei Fünftel als Folge ihrer intensiven Werbemaßnahmen mehr und bessere VV, bei einem Drittel gingen mehr VV ein und weniger als ein Zehntel registrierte zwar mehr VV-Eingänge, die aber insgesamt gesehen eine schlechtere Qualität aufwiesen.

Welche Anreize motivieren zur verstärkten BVW-Teilnahme?

Gehen wir zunächst auf materielle Anreize ein. Aus einer Sondererhebung des DIB bei 124 Unternehmen ist bekannt, daß zwei Drittel dieser Befragten bis zu 20% der ersten Jahresersparnis als Prämie zahlten.

In dieser Stichprobe erreichten nur zwei Unternehmen bereits das, was die Deutsche Angestellten-Gewerkschaft für die anstrebenswerte Obergrenze hält, nämlich die Teilung des Nutzens (je 50%) zwischen Arbeitgeber und Arbeitnehmer. Die Industrie-Gewerkschaft Metall fordert bei einmaliger Prämiierung mindestens 40% des Jahresnutzens. Erfolgt die Prämiierung zunächst nur für das erste VV-Nutzungsjahr – so die Forderung wohl aller Arbeitnehmervertretungen –, muß eine Nachprämiierung auf der Basis der tatsächlich erzielten Ersparnisse möglich sein.

Aus der genannten DIB-Sondererhebung (veröffentlicht: 1979) ging ferner hervor, daß fast ein Drittel der befragten Unternehmen sich für die Übernahme der Steuern und Sozialaufgaben auf VV-Prämien entschieden hatte. Etwa derselbe Anteil wurde auch in der von der Uni Köln durchgeführten „Spitzengruppen-Befragung" ermittelt. Dieses Drittel erreichte allerdings eine durchschnittlich weitaus höhere Beteiligungsquote (35%) als die Nicht-Übernehmer (16,7%) von Steuern und Abgaben. Es erscheint plausibel anzunehmen, daß Mitarbeiter den Prämienanreiz dann als beteiligungsmotivierender empfinden, wenn sie nicht Finanzämter und Sozialversicherungen am Erfolg ihrer Sonderleistungen in progressiver Weise beteiligen lassen müssen. Da in der steuerlichen Behandlung von VV-Prämien seit nunmehr über 28 Jahren keine Veränderungen eingetreten sind und wohl auch für die absehbare Zukunft leider nicht erwartet werden können, sind die Unternehmen aufgerufen, an dieser Stelle ihre Prämiensysteme motivierender zu gestalten.

Für eine Begrenzung der Prämien nach oben ist kein betriebswirtschaftlich überzeugender Grund erkennbar, erhält doch das Unternehmen stets mindestens einen gleich hohen Nutzen wie der Prämiierte, in aller Regel sogar ein Mehrfaches davon.

Nahezu zwei Drittel in der DIB-Sondererhebung berücksichtigten Unternehmen verwendeten 1979 Korrekturfaktoren bei der Prämienberechnung, die sich in etwa vier Fünftel dieser Fälle auf die betriebliche Stellung und den Arbeitsbereich des VV-Einreichers bezogen. Es ist nicht von der Hand zu weisen, daß es aufgrund der organisatorischen Eingliederung (Art der Aufgabe, Stellung im inner- und überbetrieblichen Informationsfluß) unterschiedlich gute Chancen zur Ideenfindung bei sonst gleichen Voraussetzungen bezüglich Leistungsbereitschaft und Leistungsfähigkeit geben kann.

Für VV mit nicht errechenbarem Nutzen müssen Bewertungsschemata entwickelt werden, um den VV-Einreicher in angemessener Weise honorieren zu können. Zu solchen Kriterien gehören meist (a) der geschätzte Nutzen für den Betrieb, (b) der Fleiß, die Mühe, das Engagement des Vorschlagenden, (c) der Neuigkeitsgehalt seines VV, (d) die Vergleichbarkeit mit bereits prämiierten VV (Prinzip der „relativen Gerechtigkeit“) und (e) die Werbewirksamkeit und Anreizwirkung für potentielle BVW-Teilnehmer. Schließlich gilt es noch die (f) mögliche Anwendungshäufigkeit eines VV innerhalb des Unternehmens (des Konzerns) zu berücksichtigen.

Mit Geld- und Sachprämien wird man sicherlich nicht alle Bedürfnisse befriedigen und nicht allein zur Zufriedenheit beitragen können, obgleich zu bedenken ist, daß mit der Prämiierung immer auch eine Anerkennung für erbrachte Sonderleistungen verbunden ist. Zweifellos erhält ein VV-Einreicher eine besondere Anerkennung dadurch, daß sein VV so schnell wie möglich realisiert wird. Die persönliche Anerkennung wird verstärkt, wenn der Einreicher über seine Belobigung und die Realisierung seines VV hinaus eine Förderung in seiner persönlichen Entwicklung im Berufsleben erfährt, etwa durch Bildungs- und Stellenbesetzungsmaßnahmen. Selbst in der „Spitzengruppen-Befragung“ ermittelten wir, daß das BVW bisher nur selten in die betrieblichen Personalentwicklungssysteme integriert worden ist.

Nur ganz wenige Betriebe haben ihr Anreizsystem bisher so weit ausgebaut, daß auch die Gutachter für VV und die Vorgesetzten von Einreichern darin berücksichtigt werden. An dieser Stelle befinden sich gewiß Ansatzpunkte für eine weitere Förderung des BVW.

Auf welche Stellen kommt es bei der Organisation des BVW an?

Letztlich sind alle Führungskräfte Aufgabenträger in der BVW-Organisation. Das Interesse des *Top-Managements* am BVW scheint sich nach den Erkenntnissen des Kölner Organisationsseminars in den letzten Jahren positiv entwickelt zu haben. Keiner der 102 befragten Betriebsräte beklagte sich über mangelndes Interesse der Unternehmensleitung am BVW. Fast 30% der 71 antwortenden BVW-Beauftragten stellten fest, das Interesse des Top-Managements sei „eindeutig gestiegen“, etwa ein weiteres Drittel registrierte immerhin, das Top-Management-Interesse sei „etwas gestiegen“. Es ist nicht auszuschließen, daß sich das zunehmende Interesse und der wachsende Einfluß der Betriebsräte auf das BVW-Interesse der obersten Führungskräfte günstig ausgewirkt haben. Mehr als ein Drittel der Unternehmensleitungen zeigt nach Einschätzung der BVW-Beauftragten eine „volle aktive Unterstützung“ des BVW und gut die

Hälfte eine „wohlwollende Unterstützung". Überdurchschnittlich hohe Beteiligungsquoten (in dieser Stichprobe: über 12%) traten nur in solchen Unternehmen auf, in denen die beiden vorgenannten hohen Stufen der Unterstützung durch die Unternehmensleitung gegeben waren.

Das Engagement des Top-Managements wird seine Wirkung auf die nachgeordneten *Führungskräfte* nicht verfehlen. Dies geht hinunter bis zu den Meistern und Vorarbeitern. Günther Höckel formulierte bereits vor über zwanzig Jahren: „Die Meister und Vorgesetzten sind das Rückgrat, aber auch das Kreuz des BVW." Kommen viele Vorschläge, dann heißt es leider noch allzu häufig, der Vorgesetzte sei fachlich nicht in Ordnung. Kommen nur wenige Vorschläge, dann heißt es dagegen, der Vorgesetzte sei menschlich nicht in Ordnung. Dieser Rollenstreß muß durch eindeutige Aussagen und Verhaltensweisen der Unternehmensleitung beseitigt werden.

Neben ihrer unerläßlichen Mitwirkung im BVW-Geschehen (z. B. als Gutachter, Mitglied der BVW-Kommission, Gesprächspartner eines unmittelbaren Mitarbeiters bei dessen VV-Ausarbeitung) können Führungskräfte dem BVW durch ihre eigene Teilnahme als Vorschlagende wertvolle Impulse geben.

Außer von den Führungskräften wird ein leistungsfähiges BVW – heute mehr denn je – auch von den Angehörigen des *Betriebsrates* getragen. Die Grundsätze des BVW werden inzwischen weit überwiegend (mindestens bei 70% der vom DIB befragten Unternehmen) durch Betriebsvereinbarungen geregelt. Weniger als 8% der von der Uni Köln befragten Betriebsräte standen dem BVW „kaum positiv" oder „ablehnend" gegenüber. Über vier Fünftel der Betriebsräte waren mit der Mitbestimmungspraxis beim BVW mindestens „zufrieden". Genau die Hälfte der Betriebsräte war der Auffassung, das Interesse ihrer Belegschaften am BVW sei „günstig". Bei gleichlautender Fragestellung waren es 1962 unter 10% und 1967 lediglich 20% der Betriebsräte, die die Industrie-Gewerkschaft Metall befragt hatte. In 90% aller Fälle, in denen die Betriebsräte das Interesse ihrer Belegschaften als „günstig" charakterisierten, hatten sie selbst eine positive Einstellung zum BVW. Nur diejenigen Unternehmen wiesen eine überdurchschnittliche Beteiligungsquote (hier: über 12%) auf, in denen ihre Betriebsräte generell „sehr positiv" oder zumindest „positiv" über das BVW dachten. Eine große Mehrheit (70%) der BVW-Beauftragten, die feststellte, das BVW habe in den letzten Jahren in ihren Unternehmen an Ansehen gewonnen, schrieb dem jeweiligen Betriebsrat einen Beitrag an dieser Entwicklung zu.

Der Hauptaufgabenträger in der BVW-Organisation ist der *BVW-Beauftragte*. Entscheidend für die Bestellung eines hauptamtlichen Beauftragten ist nicht die Belegschaftsgröße, sondern die Zahl der eingereichten VV, die ihrerseits wiederum von der Kapazität der BVW-Beauftragtenstelle abhängen kann. Diese Stelle wird heute meist dem Personalbereich zugeordnet. Dies fördert zwar, wie die „Spitzengruppen-Befragung" ergab, die Beteiligungsquote, nicht jedoch die Annahmequote, da in einem solchen Fall auch vermehrt Humanisierungsvorschläge mit ungünstigen Nutzen-Kosten-Relationen eingereicht werden. Die häufig geforderte direkte Unterstellung der Stelle des BVW-Beauftragten unter die Unternehmensleitung muß nicht immer optimal sein. Diese Zuordnung kann zwar das Durchsetzungspotential verbessern, gleichzeitig jedoch auch die Schwellenängste bei den Mitarbeitern erhöhen. Schon Günther Höckel hatte gefordert, die Stelle des BVW-Beauftragten dürfe kein Abstellgleis, sondern müsse ein Sprungbrett sein. Hierzu sind freilich Qualifizierungsmaßnahmen erforderlich. Das DIB führt seit vielen Jahren Seminare zur fachlichen Fortbildung der Beauftragten durch. Eine Arbeitsgruppe der Deutschen Aktionsgemeinschaft Bildung – Erfindung – Innovation e. V. (Friedrich-Ebert-Allee 39, 5300 Bonn 1) hat vor kurzem ein Qualifikationsprofil für den „Vorschlags- und Erfindungsbeauftragten" (Arbeitstitel) konzipiert, das Grundlage für ein Fortbildungsprogramm an einer Industrie- und Handelskammer werden soll. Neben einem umfangreichen BVW-Fachwissen scheinen für BVW-Beauftragte folgende Merkmale sehr erfolgsförderlich zu sein: (1) Verständnis für das Zusammenwirken der betrieblichen Teilbereiche, (2) Kontaktfähigkeit und Einfühlungsvermögen, (3) Verhandlungsgeschick, (4) Überzeugungskraft sowie (5) Denken und Handeln in betriebswirtschaftlich-organisatorischen Kategorien. Er benötigt dieses Eignungsprofil nicht zuletzt, um die geeigneten Gutachter zu finden sowie diese zur wohlwollenden Einstellung und schnellen Arbeitsweise zu bewegen. Auch spielt der Beauftragte innerhalb der BVW-Kommission oft eine wichtige Rolle, teilweise führt er hier sogar den Vorsitz. Diese Ausschüsse sind in der metallverarbeitenden Industrie oft paritätisch besetzt, im Dienstleistungsbereich (z. B. Banken, Versicherungen) dagegen in aller Regel nicht. In der Praxis werden die Beschlüsse dieser Kommission fast ausnahmslos vom Arbeitgeber akzeptiert, obgleich die Entscheidung über die Verwertung eines VV letztlich allein beim Arbeitgeber liegt. Würde es auf Dauer zu großen Unterschieden zwischen Kommissionsempfehlung und Arbeitgeberentscheidung kommen, verlöre das BVW in den Augen der Arbeitnehmer sicherlich seine Attraktivität.

Die Deutsche Gesellschaft für Personalführung errechnete in einer 1977 bei 29 Unternehmen durchgeführte BVW-Studie als durchschnittliche Tagungsdauer der Kommissionen 42 Arbeitsstunden pro Jahr. Diese Arbeitswoche der Kommissionsmitglieder kann eine gute Investition sein.

Machen Qualitätszirkel das Vorschlagswesen überflüssig?

Eingangs wurde davon gesprochen, es begünstige die Leistungsfähigkeit des BVW, wenn dieses mit anderen Einrichtungen zur Rationalisierung, Qualitätssteigerung und Innovationsförderung vernetzt werde. Kann man nicht auch umgekehrt behaupten, das altehrwürdige BVW sei durch moderne Konzepte überflüssig geworden? Diese Frage sei abschließend am Beispiel der Qualitätszirkel (QZ) beantwortet.

1. Sowohl BVW als auch QZ dienen der Rationalisierung und Qualitätsverbesserung, doch ist innerhalb der QZ-Bewegung eine starke Strömung erkennbar, die weitaus stärker den Motivations-, Führungs- und Personalentwicklungsaspekt hervorhebt. QZ sind in stärkerem Maße als das BVW Ausdruck einer aktiven Personalführung, die sich in der deutschen Praxis allerdings fast immer auf wenige Mitarbeitergruppen konzentriert. Meist sind dies Angehörige der unteren Hierarchiestufen. Immer wieder wird betont, daß die Erwartungen an die Ergebnisse der QZ-Arbeit nicht zu hoch angesetzt werden sollten. In das BVW gelangen neben zahlreichen Bagatellvorschlägen immer wieder Ideen mit sehr hohem Neuigkeitsgrad und hohem Nutzen für die Unternehmen. Diese haben daher von der qualitativen Seite keinen Grund, auf das BVW zu verzichten.

2. Wenn eine stärkere Koppelung von BVW und QZ in Einzelfragen (z.B. der Anreizsystemgestaltung) vorgenommen wird, könnte sich auch die Einstellung der Gewerkschaften und der weit überwiegend gewerkschaftlich organisierten Betriebsräte zum QZ-Konzept verbessern. Insbesondere die Nutzenverteilung aus der QZ-Arbeit kann mit Regelungen, die dem BVW angelehnt sind, oft konfliktfreier gelöst werden. Anzustreben ist dabei die Gleichbehandlung aller Arbeitnehmer unter Berücksichtigung der für die VV-Ausarbeitung gegebenen Voraussetzungen. BVW-Erfahrungen sind folglich auch für die QZ-Arbeit nützlich.

3. Durch ein BVW wird jedem Arbeitnehmer signalisiert, daß es immer einen Weg (zur Not auch außerhalb des Dienstweges) gibt, eine gute Idee an die Entscheidungsstellen zu bringen. Er kann gewiß sein, daß diese Idee einer sorgfältigen Prüfung unterzogen werden muß. Das BVW lebt vorwiegend von der kreativen Einzelperson sowie von einfallsreichen und kontaktfähigen Personen, die sich informal zu einer Einreichergemeinschaft zusammengeschlossen haben. BVW und QZ erschließen mithin jeweils andere Bereiche des innerbetrieblichen Ideenpotentials. Es gibt keinen ernstzunehmenden Grund, auf ein landesweit betrachtet traditionsreiches Instrument der Ideenförderung und -umsetzung zu verzichten, nur weil „moderne" Konzepte in Publikationen, Tagungen, Seminaren etc. in den Vordergrund des Interesses rücken. Erfahrene und erfolgreiche Unternehmen haben anders reagiert. Das Neue kann ausprobiert werden, ohne das Alte zu vernachlässigen. Im Gegenteil: Das Neue führte häufig zur Revitalisierung des Alten. Der unbestreitbare Nutzen eines professionell gemanagten BVW ist seine beste Überlebensgarantie.

3.4. Das Gruppenvorschlagswesen als Teil des Ideenmanagement

Eberhard Brinkmann

Als der Verfasser im Mai 1976 seine Gedanken über ein Gruppenvorschlagsmodell vor Fachleuten (Vorschlagsbeauftragten) erläuterte, kam es in der Diskussion zu teilweise tumultartigen Szenen. Waren die Ideen damals zu neuartig für mitteleuropäische Verhältnisse? Seither erkennen zunehmend mehr Unternehmen in der Bundesrepublik Deutschland, in Österreich und in der Schweiz den Wert der Gruppenvorschläge und fördern sie sogar, wie Erhebungen und Befragungen bestätigen. Worin besteht die besondere Bedeutung des Gruppenvorschlagswesens für das Unternehmen und für die darin beschäftigten Mitarbeiter?

- Zum einen nutzen stets mehrere Mitarbeiter den zugestandenen Freiraum und stellen sich dem *Wettbewerb freiwillig vorgebrachter Ideen,*
- zum anderen beteiligen sich diese aktiven Mitarbeiter an einem *Lernprozeß,* der Auswirkungen auf die gesamte Belegschaft hat (Betriebsklima).

In der Regel dürfen sich *alle Mitarbeiter,* ganz besonders auf den unteren hierarchischen Stufen, beteiligen und nehmen bei Bedarf direkten Kontakt auf mit dem unternehmensinternen Ansprechpartner, dem *Vorschlagsbeauftragten.*

Damit besteht – im Gegensatz zur herrschenden Organisationslehre – ein Phänomen, das sich in Tausenden von Fällen in Industrie, Wirtschaft und öffentlicher Verwaltung weltweit bewährt hat. Durch die freiwillige Teilnahme der Mitarbeiter erhält das Unternehmen Ideen, die es sonst nicht erhalten hätte.

Nähere Hinweise zu den Themenbereichen Betriebliches Vorschlagswesen, Gruppenvorschlagswesen und Ideenmanagement finden sich in der 2bändigen Monographie „Betriebliches Vorschlagswesen"*).

1. Was bedeutet Gruppenvorschlagswesen?

Das Gruppenvorschlagswesen, anknüpfend an das klassische Betriebliche Vorschlagswesen, kann als Entwicklungsstufe zum Ideenmanagement betrachtet werden.

Viele Jahrzehnte lang, bei einigen Firmen ist dies heute noch so, dominierte beim Betrieblichen Vorschlagswesen der Einzeleinreicher. Erst Anfang der 70er Jahre wurden in Deutschland bei einigen wenigen Unternehmen Verbesserungsvorschläge von 2 und mehr Mitarbeitern eingereicht. Es waren die ersten

---

*) Band 1 trägt den Untertitel „Standard in Wirtschaft und Verwaltung". Verfasser sind: Brinkmann, E. P., Heidack, C. Band 2, Heidack, C., Brinkmann, E. P., trägt den Untertitel „Fortentwicklung zum Ideenmanagement durch Motivation und Gruppen", Rudolf Haufe Verlag, Freiburg 1982 (Bd. 1) und 1984 (Bd. 2).

Abb. 1: Beim Gruppenvorschlagswesen werden Gruppenvorschläge von informellen Gruppen und von formellen Gruppen entwickelt.

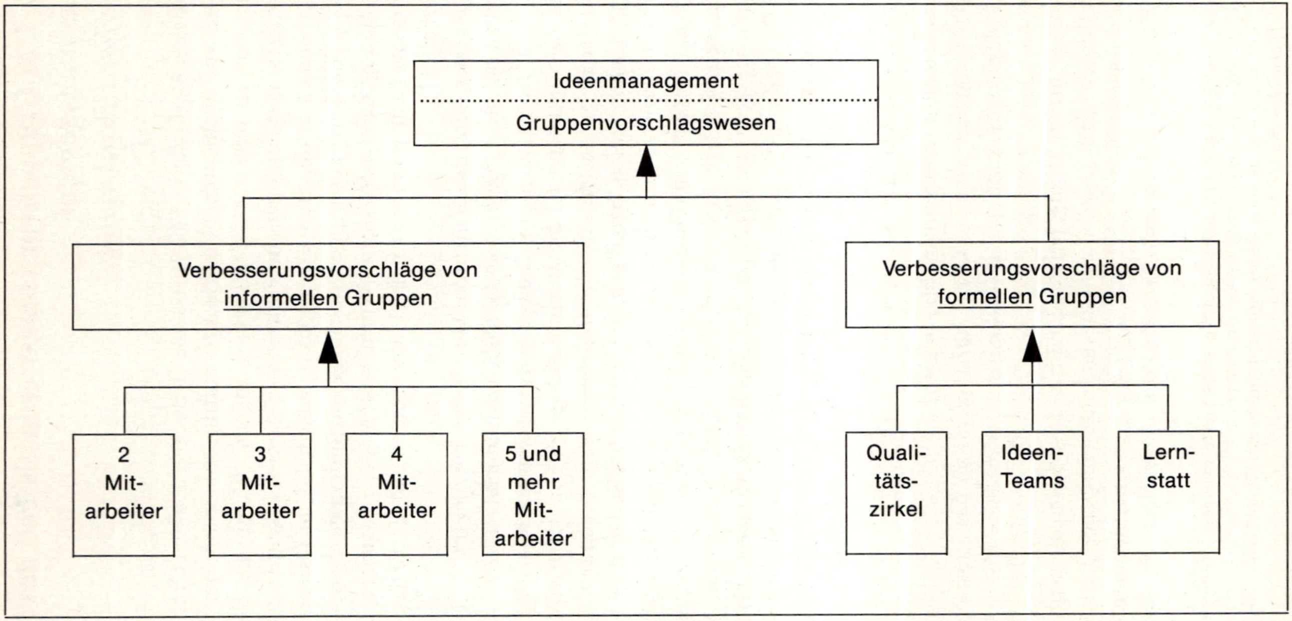

Gruppenvorschläge, die damals nahezu ausschließlich von *informellen (Kleinst-)-Gruppen* stammten (vgl. Abb. 1).

Nach Auswertung der Erfahrungen von 70 in- und ausländischen Unternehmen regt R. W. Schirm (1955, S. 87) bereits 1955 an, wie Hindernisse beseitigt und das Vorschlagswesen sich zu einer Sache der gesamten Belegschaft entwickeln könnte. Schirm ging auf das größte Hemmnis für die Mitarbeiterbeteiligung ein: die Angst vor der Reaktion von Vorgesetzten und Arbeitskollegen. Als Abhilfe schlug er regelmäßige Arbeitsbesprechungen vor mit dem Ziel, *Arbeitsgruppen mit ihren Vorgesetzten* ins Gespräch zu bringen. Die dabei *gemeinsam* gefundenen Verbesserungsmöglichkeiten sollten vom Vorgesetzten den fachlich zuständigen Stellen vorgetragen werden. Mit zunehmendem Vertrauen innerhalb der Gruppe würden nicht nur technische Verbesserungsmöglichkeiten besprochen, sondern auch andere betriebliche und menschliche Probleme gemeinsam in Angriff genommen (Schirm 1955, S. 88f.).

1966 folgte ein starker Anstoß durch die Dissertation von W. Krafft zum Thema „Das betriebliche Vorschlagswesen als Gruppenaufgabe und Gruppenproblem“. Darin heißt es: „Das Gruppen-Vorschlagssystem läßt sich aber auch in echten *„Vorschlags-“ oder „Denkgruppen“* verwirklichen, in denen selbständig Verbesserungsvorschläge gesucht und ausgearbeitet oder vorhandene betriebliche Probleme zur Diskussion gestellt werden.“ (Krafft 1966, S. 280) Diese Anregungen werden erst Anfang der 70er Jahre aufgegriffen.

Zum Gruppenvorschlagswesen zählen auch die Vorschläge von *formellen Gruppen* (Abb. 1). Dazu gehören Qualitätszirkel, Ideen-Teams und Lernstattgruppen, die noch näher beschrieben werden. In jedem der drei Fälle bedarf es einer eigenen, zusätzlich einzurichtenden Organisation. Im Gegensatz zum klassischen Betrieblichen Vorschlagswesen wird in vielen Unternehmen die Gruppenarbeit in der regulären Arbeitszeit durchgeführt und dann als normale Arbeitszeit bezahlt. Es ist den formellen Gruppen freigestellt, ob sie nach Projektabschluß einen Gruppenvorschlag einreichen. Die Rechtfertigung für einen Prämienanspruch leitet sich ab aus der schnelleren Realisierung durch die Gruppe, einem Vorteil für das Unternehmen.

2. Welche Ziele sind wichtig?

Um ein für die Geschäftsleitung jeder Firma wichtiges Ziel zu erreichen, käme als Weg der Einsatz eines Vorschlagssystems mit besonderer Förderung von Gruppenvorschlägen in Betracht, weil so den beteiligten Mitarbeitern und Führungskräften Gelegenheit gegeben wird, in einem neuen Freiraum miteinander umzugehen: relativ einfach erscheinende Verbesserungsvorschläge, deren Risiko bei der Realisierung überschaubar ist, zu erhalten und daran zu üben und zu erkennen: Wie werden betriebliche Zusammenhänge sichtbar und wie unterschiedlich können sich Angehörige derselben Firma bei Vorschlägen von Mitarbeitern und Kollegen verhalten. Dadurch, daß dieser einfache Weg das Lernen bei der täglichen Arbeit ermöglicht, kommt es auch – unbemerkt und daher zwangsläufig – zur *Veränderung von Verhaltensweisen* bei allen an der Entwicklung, Begutachtung (ggf. Abänderung), Realisierung und Bewertung von Vorschlägen Beteiligten. Daher ist es so besonders wichtig, *wie* die Beteiligten mit der vom Mitarbeiter angebotenen Verbesserungsidee umgehen. An dieser Stelle muß der Fairneß halber gesagt werden, daß in erstaunlich vielen Unternehmen diese Zusammenhänge bisher überhaupt nicht oder zumindest in ihrer Bedeutung noch nicht erkannt worden sind. Das erfolgreiche Umgehen mit Maschinen läßt sich – verbunden mit dauerhaftem Gewinn für das Unternehmen, in dem noch Menschen arbeiten –, *nicht* auf den Umgang mit Menschen übertragen. Nur ein klärendes Wort der Geschäftsleitung an die Führungskräfte kann die Zielerreichung sehr erleichtern: Unter Einwirkung des früheren Arbeitsdirektors Adolf Jungbluth hatte der Vorstand der Stahlwerke Salzgitter AG direkt mitgeteilt, daß keine Führungskraft „bestraft" werden würde, wenn die Mitarbeiter ihres Führungsbereichs viele und gute Verbesserungsvorschläge einreichten. Diese klare Aussage hatte jede Unsicherheit beiseite geschoben und den Weg zur Entfaltung kreativer Ressourcen freigemacht.

Auch die Koppelung eines Vorschlagssystems an *geschäftspolitische Ziele* sowie an *Grundsätze der Führung und Zusammenarbeit* wird empfohlen, da sonst die eindeutige Ausrichtung fehlt. Am Beispiel einer namhaften Zahnradfabrik läßt sich die feste Verbindung zu einem der sechs geschäftspolitischen Hauptziele über das *„Motivieren der Mitarbeiter zur Leistung"* verdeutlichen. Einer der zehn Führungsgrundsätze lautet *„Informieren"*. In ähnlicher Weise äußerte sich H. H. Schlitzberger, Vorstandsmitglied der Siemens AG, 1981 bei einer internen BVW-Veranstaltung. Demzufolge wird bei Siemens das Ziel verfolgt, „das Vorschlagswesen vermehrt als Führungsinstrument zur Motivation und Information der Mitarbeiter anzuwenden. Bei der Anwendung des Vorschlagswesens als Führungsinstrument stehen nicht die Wertigkeitsmerkmale des Vorschlags im Vordergrund, sondern vielmehr die positive Einstellung des Einsenders gegenüber dem Unternehmen" (Schlitzberger 1982, S. 49f.).

Aus diesen Konstellationen lassen sich auch ganz konkrete Jahresziele für das Verbesserungsvorschlagswesen vorgeben, was bisher noch selten geschieht. Um sich nicht zuviel vorzunehmen, sollten die Ergebnisse der letzten 2–3 Jahre ausgewertet werden. Als *Jahresziele,* in Quartalsziele unterteilt, kommen in Betracht:

- Anzahl eingereichter Vorschläge
- Davon zur Durchführung angenommene Vorschläge (%)
- Beteiligung der Mitarbeiter (%)
  a) bisher teilgenommen
  b) neu dazugewonnen

- Jahreseinsparung (netto), über Verfahrensvergleich ermittelt
- Werbe-Budget, z. B. für Sonderaktionen, um die Ziele zu erreichen
- Auszuzahlende Prämie (Betriebsvereinbarung).

Als weitere Jahresziele kämen in Betracht, z. B. durch Intensivieren des Gruppenvorschlagswesens:
- Qualitativ bessere Vorschläge
- Weniger abzulehnende Vorschläge
- Informations-Kurzseminar (2 Std.) für potentielle Einreicher, Gutachter, Führungskräfte (Multiplikator-Wirkung, prompte Realisierung)
- Neue Formen der Anerkennung sowie der immateriellen Belohnung
- Unbürokratischerer und schnellerer Durchlauf der eingereichten Vorschläge.

Dieses Ergebnis freiwilligen Mitdenkens (=eingereichter Verbesserungsvorschlag/Gruppenvorschlag) zielt im einzelnen auf:
- Erhöhung der Wettbewerbsfähigkeit
- Verbesserung der Zusammenarbeit
- Verstärkte Mitarbeit
- Erhöhte Mitverantwortung (Hoesch AG, 1983, S. 160)

Alle Mitarbeiter sind angesprochen, neue Ideen und Initiativen zu entfalten, die außerhalb des unmittelbaren Aufgabenbereichs liegen. Wie kann das erreicht werden?

3. Günstige Voraussetzungen

Eine wesentliche Voraussetzung ist die Betriebsvereinbarung für das Betriebliche Vorschlagswesen, die um die Belange des Gruppenvorschlagswesens erweitert wurde. Diese Voraussetzung ist bei sehr vielen Unternehmen erfüllt.

Je mehr die Erfolge, die dem Vorschlagswesen insgesamt erwachsen, auch als Erfolge der Führungskräfte ausgewiesen werden, umso günstiger sind die Voraussetzungen für weitere Erfolge. Zur Dokumentation der Erfolge eignen sich Quartals- und Jahresberichte.

Ebenfalls günstig wirkt sich eine weniger streng gehandhabte Abgrenzung zwischen dem Pflichtenkreis der Einreicher und dem vorgelegten Verbesserungsvorschlag aus. Wenn kein offensichtliches Mogeln zu erkennen ist, sollte der Lernprozeß der Beteiligten nicht gestört werden. Es nützt die Erinnerung an einen bewährten Slogan: „Dem Unternehmen soll keine gute Idee verloren gehen!"

Für die Arbeit informeller Vorschlagsgruppen besteht eine besonders günstige Voraussetzung, sofern ein reguläres Betriebliches Vorschlagswesen vorhanden ist: Es braucht keine zusätzliche Organisation aufgebaut zu werden! Gegenüber allen formellen Mitarbeitergruppen gibt es diesen organisatorischen Vorteil.

Mit zu den wichtigsten Voraussetzungen gehört die Schlüsselfigur des Vorschlagsbeauftragten. In vielen Unternehmen, besonders aber in Mittelbetrieben (bis max. 500 MA) besteht ein Dilemma darin, daß das Zeitbudget des Beauftragten für den Themenbereich Vorschlagswesen in der Regel zu klein ist. Warum nun kommt es so selten vor, daß Mittelbetriebe einen *hauptamtlichen Vorschlagsbeauftragten* einsetzen? Vermutlich deshalb, weil es an der eindeutigen Zielsetzung der Geschäftsleitung mangelt. Denn sonst würde sich ein solcher Mann sehr schnell bezahlt machen, dann nämlich, wenn die durch Verbesserungsvorschläge erzielten Jahresersparnisse dem 4- bis 6fachen seines Jahresgehalts entsprechen, von den *qualitativen* Nutzeffekten einmal ganz abgesehen. Allerdings kann hier *nur dann* eine gute Lösung gefunden werden, wenn die Geschäftsleitung einen Beauftragten ausschließlich für die Belange des Vorschlagswesens einsetzt. Dieser hauptamtliche Einsatz kann zeitlich begrenzt werden, z. B. auf ein halbes, 1 Jahr oder 2 Jahre. Bei diesem Vorgehen eröffnet sich der Geschäftsleitung die Möglichkeit, den „Versuch“ als beendet zu erklären oder die Aufgaben durch den Vorschlagsbeauftragten nebenamtlich fortführen zu lassen, ohne Gesichtsverlust auf beiden Seiten. Nur in Ausnahmefällen führt der andere Weg dahin, daß durch die Tüchtigkeit des nebenamtlich tätigen Vorschlagsbeauftragten soviele Vorschläge eingereicht werden, daß – nach Entscheidung der Geschäftsleitung – eine förderliche Bearbeitung hauptamtlich durchgeführt werden kann. –

Eine Abhilfe, speziell für die Situation der Mittelbetriebe, ist von der Arbeitsgruppe 14 der Deutschen Aktionsgemeinschaft Bildung-Erfindung-Innovation (DABEI) e. V. Bonn erarbeitet worden durch das Qualifikationsprofil „Innovationsberater“ (Verfasser: Brinkmann, Danner, Heidack, Thom). Der erste Muster-Lehrgang soll an der IHK-Dortmund am 18. Oktober 1986 anlaufen und umfaßt 550 Stunden. Abschließend als Anregung ein Praktikertip: Als Edouard Michelin in seinen französischen Reifenfabriken das Betriebliche Vorschlagswesen 1927 einführen wollte, beauftragte er einen *„Vorschlags-Ingenieur“* damit, in Gruppen von etwa 20 Mitarbeitern mitzuarbeiten. Dieser Ingenieur sollte den nicht so erfahrenen Mitarbeitern zeigen, wie sie Verbesserungen erkennen und weiterleiten könnten. Nach einiger Zeit konnte die Gruppe selbständig Verbesserungsvorschläge unterbreiten. Danach ging der Ingenieur zur nächsten 20er-Gruppe und zeigte ihnen das gleiche. Über die Vorschlagsergebnisse von 1928–1933 berichtete E. Michelin ausführlich in der Werkszeitschrift „Prospérité“ 1933 (Brinkmann u.a. 1985). Wie sich das Engagement des Firmengründers noch heute auswirkt, zeigt sich am Beteiligungsgrad, der in den deutschen Michelin-Werken bei ca. 54% (!) liegt. Interessant dürften die Charaktereigenschaften sein, die damals von den Vorschlagsbeauftragten bei Michelin verlangt wurden: Zähigkeit, gesunder Menschenverstand, Geduld, Bescheidenheit und Förderung des Gemeinschaftssinns.

4. Gruppenvorschläge von informellen Gruppen

Die erste umfangreiche Erhebung, die auch die Entwicklung der Gruppenvorschläge 1970–1976 berücksichtigte, wurde von Peter Scholz verfaßt und von der *Deutschen Gesellschaft für Personalführung (DGFP) e. V.*, Düsseldorf 1977, herausgegeben (allerdings nur an die 29 Firmen, die sich an der Untersuchung beteiligt hatten). Das Ergebnis besagte, daß von insgesamt 18600 bewerteten Verbesserungsvorschlägen der Anteil der Gruppenvorschläge bei 14,2% lag. Die Einzelwerte schwankten zwischen 1,5% und 28,0% (Heidack/Brinkmann 1984, S. L12 f.) Auf Bitte des Verfassers führte das *Österreichische Zentrum für Wirtschaftlichkeit und Produktivität (ÖPWZ)* im Sommer 1979 eine Sondererhebung durch. Für den Zeitraum von 1970 bis 1978 gaben 29 Unternehmen an, von rd. 46100 eingereichten Vorschlägen 8,1% Gruppenvorschläge erhalten zu haben (Brinkmann, 1979, S. 11).

Von einigen Unternehmen liegen langjährige Einzelergebnisse bezüglich des %-Anteils eingereichter Gruppenvorschläge vor:

- *Daimler Benz AG:* 8,2% Gruppenvorschläge von rd. 165450 eingereichten Vorschlägen (1971–1984, ohne 1973)
- *Deutsche Bundespost,* Fernmeldetechnisches Zentralamt (FTZ), Darmstadt: 23,8% Gruppenvorschläge von rd. 19300 eingereichten Vorschlägen (1970–1984).
- *Deutsche Lufthansa AG:* 12,6% Gruppenvorschläge von rd. 13600 eingereichten Vorschlägen (1977–1984)
- *Eternit AG:* 17,9% Gruppenvorschläge von rd. 12800 eingereichten Vorschlägen (1973–1984)
- *Robert Bosch GmbH:* 12,1% Gruppenvorschläge von rd. 35600 eingereichten Vorschlägen (1977–1984).

Im Durchschnitt der insgesamt eingereichten Vorschläge (rd. 246700) entfallen 10,7% auf Gruppenvorschläge. Leider können die Jahreseinsparungen den Gruppenvorschlägen noch nicht zugeordnet werden, weil die dazu erforderlichen EDV-Programme bei den erwähnten Firmen noch nicht installiert sind. Als Ersatz dafür wird ein Beispiel angeboten, das der Verfasser ohne EDV-Programm ausgewertet hat und das fast Bilderbuchcharakter hat. Es handelt sich um Ergebnisse (vgl. Abb. 2) aus dem Werk Hagen der VARTA Batterie AG aus sieben Jahren (1972–1978). Der Verfasser war in dieser Zeit zuständig für Wertanalyse und Vorschlagswesen.

Von Einzeleinreichern waren 1136 Vorschläge und von Gruppeneinreichern 426 Vorschläge (27,3%) eingereicht und bewertet worden. Die Belegschaft umfaßte im Mittel der Jahre rd. 2500 Mitarbeiter. Die Fertigungstiefe war groß (Industrie-Akkumulatoren).

An den *realisierten Vorschlägen mit berechneten Ergebnisverbesserungen* wird die Besonderheit der Gruppenvorschläge sehr deutlich:

Abb. 2: Ergebnisse von 426 Gruppenvorschlägen (Quelle: Heidack/Brinkmann 1984, S. 218)

Kriterium	Gesamt*)	Davon Vorschläge von informellen Vorschlagsgruppen	
		absolut	in %
1. Anzahl bewertete **Vorschläge** (Gesamt)	1562	426	27,3
1.1. Realisierte Vorschläge mit rechenbaren Ergebnisverbesserungen	303	104	34,3
1.2. Realisierte Vorschläge mit nicht rechenbaren Ergebnisverbesserungen	365	102	27,9
1.3. Bagatell-Vorschläge	629	165	26,7
1.3.1. Vorschläge mit Mindestprämie (50 DM)	329	52	21,8
1.4. Abgelehnte Vorschläge	265	55	20,7
2. **Ausgezahlte Prämien** gesamt (in 1000 DM)	431,7	175,8	40,7
2.1. Ausgezahlte Prämie für realisierte Vorschläge mit rechenbarer Ergebnisverbesserung (in 1000 DM)	331,4	141,9	43,4
2.2. Ausgezahlte Prämien für realisierte Vorschläge mit nicht rechenbarer Ergebnisverbesserung (in 1000 DM)	75,4	25,7	34,1
2.3. Ausgezahlte Prämien für Bagatell-Vorschläge (in 1000 DM)	24,9	8,2	33,0
3. Berechnete **Jahres**-Brutto-**Einsparungen** in den ersten 12 Monaten nach erfolgter Realisierung der Vorschläge (in 1000 DM)	4637	1942	41,9
3.1. Jahres-Netto-Einsparungen (in 1000 DM)	3500	1470	41,9
4. Vergebene Punkte als Maß für den qualitativen Wert der Vorschläge	21 210	7070	33,3

*) Ergebnisse der Vorschläge von Einzeleinreichern **und** von informellen Vorschlagsgruppen

- 104 Gruppenvorschläge (34,3%)
- Ausgezahlte Prämie = rd. 142000,— DM (43,4%)
- Erzielte Ergebnisverbesserung
  quantitativ (Netto-Jahresersparnis) = 1470000,— DM (41,9%)

Ein weiteres gutes Ergebnis ist darin zu sehen, daß von den insgesamt für Gruppenvorschläge *ausgezahlten Prämien* 80,7% auf Vorschläge mit berechneter Ergebnisverbesserung entfallen. Der Prämienanteil für Bagatell-Vorschläge lag nur bei 4,7%. Von Interesse ist auch die Verteilung der Vorschläge nach der *Anzahl Mitarbeiter in der informellen Gruppe:*

- Von 2 Mitarbeitern wurden rd. 82% der Gruppenvorschläge
- von 3 Mitarbeitern wurden rd. 15% der Gruppenvorschläge
- von 4 und mehr Mitarbeitern wurden rd. 3% Gruppenvorschläge eingereicht.

Welche *Personengruppen* haben sich nun an den Gruppenvorschlägen beteiligt? Repräsentativ wurde die Teilnehmerstruktur eines Jahres (1972) untersucht. Auf die Anzahl der eingereichten und bewerteten Vorschläge bezogen, standen die Facharbeiter (incl. Einrichter, Vorarbeiter, Schichtführer, Qualitätskontrolleure, Außendienstmonteure) an erster Stelle, gefolgt von Um-/Angelernten, techn. Sachbearbeitern, Meistern, kfm. Sachbearbeitern und Abteilungsleitern. Als eine ganz wichtige Personengruppe wurden die Gruppenvorschläge eines Jahres untersucht, an denen *Meister* (Brinkmann 1985, S. 519) mitbeteiligt waren:

- Bewertete Gruppenvorschläge = 43 (16,2%)
- Ausgezahlte Prämie
  für rechenbare Einsparungen = 11445,—DM (42,8%)
  für nicht rechenbare Einsparungen = 1244,—DM (11,3%)
- Erzielte Jahreseinsparungen =344486,—DM (72,1%)
- Abgelehnte Vorschläge =3 (6,4%)

Auch in anderen Unternehmen wird heute gezielt versucht, mehr Gruppenvorschläge zu erhalten. Die *Hoechst AG* zahlt für Gruppenvorschläge einen zusätzlichen *Gruppenbonus* von 10%, bezogen auf die Grundprämie (Brinkmann Heidak 1982, S. 113). Die *Volkswagenwerk AG* gibt an, daß der Anteil eingereichter Gruppenvorschläge bei 27% liegt und sie beabsichtigt, wegen der besonderen Vorteile diesen %-Satz zu steigern (Nowak 1984, S. 63). Um sicherzugehen, inwieweit eine Belegschaft zu Gruppenvorschlägen bereit ist, empfiehlt sich die Durchführung eines Interviews sowohl bei Vorgesetzten als auch bei repräsentativ ausgewählten Mitarbeitern.

Als Beispiel dient eine Befragung in einem mittelgroßen Industriebetrieb (genaue %-Werte sind bei Thom 1985 (Thom 1985, S. 80) nachzulesen); Reihenfolge in abnehmender Bedeutung:

- Verbesserungsvorschläge können eher entstehen
- es ergibt sich ein Vorteil für alle
- man kann mit Kollegen die Idee ausdiskutieren

- durch selbst eingebrachte Ideen steigt das Ansehen in der Gruppe
- man kann sein Wissen und seine Erfahrung zur Verfügung stellen
- man kann mit der Gruppenarbeit sein Wissen und seine Erfahrung erweitern
- Gruppenarbeit ist immer „sehr interessant“
- man kann sich so besser kollegial verhalten
- der Vorgesetzte kann durch einen Gruppenvorschlag besser überzeugt werden.

5. Gruppenvorschläge von formellen Gruppen

Als typische Gruppenarten, in welchen Gruppenvorschläge entstehen können, kommen in Betracht: Qualitätszirkel, Ideen-Teams und Lernstattgruppen. Die Besonderheiten der Qualitätszirkel werden sicherlich an anderer Stelle in dieser Serie eingehend erläutert, so daß hier auf nähere Kennzeichnung verzichtet wird.

Ideen-Teams sind formelle Gruppen, die mehrere Jahre sehr erfolgreich bei den SABA-Werken in Villingen-Schwenningen gearbeitet haben. In Gruppen arbeiteten nur Angestellte in bewußt heterogener Zusammensetzung. Alle hatten an einer vorbereitenden Schulung teilgenommen. Schwerpunkte dieser Fortbildung (Dauer = 12 Std.) waren für die Teilnehmer: Arbeit im Team, Ideenfindungsmethoden, Kreativität entfalten, gruppendynamische Einflüsse, Elemente der Wertanalyse; den Abschluß bildete ein betriebliches Fallbeispiel. Die Gruppen-Leiter wurden separat ausgebildet (Dauer = 50 Std.). Die Gruppengröße schwankte zwischen vier und zehn Mitgliedern. Über die teilweise selbstgewählten Themen und die dabei erreichten Ergebnisse wurde eingehend in der Werkszeitung berichtet. Die Gruppen arbeiteten ohne Bezahlung zwischen 16.00 und 19.00 Uhr an bestimmten Tagen. Diese Ideen-Teams wurden vom Betrieblichen Vorschlagswesen betreut, das in Personalunion mit der Wertanalyse geführt wurde. Die nach Übereinstimmung in der Gruppe abgegebenen Gruppenvorschläge wurden durch das Betriebliche Vorschlagswesen prämiert. Es wurden längst nicht alle entwickelten Ideen, die z. T. während der Zusammenarbeit der Gruppen bereits durch die jeweilige Gruppe selbst zur Einführung gebracht wurden, als Verbesserungsvorschläge abgegeben. Dadurch, daß die Ideen-Teams vom BVW/Wertanalyse bzw. von der Personal-Abt. mitbetreut wurden, war keine spezielle Organisation erforderlich. Bei den SABA-Werken bestehen nebeneinander Wertanalyse, Ideen-Teams, reguläres BVW und Qualitätszirkel (nähere Details bei Heidack/Brinkmann (1984, S. 241–246).

Die *Lernstatt* ist eine formelle Gruppe (10–12 TN), die vorzugsweise in Produktionsbetrieben eingesetzt wird. Innerhalb von 12–15 Sitzungen wird der Gruppe durch direkte Vorgesetzte (Meister, Vorarbeiter, Einsteller) folgendes vermittelt:

- Erweiterung des Grundwissens über die betrieblichen Zusammenhänge
- Vertiefung betrieblicher Erfahrung
- Förderung der Kommunikation im Betrieb (durch Üben von Verständigung, die zu Verständnis führt)

Die Teilnehmer kommen alle aus demselben Arbeitsbereich und kennen sich untereinander. Die Sitzungen, die etwa 1 Std. / Woche dauern, finden möglichst in der Nähe des betrieblichen Arbeitsplatzes statt (Voraussetzung: Ruhe). Die Moderatoren erhalten eine Spezialausbildung (mind. drei Tage). Dadurch, daß bei den Gruppensitzungen jede Idee eines Teilnehmers auf ein Kärtchen (Info-Markt-Methode) geschrieben wird und nicht als Zuruf verloren gehen kann, wird Verständnis und Verständigung praktisch geübt. Allerdings ist hierfür, ebenso wie für Qualitätszirkel, eine spezielle Organisation notwendig. Pionier auf dem Lernstattgebiet ist die Bayerische Motorenwerke AG (Bayerische Motorenwerke 1985). Anders als heute lief die 1. Lernstatt Mitte 1973 unter dem Titel „Überwindung der Sprachbarriere im Werk I von BMW". In abgewandelter Form besteht die Lernstatt bei der Robert-Bosch GmbH, Hoechst AG, MAN AG, Continental AG und bei der Hannen Brauerei. Durch den zeitlichen Vorlauf und die ausgeprägte Zielsetzung bei der weiteren Etablierung der Lernstatt bei BMW wird bis Ende 1986 jeder Meister als Lernstatt-Moderator ausgebildet sein.

Um festzustellen, ob und in welchem Umfang *Gruppenvorschläge aus formellen Gruppen* an das Vorschlagswesen gelangen, hat der Verfasser im *Frühjahr 1984* eine *Umfrage* (Brinkmann 1986) bei 30 vorwiegend großen Unternehmen durchgeführt. Mit Ausnahme von zwei großen Banken und dem Fernmeldetechnischen Zentralamt der Deutschen Bundespost handelte es sich ausschließlich um Industrie-Unternehmen. Im Endergebnis waren von über mehrere Jahre hinweg eingereichten rd. 906500 Vorschlägen 26,4% als Gruppenvorschläge registriert, d. h. rd. 239200 Verbesserungsvorschläge. Eine messerscharfe Trennung nach Vorschlägen von formellen oder informellen Gruppen war wegen fehlender Unterteilung in den Konzernstatistiken leider noch nicht möglich. Der ganz überwiegende Teil dieser Gruppenvorschläge bezog sich auf informelle Gruppen, auch Einreichgemeinschaften genannt.

Aufschlußreich war, daß in einzelnen Werken, z. B. bei der Robert Bosch GmbH und bei der Hoechst AG sowohl Qualitätszirkel als auch Lernstattgruppen bestehen, die ihre Gruppenvorschläge an das konzernweit bestehende BVW weiterleiten. Ein Nachweis dafür, daß sich das BVW über das Gruppenvorschlagswesen auf ein Ideenmanagement hin zu entwickeln beginnt. Bei den übrigen befragten Unternehmen zeigte sich, daß in acht von ihnen Gruppenvorschläge entweder aus Qualitätszirkeln oder aus Lernstattgruppen beim vorhandenen Vorschlagswesen eingereicht wurden (Nowak 1984, S. 15). Aus der Umfrage kann zusammenfassend angenommen werden, daß sich 33% der Unternehmen über das klassische Vorschlagswesen hinaus auf dem Weg zum Ideenmanagement befinden.

6. Wege zum Ideenmanagement

Zunächst muß der Versuch einer Definition gewagt werden:

Im Ideenmanagement sollen Menschen im Rahmen eines gruppenorientierten Entwicklungsprozesses so geführt und dabei so motiviert werden, daß sie bei geeigneter Förderung durch ihre Vorgesetzten Ideen entwickeln, welche als Verbesserungsvorschläge oder als betriebliche Innovationen verwirklicht werden. Dabei wird ganz besonderer Wert auf die Qualität der Ideen gelegt, die häufig nur durch Ideenfindungs-Training oder durch Verbesserung der Qualifikation erreicht werden kann. Je mehr Vertrauen ihnen von seiten der Vorgesetzten entgegengebracht wird, umso nutzbringender wird der kreative Niederschlag auf der Mitarbeiterseite sein. – Hiervon ausgehend, wird sich für einige Leser die Frage stellen:

- soll unser Vorschlagswesen reaktiviert werden?
- sollen wir Kleingruppenarbeit einführen, die zum Ideenmanagement hinführt?
- sollen wir (z. B. im Mittelbetrieb) zunächst mit der Einführung des Betrieblichen Vorschlagswesens beginnen?

Ein Patentrezept, passend für alle Belange, kann hier natürlich nicht gegeben werden, aber doch einige wichtige Hinweise, z. B. auf die Bedeutung eines groben *Rahmenkonzeptes*. Wie die Platow-Briefe vor Jahren erinnerten, sollte dabei berücksichtigt werden, daß jeder Mitarbeiter zwei gute Ideen im Jahr hat. Diese Ideen müssen abgeholt oder aufgefangen werden. Bevor dieses Rahmenkonzept erstellt wird, sollte eines klar sein: Will die Geschäftsleitung sich ganz engagieren oder gar nicht?! „Engagieren" heißt hier auch, ein langfristig gesetztes Ziel in kleinen (oder kleinsten!) Schritten gezielt und entschlossen erreichen zu wollen. Kommt es dann zu einem – strategisch orientierten – Rahmenkonzept, empfiehlt sich die Vernetzung des Ideenmanagement mit geschäftspolitischen Zielen und mit Führungsgrundsätzen. Dann sollte ein insbesondere charakterlich geeigneter Mitarbeiter *(Ideen-Manager)* gefunden werden, der stets im Hintergrund bleibt, aber dennoch die Fäden in der Hand behält. Es kann sein, daß dieser geeignete Mitarbeiter(in) von der *Qualifikation* her erst aufgebaut werden muß. Dieser Mensch muß integrierend wirken und sicher mit Menschen aller sozialen Schichten umgehen können. Dadurch und nicht durch eine Stellenbeschreibung gewinnt er seine Akzeptanz. Er sollte zunächst die kreativsten Mitarbeiter im Auge haben, aber für alle ein Vertrauensklima schaffen.

Von Heidack/Brinkmann sind zahlreiche *Checklisten* in Band 2 ihres Standardwerkes über Betriebliches Vorschlagswesen/Ideenmanagement entwickelt worden, sowohl zur Verhaltenssteuerung für interessierte Führungskräfte als auch für Ideen-Manager. Einige Checklisten-Titel verdeutlichen, worum es geht:

- Maßnahmen zur Verstärkung des Anreizsystems in der Fortentwicklung des Vorschlagswesens zum Ideenmanagement

- Planungsansätze zur Verbesserung der Instrumente, um übergeordnete Organisationsziele in einer Strategie des Ideenmanagements zu erreichen
- Attraktivität des Vorschlagswesens für den Einzeleinreicher und für die Gruppe
- Unzufriedenheitsstifter
- Erfolgsglaube der Mitarbeiter
- Interessen, die das Einreichen von Vorschlägen begünstigen (für Vorgesetzte bzw. Ideen-Manager)
- Motive (verdeutlicht am Beispiel des Vorschlagsbeauftragten)
- Bedürfnisse (nach Maslow) in ihrer Bedeutung für potentielle Einreicher und ihre Beachtung durch Vorgesetzte.

Natürlich sollte der Ideen-Manager in der Lage sein, die oben beschriebenen Jahresziele zu entwerfen und ihnen, nach Zustimmung der Geschäftsleitung, zur Realisierung zu verhelfen.

Ein *Leitspruch* kann bisweilen zur langfristigen Zielerreichung hilfreich sein. Der 40 Jahre lang verantwortlich tätige Firmengründer der Lincoln Electric Company, Chicago, hat es selbst erlebt. Sein Leitspruch lautete: „Alles, was ihr wollt, das die Leute euch tun sollen, das tut ihr ihnen auch“ (Matth. 7,12), und erreichte jahrzehntelang überdurchschnittliche Ergebnisse (Lincoln 1954).

3.5. Innovation durch Partizipation: Möglichkeiten und Grenzen von Qualitätszirkeln

Erich Staudt

1. Innovationspolitik als Querschnittsaufgabe

Kontrolle versus Vertrauen

Im betrieblichen Alltag wird Innovation als ein Phänomen angesehen, das von der Unternehmensführung vorbestimmbar ist und in Betrieb und Markt durchgesetzt und kontrolliert wird. Wer innovieren will, erweitert Führungsstäbe, baut Forschungs- und Entwicklungskapazitäten auf und kauft Beratung zu. Die klassische Trennung der Planung und Kontrolle von der Ausführung im technokratischen Führungsmodell und die organisatorische Verankerung dieser Trennung im Betrieb sieht die Einbeziehung der Basis bei der Vorbereitung dynamischer Entwicklungsprozesse nicht vor. Ein Beitrag von dieser Seite ist mehr die Ausnahme, dafür gibt es nur außerorganisatorische Sonderregelungen, wie z. B. das betriebliche Vorschlagswesen. Die Basis empfindet sich lediglich als Objekt von Innovationen. Kein Wunder also, wenn hier jede Veränderung als Störung oder Gefährdung gesehen, der im Vorschlagswesen aktive Kollege als Verräter gebrandmarkt oder auf offensichtliche Planungsfehler nicht hingewiesen wird, weil man an der Basis dafür nicht verantwortlich ist, für die Stillstandszeit schließlich bezahlt wird und der im „weißen Kragen“ ja dafür zuständig ist.

Diese Arbeitsteilung wurde in Wachstumszeiten installiert, unter relativ stabilen Verhältnissen ohne größere innovatorische Sprünge, als man frei vom Preiswettbewerb die Gemeinkosten der expandierenden Planungs- und Kontrollstäbe in den Preisen weitergeben konnte. Erst die hohe Qualität langlebiger Konsum- und Investitionsgüter der unterschätzten Konkurrenten mit schnell ansteigenden Marktanteilsraten auf dem angestammten Weltmarkt europäischer und amerikanischer Hersteller löste ein Besinnen aus. Da diese Produkte zu konkurrenzlosen Preisen und zum Teil sogar mit höherer technischer Qualität angeboten werden, als die traditionellen Anbieter liefern, begann man, in der betrieblichen Praxis intensiv über die Ursachen und Einflußfaktoren zu reflektieren. Durch die Analyse japanischer Produktionsverhältnisse erhoffte man sich die Lösung der deutschen Probleme. Die Suche nach transferierbaren Führungstechniken führte zu einem intensiven Japan-Tourismus, der zu einem Japan-Syndrom wurde, aufgrund dessen einzelne Partiallösungen, wie Quality Circle nunmehr sehr unüberlegt zur Anwendung drängten. Die Verwirrung und hilflose Suche erreichte schließlich ihren Höhepunkt, als Ergebnisse erster Einblicke in japanische Muster der Menschenführung, Aufbau- und Ablauforganisationen in der Diskussion angeführt wurden.

Bei genauerem Hinsehen wurde die Analogie zur eigenen Vergangenheit deutlich, wurden Erinnerungen an den pflichtbewußten deutschen Facharbeiter und Techniker in den Aufbaujahren wach. Sie schafften das „deutsche Wirtschaftswunder“. – Für unsere englischen, französischen und amerikanischen Nachbarn müssen sie damals so etwas wie die Japaner Europas gewesen sein. – Ihre Leistungen und Engagement hatten die internationale technische Führungsrolle und das hohe Qualitätsimage Deutschlands begründet. Aber die in vielen Unternehmen intensiv betriebene wissenschaftliche Betriebsführung blähte nicht nur den Gemeinkostenblock durch verstärkten Einsatz von Stabs-Knowhow und Kontrollinstanzen auf, sondern ersetzte in weiten Bereichen durch vermeintlich progressive organisatorische und technische Entwicklungen den Facharbeiter und Techniker.

Aufgrund verstärkter Automatisierung und Rationalisierung besteht der Ersatz im Grenzfall aus einer Kombination von teilautomatisierter Technologie plus Gastarbeiter, ergänzt um extensive Kontroll- und Sicherungsmechanismen. Mit dem Absinken des Qualifikationsniveaus auf der Ausführungsebene nahm aber stets die Notwendigkeit zu einem Ausbau der Kontrollinstanzen zu. Die Schere zwischen akademischen Zentralinstanzen und qualifikatorischem Potential auf der Ausführungsebene öffnete sich. Die Trennung von Ausführung und Kontrolle bewirkt in solchen Unternehmen, grob vereinfacht, eine Art doppelte Linienstruktur. Hinter der reinen funktionalen Ausführungsorganisation findet sich wie ein Schatten eine zweite Linienorganisation, die der akademischen Planer und Kontrolleure. Der gesamte Ausführungsprozeß, aber auch der Entstehungsprozeß wird durch diese Schattenorganisation einer extensiven Planung und Kontrolle unterzogen. Die so praktizierte Informationswirtschaft führt ein organisatorisches Eigenleben im Betrieb.

Man braucht sich nur einmal das persönliche Spannungsverhältnis zwischen Stabsleuten und dem Personal auf der Ausführungsebene zu betrachten. Und dies nicht nur an der Basis, sondern aufsteigend bis in die Leitungsbereiche. Aus Fehlern lernt man nicht. Man kaschiert und verdeckt sie bestenfalls, denn wenn sie transparent werden, sind sie Grundlage von Beschuldigungen und Bestrafung. Schon bei der Fehlerursachenanalyse werden Reviergrenzen überschritten, bei Eingriffen entsteht Kompetenzgerangel. Die notwendige Rückkopplung erfolgt auf Umwegen oft schwerfällig und mit solchen zeitlichen Verzögerungen, daß sie kaum mehr korrigierend in den Prozeß eingreifen, sondern bestenfalls noch sanktionierend und damit demotivierend wirken kann.

Das an der Durchsetzung orientierte Verständnis von Kontrolle und Planung entspricht der bei uns und in den angelsächsischen Ländern verbreiteten technokratischen Führungsphilosophie. Diese an rationalen Entscheidungen orientierten zentralistischen Führungssysteme, die in vielen Bereichen heute an quantitativen Entscheidungsmodellierungen kollabieren, entspringen der Rationalutopie der sogenannten wissenschaftlichen Betriebsführung. Diese Art der Führung unternahm es, erkauft durch aufwendige Stäbe, verleitet durch anscheinend billig verfügbare Informationsverarbeitungskapazitäten, mittels eines aufgeblähten Informations- und Kontrollsystems in einer unheimlichen Arroganz des Wissens den Sachverstand zu zentralisieren und zu kontrollieren. Sie verfügt deshalb, und das ist das Absurde an dieser Entwicklung, auch an der Basis nur noch über den Sachverstand, der ihrer eigenen Kontrollfähigkeit entspricht. Der heute sichtbar werdende Verlust an internationaler Wettbewerbsfähigkeit erzwingt die Überprüfung dieser Führungsphilosophie, und die heute mit dem Japan-Syndrom eingeleitete Selbstkritik eröffnet durchaus Ansätze zum Vergleich und Möglichkeiten des Lernens.

Entlastung des störanfälligen und aufwendigen technokratischen Modells durch Selbstregulation

Das konventionelle Verständnis von „Unternehmenssteuerung und -regelung“ unterstellt, daß über die zu regelnden Phänomene vollständige und eindeutige Informationen zur Verfügung stehen. Wenn aber diese Informationen aufgrund von technischen Begrenzungen und Innovationen nur mit einem

enormen Maß an Ungewißheit zu erschließen sind, dann versagt diese Art von oben regulierter Führung. Das Unternehmenssteuerungsproblem wird vielmehr zu einer integrierten Herausforderung an
- Produktentwicklung,
- Fertigungs- und Verfahrenstechnologie,
- Organisationsentwicklung und
- Personalentwicklung.

Innovationspolitik als integrale Antwort auf diese Herausforderung wird so zur Querschnittsaufgabe im Unternehmen.

Die klassische Trennung von Ausführung, Kontrolle und Planung und die daraus gezogenen Konsequenzen für entsprechende Ressortabgrenzungen erweisen sich als unzureichend. Bei der Abarbeitung von Teilproblemen ist es angesichts dynamischer Entwicklungsprozesse nicht mehr möglich, von bekannten Soll-Merkmalen und deren jeweiliger Ausprägung als gefordertem System-Output und zuverlässigen Informationen auszugehen. Zentralregulation als formales Muster von Durchführungsprozessen versagt unter diesen Umständen. Für viele Teilaufgaben lassen sich keine raum-zeitlich gültigen, sondern nur situativ gestaltete Durchführungsprozesse zur Lösung des jeweiligen Problems einsetzen.

Innovationspolitik muß daher zunehmend offensiv auf die Schaffung von Potentialen abzielen, die die am Ausführungsprozeß Beteiligten in die Lage versetzt, durch Selbstregulation zentral nicht regulierbare Probleme eigenständig zu lösen. Die Befähigung zur Steuerung und Regelung in dezentraler Form ist nur auf der Grundlage an der Basis zu schaffender personeller, technischer und organisatorischer Potentiale möglich – Potentiale, die nicht nur für deterministische Aufgaben, sondern auch effektiv für wechselnde Erfordernisse einsetzbar sind. Die reine Ergebnissicherung des konventionellen Führungsregelkurses bedarf also immer dann, wenn nicht nur deterministische Routineaufgaben zu erfüllen sind, dringend der Ergänzung durch Sicherung angemessener qualitativer Potentiale zur Erfüllung von Nicht-Routine-Aufgaben. (Vgl. Abb.: Von der Ergebnis- zur Potentialsicherung)

Nicht-Routine-Aufgaben resultieren einerseits aus der stets unvollständigen informatorischen Abbildung des Betriebsgeschehens. Da nicht alle Vorgänge vollständig planbar und die Kontrollen nicht vollständig absichernd sind, verbleiben auch in anscheinend gut geregelten Ausführungsprozessen auf der Ausführungsebene noch disponible Reste, die aufgrund des dort verfügbaren Fachpotentials gelöst werden. Der konventionellen Führungsphilosophie sind aber derartige autonome Regelungen fremd – was dann zu der oft gehörten Bemerkung führt, daß der Betrieb eigentlich nur deshalb läuft, weil sich Organisationsmitglieder vorschriftswidrig verhalten oder umgekehrt „Dienst nach Vorschrift“ zur effektiven Streikmethode macht.

Abb.: Von der Ergebnis- zur Potentialsicherung

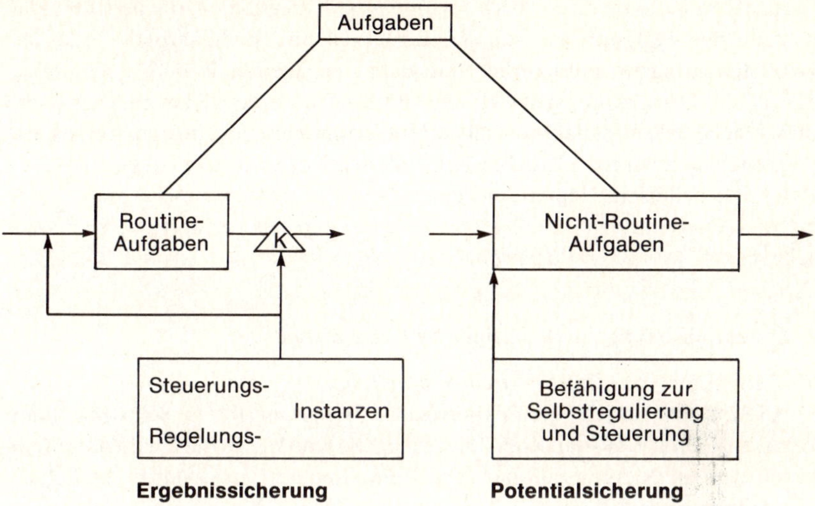

Nicht-Routine-Aufgaben resultieren aber auch aus Organisationsentwicklungsaufgaben, die als Folge von Produktentwicklung, wechselnder Fertigungs- und Verfahrenstechnik insbesondere bei Innovationsschüben auftreten. Derartige strukturverändernde Aufgaben werden im Verständnis der wissenschaftlichen Betriebsführung einseitig vom Overhead gelöst. Das qualitative Potential an der Basis wird in der Regel daran nicht beteiligt. Es kommt dann zu erheblichen Vorbereitungszeiten für Reorganisationen, Mißerfolgen aufgrund mangelnder Beherrschbarkeit und Innovationswiderständen infolge des demotivierenden Ablaufs.

Die einseitige Sicherung des erforderlichen qualitativen Potentials in den kontrollierenden Instanzen bläht nicht nur den Gemeinkostenblock auf, sondern wird aufgrund der langen und umständlichen Rückkopplung zum eigentlichen Entwicklungshindernis. Selbstregulation als Selbstbefähigung zur dezentralen Regelung und Steuerung auf der Ausführungsebene zielt dagegen auf eine Verkürzung der im technokratischen Lösungsmuster zentral angebundenen Rückkopplungsschleifen ab.

Dies ist die Ausgangssituation eines Umbruchs in der betrieblichen Führungsphilosophie. Fragt man sich nun, ob die mit den Qualitätszirkeln importierte Sozialtechnologie eine vollständige oder gar die einzig richtige Antwort ist, wie viele Apologeten behaupten, so stellt sich sehr schnell heraus, daß diese Strategie zu schlicht ist. Die Lösung ist wesentlich komplizierter. Sie ist eine Mischung aus Personalentwicklung und technischer Entwicklung, denn eine derartige Dezentralisation der Regelung ist in ihrer einfachsten Form schon auf zwei prinzipiellen Wegen möglich: zum einen durch personelle Selbstregulation, das bedeutet, daß anstelle des Tätigwerdens von Kontrolleuren und Bedienern der oder die Betroffenen eigenverantwortlich und damit engagierter in den dynamischen Prozeß der Organisationsentwicklung einbezogen werden. Zum anderen durch maschinelle Selbstregulation, weil perfekt funktionierende, hochautomatisierte Aggregate weniger einer Ergebniskontrolle als einer Sicherung ihres qualitativen Potentials bedürfen. Keiner der beiden Wege ist getrennt beschreitbar. Beide Entwicklungsrichtungen bedingen sich gegenseitig. Jeder isolierte Versuch stößt sehr schnell auf Integrationsprobleme.

3. Dezentralisierung durch partielle Selbstregulation

Technische Selbstregulation durch Automation

Viele der bisherigen technikbezogenen Bemühungen zur Selbstregulation konzentrieren sich auf den Kontrollvorgang. So wurde z. B. die Qualitätsprüfung durch Automatisierung rationalisiert. Prüfautomaten verbesserten die Fehlerfeststellung, veranlaßten zum Teil den folgenden Arbeitsvorgang, führten zu intensiveren Qualitätsdatenauswertungen und regulierten rückkoppelnd Fertigungsmaschinen. Diese erste Automatisierungsrichtung hat insbesondere die Automatisierung des Meßablaufes und der Meßauswertung zum Inhalt. Anstrengungen in neuerer Zeit zielen dagegen darauf ab, die im Vorfeld der Bearbeitung bzw. Prüfung des Werkstücks liegenden Planungstätigkeiten zu automatisieren, indem mit Hilfe der elektronischen Datenverarbeitung auf der Basis des Arbeitsplans Prüfpläne erstellt und ggf. Meßmaschinen automatisch programmiert und dynamisierte Wareneingangs- und Maschinenkontrollpläne erarbeitet werden. Die bisherigen Automationsbemühungen konnten es jedoch nicht vermeiden, daß zwischen Fertigungsvorgang und Prüfvorgang bzw. zwischen Prüfvorgang und entsprechender Reaktion immer Zeitintervalle lagen, die zu Produktfehlern oder Produktionsmittelschäden führten. Die Qualitätsprüfung blieb also immer dem Bearbeitungsvorgang nachgelagert.

Ein weiterer Tatbestand bisheriger Automationsbemühungen liegt darin, daß lediglich eine geringe Anzahl vorhersehbarer Einflußgrößen und Störungen berücksichtigt werden kann. Schwer vorhersehbare Ereignisse machen auch weiterhin ein Eingreifen des Menschen unumgänglich. Der Mensch wird deshalb beim Qualität-Machen in einer Regulator- und Lückenbüßerfunktion in technisierte Produktionsprozesse eingebunden, um die verbleibenden techisch-organisatorischen Unzulänglichkeiten auszugleichen. In dieser die verbleibenden Unsicherheiten absorbierenden Rolle wird er aber aufgrund seiner Feiheitsgrade zugleich zur restlichen die Qualität gefährdenden Störquelle. Ersetzt man, wie das viele Automationsverfechter meinen, unter diesen Bedingungen konventionelle Maschinen durch hochautomatisierte Fertigungsanlagen, so wird die Qualität nicht erhöht, sondern es werden sehr effiziente Berge von Schrott produziert, denn Maschinen haben im Gegensatz zum Menschen keinen Ermessensspielraum, vermögen also nicht durch Selbstregulation die verbliebenen Unschärfen-Bereiche bei der Qualitätssicherung zu kompensieren.

Angesichts dieses Zusammenhangs muß angenommen werden, daß die oben durch die Schere zwischen Teilautomation plus niedriger Qualifikation einerseits und extensiver Fremdkontrolle andererseits charakterisierten Organisationsmuster nicht nur qualitätsvermindernd, sondern auch automationsverhindernd wirken. D.h., sie führen bei dem heutigen niedrigen Automationsniveau nicht nur zu schlechter Qualität, sondern erschweren auch den Zugang zu Potentialen, die die technische Entwicklung mittlerweile bietet. Hierzu gehörten insbesondere der Einsatz von Mikroprozessoren, verbunden mit entsprechenden Sensoren, integriert in den Fertigungsprozeß, was den Aufbau eines geschlossenen, automatisch arbeitenden Regelkreises erlaubt, der die Fehlerentstehung durch Echtzeit-Eingriffsmöglichkeiten vermeidet. Die traditionelle Qualitätsprüfung nach erfolgtem Arbeitsgang wird in Form einer prozeßintegrierten Prüfung der Qualitätsentstehung vorverlagert und verhindert so, daß qualitativ unzureichende Teile entstehen und weiteren Arbeitsgängen zugeführt werden.

Damit werden wichtige Voraussetzungen für eine nächste Automationsstufe geschaffen, auf der flexible Fertigungssysteme möglich werden, die nicht dem heute weit verbreiteten Denkfehler vieler Techniker unterliegen, die zur Zeit in zahlreichen Projekten sogenannte „Flexible Fertigungssysteme“ auf Kosten von erheblichen qualitativen Überkapazitäten installieren. Nicht die rechnerintegrierte automatisierte Fabrik, jene Fiktion eines „maschinellen Organismus“, zusammengehalten von den Computern der fünften Generation, ist das Ziel dieser Entwicklung, sondern eine echte Dezentralisation. Man schafft hier ein neues qualitatives Potential, das den Menschen nicht aus der Fabrik verdrängt, sondern zu seiner Installation, Regelung und Wartung dringend Personal, freilich einer neuen Qualifikation, benötigt.

Fortschreitende Automation und nicht einseitige Psychotherapie und Motivation, wie manche Verfechter der Quality-Circle-Bewegung und viele Japaninterpreten meinen, wird zunehmend zur bedeutsamen Ressource einer offensiven Innovationpolitik. Doch reicht sie nicht aus, denn aufgrund vielfältiger Innovationswiderstände läuft diese Entwicklung nur stark retardiert ab. Gerade das Defizit an personellen Selbstregulationspotentialen zur Einführung und Beherrschung komplexer Technologien auf der Ausführungsebene wirkt hierbei retardierend. Hinzu kommt, daß trotz technischer Entwicklung Unzulänglichkeiten in Verwaltungs- und Fertigungsprozessen verbleiben, die auch in der Zukunft eine totale technische Selbstregulierung und -steuerung begrenzen. Die Schließung dieser Entwicklungslücke kann daher nur durch eine gleichzeitige Vergrößerung personeller Potentiale zur Selbstregulation erreicht werden. Hierzu tragen auch gar nicht so neue Organisationsmuster, wie „teilautonome Gruppen“, „Dezentralisierung“, „Lernstatt“, „Werkstattzirkel“, „Quality Circle“ oder wie auch immer genannt, bei.

Personelle Selbstregulation: Teilautonomie und Qualitätszirkel

Eine Pseudolösung der personellen Selbstregulation wird seit einiger Zeit mit der Selbstprüfung propagiert. Selbstprüfung ist der Anteil der zur Qualitätssteuerung erforderlichen Qualitätsprüfung, der vom Bearbeiter selbst ausgeführt wird. Wie begrenzt aber in technokratischen Führungsmustern eine scheinbare personelle Selbstregulation ist, zeigen die Vorschriften der zulässigen Selbstprüfung. Die verantwortliche Selbstprüfung durch den Arbeitsausführenden beschränkt sich danach auf die Fehlerfeststellung nach Spezifikationen und Instruktionen und Herbeiführung der Entscheidung durch eine übergeordnete Instanz. Und da „Kontrolle eine undelegierbare Führungsfunktion der Qualitätssicherung“ ist (so ein Zitat der Apologeten in diesem Bereich), wird außerdem noch die Überwachung des Selbstprüfers durch die Qualitätssicherung gesichert. Eine derartige Selbstprüfung, oft als Selbstregulation mißverstanden, stellt also lediglich eine Delegation von ausführenden Kontrollbefugnissen dar, deren Ausführung selbst wiederum zu kontrollieren ist.

Derartige heute propagierte Partiallösungen belegen die aktuelle Verunsicherung, sie sind aber keine qualitativ fortgeschrittenen Lösungen.

Genauso wenig wie der technokratische Trugschluß, daß „Qualitätsarbeit“ durch „Seelenmassage“ absicherbar ist. So stellen m. E. auch jene in den 60er und 70er Jahren propagierten „Null-Fehler-Programme“ lediglich Versuche dar, Qualität durch „Human engineering“ auf der Basis unveränderter betrieblicher Strukturen und Prozesse zu verbessern, ohne das qualitative Potential zu erhöhen. Dabei wird häufig übersehen, daß echte personelle Selbstregulation nicht von der Personalleitung alleine durch psychotherapeutische Bemühungen installiert werden kann, sondern an eine Vielzahl von Bedingungen geknüpft ist.

Am Beispiel des Konzeptes Quality Circle oder Werkstattzirkel läßt sich exemplarisch aufzeigen, an welche Bedingungen langfristig erfolgreiche personelle Selbstregulation geknüpft ist. Entscheidend sind dabei nicht die technischen Merkmale, wie Zeitpunkt, Zeitdauer, Häufigkeit der Qualitätszirkelsitzungen, Entlohnung und Qualifikation der Zirkelteilnehmer und ähnliches, diese haben lediglich den Charakter von Anfangsbedingungen. Entscheidend ist vielmehr neben der technisch-organisatorischen Integration der Bruch mit der immer noch verbreiteten rationalutopischen Führungsphilosophie, in der Kontrolle Vertrauen ersetzt.

Dieses leninistische Betriebsführungsprinzip ist nicht nur wenig human, sondern erweist sich vor allem unter ökonomischen Gesichtspunkten bei nicht regulierbaren Routinetätigkeiten als Unsinn. Insbesondere dann, wenn Management verschlissen wird, weil bei Nichtroutinetätigkeit etwas reguliert wird, was gar nicht zu regulieren ist und durch die Trennung von Ausführung, Kontrolle und Planung ein Organisationsmuster entsteht, dessen Sicherung oft teurer und aufwendiger ist als Vertrauen. Der Arroganz technokratischer Stäbe ist dieses Zutrauen in die Fähigkeiten an der Basis fremd. Sie huldigen einer Führungsphilosophie des Mißtrauens und finden ihr Pendant in einer identisch reagierenden Arbeitnehmervertretung.

Pragmatischer agiert man in Japan. Aus der bewußten oder unbewußten Einsicht, daß in vielen Bereichen Vertrauen billiger ist als Kontrolle, operiert man hier mit einer anderen Führungsphilosophie, die, wenn auch nicht frei von technokratischen Ansätzen, nicht jener zentralistischen Arroganz des Wissens erlegen ist, sondern stets bemüht blieb, die Arbeitnehmer an der Basis in den Unternehmensentwicklungsprozeß einzubeziehen und sie zur aktiven Teilnahme zu motivieren. Zutrauen wurde hier zur Herausforderung, der sich kein Mitarbeiter zu entziehen wagt. Hier instrumentalisierte man die Erkenntnis, daß Qualität nicht durch Sicherung, sondern durch den Einsatz neuester Produktionstechnik und das Engagement der Mitarbeiter gemacht wird.

Die Bereitschaft und Fähigkeit, modernste Fertigungstechnologie offensiv zum Einsatz zu bringen und veraltete Anlagen und Leerkapazitäten rigoros zu verschrotten, konterkariert nicht nur deutsches Denken in Besitzstandswahrung, sondern auch ein nicht gerade seltenes Verhalten in der konventionellen Qualitätskontrolle: Hier ist es immer noch üblich, daß die Mehrzahl der Fehler in der Produktion dem Menschen zugeordnet wird, mit der Konsequenz von demotivierenden Lohn- und Prämieneinbußen, selbst dann, wenn die Fehlerquellen wie so oft in technischen Ursachen zu suchen sind. Und da für Qualitätssicherung und Organisationsentwicklung andere zuständig sind, Verbesserungsvorschläge in technokratischen Modellen als Kritik am Vorgesetzten mißverstanden werden, versucht man, sich das Know-how der Basis krampfhaft auf Umwegen, z. B. durch das betriebliche Vorschlagswesen, zu erschließen.

Die für den Rückstand im Qualitätswettbewerb ursächlichen Hauptunterschiede werden jedoch in der Arbeitnehmermotivation gesehen. Während sich deutsche Arbeitnehmer gegen zentralistisch verordnete, als arbeitsplatzvernichtend empfundene neue Techniken wehren, Rationalisierungsschutz als Selbstschutz vor einer ausufernden, kurzsichtig optimierenden Unternehmensführung verstehen, perfektionieren ihre japanischen Kollegen die Alttechnologien, werden selbst offensiv für den Einsatz neuester technischer Aggregate und Methodik, feiern Rationalisierung und Qualitätsverbesserung ihren persönlichen Erfolg. Während in Deutschland heute viele Führungskräfte die Fortbildungsschulbank drücken, um jenes „Human engineering“ zu lernen, das es erlaubt, unter Beibehaltung der technokratischen Manier den „unwilligen“ Arbeitnehmer wieder zu motivieren (aus der Arroganz der Technik wird dann lediglich die Arroganz der Sozialtechnik), haben die japanischen Unternehmen einem Teil ihrer Arbeitnehmer anspruchsvolle Analyse-, Kreativitäts- und Qualitätstechniken beigebracht. Während sich die einen noch in Manipulationstechniken üben, bauen die anderen Statusdenken ab und bringen jenes große Maß an Verständnis, Geduld und Einfühlungsvermögen auf, das zur gruppendynamischen Problemlösung und Entpersonalisierung der Entscheidungsfindung erforderlich ist. Die Ergebnisse dieser gerade entgegengesetzten Führungsphilosophie japanischer Unternehmen kulminieren in der Qualitätszirkelbewegung, deren technokratisches Plagiat heute auf zunehmendes Interesse auch in westlichen Industrieländern stößt.

Qualitätszirkel, das sind Gruppen von Mitarbeitern eines Arbeitsbereiches, die neben ihrer Alltagsarbeit regelmäßig zusammenkommen, um
- Probleme und Schwachstellen des eigenen Arbeitsbereichs zu analysieren,
- Problemlösungen zu erarbeiten,
- ihre Verbesserungsvorschläge in die Tat umzusetzen,

und das Ergebnis ihres Bemühens auch selbst kontrollieren, um daraus wiederum zu lernen.

Qualitätszirkel, das klingt einfach und ist einfach, und es verspricht Erfolg, wie zahlreiche Pilotanwender berichten (über Mißerfolge berichtet man ja nicht). Neben Qualitätsverbesserungen wird auf Tagungen, Kongressen und in Beiträgen zu diesem Thema von Kosteneinsparungen, Anstieg des Qualitätsbewußtseins, Verbesserung der Arbeitsmoral, zunehmender Arbeitszufriedenheit und erhöhte Motivation referiert. Qualitätszirkel, das kostet aber auch, nicht nur die Ausbildung der Gruppenmitglieder und Gruppenleiter, regelmäßige Sitzungen (selbstverständlich während der Arbeitszeit) und Betreuung, sondern auch eine Menge an Vorurteilen.

4. Integrationsproblem

Wenn Arbeiter in der Produktion sich nunmehr neben ihren originären Produktionsaufgaben auch um Produkt- und Produktionsdesign kümmern, auf ihren Arbeitsprozeß Einfluß ausüben, dann klingt das nach jenen „utopischen Konzepten" von autonomen Arbeitsgruppen in den 70er Jahren und liegt sehr nahe am basisdemokratischen Ansatz.

Nicht mehr nur Mitbestimmung, sondern auch Mitgestaltung im technisch-organisatorischen Bereich, das ist nicht mehr nur Ergänzung oder Sozialtechnologie, sondern in den Augen konventioneller Unternehmensführung Revolution. Kein Wunder also, wenn viele Unternehmensführungen sich vor der Entscheidung drücken, einzelne Betriebe, Abteilungen oder Arbeitsgruppen nur unter der Hand mit Lernstatt, Werkstattzirkeln oder Quality Circle experimentieren lassen, wenn Arbeitnehmervertreter der Grundsatzdiskussion ausweichen, weil diese individuelle Selbstverwirklichung solidarisch zu verteidigende Grenzen aufweicht. Voraussetzung für mehr Selbstverwirklichung auf der einen und für die Erschließung jenes brachliegenden qualitativen Potentials in den Betrieben auf der anderen Seite ist es aber, endlich regelbare Routinetätigkeiten von nichtregelbaren Nicht-Routinetätigkeiten zu unterscheiden. Kontrolle von beiden Seiten dort, wo es angebracht ist, durch den Ausbau qualitativer Potentiale zu ersetzen und den einzelnen Arbeitnehmern und Arbeitnehmergruppen selbst zu überlassen, das zu regulieren, was sie besser regulieren können, setzt voraus, daß Manager und Gewerkschafter ihnen das auch zutrauen. Das Verwirrende an dieser Entwicklung besteht letztlich darin, daß das Ziel dieser Revolution eben das deklarierte Ziel der alten Führungselite ist. Denn wenn diese wirklich so altruistisch ist, wie sie sich gerne gibt, hat auch sie nur das Ziel, mehr Selbstverwirklichung für den Einzelnen auf der einen Seite und Qualitätsverbesserung zur Erhaltung der Wettbewerbsfähigkeit auf der anderen Seite zu erreichen. Warum sollte sie dann nicht jedes Mittel zur Verbesserung der Zielerreichung begrüßen?

Es ist aber naiv, wenn viele der Not der Arbeitsmarktsituation oder des Wettbewerbsdrucks gehorchenden Nachahmer heute glauben, sie könnten das Konzept der Qualitätszirkel vorsichtig dosiert einführen, ohne die eigene Position und Führungsphilosophie in Frage zu stellen. Dies reicht, wie die Ergebnisse zeigen, nur für ein paar Anfangserfolge aus. Die künstliche Begrenzung auf dann auszuwählende Gruppierungen (das widerspricht der intendierten Freiwilligkeit und dem Versuch, gerade die Betroffenen selbst zu Wort kommen zu lassen) schafft neue Eliten mit den gleichen technokratischen Begrenzungen der alten Führungsmuster. Und der Abbruch des Bemühens hat Friktionen und soziale Konflikte zur Folge, so daß selbst eine Rückkehr auf das Ausgangsniveau unwahrscheinlich ist. Der Wandel von der beiderseitigen Kontrolle hin zu mehr Vertrauen erfordert deshalb die Bereitschaft des ganzen Unternehmens, entsprechende Konsequenzen zu ziehen. Er verlangt aber vor allem die Bereitschaft zum Wandel auf allen Ebenen der Führungskader. Denn nicht nur die beteiligten Arbeiter müssen dazu lernen, sondern vor allem das Leitungspersonal muß liebgewonnene Philosophien und Führungsziele aufgeben, wenn das Qualitätszirkelkonzept Erfolg haben und das qualitative Potential erschlossen werden soll. Es muß darüber hinaus teilweise selbst in Frage gestellt werden, denn wenn der arbeitsteilige Prozeß zwischen Kontrolle und Ausführung partiell aufgehoben, d. h., die jeweils ausführende Ebene Kontrollfunktionen übernimmt, erübrigen sich Leitungsebenen und Leitungspersonal. Nur in dieser Konsequenz ergibt die Neuorganisation auch einen ökonomischen Sinn. Es ist deshalb zu einfach, nur die ausführende Ebene umzuorganisieren und mit Quality-Circle-Konzepten zu überziehen. Eine Stabilisierung innerhalb der Organisation setzt eine Neudefinition der Rolle des unteren und mittleren Managements beim Übergang zur Potentialsicherung voraus.

Schwierigkeiten umzulernen haben vor allem auch die Leitungspersonen auf der Arbeitnehmervertretungsseite. Ihre Strategie und Taktik, orientiert an der alten Führungsphilosophie der Unternehmensleitung, ist im Klassenkampf des 19. Jahrhunderts entstanden. Damit gerät der Wandel im Führungsstil in die Gefahr, an den veralteten Reaktionsmustern des Kontrahenten zu scheitern. Klassifiziert man hier, wie das in einigen Kreisen heute üblich geworden ist, Qualitätszirkel eher als neuartige Ausbeutungsinstrumente und beschwört man, wie bei allen betrieblichen Änderungsprozessen, die Gefahr der Arbeitsverdichtung und Arbeitsplatzvernichtung, dann verweigert man einmal mehr eine dynamische Betrachtung der Arbeitsplatzsicherung durch Rationalisierung, Qualitätsförderung und Wettbewerbsverbesserung. Das Mißtrauen auf dieser Seite ist schließlich das Pendant zum auf Kontrolle reduzierten Qualitätsbegriff der alten Führungsphilosophie. Einseitige Vorwürfe einer Behinderung sind deshalb nicht angebracht. Auch hier werden Aktivitäten erübrigt bzw. ist eine neue Art von Interessenvertretung erforderlich, wenn es dem einzelnen Arbeitnehmer gelingen soll, in Qualitätszirkeln autonom seinen Interessen entsprechend tätig zu werden, ohne die leitende und lenkende Hand des Funktionärs. Aus diesen Gründen tut man sich schwer, die Option des qualitativen Potentials zu nutzen, wird es vor allem erforderlich, eine neue Qualität der Interessenvertretung der Arbeitnehmer zu installieren, wenn man konstruktiv an dieser aus der Sicht des einzelnen Arbeitnehmers sicher positiv zu wertenden Entwicklung mitwirken will.

Weitere Probleme kommen hinzu: Die Promotoren der Qualitätszirkelbewegung betonen immer wieder, daß der Schwerpunkt des Einsatzes auf dem Gebiet der Produktion, d. h. auf der unteren Ausführungsebene zu suchen ist und nur Themen zugelassen werden sollen, die sich direkt mit der Arbeit und den Arbeitsplätzen der Teilnehmer am Qualitätszirkel befassen. Ersteres entspricht nicht einmal der japanischen Praxis, heute auch nicht mehr der deutschen Praxis, dafür aber der technokratischen Führungsphilosophie und dem Bestreben, das neue Konzept unter Beibehaltung der alten Kontroll- und Sicherungsstruktur einzusetzen.

Die Begrenzung des Qualitätszirkels auf den eigenen Arbeitsbereich erscheint dagegen durchaus plausibel. Denn Probleme können am besten dort erkannt und gelöst werden, wo sie entstehen. Die Begrenzung vermeidet Konflikte, die bei Eingriffen oder Verlagerungen in Nachbarbereichen entstünden. Und außerdem bezieht sich der im Qualitätszirkel verfügbare Sachverstand auf eben diesen Erfahrungsbereich. Es bestätigt sich in vielen Experimenten, daß in der ersten Zeit auch hier die größten Erfolge eintreten. Wenig Erfahrungen hat man allerdings bisher darin, was geschieht, wenn dieser aus gesamtbetrieblicher Sicht suboptimal zu gestaltende Bereich des Qualitätszirkels ausgereizt ist. Offen ist immer noch, wie man in einem von den Betroffenen optimierten Bereich

Änderungsnotwendigkeiten aus übergeordneter Sicht vermittelt, wie Gruppen reagieren, die die Grenzen ihrer Einflußmöglichkeiten erkennen. Dringendste Weiterentwicklungsaufgabe ist es hier, entsprechende Mechanismen zu entwickeln, die eine Integration der Gruppenaktivität in die Gesamtorganisation sicherstellen.

Erste Erfahrungen existieren mittlerweile auch bei der Begrenzung der Gruppenaktivitäten. Es hat wenig Sinn, im Quality Circle das Rad neu zu entdecken. Ich meine damit, regelbare Routinetätigkeiten immer wieder zu überprüfen. Es wird deshalb in der Zukunft verstärkt erforderlich, Gruppentechniken zu entwickeln, beide Aufgabenfelder, die der Routine- und Nichtroutinetätigkeiten effizient miteinander zu verknüpfen, ohne die Vorteile der einen oder anderen Regelung dabei aufzugeben. Der psychotherapeutische Alleingang in der reinen Personalentwicklung ist genauso einseitig, wie die konventionelle Qualitätssicherung. Im betrieblichen Alltag sind zentrale Steuerung, technische und personelle Selbstregulierung im Sinne einer integralen Innovationspolitik als Querschnittsaufgabe zu verknüpfen. Nach dem Kurieren an Symptomen, was einer neuen Methodik zunächst Anfangserfolge beschert, eröffnen sich Perspektiven einer weiteren Entwicklung.

3.6. Innovation durch Kooperation

Bodo Fuchs

Der technologische Wandel hat in den Industriegesellschaften erheblich an Tempo zugelegt. Viele Unternehmen begegnen ihm mit einer Unternehmensstruktur, die sich in den 60er und 70er Jahren gut bewährt hat. Diese Zeitspanne war gekennzeichnet von hohen Wachstumsraten und einer großen Aufnahmefähigkeit lokaler Märkte. Eine überschaubare technologische Entwicklung kam hinzu. In diesem Umfeld war es vielen Unternehmen möglich, unternehmerische Funktionen von der Entwicklung über die Produktion und den Vertrieb bis zum Kundendienst allein abzudecken. Und dies mit großem Erfolg.

In der ersten Hälfte der 80er Jahre hat sich das Wirtschaftswachstum verlangsamt. Die Sozialkosten sind auf breiter Front gestiegen. Die technologische Entwicklung verläuft in vielen Bereichen sehr dynamisch. Damit haben die Anforderungen an einen effizienten Einsatz von Arbeitskräften und Kapital deutlich zugenommen. Dies wird bei einer Betrachtung der wichtigsten betrieblichen Funktionen sichtbar.

Anwendungsfelder für Kooperationen

In Forschung und Entwicklung gilt es, Entwicklungszeit und Entwicklungskosten zu optimieren. Die Fähigkeit zur Innovation allein reicht nicht mehr aus; Entwicklungen müssen rasch erfolgen, um Zeitvorsprünge herauszuarbeiten, bis der Wettbewerb über die Preispolitik zu einer Kostenreduzierung zwingt, oder um überhaupt technologisch Anschluß zu halten. Zum zweiten muß Forschungs- und Entwicklungsarbeit wirtschaftlich sein, damit die Produkte zu wettbewerbsfähigen Kosten produziert werden können, um anschließend die erforderliche Marktpenetration zu erreichen. Das Feld für eine Zusammenarbeit ist groß, beispielhaft sind die Entwicklung einzelner Produkte und Komponenten oder bestimmter technischer Verfahren zu nennen.

Die Fertigung ist vielerorts erheblich modernisiert. Denken wir in der mechanischen Fertigung z. B. an den Einsatz von Bearbeitungszentren oder an NC-gesteuerte Drehmaschinen, oft verkettet zu Systemen. Aber auch in der Montage ist die Technisierung durch den Einsatz von Robotern deutlich im Voranschreiten. Die Produktivität nimmt hierdurch merklich zu. Dies gilt bis zu einem gewissen Grad aber auch für die dahinterstehenden Kapazitäten. Eine Konsequenz dieser Automatisierung und Modernisierung ist die Notwendigkeit, eine rasche und breite Marktpenetration erzielen zu müssen, um die jetzt möglich gewordene Kostendegression zu sichern. Moderne Produktionstechnik erfordert einen hohen Absatz, um die Investition finanziell zu verkraften. Binnenmärkte allein reichen hierfür oft nicht mehr aus. Helfen kann hier aber auch Kooperation im Bereich der Produktion. Unternehmen werden zunehmend prüfen, ob in einer gemeinsamen Produktion von Vorprodukten oder Teilefamilien oder in speziellen Bearbeitungsvorgängen eine größere Wirtschaftlichkeit liegt als in der eigenen Fertigung mit möglicherweise modernen Maschinen, die dann häufig aber nicht in vollem Umfang ausgelastet werden können.

Dem Einkauf eines Unternehmens – vor allem in mittleren Industrieunternehmen – galt bislang oft nicht die gleiche Aufmerksamkeit wie beispielweise der Produktion und dem Vertrieb. Ruft man sich jedoch in Erinnerung, daß bei vielen Unternehmen der Zukauf zwischen 40% und 60% der betrieblichen Leistung ausmacht, wird offenkundig, daß ein noch nicht ausgeschöpftes Verbesserungspotential selbst von nur 1 oder 2 Prozentpunkten zum Ausgleich ein Vielfaches an Anstrengung in der Fertigung, in der Verwaltung oder im Vertrieb erfordert. In der Optimierung des Einkaufs, woher zu beziehen, in welchen Qualitäten und Quantitäten, zu welchen Preisen und in welchen zeitlichen Intervallen besteht für viele Unternehmen noch ein beachtliches Verbesserungspotential, allein aber auch in Kooperation mit anderen Unternehmen.

Im Vertrieb ist es vonnöten, bestehende Kundenbeziehungen umfassend zu bedienen, vorhandene Distributionswege auch mit komplementären Produkten zu füllen und neue regionale Märkte schneller zu erschließen, als es in der

Vergangenheit erforderlich war. Vielfach reicht hier der mühsame, zeitaufwendige und teure Aufbau eigener Vertriebstöchter – wie es häufig in den 60er und 70er Jahren erfolgte – nicht mehr aus.

Der rasche technologische Wandel und die voranschreitende Globalisierung von Gütern und Märkten erfordert eine Weiterentwicklung, eine Erneuerung der Unternehmensstruktur. Zur langfristigen Sicherung von Wachstum und finanzieller Stabilität brauchen Unternehmen eine Organisationsform, die eine betriebsübergreifende Kooperation überall dort einsetzt, wo die personellen und finanziellen Ressourcen eines Unternehmens allein für ein schnelles Reagieren auf Markterfordernisse nicht ausreichen. Der kritische Engpaß ist dabei häufig gar nicht die Finanzkraft. Vielmehr sind qualifizierte Mitarbeiter in der notwendigen Anzahl nicht vorhanden und auch in der erforderlichen Zeit nicht zu gewinnen, um erforderliche Weiterentwicklungen rasch voranzubringen oder neue Märkte vor der Konkurrenz zu erschließen. Hier sei verwiesen auf zahlreiche Kooperationen zwischen multinationalen Großunternehmen, bei denen die finanzielle Risikostreuung sicherlich nicht der für die Kooperation ausschlaggebende Punkt war. Viel beispielgebende Aufklärungsarbeit ist noch erforderlich, um mittelgroße Unternehmen zu einer Bündelung ihrer Kräfte zu bewegen, um ihnen aufzuzeigen, wie Kooperationen vorzubereiten und zu strukturieren sind und um ihnen Sorgen und Ängste zu nehmen, die von der stattlichen Anzahl hinter ihren Erwartungen gebliebener Kooperationen ausgeht.

Gezielte Vorbereitung und überzeugendes Konzept sind von entscheidender Bedeutung

Am Anfang ist es notwendig, sich Klarheit über die eigene Strategie zu verschaffen und das Ziel einer Zusammenarbeit festzulegen. Vonnöten ist also eine Bestandsaufnahme, wo das eigene Unternehmen steht. Eine solche Unternehmensdiagnose gibt Aufschluß darüber, welche Unternehmensfunktionen wie beispielsweise Forschung und Entwicklung, Produktionsverfahren, Kostenstrukturen oder Vertriebswege im Vergleich zur Branche gut und damit zu verteidigen und auszubauen, welche weniger gut und damit verbesserungsbedürftig sind. Im nächsten Schritt erfolgt die Marktanalyse: welche Position im Markt wird eingenommen, welche Veränderungen werden bei der Produktion oder bezüglich Nachfrage der relevanten Zielgruppen erwartet und wie schätzt man die eigenen Kräfte ein, diesen Änderungen folgen zu können. Die Bestandsaufnahme schließt ab mit der Einschätzung der Wettbewerber auch im Hinblick darauf, wer ein geeigneter Kooperationspartner sein könnte, wie sind dessen Stärken und Schwächen zu bewerten, wer kommt unter regionalen Gesichtspunkten, von seinen Produkten und seiner Größe als Kooperationspartner grundsätzlich in Frage. Es ist wichtig, bereits in dieser Phase eine Prioritätenordnung aufzustellen, welcher Partner aus welchen Gründen für eine Partnerschaft eher in

Frage kommt als ein anderer. Stellt sich später heraus, daß ein Unternehmen mit der Rangziffer 10 für eine Kooperation offen ist, kann man mit dieser Vorgehensweise die verbleibende Alternative sinnvoll abwägen.

Zielsetzungen von Kooperationen lassen sich – wie zuvor näher beschrieben – zusammenfassen im Hinblick auf Kostenoptimierung, Zugang zu Technologien, Sicherung von Rohstoffversorgung, Erreichung weiterer Absatzwege. Verbunden ist damit häufig auch eine Risikoteilung.

Formen der Kooperation

Die Form der angestrebten Kooperation hat zunächst dem Umfang der angestrebten unternehmerischen Verbundeffekte zu folgen. Sie ist schließlich aber entscheidend davon abhängig, was in dem Verhandlungsprozeß zwischen zwei Unternehmen erreichbar ist.

Beim Konsortium verabreden zwei oder mehrere Unternehmen, ein Vorhaben gemeinsam anzugehen. Meist handelt es sich dabei um die Entwicklung eines Produktes oder einer Produktenfamilie, wobei die Vermarktung später in den eigenen Unternehmen erfolgt. Auf der anderen Seite gibt es Unternehmensabkommen, z. B. die Produkte des anderen über die eigene Absatzorganisation zu vertreiben. Ein Konsortium ist häufig eine Interessengemeinschaft auf Zeit. Meist wird es abgeschlossen zwischen Unternehmen mit ähnlicher Struktur und Größe.

Beim joint venture werden Stärken und Schwächen ausgegliedert, um sie zu poolen mit einem anderen Unternehmen, das die passenden „Gegenstücke" besitzt, wobei diese Kooperation kapitalmäßig unterlegt wird. Im joint venture wird die Unternehmenspolitik gemeinsam getragen. Entscheidungen über Personal, Vertrieb, Finanzen, Investitionen bis hin zur Gewinnverwendungspolitik sind im Konsens zu treffen. Dies stellt hohe Anforderungen an alle Beteiligten. Vonnöten sind Mechanismen, wie auftretende Konflikte zu lösen sind. Noch wichtiger ist, bei beiden Muttergesellschaften auf erster Ebene „Paten" zu benennen, die Verantwortung dafür tragen, daß auf breiter Ebene eine sachgerechte Zusammenarbeit erfolgt.

Der mehrheitliche Erwerb eines Unternehmens ist naturgemäß die Kooperationsform, die am stärksten bindet und langfristig ausgerichtet ist. Es sei daher erlaubt, einige gutbekannte Grundregeln in Erinnerung zu rufen: Ein zu erwerbendes Unternehmen sollte aus der Sicht des erwerbenden Unternehmens groß genug sein, um eine echte Kontribution zu leisten, die den notwendigen Managementaufwand auch rechtfertigt; es sollte auf der anderen Seite nicht so groß sein, daß es das erwerbende Unternehmen ernsthaft in Gefahr bringen könnte, wenn die erwarteten Synergie-Effekte nicht eintreten und eine Integration nicht gelingt; schließlich sollte ein Unternehmenserwerb zu einem Zeitpunkt erfolgen, wo das Kerngeschäft des erwerbenden Unternehmens gesund ist, so daß die erforderliche Managementbetreuung und der Finanzeinsatz keine Gratwanderung darstellen.

Der Erwerb von Unternehmen zur Sicherung des Wachstums ist bislang in der Mehrzahl von größeren Unternehmen praktiziert worden. Die Entscheidungsmotive haben sich gewandelt. Bis in die 70er Jahre hinein erfolgten gelegentlich Beteiligungserwerbe zur Programmabrundung oder Diversifizierung; die Wahrnehmung sogenannter „guter Gelegenheiten" hatte mitunter Vorrang gegenüber sorgfältiger Analyse. Unter dem Eindruck rückläufiger Wachstumsraten erfolgt zunehmend eine kritische Überprüfung der Vorteilhaftigkeit einzelner Unternehmensteile. In diesem Zusammenhang kommt es zu gezielten Desinvestitionen. Dies kann im einzelnen der Beschaffung von Liquidität oder der Konzentration auf Kernbereiche dienen, oder der Erkenntnis folgen, daß bestimmte Unternehmensteile langfristig in einem anderen Unternehmensverbund erfolgreicher arbeiten können, so daß ein Erwerber dieser Einheit einen höheren Wert zumessen kann, als es beim gegenwärtigen Eigentümer der Fall ist. Jetzt stehen gezielte Synergie-Effekte im Vordergrund sowie die Funktionsfähigkeit des zu erwerbenden Unternehmens. Das Gewicht hat sich deutlich verschoben hin zu intakten, gut geführten Unternehmen.

Beratung und Unterstützung bei der Durchführung von Kooperationen

Wir sehen jetzt auch zunehmend mittelständische Unternehmen, die den Erwerb eines Unternehmens in Erwägung ziehen. Gerade Unternehmen dieser Größe brauchen hierfür neben Vermittlung eines geeigneten Partners vor allem Beratung. Die beachtliche Anzahl nicht erfolgreicher Akquisitionen in der Vergangenheit zeigt, daß man im Vorfeld der Analyse der erwarteten Synergie-Effekte, bei der Auswahl geeigneter Zielunternehmen und der Kaufpreisermittlung besonders sorgfältig arbeiten muß. Sodann ist es von entscheidender Bedeutung, Zugang zu den Eigentümern und den Führungsverantwortlichen des Zielunternehmens zu finden.

Wichtig ist, daß bereits am Anfang von Gesprächen die Sachargumentation im Vordergrund steht. Welches sind die unternehmensübergreifenden Vernetzungsmöglichkeiten? Wie können sie zum Tragen gebracht werden? Welches sind mögliche Konsequenzen für den Fortbestand des Zielunternehmens, seiner Belegschaft, seines Firmennamens. Je überzeugender dieser Teil vorbereitet ist, um so leichter kommen sachliche Gespräche in Gang. Hierbei ist es oft von Vorteil, wenn eine nicht unmittelbar beteiligte Instanz die Funktion des Koordinators übernimmt und für konsequenten Fortschritt der Verhandlungen sorgt. Sie hat daneben die Aufgabe, zwischen den Parteien zu moderieren und dabei herauszuarbeiten, welche Positionen für beide Seiten unverzichtbar sind sowie Bandbreiten und Argumente zu nennen, die für beide Unternehmen kompromißfähig sind. Bei der Höhe und Gestaltung des Kaufpreises lassen sich mit erfahrenen Ratgebern oft Wege finden, die einen Kompromiß erleichtern.

Wichtig für eine erfolgreiche Suche nach einer Kooperation ist ein frühzeitiger Beginn. Dies gilt ganz besonders in den Fällen, wo die kritische Einschätzung der Zukunft zu dem Ergebnis führt, daß man eine noch gute Marktposition z. B. aufgrund personeller, technologischer oder auch finanzieller Gründe schwerlich wird verteidigen können. Es zeugt dann von unternehmerischem Weitblick, frühzeitig und somit aus einer Position der Stärke heraus die langfristige Absicherung des Unternehmens anzugehen und die Einbindung in einen neuen Unternehmensverbund einzuleiten. Es gibt dann genügend Zeit, sorgfältig zu prüfen, welche Unternehmen national und international geschäftliche Vernetzungsmöglichkeiten bieten und somit ein hohes Interesse haben sollten. Diese Unternehmen können dann gezielt und auf hoher Ebene auf ihre Kooperationsbereitschaft hin angesprochen werden.

Zwischenbetriebliche Zusammenarbeit bietet eine gute Möglichkeit, die gewachsenen Anforderungen durch kürzere Lebenszyklen für viele Produkte, schnelle und überregionale/internationale Verfügbarkeit, kostengünstige Produktion und umfassenden Service zu erfüllen. Welche Form der Kooperation man wählt, ob Konsortium, joint venture oder Erwerb, hängt von der Langfristigkeit des Vorhabens, dem Umfang des Verbesserungspotentials und letztlich dem in Verhandlungen Erreichbaren ab. Gemeinsam für alle Formen der Kooperation gilt, daß man die besten (personellen) Kräfte bei beiden Unternehmen zusammenbringt, die für einen längeren Zeitraum die Verantwortung übernehmen, daß die Kooperation auf breiter Front mit Leben erfüllt wird. Kooperation erfordert ein hohes Maß an Kompetenz. Man kann sie nicht verordnen, man muß lernen zu kooperieren.

III.
Umsetzung

1. Finanzierung und Kontrolle

1.1. Die Rolle der Banken im betrieblichen Innovationsprozeß

Ludwig Trippen

1. Die Rolle des Eigenkapitals

Die Banken sind sich der eminent wichtigen Rolle bewußt, die Existenzgründungen sowie Produkt- und Prozeßinnovationen für den fortwährenden Erneuerungs- und Anpassungsprozeß unserer Volkswirtschaft spielen. Nur eine dynamische, sich ständig regenerierende, zu Umstellungen auf technologisch anspruchsvolle Produkte, neue Märkte und produktivere Verfahren fähige Wirtschaft wird auch unter sich wandelnden binnenwirtschaftlichen und weltwirtschaftlichen Rahmenbedingungen im internationalen Konkurrenzkampf ihre Leistungskraft bewahren. Die künftigen Wachstumsperspektiven der hochentwickelten Volkswirtschaften werden ganz wesentlich von Investitionen in neue Produktionsanlagen, und das sind in aller Regel innovative, risikobehaftete Investitionen, bestimmt. Davon hängt unsere künftige Produktivitätsentwicklung und damit unsere Wettbewerbsfähigkeit ab. Wir stehen vor der Aufgabe, über hohe Produktivitätszuwächse jene Wachstumskräfte zu mobilisieren, die zugleich eine hohe Beschäftigung und eine gefestigte Position im internationalen Leistungswettbewerb gewährleisten.

Es sind insbesondere zwei Merkmale, die sowohl für technologieorientierte Unternehmensneugründungen als auch für Innovationen bereits etablierter Unternehmen charakteristisch sind: ein stark erhöhtes Risiko und eine relativ lange Anlaufphase bis zur Rentabilitätsschwelle. Wie die Insolvenzstatistik ausweist, entfällt mit rund 75 v. H. aller im vergangenen Jahr zahlungsunfähig gewordenen Unternehmen der Hauptanteil auf junge, weniger als acht Jahre existierende Unternehmen. Mängel in der Finanzierung waren in der Mehrzahl der Fälle eine wesentliche Insolvenzursache. An die Risikofähigkeit der Unternehmen werden insbesondere in den ersten „Lebensjahren" hohe Anforderungen gestellt. Die Fähigkeit, Risiken zu übernehmen, wird aber wiederum ganz wesentlich durch die Höhe des risikotragenden haftenden Eigenkapitals bestimmt. Eine der ältesten Finanzierungsregeln lautet daher: Diejenigen Investitionen, die mit hohen, schwer überschaubaren Risiken verbunden sind, sollen mit Eigenkapital finanziert werden. Eine ausreichende Eigenkapitalbasis ist gleichsam der Puffer, der gegebenenfalls anfallende Verluste auffangen muß. Die dauerhafte und/oder ausschließliche Finanzierung mit Fremdmitteln, also vor allem mit Bankkrediten, würde infolge der Belastungen aus Zinsendienst und Tilgung die ohnehin auftretenden Liquiditätsschwierigkeiten in der frühen Gründungsphase, aber auch in der Forschungs-, Entwicklungs- und Markteinführungsphase nur noch erhöhen. So einfach es auch klingen mag: Eigenkapital ist das einzige Finanzierungsmittel, das auch bei einem unternehmerischen Fehlschlag nicht zu verzinsen und nicht zurückzuzahlen ist. Aufgrund seiner Haftungs- und Garantiefunktion gegenüber allen Gläubigern verleiht Eigenkapital einem Unternehmen erst die Fähigkeit, risikoreiche Engagements einzugehen. Damit ist die Eigenkapitalausstattung die Basis für das künftige technisch-wirtschaftliche Innovationspotential und damit für die Erhaltung und Stärkung der Wettbewerbsfähigkeit.

2. Fehler im Anreizsystem

Diese Feststellung gilt zum einen betriebswirtschaftlich – für das einzelne Unternehmen: Eine unzureichende Risikokapitalausstattung, unter Umständen noch zusammen mit einer ungünstigen Fristenstruktur der Fremdmittel, bedeutet geschwächte Widerstandskraft, erhöhte Abhängigkeit und verminderte Dispositionsfreiheit der Unternehmensführung, geringeres akquisitorisches Potential sowie hohe Anfälligkeit gegenüber erratischen Schwankungen der Kapitalmarktzinsen. Die Hochzinsphase der Jahre 1980 bis 1982 bietet dafür reichlich Anschauungsmaterial. Und was für das einzelne Unternehmen gilt, das hat natürlich auch Gültigkeit für eine Volkswirtschaft insgesamt. Denn – so hat es der Vizepräsident der Deutschen Bundesbank, Dr. Schlesinger, einmal formuliert – „die Wirtschaft eines Landes kann auf die Dauer nicht besser sein als die finanzielle Lage ihrer Unternehmen“.

Leider müssen wir in der Praxis immer häufiger feststellen, daß den gestiegenen Investitions- und Innovationsrisiken keineswegs eine gestiegene Risikofähigkeit auf seiten der Unternehmen gegenübersteht. Im Gegenteil: Mit Sorge müssen wir eine gegenläufige Entwicklung von Risikoanforderungen einerseits und Risikotragfähigkeit andererseits konstatieren.

Der Befund könnte eindeutiger nicht sein: Im Durchschnitt der deutschen Unternehmen entspricht der Anteil der Eigenmittel an der Bilanzsumme nur noch rund 18,5 v. H. Mit anderen Worten: Im Durchschnitt ist noch nicht einmal jede fünfte Mark bei den deutschen Unternehmen Eigenkapital. Noch in 1965, als die Deutsche Bundesbank mit ihren Bilanzauswertungen begann, hatten die Eigenmittel einen Anteil von 30 v. H. am insgesamt eingesetzten Kapital. Bei allen methodischen Vorbehalten gegenüber internationalen Vergleichsdaten muß man feststellen, daß die deutschen Unternehmen mit dieser Kapitalstruktur auch im internationalen Vergleich fast das Schlußlicht bilden – nur der japanische Vergleichswert liegt noch deutlich darunter, allerdings bei ansonsten völlig unterschiedlichen Nebenbedingungen. Die langfristige, schleichende Auszehrung der Eigenmittelbasis hat maßgeblich dazu beigetragen, daß sich viele Unternehmen den Belastungen und Risiken der vergangenen Jahre nicht mehr gewachsen zeigen. Jeweils rd. 12000 Unternehmensinsolvenzen in den vergangenen drei Jahren sprechen eine deutliche Sprache.

Schrumpfende Erträge in der bislang längsten Stagnations- und Rezessionsphase in der Nachkriegszeit, verbunden mit hohen Zinskosten, sorgten dafür, daß die jahrelange Ausweitung des Fremdmittelanteils zu einer existenzbedrohenden Gefahr anwuchs. Ich sehe in dieser lange Jahre währenden Fehlentwicklung eine wesentliche Ursache dafür, daß der Übergang auf einen neuen, tragfähigen Wachstumspfad – trotz der jüngsten Besserungstendenzen in der Ertragsentwicklung – nur recht mühsam in Gang gekommen ist.

Der hohe Fremdmitteleinsatz zeigt noch ein Weiteres: Mit dem tiefen „Hineinwachsen" in die Bilanzen der Unternehmen haben die deutschen Banken – wenn auch nicht immer der Absicht nach, aber de facto – sehr viel Mut und Risikofreude bewiesen. Heute haben die Banken vielfach Risiken zu übernehmen, die wohl einer unternehmerischen Position, aber kaum einer Fremdkapitalgeber-Position angemessen wären. Das nun erreichte Niveau zeigt uns deutlich, daß eine stärkere finanzielle Fundierung unserer Unternehmen auch im ureigensten Interesse der Banken liegt.

Für die negative Entwicklung der vergangenen zwei Jahrzehnte lassen sich eine Vielzahl von Ursachen anführen. Zu nennen wäre hier insbesondere

- die steuerliche Diskriminierung von Eigenkapital gegenüber Fremdkapital mit den entsprechenden Auswirkungen auf die Finanzierungspraxis der Unternehmen,
- die steuerliche Begünstigung des entnommenen statt des im Unternehmen thesaurierten Gewinns,
- eine unzureichende Rücklagenbildung,
- die nicht immer befriedigende Vermittlungsfunktion unserer organisierten Kapitalmärkte und nicht zuletzt
- ein Renditeverfall bei den Unternehmen, der in der Bundesrepublik sehr viel ausgeprägter war als in konkurrierenden Ländern und der damit die Selbstfinanzierungskraft der Unternehmen deutlich schwächte.

Fest steht jedenfalls: Wir befinden uns gegenwärtig in einer kritischen Situation. Auf der einen Seite brauchen wir unbestritten ein überproportionales Wachstum des Kapitalstocks und vor allem eine Investitionsstruktur mit einem höheren Anteil riskanter und längerlebiger Investitionen! Auf der anderen Seite ist die Risikotragfähigkeit und Innovationsfähigkeit der Unternehmen vielfach geschwächt. Damit stellt sich die Frage: Wie kann man verhindern, daß der

Eigenkapitalmangel und damit die Finanzierung zum Engpaßfaktor von Neugründungen und Innovationen wird? Und welchen Beitrag leisten hierbei die Banken, welchen können sie leisten?

3. Venture Capital

Es wäre sicher eine Fehlinterpretation, die unbefriedigende Kapitalstruktur der Unternehmen auf einen generellen Kapitalmangel zurückzuführen. Eine unzureichende gesamtwirtschaftliche Ersparnis- und Kapitalbildung ist in unserer Volkswirtschaft nicht festzustellen. Es fehlt auch nicht an Geld für risikoträchtige Anlagen. Die boomartige Entwicklung verschiedener Arten von Abschreibungs- und Verlustzuweisungsgesellschaften oder auch die gewaltig angewachsenen Kapitalströme, die über unsere Grenzen wandern, zeigen, daß ein ausreichendes Kapitalangebot vorliegt. Meines Erachtens handelt es sich vor allem um Fehler im Anreizsystem, weil fälschlicherweise nicht volkswirtschaftliche, sondern steuerliche Gesichtspunkte dominieren. Es geht darum, das vorhandene Kapital an den Ort seiner produktivsten Verwendung zu lenken. Und hier spielen natürlich die Banken in ihrer Funktion als nationale und internationale Kapitaldrehscheibe eine wichtige Rolle.

Von jeher sind die Banken als Mittler sowohl für Eigen- als auch für Fremdkapital tätig, sehr viel weniger dagegen als unmittelbare Risikokapitalgeber. Ihre primäre Aufgabe sehen die Banken in der Betrags-, Fristen- und Risikotransformation der angenommenen Gelder und weniger darin, unternehmerische Wagnisse im Nichtbankenbereich mitzutragen. Die Übernahme dieser Risiken, also die volle Integration der Risikofinanzierung würde den Rahmen der normalen Banktätigkeit sprengen. Dem steht schon die Knappheit an Eigenmitteln – die Eigenmittelquote liegt im deutschen Bankgewerbe unter 5 v.H. – entgegen. Wer ein höheres Risikoengagement der Banken fordert, der sollte berücksichtigen, daß Banken mit fremdem Geld arbeiten. Für jede Bank muß die Sicherheit der Einlagen ihrer Gläubiger oberstes Gebot bleiben. Das Risiko der Banken, die Kredite aus eben diesen Einlagen finanzieren, kann nur bis zu einer erträglichen Ausfallquote gehen. Daß diese Ausfallquote in den vergangenen Jahren bei vielen Kreditinstituten häufig das Maß der Erträglichkeit überschritten hat, ist ein deutliches Indiz dafür, daß die Banken im Rahmen ihrer Kreditvergabe in den zurückliegenden Jahren häufig erhebliche Risiken übernommen haben. De facto hatten viele Bankkredite in den siebziger Jahren – zweifellos nicht der Absicht nach, aber im Ergebnis – mehr oder weniger den Charakter von Beteiligungen beziehungsweise Eigenkapital-Surrogaten angenommen. Die Insolvenzwelle der vergangenen Jahre, die trotz der verbesserten Konjunktur immer noch nicht abebbt, hat gerade auch deshalb tiefe Spuren in den Bankbilanzen hinterlassen. Grenzen für ein weitergehendes direktes Engagement der Banken bei der Wagnisfinanzierung ergeben sich auch daraus, daß die umfassende Beurteilung von technischen Innovationsvorhaben und ihren Vermarktungsmöglichkeiten mit den personellen Kapazitäten der Banken nicht in allen Fällen abgedeckt werden kann. Technologische Neuerungen auf Gebieten wie der Mikroelektronik, der Informations- und Kommunikationstechnologie, der Lasertechnik und anderen neuen Forschungsgebieten sind hinsichtlich ihrer künftigen Marktchancen nur von technisch orientierten Spezialisten zu beurteilen – Spezialisten, die zudem langjährige Management-Erfahrung und spezifische Branchenkenntnisse mitbringen. Nur eine solch profunde Kenntnis erlaubt es, die ökonomischen Erfolgsaussichten auf den potentiellen in- und ausländischen Märkten hinreichend exakt abzuschätzen. Ein solches Beurteilungsvermögen können nur große oder besonders spezialisierte Finanzinstitutionen durch eine eigene personelle Infrastruktur darstellen. So haben wir beispielsweise in der WestLB eine Gruppe „Unternehmensanalyse", die unser Beurteilungsvermögen auch für den technologischen Sektor schärfen soll. Zudem verfügt unser Haus über einen Beteiligungsberatungsbereich „Mergers & Acquisitions". Diese Spezialeinrichtungen stehen in- und ausländischen Unternehmen bei der Realisierung neuer Produkt-, Verfahrens- und Vertriebsideen, bei der Beschleunigung von Innovationsprozessen und bei der Anbahnung von Fusionen, Übernahmen, Beteiligungen sowie Verkäufen zur Seite. Die bisherigen Ergebnisse zeigen, daß die erzielbaren Synergieeffekte beachtlich sind.

Einen sehr wichtigen Part übernehmen die Banken auch bei der Abwicklung der staatlichen Existenzgründungs- und Innovationsförderung. Für die unternehmerische Startphase hält die öffentliche Hand einen umfangreichen und differenzierten Instrumentenkasten bereit. Bund und Länder unterstützen Existenzgründungen, Geschäftseröffnungen, Betriebserweiterungen und -verlagerungen durch langfristige, zinsverbilligte Darlehen, die teilweise sogar Eigenkapitalcharakter aufweisen, sowie durch die Gewährung von Bürgschaften. Der Zahl der jährlichen Bewilligungen als auch der Höhe des herausgelegten Kreditvolumens nach steht hier das seit 1960 angebotene ERP-Existenzgründungsprogramms des Bundes an erster Stelle. Die Lastenausgleichsbank in Bonn hat im vergangenen Jahr 29150 Einzelprojekte aus diesem Programmbereich finanziert. Wachsende Bedeutung hat auch das seit 1979 durchgeführte Eigenkapitalhilfeprogramm, dessen Mittel in den meisten Fällen mit ERP-Gründungskrediten kombiniert werden. Schöpft man die Förderhöchstbeträge allein dieser beiden Programme vollständig aus, kommt man bereits auf einen Betrag von 600000 DM im Einzelfall. Dieser kann durch Ergänzungsprogramme der Lastenausgleichsbank noch aufgestockt werden. Erwähnenswert ist auch der Modellversuch des Bundesministeriums für Forschung und Technologie mit dem Ziel, Firmengründungen in zukunftsträchtigen Technologiebereichen stärker als in der Vergangenheit anzuregen. Darüber hinaus existieren weitere landesspezifische Förderungsmöglichkeiten für Existenzgründer und innovatorische Unternehmen, so etwa in Nordrhein-Westfalen das „Beschäftigungsorientierte Förderungsprogramm“ und das „Technologieprogramm Wirtschaft“. Neben diesen finanziellen Förderungsprogrammen existieren Möglichkeiten zur Bürgschaftsübernahme durch das Land oder die auf Landesebene branchenweise organisierten Kreditgarantiegemeinschaften.

All diese öffentlichen Starthilfen können kaum ohne die tatkräftige Einschaltung des Bankenapparates umgesetzt werden. Die Kreditinstitute sind in der Regel die erste Anlaufstelle für den interessierten Neugründer. Es gehört schon zu den selbstverständlichen Erwartungen des Kunden, daß sein Kreditinstitut ihm mit differenzierten Informationen und Hilfen im Antragsverfahren für öffentliche Existenzgründungsprogramme zur Seite steht. Die Abwicklung dieser Programme und die qualifizierte Beratung durch die Banken haben einen wesentlichen Stellenwert; denn es gibt eine verwirrende Vielzahl von Programmen, und der potentielle Gründer hätte – ohne diese Beratung durch die Banken – erhebliche Schwierigkeiten, für sein Projekt eine maßgeschneiderte Finanzierung unter optimaler Ausnutzung der bestehenden Förderalternativen sicherzustellen. Die bankmäßige Abwicklung sorgt dafür, daß die öffentlichen Hilfen nach kreditwirtschaftlichen Grundsätzen vergeben und, jedenfalls im Regelfall, unbürokratisch und zügig abgewickelt und damit möglichst effizient eingesetzt werden. Der große „Run“ auf die Existenzgründungshilfen zeigt, daß dieses staatliche Angebot durchaus seine Nachfrager findet und die Banken bereit sind, beachtliche Leistungen zu erbringen.

4. Verkrustete Börsenstruktur

Aber auch für die Innovationsfinanzierung in der Reifephase eines am Markt bereits eingeführten, „gestandenen“ Unternehmens bieten die Banken ein breites Leistungsspektrum zeitgemäßer Finanzierungsformen an. Die Banken sind bei der kreditmäßigen Beurteilung von Existenzgründungsvorhaben und/oder der Markteinführung neuer Produkte und Verfahren vor besonders schwierige Probleme gestellt. Die Maßstäbe der klassischen Kreditwürdigkeitsprüfung sind hier in der Regel nicht anwendbar. Die traditionelle Bonitätsbeurteilung, die sich auf die „klassischen“ Sicherungsgrundlagen stützt und die sich zudem auf die vergangenheitsorientierte Bilanzanalyse beschränkt, muß hier versagen. Innovationsfinanzierung heißt: nicht das Abhaken von mehr oder weniger veralteten Bilanzkennziffern, sondern eine Beurteilung der Zukunftsperspektiven jenseits der Bilanz, eine Einschätzung der Dynamik eines Unternehmens. Dafür benötigt man aber zukunftsbezogene Beurteilungskriterien. Deshalb muß einigermaßen verläßlich abgeschätzt werden

- der Markt, das Marktvolumen und seine Entwicklung (einschließlich eventueller Substitutionsprodukte),
- die Wettbewerbssituation, also die Einschätzung der möglichen Reaktionen

der anderen Anbieter, und vor allem

- die zukünftige Absatzkonzeption des Kreditkunden, was unter anderem ein Urteil über die Qualität des Managements, der Preispolitik, des Produktprogramms, der Distributionspolitik, der Public Relations, mit einem Wort: der gesamten Marketing-Konzeption einschließt.

Die Art der Besicherung nimmt somit im Rahmen der Kreditwürdigkeitsprüfung der Banken nicht die zentrale Rolle ein.

Vielmehr muß bei der Kreditwürdigkeitsprüfung von Existenzgründungen und Innovationen faktisch eine Unternehmensprognose erfolgen. Aber auch in diesen Fällen muß dem Nachweis von Eigenkapital, in welcher Einsatzform auch immer, besondere Beachtung geschenkt werden. Wichtig erscheint schließlich, daß der Unternehmer eine realistische, fundierte Liquiditätsrechnung und Kapitalbedarfsplanung vorlegen kann. Bei der kritischen Überprüfung dieser Plandaten leisten die Banken eine wichtige Kontrollaufgabe. Der Existenzgründer und Innovator wird damit vor die Anforderung gestellt, den erwarteten wirtschaftlichen Erfolg seines Unternehmens sorgfältig zu quantifizieren.

Neben den bisher behandelten Fällen der „Unternehmen ohne Vergangenheit“ und der Unternehmen in der Reifephase existiert noch ein weiteres Marktsegment, das, blickt man auf die vergangenen zwei Jahre zurück, wohl am heftigsten diskutiert und mit dem Schlagwort „Venture Capital“ mehr nebulös umschrieben als exakt beschrieben wird. Dieser Begriff hat eine allenthalben spürbare Aufbruchsstimmung und hektische Aktivitäten ausgelöst. Kaum eine Woche verging, in der nicht zu diesem Thema ein Kongreß veranstaltet, neue Vorschläge unterbreitet, neue Initiativen angekündigt wurden. Was steckt nun hinter der Finanzierungsform „Venture Capital?“ Im wesentlichen geht es dabei um die Aufbringung und Bereitstellung von haftenden Mitteln, also von Eigen-kapital für technologie-orientierte, innovative, wachstumsorientierte Unternehmen. Der „Venture-Capital“-Gedanke kommt aus den Vereinigten Staaten. Bei den dort bestehenden Venture-Capital-Gesellschaften handelt es sich zumeist um geschlossene Beteiligungsfonds für Risikokapital, die zugleich die Aufgaben einer Unternehmensberatungsgesellschaft wahrnehmen.

Auf dem amerikanischen Markt operieren zur Zeit nach meiner Information rund 500 Venture-Fonds, darunter etwa 70 Venture-Capital-Abteilungen von Industriebetrieben und Banken, über 100 unabhängige Privatfirmen sowie 340 staatlich lizenzierte sogenannte small-business-investment companies, also Investitionsfonds für die mittelständische Wirtschaft. Bisher sollen diese Gesellschaften rund 8 Milliarden US-Dollar investiert haben. Es handelt sich bei diesen Venture-Finanzierungen keineswegs um eine bloße passive Kapitalanlage, sondern um ein aktives unternehmerisches Engagement. Es geht den Venture-

Capital-Gebern nicht so sehr um eine laufende Rendite, sondern um die Erzielung eines überdurchschnittlichen Verkaufserlöses gegen Ende des zeitlich begrenzten Engagements.

5. Hilfestellungen

Das amerikanische Modell läßt sich nicht ohne weiteres auf die Bundesrepublik übertragen. Zu groß sind die Unterschiede bei den Gläubigerschutz- und Anlagevorschriften der Banken und Versicherungsgesellschaften, der Mentalität der Anleger, der Risikobereitschaft der Unternehmer und Manager sowie den gesellschafts- und steuerrechtlichen Rahmenbedingungen. Deshalb wird Venture Capital in der Bundesrepublik ganz sicher auch in Zukunft nicht den Stellenwert erreichen können wie etwa in den Vereinigten Staaten. In modifizierter Form ist aber der Markt für Venture Capital auch in der Bundesrepublik ausbaufähig. Die Infrastruktur des Venture-Capital-Marktes hat sich in kurzer Zeit schon beachtlich verbreitert. Auch einzelne Banken und Sparkassen sind initiativ geworden. Dieses im Prinzip begrüßenswerte Engagement der Banken sollte allerdings nicht über die bestehenden Grenzen einer unmittelbaren Bankenbeteiligung in diesem Sektor hinwegtäuschen. Die Banken werden immer nur in einem begrenzten Ausmaß direkte Risikokapitalgeber sein können. Viel wichtiger ist dagegen ihre Rolle bei der Vermittlung und Beratung. Das bei den Banken entwickelte Know-how zur Beurteilung von Unternehmens- und Marktkonzepten wird zukünftig noch stärkere Bedeutung als bisher schon erlangen.

Von den eigentlichen Venture-Capital-Gesellschaften zu unterscheiden ist ein Instrument, das die deutschen Banken vor etwa 15 Jahren aus der Taufe gehoben haben: Seit der Gründung von Kapitalbeteiligungsgesellschaften in den sechziger Jahren leisten die Banken ihren originären Beitrag, um die Risikotragfähigkeit und Widerstandsfähigkeit von nicht-emissionsfähigen oder nicht-emissionswilligen guten Unternehmen zu stärken. Innerhalb der Sparkassenorganisation sind neun Tochtergesellschaften der Landesbanken und Sparkassen in diesem Bereich tätig. Insgesamt operieren derzeit gut zwei Dutzend Kapitalbeteiligungsgesellschaften in der Bundesrepublik am Markt. Im Rahmen der Beteiligungsfinanzierung wird wachstumsträchtigen, ertragsstarken Unternehmen mit innovativem technologischem Potential im Rahmen unternehmensgerechter Beteiligungsmodelle – meist in Form der typischen stillen Gesellschaft (keine Änderung der Rechtsform, keine Beteiligung an den stillen Reserven, das heißt auch keine Unternehmensbewertung bei Beginn und am Ende des Engagements) – Kapital auf Zeit angeboten. Neben dem Angebot haftenden Kapitals mit limitierter Gewinnbeteiligung stehen qualifizierte Spezialisten mit langjähriger Erfahrung auf den verschiedenen Technologiefeldern und Marktsegmenten bereit für eine echte Management-Beratung. Gerade die Ergänzung der reinen Finanzierungskomponente um diese unternehmerische Service-Komponente kommt einer von mittelständischen Unternehmen empfundenen Lücke entgegen, erfaßt aber nicht den Gedanken des Venture Capital, denn ein Wagnis können und wollen diese Gesellschaften gerade nicht übernehmen.

Zweifelsohne hat die Kreditwirtschaft in den letzten Jahren eine Vielzahl von Möglichkeiten entwickelt, um die Finanzausstattung dynamischer Unternehmen zu verbessern. Darüber sollte allerdings nicht übersehen werden, daß es auch eine ganze Reihe von Ansatzpunkten gibt, um die Risikotragfähigkeit der Unternehmen auf einem direkteren Weg zu verbessern:

6. Verbesserung der Rahmenbedingungen

Erster Ansatzpunkt und vordringlichstes Ziel muß die dauerhafte Überwindung der „Rentabilitätslücke" sein. Denn ohne Zweifel ist die Risikokapitallücke auch die Folge eines kontinuierlichen Renditeverfalls seit Mitte der sechziger Jahre. Erst in jüngster Zeit hat sich die Ertragslage der Unternehmen wieder etwas stabilisiert, wie die Bundesbank in ihrem März-Bericht unterstrichen hat. Es wird aber einer längeren Phase höherer Erträge bedürfen, um wieder zu einer nachhaltigen Stärkung der Eigenmittelbasis zu gelangen. Eine auf Stabilität gerichtete und durch vernünftige Tarifabschlüsse unterstützte Wirtschaftspolitik ist dafür die wichtigste Voraussetzung.

Der zweite Ansatzpunkt sind die steuerlichen Rahmenbedingungen. Die Unternehmensbesteuerung in der Bundesrepublik wirkt im Hinblick auf die Alternative Eigenkapital oder Fremdkapital keineswegs neutral, sondern im Hinblick auf die Eigenkapitalbildung diskriminierend – mit der Folge, daß die Minimierung von Eigenkapital oftmals zur steuerlich „billigsten" Strategie wurde. Trotz einer in den letzten Jahren stärker „risikokapital-orientierten" Steuerpolitik sind sicherlich noch weitere Schritte in dieser Richtung erforderlich. Zu nennen sind hier vor allem die zwar gemilderte, aber immer noch vorhandene Doppelbelastung bei der Vermögensteuer, die Diskriminierung von Eigenkapital bei der Gewerbesteuer und die Verteuerung der Aktienfinanzierung durch die Gesellschaft- und die Börsenumsatzsteuer. Hinzu kommt die im internationalen Vergleich überdurchschnittlich hohe Gesamtsteuerbelastung der Unternehmen, die eine Innenfinanzierung nur in einem relativ begrenzten Umfang ermöglicht. Zu betonen ist allerdings, daß die Steuerpolitik zwar die Risikokapitalbildung erleichtern kann, aber eben auch nicht mehr. Wenn der Profit nicht stimmt, dann können auch steuerliche Erleichterungen oder auch entsprechende Umgestaltungen des Steuersystems kaum helfen.

Ein dritter Ansatzpunkt, um das Problem der Unterkapitalisierung zu lösen, ist eine Beteiligung der Arbeitnehmer am Produktivvermögen im Rahmen betrieblicher und tarifvertraglicher Vereinbarungen. Nach Jahren der vermögenspolitischen Passivität hat sich die Vermögensbildungspolitik nunmehr stärker auf Produktivkapitalbeteiligungen konzentriert. Nicht nur das 4. Vermögensbildungsgesetz, sondern auch das geplante Gesetz über Unternehmensbeteiligungsgesellschaften hat eine höhere Beteiligung der Arbeitnehmer am Produktivkapital zum Ziel. Inwieweit die geplanten mittelbaren Beteiligungsfonds zu einer Verwirklichung dieses Ziels geeignet sind, wird allerdings ganz wesentlich von der Ausgestaltung des Gesetzes und den zusätzlich flankierenden Maßnahmen abhängen.

Ein vierter Ansatzpunkt liegt schließlich in einer Verbesserung der Börsenorganisation durch gesellschafts- und börsenrechtliche Erleichterungen, um die marktmäßige Bereitstellung von Risikokapital zu erleichtern. Die Eigenkapital-Vermittlungsfunktion der organisierten Kapitalmärkte wird vielfach als unzureichend empfunden. Zu restriktive Zulassungsvoraussetzungen, beträchtlicher administrativer Aufwand bei der Umwandlung einer Personengesellschaft in eine AG, hohe „Eintrittsgebühren“ und überhöhte Publizitätspflichten – das sind in etwa die wesentlichen Kritikpunkte und damit Hinderungsgründe für ein stärkeres und wünschenswertes „going public“ gerade auch im mittelständischen Bereich. So kommt es, daß an unseren acht deutschen Börsen gegenwärtig nur rund 450 Gesellschaften notiert sind. Auch die im letzten Jahr wieder zunehmende Neigung zum Gang an die Börse kann nicht darüber hinwegtäuschen, daß der Aktienbesitz bisher mit lediglich 4 v. H. nur einen verschwindend geringen Anteil an den Geldvermögensbeständen der privaten Haushalte hat.

Mittlerweile sind die Überlegungen, wie man die verkrusteten Börsenstrukturen aufbrechen und wieder frischen Wind in die Börsensäle bringen könnte, ein gutes Stück vorangekommen. Angestoßen durch die Vorschläge der Börsensachverständigen-Kommission, prüft die Bundesregierung zur Zeit verschiedene Alternativen für eine Erleichterung der Zugangsvoraussetzungen für kleine und mittlere Unternehmen zum Börsenmarkt. Die bisherige, noch kontrovers geführte Diskussion läuft darauf hinaus, die Vorzüge des amtlichen Handels sowie des geregelten Freiverkehrs zu nutzen, ohne deren Nachteile zu übernehmen.

Ohne Zweifel sind „Innovationen“ auf den Kapitalmärkten dann notwendig, wenn sie die Finanzierungsinnovationen und Investitionen unserer Unternehmen erleichtern. Nur gilt auch hier: Die Transformation von Geldkapital in Produktivkapital wird nur dann gelingen, wenn ausreichend rentable Investitionsschancen vorhanden sind. Dies ist die zentrale Aufgabe für die Zukunft – und bei dieser Aufgabe müssen alle Bereiche der Wirtschaft und Gesellschaft zusammenarbeiten. Ich habe den Eindruck, daß wir in der Bundesrepublik auf dem richtigen Weg sind, aber es ist ein langer Weg.

1.2. Venture Capital für junge Technologieunternehmen

Wilhelm Schmeisser und Gudrun Mattick

1. Wesensmerkmale der Venture-Capital-Gesellschaften

Die in Deutschland inzwischen bestehenden bzw. in der Gründung befindlichen professionellen Venture-Capital-Gesellschaften, die vorwiegend auf institutionelle Anleger (Banken, Sparkassen, Versicherungen...) zurückgehen, entsprechen den unter dem traditionellen Venture-Capital-Geschäft laufenden Finanzierungsinstituten in den Vereinigten Staaten. Daneben haben sich in den USA zunehmend auch Großunternehmen auf diesem Markt betätigt, und auch hierzulande entwickeln sich derartige Aktivitäten.

Venture-Capital-Gesellschaften behaupten, das zu den Faktoren Erfindungsgeist, Talent und Wissen für erfolgreiche, innovative Unternehmen und Unternehmensgründungen lang gesuchte Pendant zu sein, indem sie einen guten Kapitalfundus, der genügend Reserven für Nachinvestitionen bietet, sowie ein qualifiziertes und quantitativ ausreichendes Management bereitstellen. Grundsätzlich weisen die unterschiedlicher Herkunft entstammenden Venture-Capital-Gesellschaften folgende Charakteristika auf:

- Venture-Capital-Gesellschaften stellen durch Übernahme von Minderheitsbeteiligungen kapitalsuchenden Unternehmern Eigenkapital auf Zeit zur Verfügung. Die Beteiligungsdauer liegt im allgemeinen zwischen fünf und zehn Jahren. Die Formulierung des Geschäftszwecks läßt erkennen, daß in diesem Geschäft der Charakter unternehmerischer Investitionsentscheidungen gesehen wird; sie investieren ihr Kapital langfristig im Unternehmen, und zwar nicht unter dem Gesichtspunkt der regelmäßigen Erzielung einer Rendite; sie verzichten auf Gewinnentnahmen, sondern beabsichtigen vielmehr, ihre „capital gains" am Beteiligungsende nach erfolgreich verlaufener Aufbau- und Wachstumsphase über Veräußerung ihrer Anteile zu erzielen; im Regelfall wird eine börsenmäßige Einführung des Unternehmens angestrebt.
- Venture-Capital-Gesellschaften setzen ausdrücklich auf den zukünftigen Erfolg innovativer Unternehmen; sie können ihre Entscheidungen nicht an etwa vorhandene materielle Sicherheiten binden, da deren Existenz in Start-up-Beteiligungsfällen – dem traditionellen Bereich der Venture-Capital-Beteiligungen in den USA, insbesondere im Bereich des High technology – nicht gegeben ist. Die Entscheidungen werden auf Projektionen bestimmter betriebswirtschaftlicher Kennzahlen begründet, denn die gesamte Anlagestrategie basiert auf einem unterstellten Entwicklungsverlauf der kapitalsuchenden Unternehmung. Ihre wesentliche Arbeit sehen Venture-Capital-Investoren daher in dem Erkennen zukunftsträchtiger Ideen, in der Beurtei-

lung neuer Technologien, ihres Marktpotentials im allgemeinen sowie der Bewertung der Risiken und Chancen des jeweiligen Beteiligungsprojektes.

- Die Person des Gründungsunternehmers steht im Mittelpunkt der Investitionsentscheidungen. Gesucht wird der „Scientific entrepreneur“, der nicht nur Erfinder- und Technikerqualitäten besitzt, sondern auch Durchsetzungsvermögen und Managementgeschick haben muß. Die Venture-Capital-Gesellschaft versucht, die für den Erfolg erforderlichen personellen Voraussetzungen durch die Unterstützung des Aufbaus eines Gründungsteams zu sichern.
- Neben dem Angebot eines maßgeschneiderten Informationsdienstes werden die Beteiligungsgeber selbst unternehmerisch tätig, indem sie dem Unternehmer Managementhilfe durch ihre Mitarbeiter mit hoher fachlicher Qualifikation und breitem Erfahrungsspektrum geben. Diese Betreuungs- und Kontrollpolitik, die sowohl in aktiver als auch in passiver Form ausgeübt werden kann, dient der Zwecksetzung, gegen Entwicklungen, die das eingesetzte Kapital gefährden könnten, entsprechende Maßnahmen frühzeitig einzuleiten. Darüber hinaus zielt eine aktive Betreuungs- und Kontrollpolitik, d.h. die intensive Ausübung eingeräumter Kontrollrechte und die Inanspruchnahme von Veto- und Mitspracherechten, auf die Förderung des Unternehmenswachstums ab, da Venture-Capital-Gesellschaften an einer positiven Unternehmensentwicklung unmittelbar partizipieren.
- Venture-Capital-Gesellschaften treten als Vermittler zwischen Kapitalanlegern und Innovationsunternehmern in Erscheinung, wobei ihnen die Verantwortung der Beurteilung eines Beteiligungsprojektes und der Auswahl, der Betreuung des Beteiligungsunternehmens sowie der Verwertung der Beteiligung obliegt.
- Venture-Capital-Beteiligungen werden in einem frühen Stadium der Unternehmensentwicklung eingegangen, das zum einen durch noch hohe Risiken, zum anderen auch große Wachstumschancen gekennzeichnet ist. Prinzipiell reicht das Spektrum des Venture Capital Financing von der Finanzierung der Erstellung des Produkt- und Unternehmenskonzepts bis zur Finanzierung sogenannter „Management-Buy-outs“ (Übernahme strategischer Einheiten eines alteingesessenen Unternehmens) (Nathusius 1979, S. 194 ff.).

2. Formen der Venture-Capital-Finanzierung

Den verschiedenen Finanzierungsanlässen entsprechend können sieben Grundformen der Venture-Capital-Finanzierung unterschieden werden (vgl. Abb. 1 in Anlehnung an Merkle Wist, 1984):

1. „Seed-financing“

Hierunter wird die Finanzierung der Forschungs- und Entwicklungsphase

Abb.: Phasen des Lebenszyklus von innovativen Angeboten und Finanzierungsarten (in Anlehnung an Merkle, Mai 1984)

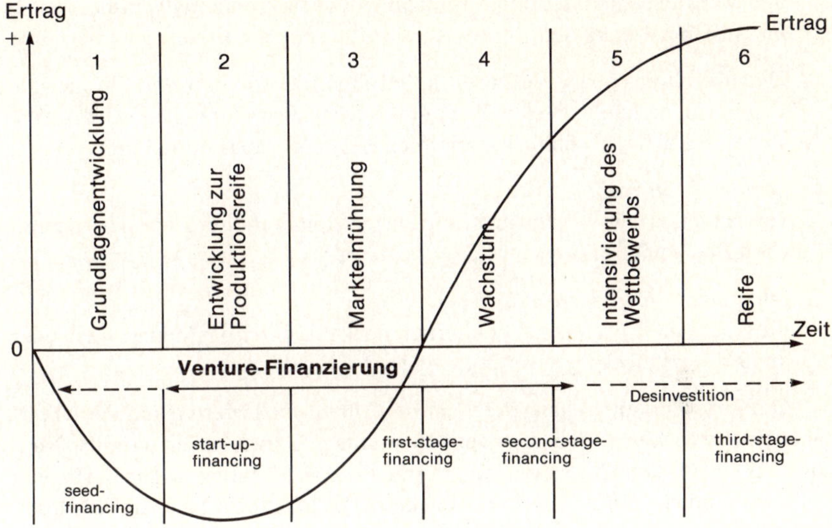

einschließlich der Entwicklung eines Prototyps verstanden. Das in dieser Phase bereitgestellte „seed money" ist selten, zum einen, weil der Kapitalbedarf noch als gering angesehen wird, zum anderen wegen der Risiken. Nur ein sehr geringer Prozentsatz aller technisch möglichen Innovationen erreicht schließlich den Markt.

2. *„start-up-financing"*
Dieses Stadium umfaßt die Finanzierung der Gründung eines Unternehmens, der Produktionsvorbereitung, sowie der Erstellung von konkreten Marketingkonzepten. Vielfältige Marktuntersuchungen bis hin zur probeweisen Einführung eines Erzeugnisses auf einem Teilmarkt gehen einer Finanzierung in dieser Phase voraus.

3. *„First-stage-financing"*
Die Venture-Capital-Finanzierung erstreckt sich hier auf die Markteinführung von neuen Produkten sowie den Aufbau von Fertigung und Vertrieb.

4. *„Second-stage-financing"*
Ein wichtiges Betätigungsfeld der Venture Capitalists ist ferner die Finanzierung des Unternehmenswachstums zur Durchdringung des Marktes und für den Ausbau der Betriebskanäle (Expansion-stage-financing).

5. *„Third-stage-financing“*
Hierunter wird die Finanzierung der Erweiterung des Produktionsapparates und Vertriebsapparates zur Ausnutzung des Marktpotentials, insbesondere im Ausland, verstanden.

Den Kernbereich der Venture-Capital-Finanzierung, auf den die meisten Beteiligungen entfallen, stellen die Stufen 1–5 dar. Darüber hinaus werden dem Venture Capital für gewöhnlich zwei weitere Finanzierungsformen zugerechnet:

6. *„Bridge-financing“,*
verstanden als die Vorfinanzierung einer Kapitalerhöhung vor der eigentlichen Börseneinführung.

7. *„Buy-outs“/„Management-buy-outs“,*
die Übernahme bestehender Unternehmensteile durch das Management oder andere Kapitalgeber.

Der enge Zusammenhang der Venture-Capital-Finanzierung mit der Unternehmensentwicklung wird hier ganz offenkundig. Grundsätzlich steht das Venture Capital in allen Phasen des integrierten Produktlebenszyklus zur Verfügung – der wesentliche Unterschied zu allen bisher angebotenen Finanzierungsquellen. Nach den im Venture-Capital-Katalog von den hierzulande tätigen Gesellschaften gemachten Angaben haben diese den Schwerpunkt der Venture-Capital-Finanzierung auf die Phasen der Markteinführung und des Wachstums, die durch besonders hohen Finanzmittelbedarf gekennzeichnet sind, gesetzt.

Die Beteiligung an Gründungsunternehmen wird – zumindest vorerst – nicht den „Regelfall“ in der Venture-Capital-Finanzierung darstellen. Selbst die Venture-Capital-Gesellschaften, die grundsätzlich zu ihren potentiellen Partnern auch Gründungsunternehmer zählen, werden sich an diesen nur in Ausnahmesituationen beteiligen. Die Bewerber sollten aus dem Gröbsten schon heraus sein. Die Gesellschaft möchte als kapitalkräftiger Partner auftreten, wenn hohe Entwicklungskosten anfallen und die anschließende Expansion finanziert werden muß.

Auf lange Sicht wird sich zeigen, ob die sich in den USA seit geraumer Zeit abzeichnende Tendenz, Beteiligungsübernahmen auf das spätere Stadium der Unternehmensentwicklung zu verlagern, in dem die vorbereitenden Schritte der Markterschließung weitestgehend abgeschlossen sind und das erste rapide Wachstum zu erwarten steht, auch hier entgegen den heute gemachten Ankündigungen einstellen wird, um auf diese Weise eine baldige Realisierung der sich aus dem Unternehmenswachstum ergebenden Kapitalwertzuwächse zu erreichen, die Risiken der Gründungsphase zu umgehen und gleichzeitig eine längere, bei einem Investment in einen Gründungsfall zwangsläufig ergebende Kapitalbindungsdauer zu vermeiden.

3. Auswahl der Beteiligungsnehmer

Zur Beurteilung des Beteiligungsprojektes wird die Venture-Capital-Gesellschaft als Kriterien das Innovationsobjekt, die Realisierungschance, die Wachstumsorientierung, die Wirtschaftlichkeit, die Risikobeteiligung des Unternehmers und den Kapitalbedarf heranziehen.

Diesem Informationsbedürfnis hat der Bewerber bei der Kontaktaufnahme mit einer Venture-Capital-Gesellschaft, d. h. bei der Darlegung seines Businessplan, nachzukommen.

Angesichts der Tatsache, daß lediglich ein geringer Prozentsatz aller Bewerbungen letztlich zu einem Beteiligungsfall führt, kommt der Präsentation des Geschäftsplans, der eine aussagefähige Darstellung mit allen für eine Beurteilung des Innovationsvorhabens notwendigen Informationen beinhalten sollte, auch unter Einbezug kritischer Aspekte, besondere Bedeutung zu.

Eine umfassende schriftliche Darstellung der für eine Projektbeurteilung erforderlichen Daten wird zwar nicht verlangt, jedoch sollte der Bewerber in der Lage sein, im Rahmen einer mündlichen Präsentation eine ausreichende Beantwortung der den Kapitalgeber interessierenden Fragen zu geben:

Zum Produkt

Es sollte eine genaue Beschreibung – evtl. mit einer graphischen Darstellung – des (geplanten) Produktes erfolgen. Ferner sollten vorliegen: Angaben über den Reifegrad, den technischen Vorsprung und das Entwicklungspotential des Produktes sowie den aufgrund bestimmter Produkteigenschaften möglichen Anwendungsbereichen, eine Auflistung der Vor- und Nachteile des Produktes gegenüber potentiellen Konkurrenzprodukten, ggf. Hinweise auf erforderliche Serviceleistungen, ein Nachweis der Kompatibilität mit den dargestellten Produktions- und Vertriebsplänen und dgl.

Neben der technischen ist eine ökonomische Beschreibung bzw. Beurteilung erforderlich, die sich insbesondere auf den Verkaufspreis, auf die Herstellungskosten und evtl. auftretenden Nebenkosten (wie Service- und Wartungskosten) bezieht sowie auf bestehende Schutzrechte.

Zur Marktcharakteristik

Da die Bewährung des neugegründeten Unternehmens letztlich am Markt erfolgt – die am schlechtesten kalkulierbare Komponente –, gehört zu den wesentlichen Vorarbeiten der Verwertungstätigkeit, wenn das Gelingen des Vorhabens nicht dem Zufall überlassen und der Verwertungserfolg nicht in Frage gestellt werden soll, eine Marktanalyse, die Rückschlüsse auf den künftig zu erwartenden Marktanteil und Umsatz erlaubt. Diese Marktanalyse sollte u. a. Aufschluß geben über die potentiellen Bedarfsträger (Industriezweige, geographische Verteilung, nationale und/oder internationale Vermarktungsmöglichkeiten, Zahl der Einheiten pro Abnehmer, Einkaufsgepflogenheiten der Abnehmer) und der Konkurrenzsituation, wie die bisherige Entwicklung des Marktes (jeweils in Umsätzen und Zahl der Einheiten), die Aufteilung des Marktes gegenwärtiger Anbieter ähnlicher Produkte, die Stärken und Schwächen der Konkurrenz, die mögliche Ursache für das Nichterkennen der dem Produkt zugrunde liegenden Bedarfslücke bzw. der Grund für das fehlende Know-how bei der Konkurrenz, den möglichen Abbau des Wettbewerbsvorsprungs durch die Konkurrenz sowie die erwartete Austauschrate.

Zur Marketingstrategie

Der Bewerber sollte seine Preispolitik darlegen, Vertriebswege aufzeigen, Verkaufstechniken und Werbemaßnahmen beschreiben, Strategien zur Erfassung potentieller Abnehmer entwickelt haben usw.

Zu Fertigung und Einkauf

Es sollten detaillierte Angaben über Fertigungsmethoden und die dazugehörigen fachlichen Fähigkeiten, Fertigungseinrichtungen, erwartete Produktionskosten, potentielle Lieferanten, evtl. Abhängigkeit vom Know-how spezieller Zulieferer etc. vorliegen.

Zur Finanzplanung

Hierzu gehören die Auflistung aller Kosten (variable und fixe) nach einzelnen Bereichen, der Kapitalbedarf insgesamt und dgl. mehr.

Risikopunkte

Darlegung externer Einflußgrößen, die für Erfolg und Mißerfolg entscheidend sein können; Beispiele: Preise der Konkurrenz, Abhängigkeit der Branche von anderen Branchen, von technologischen Umbrüchen, gesetzliche Bestimmungen (Einfuhr-/Ausfuhrrestriktionen, Sicherheits- oder Umweltschutzvorschriften) etc. Gerade erfahrene Investoren machen ihre Entscheidung davon abhängig, wie vollständig und nüchtern ein künftiger Partner solche Gefahren sieht.

Zum Management

Technische und kaufmännische Qualifikation sollten außer Frage stehen; die Person des Unternehmers – konkretisiert in seinen technischen und Managementfähigkeiten – ist ein wesentliches Prüfkriterium.

Zum Unternehmen

Hierzu gehören Angaben über den geplanten Sitz, die Gesellschaftsform, den Namen, die Mitarbeiter (Ausbildungsgrad... etc.).

Im Regelfall wird der junge Unternehmer bzw. Unternehmer-Erfinder dieses von der Venture-Capital-Gesellschaft geforderte, detaillierte Datenmaterial – das auch dazu dient, die Managementqualitäten des Beteiligungsbewerbers zu überprüfen – nicht allein zur Verfügung stellen können und damit nicht umhinkönnen, bei der Vorbereitung und Ausarbeitung des Geschäftsplans auf die Hilfe von Beratern zurückzugreifen.

4. Externes Venture-Management – Großunternehmen als Träger der Venture-Capital-Finanzierung

Corporate-Venture-Capital

In jüngster Zeit hat offensichtlich auch die Großindustrie die in dieser Finanzierungsform für sie liegenden Vorteile entdeckt. Für etablierte Unternehmen erweist es sich oftmals als sinnvoll, Neugründungen zu unterstützen.

Beteiligungen an jungen Unternehmen oder Unternehmensgründungen werden zunehmend im Rahmen des Venture-Managements diskutiert – wobei unter Venture-Management eine Organisationsform als Gegenbewegung zu sich in Großunternehmen fast zwangsläufig ergebenden Bürokratisierungserscheinungen verstanden wird. Die Beziehung des Venture Capital zum Thema des Venture Managements ergibt sich daraus, daß eine der Formen des externen Venture Managements von Industrie und anderen Unternehmungen das Geschäft des Venture Capital betrifft, wobei die Aktivitäten der speziell an Wagnisfinanzierung interessierten Großunternehmen unter dem Begriff „Corporate Venture Capital" zusammengefaßt werden.

Mit ihrem Engagement streben sie neben finanziellen Zielen (Kapitalwertzuwachs einer Beteiligung und laufende Rendite) im Rahmen ihrer Aktivitäten auch oder vorwiegend nicht-finanzielle Ziele an; Beteiligungen an der Gründung selbständiger Unternehmungen, die auf der technischen Entwicklung und ökonomischen Verwertung neuartiger Erfindungen basieren, bieten die Möglichkeit zur Nutzung eines „window on technology" und damit den Zugang und die Sicherung des frühzeitigen Einstiegs in neue Technologien und Märkte, die ein großes Entwicklungspotential vermuten lassen. Daneben haben die sich im Venture-Capital Geschäft als Investoren betätigenden Unternehmen die Gelegenheit des „intelligence gathering", des Erfahrungsammelns aus der Analyse und Entscheidung über eine Vielzahl möglicher unkonventioneller Investitionmöglichkeiten. Kenntnisse kann die Unternehmung ebenfalls im Rahmen ihres Managementtrainings für Nachwuchsmanager gewinnen, denen sich die Chance eröffnet, erste Erfahrungen mit der Lösung von Managementproblemen zu sammeln (z. B. über Sitze im Aufsichtsrat der Gründungsunternehmung).

Nicht selten streben Unternehmen über ihre Beteiligungsaktivitäten – als einen zwischen Aufkauf und interner Entwicklung liegenden Mittelweg – Diversifikation an, wobei die Beteiligungsunternehmen als Akquisitionskandidaten für die Zukunft angesehen werden.

Die Möglichkeit, auf diese Weise frühzeitig mit neuen Ideen in Kontakt zu kommen, diese für sich nutzen, evtl. käuflich erwerben zu können, wird auch Siemens dazu bewogen haben, sich als Großinvestor zu engagieren. Der Technologieführer geht zusammen mit anderen Venture-Capital-Gesellschaften Co-Investments ein; der Elektrokonzern ist mit 25% an der Techno-Venture-Management-Gesellschaft, München, beteiligt. Die Anlageschwerpunkte liegen in den Bereichen: Kommunikationstechnik, elektronische Bauelemente, Datentechnik, Automation und Prozeßsteuerung, medizinische Technik, Prüf- und Meßtechnik, Bioelektronik und -technik.

Die beim Corporate-Venture-Capital verfolgte Anlagepolitik konzentriert sich auf innovative und technologisch orientierte Unternehmen in der Gründungs- und Aufbauphase.

Die bei den anlageorientierten Venture-Capital-Gesellschaften gegebene Gefahr, Gründungsfälle aus ihrer Geschäftstätigkeit weitgehend auszuschließen, scheint beim externen Venture-Management angesichts der verfolgten, primär nicht-finanziellen Zielsetzungen (wie Absicherung gegenüber technologischen Durchbrüchen, Lernexperimente in der Zusammenarbeit mit externen Kreativpotentialen, mit neuen Produkten etc.) geringer zu sein; beim Sammeln von Erfahrungen in der Entwicklungsgenese sind gerade die Gründungsvorhaben für den Kapitalgeber interessant.

Der Industriekonzern kann bei der Auswahl und Betreuung der Beteiligungen sein Know-how einbringen, möchte aber ganz bewußt keinen beherrschenden Einfluß auf die betreuten Unternehmen ausüben.

Die Übernahme von Minderheitsbeteiligungen entspricht dem Grundkonzept des Corporate-Venture-Capital, selbständige Einheiten als Beteiligungsnehmer auszuwählen.

Die Bereitschaft, die Beteiligung nicht als dominanten Faktor zu verstehen, kann auch darin gesehen werden, daß mit anderen Investoren gemeinsame Investments eingegangen werden. Allerdings kann eine potentielle Inkonsistenz mit möglichen Bestrebungen, durch Venture-Management Aktivitäten, Diversifikation und Wachstum zu sichern, gesehen werden. Bei erfolgreichem Verlauf der Gründungsunternehmung wird in ihr eine attraktive Möglichkeit mittels Akquisition zur Förderung der Gesamtentwicklung der beteiligungsgebenden Unternehmung gesehen. Der Gründungsunternehmer wird sich dem Beteiligungsangebot eines Großunternehmers gegenüber zurückhaltend verhalten, wenn ihm die dahinter befindliche Motivation suspekt erscheint und latent die Gefahr besteht, die eigene Selbständigkeit einzubüßen; schließlich strebt der Unternehmer-Erfinder nicht den Status der Selbständigkeit an, um sich anschließend wieder in Abhängigkeit zu begeben bzw. sein Werk aus den Händen zu geben. In diesem Zusammenhang kann der Tatsache, daß mehrere Gesellschaften gemeinsame Investments tätigen, wobei keiner der Investoren die Mehrheit der Gesellschaftsanteile hält, Bedeutung zukommen. Denn aufgrund der Beteiligungsverhältnisse kann der nach Akquisition strebende Beteiligungsgeber nur schwerlich einen zwingenden Druck ausüben.

Venture-Nurturing

Beteiligungsgeber, die die Priorität auf Diversifikation gesetzt haben, werden, um ihr Ziel nicht zu gefährden, keinen Mitinvestoren akzeptieren und auch an einem fühlbaren Einfluß auf die Gründungsunternehmung interessiert sein. Daher ist eine Präferenz für Mehrheitsbeteiligungen zu erkennen.

Intensiver als beim Corporate-Venture-Capital-Konzept ist die als Wagnisbetreuung (Venture-Nurturing) zu kennzeichnende Bindung der Gründungsunternehmung an das sich beteiligende Unternehmen; eine Trennung wird lediglich im Fall des Mißerfolgs vorgesehen.

Der Kerngedanke dieses Konzepts ist die Realisierung von Synergiepotentialen durch Schaffung von Akquisitionsmöglichkeiten für die Zukunft, zur Erweiterung des eigenen Leistungsprogramms, und zwar in weitaus größerem Umfang als beim Corporate-Venture-Capital. Dementsprechend werden junge Unternehmungen, die sich im Gründungsstadium oder erst im Vorgründungsstadium befinden – wobei dann die Entwicklung über einen Prototyp bis zum marktfähigen Produkt mitgetragen wird – bevorzugt.

Dieser Ansatz, der auch in der Bundesrepublik Deutschland im Zuge der aufkommenden Bewegungen auf dem Venture-Capital-Markt von einigen Großunternehmungen ins Auge gefaßt werden könnte, stieß in den USA seitens der Beteiligungsnehmer auf Ablehnung. Daraufhin wurde die Anlagestrategie derart geändert, daß Minderheitsbeteiligungen mit der Option auf weitere Geschäftsanteile eingegangen werden.

Spin-offs

Eine interessante Variante des Venture-Capital-Gedankens stellen die sogenannten Spin-offs dar, mit denen Gründer oder Gründer-Teams als ehemalige Mitarbeiter von Unternehmungen, Forschungseinrichtungen oder Universitäten und anderen F&E-Organisationen Inventionen auf den Markt bringen.

Forschungs- und Entwicklungs-Abteilungen, in denen ein „entrepreneurial environment" in der Form besteht, daß die Gründung neuer Unternehmungen, insbesondere technologiebasierter Unternehmungen, begünstigt wird, lassen sich als potentielle Inkubatoren für Spin-offs verstehen; die gegründete Unternehmung basiert auf der transferierten Technologie.

Hier liegt also der Fall vor, daß ein Erfinder ein neues Produkt entwickelt hat, an dem sein bisheriger Arbeitgeber aus verschiedenen Gründen nicht interessiert ist, der Erfinder seine Entwicklung selbst ausschöpfen möchte, sich vom Unternehmen löst und sein eigenes Unternehmen gründet.

In der Absicht, bei Erfolg weitere Anteile im Zuge der Diversifikation zu erwerben, beteiligt sich das Unternehmen, von dem er sich gelöst hat.

Andere Unternehmensleitungen ermutigen ihre kreativen Kräfte dazu, sich mit einer eigenen Idee zu verselbständigen. Ein Beispiel hierzu bietet Siemens. Da die von einigen Mitarbeitern entwickelten Testgeräte für integrierte Schaltkreise nicht in das Produktspektrum des Hauses paßten, kam der Gedanke auf, Produktion und Vertrieb in einem selbständigen Unternehmen zu betreiben.

Für die kostenlose Nutzung der von Siemens erbrachten Vorleistungen räumen die Unternehmer dem bisherigen Arbeitgeber eine Option auf eine Beteiligung an ihrem neuen Unternehmen ein. Im Anschluß an die Gründung hat sich die Risikokapital-Gesellschaft Techno-Venture an dem Unternehmen beteiligt.

Die Gründe dafür, daß Unternehmen Spin-offs unterstützen oder selbst initiieren, können grundsätzlich finanzieller und nichtfinanzieller Natur sein:
- zum einen, um ein Abwandern technologischen Spitzenpotentials (aus Gründen der Unzufriedenheit mit dem bisherigen Arbeitsumfeld) zu verhindern bzw. die daraus resultierenden Folgen zu mildern (präventive Strategie), denn die Kooperation über eine Beteiligung am Gründungsunternehmen kann immer noch eine bessere Alternative darstellen als die völlige Trennung;
- zum anderen, um bestimmte Entwicklungsprojekte, die nicht in das Geschäftskonzept der Unternehmung passen oder auch zu risikobehaftet sind, auszugliedern;
- des weiteren kann sie sich mit der Beteiligung einen Einblick in die transferierte Technologie und die von der Gründungsunternehmung bearbeiteten Märkte behalten;
- daneben hat sie die Möglichkeit, über Beteiligungen am Wachstum der Gründungsunternehmung teilzunehmen.

Die von der Muttergesellschaft eingegangene Beteiligung beschränkt sich auf eine Minderheitsbeteiligung, und zwar in Form von Sacheinlagen.

Das Hinzutreten von Mitinvestoren etwa die Gestalt einer Venture-Capital-Gesellschaft, ist eine konzeptbedingte Forderung zur Sicherstellung der Selbständigkeit der Gründungsunternehmung.

5. Anwendungs- und Verbreitungsmöglichkeiten des „Externen Venture Managements"

Sieht man sich zu diesem theoretisch reizvollen Instrument „Externes Venture-Management" auch die Klientel in der Praxis an, so spricht manches dafür, daß dem Venture Capital keine zu große Bedeutung zuteil werden wird.

Dies liegt einmal an den sehr weitgehenden Bedingungen, die die Kapitalgeber den Kapitalnehmern in der Mehrzahl der Fälle der Beteiligungsverhältnisse aufoktroyieren:

- und zwar Beteiligung des Kapitalgebers hinsichtlich des Gewinns und des Liquiditäts- oder Abfindungserlöses;
- die enormen Einflußmöglichkeiten des Kapitalgebers auf die Geschäftsführung des Kapitalnehmers, und zwar hinsichtlich
  1. der allgemeinen Charakterisierung der Unternehmung (Firmenbezeichnung, Rechtsform, wirtschaftliche Betätigungsfelder usw.),
  2. grundlegender bilanz-, erfolgsrechnungs- und finanzrechnungsanalytischer Informationen über die bisherige und die zukünftige Entwicklung der Unternehmung,
  3. Informationen über die Produktion, den Absatz und das Produktionsprogramm,
  4. Informationen über Forschung und Entwicklung,
  5. der Informationen über das Management und das sonstige Personal sowie über das betriebliche Sozialwesen,
  6. der Informationen über das betriebliche Planungs- und Kontrollsystem.

Diese vertraglichen Bedingungen andererseits rufen bei Kapitalsuchenden häufig folgende Reaktionen hervor:

- Die Kapitalnachfrager zeigen keine Bereitschaft zu Gegenleistungen, wie sie von Venture-Capital-Gesellschaften zur Risikobegrenzung in Gesellschaftsverträgen gefordert werden:
  1. zustimmungspflichtige Geschäfte,
  2. Informationsrechte,
  3. Teilung der Geschäftsführung mit einem Vertreter der Venture-Capital-Gesellschaft,
  4. Verpflichtung, die Unternehmen in einem späteren Zeitpunkt an die Börse zu bringen.
- Der Kapitalnehmer zeigt somit auch keine Bereitschaft, seine gerade gewonnene Unabhängigkeit aufzugeben und sich später eventuell an ein anderes Unternehmen bei Erfolg verkaufen zu lassen (Schweisser 1986).

Aufgrund dieses Verhaltens der Kapitalnehmer ist es für eine erfolgreiche Anwendung der Venture-Capital-Idee notwendig, diesen zur Ablehnung führenden Reaktionen bei der Vertragsgestaltung zu begegnen.

Zwar kann man jetzt noch kein Urteil über „Externes Venture-Management" und „Venture Capital" abgeben; doch dürfte es dieses Konzept schwerhaben, sich durchzusetzen.

1.3. Venture Capital im Zwielicht

Wolfgang Spannagel

Der Begriff des Venture Capitals – vor wenigen Jahren in der Bundesrepublik noch nahezu unbekannt – ist zu einer gängigen Vokabel in Wirtschaft und Politik geworden. Dabei ist dieses angelsächsische Modewort in seiner Übersetzung als Risiko- oder Wagniskapital absolut nichts Neues. Schließlich wäre die Entwicklung der deutschen Wirtschaft zu ihrer heutigen Bedeutung ohne die Finanzierung von jungen wachstumsträchtigen Unternehmen mit risikotragendem Eigenkapital nicht denkbar gewesen.

In den USA bedeutet Venture Capital seit jeher jedes Engagement eines Investors in eine junge risikoreiche Firma, sei es der Start einer neuartigen „Hamburger"-Kette oder die geschäftliche Auswertung einer technischen Idee. Bei einem breiten Anlegerpublikum wurde der Gedanke des Venture Capitals jedoch erst im Zusammenhang mit der Finanzierung von jungen technologisch-innovativen Firmen populär. So haben Investoren in den USA allein in den letzten fünf Jahren über 15 Milliarden $ in Venture-Capital-Firmen investiert. Insgesamt wurden dadurch über 600000 neue Arbeitsplätze geschaffen, vorwiegend in zukunftsreichen Branchen wie Mikroelektronik, Telekommunikation, Roboter- und Gentechnik.

Venture Capital ist in der Bundesrepublik seit Ende 1983 zu einem populären wirtschaftspolitischen Thema geworden, weil es eine Antwort verhieß auf die drängenden Probleme der zunehmenden Arbeitslosigkeit und Eigenkapitallücke in Verbindung mit einem vermeintlichen technologischen Rückstand gegenüber den USA und Japan. Insgesamt dürfte es inzwischen knapp 40 Venture Capitalfonds bzw. -unternehmen mit einem Kapitalvolumen von rund DM 1,2 Milliarden geben, das nach Expertenschätzungen mit mx. DM 200 Mio. bisher investiert worden ist. Damit steht der Umfang der von Politikern, Journalisten, Unternehmensberatern und Wirtschaftsführern öffentlich geführten Diskussion über die Notwendigkeit von Venture Capital für die Finanzierung von innovativen Unternehmen in umgekehrtem Verhältnis zu den wenigen bisher realisierten Projekten.

Politiker haben hier ein interessantes Feld für ihre Profilierung als dynamische, vorausschauende Wirtschaftspolitiker entdeckt und wollen nicht wahrhaben, daß sie mit diesem Etikettenschwindel dem Venture-Capital-Gedanken langfristig Schaden zufügen. Fasziniert von der Idee eines kleinen „Silicon Valley" in ihrer Region gründen immer mehr Länder und Gemeinden kommunale Technologiezentren für die Ansiedlung von innovativen Jungunternehmen. Daß diese sich in einer Art „Naturschutzpark" oder „Brutkasten" zu erfolgreichen Unternehmen entwickeln können, wird indessen von vielen Fachleuten bezweifelt. Nachdem Politiker sogar fordern, daß die Anlagegelder der Ärzte und Zahnärzte als Venture Capital investiert werden sollten, besteht zudem die Gefahr, daß unseriöse Initiatoren aus dem Dunstkreis des „freien“ bzw. „grauen“ Kapitalmarktes diese „neue“ Anlageform in Mißkredit bringen. Da Berlin aufgrund der steuerlichen Rahmenbedingungen und einer breit angelegten Wirtschaftsförderung der ideale Standort für Venture-Capital-Unternehmen ist, droht hier auch – nach den Auswüchsen durch die Abschreibungsgesellschaften – neuer Schaden für das Image dieser Stadt.

So sehr es volkswirtschaftlich zu begrüßen wäre, daß privates Anlagekapital über den „freien“ Kapitalmarkt in technologisch-innovative Unternehmen fließen würde, für den privaten Anleger birgt die schwer durchschaubare Materie eines Venture-Capital-Projektes die große Gefahr, einem Luftprojekt aufzusitzen. Ein Blick in die Vergangenheit zeigt, daß Investoren bei der Finanzierung von neugegründeten oder schnell wachsenden Firmen nur allzuoft auf unseriöse bzw. betrügerische Initiatoren hereingefallen sind.

Einen Venture-Capital-Boom erlebte Deutschland schon einmal in den goldenen siebziger Jahren des 19. Jahrhunderts. Damals entstanden in Preußen allein in den Jahren 1870/72 rund 780 neue Aktiengesellschaften. Mit Hochglanzprospekten und Zeitungsanzeigen, begleitet von sensationellen Erfolgsmeldungen, wurden Investoren für Eisenbahngesellschaften, Maschinenfabriken, Brauereien, Hotels oder Banken geworben. Die Mehrzahl dieser Gründungen verschwand schnell wieder von den Börsenzetteln, einigen Unternehmen jedoch gelang der Aufstieg zu heutigen Weltkonzernen, so der 1870 gegründeten Deutschen Bank, der Schering AG oder der Schultheiß-Brauerei. In den Jahren 1870/72 wurden in Deutschland mehr Stahlwerke, Hochöfen und Maschinenfabriken gebaut als in den 70 Jahren davor.

Hunderttausende von Venture-Finanziers verloren durch Schwindelunternehmen in diesen Gründerjahren viel Geld. Und trotzdem wäre ohne das damalige Venture Capital diese entscheidende Phase der wirtschaftlichen Entwicklung in Deutschland nicht denkbar gewesen.

Die Entwicklung des „freien“ bzw. „grauen“ Kapitalmarktes, an dem sich seit über 20 Jahren 300 000 Anleger mit mehr als 40 Milliarden Mark Zeichnungskapital engagiert haben, wurde wesentlich vom Venture Capital geprägt. Ein großer Teil dieser Gelder ging in wirtschaftlich und technisch gewagte Projekt- und Firmengebilde, unter ihnen viele mit High-Tech-Anspruch. Über 75% dieser Anlagen blieben ohne Erfolg. Anleger haben sich z. B. mit DM 70 Mio. an einer Computerfirma in Berlin, mit DM 100 Mio. an einer mit modernster Technik ausgestatteten Papierfabrik in Witzenhausen oder mit über DM 150 Mio. an einer Gesellschaft zur Entwicklung von Raketen in Neu-Isenburg beteiligt. Mit Anlagen bei Hunderten von weniger spektakulären Gesellschaften zur Auswertung von Ideen, Patenten und Lizenzen hofften die Investoren auf technologische Durchbrüche und schnellen Reichtum.

Dabei wurden diese High-Tech-Projekte nicht unter dem Etikett „Venture Capital“, sondern als „Steuersparmodelle“ konzipiert und vertrieben, da der Gesetzgeber – in Verkennung der Mißbrauchsmöglichkeiten – die Bereitstellung von Kapital für risikoreiche Unternehmensgründungen mit großen steuerlichen Vorteilen honorierte. Insgesamt dürften allein in den sechziger und siebziger Jahren rd. DM 2,5 Milliarden – volkswirtschaftlich weitgehend fehlgeleitet – in High-Tech-Gesellschaften der „Abschreibungsbranche“ geflossen sein. Nun scheint die mehr als zwanzig Jahre anhaltende dynamische Entwicklung des „freien“ Kapitalmarktes gebrochen. Nach Streichung der meisten steuerlichen Vorteile und einer langen Kette spektakulärer Pleiten sucht die Branche mit ihren 1000 Initiatoren und rund 5000 Anlageberatern nach neuen Anlageprodukten für gutverdienende Ärzte, Zahnärzte und sonstige Freiberufler.

Dabei haben die Initiatoren der „Abschreibungsbranche“ neue High-Tech-Projekte, jetzt unter dem Etikett „Venture Capital“, im Visier. Die ersten Beteiligungsangebote, zugeschnitten auf spekulativ eingestellte, in wirtschaftlichen Fragen aber unerfahrene Zielgruppen, wurden plaziert. Spektakuläres Aufsehen erregte die „Pseudoanlegergenossenschaft“ Kapital+Wert e. G., die für 300 Mio. DM Venture Capital bei ihren Mitgliedern aufbringen wollte und nun – nach einer Plazierung von rd. 10 Mio. DM – wegen unseriöser Machenschaften liquidiert werden muß. In ihren Prospekten wurden zunächst erfolgreiche Venture-Projekte in den USA beschrieben, wo beispielsweise die Computerfirma Tandem einen Wertzuwachs von 11331% und die Gesellschaft Gentech einen solchen von 19950% erzielt habe. Dann werden die Risiken gegenüber den Gewinnchancen geschickt heruntergespielt. Mit solchen und ähnlichen Werbetricks bieten einige Dutzend weiterer Initiatoren mit aufwendigen Hochglanzprospekten, in Inseraten, im Telefonverkauf und über Anlageberater mehr oder weniger chancenlose Projekte an. Zu nennen sind in diesem Zusammenhang auch die Börseneinführungen der High-Tech-Aktien BCT, Tewidata und auch der Kerkerbachbahn AG, die über den Kauf einer maroden US-Computergesellschaft groß ins Venture-Geschäft einsteigen wollte. Diese Gesellschaften gerieten schon bald in wirtschaftliche Schwierigkeiten, hatten hohe Kursverluste oder wurden sogar ein Fall für den Staatsanwalt. Die Anleger wurden nicht Opfer der typischen wirtschaftlichen Risiken des Venture Capitals, sondern der unseriösen bzw. betrügerischen Machenschaften der Initiatoren.

Auch in den USA gibt es negative Entwicklungen am Venture-Capital-Markt. Durch publizitätswirksame Erfolgsgeschichten angelockt, stehen einem großen Angebot an Venture Capital mittlerweile zu wenige interessante Produkte gegenüber. Dies hatte zur Folge, daß Anlagegelder immer häufiger in zu riskante und auch unseriöse Firmengründungen geflossen sind. Viele der in jüngster Zeit an den US-Börsen eingeführten High-Tech-Aktien ermöglichten zwar den Gründern und Promotoren schnelle Profite, die Anleger dagegen mußten schon bald hohe Kursverluste hinnehmen.

In der Bundesrepublik engagieren sich inzwischen zunehmend erste Adressen aus der Industrie, dem Kreditgewerbe und der Versicherungswirtschaft im Venture-Capital-Geschäft. Die Motive für ihr Engagement sind unterschiedlich. Für die meisten Industrieunternehmen ist es ein neuer Weg, an innovativen technologischen Entwicklungen frühzeitig und kostengünstig teilzuhaben. Da Großunternehmen oft vorgeworfen wird, eine geringe Innovationskraft zu besitzen und das Kapital lieber in festverzinslichen Wertpapieren als in Produktivkapital zu investieren, mögen die Venture-Capital-Aktivitäten hier und da auch eine „Feigenblattfunktion" erfüllen.

Umstritten sind die Venture-Capital-Eigenengagements von Banken, Sparkassen und Versicherungen, da die ihnen anvertrauten Spargelder eigentlich nicht für solche risikoreichen Anlagezwecke gedacht sind. Die bereitgestellten Beträge sind jedoch, gemessen am Gesamtgeschäft, derzeit noch so gering, daß auch Totalverluste leicht verschmerzt werden können. Auf jeden Fall konterkariert man mit solchen Aktivitäten den oft in der Öffentlichkeit zu Unrecht erhobenen Vorwurf, Banken und Sparkassen würden aufgrund eines ausgeprägten Sicherheitsdenkens zu wenig den risikoreicheren technischen Fortschritt finanzieren. Eine Sparkasse sieht ihren Venture-Capital-Fonds vor allem als Instrument an, um interessante Kontakte zu Firmen, Industrie- und Handelskammern, lokalen Politikern, Unternehmen und Universitäten zu knüpfen. Durch die Errichtung des Venture-Capital-Fonds und die damit verbundene Imagemehrung wurde diese Sparkasse – nach eigenem Bekunden – zur ersten Bankadresse bei mittelständischen Firmen in ihrer Region. Auf jeden Fall wird der volkswirtschaftlich so wichtigen Idee des Venture Capitals mit diesem Etikettenschwindel enormer Schaden zugefügt.

Warum konnte sich technologisch-innovatives Venture Capital in den USA so schnell entwickeln? Der technische Fortschritt schreitet in diesem Land – nicht zuletzt beflügelt durch Militär- und Weltraumprojekte – rasch voran und wird, schneller als in der Bundesrepublik, in wirtschaftliche Erfolge umgesetzt. Aus Kleinstfirmen, die auf Hinterhöfen und in Garagen begannen, entwickelten sich mit Hilfe von Venture Capital in nur wenigen Jahren Computerfirmen mit Milliardenumsätzen. Beispiele hierfür sind die bereits erwähnten Firmen Tandem und Gentech sowie Amdahl, Apple und Digital Equipment oder auch Prime Computers. Besonders erfolgreich waren „Spin-off"-Gründungen, bei denen sich leitende Angestellte und ganze Entwicklungsteams mit Hilfe von Venture Capital und der Unterstützung ihrer alten Firma selbständig gemacht haben. Mit Erfolg haben sich auch Top-Manager durch den Kauf verlustreicher Unternehmensteile von Großkonzernen selbständig gemacht. Diese als „Buy-outs" bezeichneten Firmengründungen und die „Spin-Offs" machen über zwei Drittel aller Venture-Capital-Fondsbeteiligungen in den USA aus. Der Hang der Amerikaner, das Risiko als selbständiger Unternehmer auf sich zu nehmen, ist ungleich größer als in der Bundesrepublik. Dabei wird auch die Gefahr des Scheiterns einkalkuliert. Ein zweiter oder gar dritter Anlauf wird auch gesellschaftlich toleriert.

Es ist unstrittig, daß es in der Bundesrepublik an Neugründungen und dynamischen Unternehmen in wachstumsträchtigen Branchen mangelt – als Ersatz für schnell absterbende Industriezweige. Das Problem des Venture Capitals liegt nicht im fehlenden Kapital, dieses ist in Hülle und Fülle vorhanden. Milliardenbeträge an Festgeldern und Wertpapieren in den Konzernbilanzen und das Anlagevolumen am „freien" bzw. „grauen" Kapitalmarkt, in den jährlich mehrere Milliarden Mark geflossen sind, zeugen davon. Das Problem liegt letztlich darin, daß im Vergleich zu den USA Venture Capital aufgrund der in unserem Lande vorhandenen wirtschaftlichen Rahmenbedingungen eine zu geringe Chance hat, rentabel zu arbeiten.

Zunächst gibt es zu wenig technisch-innovative Unternehmensgründer, die auch über kaufmännische Fähigkeiten verfügen. Experten schätzen, daß von 100 Anfragen nach Venture Capital 95 einen völlig unzureichenden Projektplan haben. Geeignete Führungskräfte aus den Konzernen ziehen die soziale Absicherung dem Risiko einer Firmengründung vor. Dies erscheint insofern verständlich, als die vielfältigen bürokratischen Hemmnisse und hohen Sozialkosten den Start und die Entwicklung kleiner, innovativer Unternehmen in neuen Märkten behindern. Beispiele wie in den USA, daß etwa Jungunternehmer in einer Garage elektronische Bauteile entwickeln und produzieren, wären in der Bundesrepublik schon allein wegen der gesetzlichen Anforderungen an die Arbeitsräume praktisch nicht möglich. Man kann eben nicht beides haben – eine „Vollkasko-Mentalität" in Politik, Wirtschaft und Gesellschaft und eine dynamische Entwicklung der Wirtschaft durch innovative Unternehmensneugründungen.

1.4. Die Rolle der Kostenrechnung zur Planung und Kontrolle von Forschung und Entwicklung

Wilhelm Schmeisser und Thomas Noebels

Die industrielle Forschung und Entwicklung (F-u-E) ist heute bezüglich der Kosten, der Anzahl von Teilaufgaben, der beteiligten Stellen und der Zeitdauer mit umfangreichen und unübersichtlichen Projekten befaßt. Innerhalb eines

Unternehmens gilt F-u-E als eine der am schwierigsten zu analysierenden und abzuschätzenden Funktionen. Bedingt durch den technologischen Wettbewerb kommt es zu einem Anstieg des finanziellen Aufwands in diesem Unternehmensbereich. In manchen Unternehmen betragen die jährlichen F-u-E-Aufwendungen bis zu 10 Prozent vom Umsatz.

Deutlich sichtbar wird die Verlagerung betrieblicher Aktivitäten innerhalb der Unternehmung durch die Gemeinkostenanalyse. So haben sich die Gemeinkosten des F-u-E-Bereichs in den letzten zehn Jahren nicht nur verdoppelt bis vervierfacht, sondern auch ihren relativen Anteil an den Gesamtgemeinkosten erhöht. Dagegen haben die anderen Unternehmensbereiche in ihrer Kostenentwicklung einen annährend proportionalen Verlauf genommen.

Die beobachtete Zunahme der F-u-E-Aufwendungen in den Industriebetrieben läßt auf Schwachstellen und Unsicherheiten sowohl bei F-u-E-Management als auch hinsichtlich der dort verwendeten Instrumentarien schließen. Zur Verminderung und Beseitigung dieser Schwachstellen sind eine detaillierte Planung, Steuerung und Kontrolle des F-u-E-Bereichs erforderlich. Hierbei lassen sich die F-u-E-Aktivitäten und -Ergebnisse aufgrund des besonders kreativen Charakters dieser Arbeiten nur im begrenzten Maße planen, steuern und kontrollieren. Dennoch muß versucht werden, vorhandene, bewährte betriebswirtschaftliche Instrumentarien auf den F-u-E-Bereich zu übertragen, damit auch hier eine wirtschaftliche Arbeitsweise erreicht wird. Fallstudien haben belegt, daß F-u-E-Vorhaben berücksichtig werden. Die kostenrechnerische Behandlung von F-u-E-Vorhaben wirft daher einige zentrale Fragen auf:

- Welches sind die organisatorischen Voraussetzungen der Kostenplanung und -kontrolle für F-u-E-Vorhaben?
- Welche Möglichkeiten der Eingliederung des F-u-E-Bereichs in die Kostenrechnung bieten sich an?
- Wie sind welche Kostenarten zu planen?
- Welche Möglichkeiten der Kostenkontrolle gibt es?
- Welche Konsequenzen lassen sich aus den Erkenntnissen der Kostenplanung und -kontrolle zu Steuerungszwecken ziehen?
- Wo liegen die Grenzen der Kostenrechnung im F-u-E-Bereich?

Häufige Änderungen der Technik und der Märkte und damit der F-u-E-Aufgaben haben zur Entwicklung des Organisationskonzepts des Projektmanagements geführt. Bei der Bewältigung komplexer Aufgaben wie bei F-u-E-Projekten, die durch

- einmalige und einzigartige Aufgabenstellungen,
- immaterielle Ergebnisse,
- langfristige Ressourcenbildung,
- technische und wirtschaftliche Ungewißheit in bezug auf den Projekterfolg,

gekennzeichnet sind, stellt das Projektmanagement vorwiegend eine Konzeption zur Berücksichtigung der technischen Ungewißheit dar.

Die Anforderungen an die Projektorganisation ergeben sich aus den zwei zentralen Aufgabenbereichen:

- Verantwortlichkeit der F-u-E-Projektleitung für die Gesamtprojektdurchführung,
- Planung, Steuerung, Koordinierung und Kontrolle des Projekts und der Fachabteilungen, die unmittelbar mit der Projektbearbeitung betraut sind.

Den Projektablauf detailliert planen

Um ein konkret vorgegebenes Projektziel zu erreichen, ist eine Planung des Projektablaufs, vergleichbar mit der Detailplanung der Ablaufplanung im Fertigungsbereich, erforderlich.

Die Planung eines Projekts kann in fünf Phasen untergliedert werden, wobei fließende Übergänge zwischen den einzelnen Phasen möglich sind.

- Festlegung der Zielsetzung hinsichtlich der zu erstellenden Leistung, des vereinbarten Endtermins sowie der Kosten;
- Analyse der sachlichen Schritte eines Projekts;
  1. Zerlegung der Teilaufgaben;
  2. Festlegung der Aufwendungen und Bedarfsabschätzungen an Kapazitäten,
  3. Zeit- und Kostenplan;
- Synthese durch Verdichtung der Einzeldaten, um zu einer Projektgesamtübersicht zu gelangen;
- Disposition, indem versucht wird, den Einsatzmittelbedarf kostenminimierend festzulegen;
- Kostenbudgetierung der Teilaufgaben und Festlegung der Verantwortungsbereiche. Damit wird gleichzeitig die Voraussetzung der Projektkostenkontrolle geschaffen.

Ausgangspunkt der formalen Planung und Steuerung eines F-u-E-Projekts bildet das sogenannte „Pflichten- und Lastenheft“, in dem alle technischen Merkmale des zu bearbeitenden Projekts festgelegt werden. Während das Pflichtenheft alle technischen Zielsetzungen des F-u-E-Projektes enthält (beispielsweise Solleigenschaften einzelner technischer Funktionen), beinhaltet das Lastenheft alle technischen Restriktionen (zum Beispiel VDE- oder TÜV-Bestimmungen). Pflichten- und Lastenhefte werden nach der Entscheidung des F-u-E-Managements, ein bestimmtes Projekt zu realisieren, aber vor der eigentlichen Durchführungsplanung erstellt.

Wegen der Vielschichtigkeit und Vielzahl der zu lösenden Einzelprobleme eines Projekts wird zu Beginn der Durchführungsplanung ein Projektstrukturplan erstellt. Hierbei werden die Aufgabenpakete des Gesamtprojekts in Teilaufgaben zerlegt, die jeweils für sich betrachtet überschaubar sind.

Insbesondere für die Kostenplanung und -kontrolle ist die Unterteilung des Projekts in Arbeitspakete mit Hilfe des Strukturplans von erheblicher Bedeutung. Hierdurch lassen sich die Kostengüterverbräuche durch die Beschränkung der Betrachtung auf Arbeitspakete wesentlich leichter ermitteln als bei der Betrachtung des Geamtprojekts, wobei die Aggregation der Kosten der Arbeitspakete sowie der Projektgemeinkosten die Gesamtprojektkosten ergibt.

Eine effektive Projektstrukturierung, die auch der Planung von Terminen und Kosten gerecht wird, hat somit folgende Voraussetzungen zu erfüllen:

- Das F-u-E-Projekt ist in Hauptphasen aufzugliedern, damit der Projektablauf transparent wird.
- Die einzelnen Projektphasen sind in solche Arbeitspakete zu unterteilen, die einen wenig interdependenten Charakter haben.
- Jedes Arbeitspaket umfaßt eine in sich geschlossene Tätigkeit, die einer Fachabteilung im F-u-E-Bereich zugeordnet werden kann.
- Die Gliederung des Projektstrukturplans ist mit der im Unternehmen bestehenden Gliederung der Kostenstellenrechnung abzustimmen.

Der Zeitplan bildet die Ausgangsbasis für den Projektkostenplan, denn alle mit Zeiten und Terminen versehenen Tätigkeiten des Projekts bilden einen Teil des Mengengerüsts der Projektkosten. Zur Planung des zeitlichen Verlaufs und der Termine eines F-u-E-Projekts bieten sich vor allem verschiedene Varianten der Netzplantechnik an.

Für Planungs- und Kontrollzwecke hat nicht zuletzt zu jedem F-u-E-Auftrag eine exakte Belegorganisation vorzuliegen. Die wichtigsten Unterlagen für die kostenrechnerische Behandlung der F-u-E-Projekte sind:

- Zeiterfassungsbelege für den projektbezogenen Einsatz des F-u-E-Personals;
- Materialanforderungs- und Entnahmescheine;
- interne Arbeitsaufträge, die außerhalb des F-u-E-Bereichs für F-u-E-Projektarbeiten vorgegeben werden;
- Eingangsrechnungen über die für F-u-E-Projekte erbrachten Fremdleistungen.

Die Kostenrechnung als Teilgebiet des internen Rechnungswesens hat folgende Hauptaufgaben:

- Kontrolle der Wirtschaftlichkeit;
- Kalkulation der betrieblichen Leistungen;
- Bereitstellung von Daten für dispositive Zwecke.

Zunächst ist zu untersuchen, ob die F-u-E-Aufwendungen überhaupt Kosten darstellen. Es ist zu klären, ob die F-u-E-Tätigkeit als betriebliche Leistungserstellung angesehen werden kann und der Erfüllung des Unternehmenszweckes dient. Kennzeichnend dafür ist wiederum die Frage, ob die F-u-E-Kosten notwendig für die Herstellung bestimmter Projekte entstehen müssen. Dies muß für alle F-u-E-Projekte einschließlich der Grundlagenforschung bejaht werden.

Technische Innovationen gegenüber Wettbewerbern können von Unternehmen durch F-u-E-Tätigkeiten geschaffen werden. Damit gehören die F-u-E-Tätigkeiten zum Bereich der betrieblichen Leistungserstellung und dienen dem Unternehmenszweck in einem besonderen Maße. Aufwendungen für betriebliche F-u-E-Aktivitäten haben demnach immer Kostencharakter. Werden F-u-E-Projekte für Dritte durchgeführt, erübrigen sich letzte Zweifel am Kostencharakter der Aufwendungen, da in diesem Fall, ähnlich wie in der Erzeugnisproduktion, ein echter substantieller Kostenträger vorliegt.

Zur Kontrolle der Wirtschaftlichkeit des Projekts ist der Interdependenzcharakter zwischen Kosten, Leistung und Zeit in den Vordergrund zu rücken. Diese drei Größen stehen immer in einer bestimmten Relation zueinander. Ist beispielsweise ein Stoff mit einer bestimmen Eigenschaft (zum Beispiel Reißfestigkeit) zu entwickeln, werden in den meisten Fällen die Entwicklungskosten um so mehr steigen, je höher die Anforderungen an die gewünschte Qualität dieses Produktes sind. Wird als dritte Komponente die Bearbeitungszeit eines F-u-E-Projektes in die Betrachtung mit einbezogen, so läßt sich folgendes feststellen: soll ein fest vorherbestimmtes Projektziel erreicht werden, so kann die Entwicklungszeit durch vermehrten Einsatz der F-u-E-Kapazitäten verkürzt werden.

Die Aufgabe der Kostenrechnung im F-u-E-Bereich besteht somit in der Hauptsache darin, vorgegebene Projektergebnisse unter den Restriktionen der fixierten Projektdauer, der Projektvorgangskosten, Gemeinkosten unter Vermeidung von Verlängerungskosten (Konventionalstrafe und anderes) zu planen, zu steuern und zu kontrollieren.

Aus der Komplexität der Probleme der Kostenplanung und -kontrolle eines F-u-E-Projektes ergibt sich für das „F-u-E-Controlling" vor allem die Aufgabe, die Kostenrechnung so aufzubauen, daß sie sowohl als vergangenheits- als auch zukunftsgerichtetes Informationssystem dienen kann. Kostenrechnung im F-u-E-Bereich als Instrument des Controlling nimmt somit eine unternehmerische Führungsaufgabe wahr, die Dokumentations-, Planungs-, Kontroll- und Dispositionsaufgaben zum Inhalt hat. Daher ist zu untersuchen, welches Kostenrechnungssystem den beschriebenen Anforderungen genügt.

Die traditionellen Verfahren der Ist- und Normalkostenrechnung können diesen Anforderungen nicht gerecht werden, da sie im wesentlichen nur auf Vergangenheitswerten beruhen, die als Maßstab der Wirtschaftlichkeitskontrolle und für dispositive Entscheidungen des F-u-E-Managements ungeeignet sind. Hierfür sind Vorgabekosten (Plan- oder Sollkosten), die auf wirtschaftlichen Leistungsvollzug bezogen sind, erforderlich. Von den Verfahren der Plankostenrechnung scheidet die starre Plankostenrechnung aus, da hier keine Trennung in fixe und variable Kosten durchgeführt wird. Hierbei werden alle Kosten proportionalisiert und auf die Kostenträger verrechnet. Eine Analyse auftretender Kostenabweichungen (verrechnete Plankosten ./. Istkosten) wird durch die Fixkostenproportionalisierung verhindert. Noch schwerwiegender ist das Problem der Fixkostenproportionalisierung, wenn vom F-u-E-Management dispositive Entscheidungen zu treffen sind, besonders dann, wenn in den Kostenstellen teure Versuchsanlagen vorhanden sind, deren monatliche oder jährliche Auslastung nicht immer gleich ist, die aber unabhängig davon einen hohen Anteil Fixkosten (zum Beispiel kalkulatorische Abschreibungen) verursachen. Die unterschiedlichen Auslastungsgrade führen von Periode zu Periode zu sich ändernden Plankostenverrechnungssätzen für gleiche Leistungseinheiten. Daraus folgt, daß die starre Plankostenrechnung dem F-u-E-Management keine Informationen liefern kann, die als Entscheidungsgrund für Planung und Steuerung von F-u-E-Projekten dienen.

Abb.: Zustandekommen der Forschungs- und Entwicklungskosten im System der Grenzplankostenrechnung

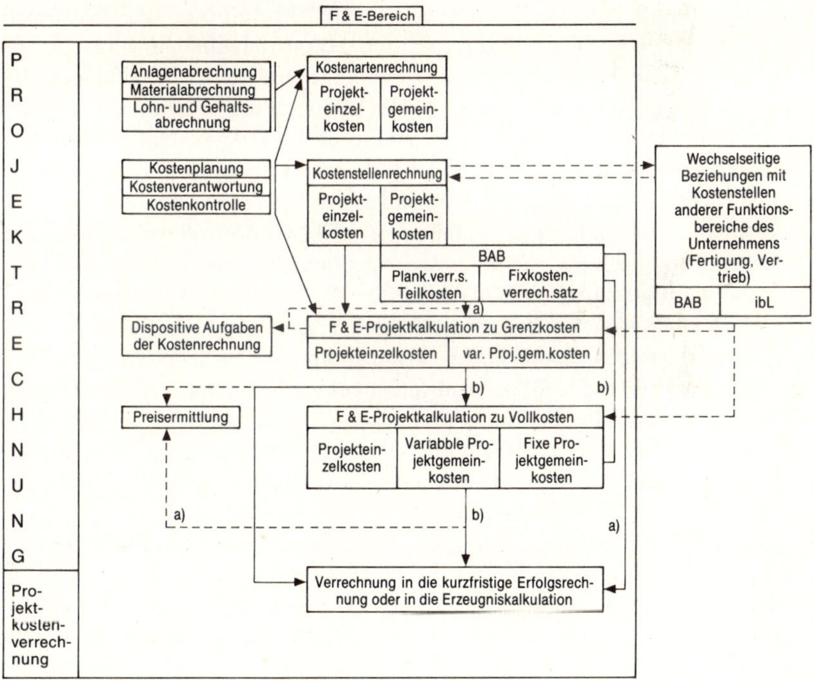

Vorteilhaft ist die Grenzplankostenrechnung

Im System der flexiblen Plankostenrechnung auf Vollkostenbasis wird eine kostenstellenweise Trennung der Kosten in fixe und variable Bestandteile vorgenommen. Auf die Kostenträger werden aber weiterhin sämtliche Kosten verrechnet. Die flexible Plankostenrechnung auf Vollkostenbasis bietet damit die Möglichkeit einer effizienten Kostenkontrolle. Für dispositive Entscheidungen ist sie aber ebenfalls nicht zu verwenden, da es auch hier zu einer Fixkostenproportionalisierung kommt. Dazu ein Beispiel: Entstehen hohe Plankostenverrechnungssätze durch Proportionalisierung der Fixkosten vorhandener Versuchsanlagen und wird daraufhin ein geplantes Projekt wegen zu hoher Kosten nicht durchgeführt, so liegt wahrscheinlich eine Fehlentscheidung des F-u-E-Managements vor. Dies gilt vor allem, wenn die Fixkosten nicht abgebaut werden können oder sollen, beispielsweise dann, wenn eine Anlage weiterhin genutzt wird. Die Fixkosten fallen immer an, unabhängig davon, ob ein Projekt durchgeführt wird oder nicht.

Die Grenzplankostenrechnung erweist sich als das einzige Kostenrechnungssystem, das alle controllinggerechten Anforderungen erfüllt. Hier werden nicht nur kostenstellen-, sondern auch kostenträgerweise die fixen und variablen Kosten getrennt. Auf die Kostenträger werden keine Fixkosten verrechnet, sondern diese werden als Periodenkosten betrachtet und als Block in die kurzfristige Erfolgsrechnung übernommen. Dispositive Entscheidungen des F-u-E-Managements sind bei Kenntnis der Grenzkosten – insbesondere in der Situation der Unterbeschäftigung – leicht möglich. Liegt der vereinbarte Erlös für ein gebundenes F-u-E-Projekt über den geplanten Grenzkosten, ergibt sich ein positiver Deckungsbeitrag. Bei Annahme des Auftrags kann ein Teil des Fixkostenblocks abgedeckt werden. Dabei sind die Grenzkosten aber nicht so zu verstehen, daß auch zu diesem Preis angenommen werden muß. Vielmehr ermöglicht die Grenzplankostenrechnung dem F-u-E-Management eine preispolitische Flexibilität und zeigt ihm die Preisuntergrenze auf, um einen direkten Verlust zu vermeiden. In den Fällen, in denen Projekte nach den Leitsätzen für Selbstkostenpreise auf Vollkosten abgerechnet werden müssen (bei staatlichen Auftraggebern), ist für Kalkulationszwecke die Grenzplankostenrechnung zu einer Vollkostenrechnung zu ergänzen. Dabei gilt jedoch, daß die Grenzkostenrechnung die Hauptrechnung bleibt, die Vollkostenrechnung ist nur eine Nebenrechnung.

Darüber hinaus ist zu beachten, daß die Kostenrechnung im F-u-E-Bereich nicht als geschlossenes System zu betrachten ist. Sie ist in das im Betrieb vorhandene Kostenrechnungssystem integriert, und es besteht ein wechselseitiger Leistungsaustausch zwischen F-u-E-Kostenstellen und den Kostenstellen, die nicht zum F-u-E-Bereich gehören.

Die Kostenrechnung erfaßt den betriebsbedingten Werteverzehr einer Periode. Da die Durchführung eines F-u-E-Projektes meistens länger als eine Abrechnungsperiode andauert, muß eine separate Projektrechnung durchgeführt werden. Es kommt somit zu einer Doppelerfassung der F-u-E-Kosten als Periodenkosten und als Projektkosten. Diese Differenzierung bildet auch den

Ansatzpunkt für die Kontrolle des Projekts nach Zeit, Leistung und Kosten. Die Kostenstellenkosten werden periodenweise einer Wirtschaftlichkeitskontrolle unterzogen, wogegen die Projektkosten sowohl projekt- als auch periodenweise überwacht werden.

Doppelerfassung der Kosten in Forschung und Entwicklung

– *Kostenarten:*

F-u-E-Kosten sind keine besondere Kostenart. Sie lassen sich analog zu den Kosten der anderen Unternehmensbereiche in Kostenarten (Personal-, Material-, Fremdleistungskosten und so weiter) gliedern.

– *Kostenstellenrechnung:*

Kostenstellen im F-u-E-Bereich bilden nicht nur die Grundlage für die verursachungsgerechte Weiterverrechnung der Kostenstellenkosten auf die F-u-E-Projekte, sondern sie sind vor allem als Planungs-, Kontroll- und Verantwortungsbereich des Kostengüterverbrauchs zu verstehen. Von großer Bedeutung ist die F-u-E-Kostenstelle als Verantwortungsbereich der Kostenentstehung, denn die F-u-E-Kostenstellenleiter haben in den meisten Fällen eine große Dispositionsfreiheit über den Einsatz der Produktionsfaktoren in ihrem Bereich. Daher werden sämtliche Kostenarten (Einzel- und Gemeinkosten) im Bereich der Kostenstelle geplant.

– *Planung der Kostenstellenkosten:*

Liegt im Unternehmen die Entscheidung darüber vor, welche F-u-E-Projekte in der folgenden Periode durchgeführt oder welche begonnenen Projekte weitergeführt werden sollen, dann ist anhand der Projektstrukturpläne zu bestimmen, welche Arbeitspakete oder Teilaufgaben der verschiedenen zu realisierenden Projekte in welchen Kostenstellen durchgeführt werden. Projekt- und Kostenstellenplanung sind daher nicht unabhängig voneinander, sondern parallel durchzuführen, da die Kostenstellenplanung aus der Projektplanung abgeleitet wird.

– *Eliminierung von Preisschwankungen:*

Der F-u-E-Kostenstellenleiter hat lediglich einen direkten Einfluß auf die Mengen der in seinem Verantwortungsbereich verbrauchten Produktionsfaktoren, nicht aber auf außerbetriebliche Preisschwankungen. Um die Kostenkontrolle auf die Mengenabweichungen als Maßstab innerbetrieblicher Wirtschaftlichkeit beschränken zu können, werden die Preise der verschiedenen Produktionsfaktoren für einen bestimmten Zeitraum als feste Verrechnungspreise geplant. Damit werden Plan-, Soll- und Istverbrauchsmengen der Produktionsfaktoren mit den gleichen Preisen bewertet.

– *Kostenträger:*

Kostenträger im F-u-E-Bereich sind alle durchzuführenden Projekte. Bei der F-u-E-Projektkostenplanung und -kontrolle wird nicht unterschieden, ob es sich um freie oder gebundene Projekte handelt. Eine detaillierte Kostenplanung und -kontrolle unter Berücksichtigung der Langfristigkeit und Komplexität eines F-u-E-Projektes erfordern eine differenziertere Betrachtung des Kostenträgers „F-u-E-Projekt". Dabei wird auf die Gliederung des Projektes anhand des Projektstrukturplans in Teilaufgaben und Arbeitspakete zurückgegriffen. Der Projektstrukturplan ermöglicht eine Detaillierung des Hauptkostenträgers „F-u-E-Projekt" in Kostenträger niedriger Projektstufen (Unterkostenträger) anstelle einer undifferenzierten Gesamtplanung der F-u-E-Projektkosten. Durch die Gliederung des F-u-E-Projekts in Unterkostenträger bietet sich außerdem die Möglichkeit der Kostenkontrolle der einzelnen Arbeitspakete bereits während der Projektdurchführung, die rechtzeitige Anpassungsentscheidungen (Projektabbruch, -beschleunigung) des F-u-E-Managements zuläßt.

– *Vorkalkulation:*

Vorkalkulation bedeutet, daß vor Beginn des Projekts alle voraussichtlich entstehenden Kosten geplant werden. Eine exakte Vorkalkulation bietet den Ausgangspunkt einer effizienten und aussagekräftigen Kontrolle des Projektkostenträgers. Dabei ist zu berücksichtigen, daß die geplanten Kostengüterverbräuche zur Realisierung eines F-u-E-Projekts in den meisten Fällen lediglich erwartete Größen darstellen (exogene Unsicherheit) und keine Norm- oder Standardwerte, die auf ein festes Mengengerüst aufbauen. Die exakte Höhe der F-u-E-Projektkosten ist daher sehr schwer abzuschätzen. Eine Ausnahme hiervon bilden nur Kostengüterverbräuche für standardisierte Teilaufgaben, beispielsweise Standardanalysen in der chemischen Industrie. In diesem Fall hat die Vorkalkulation dann den Charakter einer Plankalkulation, ohne daß dem Kostenverbrauch der übergeordneten Aufgaben höherer Projektstrukturplanebenen Normcharakter beigemessen werden kann.

– *Geplanter zeitlicher Projektkostenverlauf:*

Die Planung der F-u-E-Projektkosten beinhaltet nicht nur die Kostenplanung der einzelnen Projektkostenträger, sondern gleichzeitig auch die erwarteten Termine der Kostenentstehung, damit das F-u-E-Management einen Überblick über die erwartete zeitliche Verteilung der F-u-E-Projektkosten während des Projektablaufs hat.

Die regelmäßig durchgeführte F-u-E-Projektkostenkontrolle hat vor allem wegen der Unsicherheit der Planungsdaten eine Lenkungsfunktion, die dem F-u-E-Management als Entscheidungsgrundlage für die weitere Projektsteuerung dient. Eine zuverlässige Wirtschaftlichkeitskontrolle ist nur in den Kostenstellen möglich, da hier hinreichend genaue Plankostenwerte vorliegen. Die auf der F-u-E-Projektebene ausgewiesenen Soll-Ist-Abweichungen lassen nicht unbedingt den Schluß zu, daß die Arbeitsweise nicht dem Wirtschaftlichkeitsprinzip entspricht. Diese Abweichungen können durch falsche Planungsprämissen hinsichtlich des zeitlichen Projektfortschritts und der damit verbundenen Kostengüterverbräuche verursacht worden sein. Dennoch darf der kostenträgerbezogene Soll-Ist-Kostenvergleich nicht unterlassen werden, denn dem F-u-E-Management müssen während der Projektbearbeitung Daten darüber vorliegen, inwieweit die ursprünglich geplanten Projektkosten über- oder unterschritten werden und inwieweit die geplanten Termine eingehalten werden können. Die Qualität des Soll-Ist-Vergleiches hängt dabei wesentlich von einer genauen Istkostenerfassung ab, damit gleiche Plan- mit gleichen Istgrößen verglichen werden. Für die Kontrolle der F-u-E-Projektkosten können zwei Verfahren angewandt werden: der reine Zeitvergleich oder der ergebnisorientierte Soll-Ist-Vergleich.

Projektfortschritt in die Betrachtung einbeziehen

Beim reinen Zeitvergleich werden nur die bis zu einem bestimmten Zeitpunkt aufgelaufenen mit den bis zu diesem Zeitpunkt geplanten Kosten verglichen. Ein Nachteil dieses Verfahrens ist, daß keine Aussage darüber gemacht werden kann, ob Soll-Ist-Abweichungen auf nicht wirtschaftlichem Arbeiten beruhen oder ob ihre Ursache darin liegt, daß der bis zum Kontrollzeitpunkt geplante Projektfortschritt vom tatsächlich realisierten abweicht. Beim ergebnisorientierten Soll-Ist-Projektkostenvergleich wird der Projektfortschritt mit in die Betrachtung einbezogen. Die Istkosten im Kontrollzeitpunkt werden mit den Sollkosten verglichen, die dem erreichten Projektfortschritt entsprechen. Die Schwierigkeit in der Anwendung dieses Verfahrens liegt in der Bestimmung der Sollkosten der Projektkostenträger. Da das F-u-E-Projekt aus einer Vielzahl verschiedener Unterkostenträger besteht, ist festzustellen, welche Aufgabenteile zum Kontrollzeitpunkt bereits abgeschlossen sind und welche sich noch in Bearbeitung befinden. Die Sollkosten der abgeschlossenen Projektkostenträger entsprechen den Werten der Vorkalkulation. Dagegen werden die Sollkosten der noch nicht abgeschlossenen Projektkostenträger aus dem Produkt: Fertigungsgrad des Kostenträgers × geplante Gesamtkosten ermittelt. Dennoch ist dieses Verfahren mit Ungenauigkeit behaftet, da zum einen die Werte der Vorkalkulation keine Normgrößen darstellen, und zum anderen der realisierte Fertigungsgrad eines begonnenen Projektkostenträgers zwischenzeitlich sehr schwer festzustellen ist. Trotzdem ist der ergebnisorientierte Projektkostenvergleich dem zeitlichen Vergleich überlegen, da dies das einzige Verfahren ist, das die angesprochene Interdependenz zwischen geplanter Entwicklungszeit, Entwicklungsleistung und F-u-E-Projektkosten berücksichtigt.

Nach jedem Soll-Ist-Vergleich sind die für die weitere Projektbearbeitung relevanten Daten (zum Beispiel Restverbrauchsmengen an Material, Restbearbeitungsdauer) zu aktualisieren. Es kommt zu einer ständigen Plananpassung, damit dem F-u-E-Management immer die aktuellen Kostenwerte (Restkosten, Kostenüber-/-unterschreitungen) für die weitere Projektsteuerung vorliegen.

Die ursprünglich geplanten Kosten des F-u-E-Projekts sind aber auch weiterhin zu berücksichtigen, damit das F-u-E-Management bis zum Projektende verfolgen kann, welchen Verlauf die Istkosten in bezug auf die ursprünglich geplanten Kosten des F-u-E-Projekts genommen haben. Würden nur die nach jedem Kontrollzeitpunkt aktualisierten Planwerte betrachtet, so könnten wegen der häufigen Planrevisionen Kostenüberschreitungen bagatellisiert werden. Außerdem entzieht eine ständige Planrevision ohne Berücksichtigung der ursprünglich geplanten Werte dem F-u-E-Management die Entscheidungsgrundlage, während der Projektbearbeitung steuernd eingreifen zu können.

1.5. Planspiel für Existenzgründer

Eberhard Seidel

1. Entwicklungsfreudige Planspielmethode

Im kommenden Jahr kann die Planspielmethode auf drei Jahrzehnte ihrer betriebswirtschaftlichen Anwendung zurückblicken. Einen Stillstand auf diesem Feld hat es bislang nicht gegeben. Von den recht abstrakten generellen Modellen der ersten Planspielgeneration ist man durch zunehmende Spezialisierung und Annäherung an die Realität zu branchen- und schließlich firmenspezifischen Spielmodellen fortgeschritten. So gibt es heute Planspiele für Unternehmen der Brotindustrie, der Elektrizitätswirtschaft, der Stahlerzeugung, der Großchemie, Planspiele für Banken, Brauereien, Kaufhäuser, Versicherungen etc. pp. Durch Beschränkung auf einzelne betriebliche Funktionsbereiche und deren Vertiefung kam man zu einer Fülle verschiedenartiger, durch Funktionsselektion spezialisierter Planspiele. So gibt es neben vielen Absatz- und Logistikplanspielen Planspiele für Organisation, zur Beschaffungs- und Lagerhaltungs-, Investitions-, Finanz- und Fertigungsplanung; im einzelnen z. B. Planspiele zur Maschinenbelegungsplanung, Materialdisposition und Qualitätssteuerung. Im übrigen hat die Planspielmethode von ihrem ökonomischen Anwendungsfeld aus auch längst auf außerwirtschaftliche Bereiche wie Verwaltung, Gesellschaft und Umwelt ausgegriffen. Es gibt Medien-, Parlaments- und Regierungsplanspiele. Es gibt ein Planspiel namens „Autobahnbau“ ebenso wie eines, welches die Jubiläumsfeier einer Mittelstadt simuliert.

Trotz dieser enormen Entfaltung ist das Entwicklungspotential der Planspielmethode offensichtlich noch immer nicht ausgeschöpft. Vor einiger Zeit hat sich das Planspiel – unter Einbezug der Netzplantechnik zur Projektsimulation – auch den Bereich des technischen Großanlagenbaus erobert. Die Simulation der bankbetrieblichen Wertsteuerung auf der Basis der Marktzinsmethode hat neuerdings Eingang in die Bankenplanspiele gefunden. So mag es nur in der Logik der Entwicklung liegen, daß nunmehr auch das *Phasenkriterium* Ansatzpunkt spezieller Planspielentwicklungen wird. Die Gründungsphase, als sog. *Pionierphase* im Leben der Unternehmung, bietet sich auf Grund ihres strategischen Entscheidungsgehalts hierfür besonders an. Existenzgründungen sind unverzichtbare Strukturinnovationen im marktwirtschaftlichen System einer Volkswirtschaft. Der „Sterberate" von Unternehmen sollte in einer lebendigen Volkswirtschaft jeweils eine ausreichende „Geburtenrate" gegenüberstehen.

2. Unternehmensgründung als Innovation per se

Die übliche Unterscheidung von imitatorischer und innovativer Existenzgründung darf nicht darüber hinwegtäuschen, daß jegliche Unternehmensgründung nicht nur im gesamtwirtschaftlichen, sondern auch im einzelwirtschaftlichen Maßstab eine *Innovation per se* ist. Üblicherweise werden Innovationen vor dem Hintergrund einer bürokratischen Erstarrung des Sozialkörpers Unternehmung konzipiert, um sie so als kreativen Aufbruch von Strukturen besonders deutlich machen zu können. Fast nie ist in praxi bei solchen Organisationsentwicklungen jedoch zugleich die gesamte Unternehmung betroffen. Von daher gesehen ist die Unternehmensgründung ein in der Unternehmensgeschichte regelmäßig nie mehr wiederholter Extremfall von „totaler Innovation".

Obschon Unternehmensgründungen meist im kleinen Rahmen stattfinden – Unternehmen entwickeln sich regelmäßig aus kleinen Anfängen heraus –, bringt es dieser hohe Innovationsgehalt mit sich, daß der Anteil an strategischen Entscheidungen in der Gründung gleichwohl hoch ist. Gewiß entfaltet sich der Raum strategischer Entscheidungsmöglichkeiten mit zunehmender Größe und Finanzkraft der Unternehmung. Kleine Unternehmen, die auf Märkten mit nahezu vollkommenem Wettbewerb agieren, mögen zuzeiten tatsächlich wenig bis keine strategischen Entscheidungen treffen. Das gilt aber schon nicht mehr für größere Reorganisationsvorhaben solcher Unternehmen und erst recht nicht für die Phase der Unternehmensgründung. Die Qualität des Strategischen hängt nicht an der Möglichkeit oder Tatsächlichkeit komplexer langfristiger Planung, sondern letztlich an der Unumgehbarkeit langfristiger Bindung. Es steht außer Frage, daß ein Unternehmen in der Gründungsphase in mehreren Bereichen langfristige, schwer revidierbare Bindungen eingeht. Diesen Entscheidungsgehalt einzufangen, ist für ein Planspiel von besonderem Wert und Reiz.

Aus dieser Überlegung heraus hat das Bildungszentrum des Einzelhandels Niedersachsen vor zwei Jahren dem Verfasser den Auftrag zur Entwicklung eines Existenzgründungsplanspiels „START" gegeben. Nach der Auskunft Rohns, der verdienstvollerweise für den deutschen Sprachraum eine „Planspielbank" führt, ist es das erste Exemplar seiner Gattung. Doch ist bei der Größe und Unüberschaubarkeit des Planspielmarktes sicher nicht auszuschließen, daß auch schon an anderer Stelle ein Existenzgründungsplanspiel vorliegt.

3. Grundzüge des Spielmodells

Das Existenzgründungsplanspiel „START" ist ein isoliertes, kein interaktives Spielmodell. Bis zu zehn, in der Regel mit zwei bis drei Teilnehmern besetzte, Gemeinschaftsarbeitsplätze stehen für die Simulation von Gründungsaktivitäten bereit. Einflußvariablen sind das Informationssuch-, -beschaffungs- und -verarbeitungsverhalten der Spielteilnehmer in der Existenzgründungsphase. Eine Spielperiode steht für ein halbes Jahr in der Realität. Zwei Spielperioden liegen vor der Geschäftseröffnung, die anfangs der dritten Spielperiode erfolgt. Für diesen Abschnitt sind rund eineinhalb Tage des insgesamt auf drei Tage veranschlagten Spieldurchlaufs vorgesehen. Formularmäßig gestützt – auf insgesamt 12 Entscheidungsblättern – disponieren die Gründer während dieser Zeit über grundlegende Dinge wie die Standortwahl, die Wahl des Geschäftslokals, Lieferanten- und Sortimentswahl, Erstausstattung, Rechtsform, Organisation, Versicherungen, Personalbedarf, Finanzbedarf und Finanzbedarfsdeckung, Marketinginstrumentarium und Kalkulationsverfahren. Sie sind während dieser Phase gehalten, über sechs Perioden vorausschauend eine Liquiditätsplanung und daraufhin eine Finanzplanung vorzunehmen. Mit der Abgabe einer Gewerbeanmeldung und einer Zeitungsanzeige wird das Geschäft eröffnet. Auf zwei weiteren Entscheidungsblättern werden die Dispositionen für das laufende Geschäft getroffen.

Der Simulation der Gründerunternehmen steht die computergestützte Simulation aller Märkte gegenüber, auf denen die Unternehmen als Anbieter oder Nachfrager auftreten (siehe Abb. 1). Der Spielabbruch erfolgt, wenn sich die Konsequenzen der strategischen Gründungsentscheidungen in den Periodenergebnissen erfolgs- und liquiditätsmäßig hinreichend niedergeschlagen haben. Der lange Anlauf unterstreicht das Postulat einer längeren Planungszeit vor der Geschäftseröffnung: „Erst wägen, dann wagen".

4. Übungsfall: Strategische Analyse

Mit dem dargelegten Spielaufbau lassen sich die beiden großen Felder der strategischen Analyse

- die Ressourcenanalyse als Stärken- und Schwächen-Analyse des Gründerpotentials
- die Umweltanalyse als Chancen- und Risiken-Analyse des in das Auge gefaßten Geschäftsfeldes der Gründerunternehmung

immerhin in beachtlichem Umfange abbilden.

In Theorie und Praxis besteht Einvernehmen darüber, daß es ein allgemeines Gründerprofil ebensowenig wie ein allgemeines Führerprofil gibt und geben

Abb. 1: Schematischer Spielablauf von „START“

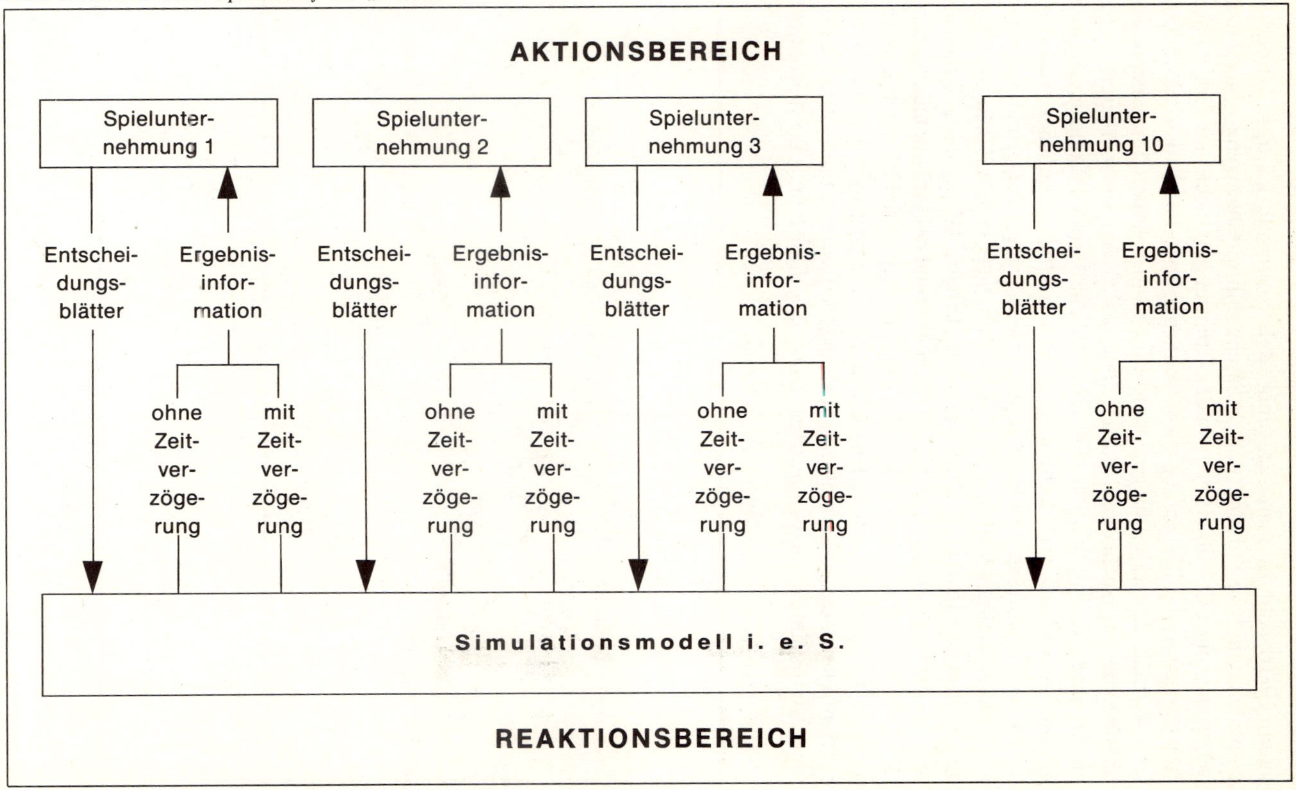

kann. Gleichwohl ist man sich einig, daß bestimmte geistige, körperliche, kaufmännische, technische und menschenführungsbezogene Qualifikation neben speziellen Qualifikationen in der Gründungsbranche und dem zeitlichen Handlungsfreiraum die wichtigsten persönlichen Potentiale neben dem finanziellen Potential, als dem Vermögensstand der Gründer, bilden. Im Rahmen seiner Möglichkeiten versucht das Planspiel, diese an sich nicht simulierbaren Faktoren im einführenden Informationsblatt „Persönliche Voraussetzungen" zu problematisieren. Hier ist nach Lehrberuf, Schulabschluß, beruflicher Ausbildung, Berufserfahrung in Jahren allgemein, Berufserfahrung in der Gründungsbranche u.ä. gefragt. Gefragt wird weiterhin, inwieweit die Familie mit dem Gründungsvorhaben einverstanden ist, ob man bereit ist, längere Arbeitszeiten, Urlaubsausfälle und wirtschaftliche Einschränkungen während der Anlaufphase hinzunehmen. Es ist hier auch vor der Gründung abzuklären, ob der Ehepartner oder ein weiteres Familienmitglied willens ist, in dem neu gegründeten Unternehmen mitzuarbeiten. Schließlich muß man auch angeben, wo man bisher Informationen für sein Gründungsvorhaben gesammelt hat. Alle diese Punkte werden bewertet.

Abb. 2: Infrastruktur des Kreises »Gründerstadt«

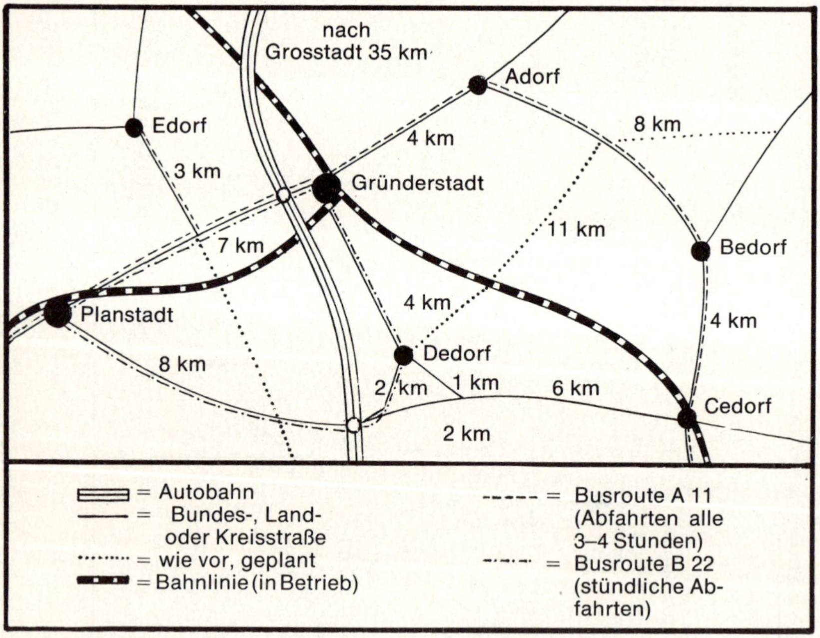

Der Chancen- und Risikoanalyse ist mit dem Angebot und der Beschreibung von sieben Standorten im Kreis Gründerstadt mit zwischen zwei und vier –

insgesamt 21 – Geschäftslokalen ein immerhin breites Feld geboten. Die Standorte sind durch unterschiedliche verkehrstechnische Anbindung und Erschließung, verschiedene Einwohnerzahlen und verschiedene Konkurrenzverhältnisse gekennzeichnet. Die Geschäftslokale unterscheiden sich in punkto baulich zulässiger Nutzung, Quadratmeteranzahl, Raumhöhe, Nebenräume, Erweiterungsmöglichkeiten und Mietkosten. Die Verbrauchsausgaben pro Person für die relevante Artikelgruppe sind im Maßstab der Bundesrepublik Deutschland bekannt, auch die Kaufkraft im Kreise Gründerstadt gemessen am Bundesdurchschnitt. Für einen gewissen Kaufkraftabzug sorgen aber der Versandhandel und die nur 35 km entfernte Großstadt (siehe Abb. 2). In punkto Standorte und Geschäftslokale sind Chancen und Risiken durchaus gemischt. Höhere Absatzpotentiale bedeuten zugleich höhere Konkurrenz und höhere Mietpreise sowie die Gefahr höherer Mietpreissteigerungen. Das für strategische Entscheidungen bestimmende Moment der zeitlichen Bindung ist durch eine Mindestmietdauer für Geschäftslokale, die mindestens 5 Jahre beträgt, unterstrichen.

Gegenüber den Analysemöglichkeiten und -notwendigkeiten in der Realität ist die Analyseaufgabe, die ein Planspiel stellen kann, freilich zwangsläufig empfindlich verkürzt und damit wesentlich erleichtert. Bedürfnis-, Wettbewerbs- und Produktstrukturen sind durch ein Planspiel nicht eigentlich abbildbar. Es ist aus spieltechnischen Gründen auch nicht möglich und aus didaktischen Gründen übrigens gar nicht angeraten, nötige und wünschbare, angebotene und beschaffbare Informationen soweit auseinanderzubringen, wie das für die Praxis oft kennzeichnend ist. „Informationsballast“ und die gezielte „Desinformation“ können nicht in nennenswertem Maße in das Spiel kommen. Ein Teil der relevanten Informationen wird den Gründern förmlich angeboten. Daneben sind freilich – und das durchaus realitätskonform – eine Reihe von Informationen nur über das eigenaktive, gezielte Nachfrageverhalten der Gründer und unter Aufwand von Informationsbeschaffungskosten in das Spiel zu bringen.

5. Übungsfall: Strategisches Management

Mit den verkürzten Analysemöglichkeiten sind in Verbindung mit den allgemeinen Beschränkungen der Umweltsimulation – zwangsläufig und zugegebenermaßen – auch wesentliche Verhaltens- und Handlungsbereiche im Spiel abgeschnitten: Ohne Konfrontation mit „realen“ Personen, Institutionen, Produkten und Ideen sind Akquisitionsverhalten und Durchsetzungsvermögen gegenüber Kunden, Lieferanten und Mitarbeitern ebensowenig in das Spiel einzubringen wie die Kreativität bei Gestaltung der angebotenen Sach- und Dienstleistung. Das Produkt ist nicht eigentlich zu kreieren, sondern mit dem Sortimentsrahmen des Spielmodells vorgegeben. Die für Gründer in ihrer Bedeutung so zentrale „Nischenpolitik“ ist damit nicht darstellbar.

Was bleibt, ist gleichwohl noch viel: Mit den genannten Verkürzungen weisen Planspiele eine hohe Affinität zur Planungs- und Kontrollrechnung und damit zum „Controlling" in der betrieblichen Praxis auf. Sie sind beim Abschneiden der „qualitativen" Momente gleichsam Übungen in Sachen Planungs- und Kontrollrechnung (siehe Abb. 3). Das läßt immerhin eines der in Auswertungen von Gründererfahrungen immer wieder genannten Postulate recht realistisch simulieren: die À-jour-Haltung und Beachtung des eigenen Rechnungswesens, um mit ihm eine Steuerungshilfe in der ersten schwierigen Geschäftsphase zu haben. Darüber hinaus sind aber auch umfassendere und anspruchsvollere Probleme, die erst im Rahmen der größeren Unternehmung ihre Konzeption erfahren haben, im Ansatz hier schon vorhanden; so das Spannungsverhältnis zwischen kurz- und langfristiger Planung. Daß sich der Gründer in der Gründungsphase von der unmittelbar anstehenden Lage (Saison, auch Konjunktur) freimachen muß, ergibt sich implizite schon aus den Ausführungen zur strategischen Analyse. Aus Abweichungen in den ersten Geschäftsperioden ergibt sich darüber hinaus regelmäßig ein Änderungsbedarf der langfristigen Planung. Die Gefahr, daß die langfristige Planung nicht tatsächlich handlungsleitend und rahmengebend für die kurzfristige wird, ist durchaus auch schon im Planspiel gegeben. Damit liegt des weiteren auch schon ein Ansatz für „strategisches Controlling" vor, wenn man darunter die besondere Verknüpfung von aktuellen realisierten Geschäftsergebnissen, kurzfristigen Plänen und längerfristigen Plänen versteht. Auch für ein strategisches Management i. S. des „Managements strategischer Überraschungen" (Krisenmanagement) sind im Planspiel Ansätze vorhanden: So ist ein gegenüber der Prognose stärker verzögertes Wachstum der Nachfrage eine häufige Spieleinlage. Sie erweist, ob die Gründer in ihrer Reservepolitik für diesen Fall vorgesorgt haben, und wie sie dieser Krisenlage sonst (durch Lagerabbau, Versuch der Um- und Nachfinanzierung, Personalabbau u. ä.) begegnen. Immerhin sollte nach allgemein anerkannter Empfehlung die Liquiditätsreserve zwischen ein und drei Monatsumsätzen ausmachen.

Aus spieltechnischen Gründen – zu Zwecken der Vergleichbarkeit von Spielergebnissen i. S. des Wettbewerbs zwischen den Spielgruppen – sind die Vermögenslagen der Gründer gleichsam entindividualisiert. Es ist allen Gründern eine gleiche Eigenkapitalausstattung vorgegeben, die freilich im Zusammenhang mit den Wahlmöglichkeiten in punkto Standort und Geschäftslokal den Fehlerfall der Unterfinanzierung durchaus eröffnet.

6. Übungsfall: Partnerschaftliche Kooperation

Zwischen den zwei bis drei, im Regelfall zwei, Partnern einer simulierten Gründungsunternehmung ist einerseits eine gewisse Arbeitsteilung, andererseits eine enge Zusammenarbeit nötig. In diesem Sinne ist das Planspiel eine Interaktions-, insbesondere Kommunikationsübung. An sie knüpfen sich über

Abb. 3: Beispielhafte Kapitalrentabilitäten für fünf Spielunternehmungen

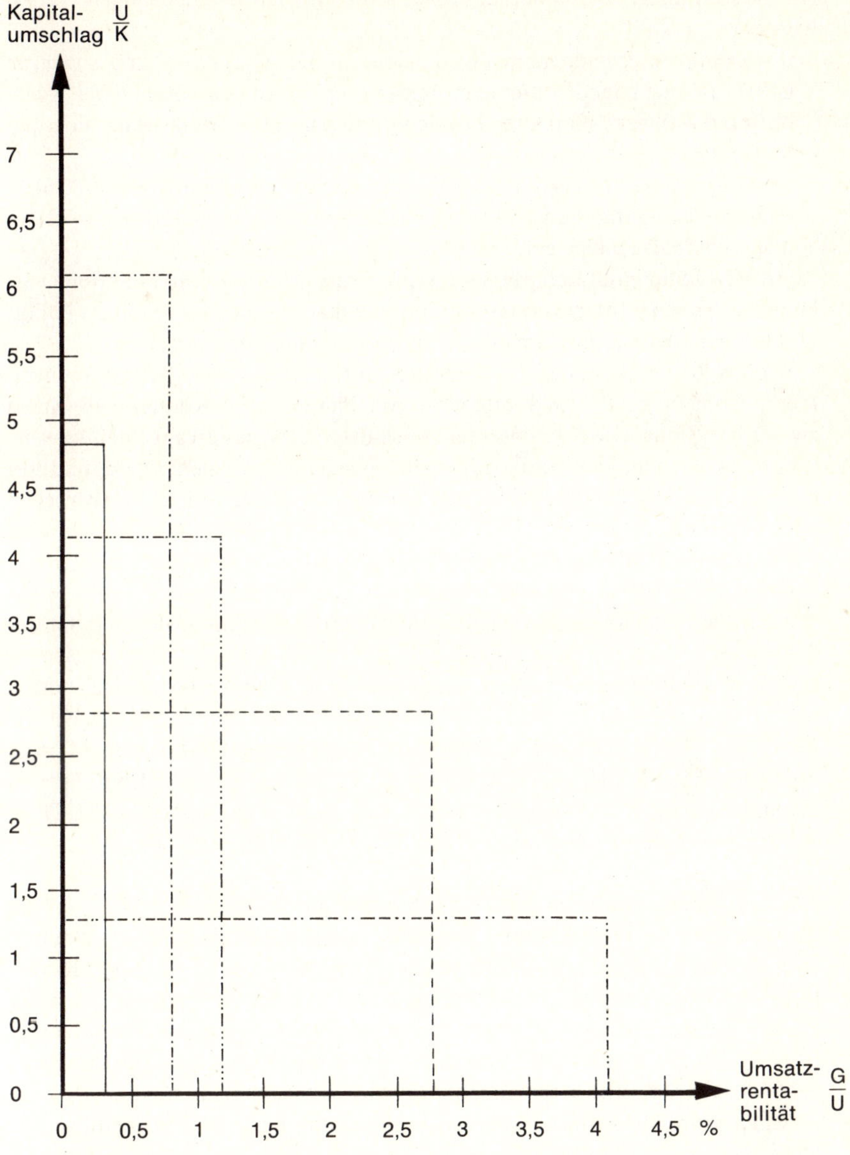

den allgemeinen Zweck einer Übung in Zusammenarbeit hinaus folgende besondere Punkte, die in den das Spiel auswertenden Besprechungen vertieft werden:

- Für kleine Unternehmen im allgemeinen, für neu gegründete im besonderen ist häufig eine enge Zusammenarbeit mit anderen Unternehmen bei Angebot marktfähiger kompletter Problemlösungen von Vorteil, wenn nicht gar notwendig.
- Zur Ergänzung nötiger Fähigkeiten und Kapitalien innerhalb eines Unternehmens ist häufig die partnerschaftliche Gründung in Gestalt einer Personalgesellschaft nahegelegt.

In Verbindung mit der schon angesprochenen „Controlling-Funktion" verknüpft sich mit der Interaktions- und Kommunikationsübung ein weiterer Punkt. Um ihn herzuleiten, muß um ein weniges weiter ausgeholt werden.

Controlling schließt den „kybernetischen Regelkreis" des „Managementzyklus". Controlling ist die Integration von Planung und Kontrolle in einem zweifachen Sinne: Die Planung einer Geschäftsperiode basiert auf einer Auswertung der Kontrollergebnisse aus der vorangegangenen Geschäftsperiode und darf diese Kontrollergebnisse im neuerlichen Planungsprozeß nicht unterdrücken oder verdrängen.

- Die Kontrolle folgt nicht erst der Realisation wie i. S. von Ergebniskontrolle, sie folgt nicht erst der Entscheidung wie i. S. von Verfahrens- oder Fortschrittskontrolle, sondern beginnt als Planungskontrolle praktisch zugleich mit der Planung.

Die Gründungspartner sollen in diesem Sinne eine wechselseitige, betont partnerschaftliche Kontrolle all ihrer Planungen praktizieren. Sie sollen die Planungen ihrer jeweiligen Partner kritisch begleiten und hinterfragen. Hieraus ergeben sich für die Schlußbesprechung regelmäßig Hinweise auf „Konflikt" und „Konfliktmanagement". Gezeigt wird, daß alles, was Probleme löst, auch wiederum Probleme schafft.

7. „State-of-art"-Studie im Stande der Simulation

Man kann die Durchführung des Planspiels, den einzelnen Planspieldurchlauf, als eine „State-of-art"-Studie bezüglich der Anwendung von Kommunikations- und Interaktionstechniken, insbesondere Planungstechniken, durch die Spielteilnehmer auffassen. Dieser Gesichtspunkt kann durch dritte Beobachter oder geeignete ergänzende Verfahren der Teilnehmer-Selbstaufschreibung besonders berücksichtigt und für spätere Auswertungen dokumentiert werden. Einem präskribierten Informationssuch-, -beschaffungs- und -verarbeitungsverhalten, einer bestimmten Reihenfolge, Arbeitszeitzuweisung und Formalisierung von Planungsschritten kann das empirisch aufgetretene (deskriptive) Planungsverhalten der Spielteilnehmer gegenübergestellt werden. Daraus läßt sich bei der sog. Manöverkritik in der Auswertungssitzung des Spieles regelmäßig ein weites Problem- und Diskussionsfeld erschließen.

8. Diskussionspunkt Planungseffizienz

Ein gravierender Unterschied zwischen den Arbeitssituationen im Unternehmensspiel und in der Unternehmensrealität bietet für diese Diskussion einen ersten Ansatzpunkt:

- Die in der Praxis so bedeutsame und verführerische Möglichkeit, die „unproduktive" Planungsarbeit durch „produktive" Ad-hoc-Entscheidungs- und Ausführungstätigkeiten zu ersetzen, ist im Planspiel nicht gegeben: Die Gründer in der Spielsituation können gleichsam gar nichts anderes tun als planen. So ist insbesondere auch die Informationsbeschaffung über die im Spiel gegebene Marktforschungsgebühr nur mit ihren finanziellen Kosten, nicht aber mit ihrer Belastung des Arbeitszeitbudgets erfaßt.
- Die in der Praxis so bedeutsame Möglichkeit, sich mit einer anspruchsvollen, langfristigen, rational-ganzheitlichen (synoptischen) Planung zu versuchen, oder sich sogleich mit einer reduzierten, kürzerfristig-improvisierten, in der Nähe des bereits Realisierten verbleibenden (inkrementalen) Planung zu begnügen, ist im Planspiel abgeschnitten: Für alle Spielteilnehmer ist das Spielmodell gleichermaßen fremd und neu. Es ist kein Suchen in der Nähe des Vertrauten möglich.

Die Teilnehmer reflektieren diese Situationsunterschiede zwischen Spiel und Realität regelmäßig recht genau. Die Fälle der Nicht-Planung, der inkrementalen und der synoptischen Planung werden dadurch nach dem Spiel auch zwischen Teilnehmern diskutierbar, die vorher für diese Fragen kein Verständnis und Problembewußtsein zeigten. Es wird erkannt,

- daß Informations-, Zeit- und Kapazitätsrestriktionen der Planung sowie die Abwägung von Planungskosten und Planungsnutzen dem Planer in der Praxis grundsätzlich eine bloß stückwerkhafte (inkrementale) Planung erlauben;
- daß es gleichwohl gefährlich ist, diese erzwungene Beschränkung als solche zum Planungsideal zu erheben, weil inkrementale Planung in Richtung synoptischer Planung stets grundsätzlich verbesserbar ist;
- daß die Planer von sich aus um so stärker und eher zur inkrementalen Planung neigen, je träger im Geist, je weniger flexibel und leistungsmotiviert sie sind.

So ergibt sich aus der Planspielveranstaltung durchaus ein Beitrag zur Propagierung und Durchsetzung des Planungsgedankens im Sinne einer präskriptiven Betriebswirtschaftslehre.

2. Durchsetzung und Verwertung

2.1. Einführung und optimale Nutzung moderner Informations-Technik

Wilhelm K. Scheuten

1. Information und Qualifikation als Wettbewerbs-Faktoren

Vor allem im internationalen Wettbewerb wird es immer deutlicher, daß Know-how im technischen und organisatorischen Bereich sowie Flexibilität in der Reaktion auf spezielle Kundenwünsche, auf technische und marktliche Veränderungen zu den wichtigsten Wettbewerbs-Faktoren werden. Sie sind aber allesamt Informations-Leistungen, und sie hängen allesamt ab von einer effizienten Organisation sowie von qualifizierten und motivierten Mitarbeitern. Wir befinden uns bereits mitten auf dem Weg in die „Informations-Gesellschaft", nicht nur gemessen an dem erheblichen laufenden Zuwachs an neuem Wissen und an Kommunikations-Beziehungen (Interaktionen), sondern – noch entscheidender – gemessen an der Bedeutung von Information als wichtigstem Wirtschafts-Faktor. Wir befinden uns auf dem Wege zu einer Industrie-Wirtschaft, die ihre Wettbewerbsfähigkeit und den Wohlstand ihrer Mitglieder zunehmend auf Intelligenz gründet, auf die Fähigkeit, Flexibilität, technische und organisatorische Komplexität und laufende Veränderung besser bewältigen zu können als andere. Währenddessen nehmen uns neue, noch hungrige Industrieländer unsere angestammten Märkte ab, die auf der Basis ausgereifter Produktions-Verfahren nach dem Stil der alten „Schornstein-Industriewirtschaft" bedient werden können. Uns bleibt keine andere Wahl als der Weg nach vorn oder weiter zunehmende Arbeitslosigkeit und sinkender Lebensstandard.

Zugleich bringt die moderne Industriegesellschaft zunehmend einen neuen Menschentyp in der Arbeitswelt in den Vordergrund: Wie der Bauer in der Agrar-Wirtschaft und wie der Industrie-Arbeiter in der alten Industrie-Wirtschaft, so ist der „Informations-Arbeiter" die Schlüsselfigur der Informations-Gesellschaft. Wir können folgendes empirisch feststellen:

- Immer mehr Arbeitsplätze in den fortgeschrittenen Industrie-Wirtschaften bieten überwiegend Informations-Arbeit, in den USA bereits über 50, in der Bundesrepublik Deutschland immerhin über 40%. Dementsprechend hat die Anzahl der Angestellten und Beamten diejenige der Arbeiter längst überholt.

- Bildung und Ausbildung unserer Erwerbstätigen werden – trotz mancher Mängel – immer qualifizierter.
- Der Wertewandel in den fortgeschrittenen Industrie-Gesellschaften bringt nicht nur eine größere Wertschätzung für Freizeit und für zwischenmenschliche Beziehungen im Privatleben, sondern auch für Selbstbestimmung und Verantwortung, für Zusammenarbeit und Kommunikation am Arbeitsplatz.

Die moderne Informations-Technik ist in diesem Umfeld ein leistungsfähiges Hilfsmittel sowohl zur Unterstützung gut ausgebildeter „Informations-Arbeiter" als auch für die Entwicklung einer leistungsfähigen modernen „Informations-Gesellschaft" im internationalen Wettbewerb. Es hängt viel davon ab, daß wir dieses Hilfsmittel optimal nutzen, das heißt, die Risiken dieser neuen Entwicklung möglichst gering halten, die positiven Potentiale nach Möglichkeit voll ausschöpfen.

2. Besonderheiten moderner Informations-Technik

Die Einführung moderner Informations-Technik ist etwas erheblich anderes als eine normale Investition in modernere Maschinen: es geht um Änderungen in der persönlichen Arbeitsweise, in den Arbeits-Inhalten des einzelnen Arbeits-Platzes, in der Arbeits-Organisation, in der Kommunikation, ja in der Unternehmens-Strategie. Dies rührt daher, daß moderne Informationstechnik nicht wie die konventionelle Datenverarbeitung vorwiegend standardisierte Massenarbeiten vom Menschen auf die Maschine überträgt, sondern unstandardisierte, unformalisierbare menschliche Informations-Tätigkeiten maschinell unterstützt, und zwar nicht nur für „Maschinen-Bediener" in der Fabrik und Sekretärinnen im Büro, sondern auch für Facharbeiter und Ingenieure, für Sachbearbeiter, Fachspezialisten und Führungskräfte. Sie wird zum ständigen Werkzeug wie Telefon und Automobil, nur auf wichtigeren Gebieten: beim Denken, Lernen und Wissen sowie bei der zwischenmenschlichen Kommunikation.

Technisch sieht moderne Informationstechnik so aus, daß sie am Arbeitsplatz des „Informations-Arbeiters" zur Verfügung steht und daß ihr Einsatz mit der Zeit so an „Benutzerfreundlichkeit" gewinnt, daß auch Nicht-Informatiker mit ihr arbeiten können – ob es um Systeme für elektronische Post geht oder um Endbenutzer-Programme, mit denen man persönliche Aufgaben lösen kann, ohne selbst programmieren zu müssen, oder um Dialogsysteme, welche den Benutzer durch den Arbeitsvorgang führen oder bei Informations-Abfragen unterstützen.

Sichtbar wird die neue Informationstechnik dem Laien meistens als Computer am Arbeitsplatz: als „Bildschirmgerät", „persönlicher Computer" (PC) oder als „Terminal". Nicht sichtbar ist die zunehmende „Integration" der verschiedenen Informations-Medien Daten, Text, Graphik, Bild und Stimme, die außerordentlich hohe Leistungsgewinne bringen kann. Weitgehend unsichtbar bleibt auch die

Vernetzung von Arbeitsplatz-Computern miteinander, mit Rechenzentren, mit Informations-Banken, mit Fertigungs-Anlagen, über hausinterne oder öffentliche Netze.

Noch stehen erst rund 1¼ Millionen Arbeitsplatz-Geräte in der Bundesrepublik auf den Schreibtischen von rund 11 Millionen Angestellten und Beamten sowie 5 Millionen Selbständigen, und von dieser Zahl gehört das meiste zu älteren Generationen der Informationstechnik. Aber die beschriebenen Tendenzen wachsen mit großer Geschwindigkeit. Dabei wird immer deutlicher, daß – im Gegensatz zu vielen anderen Investitionen – bei der modernen Informationstechnik die Art der Einführung und der Arbeits-Organisation sowie die Motivation und die Qualifikation der Mitarbeiter über den Erfolg weit stärker entscheiden als Geld oder Hardware allein. Bereits bei der Einführung können Erfolg oder Mißerfolg entscheidend beeinflußt werden.

3. Erfolgreiche Einführung

Sobald eine erste Entscheidung über die Einführung gefallen ist, sollten deshalb die Mitarbeiter und der Betriebsrat informiert werden. Neue Entwicklungen und insbesondere unverstandene Dinge erzeugen Angst. Gerüchte verschlimmern die Ängste, konkrete Informationen helfen sie abbauen.

Bei der Information sollten die Gründe für die neue Technik angegeben werden, insbesondere, was man sich für Unternehmen und Mitarbeiter von ihrer Einführung verspricht.

Die Glaubwürdigkeit der Unternehmensleitung und ein für neue Entwicklungen wichtiges Klima gegenseitigen Vertrauens erfordern auch das klare Ansprechen von möglichen negativen Auswirkungen. Sie stellen sich doch irgendwann einmal heraus, vielleicht werden sie in Gerüchten rundgetragen, die üblicherweise übertreiben, und am Ende könnte leicht ein Klima von Angst und Mißtrauen stehen.

Während des Einführungs-Prozesses ist laufende Information über die Fortschritte des Projekts sowie über etwa auftauchende Probleme und ihre Überwindung wichtig.

Das Projekt selbst sollte sehr sorgfältig geplant sein und einer Projektgruppe übertragen werden, zu der außer den Fachleuten der Informationstechnik auch sachkundige Vertreter der Benutzer gehören, vielleicht auch Vertreter des Betriebsrats und der Personalfunktion.

Die Verantwortlichkeiten, wer was bis zu welchem Termin zu tun hat, sollten klar sein, die Fortschritte in regelmäßigen Konferenzen berichtet, auftretende Hindernisse und entsprechende Abhilfe-Maßnahmen besprochen werden. Eine zügige Abwicklung ist nicht nur aus Kostengründen wichtig, sondern auch, um die Motivation der Mitarbeiter, wenn man sie einmal für eine große Neuerung gewonnen hat, nicht in Enttäuschung umschlagen zu lassen.

Anwendungen der Bürokommunikation sollte man so breit und so gleichzeitig einführen, daß sich menschliche und technische Kommunikations-Netze decken, denn sie bringen Produktivitäts-Zuwachs und Erfolgs-Erlebnisse in spürbarem Maße erst dann, wenn sie eine „kritische Masse" erreicht haben, z. B. wenn die meisten und wichtigsten Kontakt-Partner über elektronische Post erreichbar oder die meisten und wichtigsten Dokumente im elektronischen Archiv zu finden sind.

Wo es sich organisatorisch verwirklichen läßt, sollte man mit dem „Tintenklecks-Verfahren" vorgehen. Dabei geht es um Pilot-Installationen, die sich allmählich ausbreiten, sogenannte „offene" Anwendungen. Dabei kann man zum einen Erfahrungen sammeln, die zu konkreten Verbesserungen in Software, Arbeits-Organisation, Schulung etc. führen sollten. Zum anderen kann Mitarbeitern, die größere Umstellungs-Schwierigkeiten haben, der Übergang durch zeitliche Streckung, durch das Vorbild begeisterter Kollegen oder Nachbar-Abteilungen, durch die Hilfe der Fortgeschrittenen erheblich erleichtert werden.

Die Beteiligung der Mitarbeiter am Einführungs-Prozeß ist einmal wichtig, weil der Mensch in der Regel akzeptiert oder gar verteidigt, woran er selbst mitgewirkt hat. Sie kann aber auch eine große Quelle an Know-how, an Verbesserungs-Vorschlägen sein, denn, wie die Japaner sagen, es kennt niemand seinen Arbeitsplatz so gut wie der betreffende Mitarbeiter.

Beteiligung kann persönlich am Arbeitsplatz oder in dessen Umfeld geschehen, aber auch durch Berücksichtigung von Endbenutzer-Interessen in den erwähnten Pilot-Installationen und daraus folgenden Verbesserungen oder in sogenannten „Lernstatt"-Gruppen oder Qualitäts-Zirkeln. Man kann auch den Mitarbeitern, soweit es die Art der Anwendung zuläßt, die Anwendung selbst freistellen (z. B. Textverarbeitung wahlweise über ein restliches zentrales Schreibbüro oder mit dem eigenen Arbeitsplatz-Computer) oder doch wenigstens ihre Ausgestaltung dem Mitarbeiter überlassen (z. B. durch Freiheitsgrade in der Dialog-Software oder durch Wahlmöglichkeiten unter verschiedenen Benutzer-Programmen).

Es gibt viele Möglichkeiten der Mitwirkung. Man sollte sich bei ihrer Ausgestaltung frei von politischen und ideologischen Belastungen nach den individuellen Verhältnissen des Unternehmens richten und nach dem Ziel, das Unternehmen leistungsfähiger, die Mitarbeiter zufriedener zu machen

Die Schulung für die Handhabung der neuen Geräte und Anwendungen sollte nicht zu lang und zu kompliziert sein, weil dies leicht die Angst weckt, dem Neuen nicht gewachsen zu sein. Sie sollte aber so sicher machen, daß die Benutzung des neuen Arbeitsmittels im Streß einer hektischen Arbeitsplatz-Situation nicht noch zusätzliche Schwierigkeiten bringt. Dazu dürfte in der Regel die Vermittlung und gründliche Einübung der wichtigsten Funktionen zunächst einmal ausreichen. Für schwierigere Anwendungen stehen immer häufiger Simulations-Programme zur Verfügung, an denen man den neuen Arbeitsplatz realistisch üben kann. Nach der Schulung sollten die Betreffenden möglichst gleich an den neuen Arbeitsgeräten arbeiten können, damit sich nicht alte und neue Kenntnisse mischen.

Wichtig ist eine nachfolgende Betreuung, entweder durch fachkundige Endbenutzer-Berater oder durch erfahrenere Kollegen, durch verständliche Handbücher oder Hilfe-Funktionen in der benutzten Software, durch Frage-Möglichkeiten über Informations-Banken oder über eine „stehende Telekonferenz" zwischen Benutzern.

In späteren Schulungen können weitere Kenntnisse vermittelt werden, welche eine effizientere Nutzung der neuen Hilfsmittel ermöglichen. Bei späteren Gelegenheiten sollten auch gründlichere Kenntisse über die Fragen von Datenschutz, Datensicherheit und ergonomischer Arbeitsplatz-Gestaltung vermittelt werden. Informationstechnik verlangt wie Autofahren gewisse Einstellungen und Verhaltensweisen bei allen „Verkehrsteilnehmern", die nicht durch Vorschriften allein geregelt werden können.

Der Prozeß der Einführung und Ausbreitung einer wichtigen Innovation läuft wie alle Neuerungen weitgehend nach den Prinzipien von Vorbild und Nachahmung. Wesentlich ist dabei der Eindruck, den Unternehmens-Leitung und Führungskräfte bei den Mitarbeitern machen, wichtig ist auch, die Meinungsführer unter den Mitarbeitern zu gewinnen. Keine Innovation gelingt ohne mächtige und angesehene Promotoren. Die neuen Geräte und Anwendungen selbst zum Prestige-Artikel im Unternehmen machen zu können ist schon der halbe Erfolg; dann will sie in der Regel jeder haben.

4. Entwicklung der Arbeits-Organisation

Meistens ist eine Änderung der Arbeitsorganisation erforderlich, um die neue Technik nutzen zu können, wie z. B. bei einer Umstellung von Papier- auf Online-Sachbearbeitung. Dann muß zugleich mit der Einführung eine neue Form der Organisation gefunden werden, und mit zunehmender Erfahrung wird man diese Organisation verbessern können.

Wenn es dagegen um Einführung von „persönlicher Informationsverarbeitung" und „Bürokommunikation" als neuem Hilfsmittel auf ansonsten unveränderten Arbeitsplätzen geht, kann man sich mit der organisatorischen Umstellung Zeit lassen, und es werden sich Chancen und Notwendigkeiten zu organisatorischen Änderungen im Laufe der Zeit ergeben.

Dazwischen gibt es eine Menge Grenzfälle und Ermessensfragen.

Die Arbeits-Organisation und die Organisation des Unternehmens als Ganzem müssen nach zwei Gesichtspunkten gestaltet werden:

– im Sinne möglichst hoher Leistungsfähigkeit des Unternehmens und
– im Sinne möglichst hoher Mitarbeiter-Zufriedenheit.

Die moderne Informationstechnik, ob als „Bürokommunikation" oder „integrierte flexible Automatisierung" der Fertigung, läßt in ihrer zunehmenden Flexibilität weit mehr organisatorischen Spielraum für die Gestaltung der Arbeit als die meisten anderen Technologien und als die konventionelle Datenverarbeitung. Dies bedeutet:

- Man kann die Organisation stärker als bisher an der zu lösenden Aufgabe, an der Leistungsfähigkeit des Unternehmens ausrichten, und
- man kann die Organisation mehr als früher an den Bedürfnissen der Mitarbeiter orientieren.

Die vorliegenden Studien über Wertewandel in der Arbeitswelt betonen die zunehmende Wertschätzung für Kommunikation und Zusammenarbeit ebenso wie für Selbstbestimmung in der Arbeit. Dementsprechend kann man drei Grundregeln für die Gestaltung der neuen Arbeitsorganisation aufstellen:

1. Die Arbeits-Inhalte sollten den Fähigkeiten und Kenntnissen der Mitarbeiter angepaßt sein, sie also weder unterfordern noch überfordern. Die Steigerung der Sachkompetenz durch entsprechende Nutzung moderner Informationstechnik wird in der Regel eine Arbeits-Anreicherung möglich machen. Außerdem erlaubt die moderne Informationstechnik häufig, Arbeitszusammenhänge wiederherzustellen, die beim Einsatz früherer Technologien (z. B. bei den ersten Stufen automatisierter Textverarbeitung) durch ein Vorantreiben der Arbeitsteilung verlorengegangen sind.

2. Die Arbeits-Beziehungen sollten ein ausreichendes Maß an zwischenmenschlicher Kommunikation, Zusammenarbeit und Zusammengehörigkeit ermöglichen sowie ein Mindestmaß an Beständigkeit aufweisen, die in Zeiten starker Veränderung besonders wichtig ist.

3. Die Unternehmens-Organisation sollte die Arbeitszusammenhänge für den einzelnen transparenter machen; dies ist nicht nur wichtig für sachlich bessere Arbeitsergebnisse, sondern auch für eine höhere Identifikation mit dem Unternehmen.

Eine stärkere Dezentralisierung von formaler Organisation, Entscheidungskompetenz und Ergebnis-Verantwortung (mit entsprechenden Leistungs-Komponenten in Vergütung und Förderung des Mitarbeiters) würde der erwähnten Arbeits-Anreicherung am einzelnen Arbeitsplatz entsprechen.

Die Sozialpsychologie gibt folgende Kriterien als motivierende Elemente am Arbeitsplatz an:

- Abwechslung: Die Arbeit verlangt im Wechsel verschiedene Fertigkeiten und Fähigkeiten, insbesondere diejenigen, die dem Mitarbeiter besonders wichtig sind.
- Identifikation mit dem Ergebnis: Der Arbeitsplatz bietet die Möglichkeit, eine Aufgabe oder einen klar zu unterscheidenden Teil einer Aufgabe selbständig und allein zu bearbeiten.

- Wichtigkeit: Die Arbeit enthält ausreichend viel Elemente, die der Mitarbeiter als wichtig für die Organisation ansieht und die tatsächlich einen wertvollen Beitrag darstellen.
- Autonomie: Die Arbeit bietet einen wesentlichen Anteil an Entscheidungsfreiheit darüber, wie sie erledigt werden soll.
- Information über die eigene Leistung: Der Arbeitsplatz bietet regelmäßige und sinnvolle Rückmeldung über die erbrachte Leistung, entweder durch die Führungskraft oder im Laufe der Arbeit selbst.
- Persönliche Entwicklung: Es bestehen Möglichkeiten zur Weiterentwicklung bestehender und zur Entwicklung neuer Kenntnisse und Fähigkeiten.
- Anerkennung: Informelle oder formelle Anerkennung geschieht im Einklang mit dem Niveau der erbrachten Leistung.

Eine Analyse der geplanten Organisation auf die Erfüllung der genannten Kriterien und Gespräche mit den Mitarbeitern, wie sie die geplante Organisation im Umfeld ihres Arbeitsplatzes sachlich und persönlich beurteilen, können diese Anforderungen realisieren helfen.

Wesentlich für das Gelingen der Neuorganisation ist auch, neue Wege zu finden, die Leistung der Mitarbeiter gerecht zu messen und gerecht zu bezahlen. Je qualifizierter die Arbeit, je besser ausgebildet unsere „Informations-Arbeiter" und je abstrakter die Arbeitsvorgänge selbst durch den Einsatz von Informations-Technik werden, um so größer werden die Messungs- und Quantifizierungsfragen. Wir werden – wie auch bei den Entscheidungs-Rechnungen zum Einsatz von Informations-Technik – von den primitiven Leistungs-Messungen der frühindustriellen Zeit (wie Kilo, Stück, Anschläge, Buchungen) wegkommen und verläßlichere Indikatoren finden müssen für den Beitrag von Technik und Mensch zur Lösung der gestellten Aufgabe, zur Vitalität und Leistungsfähigkeit des Unternehmens. Auch dies hängt eng zusammen mit der Möglichkeit von Dezentralisation der Organisation, Delegation von Verantwortung und Sichtbarkeit des Beitrags kleiner Einheiten und einzelner Arbeitsplätze zur Leistung des gesamten Unternehmens.

Ein großer Teil dieser Ziele und Anforderungen wird sich erst nach der Einführungs-Phase in einer längeren Entwicklung realisieren lassen und den jeweiligen Bedürfnissen und Möglichkeiten entsprechend ausgestalten. Die Forschung hat erst wenig klare und unumstrittene Erkenntnisse und Rezepte zu bieten, und darüber hinaus hat hier jedes Unternehmen seinen eigenen, individuellen Weg zu finden. Deshalb ist es wichtig, Arbeits-Organisation und Unternehmens-Organisation offenzuhalten für neue Erfahrungen. Eine große Innovation wie Bürokommunikation oder flexible Automation ist ein langfristiger Lernprozeß von Versuch und Irrtum. Er läuft um so besser, je flexibler wir uns an neue Erfahrungen anpassen können und je mehr wir die Suche nach der besten Lösung ermutigen. Dazu gehört z. B. auch das Zulassen konkurrierender organisatorischer Lösungen, wo dieses machbar und erfolgversprechend ist. „Konkurrierend“ heißt dabei, daß die beste Lösung sich herausstellen und durchsetzen sollte.

5. Entwicklung der Mitarbeiter

Kein Unternehmen kann sich rascher anpassen oder schneller entwickeln, keines leistungsfähiger werden als seine Mitarbeiter. Dies gilt ganz besonders im Zeitalter des Informations-Wettbewerbs und der gut ausgebildeten „Informations-Arbeiter“. Wenn die Einführungsphase vorüber ist, beginnt die eigentliche Entwicklung der Innovation im Unternehmen, die letztlich über das Ausmaß an intelligenter Nutzung der neuen Technik entscheiden wird. Wichtigster Teil dieses Entwicklungs-Prozesses ist die Qualifizierung der Mitarbeiter.

Dabei geht es nicht mehr um die Handhabung der neuen technischen Hilfsmittel; diese ist während der Einführungs-Phase vertraut geworden. Es geht im Hinblick auf die Technik nur noch um eine Vertiefung im Interesse besserer Nutzung der neuen Möglichkeiten und um Kennenlernen der immer wieder neuen Verbesserungen an Hardware und Software.

Für die Weiterentwicklung von Arbeitsweise und Arbeits-Organisation geht es vor allem darum, die neue Technik im eigenen Arbeitsgebiet sinnvoll und produktiv einsetzen zu lernen: die neuen Möglichkeiten des Informations-Zugangs, der Kommunikation, der rascheren Informations-Verarbeitung, der Simulation von Entscheidungs-Alternativen nutzen zu lernen. In dieser Phase wird ein großer Teil der Endbenutzer auch besser als bisher lernen müssen, Arbeitsprobleme logisch so klar zu strukturieren, daß der Computer sie für ihn abarbeiten kann.

In dieser Phase werden auch viele lernen müssen, größere Arbeitszusammenhänge zu verstehen, als sie bisher beherrschen mußten, teils wegen erweiterter Verantwortung auf ihrem eigenen Arbeitsplatz, teils wegen der engeren Zusammenhänge, die technische Vernetzung, bessere Organisation und schnellere Kommunikation mit sich bringen.

Diese engeren Zusammenhänge erfordern auch größere Fähigkeiten zur Kommunikation und zur Zusammenarbeit mit anderen Menschen. Vor allem aber werden viele lernen müssen, die größere Kompetenz, die aus mehr Informationszugang, aus besserer Kommunikation, aus schnellerer Informations-Überarbeitung erwachsen kann, auch in der Fähigkeit zu realisieren, entsprechend wichtigere Entscheidungen zu übernehmen, entsprechend mehr Verantwortung zu tragen als bisher. Es geht also nicht nur um eine kognitive, rationale Weiterentwicklung der Mitarbeiter, es geht auch um Weiterentwicklung von Fähigkeiten, um Persönlichkeits-Bildung. In dieser Phase der Weiterentwicklung erst werden wir spüren, wie allmählich moderne Informationstechnik, wenn wir sie in der Breite einsetzen, menschliches Verhalten verändert und neue Organisationsformen mit sich bringt.

Dieser Entwicklungsprozeß kann laufend, über Jahre und vielleicht Jahrzehnte, mit entsprechenden Bildungsmaßnahmen unterstützt werden. Dazu gehören nicht nur konventionelle Schulungskurse außerhalb oder innerhalb der Firma, sondern auch „Lernstatt"-Gruppen oder Qualitäts-Zirkel, Lernen in Eigeninitiative des Mitarbeiters am Arbeitsplatz oder zu Hause.

Nicht nur kognitive Inhalte (Wissen, Verstehen), sondern auch persönliche Fähigkeiten und Verhaltensweisen können in Kursen trainiert werden, wie z. B. das Formulieren von Arbeitsaufgaben entsprechend der Programmierlogik, das Erarbeiten von Entscheidungs-Alternativen, effizientes Kommunizieren. Voraussetzung für einen dauerhaften Erfolg ist allerdings unmittelbares Übertragen und Üben in der Praxis des Alltags und dort ein Umgebungs-Klima, welches die neuen Fähigkeiten und Verhaltensweisen fördert, nicht erstickt.

Überhaupt wird die Hauptlast des Lernens am Arbeitsplatz liegen, in der Abwicklung der Aufgabe selbst und im gemeinsamen Lernen von Arbeitsgruppen. Den verschiedenen Methoden und Kanälen zur Verbreitung von Know-how und zum Erlernen neuer Verhaltensweisen im eigenen Unternehmen muß deshalb ein besonderes Augenmerk gewidmet werden. Dabei kommt der Führung ganz besondere Bedeutung zu.

6. Führung im Innovations-Prozeß

Führung ist eine Schlüssel-Funktion im Innovations-Prozeß:

Es liegt weitgehend in der Verantwortung der Führungskräfte,

- die bei großen Innovationen unvermeidlichen Ängste abzubauen und ein Klima von Vertrauen zu schaffen;
- zwischen den „Gewinnern" und „Verlierern" einer Neuerung, tatsächlichen oder vermeintlichen, Interessen-Ausgleich möglich zu machen und, wenn nicht möglich, Unterschiede verständlich und akzeptierbar zu machen,
- und vor allem mit gutem Beispiel voranzugehen, denn Innovation ist zuallererst ein Nachahmungs-Prozeß, und Mitarbeiter finden sehr schnell heraus, ob es einer Unternehmens-Leitung mit der Innovation ernst ist und ob ihre Führungskraft die Last des Neuen ebenso auf sich nimmt, wie sie es von den Mitarbeitern verlangt.

Darüber hinaus ändert die Nutzung moderner Informationstechnik (wie zu Beginn definiert) auf lange Sicht Rolle und Aufgaben der Führungkraft in wesentlichen Punkten:

- Durch technische Unterstützung kompetenter gewordene Mitarbeiter müssen und können anders geführt werden als weniger selbständige Arbeitskräfte: Sie müssen anders kontrolliert, bewertet, motiviert werden, und ihre Weiterentwicklung ist wichtiger.

- Die Führungskraft wird durch diese Aufgabenverlagerung von einem Teil ihrer Rolle als Informations-Knotenpunkt und von manchen sachlichen Durchführungs- und Kontroll-Aufgaben entlastet. Dies läßt ihr, wenn sie diese Chance zu nutzen weiß, im menschlichen Bereich mehr Zeit für das eigentliche Führen und im sachlichen Bereich mehr Spielraum für strategische Fragen.
- Schließlich wird sich die steile Hierarchie in Großorganisationen reduzieren zugunsten von weniger Hierarchie-Stufen, aber mehr Matrix-Management und Projekt-Management. Dezentrale Organisationsformen werden mit Hilfe der neuen Informationstechnik leichter zu verwirklichen sein, ja in vielen Fällen sich der straff zentralisierten Konkurrenz überlegen zeigen.

Das Wesentliche für die Führung im Innovationsprozeß ist jedoch die Fähigkeit, einen offenen Prozeß erfolgreich zu führen. Hier wird echte Führung und echtes Unternehmertum gefordert, nicht nur gute Administration.

Dazu gehört es,

- Neuerungen, Experiment und Risiko im vernünftigen Rahmen zu ermutigen und nicht zu ersticken, d.h. auch erfolgreiche Ideen und Vorschläge entsprechend anzuerkennen und zu belohnen.
- Dazu gehört die Pflege der „Unternehmens-Kultur", d.h. der Werte und Ziele des Unternehmens, aus denen sich seine Strategie ableiten sollte, die aber auch Leitlinie sein sollten in allen Situationen, in denen altbewährte Vorschriften und Erfahrungen nicht mehr zutreffen. Genau dies ist bei einer großen Innovation – und dazu in einer stark veränderlichen Umwelt – sehr deutlich der Fall.

7. Informations-Technik und Unternehmensstrategie

Jenseits von Einführung einer neuen Technologie und der damit zusammenhängenden Weiterentwicklung von Organisation, Mitarbeitern und Führung gibt es einen übergeordneten Aspekt, der für die Leistungsfähigkeit, für Vitalität und Überleben des Unternehmens noch wichtiger ist: wir müssen endlich die Rolle der Information im Unternehmen begreifen und ihre Wichtigkeit als strategische Größe, als Sache der Unternehmens-Leitung. Daß dies nicht bereits früher geschehen ist, liegt ganz einfach daran, daß wir mit Information leben, seit wir denken können; sie ist so selbstverständlich und ebenso unsichtbar wie die Luft zum Atmen. Der immer stärker auf Informations-Leistungen (wie Know-how, Flexibilität, Organisation, Vertriebs- und Lieferbeziehungen etc.) sich konzentrierende Wettbewerb und die zunehmenden Hilfsmöglichkeiten seitens einer modernen Informationstechnik machen uns heute erst die strategische Ressource Information bewußt.

Damit die moderne Informationstechnik strategisch aus Unternehmens-Sicht rationell und schlagkräftig genutzt werden kann, ist eine neue Organisation der informationstechnischen Systeme notwendig. EDV-Abteilung, Informations-

Banken, Telefon-Dienst und Bibliothek gehören nicht nur organisatorisch in Zukunft in eine Hand und finanziell in ein Budget, sondern auch in eine Unternehmens-Strategie, welche sich der Versorgung des Unternehmens mit denjenigen Informations-Dienstleistungen zur Aufgabe macht, die es für die Optimierung seiner Leistungsfähigkeit braucht.

Die Folge einer solchen neuen Konzeption von Informations-Strategie wäre unmittelbar eine neue Rolle der Abteilung oder des Bereichs Informationstechnische Systeme oder wie immer man ihn nennt; EDV-Expertise allein wird nicht mehr ausreichen. Ein Verständnis für die Informations-Prozesse im Unternehmen, ihre Zusammenhänge, ihre Auswirkungen und ihre daraus folgende strategische Bedeutung wird zur Voraussetzung. Eine gute Kenntnis der Endbenutzer-Bedürfnisse hinsichtlich Information und informationstechnischer Unterstützung ist notwendig. Organisatorisch sollte eine weitgehend „marktwirtschaftliche" Orientierung des informationstechnischen Service an der Nachfrage der Endbenutzer, welche die Anforderungen ihrer Arbeitsaufgaben am besten kennen, ebenso institutionalisiert sein wie generelle Lösungen, ohne die eine unternehmensweite Kommunikations-Infrastruktur nicht funktionieren kann.

Die Unternehmensleitung schließlich müßte sich intensiver als bisher mit der Qualität von Information und Informations-Prozessen im Unternehmen beschäftigen, die immer wichtiger sein wird als die technische Speicherung und Verarbeitung von Informationen.

Sie müßte Wege finden, Kosten und Nutzen neuer Informations-Technik ebenso wie benötigter Informationen und Kommunikations-Beziehungen besser als in rein quantitativen „Einspar-Kalküls" gegenüberzustellen; die Leistungsfähigkeit des Unternehmens müßte in diesen Entscheidungs-Unterlagen entschieden stärker zu Worte kommen.

Die Anwendung der modernen Informationstechnik erfordert hier noch eine Menge Entwicklungs-Arbeit von Forschern und Praktikern der Unternehmensführung.

2.2. Innovationsmarketing

Armin Töpfer

1. Innovationsmarketing als betriebswirtschaftliches Problem

Innovationen sind heute nicht nur ein Problem von High-tech-Unternehmen, sie sind auch im Low-tech-Bereich und damit für jedes Unternehmen wichtig. Maßgeblich ist hierfür die jeweilige Markt- und Konkurrenzsituation. Gerade auf stagnierenden und schrumpfenden Märkten schafft ein verstärkter nationaler und internationaler Konkurrenzdruck die Notwendigkeit, Inventionen schneller in marktfähige Produkte umzusetzen. Wesentliches Merkmal der heutigen Marktsituation ist die zunehmende Beschleunigung der technischen Entwicklung; diese Innovationsschübe führen zu einer kürzeren Nutzungsdauer der Produkte am Markt. Unternehmen, die auch zukünftig ihren Fortbestand und Erfolg sichern wollen, müssen sich den Anforderungen, die aus diesen technologischen Veränderungen resultieren, stellen.

Unter diesem Gesichtspunkt ist die klassische Koppelung des Produkt- und Markt-Lebenszyklus zu überdenken und durch die Einbeziehung der technologischen Komponenten zu modifizieren (siehe Abb. 1). Mehrere Produkt-Lebens-

Abb. 1: Mehrstufige Lebenszyklus-Analyse

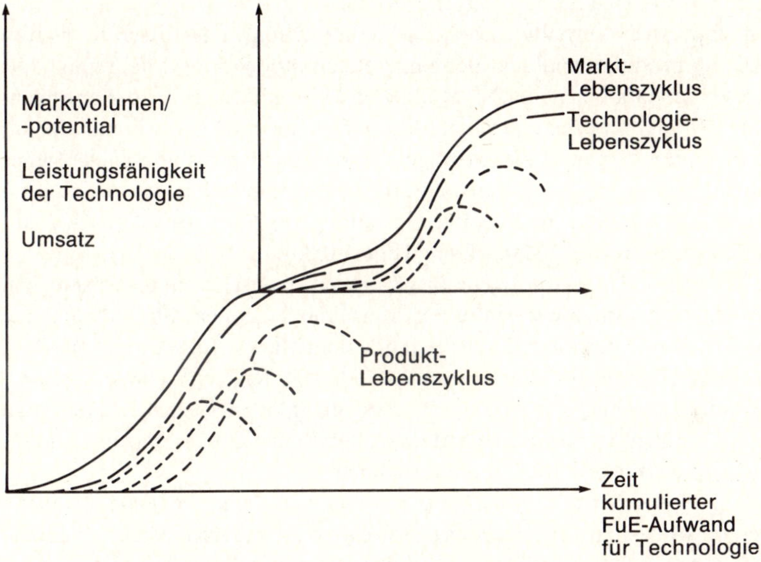

zyklen verlaufen entlang eines Technologie-Lebenszyklus in Gestalt des S-förmigen Technologiepfades (Krubasik, 1982; Meffert, 1983; Kreisky/Schlossleitner, 1984). Der Wechsel auf eine höhere Technologiekurve bewirkt einen Technologieschub, eröffnet durch die Herstellung fortschrittlicherer Produkte neue Marktchancen und bringt dadurch den Lebenszyklus der bisherigen Produkte unvermittelt in die Phase des Verfalls. Der Übergang von der Mechanik zur Elektronik bei Uhren oder Schreibmaschinen ist hierfür beredtes Beispiel. Der Markt-Lebenszyklus resultiert demnach als „Umhüllungskurve" aus der Kombination von Produkt- und Technologie-Lebenszyklen.

Unternehmen, die ihre Produkte auf den Einsatz der bisherigen Technologie beschränken und bei einem existierenden, noch nicht ausgeschöpften Marktpotential weitere Absatz- und Wachstumsmöglichkeiten extrapolieren, werden durch technologisch fortschrittlichere Konkurrenzprodukte nachhaltig in ihrem Markterfolg beeinträchtigt oder sogar in ihrem Fortbestand gefährdet. Diese Überlegungen verdeutlichen einerseits die beschränkte Aussagefähigkeit isoliert betrachteter, idealtypischer Produkt-Lebenszyklen und untermauern andererseits den Stellenwert einer technologieorientierten Unternehmensstrategie. Marktvolumen und Marktpotential lassen sich dadurch stärker beinflussen als durch Produkt-Relaunch.

Der Entscheidungspielraum von Unternehmen, ob eine Innovation durchgeführt wird oder nicht, ist also relativ gering, manchmal übrhaupt nicht mehr gegeben. Offensichtlich schaffen Innovationen zusätzliche strategische Freiheitsgrade und damit wichtige Konkurrenzvorteile.

Ein innovatives Verhalten schlägt sich einerseits in einer fortschrittlicheren Technik der Produkte und/oder der eingesetzten Produktionsverfahren nieder, andererseits ebenfalls in neuen Marketing- und Vermarktungsideen. Die folgenden Ausführungen beziehen sich stärker auf technische Innovationen als auf Marketinginnovationen. Eine wichtige Vorausetzung für beide sind oftmals soziale Innovationen, bei denen in Form von Organisationsentwicklung die betroffenen Mitarbeiter in die aktive Gestaltung von Reorganisationsmaßnahmen einbezogen werden (Marr, 1980; Thom, 1980).

Technische und marktbezogene Innovationen lassen sich auf die Lösung von Problemen der externen sowie internen Information, Kooperation und Finanzierung reduzieren. Auch wenn durch die Innovation Markterfolge erreichbar sind, können Finanzierungsprobleme die Selbständigkeit des Unternehmens gefährden. Derartige technologieorientierte, aber finanzschwache, also mit einer zu geringen Eigenkapitalbasis ausgestattete Unternehmen sind interessante Akquisitionsobjekte vor allem für Großunternehmen.

Geringe Finanzierungsprobleme beziehungsweise eine mögliche staatliche Innovationsförderung sichern aber keineswegs von vornherein den Innovationserfolg (Cooper, 1979). Auf die Notwendigkeit eines staatlichen Innovationsmarketing durch eine Konzentration auf zukunftsträchtige Schlüssel- und Basistechnologien (Sommerlatte/Walsh, 1983) sowie durch eine verstärkte Forschungsförderung auch von mittelständischen Unternehmen wird deshalb im folgenden kurz eingegangen (Merkle, 1984; Meissner/Winkelgrund, 1984).

2. Innovationsmarketing als volkswirtschaftliches Problem

Vor allem in der Hochtechnologie, so z. B. in manchen Bereichen der „CuC-Technik“ (Computer und Communication) und der Bio-/Gentechnik, wird der deutschen Industrie ein Rückstand im Know-how zugeschrieben. Die volkswirtschaftliche Bedeutung von Innovation setzt sich dabei aus externen und internen Effekten zusammen.

Extern dient sie insbesondere zur Erhaltung der internationalen Wettbewerbsfähigkeit bei zunehmenden Handelsverflechtungen. Sie sichert den Export von Produkten, aber auch von technologischem Know-how, z. B. durch Lizenzvergabe (Engeleiter/Corsten, 1982). Geht diese Konkurrenzfähigkeit verloren, dann führt ein Importüberschuß nicht nur zu Handels- und Zahlungsbilanzproblemen, sondern häufig auch zu einer importierten Arbeitslosigkeit. Außerdem dringen Schwellenländer in zunehmendem Maße in angestammte Märkte und können aufgrund der Niedriglöhne schnell zur existenzgefährdenden Konkurrenz werden, was einen zusätzlichen Innovationsdruck in hochentwickelten Industrienationen bewirkt.

Wesentliche interne, auf die Volkswirtschaft und Gesellschaft bezogene Wirkungen von Innovationen durch den Einsatz neuer Produkt- und/oder Verfahrenstechnologien sind daneben in der Schonung der natürlichen Ressourcen und der Umwelt sowie in der Schaffung besserer Lebens- und humanerer Arbeitsbedingungen zu sehen. Außer diesen positiven treten jedoch auch negative Effekte auf: Gerade Verfahrensinnovationen führen, ihrem eigentlichen Sinn entsprechend, zu Rationalisierung und damit über Arbeitskräfteeinsparung und Personalfreisetzung zu Arbeitslosigkeit. Die freigesetzten Arbeitskräfte werden – bei gegebener Qualifikation – nur z.T. wiederum für die Produktion technologisch fortschrittlicherer Produkte benötigt.

Der Forschungsaufwand von Wirtschaft und Staat in der Bundesrepublik Deutschland liegt – gemessen am Bruttosozialprodukt – zwischen dem der USA und Japan in einer durchaus vergleichbaren Relation (Reese u.a., 1984). Diese Quotierung der FuE-Ausgaben sagt aber noch nichts über die strategische Effektivität, die Konzentration auf bestimmte zukunftsweisende Technologien und Branchen sowie insgesamt über die technologische Konkurrenzfähigkeit aus.

Zwischen der dezentralen unternehmerischen Innovationstätigkeit und der zentralen staatlichen Innovationsförderung ist eine Abstimmung herzustellen.

Die Aufgabe des Staates liegt hauptsächlich in der

- Formulierung der gesamtwitschaftlichen Innovationsziele,
- Festlegung der Rahmenbedingungen für wirtschaftliche Innovationstätigkeit und
- Förderung zielkonformer Innovationsprojekte, und zwar von der Grundlagenforschung bis zur Produkt- und Verfahrensinnovation.

Staatliches Innovationsmarketing muß auch den technologieorientierten Branchen-Lebenszyklus berücksichtigen. Es ist also eine Entscheidung zu treffen zwischen einer Förderung zukunftsträchtiger „sunrise industries“ oder einer Subventionierung wenig entwicklungsfähiger „sunset industries“, wie z. B. Stahl und Schiffbau.

Aufgabe und Problem dieser staatlichen Aktivitäten ist demnach ein frühzeitiges Erkennen „schwacher Signale" im Hinblick auf wesentliche technologische Entwicklungsrichtungen. Nur dann steht ausreichend Zeit für die Erforschung und Entwicklung von Schlüssel- und Basistechnologien, also z. B. auf dem Gebiet der CuC-Technik und der Bio-/Gentechnik, zur Verfügung, um Impuls- und Schrittmachertechnologien in verschiedenen Branchen und Anwendungen zu ermöglichen und zu fördern. Hierdurch ist eine effiziente Steuerung der Allokationen von knappen Ressourcen in einzel- und gesamtwirtschaftlich erfolgversprechende Verwendungen erreichbar.

Nicht zu übersehen ist dabei die Gefahr, daß staatliche Aktivitäten

- zu wenig fundiert und zu wenig langfristig orientiert sind, was unter anderem auch auf demokratietypischen Regierungswechsel und damit verbundene Veränderungen politischer Programme zurückzuführen ist,
- zu spät einsetzen, so daß die internationale Wettbewerbsfähigkeit der gesamten Volkswirtschaft, einzelner Branchen und Unternehmen nicht rechtzeitig gestärkt wird, oder auch
- zu früh und zu konkret, d. h. mit umfassenden staatlichen und bürokratischen Regelungen, eingeleitet werden, so daß die Innovationsförderung inflexibel wird und die unternehmerische Kreativität behindert wird oder verlorengeht.

Da die grundlegenden technologischen Entwicklungsrichtungen im vorhinein nicht präzise und mit Sicherheit bestimmbar sind, muß auch aus diesem Grunde die Rahmensetzung durch die staatliche Forschungsförderung global sein, damit eine schnelle Anpassung an veränderte Entwicklungen möglich bleibt.

Staatliches Innovationsmarketing kann in zweierlei Hinsicht zu Problemen führen, mit der Folge, daß die nationale Wirtschaftskraft nicht genügend ausgeschöpft wird und in einem marktwirtschaftlichen System entweder nicht wünschenswerte Verschiebungen der Wirtschaftsstruktur stattfinden oder notwendige Anpassungen der Forschungsstruktur nicht durchgeführt werden: nämlich wenn die Forschungsförderung sich auf Großunternehmen konzentriert oder nach dem „Gießkannenprinzip" erfolgt. Ursächlich für den erstgenannten Fall sind vor allem das FuE-Potential von Großunternehmen, die dort zur Verfügung stehenden Ressourcen, um Innovationen durchführen und am Markt durchsetzen zu können, Forschungserfolge der Vergangenheit und nicht zuletzt auch eine im Hinblick auf staatliche Innovationsförderung versierte Verwaltungsbürokratie dieser Unternehmen. Die Konsequenz ist dann ein Förderungs- und Innovationsdefizit in mittelständischen Unternehmen. Im zweiten Fall, bei einer Innovationsförderung mit einer Quotenaufteilung, z. B. nach der Unternehmensgröße, können sich die genannten Probleme einstellen, wenn die Förderungsmittel ohne Schwerpunktsetzung auf bestimmte Forschungsrichtungen vergeben werden und damit nicht nur Unternehmen mit Forschungsvorhaben bezogen auf volkswirtschaftlich zweckmäßige Technologien gefördert werden.

Wenn die staatliche Rahmensetzung zur Innovationsförderung so angelegt ist, daß das gesamte effiziente Unternehmenspotential der Volkswirtschaft genutzt wird, dann läßt sich eine Synchronisation einzel- und gesamtwirtschaftlicher Interessen erreichen. Das einzelne Unternehmen kann seine Position am Markt, auch in internationaler Hinsicht verbessern und so seine Selbständigkeit sichern. Durch zentrale staatliche Förderungsmaßnahmen wird gleichermaßen die Abhängigkeit vor allem mittelständischer Unternehmen von Banken als Kreditgebern reduziert. Die Innovationskosten können eher durch die eigene Ertragskraft des Unternehmens sowie die finanzielle Forschungsförderung abgedeckt werden, so daß die Gefahr einer Überschuldung und auch einer möglichen Akquisition abnimmt. Das Innovationspotential der Unternehmen wird zugleich auf erfolgsträchtige Märkte und Produkte kanalisiert. Bei einem derartig „positiven staatlichen Umfeld" besteht aber dezentral immer noch die unternehmerische Aufgabe und das Problem, ein leistungsfähiges Innovationsmanagement zu schaffen.

3. Management und Marketing von Innovationen als unternehmerische Aufgabe

Erfolgreiches Innovationsmarketing ist aber nicht nur ein extern gerichtetes Vermarktungsproblem neuer Produkte, sondern vorab auch das Problem, intern durch flankierende Maßnahmen ein positives Innovationsklima zu schaffen, das einerseits Kreativität fördert und andererseits Widerstände gegen Neues abbaut (Meffert, 1976; Staudt, 1983): *Innovationsmarketing muß im Unternehmen und am Markt umgesetzt werden.*

Wie eine Analyse von 196 deutschen Industrieunternehmen mit 638 untersuchten Produktgruppen in einer breit angelegten Feldstudie zeigt, sind erfolgreiche Innovationen jedoch generell eher ein Management- und Marketingproblem als ein Finanzierungsproblem (Töpfer, 1984) Das heißt konkret: Es gilt vorhandene Innovationshemmnise abzubauen.

Nur 10% der analysierten Unternehmen mit 12% der untersuchten Produktgruppen besitzen ein gut ausgebautes Management und Marketing von Innovationen (siehe Abb. 2). Mit Hilfe umfangreicher Computer-Auswertungen wurde herausgefiltert, daß diese Unternehmen nicht nur verbesserten Produkt- beziehungsweise Fertigungstechnologien, Produktinnovationen sowie der Forschung und Entwicklung im Vergleich zu den übrigen Unternehmen eine größere Bedeutung beimessen, sondern daß sie Anregungen für Produktinnovationen nur zu 5% aus Konkurrenzprodukten schöpfen. Sie betreiben also bewußt keine Imitationsstrategie. Fachliteratur, Ausstellungen und Messen ziehen sie als wesentliche Quellen hierfür überhaupt nicht heran. Statt dessen nutzen 92% dieser Unternehmen den eigenen Außendienst und sogar alle Unternehmen die Abnehmer als wichtige Informationsquelle für Produktinnovationen. Ebenfalls

Abb. 2: Unternehmen mit gut ausgebautem Innovationsmarketing

(20 Unternehmen (10,2%) mit 77 Produktgruppen (13,1%)
von 196 untersuchten Unternehmen mit 638 Produktgruppen

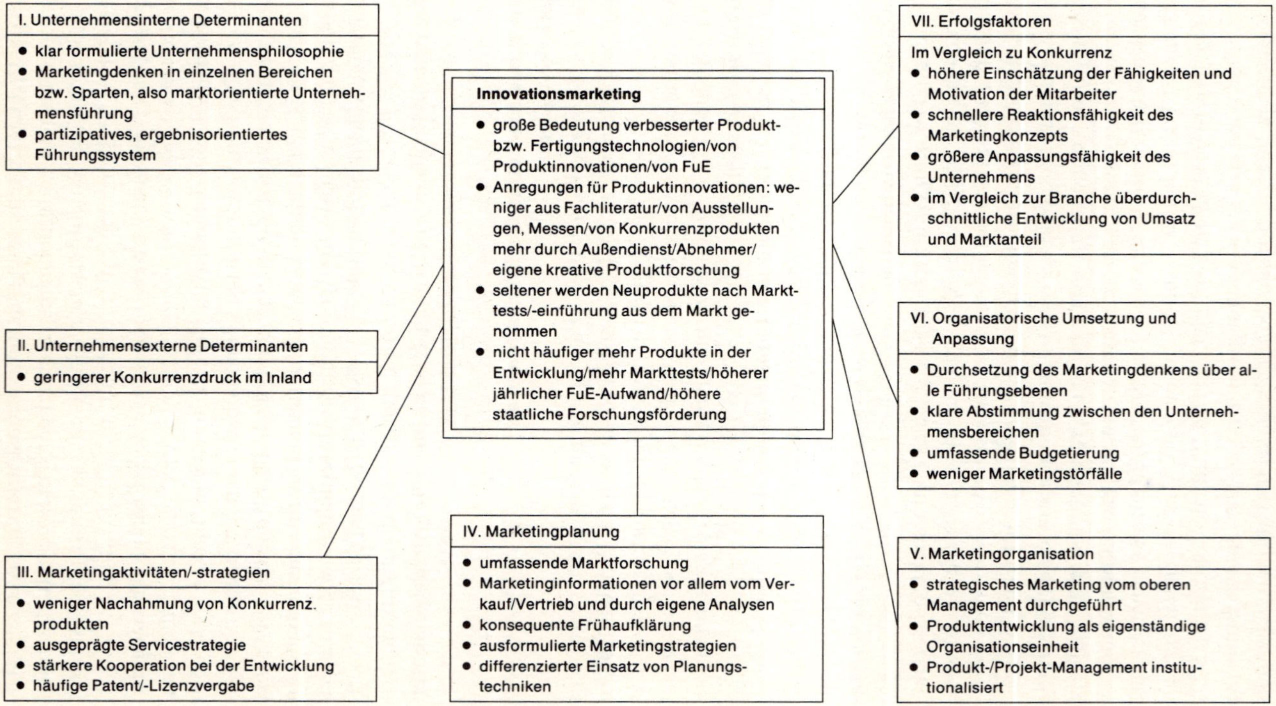

alle diese Unternehmen betreiben eine eigene kreative Produktforschung. In der Konsequenz dieses marktorientierten Innovationsverhaltens werden signifikant weniger, nämlich nur bis zu 5% der Neuprodukte nach dem Markttest beziehungsweise der Markteinführung wieder aus dem Markt genommen.

Sie unterscheiden sich von den anderen Untenehmen jedoch nicht dadurch, daß sie einen höheren jährlichen FuE-Aufwand aufweisen, eine größere Anzahl von neuen Produkten in der Enwicklung haben oder umfassendere Markttests durchführen. Die Forschung erfolgt auch nicht häufiger mit staatlicher finanzieller Förderung. Dies belegt die These, daß *erfolgreiche Innovationen weniger ein Finanzierungsproblem und mehr ein Management- und Marketingproblem sind.*

Analog zum staatlichen Innovationsmarketing sagt die absolute Höhe der FuE-Ausgaben oder ihre Relation zum Umsatz eines Unternehmens ebenfalls noch nichts aus über die Konzentration auf bestimmte Zukunftstechnologien, ihre strategische Effektivität zur Sicherung der technologischen Konkurrenzfähigkeit sowie insgesamt über den Erfolg der eingeschlagenen Innovationsstrategie.

4. Generelle Innovationsstrategien

Auslösende Effekte für Innovationen können vom Unternehmen oder vom Markt ausgehen (Geschka, 1983). Im ersten Fall, bei einer Push-Strategie, versucht das Unternehmen, eigene technologische Entwicklungen am Markt aktiv einzuführen und umzusetzen. Im zweiten Fall, bei einer Pull-Strategie, schaffen erst Marktveränderungen die Notwendigkeit für ein innovatives Verhalten des Unternehmens.

Nicht nur bei der ersten, sondern auch bei der zweiten Strategie ist das frühzeitige Erkennen schwacher Signale aus dem Unternehmensumfeld von tragender Bedeutung, um den verfügbaren Zeitraum für die Durchführung erzwungener Innovationen zu vergrößern. Bei einer aktiven, offensiven Strategie der Marktbeeinflussung erstreckt sich die Analyse auf das Erkennen des Marktbedarfs sowie der technologischen Möglichkeiten und Erfordernisse. Ist die strategische Konzeption erfolgreich, dann kann das Unternehmen eine technologische Pionierstellung erreichen.

Bei einer rein defensiven, reaktiven Strategie konzentriert sich die Analyse auf die Beobachtung von Konkurrenzaktivitäten, um technologisch fortschrittlichere Produkte imitieren zu können. Dies erfordert, daß technische Entwicklungen kurzfristig nachvollzogen werden müssen; die Möglichkeiten einer längerfristigen zielgerichteten Steuerung des Unternehmens sind hierdurch eingeschränkt. Dadurch lassen sich zwar die notwendigen Aufwendungen für Grundlagenforschung verringern, die mögliche Floprate läßt sich hierdurch in der Regel aber nicht reduzieren. Längerfristig kann sich ein imitatorisches Verhalten sogar bestandsgefährdend auswirken, da nachvollzogene Produktentwicklungen im eigenen Unternehmen immer unter hohem Zeitdruck durchgeführt und umgesetzt werden müssen, um noch Ertragsaussichten am Markt zu haben. Pioniergewinne wurden von den Innovationsunternehmen meistens bereits weitgehend abgeschöpft. Deren Marktposition ist dann schon so ausgebaut, daß Imitationsunternehmen ihre Produkte nur in einem harten Konkurrenzkampf unter hohem Ressourceneinsatz einführen können.

Allerdings kann eine Imitationsstrategie gegenüber der Pionierstrategie dann erfolgreich sein, wenn das Pionierunternehmen nicht in der Lage ist, ein technologisch ausgereiftes Produkt anzubieten und nachhaltig zu vermarkten. In der Produktentwicklung und im Marketing müssen die Stärken des „kreativen Imitators" liegen, um diese Chancen nutzen zu können (Drucker, 1985).

Neben dieser generellen Strategieausrichtung gibt es weitere Ansatzpunkte für Innovationsstrategien, die SEL-Vorstand Mecklinger folgendermaßen einteilt (Mecklinger, 1984):

- *Strategische Auswahl von Produkten und Systemen:* Um die FuE-Aktivitäten in finanzierbarem Rahmen zu halten, ist bei der technologischen Geschäftsfeldplanung eine Auswahl zwischen verschiedenen Möglichkeiten notwendig. Da diese technologischen Entscheidungen in einem frühen Stadium getroffen werden müssen, steigt die Gefahr von Fehlentscheidungen. Zum hohen technischen Entwicklungsrisiko kommt noch ein erhebliches Marktrisiko hinzu. Im Auswahlprozeß ist deshalb den Phasen der Ideenfindung und -bewertung, auch unter Marktaspekten, besondere Bedeutung beizumessen.
- *Technologie-Freeze:* Wenn im Lauf des in der Regel mehrjährigen Entwicklungsprozesses gravierende Veränderungen am Markt, bei den Abnehmern, den Konkurrenten oder in der generellen technologischen Entwicklungsrichtung erkannt werden, dann muß die Bereitschaft bestehen, die Entwicklung zu stoppen beziehungsweise gegebenenfalls abzuändern.
- *Nutzung von Synergieeffekten:* Um die technische Komplexität zu reduzieren, ist es zweckmäßig, aus unterschiedlichen Entwicklungs- und Anwendungsbereichen technologisch Gleichartiges beziehungsweise Kompatibles zu analysieren, zu kombinieren und für eine umfassende Baustein- und Systemtechnik zu nutzen.
- *Technologie-Mix:* Unter Kosten-, Ertrags-, Finanz- und Marktaspekten empfiehlt sich eine Verbindung von bisherigen ausgereiften Technologien und neuen Technologien in einem Produkt. Durch eine sogenannte Midlife-Conversion werden in technologisch ausgereifte Produkte, die sich in einer Cash-cow-Portfolioposition befinden, technologisch neuartige Bausteine aufgenommen und integriert, was den bisherigen Produkt-Lebenszyklus verlängert.
- *Innovations-Kooperation:* Im Interesse einer Kosten- und Risikoteilung sind Möglichkeiten einer verstärkten Kooperation mit anderen Unternehmen,

häufig der gleichen Branche, zu prüfen. Wird die Kooperation zum Beispiel bei der Erforschung neuer Technologien durchgeführt und erfolgt auf dieser Grundlage die Entwicklung neuer Produkte getrennt, in jedem Falle aber eine getrennte Produktion und Vermarktung dieser Produkte, dann ist dies durchaus mit dem marktwirtschaftlichen Prinzip vereinbar.

Abb. 3: Phasen technischer Innovationen

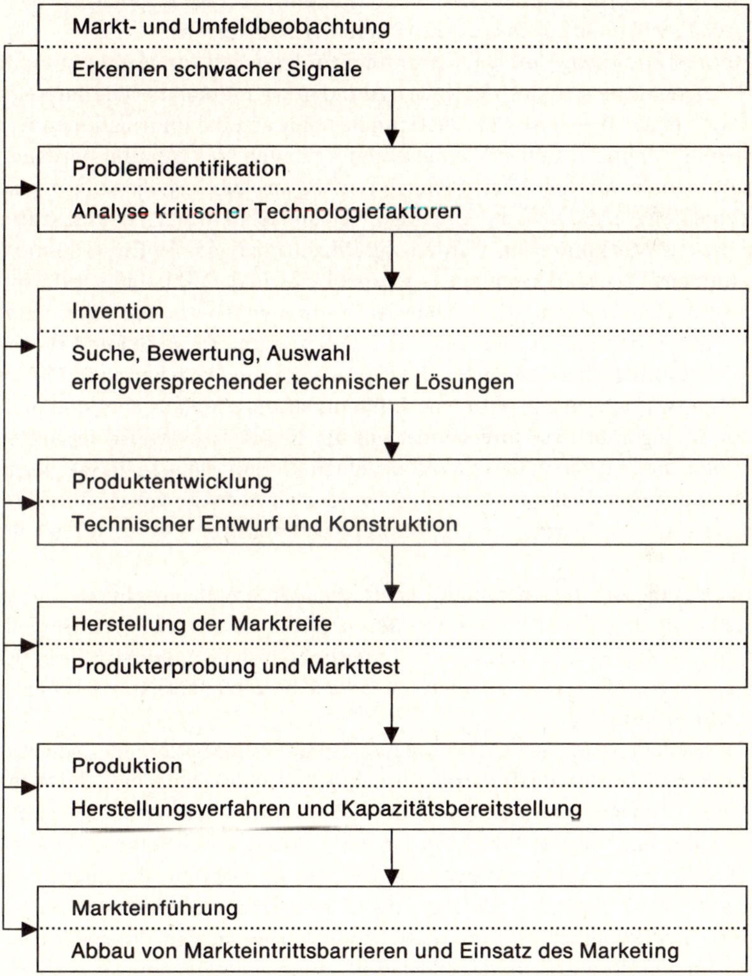

Phasen des Innovationsprozesses

Am Anfang einer konsequenten strategischen Analyse steht die Markt- und Umfeldbeobachtung (Zimmermann, 1983; siehe Abb. 3). Sie ist auch während aller folgenden Prozeßphasen durchzuführen, um über schwache Signale eine Veränderung der Innovationsprämissen zu erkennen und dann gegebenenfalls eine rechtzeitige Anpassung zu ermöglichen. Die Analyse kritischer Technologiefaktoren soll vor allem den Wechsel auf eine höhere Technologiekurve anzeigen. Im Vordergrund stehen hier die Bedürfnisse der Kunden, die technischen Möglichkeiten sowie die Aktivitäten der Konkurrenz.

Gerade in diesem Bereich weisen die erfolgreichen Innovierer besondere Stärken auf: Sie betreiben im Vergleich zu anderen Unternehmen die umfassendste Marktforschung (siehe Abb. 2). Grundlegende externe Informationen für die Marketingplanung beziehen alle diese Unternehmen vom Verkauf beziehungsweise Vertrieb. 90% der Unternehmen können auf selbsterhobene Informationen, zum Beispiel durch Kundenbefragungen und Konkurrenzanalysen, zurückgreifen. Als Marktkriterien werden signifikant häufiger die Entwicklung des Marktanteils, des Marktvolumens/-potentials sowie der Abnehmerbedürfnisse analysiert. Der Marktanteil hat neben der Produktivität bei diesen Unternehmen die größte Bedeutung als Steuerungsgröße beziehungsweise Erfolgskriterium. Zum frühestmöglichen Erkennen von schwachen Signalen in Form von Umwelt- und Marktveränderungen wird eine Frühaufklärung ebenfalls eher und umfassender durchgeführt. Entsprechendes gilt für die Analyse von Erfolgsfaktoren beziehungsweise -potentialen für die einzelnen Produktgruppen im Vergleich zu den Konkurrenten. Hierauf basierend, werden strategische Geschäftsfelder im Sinne zukünftiger Ertrags- und Erfolgszentren intensiver untersucht und abgegrenzt.

In allen diesen Unternehmen existiert eine Unternehmensphilosophie. Ein Marketingdenken ist seit etwa 10 Jahren nicht nur in einzelnen Bereichen beziehungsweise Sparten vorhanden, sondern ebensolange eine marktorientierte Unternehmensführung als Ausrichtung aller Unternehmensaktivitäten auf die Absatzerfordernisse.

Die Festlegung der auf der Unternehmensphilosophie basierenden generellen Innovationsziele ist Aufgabe der Unternehmensleitung. Dabei muß der Stellenwert von Innovationen als Mittel zur Sicherung des Fortbestandes und des Unternehmenserfolges definiert werden. Dies erfordert, den Standort des Unternehmens in bezug auf die Markt- und Technologieposition, die internen Leistungspotentiale sowie die externen Entwicklungsrichtungen hinreichend genau zu kennen. Stärken-Schwächen-Analysen werden deshalb von diesen Unternehmen am häufigsten und umfassendsten neben anderen Planungsinstrumenten verwendet. Erst auf der Grundlage eines sich daraus ergebenden Ist-Portfolios läßt sich ein realisierbares Ziel-Portfolio aufstellen (Pfeiffer u. a., 1982).

Die Formulierung beziehungsweise Vereinbarung der speziellen Leistungs- und Kostenziele im Innovationsprozeß fällt in die Zuständigkeit der darin eingebundenen Führungskräfte. Bei innovativen Aufgaben darf einerseits der Handlungs- und Gestaltungsspielraum der daran Beteiligten nicht zu eng begrenzt werden, um nicht von vornherein das Suchfeld sowie die Kreativität der Mitarbeiter zu stark einzuschränken; andererseits ist jedoch eine konsequente Steuerung des Innovationsprozesses ebenfalls unentbehrlich. Dies stellt insgesamt hohe Anforderungen an einen kooperativen Führungsstil im Unternehmen. Das Führungssystem ist bei erfolgreichen Innovierern durch eine Delegation auf alle Führungsebenen, eine leistungsorientierte Mitarbeiterbeurteilung sowie insbesondere eine ergebnisorientierte Steuerung gekennzeichnet.

Zwischen den Basiszielen des betrieblichen Management und Marketing von Innovationen, die sich auf den Zeitbedarf, die Kosten und den Innovations- sowie Markterfolg beziehen, besteht ein interdependenter Zusammenhang. In der Regel ist die Zeitspanne zwischen dem Beginn eines Projektes und der Einführung eines marktreifen Produktes zu lang. Wenn ein Unternehmen dem Ziel einer kurzen Projektlaufzeit einseitig eine hohe Priorität einräumt, dann hat dies zwar positive Wirkungen in bezug auf den Neuigkeitseffekt des Produktes am Markt, die Projektkosten, das geringere marktbezogene Entwicklungsrisiko und den abschöpfbaren Pioniergewinn bei einem noch relativ geringen Konkurrenzdruck. Bei dieser Vorgehensweise besteht jedoch die nicht zu unterschätzende Gefahr, daß ein zu schnell auf den Markt gebrachtes Neuprodukt technisch noch nicht genügend ausgereift ist. Dies beeinträchtigt nicht nur das Produkt-, sondern auch das Firmenimage.

Außerdem erhält die Konkurrenz – wie vorstehend erwähnt – die Möglichkeit, durch zusätzliche FuE-Anstrengungen den Rückstand aufzuholen.

Hinsichtlich der Strategienentwicklung sind Entscheidungen über die bereits angesprochene generelle Ausrichtung und inhaltliche Ausgestaltung zu treffen. Eine Push-Strategie, bei der das offensive Unternehmen auf Abnehmermärkte einen Innovationsdruck ausübt, wird in der Regel von marktmächtigen Unternehmen mit einem entsprechenden Ressourcenpotential realisiert. Für mittelständische Unternehmen ist es aufgrund der beschränkten Finanzmittel in noch stärkerem Maße erforderlich (Dietz, 1980; Meyer-Krahmer, 1982), die Innovationen auf klar definierte Marktsegmente im Sinne von Marktnischen mit hohen Ertragspotentialen zu konzentrieren, die kaum oder gar nicht von der Konkurrenz bearbeitet werden (Keßler, 1982). Mittelständische Unternehmen müssen demzufolge noch sorgfältiger bei der Bewertung und Auswahl von Innovationsprojekten vorgehen, da ein Marktmißerfolg die Selbständigkeit und den Fortbestand des Unternehmens relativ schnell und nachhaltig gefährdet. Gerade in der mittelständischen Industrie bestehen hier jedoch erhebliche Defizite (Strebel, 1979).

Wie sich zeigt, richten erfolgreiche Innovierer signifikant seltener, nämlich nur 11% dieser Unternehmen, ihre Marketingaktivitäten auf die Nachahmung von Konkurrenzprodukten als Basisstrategie aus. Die Produktpolitik nimmt deshalb eine sehr große Bedeutung ein. Der Stellenwert der Konditionenpolitik als Bestandteil einer Preisstrategie wird von diesen Unternehmen am geringsten eingeschätzt, weil sie sich durch ihre Innovationsfähigkeit andere Wettbewerbsvorteile verschaffen können. Bezüglich ihrer Kommunikationsstrategie zeichnen sie sich durch eine fast ausschließlich informative Werbebotschaft aus. Im Rahmen der Servicestrategie wird von mehr als der Hälfte dieser Unternehmen eine Unterstützung bei der Produktanwendung gegeben. Eine Kooperation bei der Entwicklung findet ebenfalls häufiger statt. Eine Patent- beziehungsweise Lizenzvergabe betreiben 57% dieser Unternehmen. Offensichtlich wird hierin ein geeignetes Mittel gesehen, Forschungs- und Entwicklungskosten schneller zu amortisieren. Insbesondere wenn die Forschungs- und Entwicklungstätigkeit weitere Inventionen als „Abfallprodukt" mit sich bringt und das Unternehmen diese technischen Neuerungen nicht selbst nutzen will, bietet sich eine Patent-/Lizenzvergabe an.

Grundlage für jeden Innovationserfolg ist, vor allem bei einer Push-Strategie, die systematische Suche neuer Lösungsansätze für Kundenprobleme. Dem gezielten Einsatz von Kreativitätstechniken zur systematischen Ideensuche und -sammlung kommt eine große Bedeutung im ersten Teil des Innovationsprozesses zu (Schlicksupp, 1983). Je mehr Ideen gefunden werden, desto eher sind eine oder mehrere brauchbare Lösungen darunter. In der Praxis wird jedoch oft von einem reduzierten Planungsansatz ausgegangen, das heißt, eine oder wenige Innovationsideen werden hartnäckig ohne angemessene Analyse der Marktchancen beziehungsweise bessere Lösungsansätze verfolgt.

In der ebenfalls nicht unproblematischen Phase der Bewertung und Auswahl von Innovationsprojekten sind zukunftsbezogen die mit Unsicherheit beziehungsweise Risiko behafteten Wirkungen verschiedener Innovationsalternativen zu ermitteln. Hierzu lassen sich insbesondere Scoring-Modelle oder Nutzwertanalysen mit einer Cross-Impact-Analyse einsetzen. Dieses Instrument ist gerade für strategische Analysen aussagefähig genug, weil es der verfügbaren Informationsbasis im Sinne von „weichen" Daten unterschiedlicher Dimensionen Rechnung trägt.

Nach diesen Planungsphasen des Innovationsprozesses folgt die eigentliche Realisierung als Durchführung und Implementierung der Innovationen im Unternehmen und am Markt. Diese Entwicklungs- und Marketingaktivitäten binden den größten Kostenanteil einer Innovation. Änderungen der Innovationsrichtung sind in diesen Phasen deshalb bereits schwierig und aufwendig.

Die Strategie als längerfristige und umfassende Konzeption ist hier in kurzfristige operative Handlungsvorgaben umzusetzen. Für den FuE-Bereich, aber auch für alle anderen Bereiche des Unternehmens, die einen direkten Beitrag zum Innovationserfolg zu leisten haben, sind Budgets als Leistungs- und Kostenvorgaben für Verantwortungsträger aufzustellen. Sie legen – wie dies bei erfolgreichen Innovierern häufiger als bei anderen Unternehmen geschieht – fest, in welcher Zeit mit welchem Ressourceneinsatz ein bestimmtes Ergebnis erreicht werden soll. Damit ist die Basis geschaffen, den gesamten Innovationsprozeß mit Hilfe der Netzplantechnik transparent zu machen und eine aktive Steuerung nicht nur in der Phase der Forschung und Entwicklung, sondern auch in allen anschließenden Phasen bis zur Markteinführung zu ermöglichen. Aufgrund der Unsicherheit des FuE-Erfolges sind vor allem in diesem Bereich die Budgets flexibel zu handhaben, das heißt konkret, im begründeten Falle aufzustocken. Dies erfordert eine für das Management und Marketing von Innovationen wichtige finanzielle Reserveplanung. Erfolgreiche Innovationsunternehmen erarbeiten nicht nur häufiger Eventualpläne, sondern sie passen ihre Strategie auch eher durch eine Veränderung der Ressourcen an. Nicht zuletzt aufgrund der sorgfältigen strategischen Analyse und der konsequenten operativen Umsetzung ist das Ausmaß von Marketingstörfällen als gegenüber der Planung abweichende Entwicklungen bei diesen Unternehmen signifikant geringer.

5. Organisatorische Verankerung

Während aller Phasen des Innovationsprozesses ist ein tragfähiger Kompromiß zwischen dem nach Marktgesichtspunkten Sinnvollen und dem technisch Machbaren zu finden. Das Management und Marketing von Innovationen ist deshalb zweckmäßig in die Unternehmensorganisation einzubinden (Grochla, 1980). Hierzu sind verschiedene flankierende Maßnahmen erforderlich.

Da Innovationen eine wesentliche Grundlage für den Unternehmenserfolg sind, muß die Unternehmensleitung nicht nur deren Stellenwert festlegen, sondern zusätzlich auch als Machtpromotor fungieren, um Willens- und Akzeptanzbarrieren im Unternehmen abzubauen (Witte, 1973).

Herausragendes Kriterium für den Innovationserfolg ist die Verzahnung und Abstimmung zwischen Forschung und Entwicklung einerseits sowie Marketing und Vertrieb andererseits (Beckurts, 1982; Bleicher, 1983; Blohm/Danert, 1983). Die Beziehung zwischen diesen Unternehmensbereichen muß notgedrungen interdependent sein: Marketing und Vertrieb liefern Informationen über den Markt und die Abnehmerbedürfnisse, also Anregungen zur Produktinnovation für die Forschung und Entwicklung. Zusätzlich werden gefundene technische Lösungen und Produktvorschläge durch den Marketing-/Vertriebs-Bereich auf ihre Verwertbarkeit am Markt geprüft. Ist das Produkt marktreif, wird von Marketing und Vertrieb die Markteinführung gesteuert und durchgeführt. Sie informieren den FuE-Bereich über Produktanforderungen, festzustellende Marktveränderungen und gegebenenfalls erforderliche Produktverbesserungen.

In der Unternehmenspraxis liegen vor allem hier Defizite und Schwachstellen. Wie sich bei erfolgreichen Innovierern zeigt, fällt nicht nur bei fast drei Viertel der Unternehmen strategisches Marketing in den Verantwortungsbereich des oberen Management, sondern Marketingstrategien werden mit Bereichsplänen, wie zum Beispiel für FuE, Produktion und Finanzen, auch besser abgestimmt. In der Konsequenz wird in diesen Unternehmen Marketingdenken über alle Führungsebenen umfassender durchgesetzt.

Für Innovationen als Lösungen von komplexen und neuartigen Problemen ist das Kreativitäts- und Fähigkeitspotential der Mitarbeiter zu aktivieren und zu nutzen. Am Innovationsprozeß haben demzufolge Experten verschiedener Abteilungen des Unternehmens als Fachpromotoren mitzuwirken. Dieser erweiterte Personenkreis erhöht zwar die Wahrscheinlichkeit des Innovationserfolges, erschwert aber zugleich auch die Steuerung des Innovationsprozesses. Denn die Beteiligung verschiedener Bereiche des Unternehmens führt im Prinzip zu einer Matrixorganisation, die bekanntermaßen durch divergierende Abteilungsinteressen ein hohes Konfliktpotential aufweist. Um destruktive Konflikte abzubauen oder von vornherein zu vermeiden und für die Innovation förderliche, konstruktive Konflikte zu erhalten, bietet sich die Arbeit im Team als Organisationsform einer Gruppe gleichberechtigter Personen unter Verwendung prozeßfördernder Planungs- und Arbeitstechniken an (Töpfer, 1985). Neben dem hierzu notwendigen kooperativen Führungsstil ist es zweckmäßig, die Funktion eines Koordinationspromotors zu institutionalisieren, um dadurch die Zusammenarbeit und Abstimmung zwischen den beteiligten Unternehmensbereichen zu verbessern.

Unterteilt man den Innovationsprozeß grob in die Phase der kreativen Ideengenerierung und die Phase der operativen Ideenrealisierung, dann sind diese beiden Abschnitte organisatorisch teilweise unterschiedlich zu verankern. Für die Ideengenerierung werden in Abhängigkeit von der Unternehmensgröße und den Innovationserfordernissen in der Praxis häufig nicht nur ein, sondern mehrere Innovationsteams parallel im Unternehmen eingesetzt. Die Teammitglieder nehmen diese Aufgabe zeitweise neben ihrer operativen Linien- oder Stabstätigkeit wahr.

Wenn eine Produktidee als erfolgversprechend bewertet wurde, ist sie als Projekt zu definieren; die operative Ideenrealisierung ist dann in organisatorischer Hinsicht durch ein Projekt-Management weiter voranzutreiben. Hierdurch wird die Verantwortlichkeit eindeutig festgelegt und delegiert. Unter fachlichen Gesichtspunkten kann die Mitwirkung einzelner Mitglieder des Innovationsteams in dieser Projektgruppe zweckmäßig sein. Greifen die Konfliktregelungsmechanismen unter Einsatz der genannten Organisations- und Führungsinstrumente, so ist als Form des Projekt-Managements eine bereichsübergreifende Matrixorganisation einer Stabslösung oder einem isolierten Projekt-Management vorzuziehen.

Durch diese organisatorische Zweigleisigkeit wird erreicht, daß auch während der Innovationsdurchführung systematisch weitere Ideen im Unternehmen entwickelt werden. Andernfalls wäre das kreative Innovationsteam in die operative Innovationsrealisierung voll eingebunden, was über längere Zeit zu einem Defizit an weiteren nachfolgenden Innovationen führen kann. Bei erfolgreichen Innovationsunternehmen ist das Projekt-Management häufiger bereichsunabhängig institutionalisiert. Zusätzlich existiert nicht nur eine eigenständige Organisationseinheit für das operative Marketing, sondern in 84% dieser Unternehmen auch für die Produktentwicklung.

6. Fazit

Wie die empirischen Ergebnisse zusätzlich belegen, sind erfolgreiche Innovierer zumindest auf Inlandsmärkten – nach eigener Einschätzung – im Vergleich zu den anderen untersuchten Unternehmen einem geringeren Konkurrenzdruck ausgesetzt. Ihr Umsatzanteil auf Auslandsmärkten ist mit durchschnittlich 50% am höchsten. Dem Auslandsgeschäft messen sie eine große zukünftige Bedeutung zu. Dies ist unter dem Aspekt plausibel, daß ein hohes Innovationspotential eine wesentliche Voraussetzung ist, um auf ausländischen Märkten mit in der Regel starkem Konkurrenzdruck bestehen zu können. Abgesehen davon, daß diese Unternehmen auf Auslandsmärkte ausweichen können, lassen sich die Vorteile durch die Innovationsfähigkeit auch auf dem Heimmarkt ausspielen.

Abschließend interessiert die Effektivität des ausgeprägten Innovations- und Marketingverhaltens dieser Unternehmen: Im Konkurrenzvergleich schätzen sie die Qualität und das Leistungspotential, also Fähigkeiten und Motivation, der Mitarbeiter höher ein als andere untersuchte Unternehmen. Entsprechendes gilt für die Reaktionsfähigkeit ihres Marketingkonzepts und die Anpassungsfähigkeit des gesamten Unternehmens an veränderte Marktverhältnisse. Die Analyse einer 5-Jahres-Periode zeigt, daß die erfolgreichen Innovierer auch beim Unternehmensergebnis die vergleichsweise höchsten Werte aufweisen: Umsatz und Marktanteil haben zugenommen; die Unternehmensentwicklung liegt über dem Branchendurchschnitt.

Zusammenfassend sind noch einmal die externen und internen Ansatzpunkte mit großer Hebelwirkung für ein erfolgreiches Management und Marketing von Innovationen aufgelistet:

Markt- und Umfeldanalyse
- Beobachtung wesentlicher technologischer Entwicklungen und Herausfiltern kritischer Technologiefaktoren
- systematische Marktforschung zur Ermittlung von Kundenbedürfnissen, zur Konkurrenzbeobachtung und zum Auffinden von Marktnischen mit hohen Ertragspotentialen

- Analyse kritischer Erfolgsfaktoren zur Ermittlung von Chancen und Gefahren

Einführung ins Unternehmen

- Unternehmensleitung als Machtpromotor, die den Stellenwert von Innovationen im Rahmen der Unternehmensphilosophie und der Unternehmensziele festlegt
- Funktionsbereiche als Fachpromotoren, um frühzeitig Synergieeffekte zu schaffen

Umsetzung im Unternehmen

- Kommunikation und Abstimmung vor allem zwischen Marketing/Vertrieb und Forschung/Entwicklung als maßgeblicher Schnittstelle für ein erfolgreiches Innovationsmarketing
- Führung und Organisation: Umsetzung des Marketingdenkens über alle Führungsebenen und in allen Unternehmensbereichen; kooperativer Führungsstil zur Aktivierung des Kreativitätspotentials der Mitarbeiter; Schaffung von Freiräumen und gleichzeitig konsequente Steuerung von Innovationsprojekten
- Einführung von Innovationszirkeln: systematische Ideengenerierung mit Kreativitätstechniken in Teamarbeit und Bewertung sowie Auswahl von Innovationsideen vor allem anhand der Kriterien Markterfolg, technische Realisierbarkeit und Finanzierbarkeit
- Analyse des Finanzrahmens: Finanzierung durch Eigen-/Fremdkapital, Kooperation mit anderen Unternehmen im Joint Venture, Möglichkeiten der Patent-/Lizenzaufnahme und -vergabe, Möglichkeiten einer staatlichen Förderung
- systematische Steuerung durch ein Projekt-Management: Eindeutige Verteilung der Zuständigkeiten, terminierter Netzplan, Budgets als Leistungs- und Kostenvorgaben, finanzielle Reserveplanung

Umsetzung am Markt

- Markttests
- Eingliederung in das Projektprogramm zur Schaffung von Synergieeffekten
- konsequente Marketingstrategie zur Produkteinführung.

2.3. Kommunikationspolitik für innovative Investitionsgüter

Michael Friedrich

Die Entwicklung vieler Märkte vom Verkäufer- zum Käufermarkt, die Internationalisierung des Wettbewerbs, der rasche technische Fortschritt und die damit verbundene Verkürzung der Marktlebenszyklen (auch im Investitionsgüterbereich) zwingen, ebenso wie die ständigen Erweiterungen des Produktangebotes und eine steigende Kapitalintensität der Produktion, die Unternehmen zu einem bewußt marktorientierten Innovationsverhalten.

Um differenzierten Kundenwünschen zu entsprechen und Marktnischen erfolgreich nutzen zu können, müssen die Bedürfnisse und Probleme des Kunden an den Anfang jeder Neuproduktüberlegung gestellt werden. Nur so können Verfahren und Produkte entwickelt werden, von denen man mit einiger Sicherheit weiß, daß sie auf dem Markt auf effektive oder mehr oder weniger leicht zu mobilisierende Nachfrage stoßen. Marketingaktivitäten werden somit nicht erst bei der Markteinführung eines neuen Produktes bzw. einer neuen Problemlösung erforderlich, sondern schon in einem viel früheren Stadium am Anfang des Produktentstehungszyklus bei der Ermittlung der Abnehmeranforderungen.

Neben einer marktorientierten Produktpolitik, die besonders im Investitionsgüterbereich den Schwerpunkt der Marketingaktivitäten bildet, sind erhebliche Anstrengungen bei der Durchsetzung der Innovationen am Markt erforderlich. Auf den übersättigten Märkten, die durch ständigen Produktwechsel gekennzeichnet sind, finden neue Produkte ihren Käufer nicht von allein. Besonders bei komplexen und hochinnovativen Produkten bedarf es zur Information und Motivation des Verwenders des aktiven Einsatzes der absatzpolitischen Instrumente.

Die neue Problemlösung wird dabei in der Regel nur dann auf dem Markt akzeptiert, wenn den potentiellen Kunden das technische Potential, der relative Vorteil und der Kompatibilitätsgrad des neuen Produktes transparent gemacht werden.

Gerade hier kommt einer aktiven Kommunikationspolitik eine besondere Bedeutung zu. Dies gilt sowohl für die formale Art der Kommunikation (persönlich oder unpersönlich) als auch für die inhaltliche Gestaltung der Botschaft (Art der Werbe- und Verkaufsargumente).

Für das Marketing innovativer Investitionsgüter ergeben sich somit zwei Anknüpfungspunkte: Einmal ist dem Umstand Rechnung zu tragen, daß Bedürfnisse und Probleme in den entsprechenden Unternehmungen Ausgangspunkt des Kaufentscheidungsprozesses sind. Damit muß eine anbietende Unternehmung nicht ein Produkt präsentieren, sondern Problemlösungen für vorhandene Problemstellungen. Zum anderen muß der potentielle Abnehmer darüber

Kenntnis erhalten, daß eine Lösung für seine Problemstellung angeboten wird. Dies erfordert eine spezifische Kommunikationsgestaltung und Informationsvermittlung, mit der zudem das Risiko, das jeder Art von Innovationen anhaftet, beim Anwender minimiert werden soll.

Zur Erfüllung dieser Aufgaben bedient man sich verschiedener Ausprägungsformen, die sich nach der Art des Informationsträgers in persönliche (z.B. Verkaufsgespräche) und nicht-persönliche Kommunikation (z.B. Prospekt, Katalog, Werbung in Fachzeitschriften) und nach Art des Kontaktes zwischen Anbieter und potentiellen Nachfragern in direkte und indirekte Kommunikation einteilen lassen.

Die Wahl der Kommunikationsform hängt dabei nicht nur von der Komplexität des Produktes, sondern auch von dem eingeschlagenen Distributionsweg (Handel oder Direktvertrieb) und nicht zuletzt von dem Beschaffungsverhalten der Kaufentscheider ab.

Sowohl im Konsumgütersektor wie auch im Investitionsgüterbereich muß zuerst Aufmerksamkeit geweckt werden, die dann über Interessenweckung und Erzeugung von Präferenzen den Kauf auslösen kann. Erschwerend wirkt sich jedoch für die Kommunikationsplanung – besonders bei innovativen Investitionsgütern – die Tatsache aus, daß die Kaufentscheidung eine Mehrpersonenentscheidung ist, wobei jeder einzelne Kaufentscheider ein individuelles Informations- und Entscheidungsverhalten zeigt. Dies erfordert eine spezifische, auf einzelne Segmente (Personengruppen) zugeschnittene Informationsvermittlung und macht zugleich deutlich, daß kommunikationspolitische Maßnahmen der Innovationsgüterhersteller nur dann die gewünschten Wirkungen bei den Bedarfsträgern auslösen, wenn die Vorgänge beim Zustandekommen der Kaufentscheidung des Abnehmers berücksichtigt werden. Aus diesem Grund ist dem Beschaffungsverhalten von (potentiellen) Investitionsgüterkunden bei der Kommunikationsgestaltung besondere Aufmerksamkeit beizumessen.

1. Der industrielle Beschaffungsprozeß als Grundlage für die Kommunikationsplanung

Der industrielle Beschaffungsprozeß wird entscheidend durch die Art der zu beschaffenden Marktleistungen geprägt. Dabei spielen der Objektwert, die Dringlichkeit und Häufigkeit des Bedarfs und das Ausmaß des durch die Kaufentscheidung erforderlich gewordenen organisatorischen Wandels eine große Rolle.

Um nun das industrielle Kaufverhalten erklären zu können, erscheint es sinnvoll, auf bestimmte Einflußkomponenten des Beschaffungsprozesses einzugehen, die für die Gestaltung der Kommunikation als besonders relevant anzusehen sind. Dazu gehören:

– die Zusammensetzung des Beschaffungsgremiums (Buying-Centers),

– die Kriterien der Beschaffungsentscheidung,
– die persönlichen Ziele der Mitglieder des Buying-Centers.

Zusammensetzung des Buying-Centers

Für das kommunikationstreibende Unternehmen ist die Kenntnis, welche Struktur das Buying-Center aufweist, eine entscheidende Voraussetzung, um gezielt Einfluß auf den Investitionsentscheidungsprozeß des Kunden nehmen zu können. Aus diesem Grund muß es die Aufgabe des anbietenden Unternehmens sein, zu ermitteln, aus wie vielen Personen sich das Buying-Center zusammensetzt, welche hierarchische Stellung die Mitglieder einnehmen, aus welchen betrieblichen Bereichen sie stammen und welche Rollen ihnen innerhalb des Buying-Centers zukommen.

In diesem Zusammenhang ist anzunehmen, daß bei der Beschaffung von innovativen und komplexen Investitionsgütern mehr betriebliche Stellen oder Personen beteiligt sind als bei konventionellen Produkten, da die technische Neuartigkeit und der hohe Wert des Investitionsobjektes für das anschaffende Unternehmen ein besonders großes Risiko darstellt.

Während bei Routinekäufen meistens nur wenige Personen die Kaufentscheidung treffen, nimmt die Zahl der in den Entscheidungsvorgang eingeschalteten Personen mit zunehmendem Neuigkeitsgrad und steigendem Objektwert zu.

Neben dem Neuheitsgrad des Produktes variiert die Anzahl der Entscheidungsträger auch mit der Unternehmensgröße. Bei Großunternehmen sind mehr Personen in den Entscheidungsprozeß einbezogen als bei kleineren Unternehmen.

Nach der Stellung der Mitglieder des Buying-Centers in der Unternehmenshierarchie lassen sich vier Stufen unterscheiden:

1. Hierarchiestufe: Unternehmensführung (Topmanagement)
2. Hierarchiestufe: Technische und Kaufmännische Leiter (oberes Middle-Management)
3. Hierarchiestufe: Leiter der Fachabteilungen (unteres Middle-Management)
4. Hierarchiestufe: Gruppenleiter innerhalb der Fachabteilungen (Lower Management)

Bei innovativen Investitionsgütern kann davon ausgegangen werden, daß sich das Buying-Center ausschließlich aus Vertretern der obersten drei Hierarchieebenen zusammensetzt, wobei mit zunehmender Objektgröße der Einfluß der Unternehmensführung auf die Kaufentscheidung steigt und die Bedeutung nachgelagerter Hierarchiestufen abnimmt. Unmittelbar an der Entscheidung selbst sind hauptsächlich die ersten beiden Leitungsebenen beteiligt, während Vertreter der dritten Stufe in dieser Phase des Prozesses mehr oder weniger nur beratend miteinbezogen werden.

Außerdem dominieren im Buying-Center beim Kauf von innovativen Produkten die technischen Abteilungen (Fertigung, Konstruktion, Forschung und Entwicklung) gegenüber den kaufmännischen Bereichen (Einkauf, Verwaltung, Rechnungswesen). Dabei ist nicht nur eine zahlenmäßige Überlegenheit, sondern auch ein größerer Einfluß der Techniker bei der unmittelbaren Entscheidung festzustellen. Dies gilt in besonderem Maße bei Investitionsgütern, die im Fertigungsbereich ihren Einsatz finden (z. B. Werkzeugmaschinen, Schweißroboter). Erklärbar ist diese Struktur des Beschaffungsgremiums dadurch, daß bei neuartigen Produkten eher die Kriterien der „Technischen Problemlösung" im Vordergrund stehen als „Kaufmännische Konditionen".

Kriterien der Beschaffungsentscheidung

Für die Gestaltung der Werbebotschaft (Fachzeitschriften, Prospekte, Kataloge) und der Verkaufsargumente (technischer Verkäufer) sind Informationen über die Kriterien, die für die Beurteilung bzw. Entscheidung bezüglich innovativer Investitionsgüter von den Mitgliedern des Buying-Center herangezogen werden, unerläßlich. Die Kenntnis der wichtigsten Entscheidungskriterien ermöglicht es dem innovationsanbietenden Unternehmen, seine Kommunikationsinstrumente situationsspezifisch wirkungsvoll zu gestalten. Aus diesem Grund sind die vom Beschaffungsgremium herangezogenen Entscheidungskriterien ebenfalls als kommunikationsrelevante Komponenten des Beschaffungsverhaltens anzusehen.

Als maßgebliche Kriterien, an denen sich die Entscheider orientieren, können genannt werden:

- „Technische Problemlösung"
- „Kaufmännische Konditionen"
- „Seriosität des Herstellers".

Bei der Beschaffung von komplexen Innovationsprodukten überwiegen in der Regel die Kriterien der „Technischen Problemlösung". Den zweiten Rang nehmen die Kriterien der „Seriosität des Herstellers" ein, und erst dann folgen die „Kaufmännischen Konditionen".

Diese Reihenfolge läßt sich wie folgt erklären: Bei einer Beschaffungsentscheidung über den Kauf eines hochwertigen, technisch völlig neuartigen Investitionsgutes kann angenommen werden, daß die Vorteilhaftigkeit der Beschaffung im wesentlichen von der „Technischen Problemlösung", inbesondere von dem technischen Know-how, das in das Gut eingeflossen ist und von der technischen Modernität des Produktes abhängt. Einen ähnlich hohen Stellenwert ist dem Faktor der technischen Wirtschaftlichkeit beizumessen, da ein Ausfall derartiger Investitionsgüter hohe Folgekosten verursacht (z. B. Schweißautomaten). Aus diesem Grund werden die Kriterien des Ausfallrisikos und der Kundendienstleistungen ebenfalls stark bei der Kaufentscheidung berücksichtigt.

Wichtiger als die „Kaufmännischen Konditionen“ bei der Beschaffung sind die Kriterien der „Seriosität des Herstellers“. Für Investitionsgüter, die einen komplexen organisatorischen Wandel bedingen, der oftmals bereits vor der Lieferung des Produktes erfolgt und hohe Kosten verursacht, sind die Zuverlässigkeit der Auftragsabwicklung und die technische und organisatorische Beratung des Herstellers von entscheidender Bedeutung.

Desweiteren ist anzuführen, daß der Kauf eines hochkomplexen Investitionsgutes in der Regel zu einer langfristigen Bindung zwischen Anbieter und Nachfrager führt, z.B. hinsichtlich der Ersatzteilversorgung und möglicher Folgeverträge. Allein schon deshalb wird es im Interesse des Verwenders liegen, auf einen möglichst seriösen Partner zurückgreifen zu können.

Für das kommunikationstreibende Unternehmen ergibt sich dadurch die notwendige Folgerung, verstärkt die positiven Eigenschaften der „Technischen Problemlösung“ hervorzuheben und weniger die „Kaufmännischen Konditionen“ anzusprechen. Auch sollte es ihr Anliegen sein, für ein positives Image (Seriosität) zu sorgen.

Die persönlichen Ziele der Mitglieder des Buying-Centers

Aufgrund der Tatsache, daß Beschaffungsentscheidungen von Personen getroffen werden, ist es erforderlich, neben den gerade dargestellten fachlichen Zielen auch den Einfluß von persönlichen, nicht rationalen Zielen der Mitglieder des Buying-Centers zu berücksichtigen, die von der Mehrheit des Beschaffungsgremiums angestrebt werden.

Im wesentlichen sind zwei persönliche Zielrichtungen zu unterscheiden, einerseits das Streben nach Anerkennung und Prestige, andererseits das Streben nach Risiko- bzw. Unsicherheitsreduzierung.

Obwohl das Prestigestreben grundsätzlich in allen Beschaffungssituationen zum Ausdruck kommen kann, spielt dieser Aspekt bei der Kaufentscheidung komplexer und hochwertiger Produkte eher eine untergeordnete Rolle. Dies gilt um so mehr bei Investitionsgütern des Fertigungsbereichs wie z. B. Werkzeugmaschinen und Schweißrobotern.

Im Gegensatz dazu ist davon auszugehen, daß mit zunehmender Komplexität und Neuartigkeit des Investitionsgutes das wahrgenommene Risiko bei den Mitgliedern des Beschaffungsgremiums steigt. Daraus folgt, daß das Streben nach Risikovermeidung im Bedarfsfall des Innovationskaufs besonders groß ist. Eine Reduzierung des wahrgenommenen Risikos kann dadurch erfolgen, daß zusätzliche Informationen beschafft werden, um das Wissen über die technischen und wirtschaftlichen Eigenschaften des zu erwerbenden Neuproduktes zu erweitern. Dazu gehören Informationen über die Zuverlässigkeit der Auftragsabwicklung des Herstellers, über sein Ansehen, seine Referenzen sowie über das Ausfallrisiko der Anlage bzw. des Produktes.

Für das innovationsanbietende Unternehmen ergibt sich aus diesen Überlegungen die Aufgabe, verstärkt Informationen bereitzustellen, die geeignet sind, das wahrgenommene Risiko beim Anwender zu reduzieren (z. B. Informationen über technische Eigenschaften des neuen Produktes und Referenzen). Als Kommunikationsmöglichkeiten stehen der Anbieterorganisation hierbei die Instrumente der Massenkommunikation und der persönlichen Kommunikation zur Verfügung, wobei besonders bei innovativen Produkten letztgenannte einen sehr hohen Stellenwert besitzen.

2. Phasen der Beschaffungsentscheidung

Der industrielle Beschaffungsvorgang kann als Entscheidungsprozeß angesehen werden, der für alle Unternehmen mehr oder weniger nach einem einheitlichen Grundmuster abläuft und in verschiedene Phasen (Stufen) untergliedert werden kann:

- Anregungsphase
- Suchphase
- Bewertungsphase
- Entschlußphase
- Kontrollphase.

Eine derartige phasenspezifische Betrachtung des Investitionsentscheidungsprozesses bildet eine weitere Grundlage für eine wirksame Kommunikationsgestaltung, da ein effizienter Einsatz der Kommunikationsinstrumente von der jeweiligen Phase abhängig ist, in der sich die Verwenderorganisation innerhalb des Gesamtkaufprozesses befindet. Erschwerend tritt jedoch hinzu, daß sich im Laufe des Beschaffungsvorganges nicht nur der Einfluß und das Informationsbedürfnis einzelner Mitglieder ändert, sondern auch die Zusammensetzung des Buying-Centers.

Voraussetzung für eine phasenspezifische Kommunikationsgestaltung ist demnach, festzustellen, in welcher Phase sich potentielle Kunden befinden.

In der Praxis bieten sich eine Reihe von Hinweisen, die es dem kommunikationstreibenden Unternehmen erlauben, Rückschlüsse auf das Stadium des Beschaffungsprozesses der Nachfrager zu ziehen. Es sind insbesondere die Beschaffungsaktivitäten der Nachfrager, vor allem deren Anfragen und Aufforderungen zur Angebotsabgabe.

Daneben besitzen auch Außendienstmitarbeiter oder Berater häufig Kenntnisse über den Stand von Beschaffungsprozessen. Bestehen zwischen dem anbietenden und nachfragenden Unternehmen bereits (Vor-)Verkaufsverhandlungen, so ist der Hersteller ebenfalls über den Phasenstand informiert.

Zu bemerken ist, daß der Übergang zwischen den einzelnen Phasen fließend sein kann und außerdem von der Komplexität der Beschaffungssituation abhängt. Je nach Entscheidungstyp können auch einzelne Phasen entfallen bzw.

ebenso einzelne Phasen wiederholt durchlaufen werden. Während bei Routinekäufen den Phasen „Suche" und „Bewertung" fast keine Bedeutung zukommt (nach dem Feststellen des Bedarfs in der Anregungsphase folgt direkt die Bestellung), führt der Kauf von komplexen Investitionsgütern zum ausgedehnten Beschaffungsprozeß, der durch eine umfassende Informationssuche und sorgfältige Bewertung der Angebote gekennzeichnet ist. Der Entscheidungsvorgang erstreckt sich hier erfahrungsgemäß über einen viel längeren Zeitraum.

Zudem zeigt das Informationsverhalten der Entscheidungsträger im Kaufprozeß, daß in den einzelnen Phasen unterschiedliche Informationsquellen herangezogen werden: Zu Beginn des Beschaffungsvorgangs nutzen die Buying-Center-Mitglieder vorrangig Informationen aus Fachzeitschriften, Katalogen, Prospekten, Testberichten und Messebesuchen, die ihnen zur laufenen Unterrichtung im fachlichen Bereich dienen.

Im fortgeschrittenen Verlauf des Prozesses (Such- und Bewertungsphase) werden zunehmend die Repräsentanten der Hersteller und deren Angebote als wichtigste Informationsquelle angesehen.

Während in der Entscheidungsphase allgemein keine weiteren Informationen benötigt werden, zeichnet sich die Kontrollphase durch eine erneute Zunahme der Informationssuche aus. Dominierende Quellen zum Abbau evtl. auftretender Reibungsverluste sind in diesem Stadium Herstellerrepräsentanten, Anzeigen in Fachzeitschriften und Messebesuche.

Damit kann festgehalten werden, daß nur eine phasenspezifische Kommunikationspolitik des Herstellers in der Lage ist, dem Informationsbedürfnis potentieller Abnehmer Rechnung zu tragen. Deshalb ist es die Aufgabe des anbietenden Unternehmens, seine Kommunikationsinstrumente so auszurichten, daß sie dem Verlauf des Beschaffungsvorgangs entsprechen. Für den Fall der Neuprodukteinführung heißt dies, daß in der Anregungsphase den unpersönlichen Kommunikationsinstrumenten (Fachzeitschriften, Kataloge, Prospekte usw.) größere Bedeutung beizumessen ist, während die Stärken der persönlichen Kommunikation (technischer Verkäufer) in den nachfolgenden Phasen zum Tragen kommen.

3. Kommunikative Einflußnahme auf den Investitionsentscheidungsprozeß bei innovativen Industrieprodukten

Wie bereits dargestellt wurde, ist das Kommunikations-Mix des Herstellers gezielt auf die jeweilige Phase des Kaufentscheidungsprozesses der Abnehmerorganisation auszurichten.

Anregungsphase

Anregungen zum Kauf von Innovationsprodukten erfolgen häufig durch externe Informationsquellen, die von den Mitgliedern des Buying-Centers in dieser Phase zur laufenden Unterrichtung im fachlichen Bereich herangezogen werden. Im Vordergrund stehen dabei technisch orientierte Informationsquellen, die dem Top-Management und den Technikern der 2. Hierarchieebene dienen.

Zur Schaffung eines ersten Marktüberblicks werden Fachzeitschriften, Prospekte und Kataloge herangezogen, da bereits in dieser Phase der Informationsbedarf bei innovativen und komplexen Kaufsituationen sehr hoch ist und die Nutzung möglichst vieler Quellen erforderlich wird.

Daraus ergibt sich als Konsequenz für den Hersteller, in diesem Stadium verstärkt durch Anzeigen und Fachaufsätze in Fachzeitschriften potentielle Abnehmer auf die neue Problemlösung aufmerksam zu machen, um einen Entscheidungsprozeß beim Anwender anzuregen. Ist durch die Anzeigenwerbung ein Interesse geweckt worden (Rückläufe bei Kennzifferfachzeitschriften), bietet sich der Einsatz von Direktwerbemedien (Prospekte, Kataloge, Werbebriefe) als Follow-up-Maßnahme an, die eine erste spezifische Produktinformation ermöglicht. Geringe Kosten und eine hohe Reichweite sprechen in dieser Phase eindeutig für die Verwendung dieser Werbeträger.

Der persönliche Verkauf spielt in der Anregungsphase nur eine untergeordnete Rolle, da im allgemeinen noch keine Beratungsleistungen und Detailinformationen zu erbringen sind. Zudem handelt es sich bei der persönlichen Kommunikation um eine sehr kostenintensive Art der Informationsübertragung, die nur wenig geeignet ist, Initialwirkungen beim Verwender auszulösen.

Etwas anders stellen sich dagegen die Verhältnisse dar, wenn spezielle, für überschaubare Branchen entwickelte Anlagen vertrieben werden. Hier hat der Verkäufer einen relativ guten Überblick über die in den Abnehmerbetrieben gegebenen Stukturen. So ist ihm bekannt, welche Unternehmen für die neuentwickelte Problemlösung in Frage kommen und anzusprechen sind, damit evtl. ein Entscheidungsprozeß angeregt wird.

Fragt man nach den Personengruppen, die in der Anregungsphase zu umwerben sind, so sind in erster Linie die Techniker der 2. Hierarchieebene und die Unternehmensspitze anzusprechen, wobei die intensivere Ausrichtung auf die Mitglieder der 2. Hierarchieebene erfolgen sollte. Sie sind es, die die Vorauswahl unter den Investitionsobjekten treffen und damit als Beeinflusser in der Lage sind, die endgültige Beschaffungsentscheidung vorzubestimmen. Initialwirkungen, die einen Kaufentscheidungsprozeß auslösen, können auch von Messen und Ausstellungen ausgehen, die deshalb bei der Kommunikationsgestaltung nicht vernachlässigt werden sollten.

Suchphase

Diese Phase ist durch eine vertiefende Informationssuche gekennzeichnet, in der potentielle Anwender versuchen, ihr Wissen über die Innovation zu erweitern. Aufgrund des hohen Informationsbedarfs dominieren in diesem Stadium diejenigen Quellen, die im Hinblick auf den speziellen Beschaffungsfall einen hohen Informationsgehalt besitzen: Dazu zählen in erster Linie die technischen Verkäufer und deren Angebote.

Fachzeitschriften werden wegen ihres geringen Informationswertes von den Buying-Center-Mitgliedern nicht mehr herangezogen, und Prospekte sowie Kataloge vermögen in der Regel den umfangreichen Informationsbedarf ebenfallls nicht mehr zu befriedigen. Um das wahrgenommene Risiko beim Anwender zu reduzieren und vorhandene Widerstände abzubauen, erweist sich in der Suchphase der Einsatz von Verkaufsförderungsmitteln als besonders wirkungsvoll. Ebenfalls sind Messen und Ausstellungen als flankierende Maßnahmen des persönlichen Verkaufs geeignet, potentielle Abnehmer mit weiterreichenden Informationen zu versorgen.

Anzusprechen sind in diesem Stadium wiederum die Vertreter der 2. Hierarchieebene, aber auch die leitenden Personen der technischen Fachabteilungen (3. Hierarchieebene). Die Unternehmensführung ist dagegen nicht im Buying-Center vertreten, da sie in der Regel bei der Informationssuche unbeteiligt ist.

Dabei zeigt sich, daß der technische Verkäufer im allgemeinen keine Gelegenheit zur direkten Kommunikation mit jedem Buying-Center-Mitglied hat. Dies begründet den Einsatz ergänzender Kommunikationsinstrumente, um alle am Entscheidungsprozeß beteiligten Personen zu erreichen. Somit sollte auf werbliche Aktivitäten trotz ihrer geringen Bedeutung nicht vollständig verzichtet werden.

Bewertungsphase

Bei innovativen Problemlösungen stellt die Bewertungsphase das Hauptelement des Kaufentscheidungsprozesses dar. Hier vergleicht der potentielle Abnehmer die grundsätzlich in Frage kommenden Alternativen von neuen bzw. bisherigen Lieferanten miteinander. Ob die angebotene Innovation übernommen wird, hängt letztlich davon ab, wie der Anwender die materiellen und immateriellen Komponenten des Produktes bezogen auf sein Kriteriensystem bewertet.

An externen Informationsquellen dienen den Mitgliedern des Buying-Centers in dieser Phase vorrangig die Angebote der Hersteller und Verhandlungen mit ihren Repräsentanten sowie Besichtigungen von Referenzanlagen. Andere Quellen, wie etwa die werblich relevanten (Zeitschriften, Kataloge, Prospekte), werden, aufgrund ihres geringen Informationsgehaltes, bei der Bewertung von Neuprodukten nicht herangezogen.

In der sich anschließenden Entschlußphase ist im allgemeinen eine kommunikative Einflußnahme auf den Kaufentscheid durch das Herstellerunternehmen nicht zu bewirken.

Kontrollphase

Komplexe Beschaffungssituationen können bei den Mitgliedern des Buying-Centers in der Phase nach dem Kauf erhebliche Unsicherheiten hervorrufen. Diese werden noch verstärkt, wenn Kontrollinformationen darauf hinweisen, daß durch die Neuanschaffung die anstehenden Probleme nur unbefriedigend gelöst werden. Zum Abbau kognitiver Dissonanzen wird die Suche nach Informationen, die die Beschaffungsentscheidung bestätigen, intensiviert. Deshalb erfolgt die Heranziehung vieler Informationsquellen, insbesondere aber solcher, die einen hohen Informationsgehalt aufweisen. Dazu gehören in erster Linie Repräsentanten der Herstellerorganisation, Besuche von Messen und Ausstellungen sowie Prospekte und Kataloge. Fachzeitschriften haben aufgrund ihres geringen Informationsgehalts dagegen in dieser Phase keine Bedeutung.

Im Hinblick auf den Diffusionsaspekt (Weitergabe positiver Erfahrungen an andere Firmen) und auf Wiederholungskäufe bzw. Firmentreue, ergibt sich für den Hersteller die Aufgabe, den Kunden nicht nur weiterhin zu betreuen, sondern ihn auch mit Informationen zu versorgen, die geeignet erscheinen, Dissonanzen bei den entscheidenden Personen(-gruppen) abzubauen. Dabei sind vor allem die Mitglieder der Unternehmensleitung anzusprechen, weil sie in der ersten Linie die getroffene Kaufentscheidung zu rechtfertigen haben (z.B. vor externen Geldgebern oder vor einem Aufsichtsrat); aber auch die an der Durchsetzung der Investitionsentscheidung maßgeblich mitbeteiligten Techniker der zweiten Hierarchieebene können starke Dissonanzen entwickeln und sollten vom Hersteller ebenfalls angesprochen werden.

Neben den persönlichen sind in dieser Phase auch die unpersönlichen Kommunikationsinstrumente, insbesondere Hauszeitschriften, Broschüren, Prospekte und Kataloge, einzusetzen, da sie gleichfalls geeignet sind, vorhandene Unzufriedenheiten abzubauen. Zu beachten ist, daß bei der Ansprache nicht die bereits beim Anwender bekannten Argumente über die Vorteilhaftigkeit des Investitionsgutes verwendet werden. Vielmehr sollte die Zufriedenheit anderer Verwender herausgestellt werden, indem beispielsweise deutlich gemacht wird, wie vielseitig und erfolgreich andere – möglichst renommierte Unternehmen – das Gut zu nutzen verstehen. Aber auch ein Angebot des Herstellers, zusätzliche Serviceleistungen zu erbringen, wirkt dissonanzreduzierend.

Zusammenfassend ist festzuhalten, daß die Kommunikationsaktivitäten des Herstellers auf diejenigen Phasen des Kaufprozesses zu konzentrieren sind, in denen kommunikative Einflußmöglichkeiten bestehen. Dabei sollte auch die Kontrollphase (oder Nachkaufphase) nicht unberücksichtigt bleiben. Hinsichtlich des Einsatzes der einzelnen Instrumente erscheint es am sinnvollsten, zuerst durch Werbung, Messen und Ausstellungen Aufmerksamkeit zu erwecken und eine Initialwirkung herbeizuführen, um anschließend durch persönliche Kommunikation technische Detailinformationen bereitzustellen, die den Anwender von der Vorteilhaftigkeit der neuen Problemlösung überzeugen.

Dies darf trotzdem nicht darüber hinwegtäuschen, daß eine effiziente Kommunikationsstrategie zwar wesentlich zum Absatzerfolg von Innovationen beiträgt, diesen aber allein nicht garantieren kann. Entscheidend für den Erfolg bleibt – zumindest im Investitionsgütersektor – letztlich immer das Produkt selbst. Eine wirkungsvolle Kommunikationsstrategie stellt somit eine notwendige, aber keine hinreichende Bedingung für den Innovationserfolg dar.

2.4. Zukunftstechnologien und Patentbilanz

Erich Häußer

In den vor uns liegenden Jahren eines immer härter werdenden internationalen Wettbewerbs wird den über das Patentwesen zugänglichen Erkenntnissen wachsende Bedeutung zukommen, die sich insbesondere aus den Statistiken der Patentämter in den konkurrierenden Ländern über neue technische Entwicklungen, technische Schwerpunkte und technologische Trends, den technischen Entwicklungsstand einzelner Unternehmen und ganzer Volkswirtschaften ergeben. Denn dadurch können nicht nur unternehmerische Entscheidungen über Forschungs- und Entwicklungsvorhaben und die Sicherung daraus hervorgehender Ergebnisse durch gewerbliche Schutzrechte unmittelbar beeinflußt werden. Die dadurch ermöglichte *realistische Einschätzung* des Standorts der eigenen Wirtschaft bei Forschung und Entwicklung muß auch wesentlicher Ausgangspunkt einer vernünftigen und zielorientierten Technologie- und Wirtschaftspolitik sein.

I.

Besonderes Augenmerk ist im Zusammenhang mit zukünftigen Innovationsmaßnahmen sowohl bei den einzelnen Unternehmen als auch bei den mit der Förderung von Forschung und Entwicklung und mit gesamtwirtschaftlichen Aufgaben befaßten staatlichen Stellen den zukunftsorientierten technischen Fachgebieten zu widmen. Eine große Volkswirtschaft, deren Unternehmen gezwungen sind, sich auf allen technischen Gebieten industriell zu entfalten, um auf Exportmärkten bestehen zu können, kann Rückstände in den Bereichen der Zukunftstechnologien nicht hinnehmen.

Dies vor allem deshalb, weil Entwicklungen auf diesen Gebieten der hochkomplizierten Technik vielfältige und häufig nicht ohne weiteres zuverlässig voraussehbare Anwendungsmöglichkeiten bei Produkten und Verfahren einschließlich der Fertigungsmethoden in ganz anderen Bereichen der Technik zur Folge haben können. Das jedermann bekannte Eindringen der Halbleitertechnologie, insbesondere der Einsatz von Mikroprozessoren bei einer kaum mehr zu überblickenden Vielzahl von Produkten und Verfahren gibt dafür ebenso Anhaltspunkte wie die zunehmende Anwendung der Glasfasertechnologie, die aus den beim Patentamt eingehenden Patentanmeldungen auf den verschiedensten technischen Fachgebieten erkennbar ist.

Zudem steht fest, daß es unendlich mühsam und auch extrem aufwendig ist, den einmal verlorengegangenen Anschluß an die technische Entwicklung wieder herzustellen oder gar den notwendigen Vorsprung zu erlangen.

Die derzeit im Mittelpunkt des öffentlichen Interesses stehenden Bereiche der Bio- und Gentechnik umfassen mit Sicherheit schon heute sich abzeichnende besonders wichtige zukünftige, möglicherweise umwälzende technische Entwicklungen. Wird es dabei doch darum gehen, eine Vielzahl chemischer Substanzen unter Anwendung gleichsam von der Natur vorgegebener Verfahren kostengünstig und auch umweltfreundlich herzustellen, weil schädliche Abgase nicht entstehen. Bei pharmazeutischen Produkten vor allem sind in den letzten Jahren dabei spektakuläre Erfolge erzielt worden, wenn man an die unter Einsatz von Mikroorganismen gelungene industrielle Darstellung von Insulin, des Wachstumshormons Somatostatin oder von Interferon denkt, das Möglichkeiten der Krebsbekämpfung zu eröffnen verspricht.

Bei aller Bedeutung kann jedoch nicht übersehen werden, daß es sich bei der Bio- und Gentechnik nur um *einen* Bereich aus einer ganzen Reihe zukunftsträchtiger technischer Fachgebiete handelt. Daneben könnten als gleichwertige Beispiele die Weiterentwicklung der Mikroelektronik, die Erschließung neuer Energiequellen, die Einführung neuer Antriebsarten oder die Nutzung der durch die Raumfahrt eröffneten Möglichkeiten genannt werden.

Die im Januar 1981 von einer japanischen Wertpapiergesellschaft, der Daiwa Securities Co. Ltd., Tokyo, veröffentlichte Untersuchung über „New Technologies in Japan and Their Implications on the Stock Market“ unterscheidet vier Hauptbereiche zukünftiger technischer Entwicklungen als Grundlage fortschrittlicher Innovationsmaßnahmen:

- *Energiegewinnung* mit allen davon betroffenen technischen Teilbereichen, von der besseren Nutzung vorhandener Energiequellen einschließlich der Verwendung biotechnischer Prozesse über die Entwicklung schneller Brüter, hochwirksamer billiger Solarzellen bis hin zum Einsatz neuer Antriebsarten und dramatisch verbesserter elektrischer Batterien nach dem Jahre 1990;
- *Kommunikationstechnik,* wobei ausgehend von einer rasanten Entwicklung der Halbleitertechnik die Vorstellungen von der Büroautomation über ver-

besserte Videokameras und superflache Bildschirme bis zum nahezu unbegrenzten Informationszugang reichen;

- *Werkstoffe* unter Anführung von Spezialstahlsorten für verschiedene Zwecke, z.B. hochdehnbaren Stahlarten für Stahlfolien und nichtmagnetischem Stahl für das „Linear-Motorcar", von Kunststoffentwicklungen für Spezialzwecke, von besonderen Keramikarten z.B. für den Motorenbau, und schließlich von Whiskers, also Werkstoffen aus fadenförmigen anorganischen oder organischen Kristallen, die nach 1990 zunehmend metallische Werkstoffe ersetzen sollen;
- *Biotechnologie* (life-science), die Arzneimittel, medizinische Instrumente und Geräte ebenso umfaßt wie den Einsatz von Mikroorganismen für industrielle Zwecke einschließlich der Gentechnik.

Aus dieser beispielhaften Aufzählung wichtiger technischer Bereiche ist unschwer zu erkennen, daß absehbare zukünftige technische Entwicklungen einen massiven Einfluß auch auf traditionelle technische Fachgebiete ausüben werden, die deshalb bei einer Betrachtung über Zukunftstechnologien nicht außer acht gelassen werden dürfen. Es ergibt sich aber auch, daß neue technische Entwicklungen dazu geeignet und auch dazu bestimmt sind, das zukünftige Leben auf dieser Erde positiv zu beeinflussen, sei es, daß eine intakte Umwelt erhalten oder wieder hergestellt werden soll, sei es, daß Krankheiten zunehmend beherrschbar werden oder daß der Nahrungsmittelbedarf einer dramatisch wachsenden Weltbevölkerung sichergestellt werden kann. Die japanische Studie fordert deshalb zu Recht, daß Zukunftstechnologien auf den verschiedensten Gebieten vor allem *dem Nutzen der Menschheit* dienen sollen.

II.

Die in den einzelnen Ländern zum Patent angemeldeten Erfindungen geben recht zuverlässig Hinweise auf die jeweils erreichten Ergebnisse von Forschung und Entwicklung auf allen technischen Fachgebieten; für die Gebiete der Hochtechnologie sind dabei die Anmeldungen in den hochindustrialisierten Ländern von besonderem Interesse. Diese Erkenntnismöglichkeiten ergeben sich aus den Funktionen des Patentwesens.

1. *Technische Schutzrechte,* nämlich Patente und Gebrauchsmuster, sind wichtige *Instrumente* zunächst *im technischen Wettbewerb* um bessere, fortschrittliche Lösungen von naturwissenschaftlichen oder technischen Aufgabenstellungen, also bei allen Anstrengungen um Forschung und Entwicklung. Erteilte Schutzrechte entfalten ihre volle Wirkung und zeigen ihren wahren Wert aber *vor allem im wirtschaftlichen Wettbewerb,* wenn es darum geht, die Ergebnisse von Forschung und Entwicklung in marktfähige Produkte oder Verfahren umzusetzen, sie auf dem Markt einzuführen und eine Marktposition zu erobern und dann zu behaupten. Der Patentschutz bietet nämlich eine Gewähr für die ungestörte

Entfaltung eines Wettbewerbsteilnehmers auf dem Markt; das durch ein Patent gewährte zeitlich begrenzte Ausschließlichkeitsrecht sichert einen Freiraum, den sich vor allem mittelständische Unternehmen durch finanziellen Aufwand, z. B. durch massive Werbung, regelmäßig nicht verschaffen können, der bei härter werdendem Wettbewerb und der dadurch bedingten scharfen Kostenkalkulation aber auch für größere Unternehmen unverzichtbar ist. Die produzierende Industrie ist deshalb weitgehend auf Schutzrechte für eigene technische Entwicklungen angewiesen; ohne diesen Schutz wären ihre Entwicklungsergebnisse jedermann frei zugänglich, und die Möglichkeit, entstandene hohe Aufwendungen für Forschung und Entwicklung wieder einzuspielen und so neue Vorhaben zu finanzieren, wäre denkbar gering. Technische Schutzrechte erweisen sich aber gleichzeitig als unabdingbare Voraussetzung für die Umsetzung neuer technischer Ergebnisse und Erkenntnisse in konkurrenzfähige neue Produkte oder Verfahren, also für Innovationsmaßnahmen. Geht man davon aus, daß die Ergebnisse von Forschung und Entwicklung und die darauf beruhenden Innovationsmaßnahmen nur durch gewerbliche Schutzrechte zuverlässig gesichert werden können, dann erweisen sich Patente und Gebrauchsmuster als besonders wichtig für die Erhaltung der Leistungs- und Wettbewerbsfähigkeit von Unternehmen jeder Größenordnung und sind gleichsam wesentlicher Teil einer unternehmerischen Überlebensstrategie.

Es kann deshalb mit sehr hoher Wahrscheinlichkeit davon ausgegangen werden, daß wichtig erscheinende Erfindungen ohne Ausnahme zum Patent angemeldet werden, insbesondere wenn eine wirtschaftliche Verwertung nicht ausgeschlossen erscheint. Da aber im Zeitpunkt der Entstehung einer Erfindung häufig nicht beurteilt werden kann, ob, wie und wann eine wirtschaftliche Verwertung stattfinden kann, ist die Annahme gerechtfertigt, daß grundsätzlich alle Erfindungen von einiger technischer Wichtigkeit irgendwo auf der Welt Gegenstand von Patentanmeldungen sind.

Weil Patente aber Instrumente im Wettbewerb sind, ergibt sich angesichts der zunehmenden internationalen Verflechtung wirtschaftlicher Betätigung daß Schutz für Erfindungen nicht nur im eigenen Land angestrebt wird, sondern gleichsam als wirksames Mittel der Aufbereitung von ins Auge gefaßten ausländischen Märkten Patente für dieselbe Erfindung in allen Ländern angemeldet werden, die unter diesem Gesichtspunkt wesentlich erscheinen.

2. Die Patentämter nehmen die Patentanmeldungen entgegen und entscheiden in einem international nicht einheitlich geregelten Verfahren über die Erteilung der Schutzrechte. In den großen Industrieländern gewähren sie Patentschutz nur nach einer sorgfältigen Prüfung, ob eine angemeldete Erfindung durch den weltweit zu ermittelnden Stand der Technik am Anmeldetag in identischer Form bekannt war (Neuheit) und ob sie dem Fachmann durch diesen Stand der Technik in seiner Gesamtheit nahegelegt wurde (Erfindungshöhe), und schließ-

lich ob die Erfindung gewerblich anwendbar ist. Beispiele dafür sind die Patentämter in den USA, in Japan, England, Österreich, Schweden, in der Bundesrepublik Deutschland, in Rußland, Brasilien, seit einigen Jahren für die Vertragsstaaten des Europäischen Patentübereinkommens das Europäische Patentamt und neuerdings seit dem 1. April 1985 das Chinesische Patentamt. In den anderen Ländern entsteht der Patentschutz ohne diese materielle Prüfung der Patentfähigkeit nach Überprüfung lediglich der formalen Erfordernisse durch die Registrierung der Patentanmeldung. Die im Prinzip identischen Voraussetzungen der Patentfähigkeit (Neuheit, Erfindungshöhe und gewerbliche Anwendbarkeit) werden in diesen Ländern in aller Regel erst festgestellt, wenn vor den ordentlichen Gerichten ein Verletzungsrechtsstreit anhängig wird. Beispiele dafür sind die Mehrzahl der kleineren Länder, die meisten Entwicklungsländer, aber auch Belgien, Italien und in gewisser Weise auch Frankreich, das trotz der obligatorischen Neuheitsrecherche am Prinzip der Registrierung bisher festhält.

International einheitlich dagegen ist das Verhalten der Patentämter hinsichtlich der *Veröffentlichung ihrer statistischen Zahlen* über Patentanmeldungen und Patenterteilungen *und* hinsichtlich *der Veröffentlichung der bibliographischen Angaben, der Ansprüche und der Beschreibung einer Erfindung* spätestens im Zeitpunkt der Erteilung des Patents (z.B. USA und Österreich); die meisten Patentämter veröffentlichen wegen des international zwischenzeitlich weit verbreiteten Systems der »verschobenen Prüfung« sogar frühzeitig, nämlich 18 Monate nach dem Prioritätstag den vollen Text der Patentanmeldungen durch eine sogenannte Offenlegungsschrift. Beispiele dafür sind Japan, Bundesrepublik Deutschland, das Europäische Patentamt und neuerdings die Volksrepublik China.

International weitgehend standardisiert ist auch der Aufbau dieser Patentdokumente hinsichtlich der Reihenfolge der bibliographischen Angaben (Anmelder, Erfinder, in Anspruch genommene Priorität, Titel und Zusammenfassung) und der inhaltlichen Aufteilung in Patentansprüche, Beschreibung und Zeichnung.

Von besonderer Bedeutung ist in dem hier interessierenden Zusammenhang aber, daß für die Zuordnung der Patentanmeldungen und Patentdokumente zu möglichst engen technischen Fachgebieten ein international anerkanntes technisches Ordnungssystem in nahezu allen Patentämtern einheitlich Anwendung findet. Diese *Internationale Patentklassifikation* (IPC) umfaßt derzeit rund 60000 Feineinteilungen, so daß Patentanmeldungen und Patentdokumente gleichsam auf 60000 Fächer aufgeteilt sind, um so einen schnellen Überblick über Anmeldeaktivitäten als Ergebnis von Forschung und Entwicklung auf bestimmten technischen Fachgebieten in den einzelnen Ländern, aber auch den schnellen Zugriff auf den technischen Inhalt der Patentdokumente auf engen technischen Fachgebieten zu ermöglichen.

Im Rahmen internationaler Regelungen tauschen die Patentämter die von ihnen veröffentlichten Patentdokumente gegenseitig aus und schaffen damit die Voraussetzungen für den Aufbau einer Dokumentation, die es ermöglicht, den für das Prüfungsverfahren wichtigen Stand der Technik am Tag der Anmeldung einer Erfindung zu ermitteln. Diese Dokumentation umfaßt beim Deutschen Patentamt derzeit etwa 24 Millionen solcher Patentdokumente aus aller Welt, die jährlich um mehr als 500000 neue Dokumente anwächst und die vollständig nach der schon erwähnten Internationalen Patentklassifikation geordnet ist. Die Patentämter erfüllten damit gleichzeitig den ihnen von Anfang an zugeordneten Auftrag, die Öffentlichkeit über Schutzrechtsanmeldungen und erteilte Schutzrechte, vor allem aber auch über deren Inhalt zu informieren.

Aber auch die regelmäßig nach technischen Fachgebieten aufgeschlüsselten statistischen Angaben der Patentämter sind durch Veröffentlichungen der Patentämter zugänglich; sie werden durch internationale Organisationen zusätzlich aufbereitet und zusammenfassend dargestellt. So veröffentlicht die Weltorganisation für geistiges Eigentum in Genf (WIPO) jährlich auf der Grundlage der Angaben der Patentämter in den angeschlossenen Ländern eine Gesamtstatistik über Patentanmeldungen und Patenterteilungen; eine wesentliche Dienstleistung des International Patent Documentation Center (INPADOC) ist der online zugängliche „Patentfamiliendienst“, durch den festgestellt werden kann, in welchen von 52 erfaßten Ländern eine bestimmte Erfindung zum Patent angemeldet oder dafür ein Patent erteilt wurde.

3. Daraus ergibt sich, daß sowohl die Statistik als auch die Dokumentation der Patentämter technisch und wirtschaftlich relevante Erkentnisse zuläßt, die für das einzelne Unternehmen und auch für staatliche Stellen wertvoll sind.

Zunächst gibt die Statistik *Hinweise auf die Quantität der technischen Wissensproduktion* auf genau definierbaren technischen Fachgebieten oder in großen technischen Bereichen. Es sind Schwerpunkte von Forschung und Entwicklung bei einzelnen Unternehmen und in konkurrierenden Volkswirtschaften erkennbar. Aus der Anzahl der in einem bestimmten Zeitraum zum Patent angemeldeten Erfindungen kann aber auch abgeleitet werden, daß auf bestimmten technischen Gebieten oder Bereichen die Anstrengungen um neue Forschungsergebnisse erlahmten, daß Schwerpunktverlagerungen von Forschung und Entwicklung stattfanden und daß gegebenenfalls ganze Industriezweige nicht mehr aktiv sind oder technische Schwächen aufweisen.

Da wegen der strengen Prioritätsregelungen Erfindungen im frühestmöglichen Zeitpunkt zum Patent angemeldet werden müssen, kann nach zuverlässigen Erkenntnissen davon ausgegangen werden, daß die Patentanmeldung in einem zeitlichen Abstand von vier bis sieben Jahren, bei pharmazeutischen Produkten nicht selten in einem Abstand von mehr als zehn Jahren erfolgt, bevor ein Produkt oder ein Verfahren auf dem Markt eingeführt werden kann, bei dem die angemeldete Erfindung verwirklicht ist. Und weil Patente Wettbewerbsinstrumente sind, die der technischen und wirtschaftlichen Aufbereitung eines ins Auge gefaßten Marktes dienen, ergeben sich aus den Anmeldeaktivitäten in den verschiedenen Ländern frühzeitige Hinweise auf eine in der Zukunft beabsichtigte wirtschaftliche Betätigung einzelner Hersteller oder ganzer Herstellergruppen, im Einzelfall aber auch auf ein nachlassendes Interesse an bestimmten Märkten. Als vor einigen Jahren die Zahl der Patentanmeldungen eines ausländischen Automobilherstellers beim Deutschen Patentamt sprunghaft anstieg, konnte mit einiger Sicherheit vorhergesagt werden, daß dieser Hersteller mit seinen Produkten in den nächsten Jahren verstärkt auf den deutschen Markt drängen werde. Diese Annahme hat sich dann auch voll bestätigt.

Die über die Patentämter zugänglichen Patentdokumente erschließen aber auch den Inhalt der beschriebenen Erfindungen und vermitteln dadurch wertvolle *Erkenntnisse über die Qualität der technischen Wissensproduktion* bei einzelnen Unternehmen und im Bereich ganzer Volkswirtschaften. Daraus ist für den Fachmann erkennbar, an welchen Stellen besonders fortschrittliche Technik entsteht, wo bei bestimmten technischen Problemstellungen der Durchbruch gelungen ist, welche neuen Wege bei bestimmten Problemlösungen beschritten werden, wo technische Vorteile oder Rückstände entstanden sind. Zudem erwachsen aus der Kenntnis des vorhandenen technischen Wissens neue Anregungen zu eigenen fortschrittlichen technischen Lösungen. Vor allem aber können durch die Nutzung des bereits vorhandenen technischen Wissens erhebliche Investitionen für Forschung und Entwicklung gespart werden – es gibt Untersuchungen, nach denen bis zu 30% der für Forschung und Entwicklung eingesetzten Mittel gespart werden könnten –, weil dadurch vermieden werden kann, daß immer wieder überflüssige Doppel- und Nacherfindungen entstehen. Es ist deshalb zu beklagen, daß das Bewußtsein um die Bedeutung der technischen Information, deren Nutzung in der Vergangenheit auch in unserem Lande eine erhebliche technische und wirtschaftliche Dynamik hervorrief, in den letzten Jahrzehnten abhanden gekommen ist.

Alles in allem kann festgestellt werden, daß die über das Patentamt zugänglichen Informationen für das einzelne Unternehmen wichtige Erkenntnisse über die eigenen Entwicklungsergebnisse, Produkte und Planungen im Verhältnis zu Wettbewerbsteilnehmern vermitteln können und so eine wichtige unternehmerische Entscheidungshilfe darstellen. Das gleiche gilt aber für staatliche Stellen hinsichtlich der Bestimmung der technischen und wirtschaftlichen Leistungsfähigkeit auf bestimmten Gebieten industrieller Betätigung der Volkswirtschaft und daraus abzuleitende Maßnahmen der staatlichen Förderung von Forschung und Entwicklung oder der Wirtschafts- und Strukturpolitik.

Dabei sollte auch berücksichtigt werden, daß die über das Material der Patentämter zugänglichen Erkenntnisse *objektiver, zuverlässiger und letztlich aussagekräftiger sind als z. B. das Zahlenwerk der Lizenzbilanz,* wenn es um die Beurteilung des technischen und wirtschaftlichen Standorts der eigenen Volkswirtschaft geht. In die Lizenzbilanz fließt nämlich eine Vielzahl von Ergebnissen ein, die von vielfältigen Regelungen und Erwägungen außerhalb des technischen Geschehens beeinflußt sind. So ist bei der seit Jahren mit etwa 1,5 Milliarden Mark negativen deutschen Lizenzbilanz bemerkenswert, daß vor allem aus dem Bereich deutscher Firmen mit hoher ausländischer Beteiligung negative Ergebnisse berichtet werden, was den Schluß auf steuerrechtliche Erwägungen nahelegt. Es erscheint sicher auch nicht undenkbar, daß Lizenzbeträge an eigene Firmen in Ländern transferiert werden, die günstigere Steuersätze anbieten können. Und schließlich sind die Unternehmen einer auf die Produktion und Vermarktung hochwertiger Güter angewiesenen Volkswirtschaft gezwungen, auch fremdes technisches Wissen zu nutzen, um im Wettbewerb bestehen zu können. Greif vertritt deshalb zu Recht die Ansicht, daß insgesamt die Patent- und Lizenzbilanz keine genügende Auskunft über Umfang, Richtung und Entwicklung des internationalen Technologietransfers gibt und somit auch keine zuverlässigen Rückschlüsse auf den technologischen Stand und die technologische Abhängigkeit eines Landes zuläßt.

Um so verwunderlicher ist es jedoch für mich, daß bisher weder die Wirtschaft noch staatliche Stellen die Erkenntnismöglichkeiten des Patentamts entdeckt haben oder sie gar nutzen, um laufend den technologischen und wirtschaftlichen Standort unserer Unternehmen und unserer Volkswirtschaft im internationalen Wettbewerb festzustellen und zu beobachten.

III.

Geht man davon aus, daß schon die Quantität der zum Patent angemeldeten Erfindungen ein relativ zuverlässiges Bild über die Position einer Volkswirtschaft im internationalen Vergleich bietet, so interessiert zunächst die Zahl der in den zum Vergleich herangezogenen Länder eingereichten Patentanmeldungen und die dabei feststellbaren Wechselbeziehungen zwischen diesen Ländern im Patentbereich. Dabei sind ganz natürlich die Ergebnisse in den Ländern von besonderem Interesse, die unserer Volkswirtschaft vor allem auf den Gebieten der Hochtechnologien einen harten Wettbewerb aufzwingen.

1. Das Patentwesen wurde in Deutschland von Anfang an voll in Anspruch genommen und als wertvolle Hilfe im Wettbewerb erkannt. Seit 1877 wurden beim deutschen Patentamt rund 4,5 Millionen Erfindungen zum Patent angemeldet, und nach sorgfältiger Prüfung wurden knapp 1,5 Millionen Patente erteilt. Interessant ist in diesem Zusammenhang, daß mit 78400 die höchste Zahl von Patentanmeldungen im Jahre 1930 erreicht wurde, also auf dem Höhepunkt der damaligen Weltwirtschaftskrise. Dieses zum gesamtwirtschaftlichen Geschehen antizyklische Verhalten der Patentanmelder setzte sich auch nach der Wieder-

eröffnung des Patentamts im Jahre 1949 fort. Schon bei sich abzeichnenden wirtschaftlichen Schwächephasen in den Jahren 1966, 1967 und 1972 wurden wiederum Höchstwerte von jeweils knapp 68000 Patentanmeldungen verzeichnet. Etwa seit 1974 ist die Bewegung der Patentanmeldungen eher prozyklisch zum Konjunkturverlauf. So ging die Zahl der Patentanmeldungen im Jahre 1975 auf knapp 60000 Anmeldungen zurück und erreichte im Jahre 1978 einen Tiefstwert von 58492 Anmeldungen. Dieser Rückgang wurde nahezu ausschließlich durch die Zurückhaltung bei inländischen Anmeldungen verursacht, die über lange Jahre hinweg zwischen 35000 und 40000 Anmeldungen pro Jahr pendelten und mit knapp 30000 in den Jahren seit 1975 einen gewissen Tiefstand erreichten. Allerdings ist auch zu erwähnen, daß in den Jahren 1983 und 1984 mit jeweils knapp 32000 inländischen Anmeldungen wieder ein gewisser Aufwärtstrend zu beobachten ist.

Seit der Eröffnung des Europäischen Patentamts im Jahre 1978 ist die absolute Zahl der Patentanmeldungen weiter gesunken und scheint sich nunmehr seit dem vergangenen Jahr bei jährlich etwa 45000 Neuanmeldungen zu stabilisieren. Dieser Rückgang ist jedoch ausschließlich durch die Zurückhaltung ausländischer Anmelder zu erklären, die mehr und mehr den für sie günstiger erscheinenden Weg über die europäische Anmeldung wählten. Soweit das Verhältnis zwischen den Anmeldungen aus dem Ausland und aus dem Inland zu ermitteln ist, muß seitdem auch die Zahl der Patentanmeldungen berücksichtigt werden, die beim Europäischen Patentamt eingereicht wurden, in denen aber die Bundesrepublik Deutschlands als Vertragsstaat für das Wirksamwerden eines erteilten Patents benannt wurde. Dagegen sind die Anmeldungszahlen beim nationalen Patentamt für die Aktivitäten inländischer Anmelder hinreichend zuverlässig und repräsentativ, weil nur in vernachlässigbar wenigen Ausnahmefällen europäische und internationale Anmeldungen getätigt werden, ohne daß vorher die prioritätsbegründende nationale Anmeldung eingereicht wurde.

Dieses Verhältnis der von Inländern und Ausländern angemeldeten Patente läßt sicher Rückschlüsse auf die Leistungsfähigkeit der eigenen Industrie und auf die wirtschaftlichen Interessen ausländischer Unternehmen auf dem Binnenmarkt zu. Dabei ergibt sich, daß der Anteil der Inlandsanmeldungen von zunächst knapp 84% in den frühen fünfziger Jahren auf etwa 60% im Jahre 1962 zurückging. Mit zunehmender internationaler Verflechtung der Wirschaftsbeziehungen und wachsendem Interesse ausländischer Hersteller am deutschen Markt ging der „nationale Anteil" seit 1968 auf etwa 50% zurück. Im Jahre 1984 war noch ein Inlandsanteil von knapp 46% zu verzeichnen, während rund 54% der für das Territorium der Bundesrepublik Deutschland angemeldeten Erfindungen auf ausländische Anmelder zurückgingen.

In Zahlen bedeutet dies, daß 1984 beim Deutschen Patentamt und beim Europäischen Patentamt insgesamt 69916 Patentanmeldungen eingingen, die im

Bundesgebiet Wirkung entfalten sollen; 37318 dieser Anmeldungen stammten von ausländischen Anmeldern, von denen 13309 auf amerikanische Anmelder entfielen (DPA 3 095, EPA 8 658, PCT 1 556) und 9446 auf japanische Anmelder (DPA 4 231, EPA 4 813, PCT 402). Bemerkenswert ist dabei der Anstieg der von japanischen Firmen angemeldeten Erfindungen, die von knapp über 600 im Durchschnitt der Jahre 1949 bis 1968 auf erstmals über 3000 im Jahre 1969 und auf knapp 7000 bzw. 8000 in den Jahren 1981 und 1982 anstiegen.

Daraus ergibt sich ein zunehmender Fremdanteil an unserem „Technologie- und Patentmarkt", der eines Tages bei Fortsetzung dieses Trends zu einer Einengung unserer technischen Entfaltungsmöglichkeiten führen könnte. Die internationalen Patentsysteme – das Europäische Patentübereinkommen und der Patentzusammenarbeitsvertrag (PCT) – erweisen sich dabei gleichsam als Einfallstor fremder Technologie auf unserem Markt, insbesondere solange durch günstige Wechselkurse der Zugang zu Schutzrechten vergleichsweise preisgünstig ist.

Durch diese rege ausländische Anmeldetätigkeit in Deutschland wird zwar der Transfer moderner Technologie begünstigt, es darf aber nicht verkannt werden, daß dadurch auch gewisse Risiken für Forschung und Entwicklung im eigenen Lande entstehen können. Angesicht der daraus gleichzeitig abzuleitenden Bedrohung unseres Inlandsmarktes durch ausländische Produkte sollten sich unsere Unternehmen wenigstens eine Art *Minimalstrategie* überlegen, die darin bestehen sollte, daß deutsche Unternehmen dazu übergehen, ein Produkt nach allen möglichen Richtungen wenigstens durch Patentanmeldungen im Inland abzusichern.

2. Ein solches Verhalten erscheint auch deshalb erforderlich, weil die Entwicklung in Japan in den letzten Jahren ganz anders verlaufen ist. Die Japaner sind heute das patentanmeldungsfreudigste Volk der Welt: beim Japanischen Patentamt stieg die Zahl der Patentanmeldungen von 159821 im Jahre 1975 kontinuierlich auf 254956 im Jahre 1983 und überschritt im Jahre 1984 mit Sicherheit die Marke von 260000 Anmeldungen. Dem sind jährlich rund 200000 Gebrauchsmusteranmeldungen für selbständige Erfindungen hinzuzurechnen, so daß in Japan jährlich mehr als 450000 echte oder vermeintliche Erfindungen zum Patent oder Gebrauchsmuster angemeldet werden. Von den 254956 Patentanmeldungen des Jahres 1983 entfielen 227743 auf japanische Anmelder, was einem Anteil von 89,33% entspricht. Von den 27213 Anmeldungen, die von ausländischen Anmeldern eingereicht wurden, entfielen 10851 auf amerikanische und 5285 auf deutsche Anmelder.

Im Vergleich dazu liegt die Zahl der beim US-Patentamt eingehenden Patentanmeldungen für technische Erfindungen (ohne Design-, Pflanzen- und Reissue-Anmeldungen) in den Jahren seit 1970 sehr konstant bei etwa 100000 jährlich (1984: 109010). Von den insgesamt 117985 Anmeldungen des Jahres

1984 entfielen 58842 oder 57,47% auf inländische Anmeldungen; der Anteil japanischer Anmelder lag bei 18289 (1981: 14375; 1982: 17349; 1983: 15743) und der deutscher Anmelder bei 9551 (1981: 10133; 1982: 10979; 1983: 8617). Bemerkenswert erscheint, daß die Anmeldungen aus Japan seit 1975 von 8566 auf knapp 16000 anstiegen, während die Zahl der von deutschen Anmeldern in den USA eingereichten Anmeldungen zwischen 8000 und 10000 jährlich verharrt. Der Rückgang des Anteils der Anmeldungen von amerikanischen Anmeldern im eigenen Land von 64% im Jahr 1975 auf nunmehr 57% wurde somit im wesentlichen durch japanische Anmeldeaktivitäten verursacht.

3. Anhaltspunkte über den Inhalt der Patentanmeldungen gewinnt man auch durch die Erfolgsquote der von japanischen Anmeldern eingereichten Patentanmeldungen. So wurden beim deutschen Patentamt in den Jahren 1978 bis 1982 insgesamt 25644 Patentanmeldungen von japanischen Fimen eingereicht, während im gleichen Zeitraum für japanische Anmelder 10641 Patente erteilt wurden, so daß durchschnittlich 41,49% der Anmeldungen zum angestrebten Erfolg führten. Im gleichen Zeitraum 1978 bis 1982 reichten deutsche Firmen beim Japanischen Patentamt insgesamt 27608 Patentanmeldungen ein und hatten während dieser Zeit in 7083 Fällen den Erfolg der Patenterteilung, was einer durchschnittlichen Erfolgsquote von 25,65% entspricht. Dies ist sicher nicht auf eine mindere Qualität der angemeldeten Erfindungen zurückzuführen, sondern eher auf eine unterschiedliche Handhabung des Patenterteilungsverfahrens; insbesondere bei Abwägung der für den Prüfungsantrag maßgebenden Umstände. Eine mögliche Ursache kann aber auch darin bestehen, daß die Übersetzung von der deutschen Sprache häufig über Englisch ins Japanische erfolgt und möglicherweise nicht immer optimal gelingt, so daß Mißverständnisse beim japanischen Prüfer über den technischen Inhalt einer Anmeldung entstehen können.

Daß es sich dabei um wirklichkeitsnahe Erklärungen für das rein statistisch gesehen schlechte Abschneiden deutscher Anmeldungen in Japan handelt, kann auch aus den entsprechenden Bezugsgrößen für amerikanische Anmeldungen beim japanischen Patentamt hergeleitet werden: Bei insgesamt 50904 Anmeldungen in den Jahren 1978 bis 1982 konnten amerikanische Anmelder insgesamt 21079 Patenterteilungen verbuchen, was einer Erfolgsquote von durchschnittlich 41,41% entspricht. Da es aber nach amerikanischem Patentrecht das Erfordernis des Prüfungsantrags nicht gibt, kann angenommen werden, daß dort ansässige Anmelder dieses Verfahrensinstrument nicht so ausgeklügelt nutzen, wie es deutsche Anmelder schon routinemäßig einsetzen. Und zum anderen kommt amerikanischen Anmeldern zugute, daß die japanischen Prüfer in aller Regel über gute englische Sprachkenntnisse verfügen, was dem Verständnis des Inhalts und Anmeldungen unter Zuhilfenahme der Prioritätsbelege im englischen Originaltext dienlich ist, auch wenn einmal holprige Übersetzungen eingereicht werden.

4. Betrachtet man die einzelnen großen technischen Fachbereiche, so ergibt sich, daß mehr als die Hälfte der von deutschen Anmeldern 1984 im Inland eingereichten Patentanmeldungen, nämlich 18152 von insgesamt 31984 Inlandsanmeldungen die großen Bereiche Allgemeiner Maschinenbau (7508) und mechanische Technologie (10644) betreffen. Demgegenüber entfielen 1984 auf den Bereich Elektrotechnik nur 5872 Anmeldungen oder 18,35 % aller Inlandsanmeldungen und auf den Bereich Physik (Optik, Akustik, Elektronik) nur 2949 Anmeldungen, also 9,20% aller Inlandsanmeldungen. Dies deutet auf eine unverändert starke Position der deutschen Industrie bei den umfangreichen und vielfältigen Fachgebieten des Maschinenbaus und der Mechanik hin.

Japanische Anmelder scheinen dagegen Schwerpunkte ihrer Interessen in den Großbereichen Elektrotechnik und Physik zu verfolgen. 1982 entfielen von den 237510 in Japan angemeldeten Patenten 22,7% auf die Fachgebiete der Elektrotechnik und 23,4% auf die Fachgebiete der Physik, während nur 10,6% der Anmeldungen Erfindungen der Bereiche Mechanische Technologie (Mechanical Engineering) betrafen. Fast identisch ist die Verteilung der von japanischen Anmeldern beim Deutschen Patentamt eingereichten Patentanmeldungen: von den 1978 bis 1982 insgesamt eingegangen 25644 angemeldeten Erfindungen waren 5585 oder 21,77% elektrotechnischen Fachgebieten und 6734 oder 26,26% den verschiedenen Fachgebieten der Physik zuzuordnen. Aus diesen Anmeldeaktivitäten läßt sich herleiten, daß Elektrotechnik und die Fachgebiete der Physik ein bedeutsames Betätigungsfeld der japanischen Industrie im Inland und auf den ausländischen Märkten darstellen, und daß diesen vielfältig verknüpften Großbereichen zukunftsorientierter Technik besonders ausgeprägte Bemühungen bei Forschung und Entwicklung gelten.

IV.

Die Statistik der Patentämter gibt überhaupt relativ zuverlässig Auskunft über die technische Wissensproduktion auch auf engeren technischen Fachgebieten in den einzelnen Ländern und erlaubt damit Rückschlüsse auf den jeweiligen Stand und die zukünftige Entwicklung ganzer industrieller Bereiche. Es ist dabei auf die von den einzelnen Patentämtern veröffentlichten Dokumente zurückzugreifen, weil Patentanmeldungen entweder bis zur Erteilung des Patents oder beim System der „verschobenen Prüfung“ bis zum Ablauf von 18 Monaten nach dem Prioritätstag geheimzuhalten sind. Vorweg ist noch zu bemerken, daß die für die USA ermittelten Zahlen etwa verdoppelt werden müssen, weil das US-Patentamt Dokumente nur für erteilte Patente veröffentlicht, während in Deutschland und Japan grundsätzlich die Unterlagen jeder Patentanmeldung 18 Monate nach dem Prioritätstag als Druckschrift veröffentlicht werden.

1. Bei der Aufbereitung statistischen Materials für einzelne technische Fachgebiete ergab sich ein deutlicher Abstand der (quantitativen) Wissenspro-

duktion in Japan, und zwar auf technischen Gebieten, auf denen deutsche Firmen vor noch nicht allzu langer Zeit unangefochtene Spitzenpositionen einnahmen: während des Jahres 1984 erschienen nämlich in der Klasse „Scharfeinstellungen an Kameras“ 491 japanische Patentdokumente und nur zwei deutsche Veröffentlichungen (USA: 33), auf dem Gebiet „Farbfernsehen“ und „Farbfernsehkameras“ war das Verhältnis 283:30 (USA: 4)

Nicht gerade ermutigend erscheinen auch Stand und Entwicklung auf technischen Fachgebieten, die für moderne automatisierte Fertigungsmethoden und damit für die Produktivität der erzeugenden Industrie von herausragender Bedeutung sind: 1984 veröffentlichte das Japanische Patentamt auf dem Gebiet „EDV-gesteuerte Steuer- und Regelsysteme“ 178 und das deutsche Patentamt 43 Patentdokumente (USA: 5), auf dem Gebiet „Taschenrechner, Mikrocomputer“ standen 309 japanischen Veröffentlichungen nur 18 deutsche (USA: 15) gegenüber, und für den Bereich „Programmgesteuerte Manipulatoren“ (Roboter) war das Verhältnis 294:21 (USA: 7). Und schließlich stammten auf dem Gebiet „Bildübertragung von den 137 im Jahr 1984 beim Deutschen Patentamt eingegangenen Patentanmeldungen 105 aus Japan und nur 26 aus dem Inland.

Betrachtet man die Entwicklung in den letzten Jahren, so stellt man fest, daß sie zum Teil von einer erheblichen Dynamik getragen wird und im wesentlichen einem Trend folgt, der für die japanische Seite eher positiv und für die deutsche eher negativ zu verlaufen scheint. So hat sich beispielsweise auf dem erwähnten Gebiet der „Scharfeinstellung an Kameras“ die Zahl der deutschen Patentdokumente zwischen 1980 und 1984 von 18 auf 2 verringert, während die entsprechenden Werte in Japan von 260 auf 491 anstiegen, eine ähnliche Entwicklung ist im Bereich „Programmgesteuerte Manipulatoren“ zu beobachten. Zwar läßt sich auf der deutschen Seite mit den Werten 18 für 1980 und 21 für 1984 eine praktisch gleichbleibende Patentaktivität registrieren; im gleichen Zeitraum stieg jedoch die Zahl der japanischen Patentveröffentlichungen von 64 auf 294.

Für chemische Fachgebiete konnten ähnliche Untersuchungen bisher nicht durchgeführt werden. Immerhin ergeben sich aber einige Hinweise daraus, daß bei der Auswertung chemischer Fachliteratur durch Chemical Abstracts Service der Anteil der deutschen Fachliteratur von 45% im Jahr 1907 auf 7,2% im Jahr 1979 und seitdem auf unter 5% zurückging, während im gleichen Zeitraum der japanische Anteil von 0% auf 9,7%, der amerikanische Anteil von 20,1% auf 27,5% und der der russischen Fachliteratur von 1,2% auf 19% anstieg.

2. Eine weitere im Patentamt durchgeführte Untersuchung über den Stand der Technik auf kritisch erscheinenden Fachgebieten in Deutschland, Japan und in den USA betrifft das Jahr 1982 und berücksichtigt die auf den 1982 veröffentlichten Patentdokumenten der Patentämter dieser Länder angegebenen Nennungen von technischen Fachgebieten nach den Symbolen der Internationalen Patentklassifikation. Es ergab sich dabei folgendes Bild:

Auf den für die *optische Industrie* wesentlichen technischen Fachgebieten der Optik und der Foto- und Filmapparate (C 02/C 03B) erfolgten 1982 weltweit insgesamt 13187 Nennungen auf den Veröffentlichungen aller Patentämter. Auf die Publikationen des Deutschen Patentamts (DE) entfielen dabei insgesamt 2174 Nennungen, von denen 1024 auf deutsche Anmelder (DE-DE) 756 auf japanische Anmelder (DE-JP) und 177 auf Anmelder aus den USA (DE-US) zurückgingen.

Bei den Veröffentlichungen des Japanischen Patentamts ergaben sich folgende Vergleichszahlen: Insgesamt 5158; japanische Anmelder 4443 (JP-JP); deutsche Anmelder 181 (JP-DE) und US-Anmelder 319 (JP-US).

Die Vergleichszahlen des US-Patentamts lauten wie folgt: insgesamt 1349; US-Anmelder 700 (US-US); deutsche Anmelder 120 (US-DE) und japanische Anmelder 408 (US-JP).

Hochofentechnik (Eisenhüttenwesen/Metallhüttenwesen C 21/C 22):
Weltweit: 11896
DE-Publikationen:
insgesamt: 719; DE-DE 335; DE-JP 127; DE-US 129
JP-Publikationen:
insgesamt: 4568; JP-JP 4111; JP-US 208; JP-DE 76
US-Publikationen:
insgesamt: 444; US-US 271; US-DE 39; US-JP 64

Uhren/Zeitmessung (C 04):
Weltweit: 2674
DE-Publikationen:
insgesamt: 298; DE-DE 153; DE-JP 69; DE-US 8
JP-Publikationen:
insgesamt 1176; JP-JP 1091; JP-US 15; JP-DE 9
US-Publikationen:
insgesamt: 136; US-US 61; US-DE 13; US-JP 38

Großcomputer/Herstellung (C 06):
Weltweit: 14149
DE-Publikationen:
insgesamt: 863; DE-DE 374; DE-JP 206; DE-US 193
JP-Publikationen:
insgesamt: 6590; JP-JP 5971; JP-US 439; JP-DE 62
US-Publikationen:
insgesamt: 1015; US-US 744; US-DE 36; US-JP 146

Roboter/Manipulatoren (B 25 J):
Weltweit: 964

DE-Publikationen:
insgesamt: 74; DE-DE 40; DE-JP 14; DE-US 9
JP-Publikationen:
insgesamt: 345; JP-JP 302; JP-US 21; JP-DE 9
US-Publikationen:
insgesamt: 19; US-US 3; US-DE 1; US-JP 11

Mikro-Elektronik (Halbleiter-Bauelemente; Elektrische Festkörperbauelemente – H 01 L):
weltweit: 13467
DE-Publikationen:
insgesamt: 892; DE-DE 359; DE-JP 199; DE-US 203
JP-Publikationen:
insgesamt: 8679; JP-JP 7810; JP-US 535; JP-DE 141
US-Publikationen:
insgesamt: 724; US-US 490; US-DE 43; US-JP 127

Unterhaltungselektronik (Bildübertragung; Stereophone Systeme) H 04 H/ H 04 N/H 04 S):
Weltweit: 9411
DE-Publikationen:
insgesamt: 1382; DE-DE 398; DE-JP 573; DE-US 242
JP-Publikationen:
insgesamt: 4245; JP-JP 3840; JP-US 203; JP-DE 83
US-Publikationen:
insgesamt: 649; US-US 372; US-DE 26; US-JP 180

Bürotechnik (Schreibmaschinen; Kopiergeräte; Kopierverfahren – B 41 J/ B 41 L/B 41 M):
Weltweit: 6534
DE-Publikationen:
insgesamt: 731; DE-DE 332; DE-JP 214; DE-US 120
JP-Publikationen:
insgesamt: 3585; JP-JP 3194; JP-US 223; JP-DE 81
US-Publikationen:
insgesamt: 286; US-US 182; US-DE 26; US-JP 49

Gentechnologie (Mikrobiologie, Mikro-Organismen – C 12 M/C 12 N/C 12 Q/ C 12 R):
Weltweit: 3390
DE-Publikationen:
insgesamt: 274; DE-DE 111; DE-JP 47; DE-US 54

JP-Publikationen:
insgesamt: 808; JP-JP 567; JP-US 119; JP-DE 60
US-Publikationen:
insgesamt: 283; US-US 207; US-DE 13; US-JP 34

Weite Bereiche der Medizin
(Präparate, Röntgentechnik – A 61 K/H 05 C):
Weltweit: 21332
DE-Publikationen:
insgesamt: 1647; DE-DE 649; DE-JP 240; DE-US 254
JP-Publikationen:
insgesamt: 4182; JP-JP 2405; JP-US 665; JP-DE 304
US-Publikationen:
insgesamt: 1740; US-US 1150; US-DE 125; US-JP 147

3. Aus diesen Vergleichszahlen der Patentanmeldungen in den hier in Betracht gezogenen Ländern ergibt sich – jedenfalls für das Jahr 1982 – eine beachtliche technische Dynamik vor allem im Bereich der japanischen Industrie. Es wird deutlich, daß auf einigen technischen Gebieten besondere Anstrengungen der deutschen Industrie erforderlich sind, um den Anschluß an die rasant fortschreitende Technik zu halten und unsere internationale Wettbewerbsfähigkeit nicht zu gefährden.

Dies gilt insbesondere für den Bereich der Mikroelektronik und die damit eng verbundenen Gebiete der Großcomputer, der Unterhaltungselektronik und der Bürotechnik, aber auch für die differenzierten Gebiete des Maschinenbaus, die zunehmend von der Mikroelektronik beeinflußt werden. Gleichzeitig ergeben sich aus diesen Zahlen die Gebiete industrieller Fertigung, auf denen unsere Industrie in den nächsten Jahren mit einem erheblichen ausländischen Konkurrenzdruck auf dem Inlandsmarkt zu rechnen hat.

Die Untersuchungen haben aber auch ergeben, daß die deutsche Industrie auf anderen Gebieten, z. B. im Schiffsbau, im Flugzeugbau, in der Raumfahrt und in der Raketentechnik eine verhältnismäßig starke Position innehat, die allerdings nicht in so signifikanten Anmeldezahlen bei den drei Patentämtern zum Ausdruck kam.

4. Soweit bei diesen Untersuchungen die Veröffentlichungen des Japanischen Patentamts herangezogen wurden, ist außerdem zu beachten, daß sich das Anmeldeverhalten japanischer Firmen von dem in Deutschland und in den USA auch heute noch deutlich unterscheidet und deshalb die angeführten Zahlen nicht ohne weiteres im Verhältnis 1:1 verglichen werden können.

Das Japanische Patentgesetz ließ über lange Jahrzehnte nur einen Patentanspruch in jeder Patentanmeldung zu, so daß schon deshalb eine Vielzahl von

Anmeldungen zu einer Erfindung entstanden, die in anderen Ländern, z. B. in der Bundesrepublik Deutschland, nur eine einzige Anmeldung erforderte. Nach einer im Jahre 1977 erfolgten Änderung des Japanischen Patentgesetzes, die eine Anpassung an die international beachteten Regeln brachte, kann zwar beobachtet werden, daß sich der Inhalt japanischer Patentschriften, z. B. hinsichtlich der Zahl der Ansprüche, in den letzten Jahren zunehmend unseren Maßstäben angenähert hat. Trotzdem wird das Anmeldeverhalten auch heute noch durch die vorher entstandene langjährige Tradition geprägt.

Das Anmeldeverhalten in Japan unterscheidet sich auch insoweit von dem in Deutschland und in den USA, als die Ergebnisse von Forschung und Entwicklung häufig durch einen ganzen Kranz von Patentanmeldungen abgesichert werden, um zu verhindern, daß gleichwertige Ergebnisse unter Umgehung von Schutzrechten erreicht und benutzt werden können.

Diese „schachbrettartige" technische Absicherung kann durchaus vernünftig sein, wird aber in den anderen westlichen Industrieländern nicht mehr in vergleichbarer Weise praktiziert, weil grundsätzlich nur noch für solche Erfindungen Schutzrechte angestrebt und aufrechterhalten werden, die konkret wirtschaftlich genutzt werden oder genutzt werden sollen.

Japanische Firmen setzen gewerbliche Schutzrechte auch bewußter als Instrumente in einem harten Wettbewerb ein und bewerten ihre Wettbewerbsposition nicht selten nach der Anzahl der von ihnen eingereichten Patentanmeldungen.

Angesichts dieser bisher zu beobachtenden unterschiedlichen Verhaltensweisen bei der Inanspruchnahme von Patenten und Gebrauchsmustern für die Sicherung von Ergebnissen aus Forschung und Entwicklung kann allein die Zahl der in Japan zum Patent- oder Gebrauchsmuster angemeldeten echten oder vermeintlichen Erfindungen nicht als zuverlässiger Anhaltspunkt für die technische und industrielle Leistungsfähigkeit angesehen werden.

Andererseits kann aber auch nicht vernachlässigt werden, daß der Inhalt der Patentanmeldungen bei einer ganzen Reihe technischer Fachgebiete hinsichtlich der erfinderischen Qualität den Anmeldungen aus anderen Industrieländern zunehmend gleichwertig erscheint und auf einigen technischen Fachgebieten, z. B. elektronische Musikinstrumente und Faksimile-Bildübertragung, sogar eine deutliche technische Überlegenheit japanischer Erfindungen festzustellen ist. Es wäre vor allem aber auch leichtfertig und geradezu töricht, wenn man außer acht lassen wollte, daß sich in den Zahlen der Anmeldungen beim Japanischen Patentamt eine rasante Entwicklung auf den verschiedenen technischen Gebieten ergibt, die eines Tages doch zu einer Bedrohung der Wettbewerbsfähigkeit unserer Wirtschaft führen könnte. Wir sollten dabei auch die in der Vergangenheit entstandenen Erfahrungen nicht vernachlässigen.

V.

Nach allem sollte man meinen, daß die über das Patentamt zugänglichen technik- und wirtschaftsrelevanten Erkenntnisse ein viel benütztes Instrument der Unternehmensplanung und staatlicher Technolgie- und Wirtschaftspolitik sein müssen. Dies um so mehr, als über die Patentstatistik nicht nur quantitative Anhaltspunkte gewonnen werden können, sondern der differenzierte Sachverstand der Prüfer des Patentamts auf allen technischen Fachgebieten auch eine qualitative Bewertung sich abzeichnender technischer Entwicklungen ermöglicht.

In den zum Vergleich herangezogenen Ländern geschieht dies auch. So ist das Japanische Patentamt in das einflußreiche Ministerium für Internationalen Handel und Industrie (MITI) eingegliedert, das so unmittelbaren Zugang zu den Erkenntnismöglichkeiten des Patentamts hat. Das US-Patentamt ist dem Department of Commerce zugeordnet. Es ist deshalb nicht verwunderlich, daß das seit Jahren im Patentamt angesiedelte Office of Technology Assessment and Forecast (OTAF) regelmäßig entsprechende Untersuchungen durchführt und deren Ergebnisse der interessierten Öffentlichkeit zur Verfügung stellt.

In der Bundesrepublik wurde ein vergleichbares Interesse der Öffentlichkeit oder staatlichen Stellen bisher nicht artikuliert. Das Patentamt hat dementsprechend weder die Erlaubnis noch die notwendige Ausstattung an Personal und Sachmitteln, solche Untersuchungen regelmäßig und alle Bereiche der Technik erfassend durchzuführen. Manchmal könnte aber auch der Eindruck entstehen, daß einige maßgebende Verantwortliche in Wirtschaft, Staat und Politik die Konfrontation mit gelegentlich vielleicht unangenehmen Tatsachen meiden und sich ihre ungestörte Nachtruhe nicht rauben lassen wollen.

Dazu geben die sich im Material des Patentamts abzeichnenden zukünftigen technischen und wirtschaftlichen Entwicklungen auch noch keinen akuten Anlaß. Denn soweit Schwachstellen unserer Technik und Wirtschaft definiert werden können, betreffen sie bisher nur einzelne, allerdings auch nicht ganz unwesentliche Segmente der Technik. Vor allem aber sind diese Schwachstellen nicht etwa auf mangelnde Leistungen von Naturwissenschaftlern, Technikern, Ingenieuren und Erfindern, auf ein Erlahmen des deutschen Erfindergeistes zurückzuführen. Es ist vielmehr immer wieder überraschend und faszinierend, wenn man beobachtet, daß unverändert eine Vielzahl herausragender Erfindungen auf allen möglichen technischen Gebieten Jahr für Jahr entsteht. Die wirkliche Schwachstelle ist nicht mangelnde technische Kreativität, sondern häufig ein zu langes Zögern beim Aufgreifen neuer technischer Ideen und bei deren Umsetzung in neue fortschrittliche Produkte, Verfahren und Marktanteile. Die weiche Stelle unserer Wirtschaft ist also die verschiedentlich festgestellte Innovationsschwäche in einzelnen Bereichen unserer industriellen Betätigung. Und hier schließt sich der Kreis: Weil eben technische Schutzrechte, Patente und

Gebrauchsmuster unabdingbare Voraussetzung für Innovationsmaßnahmen sind, sind sinkende oder stagnierende Anmeldungszahlen beim Patentamt auch ein deutlicher Hinweis auf Innovationsschwächen.

2.5. Betriebliche Patent- und Lizenzpolitik

Herbert Danner

Unter Fachleuten ist es kein Geheimnis, daß Patente und die anderen Schutzrechte des gewerblichen Rechtsschutzes in kleinen und mittelständischen Unternehmen ein schlechtes Image haben, von der Lizenzpolitik ganz zu schweigen.

Dies liegt sicher nicht an der Institution dieses Rechtsgebietes, wenngleich die Gesetze und deren Handhabung nicht immer ein Optimum darstellen, sondern vor allem daran, daß diese Unternehmensgruppe auf diesem Gebiet überwiegend einen unterentwickelten Wissensstand und bisher es nicht für wichtig gehalten hat, dies zu ändern.

Auf allen Bereichen des Unternehmens läßt sich die oberste Ebene des Managements durch Seminare schulen und durch Unternehmensberater helfen, in fast allen Unternehmen steht neben dem Rechnungswesen das Marketing an oberster Stelle, und zwar in bezug auf die Bestimmung der Unternehmensphilosophie wie die Gehälter und Bonusse.

Dabei sind die Unternehmen heute mehr denn je darauf angewiesen, bessere Produkte zu haben als die Konkurrenz, bessere Produkte schaffen aber die Ingenieure, Chemiker, Designer, Programmierer, bessere Produkte führen über die Schutzrechte zu Monopolen, mit denen das Marketing seine Geschäfte machen kann.

Dieses schlechte Image muß abgebaut werden. Dies ist aber nur dann möglich, wenn sich das Management über dieses Instrument der Unternehmensführung wenigstens so weit informieren läßt, daß es weiß, ob es in seinem Unternehmen richtig und erfolgreich gehandhabt wird. Der Weg dazu wird im folgenden aufgezeigt.

1. Einführung

Das Gedeihen eines produzierenden Unternehmens hängt zwar auch von der Höhe und dem Wachstum des Umsatzes ab, maßgebend sind aber die Gewinnspannen, die erzielt werden können. Je schlechter dieses Verhältnis ist, desto stärker wirkt sich eine Umsatzeinbuße bei einem der Produkte auf die Gesamtbilanz aus.

Das genannte Verhältnis ist dann schlecht, wenn entweder sich das Marktverhalten ändert oder die Konkurrenz bessere Produkte hat. Die beste Werbestrategie nützt höchstens kurzfristig, bessere Produkte wirken dann längerfristig, wenn sie von der Konkurrenz nicht nachgebaut werden können, also wenn Schutzrechte oder ein geheimhaltbares Know-how vorhanden sind. Ist dies der Fall, dann können Umsatz und Gewinnspanne alternativ oder kumulativ ansteigen und so lange andauern, bis die Wettbewerber nachziehen können, das heißt, die Schutzrechte nicht mehr rechtskräftig oder überholt sind.

Man denke nur an die Pleite der Kaffeefirmen mit der Marktstrategie der 400 und 500 g Kaffeepackungen. Da das angeblich neue Röstverfahren nicht mehr schutzfähig gewesen ist, zogen die meisten der Marktstrategen nach, wobei alle, die diesem Gag folgten, erheblich investieren mußten, der „Erfinder" und Anführer mehr als die Nachzügler. Gleiches Verhalten findet man unter anderem in der Waschmittel- und Pharmaindustrie, um nur zwei Beispiele zu nennen. Der eine hatte die Idee, Waschmittelkonzentrate in kleinen Flaschen anzubieten; kaum war sie unter außerordentlich großem Werbeaufwand auf dem Markt, schon zogen die anderen nach. Denn schutzfähig war die kleine Flasche nicht. Kaum hatte eines dieser Unternehmen ein Waschmittel für alle Temperaturen in den Markt gebracht, waren alle Konkurrenten dabei. Auf diesem Gebiet war und ist die Technik ausgelaugt, so daß nichts Schutzfähiges mehr dahintersteht.

Daraus eine Konsequenz zu ziehen, ist sicher nicht sehr schwierig: Normale und von jedem nachvollziehbare Werbegags können zwar einen kurzen Verkaufserfolg bringen, sie enden aber zumeist im Preiskampf, der das Verhältnis „Gewinn : Umsatz" sicher nicht verbessert.

Ist dagegen ein Produkt gegenüber den gleichartigen Produkten mit einer guten Werbung durch echte Vorteile auslotbar und ist das Produkt so geschützt, daß die Konkurrenz diese Vorteile nicht erreichen kann, dann können Gewinnspannen und damit der Umsatz erhöht und das Verhältnis zwischen beiden oft erheblich verbessert werden.

Man muß nicht unbedingt ein Prinzippatent besitzen, um solche Verhältnisse schaffen zu können, oft kann man mit dem schützbaren Pünktchen auf dem I dasselbe erreichen. Beispiele dafür gibt es genügend.

Danach dürfte es einleuchtend sein, daß an der Wurzel des kaufmännischen Erfolges der kreative Mitarbeiter eines Unternehmens, nämlich der Erfinder, der Designer oder Programmierer, sitzt, wenn deren Arbeitsergebnisse zu geheimhaltbarem Know-how oder zu Schutzrechten führen. Allerdings genügt es nicht, darauf zu warten, bis solche Arbeitsergebnisse entstehen, sondern der Unternehmer muß diese Mitarbeiter dazu motivieren, muß wissen, wie er dies tun kann und welche Schutzrechtsstrategie er einzuschlagen hat.

Es ist sicher gut, ja erforderlich, daß er dafür Spezialisten einsetzen kann, besser wäre es aber, wenn er selbst wenigstens einen Überblick über die hierbei vorhandenen Möglichkeiten hat, um selbst mitreden zu können. Er muß nicht nur die Unternehmenspolitik nach außen bestimmen, sondern sich auch der Instrumente bedienen können, die sein Unternehmen vor dem Piratentum seiner Konkurrenz schützen. Er muß sich zwar von Experten dieses Gebietes in den Einzelfällen beraten lassen, muß aber das, was ihm als Rat gegeben wird, beurteilen können.

2. Das Basisinstrument für eine gute Schutzrechtspolitik

Die Quellen für schutzfähige Arbeitsergebnisse sind die Kreativität der Mitarbeiter und die Förderung dieser Fähigkeiten.

Die unterste Stufe, auf der sich die Kreativität der Mitarbeiter bewegen kann, ist das Betriebliche Vorschlagswesen. Ist es gut aufgebaut, können erhebliche Einsparungen, freundlicheres Klima am Arbeitsplatz erzielt werden, die einerseits die Gewinnspannen erhöhen und andererseits die Arbeitsfreudigkeit fördern können. Dieses Betriebliche Vorschlagswesen sollte so aufgebaut werden, daß alle Betriebsangehörigen daran beteiligt sind, und zwar auch dann, wenn ein Mitarbeiter auf seinem ureigenen Arbeitsgebiet eine besondere Leistung vollbracht hat. Dies widerspricht zwar der allgemein vertretenen Übung, hätte aber zur Folge, daß Neidkomplexe nicht auftreten können. Die Verhältnismäßigkeit zwischen Verbesserungen am eigenen und fremden Arbeitsplatz kann, ja muß bei der Höhe der Prämierung gewahrt werden. Je größer der Stellenwert dieser Institution im Unternehmen ist, desto wirkungsvoller wird sie sich auswirken; mit der linken Hand betrieben, kann die Wirkung leicht ins Gegenteil abgleiten.

Für dieses Betriebliche Vorschlagswesen gibt es Spezialisten, ein offizieller Ausbildungsgang für solche Mitarbeiter ist von der Deutschen Aktionsgemeinschaft Bildung-Erfindung-Innovation e. V. (DABEI) erarbeitet worden, es kann damit gerechnet werden, daß es eventuell noch in diesem Jahr erprobt wird.

Da bei dieser Institution technische Verbesserungsvorschläge das Übergewicht haben, können die Verbesserer potentielle Träger von Schutzrechten sein oder werden. Je stärker sie also an das Erfindungswesen, also beispielsweise an eine vorhandene Patentabteilung angeschlossen ist, desto sicherer ist es, daß schutzwürdige Verbesserungsvorschläge in ein Schutzrecht übergeführt werden können und nicht als Monopol verloren gehen.

Dies ist auch schon deswegen empfehlenswert, weil es nach dem Arbeitnehmererfindungsgesetz auch einen Erfinderberater gibt und das vorerwähnte Ausbildungsprogramm sowohl ihn wie den Vorschlagsberater umfaßt. Sinnvoll ist es auch deswegen, weil es selbst für einen Fachmann äußerst schwierig ist zu unterscheiden, ob eine technische oder formgestalterische Verbesserung eines Produkts schutzfähig sein könnte oder nicht. Die endgültige Entscheidung darüber können nur die Patentbehörden und Gerichte treffen.

3. Die Motivation der Mitarbeiter zu kreativen Arbeiten

Mit einer hauptberuflichen Tätigkeit von fast 5 Jahrzehnten darf es erlaubt sein, ein Erfahrungsfazit auf diesem Gebiet zu ziehen. Die Motivation der kreativ veranlagten Mitarbeiter zum bestmöglichen Einsatz dieser Fähigkeit ist nur zu erreichen, wenn Leistung auf der einen Seite eine angemessene Gegenleistung auf der anderen Seite erfährt. Wenngleich diese Gegenleistung in Form von Geld den Vorrang hat, so gibt es natürlich auch andere Anreizmittel, die auch andere, insbesondere leitende Angestellte erhalten, wobei Arbeitsplatz, Status und ähnliches ebenfalls eine nicht unbedeutende Rolle spielen.

Wenn beispielsweise ein Arbeitnehmer für ein Arbeitsergebnis, das zu einem Monopol führt, eine Vergütung erhält, die aus einem Umsatzanteil von O,x oder gar O,Ox besteht, und derjenige, der dieses Monopol beim Verkauf ausnutzt, einen Bonus erhält, der weder vor noch nach dem Komma eine Null stehen hat, so ist es verständlich, daß derjenige, der dieses Produkt geschaffen hat, nicht nur nicht motiviert, sondern frustriert wird. Da dies kein aus der Luft gegriffenes, sondern ein immer und immer wieder zu erfahrendes Beispiel ist, sollte es den Unternehmer zumindest nachdenklich machen.

Wenn ein Verbesserungsvorschlag eine Prämie von DM 100000,— einbringt, eine mehrfach praktizierte Höchstprämie, dann wird man im ersten Moment glauben, daß dies eine außerordentlich hohe und irreale Prämierung sei. Weiß man aber, daß diese Summe nur ein Bruchteil eines Jahresnettoerfolges ist und dieser Vorschlag mehrere Jahre diesen Gewinn einbringt, dann ist auch dies wert, überdacht zu werden. Die Arbeitgeber beklagen seit Bestehen des Arbeitnehmererfindungsgesetzes die darin verankerte Vergütungspflicht, viele von ihnen behaupten, sie würde ihre Wettbewerbsfähigkeit beeinträchtigen und vergüten überhaupt nicht. Damit lügen sie sich in die eigene Tasche. Denn: im selben Fall geben sie einem Kunden 2% und mehr Skonto, um das investierte Kapital so rasch wie möglich wieder in die eigene Kasse zurückzuerhalten.

Daß aber das zu Monopolen führende geistige Kapital der kreativen Mitarbeiter einen realen und erheblichen Anteil am Unternehmenskapital hat, wird in diesen Fällen übersehen. Ich habe in meiner langen Praxis erfahren müssen, daß erfolgreiche Erfinder wegen der Mißgunst eines Vorgesetzten durch Versetzung mattgesetzt oder gar zum Unternehmenswechsel veranlaßt wurden.

Es gibt mehr Fälle gerade in der mittelständischen Industrie, als man sich überhaupt vorstellen kann, in denen Mitarbeiter Jahrzehnte auf ihre fällig gewesene Vergütung haben warten müssen oder überhaupt nichts erhalten haben. Es gibt Fälle, in denen der Erfinder offen erklärt, daß er für eine Aufgabenstellung mehrere Lösungen gefunden habe, die beste aber nicht melden wolle, weil er doch mit einem Trinkgeld abgefertigt werde. Nicht wenige der Kreativen halten sich überhaupt zurück und geben die gefundene Lösung einem Strohmann.

Es ist nicht beschreibbar, welche und wieviele Sünden auf diesem Gebiet von Arbeitgebern begangen werden und wie sie sich selbst dabei schaden. Für fast alle Unternehmer ist es denkbar, daß sich ein Verkaufsgenie eine Villa leisten kann, undenkbar für sie ist es aber in aller Regel, daß derjenige, der das Verkaufsobjekt so geschaffen hat, daß das Verkaufsgenie so erfolgreich sein konnte, mit seiner Vergütung ein kleines Haus bauen könnte, und dies vor allem dann, wenn das produzierende Genie nur in der Mitte der Unternehmenshierarchie angesiedelt ist. Diese Betrachtungen sollen nicht bewirken, daß die Schaffung eines auslobbaren Produkts, Verfahrens oder besonderen Erscheinungsbildes des Produkts überbewertet werden, sondern daß die Verhältnismäßigkeit hergestellt und nicht so vorgegangen wird, daß der Erfinder dann durch Senkung seines Anteils am Erfolg (Lizenzsatz) bestraft wird, wenn hohe Umsätze erzielt werden, was durch die Rechtsprechung sogar festgeschrieben ist.

Ein weiteres Hemmnis für die Motivation der kreativen Mitarbeiter eines Unternehmens können die Stellen sein, die darüber entscheiden, ob eine Verbesserung angenommen oder abgewiesen werden soll. Hier wird, insbesondere was die Patentabteilungen anbelangt, oft der Fehler begangen, gemeldete Erfindungen zurückzuweisen oder halbherzig durch die sogenannte beschränkte Inanspruchnahme den Erfinder bei eigenen Verwertungsbemühungen zu behindern, weil sie pflichtbewußt oder aus Profilierungssucht einen zu strengen Maßstab anlegen. In vielen Unternehmen geht daher bei Erfindern die Lust verloren, Neues zu melden. Der verantwortungsbewußte Patentingenieur muß nicht nach den negativen, sondern den positiven Aspekten einer gemeldeten Erfindung suchen und selbst, kreativ handelnd, versuchen, aus der ihm vorgelegten Substanz etwas Brauchbares und vor allem Nützliches für das Unternehmen zu machen.

Nicht Pessimismus sondern Optimismus in Grenzen ist für den Unternehmer hierbei die Devise, will er gegenüber der Konkurrenz Vorteile erzielen.

4. Die Monopole des gewerblichen Rechtsschutzes

Daß es Gebrauchsmuster, Patente und Warenzeichen gibt, ist bis in alle Unternehmensspitzen gedrungen; auch die Existenz des Wettbewerbsrechts ist dort gegenwärtig. Weniger geläufig sind das Geschmacksmuster, der Ausstattungsschutz und das Urheberrecht.

Nur: wie man diese wann, wo und wie handhaben müßte, was man alles damit erreichen oder vermeiden könnte, verschwimmt dort vor allem in kleineren Unternehmen oft im Nebel. Welche Unterschiede zwischen ihnen bestehen, daß man ein Produkt durch mehrere dieser Rechte schützen kann, was man nicht schützen kann oder soll, alles dies sind Probleme, um die sich die wenigsten Unternehmer kümmern. Vornan stehen immer die Tagesgeschäfte, die immer wichtiger genommen werden als eine gute Schutzrechtspolitik.

Genauso, wie der Ingenieur als Vorstandsvorsitzender oder Geschäftsführer wenigstens einigermaßen über die kaufmännischen und Finanzprobleme orientiert sein muß, muß der kaufmännisch orientierte Chef ungefähr über die technischen Belange unterrichtet sein.

Selbst oberflächliche Kenntnisse auf den Gebieten des gewerblichen Rechtsschutzes sind – Ausnahmen gibt es natürlich – selten vorhanden. Dabei ist dieses Gebiet eines und sicher nicht das geringstwertige Instrument der Unternehmenspolitik. Nur eine gute Schutzrechtspolitik kann zu auswertbaren Monopolen führen; sie zu bestimmen, läßt sich nicht einer der unteren Hierarchieebenen verantwortlich übertragen.

Ein gut geführtes Betriebliches Vorschlagswesen finanziert sich nicht nur selbst, sondern es bringt im Schnitt auch dann einen oft erheblichen Gewinn, wenn in ihrem Ertrag nicht meßbare Verbesserungsvorschläge prämiert werden. Diese Verbesserungsvorschläge aber sind so lange auch nach außen wirkende Monopole, so lange sie Dritten nicht bekannt und weiter benutzt werden. Selbst diese Institution erfordert eine hohe Aufmerksankeit bei der Unternehmensführung.

Alle Monopole sind nicht gleichwertig, ihre Stärke hängt auch nicht von der Schutzrechtsart, sondern in erster Linie von der Substanz des Schutzrechts ab. Ein starkes Gebrauchsmuster oder Geschmacksmuster kann ein besseres Monopol bedeuten als ein schwaches Patent, man muß als Manager nur wissen, daß dies so ist und beim Auftreten solcher Probleme einen Fachmann beiziehen, der zum richtigen Schutz rät und seine Empfehlung auch begründet.

So soll er auch wissen, daß es Fälle gibt, in denen eine neue Technik mit dem ersten Design kein Erfolg, mit einem neuen aber ein Renner werden kann und umgekehrt. Er muß darüber informiert sein, daß jedes Schutzrecht nur national ein Monopol verleiht, daß also heutzutage nur ein nationales Schutzrecht nicht nur überflüssig, sondern Ballast und Barriere im Ausland ist. Denn die Basis der meisten gewerblichen Schutzrechte ist die Verleihung des Monopols an dessen Urheber, nur dann, wenn er sein schutzfähiges Arbeitsergebnis der Öffentlichkeit bekannt gibt. Gibt er es aber bekannt, was bei Gebrauchsmustern unter Umständen schon wenige Monate nach der Anmeldung automatisch geschieht, bei Patentanmeldungen nach 18 Monaten, bei Geschmacksmustern nach wenigen Wochen, wenn sie nicht versiegelt hinterlegt werden, bei Warenzeichen innerhalb von etwa 6 Monaten, dann wird es im Ausland völlig legitim kopiert, wenn es sich um eine gute Sache handelt.

Wenn also Schutzrechte, dann nur dann, wenn die Absicht besteht, sie auch im Ausland anzumelden. Scheint der Gegenstand des Schutzrechts für die Wettbewerber nicht so interessant zu sein, daß sie ihn übernehmen würden, dann sollte man sich sehr überlegen, ob man es überhaupt anmeldet. Denn dies kostet ja Geld. Dies ist in jedem Fall eine unternehmerische Entscheidung, bei der man selbstverständlich die jeweils sachkundigen Mitarbeiter beiziehen sollte.

Diese Politik steht nicht im Gegensatz zu der oben vorgelegten Warnung an die Patentingenieure, nicht negativ und destruktiv zu entscheiden. Beides muß zusammenlaufen. Im Wettbwerbe – und der spielt bei allen diesen Fragen eine entscheidende Rolle – wichtig erscheinende Neuerungen sind immer so positiv wie möglich zu bewerten, in weniger wichtigen kann durchaus mit negativer Tendenz entschieden werden. Denn jede an der Grenze der Schutzwürdigkeit liegende Neuerung kann über das Betriebliche Vorschlagswesen behandelt und dort prämiert werden. Dies ist bei benutzten Neuerungen für den Urheber sogar oft besser, weil er bei dieser Institution meist höher prämiert wird.

Auch verstößt der Unternehmer durch solche am Wettbewerb ausgerichtete Entscheidungen nicht gegen das Arbeitnehmererfinderrecht, weil in ihm auch der sogenannte qualifizierte Verbesserungsvorschlag geregelt ist.

Zu diesem Rechtsgebiet gehören auch der Ausstattungsschutz und das Urheberrecht, über letzteres wird zur Zeit laufend in der Presse im Zusammenhang mit Computerprogrammen berichtet, die bisher nur über dieses Gesetz erfaßt werden. Beiden Rechtsgebieten ist aber gemeinsam, daß die Rechte nicht zum Schutzrecht angemeldet werden können, sondern daß sie im Markt entstehen.

Hier ist nun das Marketing aufgerufen, da der Ausstattungsschutz nur dann erreicht werden kann, wenn eine Ware oder deren äußerers Erscheinungsbild sich so von den Konkurrenzprodukten unterscheidet, daß der überwiegende Verkehrskreis weiß, von welchem Unternehmen dieses Produkt stammt. Hier muß das Marketing lernen, mit dem gewerblichen Rechtsschutz umzugehen.

Die Merkmale des Ausstattungsschutzes können in der Form – Odolflasche –, in den Farben – Nivea – oder Farbkombinationen – Tankstellen –, aber auch aus Einzelheiten – roter Punkt, grünes Dreieck – bestehen. Nahezu alles, was geschmacksmustertauglich ist, kann zu einem nachfolgenden Ausstattungsschutz führen, ein Monopol, das wie das Warenzeichen so lange dauern kann, wie man es aufrecht erhält, beziehungsweise aufrecht erhalten kann. Daß es dazu eines nicht unerheblichen Werbeaufwandes bedarf, muß erwähnt werden. Bei konkurrenzfähigen Produkten lohnt es sich aber.

Das Warenzeichen als Monopol hat in den einzelnen Unternehmen einen sehr unterschiedlichen Stellenwert. Selbst in Firmen der Markenartikelbranche ist die Bedeutung einer guten Warenzeichenstrategie unbekannt, auch können sie oft nicht zwischen Warenzeichen und Produktbezeichnungen unterscheiden. Je weniger beschreibend ein Zeichen ist, desto eher kann es als Warenzeichen eingetragen werden; je mehr es beschreibender Art ist, desto weniger. Beschreibende Zeichen oder Zeichenteile können von Dritten meist ohne weiteres übernommen werden, daher ist auch hier Aufmerksamkeit am Platz.

Wenn schon beschreibende Wörter oder Slogans nicht schutzfähig sind, also höchstens und nur im Ausnahmefall über den Ausstattungsschutz zu einem

Monopol führen können, dann sollte man schutzfähige Zeichen verwenden, und zwar solche, die erkennen lassen, daß auch ein unbekannteres Produkt vom selben Unternehmen stammt wie sein bekanntestes. Es ist erstaunlich, welches Warenzeichen-Wirrwarr bei Zeichen vieler Unternehmen verwendet wird, wie wenig nach einer Warenzeichenstrategie gesucht wird. Auch hier sollte sich das Marketing über die gegebenen Möglichkeiten informieren lassen.

Dies alles wäre übrigens ein reiches Feld für Unternehmensberater, wenn sie geeignete Sachkenner in ihre Beratungsprogramme einbeziehen würden.

5. Der Weg zu solchen Schutzrechten

Wie bereits angesprochen, muß der Bereich der Schutzrechtspolitik in den einzelnen Unternehmen einen größeren Stellenwert erhalten, als es bisher der Fall ist. Man denke nur an die früheren Monopole des Nylons, der heutigen Glasfaserkabel, den Katalysator für Kraftfahrzeuge, um deren Bedeutung erkennen zu können.

Soll dieser Komplex einen hohen Stellenwert im Unternehmen erhalten, dann muß er bereits in die Anfänge der Planung von neuem angesprochen werden. Der Fachmann kann schon vor Beginn der eigentlichen Planungen bis zum fertigen Ergebnis laufend einbezogen werden, so daß er unter anderem durch entsprechende Rechercheergebnisse unnötige und falsche Entwicklungsabläufe vermeiden hilft. Er kann mit einiger Sicherheit feststellen, wo und auf welchen Wegen schutzrechtsträchtige Entwicklungen ansetzen könnten, wo Schutzrechte Dritter den Weg verbauen und vieles andere mehr. Auch sollten die markttechnischen Überlegungen schon von Anfang an unter dem Aspekt, Schutzrechte erwirken zu wollen, stehen, die Wahl des künftigen Warenzeichens zumindest vorgeplant werden. Es ist auch in größeren Unternehmen vorgekommen, daß Warenzeichen, Patente oder Geschmacksmuster Dritter durch ein neues Produkt verletzt worden und dadurch alle kostenträchtigen Aufwendungen umsonst gewesen sind. Vorsorge ist auch in diesen Fällen immer besser und billiger, als Nachsorge tragen zu müssen.

Kreativität kann nicht erlernt, aber gefördert werden. Wenn die mit solchen Innovationen befaßten Mitarbeiter nicht nur motiviert, sondern auch in dieser Richtung geschult, angewiesen, unterstützt und informiert werden, dann kann man zu schutzwürdigen Ergebnissen kommen. Besonders wichtig dabei ist die gute Information darüber, was am Markt sich bewegt und wie die Schutzrechtssituation der Konkurrenz aussieht. Es genügt sicher nicht, wenn sich nur das Marketing über den Markt informiert, diejenigen, die das Neue schaffen sollen, müssen eine ähnliche Verbindung zum Markt, zu den Kunden haben, die oft Produktmängel schneller und besser erkennen als das eigene Testpersonal. Die Schutzrechtssituation kann man über die amtlichen und privaten Fachblätter (Patent-, Warenzeichenblatt) erfahren, die allerdings nicht sehr billig und von kleineren Unternehmen nicht zu tragen sind, weil Aufwand und Ertrag in schlechtem Verhältnis zueinander stehen.

Aber auch hier gibt es Möglichkeiten, sich zu helfen. Entweder bestellt man sich Abonnements der jeweils relevanten Patent- und Warenzeichen-Klassen, oder mehrere nicht in direktem Konkurrenzkampf liegende Firmen richten sich eine gemeinsame Patentstelle ein, die sowohl das Betriebliche Vorschlags- wie Erfindungswesen für alle bearbeitet. Dadurch kann sogar ein gegenseitiger Erfahrungsaustausch stattfinden, was sicher zur Effizienz der beteiligten Unternehmen beiträgt. Dies kann in der Form einer gemeinsamen Verwertungsgesellschaft betrieben werden, die dann auch ein gemeinsames Lizenzgeschäft besorgen könnte. So wird der Aufwand für kleine und entwicklungsintensive Unternehmen kleiner und effizienter.

6. Die Verwertung von Schutzrechten durch Verkauf

Der Verkauf von Schutzrechten wirft eine Reihe von Problemen auf, die diejenigen, die verkaufen wollen, meist nicht beherrschen.

Es gibt Unternehmen, die von außen kommende Schutzrechtsangebote nur oder in der Regel käuflich erwerben wollen. Der Hauptgrund dafür ist, daß sie vom Verkäufer unabhängig sind. Oft haben sie in dieser Richtung eigene Entwicklungen laufen und wollen diese, ohne sich dem Anbieter offenbaren zu müssen, durch Zukauf ergänzen, ein Schritt, der in diesen Fällen sicher besser ist, als das angebotene Schutzrecht zu bekämpfen und damit den Weg auch für die Wettbewerber frei zu machen.

In der Regel ist der Verkäufer ein Einzelerfinder, doch sollten Unternehmen, die über nicht oder nicht ausreichend ausgewertete Schutzrechte verfügen, sich ebenfalls in dieser Richtung bewegen; denn nicht genutztes Immaterialgut ist teuer, für andere kann es interessant sein.

Der Versuch des Verkäufers, den Wert eines zu verkaufenden Schutzrechts aus eventuell zu zahlenden Lizenzgebühren auf etwa 6 Jahre hochzurechnen und diese Summe als Verkaufspreis zu fordern, scheitert meist; denn der potentielle Käufer hat seine Vorstellungen über das, was er zahlen will. Da meistens nur ein Interessent vorhanden ist, wird letztlich er den Preis bestimmen. Im übrigen sind Verkauf und Kauf immer ein Risiko für einen der Partner: Entweder hat der eine zu teuer gekauft oder der andere zu billig abgegeben; dies stellt sich leider immer erst nach Abschluß des Vertrages heraus.

Verkauft werden können Patente und Gebrauchsmuster, weil diese auf einen Dritten ohne weiteres übertragbar sind. Das Warenzeichen kann nur verkauft werden, wenn auch der diesbezügliche Geschäftsbetrieb mit verkauft wird. Dazu gehören bei einem Produktionsbetrieb zumindest die Werkzeuge, bei einem Handelsunternehmen die Kundenlisten, um nur einige der gegebenen Möglichkeiten zu nennen.

Wenngleich sich das Geschmacksmuster nicht auf Dritte übertragen läßt, kann man es gleichwohl durch eine Pauschalsumme weggeben, was einem Verkauf in etwa gleichkommt.

Der gegenseitige Tausch von Schutzrechten ist eine verkaufsähnliche Handlung, nur können im Gegensatz zum Verkauf hierbei gegenseitige Eigenbenutzungsmöglichkeiten vorbehalten werden.

7. Die Vergabe und das Nehmen von Lizenzen

Die Vergabe von Lizenzen erfolgt nicht nur durch Einzelpersonen, sondern auch durch große und kleine Unternehmen. Zum Nachteil der Schutzrechtsinhaber wird hiervon leider zu wenig Gebrauch gemacht, viele der Schutzrechte eines Unternehmens liegen brach oder werden nicht ausreichend genutzt. Eine jährliche Durchforstung des jeweiligen Schutzrechtsbestandes unter diesem Aspekt wäre sicher von Nutzen. Der Grund, daß man für Verwertungsbemühungen keine Zeit habe, kann nicht gelten, da es für solche Zwecke Fachleute gibt.

Bei der Lizenzvergabe unterscheidet man zwischen einfachen und ausschließlichen Lizenzen. Wie wichtig gerade die ausschließliche Lizenz für die Wirtschaft ist, läßt sich leicht dadurch belegen, daß die EG-Bestimmungen, die viele Jahre die Vergabe von ausschließlichen Lizenzen erheblich einschränkten, in jüngster Zeit eine Wende gemacht haben, so daß solche Lizenzverträge weitgehend freigestellt sind und der Kommission nicht mehr gemeldet werden müssen.

Die einfache Lizenz ermöglicht jedem Lizenznehmer, die lizensierten Waren in alle unter Schutz stehende Länder oder Staaten zu liefern, die ausschließliche Lizenz verbietet jedem Nichtlizenznehmer Herstellung und Vertrieb des geschützten Gegenstandes. Ausschließliche Lizenz bedeutet andererseits nicht, daß man diese Lizenz nur an ein Unternehmen vergeben kann. Sie läßt sich auf bestimmte Territorien oder bestimmte technische Anwendungsgebiete beschränken, so daß beispielsweise in einem Territorium für unterschiedliche Anwendungsfälle mehrere ausschließliche Lizenznehmer tätig sein können.

Da der Katalog des Lizenzrechts außerordentlich umfangreich ist, können die einzelnen Möglichkeiten bei Vertragsabschlüssen nicht aufgeschlüsselt werden. Dazu bedürfte es eines Buches erheblichen Umfangs. Folgende Empfehlungen sollten aber doch gegeben werden.

Vorangehende Tests im Stand der Technik, im Markt und unter den in Frage kommenden Lizenznehmern sind unerläßlich, will man nicht von vornherein Schiffbruch erleiden. Verfügt man bereits über Schutzrechte, dann lohnen sich Verwertungsbemühungen nur, wenn man auch über Auslandsschutzrechte verfügt oder die Nachanmeldung innerhalb der Prioritätsfrist noch gültig ist. Denn nur der deutsche Markt ist in den weitaus überwiegenden Fällen zu klein, um zu hoher Serienproduktion zu kommen, die allein eine wettbewerbsfähige Preisgestaltung verspricht. Einzelpersonen als Anbieter haben es dabei natürlich erheblich schwerer als Firmen, weil sie oft weder Prototyp noch Auslandsanmeldungen finanzieren können.

In allen Fällen, in denen man zum Schutzrecht angemeldete Neuerungen anbieten will, ist es ratsam, damit mit der Einreichung der Anmeldungen zu beginnen, damit ein Partner vor Ablauf der Prioritätsfrist gefunden werden kann. Deshalb sollte das Angebot auch gleichzeitig an mehrere Unternehmen gerichtet werden.

Unternehmen, die Lizenzen suchen und mit einem Geber verhandeln, wird empfohlen, die Recherche nach dem Stand der Technik sehr gründlich durchzuführen. Sie sollten ihn dann nicht destruktiv, sondern konstruktiv auslegen, wenn das Angebot an sich für das Unternehmen interessant ist. Denn das Zusmamengehen mit dem Anbieter ist meist besser, als gegen ihn vorzugehen oder ihn anderen zu überlassen.

Grundsätzlich falsch und gegen das Interesse des Unternehmens ist es meist, wenn im Zweifelsfall gegen die Lizenznehmer entschieden oder eine Lizenznahme durch kurzsichtige Bedenken und innerbetriebliche Hemmnisse verhindert wird. Hier muß das oberste Management besonders vorsichtig sein.

8. Der Lizenzvertrag

An sich kann zwischen den Parteien alles vereinbart werden, Grenzen setzt das EG-Recht, das etwas schärfer ist als das deutsche. Solche Verträge sollten durch einen Fachmann ausgehandelt und ausgearbeitet werden. Die bekannten Vordrucke sind selten das richtige Rezept, weil praktisch jeder Fall anders liegt. Wenngleich das EG-Recht dies direkt nicht zuläßt, sollte man zusätzlich zu den Schutzrechten auch den Oberbegriff des technischen Gegenstandes der Schutzrechte insbesondere dann als Vertragsgegenstand einsetzen, wenn man den Anbieter fester an sich binden will, und zwar unter Bezugnahme auf dessen Know-how, das ja oft weiter geht, als das Schutzrecht es erkennen läßt. Damit kann man erreichen, daß der Vertrag länger läuft als die Schutzrechte, deren Laufzeit ja nach EG-Recht die Laufzeit des Lizenzvertrages begrenzt.

Beim Abschluß der Verträge sollte man sich nicht zu sehr auf die Toleranz der verhandelnden Personen verlassen; die Erben oder Nachfolger lesen oft anderes aus den Verträgen, als es die aushandelnden Personen gemeint haben. Vorteilhaft ist es auch, kein Schiedsgericht, sondern die Patentkammern der Gerichte zu vereinbaren und einer gerichtlichen Auseinandersetzung die Berufung eines Schlichters vorzuschalten. Er kann gerade bei einer Rechtsnachfolge vieles ausräumen, was sonst anhängig gemacht werden würde.

9. Das Piratentum im Markt und die gute Schutzrechtspolitik

Wenn hier für eine gute Schutzrechtspolitik eine Lanze gebrochen wird, dann scheint dies in den Augen mancher Unternehmer wie eine Schizophrenie vorzukommen. Dies ist aber nicht der Fall, sondern gerade die Unternehmer, die diesen Piraten ausgesetzt sind, haben keine konsequente Schutzrechtspolitik betrieben. Sie haben entweder nicht die richtigen Schutzrechte oder nicht genug Schutzrechte gut angemeldet. Denn mit einem fundierten und Substanz aufweisenden Schutzrecht, seien es Patente, Gebrauchsmuster, Geschmacksmuster, Warenzeichen oder der Ausstattungsschutz, kann man gegen Verletzer vorgehen, manchmal sogar sehr rasch.

Leider ist es aber oft so, daß entweder gar nichts angemeldet worden ist, oder man dem Patentamt gegenüber bei der Prüfung nicht standhaft genug gewesen ist. Oft melden Unternehmen insbesondere Gebrauchsmuster und Geschmacksmuster selbst an, so daß es leicht ist, das diesbezügliche Schutzrecht zu umgehen, so daß man den Verletzer letztendlich doch nicht fassen kann. Jede Arbeit, die man nicht täglich ausführt, hat für den Ungelernten ihre Tücken, die er nicht kennt. Die Anmeldung, Erwirkung, Verteidigung und Geltendmachung eines Schutzrechts ist eine Kunst für sich. Genau so wenig, wie man einen Verkäufer die Bilanz machen lassen kann, genau so wenig darf man dem Erfinder es überlassen, seine Schutzrechtsanmeldungen selbst anzufertigen. Das eine wäre so falsch wie das andere.

Aber nicht nur das Do it yourself auf diesem Gebiet trägt die Schuld daran, daß man einen Piraten nicht fassen kann. Die Patentbehörden und nicht zuletzt die Gesetze helfen kräftig dabei mit, daß ein Unternehmen keine vernünftigen Schutzrechte erhält. Sie prüfen wie auch manche Patentabteilungen zu destruktiv, blicken stur nur auf den papiernen Stand der Technik und kümmern sich bei der Beurteilung der Erfindungshöhe nicht um das Verhalten des Marktes. Dabei geben die Kataloge der Industrie exakt das an, was die anderen Erfinder aus dem vorhandenen papiernen Stand der Technik gemacht haben. Sie prüfen retrospektiv, betrachten also den Stand der Technik von der Erfindung aus rückschauend, so daß vieles für sie naheliegend sein muß und lassen sich oft nicht davon überzeugen, daß der jüngste Urheber vor dem Erfinder vom selben, vor ihm liegenden Standpunkt ausgegangen ist wie der Anmelder. Damit zerpflücken sie den Erfindungsgedanken, versagen ein Patent oder schränken es so ein, daß man nicht mehr gegen Nachahmer vorgehen kann. Dagegen muß man sich durch die richtigen Argumente energisch wehren, die Prüfenden zum Umdenken bringen.

Außerordentlich schädigend ist die Neuerung im Gesetz, wonach ältere Patentanmeldungen, die noch nicht veröffentlicht sind, als neuheitsschädlich gewertet werden, wenngleich niemand sie gekannt haben kann.

In gleicher Linie liegt das Warenzeichenrecht, nach dem man ein internationales Warenzeichen nur binnen sechs Monaten nach der inländischen Anmeldung mit der Erstpriorität im Ausland nachanmelden kann. Da ein Warenzeichen nicht objektiv neu zu sein braucht, kann jeder ein fremdes eingetragenes Warenzeichen in seinem und den anderen Ländern, in denen der Urheber das Warenzeichen nicht angemeldet hat, anmelden und dem eigentlichen Inhaber des Zeichens verbieten, danach damit versehene Waren in den Bereich des von ihm völlig legal angemeldeten Zeichens auszuliefern.

Hier, wie in vielen anderen Bereichen wird der Gesetzgeber eingreifen und bessere Gesetze machen müssen; Vorschläge hierzu liegen vor. Falsch ist es auch, wenn die Gerichte als Schadensersatzleistung den Lizenzsatz festlegen, den der Plagiator hätte zahlen müssen. Dieses Geld hat er mit seinem Plagiat längst eingestrichen, selbst am Zinssatz verdient er noch: Er muß nur 4%, ein uralter Zopf, bezahlen, der Betrogene hat mehr als das Doppelte verloren.

Demnach kann richtiges Verhalten des Urhebers irgend eines Schutzrechtsgegenstandes gegen Nachahmer erfolgreich sein und die Verunsicherung durch gemachte negative Erfahrungen ist nicht am Platz.

2.6. Innovationsdynamik und Innovationswiderstände

Erich Staudt

1. Innovationsdynamik und Innvationsbarrieren

Zum Abschluß einer Reihe mit vielfältigen und kompetenten Anregungen zum Management von Innovation ist es angebracht, sich noch einmal darüber klar zu werden, daß in unserer Gesellschaft nur eine vordergründige Einigkeit darüber besteht, daß man innovieren sollte. In aller Regel wird die Innovationsfähigkeit und -bereitschaft von Individuen, Institutionen, Unternehmen und Gesellschaft überschätzt und werden Widerstände gegen den technischen Wandel in technokratischer Euphorie übersehen. Unter Mißachtung dieser Widerstände verkürzt man oft Innovationsmanagement auf Planung und Durchsetzung technischer Entwicklungen und reduziert technologieorientierte Wirtschafts- und Strukturpolitik auf Innovationsförderung und Technologietransfer. Es besteht dann die Gefahr, daß der Innovationsmanagement- und Transferaktivismus eher innovationsverhindernd als innovationsfördernd wirkt.

Die Adressaten dieses Bemühens reagieren nämlich auf den missionarischen Eifer von Innovatoren, Innovationsmanagern und Innovationsförderern zurückhaltend, abwartend, und wenn er zu groß wird, sogar innovationsfeindlich. Die großen Heilslehrer, Erfinder, Promotoren und Vermarkter neuer Technologien geben sich dann enttäuscht und erschüttert. Weil ihr „Allheilmittel“ nicht gleich angenommen und freudig begrüßt wird, räsonieren sie über

- die Technikfeindlichkeit in unserer Gesellschaft
- die Unfähigkeit zurückhaltender Anwender
- die Führungsschwächen des Managements
- die Leistungsschwäche der Arbeitnehmer oder
- die Unzulänglichkeiten des Bildungssystems, das es versäumt habe, schon vor der Kenntnis der jeweils aktuellen Technik angemessene Ausbildungsgänge einzurichten.

Die Überschätzung der Überzeugungskraft technischer Neuerungen und die Unterschätzung der durch Neuerungen hervorgerufenen Widerstände, die durch den missionarischen Übereifer noch verstärkt werden, erzeugen erhöhte Störpotentiale, die die technische und wirtschaftliche Entwicklung hemmen und schließlich in einen Teufelskreis führen, in dem Barrieren gegen den Wandel eher noch verstärkt als abgebaut werden.

Innerhalb einer solchen Innovationswiderstände verstärkenden Spirale, so ist zu vermuten, bewegt sich zur Zeit ein großer Teil der Innovationsszene in der Bundesrepublik. Zwar ist unter diesen Umständen die erste Schumpetersche Bedingung von der „tiefen Rezession“, in der sich innovatorische Ideen besonders erfolgreich durchsetzen, in den letzten Jahren ideal erfüllt. Doch ist die zweite Schumpetersche Bedingung von der „außerordentlich hohen Belohnung einer kleinen Minderheit“ für ein vermehrtes Auftreten dynamischer Unternehmen aus einzelwirtschaftlicher Sicht zu schlicht. Interessiert es doch den potentiellen Unternehmer nicht nur, wofür (welche Belohnungshöhe), sondern auch wogegen er sich mit seiner Innovation durchsetzen muß.

Das Angebot einer angemessenen Belohnung ist dann zwar notwendige Voraussetzung für innovatorische Aktivitäten aber nicht hinreichend, innovatorischen Erfolg zu sichern. Das schlichte makroökonomische Modell vereinfacht zwar die Diskussion über Innovationsbarrieren, löst aber nicht die Probleme innovierender Unternehmungen, solange man von der Fiktion der Barrierenüberwindung ausgeht und nicht reflektiert, wer das überhaupt kann, indem man auf einzelne Widerstandsbereiche eingeht und die Fragestellung dahingehend operationalisiert

- inwieweit die Attraktivität der potentiellen Belohnungen zur Überwindung der jeweiligen Einzelbarrieren ausreicht und
- inwieweit einzelne Barrieren überhaupt sinnvoll zu überwinden sind, d.h., welcher potentielle Innovator überhaupt gegen sie angehen kann, bzw. ob hier nicht auch Aufgabenstellungen zur Änderung des Ordnungsrahmens vorliegen.

Beides setzt aber die differenzierte Kenntnis von praktisch wirksamen Innovationsbarrieren voraus.

2. Analyse von Innovationsbarrieren

Zur Untersuchung von Innovationsbarrieren geht man davon aus, daß die erfolgreiche Umsetzung einer technischen Neuerung im wesentlichen davon abhängt:

- Wie der Zustand des die technische Neuerung aufnehmenden Systems, also der Unternehmung selbst, des die Unternehmung umgebenden Sozialsystems (regionale Infrastruktur, Arbeitnehmerschaft etc.) aussieht und wie die Aktivitäten und Fähigkeiten dieses Aufnahmesystems beschaffen sind.
- Vom Zustand der Art und dem Ausmaß der Aktivitäten des jeweiligen Innovationsanbieters, seinen Fähigkeiten, potentielle Abnehmer von technologischen Neuerungen zu überzeugen.
- Von den spezifischen Eigenschaften bzw. der Einschätzung der spezifischen Eigenschaften der jeweiligen technischen Neuerungen.

Neben den spezifischen Merkmalen neuer Techniken sind also zusätzlich die Kommunikations- und Distributionssituationen zu analysieren und darüber hinaus auch die Aktivitäten der im gleichen Feld tätigen Konkurrenten einzubeziehen. Die Analyse dieser Beziehungen zwischen Herstellern und Anwendern von technischen Innovationen ist noch zu ergänzen um die Einflüsse aus dem Umsystem. Da sind die rechtlichen, sozialen, technischen, institutionellen Tatbestände, die den Umsetzungsvorgang beeinflussen, und die Verknüpfungen zu den vor- und nachgelagerten Beschaffungs- und Absatzmärkten.

Mittels derartiger Analysen kann man im Querschnittsvergleich auf typische Innovationswiderstände hinweisen, die sich in verschiedenen Unternehmen in ähnlichen Situationen wiederholen.

Betrachtet man die situationsspezifischen Innovationsbarrieren im Querschnitt, dann schälen sich immer wieder vier Hauptdeterminanten als Widerstandsursachen heraus:

- technikbedingte Innovationswiderstände
- qualifikationsbedingte Innovationswiderstände
- sozial bedingte Innovationswiderstände und
- regelungsbedingte Innovationswiderstände.

Auch diese Determinanten sind schon seit Jahren im Bereich der Anwendung der Mikroelektronik transparent geworden.

Technisch bedingte Innovationswiderstände

Der potentielle Anwender der Mikroelektronik im Bereich kleiner und mittlerer Unternehmen ist bereits auf der Suche nach geeigneten Mikroelektroniksystemen von der Vielfalt der angebotenen Firmenvarianten überfordert. Gelingt ihm schon nicht eine problemadäquate Auswahl eines für den eigenen Betrieb geeigneten Systems, so gerät er mit der Verbindung zu einem einzelnen Hersteller und seiner jeweiligen Produktgeneration in eine Zwangsjacke, die den

Zugang bzw. die Verbindung mit den Weiterentwicklungen des Lieferanten oder gar anderer Hersteller ausschließt. Die daraus resultierende Verunsicherung bei den Abnehmern erklärt einen guten Teil der Zurückhaltung gegenüber neuen Techniken. Die vorhandene technische Infrastruktur von der Fertigung bis hin zur überregionalen Kommunikationsstruktur macht die Sicherung der horizontalen (auf Anschlußtechnologien gerichtete) und vertikalen (auf zukünftige Weiterentwicklung gerichtete) Kompatibilität der neuen Technik zu einem Überlebensproblem potentieller Anwender. Dieser wird, wenn er angesichts des hektischen Modellwechsels nicht laufend Investitionsruinen abschreiben will, zwangsläufig auch den modernsten Techniken, soweit sie nur Insellösungen sind, mit Vorbehalt begegnen und Widerstand entgegensetzen.

Ein anderes Beispiel für eine solche Insellösung bei der Mikroelektronik ist neben der Systemkonfiguration das Gebiet der Sensorik. Der Fortschritt der letzten Jahre ging einseitig in Richtung zunehmender Digitalisierung. Die Entwicklung der Peripherie und Sensorik dieser Systeme hat dabei nicht Schritt gehalten. Die Integration der neuen Technik in die Anwendersysteme erfordert deshalb heute umfangreiche Eigenentwicklungen oder aufwendige Kooperation im Hard- und Softwarebereich. Kooperationen, die neue Abhängigkeiten schaffen. Die Hersteller suchten durch eine zu rasche Expansion der Chipproduktion die schnelle Amortisation ihres Forschungs- und Entwicklungsaufwandes und überschlugen sich in „schneller, besser, billiger" einer vorwiegend durch rasante technische Einzelentwicklungen bestimmten, zum Teil nur zweijährige Generationenfolge. Der innovatorische Erfolg blieb jedoch sehr bescheiden, denn sie schufen damit eine weltweit kaum zu befriedigende Nachfrage nach den übersehenen „Anschlußtechniken".

Die Geschwindigkeit der meist weniger durch echte Nachfrage als durch internationalen Wettbewerbsdruck forcierten technischen Entwicklung gerät zudem streckenweise außer ökonomische Kontrolle. Das heißt,

- die Armortisation der Forschungs- und Entwicklungsaufwendungen ist nicht mehr gesichert
- die Lebenszyklen sind zu kurz und erlauben keinen Übergang in stabile Produktionsverhältnisse.

Angesichts der Höhe des für Forschung und Entwicklung und kurzfristig wechselnde Produktionsanlagen erforderlichen Kapitals, führt dies normalerweise zu einer ökonomischen Abgrenzung der Geschwindigkeit der technischen Entwicklung. Diese Bremswirkung wird allerdings in Teilbereichen dadurch abgeschwächt, daß nach Überschreitung der Eigenfinanzierungsgrenze der hier engagierten Unternehmen immer häufiger der Ruf nach dem Staat zusätzliche mikroökonomisch nicht gerechtfertigte Forschungs-, Entwicklungs- oder Subventionsmittel für Einzeltechnologiebereiche erschließt, was schließlich weitere nicht hinreichend abgestimmte technische Partiallösungen erzeugt.

Qualifikatorisch bedingte Innovationswiderstände

Neben technischen Ergänzungen und Weiterentwicklungen hängt der Einsatz einer neuen Technik von der qualifikatorischen Bewältigung durch Hersteller, Nutzer und Konsumenten ab. Die heute erkennbaren Probleme machen die Ursachen personeller Widerstände deutlich: Mit zunehmender Nutzung der Mikroelektronik wächst bzw. wechselt die Anforderung an die Qualifikation des Personals auf allen Unternehmensebenen. Und dies eben nicht nur in dem heute so oft diskutierten digitalen Sinn, sondern in Richtung der Beherrschung einer der Integration der Mikroelektronik angemessenen technischen und organisatorischen Infrastruktur. Soweit dies nicht geschieht, erzeugt das dann auftretende Defizit wiederum erhebliche Widerstände gegen eine weitere Diffusion der Technik. Es besteht sogar die Gefahr einer gezielten Aneinander-Vorbei-Entwicklung von Technik und Qualifikation:

Während technische Entwicklungen vorangetrieben werden, die sich an der heute nicht vorhandenen Qualifikation orientieren, richten sich die Schnellausschüsse im Ausbildungsbereich an der Technik von gestern aus. Die aktuellen (weil situationsspezifischen) Qualifikationsbedarfsmeldungen der Wirtschaft werden umgesetzt in Curricula für Schulen bis Hochschulen. Angesichts der hohen Zeitkonstante im öffentlichen Ausbildungsbereich ist aber nicht zu erwarten, daß von dieser Seite aus die personellen Defizite hinreichend flexibel aufgefüllt werden können. Dennoch überbietet man sich zur Zeit in einer Art Goldgräberstimmung, in Fortbildungskursen und in den Lehrplänen aller Schularten nach dem Muster der Mengenlehre Informatik und Digitaltechnik einzubauen. Da speziell in diesem besonders innovativen Feld nicht antizipierbare Restgrößen und Ungewißheiten auftreten (vgl. z. B. die Phasenabhängigkeit der Bedarfsmeldungen einzelner Betriebe) werden aber betriebs- und problemspezifische Qualifikationen erforderlich, die angesichts der hektischen technischen Entwicklung über die Zeit erheblich variieren und daher von übergeordneten Ausbildungsinstanzen kaum zu erbringen sind. Es besteht deshalb auch hier die Gefahr, daß die Schnellschüsse im Ausbildungsbereich nach Anfangserfolgen zur Frustation der möglicherweise falsch Qualifizierten führen.

Sozial bedingte Innovationswiderstände

In vielen Betrieben hat man die Erfahrung gemacht, daß größere technische Neuerungen mit der vorhandenen Ingenieurs- und Führungsgeneration nicht durchsetzbar sind. Echte Innovationen also häufig einen Generationenwechsel erfordern. Dabei entsteht eine Vielzahl von personellen Konflikten, deren Ausgang letztlich darüber entscheidet, ob die Optionen der Technologie im einzelnen Betrieb genutzt werden oder man sich zur Absicherung der eigenen Position der Entwicklung verweigert, und dies nicht nur bei Arbeitern, sondern auch bei leitenden Angestellten und oft bei den Unternehmern selbst.

Arbeiter und Angestellte empfinden die Chancen der sich anbietenden technischen und ökonomischen Potentiale der Mikroelektronik subjektiv häufig als Bedrohung. Was für eine elitäre Minderheit Chance zur Selbstverwirklichung ist, beunruhigt die davon betroffene Mehrheit, schafft Widerstände und führt zur Innovationsfeindlichkeit. Es wird deshalb von ausschlaggebender Bedeutung für die weitere technisch-wirtschaftliche Entwicklung sein, inwieweit die Betroffenen und ihre Interessenvertreter in der Lage sind, die soziale Herausforderung des technischen Wandels konstruktiv zu bewältigen. Und man wird vor allem verstärkt auf die mittlere Managementebene achten müssen, wo in viel größerem Ausmaß als auf der unteren ausführenden Ebene Rolle und Position durch neue Techniken in Frage gestellt werden.

Gerade die Integration von Mikroelektroniktechniken in das Produktionsprogramm oder in den Fertigungsprozeß bedeutet für die meisten kleinen und mittleren Unternehmen nicht einfach die Hinzunahme eines neuen Geschäftsbereichs. Das oft schmale Produktspektrum und die engen Produktionsverhältnisse verlangen vielmehr einen „Neubau" des Unternehmens. Die „schöpferische Zerstörung" Schumpeters erfordert z.B. beim Wechsel von Mechanik auf Elektronik einen Wandel des Qualifikationsprofils, von der Facharbeiterebene bis in die Führungsspitze, neue Fertigungstechnologien, Änderungen im Maschinenpark und in Lieferantenbeziehungen und oft auch eine Umorientierung auf dem Absatzmarkt. Der probeweise wohl geplante, dosierte und widerrufbare Einsatz der neuen Technik ist unter diesen Umständen kaum möglich. Der erforderliche Wandel ist, wenn man erfolgreich sein will, total und überfordert viele Unternehmen, weil er, wie alle innovativen Wandlungsprozesse, nicht nach dem beliebten Muster ablaufen kann: „Wer hat dies schon erfolgreich getan".

Viele potentielle Anwender sind unter diesen Umständen handlungsunfähig, nicht weil das Risiko des Strukturwandels besonders groß erscheint, sondern weil es schlicht unbekannt ist. Die Komplexität erscheint unüberwindbar, die Herstellung der Kompatibilität im technischen und personellen Bereich überfordert das einzelne Unternehmen, und die Vorteilhaftigkeit eines derart riskanten Strukturwandels bleibt im Dunkeln, insbesondere dann, wenn die Attraktivität der ausgesetzten Belohnung noch sehr gering ist.

Regelungsbedingte Innovationswiderstände

Komplexitätsdruck und Kompatibilitätserfordernisse nehmen aus der Sicht der Einzelunternehmungen weiter zu, wenn man das Umfeld in die Betrachtung einbezieht.

Schon bei der unternehmensinternen Integration neuer Produkt- oder Verfahrenstechniken trifft die innovierende Unternehmung auf gewaltige Innovationsbarrieren. Gerade in gut geregelten und/oder großen Betrieben führt der Versuch der partiellen Integration einer neuen Technik zu starken inhaltlichen

Differenzen im technischen, personellen und sozialen Bereich. Bei entsprechender Attraktivität der für die Innovation erwarteten Belohnung erscheinen diese Differenzen zu einem großen Teil noch überwindbar, weil es sich um durch die Unternehmen beeinflußbare Bereiche handelt.

In den Betrieb ragen jedoch zusätzlich Regelungsvorgaben von außerhalb hinein. Derartige gesetzliche, soziale, technische und institutionelle Regelungen sind nicht mehr direkt durch den innovierenden Unternehmer beeinflußbar. Nimmt man noch die zusätzlichen Vorgaben aus der Verflechtung des Betriebes mit dem marktlichen Umfeld hinzu, so führt dies zu einer weiteren Gruppe potentieller Innovationsbarrieren, die aus der Abhängigkeit von Halbzeug-, Fertigungssystem- und Know-how-Lieferanten, Arbeitsmarkt, Tarifvertragsbereich, den Verhältnissen auf den Absatzmärkten, dem sozialen Sicherungsnetz und ähnlichem resultieren.

Ausgehend von der Industrialisierung im 19ten Jahrhundert ist hier ein nahezu perfekt funktionierendes Regelungssystem entstanden. Vom Gesetzgeber über erlaßwütige Ministerien, Bundespost, DIN-Normen-Ausschuß bis hin zu Verbänden und Gewerbeaufsichtsämtern wurde hier ein Regelungsmonster installiert, das für jeden Ausländer ein Greuel ist, weil z.B. die nichttarifären Handelshemmnisse der Bundesrepublik heute größer sind als anderswo in der Welt. Dieses Regelungsmonster hat sicher auch positive Seiten:
- Ein diskreter Protektionismus für die heimische Wirtschaft
- Vorbildliche Schutzbestimmungen für Arbeitnehmer und Umwelt und
- Sicherung von Qualität und Kompatibilität.

Damit einher geht aber vor allem auch die Sicherung eines historischen Technikniveaus, vor dessen Hintergrund (meist als Reaktion) dieses Regelungsmonster entstanden ist. Dieses Infrastruktursystem wirkt also nicht nur schützend und prohibitiv gegenüber ausländischen Investoren, sondern auch strukturkonservierend. Jeder Existenzgründungsversuch und Entwicklungsschritt eines Unternehmens führt gegen eine Wand von Reglementierungen aus Bau- und Sicherheitsvorschriften, technischen und arbeitsrechtlichen Normen, Sicherheitsbestimmungen für Arbeitnehmer, Anlagen und Verbraucher, ein Wust von Formularen zur Sicherung für und gegen alles Erdenkbare.

Langwierige bürokratische Genehmigungsverfahren machen den Unternehmer zum Bittsteller vor der aufgrund dieser Regelungsdichte expandierenden Innovationsverhinderungsbürokratie. Und aufgrund des hohen Grades an Arbeitsteilung wird gerade der hochspezialisierte innovierende Unternehmer gezwungen, einen gewaltigen Abstimmungsprozeß mit Material-, Technik-, Know-how-Lieferanten zu bewältigen, sein Personalqualifikationsprofil entsprechend den Verhältnissen am Arbeitsmarkt zu wandeln und dabei zusätzlich Tarifverträge, soziale Sicherung und evtl. auch Branchenstrukturen zu berücksichtigen.

Während die aus derartigen externen Abhängigkeiten resultierenden Innovationsbarrieren auf nationaler Ebene mit einigem Aufwand durchaus noch transparent, vielleicht sogar mittelfristig, indirekt beeinflußbar erscheinen, nehmen sie aufgrund der Arbeitsteilung im internationalen Bereich aus der Sicht der Einzelunternehmen exponentiell zu.

Aufgrund der weltwirtschaftlichen Arbeitsteilung sind nicht nur die Schlüssel-, sondern auch die Anschlußtechniken weltweit verteilt, müssen nicht nur heimische, sondern auch fremde Personal- und Qualifikationsprobleme ins Kalkül einbezogen werden, wird jeder Erfolg oder Mißerfolg mit zusätzlichen sozialen Problemen befrachtet und entstehen nicht nur weitere Mauern aus Handelshemmnissen, sondern auch neue Versuche einzelner Regierungen, über Landesgrenzen hinweg regulierend in Unternehmen fremder Staaten einzugreifen (vgl. z. B. die jüngsten Aktivitäten der amerikanischen Regierung auf dem High-Tech-Bereich).

Mit zunehmender internationaler Arbeitsteilung erhalten also auch die Innovationsbarrieren aus einzelwirtschaftlicher Sicht eine völlig neue Qualität. Während sie inhaltlich, räumlich und zeitlich expandieren, nimmt ihre Beeinflußbarkeit ab.

3. Aufgabenverteilung bei der Überwindung

Macht man einen letzten Schnitt durch die vielfältigen Innovationsbarrieren nach dem Kriterium der Beeinflußbarkeit, dann lassen sich im Prinzip drei Gruppen unterscheiden:

- Historisch gewachsene, überbetriebliche, regionale, nationale und internationale Regelungen sind aus einzelwirtschaftlicher Sicht nicht zu beeinflussen. Doch bedürfen diese gesellschaftlichen und wirtschaftlichen Rahmenbedingungen für konkrete Innovationsfelder durchaus der Überprüfung. Die zukünftige Innovationsdynamik hängt wesentlich davon ab, daß entsprechende Regelungsbarrieren abgebaut und nicht unter Beibehaltung gegen diese Barrieren angefördert wird.
- Ein Zwischenfeld stellen externe Innovationsbarrieren dar, die aus Arbeitsteilung und Marktabhängigkeit resultieren. Sie sind aus einzelwirtschaftlicher Sicht nur teilweise beeinflußbar, aber nicht von allen Unternehmen in gleicher Weise. Hier wirken Größen wie Marktmacht, Planungs- und Koordinierungsfähigkeit und intensiver Mitteleinsatz. Da die inhaltliche, räumliche und zeitliche Reichweite eine besondere Rolle spielt, bewähren sich auf diesem Feld besonders Großunternehmen, während kleinere und mittelständische Unternehmen zur Überwindung dieser Barrieren, wenn nicht staatlicher Flankierung, dann besonderer Kooperationsformen bedürfen.
- Im dritten Bereich der einzelwirtschaftlich prinzipiell beeinflußbaren Innovationsbarrieren tun sich dagegen installierte, gut geregelte und damit vor allem

große oder in starken Kooperationsbeziehungen stehende Unternehmen besonders schwer. Die geforderte „schöpferische Zerstörung“ ist im Substitutionsfall oft nur bei krisenhafter Zuspitzung möglich. Die Beeinflussung fällt in expandierenden neuen Bereichen ohne fixierte Strukturen oder in schlecht geregelten Bereichen mit hohem Freiheitsgrad wesentlich leichter.

Das gut planende Unternehmen, mit seinem Hang zur Risikovermeidung hat angesichts der hohen Komplexität der Innovationsbarrieren in seinem angestammten Nischenbereich zwar hohe Durchsetzungserfolge. Der Preis für diesen Erfolg besteht jedoch einerseits in einem erheblichen Innovationsverzicht, weil riskante Versuchs- und Irrtumsprozesse vermieden werden, und andererseits in erhöhtem Wettbewerbsdruck, weil nur solche Innovationsprozesse angegangen werden, die aufgrund der Homogenität „rationaler“ bzw. „geplanter“ Innovationsvorgänge sehr viele ähnliche Betriebe auf gleiche Betätigungsfelder führt und eine Art Lemminge-Effekt zur Folge hat. Dieser Widerspruch von „richtige“ Innovation und „alle“ bzw. viele Unternehmen ist das eigentlich interessante innovatorische Problem, das eben nicht rational auflösbar ist, sondern eher einem Lotteriespiel mit wenigen Gewinnern und vielen Verlierern gleicht.

Hier wirkt nun aber die Stärke von schlecht planenden Klein- und Mittelunternehmen, aber auch Existenzgründern, die in ihrer Summe weit mehr „Versuche und Irrtümer“ produzieren als Großbetriebe oder staatlich dirigistische Lösungsformen zulassen würden. Sie forcieren damit entsprechende Anpassungsprozesse. Dadurch werden ausgetretene und wissenschaftlich scheinbar abgesicherte Pfade verlassen. Sie betreten oft „planlos“ Neuland, das bei extremer Risikovermeidungsstrategie großer Apparate gar nicht mehr entdeckt werden kann.

Dabei geht es hier keineswegs darum, das in den letzten Jahren modisch gewordene heroische Bild vom flexibel innovierenden mittelständischen Unternehmer zu zeichnen oder das neuere Dezentralisationsideal von Großbetrieben zu reproduzieren. Unter innovatorischen Gesichtspunkten interessiert vielmehr etwas ganz anderes an dieser „Spezies“, es ist ihre begrenzte Fähigkeit zur sogenannten wissenschaftlichen Betriebsführung und damit ihre begrenzte Fähigkeit zur Risikovermeidung. Das sind Eigenschaften, die man diesen Spezies auf der Schulbank sog. Existenzgründerseminare gerne austreiben möchte, Eigenschaften, die sie aber stark machen als treibende Kraft für eine breite technische Entwicklung in zahlreichen Versuchs- und Irrtumsschritten zu wirken.

Neben den Bemühungen um eine Reformation des Ordnungsrahmens und Deregulation ist es durchaus sinnvoll, die Planungs- und Koordinationsfähigkeit der Unternehmen zu verbessern. Zahlreiche Anregungen hierzu haben die Autoren dieses Sammelbandes gegeben – und weitere Instrumente werden zur Zeit auch am Institut für angewandte Innovationsforschung e. V., das diesen Band betreute, entwickelt und dort in Seminaren umgesetzt. Das kann und darf aber nicht dazu führen, daß Innovation zur Routine wird und daß der Typ

Risikovermeider dominiert. Es muß vielmehr zusätzlich Freiraum gesichert werden, der attraktiv genug ist, daß jene „chaotischen“ Newcomer erstarrte Strukturen aufweichen können.

Literaturverzeichnis

A

Abernathy, W. J./Wayne, K.: *The limits of the learning curve, in: HBR, Sept.–Oct. 1974, S. 109–119*

AGF/BDI: *Möglichkeiten und Grenzen der Zusammenarbeit zwischen Großforschungseinrichtungen und der Industrie, Bonn/Köln 1978*

Albach, H.: *Kampf ums Überleben, Der Ernstfall als Normalfall für Unternehmen in einer freien Wirtschaftsordnung. Zu: ZfB-Ergänzungsheft 2/79, S. 9–22*

Altenmüller, G. H.: *Stifterverband: Initiativen für Personen, aus: Deutsche Universitäts-Zeitung (DVZ) Nr. 9/1985, S. 15*

Altman, E. I.: *Financial Ratios, Discriminant Analysis and the Prediction of Corporate Bankruptcy, in: The Journal of Finance, 1968, S. 589–609*

Ansoff, I. H.: *Managing Surprise and Discontinuity – Response to Weak Signals, in: Zeitschrift für betriebswirtschaftliche Forschung, 1976*

Aregger, K.: *Innovation in sozialen Systemen I, Einführung in die Innovationstheorie der Organisation, Bern und Stuttgart 1976*

Arvey, R. D./Campion, J. E.: *The Employment. Interview: A Summary and Review of Recent Research, in: Personnel Psychology, 1982, Vol. 35, S. 281–322*

Assmann, L.: *Mittelstand, Innovation und staatliche Forschungs- und Technologiepolitik, Vandenhoeck/Ruprecht, Göttingen 1979*

B

Badawy, M. K.: *Developing Managerial Skills in Engineers and Scientists, New York 1982*

Baker, J.: *Industrial Innovation, Macmillan, London 1979 WU – 88.269-3*

Basler, H. P.: *Die neue Industriepolitik bedeutet die Subordination von Unternehmern unter Beamte, aus: Handelsblatt Nr. 47 vom 7.3.1985, S. 7.*

Baumberger, J./Gmür, U./Käser, H.: *Ausbreitung und Übernahme von Neuerungen, Bern und Stuttgart 1973*

Bayerische Motorenwerke AG (Hrsg.): *OE-Kreis: BMW-Lernwerkstatt, München 1983*

Bayerisches Staatsministerium für Arbeit und Sozialordnung: *Mitarbeiten – mitdenken! Situation und Chancen des betrieblichen Vorschlagswesens in Bayern, München 1984*

BDI: *Stellungnahme des Bundesverbandes der Deutschen Industrie zum Bundesbericht Forschung 1984 der Bundesregierung, Köln 1984*

Bean, A. A./Schiffel, D. J./Mogee, M. E.: *The Venture Capital Market and Technology Innovation, in: Research Policy, Vol. 4.1975, S. 380–408*

Beaver, W. H.: *Financial Ratios as Predictors of Failure, Empirical Research in Accounting, Selected Studies 1966, in: Supplement to 5, The Journal of Accounting Research 6, 1966, S. 71–111*

Bebermeyer, U.: *Wagnisfinanzierung als Form der Innovationsfinanzierung kleiner und mittlerer Unternehmen – Eine Fallstudie, Bonn 1979*

Beck, H.: *Kulturphilosophie der Technik. Perspektiven zu Technik – Menschheit – Zukunft, Trier 1979*

Becker, H. P.: *Gründungsprobleme und die Förderung von Existenzgründungen. – Ergebnisse einer Befragung in Baden-Württemberg –, in: Zeitschrift für betriebswirtschaftliche Forschung, 34. Jg., 1982, S. 510–523*

Beckurts, K. H.: *Forschungs- und Entwicklungsmanagement – Mittel zur Gestaltung der Innovation, in: Blohm, H./Danert, G., (Hrsg.): Forschungs- und Entwicklungsmanagement, Stuttgart 1983, S. 15–39*

Beckurts, K. H.: *Forschungs- und Entwicklungsmanagement: Kunst versus Kosten, in: Wirtschaftwoche, 36. Jg., 1982, Nr. 4, S. 52–54*

Beckurts, K. H.: *Chancen für einen zweiten Aufbruch, aus: Manager-Magazin 9/1984, S. 154–167, Hamburg 1984*

Bendixen, P./Kemmler, H. W.: *Planung, Organisation und Methodik innovativer Entscheidungsprozesse, de Gruyter, Berlin/New York 1972*

Bernardin, H. J./Beatty, R. W.: *Performance Appraisal: Assessing Human Behavior at Work, Boston 1984*

Berschin, Herbert H.: *Wie entwickle ich eine Unternehmensstrategie? Wiesbaden 1982*

Bethel, J./Koch, H. E.: *Karriereplanung und Mitarbeiterförderung, Stuttgart 1985*

Bessoth, R.: *Leistungsfähigkeit des Betrieblichen Vorschlagswesens, Aufarbeitung und Darstellung der bisherigen Erkenntnisse, Schwartz, Göttingen 1975*

Biehl, W.: *Bestimmungsgründe der Innovationsbereitschaft, Duncker & Humblot, Berlin 1981*

Biethahn, J./Staudt, E. u. a.: *Automation in Industrie und Verwaltung. Ökonomische Bedingungen und soziale Bewältigung. Ursachen und Einflußfaktoren des Einsatzes neuer Automationstechnologien in Industrie und Verwaltung, Berlin 1981*

Biethahn, J./Staudt, E. (Hrsg.): *Der Betrieb im Qualitätswettbewerb, Berlin 1982*

Biethahn, J./Staudt, E. (Hrsg.): *Datenverarbeitung in praktischer Bewährung, München 1984*

Bilderbeek, J.: *Financielle Ratio-Analyse, kengetallen ten behoeve van de ondernemingsbeoordeling, Ed. by H. E. Stenfert-Kroese, Leiden, 2. Aufl., 1983. Bedrijfseconomische Monographien, Nr. 58*

Bischof, P.: *Produktlebenszyklen im Investitionsgüterbereich, Göttingen 1976*

Bircher, B.: *Langfristige Unternehmungsplanung, Konzepte, Erkenntnisse und Modelle auf systemtheoretischer Grundlage, Bern und Stuttgart 1976*

Black, J. T.: *Cellular Manufacturing Systems Reduce Set-up Time, in: Industrial Engineering, Nov. 1983, S. 36–48*

Blake, St. B.: *Forschung, Entwicklung und Management, München und Wien 1969*

Bleicher, K.: *Entscheidungsprozesse an Unternehmungsspielen, Band I: Die Darstellung von Unternehmungspolitik und -planung an Idealmodellen, 3. bearb. u. erw. Aufl., Baden-Baden/Bad Homburg vor der Höhe 1784, S. 17 ff.*

Bleicher, K.: *Management von Spitzentechnologien, in: Zeitschrift „Führung – Organisation", 52. Jg., 1983, S. 243–251, 340–346, 403–406*

Blohm, H./Danert, G. (Hrsg.): *Forschungs- und Entwicklungsmanagement, Stuttgart 1983*

Blum, J./Kaufmann, D.: *Ziele, Grenzen und praktische Wege einer technologischen Zusammenarbeit zwischen Hochschule und Industrie, aus: Zeitschrift „Wissenschaftsrecht, Wissenschaftsverwaltung, Wissenschaftsförderung", Band 18, Heft 1, März 1985, S. 1–40, Tübingen 1985*

Börnsen, O./Glismann, H. H./Horn, E.-H.: *Der Technologietransfer zwischen den USA und der Bundesrepublik, Tübingen 1985*

Bundesminister für Bildung und Wissenschaft (Hrsg.): *Grund- und Strukturdaten 1984/85, S. 218, Bonn, Nov. 1984*

BMFT (Hrsg.): *Programm der Bundesregierung zur Förderung von Forschung und Entwicklung im Dienste der Gesundheit 1978–1981, Bonn 1978*

BMFT (Hrsg.): *Bundesbericht Forschung VI, Bonn 1979*

BMFT (Hrsg.): *Förderfibel, Informationen über die Förderung von Forschung, Entwicklung und Innovationen in der Bundesrepublik Deutschland, 4. Aufl., Bonn 1980*
BMFT/BMA/BMJFG: *Forschung und Entwicklung im Dienste der Gesundheit, Bonn 1983*
BMFT (Hrsg.): *Wirkungsanalyse geförderter technischer Entwicklungen im Rahmen des Programms „Humanisierung des Arbeitslebens", Band I: Ergebnisse, Karlsruhe 1983*
BMFT: *Bundesbericht Forschung 1984, Bonn 1984*
BMFT (Hrsg.): *Ratgeber Forschung und Technologie, Fördermöglichkeiten und Beratungshilfen, Bonn 1984*
BMWI (Hrsg.): *Innovationsprozesse und Innovationspolitik in Japan – Untersuchung zur Wirksamkeit eines alternativen Förderkonzepts und seiner Bedeutung für die wirtschaftliche Leistungsfähigkeit, Bonn 1983*
Böhnisch, W.: *Personelle Widerstände bei der Durchsetzung von Innovationen, Stuttgart 1979*
Borrmann, C.: *Erfindungsverwertung, 4. Aufl., Bad Wörishofen 1973*
Booz/Allen/Hamilton: *Management of New Products, New York 1963*
Booz/Allen & Hamilton Inc.: *The Winners and Loosers. Office Automation in the 1980ies. Unveröffentlichtes Manuskript, New York 1980*
Brankamp, K.: *Planung und Entwicklung neuer Produkte, de Gruyter, Berlin 1971*
Bratschitsch, R./Schnellinger, W.: *Unternehmungskrisen, Ursachen, Frühwarnung und Bewältigung, Stuttgart 1981*
Brinkmann, E. P.: *Betriebliches Vorschlagwesen und modernes Ideenmanagement, in: Engel, M. H. (Hrsg.): Handbuch der Technik des Industrial Engineering, 4. Aufl., Landsberg 1984*
Brinkmann, E. P.: *Qualitätszirkel und Gruppenvorschläge, in: Bungard, W. (Wundieck, G. (Hrsg.): Qualitäts-Zirkel-Diskussion eines neuen Führungskonzepts, Landsberg 1985*
Brinkmann, E. P./Denner, H./Heidack, C./Thom, N.: *Qualifikationsprofil „Innovationsberater", Anforderungen und Inhalte für die Ausbildung zum Vorschlags- und Erfindungberater in kleinen und mittleren Unternehmen, Selbstverlag DABEI, Bonn, Mai 1985*
Brinkmann, E. P.: *„Brüter"-Teams im Vorschlagswesen, in: Schweizerische Handelszeitung, Nr. 48 vom 29. 11. 79*
Brinkmann, E. P./Heidack, C.: *Betriebliches Vorschlagswesen, Bd. 1: Standard in Wirtschaft und Verwaltung, Freiburg 1982*
Brinkmann, E. P.: *Zielorientiertes Ideenmanagement, in: Management Enzyklopädie, Bd. 10, Landsberg 1985*
Brockhoff, K.: *Technischer Fortschritt (II): Im Betrieb. Handwörterbuch der Wirtschaftswissenschaft, Stuttgart 1977, S. 583–609.*
Brockhoff, K.: *Controlling in Forschung und Entwicklung, Zeitschrift für betriebswirtschaftliche Forschung, 36. Jg., 1984, S. 608–618*
Brockhoff, K.: *Forschungsprojekte und Forschungsprogramme: Ihre Bewertung und Auswahl, 2. Aufl., Wiesbaden 1973*
Brose, P.: *Planung, Bewertung und Kontrolle technologischer Innovationen, Berlin 1982*
Bruggmann, M.: *Betriebswirtschaftliche Probleme der industriellen Forschung, Winterthur 1957*
Bryoch, E.: *Innovations-Push durch Venture Capital, in: Der Arbeitgeber, Nr. 23/35, 1983, S. 946–948*
Bühner, R.: *Technische Innovation in der Produktion durch organisatorischen Wandel, in: Zeitschrift für Organisation, 1985, S. 33–39*
Bullinger, H. J.: *Organisation in der Krise, in: Office Management, Nr. 11, 1983*
Bundestagsdrucksache 10/16: *Bericht der Bundesregierung zur Planung für die Weiterentwicklung des Programms „Humanisierung des Arbeitslebens"*

Bundestagsdrucksache 10/710: *Antwort der Bundesregierung – Neuausrichtung der Forschungs- und Technologiepolitik in der Bundesrepublik Deutschland*
Bundestagsdrucksache 10/1327: *Status und Perspektiven der Großforschungseinrichtungen*
Burckhardt, R.: *Abschied von gestern, in: Wirtschaftswoche, 38. Jg., 1984, Nr. 20, S. 50–60*
Burns, T./Stalker, G. M.: *The management of innovation, London 1961*
Busch, F.: *Neue Finanzierungsformen für die Verwertung von Patenten des Einzelerfinders: Wagnisfinanzierung und Risikokapital, in: Gewerblicher Rechtsschutz – Urheberrecht – Wirtschaftsrecht. Mitarbeiterfestschrift für Eugen Ulmer, Köln 1973, S. 537–548*

C

Chorafas, D. N.: *Die Aufgaben der Forschung in der modernen Unternehmung, Oldenbourg, München, Wien 1963*
Churchman, C. W./Ackoff, R. L.: *An Approximate Measure of Value, in: Operations Research, 1954, S. 173–187*
Churchman, C. W./Ackoff, R. L./Arnoff, E. L.: *Introduction to Operations Research, New York 1957 (deutsch: Operations Research, 5. Aufl., München/Wien 1971)*
Clausewitz, C. von: *Vom Kriege, 19. Aufl., Jubiläumsausgabe mit erneut erweiterter historisch-kritischer Würdigung von Prof. Dr. Werner Hahlweg, Bonn 1980*
Commerzbank (Hrsg.): *Forschung und Entwicklung in der Industrie, Frankfurt/Main 1978*
Cooper, R. G.: *The dimensions of industrial new product success and failure, in: Journal of Marketing, Vol. 43, 1979, No. 3, S. 93–103*
Cotiis, T. A./Petit, A.: *The Performance Appraisal Process: A Model and Some Testable Propositions, in: Academy of Management Review, 1978, Vol. 3, S. 635–645*

D

Däubler, W.: *Das Arbeitsrecht, Reinbek b. Hamburg, 1979*
Dessauer, F.: *Streit um die Technik, Frankfurt a. M., 1956*
Deutsche Bundesbank: *Wettbewerbsfähigkeit im Exportgeschäft trotz einiger Schwachstellen gut behauptet, Geschäftsbericht der Deutschen Bundesbank für das Jahr 1983, S. 54–62, Frankfurt/M. 1984*
Deutsche Gesellschaft für Betriebswirtschaft, Forschungsgruppe H. Strebel et al.: *Innovation und ihre Organisation in der mittelständischen Industrie, Ergebnisse einer empirischen Untersuchung, M+M Wissenschaftsverlag, Berlin 1979*
Deutscher Industrie- und Handelstag (Hrsg.): *Planungshilfe Existenzgründung, Einzelhandel, Bonn 1983*
Deutscher Industrie- und Handelstag: *Ideen erobern Märkte, Bonn 1981, 2. Aufl.*
Deutsches Institut für Betriebswirtschaft e. V.: *Führen und rationalisieren durch Betriebliches Vorschlagswesen, Berlin 1978*
Dietz, P.: *Referat, in: Potthoff, E./Stoehr, A. A./Dietz, P. (Hrsg.): Innovationstechnik kleiner und mittlerer Unternehmen, ihre Finanzierungsprobleme und Möglichkeiten zur Bereitstellung von Risikokapital, Dortmund 1980, S. 26–31*
Dietz, P.: *Finanzierung der Innovation in mittleren und kleineren Unternehmen, in: Zeitschrift für betriebswirtschaftliche Forschung, 32. Jg., 1980, Sonderheft 11, S. 43–47*
Dominguez, J. R.: *Venture Capital, Lexington/Massachusets/Toronto/London 1974*
Domsch, M.: *Personal, in: Blortge, J. (Hrsg.): Vahlens Kompendium der Betriebswirtschaftlslehre, Band 1, München 1984, S. 483–539*
Domsch, M./Jochum, E. (Hrsg.): *Personal-Management in der industriellen Forschung und Entwicklung (F & E), Köln 1984*
Domsch, M./Gerpott, T. J./Jochum, E.: *Personalbeurteilung durch Gleichgestellte in*

industrieller Forschung und Entwicklung (F & E), in: Psychologie und Praxis – Zeitschrift für Arbeits- und Organisationspsychologie, 27. Jg., 1983, S. 173–182
Domsch, M./Gerpott, T. J.: *Personalauswahl und Personalbeurteilung als Instrument des Personal-Management in industrieller Forschung und Entwicklung, in: Moll, H./Warnecke, H. J. (Hrsg.): RKW-Handbuch Forschung, Entwicklung – Konstruktion (F & E), Berlin 1985 a, Nr. 5200, S. 1–42*
Domsch, M./Gerpott, T. J.: *Verhaltensorientierte Beurteilungsskalen. – Eine Analyse von Varianten eines Absatzes zur Verbesserung der Methodik der Leistungsbeurteilung von Mitarbeitern, Forschungsbericht des J. P. A. Institut f. Personalwesen und Arbeitswissenschaft der Universität der Bundeswehr Hamburg, Hamburg 1985 b, ebenso in: Die Betriebswirtschaft, 1985 b, 45. Jg., S. 666–680*
Drucker, P. F.: *Die gewaltige Macht unscheinbarer Ideen, in: Fortschrittliche Betriebsführung, Band 17, Führung – Planung – Organisation. Hrsg. v. Kurt-Hegener-Institut für Arbeitswissenschaft des Verbandes für Arbeitsstudien – REFA e. V., Darmstadt/Berlin/Köln/Frankfurt a. M., o. J., S. 197*
Drucker, P. F.: *Illusion der Technik, aus: Manager-Magazin 4/85, S. 198–201, Hamburg 1985*
Drucker, P. F.: *Innovations-Management für Wirtschaft und Politik, Düsseldorf/Wien 1985*
Dumolien, W./Santen, W.: *Cellular Manufacturing Becomes Philosophy of Management at Components Facility, in: Industrial Engineering, Nov. 1983, S. 72–76*
Dünnwald, J.: *Innovation, Arbeitnehmerinteressen und Akzeptanz, in: Wechselwirkung, 21/1984*

E

Engeleiter, H.-J./Corsten, H. (Hrsg.): *Innovation und Technologietransfer, Berlin 1982*
Erd, R.: *Vorrechtliche Gewerkschaftspolitik. Bedingungen ihrer Entwicklung und Veränderung, in: Bergmann (Hrsg.): Beiträge zur Soziologie der Gewerkschaften, Frankfurt/M. 1979, S. 143–182*

F

Fachgemeinschaft Büro- und Informationstechnik im VDMA: *Arbeitsplätze mit Bildschirmgeräten. Eine Dokumentation, Frankfurt/M. 1980*
Fehrenbach, G.: *Sollen die Hochschulen zu einer Unterabteilung der Industrie gemacht werden? Referat auf dem GEW-Kongreß „Hochschule in der Demokratie – Demokratie in der Hochschule" am 9. 12. 1984 in Göttingen, DGB-Informationen zur Hochschulpolitik Nr. 3, Dez. 1984*
Fehrmann, E./Orlt, G./Ott, A. E./Söllner, A./Staudt, E.: *Personalprobleme bei Rationalisierung und Technisierung, Mannheim u. a. 1985*
Feldbausch, F. K.: *Die Kapitalbeteiligungsgesellschaft in Deutschland, in: Zeitschrift für das gesamte Kreditwesen, 1969, S. 353–356*
Feldbausch, F. K.: *Die Kapitalbeteiligungsgesellschaft, Frankfurt/M. 1971*
Fenneberg, G.: *Kosten- und Terminabweichungen im Entwicklungsbereich, Berlin 1979*
Fischer, T.: *Inventionsprozesse und Unternehmensentwicklung, Freiburg im Breisgau 1982*
Friedmann, P./Schmahl, K.: *Rationalisierung durch Humanisierung? Köln 1979*
Friedrich, H.-R.: *Organisation und Finanzierung von Transferstellen an Hochschulen – Möglichkeiten und Beiträge des Bundes, aus: Bildung, Wissenschaft aktuell. Nr. 6/1985, vom 20. Juni 1985, Bundesministerium für Bildung und Wissenschaft, Bonn*
Friedrich, H. R./Maass, K.-J.: *Forschung. Neue Partnerschaft, aus: Wirtschaftswoche – Special: Internationale Wirtschaftsförderung, Wirtschaftswoche Nr. 18, 39. Jg. vom 26. April 1985, S. 92–98, Düsseldorf 1985*

Fuest, W./Kroker, R.: *Steuerliche Förderung von Investitionen und Innovationen, Deutscher Institutsverlag, Köln 1981*

G

Gaugler, E.: *Leistungsbeurteilung in der Wirtschaft, Baden-Baden 1978*

Gehlen, A.: *Die Seele im technischen Zeitalter. Sozialpsychologische Probleme in der industriellen Gesellschaft, Reinbek 1961*

Gerjets, H.: *Forschungspolitik in der Bundesrepublik Deutschland, Köln 1982*

Gerke, W.: *Was kann die Wagnisfinanzierungs-GmbH (WFG) leisten? in: Zeitschrift für das gesamte Kreditwesen, 1975, S. 761–764*

Gerpott, T. J.: *Personale und organisationale Innenstrukturen industrieller F & E-Einheiten, in: Domsch & Jochum, 1984, S. 28–47*

Gerpott, T. J./Domsch, M.: *The Concept of Professionalism and the Management of Salaried Technical Professionals – A Cross-National Perspective, in: Human Resource Management, 1985, Vol. 24, No. 2, im Druck*

Geschka, H.: *Innovationsmanagement, in: Management-Enzyklopädie, 2. Aufl., Bd. 4, Landsberg 1983, S. 823–837*

Geschka, H.: *Forschung und Entwicklung als Gegenstand betrieblicher Entscheidungen, Meisenheim am Glan 1970*

Gesellschaft f. Strahlen- und Umweltforschung mbH, Bereich Projektträgerschaften: *Abschlußbericht der Sozialwissenschaftlichen Begleituntersuchung zu DOMINIG, DOMINIG II – Fallstudie zur Projektförderung von Datenverarbeitungsanwendungen im Krankenhaus, München 1982*

Goldfield, R. J.: *Achieving Greater White-Collar Productivity in the New Office. Byte, May 1983, S. 154 ff.*

Grefermann, K./Sprenger, R. U.: *Probleme der Innovationspraxis in der Industrie, Berlin, München 1977*

Greif, S.: *Angebot an und Nachfrage nach Patentinformationen – Die Informationsfunktion von Patenten, Göttingen 1982*

Greipe, E./Täger, U.: *Wettbewerbsbeschränkungen der unternehmerischen Patent- und Lizenzpolitik, Berlin, München 1982*

Griffiths, D.: *Job Evalution, Technical Expertise and Dual Ladders in Research and Development, in: Personnel Review, 1981, Vol. 10, No. 4, S. 14–17*

Grochla, E.: *Betriebswirtschaftlich-organisatorische Voraussetzungen technologischer Innovationen, in: Zeitschrift für betriebswirtschaftliche Forschung, 32. Jg., 1980, Sonderheft 11, S. 30–42*

Grochla, E./Binkamann, E./Thom, N.: *Stand und Entwicklung des Vorschlagswesens in Wirtschaft und Verwaltung, Dortmund 1978*

Gössmann, S.: *Mit Planung zum Erfolg – Mittelständische Unternehmen vermeiden häufig Langfristplanung, in: VDI-Nachrichten vom 28.6.1985, S. 8*

H

Habermas, J.: *Technik und Wissenschaft als „Ideologie", Frankfurt a. M. 1968*

Hahn, D.: *Frühwarnsysteme, Krisenmanagement u. Unternehmungsplanung, in: ZfB-Ergänzungsheft 2, 1979, S. 25–46*

Hahn, D./Kystek, U.: *Betriebliche und überbetriebliche Frühwarnsysteme für die Industrie, in: Zeitschrift für betriebswirtschaftliche Forschung 2, 1979*

Hamke, F.: *Einleitung: Venture Capital in den USA und Situation in Deutschland, in: Workshop '83, Venture Capital für junge Technologieunternehmen – 1983, Berlin West –*

veranst. durch: Bundesminister für Forschung und Technologie und Senator für Wirtschaft und Verkehr, Haar bei München 1983, S. 91–97

Hammer, R. M./Lechleitner, G.: *Strategische Frühwarnung auf Basis von Finanzkennzahlen, in: Zeitschrift internationaler Kreditschutz 1/83, Wien 1983*

Hammer, R. M.: *Unternehmungsplanung, 2. Aufl., München/Wien 1985*

Hartmann, R.: *Wagnisfinanzierung – neue Möglichkeiten der Kapitalbeschaffung, München o. J.*

Hauschildt, J.: *Entscheidungsziele, Tübingen 1977*

Hehl, G.: *Probleme bei der Schaffung von Voraussetzungen einer systematischen Personalentwicklung in der Forschung und Entwicklung – am Beispiel der Automobilindustrie, in: Domsch & Jochum, 1984, S. 392–302*

Heidack, C./Brinkmann, E. P.: *Betriebliches Vorschlagswesen, Bd. 2: Fortentwicklung zum Ideenmanagement durch Motivation und Gruppen, Freiburg 1984*

Heidegger, M.: *Die Technik und die Kehre, Pfullingen 1962*

Heilmayr, E. (Red.): *Venture Capital für junge Technologieunternehmen. München 1983*

Hellstern, G. M./Wollmann, H.: *Bilanz-Reformexperimente, wissenschaftliche Begleitung und politische Realität, in: G. M. Hellstern, H. Wollmann (Hrsg.): Experimentelle Politik – Reformstrohfeuer oder Lernstrategie, Opladen 1983*

Helmreich, R.: *Der Benutzer, die Arbeitsorganisation und die Technik: Wie kann man dies bei der Gestaltung und der Evaluation von Bürosystemen berücksichtigen? in: Symposion C der Online '84, 7. Europäische Kongreßmesse für Technische Kommunikation*

Heuer, G.: *Forschung und technischer Fortschritt, Meisenheim am Glan 1970*

Hielscher, U./Dorn, G./Lampe, G.: *Innovationsfinanzierung mittelständischer Unternehmungen, Problemsituation und Lösungsansätze, Stuttgart 1982*

Hinterhuber, H. H.: *Strategische Unternehmensführung, 3. Aufl., Berlin/New York 1984*

Hinterhuber, H.: *Innovationsdynamik und Unternehmensführung, Springer, Wien 1975*

Hinz, H.: *Neue Technologie als innovationspolitische Herausforderung für die Gewerkschaften, in: HDK Berlin, DGB Berlin (Hrsg.): Technik, Kultur, Gesellschaft, Berlin 1985*

Höckel, G.: *Das BVW hat Zukunft. Neue Aufgaben und Chancen des betrieblichen Vorschlagwesens, Gauting bei München 1972*

Hofstätter, P.: *Gruppendynamik, Reinbek 1957*

Horkheimer, M.: *Zur Kritik der instrumentellen Vernunft, Frankfurt a. M. 1967*

Huber, J.: *Die zwei Gesichter der Arbeit, Frankfurt/M. 1984*

Huning, A.: *Das Schaffen des Ingenieurs. Beiträge zu einer Philosophie der Technik, Düsseldorf 1978*

IJ

IG-Metall: *Stellungnahme des IG-Metall-Vorstandes zur Innovationspolitik, in: Der Gewerkschafter 6/1979, S. 36–38*

IG-Metall: *Der Mensch muß bleiben! Aktionsprogramm Arbeit und Technik, Frankfurt/M. 1984*

Jautsch, E.: *Technological Planning and Social Futures, London 1972*

Jeserich, W.: *Mitarbeiter auswählen und fördern – Assessment Center Verfahren, München 1981*

Jeserich, W.: *Assessment Center – Instrument der Personalauswahl und -entwicklung für Naturwissenschaftler und Ingenieure in der industriellen Forschung und Entwicklung, in: Domsch & Jochum, 1984, S. 208–224*

K

Kahlich, W.: *Die Beteiligungsfinanzierung über Kapitalbeteiligungsgesellschaften, München 1971*

Kanter, R. M.: *The Change Masters, London 1983*

Kaufer, E.: *Patente, Wettbewerb und technischer Fortschritt, Bad Homburg v. d. H. 1970*

Kau, W. M.: *Venture Capital & Going Public, Unternehmensfinanzierung in den USA, Köln 1983*

Keller, D./Langer, Ch.: *Internationale Wettbewerbsfähigkeit bei technologieintensiven Gütern, aus: Wirtschaftsdienst 1984 IX, S. 483–488, Hamburg 1984*

Kern, W./Schröder, H.-H.: *Forschung und Entwicklung in der Unternehmung, Reinbek bei Hamburg 1977*

Kern, H./Schumann, M.: *Das Ende der Arbeitsteilung? Rationalisierung in der industriellen Produktion, München 1984*

Kernforschungszentrum Karlsruhe (Hrsg.): *Autonome Fertigungsinseln, Karlsruhe 1984*

Keßler, R.: *Innovative Produktpolitik als Marketing-Instrument mittelständischer Investitionsgüterhersteller, Thun/Frankfurt 1982*

Kieser, A.: *Innovation, in: Grochla, E. (Hrsg.), Stuttgart 1969, Spalte 741–750*

Kieser, A.: *Unternehmungswachstum und Produktinnovation, Berlin 1970*

Kirsch, W./Müller, G./Trux, W.: *Das Management strategischer Programme 1/2, München 1981*

Klotz, U.: *Ansatzpunkte sozial gesteuerter Innovation – Ergebnisse aus der Technologie-Beratung für Arbeitnehmer, in: Simonis, U. E. (Hrsg.): Mehr Technik – weniger Arbeit? Plädoyers für soziale und umweltverträgliche Technologien, Karlsruhe 1984*

Kompa, A.: *Personalbeschaffung und Personalauswahl, Stuttgart 1984*

Krämer, S.: *Technik, Gesellschaft und Natur. Versuch über ihren Zusammenhang, Frankfurt a. M. 1982*

Krafft, W.: *Das betriebliche Vorschlagswesen als Gruppenaufgabe und Gruppenproblem. Ein Beitrag zur Sozialpsychologie im Betrieb, Berlin 1966*

Kreibich, H. H.: *Lizenzen im eigenen Haus, in: Manager-Magazin 1979, S. 88–97*

Kreikebaum, H.: *Strategische Unternehmensplanung, Stuttgart/Berlin/Köln/Mainz 1981*

Kreisky, P./Schossleitner, D.: *Charakteristika erfolgreicher amerikanischer Konsumgüterhersteller, in: Wieselhuber, N./Töpfer, A. (Hrsg.), Handbuch Strategisches Marketing, Landsberg 1984, S. 14–48*

Krubasik, E. G.: *Technologie: Strategische Waffe, in: Wirtschaftswoche, 36. Jg., 1982, Nr. 25, S. 28–33*

L

Laermann, K.-H.: *EG behindert Forschungsförderung, aus: freie demokratische Korrespondenz – Tagesdienst Nr. 149 vom 25. 2. 1985*

Landesregierung Baden-Württemberg: *Zukunftsperspektiven der gesellschaftlichen Entwicklung. Erstellt im Auftrag der Landesregierung von Baden-Württemberg, Stuttgart 1983*

Landesregierung Baden-Württemberg: *Weiterbildung – Herausforderung und Chance, Bericht der Kommission „Weiterbildung" im Auftrag der Landesregierung von Baden-Württemberg, Stuttgart 1984*

Latham, G. P./Mitchell, T. R.: *Behavioral Criteria and Potential Reinforcers for the Engineer/Scientist in an Industrial Setting, in: JSAS Catalog of Selected Documents in Psychology MS 1316, 1976, Vol. 6 (3), S. 1–46*

Lathman, G. P./Saari, L. M.: *Do People Do What They Say? Further on the Situational* Interview, in: *Journal of Applied Psychologie, 1984, Vol. 69, S. 569–573*

Lathman, G. P./Saari, L. M./Pursell, E. D./Campion, M. A.: *The Situational Interview, in: Journal of Applied Psychology, 1980, Vol. 65, S. 422–427*

Lawrence, P. R./Lorsch, J. W.: *Organization and Environment, Homewood 1969*

Layton, Chr./Harlow, Chr./De Hoghton, Ch.: *Ten Innovations. An international Study on Technological Development and Use of Qualified Scientists and Engineers in ten Industries, Oxford 1972*

Lenk, H. und Moser, S. (Hg.): *Techné – Technik – Technologie. Philosophische Perspektiven, Pullach 1973*

Lenk, H.: *Zur Sozialphilosophie der Technik, Frankfurt a. M. 1982*

Lincoln, J. F.: *Anregende Geschäftspraxis, Zürich 1954*

Lorenzen, H. P.: *Effektive Forschungs- und Technologiepolitik – Abschätzung und Reformvorschläge, Frankfurt/New York 1985*

Lorenzen, H. P.: *Humanisierung und Innovation, in: H. J. Bullinger (Hrsg.): Menschen – Arbeit – Neue Technologien, Berlin/Heidelberg/New York/Tokyo 1985*

Losse, K. H./Thom, N.: *Das Betriebliche Vorschlagswesen als Innovationsinstrument, Frankfurt/M. 1977*

M

Mann, R.: *Praxis Strategisches Controlling, 3. Aufl., Landsberg 1983*

Mann, R./Mayer, E. (Hrsg.): *Controlling-Berater*

Marr, R.: *Innovation und Kreativität, Wiesbaden 1973*

Marr, R.: *Industrielle Forschung und Entwicklung – entscheidungs- und systemorientierte Aspekte, Diss. München 1970*

Marr, R.: *Innovation, in: Handwörterbuch der Organisation, hrsg. v. E. Grochla, 2. Aufl., Stuttgart 1980, Sp. 947–959*

Martin, M. J.: *Managing Technological Innovation & Entrepreneurship, Reston 1984*

Meadows, u. a.: *Die Grenzen des Wachstums. Bericht des Club of Rome zur Lage der Menschheit, Reinbek 1973*

Mecklinger, R.: *Technologiestrategien, in: Wieselhuber, N./Töpfer, A. (Hrsg.), Handbuch Strategisches Marketing, Landsberg 1984, S. 189–198*

Meffert, H.: *Die Durchsetzung von Innovationen in der Unternehmung und im Markt, in: Zeitschrift für Betriebswirtschaft, 46. Jg., 1976, S. 77–100*

Meffert, H.: *Strategische Planungskonzepte in stagnierenden und gesättigten Märkten, in: Die Betriebswirtschaft, 43. Jg., 1983, S. 196–198*

Meierhofer, L.: *Projektselektion in der Forschungsförderung, Bern/Stuttgart 1983*

Meissner, Hans Günther/Kroll, Herfried A. (Hrsg.): *Management technologischer Innovationen, Pullach bei München 1984*

Meissner, H. G./Winkelgrund, R. (Hrsg.): *Marketing für Innovationen, Dortmund 1984*

Mensch, G.: *Das technologische Patt, Umschau Verlag, Frankfurt 1975*

Merkle, E.: *Finanzierung mit Venture Capital, in: Wirtschaftswissenschaftliches Studium, Heft 5, 1984, S. 245–248*

Merkle, E.: *Marktorientierte Ansätze in der Technologiepolitik – Eine Möglichkeit zur Bewältigung des technologischen Wandels? in: Betriebs-Berater, Heft 9, 1984, S. 549–557*

Merkle, E.: *Technologiemarketing, in: Marketing ZFP, 6. Jg., 1984, S. 5–14*

Meyer-Abich, K./Steger, U.: *Mikroelektronik und Dezentralisierung, Berlin 1982*

Meyer-Krahmer, F., u. a.: *Innovationsförderung bei kleinen und mittleren Unternehmen, Frankfurt/New York 1982*

Michael, M.: *Theorien über das Zustandekommen von Produktideen und ihre organisatorischen Konsequenzen, Mannheim 1971*

Michelin, E.: *Suggestions, Comment nous evons amené notre personnel à collaborer avec nous à la recherche de progrès et des economies, in: Prospérité, 1933, No. 15, S. 1–32*
Mittermeir, R./Weniger, L.: *Gestufte Formen von Partizipation in unternehmensweiten Projekten, in: Proceedings der 13. GI-Jahrestagung. Berlin/Heidelberg 1983, S. 471 ff.*
Mönig, H.: *Fertigungsorganisation und Wirtschaftlichkeit einer Fertigungsinsel, in: Zeitschrift für betriebswirtschaftliche Forschung 37 (1985), S. 83–101*
Mohr, H.: *Die Besteuerung der Erfinder und Erfindungen, München 1985*
Morenz, A.: *Die Rolle des Venture-Kapitals in Europa, in: Müller, R. K.: Das Management der Innovation, Frankfurt/New York 1983, Anhang, S. 201–221*
Mumford, E./Henshall, D.: *A participative approach to computer systems design, London 1979*

N

Nathusius, K.: *Venture Management. Ein Instrument zur innovativen Unternehmungsentwicklung, Berlin 1979*
Nathusius, K. (Hrsg.): *Praxis der Unternehmensgründung, Hilfen für Existenzgründer, Handbuch mit Arbeitsheft, Köln 1980*
National Bureau of Standards: *Government and Innovation: Experimenting with Change, Washington DC 1982*
Nelson, R. R./Winter, S. G.: *An Evolutionary Theory of Economic Change; Cambridge (Mass.)/London 1982*
Nobel, D.: *Social Choice in Machine Design. The Case of Automatically Controlled Machine Tolls and a Challenge for Labor, in: Politics and Society, 8, No. 3–4, S. 313 ff.*
Nowak, H.: *Qualitätszirkel: Konkurrent oder Partner des Vorschlagswesens? in: Idee, 1984, S. 8–15*
Nowak, H.: *Wie kann das Vorschlagswesen zur Erhöhung des betrieblichen Innovationspotentials beitragen? in: Betriebliches Vorschlagswesen, 1984*

O

OECD (Hrsg.): *Industry and University. New forms of Cooperation and Communication, Paris 1984*
Ouchi, W. D.: *Theory Z. How American Business Can Meet the Japanese Challenge, Reading, Mass. 1981*
O. V.: *Spielregeln für Ideen, Die Richtlinien des Betrieblichen Vorschlagswesens (BVW) bei Hoesch, in: Werk und Wir, 1983*
O. V.: *WFG auf neuen Wegen, in: Wirtschaftswoche, 37. Jg., 1983, Nr. 11, S. 53*
O. V.: *Siemens geht in Front, in: Wirtschaftswoche, 37. Jg., 1983, Nr. 41, S. 180–181*
O. V.: *Startkapital von der Sparkasse, in: Wirtschaftswoche, 37. Jg., 1983, Nr. 45, S. 98–100*
O. V.: *Kapital für neue Ideen und Technologien, in: VDI-Nachrichten vom 11. 11. 1983, S. 26*
O. V.: *Technologiefeindlichkeit entsteht durch wachsende Arbeitslosigkeit, in: Handelsblatt vom 4. 4. 1984*

P/Q

Petermann, T./v. Westphalen, R.: *Ethik, Wissenschaft und Technik, Köln 1985*
Peters, Th./Waterman, R. H.: *Auf der Suche nach Spitzenleistungen. Was man von den bestgeführten US-Unternehmen lernen kann, Landsberg am Lech 1983*
Pfeiffer, W.: *Innovationsmanagement als Know-how-Management, in: Hahn, B. (Hrsg.): Führungsprobleme industrieller Unternehmungen, Berlin, New York 1980, S. 421–452*

Pfeiffer, W.: *Strategisch orientierte Forschungs- und Entwicklungsmanagement-Probleme und Lösungsansätze aus der Sicht der Wissenschaft, in: Blohm, H./Danert, G. (Hrsg.): Forschungs- und Entwicklungsmanagement, Stuttgart 1983, S. 57–84*

Pfeiffer, W./Metze, G./Schneider, W./Amler, R.: *Technologie-Portfolio zum Management strategischer Zukunftsgeschäftsfelder, 3. Aufl., Göttingen 1985*

Pfeiffer, W./Staudt, E.: *Innovation, in: Grochla, E. (Hrsg.): Betriebswirtschaftslehre, Teil I: Grundlagen, Stuttgart 1978, S. 198–202*

Pfeiffer, W./Staudt, E.: *Forschung und Entwicklung, in: Grochla, Erwin (Hrsg.): Betriebswirtschaftslehre, Teil I: Grundlagen, Stuttgart 1978, S. 112–116*

Piazolo, P.H.: *Die Position der Bundesregierung zum Wissenschaftstransfer zwischen Universität und Wirtschaft, aus: Bildung, Wissenschaft aktuell, Nr. 6/1985 vom 20. Juni 1985, Bundesministerium für Bildung und Wissenschaft, Bonn*

Posth, M.: *Bildungsoffensive im Unternehmen. Personalpolitik darf kein Anhängsel der technischen Planung sein, in: Die Zeit vom 26. 4. 1985*

Posth, M./Staudt, E./Zander, E.: *Personalwirtschaft in Zeiten des Umbruchs, Köln 1983*

Presse und Informationsamt der Bundesregierung: *Marktwirtschaftliches Programm für die Forschung in der Wirtschaft, Bulletin Nr. 109 vom 28. Sept. 1984, S. 966–967*

Presse und Informationsamt der Bundesregierung: *Impulse für eine Entwicklung zur Technologie-Gemeinschaft Europa, Bulletin Nr. 40 vom 19. April 1985, S. 345–348*

Presse und Informationsamt der Bundesregierung: *Neue Technologien als Herausforderung für Europa, Bulletin Nr. 11 vom 30. Jan. 1985, S. 90–92*

Presse und Informationsamt der Bundesregierung: *Die Kabinettsausschüsse der Bundesregierung, Bulletin Nr. 61 vom 5. Juni 1985, S. 519*

Presse und Informationsamt der Landesregierung Nordrhein-Westfalen (Hrsg.): *Nordrhein-Westfalen – Initiative Zukunftstechnologien, Dokumentation der Veranstaltung der Landesregierung Nordrhein-Westfalen vom 3. Okt. 1984 in Oberhausen, Düsseldorf, Okt. 1984*

Prognos AG: *Forschungs- und Technologiepolitik, Forschungs- und Entwicklungssystem in Japan, Abschlußbericht, Basel 1983*

Pound, W. H.: *Research Project Selection: Testing a Model in the Field, IEEE Transactions of Engineering Management EM-11, 1964, S. 16–22*

Probleme des Wechsels in die unternehmerische Selbständigkeit. – Eine empirische Untersuchung –, bearb. von M.E. Kamp u.a. (Projektkommission „Existenzgründungen"), Göttingen 1977

Qualitätszirkel: *Qualitätszirkel in der Bundesrepublik Deutschland, in: Personal, 6/1984*

R

Rapp, F.: *Analytische Technikphilosophie, Freiburg/München 1978*

Rapp, F.(Hrsg.): *Ideal und Wirklichkeit der Techniksteuerung, Düsseldorf 1982*

Rapp, F., und Durbin, P. (Hg.): *Technikphilosophie in der Diskussion, Braunschweig/Wiesbaden 1982*

Rapp, F.: *The Philosophy of Technology, Interdisciplinary Science Reviews, 10 (1985), S. 126–139*

Reese, J., u. a.: *Die Entwicklung der Informationsgesellschaft aus der Sicht der Bundesrepublik Deutschland, in: Informationsgesellschaft oder Überwachungsstaat, Symposium der Hessischen Landesregierung, Wiesbaden 1984, S. 13–284*

Reinecke, P.: *Vorgesetztenbeurteilung – Ein Instrument partizipativer Führung und Organisationsentwicklung, Köln 1983*

Renneke, H.: *Personalentwicklung von Wissenschaftlern und Ingenieuren in der industriellen F & E – am Beispiel Dornier, in: Domsch & Jochum, 1984, S. 340–352*

Rentrop, N. (Hrsg.): *Venture Capital Katalog, Bonn/Bad Godesberg 1983*
Riesenhuber, H.: *Politische Rahmenbedingungen zu Forschung und Technik, Referat vor dem Politischen Seminar der Staatsbürgerlichen Vereinigung 1954 e. V., überarbeitet im Dezember 1981*
Rodenstock, R.: *„Kooperation Hochschule – Wirtschaft: Spitzenleistungen sind von Spitzenkräften abhängig. Wissenschaft und Forschung dienen zur Sicherung unserer Zukunft", in: Deutsche Universitätszeitung (DUZ) Nr. 3/1982 vom 1. Febr. 1982, S. 12–16*
Röthlingshöfer, K. Chr./Sprenger, R. U.: *Effizienz der indirekten steuerlichen Forschungsförderung, München 1977*
Röpke, J.: *Die Strategie der Innovation, Tübingen 1977*
Rohn, W. E.: *Methodik und Didaktik des Planspiels, Köln 1980*
Rohe, C.: *Technologietransfer durch Industrielizenzen, Berlin 1980*
Ropohl, G.: *Eine Systemtheorie der Technik. Zur Grundlegung der allgemeinen Technologie, München 1979*
Ropohl, G.: *Interdisziplinäre Technikforschung, Beiträge zur Bewertung und Steuerung der technischen Entwicklung, Berlin 1981*
Ropohl, G. (Hg.): *Maßstäbe der Technikbewertung. Vorträge und Diskussionen, Düsseldorf 1983*
Ropohl, G. (Hrsg.): *Arbeit im Wandel. Technische Entwicklung, Beschäftigung und Arbeitsorganisation, Berlin 1985*
Rosegger, G.: *The Economics of Production and Innovation, Pergamon, Oxford 1980*
Rothwell, R./Freeman, C./Horsley, A./Jervis, V. T. P./Robertson, A. B./Townsend, J.: *Sappho Updated–Project Sappho Phase II, Research Policy, Vol. 3, 1974, S. 258–291*
Rupp, E.: *Technologietransfer als Instrument staatlicher Innovationsprodukt/Markt-Strategien, 2. Aufl., Industrielle Organisation, Zürich 1983*

S

Sachsse, H.: *Anthropologie der Technik, Braunschweig 1978*
Sachsse, H.: *Ökologische Philosophie. Natur – Technik – Gesellschaft, Darmstadt 1984*
Sachsse, H. (Hrsg.): *Möglichkeiten und Maßstäbe für die Planung der Forschung, München Wien 1974*
Sackmann, S.: *Organisationskultur: Die unsichtbare Einflußgröße. Gruppendynamik, in: Zeitschrift für angewandte Sozialwissenschaft, 14. Jg., 1983, S. 393–403*
Salfer, P./Furmaniak, K.: *Das Programm „Forschung zur Humanisierung des Arbeitslebens" – Stand und Möglichkeiten der Evaluierung eines staatlichen Forschungsprogramms, in: Mitteilungen aus der Arbeitsmarkt- und Berufsforschung 3/81*
Sandberger, G.: *Drittmittel und Forschung, aus Transfer-Information, 2. Jg. 1985, Heft 2, S. 39–43, Frankfurt/M. 1985*
Siegwart, H.: *Produktentwicklung in der industriellen Unternehmung, Stuttgart 1974*
Skinner, W.: *The focused factory, in: HBR, May-Juno 1974, S. 113–121*
Sommerlatte, T.: *Netzwerk statt Flickenteppich, aus: Manager-Magazin Nr. 4/1985, S. 186–195, Hamburg 1985*
Sommerlatte, T.: *Die Planung künftiger Büroautomation. Vorschläge für eine Unternehmensstrategie, in: Hansen, H. R. (Hrsg.): Büro-Informations- und Kommunikations-Systeme. Anwendergespräche von GJ und ADV in Wien 1982, Berlin/Heidelberg/New York 1982, S. 184 ff.*
Sommerlatte, T./Walsh, I. W.: *Das strategische Management von Technologie, in: Töpfer,* A./Afheldt, H. (Hrsg.): *Praxis der strategischen Unternehmensplanung, Frankfurt 1983, S. 298–321*
Sonntag, K. (Hrsg.): *Neue Produktionstechniken und qualifizierte Arbeit, Köln 1985*

Spahl, S.: *Handbuch Vorschlagswesen. Praxis des Ideenmanagements, München 1975*
SPD-Bundestagsfraktion, Arbeitsgruppe Bildung und Wissenschaft (Hrsg.): *Hochschulpolitik, Presseverlautbarung vom 20.2.1985, S. 7*
SRI International/Arthur D. Little International: *Die Entwicklung der Datenverarbeitung in der Bundesrepublik Deutschland – Programmbewertung der DV-Förderung des BMFT 1967–1979, Bonn/Wiesbaden 1982*
Szyperski, N./Nathusius, K.: *Probleme der Unternehmensgründung, Stuttgart 1977*
Szyperski, N./Klanott, M.: *Wissenschaftlich-technische Mitarbeiter von Forschungs- und Entwicklungseinrichtungen als potentielle Spin-off-Gründer. Eine empirische Studie zu den Entstehungsfaktoren von innovativen Unternehmensgründungen im Lande Nordrhein-Westfalen, Opladen 1981*
Szyperski, N.: *Strategisches Informations-Management als Komponente der Unternehmensführung. Fachtagung „Unternehmensführung und Informationstechnik" anläßlich des 20jährigen Bestehens des BIFOA, Köln 1984*

Sch

Schätzle, G.: *Forschung und Entwicklung als unternehmerische Aufgabe, Köln und Opladen 1965*
Schainblatt, A. H.: *How Companies Measure the Productivity of Engineers and Scientists, Research Management, 1982, S. 10–18*
Schelsky, H.: *Der Mensch in der wissenschaftlichen Zivilisation, Köln/Opladen 1961*
Schepanski, N./Staudt, E.: *Innovation, Qualifikation und Organisationsentwicklung. Die Folgen der Mikrocomputertechnik für Ausbildung und Personalwirtschaft, in: Zeitschrift Führung und Organisation (ZFO), 52. Jg., Nr. 5–6/83, S. 304–316, Teil 1, Nr. 7/83, S. 363–369, Teil 2*
Schirm, R. W.: *Zwischenbilanz des Vorschlagswesens, Sozial Archiv, Essen, 1955*
Schirmacher, W.: *Technik und Gelassenheit. Zeitkritik nach Heidegger, Freiburg/München 1983*
Schlefer, J.: *Office Automation and Bureaucracy, in: Technology Review, Nr. 5, 1983*
Schlicksupp, H.: *Innovation, Kreativität und Ideenfindung, 3. Aufl., Würzburg 1983*
Schlitzberger, H. H.: *Vorschlagswesen als Bestandteil der Unternehmenspolitik, in: Betriebliches Vorschlagswesen, 1982, 2*
Schmalenbach, E.: *Die Beteiligungsfinanzierung, 9. verb. Aufl., Köln/Opladen 1966*
Schmeisser, W.: *Systematische Erfindungsförderung als Unternehmensaufgabe. Wege zur Steigerung der Kreativität und der erfolgreichen Innovation, Berlin 1986*
Schmidt, A.: *Die Patentabteilung im Betrieb, Aufgabe und Organisation, Düsseldorf 1969*
Schmitt-Grohé, J.: *Produktinnovation, Verfahren und Organisation der Neuproduktplanung, Wiesbaden 1972*
Schneider, W.: *Technologische Analyse und Prognose als Grundlage der strategischen Unternehmensplanung, Göttingen 1984*
Schoeffler S./Benzzel, R. D./Heang, D. F.: *Impact of Strategic Planning of Profit Performance, in: Harvard Business Review 3/4, 1974*
Schöll, U.: *Burokommunikation im Spannungsfeld von Produktivitäts-Überlegungen: Erfordernisse – Realisation – Auswirkungen, in: Online 83, Europäische Kongreßmesse für Technische Kommunikation, Band V, Februar 1983.*
Scholtz, H.D.: *Wesentliche Steigerung der Rentabilität durch Anwendung von Scoring-Modellen als Grundlage unternehmerischer Entscheidungen, in: Die Betriebswirtschaft, 1979, S. 560–562*
Scholz, A.: *Gewerkschaftliche Innovationsberatung – Vom Rationalisierungsschutz zum Anspruch auf Gestaltung, 1985*

Scholz, L.: *Innovationspolitik zur Modernisierung der Produktions- und Fertigungstechnik, Berlin 1977*
Schuler, H./Stehle, W.: *Neuere Entwicklungen des Assessment-Center-Ansatzes – beurteilt unter dem Aspekt der sozialen Validität, in: Psychologie und Praxis – Zeitschrift f. Arbeits- u. Organisationspsychologie, 27. Jg., 1983, S. 33–44*
Schuler, H.: *Beurteilung und Auswahl von Wissenschaftlern und Ingenieuren in der industriellen F & E., in: Domsch & Jochum, 1984, S. 165–181*
Schumpeter, G.: *Theorie der wirtschaftlichen Entwicklung, 6. Aufl., Berlin 1964*
Schwarz, H.: *Optimale Investitionsentscheidungen, München 1967*
Schwetlick, W.: *Forschung und Entwicklung in der Organisation industrieller Unternehmen, Berlin 1973*

St

Staatsministerium Baden-Württemberg (Hrsg.): *Zukunftschancen eines Industrielandes, Kongreß der Landesregierung Baden-Württemberg am 14. und 15. Dezember 1982, Dokumentation, Stuttgart 1983*
Staehle, W. H.: *Management, München 1980*
Staehle, W. H./Stoll, E. (Hrsg.): *Betriebswirtschaftslehre und ökonomische Krise, Wiesbaden 1984*
Statistisches Bundesamt Wiesbaden (Hrsg.): *Entwicklung der Produktion, Beschäftigung und Arbeitsproduktivität in der Bundesrepublik Deutschland im internationalen Vergleich, aus: Wirtschaft und Statistik Nr. 10/1984, S. 852–862, Mainz 1984*
Staudt, E.: *Struktur und Methoden technologischer Voraussagen, Göttingen 1974*
Staudt, E.: *Planung als „Stückwerktechnologie“, Göttingen 1979*
Staudt, E.: *Innovation, in: DBW 45, 4/1985, S. 486–487*
Staudt, E.: *Die Bedeutung der mikroökonomischen Analyse zur Beurteilung und Durchsetzung neuer Arbeitszeitstrukturen, in: Mitteilungen aus der Arbeitsmarkt- und Berufsforschung, Mitt AB 3/79*
Staudt, E.: *Die Verwalter haben die Innovation übernommen. Wie Förderprogramme die Unternehmer verführen, in: FAZ, Nr. 216, 17. 9. 83, S. 15*
Staudt, E.: *Widerstände bei der Einführung neuer Technologien. Die Anwendung der Mikroelektronik als Herausforderung an Technologiemanagement und Technolgiepolitik, in: VDI-Z 124 (1982), Nr. 7 – April (I), S. 233–241*
Staudt, E.: *Innovation durch Technologiepolitik? Studie zum technologiepolitischen Aktivismus in der Bundesrepublik, aus: Berichte aus der angewandten Innovationsforschung Nr. 40, Univers. Duisburg 1985*
Staudt, E.: *Technologietransfer – Ein Beitrag zur Strukturierung der Wirtschaft?, aus: Berichte aus der angewandten Innovationsforschung, Nr. 42, Universität Duisburg 1985*
Staudt, E.: *„Die Aufregung um den Technologietransfer. Modewort und politisches Strohfeuer zugleich“, in: FAZ, 9. 6. 1984*
Staudt, E.: *Mißverständnisse über das Innovieren, in: Die Betriebswirtschaft, 43. Jg., Heft 3, 1983, S. 341–356*
Staudt, E. (Hrsg.): *Innovationsförderung u. Technologietransfer, Berlin 1980*
Staudt, E./Groeters, U. u. a.: *Kennzahlen und Kernzahlensysteme Berlin 1985*
Steinkühler, F.: *Sozialverträgliche Technik gefordert. Innovationen aus gewerkschaftlicher Sicht – zentrale Aufgabe des Staates, in: Süddeutsche Zeitung, Nr. 275 vom 28. 11. 1984, S. 50*
Stifterverband für die Deutsche Wissenschaft (Hrsg.): *„Hochschulforschung und industrielle Innovation. Sind wir für die Zukunft gerüstet?“, Dokumentation eines wissenschaftspolitischen Gesprächs des Stifterverbandes für die Deutsche Wissenschaft in Essen, Villa Hügel, 6. Okt. 1983*

Stifterverband für die deutsche Wissenschaft (Hrsg.): *Forschung und Entwicklung in der Wirtschaft 1977, Arbeitsschrift A 1980, Essen 1980*

Stork, H.: *Einführung in die Philosophie der Technik, Darmstadt 1977*

Strebel, H.: *Forschungsplanung mit Scoring-Modellen, Baden-Baden 1975*

Strebel, H.: *Scoring-Modelle im Lichte neuer Gesichtspunkte zur Konstruktion praxisorientierter Entscheidungsmodelle, in: Der Betrieb, 1978, S. 2181–2186*

Strebel, H., u. a.: *Innovation und ihre Organisation in der mittelständischen Industrie, Berlin 1979*

Strebel, H.: *Projektbeurteilung in einem öffentlich gebundenen Unternehmen des Technologietransfers – Eine Fallstudie, in: Zeitschrift für öffentliche und gemeinwirtschaftliche Unternehmen, 1983, S. 423–437*

Ströker, E. (Hg.): *Ethik der Wissenschaften? Philosophische Fragen, München 1984.*

T

Thom, N.: *Grundlagen des betrieblichen Innovationsmanagements, 2. Aufl., Königstein 1980*

Thom, N.: *Betriebliches Vorschlagswesen – Ein Instrument der Betriebsführung, 2. Aufl., Bern/Frankfurt/New York 1985*

Töpfer, A.: *Innovationsmanagement, in: Wieselhuber, N./Töpfer, A. (Hrsg.), Handbuch Strategisches Marketing, Landsberg 1984, S. 391–407*

Töpfer, A.: *Teamplanungstechniken, in: Management-Enzyklopädie, Bd. 9, 2. Aufl., Landsberg 1985, S. 36–52*

Trautwein-Kalms, G./Gerlach, G.: *Gewerkschaften und Humanisierung der Arbeit – Zur Bewertung des HdA-Programms, Frankfurt 1980*

Trippen, L.: *Unternehmensfinanzierung aus der Sicht der Kreditinstitute, in: Sparkasse, 101. Jg., 1984, S. 329–333*

U

Uhlir, H.: *Bedeutung von Kennzahlen zur Früherkennung ungünstiger Unternehmensentwicklungen (Krisen) f. Anteilseigner (Aktionäre). Kritische Würdigung ausgewählter Prognoseversuche, in: Zeitschrift für Betriebswirtschaft – Ergänzungsheft 2, 1979, S. 89–104*

V

Verein Deutscher Ingenieure (Hrsg.): *Arbeitshilfen zur systematischen Produktplanung, Düsseldorf 1978*

W

Warnecke, H. J./Bullinger H. J. (Hrsg.): *Menschen – Arbeit – Neue Technologien. 4. DAO-Arbeitstagung, Berlin/Heidelberg/New York 1985*

Weingart, P./Winterhager, M.: *Die Vermessung der Forschung – Theorie und Praxis der Wissenschaftsindikatoren, Frankfurt/New York, 1984*

Wessel, H.H.: *Die Firmengründung, 3. neubearb. u. erw. Aufl., Heidelberg 1978*

Westdeutsche Rektorenkonferenz (Hrsg.): *Zusammenstellung bildungspolitischer Daten, Informationsdienst – Dokumentation, Stand: 1. März 1985, Bonn 1985*

Wildemann, H.: *Flexible Werkstattsteuerung durch Integration von KANBAN-Prinzipien, München 1983*

Winkelmann, K.: *Ketzerisches zur Venture-Diskussion, in: Sparkasse, 101. Jg., 1984, S. 355–356*

Witte, E.: *Organisation für Innovationsentscheidungen, Göttingen 1973*

Wollgast, S., und Banse, G. (Hg.): *Philosophie der Technik. Zur Geschichte und Kritik, zu den Voraussetzungen und Funktionen bürgerlicher „Technikphilosophie", Berlin (Ost) 1979*

Z

Zimmerli, W. Ch. (Hg.): *Technik. Oder wissen wir, was wir tun? Basel/Stuttgart 1976*

Zapp, H.: *Zur Finanzierung von Erfindungen und Innovationen, in: Zeitschrift für Betriebswirtschaft, 49. Jg. 1979, S. 66–72*

Zimmermann, B.: *Umfeldinformationen für Innovationen, in: Buchinger, G. (Hrsg.), Umfeldanalysen für das strategische Management, Wien 1983, S. 69–88*

Zimmermann, W.: *Unternehmensgründer brauchen nicht nur Geld, in: Der Arbeitgeber, Nr. 21, 1983, S. 816–817*

Zündorf, L./Grunt, M.: *Innovation in der Industrie, Organisationsstrukturen und Entscheidungsprozesse betrieblicher Forschung, Frankfurt/New York 1982*

ZVEI (Zentralverband der Elektrotechnischen Industrie e. V. Frankfurt/Main, Hrsg.): *Forschungs- und Entwicklungsvorhaben, Frankfurt/Main 1982*

AUTOREN DIESES BUCHES

Ache, Heinz
Geboren 1933. Dr. rer. pol. Nach dem Abitur Praktikum in der Industrie und Studium der Betriebs- und Volkswirtschaftslehre an der Freien Universität Berlin. Abschluß als Dipl.-Volkswirt. Promotion 1961. 1961–1963 war er als Organisationsleiter der Fa. Siemens in Berlin tätig, ab 1963 als kaufm. Geschäftsführer bei der Fa. Renker in Berlin. 1969 wurde Dr. Ache Finanzdirektor der AG Weser in Bremen, 1972 Vorstandsmitglied und Sprecher des Vorstands. 1977 wurde er zum Vorsitzenden der AG Weser berufen. Seit 1980 ist Dr. Ache Mitglied des Vorstands der VEBA AG in Düsseldorf.

Bauer, Carl-Otto
Geboren 1929. Dr.-Ing. E.h. Dipl.-Ing. Studium des Maschinenbaus, Fachrichtung Fertigungstechnik an den TH Karlsruhe und Hannover. 1953–54 Trainee des US-State-Department in New York; 1955 Diplom bei Prof. Dr. Otto Kienzle. Ab 1955 Tätigkeit in der Schraubenindustrie. 1970–1976 und 1978–1982 Mitglied des Präsidiums des Deutschen Instituts für Normung (DIN), 1969 Mitglied des Präsidiums, 1972 Vizepräsident, 1978–1982 Präsident der Arbeitsgemeinschaft industrieller Forschungsvereinigungen (AIF) e.V., Köln
Seit 1973 stellvertretender Vorsitzender des Vorstandes der Technischen Akademie Wuppertal.

Bock, Jürgen
Geboren 1956. Studium der Wirtschaftswissenschaften in Duisburg (Schwerpunkte Marketing und Unternehmensführung); 1981 Abschluß als Diplom-Ökonom; von 1981–1985: wissenschaftlicher Mitarbeiter in der Forschungsgruppe Betriebswirtschaftslehre – Planung und Organisation (bpo) bei Prof. Dr. Staudt; seit 1986 wissenschaftlicher Mitarbeiter im Institut für angewandte Innovationsforschung (IAI); Forschungsschwerpunkte im Grenzgebiet Technik/Innovation/Qualifikation: Unternehmensplanung, insbesondere Personalplanung im Kontext neuer Technologien, Mikrocomputertechnik, Technologiediffusion, betriebliche Aus- und Weiterbildung.

Böttger, Joachim
Geboren 1920. 1938 Abitur am humanistischen Gymnasium, 1938 bis 1945 Arbeits-, Wehr- und Kriegsdienst, 1946 Angestellter im Zentralamt für Wirtschaft der britischen Zone, 1950 Übernahme in den Dienst des Bundesministers für Wirtschaft, 1959 Übernahme in das Beamtenverhältnis als Regierungsrat, 1962 Referatsleiter für Außenhandelsfragen im Industriebereich, 1967 Referatsleiter für die Chemische Industrie, 1969 Unterabteilungsleiter für F & E, Technologie, Innovation und Normung, 1970 zum Ministerialdirigenten ernannt, Delegationsleiter bei zahlreichen bilateralen und multilateralen Verhandlungen, Ehrenämter in nationalen und internationalen Organisationen u. a. Mitglied des DIN-Präsidiums, des Senats der Fraunhofergesellschaft, des Hauptausschusses des Deutschen Forschungsgemeinschaft, stellvertretender Vorsitzender des Deutschen Verbandes technisch-wissenschaftlicher Vereine, Vizepräsident der Fédéra-

tion Européenne d'Associations Nationale d'Ingenieurs u.a., zahlreiche Veröffentlichungen zu technisch-wirtschaftlichen Fragen.

Brinkmann, Eberhard Peter
Geboren 1934. Dipl.-Ing., Lehre, Studium des Gießereiwesens an der Universität GH Duisburg, 1957 Gießerei-Ingenieur. Bis 1968 in unterschiedlichen Positionen der Gießerei-Industrie: Produktion, metallurgische Entwicklung, Arbeitsvorbereitung. Industrial-Engineering-Seminare, 1969 REFA-Ingenieur. Aufbau der Abt. Industrial Engineering bei der Badische Stahlwerke AG, Kehl/Rh. Ab 1.10.71 Abt. Leiter für Wertanalyse, Betriebliches Vorschlagswesen und Investitionsplanung im Werk Hagen der VARTA Batterie AG (Industrie-Akkumulatoren). Nach 23jähriger Industrie-Erfahrung am 1.1.79 Start als selbständiger Unternehmensberater für Betriebliches Vorschlagswesen und Kleingruppen (Qualitätszirkel) in Hagen/Westf. Initiator und Mitverfasser der 2-bändigen Monographie „Betriebliches Vorschlagswesen". Spezialist für das Gruppenvorschlagswesen. 1984/85 Leiter einer Arbeitsgruppe von DABEI (Deutsche Aktionsgemeinschaft Bildung-Erfindung-Innovation e.V.). Mai 1985 Vorlage des völlig neuartigen Weiterbildungskonzepts „Innovationsberater" (berufsbegleitend und für qualifizierte Arbeitslose). Maßgeblich beteiligt an den von DABEI herausgegebenen „Empfehlungen zum BVW in der BRD" (Jan. 1986). Seminare und Vorträge in allen Bundesländern, in der Schweiz und in Österreich. Einführungs- und Reaktivierungs-Beratung für das BVW in Groß- und Mittelbetrieben.

Brockhoff, Klaus
Geboren 1939. Prof. Dr. rer. pol. ist Direktor des Instituts für Betriebswirtschaftslehre und Leiter der Forschungsstelle für Technologie- und Innovationsmanagement der Universität Kiel. Nach Studien an den Universitäten Bonn, Köln, Münster und der University of California in Berkeley sowie nach praktischer Tätigkeit in der Unternehmensberatung wurde er 1970 zum Professor ernannt. Seit mehr als 20 Jahren beschäftigt er sich mit Fragen des Managements von Forschung und Entwicklung und hat darüber in mehreren Büchern und einer Vielzahl wissenschaftlicher Veröffentlichungen berichtet. Er leitet den Arbeitskreis Forschungs- und Entwicklungsmanagement der Schmalenbach-Gesellschaft/Deutsche Gesellschaft für Betriebswirtschaft.

Danner, Herbert
Geboren 1912. 1932 Abitur, 1935 Gesellenprüfung als Elektromechaniker. Danach Ausbildung als Fernmeldetechniker bei Telefonbau & Normalzeit, Frankfurt/Main, 1936 Übertritt in deren Patentabteilung. 1938 Wechsel in die Patentabteilung der Arado-Flugzeugwerke, Brandenburg, 1939 Übernahme der Leitung dieser Abteilung. Während des 2. Weltkrieges u.k. gestellt, 1942 Wechsel zu einem Unternehmen, das Flugzeugkanzelabdeckungen aus Plexiglas herstellte, auch Übernahme des Betrieblichen Vorschlagswesens. Nach Kriegsende Tätigkeit als freier Schriftsteller, nach der Währungsreform u.a. Hilfsarbeiter in einem Bausteinwerk. Nach Wiedereröffnung des deutschen Patentamts wieder als Patentingenieur tätig und zwar sowohl in Kanzleien von Patentanwälten wie als Leiter von Patentabteilungen von Firmen der unterschiedlichsten technischen Branchen. 1966 wurde er von der Braun AG, Kronberg, als Leiter der Patent- und Lizenzabteilung berufen, wo er 1977 als Pensionär ausschied. Ab Ende 1977 freiberuflicher Patentwirt. Seit 1959 Tätigkeit in Ausschüssen, u.a. der Patentdokumentation, Vorträge und Fachveröffentlichungen insbesondere über das Arbeitnehmererfindungsgesetz und dessen Richtlinien, Verfasser des Buches „Der gewerbliche Rechtsschutz als

Instrument der Unternehmensführung". Seit 1982 aktives Mitglied von DABEI in verschiedenen Ausschüssen.

Dietz, Peter
Geboren 1933. 1952–58 Studium der Physik an der RWTH Aachen. Ab 1951 im Elektronik-Unternehmen Heinrich Dietz tätig, ab 1968 persönlich haftender Gesellschafter und Geschäftsführer des Unternehmens (Dietz Computer-Systeme), seit 1983 Vorsitzender des Beirats der ND Dietz GmbH.
Seit 1984 Vorsitzender des Aufsichtsrats der ZENIT GmbH.

Dögl, Rudolf
Geboren 1956. Dr. rer. pol., seit 1981 wissenschaftlicher Assistent am Lehrstuhl für Industriebetriebslehre, Prof. Dr. W. Pfeiffer, und Mitglied der Forschungsgruppe für Innovation und Technologische Voraussage;
Forschungsschwerpunkte: Technologie-Management und strategisch-orientiertes Qualitätsmanagement; Mitarbeit als Projektleiter in zahlreichen Projekten zum Technologie-Management mit Unternehmen der Elektroindustrie sowie des Maschinen- und Anlagenbaus.

Domsch, Michel
Institut für Personalwesen und Arbeitswissenschaft
Hochschule der Bundeswehr Hamburg
Geboren 1941. Prof. Dr. rer. oec. 1961–1968 Studium der Volkswirtschaftslehre, Betriebswirtschaftslehre und der Rechtswissenschaften an den Universitäten Kiel, Bonn und Bochum, Wiss. Mitarbeiter. 1965/1968 Dipl.-Volkswirt / Dr. rer. oec., Universität Bochum. 1969–1971 Harvard Business School, USA/Universitätsseminar der Wirtschaft (USW). 1974 Habilitation im Fach Betriebswirtschaftslehre, Universität Bochum. 1972–1978 SCS Scientific Control Systems GmbH, Hamburg (Tochtergesellschaft der Deutschen BP AG); ab 1973 als Mitarbeiter; ab 1974 Projektleiter, ab 1975 Stellv. Geschäftsstellenleiter, ab 1977 Bereichsleiter. Seit Mai 1978 o. Professor für Betriebswirtschaftslehre an der Hochschule der Bundeswehr Hamburg. Seit 1979 Leitung: F. G. H. Forschungsgruppe Hamburg. Seit 1981 Geschäftsführung: Institut für Personalwesen und Arbeitswissenschaft (I. P. A).

Friedrich, Hans Rainer
Geboren 1944. Dipl.-Volkswirt (Studium in Bonn und Mainz). Praktikum in der Generaldirektion „Forschung und Technologie" der EG-Kommission in Brüssel (1970), danach EDV-Organisator bei PHILIPS in Düsseldorf. 1971 wissenschaftlicher Mitarbeiter der Planungsabteilung des Bundeskanzleramtes, 1973 Wechsel als Referent in die Planungsgruppe des Bundesministeriums für Bildung und Wissenschaft. 1975 Abordnung an das Auswärtige Amt zur Dienstleistung bei der UNESCO-Vertretung in Paris, 1977 Leiter des Referates „Wechselbeziehungen zwischen Bildungs- und Beschäftigungssystem" im Bundesministerium für Bildung und Wissenschaft. Verfasser des „Prognoseberichtes" an den Bundestagsausschuß für Bildung und Wissenschaft (1980), Herausgeber der Veröffentlichung „Neue Technologien in der beruflichen Bildung" (VSG Köln, 1984). Seit Februar 1985 Leiter des Referats „Hochschule und Wirtschaft" im Bundesministerium für Bildung und Wissenschaft, Bonn.

Friedrich, Michael
Geboren 1957. Dipl. Ök., 1977 Abitur; 1978–1980 Ausbildung zum Groß- und Außenhandelskaufmann; 1980–1984 Studium der Wirtschaftswissenschaften (Schwerpunkt: Marke-

ting und Unternehmensführung); seit 1984 wissenschaftlicher Mitarbeiter an der Universität Duisburg und am Institut für angewandte Innovationsforschung e. V. in Duisburg mit den Forschungsschwerpunkten „Betriebliches Qualitätsmanagement“ und „Innovationsmarketing“.

Fuchs, Bodo
(38), Dr. rer. pol., Dipl.-Kaufmann, Studium der Betriebswirtschaftslehre an den Universitäten Saarbrücken und Mainz, nach Tätigkeiten in der Industrie und bei der Deutschen Bank AG seit Ende 1984 Geschäftsführer der DB Consult, Frankfurt. Diese Tochtergesellschaft der Deutschen Bank berät und unterstützt Unternehmen, die am Kauf und Verkauf von Firmen oder an Fusionen und Gemeinschaftsgründungen interessiert sind.

Gerpott, Torsten J.
Geboren 1958. Studium der Betriebswirtschaftslehre (Schwerpunkte: Personal und Organisation) und angewandten Informatik in Hamburg. 1982 Abschluß als Diplom-Kaufmann. 1977–1983 Offizieranwärter/Offizier in der Bundesluftwaffe. Seit Ende 1983 Wissenschaftlicher Mitarbeiter am I.P.A. Institut für Personalwesen und Arbeitswissenschaft der Universität der Bundeswehr Hamburg und Mitglied der F.G.H. Forschungsgruppe Hamburg.
Arbeitsschwerpunkte und Veröffentlichungen konzentrieren sich auf verhaltenswissenschaftliche Grundlagen des Personal-Management, Managementprobleme industrieller F&E-Bereiche, empirische Organisationsforschung und methodische Probleme empirischer Forschung in der Betriebswirtschaftslehre. Beratertätigkeit in Unternehmen bei Entwicklung und Einsatz von Personal-Management-Instrumenten.

Geschka, Horst
Dr. Horst Geschka arbeitet seit mehr als 15 Jahren über und mit Kreativitätstechniken. Nach 14 Jahren Tätigkeit beim Battelle-Institut in verschiedenen Funktionen ist er seit 1983 selbständiger Unternehmensberater. Seit vielen Jahren kommt er einem Lehrauftrag an der TH Darmstadt über „Innovationsmanagement“ nach.

Häußer, Erich Otto Michael
Geboren 1930. Dr. jur.; Präsident des Deutschen Patentamts. 1949 bis 1952 Studium der Rechte, Universität Erlangen. 1953 bis 1956 juristischer Vorbereitungsdienst. Mai 1957 große juristische Staatsprüfung. 1957 bis 1958 Anwaltsassessor und Rechtsanwalt. 1. Dezember 1958 bis 31. März 1959 Gerichtsassessor im Oberlandesgerichtsbezirk Nürnberg. April 1959 bis Februar 1963 Bayer. Staatsministerium der Justiz, 1. Januar 1960 Staatsanwalt, 1. Januar 1963 Oberregierungsrat. Februar 1963 bis Oktober 1965 Bundesministerium der Justiz. 25. Juni 1965 bis 17. Oktober 1972 Senatsrat beim Bundespatentgericht. 18. Oktober 1972 bis 31. Dezember 1975 Bundesrichter, Bundesgerichtshof Karlsruhe. 1. Januar 1976 Präsident des Deutschen Patentamts.

Hammer, Richard
Mag. Dr.; ist wissenschaftlicher Mitarbeiter am Institut für Unternehmungsführung und seit 1975 auch Lehrbeauftragter für den Bereich Unternehmensplanung an der Universität Innsbruck. Arbeitsschwerpunkte im Bereich der Unternehmungsführung insbesondere der Strategischen Unternehmungsführung.

Hauschildt, Jürgen
Geboren 1936. Prof. Dr. rer. pol. Nach dem Abitur kaufmännische Lehre bei der Deutschen Erdöl Aktiengesellschaft. Er studierte von 1956 bis 1960 Betriebswirtschaftslehre an den Universitäten Hamburg und TU Berlin. 1960 bestand er die Prüfung zum Diplomkaufmann an der Universität Hamburg. In der Zeit von 1960 bis 1968 war er wissenschaftlicher Assistent von Professor Witte in Hamburg und Mannheim. 1964 wurde er zum Dr. rer. pol. an der Universität Mannheim promoviert, 1970 habilitierte er sich dort. Von 1970 bis 1979 war er Professor für das Fachgebiet Finanzen und Banken an der Universität des Saarlandes. Seit 1979 ist er Direktor des Instituts für Betriebswirtschaftslehre an der Universität Kiel und betreut dort das Fachgebiet Organisation. Mit Prof. Dr. Klaus Brockhoff leitet er die Forschungsstelle für Technologie- und Innovationsmanagement der Universität Kiel.

Heister, Matthias
Geboren 1925. Dipl.-Kfm., Dr. rer. pol., Ministerialdirigent und Stellvertretender Generalsekretär der Bund-Länder-Kommission für Bildungsplanung und Forschungsförderung in Bonn.
Bis Kriegsende aktive Seeoffizierslaufbahn, danach Studium der Philologie in Göttingen und Köln. 1953 Staatsexamen für das Höhere Lehramt (Mathematik, Latein). 1956 Diplom-Kaufmann, 1956–1967 Gymnasiallehrer. 1961 Promotion über Probleme der Investitionstheorie (summa cum laude), 1962–1971 Lehrauftrag für Wirtschaftsmathematik an der Universität Köln, 1964 Lehrbefähigung für Wirtschaftswissenschaften und Soziologie, 1968 Stellvertretender Generalsekretär der Bund-Länder-Kommission. Ehrenamtliche Tätigkeit in verschiedenen Vereinigungen, seit Gründung der Deutschen Aktionsgemeinschaft Bildung-Erfindung-Innovation e. V. (DABEI). 1982 Vorsitzender des geschäftsführenden Vorstandes.

Hinterhuber, Hans H.
Geboren 1938. Prof. Dipl.-Ing. Dr. ist seit 1974 Vorstand des Instituts für Unternehmensführung an der Universität Innsbruck und Professor für Industriebetriebslehre an der Katholischen Universität in Mailand. Nach seiner Graduierung zum Dipl.-Ing. (Erdölwesen) an der Montan-Universität Leoben (1960) und dem Doktorat in Wirtschaftswissenschaften an der Universität Venedig (Cá Foscari – 1963) war er fünf Jahre als Direktionsassistent bei AGIP spA, Direzione Mineraria in San Donato Milanese und zwei Jahre als Hauptabteilungsleiter (Dirigente dázienda) für Versorgung und Verarbeitung bei ARAL Italiana in Mailand tätig. 1967 Habilitation in Rom. 1970–74 ordentlicher Professor und Vorstand des Instituts für Industriebetriebslehre und Wirtschaftstechnik an der TU Graz, 1971–72 Head of Faculty am International Institute for the Management of Technology in Mailand.

Hüsch, Hans-Willi
Geboren 1957. Diplom-Ökonom, Studium der Betriebswirtschaftslehre und der Informatik, Geschäftsführer des Instituts für angewandte Innovationsforschung (IAI) und wissenschaftlicher Mitarbeiter am Lehrstuhl für Betriebswirtschaftslehre im Gebiet der Planung und Organisation, des Projektmanagements und der empirischen Innovationsforschung. Veröffentlichte in Gemeinschaft mit anderen „Untersuchungen über den Informationsgehalt betrieblicher Rechnungswesen und Dokumentationssysteme", Duisburg 1983 und „Einfluß der Künstlichen Intelligenz auf Betriebsstruktur und Rationalisierung", Duisburg 1984.

Kieser, Alfred
Geboren 1942. Prof. Dr. rer. pol., Studium der Betriebswirtschaftslehre und Soziologie an den Universitäten Würzburg, Köln, Pittsburgh/USA. 1967 Examen als Dipl.-Kfm. an der Universität Köln. 1969 Promotion an der Universität Köln; Assistent am Seminar für Organisation der Universität Köln. 1973 Habilitation an der Fakultät für Wirtschafts- und Sozialwissenschaften der Universität zu Köln. 1974 ord. Professor für Organisation und Personalwirtschaft an der Freien Universität Berlin. 1977 Übernahme des Lehrstuhls für Allgemeine Betriebswirtschaftslehre und Organisation an der Universität Mannheim.
Veröffentlichungen (Auswahl): Organisation, Berlin 1976, 2. Aufl. 1983 (mit H. Kubicek); Organisationstheorien, 2 Bde., Stuttgart 1978 (mit H. Kubicek); zahlreiche Aufsätze in Fachzeitschriften und Sammelbänden.

Lorenz, Gerd
Geboren 1929. Dr. rer. nat., Dipl.-Phys. Vorsitzender des Vorstandes der Philips Kommunikations-Industrie AG seit 1.1.1982. Studium der Physik. Beruflicher Werdegang: Assistent am Max Planck-Institut für Eisenforschung; Entwicklungsleiter in der Halbleiterindustrie; Leiter des Bereichs „integrierte Technik" bei Philips und Geschäftsführer der Philips GmbH sowie Leiter des Unternehmensbereichs Bauelemente bis 31.12.1981.
Arbeitsgebiete: Festkörper-Physik, elektronische Bauelemente, Mikroelektronik, Kommunikationstechnik.

Lorenzen, Hans-Peter
Geboren 1938. Dr. rer. nat., Studium der Mathematik, Physik, Philosophie und Pädagogik in Hamburg und Heidelberg. 1962 Prüfung für das Höhere Lehramt an Gymnasien. 1963 Promotion in Hamburg. Mai 1963 bis August 1965 Assistent an der Universität München. September 1965 bis August 1973 Mitarbeiter des Bundesministeriums für Forschung und Technologie, ab 1969 Leiter des Referats für fortgeschrittene Kernreaktoren. September 1973 bis August 1976 Wissenschaftsreferent an der Deutschen Botschaft London. September 1976 bis April 1982 Leiter des Referats für Medizinische Forschung und Technologie. Mai 1982 bis September 1983 Leiter der Planungsgruppe, ab Oktober 1983 Leiter des Referats Humanisierung des Arbeitslebens im Bundesministerium für Forschung und Technologie.

Mann, Rudolf
Geboren 1940. Dr., ist geschäftsführender Gesellschafter der DEGEMA, Deutsche Gesellschaft für Strategische Unternehmensführung in Frankfurt am Main. Erkennen, Aufbauen und Nutzen der Erfolgspotentiale, die in den Mitarbeitern von Unternehmen stecken, ist der Unternehmenszweck; Strategie-Moderation im Führungsteam unter Nutzung vorhandener Informationen, Erfahrungen und Intuitionen statt Fremdberatung und Entwicklung des gemeinsamen Vorstellungsvermögens für Zukunftsperspektiven, die man konkret absichert und umsetzt, sind die konzeptionellen Bausteine.
20 Jahre Erfahrung in Handel und Industrie (u.a. Philips, Oetker, PWA) sind der empirische Hintergrund, Steuerung und Erhaltung der Lebensfähigkeit von Unternehmen der rote Faden.
Neben der praktischen Tätigkeit hat Dr. Mann die Entwicklung der operativen und strategischen Steuerungssysteme durch Veröffentlichungen, Seminare und Vorträge im deutschsprachigen Raum maßgeblich mitgeprägt. („Die Praxis des Controlling", München 1973 und „Praxis Strategisches Controlling", Landsberg, 3. Auflage 1982, Mitherausgeber des „Controlling-Beraters"). Insbesondere seit sich die Grenzen unseres Wirtschaftswachstums ab 1974 langsam deutlich abzeichneten, hat sich Dr. Mann (damals als Chefcontroller

der Oetker-Gruppe) intensiv mit Verfahren beschäftigt, um Frühwarn-Systeme nicht nur auf den Zahlen aufzubauen, die erst erscheinen, wenn die Ereignisse bereits gelaufen sind. Mit Methoden, vor die Zahlen zu greifen, sind heute Ursachen zukünftiger Erfolge und Mißerfolge frühzeitiger erkennbar, so daß Unternehmen unter Nutzung ihrer spezifischen Fähigkeiten systematisch positive Zukunftsperspektiven entwickeln und in die Praxis umsetzen können.

Mattick, Gudrun
Geboren 1958. Dipl.-Ökonomin, Studium der Wirtschaftswissenschaften in Duisburg, Mitarbeiterin am Institut für angewandte Innovationsforschung (IAI) e. V., Duisburg, Forschungsschwerpunkte: Innovationsforschung, insbes. Arbeitnehmererfinder.

Noebels, Thomas
Geboren 1961. Dipl.-Ökonom; Studium der Wirtschaftswissenschaften in Duisburg; Mitarbeiter am Institut für angewandte Innovationsforschung (IAI) e. V. in Duisburg, Forschungsschwerpunkte: Innovationsforschung, insbesondere F+E-Management.

Pfeiffer, Werner
Geboren 1933. O. Prof. Dr. rer. pol., Seit 1971 Vorstand des Lehrstuhls für Betriebswirtschaftslehre, insbesondere Industriebetriebslehre, an der Universität Erlangen-Nürnberg sowie Leiter der Forschungsgruppe für Innovation und Technologische Voraussage; Lehr- und Forschungsschwerpunkte: Technologie-Management, Technologie-Prognostik und Technology-Assessment, strategisch-orientierte Forschungs- und Entwicklungsplanung und -steuerung. Enge Zusammenarbeit mit namhaften Großunternehmen der Elektroindustrie sowie des Maschinen- und Anlagenbaus.

Rapp, Friedrich
Geboren 1932. Prof. Dr. phil., Studium der Physik und Mathematik (Staatsex.), Prom. und Habilitation in Philosophie, 1976 Professor für Philosophie an der TU Berlin, 1985 an der Universität Dortmund (Schwerpunkt Philosophie der Technik).
Publizierte u. a.: Analytische Technikphilosophie 1978 (engl. 1980, spanisch 1981), Determinanten der technischen Entwicklung 1980 zus. mit R. Jokisch und H. Lindner; Hrsg. bzw. Mithrsg. von: Contributions to a Philosophy of Technology 1974, Naturverständnis und Naturbeherrschung 1981, Ideal und Wirklichkeit der Techniksteuerung 1982, Technikphilosophie in der Diskussion 1981 (engl. 1983), Philosophie und Wissenschaft in Preußen 1982, Contemporary Marxism 1984; über 50 Aufsätze in Fachzeitschriften und Sammelbänden.

Rehbein, Monika
Geboren 1957. Dipl. Ök., 1975–1977 Ausbildung zum Industriekaufmann. 1977–1982 Studium der Wirtschaftswissenschaften in München und Duisburg (Schwerpunkt: Marketing und Unternehmensführung). Seit 1982 wissenschaftliche Mitarbeiterin an der Universität Duisburg und am Institut für angewandte Innovationsforschung e. V. in Duisburg; 1984 und 1985 insgesamt 8 Monate Japanaufenthalt.

Schepanski, Norbert
Geboren 1955. Dipl. Ök., Studium der Wirtschaftswissenschaften (Schwerpunkt: Marketing und Unternehmensführung). Seit 1979 wissenschaftlicher Mitarbeiter in der Forschungsgruppe Betriebswirtschaftslehre – Planung und Organisation (bpo) und im Institut für angewandte Innovationsforschung (IAI), betraut mit Aufgaben innerhalb von For-

schungsprojekten zum Einsatz neuer Technologien (flexible Fertigungssysteme, Mikrocomputer-Technik). 1985 Promotion (Thema der Dissertation: „Mikroelektronik und Facharbeiterqualifikation – Eine Methodik zur Ermittlung von Arbeitsanforderungen als Grundlage für eine Personalentwicklung bei Einführung neuer Technologien“).
Arbeitsschwerpunkte: neue Technologien, insbesondere Mikroelektronik; Innovationsprozesse; Personalplanung, Personalentwicklungsplanung; betriebliche Aus- und Weiterbildung.

Scheuten, Wilhelm K.
Geboren 1936. Diplom-Volkswirt, Dr. rer. pol., berufliche Arbeit als wissenschaftlicher Redakteur beim „Handwörterbuch der Sozialwissenschaften“, beim Statistischen Bundesamt auf dem Gebiet der „Volkswirtschaftlichen Gesamtrechnungen“, bei der IBM Deutschland GmbH zunächst Aufbau und Leitung der Abteilung Volkswirtschaft, später der Stabsstelle Wirtschaftspolitik, wirtschaftspolitisch-analytische Arbeit bei der IBM Corporation in Washington, D.C., heute „Unternehmensbeauftragter für Bildung und Informationstechnik“ und vor allem befaßt mit den Auswirkungen und Voraussetzungen der Informationstechnik im gesellschaftlichen und wirtschaftlichen Bereich.

Schmahl, Kurt
Geboren 1947. Dipl.-Ing., Dipl.-Soz., Studium des Maschinenbaus, der Soziologie und der Pädagogik; seit 1977 Mitarbeit in Forschungsprojekten zur HdA-Problematik; 1980 wissenschaftlicher Mitarbeiter am Institut für Soziologie der TU Berlin, Schwerpunkt Industrie und Betriebssoziologie; seit 1985 Mitarbeiter der Innovations- und Technologieberatungsstelle der IG Metall in Berlin.

Schmeisser, Wilhelm
Geboren 1953. Dipl.-Kfm., Dr. rer. oec., Studium der Betriebswirtschaftslehre in Nürnberg, 1979–1984 wiss. Assistent am Lehrstuhl für Betriebswirtschaftslehre mit dem Schwerpunkt Planung und Organisation an der Universität-GH Duisburg; seit 1984 Hochschulassistent an der Universität-GH Duisburg; wissenschaftlicher Mitarbeiter und Mitglied des Instituts für angewandte Innovationsforschung (IAI) e.V. Duisburg; Forschungsschwerpunkte: Industriebetriebswirtschaftslehre, Planung und Organisation, Angewandte Innovationsforschung, insbesondere Forschung und Entwicklung und Arbeitnehmererfinder.

Schneider, Walter
Geboren 1953. Dr. rer. pol., seit 1981 wissenschaftlicher Assistent am Lehrstuhl für Industriebetriebslehre, Prof. Dr. W. Pfeiffer, und Mitglied der Forschungsgruppe für Innovation und Technologische Voraussage an der Universität Erlangen-Nürnberg; Forschungsschwerpunkte: Technologie-Management und -Prognostik, Kennzahlen im Maschinenbau, Fabrik der Zukunft; Mitarbeit als Projektleiter in zahlreichen Projekten zum Technologie-Management mit Unternehmen der Elektroindustrie sowie des Maschinen- und Anlagenbaus.

Seidel, Eberhard
Geboren 1936. Prof. Dr. rer. pol., Studium der Wirtschaftswissenschaften in Berlin und Wien, 1961 Diplomexamen, 1965 Promotion an der Freien Universität Berlin. 1974 Habilitation für das Fach Betriebswirtschaftslehre am Fachbereich Wirtschaftswissenschaft der Justus Liebig-Universität Gießen. Seit 1975 o. Prof. für Betriebswirtschaftslehre mit dem Schwerpunkt Organisation an der Universität – GH – Siegen.

Shichihei, Yamamoto
Geboren 1921. Der Autor ist in Japan wegen seiner brillanten Analysen japanischer Werte und Mentalität ein einflußreicher Meinungsmacher. Seine Ergebnisse sind ein Kontrast zu dem modernen Gerede über Innovationsmanagement, Wertewandel und spin offs. Auch wenn seine japanischen Erfahrungen nicht direkt auf deutsche Verhältnisse übertragbar sind, so eignen sie sich doch als Spiegel zur Selbsterkenntnis.

Spannagel, Wolfgang
Geboren 1943. Diplom-Kaufmann, Dr. rer. pol., Studium der Betriebswirtschaft, Volkswirtschaft und Soziologie in Berlin, Innsbruck und München. Nach beruflichen Stationen bei einem Wirtschaftsprüfer, einer Bauträgergesellschaft und bei der Berliner Handels- und Frankfurter Bank in Frankfurt/Main seit 1978 Mitglied der Geschäftsführung der Wirtschaftsauskunftei Schimmelpfeng GmbH. In dieser Funktion zuständig für Finanz- und Rechnungswesen, Marketing/Planung, das Schimmelpfeng-Marktforschungs-Institut und die Abteilung Kapitalschutz. 1985 erhielt er den Jahrespreis des Bundesverbandes privater Kapitalanleger e. V. für seine Verdienste um den Anlegerschutz in der Bundesrepublik Deutschland.

Staudt, Erich
Geboren 1941. Dipl.-Physiker, Prof. Dr. Dr., nach Praktikum im Maschinenbau Studium der Physik und der Wirtschafts- und Sozialwissenschaften; 1973 Promotion; 1978 Habilitation und Ruf auf den Lehrstuhl für Betriebswirtschaftslehre – Planung und Organisation an der Universität Duisburg; Forschungsschwerpunkte im Grenzgebiet Technik/Ökonomie/soziale Implikation; Mitglied in verschiedenen Sachverständigenkreisen und Kuratorien. Seit 1982 Vorstandsvorsitzender des Instituts für angewandte Innovationsforschung e. V. (IAI) an der Universität Duisburg.

Steger, Ulrich
Geboren 1943. Dr. rer. oec., verheiratet, drei Kinder. Besuch der Volks-, Real- und Wirtschaftsoberschule, Wirtschaftsabitur 1964. Lehre im wirtschafts- und steuerberatenden Beruf, Gehilfenprüfung 1968. Studium der Wirtschaftswissenschaften an den Universitäten Münster und Bochum, Diplom 1972, Promotion 1976, 1970 bis 1972 Assistent eines MdB, 1972 bis Oktober 1976 wissenschaftlicher Assistent am Seminar für Theoretische Wirtschaftslehre der Ruhr-Universität Bochum. 1964 bis 1967 Wehrdienst als Offizier auf Zeit. Zahlreiche Veröffentlichungen, vor allem zu wirtschafts- und energiepolitischen Fragen, zuletzt „Die Herstellung der Natur – Chancen und Risiken der Gentechnologie", 1985. Mitglied des Bundestages von 1976 bis 1984. Seit dem 4. Juli 1984 Hessischer Minister für Wirtschaft und Technik.

Steinkühler, Franz
Geboren 1937. 2. Vorsitzender der Industriegewerkschaft Metall. 1943–1951 Besuch der Hauptschule. 1951–1955 Berufsausbildung als Werkzeugmacher. 1957–1958 REFA-Fachausbildung. Besuch weiterer Fachkurse und Lehrgänge. 1959–1960 Meisterausbildung. Leiter der Arbeitsvorbereitung. 1960–1961 Sekretär bei der IG Metall Verwaltungsstelle Schwäbisch Gmünd. 1961–1963 Geschäftsführer der IG Metall in Stuttgart und Schwäbisch Gmünd. 1963– 1972 Bezirkssekretär der IG Metall Bezirksleitung Stuttgart. 1972–1983 Bezirksleiter der Industriegewerkschaft Metall für die Bundesrepublik Deutschland, Bezirk Stuttgart. Seit Oktober 1983 2. Vorsitzender der Industriegewerkschaft Metall für die Bundesrepublik Deutschland.

Ämter: Arbeitnehmervertreter im Aufsichtsrat der AUDI NSU Auto Union AG
Arbeitnehmervertreter im Aufsichtsrat der Daimler Benz AG
Senator der Fraunhofer Gesellschaft
Richter am Staatsgerichtshof Baden-Württemberg
Senator e. h. der Universität Konstanz
Beiratsmitglied des Wissenschaftszentrums Berlin

Strebel, Heinz
Geboren 1939. Dipl. rer. pol. (techn.), Dr. rer. pol., o. Professor für Betriebswirtschaftslehre an der Universität Oldenburg. Nach praktischer Tätigkeit im Bankbetrieb 1959 bis 1963 Studium der Techn. Volkswirtschaft an der Universität Karlsruhe, 1963 bis 1971 dort wissenschaftlicher Assistent, Akademischer Rat, Akademischer Oberrat, Promotion 1967, 1971 bis 1976 Fachhochschullehrer an der Fachhochschule für öffentliche Verwaltung Kehl, Lehrbeauftragter an der Universität Karlsruhe, 1977 Habilitation, 1976 bis 1984 Prof. für Betriebswirtschaftslehre an der Freien Universität Berlin, seit 1984 an der Universität Oldenburg (Schwerpunkt Industriebetriebslehre/Produktionswirtschaft).

Thom, Norbert
Geboren 1946. Prof. Dr. rer. pol., Studium der Wirtschafts- und Sozialwissenschaften (Betriebs- und Volkswirtschaftslehre, Soziologie) an der Universität zu Köln, dort 1972 Examen zum Diplom-Kaufmann, 1976 Promotion und 1984 Habilitation für Betriebswirtschaftslehre, von 1973 bis 1984 verschiedene Funktionen in der Wirtschafts- und Sozialwissenschaftlichen Fakultät der Universität zu Köln (wissenschaftlicher Assistent von Prof. Dr. Dr. h. c. mult. Erwin Grochla, Redakteur, Projektleiter, Lehrbeauftragter, Privatdozent), 1983/84 Habilitationsstipendiat der Deutschen Forschungsgemeinschaft, Vertreter einer ord. Professur für Betriebswirtschaftslehre an der Universität Gießen (1984/85), ab 1985 Professor an der Universität Freiburg/Schweiz, dort Leiter des Seminars für Unternehmungsführung und Organisation, seit 1986 Hauptschriftleiter der Zeitschrift Führung + Organisation (zfo).

Töpfer, Armin
Geboren 1944. Prof. Dr., nach Stationen an der Universität Freiburg, als Dozent an der Verwaltungs- und Wirtschaftsakademie Freiburg, als Dozent und Leiter des Fachbereichs Organisation und Personalwesen an der E.A.P. Europäische Wirtschaftshochschule Düsseldorf z. Zt. Professur für den Schwerpunkt Management an der Universität/GHS Kassel; Lehr- und Forschungstätigkeit auf den Gebieten Management und Marketing; Herausgeber der Schriftenreihe „Management und Marketing"; Redaktionsmitglied der Zeitschrift „Personalwirtschaft"; Vortrags-, Trainings- und Beratungstätigkeit in der Industrie und Öffentlichen Verwaltung; Mitglied im Beirat eines marktführenden mittelständischen Unternehmens.

Trippen, Ludwig
Geboren 1927. Dr. jur., 1944–1945 Militärdienst. 1947 Abitur. 1948–1951 Studium der Rechts- und Staatswissenschaften an den Universitäten Bonn und Marburg. 1951 1. juristisches Staatsexamen. 1953 Promotion Universität Marburg. 1954–1955 Volontär bei der Deutschen Girozentrale – Deutsche Kommunalbank. 1956 2. juristisches Staatsexamen. 1956–1965 Deutsche Girozentrale – Deutsche Kommunalbank. Leiter der Rechtsabteilung, danach Leiter des Direktionssekretariats. 1956 Bevollmächtigter. 1958 Prokurist. 1962 Abteilungsdirektor. 1958 Rechtsanwalt am Oberlandesgericht Düsseldorf. 1962

Fachanwalt für Steuerrecht. 1965 Stellvertretendes Mitglied des Vorstands der Landesbank für Westfalen (heute: WestLB). 1966 Mitglied des Vorstands. 1978 Stellvertretender Vorsitzender des Vorstands der WestLB.

Ulrich, Erhard
Geboren 1936. Studium des Maschinenbaues/Verfahrenstechnik an der Technischen Universität München. Zusatzstudium der Staatswissenschaften, Philosophie und politischen Wissenschaften an der Universität Erlangen. Nach mehrjähriger Industrietätigkeit im Maschinenbau und in der Elektrotechnik, Eintritt in das Institut für Arbeitsmarkt- und Berufsforschung der Bundesanstalt für Arbeit. Leiter des Bereichs „Technologie und Betriebswirtschaft", nebenberufliche Lehrtätigkeit an der Fachhochschule Nürnberg und der Universität Hamburg. Veröffentlichungen über Innovationsforschung, Personalplanung und Prognostik sowie über Arbeitsplatzwirkungen des technischen Wandels.

Veit, Ernst
Geb. 1947. Dipl.-Kfm., Studium der Wirtschaftswissenschaft an der Universität Regensburg. 1979 verantwortlich für Produkt-Planung und -Management bei der Einführung einer Mikrocomputerfamilie der Fa. Triumph Adler, seit 1982 Unternehmensplaner bei Philips Kommunikations Industrie AG in Nürnberg.

Weinerth, Hans
Geb. 1935. Dr.-Ing., Dipl.-Phys., Studium der Physik in Marburg/Lahn und Promotion in Elektrotechnik an der RWTH in Aachen, 1961–1967 Halbleiterentwicklung bei Intermetall in Freiburg/Brsg., zuletzt als Entwicklungsleiter Dioden, danach Projektmanagement auf dem Gebiet Integrierter Schaltungen im Philips Forschungszentrum Eindhoven/Niederlande. Seit Anfang 1976 Leiter des Hauptbereiches Technik von Valvo (Unternehmensbereich Bauelemente der Philips GmbH) in Hamburg. Seit 1983 Direktor der Philips GmbH.

Wellenreuther, Helmut
Der Verfasser ist geschäftsführender Gesellschafter der von ihm 1976 gegründeten „Gesellschaft für Wertanalyse". Er hat während seiner Beratertätigkeit mehr als 300 WA-Untersuchungen in Unternehmen verschiedener Branchen und unterschiedlicher Größenordnung betreut. In zahlreichen Vorträgen und Publikationen hat er sich zu diesem Thema geäußert. Sein 1982 erschienenes Buch „Integrierte Leistungsverbesserung durch Wertanalyse" ist 1984 im Staatsverlag EKONOMIKA in Moskau in russischer Übersetzung erschienen.

Wildemann, Horst
Geboren 1942. Dipl.-Ing. (FH), Dipl.-Kfm., o. Prof. Dr. rer. pol., nach einer mehrjährigen praktischen Tätigkeit und dem Studium der Ingenieurwissenschaften in Köln und Aachen zwei Jahre tätig als Ingenieur. Studium der Wirtschaftswissenschaften an der Universität zu Köln. 1971 Examen als Dipl.-Kfm., 1974 Promotion und 1980 Habilitation für Betriebswirtschaftslehre an der Universität zu Köln. Zwei Jahre Auslandsaufenthalt in den USA und am European Institute for Advanced Studies in Management, Brüssel. 1980/81 Vertretung des Lehrstuhls für Allgemeine Betriebswirtschaftslehre und Industriebetriebslehre, Universität Bayreuth. 1981 Professor (Ordinarius) für Betriebswirtschaftslehre mit Schwerpunkt Fertigungswirtschaft an der Universität Passau. Forschungsschwerpunkte: Investitionsplanung für neue Technologien, Produktionsplanung und -steuerung, Logistik, Unternehmensplanung, Operations Research und EDV-Einsatz in der Produktion.

Wilms, Dorothee
Geboren 1929. Dr. rer. pol., 1950 Abitur. Studium der Volkswirtschaftslehre, Sozialpolitik und Soziologie in Köln. 1954 Abschluß als Diplomvolkswirt, Dr. rer. pol., 1955–1973 Assistentin für Frauenfragen, Wissenschaftliche Referentin für Bildungspolitik und stellvertretende Leiterin der Abteilung Bildungsarbeit und gesellschaftliche Fragen im Institut der deutschen Wirtschaft, Mitglied der Geschäftsführung des Instituts. 1960–1967 Nebenamtliche Dozentin für Wirtschafts- und Gesellschaftslehre. Mitglied in wissenschaftlichen Beiräten des Kultus- und des Wirtschaftsministeriums des Landes Nordrhein-Westfalen. Seit 1961 Mitglied der Christlich Demokratischen Union (CDU). 1973 Landesvorsitzende der Frauenvereinigung der CDU-Rheinland. 1974–1976 Stellvertretende Bundesgeschäftsführerin der CDU. 1974–1975 Leiterin in der Hauptabteilung Politik in der Bundesgeschäftsstelle der CDU. 1975 Mitglied des Bundesvorstandes der Frauenvereinigung der CDU. 1982 Stellvertretende Vorsitzende des CDU-Kreisverbandes Köln. 1977–1982 Leiterin der Forschungsstelle für bildungs- und gesellschaftspolitische Entwicklung beim Institut der deutschen Wirtschaft in Köln. 1980–1982 Parlamentarische Geschäftsführerin der CDU/CSU-Bundestagsfraktion. Seit 1982 Bundesminister für Bildung und Wissenschaft.

Zeidler, Gerhard
Geboren 1936. Dr. Ing., ist Mitglied des Vorstands der Standard Elektrik Lorenz AG, Stuttgart, zuständig für den Zentralbereich Technik. Er studierte Nachrichtentechnik an der Technischen Hochschule Darmstadt, wo er 1965 zum Dr.-Ing. promovierte. Neben seiner Vorstandstätigkeit hat er eine Reihe von Ämtern inne, so z. B. ist er Vorsitzender des Kuratoriums der SEL-Stiftung für technische und wirtschaftliche Kommunikationsforschung; Vorsitzender des Vorstands des Vereins der Förderer des Instituts für Mikroelektronik Stuttgart; Vorsitzender des Präsidialarbeitskreises Forschung und Entwicklung des ZVEI, Frankfurt; Vorstand des BDI-Ausschusses für Forschungs- und Entwicklungspolitik, Köln; Mitglied des Vorstands des Münchner Kreises; Stellvertretender Vorstandsvorsitzender des VDE, Frankfurt; Stellvertretender Vorsitzender des Senats der DFVLR, Köln; Mitglied des Beirats der Bayerischen Vereinsbank, München.